THE DO
AUL TESTA

rendered in Doric by

GORDON M HAY

LONGSIDE 2023
Published by Gordon M Hay

i

I.S.B.N   978-0-9573515-3-0

Published by Gordon M Hay
Inverquhomery House
Longside
Peterhead
Aberdeenshire
AB42 4TU

Copyright © 2023 Gordon M Hay

INTRODUCTION

By Rev G Melvyn Wood

Blawarthill Parish Church Glasgow

The Scots language has a long history, yet it has not been an easy one. As a spoken language it predates the Scottish nation. Its use has been consistent down the centuries.While the language of the Picts became extinct in prehistory and Gaelic has been pushed to the margins, Scots in all its regional variety flourishes. Too long dismissed for political reasons as a mere dialect, its credentials as a language in its own right are today more widely acknowledged.[1]

Scots, like every language, has changed over the years, and many fine words and expressions have been lost, from the days of the Makars and of Burns. Some say it is a mere shadow of its once pure form. Some commentators are pessimistic about its future, especially those who observe the trends in Lowland Scots.[2] Such a downbeat view is harder to share outside the central belt. Around 1.5 million Scots claim at least some knowledge of Scots today. It is heard routinely in the streets of our towns and cities, and it is used commonly in the social media pages of our local communities.

However, attempts at writing, messaging and texting what comes naturally to the tongue are varied and haphazard. Here lies the one weakness of the Scots language. In spite of earnest efforts over the years (which mostly had Lowland Scots in mind), there is still no settled orthography. With numerous spoken varieties across Scotland, agreement on spelling would be challenging enough, yet even within a defined geographical area like the Doric region of the north east, there is no set standard. Why would there be? Children were never taught to spell it in school. Even a dedicated author who had read the manuals[3] and devoured every piece of formal writing in modern Scots, would find a bewildering range, and no settled standard on which to base new writing.

This hard fact presents a great challenge to any author – or translator. When the subject matter is the Christian Bible, the stakes are high to get the written Scots right. When best practice remains so ill defined, and a knowledge of Doric confounds the best intentions of scholars who have defined standards with Lowland Scots in mind, a benchmark standard is still some way off. The emergence of a Doric Bible may conceivably help to set one. Yet already there has been some progress. The most cringeworthy excesses of the past, like the apologetic apostrophe, or spelling variants such as Para Handy describing himself as "*Chust* wan of Brutain's hardy sons"[4] seeking to capture a Highland English pronunciation for comedic effect, but now looking condescending, are surely things of the past. The conventions adopted in the Doric Bible, as with any Scots literature, may take a little getting used to, however the effort will be well rewarded.

The challenges of orthography are just for starters. Such choices needed to be settled before encountering the particular challenges and decisions peculiar to Bible translation; like whether to opt for literal or dynamic equivalence, (the latter was chosen), whether to be gender inclusive, (not such a difficult choice, though there may still be some traditionalists who find gender neutrality irksome), and even whether to number the verses, as most translations do, or follow the precedent of William Lorimer's *New Testament in Scots* - not to mention the original Hebrew and Greek - and leave them out. The Doric New Testament, published in 2012 was un-versified. But the Old Testament prompted a change of heart! And then we come back to the lexicography questions. The best writers in any language will draw upon a wider word-set than that commonly spoken by any individual, and even any one community. But does that give the translator licence to use Scots words that are to all intents and purposes obsolete, just because it would be a pity to miss out a good, old Burnsian gem, when the alternative might be the standard, boring English? Decisions required to be made. And on such a subject where many consider themselves experts, and Scots itself differs from one region to the next, disagreements will be inevitable. Gordon M Hay decided to use words he remembered being used himself, even though some may seldom be heard today, and to use a conversational style that is spoken by real people, rather than a more literary Scots that might have seemed remote to ordinary folk.

Some will still question why, when a monumental task such as the translation of the whole Bible is being faced, should the translator opt for Doric rather than Lowland Scots? Such critics may reason that Doric is considered hard to understand by many who speak what they would see as a more accessible Scots, common to all regions. The answer is that Doric is Scots. And it is spoken by actual people, every day. More accurately for the linguists, Doric is Mid Northern Scots. Doric is (or was until recently) a nickname, nonetheless it is a useful one, because it immediately identifies the matter at hand. The suggestion that Doric implies rustic, does not generally bother its speakers. Moreover it is much more the *lingua franca* in its heartland of NE Scotland than any other regional Scots is in its. To publish the Bible in Mid Northern Scots is a decision just as valid as any alternative would have been. This Bible translation is first and foremost a Scots translation, then a Doric one. If anyone sharing a love for the Scots language should see room for a Lowland Scots Bible, a literary Scots Bible (Lorimer's version is after all quite long in the tooth now), or for that matter Ayrshire Scots, Galloway Scots, Glasgow Scots, Ulster Scots, or any other kind of Scots, then let them set about the task.

In the meanwhile, this Scots translation is a major step forward for the language, and a welcome advance for the many Scots seeking to access the Scriptures in the tongue that comes most naturally to them. To realise that the entire Bible has never been rendered in Scots in all the long, proud history of the language and the country, until now, is simply astonishing. While as a nation, Scotland may not be as Bible greedy as it once was, the Bible is, and always will be, among the most significant books ever written, and not to have it in one's native language has been a substantial miss. There is a real sense too, that the publication of such a work as the Bible may give added credibility to the language, and that can only be of benefit to Scottish culture and Scottish self-esteem in general.

Of course there are solid reasons why the Scots language has suffered from low self-esteem in the past. Those do not need to be repeated here. Suffice to say, we are emerging from those times. There is still a way to go. While children are no longer punished for using a Scots word in the classroom, and the "language versus dialect" argument has just about been won, Scots is very far from enjoying equal status with standard English. Even Gaelic does not enjoy equal status at the grass roots, in spite of all the money poured into education and the media. And Scots is a long way behind Gaelic. One doubts if Finechty or Steenhive will be appearing on road signs, or "E Bobbies" on Police cars, any time soon.

In William Wye Smith's *Four Gospels in Braid Scots* (1924) the author writes in his Preface, (in Scots to his credit!), "Lat nae man think it is a vulgar tongue – a mere *gibberish* ...It is an ancient and honourable tongue; wirutes deep i' the yird; aulder than muckle o' the English." Aside from his questionable assertion about the relative ages of Scots and English, and his use of apologetic apostrophes (why do that – especially if you believe Scots is older than English?), the protestations about the status of the language which he felt necessary to make were indicators of its *de facto* lowly status in his day. Back then, Scots was the language of the working classes, those of low social ambition, clownish characters like those of Neil Munro, and music hall entertainers. Surely nobody would call Scots "vulgar gibberish" today.

More surprisingly, James Robertson, in his Introduction to a 2012 printing of William Lorimer's *New Testament in Scots* (first published 1983), still feels it necessary to say, "There is no hint of apology, nor of any concern that Scots might be inappropriate or inadequate for the task". Why on earth would anyone have thought Scots is a language that may even possibly require apology? Except one who was still feeling the vestigial influences of centuries of anti-Scots propaganda, and who did still have a nagging question at the back of their mind about whether Holy Scripture could properly be rendered in Scots?

There are no apologies for this translation. Rather it comes with a sincere desire to honour God, to reflect pride in our native tongue, and a wish to remedy perhaps the longest-standing omission in the history of Bible translation. Some might reasonably question the accuracy of the translation, or the depth of theological expertise behind it. Others will spot the inevitable inconsistency or take issue with the spelling. But this translation is a first. Nobody has done it before, not the Edinburgh expat William Wye Smith, nor the scholarly William Lorimer, nor the kenspeckle Jamie Stuart who delighted Glaswegians with the Gospel stories in their own, distinctive Scots. This is the first translation of the entire Bible in any kind of Scots. I commend it warmly to you, and I trust I express a widely held gratitude to Gordon M Hay for deein fit nae chiel hiz deen, ivver afore. May the glory be God's alone.

G. Melvyn Wood
Portsoy

[1]"The indigenous languages of Britain are English, Scots, Welsh and Scottish Gaelic." (Prof Peter Trudgill, The New European, Feb 2021).
[2] "By the end of the twentieth century Scots was at an advanced stage of language death over much of Lowland Scotland." Macafee C. "Studying Scots Vocabulary *in Corbett, John; McClure, Derrick; Stuart-Smith, Jane (Editors)(2003)* The *Edinburgh Companion to Scots*. Edinburgh, Edinburgh University Press. ISBN 0-7486-1596-2. p. 51
[3]E.g. "Recommendations for Writers in Scots", Scots Language Society, 1985.
[4] "In Highland Harbours with Para Handy", Neil Munro, 2017.

THE AUTHOR

Gordon M Hay was born in Aberdeen in 1953 and brought up on the farm of Auchenhamper in the Banffshire Parish of Inverkeithny where his family have been since 1916. He was educated at Easterfield Primary School and Turriff Academy and has degrees in Arts and Law from the University of Aberdeen. His first introduction to Doric Literature was learning at the age of eight, Charles Murray's poem "It wisna his wyte" for a school concert. This led to a lifelong interest in and love of the Doric language and literature. Gordon was a former Chairman of the Charles Murray Memorial Fund and is currently President of The Buchan Field Club, one of the Honorary Presidents of The Buchan Heritage Society and Treasurer of The Doric Board. His recent publication "Doric Nursery Rhymes for Loons & Quines," published in collaboration with illustrator Rosemary Cunningham won the Scots Language Awards' Bairns' Beuk o the Year 2022.

Gordon has been a Church organist for over 50 years and is an elder at Longside Parish Church. He retired in 2013 after a career as a solicitor in private practice in Peterhead.

ACKNOWLEDGEMENTS

I am deeply indebted to Rev Melvyn Wood, Blawarthill Parish Church, Glasgow for his help, advice, cajoling and suggestions for corrections and amendments to this work. I appreciate the time he has spent ensuring that my use of Doric was not too abstruse and that it conformed as closely as possible to the original text. Also grateful thanks to Brenda Sutherland for her technical skills in perfecting the layout of the script and to David George and his staff at W Peters & Son Ltd for their patience.

CONTENT

GENESIS

CHAPTIR 1

Fan aathin wis first yokit, God creatit the hivvens an e warl. [2]E warl wis in a mineer an teem. Mirk wis ower e face o e deep. An e speerit o God meeved ower e face o e watters. [3]An God said, "Lat there be licht," an there wis licht. [4]An God wis weel teen wi e licht an he sinnert it fae e mirk. [5]He caaed e licht day an e mirk nicht. An the evenin cam an e mornin an att wis e first day.

[6]An God said, "Lat there be a space atween e watters tae sinner watter fae watter. [7]An God made e space an sinnert e watters aneth e space fae e watters abeen, an sae be it. [8]An God caaed e space hivven. Evenin cam an mornin cam an it wis e saicond day.

[9]Syne God said, "Lat e watters aneth hivven be gaithert intae ae place an lat dry grun kythe." An sae it wis deen. [10]God cried e dry grun, earth an e watters att hid aa gaithert egither he cried, sea. An God wis weel teen wi't.

[11]Syne God said, "Lat the earth growe girss, planties wi sids, fruit trees wi fruit o their ain kyn." An it wis deen. [12]An the earth grew girse an planties wi sids o aa kyn an fruit trees wi their ain sids. An God wis weel teen wi't. [13]Evenin cam an mornin cam an it wis e third day.

[14]Syne God said, "Lat there be lichts i the space o hivven tae sinner e day fae e nicht an lat them be signs for e sizzons, e days an the ears. [15]Lat them sheen oot i the hivvens tae gie licht till e warl, an sae be it. [16]An God made twa muckle lichts, a great muckle een tae rowle ower e day an a wee-er een tae rowle ower e nicht, an he made e stars tee. [17]God set them i the space o hivven tae gie licht tae e warl, [18]tae rowle day an nicht an tae sinner licht fae mirk. An God wis weel teen wi't. [19]Evenin cam an mornin cam an it wis e fowerth day.

[20]Syne God said, "Lat e watters be full o aa kyn o livin beasties,an lat birdies flee abeen e grun, throwe aa e space o hivven." [21]An God creatit muckle whales an ilka livin beast att meeves, o aa different kyns, an aa different kyns o birds wi wings. An God wis weel teen wi't. [22]Sae God blisst them an said, "Be fruitfu an lat there be mony o ye an full e watters o e sea an lat the air be full o birds." [23]Evenin cam an mornin cam an it wis e fifth day.

[24]Syne God said, "Lat e warl ginnerate beasts o aa kyn: nowt, creepie crawlies an aa kyn o wild beasts, ilka een accoordin till its kyn," an sae be it. [25]An God made ilka kyn o beast, ilka kyn o nowt an ilka kyn o creepie crawlie. An God wis weel teen wi't.

[26]Syne God said, "Lat's mak fowk tae leuk jist lik masel an lat them rowle ower e fish i the sea, ower e birds i the air, ower nowt, aa wild beasts an aa creepie crawlies. [27]Sae God creatit fowk tae leuk jist lik himsel, jist lik himsel he creatit them, baith menfowk an weemenfowk. [28]An God blisst them an said till them, "Be fruitfu an lat there be mony o ye an full e warl an tak it in han. Hae rowle ower e fish o e sea, e birds o the air an ower ilka livin thing att meeves i the warl."[29]An God said, "See noo, A've gien ye aa plants att hiv sids aawye i the warl, ilka fruit tree att his sids, an they'll be yours for the ettin. [30]Tae ilka beast o e warl, tae e birds an tae e creepy crawlies farivver they are i the warl A've gien girss an siclik green plants for maet," an sae be it.[31]An God leukit at aathin he'd made, an it wis rael gweed. Evenin cam an mornin cam an it wis e saxth day.

CHAPTIR 2

Sae, att's e wye e warl an e hivvens were creatit an aa their thrang. [2]Bi e syventh day God wis throwe wi his wark. On e syventh day he ristit fae aa e wark he'd been deein. [3]God blisst e syventh day an made it haily, cause att wis e day he wis throwe wi his wark an ristit fae aa his darg. [4]An att's e tale o e hivvens an e earth an foo they cam aboot.

At e time e Lord God made e warl, [5]there wis nae plants o nae kyn naewye, cause e Lord God hidna yet sent ony rain an there wis nae chiel tae ploo e grun. [6]Bit watter cam up fae aneth e grun an wattert aa e face o't. [7]An e Lord God mooldit man fae e stew o e grun, an soocht inno his moo e braith o life. An man turnt intill a livin sowl.

[8]Syne e Lord plantit a yard ower by Eden an pat e chiel he hid mooldit inno't. [9]E Lord God made ilka tree growe oot o e grun, baith eens att are bonnie tae leuk at an eens att growe maet; i the midse o e yard, he set oot e tree o life an e tree o kennin fit's gweed an fit's ill.

[10]A river ran oot o Eden tae watter e yard, an fan it left Eden it split intae fower burns. [11]E first een wis caaed Pishon, att's the een att rins aa roon aboot e cuntra o Havilah far there's gowd. [12]E gowd o att cuntra is gweed, an there's rosit an preecious steens tae be faun there tee. [13]E saicond burn is caaed Gihon, att's the een att rins roon aboot e cuntra o Cush. [14]E third burn is Tigris, the een att rins tae the east o Assyria. E fowerth burn is the Euphrates. [15]E Lord God teuk e chiel an pat him inno e yard tae wark it, an leuk efter it. [16]He telt e chiel, "Ye can ett fae ilka tree i the yard, [17]bit nae fae e tree o kennin fit's gweed an fit's ill, cause the day ye ett fae it, there's little doobt ye'll come till an ein." [18]Syne e Lord God said, "It's nae cannie for e chiel tae bide aa his leen, A'll mak some'dy tae gie him a han." [19]Oot o e grun, e Lord God made aa e wild beasts an aa e birds. He brocht them tae e chiel tae see fit he wid caa them, an fativver e chiel caaed them, att wis their name. [20]Sae e chiel gied names tae aa kyn o nowt, tae aa e birds an tae ilka wild beast; bit for the chiel himsel, there wis still nae naebody tae gie him a han. [21]Sae e Lord God pat e chiel inno a dwaam an he fell tae sleepin. Fan he wis sleepin, he teuk oot een o his ribs an happit up e flesh. [22]He creatit a wumman oot o e rib an brocht her till e chiel [23]fa said, "Iss is noo been o ma beens an flesh o ma flesh an she'll be caaed wumman cause she wis teen oot o man." [24]Att's e wye a chiel leaves his fadder an mither an is bun till his wife an e twa turn intae ae flesh. [25]Noo, they were baith nyaakit, e man an his wife, bit they werna neen affrontit bi it.

CHAPTIR 3

Noo, e snakie wis mair sleekit nor ony idder beast in God's creation. He said till e wumman, "Wid A be richt in thinkin att God his said ye're nae tae ett fae ilka tree i the yard?" [2]An e wumman said till e snakie, "We can ett e fruit o ony tree i the yard [3]excep for e fruit o e tree i the midse o e yard; God forbad hiz tae ett fae it nor tae touch it avaa, or we'll dee." [4]E snakie said till e wumman, "Hoot awa, ye winna dee. [5]God kens as seen as ye ett fae it, yer een will be opent an ye'll be lik e gods, kennin gweed fae ill." [6]Fan e wumman saa att e fruit o e tree wis gweed tae ett, bonnie tae leuk att an wid mak her turn oot tae be clivver, she teuk a bittie o e fruit an ett it, an she gied some till her man an he ett it tee. [7]Syne baith their een were opent, an they kent syne they were nyaakit, sae they shewed fig-leaves egither an made a cloot tae hap themsels.[8]Syne they heard e vice o e Lord God as he wis waalkin i the yard i the kweel o e nicht, an they hod themsels fae e Lord God amo e trees i the yard. [9]Bit e Lord God cried on e chiel sayin, "Far are ye, min?" [10]He said, "A heard e soun o ye waalkin i the yard, an A wis feart cause A wis nyaakit, sae A wis hidin fae ye." [11]God speirt, "Ay, an fa telt ye ye were nyaakit? Hiv ye been ettin o e tree A telt ye nae tae ett fae?" [12]E chiel said, "Att wumman ye gied ma tae bide wi, she gied ma e fruit fae e tree an, ay, A ett it." [13]Syne e Lord God said till e wumman, "Fit's iss ye've been deein?" E wumman said, "E snakie begeckit ma an A ett." [14]E Lord God said till e snakie, "Cause ye've deen iss ye're curst abeen aa nowt an abeen ilka wild beast; ye'll craawl on yer belly fae noo on, an ye'll ett stew aa e days o yer life. [15]A'll pit ill-feelin atween you an e wumman an atween your bairns an hers. They'll strick at yer heid an you'll strick at their queets." [16]Tae e wumman he said, "A'll mak it a sair chaave for you fan ye're haein a bairn, it winna be easy fan yer bairns are born, bit ye'll aye wint tae tak yer man till ye an he'll be e maister o ye." [17]An tae e chiel he said, "Cause ye've hearkent till yer wife an ye've etten fae e tree att a telt ye tae leave aleen, e grun will be curst. Ye'll hae a chaave tae win yer maet fae it aa yer days. [18]It'll growe funs an thrissles for ye an ye'll be ettin wild plants. [19]Ye'll hae tae wark till ye're sweytin tae gar it growe onythin till ye gyang back till e grun, cause ye were teen oot o't, yer naethin bit stew an it's tae stew ye'll gyang back." [20]E chiel caaed his wife Eve cause she wis e mither o aa e livin. [21]E Lord God made claes oot o e hides o beasts an clad them.

[22]E Lord God said, "E chiel his turnt oot lik een o hiz, kennin gweed fae ill; he maunna be alooed tae rax oot an tak e fruit fae e tree o life an ett it, or he'll live for ivver." [23]Sae e Lord God dreeve him oot o e yard o Eden tae wark e grun he'd been vrocht fae. [24]He keest him oot an pat cherubim an a flamin swoord at the east side o e yard o Eden, furlin ilka wye, tae haud fowk awa fae e tree o life.

CHAPTIR 4

Syne Adam lay wi his wife, Eve, got her i the faimly wye, an she hid a loonie caaed Cain. She said, "Wi e Lord's help, A've brocht a man intae e warl." [2]Efter att, she hid anither loon, Abel. Abel wis a shepherd an Cain a plooman. [3]Efter a fylie, Cain brocht some o e stuff he'd growen i the grun as an offerin tae e Lord. [4]Abel brocht his first-born lammies, e best o them. E Lord wis weel teen wi Abel an his offerin, [5]bit didna tak wi Cain nor his offerin. Cain wis raised an he skoukit wi annger. [6]Syne e Lord said tae Cain, "Fit are ye sae het up aboot? [7]An fit wye are ye skoukin lik att? Gin ye dee weel ye'll be accepit, bit gin ye dinna dee fit's richt, ill-deein is cooriein at yer door. It'll try tae tak ye, bit ye maun get e better o't." [8]Syne Cain said tae his brither Abel, "Come awa, oot tae e parks," an fan they were oot i the parks Cain fell on his brither Abel an did awa wi him. [9]Syne e Lord said tae Cain, "Far aboot's yer brither, Abel?" An he said, "I dinna ken. A'm I suppost tae be leukin efter him?" [10]Syne e Lord said, "Fit hiv ye deen? Yer brither's vice is cryin oot tae ma fae e grun. [11]Noo ye're curst an are dreeven fae e grun att's gapin its moo tae tak in yer brither's bleed att ye've spult. [12]Fan ye wark e grun it winna growe a crap for ye. Ye'll be a gangrel an wanner ower aa e place." [13]Cain said till e Lord, "Att's a gey sair owergyan. [14]Ye've dreeven ma oot e day fae e grun, an A maun hide masel fae ye. A maun be a gangrel an wanner aa ower e place an onybody fa meets in wi ma can kill ma." [15]E Lord said till him, "Nae a bit o't. Gin onybody kills ye, syven lives will be teen fae them." An sae e Lord pat a keel onno Cain, sae att naebody wid kill him. [16]Syne Cain held awa fae far e Lord wis an sattlt i the Lan o Nod, tae the east o Eden.

[17]Syne Cain lay wi his wife, got her i the faimly wye an she hid Enoch. Cain biggit a toon an caaed it Enoch efter his loon. [18]Enoch wis e fadder o Irad; Irad wis e fadder o Mehujael; Mehujael wis e fadder o Methushael; Methushael wis e fadder o Lamech.

[19]Lamech mairriet twice. Ae wife wis caaed Adah an e tither Zillah. [20]Adah wis e mither o Jabal, fas fowk were hirders bidin in tents, [21]an his brither wis Jubal, fas fowk played e clarsach an e pipes. [22]Zillah, e tither wife, wis e mither o Tubal-cain, fas fowk were smiths, wirkin wi copper an airn; an Tubal-cain's sister wis Naamah. [23]Lamech said tae his wives, "Adah an Zillah, hearken tae ma; wives o Lamech hear

ma wird. A've killed a young lad cause he strack ma, a young lad for cloutin ma. [24]Gin Cain be avenged syvenfaul, Lamech maun be syven an syventy."

[25]Adam lay wi his wife again, an she hid a loon fa she caaed Seth, "Cause," she said, "God his gien ma anither loonie for Abel, cause Cain slew him." [26]Seth hid a sin anaa, fa he caaed Enosh. It wis at att time fowk began tae cry on e name o e Lord.

CHAPTIR 5

Iss is e beuk o the ation o Adam. Fan God creatit fowk, he made them lik himsel. [2]He creatit them as menfowk an weemenfowk, blisst them ancaaed them "man".

[3]Adam wis a hunner an thirty ear aul fan he hid a loonie, jist lik himsel, an caaed him Seth. [4]Efter Seth wis born, he lived for aucht hunner ear an hid ither sins an dothers. [5]He wis nine hunner an thirty ear aul fan he deit. [6]Seth wis a hunner an five ear aul fan he faddert Enosh. [7]Efter Enosh wis born he lived for aucht hunner an syven ear, an hid ither sins an dothers. [8]He wis nine hunner an twal ear aul fan he deit.

[9]Enosh wis ninety ear aul fan he faddert Kenan. [10]Efter Kenan wis born he lived for aucht hunner an fifteen ear, an hid ither sins an dothers. [11]He wis nine hunner an five ear aul fan he deit.

[12]Kenan wis syventy ear aul fan he faddert Mahalalel. [13]Efter Mahalalel wis born he lived for aucht hunner an fowerty ear, an hid ither sins an dothers. [14]He wis nine hunner an ten ear aul fan he deit.

[15]Mahalalel wis saxty-five ear aul fan he faddert Jared. [16]Efter Jared wis born he lived for aucht hunner an thirty ear, an hid ither sins an dothers. [17]He wis aucht hunner an ninety-five ear aul fan he deit.

[18]Jared wis a hunner an saxty-twa ear aul fan he faddert Enoch. [19]Efter Enoch wis born he lived for aucht hunner ear, an hid ither sins an dothers. [20]He wis nine hunner an saxty-twa ear aul fan he deit.

[21]Enoch wis saxty-five ear aul fan he faddert Methuselah. [22]Efter Methuselah wis born Enoch waalked wi God for three hunner ear, an hid ither sins an dothers. [23]He wis three hunner an saxty-five ear aul fan he deit. [24]Haein waalked wi God, he wisna seen ony mair, cause God teuk him awa.

[25]Methuselah wis a hunner an auchty-syven ear aul fan he faddert Lamech. [26]Efter Lamech wis born he lived for syven hunner an auchty-twa ear, an hid ither sins an dothers. [27]He wis nine hunner an saxty-nine ear aul fan he deit.

[28]Lamech wis a hunner an auchty-twa ear aul fan he faddert a sin. [29]He caaed him Noah, sayin, "Iss loon will fess hiz easedom fae wir trauchles an fae e hard wark att's come on hiz cause o e curse e Lord pat on e grun." [30]Efter Noah wis born he lived for five hunner an ninety-five ear, an hid ither sins an dothers. [31]He wis syven hunner an syventy-syven ear aul fan he deit. [32]Aroon e time Noah wis five hunner ear aul he faddert Shem, Ham an Japheth.

CHAPTIR 6

Noo as there cam tae be mair an mair fowk ower aa e warl an dothers were born till them, ²a fyow o e sins o God saa att e dothers were weel faurt, sae they teuk the eens they likit tae wife. ³An e Lord said, "A'm nae gyan tae lat fowk live for ivver, they're mortal, their time will be a hunner an twinty ear." ⁴In them days, an efter att tee, there were muckle chiels i the warl come o e sins o God an e dothers o menfolk. They were e heroes o lang ago, kenspeckle chiels.

⁵Fan God saa att fowk hid deen muckle ill i the warl an att their thochts an wyes were aye coorse, ⁶he wis sorry att he hid putten fowk i the warl, an his hert wis sair. ⁷E Lord said, "A'll dee awa wi aa livin thing att A creatit fae e face o the earth, fowk, beasts, creepie crawlies, birds: A'm waefu att A ivver made them." ⁸Bit e Lord wis weel teen wi Noah.

⁹Iss is e tale o Noah. Noah wis a richteous, gweed-livin chiel an he waalked wi God. ¹⁰He hid three loons, Shem, Ham an Japheth. ¹¹Noo God saa e warl wis in a mineer an full o veelence. ¹²God leukit at e warl an saa att fowk were ower e bows. ¹³God said tae Noah, "A'm gyan tae dee awa wi e hale set oot o fowk i the warl cause e warl is full o veelence, throwe them. A'm gyan tae missaucre them an e warl tee. ¹⁴Mak yersel an airk o gopher wid, mak chaulmers inno't an clairt it inside an oot wi tar. ¹⁵Iss is e wye ye'll bigg it: the airk will be fower hunner an fifty fit lang, syventy-five fit braid an fowerty-five fit heich. ¹⁶Mak a winda for it, auchteen inch fae e tap, an pit a door i the side o't, an wi lower, middle an tapmaist decks. ¹⁷A'm gyan tae fess a muckle spate till e warl tae dee awa wi ilka livin thing aneth hivven att his a speerit inno't. Aathin i the warl will come till its ein. ¹⁸Bit A'll mak iss tryst wi you. Ye'll gyang intill the airk wi yer loons, yer wife an yer loons' wives wi ye, ¹⁹an ye'll fess livin beasts o ilka kyn intill the airk an keep them alive wi ye, twa o ilka kyn, male an female; ²⁰twa o ilka kyn o bird, o ilka kyn o nowt an creepie crawlie will come tae ye tae be keepit alive. ²¹Tak wi ye aa kyn o maet for ettin, maet for yersels an maet for them." ²²An att's fit Noah did, jist as God hid garrt him dee.

CHAPTIR 7

E Lord said tae Noah, "Gyang intae the airk wi yer hale faimly, ye're the only een i the hale warl att A've seen ackin e richt gait. ²Tak wi ye syven pair o ilka beast att ye can ett, male an female, an ae pair, male an female o beasts ye canna ett. ³Tak syven pair, male an female o ilka bird, tae mak seer att life will conteenya i the warl. ⁴Syven days fae enoo A'll sen rain ower e warl for fowerty days an fowerty nichts an ilka livin thing att A've made on e face o the earth will perish." ⁵Noah did aa fit e Lord telt him. ⁶Noah wis sax hunner ear aul fan e muckle spate cam ower e warl.

⁷An sae tae win oot o e road o e muckle spate, Noah gaed in ower the airk wi his loons an his wife an his loons' wives. ⁸An intae the airk alang wi Noah, gaed e pairs, male an female, o aa beasts att ye can ett an aa beasts ye canna ett an aa kyn o birds an creepie crawlies, ⁹twa bi twa as God hid ordert. ¹⁰Weerin on tae e syventh day, e watters o e spate cam upo e warl. ¹¹I the ear att Noah wis sax hunner ear aul, on e syventeenth day o e saicond month, on att verra day, aa e springs o e watters aneth e grun birst oot an e windas o e hivvens were opent. ¹²An e rain fell on e warl for fowerty days an fowerty nichts. ¹³On att same day, Noah gaed intae the airk wi his loons, Shem, Ham an Japheth, his ain wife an his three loons' wives. ¹⁴Wi them gaed aa kyn o wild beasts, aa kyn o nowt, aa kyn o creepie crawlies an aa kyn o birds, ¹⁵twa bi twa o ilka thing att his braith. ¹⁶Them att gaed in were male an female o ilka kyn, jist as God hid telt Noah, an syne e Lord shut e door on him. ¹⁷E spate conteenyit for fowerty days an e watters swallied up an heistit the airk heich up abeen e grun. ¹⁸An aye e watter cam mair an mair an the airk floatit on e watter. ¹⁹An aye e mair e watter cam, till it hid happit ilka heich moontain aneth e lift. ² ⁰An aye e watter

got deeper till it hid happit e heichest moontains tae a depth o aboot twinty-twa fit. [21]Ilka livin thing i the warl perished: birds, nowt, wild beasts, creepie crawlies an aiven aa fowk. [22]Aathin att hid e braith o life in its neb, aathin on dry lan, deit. [23]God wipit oot ilka livin thing i the warl, an naethin bit Noah an his fowkies i the airk survived. [24]An it wis a hunner an fifty days afore e watters started tae gyang doon.

CHAPTIR 8

Syne God mynt on Noah, an ilka livin thing an aa e nowt att wis wi him i the airk, an he sent a win tae blaa ower e warl an e watters startit tae faa awa. [2]E springs aneth e grun att hid birsten an e windas o hivven aa driet up an e rain devaalt. [3]E watters creepit back doon fae e face o e warl, an efter a hunner an fifty days e watters were doon a gey bit. [4]On e syventeenth day o e syventh month the airk foonert on Moont Ararat. [5]E watters keepit gyan doon till e tenth month; on e first day o e tenth month e taps o e moontains culd be seen.

[6]Fowerty days efter att, Noah opent e windas he'd made i the airk [7]an lat oot a craa tae see gin e watters hid gaen doon, bit e bird jist flew aboot till e watters on e warl hid driet up. [8]He lat oot a doo tae see gin e watters ower e warl hid gaen ony farrer doon. [9]Bit e doo culdna fan onywye tae reest sae she cam back till him i the airk, cause e watters were aye yet ower aa e grun. He pat oot his han, teuk a haud o her an pulled her back intae the airk. [10]He wytit anither syven days an syne sent e doo oot again fae the airk. [11]She cam back aboot nichtfa wi a new-pu'ed olive leaf in her beak; sae Noah kent e watters hid gaen doon ower e warl. [12]He wytit anither syven days an lat e doo oot again, bit iss time she didna come back.

[13]Sae,it cam aboot, i the first day o e first month o his sax hunner an first ear, e watter hid driet up i the warl, an Noah teuk aff e reef o the airk an leukit oot, an saa e grun wis dryin up fine. [14]On e twinty-syventh day o e saicond month e hale warl wis dry. [15]An God said tae Noah, [16]"Come awa oot o the airk, you an yer wife an yer loons an their wives. [17]Fess oot ilka livin thing att's wi ye, livin things o ilka kyn, birds an beasts an creepie crawlies sae they mith breed an spread aa ower e warl." [18]Sae Noah cam oot, an his loons, an his wife, an his loons' wives wi him. [19]Ilka wild beast, ilka kyn o nowt, ilka bird an ilka creepie crawlie, aa cam oot o the airk.

[20]An Noah biggit an altar tae e Lord. He teuk ilka kyn o clean beast an ilka kyn o clean bird an brunt them as offerins onno the altar. [21]E Lord faun e fine yoam an said till himsel, "Nivver again will A curse e grun cause o e deeins o fowk, fooivver ill-inclined they mith be. A ken att fae e time they are young they are ill-thochtit. Bit nivver again will A kill ilka livin thing lik fit A've jist deen. [22]As lang as e warl lests, e time for shaavin an e hairst, caul an het, simmer an winter, day an nicht will nivver devaal."

CHAPTIR 9

God blisst Noah an his loons an said till them, "Mith ye hae mony bairns an full e warl wi them. [2]Aa e beasts o e warl, aa e birds i the hivvens, aathin att meeves on e grun an aa e fish i the sea will fear an dreid ye; they're aa gien inno yer hans. [3]Ilka meevin thing att lives will be maet till ye; A'll gie ye aathin jist lik A eence gied ye e green plants. [4]Bit ye maunna ett beef wi e bleed aye inno't, [5]an for your life-bleed A'll sikk a reckonin, fae ilka beast. A'll sikk it, an fae ilka body tee att takes e life o anither. [6]Faaivver skails anither's bleed will hae his ain bleed spult, cause God made man in his ain eemage. [7]Ye maun hae mony bairns an full e warl aa ower wi them. [8]God spak tae Noah an his loons, fa were wi him, [9]"Noo A mak ma tryst wi ye, an wi yer bairns att come efter ye [10]an wi aa livin things wi ye, aa birds, nowt an aa e beasts i the warl att hiv come oot o the airk. [11]A'll mak ma tryst wi ye, nivver again will aa livin beasts be deen awa wi in a spate o watter, nivver again will a spate wrack e warl." [12]An God said, "Iss is e sign o e tryst A mak atween me an you an aa e beasts o e warl for aa time:

[13]"Ma bowe A've set i the clood, e sign o e tryst atween me an e warl.[14]An fan it comes aboot att A fess a clood ower e warle a bowe will be seen i the clood.[15]Syne A'll myn on e tryst atween me an you an aa e beasts o e warl. Nivver again will e watters turn intill a spate att'll kill aa livin thing. [16]E bowe will be i the clood, an fan A see it, it'll myn ma on the ivverlestin tryst atween me an ilka livin thing i the warl." [17]God said tae Noah, "Iss is e sign o e tryst att A'll mak atween masel an ilka livin thing i the warl."

[18]Noah's loons, att cam oot o the airk, were Shem, Ham an Japheth; Ham wis e fadder o Canaan. [19]E three o them were Noah's loons, an fae them cam aa e fowk ower aa e warl.

[20]Noah, bein a fairmer, planted a vinyaird. [21]He drank some o e wine, got fu an wis lyin nyaakit inno his tent. [22]Ham, e fadder o Canaan saa his fadder nyaakit an telt his twa brithers ootside. [23]Sae Shem an Japheth teuk a coatie, pat it ower their shoothers an waalkin backlins happit their fadder's nyaakitness; their faces were turnt e tither wye sae they didna see their fadder nyaakit. [24]Fan Noah waakent up fae his boozy sleep an faun oot fit his youngest loon hid deen till him, [25]he said, "Curst be e fowk o Canaan, they'll be e peerest o ferm servants till e fowk o Shem an Japeth." [26]Syne he said, "Blisst be e Lord, e God o Shem, mith Canaan be his servant. [27]Mith God gie mair lan tae Japheth, mith he share e walth o Shem an lat Canaan be their labourer."

[28]Efter e spate, Noah lived for three hunner an fifty ear, [29]an he wis nine hunner an fifty ear aul fan he deit.

CHAPTIR 10

Iss is the ation o Noah's loons, Shem, Ham an Japheth, e sins born till them efter e spate.

[2]Japheth's loons: Gomer, Magog, Madai, Javan, Tubal, Meshech an Tiras. [3]Gomer's loons: Ashkenaz, Riphath an Togarma. [4]Javan's loons: Elishah, Tarshish, Kittim, an Rodanim. [5]They were e forebeers o e fowk fa bade alang e shores an on the isles, aa sinnert intae their ain cuntras an tongues an faimlies an ations.

[6]Ham's loons: Cush, Mizraim, Put an Canaan. [7]Cush's loons: Seba, Havilah, Sabtah, Raamah an Sabteca. Raamah's loons: Sheba an Dedan. [8]Cush wis e fadder o Nimrod fa turnt oot tae be a gey chiel. [9]He wis a foremaist hunter afore e Lord as e sayin goes, "Lik Nimrod, a gey chiel o a hunter afore e Lord." [10]At the ootset, his keengdom wis Babylon, Erech an Akkad aa i the cuntra o Shinar. [11]Fae att place he wannert ower tae Assyria an biggit Nineveh, Reoboth-Ir, Calah [12]an Resen, a muckle toon atween Nineveh an Calah. [13]Fae Mizraim cam e fowk o Lydia, Anam, Lehab, Naphtuh, [14]Pathrus, Casluh an Crete. E Philistines were come o them.

[15]Canaan wis e fadder o Sidon, his aulest loon, an o Heth [16]an o e Jebusites, the Amorites, e Girgashites, [17]e Hivites, the Arkites, e Sinites, [18]the Arvadites, e Zemarites an e Hamathites. Efter att, e Canaanite faimlies spread oot aboot [19]an they teuk in fae Sidon tae Gerar an aa e wye tae Gaza i the ae airt an aa e wye tae Sodom an Gomorrah, Admah an Zeboiim ower by Lasha. [20]Att wis Ham's loons wi their ain cuntras an faimlies an tongue an ations.

[21]Shem, Japheth's auler brither hid loons tee, e forebeers o e Hebrews. [22]Shem's loons: Elam, Asshur, Arphaxad, Lud an Aram. [23]Aram's loons: Uz, Hul Gether an Mash. [24]Arphaxad wis e fadder o Shelah an Shelah e fadder o Eber. [25]Eber hid twa loons, een wis caaed Peleg cause in his time e warl wis havvert, an e tither wis caaed Joktan. [26]Joktan wis e fadder o Almodad, Sheleph, Hazarmaveth, Jerah, [27]Hadoram, Uzal, Diklah, [28]Obal, Abimael, Sheba, [29]Ophir, Havilah an Jobab. They were aa Joktan's loons. [30]They bade i the hill cuntra oot tae the east atween Mesha an Sephar. [31]Att wis Shem's loons wi their cuntras an faimlies an tongues an ations.

[32]Att wis e faimlies o Noah's loons, cuntra bi cuntra accordin till their ation. An fae them cam aa e cuntras o e warl efter e spate.

CHAPTIR 11

Noo, at ae time e hale warl aa spak e same tongue an e same wirds. [2]As fowk wannert aboot i the east, they cam on a bit o flat grun aboot Shinar an sattlt there. [3]They said tae een anither, "Come on, an mak a puckle bricks an fire them hard." Sae they hid bricks for biggin wi, an dubs tae haud them egither. [4]Syne they said, "Fat sorra idder, we'll bigg wirsels a gran toon wi a muckle tooer wi e tap o't raxin up tae hivven, an we'll mak a name for wirsels for fear we be scattert ower aa e warl." [5]Syne e Lord cam doon tae see e toon an e tooer att they fowkies hid biggit. [6]An he said, "Here they are, ae fowk wi ae tongue an iss is jist e start o't, seen they'll be able tae dee onythin they wint. [7]Come on, we'll gyang doon an mak a mixter-maxter o their wirds an they winna ken fit een anither's sayin." [8]Sae e Lord scattert them awa fae there ower e hale warl an they stoppit biggin e toon. [9]Att's e wye it's caaed Babel cause e Lord made a babble o the spik o aa e warl. Fae there e Lord scattert fowk ower aa e warl.

[10]Iss is the ation o Shem: Shem wis a hunner ear aul an faddert Arphaxad twa ear efter e spate. [11]Shem lived five hunner ear efter he faddert Arphaxad an hid ither sins an dothers. [12]Fan Arphaxad wis five an thirty he faddert Shelah. [13]Efter he faddert Shelah, Arphaxad lived fower hunner an three ear an hid ither sins an dothers. [14]Fan Shelah wis thirty ear aul he faddert Eber. [15]Efter he faddert Eber, Shelah lived fower hunner an three ear an hid ither sins an dothers. [16]Fan Eber wis fower an thirty ear aul, he faddert Peleg. [17]Efter he faddert Peleg, Eber lived fower hunner an thirty ear an hid ither sins an dothers. [18]Fan Peleg wis thirty ear aul, he faddert Reu. [19]Efter he faddert Reu, Peleg lived twa hunner an nine ear an hid ither sins an dothers. [20]Fan Reu wis twa an thirty ear aul, he faddert Serug. [21]Efter he faddert Serug, Reu lived twa hunner an syven ear an hid ither sins an dothers. [22]Fan Serug wis thirty ear aul, he faddert Nahor. [23]Efter he faddert Nahor, Serug lived twa hunner ear an hid ither sins an dothers. [24]Fan Nahor wis nine an twinty ear aul, he faddert Terah. [25]Efter he faddert Terah, Nahor lived a hunner an nineteen ear an hid ither sins an dothers [26]Fan Terah wis syventy ear aul, he faddert Abram, Nahor an Haran.

[27]Noo iss is the ation o Terah. Terah wis e fadder o Abram, Nahor an Haran, an Haran wis e fadder o Lot. [28]Haran deit afore his fadder, Terah, in his ain toon o Ur o e Chaldees. [29]Abram an Nahor baith got mairriet. Abram's wife wis Sarai an Nahor's Milcah: she wis Haran's quine, him att wis e fadder o Milcah an Iscah. [30]Bit Sarai wis eel an nivver hid ony bairns. [31]Terah teuk his sin Abram, his gransin, Lot, Haran's loon, an his dother-in-laa, Sarai, Abram's wife an they set oot fae Ur o e Chaldees an heidit for Canaan. Bit fan they won e linth o Haran, they sattlt there. [32]Terah wis twa hunner an five ear aul fan he deit in Haran.

CHAPTIR 12

Noo, e Lord said tae Abram, "G'wa oot fae yer ain cuntra, fae aa yer ation an yer fadder's hoose tae a placie A'll shew ye. [2]An A'll mak ye a muckle nation. A'll bliss ye an mak yer name kenspeckle an ye'll be a blissin. [3]An A'll bliss them fa bliss ye an curse them fa curse ye an throwe you A'll bliss aa e cuntras o e warl.

[4]Sae Abram set oot as he'd been bidden bi e Lord, an Lot gaed wi him. Abram wis syventy-five ear aul fan he set oot fae Haran. [5]Abram teuk his wife Sarai, Lot his nefyee, aa e gear att they'd gaithert an aa e fowk they'd gotten in Haran, an they held awa tae e lan o Canaan. [6]Fan they got there, Abram traivelt throwe e cuntra till he cam tae e place caaed Shechem anent the aik o Moreh. E Canaanites were bidin there at att time. [7]E Lord appeart tae Abram an said, "A gie iss lan tae you an them fa come efter ye." Abram biggit an aaltar there tae e Lord fa hid appeart till him.

[8]Fae there he gaed awa tae e hills tae the east o Bethel an set up his tent atween Bethel tae e wast an Ai tae the east. He biggit an aaltar tae e Lord there an cried on e Lord bi name. [9]Syne Abram held on awa tae e sooth.

[10]Noo there cam tae be a wint o maet i the cuntra, sae Abram gaed doon tae Egypt an bade there for a fylie cause there wis nae maet tae be gotten far he wis. [11]As he wis comin in aboot tae Egypt, he said till his wife, Sarai, "Noo A ken ye're a bonnie quine [12]an fan the fowkies o Egypt see ye they'll say 'Att's his wife', they'll dee awa wi me an keep you livin. [13]Say till them att ye're ma sister an syne they'll trait me brawly an A'll be keepit sauf cause o you."

[14]Noo fan Abram won tae Egypt, e fowk there saa the wumman wis bonnie. [15]Een or twa o Pharaoh's coort saa her an reesed her oot tae Pharaoh, sae she wis teen till his hoose. [16]He saa Abram aa richt cause o her, an gied him sheep an owsen, asses, baith jack an jill, fee'd men an kitchie deems an camels.

[17]Bit e Lord strack Pharaoh's hoose wi mony pests cause o Sarai, Abram's wife. [18]Pharaoh cried Abram till him an said, "Fit's iss ye've deen tae ma? Fit wye did ye nae tell ma she wis yer wife? [19]Fit wis e meanin o sayin she wis yer sister, sae att A mairriet her masel? Here she is. Tak her, an get oot o iss." [20]Syne Pharaoh gied orders till his men an they sent him awa wi his wife an aa his gear.

CHAPTIR 13

Abram held north oot o Egypt wi his wife an aa his gear, an Lot tee, an cam tae e sooth o Canaan. [2]Abram wis weel aneuch aff wi beasts, wi siller an wi gowd.

[3]Fae e sooth o e cuntra he traivelt e linth o Bethel tae far he'd putten up his tent eence afore ower atween Bethel an Ai, [4]far he'd set up the aaltar e first time he cried on e name o e Lord.

[5]Lot, fa'd traivelt there wi Abram, hid sheep an beasts an tents o his ain. [6]Bit e lan cudna cairry e baith o them; they hid sae mony beasts atween them att they hid tae sattle in different places. [7]An there wis strife atween Abram's baillies an Lot's baillies. E Canaanites an Perizzites were bidin thereaboots at att time. [8]Sae Abram said tae Lot, "Dinna lat hiz nor wir baillies strive; we're aa brithers egither. [9]E hale warl's afore ye. We'll gyang wir separate wyes. Gin ee gyang tae e left han, A'll gyang tae e richt an gin ee gyang till e richt han, A'll gyang tae e left." [10]Lot leukit up an saa e weel-wattert howe o e Jordan aa e

wye tae Zoar, lik e Lord's yard or lik Egypt. Iss wis afore e Lord wrackit Sodom an Gomorrah. [11]Sae Lot plumpit for e

howe o e Jordan an teuk e left han road an they pairtit fae een anither. [12]Abram sattlt i the lan o Canaan an Lot i the toon o the howe an pat up his tents ower by Sodom. [13]Noo e fowk o Sodom were coorse cyaards an didna tak wi e Lord.

[14]Efter he'd pairtit fae Lot, e Lord said tae Abram, "Lift up yer een an tak a leuk ower fae far ye're stannin tae e north an e sooth an the east an e wast, [15]cause aa e grun ye see A'll gie tae ye, an yer fowk att come efter ye. [16]A'll mak yer fowk as mony as e grains o stew on e grun an gin ony chiel can coont them, he'll be able tae coont your fowk. [17]G'wa an waalk e linth an braidth o e lan, cause A'm gien it aa till ye." [18]Syne Abram meeved his tent an sattlt amang the aiks o Mamre in Hebron an biggit an aaltar tae e Lord there.

CHAPTIR 14

Noo, it cam aboot att waar breuk oot atween Amraphel, keeng o Shinar, Arioch, keeng o Ellasar, Kedorlaomer, keeng o Elam an Tidal, keeng o Goiim on the ae han, [2]an Bera, keeng o Sodom, Birsha, keeng o Gomorrah, Shinab, keeng o Admah, Shemeber, keeng o Zeboiim an e keeng o Bela, the een they cry Zoar, on e tither. [3]Iss last lot hid jynt up their airmies i the howe o Siddim att's noo e Deid Sea. [4]For twal ear they'd been unner e rowle o Kedorlaomer bit i the thirteenth ear they rebattit. [5]Syne i the fowerteenth ear, Kedorlaomer an his cronies cam an won ower e Rephaites in Ashteroth-karnaim, e Zuzites in Ham, the Emites in Shaveh-kiriathaim [6]an e Horites i the hill cuntra fae Seir e linth o El-paran ower as far as e roch cuntra. [7]On their wye hame, they cam by En-mishpat, noo caaed Kadesh an won ower e hale o e cuntra o the Amalekites an o the Amorites fa bade in Hazezon-tamar. [8]Syne e keengs o Sodom, Gomorrah, Admah, Zeboiim an Bela (att's noo Zoar) mairched oot an drew up their sodgers tae fecht i the howe o Siddim [9]conter Kedorlaomer, keeng o Elam, Tidal, keeng o Goiim, Amraphel, keeng o Shinar an Arioch, keeng o Ellasar: fower keengs conter five. [10]Noo e howe o Siddim wis full o tarry pits, an fan e keengs o Sodom an Gomorrah teuk tae their heels they fell inno them, bit e lave escapit tae the hills. [11]E fower keengs teuk aa e sheep an owsen o Sodom an Gomorrah an aa their gear, an held awa. [12]They teuk wi them Abram's nefyee, Lot, fa wis bidin in Sodom an aa his sheep an owsen tee. [13]Bit ae lad escapit an cam an telt Abram, e Hebrew fa wis bidin i the howe o Mamre the Amorite. Iss Mamre wis e brither o Eshcol an Aner, fa were cronies o Abram. [14]Fan Abram got tae hear att his freen hid been teen, he cried egither aa e fechtin men in his hoose, three hunner an auchteen in aa, an chased them e linth o Dan. [15]Abram set oot his men intae boorachies an set on the innemy at nicht, an chased them e linth o Horeb, tae e north o Damascus. [16]Syne he teuk back aa e sheep an owsen, an his nefyee, Lot wi his sheep an owsen, wi aa the weemen an e tither chiels fa'd been teen.

[17]Efter gettin e better o Kedorlaomer an his cronies, e keeng o Sodom cam oot tae meet him i the howe o Shaveh, noo caaed e keeng's howe, fan he wis makkin his wye hame. [18]Syne Melchizedek, keeng o Salem, brocht maet an wine. He wis e priest o God maist heich, [19]an said iss blissin ower Abram, "Blisst be Abram bi God maist heich, fa made hivven an earth, [20]an blisst be God maist heich, fa his gien ye victory ower yer innemies." An he gied him a tithe o aa e gear he'd teen.

[21]E keeng o Sodom said tae Abram, "Gie me e fowk, an ee can tak e gear." [22]Bit Abram said tae e keeng o Sodom, "A lift up ma han tae e Lord God maist heich, fa made hivven an earth, [23]nae a threid nor a pint will A tak fae onythin att's yours. Syne ye'll nivver say, "I made Abram walthy." [24]Aa A'll tak is fit e loons hiv etten an e pairtin o e men fa gaed wi ma. Aner, Eshcol an Mamre will hae their pairtin.

CHAPTIR 15

Efter iss, e wird o e Lord cam tae Abram in a veesion. [2]He said, "Dinna be feart, Abram, A'll haud ye fae aa ill an gie ye muckle honour." [3]An Abram said, "Lord God, fit can ye gie ma, cause A hiv nae bairns an e lad att'll faa heir tae aa A hiv is Eliezer o Damascus?" [3]An Abram spak on sayin, "Ye've gien ma nivver the ae bairn an sae ma heir maun be a slave born in ma ain hoose." [4]Syne e wird o e Lord cam till him, iss gait, "Att lad winna be yer heir, yer heir will be yer ain loonie." [5]E Lord teuk him ootbye an said till him, "Leuk up intill e hivvens an coont e stars an ye culd. Them fa come efter ye will be jist as mony." [6]Abram pat his faith i the Lord, an cause o att, e Lord wis teen wi him an accepit him. [7]He said till him, "A'm e Lord fa brocht ye oot o Ur o e Chaldees tae gie ye iss lan tae bide in." [8]Abram said, "O Lord God, fit wye can A be seer A'll bide inno't?" [9]E Lord said till him, "Fess ma a three-ear aul quake, a three-ear aul nanny goat, a three-ear aul ram, a cushie doo an a squaab." [10]He brocht him aa iss, havvert e beasts doon e middle an laid e bitties side bi side, bit he didna havver e birdies. [11]An fan e haawks cam in aboot tae rive at e carcages, Abram hished them awa. [12]Syne, i the gloamin, Abram fell inno a dwaam an a muckle fear cam onno him. [13]E Lord said tae Abram, "Ye can be seer, them fa come efter ye will be fremt in a foreign cuntra, they'll be teen as slaves an be sair tiraneesed for fower hunner ear. [14]Bit A'll gie a licken tae att cuntra an they'll come oot o't wi muckle walth. [15]You yersel will gyang back till yer fadders in peace an will live till a ripe aul age, [16]an e fowerth ation will come back here cause att's fan A'll see tae gien the Amorites their dyows." [17]E sin gaed doon an e mirk cam an there appeart a reekin bowie an a bleezin clavie, gyan up an doon atween e havvert beasts. [18]Att verra day e Lord made a tryst wi Abram, sayin, "Tae them fa come efter ye, A gie iss lan, fae e River o Egypt tae e muckle River, the Euphrates, [19]e lan o e Kenites, e Kenizzites an e Kadmonites, [20]e lan o the Hittites, e Perizzites an e Rephaites, [21]e lan o the Amorites, e Canaanites, e Girgashites an e Jebusites."

CHAPTIR 16

Abram's wife Sarai didna hae nae bairns till him. Noo, she hid an Egyptian kitchie deem caaed Hagar, [2]an she said tae Abram, "See foo e Lord his held ma fae haein ony bairns, g'wa an coorie doon wi e kitchie deem an see gin she'll hae a bairnie for ma." Abram teuk wi Sarai's protick, [3]sae Sarai, Abram's wife teuk her kitchie deem, Hagar the Egyptian, an gied her tae Abram as his wife. Iss cam aboot efter Abram hid been in Canaan for ten ear. [4]He lay wi Hagar an got her i the faimly wye, an fan she saa she wis expeckin, she teuk an ill will at her mistress. [5]Sarai said tae Abram, "It's your wyte att Hagar his teen an ill will at ma, A gied ye ma kitchie deem intill yer airms, bit since she faun oot she wis i the faimly wye she's thocht lichtfu o ma. Mith e Lord see att richt's deen atween you an me." [6]Bit Abram said tae Sarai, "Ee're mistress tae e kitchie deem, dee fit ye like wi her." Sae Sarai malagaroosed her an she ran awa.

[7]The angel o e Lord faun her anent a watterins i the roch cuntra on e wye tae Shur, [8]an he said, "Hagar, kitchie deem tae Sarai, far hiv ye come fae an far are ye gyan?" She answert, "A'm rinnin awa fae ma mistress, Sarai." [9]The angel o e Lord said till her, "G'wa back till yer mistress an jist pit up wi her." [10]Syne he said, "A'll gie ye sae mony descendants, naebody will be fit tae coont them." [11]An the angel gaed on "See, ye're i the faimly wye an ye'll hae a loonie an caa him Ishmael, cause e Lord his heard o e wye ye've been ill traitit. [12]He'll be a wild cuddy o a chiel, he'll conter aabody an aabody will conter him an he'll be at loggerheids wi aa his ain fowk." [13]She caaed e Lord att wis spikkin till her, A God fa Sees, cause she said, "Hiv A really seen God an lived tae tell e tale?" [14]Att's e wye e watterins is caaed "E waallie o e Livin Een fa Sees Ma." It lies atween Kadesh an Bered.

[15]Hagar hid a wee loonie tae Abram, an he caaed e bairnie Ishmael. [16]Abram wis auchty-sax ear aul fan Hagar hid Ishmael.

CHAPTIR 17

Fan Abram wis ninety-nine ear aul, e Lord appeart till him an said, "A'm the Almichty God, waalk afore ma an aye dee fit's richt, [2]an A'll mak a tryst atween hiz tae gie ye mony descendants." [3]Abram flang himsel doon on his face an God spak wi him, sayin, [4]"A mak iss tryst wi ye: A promise ye, ye'll be e fadder o mony nations. [5]Ye winna be caaed Abram ony laanger, bit Abraham [6]cause A'll mak ye e fadder o mony cuntras. An some o them fa come efter ye will be keengs. [7]An A'll set up ma tryst atween hiz an yer fowk fa come efter ye in aa their ginnerations: an ivverlestin tryst tae be yer God, an God tae them fa folla ye. [8]An A'll gie ye, an them fa folla ye, e cuntra far ye're fremt enoo, aa e lan o Canaan for ivver, an A'll be God till them.

[9]God said tae Abraham, "Ye'll keep ma tryst syne, you an them fa come efter ye in their ginnerations. [10]Iss is ma tryst att ye'll keep, atween hiz an them fa come efter ye: ilka loonie amo ye will be circumceesed. [11]Ye'll circumceese e flesh o yer foreskin an it'll be a mark o e tryst atween hiz. [12]Ilka loonie amo ye fan he wins tae aucht days aul will be circumceesed in ilka ation shuld he be born o yer ain clan or bocht wi yer siller. [13]Circumceese baith them born tae yer ain clan an bocht wi yer siller, sae ma tryst will be in yer flesh as an ivverlestin tryst. [14]An e chiel fa's nae circumceesed, him fa hisna hid his foreskin cuttit aff, will himsel be cuttit aff fae his ain fowk cause he's breuken ma tryst."

[15]An God said tae Abraham, "As for Sarai, yer wife, ye winna caa her Sarai, bit she'll be caaed Sarah. [16]A'll bliss her an gie her a loonie bi ye. A'll bliss her an she'll be e mither o nations. Keengs an cuntras will come o her." [17]Syne Abraham flang himsel doon on his face an leuch an said till himsel, "Can a loonie be born till a chiel fa's a hunner ear aul? Can Sarah hae a bairn fan she's ninety?" [18]An Abraham said tae God, "O bit wid ye nae gie Ishmael yer blissin?" [19]God said, "Na, na. Yer wife Sarah will hae a loon till ye an ye'll caa him Isaac. A'll keep ma tryst wi him, ay an ivverlestin tryst wi him an aa them fa come efter him. [20]A hear fit ye're sayin aboot Ishmael. A'll bliss him an gar him hae mony bairns tee. He'll fadder twal princes an A'll reese a muckle cuntra fae him. [21]Bit A'll keep ma tryst wi yer loonie, Isaac, fa Sarah will hae till ye iss time neist ear." [22]Fan God wis throwe spikkin tae Abraham, he gaed awa up an left him.

[23]E verra same day as God hid been spikkin till him, Abraham teuk Ishmael an aa them fa were born tae his ain clan an aa them he'd bocht, ilka last chiel amo them an cuttit aff their foreskins, jist as God hid telt him tae dee. [24]Abraham wis ninety-nine ear aul fan he wis circumceesed [25]an Ishmael wis thirteen ear aul. [26]They were baith circumceesed on e same day, [27]an aa e chiels i the clan, born there or bocht in wi siller fae oot aboot were circumceesed wi them.

CHAPTIR 18

E Lord appeart tae Abraham anent the aiks o Mamre, as he wis sittin i the door o his tent i the heat o e day. [2]He leukit up an saa three mannies stannin ower by. Fan he saa them he teuk rinnin ower fae e door o his tent tae meet in wi them an booed laich tae e grun. [3]Says he, "Gweedsirs, gin A've faun faavour wi ye, dinna haud by ma hame athoot cryin in by tae see ma. [4]Lat ma sen for some watter tae waash yer feet an hae a wee ristie aneth a tree. [5]Lat me get a moofu o maet for ye, tae haud ye gyan. Syne ye can haud on e wye ye were gyan fan ye cam by me, yer servant, here." An they said till him, "Fairly att, jist dee as ye've said."

[6]Abraham gaed fleein intill e tent tae Sarah, an said, "Tak three mizzours o yer gweed flooer, knead it an mak some scones wi't as fest as ye can." [7]Syne Abraham gaed rinnin ower tae e beasts, seleckit a calfie

att wis tenner an fat an gied it ower tae een o e men tae mak it riddy. [8]He teuk ream an milk an e calfie att he'd

made riddy, set it afore them an wytit on them as they were ettin aneth e tree. [9]They speirt at him far Sarah, his wife, wis. "She's ower i the tent," he said. [10]Een o them said, "A'll be seer tae come back tae see ye in nine month time, an wyte an see, yer wife, Sarah, will hae a wee loonie." Noo, Sarah wis stannin ahin him i the tent door an heard iss.

[11]Noo, Abraham an Sarah were gettin on a bittie, an Sarah wis by e time for haein bairns. [12]Sae Sarah leuch till her sel, "Noo att A'm aul an deen, jist lik ma man, will A still hae sic pleesure?" [13]E Lord said tae Abraham, "Fitna wye did Sarah lauch an say, 'Can a really hae a bairn fan A'm iss aul?' [14]Is onythin impossible for e Lord? Jist as A said, in nine month fae noo, A'll come back an Sarah will hae a wee loonie." [15]Syne Sarah telt a lee, cause she wis feart. "A didna lauch," she said. Bit he said till her, "Ay ye did! Ye leuch."

[16]E chiels gat up tae leave an leukit doon tae Sodom, an Abraham gaed a bittie wi them on their road.

[17]An e Lord teuk a thochtie till himsel, "Will A hide fae Abraham fit A'm gyan tae dee? [18]Abraham will seerly turn oot a great an pooerfu cuntra, an aa ither cuntras o e warl will pray tae be blisst e same wye as he is. [19]A've leukit efter him sae att he'll gar his bairns an his fowk comin efter him haud in wi e wyes o e Lord an dee fit's richt an jeest, sae att A'll see att ma tryst wi him will come aboot." [20]Syne e Lord said, "There's an affa stushie gyan on aboot Sodom an Gomorrah; their ill-deeins are oot o han. [21]A maun gyang doon an see for masel gin things are as bad as fowk are sayin. Gin it's nae, weel, A'll ken aboot it." [22]E chiels turnt an held awa for Sodom, bit Abraham bade, stannin afore e Lord. [23]Syne Abraham gaed ower till him an said, "Will ye dee awa wi e gweed livin as weel as the coorse? [24]Supposin there's fifty gweed livin fowk i the toon, will ye really swipe e hale jing bang awa an nae spare e place for e sake o e fifty gweed livin? [25]Far be it fae ye tae dee siccan a thing, tae dee awa wi e gweed an e coorse igither, traitin them eexie-peexie. Far be it fae ye. Will e jeedge o e warl nae dee fit's richt?" [26]E Lord said, "Gin A fin fifty gweed livin fowk i the toon, syne A'll spare e place for their sake." [27]An Abraham answert, "Noo att A've been sae croose as tae spik oot tae e Lord, me, fa's jist stew an aise, [28]fit gin e nummer o gweed livin fowk is five scrimp o e fifty? Will ye mak a crockaneetion o e place for wint o five?" An he said, "Gin A fin five an fowerty, A winna dee't." [29]Abraham spak oot again, "Supposin ye can fin fowerty?" An he said, "Na, for fowerty A winna dee't." [30]Syne Abraham said, "Dinna be raised wi ma, Lord, gin A spik oot again, bit supposin thirty can be faun there?" He answert, "Gin A fin thirty there, A winna dee't." [31]Abraham gaed on, "Noo att A've been sae croose tae spik tae e Lord, fit gin there's twinty can be faun there?" He answert, "For e sake o twinty A winna mak a crockaneetion o't." [32]Abraham said, "A wid prig wi ye nae tae be raised wi ma, Lord, gin a spik oot eence mair, supposin ten can be faun there?" He said, "For e sake o ten A winna dee't." [33]Fan e Lord wis throwe newsin tae Abraham, he held awa an Abraham gaed awa back hame.

CHAPTIR 19

E twa angels won e linth o Sodom or nicht, an Lot wis sittin i the yett o e toon. Fan he saa them he reese up tae meet them, an he booed his heid tae e grun. [2]Says he, "Ma lords, come awa tae ma wee hoosie an get yer feet waashen an bide e nicht. Ye can haud on yer road i the mornin." "Na, na," says they, "we'll jist spen e nicht i the squaar." [3]Bit he threepit wi them tae sic a linth att i the hinnerein, they gaed wi him till his hoose. He made their supper till them, bakin bannocks wi nae barm, an they ett it up. [4]Afore bed time, chiels fae aa roon aboot e toon, ilka last man fae Sodom, young an aul, surroonit e hoose. cried tae

Lot, "Far are e chiels att cam in till yer hoose e nicht? Fess them oot sae we can hae wir wye wi them." [6]Lot gaed oot till them, caa'in tee e door ahin him [7]an said, "Na, na, ma freens, dinna dee iss ill thing. See noo, [8]A hiv twa dothers fa hiv nivver lain wi a man, lat ma fess them oot till ye an ye can dee fit ye wint wi them, bit dinna dee ony ill till iss twa chiels, cause they've come aneth e lythe o ma reef." [9]"Get oot o wir road," they said. An syne, "Iss lad is jist an incomer an noo he's tellin hiz fit tae dee. We'll dee him mair ill nor we did tae them." They crooded in on Lot an birzed in aboot tae braak doon e door, [10]bit e gweed chiels inside raxed oot an pulled Lot back intill e hoose an caaed tee e door. [11]Syne they strack e chiels fa were at e door o e hoose, young an aul, wi blinness sae att they culdna fin e door.

[12]E twa chiels said tae Lot, hiv ye ony ither body aboot e place, sins-in-laa, sins, dothers or ony ither freen o yours i the toon? Get them oot o here [13]cause we're gyan tae fess crockaneetion on iss place. The ootcry agin e Lord fae here is sae great att he's sent hiz tae mak a richt crockaneetion o't."

[14]Sae Lot gaed oot an spak tae his dothers' lads, them fa were gyan tae be his sins-in-laa. He said, "Hist ye oot o here, e Lord's gyan tae mak a crockaneetion o iss toon." Bit they thocht he wis jist funnin. [15]As day breuk, the angels o e Lord said tae Lot, "Hist ye noo, tak yer wife an yer twa dothers, fa are here, or ye'll be swypit awa fan e toon gets its comeuppance. [16]As he dauchlt, e chiels laid haud o his han an e hans o his wife an his twa dothers an led them oot o the toon, cause e Lord wis mercifu till them. [17]Eence they'd brocht them oot, een o e chiels said, "Tak oot o here for e sake o yer lives, dinna leuk back an dinna stop naewye i the howe, haud up till e moontains, else ye'll be swypit awa."

[18]Bit Lot said till them, "Oh, dinna tell ma, Sirs, [19]ye've leukit weel on ma, yer servant, an ye've been gweed till ma, sparin ma life, bit A canna rin awa till e moontains for fear A be owerteen bi some crockaneetion an A'll dee o't. [20]See noo, fit aboot iss wee toonie ower by? A culd rin there – it's nae verra big – an save ma life."

[21]He said till him, "Aa richt. A'll lat ye hae fit ye're sikkin. A winna tak att place throwe e mull. [22]Bit hist ye there cause A canna dee naethin or ye win att linth." Att's e wye e place is caaed Zoar. [23]Bi e time Lot hid won e linth o Zoar, e sin wis up [24]an e Lord brocht doon het brimsteen fae oot o e hivvens on e toons o Sodom an Gomorrah. [25]He dung doon att twa toons an aa e howe tee alang wi aabody fa bade there, an aathin att wis growin i the grun. [26]Bit Lot's wife leukit back an she turnt intill a pillar o saut.

[27]Airly e neist mornin, Abraham raise an gaed tae e place far he steed afore e Lord. [28]He leukit ower tae Sodom an Gomorrah an teuk in e hale howe an he saa thick reek yoamin up fae e lan, lik e reek o a furnace. [29]Sae, fan God dang doon e toons o e howe, he mynt on Abraham an brocht Lot oot o e mineer att he made i the toons far Lot hid been bidin.

[30]An Lot gaed up oot o Zoar an sattlt i the moontains wi his twa dothers cause he wis feart tae bide in Smaa. He bade wi his twa dothers in a cave. [31]The aulest een said tae e tither, "Wir fadder's aul an there's nae man hereaboots tae lie wi hiz as is e wye ower aa e warl. [32]Come on, we'll get wir fadder fu wi wine an we'll lie wi him an cairry on e faimly line throwe wir fadder. [33]Att nicht they fullt their fadder fu wi wine an the aulest dother lay wi him. An he kent naethin aboot it naither fan she lay doon nor fan she got up. [34]Neist day,the aulest een said tae e youngest een, "A lay wi ma fadder yestreen. We'll gar him drink wine e nicht anaa, an ye can gyang in an lie wi him sae we mith cairry on e faimly line throwe wir fadder." [35]Sae they garrt their fadder drink wine att nicht tee an e youngest een gaed an lay wi him, an he kent naethin aboot it, naither fan she lay doon nor fan she got up. [36]Sae baith Lot's dothers got i the faimly wye bi their fadder. [37]The aulest een hid a sin an caaed him Moab: he wis e fadder o aa e clan o e Moabs. [38]E youngest dother hid a loonie tee, an she caaed him Ben-Ammi. He wis e fadder o e clan Ammon.

CHAPTIR 20

Noo, Abraham held awa sooth fae there an sattlt atween Kadesh an Shur. For a fylie, he bade in Gerar, [2]an fan he wis there held oot att his wife Sarah wis his sister. An Abimelech, e keeng o Gerar sent for Sarah an teuk her. [3]Bit ae nicht, God cam tae Abimelech in a dream an said till him, "Ye're as gweed as deid, cause e wumman ye've teen is mairriet." [4]Noo, Abimelech hidna been near han her, sae he said, "Lord, will ye dee awa wi a chiel fa's deen nae wrang? [5]Didna he say tae me, 'She's ma sister', an didna she say, 'He's ma brither'? Ma conscience is clear an ma hans are clean o't." [6]Syne God said till him in his dream, "A ken ye did iss wi a clear conscience an sae, A've keepit ye fae commitin ony ill agin ma, an att's e wye A garrt ye nae touch her. [7]Noo, gie e lad his wife back cause he's a prophit, he'll pray for ye an ye'll live; bit gin ye dinna gie her back, ye can be seer you an aa yours will dee."

[8]Sae Abimelech rose airly e neist mornin an cried in aa his servants, an fan he telt them e hale tale, they were terrifiet. [9]Syne Abimelech cried in Abraham an said, "Fit hiv ye deen tae hiz? Fit hiv A deen tae misfit ye att ye've fessen iss muckle shame on hiz an wir cuntra? Ye've deen things tae ma att shuld nivver hae been deen." [10]Abimelech said tae Abraham, "Fit wis yer rizzon for deein iss?" [11]Abraham answert, "A thocht tae masel, 'There's nae fear o God in iss place, an they'll kill ma tae get their hans on ma wife.'[12]An forbye, she is ma sister, ma fadder's quine, bit nae ma mither's an she becam my wife. [13]Sae fan God garrt ma wanner awa fae ma fadder's hoose, A said till her, 'Iss is foo ye can shew yer luv for ma, aawye we gyang say o ma, "he's ma brither."'" [14]Syne Abimelech brocht sheep an beasts an male an female slaves an gied them tae Abraham an gied him his wife, Sarah, back tee. [15]An Abimelech said, "Ma cuntra is afore ye, sattle far ivver ye like." [16]Tae Sarah he said, "A'm gien yer brither a thoosan bitties o siller. Iss is tae mak up for ony offince A've caused ye an sae yer fowk will turn a blin ee on't an nae think ill o ye."

[17]Syne Abraham prayed tae God, an God made Abimelech an his wives an slave-quines aa richt sae att they culd hae bairns again, [18]cause e Lord hid made ilka wumman in Abimelech's hoose eel, cause o Abraham's wife, Sarah.

CHAPTIR 21

Noo, e Lord wis gweed tae Sarah an did fit he hid promist her. [2]Sarah got i the faimly wye an hid a loonie tae Abraham in his aul age, at e verra time God hid promist. [3]An Abraham gied e name o Isaac tae e sin Sarah hid till him. [4]Fan his sin Isaac wis aucht days aul, Abraham circumceesed him, jist as God hid garrt him dee. [5]Abraham wis a hunner ear aul fan his sin, Isaac, wis born.

[6]Sarah said, "God his garrt ma lauch an aabody fa hears aboot iss will lauch wi ma." [7]Syne she said, "Fa wid ivver hae said tae Abraham att Sarah wid hae a bairn at her breist? Yet, A've hid a loonie till him in his aul age."

[8]E bairnie grew an wis weant, an e day he wis weant, Abraham threw a gran pairty. [9]Bit Sarah saa e sin fa Hagar the Egyptian hid hid tae Abraham, lauchin att Isaac,[10]an she said tae Abraham, "Get rid o att slave wumman an her loon, cause att slave wumman's loon will nivver faa heir till yer gear wi my sin Isaac." [11]Abraham wis sair come att, cause o his sin. [12]Bit God said till him, "Dinna be vexed on accoont o e bairn an e slave quine. Pey heed tae fit Sarah tells ye, cause it's throwe Isaac yer affspring will be coonted. [13]Bit A'll mak e sin o e slave quine intill a nation anaa, cause he's your bairn."

[14]Abraham reese airly neist mornin an teuk a loaf an a bottle o watter an gied it tae Hagar. He set them on her shoothers an sent her awa wi e loon. Awa she gaed an wannert aboot i the roch cuntra o Beer-Sheba. [15]Fan e watter i the bottle ran dry, she keest e bairn aneth a buss. [16]She held awa ower a bittie an sat doon, aboot a bow-shot awa, cause she thocht, "A canna waatch e loonie dee." An as she sat there she hid a wee greet till hersel.

[17]God heard e loonie greetin an the angel o God cried oot fae hivven tae Hagar an said, "Fit's adee, Hagar? Dinna be feart, God his heard e loonie greetin as he's lyin there. [18]Reese him up an tak his han cause A'll mak him intill a muckle nation." [19]Syne God opent her een an she saa a waalie o watter, sae she gaed an fullt e bottle o watter an gied e loonie a drink. [20]An God wis wi e lad as he grew up. He dwallt i the roch cuntra an turnt oot an aircher. [21]Fan he wis bidin i the roch cuntra o Paran his mither faun a wife for him fae Egypt.

[22]Noo, roon aboot att time, Abimelech an his airmy general, Phicol, spak tae Abraham an said till him, "God's wi ye in aathin ye dee. [23]Noo sweer tae ma, here afore God, att ye'll hae nae joukery packery in yer dealins wi me nor ma bairns nor them att come efter them. As A've deen weel bi you, ye'll dee weel bi me an aa e cuntra ye've come tae bide in as fremt." [24]An Abraham said, "A'll fairly sweer tae att." [25]Syne Abraham teuk throwe han wi Abimelech aboot a waalie o watter att Abimelech's men hid nabbit. [26]An Abimelech said, "A dinna ken fa did sic a thing. Ye nivver telt ma aboot it, iss is e first A've heard o't." [27]Sae Abraham teuk sheep an beasts an gied them tae Abimelech, an they baith made a tryst wi een anither. [28]Abraham cuttit syven yowe-lambs fae his flock [29]an Abimelech speirt at Abraham, "Fit wye hiv ye cuttit att syven lammies fae e flock an set them ower bi themsels?" [30]He answert, "Ye'll tak iss syven yowe-lambs as a sign att I howkit iss waalie." [31]Efter att e place wis caaed Beersheba cause e twa chiels swore an aith there. [32]Efter they'd sattlt e tryst at Beersheba, Abimelech an Phicol, his general, gaed back tae e lan o e Philistines. [33]Abraham plantit a widdie at Beersheba an cried on e name o e Lord, the ivverlestin God. [34]Abraham bade i the cuntra o e Philistines for mony a year.

CHAPTIR 22

A fylie efter att, God tried Abraham oot. He said till him, "Abraham!" "A'm here," he said. [2]An God said, "Tak yer sin, yer ae sin, Isaac, fa ye loo weel, an gyang intill e cuntra o Moriah. Gie him up there for a brunt-offerin on een o e moontains att A'll pint oot till ye." [3]Sae Abraham reese airly e neist mornin, saddlt his cuddy an teuk twa o his men an his sin, Isaac, wi him. He hackit some sticks for e brunt-offerin an set oot for e place God hid telt him aboot. [4]It wis three days efter fan Abraham leukit up an saw e place ower by. [5]Abraham said till his men, "Wyte here wi e cuddy or I gyang ower there wi e loon. We'll hae a moofu o a prayer an syne we'll come back till ye. [6]An Abraham teuk e bunnle o sticks for e brunt-offerin an pat it on his sin, Isaac's shoother, an he carriet e fire an e gullie, an e twa o them held awa egither. [7]Isaac speirt at his fadder Abraham, "Fadder?" "Ay ma loon?" said Abraham. "E fire an e sticks are here," said Isaac, "bit far aboot's e lammie for e brunt-offerin?" [8]Abraham answert, "God himsel will provide a lammie for e brunt offerin, ma loon." An e twa o them gaed on egither. [9]Fan they won till e place God hid telt him aboot, Abraham biggit an aaltar an set oot e sticks. [10]He bun up his sin Isaac an laid him onno the aaltar on tap o e sticks. [11]Abraham raxed oot his han an teuk haud o e gullie tae slauchter Isaac. An angel o e Lord cried oot till him fae hivven, "Abraham! Abraham!" "A'm here," he answert. [12]An he said, "Dinna lay a finnger onno e lad. Dinna touch him. Noo A ken att ye fear God, seein as ye didna haud back yer loonie, yer ae loonie fae ma." [13]Abraham leukit up an saa a ram catcht bi e horns in a fun buss. Sae he gaed an teuk e ram an sacrifeeced it as a brunt offerin insteid o his sin. [14]Sae Abraham caaed e place "E Lord will Provide." An tae iss verra day e sayin goes, "I the moontain o e Lord it will be provided."

[15]The angel o e Lord cried tae Abraham fae hivven for a saicond time [16]an said, "A sweer bi ma sel, says e Lord, att cause ye've deen iss an hinna held back yer sin, yer ae sin, [17]I will bliss ye an mak yer descendants as mony as e stars i the lift an as e san on e shore. Yer descendants will tak e toons o their faes [18]an throwe yer bairns an yer bairns' bairns aa cuntras i the warl will be blisst, cause ye've deen fit A bad ye dee."

[19]Syne Abraham held back tae far his men were, an they set aff egither for Beersheba, an Abraham sattlt in Beersheba.

[20]A fylie efter att, wird cam tae Abraham "Milcah his hid sins tae yer brither Nahor: [21]Uz is the aulest an Buz his brither, an Kemuel e fadder o Aram, [22]Kesed, Hazo, Pildash, Jidlaph an Bethuel." [23]Bethuel wis e fadder o Rebekah. Milcah hid iss aucht sins tae Abraham's brither Nahor. [24]His bidie-in, fa wis caaed Reumah, hid sins tee: Tebah, Gaham, Tahash an Maacah.

CHAPTIR 23

Sarah lived for a hunner an twenty-syven ear. [2]She deit at Kiriath-Arba (att's Hebron) i the cuntra o Canaan, an Abraham gaed tae moorn for Sarah an greet ower her. [3]Syne Abraham reese up fae e side o his deid wife an spak tae the Hittites. [4]Says he, "A'm nae fae hereaboots an hae sattlt amo ye; gie ma aneuch lan for a grave sae att A mith beery ma deid." [5]The Hittites answert Abraham, [6]"Hearken tae fit we hiv tae say till ye. Ye're a gey prince amo hiz. Beery yer deid i the best o wir graves. Neen o hiz will refeese tae lat ye beery yer deid in his grave." [7]Syne Abraham reese up an booed doon afore e fowk o att cuntra, the Hittites. [8]He said till them, "Gin ye be willin tae lat ma beery ma deid, syne hearken till ma an hae a wirdy wi Ephron, Zohar's sin for ma [9]tae see gin he'll lat ma hae e cave o Machpelah, att he ains ower at the ein o his parkie. Speir att him tae sell it till ma at vailyeeation as a beerial place amo ye." [10]Ephron the Hittite wis sittin wi his ain fowk an gied iss answer afore the Hittites att hid come till e yett o his toon, [11]"Na, ma lord, hearken tae ma. A'll gie ye e parkie for naethin an e cave tee. A gie it tae ye afore aa ma fowk. G'wa an beery yer deid." [12]Abraham booed doon afore e fowk o att cuntra [13]an spak tae Ephron far aabody culd hear "Gin ye're thinkin o giein it tae ma for naethin, hearken tae ma. A'll gie ye e full price o't, tak it sae A mith beery ma deid there." [14]Ephron answert Abraham, [15]"Hearken tae ma, ma lord, e grun's wirth fower hunner shekels o siller, fit's att atween you an me? G'wa an beery yer deid." [16]An Abraham agreed tae e deal an weyed oot for him the amoont att Ephron hid said afore aa the Hittites, fower hunner shekels o siller, gweed mizzour. [17]Sae Ephron's parkie in Machpelah, ower by Mamre – baith e parkie an e cave att wis inno't, an aa e trees roon e sides o't – [18]were made ower tae Abraham afore aa the Hittites fa hid come till e yett o e toon. [19]Efter att, Abraham beeriet his wife Sarah i the cave i the parkie at Machpelah ower by Mamre (att's Hebron) i the cuntra o Canaan. [20]Sae e parkie an e cave inno't were made ower tae Abraham bi the Hittites as a beerial place.

CHAPTIR 24

Bi noo, Abraham wis aul an gettin on in ears an e Lord hid blisst Abraham in aa he did. [2]Abraham said till his grieve, fa wis in chairge o aa, "Pit yer han aneth ma hough. [3]A wint ye tae sweer bi e Lord, e God o hivven an e God o e warl att ye winna get a wife for ma sin fae e dothers o e Canaanites fa A dwall amo. [4]Bit ye'll gyang tae ma ain cuntra an ma ain fowk an get a wife for ma sin, Isaac." [5]E grieve speirt at him, "Bit fit gin e wumman isna willin tae come back here wi ma? Shuld A tak yer sin tae e lan ye cam fae tae here?" [6]An Abraham said till him, "Mak seer ye dinna tak ma sin back there. [7]E Lord God o hivven, fa teuk ma fae ma fadder's hoose an fae e lan o ma ain fowk, fa spak tae ma an trysted wi ma, sayin, 'A'll

25

gie iss lan till yer affspring,' – he'll sen his angel afore ye an ye'll get a wife fae there for ma sin. [8]Gin e wumman isna willin tae come back wi ye, ye'll be lowsed fae iss aith o mine, jist dinna tak ma sin back there again." [9]Sae e grieve pat his han aneth e hough o his maister Abraham an swore the aith aboot e metter.

[10]Syne e grieve teuk ten o his maister's camels an held awa, wi aa kyn o hansels fae his maister. He gaed up an awa tae Mesopotamia an e toon o Nahor. [11]He garrt his camels gyang doon on their knees near a watterins ootside e toon, weerin on for nicht, aboot e time e weemenfolk gyang oot tae draa their watter. [12]Syne he prayed, "O Lord God o ma maister Abraham, I prig wi ye tae lat aathin gyang aa richt e day, an shew couthieness tae ma maister Abraham. [13]See, A'm stannin anent iss watterins an aa e quines o e toon are comin oot tae draa watter. [14]Lat it be att fan A say till a quine, 'Set doon yer jarrie an gie's a drink,' she'll say, 'Drink, an A'll gie yer camels a drinkie tee.' An lat att be e quine ye've seleckit for yer servant Isaac. An att's e wye A'll ken ye've shewn couthieness tae ma maister."

[15]Noo it cam aboot, afore he wis throwe spikkin, Rebekah cam oot wi her jarrie on her shoother. She wis e dother o Bethuel, Milcah's loon, her att wis e wife o Abraham's brither, Nahor. [16]Noo she wis a richt bonnie quine, an she'd nivver lain wi a man. She gaed doon till e watterins, fullt her jarrie an cam back up. [17]E grieve ran ower tae meet her an said, "Set doon yer jarrie an gie's a drink." [18]An she said, "Drink, ma lord," an wisna slaw in takkin doon e jarrie intill her han an giein him a drink. [19]An fan he wis throwe wi e drinkin, she said, "A'll draa watter for yer camels tee till they hiv suppt their full." [20]An she histit on, teemed her jarrie intill e troch an ran back till e watterins tae draa mair watter, aneuch for aa his camels. [21]Wi nivver a wird, e chiel waatcht her, winnerin gin e Lord hid made his traivel a success. [22]Fan e camels were throwe drinkin, e chiel teuk oot a gowden nose-ring weyin half a shekel an twa bangles for her airm weyin ten shekels o gowd. [23]Syne he speirt, "Fas quine are ee? Tell ma, is there room in yer fadder's hoose for hiz tae ludge?" [24]An she said till him, "A'm e dother o Bethuel, Milcah's loon fa she hid tae Nahor." [25]Syne she said, "We've plinty strae an maet an room for ye tae ludge in." [26]Syne e chiel booed doon his heid afore e Lord. [27]An he said, "Blisst be e Lord God o ma maister, Abraham, fa hisna forsaken his gweedness an lealty tae ma maister, cause A've been led bi e Lord till e hoose o ma maister's fowk." [28]E quine ran an telt aabody in her mither's hoose fit hid happent.

[29]Noo, Rebekah hid a brither caaed Laban an he hurriet oot tae e chiel at e waalie. [30]An fan he saa his sister's nose-ring an e bangles on her airms an hearkent tae fit his sister wis sayin aboot fit e mannie hid telt her, he gaed oot tae e chiel an faun him stannin anent his camels at e waalie. [31]"Come awa in," he said, "ye fa are blisst bi e Lord. Fit are ye stannin ootside for? A've made e hoose riddy for ye an a placie for e camels tee." [32]Sae e chiel gaed in till e hoose an e gear wis teen affo e camels an they were gien strae an maetit. Watter wis fessen for him an e men tae waash their feet. [33]An there wis maet set oot for him tae ett, bit he said, "A winna ett till A've telt ye ma eerin." "Spik up, syne," said Laban. [34]Sae he telt them, "A'm Abraham's grieve. [35]E Lord his brocht muckle blissin tae ma maister, fa's turnt oot a gey chiel. He's gien him flocks, an hirds, an siller, an gowd, an men, an deems, an camels an cuddies. [36]An Sarah, ma maister's wife hid a wee loonie till him fan she wis gettin on in ears, an he's gien him aathin he ains. [37]Ma maister garrt ma sweer an aith, sayin, 'Ye winna tak a wife for e loon fae amo e dothers o e Canaanites, fas cuntra A bide in, [38]bit ye'll gyang tae ma fadder's hoose an tae ma ain fowk an fin a wife for him.'[39]An A said tae ma maister, 'Fit gin e wumman winna folla ma?'[40]An he said tae ma, 'E Lord, fa A waalk afore, will sen his angel wi ye an will mak seer it'll aa turn oot richt, sae att ye can get a wife fae ma ain fowk an fae ma fadder's hoose. [41]Syne ye'll be lowsen fae yer aith fan ye come amo ma ain fowk, an ye'll be lowsen fae yer aith aiven gin they dinna gie ye her.' [42]Fan A cam tae e waalie e day, A said, 'O, Lord God o ma maister Abraham, A prig wi ye tae hae aathin turn oot richt. [43]See, A'm stannin anent iss

waalie, fan a lassie comes oot tae draa watter an A say till her, "Wid ye gie ma a suppie watter tae drink fae yer jarrie," [44]an she says tae ma, "Slock yer drooth an A'll draa some watter for yer camels tee," lat her be the een e Lord his pickit for ma maister's sin.'[45]Afore A wis throwe prayin, Rebekah appeart wi her jarrie on her shoother an she gaed doon tae e waalie an drew watter, an A said till her, 'Wid ye gie ma a drink?' [46]She hurriet ower, lat doon e jarrie fae her shoother an said, 'Slock yer drooth, an A'll gie yer camels a drinkie tee. 'Sae A drank an she wattert e camels anaa. [47]Syne A speirt at her, 'Fas dother are ee?' An she said, 'E dother o Bethuel, Nahor's loon fa Milcah hid till him.'Syne A pat e ring in her nose an e bangles on her airms, [48]an A booed ma heid doon an wirshippt e Lord, an blisst e Lord God o ma maister Abraham, fa his led ma e straicht road tae get ma maister's brither's dother for his sin. [49]Noo tell ma gin ye'll keep faith an trowth wi ma maister, an if nae, tell ma, sae A'll ken fit wye e win blaas."

[50]Laban an Bethuel said, "Iss is fae e Lord, we canna say ae wye nor e tither. [51]Here's Rebekah, tak her an awa ye gyang, an lat her be yer maister's sin's wife, as e Lord his appyntit." [52]Fan Abraham's grieve heard fit they were sayin, he booed doon till e grun afore e Lord, [53]syne he brocht oot gowd an siller jowels an finery an gied then tae Rebekah; an he gied presents tae her brither an her mither att cost a pretty penny. [54]E grieve an e men att were wi him were suppert an bade e nicht, an fan they gat up i the mornin, he said, "Sen ma on ma wye tae ma maister." [55]Bit her brither an her mither said, "Lat e lassie bide wi hiz a day or twa yet, mebbe ten or sae, an syne she can haud on her wye." [56]Bit he said till them, "Dinna haud ma back noo att e Lord his gien ma success. Sen ma on ma wye, sae A mith gyang tae ma maister." [57]Syne they said, "Cry in e quinie an see fit she says." [58]Sae they cried in Rebekah an said till her, "Will ye gyang wi iss chiel?" An she said, "Ay, fairly att." [59]Sae they sent their sister Rebekah an her nurse on their wye, wi Abraham's grieve an his men. [60]An they blisstRebekahan said till her,

"Ye're wir sister, mith ye be e mither o thoosans an thoosans,
mith yer bairns ain e yetts o their faes."

[61]Syne Rebekahan her quines moontit e camels an folla't e grieve. Sae e grieve teuk Rebekah an held on e road.

[62]Noo Isaac hid come fae Beer Lahai Roi an wis bidin i the sooth cuntra. [63]He gaed oot ae nicht for a stravaig throwe e parks an as he leukit up, he saa camels appearin. [64]Rebekah leukit up tee, an saa Isaac. She got doon aff e camel [65]an speirt at e grieve, "Fas e chiel waalkin throwe e park tae meet in wi'z?" E grieve answert, "He's ma maister." Sae she teuk a veil an happit her heid. [66]E grieve telt Isaac aa att he'd deen. [67]Isaac brocht her intill his mither Sarah's tent an he mairriet her. Sae she becam his wife an she wis a comfort till him fan his mither deit.

CHAPTIR 25

Abraham teuk anither wife fa wis caaed Keturah. [2]An she hid Zimran, Jokshan, Medan, Midian, Ishbak an Shuah till him. [3]Jokshan wis e fadder o Sheba an Dedan. Dedan's loons were the Asshurites, Letushites an Leummites. [4]Midian's loons were Ephah, Epher, Hanoch, Abida, an Eldaah. They were aa come o Keturah.

[5]Abraham gied aa his warldly gear tae Isaac, [6]bit he hid gien thingies tae e sins born till him oot o wadlock an sent them awa oot o Isaac's road, fan he wis still livin, tae the east cuntra. [7]Abraham wis a hunner an syventy-five ear aul fan he deit. [8]He deit at a ripe aul age, an aul man fa'd seen mony ears an wis gaithert up till his fadder's fowk.

⁹His sins, Isaac an Ishmael beeriet him i the cave o Machpelah i the parkie belangin tae Ephron, Zohar the Hittite's loon, ¹⁰att lies ower bi Mamre, e parkie att Abraham hid bocht fae the Hittites.There he wis beeriet alang wi his wife, Sarah.

¹¹Noo, efter Abraham deit, God blisst his sin Isaac, fa sattlt near han e waalie o Lahai-roi.

¹²Noo iss is e ations o Ishmael, Abraham's sin, fa Hagar the Egyptian, Sarah's servant deem hid tae Abraham. ¹³Iss is e names o Ishmael's loons, startin wi the aulest: Nebaioth, Kedar, Adbeel, Mibsam, ¹⁴Mishma, Dumah, Massa, ¹⁵Hadad, Tema, Jetur, Naphish an Kedemah. ¹⁶Sae att's e sins o Ishmael efter fa their toons an sattlements were caaed, twal chieftains accoordin tae their clans. ¹⁷Ishmael wis a hunner in thirty-syven ear aul fan he sooched his hinmaist, an deit an wis gaithered till his fadder's fowk. ¹⁸Ishmael's loons dwallt atween Havilah an Shur ower by e border wi Egypt as ye heid for Asshur an he deit wi aa his faimly roon aboot him.

¹⁹Iss is e ations o Isaac, Abraham's sin. Abraham wis e fadder o Isaac. ²⁰Fan he wis fowerty, Isaac teuk himsel a wife caaed Rebekah, e dother o Bethuel o Padanaram in Syria, sister tae Laban e Syrian. ²¹Isaac prayed tae e Lord for his wife cause she wis eel, an e Lord answered his prayer an she teuk wi bairn. ²²She hid a gey sair time o't wi twa bairns inno her an she speirt, "Fitna wye is iss happenin tae me?" An she gaed tae speir at e Lord. ²³E Lord said till her, "There's twa cuntras in yer wyme, twa kyn o fowk inno ye att will be sinnert an the ae fowk will be stooter nor e tither fowk an the auler will sair e younnger."

²⁴An fan her time cam, there wis twinnies inno her wyme. ²⁵E first een cam oot aa reed, lik a hairy cloot an they caaed him Esau. ²⁶Syne his brither cam oot hingin on till his brither's heel; an he wis caaed Jacob. Isaac wis saxty ear aul fan she hid them. ²⁷E loons grew up. Isaac wis a skeely hunter, a rael cuntra chiel, Jacob wis a quait chiel bidin mair at hame. ²⁸Isaac likit his venison sae he hid a saft side for Esau, bit Jacob wis Rebekah's pet.

²⁹Ae day Jacob hid some broth on e bile fan Esau cam in aboot. ³⁰He wis hunngry an said tae Jacob, "A'm starvin, gie ma some o yer reed broth - att's e wye he wis caaed "Roosty". ³¹An Jacob said, "Sell ma yer richts as aulest sin first." ³²Says Esau, "A'm at death's door, fit gweed's ma birthrichts tae me?" ³³Bit Jacob said, "Sweer tae ma first." Sae he swore tae Jacob an selt him his birthrichts. ³⁴Syne Jacob gied Esau some loaf an broth an he supped it up an slocked his drouth an held awa oot. Esau didna care a docken for his birthrichts.

CHAPTIR 26

Muckle wint cam ower e hale cuntra, forbyes e wint att there hid been afore i the time o Abraham. An Isaac gaed tie Abimelech e keeng o e Philistines in Gerar. ²E Lord appeart tae Isaac an said, "Dinna gyang doon tae Egypt, bit bide in iss cuntra, jist as A tell ye till. ³Bide in iss cuntra, an A'll be wi ye an A'll bliss ye. Cause tae you an them fa come efter ye A'm gyan tae gie aa iss lan. Att's e wye A'll fullfil the aith A gied till yer fadder Abraham. ⁴A'll mak yer ation as mony as e stars i the lift an gie them aa iss lan. An throwe them fa come efter ye aa e cuntras o e warl will be blisst, ⁵cause Abraham did fit A telt him an keepit ma commans an ma laas an aa att A socht o him." ⁶Sae Isaac bade in Gerar.

⁷Fan e chiels fae thereaboots speirt att him aboot his wife, he telt them she wis his sister, cause he wis feart att gin he said she wis his wife, they wid dee awa wi him cause she wis sae bonnie. ⁸Efter they'd been there a gweed file, Abimelech, e keeng o e Philistines wis leukin oot o his winda an saa Isaac gien his wife Rebekah a bosie. ⁹He cried Isaac afore him an said, "Ay fegs, A'm thinkin she maun be yer wife, fit wye did ye haud oot she wis yer sister?" Isaac answert, "Cause A thocht A mith be deen awa wi cause

o her." [10]Abimelech said, "Fit div ye think ye're deein? Een o oor men micht weel hae lain wi her, an syne ye wid hae brocht guilt onno hiz." [11]Sae Abimelech warnt aa e fowk, gin onybody hairm iss chiel or his wife, they wid be putten tae daith.

[12]Syne Isaac shaaved in att lan an att ear he hairstit a hunnerfaul, an e Lord blisst him. [13]An e chiel threave an better threave till he wis a gey walthy lad. [14]He hid flocks an hirds an a hantle o men, an e Philistines were gey jillous o him. [15]Sae aa e waalies att his fadder's men hid howkit oot in his day were fullt in wi yird bi e Philistines. [16]Syne Abimelech said tae Isaac, "Ye'd better haud awa fae here, ye've jist gotten some big for yer beets."

[17]Sae Isaac held awa fae there an set up his tent i the Howe o Gerar an bade there. [18]An Isaac howkit oot again e waalies att they hid howkit in his fadder, Abraham's day, cause e Philistines hid fulled them in efter Abraham hid deit. He caaed them bi e same names as Abraham hid caaed them.

[19]Isaac's men howkit a waalie i the howe an fun a spring o clear watter. [20]Bit e shepherds o Gerar streeve wi Isaac's shepherds, sayin it wis their watter. An he caaed e waalie "Dinraisin", cause att's far they streeve wi him. [21]He howkit anither waalie an they focht ower att een tee, sae he caaed it "Contermashious". [22]He meeved on fae there an howkit anither waalie an there wis nae fechtin ower it an he caaed it "Roomy", "Cause," he said, "e Lord his made room for hiz an we'll dee aa richt here."

[23]Syne Isaac gaed up cuntra fae there tae Beersheba. [24]E Lord appeart till him att nicht an said, "A'm e Lord o Abraham, yer fadder. Dinna be feart, cause A'm wi ye, an A'll bliss ye an will see att ye hiv mony bairns comin efter ye for e sake o ma servant, Abraham." [25]An he biggit an aaltar there an cried on e name o e Lord. Isaac pat up his tent there an his men howkit a waalie.

[26]Syne Abimelech cam till him fae Gerar, wi his cronie Ahuzzath an Phichol, e heid o his airmy. Isaac speirt at them, [27]"Fit are ye deein here seein ye widna tak wi ma an garrt me gyang awa?" [28]They answert, "We saa e Lord wis seerly wi ye an we said, 'Lat there be a tryst atween hiz,' - ay atween you an hiz. [29]Lat's dee a deal wi ye, ye winna dee hiz ony hairm, jist as we hinna touched you, bit hiv aye traited ye weel an sent ye awa in peace. An noo ye're blisst bi e Lord." [30]Sae Isaac set oot a gran spread for them an they ett an drank. [31]Fan they gat up i the mornin they swore an aith tae een anither. Isaac sent them awa an they depairtit in peace. [32]Att verra day, Isaac's servants cam till him an telt him aboot e waalie they hid howkit. "We've come on watter," they said. [33]An he caaed it "Aith" an tae iss day e toon's caaed Beersheba, e Toon o the Aith.

[34]Fan Esau wis fowerty ear aul, he mairriet Judith, e dother o Beeri the Hittite an Basemath, e dother o Elonth e Hittite. [35]Iss wis a sair hert tae Isaac an Rebekah.

CHAPTIR 27

Fan Isaac grew aul, his een turnt bleart an he culdna see an he cried his aulest loon Esau till him an said, "Ma loonie," an he answert, "Here A am." [2]An Isaac said, "Ay, A'm gettin aul an A nivver ken fan ma day will come. [3]Tak yer wappens, yer bowe an yer arras an gyang oot intill e parks an get ma some venison. [4]Syne mak ma a dishie, jist as A like it an fess it till ma. Efter A've etten't A'll gie ye ma hinmaist blissin afore A dee." [5]Noo, Rebekah heard fit Isaac said tae Esau. Fan Isaac held oot tae e cuntra tae catch some venison an fess it hame, [6]she said tae her loon, Jacob, "A wis listenin in tae fit yer fadder said tae yer brither, Esau, [7]tellin him tae fess him some venison, mak up a dishie wi't syne fess it till him sae att he mith ett it, syne gie yer brither a blissin afore he dees. [8]Noo ma loon, listen tae ma an dee fit A tell ye. [9]Gyang oot tae e flock an fess ma in twa gweed kid goaties an A'll mak them in till a dishie for yer fadder, jist e kyn he likes. [10]Ye'll tak it in till yer fadder sae he mith ett it an gie you e blissin afore he dees." [11]Jacob said till his mither, "Bit Esau's a hairy chiel an my skin's rael smeeth. [12]Supposin ma fadder taks a haud o ma, he'll ken A'm tryin tae swick him an A'll fess a curse on masel raither nor a blissin." [13]His mither said till him, "Raither lat e curse be on me, ma loon; dee fit a tell ye an g'wa an fess them till ma."

[14]He gaed an got a haud o them an brocht them in till his mither an she made a dishie wi them, jist as his fadder likit. [15]An Rebekah teuk Esau, her aulest loon's best claes att she keepit i the hoose an pat them on Jacob, her youngest loon. [16]She pat e skins o e kid goats on his hans an roon his smeeth neck. [17]An she pat e dishie an e loaf she'd made intae Jacob's han an he cam throwe till his fadder. [18]He said, "Ay, ay Dad." He said, "A'm here. Fa are ee? Ma loonie?" [19]An Jacob said till his fadder, "A'm Esau, yer aulest. A've deen fit ye telt ma. Sit up an ett yer venison, sae ye mith gie ma yer blissin." [20]Isaac said till his sin, "Foo is't ye've come on it sae quick, ma loon." "Cause," he said, "e Lord God brocht it till ma." [21]An Isaac said tae Jacob, "Come awa till ma sae A mith tak a haud o ye, ma loon, tae seen gin ye be Esau or nae." [22]An Jacob gaed in aboot tae Isaac his fadder fa teuk a haud o him an said, "E vice is Jacob's, bit e hans are Esau's hans." [23]He didna ken it wis Jacob, cause his hans were hairy lik Esau's, sae he blisst him. [24]He said, "Are ye really ma loonie Esau?" An he said, "Fairly att." [25]Syne Isaac said, "Fess ma ower some o yer venison sae A mith ett it syne gie ye ma blissin." Syne Jacob brocht it till him an he ett it. He brocht him wine an aa an he drank it. [26]Syne his fadder, Isaac, said till him, "Come on ower ma loon an gies a kiss." [27]Sae he cam ower an kissed him an fan Isaac fan e smell o his claes, he blisst him. He said, "E smell o ma loon is lik e smell o a park blisst bi e Lord. [28]God gie ye e dyowe fae hivven an e walth o the earth, corn an new wine aplinty. [29]Lat fowk serve ye an cuntras boo doon till ye, be lord ower yer brithers; mith yer mither's sins boo doon till ye. A curse on them fa curse ye an a blissin on them fa bliss ye."

[30]Isaac wis nae seener throwe blissin Jacob, an Jacob little mair nor oot e door fan Esau cam hame fae his huntin. [31]An he made an affa fine dishie, brocht it till his fadder an said till him, "Get up Dad, ett yer loon's venison sae ye mith bliss ma." [32]His fadder Isaac said till him, "An fa wid ee be?" An he said, "A'm Esau, yer aulest loon." [33]Syne Isaac wis sair come att an said, "Fa wis it syne att killed a beast an brocht it tae ma. I ett jist afore ye cam in an gied e lad ma blissin an e blissin maun stan." [34]Fan Esau heard iss, he lat oot a muckle hertbraakin roar an said, "Gie ma a blissin tee, fadder." [35]Bit Isaac said, "Yer brither cam in rael sleekit like an his teen awa yer blissin." [36]Esau said, "He's weel-named Jacob. Att's twice he's chetted ma, first fan he teuk awa ma richts as the aulest sin an noo he's teen awa ma blissin. Hiv ye nae keepit a blissin for me?" [37]An Isaac answert Esau, "A've ariddy made him yer maister an gien him aa his brithers as servants. A've gien him corn an new wine for his keep. Fit is there left att A can dee for you, ma loon?" [38]Esau said till his fadder, "Hiv ye jist the ae blissin, fadder? Bliss me tee, fadder." An Esau roart an grat. [39]Syne his fadder, Isaac, said till him, "Yer hoose will be far fae e walth o e warl, far fae e dyowe o e hivvens abeen. [40]Ye'll live bi e swoord, an ye'll serve yer brither. Bit e time will come fan ye'll get e better o him an ye'll brak aff his yock fae yer neck."

[41]Esau held a grudge agin Jacob for e blissin his fadder hid gien him an said till himsel, "E time for moornin for ma fadder is near han here; syne A'll dee awa wi ma brither Jacob." [42]Rebekah got tae hear o iss an she sent for Jacob, her youngest loon an said till him, "Yer brither, Esau is threetnin tae kill ye. [43]Noo hearken tae me, awa ye gyang oot o here, gyang tae ma brither, Laban, in Haran. [44]Bide wi him a fyow days till yer brither's timper queels doon. [45]Eence yer brither's annger his deit doon an he's forgotten fit ye did till him, A'll sen for ye an fess ye back. Fit wye shuld A loss ye baith i the ae day?"

⁴⁶Rebekah said tae Isaac, "A'm weary o life cause o iss Hittite weemen, gin Jacob taks a wife fae amo the Hittite quines hereaboots, A'd be as weel deid."

CHAPTIR 28

Isaac cried on Jacob, blisst him, syne telt him fit he winted him tae dee. He said, "Ye maunna tak a wife fae amo e quines fae Caanan. ²G'wa tae Padanaram an tae e hoose o yer mither's fadder, Bethuel, an get yersel a wife there, een o e dothers o Laban, yer mither's brither. ³God Almichty bliss ye an gar ye hae mony bairns, an mith they hae mony bairns tee, till yer fowk full a hale cuntra. ⁴Mith he bliss you an them fa come efter ye i the same wye as he blisst Abraham, an mith ye come tae ain e cuntra ye're bidin in ivnoo, att cuntra att God gied tae Abraham. ⁵Sae Isaac sent Jacob awa tae Padanaram an tae Laban, Bethuel fae Aram's loon, an brither tae Rebekah, e mither o Jacob an Esau.

⁶Esau fan oot att Isaac hid blisst Jacob, an sent him awa tae Padanaram tae sikk oot a wife there, an att fan he hid blisst him he hid ordert him nae tae mairry a Canaanite quine, ⁷an att Jacob hid deen as he wis bidden an hid set oot for Padanaram. ⁸Esau jaloosed att his fadder wisna aa att teen wi Canaanite quines, ⁹sae he gaed tae Ishmael, Abraham's loon an mairriet his dother, Mahalath fa wis sister tae Nebaioth.

¹⁰Jacob set oot fae Beersheba an heidit for Haran. ¹¹He cam on a certain place an stoppit there for e nicht cause e sin hid gaen doon. Takkin een o e steens lyin aboot, he made a pilla o't an lay doon tae sleep. ¹²He dreamt he saa a ledder wi its fit reestin on e grun an raxin up tae hivven wi angels gyan up an doon on't. ¹³An michty, e Lord steed abeen it an said, "A'm e Lord God o Abraham, yer forebeer an o Isaac. A'll gie iss grun ye're lyin on tae be yer ain an tae aa them fa come efter ye. ¹⁴There will be as mony o them as e motes o stew on e grun an ye'll spread oot tae e wast an tae the east an tae e north an tae e sooth. Aa e faimlies o e warl will pray tae be blisst as you, an them fa come efter ye, are blisst. ¹⁵An see noo, A'll be wi ye an leuk efter ye farivver ye gyang, an A'll fess ye back tae iss lan, cause A'll nivver leave ye till A've deen aa att A've promist ye."

¹⁶Jacob waakent up oot o his dwaam, an said, "E Lord is here. He's in iss place, an A didna ken it." ¹⁷He wis feart, an said, "Iss is an oonchancy kin o place. Iss maun be e hoose o God. Iss maun be e yett tae hivven."

¹⁸Jacob gat up airly e neist mornin, teuk e steen he'd eesed as a pilla, an set it up for a pillar an poored ile ower e heid o't. ¹⁹He caaed e place Bethel. Eence upon a time e toon hid been caaed Luz. ²⁰An Jacob made a voo tae e Lord, sayin, "Gin ye be wi ma an leuk efter ma on ma road, an gie ma maet an claes tae weer, ²¹an gin A come back sauf tae ma fadder's hoose, syne e Lord will be my God. ²²Iss steen att A've set up will be God's hoose, an o aa ye gie ma, A'll gie ye e tithe o't back again."

CHAPTIR 29

Jacob traivelt on a bittie farrer an cam tae e lan o the eastern clans. ²An he cam on a waalie inno a park wi three flocks o sheep lyin roon't, cause the fowk wattert e flocks fae e waalie. There wis a muckle steen ower e moo o e waalie ³an aa e shepherds wid gaither there an rowe e steen affo e moo o e waalie an watter e sheep, syne shiv it back intill its place ower e waalie. ⁴Jacob said till them, "Far d'ye come fae, ma freens?" "We're fae Haran," says they. ⁵An he said till them, "Div ee ken Nahor's loon, Laban." "We ken him fine," says they. ⁶He says tae them, "Foo's he deein?" "Ay, he's deein gran," says they, "an here's his dother, Rachel, comin in aboot wi e sheep." ⁷An he said, "E sin's still heich, it's nae time tae fess e sheep in tae e faul yet, watter yer flocks syne tak them back for a bittie girss." [8]Says they, "We canna, till aa e hird loons hiv gaithert an e steen is rowed awa fae e moo o e waalie, syne we can watter wir flocks."

[9]As he wis newsin wi them, Rachel cam tee wi her fadder's sheep, cause she wis leukin efter them. [10]Fan Jacob saa Rachel, e dother o Laban, his mither's brither, wi Laban's sheep, he gaed ower, rollt e steen aff o e moo o e waalie an wattert Laban's sheep. [11]Jacob kissed Rachel an roart an grat. [12]He telt her he wis ation tae her fadder an Rebekah's loon. She ran an telt her fadder. [13]Fan Laban heard e news o his sister's loon, Jacob, he hurriet ower tae meet him, teuk him in his bosie, kissed him an teuk him intill his hame. Jacob telt Laban aa aboot fit hid happen,[14]an Laban said, "Jist att, ye're ma ain flesh an bleed." Jacob bade wi him for aboot a month.

[15]Laban said tae Jacob, "Fit wye shuld ye wark for ma for naethin, jist cause we're freen tae een anither? Tell ma, fit kyn o a waage wid ye be sikkin?" [16]Noo, Laban hid twa dothers, the aulest wis Leah an e youngest, Rachel. [17]Leah hid nae glent in her ee avaa, bit Rachel wis a weel-faurt, bonnie lass an weel set oot. [18]Jacob hid a fancy for Rachel, an said, "A'll wark for ye for syven ear gin ye gie ma Rachel, yer youngest dother." [19]Says Laban, "It wid be better tae gie her tae you nor ony ither man. Bide wi ma." [20]Sae Jacob vrocht syven ear for Rachel an it seemed lik a fyow days cause he looed her sae muckle.

[21]Syne Jacob said tae Laban, "A've served ma time. Gie ma ma wife sae A mith lie wi her." [22]Laban gaithert egither aa e men o e place an held a gran doo. [23]Att nicht, he teuk his dother Leah an brocht her tae Jacob an he lay wi her. [24]Laban gied his dother his slave-quine Zilpah tae be her maid. [25]Fan mornin cam, Jacob saa it wis Leah an said tae Laban, "Fit hiv ye deen tae ma? Wis it nae Rachel A wis wirkin for? Fit wye hiv ye chettit ma lik iss?" [26]Says Laban, "In oor cuntra it's nae the deen thing tae gie awa e younngest in mairrage afore the aulest. [27]Haud on wi e wikk's mairrage cillebraitions for the aulest, an e younngest een will be yours efter anither syven ear's wark." [28]Jacob did jist att. Fan e wikk's cillebraitions were throwe wi, Laban gied him Rachel till his wife tee. [29]An Laban gied his dother Rachel, his slave-quine, Bilhah, tae be her maid. [30]Jacob lay wi Rachel tee an he looed Rachel better nor Leah. He vrocht for Laban for anither syven ear.

[31]Fan e Lord saa att Leah wisna likit, he sortit it sae att she culd hae bairns, bit Rachel wis eel. [32]Leah hid a wee loonie an she caaed him Reuben, cause she said, "E Lord his seen ma dooncome an noo ma man will loo ma." [33]An she fell i the faimly wye again an hid a sin an said, "Cause e Lord heard A wisna likit, he's gien ma iss ither loonie anaa." She caaed him Simeon. [34]An she fell i the faimly wye again an hid anither sin, an she said, "Noo att A've hid three sins till him, seerly he'll be bun aa e tichter till ma," sae she caaed him Levi. [35]An again she fell i the faimly wye an hid a sin, an she said, "Noo A'll praise e Lord," sae she caaed him Judah. Syne she hid nae mair bairns.

CHAPTIR 30

Fan Rachel saa she wisna gyan tae hae nae bairns, she grew jillous o her sister an said tae Jacob, "Gie ma bairns, or A'll dwine awa." [2]Jacob got raised wi Rachel an said, "Can I stan on God's fit? It's him att's haudin ye fae haein bairns." [3]An she said, "Gyang in till ma maid, Bilhah, an lie wi her sae att A mith hae bairns throwe her tae diddle on ma knee."[4]Sae Jacob lay wi Bilhah [5]an she hid a wee loonie till him. [6]Says Rachel, "God his jeedged ma an his heard ma vice an gien ma a sin." Sae she caaed him Dan. [7]Rachel's maid, Bilhah, fell i the faimly wye again an hid anither sin tae Jacob. [8]Says Rachel, "A've fochen sair wi ma sister an A've won throwe." An she caaed e bairnie Napthali. [9]Fan Leah jaloosed she wis by haen bairns, she bad Joseph lie wi her maid Zilpah, [10]an she hid a sin till him. [11]"Att's a bit o luck," said Leah an she caaed him Gad. [12]Leah's maid Zilpah, hid anither sin tae Joseph, [13]an she said, "O siccan happy I am. Aa e weemen will caa me happy," sae she caaed e bairnie Asher.

[14]Noo fan they were hairstin e wheat, Reuben gaed oot tae e parks an pooed some mandrakes an brocht them tae his mither, Leah. Rachel said tae Leah, "Gie ma some o yer loonie's mandrakes." [15]Says Leah, "Is't nae aneuch att ye've teen awa ma man an noo ye're sikkin tae tak awa ma loonie's mandrakes?" Says Rachel, "Weel, weel, A'll lat him sleep wi you e nicht gin ye gie ma yer loon's mandrakes." [16]As Jacob wis comin hame fae e parks att nicht, Leah gaed oot tae meet him an says till him, "Ye're gyan tae lie wi me e nicht, cause A've peyed for ye wi ma loonie's mandrakes." [17]She lay wi him att nicht an God heard Leah's prayer an gied her a fifth sin. [18]Says Leah, "God's gien ma ma rewaard, cause A gied ma maid tae ma man tae lie wi." An she caaed him Issachar. [19]Leah fell i the faimly wye again an hid a saxth sin. [20]Says Leah, "God's gien ma a gweed tocher, noo ma man will tak wi ma cause A've gien him sax sins." An she caaed him Zebulun. [21]Efter att she hid a quinie till him, an she caaed her Dinah.

[22]Bit God mynt on Rachel, hearkent till her prayer an gied her a bairn, [23]she fell i the faimly wye an hid a sin, an said, "God's teen awa ma shame, [24]an she caaed him Joseph an said, "Mith e Lord gie ma anither sin."

[25]Noo, efter Joseph wis born, Jacob said tae Laban, "Lat ma lowse, sae A mith gae hame. [26]Gie ma ma wives an ma bairns att A've served ye for an lat ma awa, cause ye ken foo hard A've vrochten for ye." [27]Laban said tae him, "Lat ma say, A've been blisst bi e Lord cause o you, [28]tell ma fitna waages A'm dyow ye an A'll gie ye them." [29]Says Jacob, "Ye ken fine foo A've vrocht for ye an foo yer hirds hiv deen weel unner my han. [30]Ye hidna muckle fan A cam here bit noo they've growen tae a gey fine hird, e Lord brocht blissin till ye farivver A gaed. Bit is't nae time A wis leukin efter ma ain faimly?" [31]Says Laban, "Fit'll A pey ye?" An Jacob said, "A'm nae sikkin a waage. A'll leuk efter yer beasts, jist as A wis deein afore, gin ye tak wi fit A propose. [32]A'll gyang ower aa yer flock e day an pick oot ilka black lamb an aa e marlt goats, an att'll be ma waage. [33]In time tae come ye'll easy see gin A've been straicht wi ye fan ye come tae sattle ma waage. Gin A hiv ony beast att's nae black or marlt, ye'll ken it's been pinched." [34]Says Laban, "Att's a deal."[35]Sae att verra day, he pickit oot aa e billy goats att were strippit or spottit, aa e nanny goats att were specklt or spottit, an ilka een att hid fite onno't alang wi aa e broon sheep an hannit them ower tae his sins. [36]Syne he pat three days traivelin atween himsel an Jacob fa wis leukin efter e lave o Laban's flock.

[37]Jacob teuk some sappy sookers fae poplar, almone an plane trees an peelt awa e bark sae att they hid fite strips onno them. [38]Syne he set them up i the trochs at e watterins far e flocks cam tae drink. He pat them there cause they aye mated fan they cam tae drink. [39]Sae fan e beasts bred afore e strippit sappy sookers, they hid young att were strippit an speckl an spottit. [40]Jacob set e young beasts bi themsels an made them face e strippit an speckl beasts in Laban's flock. Sae he biggit up a flock for himsel an didna lat them run wi Laban's beasts. [41]Fan e finest beasts were matin, Jacob pat e strippit sappy sookers afore them at e watterins sae att they wid breed amo them. [42]Bit fan e beasts were dweebly, he didna pit them in sae Jacob hid aa e stoot beasts an Laban e dweebly. [43]Sae att wye he becam walthy an hid a hantle o men, servants, flocks, camels an cuddies.

CHAPTIR 31

Jacob faun oot att Laban's loons were sayin, "Jacob's teen awa aathin att wis wir fadder's an aa his walth his come fae fit wis wir fadder's." [2]He noticed, tee, att Laban wisna sae thrang wi him as he'd eence been. [3]Syne e Lord said tae Jacob, "Gyang back till e lan o yer fadders an yer ain fowk. A'll be wi ye." [4]Sae Jacob sent wird tae Rachel an

Leah tae come oot tae e parks far his flocks were [5]an said till them, "A see yer fadder's nae sae freenly tae ma as he eesed tae be, bit e God o ma fadder his aye been wi ma. [6]Ye ken A've served yer fadder wi aa ma strinth. [7]Yer fadder his chettit ma an cheenged ma waage ten times, bit God didna lat him herm ma. [8]Gin he said, 'E marlt eens will be yer waage,' syne aa e flock hid marlt young; an gin he said, 'E strippit eens will be yer waage,' syne aa e flock hid strippit young. [9]God his teen awa yer fadder's beasts an gien them tae me. [10]Att e time fan e beasts were rinnin, A hid a dream. [11]In it, A leukit up an saa e billy goats att were servin e flock were strippit an marlt an grizzelt. An the angel o God spak tae ma i the dream an said, 'Jacob,' an A said, 'Here A am.' [12]An he said, 'Leuk up an see, aa e billy goats att are servin e flock are strippit an marlt an grizzelt. A've seen aa att Laban his deen till ye. [13]A'm e God fa appeart tae ye at Bethel far ye annintit e pillar an far ye made yer voo tae ma. Noo haud oot o here straicht awa an gyang hame till yer ain cuntra.'" [14]Rachel an Leah said till him, "Hiv we still ony share tae heir fae wir fadder's hoose? [15]Dis he nae leuk on hiz as forriners? Nae only his he selt hiz, bit he's spent aa he got for hiz. [16]Noo aa e walth God teuk fae wir fadder is oors an wir bairns'. Sae dee fitivver God his telt ye."

[17]Syne Jacob pat his wives an his bairns onno camels [18]an dreeve aff aa the hirds an gear att he'd gotten fan he wis in Padanaram, tae gyang tae his fadder Isaac in Canaan. [19]Fan Laban gaed oot tae shear his sheep, Rachel pinched the eedols o his gods. [20]An fit's mair, Jacob chetted Laban fae Aram, bi nae lettin on he wis gyan awa. [21]Sae he teuk aff wi aa he hid, crossed e watter an heided on tae Moont Gilead.

[22]It wis three days efter att Laban wis telt Jacob hid teen flicht. [23]Takkin aa his freens wi him, he set oot efter Jacob an chased him for syven days, catchin up wi him at Moont Gilead. [24]Syne God cam tae Laban fae Aram in a dream throwe e nicht an said till him, "Waatch ye dinna say onythin tae Jacob, aither gweed nor coorse."

[25]Jacob hid set up his tent aboot Moont Gilead fan Laban catcht up wi him, an Laban an his freens campit there tee. [26]Says Laban tae Jacob, "Fit hiv ye deen, min? Ye've chettit ma an cairriet awa ma dothers like e spiles o waar. [27]Fit wye did ye creep awa athoot tellin ma? Gin A'd kent, A wid hae set ye on yer road wi sangs an e meesic o tambourines an clarsachs. [28]Ye didna aiven lat ma kiss cheerio tae ma dothers an their bairns. Att wis a feel thing tae dee. [29]A hiv it in ma pooer tae dee ill tae ye, bit yestreen e God o yer fadders said tae ma, 'Waatch ye dinna say onythin tae Jacob, aither gweed nor coorse.' [30]A ken ye were sikkin awa hame tae yer fadder's hoose cause ye were hamesikk, bit fitna wye did ye pinch ma gods?"

[31]Jacob said, "A wis feart. A thocht ye mith tak yer dothers awa fae ma bi force. [32]Bit gin ye fin onybody att his yer gods, they maun seerly be putten tae daith. Afore aa wir freens, see for yersel gin there be onythin o yours here wi me, an gin there be, syne tak it." Noo Jacob didna ken att Rachel hid pinched e gods.

[33]Sae Laban gaed in tae Jacob's tent an tae Leah's tent an e tent o e servant quines bit faun naethin. Fan he cam oot o Leah's tent, he gaed in tae Rachel's. [34]Noo she hid teen e gods an hid putten them i the camel's saiddle an wis sittin onno them. Laban gaed throwe aathin i the tent bit didna fin naethin. [35]Rachel said till her fadder, "Dinna be raised wi ma att A canna stan up for ye, bit A'm haein ma monthly." Sae he leukit aawye bit culdna fin e gods.

[36]Jacob wis sair come at wi Laban an said till him, "Fit ill hiv A deen? Fit hiv a deen wrang att ye come fleein efter ma an herrie aa ma gear? [37]Fit hiv ye come on att belangs tae you? Set it oot here afore my fowk an yours an lat them jeedge fa's i the richt. [38]Iss last twinty ear A've been wi ye. Yer yowes an yer nanny-goats hiv nivver cassen their young in aa att time. A've nivver etten ony o yer rams. [39]A didna come till ye wi e beasts att hid been rivven bi wild beasts, bit teuk e hit masel. Ye socht e vailyee fae ma o onythin reived bi day or nicht. [40]Iss wis e wye o't: A wis birsell throwe e day an stervin wi caul throwe e nicht an A culdna get tae sleep. [41]Att wis e wye o't for e twiny ear A bade wi ye. A sairt ye fowerteen ear for yer twa dothers an sax ear for yer beasts an ye cheenged ma waage ten times. [42]Gin e God o ma fadder, e God o Abraham an e fadder o Isaac hidna been wi ma, ye seerly wid hae sent ma awa wi naethin. Bit God saa e chaave A hid an foo A wis sair come att an rebukit ye yestreen."

[43]Laban answert Jacob, "Iss quines are my dothers; iss bairns are my bairns; iss flocks are my flocks. Aa att ye see is mine. Bit fit can A dee e day aboot iss dothers o mine or iss bairns o theirs? [44]Come awa, lat's mak a tryst, you an me, an lat it be a witness atween hiz."

[45]Sae Jacob pickit oot a muckle steen an set it up as a pillar. [46]Syne he said tae his ain fowk, "Gaither up some steens." Sae they gaithert steens an made a heap o them an they hid somethin tae ett aside e cairn. [47]Laban an Jacob baith caaed it Witness Cairn i their ain tongue. [48]Laban said, "Iss cairn is a witness atween you an me e day." Att's e wye it wis caaed Witness Cairn. [49]It wis caaed Mizpah tee, cause Laban said, "Mith e Lord keep waatch on hiz fan we're awa fae een anither. [50]Gin ye're coorse tae my dothers or gin ye tak ony ither wives aside them fan naebody's there tae see, myn, God is a witness atween you an me."

[51]An Laban said tae Jacob, "See iss cairn, an see iss pillar att A've putten up atween you an me. [52]Iss cairn is a witness an iss pillar is a witness att A winna gyang ayont iss pillar an ye winna gyang ayont iss pillar tae cause ony ill tae een anither. [53]Mith e God o Abraham an e God o Nahor, e God o their fadder be e jeedge amo hiz."

Sae Jacob teuk an aith bi e Fear o his fadder Isaac. [54]Syne he offert a sacrifeece there i the hills an speirt aa his fowk tae come an ett wi him. Efter they hid etten, they bade e nicht there.

[55]Airly neist mornin Laban gat up, kissed his dothers an their bairns, blisst them an held awa hame till his ain place.

CHAPTIR 32

Syne Jacob held on the road an met in wi the angels o God. [2]Fan Jacob saa them he said, "Iss is God's place, sae he caaed it Mahanaim. [3]Jacob sent messengers on aheid tae his brither Esau i the lan o Seir i the cuntra o Edom, [4]an iss is fit he telt them tae say tae Esau: "Yer servant Jacob says tae tell ye he's been bidin wi Laban up till noo. [5]He his beasts an cuddies an sheep an goats, fee'd men an deems. Noo he's sennin iss eerin tae his lord sae he mith win yer faavour."

[6]Fan e messengers cam back tae Jacob, they said, "We met in wi yer brither Esau an he's comin tae meet ye wi fower hunner men wi him." [7]Jacob wis feart an sair come at at att an havvert e fowk att wis wi him an e flocks an e hirds an e camels intae twa sets. [8]He wis thinkin, "Gin Esau come an set on ae lot, e tither een mith win awa." [9]An Jacob said, "O God o ma fadder Abraham an God o ma fadder Isaac, o Lord fa said till ma, 'Gyang back tae yer ain cuntra an yer fowk an A'll see ye aa richt,' [10]A'm nae wirth aa e couthieness an lealty ye've shewn yer servant. A hid naethin bit ma staff fan A crossed e Jordan, bit noo A hiv twa sets o fowk. [11]Save ma, A pray, fae ma brither Esau, cause A'm feart he'll set on ma an dee ill tae e weemen an e bairns tee. [12]Bit ee've said, 'A'll seerly mak ye walthy an mak them fa come efter ye as mony as e motes o san on e shore att canna be coontit.'"

[13]He spent e nicht there an fae fit he hid wi him he pickit as a hansel for Esau, twa hunner nanny goats an twinty billy goats, [14]twa hunner yowes an twinty rams, [15]thirty coo-camels wi their young, fowerty coos an ten bulls twinty she-cuddies an ten he-cuddies. [16]He pat ilka set o them intae the hans o een o his men an said till them, "Awa ye gyang on aheid o ma an leave some space atween ilka een o ye." [17]He ordert the een i the lead, "Fan ma brither Esau meets in wi ye an speirs fa ye belang till an far ye're gyan an fa ains aa e beasts afore ye, [18]say till him, 'They belang tae yer servant, Jacob an they're a hansel tae ma lord, Esau, an he's follain on ahin hiz.'"

[19]An he telt e saicondan third eens an aa them fa were gyan ahin wi their hirds tae say e same thing tae Esau fan they met in wi him. [20]"An be seer ye say, 'Yer servant, Jacob is comin ahin hiz.'" Cause he thocht, "A'll quaiten him wi aa iss hansel A'm sennin on aheid, an efter-hin, fan A see him, he'll mebbe tak wi ma." [21]Sae Jacob's hansel gaed on aheid o him an he spent e nicht i the camp.

²²Jacob gat up att nicht an teuk his twa wives, his twa deems an his elyven sins an foordit e Jabbok burn. ²³Efter he sent them ower, he put aa his gear across tee, ²⁴bit he bade on ahin bi himsel. Syne a chiel cam an warslt wi him till skreek o day . ²⁵An fan e chiel saa he culdna get e better o him, he strack Jacob on e hough sae att his been wis putten oot o jynt as he wis warslin wi him. ²⁶Syne e chiel said, "Lat ma awa, cause e sin's up." An Jacob said, "A winna lat ye awa oonless ye bliss ma." ²⁷E chiel speirt, "Fa are ye onywye?" An he said, "Jacob." ²⁸Syne e chiel said, "Ye winna be caaed Jacob nae mair, bit Israel, cause ye've striven wi God an wi men an ye've come throwe." ²⁹An Jacob speirt at him, "An fa wid ee be?" An he said, "Fit are ye sikkin tae ken fa I am for?" An he blisst him there.

³⁰Sae Jacob caaed e place Peniel, "Cause," he said, "A've seen God face tae face an he spared ma life." ³¹E sin rose up abeen him as he passed throwe Peniel, hirplin cause o his sair hurdie. ³²Tae iss verra day the Israelites dinna ett e tendon i the halla o e hough, cause att's far e chiel strak Jacob: on e tendon i the halla o e hough.

CHAPTIR 33

Jacob leukit up an there wis Esau comin att him wi fower hunner men, sae he havvert e bairns amo Leah, Rachel an e twa deems. ²He pat e deems an their bairns tae the fore, Leah, wi her bairns neist, an Rachel an Joseph ahin. ³He gaed on aheid o them, booin doon tae e grun syven times as he neart his brither. ⁴Esau ran tae meet him an teuk him till his breist, threw his airms roon his neck an kissed him. An they grat. ⁵Syne Esau leukit up an saa e weemen an bairns. "Fa's aa iss wi ye?" he speirt. Says Jacob, "They're e bairns God his graciously gien yer servant." ⁶Syne e deems an their bairns cam ower an booed doon. ⁷Neist Leah an her bairns cam ower an booed doon. Hinmaist ov aa cam Joseph an Rachel an they booed doon tee. ⁸Esau speirt, "Fit wis wi aa they droves A met in wi?" Jacob answert, "Sae att ye mith think weel o ma." ⁹Bit Esau said, "Och, A hiv mair nor aneuch. Keep fit ye hiv till yersel." ¹⁰"Na, ye maun tak them," said Jacob, "gin A've faun faavour wi ye, accep iss hansel fae ma. Seein ye is lik seein a god, noo att ye've accepit ma." ¹¹A prig wi ye tae tak e blissin A've fessen till ye, cause God his been gweed tae me an A've got aa A need." An he priggit wi him, an Esau accepit it.

¹²Syne Esau said, "Lat's haud on e road. A'll gyang afore ye." ¹³Bit Jacob said tae him, "Ye ken, ma lord, e bairnies are nae verra stoot an A maun leuk efter e flocks an hirds wi their caffies an lammies an gin they're dreeven ower sair aiven for ae day they'll fooner. ¹⁴Sae, lat ma lord gyang on aheid o his servant, an A'll tak it easy wi e beasts an e bairns, at their speed, an A'll catch up wi ma lord at Seir." ¹⁵Says Esau, "Lat ma leave some o ma men wi ye." "Fit div ye need tae dee att for?" speirt Jacob, "A'm content tae fin faavour i the sicht o ma lord."

¹⁶Sae att day Esau startit back tae Seir. ¹⁷Bit Jacob gaed tae Succoth an biggit himsel a hoose an buchts for his beasts, an att's e wye e place is caaed Succoth. ¹⁸On his wye fae Padanaram, Jacob cam till e toon o Shechem in Canaan an set up camp i the lythe o e toon. ¹⁹He bocht e parkie for a hunner bitties o siller fae e bairns o Hamor, e fadder o Shecheman he set up his tent there. ²⁰He set up an aaltar there tee an caaed it El-elohe-Israel.

CHAPTIR 34

Noo Dinah, the dother att Leah hid haen tae Jacob, gaed oot tae veesit e weemen o e cuntra. ²Fan Shechem, e sin o Hamor, e rowler o e cuntra saa her, he teuk a haud o her an rapit her. ³Bit his hert wis draawn tae Dinah, Jacob's dother an he looed her an spak kindly like till her. ⁴Shechem said tae his fadder

Hamor, "Get me att quine for a wife." ⁵Fan Jacob heard att he'd malagaroosed his dother, his sins were oot in e parks wi his beasts sae he keepit quait aboot it till they cam hame.

⁶Syne Shechem's fadder, Hamor, cam in aboot tae hae a news wi Jacob. ⁷Jacob's sins cam hame fae e parks as seen as they heard fit hid happent. They were sair come at an gey raised, cause Shechem hid deen waur nor ill in Israel bi lyin wi Jacob's dother – att kyn o thing jist shuldna be deen. ⁸Bit Hamor said till them, "Ma loon, Shechem his his hert set on yer dother. Will ye gie her till him as his wife? ⁹Wir faimlies shuld mairry throwe ither. Gie hiz yer dothers an we'll gie youeens oors. ¹⁰Ye shuld sattle wi hiz, e lan will be open till ye. Ye can bide here an set up yer trade an gaither gear till yersels." ¹¹Shechem said tae Dinah's fadder an brithers, "Dinna think ill o ma, an A'll gie ye fitivver ye sikk. ¹²Set yer price for her tocher an a'll gie ye fit ye're sikkin. Jist gie ma e quine as ma wife." ¹³Noo, cause o the ill he'd deen till their sister, Dinah, Jacob's loons werna jist straicht i their answer tae Shechem an Hamor, ¹⁴an they said, "We canna dee att. We canna gie wir sister tae a chiel fa's nae circumceesed. Att wid be a rael vex tae hiz. ¹⁵Bit we'll gyang along wi't gin ye mak yersel's lik hiz an hae ilka chiel amo ye circumceesed. ¹⁶Syne we'll gie ye wir dothers, an we'll tak your dothers an we'll sattle amo ye an we'll become the ae fowk. ¹⁷Bit gin ye winna agree tae be circumceesed, we'll tak wir sister an gyang awa."

¹⁸Hamor an his loon, Shechem were weel teen wi the proposal, ¹⁹an e loon fa wis held oot abeen aa in his fadder's hoose, wisna slaw tae dee fit they socht, cause he looed Jacob's dother.

²⁰Sae Hamor an his loon Shechem gaed oot tae e yett o e toon tae spik tae e lave o e men o e toon an said, ²¹"Iss chiels are freenly tae hiz, sae lat them dwall in wir cuntra an set up their trade, there's plinty room for them. We'll tak their dothers as wives tae wirsels an lat hiz gie them oor dothers. ²²Bit there's ae snag, the chiels will only agree tae iss, gin aa oor men are circumceesed lik them. ²³Winna their beasts an aa their gear become oors? Sae lat's gyang along wi them an they'll sattle amo hiz."

²⁴Aa e chiels fa hid gaen oot tae e yett o e toon hearkent tae Hamor an Shechem an ilka chiel an loon i the toon wis circumceesed. ²⁵Three days efter att, fin they were aa still sair, twa o Jacob's loons Simeon an Levi, Dinah's brithers, teuk their swoords an attackit e toon, killin ilka man an loon. ²⁶They hackit doon Hamor an his loon, Shechem wi their swoords, teuk Dinah fae Shechem's hoose an left. ²⁷Jacob's ither sins cam on e deid bodies an ransaickit e toon far their sister hid been malagaroosed. ²⁸They helpit themsels tae their sheep, their beasts, their cuddies an aathin att wis i the toon an i the parks. ²⁹They cairriet aff aa their walth an their bairns an their wives, herryin aathin att wis i the hooses. ³⁰An Jacob said tae Simeon an Levi, "Ye've fessen tribble on ma bi makkin ma name stink amo e fowk o Canaan an e Perizzites, e fowk att are bidin hereaboots. We're fyowe in nummer, gin they gaither themsels egither conter ma an attack ma, I an aa ma hoose will come tae crockaneetion." ³¹An they said till him, "Wid ye hae him trait wir sister lik a hoor?"

CHAPTIR 35

God said tae Jacob, "Haud gyan tae Bethel an sattle there; bigg an aaltar there tae e God fa appeart till ye fan ye were rinnin awa fae yer brither Esau." ²Syne Jacob said till his faimly an aa his fowkies wi him, "Pit awa e fremt gods att ye hiv amo ye, purifee yersels an pit on clean claes. ³Come awa, lat's gyang up tae Bethel far A'll bigg an aaltar tae God fa answert ma in ma days o dool, an wis wi ma farivver A gaed." ⁴An they hannit ower tae Jacob aa e keerious gods att they aint an their lugbabs, an Jacob beeriet them aneth the aik at Shechem. ⁵They set oot, an e fear o God sattlt on aa e toons roon aboot them sae att naebody chased efter e sins o Jacob.

[6]Sae Jacob an aa e fowk att were wi him won e linth o Luz (att's tae say Bethel) i the cuntra o Canaan, [7]an he biggit an aaltar there an caaed e place, El-bethel, cause it wis there att God hid appeart till him fan he wis rinnin awa fae his brither. [8]Bit Deborah, Rebekah's nursie deit an wis beeriet aneth the aik at Bethel an sae it wis caaed E Greetin Aik.

[9]God appeart again tae Jacob fan he cam back fae Padanaram an blisst him. [10]God said till him, "Yer name is Jacob, bit ye winna be caaed Jacob ony mair, yer name will be Israel. Sae he caaed him Israel." [11]An God said till him, "I am God Almichty, mith ye hae mony, mony bairns, a cuntra an a wheen o cuntras will come o ye an keengs will come o yer body.[12]E lan att A gied tae Abraham an Isaac A'll gie tae you an e bairns att come efter ye." [13]Syne God held awa. [14]Jacob set up a steen pillar at e place far he'd newsed wi God an he poored oot a drink offerin onno't. [15]An Jacob caaed e place far he'd newsed wi God, Bethel.

[16]They held on fae Bethel bit were still a gweed bittie fae Ephrath fan Rachel's labour stouns startit an she wis gey sair wi't. [17]Fan her stouns were at their eemaist, e howdie said till her, "Dinna be feart, it's anither loon." [18]Bit she wis deein an as she sooched her hinmaist, she caaed e loonie Ben-oni, bit his fadder caaed him Benjamin. [19]Sae Rachel deit an wis beeriet on e wye tae Ephrath, att's tae say Bethlehem. [20]Jacob set up a pillar ower her grave an it marks her grave tae iss verra day. [21]Israel meeved on an set up his tent ayont e tooer o Eder.

[22]Noo it cam aboot att fan Israel wis bidin there Reuben gaed an lay wi his fadder's bidie-in, Bilhah an Israel got tae hear o't.

Noo Jacob hid twal loons.

[23]E sins o Leah: Reuben, the aulest, Simeon, Levi, Judah, Issachar an Zebulun.

[24]E sins o Rachel: Joseph an Benjamin.

[25]E sins o Rachel's deem, Bilhah: Dan an Napthali.

[26]E sin's o Leah's deem Zilpah: Gad an Asher.

Att wis e sins o Jacob att were born till him in Padanaram.

[27]Jacob cam hame till his fadder Isaac in Mamre anent Kiriath-arba, att's tae say, Hebron, far Abraham an Isaac hid bidden. [28]Isaac wis a hunner an auchty ear aul fan he deit. [29]Isaac gied up e ghaist an deit an wis gaithert tae his fadder's fowk at a gran aul age. An his sins Esau an Jacob beeriet him.

CHAPTIR 36

Iss is e ations o Esau (caaed Edom):

[2]Esau teuk wives till himsel fae amo e dothers o Canaan: Adah, e dother o Elon the Hittite an Oholibamah e dother o Anah, an grandother tae Zibeon e Horite; [3]an Basemath a dother o Ishmael an sister tae Nebaioth.

[4]Adah hid Eliphaz tae Esau, Basemath hid Reuel, [5]Oholibamah hid Jeush, Jalam an Korah. Att wis e sins o Esau, born till him in Canaan.

[6]Esau teuk his wives an his sins an dothers an aa e fowk o his hoose as weel as his beasts an ither hirds an aa his gear att he'd gotten i the lan o Canaan an gaed awa tae anither lan some wye oot aboot fae his brither Jacob. [7]They hid ower muckle gear atween them for them tae bide egither an e lan far they were bidin wisna fit tae haud aa their beasts. [8]Sae Esau (att's Edom) sattlt i the hill cuntra o Seir.

[9]Iss is e ations o Esau, e fadder o the Edomites i the hill cuntra o Seir:

[10]Iss is e names o Esau's sins:

Eliphaz e sin o Esau's wife Adah an Reuel e sin o Esau's wife Basemath.

[11]E sins o Eliphaz: Teman, Omar, Zepho, Gatam an Kenaz. [12]Esau's sin Eliphaz hid a bidie-in tee, caaed Timna, an she hid Amalek till him. Iss wis e gransins o Esau's wife Adah.

[13]E sins o Reuel: Nahath, Zerah, Shammah an Mizzah.

[14]E sins o Esau's wife Oholibamah, dother o Anah an grandother o Zibeon, fa she hid tae Esau: Jeush, Jalam, Korah.

[15]Iss wis e clan chiefs amo e sins o Esau: E sins o Eliphaz, Esau's aulest: chief Teman, chief Omar, chief Zepho, chief Kenaz, [16]chief Korah, chief Gatam, an chief Amalek. Iss wis e clan chiefs descendit fae Eliphaz in Edom, they were e gransins o Adah.

[17]E sins o Esau's loon Reuel: chief Nahath, chief Zerah, chief Shammah an chief Mizzah. Iss wis e clan chiefs descendit fae Reuel in Edom, they were e gransins o Esau's wife Basemath.

[18]E sins o Esau's wife Oholibamah: chief Jeush, chief Jalam, an chief Korah. Iss wis e clan chiefs descendit fae Esau's wife Oholibamah, e dother o Anah.

[19]Iss wis e sins o Esau (caaed Edom) an iss wis their clan chiefs.

[20]Iss wis e sins o Seir e Horite fa bade thereaboots: Lotan, Shobal, Zibeon, Anah, [21]Dishon, Ezer an Dishan. Iss sins o Seir in Edom were Horite clan chiefs.

[22]E sins o Lotan: Hori an Homam. Lotan's sister wis Timna.

[23]E sins o Shobal: Alvan, Manahath, Ebal, Shepho an Onam.

[24]E sins o Zibeon: Aiah an Anah. Iss wis the Anah fa come on e het springs fan he wis herdin his fadder Zibeon's cuddies.

[25]E bairns o Anah: Dishon an Oholibamah, dother o Anah.

[26]E sins o Dishon: Hemdan, Eshban, Ithran an Keran.

[27]E sins o Ezer: Bilhan, Zaavan an Akan.

[28]E sins o Dishan: Uz an Aran.

[29]Iss wis e Horite clan chiefs: [30]Lotan, Shobal, Zibeon, Anah, Dishon, Ezer an Dishan. Iss wis e Horite clan chiefs i the lan o Seir.

[31]Iss is e keengs att were in Edom afore ony Israelite keeng rowled: [32]Bela, sin o Beor wis keeng o Edom. His toon wis caaed Dinhabah. [33]Fan Bela deit, Jobab, e sin o Zerah fae Bozrah cam efter him as keeng. [34]Fan Jobab deit, Husham fae e cuntra o e Temanites cam efter him as keeng. [35]Fan Husham deit, Hadad, sin o Bedad fa won ower Midian i the cuntra o Moab, cam efter him as keeng. His toon wis caaed Avith. [36]Fan Hadad deit, Samlah fae Masrekah cam efter him as keeng. [37]Fan Samlah deit, Shaul fae Rehoboth on e watter, cam efter him as keeng. [38]Fan Shaul deit, Baal-Hanan, sin o Acbor cam efter him as keeng.

[39]Fan Baal-Hanan, sin o Acbor deit, Hadad cam efter him as keeng. His toon wis caaed Pau an his wife's name wis Mehetabel, dother o Matred, e dother o Me-Zahab.

[40]Iss is e names o e clan chiefs descendit fae Esau accoordin tae their faimlies, efter their places an bi name: Timna, Alvah, Jetheth, [41]Oholibamah, Elah, Pinon, [42]Kenaz, Teman, Mibzar, [43]Magdiel an Iram. Iss wis e clan chiefs o Edom accoordin tae their places an e cuntra far they bade. (Esau is e fadder o the Edomites.)

CHAPTIR 37

Sae Jacob dwalt i the cuntra o Canaan, far his fadder hid bidden afore him. [2]Iss is e tale o Jacob's faimly.

Fan Joseph wis syventeen ear aul, he wis leukin efter e flocks wi his brithers, e sins o Bilhah an e sins o Zilpah, his fadder's wives, an he clypit on them tae his fadder.

[3]Noo, Israel looed Joseph mair nor ony o his bairns cause he'd been born till him in his aul age. Sae, ae day he made him an affa bonnie coatie. [4]Fan his brithers saa att their fadder looed him mair nor aa o them, they teuk an ill-will at him an hidna a gweed wird tae say for him.

[5]Joseph hid a dream an fan he telt his brithers aboot it, att jist kittlt up their ill-will at him aa e mair. [6]He said till them, "Hearken till A tell aboot e dream A hid. It wis lik iss: [7]we were bunnin shaives i the park fan aa o a suddenty my shaif steed up an, wid ye winner, youeens' shaives steed roon aboot it an booed doon tae it." [8]His brithers said tae him, "Will ee rowle ower hiz? Will ee get e better o hiz?" An their ill-will at him grew waar for his dreams an his spik.

[9]An he hid anither dream an telt his brithers aboot it, sayin, "Listen tae iss, A've hid anither dream an iss time e sin an e meen an elyven stars were booin doon tae ma." [10]He telt his fadder as weel as his brithers an his fadder gied him a tellin aff an said till him, "Fit's iss dream att ye've been dreamin? Will yer mither an me an yer brithers really come an boo doon till e grun afore ye?" [11]His brithers were jillous o him, bit his fadder mynt on fit he'd said.

[12]Noo e brithers hid gaen tae maet their fadder's flocks in Shechem. [13]Israel said tae Joseph, "Ye ken yer brithers are feedin e flocks at Shechem. Come on, A'll sen ye till them." An he said, "Fairly att." [14]Sae he said till him, "Awa ye gyang an see foo yer brithers are deein, an att aathin's aa richt wi e flocks, an fess

back wird tae ma." Sae he sent him oot tae e Howe o Hebron an he cam tae Shechem. [15]A chiel faun him wannerin aboot i the parks an speirt at him, "Fit ye sikkin here?" [16]An he said, "A'm leukin for ma brithers, div ye ken far they maet their flocks?" [17]E chiel said, "They're awa oot aboot, cause A heard them say, 'Lat's gyang tae Dothan.'" Sae Joseph gaed efter his brithers an faun them at Dothan. [18]Bit they saa him comin an afore he won their linth, they set oot a protick tae dee awa wi him. [19]They said tae een anither, "Here comes e dreamer. [20]Come on, lat's kill him an cass him inno a hole an say att some ill-nettert beast his etten him. Syne we'll see fit comes o his dreams." [21]Fan Reuben heard iss, he tried tae save him fae oot amo their finngers an said, [22]"Dinna kill him, dinna spullnae bleed. Fling him inno iss hole i the roch grun, bit dinna dee him nae ill." He wis thinkin he mith rescyee him an fess him back till their fadder.

[23]Noo fan Joseph cam till his brithers, they strippit his bonnie colourt coatie aff o him, [24]an they teuk him an flang him inno e hole. E hole wis teem: there wis nae watter inno't.

[25]They sat doon till their supper an saa a carryvan o Ishmaelites comin fae Gilead, their camels loadit wi spices an balm an myrrh, heidin doon tae Egypt. [26]Judah said tae his brithers, "Fit gweed will it dee hiz gin we kill wir brither an hap up his bleed? [27]Come on, lat's sell him tae the Ishmaelites an nae lay a han onno him, he is wir brither an wir ain flesh an bleed efter aa." His brithers teuk wi him.

[28]Syne some Midianite merchants cam by an they hault Joseph oot o e hole an selt him tae the Ishmaelites for twinty bits o siller, an they brocht Joseph tae Egypt.

[29]Fan Reuben cam back tae e hole an saa Joseph wisna there, he rived at his claes. [30]He gaed back tae his brithers an said, "E loon's nae there. Fit am A gyan tae dee noo?" [31]They teuk Joseph's coatie, slauchtert a goat an dippit e coatie in e bleed. [32]Syne they teuk e bonnie colourt coatie till their fadder an said, "We've faun iss. Tak a leuk at it an see gin it be yer loon's coatie or nae." [33]Joseph kent it wis an said, "It's ma sin's coatie. Some coorse beast his devoort him. Nae doobt, Joseph's been rippit tae bits." [34]Jacob tore his claes an pat on saickclaith an moornt his loonie for mony days. [35]Aa his sins an dothers cam tae comfort him, bit there wis nae easement in him. "Na, na," he said, "A'll gyang tae ma grave moornin for ma loonie." Sae his fadder grat for him.

[36]E Midianites selt Joseph in Egypt tae Potiphar, een o Pharaoh's chiels, e captain o e gaird.

CHAPTIR 38

Aboot att time Judah left his brithers an gaed doon tae bide wi a mannie fae Adullam caaed Hirah. [2]There, Judah met in wi e dother o a Canaanite chiel caaed Shua. He mairriet her an lay wi her [3]an she hid a sin till him an he caaed him Er. [4]An she hid anither sin till him an she caaed him Onan. [5]An she hid yet anither sin an she caaed him Shelah. It wis at Kezib she gied birth tae him. [6]Judah got a wife for Er, his aulest, an her name wis Tamar. [7]Bit Er, Judah's aulest, wis a coorse cyaard an didna please e Lord, fa did awa wi him.

[8]Syne Judah said tae Onan, "G'wa an lie wi yer brither's wife an dee yer dyowty tae her as a brither-in-laa an reese bairns for yer brither." [9]Bit Onan kent att e bairns widna be his, sae fanivver he lay wi his brither's wife he spult his spunk on e grun tae haud on fae haein ony bairns for his brither. [10]Iss didna please e Lord sae he did awa wi him anaa.

[11]Syne Judah said tae his dother-in-laa, Tamar, "Bide as a weeda wumman in yer fadder's hoose till ma sin, Shelah, growes up," cause he wis feart att he wid dee jist lik his brithers. Sae Tamar gaed tae bide in her fadder's hoose. [12]Time wore on an Judah's wife, Shua's dother, deit. Fan he wis throwe moornin, he gaed up tae Timnah wi his crony Hirah fae Adullam tae e chiels fa were clippin his sheep. [13]Fan Tamar wis telt att her fadder-in-laa wis awa up tae Timnah tae clip his sheep, [14]she teuk aff her widda's weeds, happit hersel wi a veil an sat doon at e wye in tae Enaim on e road tae Timnah, cause she saa att tho Shelah wis noo growen up, she hidna been gien tae him as a wife. [15]Fan Judah saa her, he thocht she wis a hoor, cause she hid happit her face. [16]He turnt till her far she sat bi e roadside an socht tae lie wi her. An she said tae him, "Fit will ye gie ma gin A lat ye lie wi ma?" [17]An he said, "A'll sen ye a kid fae e flock." "Will ye gie ma somethin as surety till ye sen it?" she speirt. [18]An he said, "Fitna surety will A gie ye?" An she said, "Yer ring, yer banngles an yer stick att's in yer han." He gied them till her an lay wi her an got her i the faimly wye. [19]Efter she left, she teuk aff her veil an pat on her widda's weeds again.

[20]Judah sent his crony, e chiel fae Adullam, wi e kid tae get back e surety, bit he culdna fin her naewye. [21]He speirt at e chiels att were fae there, "Far aboot's e hoor att wis sittin at e side o e road?" An they said, "There's nae hoors hereaboots." [22]He gaed back tae Judah an said, "A canna fin her naewye an e chiels o e place say there's nae hoors thereaboots." [23]Syne Judah said, "Lat her keep fit she his or fowk will lauch at hiz. Efter aa, A did sen e kid, bit ye culdna fin her."

[24]Noo it turnt oot, aboot three month efter att, Judah wis telt, "Yer dother-in-laa, Tamar, his been ackin e hoor an throwe her hoorin is gyan tae hae a bairn. Judah said, "Fess her oot an lat her be brunt."

[25]As she wis bein brocht oot, she sent an eerin tae her fadder-in-laa, sayin, "A'm cairryin e bairn o e man fa ains iss." An she said, "See gin ye ken fas ring an banngles an stick iss mith be?" [26]Judah kent they were his an said, "She's mair i the richt nor me. A didna gie her ma sin Shelah." An he didna lie wi her again. [27]Fan her time cam, she wis cairryin twinnies [28]an fan she wis in labour een o them pat oot a han. E howdie teuk a reed threid an pat it roon his shacklebeen, sayin, "Iss een appeart first." [29]Nae seener hid he draawn back his han fin his brither cam oot an e howdie said, "Sae iss is e wye ye braak oot." Sae he wis caaed Perez. [30]Syne his brither fa hid e reed threid on his shacklebeen cam oot an he wis caaed Zerah.

CHAPTIR 39

Joseph wis brocht doon tae Egypt an Potiphar, een o Pharaoh's chiels an Captain o e Gaird, bocht him fae the Ishmaelites fa brocht him there. [2]E Lord wis wi Joseph an he did weel for himsel; he bade i the hoose o his Egyptian maister.

[3]His maister saa att e Lord wis wi him an e Lord made him successfu in aathin he did. [4]He wis weel teen wi Joseph an made him his grieve pittin him in chairge o his hoose an aa his gear. [5]Noo it cam aboot att fae e time he made him his grieve an pat him in chairge o his hoose an gear, e Lord blisst the Egyptian's hoose cause o Joseph. E blissin o e Lord wis on aa in his hoose an aa in his parks. [6]He left Joseph tae leuk efter aathin an didna concern himsel wi naethin bit e maet he ett. Noo Joseph wis weel-faurt an gweed leukin [7]an efter a fylie, e maister's wife gied him e gled ee an said, "Come an lie wi ma." [8]Bit he widna dee onythin o e kyn an says tae his maister's wife, "Leuk, wi me in chairge, e maister disna hae tae concern himsel wi naethin i the hoose an he's trustit me tae see tae aathin. [9]Naebody is farrer forrit i the hoose nor me. He's keepit back naethin fae ma excep you, cause ye're his wife. Foo then, culd A dee sic a coorse thing an ill fit God?" [10]She tried him day in day oot bit he widna lie wi her an widna aiven gyang near han her. [11]Noo ae day, he gaed in till e hoose tae see till his wark an neen o e men were aboot. [12]She claucht him bi e robe an said, "Come on an lie wi ma." Bit he left e robe in her han an teuk het fit oot o e

hoose. [13]Fan she saa he'd left his robe in her han an hid gotten awa, [14]she cried on her servants an said till them, "See, he's brocht in iss Hebrew chiel tae mak feels o's. He cam in here tae hae his wye wi ma bit A roart oot o ma. [15]Fan he heard ma skirlin an roarin, he left his robe ahin an teuk tae his heels an got awa." [16]An she fault up his robe aside her till his maister cam hame. [17]An iss is fit she telt him, "Att Hebrew servant ye brocht in aboot cam in tae hae his wye wi ma. [18]Bit as seen as A skirlt for help he left his robe wi ma an teuk tae his heels." [19]Fan his maister heard e story his wife telt him o fit he'd deen till her, he wis burnin wi rage. [20]Joseph's maister teuk him an pat him i the jile, e place far e keeng's convicts were lockit up. Sae there he wis i the jile. [21]Bit e Lord wis wi Joseph an wis gweed till him an saa tillt att he wis gey far ben wi e jiler, [22]fa pat Joseph in chairge o aa them fa were i the jile an bad him see tae aa att needed tae be deen i the jile. [23]E jiler didna interfere wi onythin Joseph wis deein, cause e Lord wis wi Joseph an made him successfu in aathin he did.

CHAPTIR 40

Noo, it cam aboot, some time efter att, e keeng's butler an his baker baith misfitted their maister e keeng o Egypt. [2]Pharaoh wis raised wi his twa officeels e butler an e baker [3]an he pat them intill e hoose o e Captain o e Gaird, intae e same place far Joseph wis jiled. [4]E Captain o e Gaird appintit Joseph tae atten till them an he saa till them fan notten. An they were i the jile a fair file. [5]Ae nicht e baith o them, e butler an e baker o e keeng o Egypt, fa were held i the jile, hid a dream an ilka een o e dreams hid its ain meanin. [6]Fan Joseph cam in e neist mornin he saa they were doon i the moo. [7]Sae he speirt at e twa officeels o Pharaoh, fa were there wi him i the jile, "Fit wye are ye sae hingin luggit e day?" [8]An they said till him, "We've baith hid a dream bit we canna get naebody tae wark oot fit they mean." Syne Joseph said tae them, "Is sic wirkin oot nae i the han o God? Tell ma aboot them." [9]An e heid butler telt Joseph aboot his dream sayin till him, "See noo, in my dream there wis a vine afore ma, [10]an e vine hid three branches. As seen as it budded, e flooers cam oot an syne e bunchies o't brocht furth ripe grapes. [11]Pharaoh's caup wis in ma han an A teuk e bunchies an grippit them intill e caup an A hannit e caup tae Pharaoh." [12]An Joseph said till him, "Iss is fit it's aa aboot. E three branches are three days. [13]Wi'in three days Pharaoh will reese ye up an gie ye back yer aul job an ye'll pit Pharaoh's caup intill his han jist as ye eesed tae dee fan ye wis his butler. [14]Bit hae a thochtie for me fan it's aa gyan weel for ye an pit a wirdie in for ma wi Pharaoh an get ma oot o iss jile. [15]Cause A wis teen oot o e Hebrew cuntra bi force an A've deen naethin here att wid sair ma bein pat in iss hole." [16]Fan e heid baker saa att Joseph hid gien a gweed accoont o e dream he said tae Joseph, "A hid a dream tee. A wis cairryin three creels o bakes on ma heid. [17]I the tapmaist ruskie wis aa kyn o fancy pieces for Pharaoh, bit e birds were ettin them oot o e ruskie on ma heid." [18]"Iss is fit it means," Joseph said till him. "E three ruskies are three days. [19]In three days fae noo, Pharaoh will lift aff yer heid an hing ye on a tree an e birds will ett awa yer flesh." [20]Noo e third day wis Pharaoh's birthday an he held a pairty for aa his servants. He lifted up e heids o e chief butler an e chief baker amo aa his officeels. [21]He gied e heid butler his aul butlerin job back again an he gied e caup intae Pharaoh's han. [22]Bit Pharaoh hangit e chief baker, jist as Joseph hid wirkit oot. [23]Bit e heid butler didna myn on Joseph. He forgot aa aboot him.

CHAPTIR 41

Twa ear efter att, Pharaoh hid a dream: he wis staanin anent e Watters o e Nile [2]an up oot o e watter cam syven coos, weel-strappit an fat, an they grazed amo e rashes. [3]Efter them syven ither coos cam up oot o e watter, nairra-boukit an shargert, an steed on e bank anent e first coos. [4]E coos att were nairra-boukit an shargert ett up e coos att were weel-strappit an fat. Syne Pharaoh waakent up. [5]He fell tae sleepin again an hid anither dream: syven shillans o corn cam up on the ae staak, foggagy an full. [6]Efter them syven ither shillans o corn sprooted, scruntit an bluffertit bi the east win. [7]E syven scruntit shillans ett up e syven foggagy an full shillans. Pharaoh waakent up - it wis jist a dream.

[8]Bit e neist mornin, he wis sair come att an he sent oot for aa e magicians an clivver chiels o Egypt. Pharaoh telt them aboot his dream.   Bit neen o them culd mak heid nor tail o't for Pharaoh.   [9]Syne e heid butler said tae Pharaoh, "A'm mynin on ma ill-wyes. [10]Pharaoh wis eence raised wi his servants an jiled me an e heid baker i the hoose o e Captain o e Gaird. [11]Baith o's hid a dream the ae nicht an ilka dream hid a meanin o its ain. [12]Noo there wis a young Hebrew callant there wi hiz, attendin on e Captain o e Gaird an we telt him aboot wir dreams an he wirkit oot fit they meant for hiz, tellin fit ilka een wis aboot. [13]An it aa cam aboot, jist as he hid wirkit oot, I got ma aul job back an e tither chiel wis hangit."

[14]Sae Pharaoh sent oot for Joseph an he wis fessen rael quick fae e jile. He gied himsel a shave, cheenged his claes an gaed tae Pharaoh. [15]An Pharaoh said tae Joseph, "A've hid a dream an nae naebody can mak heid nor tail o't, an they're sayin att ee hiv a wye wi ye o wirkin oot fit dreams are aa aboot." [16]"It's neen o my deein," said Joseph, "bit God will gie Pharoah the answer he's sikkin."

[17]Syne Pharaoh said tae Joseph, "In ma dream, A wis stannin on e bank o e watter [18]an up oot o e watter cam syven coos, weel-strappit an fat, an they grazed amo e rashes. [19]Efter them syven ither coos cam up oot o e watter, peer an nairra-boukit an shargert, e lik o fit A've nivver seen afore in aa Egypt. [20]E coos att were nairra-boukit an shargert ett up e coos att were weel-strappit an fat. [21]An fan they hid etten them, ye wid nivver hae kent it: they were jist as shargert as they'd been afore. Sae A waakent up. [22]Syne A dreamt syven shillans o corn cam up on the ae staak, foggagy an full. [23]Efter them syven ither shillans o corn breert, gizzent, scruntit an bluffertit bi the east win. [24]E syven scruntit shillans ett up e syven gweed, full shillans. A telt ma magicians aa aboot iss bit nae neen o them culd mak naethin o't."

[25]Joseph said tae Pharaoh, "E dreams o Pharoh are aa the een. God his shewn Pharaoh fit he's gyan tae dee. [26]E syven gweed coos are syven ear; e syven gweed shillans are syven ear: e dreams are aa the een. [27]E syven nairra-boukit an shargert coos att cam up efter them are syven ear; e syven teem shillans bluffertit bi the east win will be syven ear o wint. [28]It's jist as A telt Pharaoh, God's shewin Pharoah fit he's gyan tae dee. [29]Jist wyte an see, there will be syven ear o plinty throwe aa o Egypt, [30]an efter att will come syven ear o wint. [31]Aa e plinty will be forgotten i the cuntra o Egypt an e wint will devoor e lan. Naebody will myn on the ears o plinty cause e wint will be sae grim. [32]E wye ye hid e twa dreams is cause God his made his mind up he's gyan tae dee it an it'll be seener raither nor later. [33]Sae noo, lat Pharaoh leuk for a lad o pairts an pit him in chairge o e lan o Egypt. [34]Lat Pharaoh appint officeels ower e lan an tak up a fifth pairt o e hairst i the syven ears o plinty. [35]They maun gaither up e hairst in att syven ears att are tae come an store e corn i the toons aneth the aathority o Pharaoh. [36]Iss maet will be held back for e cuntra throwe e syven ear o wint att'll come onno Egypt, sae att e cuntra mith nae be herriet bi e wint." [37]Iss protick seemed tae be aa richt tae Pharaoh an his officeels. [38]An Pharaoh said tae his officeels, "Can we fin sic a chiel, a chiel fa his e speerit o God inno him?"

[39]Sae Pharaoh said tae Joseph, "Seein's God his made aa iss kent tae you, there's naebody as clivver an wise as ee are. [40]Ee'll be in chairge o ma Palace an aa ma fowk will dee fit ye tell them. Bit in metters o e throne, A'll be abeen ye." [41]Pharaoh said tae Joseph, "See noo, A've set ye ower aa e lan o Egypt."

[42]Sae Pharaoh teuk e ring fae his finnger an pat it on Joseph's finnger an riggit him oot in claes o e best leenen an pat a gowd chine roon his neck. [43]An he garrt him hurl in his saicond chariot an chiels cried, "Mak wye," an att's e wye he pat him in chairge o e hale cuntra o Egypt.

[44]Syne Pharaoh said tae Joseph, "A'm e Pharaoh. Athoot your sae so, nae man will turn a han or fit throwe e hale o Egypt." [45]An Pharaoh caaed Joseph, Zaphenath-Paneah an gied him as a wife, Asenath, e dother o Potiphera, e priest o On. An Joseph gaed aa throwe e cuntra o Egypt.

[46]Joseph wis thirty ear aul fan e startit wirkin for Pharaoh, keeng o Egypt. An Joseph gaed oot aboot fae Pharaoh's place throwe aa e lan o Egypt. [47]I the syven ear o plinty e grun gied gweed craps [48]an Joseph gaithert aa e maet ower aa Egypt an stored it up i the toons. The hairst fae e parks roon aboot ilka toon wis stored up in att toon. [49]He stored a gweed curn o corn, lik e sans o e sea, sae muckle att it culdna be mizzourt.

[50]Joseph hid twa sins afore e wint cam, born tae Asenath, e dother o Potiphera, e priest o On. [51]Joseph caaed the aulest een Manasseh an said, "Att's cause God his made ma forget aa ma tribbles an aa ma fadder's fowk." [52]E saicond loon he caaed Ephraim, sayin, "Att's cause God his made ma fruitfu i the lan o ma sufferin."

[53]E syven ear o plinty in Egypt cam till an ein [54]an e syven ear o wint startit, jist lik Joseph hid said. E wint wis aawye bit in Egypt there wis maet. [55]Fan aa Egypt began tae feel e pinch e fowk leukit tae Pharaoh for maet. Syne Pharoah said tae the Egyptians, "Gyang tae Joseph an dee fit he tells ye tae dee."

[56]E wint wis ower e hale warl an Joseph opent e storehooses an selt corn tae the Egyptians. It wis a gey sair time throwe aa Egypt. [57]An aa ither countries cam tae Egypt an tae Joseph tae buy corn cause e wint wis sae sair ower aa e warl.

CHAPTIR 42

Fan Jacob saa there wis corn in Egypt, he said till his loons, "Fit wye are ye stannin glowerin at een anither? [2]A've heard there's corn in Egypt. Get yersels doon there an buy some for hiz sae we mith liv an nae perish."

[3]Sae Joseph's ten brithers gaed doon tae buy corn in Egypt. [4]Bit Jacob didna sen Benjamin, Joseph's brither for fear he mith come tae ill. [5]Sae e sins o Israel cam doon wi aa ither body tae buy corn, cause there wis wint in Canaan anaa. [6]Noo Joseph wis e Guvvernor o aa Egypt an wis sellin corn tae fowk fae aa ower e warl. Joseph's brithers cam an booed doon afore him wi their faces tae e grun. [7]An fan Joseph saa his brithers, he kent them, bit made on he didna ken them an spak coorse-like tae them. "Far are ee fae?" he speirt. "Fae e lan o Canaan," they answert, "come tae buy maet."[8]Tho Joseph kent his brithers, they didna ken him. [9]Syne Joseph mynt on e dreams he'd hid aboot them an said tae them, "Ye're spies! Ye've come tae see far wir cuntra his its wyke pints." [10]They said tae him, "Na, na, ma lord. Yer servants hiv come tae buy maet. [11]We're aa the ae man's loons, we're aa honest chiels, nae spies." [12]An he said tae them, "Na. Ye've come tae see far wir cuntra his its wyke pints."

[13]Says they, "Yer servants were twal brithers, e sins o the ae man i the lan o Canaan. E youngest is noo wi wir fadder an een's awa." [14]An Joseph said tae them, "It's jist as A said. Ye're spies. [15]An iss will be e preef o't. A sweer bi e name o Pharaoh att oonless yer youngest brither comes here, ye winna leave iss place. [16]Sen een amo ye tae fess back yer brither. E lave o ye will be keepit i the jile tae preeve gin fit ye say be e trowth. Gin ye're nae, syne as seer as Pharaoh's livin, ye're spies." [17]Syne he pat them i the jile for three days. [18]E third day, Joseph said tae them, "Dee fit A tell ye an ye'll live, cause A fear God. [19]Gin ye be honest chiels, lat een o ye bide here i the jile an lat e lave o ye gyang an tak corn back for yer

hunngert faimlies. ²⁰Bit ye maun fess yer younngest brither tae ma tae preeve fit ye were sayin tae ma, an syne ye winna dee." An att's fit they did.

²¹They said tae een anither, "Nae doot we're gettin wir sairin cause o fit we did tae wir brither. We saa foo sair come att he wis fan he priggit wi hiz tae spare him an we widna listen. We're peyin for't noo." ²²Reuben answert them, sayin, "Did A nae tell ye nae tae dee ill tae e loon? Bit na, na, ye widna listen. Noo we maun gie an accoontin for his bleed onno hiz." ²³They didna ken att Joseph unnersteed fit they were sayin cause he hid been eesin an interpreter. ²⁴He turnt awa fae them an grat. Syne he turnt back an spak tae them again. He teuk Simeon fae them an hid him bun up afore their een.

²⁵Syne Joseph gied orders tae hae their bags fullt wi corn, tae pat ilka man's siller back in his bag an tae gie them a piece for e road. Efter iss wis deen for them, ²⁶they loaded their cuddies wi e corn an held awa.

²⁷Fan they stoppit for e nicht, een o them opent his bag tae maet his cuddy an saa his siller i the moo o e bag. ²⁸He said tae his brithers, "Ma siller's been gien back tae ma. It's here in ma bag." Their herts loupit an shaakin wi fear, they said tae een anither, "Fit's iss God his deen till hiz?"

²⁹Fan they cam till their fadder Jacob i the lan o Canaan they telt him the hale tale. ³⁰"The chiel fa's lord ower aa e lan," they said, "spak coorse-like tae hiz an teuk hiz tae be spyin agin his cuntra. ³¹Bit we said till him, 'We're honest chiels, nae spies, ³²we're twal brithers sins o the ae fadder. Een is awa an e youngest is wi wir fadder in Canaan.' ³³Sae e chiel fa's lord ower aa e lan said tae hiz, 'Iss is foo A'll ken gin ye're honest chiels. Leave een o yer brithers here wi me, tak maet for yer hunngert faimlies an get oot o here. ³⁴Bit fess back yer youngest brither tae ma an syne A'll ken ye're nae spies, bit att ye're honest chiels an sae A'll gie ye back yer brither an ye can bide here an transac yer business.'"

³⁵Noo as ilka een o them wis teemin his bag, ilka een o them faun his pursie o siller. An fan they an their fadder saa e pursies, they were feart. ³⁶Their fadder, Jacob, said tae them, "Ye've robbit ma o ma bairns. Joseph is awa an Simeon is awa an noo ye're wintin tae tak Benjamin. Och, aathin's agin ma."

³⁷Reuben said tae his fadder, "Gin A dinna fess Benjamin back till ye, ye can kill baith my loons. Pit him in my hans an A'll fess him back tae ye." ³⁸Bit Jacob said, "Ma loon's nae gyan doon there wi ye. His brither's deid an he's aa his leen. Gin ony ill comes till him on e road, syne ye'll fess ma gray hairs doon tae e grave wi dool."

CHAPTIR 43

There wis aye yet affa wint i the cuntra. ²Fan they hid etten aa e corn they'd bocht in Egypt, their fadder said tae them, "Awa ye gyang again an buy a pucklie mair maet." ³Bit Judah said tae him, "We were weel warnt bi e chiel att we maunna gyang back tae him oonless wir brither wis wi hiz. ⁴Gin ye lat wir brither come wi hiz, we'll gyang doon an buy ye mair maet. ⁵Bit gin ye winna sen him, we winna gyang doon, cause e chiel said tae hiz, 'Ye winna see my face again oonless yer brither's wi ye.'"

⁶Israel said, "Fit wye did ye cause ma sae muckle tribble bi tellin e chiel ye hid a brither?" ⁷They answert, "E chiel speirt e guts fae's aboot wirsels an wir faimly. He speirt gin wir fadder wis aye livin an gin we hid anither brither. We jist telt him fit he socht. Fit wye wis we tae ken he wid say, 'Fess yer brither doon?'"

⁸Judah said tae Israel, his fadder, "Sen e lad wi me, an we'll awa an gyang, sae att we an you an wir bairns will live an nae perish. ⁹A'll stan surety for him an ye can haud me responsible. Gin A dinna fess him back an set him doon afore ye, A'll tak e blame for aye. ¹⁰E time we've scuttert aboot we culd hae been there an back twice."

¹¹Syne their fadder Israel said tae them, "Weel, weel, gin it maun be, it maun be. Pit some o e things we're best kent for hereaboots in yer baggage as a hansel till e chiel: a bittie o balm, a suppie hunny, a hanfu o spices an myrrh an nuts an almones. ¹²An tak twafaul the amoont o siller wi ye, cause ye maun tak back e siller att wis i the moo o yer bags, mebbe it wis a mistaak. ¹³Tak yer brither tee an awa ye gyang back tae e chiel. ¹⁴An God Almichty gie ye mercy afore e chiel sae att he'll lat yer ither brither an Benjamin come hame wi ye. As for me, gin A loss ma bairns, A loss ma bairns."

¹⁵Sae e chiels teuk e hansels, twafaul the amoont o siller an Benjamin tee. They set oot an gaed awa doon tae Egypt an steed afore Joseph. ¹⁶Fan Joseph saa Benjamin, he said tae his heid butler, "Fess att chiels tae ma hoose, kill a beast an mak e denner riddy. Att lads will ett wi ma at neen." ¹⁷E chiel did as Joseph bad him an brocht e lads tae e hoose. ¹⁸Noo e lads were feart fan they were teen till his hoose an they said, "We've been fessen here cause o e siller att wis putten back in wir bags the hinmaist time. He wints tae attack hiz, get e better o's an tak hiz for slaves an tak wir cuddies." ¹⁹They cam up tae Joseph's butler an hid a news wi him at e yett o e hoose, ²⁰sayin, "O sir, we cam doon here e first time tae buy maet. ²¹Bit at e place far we stoppit for e nicht, we opent wir bags an ilka een o's faun his siller i the moo o e bag, ilka last bawbee o't an we've brocht it back wi hiz. ²²An we've brocht mair siller tae buy maet. We dinna ken fa pat e siller in wir bags."

²³An he said, "It's aa richt, dinna be feart. Your God an e God o yer fadder gied ye e trissure in yer bags. A got yer siller." An syne he brocht Simeon oot tae them. ²⁴E chiel teuk e lads in tae Joseph's hoose an gied them a drink o watter, they waasht their feet an he maetit their cuddies. ²⁵They made riddy their hansels for Joseph comin at neen, cause they'd been telt they were gettin their denner there. ²⁶Fan Joseph cam hame, they gied him the hansels they'd brocht in tae the hoose an booed doon tae the grun afore him.

²⁷He speirt foo they were deein an syne said, "Yer aul fadder att ye telt ma aboot, is he aye tae the fore?" ²⁸An they answert, "Yer servant, wir fadder is aye hale an herty an aye tae the fore." An they booed doon their heids afore him. ²⁹He leukit up an saa his mither's ain sin, Benjamin, an said, "Is iss yer youngest brither att ye telt ma aboot?" An he said, "God be gweed tae ye, ma loon." ³⁰Some sair come at at seein his brither, Joseph gaed oot an leukit for somewye tae greet an held awa tae his chaumer an a wee tearie cam till his ee.³¹Syne he dichtit his face, cam oot, pulled himsel egither an said, "Dish up e maet."

³²They sairt him bi himsel, e brithers bi themsels, an the Egyptians att were ettin wi them bi themsels, cause the Egyptians are ower bigsy tae ett alang wi Hebrews. ³³E lads were sittin afore him in order o their ages, fae the aulest tae e youngest, fair dumfoonert bi the hale thing. ³⁴Joseph sent ilka een a helpin fae his table bit Benjamin's helpin wis five times as big as ony ither body's. An they drank wi him an got rael cheery.

CHAPTIR 44

Joseph gied his butler iss orders: full up e chiels' bags wi as muckle maet as they can cairry an pit ilka een's siller i the moo o his bag. ²Syne pit my caup, ma siller caup, i the moo o e youngest brither's bag wi e siller for his corn." An he did fit Joseph telt him. ³At skreek o day e lads were sent on their wye wi their cuddies. ⁴They werna verra far fae e toon fan Joseph said tae his butler, "G'wa efter them, an fan ye catch up wi them, say tae them, 'Fit wye hiv ye peyed back ill for gweed? [5]Is iss nae e caup ma maister drinks fae an eeses for his divination? Iss is a gey sairious offince.'"

[6]He catcht up wi them an said as he'd been telt. [7]Bit they said, "Fit's ma lord sayin iss for? Gweed forbid att yer servants shuld dee sic a thing. [8]Did we nae bring back tae ye fae Canaan e siller we faun i the moo o wir bags? Sae fit wye wid we pinch siller or gowd fae yer maister's hoose? [9]Gin ony o yer servants is faun oot tae hae it, lat him dee an e lave o's will be yer maister's slaves." [10]"Jist att," he said. "Lat it be as ye've said. Gin ony body is faun tae hae it, he'll be my slave bit we'll lat e lave o ye aff." [11]Sae ilka een o them lat doon his bag on tae e grun an opent it. [12]He rakit throwe them startin wi the aulest an feenishin wi e youngest, an e caup wis come on in Benjamin's bag. [13]Syne they rippit their claes, loaded their cuddies an held back tae the toon.

[14]Joseph wis still at hame fan Judah an his brithers arrived there an they plappit doon afore him on e grun. [15]Joseph said tae them, "Fit's iss ye've deen? Div ye nae ken a chiel lik me his e saicond sicht?" [16]An Judah said, "Fit can we say tae ye, fit can we say? Foo can we preeve wir innocence? God his faun oot wir guilt. We're noo yer slaves, baith hiz an e lad fa hid e caup." [17]An he said, "Gweed forbid att A wid dee sic a thing. Jist e chiel fa wis faun tae hae e caup will be ma slave. E lave o ye, gyang hame tae yer fadder in peace."

[18]Syne Judah cam ower tae him an said, "O, please, ma lord, lat yer servant hae a wirdie in yer lug an dinna lat yer annger burn inno ye, aiven tho ye be as heich as Pharaoh. [19]Ma lord speirt at his servants, 'Hiv ye a fadder or a brither?' [20]An we said tae ma lord, 'We hiv a fadder, an aul man, an a bairnie born o his aul age. His brither is deid an he's the ainly een o his mither's sins left an wir fadder looes him.' [21]An ee said tae yer servants, 'Fess him doon tae ma sae A can see him for masel.' [22]An we said tae ma lord, 'E loonie canna leave his fadder, cause gin he wis tae leave him, his fadder wid dee.' [23]An ye said tae yer servants, 'Gin yer youngest brither disna come doon wi ye, ye'll nivver see ma face again.' [24]Fan we gaed back tae yer servant, ma fadder, we telt him fit ma lord hid said. [25]Wir fadder said, 'Gyang back again an buy hiz a pucklie maet.' [26]An we said, 'We canna gyang back oonless wir youngest brither comes wi hiz. Syne we'll gyang doon, cause we canna meet in wi e chiel oonless wir youngest brither is wi hiz.' [27]An yer servant, ma fadder said tae hiz, 'Ye ken att ma wife hid twa sins tae ma. [28]Een o them gaed awa fae ma an A said, "He's mair nor likely been rippit tae bits," an A hinna seen him since. [29]Gin ye tak iss een awa fae ma tee, an ony ill come o him, ye'll fess doon ma grey hairs wi dool tae the grave.' [30]Sae gin e loonie's nae wi ma fan A gyang back tae yer servant, ma fadder, an gin ma fadder, fa jist lives for e loonie, [31]sees he's nae wi hiz, he'll dee. Yer servants will fess e grey hairs o yer servant, wir fadder, wi dool till his grave. [32]Yer servant steed surety for e loonie tae ma fadder, sayin, 'Gin A dinna fess him back tae ye, syne A'll tak e blame afore ye, ma fadder for e rest o ma life.'[33]Sae A prig wi ye tae lat me, yer servant, bide here as ma lord's slave insteid o e loonie, an lat e loonie gyang hame wi his brithers. [34]Cause foo can A face ma fadder gin e loonie's nae wi ma? A culdna stan tae see e dool att wid come on ma fadder."

CHAPTIR 45

Syne Joseph culdna keep a grip o himsel an afore aa them att were attenin on him an he roart oot, "Gar aabody get oot o here." An there wis naebody else there fan Joseph made himsel kent till his brithers. [2]He grat sae sair att the Egyptians heard him an Pharaoh's hoose heard aboot it.

[3]Joseph said tae his brithers, "A'm Joseph. Is ma fadder aye livin?" His brithers didna ken fit tae say, they were sae dumfoonert at bein wi him. [4]Joseph said tae his brithers. "Come in aboot tae ma." Sae they cam

ower tae him an he said, "A'm Joseph, yer brither, fa ye selt awa tae Egypt. [5]Noo dinna fash yersels att ye selt ma here, cause it wis tae save lives att God sent ma on here afore ye. [6]There's been wint ower aa e cuntra iss twa ear an there's five yet far there will be nae plooin nor hairstin. [7]Bit God sent ma on afore ye tae mak seer ye'll hae descendents on the earth an tae preserve ye aa. [8]Sae it wisna youeens fa sent ma here, bit God. He's made me a Coonsellor tae Pharaoh, heid ower aa his hoose an rowler o aa Egypt. [9]Hist ye back tae ma fadder an say tae him, 'Iss is fit yer sin Joseph says, "God his made ma lord o aa Egypt, come doon tae ma straicht awa. [10]Ye'll bide i the cuntra o Goshen an be near han ma; you an yer bairns an yer bairns' bairns, an yer flocks an yer hirds an aa ye hiv. [11]A'll see ye aa richt, cause there's aye three ears o wint tae come. Ither gait you an yer faimly an aa them fa's wi ye will come tae poortith.'" [12]Ye can see for yersels an sae can ma brither, Benjamin, att it's me fa's spikkin till ye. [13]An ye'll tell ma fadder aboot foo weel A've deen for masel in Egypt an aboot aathin ye've seen. Fess ma fadder back here as seen as ye can." [14]Syne he flang his airms roon his brither Benjamin an grat an Benjamin teuk him till his breist an grat tee. [15]He kissed aa his brithers an grat ower them. Efter att his brithers hid a news wi him.

[16]Fan e news got e linth o Pharaoh's palace att Joseph's brithers hid appeart, Pharaoh an aa his officeels were rael pleased. [17]Pharaoh said tae Joseph, "Tell yer brithers tae load their beasts an gyang hame tae Canaan, [18]syne fess yer fadder an aa yer faimly back tae me. A'll gie them e best lan in Egypt an they'll hae mair nor aneuch tae live on. [19]Tell them tae tak cairts wi them fae Egypt for their wives an bairns an get yer fadder tae come. [20]Nivver myn their belangins cause the best o fit Egypt his will be theirs."

[21]Sae att's fit e sins o Israel did. Joseph gied them cairts, jist as Pharaoh hid telt him an a piece for the road. [22]He gied ilka een o them new claes bit tae Benjamin he gied five hunner bitties o siller an five cheenges o claes. [23]He sent ten cuddies tae his fadder, laden wi Egypt's best, an ten she-cuddies laden wi corn an loaf an ither maet for his road. [24]Syne he sent his brithers awa, an as they were leavin he said, "Dinna fecht wi een anither on e road."

[25]Sae they gaed up oot o Egypt an cam tae their fadder i the lan o Canaan. [26]They telt him, "Joseph's aye livin. He's e heid-bummer ower aa e lan o Egypt." Jacob teuk a styter an widna believe them. [27]They telt him aa that Joseph hid said tae them. Fan he saa e cairts att Joseph hid sent tae fess him back, their fadder Jacob's speerits were kennlt. [28]Israel said, "Ye've convinced ma. Ma loonie Joseph is aye livin. A'll gyang an see him afore A dee."

CHAPTIR 46

Sae Israel set oot wi aa att he hid an cam tae Beersheba, an offert sacrifeeces tae e God o his fadder, Isaac. [2]An God spak tae Israel in a veesion att nicht, sayin, "Jacob! Jacob!" An he said, "Here I am." [3]"A'm e God, e God o yer fadder," he said, "dinna be feart tae gyang doon tae Egypt cause there A'll mak ye a great nation. [4]A'll gyang doon tae Egypt wi ye an A'll seerly fess ye back again an Joseph will shut yer een." [5]Syne Jacob left Beersheba. Israel's sins convoyed their fadder Jacob, their bairnies an their wives inno e cairts att Pharaoh hid sent tae cairry him. [6]An they teuk their beasts an their gear att they hid gotten fan they were in Canaan an cam tae Egypt, [7]Jacob an aa his fowk wi him, his sins an their sins, his dothers an his sins' dothers, aa fessen wi him tae Egypt.

[8]Iss is e names o e sins o Israel (Jacob's sins) fa gaed tae Egypt:

Reuben, Jacob's aulest.

[9]E sins o Reuben: Hanoch, Pallu, Hezron an Carmi.

[10]E sins o Simeon: Jemuel, Jamin, Ohad, Jakin, Zohar an Shaul, e sin o a wumman fae Canaan.

[11]E sins o Levi: Gershon, Kohath an Merari.

[12]E sins o Judah: Er, Onan, Shelah, Perez an Zerah. Er an Onan hid deit i the lan o Canaan.

E sins o Perez: Hezron an Hamul.
[13]E sins o Issachar: Tola, Puah, Jashub an Shimron.

[14]E sins o Zebulun: Sered, Elon an Jahleel.

[15]Iss wis e sins o Leah att she hid tae Jacob fan they were in Padanaram, alang wi his dother Dinah. There wis thirty-three sins an dothers o his aa in aa.

[16]E sins o Gad: Zephon, Haggi, Shuni, Ezbon, Eri, Arodi, an Areli.

[17]E sins o Asher: Imnah, Ishvah, Ishvi an Beriah. Their sister wis Serah.

E sins o Beriah: Heber an Malkiel.

[18]Iss wis e sins att Zilpah hid tae Jacob, her fa Laban gied till his dother Leah – saxteen o them in aa.

[19]E sins o Jacob's wife Rachel: Joseph an Benjamin. [20]In Egypt, Joseph hid Manasseh an Ephraim bi Asenath e dother o Potiphera e priest o On.

[21]E sins o Benjamin: Bela, Beker, Ashbel, Gera, Naaman, Ehi, Rosh, Muppim, Huppim an Ard.

[22]Iss wis e sins att Rachel hid tae Joseph – fowerteen in aa.

[23]E sin o Dan: Hushim

[24]E sins o Naphtali: Jahziel, Guni, Jezer, an Shilem.

[25]Iss wis e sins born tae Jacob throwe Bilhah, her fa Laban hid gien till his dother Rachel – syven in aa.

[26]Aa them fa gaed tae Egypt wi Joseph an were o his ain fowk, nae coontin e wives o his sins, wis saxty-sax. [27]Twa sins were born tae Joseph in Egypt. Sae Jacob's faimly wis syventy fowk fan it first cam tae Egypt.

[28]Jacob sent Judah on aheid o him tae Joseph tae get telt e wye tae Goshen. Fan they arrived in Goshen, [29]Joseph yokit his chariot an gaed tae Goshen tae meet his fadder, Israel. Fan he saa him he flang his airms roon his neck an grat sair an lang. [30]Israel said tae Joseph, "Noo lat ma dee, since A've seen att ye're still wi hiz." [31]Syne Joseph said tae his brithers an tae aa his fadder's fowk, "A'll gyang up an spik tae Pharaoh an say till him, 'Ma brithers an ma fadder's fowk fa were in Canaan, hiv come tae ma. [32]E men are shepherds, they leuk efter their flocks an their hirds an hiv brocht aa att they ain wi them.' [33]Fan Pharaoh sikks tae see ye, an speirs at ye fit ye dee for a livin, [34]ye'll say till him, 'Yer servants hiv leukit efter beasts since they were loons, jist as wir fadders did'. Syne ye'll be latten sattle i the lan o Goshen, cause Egyptians will hae naethin tae dee wi shepherds."

CHAPTIR 47

Syne Joseph cam an telt Pharaoh, "Ma fadder an ma brithers hiv arrived fae Canaan wi their hirds an their flocks an aa their ither gear an are noo in Goshen." [2]Syne he teuk five o his brithers an presentit them tae Pharaoh. [3]Pharaoh speirt at his brithers fit they did for a livin an they said, "Ma Lord, we are shepherds, hiz an wir fadders afore hiz. [4]We've come tae bide in iss cuntra cause there's nae girss in Canaan, far there's terrible wint. Sae we wid sikk o ye att ye lat hiz bide in Goshen."

[5]Pharaoh said tae Joseph, "Yer fadder an yer brithers hiv come till ye. [6]E Lan o Egypt is yours, gie them e best o't tae sattle in. Lat them sattle i the lan o Goshen an gin ye ken o ony hard wirkin chiels amo them, mak them my baillies. [7]Syne Joseph brocht in Jacob his fadder an presentit him tae Pharaoh an Jacob gied Pharaoh his blissin. [8]Pharaoh said tae Jacob, "Foo aul are ye, min?" [9]An Jacob answert, "A've been trauchlin iss last hunner an thirty ear, sair they've been an fyowe, nae lik e years i the days o ma fadders." [10]Syne Jacob blisst Pharaoh an held awa fae him.

[11]Sae Joseph sattlt his fadder an his brithers an gied them grun in Egypt, an gweed grun it wis tee i the shire o Rameses, jist as Pharaoh hid ordert. [12]Joseph saa tillt at his fadder an aa his fowk hid aa the maet they wintit.

[13]There wis nae maet i the hale cuntra, sae sair wis e wint, an Egypt an Canaan were at a gey picher cause o't. [14]Joseph gaithert egither aa e siller in Egypt an Canaan att fowk hid brocht tae buy corn an teuk it tae Pharaoh's coontin-hoose. [15]Fan there wis nae mair siller left in Egypt nor Canaan, the Egyptians cam tae Joseph an said, "Gie's maet or we'll dee afore yer verra een. Wir siller's aa spent." [16]Joseph said, "Gin yer siller's aa spent, gies yer beasts an A'll gie ye maet for them." [17]Sae they brocht their beasts tae Joseph fa gied them maet for their horse, their flocks o sheep, their beasts an their cuddies. He gied them maet for their beasts for the hale o att ear.

[18]The ear cam till an ein an e neist ear they cam till him again an said, "Ma lord, we canna bit tell ye, wir siller's aa spent an ee hiv aa wir beasts. We've naethin left for ye bit wir ain sels an wir places. [19]Fit wye shuld we perish afore yer een, hiz an wir places tee? Tak hiz an wir places for maet an we an wir places will belang tae Pharaoh. Gie's seed-corn tae keep hiz alive an haud wir grun fae gyan tae desert." [20]Sae Joseph bocht aa e grun o Egypt for Pharaoh, cause e Egyptians selt aa their parks sae sair wis e wint, an e grun becam Pharaoh's. [21]An Pharaoh made slaves o aa e fowk fae ae ein o Egypt tae e tither. [22]Bit Joseph didna buy e grun att belanged tae e priests, cause they got maet supplied bi Pharaoh an att wis aneuch for them tae get by on sae they didna need tae sell their grun.

[23]Joseph said tae e fowk, "Noo att A've bocht youeens an yer grun for Pharaoh e day, here's seed corn for ye sae ye can plant yer grun. [24]Bit fan ye hairst it ye maun gie a fifth pairt o't tae Pharaoh, e tither fower fifths will be yer ain, for seed for yer parks, for maet for yersels an for yer bairns an yer ither fowk." [25]An they said, "Ye've saved wir lives, gin it be yer will, we'll be Pharaoh's slaves." [26]Sae Joseph made it e laa ower aa Egypt – an it still stans yet – att Pharaoh shuld hae e fifth pairt o e hairst excep for e priests cause their grun didna belang tae Pharaoh.

[27]Sae Israel sattled in Egypt, i the lan o Goshen. They bocht property thereaboots an did weel an there turnt oot tae be a gey crood o them. [28]Jacob bade in Egypt for syventeen ear till he wis a hunner an fowerty syven ear aul. [29]Fan he wis comin till e ein o his days, he cried on his sin Joseph an said till him, "Gin ye think onythin o ma, pit yer han aneth ma hoch an promise ye'll be canty an leal tae ma. Dinna beery ma in Egypt, [30]bit fan A come tae rist wi ma fadders, cairry ma oot o Egypt an beery ma far they are

CHAPTIR 48

beeriet." An he said, "Fairly att." [31]"Sweer tae ma," he said. He swore till him an Israel sunk doon ower e heid o e bed.

Some time efter att, Joseph wis telt, "Yer fadder's nae weel," sae he teuk his twa sins Manasseh an Ephraim wi him. [2]Jacob wis telt, "Yer sin, Joseph his come tae see ye," an Israel straichent himsel up on e bed. [3]Jacob said tae Joseph, "God Almichty appeart tae me at Luz i the lan o Canaan an there he blisst ma [4]an said tae ma, 'A'm gyan tae mak ye weel deein an gar there be mony o ye till ye turn oot tae be a crood o nations, an A'll gie iss lan tae them fa come efter ye for aa time.' [5]Sae noo yer twa loons, Ephraim an Manasseh fa were born tae ye in Egypt afore A cam tae ye there, will be coontit as mine, jist lik Reuben an Simeon are mine. [6]Ony ither bairns born till ye efter them will be yours bit as far as their grun gyangs they'll be reckoned unner e names o their auler brithers. [7]As A wis comin fae Padan, ma wife Rachel deit on ma i the lan o Canaan on e wye, fan we werna verra far fae Ephrath. Sae A beeriet her there anent e road tae Ephrath (att's tae say, Bethlehem)." [8]An Israel leukit at Joseph's sins an said, "Fa wid iss be?" [9]Joseph said tae his fadder, "Iss is my loons att God his gien ma here." Syne Israel said, "Fess them tae me sae att A mith bliss them."

[10]Noo Israel's een were bleart wi age an he culd hardly see. Joseph brocht his loons ower tae him an his fadder kissed them an gied them a bosie. [11]Syne Israel said tae Joseph, "A nivver thocht A'd see yer face again, yet God his lat ma see yer bairnies tee." [12]Joseph teuk them awa fae Israel's knees an booed doon wi his face tae e grun. [13]Syne Joseph teuk e twa o them, Ephraim in his richt han ower tae Israel's left han, an Manasseh in his left han ower tae Israel's richt han an brocht them close in aboot. [14]Israel raxed oot his richt han an laid it on Ephraim's heid - he wis e younngest een - an crossin his hans, his left han on Manasseh's heid, cause he wis the aulest.

[15]Syne he blisst Joseph an said, "Mith e God afore fa ma forebeers Abraham an Isaac waalkit, e God fa's been ma shepherd aa e days o ma life, [16]the Angel fa's keepit ma fae aa ill, bliss iss loons. Lat them be kent bi my name an e name o ma fadders Abraham an Isaac an mith they growe intae a big clan i the warl." [17]An fan Joseph saa his fadder pit his richt han on Ephraim's heid, he wisna pleased, sae he teuk a haud o his han tae tak it affo Ephraim's heid an pit it on Manasseh's heid. Joseph said tae his fadder, [18]"Na, fadder, iss een is the aulest, pit yer han on his heid." [19]Bit his fadder widna dee't an said, "A ken fine, ma loon, A ken fine. He'll turn intae a clan anaa an will hae muckle sooch. Bit his younnger brither will be tae e fore an his descendents will turn intae mony clans." [20]He blisst them att day an said, "In Israel your names will be eesed fan fowk pronoonce a blissin, sayin, 'Mith God mak ye like Ephraim an Manasseh'." [21]An Israel said tae Joseph, "A'm weerin awa, bit God will be wi ye an will fess ye back again tae e lan o yer fadders. [22]A'm giein you mair nor yer share o e grun: A teuk it fae the Amorites wi ma swoord an ma bowe."

CHAPTIR 49

Syne Jacob cried on his sins an said, "Gaither in aboot sae att A mith tell ye fit's gyan tae happen i the days tae come.

[2]"Gaither roon aboot an hearken tae ma, sins o Jacob, hearken tae yer fadder, Israel.

[3]"Reuben, yer ma aulest, ma micht, e first sign o ma strinth, maist capital in honour, maist capital in pooer, [4]as rummly as e watter in spate, ye winna dee weel. Ye climmed in ower yer fadder's bed an filed his deece.

[5]"Simeon an Levi are brithers, their swoords are coorse wappins. [6]A winna tak up wi their saicrets nor jine i their trysts, cause they hiv killed men i their annger an hiv hamstrung beasts for coorseness. [7]A curse on their annger, sae menacin; a curse on their wrath, sae coorse. A'll scatter them in Jacob an braidcast them in Israel.

[8]"Judah, yer brithers will reese ye oot. Yer han is on e neck o yer faes. Yer fadder's bairns will boo doon afore ye. [9]Judah is a lion's cub, ye come back fae yer prey, ma loon, lik a lion croochin doon for e kill – lik a lion, fa daur meddle wi ye? [10]Judah will haud on till e sceptre an e rowler's wan will bide atween his feet till it comes tae fa it belangs till an hale cuntras will boon doon till him. [11]He'll tether his cuddy tae a vine an its foalie tae e best branch; he'll waash his claes in wine an his robes i the bleed o e grape. [12]His een are mirkier nor wine an his teeth fiter nor milk.

[13]"Zebulun will bide doon e shore an be a herbour for boaties. His mairches will streech e linth o Sidon. [14]"Issachar is a shargert cuddy att lies streeched oot atween twa saiddlebags. [15]Bit fan he sees his reestin place is gweed, an e lan leesome, he boos his back tae e load an is forced tae wark hard.

[16]"Dan will rowle ower his fowk, een o e clans o Israel. [17]Dan will be a snake at e side o e road, a serpent on e pathie att bites e horse's queets sae its rider will fa backlins.

[18]"A wyte for yer deliverance, O Lord.

[19]"Gad will be set on bi a band o reivers, bit he'll turn an chase them awa.

[20]"Asher will hae fancy maet - he'll provide gulshachs fit for a keeng.

[21]"Napthali is a deer att's latten lowss, giein oot goodly fawns.

[22]"Joseph is lik a fruitfu tree, a fruitfu tree anent a waalie, wi its branches rinnin ower e waa. [23]Archers attack him wi muckle birr an shot at him. [24]Bit his bowe stans firm an his airms were gien strinth bi e han o the michty God o Jacob, bi the Shepherd, e Rock o Israel, [25]bi e God o yer fadder fa will help ye an bi the Almichty fa will bliss ye wi e blissins o hivven abeen, e blissins o e depth o e seas, e blissins o e breist an e wyme. [26]Yer fadder's blissins are awa abeen e blissins o the aul heilans an e boonty o the ivverlestin hills. They'll reest on e heid o Joseph on e broo o e prince amo his brithers.

[27]"Benjamin is lik a gutsie wolf. I the mornin he devoors e prey; at nicht he havvers e spile."

[28]Iss, syne, is e twal clans o Israel an iss is fit their fadder said till them fan he blisst them, giein ilka een e blissin att wis his dyow.

[29]Syne he gied them iss wird: "A'm aboot tae be gaithert tae ma ain fowk: beery ma wi ma fadders i the cave i the parkie o Ephron the Hittite. [30]I the cave i the parkie o Machpelah, ower by Mamre in Canaan, e parkie att Abraham bocht fae Ephron the Hittite as a beerial grun. [31]Att's far they beeriet Abraham an Sarah, his wife; att's far they beeriet Isaac an Rebekah, his wife an att's far A beeriet Leah. [32]E parkie an e cave inno't were bocht fae the Hittites." [33]Fan Jacob wis throwe giein his sins their instructions, he drew his feet up intill e bed an gied up e ghaist an wis gaithert till his ain fowk.

CHAPTIR 50

Joseph flang himsel ower his fadder, an grat ower him an kissed him. [2]Syne Joseph ordert e doctors tae embalm his fadder, Israel, an they did sae, [3]takin a hale fowerty days, cause att's e time att's notten for embalmin. An the Egyptians moornt for him for syventy days.

[4]Fan e days o moornin were by wi, Joseph spak tae Pharaoh's coort sayin, "Gin ye think weel o ma, hae a wirdie in Pharaoh's lug for ma an tell him [5]ma fadder garrt ma sweer an aith, sayin tae ma, 'Fan A dee, beery ma i the grave A howkit for masel ower by in Canaan.' Noo lat ma gyang up an beery ma fadder an syne A'll come back tae ye." [6]An Pharaoh said, "G'wa an beery yer fadder, jist as he garrt ye sweer ye wid dee."

[7]Sae Joseph gaed up tae beery his fadder an aa Pharaoh's officeels gaed wi him, aa the high heid eens o e coort an aa the high heid eens o Egypt, [8]an aa Joseph's fowk an his fadder's fowk. Jist e bairns an e hirds an flocks were left in Goshen. [9]Chariots an horsemen gaed up wi him tee an it wis jist a gey set ooterie. [10]They cam tae e Mull o Atad, ower e Jordan. They lamentit lood an lang an there, Joseph moornt for his fadder for syven days. [11]Fan e Canaanites fa bade there saa e moornin at e Mull o Atad, they said, "The Egyptians are haudin a gey sair moornin." Att's fit wye e place is caaed Abel-mizraim an is ower by e Jordan.

[12]Jacob's loons did fit he hid telt them. [13]They cairriet him tae Canaan an beeriet him i the cave i the parkie o Machpelah ower by Mamre, e parkie att Abraham hid bocht fae Ephronthe Hittite for a beeryin place.

[14]Efter he hid beeriet his fadder, Joseph gaed back tae Egypt wi aa his brithers an aa e tither fowk fa hid gaen wi him tae beery his fadder.

[15]Fan Joseph's brithers saa att their fadder wis deid, they said, "Fit gin Joseph taks a grudge at hiz an peys hiz back for aa the ill we've deen till him?" [16]Sae they sent an eerin tae Joseph, sayin, "Afore he deit, wir fadder said till hiz, [17]'Iss is fit ye maun say tae Joseph, "A wid sikk ye tae forgie yer brithers for ther ill-deeins an e wrangs they did in bein sae coorse till ye."' Sae forgie wir ill-deeins we pray, cause we're servants o e God o yer fadder." Fan Joseph heard iss, he grat.

[18]His brithers, syne, cam an threw themsels doon afore him an said, "We're yer servants." [19]An Joseph said tae them, "Dinna be feart. Am A stanin i the place o God? [20]Ye socht tae dee ma ill, bit God meant it tae turn oot aa richt tae fess aboot fit's noo bein deen, e savin o mony lives. [21]Sae than, dinna be feart. A'll see you an yer bairns aaricht." Sae he heartent them an set them at ease.

[22]Joseph bade in Egypt wi aa his fadder's faimly. Joseph wis a hunner an ten ear aul fan he deit. [23]He saa e third ation o Ephraim's bairns an e bairns o Makir, Manasseh's loon were dirded on his knee. [24]Joseph said tae his brithers, "A'm weerin awa, God will seerly veesit ye an fess ye oot o iss lan tae e lan promist bi aith tae Abraham, Isaac an Jacob. [25]An Joseph garrt e sin o Israel sweer an aith, sayin, "God will seerly veesit ye an ye'll cairry ma beens up fae iss place." [26]Sae Joseph deit at e age o a hunner an ten an they embalmed him an he wis putten inno a coffin in Egypt.

EXODUS

CHAPTIR 1

Iss is e names o e sins o Israel fa gaed tae Egypt wi Jacob, ilka een takkin his faimly wi him: ²Reuben, Simeon, Levi an Judah, ³Issachar, Zebulun an Benjamin, ⁴Dan an Napthali, Gad an Asher. ⁵Jacob's faimly cam tae syventy fowk cause Joseph wis ariddy in Egypt.

⁶Noo Joseph an aa his brithers o att ginneration deit, ⁷bit there wis a gey lik nummer o their fowk, the Israelites, an e cuntra o Egypt wis full o them.

⁸There wis a new keeng in Egypt fa didna ken aboot Joseph an he said tae his ain fowk, ⁹"See att Israelite crood, there's sae mony o them, they hiv mair force aboot them nor hiz. ¹⁰We maun dee somethin aboot it or there will come tae be sae mony o them att shuld waar braak oot, they mith jine up wi wir faes an fecht agin hiz an tak ower wir cuntra."

¹¹Sae they set slave-maisters ower them tae gar them wark hard an they biggit Pithom an Rameses as store toons for Pharaoh. ¹²Bit e sairer the Egyptians were on them, e mair o them there cam tae be, sae the Egyptians turnt feart o the Israelites an ¹³garrt them wark their finngers tae e been. ¹⁴They gied them a sair time o't wi hard labour an garrt them bigg wi bricks an mortar an dee aa kyn o wark i the parks. The Egyptians were maist affa sair on them in aathin they garrt them dee.

¹⁵E keeng o Egypt spak tae the Israelite howdies, een wis caaed Shiphrah an e tither, Puah, an said tae them, ¹⁶"Fan ye atten e birthin o e Hebrew weemen, gin it be a loon, dee awa wi him, bit gin it be a dother, ye can lat her live." ¹⁷Hooivver, e howdies hid a fear o God an didna dee fit e keeng o Egypt hid bidden them, bit lat e loonies live. ¹⁸Syne e keeng o Egypt ordert e howdies tae come till him an said tae them, "Fit wye hiv ye deen iss? Fit wye hiv ye latten e loons live?" ¹⁹An e howdies sad tae Pharaoh, "E Hebrew weemen are nae lik Egyptian weemen. They hiv a straightforrit birthin an hiv their bairns afore we can get till them." ²⁰Sae God wis gweed tae e howdies, an there got tae be mair an mair Israelites. ²¹An cause e howdies hid feared God, he gied them faimlies o their ain. ²²Syne Pharaoh gied iss order tae his fowk: "Ilka loon att's born, ye'll fling inno e watter, bit lat e quines live."

CHAPTIR 2

A chiel fae e clan o Levi mairriet a wumman fae his ain clan ²an she got i the faimly wye an hid a wee loonie till him. ³Fan she saa fit a stoot bairnie he wis, she hod him for three month. Bit fan she culdna hod him nae laanger, she teuk a creelie, clairtit it wi cley an tar tae haud it fae takkin in watter, pat e bairnie inno't an laid it in amo e rashes at e watter side. ⁴E bairnie's sister steed ower by tae see fit wid come o't.

⁵Pharaoh's dother cam doon tae waash hersel i the watter, fylst her deems waalkit alang e watterside. She saa e creelie amo e rashes an garrt een o e deems fess it oot. ⁶She teuk haud o't an opent it an saa e bairnie. It wis greetin an she wis hert-sorry for't. "Michty," she said, "it's a wee Hebrew bairnie." ⁷Syne his sister said tae Pharaoh's dother, "Will A gyang an fess een o e Hebrew weemen tae be a weet-nurse tae the bairnie for ye?" ⁸Pharaoh's dother said, "Fairly att," an e quinie gaed an socht oot e bairnie's mither. ⁹Syne Pharaoh's dother said till her, "Tak iss bairn awa an leuk efter it for ma an A'll pey ye a waage for't." Sae she teuk e bairn an leukit efter it. ¹⁰Fan e bairnie grew auler, she teuk him tae Pharaoh's dother fa adoppit him as her ain sin. She caaed him Moses, sayin, "Cause A drew him oot o e watter."

[11]Ae day efter he wis growen up, he gaed tae cry on his ain fowk an he saa they hid a sair darg. He saa an Egyptian layin in till a Hebrew, een o his ain fowk. [12]Leukin iss wye an yon, he saa there wis naebody aboot. He slew the Egyptian an beeriet him oot o sicht i the san. [13]Fan he gaed oot e neist day he saa twa Hebrews fechtin an he speirt at e chiel fa wis i the wrang, "Fit wye are ye strickin een o yer ain fowk?" [14]Says e chiel, "An fa made ee a jeedge an rowler ower hiz? Are ye thinkin o deein awa wi me, jist as ye did wi yon Egyptian?" Moses got a gey begeck at att. "E wird maun be oot aboot e thing," he said till himsel. [15]Fan Pharaoh got tae hear o't he tried tae dee awa wi Moses, bit he held awa oot aboot an gaed tae bide i the cuntra o Midian.

[16]Noo e priest o Midian hid syven dothers an ae day as Moses wis sittin doon anent a waalie, they cam tae draa some watter tae full e trochs for their fadder's sheepies. [17]Some shepherds cam an hished them awa, bit Moses got up an helpit them an wattered their sheepies for them. [18]Fan e quinies gaed back tae their fadder, Reuel, he speirt at them, "Fit wye are ye back sae seen e day?" [19]An they said, "An Egyptian mannie rescyeed hiz fae e shepherds, drew e watter for hiz an wattered wir sheepies." [20]"Far aboot is he, syne?" he said till his dothers, "fit wye did ye leave him ootside? Fess him in sae he mith hae his supper wi hiz." [21]Moses wis happy tae bide wi e chiel fa gied him his dother Zipporah as his wife. [22]She hid a wee loonie till him an Moses caaed him Gershom, "Cause," he said, "A'm an ootlin in iss forrin cuntra."

[23]E years gaed by an e keeng o Egypt deit bit e Hebrews were still sair come at. They cried oot o them an their cry gaed up tae God,[24]fa heard their grainin an he mynt on his tryst wi Abraham, Isaac an Jacob. [25]Sae God leukit on e bairns o Israel an teuk peety on them.

CHAPTIR 3

Moses wis leukin efter e sheepies o his fadder-in-laa, Jethro, e priest o Midian. He led e sheepies tae e farrest awa side o e roch cuntra an cam tae Horeb, e moontain o God. [2]Fan he wis there the angel o e Lord appeart till him in a lowin buss. Moses saa att e buss wis ableeze bit it wisna bein brunt. [3]Sae he thocht till himsel, "A'm gyan tae haud ower tae see iss ferlie – fit wye e buss is nae bein brunt." [4]Fan e Lord saa att he hid come ower tae hae a leuk at it, he cried till him fae oot o e midse o e buss, "Moses, Moses." An Moses answert, "Ay, A'm here." [5]An God said, "Dinna come nae nearer han, an tak aff yer sheen, iss is haily grun." [6]Syne he said, "A'm e God o yer forebeers, e God o Abraham, e God o Isaac, e God o Jacob." An Moses happit his face, cause he wis feart tae leuk at God.

[7]E Lord said, "A've seen foo sair come att ma fowkies are in Egypt. A've heard their cryin oot agin their slave-drivers. A ken aa aboot their sorras. [8]A've come doon tae rescyee them oot o e hans o the Egyptians an fess them up oot o att cuntra intill a gweed, braid lan rinnin wi milk an hunny: e lan o e Canaanites, Hittites, Amorites, Perizzites, Hivites an Jebusites. [9]Noo att e cry o the Israelites his won till ma, A've seen foo ill deen till they are at e hans o the Egyptians. [10]Sae, come awa noo, A'm gyan tae sen ye tae Pharaoh sae att ye mith fess ma fowkies oot o Egypt."

[11]Moses said tae God, "An fa wid I be att I shuld gyang tae Pharaoh an fess e Israelites oot o Egypt?" [12]An God said, "A'll be wi ye. Iss'll be e preef att it's me att's sent ye. Fan ye've brocht e fowk oot o Egypt ye'll wirship on iss moontain."

[13]Syne Moses said tae God, "Supposin A gyang tae the Israelites an say till them, 'E God o yer fadders his sent ma till ye,' they'll speir att ma, 'Fit's he caaed?' Syne fit will A say till them?" [14]God said tae Moses, "I AM FA I AM. Att's fit ye maun say tae the Israelites. 'I AM his sent ma till ye'." [15]An syne God said, "Tell the Israelites, 'E Lord, e God o yer fadders, e God o Abraham, e God o Isaac, e God o

Jacob, his sent ma till ye.' Iss is ma name for ivver, e name att A'm tae be mynt bi for aa ginnerations. [16]G'wa an gaither aa the elders o Israel egither an say till them, 'E Lord, e God o yer fadders, e God o Abraham, o Isaac an o Jacob, appeart tae ma an his said, "A've waatched ower ye an hiv seen fit's been deen till ye in Egypt [17]an A've promist tae fess ye up oot o yer dool in Egypt tae e lan o e Canaanites, Hittites, Amorites, Perizzites, Hivites an Jebusites – a lan rinnin wi milk an hunny.'"[18]The elders o Israel will hearken till ye. Syne ye'll gyang wi the elders tae e keeng o Egypt an say till him, 'E Lord God o e Hebrews his met wi hiz. Sae gie hiz three days aff sae we mith gyang intill e roch cuntra tae gie sacrifeece tae e Lord wir God.' [19]A ken fine e keeng o Egypt winna lat ye aff oonless he's garrt dee't. [20]Bit A'll rax oot ma han an strick the Egyptians wi aa kyn o ferlies att A'll fess doon onno them. Syne he'll lat ye gyang. [21]Syne A'll mak the Egyptian fowk think weel o ye sae att fan ye leave ye winna gyang teem-hannit. [22]Ilka wumman will speir at her neeper or ony ither wumman fa bides in her hoose for a lyn o jowels o siller an jowels o gowd an claes. Ye'll pit them on yer sins an dothers an att wye ye'll tak awa e walth o the Egyptians."

CHAPTIR 4

Moses answert. "Fit gin they dinna listen tae ma nor tak wi ma? Cause they'll say, 'E Lord nivver appeart tae you.'" [2]E Lord said till him, "Fit's att in yer han?" "A staff," answert Moses. [3]E Lord said, "Fling it doon on e grun." Moses flang it doon an it turnt intill a snake an Moses teuk tae his heels awa fae't, [4]bit e Lord said till him, "Rax oot yer han an tak a haud o't's tail." An he pat oot his han an claucht it, an it turnt back intill a staff in his han. [5]"Att's tae gar e fowk believe att e Lord God o their forebeers, e God o Abraham, e God o Isaac an e God o Jacob his appeart till ye." [6]Syne e Lord said, "Pit yer han inno e fauls o yer coatie." He did jist att an fan he drew it oot, it wis aa skaikent an flaikit wi fite. [7]E Lord said, "Noo, pit it back inno yer breist again. Sae Moses pat his han back intill e fauls o his coatie an fan he drew it oot iss time it hid come aa better an wis jist lik e lave o's skin. [8]Syne e Lord said, "Gin they dinna tak wi ye fan they see e first sign, seerly they'll accep the ivvidence o e saicond een. [9]Bit gin they dinna tak wi ony o e twa signs or hearken tae fit ye're sayin, tak a suppie watter fae e Nile an poor it onno e dry grun. E watter ye tak fae e river will turn tae bleed on e dry lan."

[10]Moses said tae e Lord, "O, Lord, A've nivver been aa att gweed wi wirds, nae afore iss nor since ye've spoken tae me, yer servant. A'm a bittie slaw att e spikkin an wid files hubber ower ma wirds." [11]E Lord said till him, "Fa gies chiels their moos? Fa maks them dumb or deef? Fa gies them sicht or maks them blin? I's't nae me, e Lord? [12]G'wa ye gyang. A'll help ye tae spik an learn ye fit tae say." [13]Bit Moses said, "Oh Lord, A wid prig wi ye tae sen some ither body." [14]Syne e Lord got raised wi Moses an said, "Fit aboot yer brither, Aaron e Levite? A ken he can spik weel eneugh. He's on his wye tae meet in wi ye ariddy an he'll be weel shuitit tae see ye. [15]Ye can spik tae him an pit wirds inno his moo. A'll help e baith o ye tae spik an tell ye baith fit tae dee. [16]He'll spik tae e fowk for ye jist as gin he wis yer moo an ee'll be as gin ye were his God. [17]Tak iss staff in yer han sae att wi it ye can wark aa e signs."

[18]Come time, Moses gaed back tae Jethro his fadder-in-laa an said, "Lat ma gyang back tae ma fowk in Egypt an see gin they're still tae e fore." An Jethro said tae Moses, "Awa ye gyang an peace be wi ye."

[19]E Lord said tae Moses in Midian, "Awa ye gyang back tae Egypt cause aa e chiels fa socht tae dee awa wi ye are themsels deid." [20]Moses teuk his wife an his loons, on e back o a cuddy an set oot for Egypt wi e staff o God in his han. [21]E Lord said tae Moses, "Fan ye win e linth o Egypt see an shew aa e ferlies A gied ye tae Pharaoh. Bit A'll mak him thraawn an he winna lat yer fowk gyang awa. [22]An ye'll say till him, 'Iss is fit e Lord says, "Israel is ma aulest loon. [23]A've telt ye tae lat ma loonie awa sae att he mith wirship ma, bit ye widna lat him awa sae A'll kill your aulest loon."'"

[24]At a ludgins on e wye, e Lord met in wi Moses an wis gyan tae dee awa wi him, [25]bit Zipporah teuk a shairp steen an cuttit aff her loonie's foreskin an touched Moses' feet wi it. "Ye maun be a bridegroom o bleed tae me," she said. [26]Sae e Lord left him aleen. She said "bridegroom o bleed", meanin it tae be circumceesion.

[27]E Lord said tae Aaron, "Gyang oot tae e roch cuntra an meet up wi Moses." He gaed an met in wi him at e moontain o God, an kissed him. [28]Syne Moses telt Aaron aathin aboot fit e Lord hid said till him an e ferlies he'd telt him tae dee. [29]Moses an Aaron gaithert aa the elders o the Israelites eigther [30]an Aaron telt them aathin att e Lord hid said tae Moses. He warked e ferlies afore them an aa [31]an they believed. Fan they heard e Lord wis wirried aboot them an hid seen foo sair come att they were, they booed their heids an wirshippt.

CHAPTIR 5

Syne, efter att, Moses an Aaron gaed tae Pharaoh an said, "Iss is fit e Lord God o Israel says, 'Lat ma fowkies go sae they can haud a feestival i the roch grun tae honour ma.'" [2]"An fa wid e Lord God be," speirt Pharaoh, "att I shuld dee fit he tells ma an lat Israel awa? A dinna ken e Lord sae A'm nae gyan tae lat Israel awa." [3]Syne they said, "E God o e Hebrews his met in wi hiz. Noo, lat hiz gyang three-days road in till e roch cuntra sae wi can offer sacrifeeces tae e Lord God, less he strick hiz doon wi disease or e swoord." [4]Bit e keeng o Egypt said till them, "Moses an Aaron, fit wye are ye takkin e fowk awa fae their wark? Get back till yer ain darg." [5]Syne Pharaoh said, "Leuk there's a gey puckle o ye noo an ye're stoppin them fae wirkin." [6]Att verra day Pharaoh gied an order tae e slave-drivers an e grieves in chairge o e fowk, [7]"Dinna gie e fowk strae tae mak bricks wi, lat them gaither their ain strae. [8]Bit gar them mak e same amoont o bricks as they did afore. Dinna for ony sake tak doon e tally they hiv tae mak. They're a bunch o sweirties, att's e wye they're speirin for time aff tae g'wa an mak sacrifeeces tae their God. [9]See att there's mair wark laid on for them sae att they'll hae tae haud att it an winna hae time tae tell lees."

[10]E slave-drivers an e grieves gaed oot an said tae e fowk, "Pharaoh says we hinna tae gie ye nae mair strae. [11]Gyang an get it far ye can fin it, bit there will be nae lessenin o fit ye hiv tae dee ilka day." [12]Sae e fowk scattert aa ower Egypt gaitherin stibble insteid o strae [13]an aa e time e slave-drivers held att them garrin them dee as muckle wark ilka day as fan there wis strae. [14]Syne the Israelite grieves fa were in chairge o e wark were floggit bi e slave-drivers fa were aye speirin fit wye they werna makkin e same nummer o bricks ilka day as they hid been fan they got supplied wi strae. [15]Syne the Israelite grieves gaed tae Pharaoh an speirt, "Fit wye div ye trait yer servants lik iss? [16]We're nae gien nae strae, still-an-on we're expeckit tae mak bricks, we're bein floggit bit it's aa yer ain fowk's faut." [17]He said till them, "Ye're a bunch o sweirties, a bunch o sweirties. Att's e wye there's aa iss spik aboot gyan tae mak a sacrifeece till yer Lord. [18]Noo awa ye gyang an dee some wark. Nivver e bit o strae will ye be gien, bit ye maun mak yer tally o bricks." [19]An fan they were telt they hid tae keep up their daily tally, the Israelite grieves saa att things werna leukin ower gweed. [20]As they cam awa fae Pharaoh's place, they met in wi Moses an Aaron [21]an said till them, "Micht iss fess e jeedgement o e Lord doon on yer heids, cause ye've turnt Pharaoh an his men agin hiz an hiv putten a swoord i their han for them tae kill hiz."

[22]Moses gaed back till e Lord an said, "Lord, fit wye hiv ye brocht sic dool on iss fowkies? An fit wye did ye ivver sen me? [23]Ivver since A gaed tae Pharaoh tae spikk for ye, he's been rael coorse tae wir fowk an ee've deen naethin tae help them."

CHAPTIR 6

Syne e Lord said tae Moses, "Wyte till ye see fit A'm gyan tae dee tae Pharaoh. A'll gar him lat ma fowk go, in fac A'll see till't att he dreels them richt oot o his cuntra."

²God spak tae Moses, sayin till him, "A'm e Lord. ³I appeart tae Abraham, tae Isaac an tae Jacob as the Almichty God, bit A wisna kent bi ma name o JEHOVAH at att time. ⁴Mairower A've set up a covenant wi them tae gie them Canaan, e lan far they eence sattlt as ootlins. ⁵An noo att A've heard e grainin o e bairns o Israel, fa are keepit as slaves bi the Egyptians, A'm mynin on att covenant. ⁶G'wa an say tae the Israelites att I am e Lord an will fess ye aa oot fae bein slaves tae the Egyptians, A'll set ye lowss. A'll redeem ye wi ma airm raxed oot an will fess muckle dool onno them. ⁷All tak ye as ma ain fowk an A'll be yer God. Ye'll ken A'm e Lord yer God fan A set ye lowss fae yer slavery in Egypt. ⁸A'll fess ye till e cuntra att A swore A wid gie tae Abraham, tae Isaac an tae Jacob. A'll gie it till ye as yer ain for aa time. I am e Lord."

⁹Moses telt aa iss tae the Israelites bit they widna listen till him. They hid lost aa patience cause o e wye they were bein held in aboot. ¹⁰Syne e Lord said tae Moses, ¹¹"Gyang an tell Pharaoh, e keeng o Egypt att he maun lat the Israelites leave his cuntra." ¹²Moses spak afore e Lord sayin, "Gin the Israelites winna hearken till ma fit wye is Pharaoh gyan tae listen tae a lad wi a mant lik me?"

¹³Syne E Lord spak tae Moses an Aaron, giein them orders tae gyang tae the Israelites an tae Pharaoh an tell them he hid garrt them fess the Israelites oot o Egypt.

¹⁴Iss wis e clan chiefs: E sins o Reuben, Israel's aulest loon: Enoch, Pallu, Hezron an Carmi. Iss wis e clans o Reuben.

¹⁵E sins o Simeon: Jemuel, Jamin, Ohad, Jakin, Zohar an Saul, fa wis e sin o a wumman fae Canaan. Iss wis e clans o Simeon.

¹⁶Iss is e names o Levi's loons startin wi the aulest: Gershon, Kohath an Merari. Levi wis a hunner an thirty-syven fan he deit.

¹⁷Gershon hid twa loons: Libni an Shimei.

¹⁸Kohath hid fower loons: Amram, Izhar, Hebron an Uzziel. Kohath wis a hunner an thirty-three fan he deit.

¹⁹Merari hid twa loons: Mahli am Mushi.

Iss is e names o Levi's clans startin wi the aulest: ²⁰Amram mairriet his fadder's sister, Jochebed an she hid Aaron an Moses till him. Amram wis a hunner an thirty-syven fan he deit.

²¹Izhar hid three loons: Korah, Nepheg an Zicri.

²²Uzziel hid three loons: Mishael, Elzaphan an Sithri.

²³Aaron mairriet Elisheba, dother tae Amminadab an sister tae Nahshon, an she hid Nadab, Abihu, Eleazar an Ithamar till him.

[24]Korah hid three loons: Assir, Elkanah an Abiasaph. They were kent as e clans o Korah.

[25]Aaron's loon, Eleazar mairriet een o e dothers o Putiel an she hid Phinehas till him. Att wis e heids o e Levite faimlies, clan bi clan.

[26]It wis tae iss Aaron alang wi Moses att e Lord said, "Fess the Israelites oot o Egypt, mustered i their clans." [27]Iss wis e chiels fa telt Pharaoh, keeng o Egypt tae lat the Israelites oot o Egypt; iss verra same Moses an Aaron.

[28]Fan e Lord spak tae Moses in Egypt, [29]he said, "I am e Lord. Tell e keeng o Egypt aathin I tell you." [30]An Moses said tae e Lord, "Bit I hiv a bittie o a mant, fit wye will Pharaoh hearken tae me?"

CHAPTIR 7

E Lord answert Moses, "Weel, ye see, A've made ye lik a god tae Pharaoh, an yer brither Aaron will spik till him gin he wis yer prophit. [2]Ye maun tell yer brither Aaron aathin att A say till ye, he'll tell Pharaoh an Pharaoh will lat the Israelites oot o his cuntra. [3]Bit A'll mak him thraawn. An tho A dee aa kyn o terrifeein things in Egypt, [4]he winna listen till ye. Bit A'll tak a haud in Egypt an wi muckle acks o jeedgement A'll fess oot ma bairns, the Israelites, fae Egypt in aa their clans. Fan A rax oot ma han [5]ower Egypt an fess oot the Israelites fae amo them, e fowk o Egypt will ken syne att I am God." [6]Sae Moses an Aaron did jist fit God hid telt them. [7]At e time they spak tae Pharaoh, Moses wis auchty ear aul an Aaron auchty-three.

[8]E Lord said tae Moses an Aaron, [9]"Gin Pharaoh sikks ye, shew him some ferlie, syne ye'll say tae Aaron, 'Tak yer staff an fling it doon afore Pharaoh,' an it'll turn intill a snakie."

[10]Syne Moses an Aaron gaed tae Pharaoh an did fit e Lord hid bid them dee. Aaron flang doon his staff afore Pharaoh an aa his cooncillors an it turnt intill a snakie. [11]Syne Pharaoh cried on aa his clivver chiels, spaemen an magicians an they keest spells an did e same thing, [12]they keest doon their staffs an they turnt intae snakies, bit Aaron's staff swallied up theirs. [13]Bit Pharaoh wis thraawn, jist as e Lord hid said, an widna listen tae Moses an Aaron.

[14]Syne e Lord said tae Moses, "Pharaoh is maist affa thraawn, he winna lat e fowkies go. [15]Gyang till him e morn's mornin fan he's on his wye tae e watterins. Stan an wyte for him on e bank o e river an tak e staff att turnt intill a snakie in yer han. [16]Say till him, 'E Lord God o e Hebrews his sent ma till ye tae gar ye lat his fowkies go sae att they micht wirship ma i the roch cuntra. Up till noo ye widna listen till his wird, [17]sae noo e Lord God says, "Bi iss, ye'll ken att I am e Lord," wi iss staff att A hiv in ma han A'll strick e watter o e Nile an it'll be turnt intae bleed. [18]An e fish i the watter will aa dee an e watter will stink an e fowk o Egypt winna be able tae drink e watter fae e river.'"

[19]Syne e Lord telt Moses tae say tae Aaron, "Tak yer staff an rax yer han oot ower e watters o Egypt, ower their burns an their rivers, their lochans an their peels an turn them tae bleed. There will be bleed aa ower Egypt i their widden bowlies an their steen pigs." [20]Sae Moses an Aaron did as e Lord bad them. He lifted up his staff an strack e watters o e Nile afore Pharaoh an aa his cooncillors an aa e watter i the river turnt tae bleed. [21]E fish i the river aa deit an e watter wis sae skaichent e fowk o Egypt culdna drink it an there wis bleed throwe aa e hale cuntra o Egypt. [22]Bit syne the Egyptian magicians did e same things wi their spells an Pharaoh wis as thraawn as ivver an still widna listen tae them, lik e Lord hid said. [23]He turnt an gaed awa till his hoose an thocht nae mair aboot it. [24]The Egyptians howkit roon aboot e river for

watter cause they culdna drink e watter att wis inno e river. ²⁵Iss gaed on for syven days efter e Lord hid strucken e river.

CHAPTIR 8

Syne e Lord telt Moses tae gyang tae Pharaoh an say till him, "Iss is e wird o e Lord, 'Lat ma fowk go sae they mith wirship ma. ²Gin ye winna lat them go, A'll full yer hale cuntra wi puddocks. ³E watters will be full o them. They'll come up oot o e watter in till yer hoose, inno yer bedroom, onno yer bed, intae yer cooncillors' hooses an yer fowk's hooses, inno yer ovens an yer bakin bowels. ⁴E puddocks will sprauchle aa ower ye, ower yer fowk an ower yer cooncillors.'" ⁵Syne e Lord telt Moses tae say tae Aaron, "Tak yer staff in yer han an rax it oot ower e rivers, e burns an peels tae fess up puddocks on e lans o Egypt." ⁶Sae Aaron raxed oot his han ower e watters o Egypt an e puddocks cam up an happit aa e lan. ⁷An e magicians keest spells tae dee e same thing, fessin puddocks up onno e lan o Egypt.

⁸Syne Pharaoh bad Moses an Aaron come till him an said till them, "Gar e Lord tak awa e puddocks fae me an my fowk an A'll lat yer fowk go, sae they can mak their sacrifeece tae e Lord." ⁹Moses said, "A gie you the honour o sayin a time fan A mith spik up for ye an yer fowk an yer cooncillors sae att yer hooses mith be clear o e puddocks an neen be left bit i the river." ¹⁰"E morn," said Pharaoh. "An sae will it be," said Moses, "sae ye mith ken att there's neen lik oor God, e Lord. ¹¹E puddocks will clear oot fae aboot ye, fae yer hooses, fae yer cooncillors an fae yer fowk an there will be neen cept i the river." ¹²Moses an Aaron left Pharaoh an Moses prayed tae e Lord tae tak awa e puddocks he'd fessen doon on Pharaoh. ¹³E Lord did fit Moses socht an aa e puddocks i the hooses, i the yards an i the parks aa deit oot. ¹⁴They gaithert them intae heapies an e hale cuntra wis stinkin. ¹⁵Bit fan Pharaoh saa att he wis gien easedom, he turnt thraawn again. He didna listen tae Moses an Aaron, jist as e Lord hid said.

¹⁶E Lord, syne telt Moses tae say tae Aaron, "Rax oot yer staff an strick e stew on e grun an it'll turn intae lice aa ower e hale o Egypt," ¹⁷an they did fit he bad them. Aaron raxed oot his staff an strack e stew an it turnt intae lice att happit aa man an beast. ¹⁸E magicians tried tae mak lice wi their spells bit culdna dee't. E lice were aawye, on ilka man an beast. ¹⁹Syne e magicians said tae Pharaoh, "Iss is e finnger o God." Bit Pharaoh wis aye as thraawn an didna listen till them as God hid said.

²⁰E Lord telt Moses tae rise airly i the mornin an gyang an meet in wi Pharaoh as he cam oot tae e watter an say till him, "E Lord says, 'Lat ma fowk go sae they mith wirship ma. ²¹Gin ye dinna lat ma fowk go, A'll sen swaarms o flees on ye, yer cooncillors, yer fowk an yer hooses, an aa e hooses o Egypt an e grun they stan on will be full o flees. ²²Bit A winna mak att e case i the lan o Goshen far my fowkies bide, there will be nae flees there. Wi att ye'll ken att I'm e Lord at wark in iss cuntra. ²³A'll sort oot my fowk fae yours. Ye'll see for yersel e morn.'" ²⁴An att's jist fit he did. A muckle swaarm o flees cam in tae Pharaoh's hoose, an his cooncillors' hooses, an e hale cuntra wis near come till a crockaneetion wi e flees.

²⁵An Pharaoh cried on Moses an Aaron an said, "G'wa an sacrifeece tae yer God, here in iss cuntra." ²⁶Bit Moses said, "Na, na, we canna dee att, cause e beasties we sacrifeece wid cause offince tae the Egyptians an gin e beasties we sacrifeece cause offince tae the Egyptians, will they nae tak tae steenin hiz? ²⁷We'll gyang three days traivelin intill e roch cuntra an sacrifeece tae e Lord wir God as he bids hiz dee." ²⁸An Pharaoh said, "A'll lat ye gyang an sacrifeece tae yer God i the roch cuntra, bit dinna gyang ower far. Noo say a wee bit prayer for me." ²⁹Moses answert, "As seen as A haud awa A'll pray till e Lord, an wyte an see, e morn, e swaarms o flees will leave Pharaoh, his cooncillors an his fowk. Bit jist dinna come wi nae mair o yer try-ons wi oor fowk tae haud them fae gyan tae sacrifeece till e Lord." ³⁰Syne Moses held awa oot aboot an prayed till e Lord, ³¹an e Lord did fit Moses hid said an he teuk e swaarms awa fae Pharaoh,

his cooncillors an his fowk, an nae a sinngle flee wis left. [32]Bit eence mair Pharaoh wis thraawn an widna lat e fowk go.

CHAPTIR 9

E Lord said tae Moses, "G'wa an see Pharaoh an say till him, 'Iss is e wird o e Lord, e God o e Hebrews, "Lat ma fowk go sae they mith wirship ma. [2]Gin ye winna lat them go, an aye keep a haud o them, [3]e han o e Lord will faa onno yer beasts oot i the parks, an yer shelts an yer cuddies, yer camels, yer nowt an yer sheep will faa till a maist aafa affliction. [4]Bit e Lord winna deal wi e hirds o the Israelites e same wye as e hirds o the Egyptians. Nae a sinngle beast belangin tae the Israelites will be affeckit."'" [5]E Lord set a time for't sayin, "E morn's fan A'll dee't." [6]An att's jist fit he did: aa e beasts o the Egyptians deit oot bit nae a sinngle heid o e beasts o the Israelites deit. [7]Pharaoh speirt fit e upcome wis an wis telt nae a sinngle beast o the Israelites hid deit, bit still he wis as thraawn as ivver an widna lat e fowk go.

[8]E Lord said tae Moses an Aaron, "Tak a fyow hanfus o aise fae e furnace an lat Moses fling it up i the air fan Pharaoh's in sicht [9]an it'll turn intill a smorin stew ower e hale o Egypt. It'll turn itae blin lumps on man an beast, ower e hale cuntra." [10]They teuk aise fae e furnace an steed far Pharaoh culd see them an Moses scattert it up tae e hivvens an it brocht sypin blin lumps on man an beast. [11]E magicians were nae match for Moses cause they were affeckit wi e blin lumps jist like aa e lave o the Egyptians. [12]Bit e Lord garrt Pharaoh be thraawn an jist as he'd said tae Moses, he didna listen tae him nor Aaron.

[13]E Lord said tae Moses, "Rise airly e morn's mornin an gyang an see Pharaoh an say till him, 'Iss is e wird o e Lord, e God o e Hebrews. Lat ma fowk go sae they mith wirship ma. [14]Cause iss time A'm gyan tae sen aa ma tiranneesin onno ye an yer cooncillors an yer fowk sae ye mith ken there's neen lik me in aa e warl. [15]Bi iss time A could hae raxed oot ma han an brocht doon onno ye an yer fowk sic disease att ye wid aa hae been wypit fae e face o the earth. [16]Bit A've keepit ye alive sae ye mith see fitna pooer A hiv, an sae att e hale warl micht ken o't. [17]Bit still ye haud yersel conter tae my fowk an winna lat them go. [18]Jist wyte, aboot iss time e morn A'll sen sic a storm o bulits as his nivver been seen afore in aa Egypt. [19]Ye'd better gyang an gaither aa yer beasts an fess them inside, cause ony man or beast left oot i the parks an nae teen in aneth cover will get e brunt o e bulits an winna survive.'" [20]Them amo Pharaoh's fowk fa teuk wi e wird o e Lord brocht their slaves an their beasts in till their hooses. [21]Bit them fa didna care a docken for e wird o e Lord left their slaves an beasts oot i the parks.

[22]E Lord said tae Moses, "Rax oot yer han till e lift an fess doon e bulits ower e hale o Egypt, on e fowk, on e beasts an on ilka thing att's growein." [23]Moses raxed oot his staff till e lift an e Lord sent doon thunner an bulits an lichtnin ran alang e grun. E Lord rained doon [24]bulits on e hale cuntra wi lichtnin throwe e bulits e like o fit hid nivver been seen in Egypt afore, nae since it hid become a cuntra. [25]E bulits battert doon on aathin i the parks ower aa e cuntra, baith fowk an beasts. They flattent ilka growein thing an rived up aa e trees. [26]It wis jist i the lan o Goshen far the Israelites bade there wis nae bulits.

[27]Pharaoh sent for Moses an Aaron an says till them, "A've deen it iss time," he says, "e Lord's i the richt, me an my fowk are wrang. [28]G'wa an spik tae e Lord cause we canna tak nae mair o iss thunner an bulits. A'll lat ye go. Ye needna wyte nae laanger." [29]An Moses said till him, "As seen as A leave e toon, A'll rax oot ma hans in prayer till e Lord an e thunner will devaal an there'll be nae mair bulits. Att wye ye'll come tae ken the earth is e Lord's. Bit fit aboot you an yer fowk, [30]A ken ye still dinna tak wi e wird o e Lord God." [31](E flax an e barley were connacht cause e barley wis sprootit an e flax buddit. [32]Bit e wheat an e rye werna connacht cause they're some later in comin.) [33]Moses left Pharaoh an held awa oot o e toon an raxed oot his hans in prayer tae e Lord. E thunner, e bulits an e rain aa devaalt. [34]Fan Pharaoh

saa att e rain an e thunner an e bulits hid devaalt, he turnt till his ill-deein wyes again, an baith him an his cooncillors turnt thraawn. [35]Sae in his thraawnness, he widna lat e fowk go, jist as e Lord hid said tae Moses.

CHAPTIR 10

Syne e Lord said tae Moses, "G'wa an see Pharaoh, cause A've made him an his cooncillors thraawn sae A mith shew iss ferlies amo them [2]an sae ye'll be able tae tell yer bairns an their bairns e tale o't: foo A made a feel o the Egyptians an e ferlies A shewed amo them, sae ye'll aa ken att A'm e Lord." [3]Moses an Aaron gaed tae Pharaoh an said till him, "Iss is e wird o e Lord God o e Hebrews, 'Foo muckle laanger will ye haud fae knucklin doon tae ma? Lat ma fowk go sae they mith wirship ma. [4]Gin ye winna lat ma fowk go, A'll fess doon locusts amo ye e morn. [5]They'll hap e hale lan sae it winna be seen. They'll ett up aathin att wisna connacht bi the bulits aiven ilka tree att's stannin i the parks. [6]Your hoose, yer cooncillors' hooses, ay ilka hoose in Egypt will be full o them. Naither yer fadders nor their fadders afore them ivver saa e like o't, sin e day e warl first yokit.'" An he turnt an left Pharaoh.

[7]Pharaoh's cooncillors said till him, "Foo muckle laanger will iss chiel tiraneese hiz? Lat their menfowk gyang an wirship e Lord their God. Div ye nae ken e hale cuntra his come till a crockaneetion?" [8]An Moses an Aaron were fessen back tae Pharaoh, fa says till them, "G'wa an wirship e Lord yer God, bit tell's fa is't att's gyan?" [9]"Aabody," said Moses, "e young, aul, wir sins, wir dothers wi wir flocks an wir beasts cause wi maun hae a fair tae honour e Lord." [10]Says Pharaoh, "Weel, weel than, tak aa yer fowk wi ye, an mith e Lord be wi ye, bit leuk oot ye're in for some tribble. [11]Na, noo, yer menfowk can gyang an wirship e Lord cause att's fit ye socht." An wi att they were hished awa oot aboot fae e keeng.

[12]Syne e Lord said tae Moses, "Rax oot yer han ower Egypt sae att e locusts mith come an devoor aa growein thing att wisna connacht bi e bulits. [13]Moses raxed oot his staff ower Egypt an e Lord sent a rivin win fae the east aa att day an nicht. I the mornin the east win hid fessen e locusts. [14]They happit e hale o Egypt an sattlt on aa e shores in siccan swaarms as hid nivver been seen afore an will nivver be seen again. [15]They happit e hale lan till it wis bleck wi them. They ett ilka growein thing an aa e fruit on e trees att e bulits hidna touched. There wisna a bit o green left on e trees, i the parks nor ower e hale cuntra.

[16]Pharaoh garrt Moses an Aaron het fit it back tae see him, an says, "Ave deen ill tae e Lord yer God an tae youeens tee. [17]Forgie ma ill-deeins jist iss eence, A prig wi ye, an speir att e Lord God att he mith tak iss deidly plague awa fae ma." [18]Moses left Pharaoh an prayed till e Lord. [19]An e Lord turnt e win till e wast an blew awa e locusts an swypit them intill e Reed Sea. There wisna a sinngle locust left i the hale cuntra. [20]Bit e Lord made Pharaoh thraawn an he didna lat the Israelites go.

[21]Syne e Lord said tae Moses, "Rax oot yer han tae hivven sae att there mith be mirk ower aa e lan o Egypt, a mirk att a body can feel. [22]An Moses raxed oot his han tae hivven an there wis a pick mirk throwe aa e lan o Egypt for three days. [23]Fowk culdna see een anither an for three days naebody gaed aboot. Bit there wis licht far the Israelites bade.

[24]Pharaoh cried on Moses an says till him, "G'wa an wirship yer Lord. Aa yer fowkies can gyang wi ye bit ye maun leave yer flocks an yer beasts." [25]Bit Moses said, "Na, na. Ye maun gie hiz [26]beasts for wir offerins tae e Lord wir God, an aa wir ain flocks an beasts maun gyang wi hiz tee – nae a hivv maun be left ahin. We mith need wir ain beasts tae wirship e Lord wir God cause we winna ken till we're there fit's notten."

²⁷Bit e Lord made Pharaoh thraawn an he widna lat them go. ²⁸An Pharoh said till him, "Get oot o here an dinna deeve ma nae mair. Mak seer A dinna set een on ye again cause gin A div set een on ye, it'll be the ein o ye." ²⁹An Moses said, "Ay, ye're richt! A'll nivver set een on ye again."

CHAPTIR 11

Syne e Lord said tae Moses, "A'm gyan tae fess ae hinmaist pest onno Pharaoh an Egypt. Efter att he'll lat ye go, in fac, he'll chase ye oot o there aaegither. ²Tell aa yer fowk, men an weemen alike, tae borra fae their neepers their jowels o siller an gowd." ³E Lord garrt the Egyptians think weel o them an mairower Moses wis weel in wi Pharaoh's cooncillors an e fowk o Egypt.

⁴Syne Moses said, "Iss is e wird o e Lord, 'At midnicht A'll gyang oot amo the Egyptians. ⁵Ilka aulest bairn i the cuntra o Egypt will dee, fae e Pharaoh, e keeng's aulest tae e the aulest o e slave-quinies at e quern, an aa the aulest o e nowt tee. ⁶An there will be greetin throwe e hale o Egypt e like o fit his nivver been seen afore nor will nivver be seen again. ⁷Bit nae a tyke will wag a tongue at the Israelites nor their beasts. Att wye ye'll ken att e Lord hauds e fowk o Israel tae be different fae e fowk o Egypt.' ⁸Syne aa yer cooncillors will come doon tae ma an boo doon tae ma an say, 'Get oot o here an tak aa yer fowk wi ye'. Efter att A'll gyang awa." Syne Moses, fair raised, left Pharaoh.

⁹E Lord said tae Moses, "Pharaoh winna listen till ye; A'll need tae fess some mair ferlies doon on Egypt." ¹⁰Moses an Aaron hid ariddy brocht aa iss ferlies afore Pharaoh, bit e Lord garrt him be thraawn sae he widna lat the Israelites oot o Egypt.

CHAPTIR 12

E Lord said tae Moses an Aaron in Egypt, ²"Iss month is tae be e first month o aa, ye'll mak it e first month o the ear for ye. ³Tell aa yer fowk o Israel iss is fit they maun dee: on e tenth o iss month, ilka man maun tak a lammie or a kid for his faimly, ⁴bit gin e faimly be ower smaa for a lammie or a kid, syne a chiel can havver it wi his neeper. They'll pairt oot e cost o't accordin tae foo mony are in ilka faimly an foo muckle ilka een etts. ⁵Yer lammie or kid maun hae nae mark on't an be a yearlin tup. Ye'll tak a sheep or a goat, fitivver. ⁶Ye maun keep it till e fowerteenth day o e month syne e hale jing bang o the Israelites will kill it o the evenin. ⁷They maun tak some o e bleed an clairt it onno e doorposts an lintels o ilka hoose far e lammie is etten. ⁸They'll ett e flesh att nicht, rossin on e fire wi loaf made athoot barm an soor herbs. ⁹Ye maunna ett neen o't raa nor bylt in watter bit rossin on e fire wi e heid, e legs an the intimmers aa left onno't. ¹⁰Ye maunna leave neen o't till mornin, gin ony o't's left ower i the mornin, it maun be brunt i the fire.

¹¹Iss is e wye ye maun ett it: wi yer belt tichent, yer sheen on yer feet an yer staff in yer han. An ye winna be in ower muckle o a hurry tae ett it. Iss is e Lord's Passower. ¹²On att nicht A'll pass throwe e cuntra o Egypt an strick aa the aulest-born i the lan o Egypt, baith man an beast. Att wye A'll fess ma jeedgement on e gods o Egypt. I am e Lord. ¹³An as for you eens, e bleed will be a sign onno e hooses ee are in. Fan A see e bleed, A'll pass ower ye an nae ill will come o ye fan A strick e lan o Egypt. ¹⁴An ye'll myn on iss day an ye'll keep it as a fair day o e Lord for aa time, fae ginneration tae ginneration. ¹⁵For syven days ye'll ett loaf athoot barm. On e verra first day ye'll pit aa e barm oot o yer hooses cause gin onybody etts barmt loaf fae att day till e syventh day, they'll be cuttit aff fae Israel. ¹⁶On e first day, an syne again on e syventh day, there maun be a holy fair. Ye winna dee nae wark on att days excep fit wark's notten tae mak maet riddy for e fowk, att we'll alloo.¹⁷An ye'll keep iss holy fair, cause att wis e verra day A brocht

ye oot o Egypt in aa yer clans. Sae ye'll keep iss day as a fair for aa ginnerations tae come. [18]Ye'll ett loaf athoot barm on e nicht o e fowerteenth day o e first month an for ilka day till e twintieth o e month. [19]For syven days nae barm will be faun in yer hooses cause faaivver etts onythin wi barm in't will be cuttit aff fae e fowk o Israel be he fremt or freen. [20]Ye'll ett naethin wi barm. In aa yer dwallins ye'll ett loaf athoot barm.

[21]Syne Moses cried aa e clan chiefs o Israel egither an says till them, "Draw a lammie for yer faimlies an slauchter e Passower. [22]Tak a bunchie o hyssop an dip it inno e bleed i the bowlie an clairt e lintel an door posts wi e bleed fae e bowlie an neen o ye maun gyang oot fae yer door till mornin. [23]E Lord will pass throwe an strick the Egyptians an fan he sees e bleed on e lintel an doorposts, he'll pass ower e door an winna lat nae herm come in till yer hoose an strick ye. [24]You an yer bairns maun keep iss as a rowle for aa time. [25]Fan ye come till e cuntra att e Lord his promist ye, ye'll keep iss rowle. [26]An i the days tae come fan yer bairns say till ye, 'Fit div we dee iss for?' [27]ye'll say till them, 'It's e sacrifeece o e Lord's passower, cause he passed ower e hooses o the Israelites fan they were in Egypt fan he strack the Egyptians bit spared oor hooses.'" An e fowk aa booed doon an wirshippt. [28]An the Israelites gaed awa an did aa fit e Lord hid telt Moses an Aaron tae gar them dee.

[29]Noo, it cam aboot, at midnicht, e Lord strack doon aa the aulest-born in Egypt, fae the aulest o Pharaoh fa sat on e throne tae the aulest o e cyaard i the jile, an aa e aulest born nowt an aa. [30]Pharaoh got up i the middle o e nicht an sae did aa his cooncillors an aa the ither fowk fae Egypt an there wis muckle dool i the cuntra cause there wisna a hoose bit the aulest sin wis deid.

[31]It wis still nicht fan he ordert Moses an Aaron tae atten him an said, "Get up! Get oot o here! You an yer Israelites! Tak aa yer fowk wi ye. G'wa an wirship e Lord as ye socht. [32]Tak yer sheep an yer nowt an get oot. Bit sikk God's blissin on me an aa." [33]The Egyptians did aa they culd tae hist them awa oot o e cuntra, "For fear," they said, "we'll aa be deid." [34]E fowk pickit up their dough afore it wis leavent, wuppit their bakin-bowels i their shallies an cairriet them on their shouthers. [35]The Israelites hid deen as Moses telt them an hid borra'ed fae the Egyptians siller an gowd jowels an claes. [36]An e Lord hid garrt the Egyptians tak wi the Israelites an gie them fit they socht an sae they teuk awa e walth o the Egyptians.

[37]The Israelites traivelt fae Rameses tae Succoth. There wis aboot sax thoosan chiels nae coontin their faimlies. [38]An a gey fyow hingers-on gaed wi them an aa their sheep, nowt an ither beasts. [39]They made e dough they hid brocht oot o Egypt intae unleavent cakes cause they'd been keest oot o Egypt some hasty-like an hidna made nae maet for themsels.

[40]Noo the Israelites hid bidden in Egypt for fower hunner an thirty ear. [41]An it wis e verra day at e fower hunner an thirty ear come till an ein att e clans o e Lord cam oot o e cuntra o Egypt. [42]It wis e nicht fan e Lord keepit waatch tae fess them oot o Egypt, an iss is e nicht att will be held haily tae e Lord for aa time bi the Israelites.

[43]E Lord said tae Moses an Aaron, "Iss is e rowles for e passower: nae forriner can hae nae pairt o't, [44]bit a bocht slave can ett it gin ye've circumceesed him first; [45]nae ootlin nor fee'd man can hae nae pairt o't; [46]ilka lammie maun be etten i the ae hoose an ye maunna tak nae pairt o e lammie oot o e hoose; ye maunna brak neen o't's beens; [47]e hale clans o Israel will keep iss fair. [48]An gin ye hiv a forriner bidin wi ye fa wid keep e passower o e Lord, ye maun circumceese aa his menfowk afore ye lat him near han it; att wye he'll be like een born in your cuntra; nae man att hisna been circumceesed will ett it. [49]There will be the ae laa for baith yer ain fowk an e forriner bidin amo ye.

⁵⁰Sae the Israelites did aa fit e Lord hid telt Moses an Aaron tae gar them dee an att verra day, e Lord brocht the Israelites oot o Egypt, set oot in aa their clans.

CHAPTIR 13

E Lord said tae Moses, ²"Ilka aulest loon, e first-born sin o ilka wyme amo the Israelites, baith man an beast maun be sanctifeed tae me; it's mine."

³Syne Moses said tae e fowk, "Myn on iss day, e day ye cam oot o Egypt, e lan far ye were slaves, cause it's e strinth o e han o e Lord att's brocht ye oot o there. Ye maunna ett loaf wi barm on iss day, i the ⁴month o Mairch, cause iss is e day o yer comin oot o there. ⁵An fan e Lord fesses ye till e lan o e Canaanites, the Hittites, the Amorites, e Hivites an Jebusites, e lan att he swore tae yer forebeers he wid gie ye, a lan reamin ower wi milk an hunny, syne ye maun keep iss tryst in iss month ilka ear. ⁶For syven days ye'll ett loaf athoot barm an on e syventh day there will be a fair tae e Lord. ⁷Ye'll ett loaf athoot barm for syven days, nae a pick o loaf wi barm will be seen aboot ye an nae barmt loaf will be seen onywye aboot yer cuntra. ⁸Att day ye'll say till yer sin, 'We dee iss cause o fit e Lord did for ma fan A cam oot o Egypt.' ⁹Ye'll keep accoont o't onna yer han an onno yer broo sae att ye'll aye myn att e laa o e Lord is onna yer tongue cause e Lord brocht ye oot o Egypt wi a stoot han. ¹⁰Iss is his laa an ye'll cillebrait it at iss time ilka ear.

¹¹"Fan e Lord fesses ye till e cuntra o e Canaanites as he promist you an yer forebeers he wid dee, an fan he's gien it till ye, ¹²ye maun offer ilka aulest loon till e Lord. Ilka aulest-born o yer beasts will be offert till e Lord tee. ¹³The aulest-born o a cuddy ye can pey aff wi a lammie, bit gin ye dinna dee att ye maun braak its neck. Ilka aulest o yer loons ye maun buy back tee. ¹⁴Come time fan yer loon speirs att ye fit iss is aa aboot, ye'll say till him, 'It wis bi e strinth o e han o e Lord att we were fessen oot o Egypt, oot amon wir slavery. ¹⁵Fan Pharaoh wis thraawn an widna lat hiz go, e Lord killed aa the aulest-born, baith man an beast amo the Egyptians. Att's e wye A sacrifeece till e Lord the aulest-born o ilka wyme gin it be a loon an buy back wir sins. ¹⁶Ye'll hae an accoont o't onno yer han an onno yer broo tae myn ye att e strinth o e Lord's han brocht hiz oot o Egypt.'"

¹⁷Noo fan Pharaoh lat e fowk go, God didna lead them throwe e cuntra o e Philistines tho att wis e nearest wye, cause he said, "Gin e fowk see att they'll hae tae fecht, they micht cheenge their myns an haud back tae Egypt." ¹⁸Sae he garrt them tak a roon aboot wye throwe e roch grun bi e Reed Sea. The Israelites were aa airmed for e fecht.

¹⁹Moses teuk Joseph's beens wi him cause Joseph hid garrt the Israelites sweer att they wid dee att sayin, "Some day, God will leuk efter ye an ye'll cairry ma beens awa oot o here wi ye." ²⁰They set oot fae Succoth an set up their camp in Etham on the edge o e roch cuntra. ²¹An e Lord gaed on afore them, a pillar o clood bi day tae lead e wye, an a pillar o fire bi nicht tae licht e road sae they culd traivel nicht an day. ²²E pillar o clood wis afore them ilka day an e pillar o fire ilka nicht.

CHAPTIR 14

E Lord spak tae Moses an said, ²"Tell the Israelites, they maun gyang back e wye they cam an set up their camp afore Pi-hahiroth atween Migdol an e sea anent Baal-zephon. They maun set up their camp alang e shore. ³Pharaoh will think the Israelites are haein a sair chaave an are surroonit wi roch cuntra. ⁴A'll mak

Pharaoh thraawn an he'll come efter them an A'll be gien honour att the expince o Pharaoh an his airmy; an syne the Egyptians will ken att I am e Lord." An att's fit the Israelites did.

[5]Fan e keeng o Egypt wis telt att the Israelites hid gotten awa, Pharaoh an his cooncillors teuk anither thocht till themsels an said, "Fit hiv we deen? We've latten aa wir Israelite slaves gyang free." [6]Sae he riggit his chariot an teuk his airmy wi him. [7]He teuk sax hunner o e best chariots an aa e tither chariots o Egypt wi a captain in ilka een. [8]Sae Pharaoh, e keeng o Egypt, made thraawn bi e Lord, gaed efter the Israelites, fa hid mairched oot in fine fettle. [9]Bit the Egyptians wi aa Pharaoh's horse an chariots, his cavalry, his sodgers cam on them campit bi e shore ower by Pi-hahiroth anent Baal-zephon.

[10]As Pharaoh wis jist aboot onno them, the Israelites leukit up an saa the Egyptians near han, jist ahin them. They were terrifiet an cried oot tae e Lord. [11]They said tae Moses, "Were there nae graves in Egypt att ye hid tae fess hiz oot here tae iss roch cuntra tae dee? Fit hiv ye deen till hiz, takkin hiz awa fae Egypt? [12]Is iss nae fit we telt ye fan we wis in Egypt fan we said till ye, 'Leave hiz aleen, we'll jist be slaves till the Egyptians?' We wid raither be slaves till the Egyptians nor dee oot here in iss wilderness." [13]"Dinna be neen feart," said Moses, "jist wyte an ye'll see e salvation e Lord will fess till ye e day. Ye mebbe see the Egyptians enoo, bit ye'll nivver see them again. [14]E Lord will fecht for ye, sae haud yer weesht."

[15]E Lord said tae Moses, "Fit's aa iss stramash aboot? Tell the Israelites tae haud forrit. [16]Bit you, lift up yer staff an rax oot yer han ower e sea an havver it an the Israelites will gyang throwe e midse o't on dry grun. [17]Noo, fit A'm gyan tae dee is mak the Egyptians thraawn an they'll come efter ye an A'll get e better o Pharaoh an aa his sodgers, his chariots an his horse. [18]An the Egyptians will ken A'm e Lord eence A've gotten e better o Pharaoh an his chariots an his cavalry."

[19]The angel o God fa hid been gyan on afore the Israelites, held roon till e back o them. E pillar o clood att hid been gyan afore them gaed roon ahin [20]sae att it wis poseetioned atween the Israelites an the Egyptians. An e clood brocht doon e mirk an airly gloamin sae they culdna come near han aither, aa throwe e nicht. [21]Syne Moses raxed oot his han ower e sea an e Lord garrt a bluffertin east win drive back e sea aa att nicht sae att e sea turnt intae dry lan an e watters were havvert. [22]The Israelites gaed throwe atween e watters o e sea on dry lan wi a waa o watter tae e richt han an e left han. [23]An the Egyptians, aa Pharaoh's horse an his chariots an his cavalry chased efter them intill e sea. [24]An jist as mornin wis braakin, e Lord leukit doon fae oot o e pillar o fire an clood onno the Egyptians an fair set a panic amo them. [25]He garrt e wheels o their chariots lair sae they hid a job haudin them gyan forrit. Says the Egyptians, "C'mon, get oot o here, e Lord's fechtin for Israel agin Egypt."

[26]E Lord said tae Moses, "Rax oot yer han ower e sea an gar e watters rin back ower the Egyptians, their chariots an their cavalry." [27]Sae Moses raxed oot his han ower e sea an fan mornin cam, e sea wis back far it hid been afore. The Egyptians were rinnin for aa they culd gyang tae escape fae't bit e Lord swypit them aa inno e sea. [28]E watters ran back an happit e chariots, e cavalry an e sodgers fa hid come intill e sea an nae a sinngle sowl survived. [29]Aa iss time the Israelites were waalkin on dry grun i the midse o e sea, e watters makkin a waa for them tae e richt han an e left han. [30]Att day e Lord saved Israel fae e pooer o Egypt an the Israelites saa the Egyptians lyin deid alang e shore. [31]The Israelites saa e great pooer e Lord hid fessen doon on the Egyptians an they feared e Lord an trustit him an Moses his servant tee.

CHAPTIR 15

Syne Moses an the Israelites sang iss sang tae e Lord:

"A'll sing tae e Lord cause he's reesed up as e winner;
the horse an their riders he's flang inno e sea.
E Lord is ma strinth an ma sang,
he's saved ma fae aa ill.
²He's my God an tae him A'll gie praise;
he's ma fadder's God an A'll reese him up heich.
³E Lord's a waarrior; e Lord's his name.
⁴Pharaoh an his sodgers,
he's cassen inno e sea;
e foremaist o his offishers
were droont i theReed Sea.
⁵E watters hiv happit them
doon they gaed tae e boddom lik a steen.
⁶Yer richt han, O Lord his winnerfu pooer,
yer richt han his smashed wir faes tae smithereens.
⁷I the greatness o yer majesty
ye keest doon them fa raise tae conter ye;
ye lowsed yer wrath
an it brunt them lik stibble.
⁸Ye blew yer win an e watters piled up,
e watter steed up lik a waa;
an e deepest watters o e sea were geelt.
⁹Wir faes said, 'A'll chase them an catch up wi them,
A'll pairt oot e spiles an dee fitivver A wint wi them,
A'll draa ma swoord
An ma han will dee awa wi them.'
¹⁰Ye blew yer blast; e sea happit them:
they sank lik leed i the muckle watters.
¹¹Fa is there att's like ye, Lord, amo e gods?
Fa is there att's like ye, glorious in hailyness,
aawsome in praise, deein winnerfu warks?
¹²Ye raxed oot yer richt han,
the earth swallied them.
¹³In yer mercy ye hiv led oot e fowk
ye hiv ransomed;
ye've guided them in yer strinth
tae yer haily hoose.
¹⁴Cuntras heard o't an were feart,
e Philistine fowk were grippit wi terror.
¹⁵E clan chiefs o Edom were dumfoonert.
the high heidies o Moab are shaakin,
an aa e fowk o Canaan will milt awa.
¹⁶Fear an dreid will faa onno them,
fan they see e strinth o your airm
they'll stan steen still
till your fowk hiv mairched by, O Lord,
till e fowk you hiv teen till yer hert mairch by.
¹⁷Ye'll fess them in an plant them
onno yer ain moontain,

e placie att you, Lord, hiv made yer hame,
e sanctuary, O Lord, att ee yersel hiv biggit.
¹⁸E Lord will reign for ivver an ivver."

¹⁹Pharoah's horse, an chariots an cavalry gaed inno e sea an e Lord garrt e watters o e sea hap ower them, bit the Israelites gaed throwe e midse o e sea on dry lan. ²⁰An Miriam, e prophitess, Aaron's sister teuk up her drum an aa e weemen folla'ed her dancin till their drums. ²¹Miriam sang till them:

> "Sing till e Lord cause he his won a winnerfu fecht
> the horse an their riders he's flang inno e sea."

²²Sae Moses led Israel oot o e Reed Sea an for three days they wannert i the roch cuntra o Shur an culdna fin nae watter. ²³They cam tae Marah, bit culdna drink e watter there cause it wis ower soor: att's e wye it wis ²⁴caed Marah. ²⁵E fowk compleent tae Moses an said, "Fit are we gyan tae drink?" Moses cried till e Lord an e Lord showed him a bit o wid att he keest inno e watter an it turnt gweed aneuch tae drink. It wis there e Lord laid doon laas for them tae bide bi an there he pat them till e test. ²⁶He said till them, "Gin ye hearken till e vice o e Lord yer God, an dee aathin he tells ye att's richt tae dee, keep aa his commans an aa his laas, syne A'll nivver fess doon on youeens the ills A brocht onno the Egyptians. Cause A'm e Lord, yer healer.

²⁷Neist they cam tae Elim far there wis twal waalies an syventy palm trees an they set up their camp anent e watters.

CHAPTIR 16

E hale jing bang o the Israelites set oot fae Elim an cam till e roch cuntra o Sin, att lies atween Elim an Sinai. Iss wis on e fifteeth day o e saicond month efter they'd left Egypt.

²The Israelites startit tae hae a cairry on i the roch cuntra an got on tae Moses an Aaron. ³They said, "Gin we hid jist come till wir ein at e han o e Lord in Egypt. We culd at least sit doon wi a potfu o maet an aye hid plinty tae ett. Bit ee've fessen hiz oot till iss roch cuntra tae stairve tae daith, ilka last een o's." ⁴Syne e Lord said tae Moses, "A'll rain doon loaf fae hivven till ye. Ilka day e fowk will gyang oot an gaither aneuch for att day. Att wye, A'll try them oot tae see gin they'll dee fit A tell them. ⁵On e saxth day fan they mak up fit they've fessen in, it'll be twice as muckle as they fess in on e tither days." ⁶Sae Moses an Aaron telt aa the Israelites, "E nicht, ye'll ken it wis e Lord att brocht ye oot o Egypt ⁷an i the mornin ye'll see e glory o e Lord cause he's heard yer grummlins aboot him. Fa are we att ye shuld grummle tae hiz?" ⁸An Moses said, "Ye'll ken it wis e Lord, fan he gies ye aa e maet ye can ett ilka nicht an aa e loaf ye're wintin i the mornin, cause he's heard yer grummlin aboot him. Fa are we? Ye're nae grummlin aboot hiz bit aboot e Lord."

⁹Syne Moses said tae Aaron, "Tell e lot o them 'Come afore e Lord, cause he his heard yer grummlin.'" ¹⁰As Aaron wis spikkin tae aa o the Israelites, they leukit ower by e roch cuntra an there wis e glory o e Lord appearin in a clood. ¹¹E Lord said tae Moses, ¹²"A've heard e grummles o the Israelites, tell them, 'Atween gloamin an nichtfa, ye'll hae flesh tae ett an i the mornin ye'll hae loaf aplinty. Syne ye'll ken att A'm e Lord yer God.'"

¹³Att nicht a flock o quail cam an sattled aa roon e camp an i the mornin e camp wis happit in dyowe. ¹⁴Eence e dyowe liftit, there wis a thin flaky happin on e grun lik frost. ¹⁵Fan the Israelites saa it they said

till een anither, "Fit wid att be," cause they'd nae noshin o fit it wis. Moses said till them, "It's e loaf e Lord's gien ye tae ett. ¹⁶Iss is e comman e Lord his gien, 'Ilka een o ye maun gaither as muckle as they need, half a gallin or sae for ilka body ye hiv i yer tent.'"

¹⁷The Israelites did fit they were telt, some gaithert mair an some nae sae muckle. ¹⁸An fan they mizzourt it bi e half-gallin, e chiel fa hid gaithered mair didna hae ower muckle an e chiel fa gaithert nae sae muckle wisna short mizzourt. Ilka een hid jist as muckle as wis notten. ¹⁹Syne Moses said till them, "Neen o ye maun keep neen o't till mornin." ²⁰Hooivver some o them peyed nae attintion tae Moses an keepit some o't till mornin an it got full o maggots an turnt stinkin. Sae Moses wis raised wi them. ²¹Ilka mornin ilka een o them gaithert as muckle as wis notten an fan e sin grew het, it miltit. ²²On e saxth day, they gaithert twice as muckle, twa half-gallin for ilka body an e clan chiefs amo them cam an telt Moses. ²³He said till them, "Iss is fit e Lord his commannit, 'E morn is tae be a day o rist, a haily Sabbath till e Lord. Bake fit ye wint tae bake an bile fit ye wint tae bile. Save fit's left ower an keep it till mornin.'" ²⁴Sae they keepit it till mornin as Moses hid telt them an it didna turn stinkin nor get maggots inno't. ²⁵"Ett it e day," said Moses, "cause e day's a Sabbath tae e Lord. Ye'll nae fin neen o't on e grun e day. ²⁶Sax days ye're tae gaither, bit on e syventh, e Sabbath, there winna be neen." ²⁷Some fowk did gyang oot tae gaither on e syventh day, bit there wis neen tae be faun. ²⁸Syne e Lord said tae Moses, "Foo lang will ye refeese tae keep ma commans an dee fit A tell ye? ²⁹Dinna be forgettin att it wis e Lord fa gied ye e Sabbath, att's e wye, on e saxth day, he gies ye loaf for twa days. Ilka body maun bide far he is on e syventh day; naebody maun gyang oot." ³⁰Sae e fowk ristit on e syventh day.

³¹The Israelites caaed e loaf 'manna'. It wis fite lik coriander sids an tastit lik a wafer made wi hunny. ³²Moses said, "Iss is fit e Lord his commannit, 'Tak a half gallin o manna an keep it for e ginnerations tae come, sae they can see e loaf A gied ye tae ett i the roch cuntra fan A hid fessen ye oot o Egypt.'" ³³Sae Moses said tae Aaron, "Tak a jarrie an pit a half-gallin o manna inno't. Syne keep it afore e Lord for aa time for aa ginnerations tae come." ³⁴Aaron did jist fit e Lord hid ordert Moses tae dee an pat e manna at e front o God's kistie sae att it culd be keepit for aa time. ³⁵The Israelites ett manna for fowerty ear till they cam till a place far they culd sattle; they ett manna till they cam till e borders o Canaan.

CHAPTIR 17

The hale o the Israelite fowk set oot fae e roch cuntra o Sin, traivelin here an there as e Lord bad them. They campit at Rephidim far there wis nae watter for e fowk tae drink, ²sae they got on tae Moses an said, "Gie's watter tae drink." An Moses said till them, "Fit wye are ye gettin on tae me? Wid ye conter e Lord?" ³Bit e fowk were thirsty for watter there an grummelt on tae Moses. They said, "Fit wye did ye fess hiz oot o Egypt tae gar hiz an wir bairns an beasts dee o thirst?" ⁴Syne Moses cried tae e Lord, sayin, "Fit'll A dee wi iss fowk? They're gey near han riddy tae steen ma." ⁵An e Lord said tae Moses, "G'wa on aheid o e fowk, tak some o e clan chiefs o Israel wi ye an tak in yer han the staff att ye strack e Nile wi. ⁶A'll stan there afore ye bi e muckle steen at Horeb. Strick e muckle steen an watter will poor oot o't for e fowk tae drink." An Moses did jist att wi e clan chiefs o Israel waatchin him. ⁷He caaed e place Massah an Meribah cause the Israelites quarrlt there an tried e Lord, sayin, "Is e Lord amo hiz or is he nae?"

⁸The Amalekites cam an attackit the Israelites at Rephidim. ⁹Moses said tae Joshua, "Pick some o wir men tae gyang oot an fecht the Amalekites. E morn, A'll stan on e tap o e hill wi e staff o God in ma hans." ¹⁰Sae Joshua focht wi the Amalekites as Moses hid bad him, an Moses, Aaron an Hur gaed up till e tap o e hill. ¹¹Fan Moses held up his han, the Israelites were winnin, an fan he lat doon his han, the Amalekites were winnin. ¹²Fan Moses' airms grew tired, they teuk a steen an pat it aneth him an he sat

doon on't. Aaron an Hur held up his airms, een o them at ae side an een at e tither, sae att his airms were steyed till e sin gaed doon. ¹³Sae Joshua gat e better o the Amalekites an pat them till e swoord.

¹⁴Syne e Lord said tae Moses, "Screive iss as somethin tae myn ye on fit cam aboot, an see att Joshua hears o't: 'A'm gyan tae see till't att the Amalekites are blottit oot fae aneth e hivvens.'" ¹⁵Moses biggit an aaltar an caaed it "E Lord's-ma-flag." ¹⁶He said, "Cause hans were raxed up till e throne o e Lord, e Lord will be at waar wi the Amalekites for aa time."

CHAPTIR 18

Jethro, e priest o Midian an fadder-in-laa tae Moses heard aa aboot fit God hid deen for Moses an the Israelite fowk an foo e Lord hid fessen them oot o Egypt. ²Fan Moses left his wife Zipporah ahin, Jethro hid teen in her an her twa loonies. ³Een wis caaed Gershom, cause he said, "A've been fremt in a forrin lan," ⁴an e tither loon wis caaed Eliezer, cause, he said, "E God o ma fadder helpit ma an saved ma fae Pharaoh's swoord." ⁵Jethro, Moses' fadder-in-laa, cam wi Moses' sins an his wife oot tae e roch cuntra far he wis campin at e fit o e moont o God. ⁶Moses got wird att Jethro, his fadder-in-laa, wis comin an his wife an twa sins wi him.

⁷Moses gaed oot tae meet in wi his fadder-in-laa, booed doon till him an kisst him; they speirt foo een anither wis deein an cam in till a tent. ⁸Moses telt him aa att e Lord hid deen tae Pharaoh an tae Egypt for Israel's sake an aa e chaave they'd hid on their traivels an foo e Lord hid seen them throwe it aa. ⁹Jethro wis richt teen aboot aa e gweed e Lord hid deen for Israel, gettin them oot o e claas o Egypt. ¹⁰An Jethro said, "Blisst be e Lord fa's fessen ye oot o e hans o the Egyptians an oot o e hans o Pharaoh, delivert ye fae oot o yer slavery in Egypt. ¹¹"Noo A ken att e Lord is e farrest ben o aa gods cause he's fessen oot his fowk fae aneth the Egyptians fa were sae coorse till them." ¹²Jethro, Moses' fadder-in laa, teuk a brunt-offerin an ither sacrifeeces for God; an Aaron an aa e clan chiefs o Israel cam an ett wi Moses' fadder-in-laa afore God.

¹³E neist day Moses wis sortin oot argiements atween his fowk fa steed roon him aa day. ¹⁴Fan Moses' fadder-in-laa saa foo muckle Moses wis deein for e fowk, he said, "Fit are ye deein for aa iss fowk? Fit wye div ye sit aa yer leen wi them stannin aboot ye fae mornin till nicht?" ¹⁵An Moses said till his fadder-in-laa, "Cause e fowk come till ma tae sikk oot God's wye o things. ¹⁶Fan they canna gree on somethin, they come tae me an I sort it oot atween them an A tell them aboot e statutes an laas o God." ¹⁷Moses' fadder-in-laa said till him, "Att's nae e wye tae dee't. ¹⁸Ye'll jist weer yersel deen, an weer deen aa e fowk att are here an aa. It's ower big a job for ye; ye canna dee it aa bi yersel. ¹⁹Noo hearken tae fit A'm sayin, A'll gie ye some advice, an mith God be wi ye. It's richt aneuch for you tae tak e fowk's pairt an spik tae God for them. ²⁰Ye maun learn them e statutes an e laas an learn them foo tae behave an fit they maun dee. ²¹Ye maun leuk for able chiels amo e fowk, chiels fa fear God, honest chiels, fa canna be bribit an gar them haae aathority ower boorachies o thoosands, an hunners, an fifties an tens. ²²They'll sit as a coort o laa aa ear roon. Ony aawkward case they can fess tae you, bit e straichtforrit eens they can hannle themsels. Att wye it'll be easier for you an they'll tak some o e load affo ye. ²³Gin ye dee iss as God his bidden, ye winna weer yersel oot an aabody will get their differences sattlt." ²⁴Sae Moses hearkent tae fit his fadder-in-laa wis sayin an teuk wi his wye o things. ²⁵Moses pickit oot able chiels fae amo the Israelites. He appintit them as grieves ower boorachies o thoosans, hunners, fifties an tens. ²⁶They held their coorts aa ear roon fessin e coorse cases tae Moses bit sortin oot e straichtforrit eens themsels. ²⁷Moses said cheerio tae Jethro fa held awa hame till his ain cuntra.

CHAPTIR 19

Aboot three month efter the Israelites hid left Egypt, they cam tae e roch cuntra o Sinai. ²Efter they set oot fae Rephidim, they cam tae e Desert o Sinai, far they campit, ower anent e moontain. ³Moses gaed up tae God an e Lord cried till him fae oot o e moontain, an said, "Iss is fit ye maun say till e Hoose o Jacob an fit ye maun tell the Israelites: ⁴'Ye've seen for yersel fit A did till e fowk in Egypt an hiv carriet youeens on aigles' wings an fessen ye tae masel. ⁵Noo ye maun dee fit A tell ye an keep ma covenant, syne abeen aa cuntras ye'll be ma speecial trissure. E hale warl is mine ⁶an ye'll be a cuntra o priests an a haily nation tae ma.' Att's fit ye maun say tae the Israelites."

⁷Sae Moses gaed back an cried till him aa e clan chiefs an set oot afore them aa e wirds e Lord hid telt him. ⁸An they aa spak wi ae vice an said, "We'll dee aathin e Lord his said." An Moses gaed back an telt e Lord fit they'd said. ⁹E Lord said tae Moses, "Waatch iss noo, A'm gyan tae come till ye in a thick clood sae att A can spik till ye i the hearin o e fowk an they'll aye believe fit ye say." An Moses telt e Lord fit e fowk hid said.

¹⁰An e Lord said tae Moses, "Gyang till e fowk an tell them tae spen e day an e morn purifeein themsels an gar them waash their claes. ¹¹Be riddy e day efter e morn, cause e day efter e morn e Lord will come doon on Moont Sinai for aa tae see. ¹²Pit up a palin tae haud e fowk fae gyan up e moontain an tell them tae waatch themsels att they dinna gyang up e moontain or touch e fit o't cause faaivver touches e moontain will seerly be deen awa wi. ¹³Nae han maun touch him; he maun be steened or shot wi arras; naither man nor beast maun live. Fan e tooteroo souns syne they can come up intill e moontain."

¹⁴Moses gaed back doon fae e moontain tae e fowk an they purifiet themsels an waasht their claes. ¹⁵An he said till e fowk, "Be riddy bi e day efter e morn an haud awa fae yer weemen i the meantime." ¹⁶Noo it happent att i the mornin o e third day efter att, there wis thunner an lichtnin. A thick clood cam on e moontain an there wis a muckle sounin o e tooteroo att garrt aabody i the camp shaak. ¹⁷Moses brocht e fowk oot o e camp tae meet in wi God an they teuk up their stance at e fithill o e moontain. ¹⁸Moont Sinai wis aa happit in reek cause e Lord hid come doon on't in a bleeze. E reek wis lik e reek o a furnace an e hale moontain wis shaakin. ¹⁹There wis a lang blast o e tooteroo att gat looder an looder. Syne Moses spak an e vice o God answert him.

²⁰E Lord cam doon on e heid o Moont Sinai an cried Moses up till e tap o e moontain. Sae Moses gaed up ²¹an e Lord said till him, "Gyang doon an waarn e fowk sae att they dinna birst throwe an see e face o e Lord, cause gin they div, mony o them will perish. ²²Aiven e priests fa can come near e Lord maun sanctifee themsels for fear e Lord mith braak oot agin them." ²³An Moses said till e Lord, "E fowk canna come up on till e moontain cause ee telt hiz tae pit up a palin tae keep it haily." ²⁴An e Lord said till him, "G'wa doon an fess Aaron back up wi ye. Bit e priests an e fowk manna birze throwe an come up till e Lord for fear he braak oot agin them." ²⁵Sae Moses gaed doon till e fowk an telt them.

CHAPTIR 20

God spak an iss is fit he said: ²"A'm e Lord yer God att brocht ye oot o Egypt, oot o e lan o slavery. ³Ye'll nae set nae ither God afore me. ⁴Ye winna mak nae eemage o onythin in hivven for yersel, nor onythin i the warl aneth, nor in watters aneth e warl. ⁵Ye winna boo doon till them nor wirship them, cause I, e Lord yer God, am a jillous God, giein an owergyan tae e bairns for the ill-deeins o e fadders as far as e third an fowerth ation o them fa hate ma, [6]bi shewin luv tae thoosans o ginnerations o them fa luv me an keep ma biddin.

[7]Dinna tak e name o yer Lord God in vain, cause e Lord God winna haud guiltless onybody fa taks his name in vain.

[8]Hae myn o e Sabbath day an keep it haily. [9]For sax days ye'll dee aa yer darg: [10]bit e syventh day is e Sabbath o e Lord yer God. On it ye'll nae dee nae wark naither will yer loon nor yer quine, yer fee'd men nor yer kitchie deems, nor yer nowt nor nae ither body fa mith hae come in aboot. [11]Cause in sax days e Lord made e hivven an e warl, e sea an aa att's inno them an he reested on e syventh day. Att's e wye e Lord blisst e Sabbath day an made it haily.

[12]Respec yer fadder an yer mither sae yer days mith be lang on e lan e Lord yer God his gien ye.

[13]Ye winna murther.

[14]Ye winna lie wi anither man's wife.

[15]Ye winna pinch fit's nae yours.

[16]Ye winna tell lees aboot yer neeper.

[17]Ye winna hanker efter yer neeper's hoose. Ye winna hanker efter yer neeper's wife, nor his fee'd man, nor his kitchie deem, nor his owsen, nor his cuddy, nor onythin belangin till yer neeper."

[18]An fan aa e fowk saa e thunnerin an e lichtnin an e soun o e tooteroos an e moontain reekin they held back a fair bit fae it. [19]An they said tae Moses, "Spik till hiz an we'll hearken tae fit ye're sayin, bit dinna lat God spik till hiz for fear we're deen awa wi." [20]An Moses said till e fowk, "Dinna be feart. God his come tae try ye oot sae att e fear o God will be wi ye an keep ye fae deein ill." [21]E fowk aa steed ower by an Moses gaed ower intill e pick mirk far God wis.

[22]E Lord said tae Moses, "Iss is fit ye maun tell the Israelites, 'Ye've seen att A've spoken till ye fae hivven. [23]Dinna mak for yersel nae Gods tae stan alang side o me: neen o siller or o gowd. [24]Mak an aaltar o yird tae ma an onno't ye'll sacrifeece yer brunt offerins an yer peace offerins, yer sheep an yer owsen. Farivver A cause ma name tae be kent, A'll come till ye an bliss ye. [25]An gin ye bigg ma an aaltar o steen, ye winna bigg it o dressed steen, cause ye maunna eese nae teels onno't an blaud it. [26]An dinna gyang up nae steps tae my aaltar for fear yer nyaakitness be seen onno't.'

CHAPTIR 21

"Noo, iss is e laas ye maun set afore them. [2]Gin ye buy a Hebrew slave, he'll be yer slave for sax ear, bit i the syventh ear, he'll gyang free an nae pey naethin. [3]Gin he cam bi himsel, he maun gyang bi himsel: gin he were mairriet, e wife maun gyang wi him. [4]Gin his maister gied him a wife an she hid sins or dothers till him, e wife an geets will be e maister's an he maun gyang oot bi himsel. [5]Gin e chiel comes oot straicht an says 'A loo ma maister an ma wife an ma bairns, A'm nae gyan free,' [6]syne e maister maun fess him till e clan chiefs. He'll tak him till e door or e door-post an bore his lug wi an elsh. Syne he'll be his slave for life.

[7]"An gin a chiel sell his dother tae be a servant-quine, she winna gyang oot lik e fee'd men. [8]Gin her maister hisna yet lain wi her an she disna please him, syne he maun lat her go. He canna sell her tae forriners, seein att he hisna been straicht wi her. [9]Gin he sets her up wi his loon, he'll deal wi her as gin she wis his dother. [10]Gin he mairries anither wumman he maun gie e first wife e same maet, claes an respec as he did afore. [11]An gin he disna dee aa three, she'll gang oot free, nae peyin naethin. [12]Onybody fa stricks a man an kills him maun be putten tae daith. [13]Bit gin he didna mean tae kill him, bit God lats it happen, A'll set oot a place for him tae rin till far he'll be sauf. [14]Bit gin onybody sets oot wi the intintion o killin his neeper ye maun tak him awa fae ma aaltar an pit him tae daith.

[15]"Onybody fa stricks their fadder or their mither maun be putten tae daith. [16]Onybody fa kidnaps some ither body an aither sells them or still his ahaud o them fan catcht, maun be putten tae daith. [17]Onybody fa sweers at their fadder or mither maun be putten tae daith. [18]Gin twa chiels are fechtin an een stricks e tither wi a steen or wi his nivvs an he disna dee, bit eins up beddit, [19]gin he shuld ivver rise again an waal aboot wi a staff, e lad att strack him will get aff wi't apairt fae peyin him for his lost time an seein att he recowers fae his ailmints.

[20]"Gin a chiel strick his slave wi a stick, be it a loon or a quine, an e slave dees cause o't he maun get his deserts. [21]Bit naethin will come o't gin e slave gets up efter a day or twa, cause he's e maister's gear. [22]Gin twa chiels strive an strick a wumman fa's expeckin sae att she losses e bairnie, bit she's aa richt itherweese, him fa did it maun pey till e wumman's man fitivver compensation he sikks or e coort alloos. [23]Bit gin ill come o't, ye'll tak a life for a life, [24]an ee for an ee, a teeth for a teeth, a han for a han, a fit for a fit, [25]a burn for a burn, a sair for a sair, a birse for a birse. [26]Gin a chiel strick a fee'd man or deem i the ee an pits it oot, he maun lat e body free for e sake o's ee. [27]Gin he knock oot his fee'd man or deem's teeth, he maun lat e body free for e sake o e teeth.

[28]"Gin a bull gore a body sae att they dee, syne e bull maun be steened an his flesh maunna be etten, bit e lad fa aint e bull winna be teen up for't. [29]Bit gin e bull wis well kent for gorin a body an e lad fa aint him hidna keepit him in aboot sae att he killed a body, e bull maun be steened an e lad fa aint it putten tae daith an aa. [30]Hooivver gin peyment be socht o him, he can save his life bi peyin fitivver's socht o him. [31]Iss laa applies gin e bull gores a sin or a dother. [32]Gin e bull gore a fee'd man or deem, e lad fa ains't maun pey thirty shekels o siller an e bull maun be steened. [33]Gin a chiel tirr a pit or dig a pit an nae hap it an a bull or a cuddy fas intill't, [34]e lad fa ains e pit maun pey for e losses an gie siller tae e lad fa aint e beast, bit e beast will be his. [35]Gin a chiel's bull kill anither lad's bull, they maun sell e live een an havver e siller an e deid bull atween them. [36]Bit gin it be kent att e bull wis e wye o gorin an e lad fa aint him hidna keepit him in aboot, he maun pey bi giein e tither chiel a livin bull, bit he can keep e deid een.

CHAPTIR 22

"Gin a chiel pinch anither man's nowt or sheep an kill it or sell it, he man pey back five heid o nowt for e beast an fower sheep for e sheep. [2]Gin a thief be catcht braakin in an be strucken an killed, it's nae tae be teen as murther, [3]bit gin it happens efter e sin is up it wid be murther. A thief maun pey up for fit he's teen, bit gin he his naethin till his name he maun be sellt as a slave. [4]Gin he's faun wi e beast he's pincht still alive, whither it be a beast or cuddy or sheep, he maun pey back twafaul.

[5]"Gin a chiel's beasts are oot in e park or i the vinyaird an he lats them gyang lowse an they gyang inno anither chiel's park, he maun mak up for't fae e best o his ain park or vinyaird. [6]Gin a fire braak oot an tak haud amo fun busses an spread till rucks or a park o stannin corn an burns't, e lad fa lichtit e fire maun mak gweed for't.

[7]"Gin a chiel gies his neeper siller or gear tae leuk efter for him an it gets pincht, gin e thief be faun, he maun pey twafaul. [8]Bit gin e thief's nae faun, e neeper maun be brocht afore e coort tae see gin it wis him att laid his han on e thither chiel's gear. [9]In ilka case far there's an argiement aboot fa ains a thing, be it a beast, a cuddy, a sheep, somethin ye weer or ony ither tint gear aboot fit somebody says, 'Iss is mine,' baith maun fess their case afore e coort. E chiel fa e coort hauds tae be i the wrang maun pey twafaul tae his neeper.

[10]"Gin a chiel gie a beast or a cuddy or a sheep or ony ither kyn o craiter tae his neeper tae leuk efter an it dees or comes tae herm or is pinched fan naebody's aboot, [11]e metter will be sattlt atween them bi e neeper takkin an aith afore e Lord att he didna lay a han on e tither chiel's gear. E lad fa aint it will accep iss, an e neeper winna be bun tae mak it gweed. [12]Bit gin it wis pincht fae him, he'll be bun tae mak gweed tae e chiel fa aint it. [13]Gin it be worriet bi a wild beast, syne he maun fess it for aa tae see an he winna be bun tae mak gweed gin it wis rippit tae bits.

[14]"Gin a chiel borra ocht fae his neeper an ill comes o't or it dees fan e chiel fa ains it's nae aboot, he maun mak gweed for't. [15]Bit gin e chiel fa ains't is aboot, he'll nae hae tae mak gweed for't; gin it wis hired, syne e siller peyed for e hire o't will cover e loss. [16]Gin a chiel lie wi a deem fa's nae mairriet, he'll pey e tocher an tak her as his wife. [17]Gin her fadder winna lat her awa he maun still-an-on pey e tocher for a quine fa's nivver lain wi a man. [18]Ye maunna lat a witch live. [19]Onybody fa lies wi a beast maun be putten tae daith. [20]E body fa sacrifeeces tae ony god, ither nor e Lord, maun be deen awa wi. [21]Ye maunna vex a forriner nor malagaroose him: aye hae myn ye were forriners in Egypt. [22]Dinna tak e lick o a weeda or bairn wi nae fadder nor mither. [23]Gin ye dee sic a thing an they cry tae me, A'll hear their cry. [24]Ma birse will be up an A'll kill ye wi a swoord an yer wives will be weedas an yer bairns be athoot a fadder.

[25]"Gin ye len siller tae ony o my folk fa are peer, dinna be lik e banker: dinna chairge interest. [26]Gin ye sikk yer neeper's coatie as surety, gie it back till him afore e sin gyangs doon, [27]cause his coatie is the ae thing he his tae hap himself wi. Fit else can he sleep inno? Fan he cries oot tae me, A'll hear, cause A'm saft-hertit. [28]Dinna tak e Lord's name in vain nor curse e rowler o yer fowk. [29]Dinna haud back e first o yer hairst o corn or wine. Ye maun gie me yer aulest sins. [30]Dee e same wi yer beasts an yer sheep. Lat them bide wi their mithers for syven days an on e auchth day ye'll gie it tae me. [31]Ye'll be my haily fowk. Dinna ett nae flesh rippit bi wild beasts – cass it tae e tykes.

CHAPTIR 23

"Dinna spread fause cleck. Ye winna haud in wi a cyaard bi tellin a pack o lees for him. [2]Dinna gyang wi e crood gin they're nae deein richt. Fan ye gie ivvidence i the coort, ye winna side wi e lave tae pervert jeestice. [3]Dinna faavour a peer chiel in his coort case. [4]Gin ye fin e bull or cuddy o a chiel ye dinna get on wi his breuken oot, tak it back till him. [5]Gin ye see e cuddy o a chiel fa disna care for ye foonert aneth its load, fooivver unwillin ye mith be tae gie a han, ye maun dee fit ye can for him. [6]Ye winna deny a peer man jeestice in his coort case. [7]Haud aff tellin lees an dinna pit a body att's deen nae wrang tae daith, cause, I, e Lord, will nivver forgie them fa hiv deen wrang. [8]Dinna tak a back-hanner, cause bribery maks the honest chiel blin an twists e wirds o gweed livin fowk.

[9]"Dinna tirraneese an ootlin, cause ye ken foo it feels tae be in a forrin lan, seein att ye were ootlins in Egypt. [10]For sax ear ye'll shaav yer lan an gaither e craps fae't. [11]Bit i the syventh ear ye'll lat it lie falla an nae crap it. E peer can ett fit growes on't an fit they dinna tak e wild beasts can get. Dee e same wi yer vinyaird an yer olive plantins. [12]Sax days ye'll wark an on e syventh, ye'll rist, sae att yer bull an yer cuddy can rist an yer hame-born slave an the een brocht in aboot will get ristit tee. [13]Mak seer ye dee

aathin A've telt ye. Dinna pray tae ony ither gods nor spik their names. [14]Three times ilka ear ye'll hae a fair for ma. [15]Ye'll haud e fair o e loaf athoot barm; ye'll ett loaf athoot barm jist lik A telt ye till at the appintit time i the month o Mairch, cause att's e month ye cam oot o Egypt. Naebody maun appear afore ma teem-hannit.[16]Ye'll cillebrait e fair o e hairst, wi e first crap o yer wark in shaavin e lan. An ye'll haud clyack at the ein o the ear fan e hairstin's throwe wi. [17]Three times ilka ear aa yer menfowk maun appear afore e Lord God. [18]Ye winna offer e bleed o a sacrifeece tae ma wi onythin att's got barm inno't. E creesh fae e beasts offert tae ma at e feestivals maunna be keepit till mornin. [19]Ye'll fess e best o yer crap tae e hoose o e Lord yer God. Ye maunna bile a kid in its mither's milk.

[20]"Noo A'm sennin an angel aheid o ye tae keep ye on e richt road an fess ye till e place A've made riddy for ye. [21]Tak tent o him an hearken tae fit he tells ye. Dinna get him raised cause he winna forgie yer ill wyes cause my aathority rists wi him. [22]Bit gin ye hearken tae fit he tells ye an dee aa A've telt ye, A'll fecht wi aa yer faes an tirraneese ony fa tiraneese you. [23]Ma angel will gyang afore ye an fess ye till e cuntra o the Amorites, an e Hittites, an e Perizzites, an e Canaanites, an e Hivites, an e Jebusites an A'll dee awa wi them. [24]Ye maunna boo doon tae their gods nor wirship them nor tak wi their wyes, bit ye maun fess them tae rack an ruin, trumpin doon aa their haily steens. [25]Wirship e Lord yer God an he'll bliss yer breid an watter. An A'll tak awa aa ill-health fae amo ye.

[26]"Neen amo ye will miscairry nor be eel. A'll gie ye a full span o ears. [27]A'll tiraneese aa afore ye an dee awa wi aa e fowk att are in yer road. A'll gar aa yer faes turn their backs on ye. [28]A'll sen waasps afore ye tae drive oot e Hivittes, e Canaanites an e Hittites. [29]A winna drive them aa oot i the ae ear or e grun will turn soor an e wild beasts owerrin ye. [30]A'll drive them oot a fyow att a time till ee've gotten big aneuch tae tak ower e lan. [31]A'll set up yer borders fae e Reed Sea tae e sea o e Philistines an fae e roch cuntra ower as far as e river. A'll gie ye pooer ower e fowk fa bide thereaboots an ye'll caa them aa afore ye. [32]Ye'll mak nae bargain wi them nor their gods. [33]They winna bide in your lan for fear they gar ye turn yer ill wyes conter me; cause syne ye wid wirship their gods an they wid hae ye snared."

CHAPTIR 24

Syne he said tae Moses, "Come awa up tae e Lord, you an Aaron an Nadab an Abihu an tak syventy o the elders o Israel wi ye. Fan ye're still a gweed bit oot aboot ye maun boo doon an wirship ma. [2]Moses will come up tae e Lord bi himsel, bit neen o e lave o them maun come near han wi him." [3]Moses cam an telt e fowk fit e Lord hid said till him an aa his laas. E fowk aa said wi ae vice, "We'll dee aathin e Lord his said." [4]Moses screivit doon aa e Lord's wirds, raise airly e neist mornin an biggit an aaltar at e fit o e hill an twal pillars tee, een for ilka o e twal clans o Israel. [5]He sent oot e young birkies o Israel an they sacrifeeced bulls, baith brunt offerins an peace offerins. [6]Moses teuk half o e bleed an keppit it in bowlies an e tither half he flang teetill the aaltar. [7]He teuk e beuk o e covenant an read it oot for aa tae hear. An e fowk said, "We'll dee fit e Lord his bad hiz dee, ay, we'll dee aathin e Lord his said." [8]Syne Moses teuk e bleed an spirklt it onno e fowk an said, "See noo, iss is e bleed o e covenant att e Lord his made wi ye in aa iss wirds here."

[9]Syne, Moses gaed up wi Aaron an Nadab an Abihu an syventy o the elders o Israel. [10]They saa e God o Israel. Aneth his feet there wis a pavin kyn o thing made oot o sapphire steens as bonnie an blue as e lift abeen. [11]God didna lay a finnger on iss heid-bummers o Israel. They saa God an they ett an drank. [12]E Lord said tae Moses, "Come awa up till ma on e moontain an bide a wee an A'll gie ye tables o steen wi e laas an e commans screivit onno them for ye tae learn them tae fowk."

¹³Syne Moses set oot wi Joshua, his grieve, tae gyang up intill e moontain o God. ¹⁴He said till the elders, "Wyte for's here till we come back tae ye. Aaron an Hur are wi ye. Gin onythin needs sattlt speir at them." ¹⁵Sae Moses gaed up intill e moontain an a clood happit it. ¹⁶E glory o e Lord sattlt on moont Sinai. For sax days e clood happit e moontain an on e syventh day, e Lord cried tae Moses fae oot o e clood. ¹⁷Tae the Israelites, e glory o God leukit lik a bleezin lowe on e moontain. ¹⁸Syne Moses gaed intill e clood as he gaed up e moontain. He bade there for fowerty days an fowerty nichts.

CHAPTIR 25

E Lord said tae Moses, ²"Tell the Israelites tae fess an offerin till ma. Ye'll tak fae ilka chiel fittivver he his in his hert tae gie. ³Iss is fit ye maun accep: gowd, siller an bress, ⁴blue, purple an reed oo an best leenen, goats' hair, ⁵rams' skins dyed reed, saft ledder, acacia-wid, ⁶ile for e cruisie, spices for annintin-ile an for bonnie-scintit reek, ⁷onyx steens an steens tae be set inno e priest's goon an weskit. ⁸Tell them tae mak a sanctuary for ma an A'll dwall amo them. ⁹Mak it an aa its plenishins exackly e wye A shew ye.

¹⁰"Tell them tae mak a kistie o acacia-wid, three fit nine inch in linth an twa fit three inch braid an twa fit three inch heich. ¹¹Owerlay it wi pure gowd, baith inside an oot an wup a ban o gowd aa roon it. ¹²Cass fower gowd rings an fessen them till its fower feet, twa on ilka side. ¹³Syne mak shafts o acacia-wid an owerlay them wi gowd. ¹⁴Shiv e shafts inno e rings at e side o e kistie sae att e kistie can be cairriet bi them. ¹⁵E shafts maun bide inno e rings o e kistie an maunna be teen oot. ¹⁶An ye'll pit inno e kistie e Testimony att A gie ye. ¹⁷Mak a lid o pure gowd, three fit nine inch lang an twa fit three inch braid. ¹⁸An ye'll mak twa cherubs o haimmert gowd an pit een at ilka ein o e lid. ¹⁹Pit een o e cherubs at ae side an een at e tither. Mak them sae att they are aa een wi e lid. ²⁰E cherubs maun hae their wings spread up-e-wye sae att they hap e lid. They maun face een anither, their faces leukin in-e-wye. ²¹Syne ye'll pit e lid onno e kistie an inno't, e Testimony att A'm gyan tae gie ye. ²²A'll meet ye there, abeen e lid, in atween e twa cherubs att are on e heid o God's kistie, an A'll gie ye aa ma commans for the Israelites.

²³"Mak a table o acacia-wid, three fit lang, an a fit an a half braid an twa fit three inch heich. ²⁴Owerlay it wi pure gowd an wup a ban o gowd aa roon it. ²⁵Mak a border a han's braidth aa roon it an pit a ban o gowd on e border. ²⁶An ye maun cass fower rings o gowd an fessen them till e fower neuks anent e legs. ²⁷E rings maun be anent e border sae att ye can shiv in e shafts for cairryin e table. ²⁸Mak e shafts for cairryin e table o acacia-wid an owerlay them wi gowd. ²⁹Mak its dishes an its speens an e jugs an bowels for poorin oot o offerins aa o pure gowd. ³⁰There maun be loaf att's been blisst on e table for ma at aa times.

³¹Mak a cannelstick o haimmert pure gowd. E base an e shaft wi its flooers an buds an petals are tae be aa een. ³²It maun hae sax branches comin oot e side o't, three branches o e cannelstick comin oot o ae side an three branches o e cannelstick comin oot o e tither. ³³There will be three caups shapit lik almone-flooers wi buds an blossoms on the ae branch an three caups shapit lik almone-flooers wi buds an blossoms on e tithers, sax in aa, comin oot fae e cannelstick. ³⁴E shaft o e cannelstick will hae fower caups shapit lik almone-flooers wi buds an blossoms. ³⁵Ae bud will be aneth e first pair o branches comin oot o e cannelstick, e saicond bud aneth e saicond pair an e third bud aneth e third pair, sax branches in aa. ³⁶E buds an e branches are tae be aa een wi e cannelstick aa made oot o haimmert gowd. ³⁷Mak syven lamps for it an set them onno't sae as they licht up e space afore it. ³⁸Mak its tyaangs an firetrays o pure gowd. ³⁹E cannelstick an aa its accootrements will be made oot o a half hunnerweicht o gowd. ⁴⁰An see att ye mak them accoordin till e pattern A gied ye on e moontain.

CHAPTIR 26

"Mak e tabenacle wi ten drapes o e bonnie wyven leenen wyved wi blue, purple an reed oo wi cherubs shewn onno them. ²Ilka drape will be fowerty-twa fit lang an sax fit in braidth, aa o them tae be e same size. ³Five o e drapes will be jynt egither an e same wi e tither five. ⁴Mak loops o blue material alang e side o e last drape in ae set an dee e same wi the ein drape o e tither set. ⁵Pit fifty loops on ae drape an fifty on the ein drape o e tither set wi e loops anent een anither. ⁶Syne mak fifty gowd heuks an jine e drapes egither wi e heuks tae mak e tabernacle aa een.

⁷"Mak a coverin for e tabernacle oot o elyven drapes o goats' hair. ⁸Aa elyven drapes maun be e same size: fowerty-five fit lang an sax fit braid. ⁹Jine five o e drapes egither intae ae set an sax egither intill anither set. Faul e saxth drape twafaul at e door o e tabernacle. ¹⁰Pit fifty loops alang e side o the ein drape o ae set an alang the ein drape o e tither set. ¹¹Syne mak fifty bress heuks an pit them inno e loops tae haud e tent egither as a hale. ¹²Hing the extra half bittie o e drape ower e back o e tent. ¹³The extra fit an a half i the linth o e drapes at ilka side will be faalt ower tae hap e back o e tabernacle. ¹⁴An ye'll mak a coverin for e tent oot o rams' skins dyed reed an ower att a coverin o saft ledder.

¹⁵"Mak uprichts for e frame o e tabernacle oot o acacia-wid. ¹⁶Ilka upricht is tae be fifteen fit in linth an twa fit three inch braid, ¹⁷wi twa cross-beams apiece, sae att the uprichts can be jynt egither. ¹⁸Set them oot lik iss: mak twinty frames for e sooth side o e tabernacle, facin till e sooth, ¹⁹wi fowerty siller sockets tae gyang aneth, twa sockets for ilka frame tae haud its cross-beams. ²⁰For e tither side, on e north o e tabernacle, there will be twinty frames ²¹an fowerty siller sockets, twa aneth ilka frame. ²²Mak sax frames for e far side o e tabernacle, tae e wast, ²³an mak twa frames for e neuks at e far ein. ²⁴They maun be coupled egither at e fit an e same at e heid an fitted intill the ae ring an att'll haud e twa neuks. ²⁵Sae ye'll hae aucht frames an saxteen sockets o siller, twa aneth ilka frame.

²⁶"An ye'll mak bars o acacia-wid, five for e frames on ae side o e tabernacle, ²⁷five for e frames on e tither side an five for e frames on e wast at e far ein. ²⁸E middle bar maun gyang aa e wye across e midse o e frames. ²⁹Owerlay e frames wi gowd an mak gowd rings tae haud e bars an owerlay e bars wi gowd an aa. ³⁰Ye maun set up e tabernacle accoordin till e plan shewn till ye on e moontain. ³¹Mak a veil o bonnie wyven leenen an blue, purple an reed oo wi cherubss shewn onno't. ³²Hing it wi gowd heuks on fower posts o acacia-wid owerlain wi gowd an stannin on fower siller sockets.

³³"Hing e veil on e heuks an pit God's kistie ahin e veil. E veil will separate e haily place fae e benmaist haily place. ³⁴Pit e lid ower God's kistie i the benmaist haily place. ³⁵Pit e table ootside e veil on e north side o e tabernacle an pit e cannelstick across fae't on e sooth side. ³⁶For e door till e tent mak a screen o bonnie wyven leenen o blue purple an scarlet oo, aa bonnie embroidert. ³⁷Mak five posts o acacia-wid tae haud up e screen an owerlay them wi gowd. Mak gowden heuks for them an five sockets o bress.

CHAPTIR 27

"Bigg an aaltar o acacia-wid, syven an a half fit lang an syven an a half fit braid; the aaltar maun be squaar an fower an a half fit heich. ²Pit horns at e fower neuks o't, aa made oot o the ae bit an owerlay it wi bress. ³Mak pans for it tae tak awa the aise, an shuffels an bowlies, forks an fire-pans, aa oot o bress. ⁴Mak a gratin for it oot o bress an pit a bress ring at ilka een o e fower neuks o e gratin. ⁵Pit it inno e ledgie o the aaltar sae att it lies halflins up. ⁶Mak shafts o acacia-wid for the aaltar an owerlay them wi bress. ⁷Pit e shafts throwe e rings at ilka side o the aaltar for cairryin it. ⁸Mak the aaltar oot o boords an leave it boss jist as ye were shewn on e moontain.

⁹"Mak a closs for e tabernacle. E sooth side, leukin sooth will be a hunner an fifty fit lang wi screens o bonnie wyven leenen. ¹⁰It'll hae twinty posts an twinty bress sockets an e heuks an bans will be o siller. ¹¹E north side will be e same linth wi screens a hunner an fifty fit lang, wi twinty posts an twinty bress sockets an e heuks for e posts an e bans o siller. ¹²E wastern ein o e closs will hae screens syventy-five fit braid, wi ten posts an ten sockets. ¹³An e braidth o e closs on the east side leukin tae far e sin comes up will be syventy-five fit. ¹⁴E screens on ae side o e door will be twinty-twa an a half fit wi three posts an three sockets. ¹⁵On e tither side e screens will be twinty-twa an a half fit wi three posts an three sockets. ¹⁶For the ingyang till e closs, ye'll mak a drape thirty fit lang o blue, purple an reed oo an bonnie wyven leenen, aa bonnie embroidert, wi fower posts an fower sockets. ¹⁷Aa e posts roon e closs will hae siller bans an heuks an bress sockets. ¹⁸E closs will be a hunner an fifty fit lang an syventy-five fit braid aa e wye ben, wi drapes o bonnie wyven leenen syven an a half fit heich an bress sockets. ¹⁹A the ither accootrements for servin i the tabernacle an aa e tent pegs an pegs for e closs are tae be o bress.

²⁰"Ye maun gar the Israelites fess till ye clear olive ile fae squeezed olives for e cruisie att maun be keepit aye burnin. ²¹I the gaitherin-tent, ootside e veil att's afore e Testimony, Aaron an his loons are tae keep e cruisies burnin afore e Lord fae nicht throwe till mornin. An att's a rowle the Israelites maun keep for aa ginnerations.

CHAPTIR 28

"Hae Aaron, yer brither, brocht till ye fae amo the Israelites alang wi his loons, Nadab, Abihu, Eleazar an Ithamar, sae att they mith serve me as priests. ²Mak haily claes for yer brither, Aaron tae gie him deegnity an honour. ³Tell aa e chiels fa A've made gweed wi their hans tae mak e claes for e consecraitin o Aaron as my priest. ⁴Iss is e claes they are tae mak: a weskit, a goon, a robe, an embrodert coatie, a bonnet an a wyst ban. They'll mak e haily claes for Aaron, yer brither, an his loons tae weer fan they are meenisterin tae me as priests. ⁵They'll mak them o gowd an blue an purple an reed oo an e best leenen. ⁶E goon maun be o gowd wi blue, purple an reed oo an bonnie wyven leenen, aa bonnie wirkit. ⁷It'll hae twa bitties at e shoothers jynt afore an ahin sae att it mith be festened. ⁸E wyst ban tae gyang roon it maun be e same as e goon, made o gowd wi blue, purple an reed oo an bonnie wyven leenen. ⁹Ye'll tak twa onyx steens an cut in till them e names o e sins o Israel, ¹⁰i the order they were born, sax names on the ae steen an sax on e tither. ¹¹Gar a steenmason cut e names o e sins o Israel intill e twa steens, as gin he wis engravin a seal. Syne fix e steens in gowd settins ¹²an shew them on till e shoothers o e goon as memorial steens for e sins o Israel. Aaron will cairry e names on his twa shoothers as a memorial afore e Lord.

¹³"Mak settins o gowd, ¹⁴an twa chines o pure gowd wirkit tae leuk lik raips an yock e chines on till e settins. ¹⁵Mak e weskit o jeedgement o e best, e same as ye did for e goon, o gowd an blue, purple an reed oo an bonnie wyven leenen. ¹⁶It maun be squaar, aboot nine inch lang an nine inch braid an fault ower twafaul. ¹⁷Syne moont onno't fower raas o precious steens, e first raa o ruby, topaz an garnet, aye mak att e first raa, ¹⁸e saicond raa will be emerald, sapphire an diamond, ¹⁹e third raa turquoise, agate an amethyst ²⁰an e fowerth raa beryl, onyx an jasper, aa moontit in gowd settins. ²¹There maun be twal steens, een for ilka name o e sins o Israel, ilka een engraved wi e name o een o e twal clans.

²²"On e weskit, mak chines o pure gowd wirkit tae leuk like a raips. ²³Mak twa gowd rings an pit them on e tapmaist neuks o e weskit. ²⁴Festen e twa gowd chines till e rings on e neuks o e weskit, ²⁵an festen e tither eins o e twa chines tae e twa settins an yock them on tae e shoother o e goon at e front. ²⁶Mak twa gowd rings an yock them on till e twa boddom neuks o e weskit on e inside edge neist till e goon. ²⁷Mak anither twa gowd rings an yock them on till e boddom o e shoother o e goon at e front jist abeen e wyst ban. ²⁸E rings o e weskit maun be bun till e rings o e goon wi a bittie o blue lace sae at e weskit winna

come awa fae e goon. [29]Sae Aaron will cairry e names o e sins o Israel abeen his hert onno e weskit ilka time he gyangs in till e haily place an it'll be a memorial afore e Lord for aa time. [30]An ye maun pit the Urim an Thummim inno e weskit sae they'll be ower Aaron's hert fanivver he gyangs in afore e Lord. Att wye Aaron will weer abeen his hert fan he comes afore e Lord e thingies for makkin deceesions for the Israelites.

[31]"Mak e robe aa o blue [32]wi a hole i the heid o't, aboot e middle. Shew a seam roon aboot e hole sae att it disna teer. [33]Doon aneth on e hem o't ye'll shew pomegranites o blue, purple an reed oo, wi gowd bells in atween, aa roon e hem. [34]E pomegranites an e bells maun be time aboot, aa roon e hem o e robe. [35]Aaron maun weer it ony time he meenisters. E soun o e bells will be heard fan he gyangs in till e haily place an fan he comes oot; sae he winna dee.

[36]"Mak an ashet o pure gowd an screive onno't as ye wid onno a seal, 'Haily till e Lord.' [37]Festen blue lace on till't tae yock it on till e bonnet. It maun be at e front o e bonnet. [38]An it'll be on Aaron's broo an he'll tak e blame for onythin att's wrang wi the offerins the Israelites mak tae ma. It maun bide on Aaron's broo sae att the offerins mith be accepit bi e Lord.

[39]"Mak e coatie o best leenen an mak e bonnet o best leenen an e wyst ban o needlewark. [40]Mak coaties an wyst bans an bonnets for Aaron's loons tae gie them deegnity an honour. [41]Pit them aa on yer brither, Aaron an his loons tee an ye maun annint them an ordain them sae att they mith meenister tae me as priests. [42]Mak leenen breeks tae hap their nyaakitness fae e wyst tae e hochs. [43]Aaron an his loons maun weer them fanivver they come in till e gaitherin-tent or come up till the aaltar tae meenister i the haily place, sae att they winna be deen awa wi for deein wrang. Att'll be a rowle for Aaron an them fa come efter him for aa time.

CHAPTIR 29

"Iss is fit ye maun dee fan ye consecrait them as priests: tak a young stot an twa gweed rams, [2]an tak loaf athoot barm an breid mixt wi ile an wafers athoot barm spread wi ile aa made wi flooer fae wheat. [3]Pit them in a basketie an fess them in it, alang wi e stott an e twa rams. [4]Syne ye'll fess Aaron an his loons tae e door o e gaitherin-tent an waash them wi watter. [5]Ye'll tak e claes an dress Aaron wi e coatie, e robe o e goon an e goon itsel an e weskit an festen e goon till him wi e wyst ban. [6]Pit e bonnet on his heid an syne e haily croon on e bonnet. [7]Tak the annintin ile an poor it on his heid an annint him. [8]Tak his sins an dress them i the coaties, [9]ye'll tie wyst bans roon Aaron an his loons an pit e bonnets onno them. They'll haud e priesthood bi iss rowle, binnin them till't for aa time. Noo, att's e wye ye'll consecrait Aaron an his loons.

[10]"Gar them fess e stot till e gaitherin-tent an Aaron an his loons will pit their hans onno e stot's heid. [11]An ye maun kill e stot afore e Lord at e door o e gaitherin-tent. [12]Tak some o e stot's bleed an sclary it on e horns o the aaltar wi yer finngers an poor oot e lave o e bleed at e fit o the aaltar. [13]Syne tak aa e creesh fae roon aboot its intimmers, e coverin o e liver an e twa kidneys wi e creesh roon them an burn them on the aaltar. [14]Bit e flesh an e skin an e sharn o e stot ye maun burn ootside e camp, att's an offerin tae tak awa ill-deeins.

[15]"Syne tak een o e rams, an Aaron an his loons will pit their hans onno its heid. [16]Kill it an tak its bleed an spirkle it aa roon aboot the aaltar. [17]Cut e ram up intae bitties an waash its intimmers an its legs an pit them wi the ither bits an its heid. [18]An ye'll burn e hale ram on the aaltar as a brunt-offerin till e Lord. It's an affa fine yoam an offerin made bi fire till e Lord.

[19]"Tak e tither ram, an Aaron an his loons will pit their hans onno its heid. [20]Kill e ram an tak a suppie o't's bleed an pit it on e richt-han lobes o Aaron an his loons, an a suppie on e thooms o their richt hans an on e muckle tae o their richt fit an spirkle e lave o e bleed on the aaltar an aa roon aboot it. [21]Tak some o e bleed att's onno the aaltar an some o the annintin ile an spirkle it on Aaron an his loons an on their claes. An Aaron, his loons an aa their claes will be made haily. [22]Tak e creesh, e fat-tail, e creesh roon the intimmers, e coverin o e liver, e twa kidneys wi e creesh roon them an e hoch o iss ram, cause iss is e ram o the ordination. [23]Fae e basketie o loaf made athoot barm att's afore e Lord, tak ae loaf, ae farlin o e breid mixt wi ile an ae wafer [24]an pit them aa i the hans o Aaron an his loons an wag them afore e Lord as a speecial offerin. [25]Syne tak them fae them an burn them onno the aaltar as a brunt offerin. It's an affa fine yoam an offerin made bi fire till e Lord. [26]Tak e breist o Aaron's ram o the ordination an wag it afore e Lord as a speecial offerin. Iss bittie o e beastie will be yours. [27]Consecrait e bitties o e ram o the ordination att belang tae Aaron an his loons, att's tae say, e breist att wis waggit an e hoch att wis presentit. [28]Att bitties will for aye be the share dyow tae Aaron an his loons fae the Israelites, cause it's their bittie, set aside fae their offerins as a hansel till e Lord.

[29]"Aaron's haily claes will belang tae his heirs for aa time sae att they can be annintit an ordaint weerin them. [30]E sin fa follas him as priest an comes tae e gaitherin-tent tae meenister i the haily place will weer them for syven days. [31]Tak e ram o the ordination an bile up its flesh i the haily place. [32]An Aaron an his loons will ett e ram an e loaf att's inno e basketie, anent e door o e gaitherin-tent. [33]They'll ett fit wis used for forgiein their ill-deeins at their ordination an consecraition. Bit nae ither body maun ett them, cause they're haily. [34]An gin ony o e maet or loaf fae e consecraitin is aye there bi mornin, burn it. It maunna be etten cause it's haily. [35]Noo, ye'll dee aa att A've telt ye for Aaron an his loons, an myn ye'll tak syven days tae consecrait them. [36]Sacrifeece a stot ilka day as an offerin tae tak awa ill-deeins. Att'll purifee the aaltar. Syne annint it wi ile tae mak it haily. [37]Dee iss ilka day for syven days an sanctifee the aaltar an fitivver touches it will be haily.

[38]"Noo iss is fit ye maun offer on the aaltar ilka day: twa yearlin lammies. [39]Ye'll offer ae lammie i the mornin an e tither een at gloamin. [40]Wi e first lammie offer fower pun o flooer, mixt wi a pint an a half o ile fae squeezed olives an a pint an a half o wine as a drink offerin. [41]Offer e tither lammie at gloamin wi e same flooer-offerin an drink-offerin as ye did i the mornin. It's an affa fine yoam, an offerin made bi fire till e Lord. [42]Ye'll mak iss brunt offerin afore e Lord at e door o e gaitherin-tent for aa ginnerations tae come. Att's far A'll meet in wi ye an spik till ye. [43]An att's far A'll meet wi the Israelites an e place will be made haily wi my glory. [44]A'll mak e gaitherin-tent an the aaltar haily, an A'll mak Aaron an his sins haily sae att they can meenister tae me as priests.

[45]"A'll dwall amo the Israelites an A'll be their God. [46]They'll ken att A'm e Lord their God fa brocht them oot o Egypt sae att A culd dwall amo them. I am e Lord their God.

CHAPTIR 30

"Mak an aaltar oot o wid fae acacia trees tae burn scintit reek onno. [2]Mak it squaar, a fit an a half in linth, a fit an a half in braidth an three fit heich, wi horns aa o the ae bit. [3]Owerlay it wi pure gowd, e heid o't, e sides o't an its horns an a ban o gowd roon aboot it. [4]Mak twa gowd rings an pit them aneth e ban, twa on ilka side tae haud e shafts tae cairry it. [5]An ye'll mak e shafts o acacia wid an owerlay them wi gowd. [6]An ye'll pit it afore e veil at e front o God's kistie, an att's far A'll come an see ye.

[7]"Aaron maun burn scintit reek onno't ilka mornin an fan he trims e cruisies. [8]He maun burn scintit reek again fan he lichts e cruisies at gloamin sae att the scintit reek will burn for aye afore e Lord for aa

ginnerations. [9]Dinna burn nae skaikent scintit reek onno't, nor brunt offerins nor maet offerin; an ye winna poor nae drink-offerin onno't aither. [10]Eence ilka ear, Aaron will pey penance bi pittin onno its horns e bleed o beasts slauchtert for ill-deeins. Iss will be deen for aa ginnerations tae come; it's maist haily tae e Lord."

[11]Syne e Lord said tae Moses, [12]"Fan ye tak a census o aa the Israelites tae coont foo mony o them there wid be, ilka man will gie a ransom for his life tae e Lord tae ward aff e plague fan ye're coontin them. [13]As ilka chiel crosses ower amo them fa are ariddy coontit, he'll pey half a shekel, standart mizzour (att's twinty gerahs till e shekel), as an offerin till e Lord. [14]Ilka body att's twinty ear aul or mair fa crosses ower will gie an offerin till e Lord. [15]E walthy winna gie nae mair an e peer nae less nor half a shekel as an offerin till e Lord tae pey e penance for yer lives. [16]An ye'll tak e penance o siller fae the Israelites an use it for e gweed o e gaitherin-tent. It'll be a memorial for the Israelites afore e Lord tae pey penance for yer lives."

[17]Syne e Lord said tae Moses, [18]"Mak a bowlie oot o bress wi a bress stan for waashin. Pit it atween e gaitherin-tent an the aaltar an full it wi watter. [19]Aaron an his loons maun waash their hans an their feet inno't. [20]Fan they gyang inno e gaitherin-tent, they'll waash wi watter sae att they winna dee. E same fan they come near han the aaltar tae meenister e brunt offerin till e Lord, [21]they'll waash their hans an their feet sae att they winna dee. An att'll be a rowle for aa time for Aaron an them fa come efter him, for aa ginnerations."

[22]E Lord said tae Moses, [23]"Tak e best spices ye can: aboot a steen wecht o runny myrrh, aboot half a steen o sweet cinnamon, aboot half a steen o scintit cane, [24]aboot a steen o cassia – aa standart mizzour – an a bittie mair nor a gallin o olive ile. [25]Mak them up intill a haily annintin ile, an intment mixt wi aa e skeel o a chemist. It will be a haily annintin ile. [26]An ye'll annint e gaitherin-tent wi't, an God's kistie tee, [27]an e table an aa its accootrements, an e cannelstick an aa its accootrements an the aaltar o scintit reek, [28]the aaltar o brunt offerins wi aa its accootrements an e bowlie an its stan. [29]Ye'll consecrait them tae mak them maist haily an fitivver touches them will be haily.

[30]"Anye'll annint Aaron an his loons an consecrait them, sae they can meenister tae me as priests. [31]Say tae the Israelites, 'Iss will be a haily annintin ile tae me for aa ginnerations. [32]Dinna annint nae human body wi't nor will ye ivver mak ony wi e same mixter. It's haily an ye maun haud it tae be haily. [33]Gin ony body mak ony mair like it or pit ony o't onno ony ither body, they'll be putten awa fae their ain fowk.'"

[34]An e Lord said tae Moses, "Tak scintit spices: gum arabic, poothert shalls an galbanum an add them in equal mizzour tae e same mizzour o sweet frankincense [35]an mak it intill a scint wi aa e skeel o a chemist aa mixt egither wi saut tae keep it pure an haily. [36]Grin it doon till a poother an pit it afore e kistie i thegaitherin-tent, far A'll come an see ye. An it'll be maist haily till ye. [37]Dinna mak up ony scint wi iss mixter for yersels: think on't as bein haily for e Lord. [38]Faaivver maks ony like it wi e same scint will be putten awa fae their ain fowk."

CHAPTIR 31

E Lord spak tae Moses an said, [2]"Noo, A've pickit Hur's Uri's Bezalel fae e clan o Judah [3]an A've fullt him wi e speerit o God, makkin him clivver an skeely wi his hans in aa kyn o warkins [4]an gien him a knack for plannin oot fancy designs for wirkin wi gowd an siller an bress, [5]cuttin an settin steens, carvin wid an ilka kyn o skeel. [6]An asides att, A've pickit oot Ahisamach's loon, Oholiab fae e clan o Dan tae gie him a han an A've gien e skeel tae aa e tradesmen tae mak aa att A've telt ye aboot: [7]e gaitherin-tent, God's kistie, e lid ower it, an aa the ither falderaals for e tabernacle, [8]e table an its furniter, e cannelstick o pure gowd an aa its accootrements, the aaltar o scintit reek, [9]the aaltar o brunt-offerins an aa its furniter, e bowlie an its stan, [10]e claes for e service an aa e haily vestments for Aaron e priest an for his loons tae meenister as priests, [11]an the annintin ile an scintit reek for e Haily Place, aa accordin tae fit A telt ye tae dee."

[12]An e Lord said tae Moses, [13]"Tell the Israelites, 'Keep e Sabbath cause it's a sign atween you eens an me for aa ginnerations tae come, sae ye mith ken att A'm e Lord fae maks ye haily. [14]Sae ye maun keep e Sabbath, cause it's haily till ye. Gin ony o ye disna keep it an warks att day, they maun seerly be deen awa wi. [15]Ye maun dee aa yer wark in sax days, bit e syventh is e Sabbath fan ye maun rist, haily till e Lord. Faaivver dis ony wark o a Sabbath maun be deen awa wi. [16]Sae the Israelites maun keep e Sabbath, keep it in aa ginnerations as a lestin covenant. [17]It's a sign atween me an the Israelites for ivver, cause ower sax days e Lord made hivven an earth an on e syventh day he stoppit wirkin an ristit.'"

Fan e Lord wis throwe wi fit he hid tae say tae Moses on Moont Sinai, he gied him e twa tablets o e testimony, tablets o steen screiven wi e finnger o God.

CHAPTIR 32

An fan e fowk saa att Moses wis some latchy in comin back doon fae e moontain, they gaithert aroon Aaron an said till him, "Come awa, mak gods tae gyang afore hiz, cause wi dinna ken fit's come o iss Moses, e chiel fa led hiz oot o Egypt." [2]An Aaron said tae them, "Tak aff aa e gowd lug-babs yer weemen an yer loons an yer quines are weerin an fess them till ma." [3]Aabody teuk aff e gowd lug-babs att they were weerin an brocht them tae Aaron. [4]He teuk them fae them, poored e gowd intill a moold an made a gowden bull caffie. E fowk said, "Iss is yer gods, Israel, att his fessen ye oot o Egypt." [5]Fan Aaron saa it, he biggit an aaltar afore it an declared, "E morn will be a fair till e Lord." [6]They raise airly e neist day an made brunt-offerins an brocht peace-offerins, syne they sat doon tae ett an drink an hid a richt gweed cairry on.

[7]E Lord said tae Moses, "G'wa doon oot o here, cause yer fowk, fa ye hiv fessen oot o Egypt, are oot o han. [8]They've been rael quick tae turn awa fae e wyes I telt them. They've made a bull caffie oot o moolten gowd an are wirshippin it, they've made sacrifeeces till't an said, 'Iss is yer gods, Israel, att his fessen ye oot o Egypt.'" [9]An e Lord said tae Moses, "A've seen e set o them an A can tell ye, they're thraawn. [10]Noo, lat ma be sae A can rax ma annger agin them an dee awa wi e lot o them an mak a great nation come o you." [11]Bit Moses priggit wi e Lord, his God, an said, "Lord fit wye are ye raised wi yer fowkies fa ye hiv fessen oot o Egypt wi sic pooer an sic a stoot han? [12]Will ye lat the Egyptians say att ye were ill-trickit aneuch tae fess them oot only tae dee awa wi them i the heilins an wipe them aff e face o the earth? Steek yer wraith an think again aboot the ill ye're threetnin till yer fowk. [13]Myn on Abraham, Isaac an Israel, yer servants, them fa ye swore till, bi yer verra sel, att ye wid multiply their seed tae be as mony as e stars i the lift an gie them aa e grun ye spak o, tae be their ain for ivver." [14]An e Lord thocht better o the ill he wis gyan tae dee till his fowk.

[15]Moses turnt awa an gaed doon e moontain wi e twa tablets o e testimony in his han, there wis screivin on baith sides, e front an e back. [16]E tablets were God's ain wark, e screivin wis God's screivin, engraved on e tablets. [17]Joshua heard e hullaballoo e fowk were makin an he said tae Moses, "A hear e soun o fechtin i the camp." [18]Moses said, "Att's nae e soun o victory, nor is it e wailin o defeat: it's e soun o singin A'm hearin."

¹⁹Fan Moses won e linth o e camp, he saa e bull caffie an e dancin an he wis maist sair made. He flang doon e tablets an breuk them in bits at e fit o e moontain. ²⁰He teuk e caffie they'd made an brunt it. He grun it doon tae poother, spirklt it onno watter an garrt the Israelites drink it. ²¹Moses said tae Aaron, "Fit did e fowk dee till ye att ye alooed them tae tak up wi sic fool ill-deeins?" ²²An Aaron said, "Dinna be sae raised, man, ye ken fit fowk are like, aye wintin tae dee ill. ²³They cam till ma an said 'Come awa, mak gods tae gyang afore hiz, cause we dinna ken fit's come o iss Moses, e chiel fa led hiz oot o Egypt.' ²⁴An A said till them, 'Aa you att hiv gowd, strip it aff.' An they brocht it till ma. Syne A keest it inno e fire an iss caffie cam oot."

²⁵Moses culd see att e fowk were oot o han an Aaron hid lat them mak feels o themsels afore their faes. ²⁶Moses steed at e yett o e camp an said, "Fa is on e Lord's side? Come awa tae me." An aa e bairns o Levi gaithered roon him. ²⁷He said till them, "Iss is e wird o e Lord God o Israel, 'Lat ilka man buckle tee his swoord an gyang in an oot o e yetts o e camp back an fore an lat ilka chiel kill his brither, his cronie an his neeper.' ²⁸E Levites did fit Moses bad them dee an aboot three thoosan fowk deit att day. ²⁹Moses said, "Iss day ye hiv made yersels haily till e Lord bi turnin agin yer loons an yer brithers sae e Lord his gien ye his blissin.

³⁰E neist day Moses said till e fowk, "Ye've deen affa ill. Noo A'm gyan up tae e Lord, an ye nivver ken, A'll mebbe perswaad him tae forgie yer ill-deeins." ³¹An Moses gaed back till e Lord an said, "Oh, iss fowk hiv deen affa ill an hiv made gods o gowd for themsels. ³²Wid ye mebbe forgie them? Gin ye canna, strick oot my name fae e beuk att ye've screiven." ³³An e Lord said tae Moses, "A'll strick oot e name o onybody fa's deen ill agin ma. ³⁴Awa ye gyang noo, an lead ma fowkies till e placie A telt ye aboot. An waatch, ma angel will gyang afore ye. Bit e day will come fan A gie them their comeuppance for their ill-deeins." ³⁵An e Lord sent a plague doon onno e fowk cause o e gowd caffie att they hid garrt Aaron mak.

CHAPTIR 33

E Lord said tae Moses, "G'wa ye go fae here, baith you an e fowk ye've teen oot o Egypt, tae e lan att A swore tae Abraham an Isaac an Jacob fan A said A'd gie it tae them an their fowk for ivver. ²A'll sen on an angel afore ye an A'll drive oot e Canaanites an the Amorites an the Hittites an e Perizzites an e Hivites an e Jebusites. ³A'll fess ye till a lan rinnin wi milk an hunny. Bit A winna gyang wi ye, cause ye're a thraawn lot an A mith dee awa wi ye aa on e wye there."

⁴Fan e fowk heard iss, they gaed aboot lik moorners an didna weer neen o their trinkets. ⁵Cause e Lord hid said tae Moses, "Tell the Israelites att they're a thraawn lot, gin A wis tae gyang wi ye aiven for a meenit A wid dee awa wi ye. Tell them tae tak aff their jowels an A'll mak up ma myn fit A'm gyan tae dee wi them." ⁶An the Israelites teuk aff aa their jowels ower by e Moont o Horeb. ⁷Noo Moses wid aye tak e tabernacle an pitch it ootside e camp, a bittie awa, an caa it "e gaitherin-tent". Onybody sikkin e Lord wid gyang tae e gaitherin-tent ootside e camp. ⁸Onytime Moses gaed oot till e tabernacle, aa e fowk reese up an steed at e door o their tents an waatched Moses till he gaed in till e tabernacle. ⁹Fan Moses gaed in till e tabernacle, e pillar o clood wid come doon an bide at e door fylst e Lord spak tae Moses. ¹⁰Ony time e fowk saa e pillar o clood anent e door o e tabernacle, ilka een wid stan an wirship at e door o his tent. ¹¹E Lord wid spik tae Moses stracht intill his face as a chiel wid spik till his cronie. Syne Moses wid come back till e camp, bit his grieve Joshua, Nun's loon, nivver left e tabernacle.

¹²Moses said till e Lord, "Ye've been sayin till ma, 'Lead iss fowk,' bit ye hinna telt ma fa ye're sennin wi ma. Ye've said, 'A ken yer name an mairower ye've faun faavour wi ma.' ¹³Gin ye're teen wi ma, shew ma yer wyes sae att A mith ken ye an aye fin faavour wi ye. Myn iss nation is your fowk." ¹⁴E Lord

answert, "A'll be wi ye masel an gie ye rist." [15]Syne Moses said till him, "Gin ye're nae wi hiz yersel, dinna sen hiz awa fae here. [16]Foo will onybody ken att ye're teen wi me an wi yer fowk oonless ye come wi hiz? Fit wye wid we be kent fae aa e lave o e fowk on e face o the earth?" [17]An e Lord said tae Moses, "A'll dee fit ye're sikkin, cause A'm weel teen wi ye an A ken ye bi yer name." [18]Syne Moses priggit wi him, "Noo shew ma yer glory." [19]An e Lord said, "A'll gar aa ma gweedness pass afore ye an A'll proclaim e name o e Lord afore ye an A'll hae mercy on fa A wint till an hae compassion on fa A wint till. [20]Bit," he says, "ye canna see ma face, cause naebody can see ma face an live." [21]Syne e Lord said, "There's a placie aside ma far ye mith stan on a muckle steen. [22]Fan ma glory passes by, A'll pit ye inno a cleft i the steen an hap ye up wi ma han till A gyang by. [23]Syne A'll tak awa ma han an aa ye'll see will be ma back, bit ma face maunna be seen."

CHAPTIR 34

E Lord said tae Moses, "Hack oot twa steen tablets like e first eens an A'll screive onno them e wirds att were onno e first eens att ye breuk. [2]Be riddy bi mornin an syne i the foreneen, come up tae Moont Sinai an stan an wyte for ma on e heid o e moontain. [3]Nae ither chiel maun come up wi ye an dinna lat ony chiel be seen naewye onno e moontain an dinna aiven lat e flocks an hirds graze at e fit o e moontain."

[4]Sae Moses hackit oot twa steens lik e first eens, gat up airly i the neist mornin an gaed up Moont Sinai, jist as e Lord hid bad him dee, takkin e twa steen tablets wi him. [5]E Lord cam doon i the clood, steed anent him an spak oot his name, e Lord. [6]Syne e Lord gaed by him sayin, "E Lord, e Lord God is mercifu an mensefu, lang-sufferin an reamin wi gweedness an trowth, [7]keepin luv for thoosans, forgiein coorseness, ill-deeins an them fae get oot o han. Bit he disna lat them fa dee wrang get awa wi't, bit gies an owergyan tae e bairns an e bairns' bairns tae e third or fowerth ginnerations o them fa dee ill." [8]Moses wisna slaw tae boo his heid tae e grun an wirship him. [9]An he said, "O Lord, gin ye noo think weel o ma, syne lat e Lord gyang wi hiz. Ye ken they're a thraawn lot, bit forgie wir coorseness an ill-deeins an tak hiz as yer ain."

[10]Syne e Lord said, "See noo, A'll mak a tryst wi ye. A'll wark meeracles for aa tae see, ferlies for your fowk att A've nivver deen afore for ony ither clan in aa e warl. Aa yer neepers will see e wark o e Lord, cause it's fearsome fit A'm gyan tae dee wi ye. [11]Tak tent o fit A'm gyan tae tell ye e day. A'll redd oot afore ye the Amorites, e Canaanites, the Hittites, e Perizzites, the Hivites an e Jebusites. [12]Waatch att ye dinna mak ony trysts wi e clans i the cuntras ye're gyan till or they'll be a snare tae tak ye. [13]Ye maun ding doon their aaltars, braak their haily pillars an hack doon their totems. [14]Cause youeens winna wirship nae ither god, cause e Lord fas name is 'E Jillous God', is jist att. [15]Waatch att ye dinna mak ony trysts wi e clans for fear att fan they gyang hoorin efter their gods an mak sacrifeeces till them, ye get trailed in wi them tae their sacrifeeces [16]an ein up wi yer loons mairryin their dothers an fan e dothers gyang hoorin efter their gods, yer loons will gyang hoorin efter their gods tee. [17]Ye winna mak yersel ony gods o cassen metal.

[18]"Ye'll haud tae e fair o loaf wi nae barm. For syven days ye'll ett loaf wi nae barm, jist as A telt ye i the month o Mairch, cause att's e month fan ye held oot o Egypt. [19]The aulest-born fae ilka wyme is mine, includin aa the aulest-born males o aa yer beasts, nowt an sheep baith. [20]Ye can niffer aa aulest-born cuddy for a sheep insteid, bit gin ye dinna, ye maun braak its neck. Ye'll buy back a yer aulest-born loons an naebody will come tae me wi naethin tae offer. [21]Ye'll wark for sax days bit ye'll rist on e syventh aiven i the ploo an e hairst. [22]Ye'll keep e Hairvest Feestival wi e first cut o yer corn an Clyack at the ein o e hairst. [23]Three times ilka ear aa yer men maun appear afore e Lord God, e God o Israel. [24]A'll clear

oot fowk afore ye an lat ye hae a bigger tack an naebody will be jillous o yer lan fan ye gyang up three times ilka ear tae wirship e Lord yer God.

²⁵"Dinna offer e bleed o ma sacrifeece alang wi onythin att his barm inno't an dinna lat ony o e sacrifeece fae e Passower Feast be left till mornin. ²⁶Fess e foremaist o yer hairst tae e hoose o e Lord yer God. Dinna bile a young goat in its mither's milk."

²⁷Syne e Lord said tae Moses, "Screive doon aa fit A've said, cause iss wird is e tryst A've made wi you an Israel." ²⁸Moses bade there wi e Lord for fowerty days an fowerty nichts naither ettin nor drinkin. An e screivit doon on e steen tablets e wird o e tryst: e ten commandments.

²⁹Fan Moses cam doon fae Moont Sinai cairryin e twa tablets o e Testimony, he didna ken att his face wis gleamin cause he hid been spikkin wi e Lord. ³⁰Fan Aaron an the Israelites saa Moses, wi his sheenin face they were feart tae come near han him. ³¹Moses cried till them an Aaron an aa e heid bummers amo them cam back till him an he spak tae them. ³²Syne, efter att, aa the Israelites cam ower till him an he gied them aa e commanments e Lord hid gien tae him on Moont Sinai. ³³Fan Moses wis throwe spikkin till them, he pat a veil ower his face. ³⁴Ony time he gaed near han e Lord, he teuk aff e veil till sic time as he cam oot again. He cam oot an telt the Israelites fit he hid been commanit ³⁵an they saa his face wis sheenin. Syne Moses wid pit e veil back ower his face till siccan a time as he gaed back tae spik tae e Lord.

CHAPTIR 35

Moses gaithert e hale jing bang o the Israelites egither an said till them, "Iss is fit e Lord his commanit att ye dee. ²Sax days ye'll dee yer wark, bit e syventh day will be a haily day, a Sabbath o rist till e Lord. Faaivver dis wark onno att day maun be putten tae daith. ³Ye maunna licht a fire in yer hoose on e Sabbath day."

⁴Moses said tae the hale o the Israelites there, "Iss is fit e Lord his commanit: ⁵Oot o fit ye hiv, tak an offerin till e Lord. Aabody fa's willin maun fess till e Lord an offerin o gowd, siller, bress, ⁶blue an purple an reed worsit, e best o leenen, goat's hair, ⁷ram's skins dyed reed, saft ledder, an wid fae the acacia tree, ⁸olive ile for e cruisie, scint for the annintin ile an for e bonnie smellin scintit reek, ⁹onyx an ither steens for settin i the goon an weskit. ¹⁰Lat aa yer tradesmen come an mak aa att e Lord his commanit. ¹¹E tabernacle, wi its tent an its lid, its heuks, its frames, its bars, its posts, its sockets, ¹²God's kistie wi its shafts an its lid an e veil att haps it, ¹³e table wi its shafts an aa its bowlies an e loaf o e presence, ¹⁴e cannelstick for licht wi aa its accootrements an its cruisie an ile for lichtin, ¹⁵the scintit reek aaltar wi its shafts an annintin ile an its scintit reek, e screen for gyan ower e ingyang o e tabernacle, ¹⁶the aaltar o brunt offerins wi its bress gratin, its shafts an aa its accootrements, e bress bowlie wi its stan, ¹⁷e screens o e closs wi their posts an sockets an e screens for e ingyang tae e closs, ¹⁸e tent pegs for e tabernacle an for e closs an their raips, ¹⁹e service robes for meenisterin i the haily place, the haily claes for Aaron, e priest an e robes for his loons fan they serve as priests."

²⁰Syne aa the Israelites gaed awa fae far Moses wis. ²¹Aa them fa were willin an fas hertie hid been meeved, brocht an offerin till e Lord for e makin o e gaitherin-tent an for aa his service an for e haily robes. ²²An they cam, baith men an weemen, as mony as were willin-hertit, an brocht banngles, lug-babs, rings, brooches, gowd, jowellry o aa kynes, ilka een o them pittin up a speecial offerin o gowd till e Lord. ²³An aabody brocht fit they hid o blue, purple an reed oo, best leenen an goat's hair, rams' skins dyed reed an saft ledder. ²⁴Them fa pit up an offerin o siller or bress, brocht it as an offerin tae e Lord an them fa hid acacia wid att wid dee for e wark brocht it. ²⁵E skeely wives fa culd spin brocht fit they hid spun:

blue, purple or reed oo an best leenen. [26]An aa e weemen fas herts were meeved tae dee it, spun e goats' hair. [27]E clan chiefs brocht onyx an steens tae be set for e goon an e weskit, [28]an spice an ile for e licht, an annintin ile, an scintit reek. [29]The Israelites, ilka man an wumman o them fas hert wis meeved tae dee it, brocht a willin offerin for e wark att e Lord hid commanit throwe Moses.

[30]An Moses said tae the Israelites, "See noo, e Lord his markit oot Bezalel, Uri's loon, gransin tae Hur fae e clan o Judah [31]an his fullt him wi e speerit o God, makkin him skeely an clivver; he can turn his han tae ony wark, [32]be it o gowd or siller or bress, [33]or cuttin precious steens for settin, or carvin wid or ony kyn o skeel wi his hans. [34]He kittlt up baith him an Oholiab, Ahisamach's loon fae e clan o Dan tae learn ither fowk. [35]He's gien them e skeel tae wark winners wi their hans in aa kyn o wark, tae engrave, design, embroider in blue, purple an reed an wi best leenen, tae wyve: learnin them tae dee aa kynes o skeely wark.

CHAPTIR 36

"Sae Bezalel an Oholiab an ilka chiel fa's been learnt bi e Lord an is skeely aneuch tae cairry oot e wark o biggin e sanctuary will dee e wark, jist as e Lord his commanit."

[2]Syne Moses cried on Bezalel an Oholiab an ilka skeely chiel tae fa e Lord hid gien e learnin an fa wis willin tae come an dee e wark. [3]They got fae Moses aa the offerins att hid been brocht bi the Israelites for e cairryin oot o e wark o biggin e sanctuary, bit e fowk brocht mair offerins o their ain free will ilka mornin. [4]Sae aa e skeely chiels fa were deein aa e wark on e sanctuary left their wark, [5]an said tae Moses, "E fowk are fessen mair nor aneuch for aa e wark att God his commanit be deen." [6]Sae Moses sent wird roon aa e camp att nae mair offerins were notten for e biggin o e sanctuary. Sae e fowk didna fess nae mair offerins. [7]E gear they'd brocht ariddy wis mair nor wis notten for e wark.

[8]Syne aa e tradesmen amo e warkers made e tabernacle wi ten drapes o fine wyven leenen o blue an purple an reed, wi cherubs wirkit intill them bi a seamstress. [9]Ilka drape wis fowerty-twa fit lang an sax fit braid. [10]They shew five o e drapes igither an did e same wi e tither five. [11]Syne they made blue loops alang the ootside edge o ae set o drapes an did e same alang e ootside edge o e tither set. [12]They made fifty loops for ae drape an syne fifty loops for the ein drape o e thither set, wi e loops conter een anither. [13]Syne they made fifty gowd heuks an coupled e drapes een till anither wi e heuks sae att e tabernacle wis aa the ae thing.

[14]They made drapes o goats' hair for e tent ower e tabernacle – elyven in aa. [15]E linth o ilka drape wis fowerty-five fit an sax fit in braidth, aa elyven bein e same size. [16]They coupled five drapes egither an e tither sax egither. [17]Syne they made fifty loops alang the ein drape in ae set an e same alang the ein drape o e tither set. [18]They made fifty heuks o bress tae jine up e tent an mak it aa een. [19]Syne they made a cover for e tent o rams' skins dyed reed an ower att, a cover o saft ledder.

[20]Syne they made frames oot o acacia wid as uprichts for e tabernacle, [21]ilka een fifteen fit lang an twa fit three inch braid,[22]ilka frame wi twa stickin oot bitties tae jine them egither. They made aa e frames for e tabernacle iss same wye. [23]They made twinty frames for e sooth side, facin e sooth [24]wi fowerty siller sockets tae gyang aneth them, twa aneth ilka frame tae haud e stickin oot bitties. [25]For e tither side o e tabernacle, facin till e north, they made twinty frames [26]an fowerty siller sockets, twa aneth ilka frame. [27]For e farawa side o e tabernacle facin till e wast, they made sax frames. [28]They made twa frames for e farawa neuks o e tabernacle. [29]At e twa neuks, e frames were coupled egither at e boddom an aa e wye up

till e tap e same wye, fittin intill ae ring tae haud them in at e neuks. ³⁰Sae there were aucht frames an saxteen siller sockets, twa aneth ilka frame.

³¹They made bars o acacia wid: five for e frames on ae side o e tabernacle, ³²five for the eens on e tither side an five for e frames on e wast side. ³³They made e bar at e mids sae att it ran fae ein tae ein at e middle o e frames. ³⁴An they owerlaid e frames wi gowd an made gowd rings tae haud e bars. They owerlaid e bars wi gowd tee.

³⁵They made e drapes o blue, purple an reed oo an fine wyven leenen, wi cherubs shewn onno them bi skeely warkers. ³⁶They made fower posts o acacia wid for it an owerlaid them wi gowd, wi gowden heuks an sockets o siller. ³⁷For the ingyang till e tent, they made a drape o blue, purple an reed oo wi bonnie wyven leenen, aa bonnie embroidert, ³⁸an they made five posts wi heuks for them. They owerlaid e heid o them an e bans wi gowd, bit their five sockets were o bress.

CHAPTIR 37

Bezalel made God's kistie o acacia wid, three fit nine inch in linth, an twa fit three inch braid an twa fit three inch heich. ²They owerlaid it wi pure gowd, baith inside an oot an pat a ban o gowd aa roon aboot it. ³They cast fower gowd rings for it an set them at its fower feet, wi twa rings on ae side an twa at e tither. ⁴They made shafts o acacia wid an owerlaid them wi gowd. ⁵They pat e shafts throwe e rings at e side o God's kistie for cairryin it.

⁶They made e lid o pure gowd, three fit nine inch in linth an twa fit three inch braid. ⁷They made twa cherubs o haimmert gowd on e twa eins o e lid; ⁸ae cherub at ae ein an een at e tither, ilka een bein aa the een wi e lid. ⁹E cherubs hid their wings spread up-e-wye happin e lid wi e wings. They were facin een anither, leukin in-e-wye.

¹⁰They made e table o pure gowd, three fit in linth, an a fit an a half braid an twa fit three inch heich. ¹¹They owerlaid it wi pure gowd an pat a ban o gowd roon aboot it. ¹²They pat a rim roon aboot it, a han's braidth, an pat a gowd ban on e rim. ¹³They cast fower gowd rings for it an pat e rings on e fower neuks tae mak feet for it. ¹⁴E rings were anent e rim sae att e shafts culd be putten throwe for cairryin e table. ¹⁵They made e shafts o acacia wid an owerlaid them wi gowd for cairryin e table. ¹⁶They made the accootrements for e table, the ashets, an speens, an jugs for poorin oot e wine-offerin o pure gowd.

¹⁷They made e cannelstick o pure gowd, haimmert oot, its shaft, its branches, its caups, its buds an its flooeries were aa o e same. ¹⁸It hid sax branches in aa, three gyan oot o ae side o e cannelstick an three oot e tither side. ¹⁹Three caups shapit lik almone flooers an buds were on ae branch, three cups lik almone flooers an buds on e neist branch, an sae e same ower aa sax branches gyan oot fae e cannelstick. ²⁰On e cannelstick there were fower caups shapit lik almone flooers an buds. ²¹Ae bud wis aneth e fist pair o branches comin oot o e cannelstick, anither bud aneth e saicond pair, anither aneth e third pair an sae it wis for aa sax branches. ²²E buds an e branches were aa cassen o the ae bit wi e cannelstick, aa o haimmert pure gowd.

²³They made syven lamps, wi tyaangs an trays o pure gowd. ²⁴They made e lampstan an aa its accootrements fae aboot syventy-five pun wecht o gowd.

²⁵They made the aaltar o scintit reek oot o acacia wid. It wis squaar, a fit an a half in linth, a fit an a half braid an three fit heich, the horns aa ae bit wi't. ²⁶They owerlaid e tap o't an aa roon e sides o't an e horns

o't wi pure gowd an pat a gold ban aa roon aboot it. ²⁷They made twa gowd rings aneth e ban on e twa conter sides tae haud e shafts for cairryin it. ²⁸They made e shafts o acacia wid an owerlaid them wi gowd. ²⁹They made the haily annintin ile, an e pure scintit reek o bonnie scintit spices, e wark o a body skeely in sic things.

CHAPTIR 38

They biggit the aaltar o brunt offerins fae acacia wid. It wis squaar, syven an a half fit in linth, syven an a half fit braid an fower an a half fit heich. ²They made horns at ilka een o e fower neuks o't, e horns an aaltar aa the ae bit an they owerlaid the aaltar wi bress. ³An they made aa the accootrements o the aaltar o bress: e pots, an shuffels, an basins, an heuks an firepans. ⁴They made a bress gratin for the aaltar, aa wyven throwe ither tae come aneth e shelfie, half wye up. ⁵They cast rings for e fower neuks o e bress gratin, tae haud e shafts. ⁶They made e shafts o acacia wid an owerlaid them wi bress. ⁷They pat e shafts throwe e rings at e sides o the aaltar tae cairry it wi. They made the aaltar boss, oot o boords.⁸They made a bress bowlie wi a bress stan oot o e mirrors o e weemen fa gaithert at e door o e gaitherin-tent. ⁹Neist they made e closs. On e sooth side it wis a hunner an fifty fit lang an hid drapes o bonnie wyven leenen, ¹⁰wi twinty posts an twinty bress sockets. The heuks an bans on e posts were made o siller. ¹¹Tae e northlins, e drapes were a hunner an fifty fit lang wi twinty posts an twinty bress sockets wi heuks an bans o siller on e posts. ¹²Tae e wast e drapes were syventy-five fit wi ten posts an ten sockets, the heuks an e bans o siller. ¹³The east side facin e sinrise wis syventy-five fit, ¹⁴/¹⁵wi drapes on baith sides o the ingyang twinty-twa an a half fit in linth, wi three posts an three sockets ilka side. ¹⁶Aa e drapes roon e closs were o bonnie twistit leenen. ¹⁷E sockets for e posts were o bress, e heuks an bans on e posts were o siller, e taps o them owerlaid wi siller an aa e posts roon e closs were bun wi siller. ¹⁸E drape for the ingyang o e closs wis o bonnie wyven leenen aa bonnie embroidert in blue, purple an reed. It wis thirty fit lang an syven an a half fit heich tae match in wi e drapes o e closs. ¹⁹It hid fower posts an fower bress sockets. Their heuks an bans were o siller an e tap o them owerlaid wi siller. ²⁰Aa e tent pegs o e tabernacle an e closs roon aboot it were o bress.

²¹Iss is foo muckle gear they used i the makin o e tabernacle o e testimony, as it wis coontit at e time an vritten doon for e Levites bi Ithamar, (Aaron, e priest's loon) at the orders o Moses. ²²Bezalel, Uri's loon an gransin tae Hur, o e clan o Judah made aathin att e Lord hid commanit Moses. ²³He wis helpit oot bi Oholiab, Ahisamach's loon fae e clan o Dan, an engraver an a rael skeely chiel, fa culd embroider blue, purple an reed onno fine leenen. ²⁴E gowd att wis gien i the speecial collection an eesed i the wark cam tae aboot three quarters o a ton, standart mizzour ²⁵an e siller att wis gien gey near three ton, standart mizzour. ²⁶Att come tae aboot a saxth o an unce, standart mizzour, for ilka chiel ower the age o twinty att hid been coontit, sax hunner an three thoosan, five hunner an fifty chiels in aa. ²⁷Maist o e three ton o siller wis eesed tae cast e sockets for e sanctuary an e sockets for e drapes, a hunner sockets in aa, ilka een aboot fowerty steen in wecht. ²⁸Fit wis left ower wis eesed tae mak e heuks for e posts an for owerlayin e taps o e posts an makin their bans. ²⁹E bress fae e speecial collection cam tae near twa ton. ³⁰They eesed it tae mak e sockets for the ingyang tae e gaitherin-tent, e bress aaltar, e bress gratin for it, aa the accootrements for the aaltar, ³¹e sockets roon aboot e closs an for the ingyang o't an e tent pegs for e tabernacle an e closs.

CHAPTIR 39

Fae e blue, purple an reed oo they made e robes for meenisterin i the sanctuary an for the haily robes for Aaron, aa as e Lord hid bidden Moses.

[2]They made e goon o gowd, wi blue, purple an reed oo an bonnie wyven leenen. [3]They haimmert oot thin sheets o gowd an cut it intae strips tae be wirkit intae e blue, purple an reed oo an e bonnie leenen – e wark o skeely hans. [4]They made shoothers for e goon, jynt on till't fore an aft. [5]E wyst ban onno't wis made e same skeely wye o blue, purple an reed oo an bonnie wyven leenen, jist as e Lord hid bidden Moses. [6]They vrocht onyx steens an set them in gowd an engraved them lik a seal wi e names o Israel's loons [7]an pat them on e shoothers o e goon as a memorial tae Israel's loons, jist as e Lord hid bidden Moses.

[8]They made e weskit, e wark o skeely hans. They made it like e goon o gowd an blue, purple an reed oo an bonnie wyven leenen. [9]It wis fowersquaar an faalt ower, a span lang an a span braid fan faalt. [10]An they moontit fower raas o bonnie steens onno't. E first raa wis a ruby, a topaz an a garnet, [11]e neist raa hid a diamond, a sapphire an an emerald, [12]e third raa hid a turquoise, an agate an an amethyst, [13]an e fowerth raa a beryl, an onyx an a jasper. They were aa moontit in gowd settins. [14]There were twal steens, een for ilka een o e names o Israel's loons, ilka een engraved lik a seal wi e name o een o e twal clans.

[15]They made chines o twisted gowd like raips for the eins o e weskit. [16]They made twa gowd settins an twa gowd rings an pat e twa rings at e twa eins o e weskit. [17]An they pat e twa gowd chines tae e rings on the eins o e weskit. [18]They festent the eins o e twa chines till e settins, fixin them till e front o e weskit. [19]They made twa gowd rings an festent them tae e tither twa sides o e weskit on the inside neist till e goon. [20]Syne they made anither twa gowd rings an festent them tae e boddom o e twa shoothers o e goon, near han till e seam, jist abeen e wyst ban o e goon. [21]They tied e weskit rings till e rings o e goon wi blue lace, jist abeen e wyst ban o e goon sae att e weskit widna wark lowss fae e goon, aa as e Lord hid bidden Moses.

[22]They made e robe o e goon aa o blue claith, [23]wi a holie i the middle o't att hid a collar shewn aa roon it tae haud it fae getting rippit. [24]Aa roon e fit o't they shewed pomegranites made o blue, purple an reed oo an bonnie wyven leenen. [25]An they made bells o pure gowd an shew them aa roon e fit o e robe, in atween e pomegranites, [26]bell an pomegranite, time aboot aa roon e fit o e robe tae be worn for meenisterin, jist as e Lord hid bidden Moses.

[27]They made coaties o bonnie wyven leenen for Aaron an his loons; [28]a bonnet o best leenen an gweed-like heidbans an breeks o best leenen; [29]a sash o fine wyven leenen embroidert wi blue, purple an reed oo, jist as e Lord hid bidden Moses.

[30]They made e plate o e haily croon oot o pure gowd an engraved on it, like e vreetin on a seal, "Haily till e Lord". [31]They tied it on wi blue lace till e bonnet, aa as e Lord hid bidden Moses.

[32]Sae att wis aa e wark on e gaitherin-tent throwe wi. The Israelites did aathin jist as e Lord hid bidden Moses. [33]Syne they brocht e tabernacle tae Moses, e tent an aa its furniter, its clasps, an boords, an bars, an posts an sockets, [34]an its coverins o rams' skins dyed reed, an its coverin o saft ledder an e veil o e coverin, [35]an God's kistie an its shafts an e lid, [36]an e table wi aa its accootrements an e loaf o e presence, [37]an e cannelstick o pure gowd wi its cruisies aa set oot in order an aa its accootrements an ile for e lichtin o't, [38]an e gowden aaltar, an the annintin ile, an e scintit reek, an e screens for e tabernacle ingyang, [39]an e bress aaltar wi its bress gratin an its shafts an aa its accootrements, an e bowlie wi its stan, [40]an e screens for e closs, an its pillars an sockets, an e screens for the ingyang o e closs wi its raips an tent pegs, an aa e furniter for e tabernacle, [41]an e wyven claes for meenisterin i the haily place an e haily robes for Aaron, e priest, an e claes for his loons tae weer fan servin as priests. [42]Aa iss wis deen bi the Israelites, jist as e Lord hid bidden Moses dee. [43]Moses inspectit aa e wark an saa att it hid aa been deen jist as e Lord hid bidden. Sae Moses blisst them.

CHAPTIR 40

E Lord spak tae Moses an said, ²"Ye'll set up e tabernacle o e gaitherin-tent on e first day o e first month. ³Ye'll pit God's kistie inno't an hap e kistie wi e veil. ⁴Ye'll fess in e table an set oot onno't aa its thingies; ye'll fess in e cannelstick an licht its cruisies. ⁵Pit e gowd aaltar o scintit reek at e front o e kistie an pit up e hingin at the ingyang tae e tabernacle. ⁶Ye'll pit the aaltar o brunt offerins afore the ingyang o e tabernacle o e gaitherin-tent. ⁷Ye'll set e bowlie atween e gaitherin-tent an the aaltar, an pit a suppie watter inno't. ⁸Ye'll set up e closs roon aboot an pit up e screens att the ingyang tae e closs. ⁹Tak the annintin ile an annint e tabernacle an aathin inno't an ye'll bliss it an aa its furniter sae att they'll be haily. ¹⁰Syne annint the aaltar o brunt offerins an aa its accootrements an sae mak the aaltar haily an it will be a maist haily aaltar. ¹¹An ye'll annint e bowlie an its stan an mak them haily.

¹²"Fess Aaron an his loons tae the ingyang tae e gaitherin-tent an waash them wi watter. ¹³An ye'll pit e haily claes onno Aaron, an annint him an mak him haily sae att he mith meenister tae me as a priest. ¹⁴An ye'll fess his loons an clad them wi coaties. ¹⁵Ye'll annint them, jist lik ye did for their fadder, sae att they mith meenister tae me as priests. Their annintin will seerly be an ivverlestin priesthood for aa ginnerations tae come."

¹⁶An att's fit Moses did. Aa att e Lord hid bidden him, ay, att's fit he did.

¹⁷An sae e tabernacle wis set up on e first day o e first month i the saicond ear. ¹⁸Moses set up e tabernacle, set oot e sockets, biggit up e frames, pat in e bars an set up e posts. ¹⁹Syne e spread e tent ower e tabernacle an pat e coverin ower e tent aa as e Lord hid bidden him dee. ²⁰He teuk e testimony an pat it inno e kistie, set e shafts on e kistie an pat e lid abeen e kistie. ²¹He brocht e kistie in tae e tabernacle an hung up e drape tae hap God's kistie, as e Lord hid bidden him.

²²He pat e table inno e gaitherin-tent, on e north side o e tabernacle, ootside e drape, ²³an set oot e loaf onno't afore e Lord, jist as e Lord hid bidden him. ²⁴He pat e cannelstick i the gaitherin-tent, ower anent e table, on e sooth side o e tabernacle. ²⁵He lichtit e cruisies afore e Lord, jist as e Lord hid bidden him. ²⁶Moses pat e gowd aaltar i the gaitherin-tent afore e drape, ²⁷an brunt scintit reek onno't, jist as e Lord hid bidden him. ²⁸Syne he pat up e screens at the ingyang o e tabernacle.

²⁹He pat the aaltar o brunt offerins afore the ingyang o e gaitherin-tent, an offert onno't brunt offerins an maet offerins, jist as e Lord hid bidden him. ³⁰He set e bowlie atween e tent o e congregation an the aaltar an pat watter inno't for waashin. ³¹Moses an Aaron an his loons waasht their hans an their feet inno't. ³²They waasht ilka time they gaed in tae e tent o e congregation or gaed near han the aaltar, jist as e Lord hid bidden Moses. ³³Syne Moses set up e closs roon aboot e tabernacle an the aaltar an pat up e screen at the ingyang tae e closs. Sae att wis Moses lowsed.

³⁴Syne a clood cam ower e gaitherin-tent an e glory o e Lord fullt e tabernacle. ³⁵Moses culdna win in till e gaitherin-tent, cause e clood hid sattlt onno't an e glory o e Lord fullt e tabernacle. ³⁶Fan e clood wis liftit fae abeen e tabernacle, the Israelites held awa on their traivels, ³⁷bit gin e clood didna lift they didna set oot till siccan a day as it did lift. ³⁸Sae e clood o e Lord wis ower e tabernacle bi day an there wis fire i the clood at nicht for aa the Israelites tae see farivver they traivelt.

LEVITICUS

CHAPTIR 1

E Lord cried tae Moses an spak tae him fae e gaitherin-tent. He said, [2]"Spik tae the Israelites an tell them: 'Fan ony amo ye fesses back an offerin tae e Lord, fess as yer offerin a beast fae aither e hird or e flock. [3]Gin the offerin is a brunt offerin fae e hird, ye maun offer a male wi nae fauts. Ye maun tak it tae e door o e gaitherin-tent sae att it mith be accepit bi e Lord. [4]Ye maun lay yer han onno e heid o e brunt offerin, an it will be accepit for ye, makin ye richt wi God. [5]Ye maun kill e bullick afore e Lord, an syne Aaron's loons, e priests, will fess e bleed an spleiter it agin e sides o the aaltar at the ingyang tae e gaitherin-tent. [6]Ye maun flype e brunt offerin an cut it intae bitties. [7]Aaron e priest's loons maun pit fire onno the aaltar an bigg sticks onno e fire. [8]Syne Aaron's loons, e priests, will lay oot e bitties, baith e heid an e creesh, onno e sticks att are burnin onno the aaltar. [9]Ye maun waash the intimmers an e hochs wi watter, an e priest maun burn it aa onno the aaltar. It's a brunt offerin, a maet offerin, a yoam att e Lord is weel teen wi.

[10]"'Gin the offerin is a brunt offerin fae e flock, fae aither e sheep or e goats, ye maun offer a male wi nae fauts. [11]Ye maun kill it at e north side o the aaltar afore e Lord, an Aaron's loons, e priests, main spleiter its bleed agin e sides o the aaltar. [12]Ye maun cut it intae bitties, an e priest will lay them oot, baith e heid an e creesh onno e sticks att are burnin onno the aaltar. [13]Ye maun waash the intimmers an e hochs wi watter, an e priest maun fess aa o't an burn it onno the aaltar. It's a brunt offerin, a maet offerin, a yoam att e Lord is weel teen wi.

[14]"'Gin the offerin tae e Lord is a brunt offerin o birds, ye maun offer a doo or a squaab. [15]E priest maun fess it tae the aaltar, thraw aff its heid an burn it onno the aaltar; its bleed maun be draint oot onno e side o the aaltar. [16]He maun tak oot e crap an pluck e feathers an fling them doon the east side o the aaltar far the aise is. [17]He maun rive it apairt bi e wings, nae havverin it aaegither, an syne e priest maun burn it onno e sticks att are burnin onno the aaltar. It's a brunt offerin, a maet offerin, a yoam att e Lord is weel teen wi.

CHAPTIR 2

"'Fan onybody fesses a meal offerin tae e Lord, their offerin maun be o e best meal. They maun poor olive ile onno't an pit frankincense onno't. [2]They maun tak it tae Aaron's loons, e priests. E priest maun tak a gowpenfu o e meal an ile, alang wi e frankincense, an burn iss onno the aaltar sae att e Lord will myn on them, an as a yoam att e Lord is teen wi. [3]E lave o e meal offerin will be for Aaron an his loons; it's a maist haily bit o e maet offerins gien tae e Lord.

[4]"'Gin ye fess a meal offerin baked i the oven, it maun be o e best meal: aither thick loaves made athoot barm an wi olive ile mixt in or breid made athoot barm an sclairiet wi olive ile.

[5]"'Gin yer meal offerin is made onno a girdle, it maun be made o e best meal mixt wi ile, an athoot barm. [6]Crummle it up an poor ile onno't; it's a meal offerin.

[7]"'Gin yer meal offerin is cookit in a pan, it maun be made wi e best meal an a suppie olive ile. [8]Fess e meal offerin made att wye tae e Lord; gie it ower tae e priest, fa maun tak it tae the aaltar. [9]He maun tak

oot e bit tae lat God myn on ye fae e meal offerin an burn it onno the aaltar as a maet offerin, a yoam att e Lord is weel teen wi. [10]E lave o e meal offerin will be for Aaron an his loons; it is a maist haily bittie o e maet offerin gien tae e Lord.

[11]"'Ilka meal offerin ye fess tae e Lord maun be made athoot barm, for ye maunna burn nae barm nor hunny in a maet offerin gien tae e Lord. [12]Ye can fess them tae e Lord as an offerin o e first craps o yer hairst, bit they maunna be gien onno the aaltar as a fine yoam. [13]Saut aa yer meal offerin. Dinna leave e saut o e covenant o yer God oot o yer meal offerins; pit saut inno aa yer offerins. [14]Gin ye fess a meal offerin o e first crap o yer hairst tae e Lord, gie fresh bruised corn att's been rossin inno e fire. [15]Sclairy ile an frankincense onno't; it's a meal offerin. [16]E priest maun burn e bittie tae lat God myn on ye o e bruised corn an ile, alang wi e frankincense, as a maet offerin gien tae e Lord.

CHAPTIR 3

"'Gin yer offerin is a peace offerin, an ye gie a beast fae e hird, be it a stot or a quake, ye maun gie tae e Lord, a beast wi nae fauts. [2]Ye maun lay yer han onno e heid o yer offerin an kill it at the ingyang tae e gaitherin-tent. Syne Aaron's loons e priests maun spleiter e bleed onno e sides o the aaltar. [3]Fae e peace offerin ye maun fess a maet offerin tae e Lord: the intimmers an aa e creesh att's jynt tae them, [4]baith kidneys wi e creesh onno them at e flank, an e lang lap o e liver, att ye maun cut oot alang wi e kidneys. [5]Syne Aaron's loons maun burn it onno the aaltar on tap o e brunt offerin att's lyin onno e burnin sticks; it's a maet offerin, a yoam att e Lord is weel teen wi.

[6]"'Gin ye offer a beast fae e flock as a peace offerin tae e Lord, ye maun offer a yowe or a tup wi nae faut. [7]Gin ye offer a lamb, ye maun gie it tae e Lord, [8]layin yer han onno its heid an killin it anent e gaitherin-tent. Syne Aaron's loons maun spleiter its bleed onno e sides o the aaltar. [9]Fae e peace offerin ye maun fess a maet offerin tae e Lord: its creesh, e hale fat tail cuttit aff anent e backbeen, the intimmers an aa e creesh jynt tae them, [10]baith kidneys wi e creesh onno them at e flank, an e lang lap o e liver, att ye maun cut oot alang wi e kidneys. [11]E priest maun burn them onno the aaltar as a maet offerin gien tae e Lord.

[12]"'Gin yer offerin is a goat, ye maun gie it afore e Lord, [13]layin yer han onno its heid an killin it anent e gaitherin-tent. Syne Aaron's loons maun spleiter its bleed onno e sides o the aaltar. [14]Fae fit ye fess ye maun gie a maet offerin tae e Lord: the intimmers an aa e creesh jynt tae them, [15]baith kidneys wi e creesh onno them at e flank, an e lang lap o e liver, att ye maun cut oot alang wi e kidneys. [16]E priest maun burn them onno the aaltar as a maet offerin, a yoam att e Lord is weel teen wi. Aa e creesh is e Lord's. [17]Iss is a laa for aa ginnerations tae come, for aye, farivver ye're bidin: ye maunna ett nae creesh nor bleed.'"

CHAPTIR 4

E Lord said tae Moses, [2]"Tell the Israelites: 'Gin a body dis ill bi mistaak an dis fit's nae allooed in ony o e Lord's commans:

[3]"'Gin the heid priest dis ill, fessin guilt onno e fowk, he maun fess tae e Lord a bullick wi nae fauts as an offerin for ill-deeins for the ill he's deen. [4]He maun han ower e bullick at the ingyang tae e gaitherin-tent

afore e Lord. He maun lay his han onno its heid an kill it there afore e Lord. [5]Syne e heid priest maun tak a pickie o e bull's bleed an cairry it tae e gaitherin-tent. [6]He maun plype his finnger inno e bleed an spleiter

some o't syven times afore e Lord, anent e drapes o e haily place. [7]E priest, syne, maun sclairy a pickie o e bleed onno e horns o the aaltar o scintit reek att's afore e Lord i the gaitherin-tent. E lave o e bull's bleed he maun teem oot at e fit o the aaltar o brunt offerins at the ingyang tae e gaitherin-tent. [8]He maun redd aa e creesh fae e bull o the offerin for ill-deeins, aa e creech jynt tae its intimmers, [9]baith kidneys wi e creesh onno them at e flanks, an e lang lap o e liver, att he maun cut oot alang wi e kidneys, [10]e same wye as e creesh is redd oot fae e beast sacrifeeced as a peace offerin. Syne e priest maun burn them onno the aaltar o brunt offerins. [11]Bit e hide o e bull an aa its flesh, as weel as e heid an hochs, the intimmers an e sharn, [12]att's tae say, e hale o e lave o e bull, he maun tak ootside e camp tae an airt att's been made clean, far the shunners are teemed, an burn it there in a wid fire onno the aise midden.

[13]"'Gin e hale o the Israelite fowk dee ill bi mistaak an dee fit's nae allooed bi ony o e Lord's commans, aiven tho e fowk are nae aweers o't, fan they come tae ken fit they've deen wrang [14]an the ill they've deen is faun oot, e congregation maun fess a bullick as an offerin for their ill-deeins an han it ower afore e gaitherin-tent. [15]The elders o e congregation maun lay their hans onno e bull's heid afore e Lord, an e bull maun be killed afore e Lord. [16]Syne e heid priest maun tak a pickie o e bull's bleed intae e gaitherin-tent. [17]He maun plype his finnger inno e bleed an spleiter some o't syven times afore e Lord anent e drape. [18]He maun sclairy a pickie o e bleed onno e horns o the aaltar att's afore e Lord inno e gaitherin-tent. E lave o e bull's bleed he maun teem oot at e fit o the aaltar o brunt offerins at the ingyang tae e gaitherin-tent. [19]He maun redd aa e creesh fae it an burn it onno the aaltar, [20]an dee wi iss bull e same as he did wi e bull for the ill-deein offerin. Att wye, e priest will mak e fowk richt wi God an they'll be forgien. [21]Syne he maun tak e bull ootside e camp an burn it e same wye as he brunt e first een. Iss is the offerin for the ill-deeins o e fowk.

[22]"'Gin a chieftain dis ill bi mistaak an dis fit's nae allooed in ony o e commans o e Lord his God, fan he comes tae ken he's deen wrang [23]an the ill he's deen is faun oot, he maun fess as his offerin a billy goat athoot faut. [24]He maun lay his han onno e goat's heid an kill it at e place far e brunt offerin is killed afore e Lord. It's an offerin for ill-deeins. [25]Syne e priest maun tak a pickie o e bleed o the ill-deein offerin wi his finnger an sclairy it onno e horns o the aaltar o brunt offerins an teem oot e lave o e bleed at e fit o the aaltar. [26]He maun burn aa e creesh onno the aaltar e same wye as he brunt e creesh o e peace offerin. Att wye, e priest will mak richt wi God for e chieftain's ill-deeins, an he'll be forgien.

[27]"'Gin ony fae amo e fowk dis ill bi mistaak an dis fit's nae allooed in ony o e commans o e Lord, fan they come tae ken they've deen wrang [28]an the ill they've deen is faun oot, they maun fess as their offerin for the ill they've deen a nanny goat athoot faut. [29]They maun lay their han onno e heid o the ill-deein offerin an kill it at e place o brunt offerin. [30]Syne e priest maun tak a pickie o e bleed wi his finnger an sclairy it onno e horns o the aaltar o brunt offerin an teem oot e lave o e bleed at e fit o the aaltar. [31]They maun redd oot aa e creesh e same wye as e creesh is redd oot fae e peace offerin an e priest maun burn it onno the aaltar as a yoam att e Lord is weel teen wi. Att wye, e priest will mak richt wi God for them, an they'll be forgien.

[32]"'Gin a body fesses a lamb as their offerin for ill-deeins, they maun fess a yowie wi nae faut. [33]They maun lay their han onno its heid an kill it for an offe in for ill -deeins at e place far e brunt offerin is

killed. [34]Syne e priest maun tak a pickie o e bleed o the offerin for ill-deeins an sclairy it onno e horns o the aaltar o brunt offerins an teem oot e lave o e bleed at e fit o the aaltar. [35]He maun redd oot aa e creesh, e same wye as e creesh is redd oot o e lamb o e peace offerin, an e priest maun burn it onno the aaltar on tap o e maet offerins gien tae e Lord. Att wye, e priest will mak it richt wi God for them for their ill-deeins, an they'll be forgien.

CHAPTIR 5

[1]"'Gin a body dis ill bi nae spikkin up fan he's cried tae e coort tae testifee aboot somethin he's seen or heard, he'll get his sairin. [2]Or gin a body bi mistaak touches somethin att's nae cleant, say e carcage o a deid beast, wild beast or kye or ony creepie-crawlie an are nae aweers att they hiv been made nae clean, bit syne fin oot fit they've deen wrang, [3]or gin they touch human foolness, onythin att wid fyle them, bi mistaak, bit syne they come tae be aweers o't an ken they've deen wrang, [4]or gin a body is thochtless in sweerin an aith tae dee some protick, be it gweed or ill in ony kyn o ramstam wye a body mith sweer, aiven tho they're nae aweers o't, bit syne they come tae ken o't an ken att they've deen wrang, [5]fan a body bicomes aweer att they've deen wrang in ony sic wye, they maun ain up att they've deen wrang. [6]They maun fess an offerin for wrang-deeins for the ill they've deen; they maun fess a yowe lamb or nanny goat fae e flock, tae e Lord as an offerin for ill-deeins. An e priest will see them richt wi God for their ill-deeins.

[7]"'Onybody fa canna affoord a lamb maun fess twa doos or twa squaabs tae e Lord as an offerin for their ill-deeins, een for an offerin for ill-deeins, e tither for a brunt offerin. [8]They maun fess them tae e priest, fa first o aa maun offer the een for the ill-deeins offerin. He maun thraw its neck, nae takkin aff its heid aaegither, [9]an maun spleiter a pucklie bleed o the offerin for ill-deeins anent e side o the aaltar; e lave o e bleed maun be teemed oot at e fit o the aaltar. It's an offerin for ill-deeins. [10]E priest, syne, maun offer e tither een as a brunt offerin i the wye set oot, an mak it richt wi God for them for the ill they've deen, an they'll be forgien.

[11]"'Bit gin they canna affoord twa doos or twa squaabs, they maun fess as an offerin for their ill-deeins, three an a half pun o e best meal. They maunna pit olive ile nor frankincense onno't, cause its an offerin for ill-deeins. [12]They maun fess it tae e priest, fa maun tak a gowpenfu o't as a bit tae lat God myn on them an burn it onno the aaltar abeen e maet offerins gien tae e Lord. It's an offerin for ill-deeins. [13]Att wye e priest will mak it richt wi God for them for ony o the ills they've deen, an they'll be forgien. E lave o the offerin will be e priest's, jist lik it wis wi e meal offerin.'"

[14]E Lord said tae Moses: [15]"Fan onybody is unfaithfu tae e Lord bi deein ill bi mistaak fan it comes tae dee wi e Lord's haily things, they maun fess tae e Lord as an offerin for wrang-deeins a tup fae e flock, een wi nae fauts an o e richt wirth in siller, accoordin tae e wecht o e siller o e haily place. It's an offerin for wrang-deeins. [16]They maun pey back for the ill they've deen tae e haily things wi a fifth pairt forbye an gie it aa tae e priest. E priest will mak it richt wi God for them wi e tup as an offerin for wrang-deeins, an they'll be forgien.

[17]"Gin a body dis ill an dis fit e Lord's commans dinna aloo, aiven gin it be bi mistaak, they are guilty an will get their sairin for't. [18]They maun fess tae e priest as an offerin for wrang-deeins a tup fae e flock, een wi nae fauts an o e richt wirth.　Att wye, e priest will mak it richt wi God for them for the ill they've

deen bi mistaak, an they'll be forgien. [19]It's an offerin for wrang-deeins; they've been guilty o deein wrang agin e Lord."

CHAPTIR 6

E Lord said tae Moses: [2]"Gin a body dis ill an is unfaithfu tae e Lord bi swickin a neeper aboot somethin in his care or att he wis leukin efter, or aboot somethin att hid been pinched, or gin they chet their neeper, [3]or gin they come on somethin some ither body his tint an tell lees aboot it, or gin they tell lees unner aith aboot ony sic ill-deeins a body mith dee, [4]fan they dee ill in ony sic wye an ken fine they've deen wrang, they maun gie back fit they hiv pinched or teen throwe swickery, or fit wis pat inno their care, or e thing they faun att hid been tint, [5]or fitivver it wis they swore lees unner aith aboot. They maun pey it aa back in full, wi a fifth mair forbye, an han it ower tae e body fa ains it on e day they gie their offerin for wrang-deeins. [6]An tae mak mends they maun fess tae e priest, att's tae say, tae e Lord, their offerin for wrang-deeins, a tup fae e flock, een wi nae fauts an o richt wirth. [7]Att wye, e priest will see them richt wi e Lord, an they'll be forgien for ony o the ills they did wrang."

[8]E Lord said tae Moses: [9]"Gie Aaron an his loons iss orders: 'Iss is e rowles for e brunt offerin: E brunt offerin maun bide onno the aaltar herth aa nicht, till mornin, an e fire maun be keepit burnin onno the aaltar. [10]E priest, syne, maun pit on his leenen claes, wi a leenen seemit neist his body, an maun redd oot the aise o e brunt offerin att e fire his brunt onno the aaltar an lay them anent the aaltar. [11]Syne he maun tak aff att claes an cheenge back tae his ilkaday claes, an cairry the aise ootside e camp tae an airt att's been made cleant. [12]E fire onno the aaltar maun be keepit burnin, it maunna gyang oot. Ilka foreneen e priest maun pit on mair sticks an lay oot e brunt offerin onno e fire an burn e creesh o e peace offerins onno't. [13]E fire maun be keepit burnin onno the aaltar aa e time; it daurna gyang oot.

[14]"'Iss is e rowles for e meal offerin: Aaron's loons maun fess it afore e Lord, anent the aaltar. [15]E priest maun tak a gowpenfu o e best meal an a pickie olive ile, alang wi e frankincense onno e meal offerin, an burn e bittie tae lat God myn on fowk, onno the aaltar as a yoam att e Lord is weel teen wi. [16]Aaron an his loons maun ett e lave o't, bit it maun be etten athoot barm inno e haily place. They maun ett it inno e close o e gaitherin-tent. [17]It maunna be bakit wi barm; A've gien it as their pairt o e maet offerins gien tae me. Lik the offerins for ill-deeins an the offerin for wrang-deeins, it's maist haily. [18]Ony man-body descendit fae Aaron mith ett it. For aa ginnerations tae come it's his ivverlestin pairt o e maet offerins gien tae e Lord. Fitivver touches them will turn haily.'"

[19]E Lord said tae Moses forbye, [20]"Iss is the offerin Aaron an his loons maun fess tae e Lord on e day he's annintit: three an a half pun o e best meal as a reglar meal offerin, half o't i the foreneen an half at nicht. [21]It maun be bakit wi ile onno a girdle; fess it weel-kned an gie e meal offerin breuken in bits as a yoam att e Lord is weel teen wi. [22]E sin fa comes efter him as heid priest maun bake it. It's e Lord's ivverlestin pairt an e hale o't maun be brunt. [23]The hale o ilka meal offerin o a priest maun be brunt; it maunna be etten."

[24]E Lord said tae Moses, [25]"Tell Aaron an his loons: 'Iss is e rowles for the offerin for ill-deeins: The offerin for ill-deeins maun be killed afore e Lord at e place far e brunt offerin is killed; it's maist haily. [26]E priest fa gies it up maun ett it; it maun be etten i the haily place, i the close o e gaitherin-tent. [27]Fitivver touches ony o e flesh will turn haily, an gin ony o e bleed is skailt onno a body's claes, ye

maun waash them inno e haily place. [28]E cley pot e beef is bylt inno maun be breuken; bit gin it's bylt inno a bress pot, e pot maun be scoored an waashen oot wi watter. [29]Ony man-body in a priest's faimly mith ett it; it's maist haily. [30]Bit ony offerin for ill-deeins fas bleed is fessen inno e gaitherin-tent tae mak it richt wi God inno e Hailiest Place maunna be etten; it maun be brunt.

CHAPTIR 7

[1]"'Iss is e rowles for the offerin for wrang-deeins, fit's maist haily: [2]The offerin for wrang-deeins maun be killed i the same place as e brunt offerin is killed, an its bleed maun be spleitert anent e sides o the aaltar. [3]Aa its creesh maun be offert: e creesh fae e tail an e creesh att haps the intimmers, [4]baith kidneys wi e creesh onno them at e flank, an e lang lap o e liver, att maun be cut oot alang wi e kidneys. [5]E priest maun burn them onno the aaltar as a maet offerin gien tae e Lord. It's an offerin for wrang-deeins. [6]Ony man-body in a priest's faimly mith ett it, bit it maun be etten i the haily place; it's maist haily. [7]E same rowle stans gweed for baith the offerin for ill-deeins an the offerin for wrang-deeins: they belang tae e priest fa maks a body richt wi God throwe them. [8]E priest fa offers a brunt offerin for onybody mith keep its hide for himsel. [9]Ilka meal offerin bakit i the oven or cookit in a pan or onno a girdle is for e priest fa offers it,[10]an ilka meal offerin, be't mixt wi olive ile or dry, belangs eeksie-peeksie tae aa Aaron's loons.

[11]"'Iss is e rowles for e peace offerin onybody fesses tae e Lord:

[12]"'Gin they offer it as a thanksgien, syne alang wi iss thanksgien offerin they maun offer loaves made athoot barm wi olive ile mixt throwe, breid made athoot barm an sclairiet wi ile, an loaves made wi e best meal, weel-kned an wi ile mixt throwe. [13]Alang wi their peace offerin o thanksgiein they maun gie an offerin wi loaves made wi barm. [14]They maun fess een o ilka kyn as an offerin, an offerin reesed up tae e Lord; it's for e priest fa spleiters e bleed o e peace offerin anent the aaltar. [15]E beef o their peace offerin o thanksgiein maun be etten on e day it's offert; neen o't maun be left till mornin.

[16]"'Fooivver, gin their offerin is gien cause o a voo or is a freewill offerin, e sacrifeece maun be etten on e day they offer it, bit ony orrals mith be etten e neist day. [17]Ony orrals fae e sacrifeece left ower tae e third day maun be brunt. [18]Gin ony orrals fae e peace offerin is etten on e third day, e body fa offert it winna be accepit. It winna be held tae e laawin o e body fa offert it, cause it's bicome fylt. E body fa etts ony o't will get their sairin. [19]Beef att touches onythin fylt maunna be etten. It maun be brunt. Noo, wi ony ither beef, onybody fa's cleant mith ett it. [20]Bit gin onybody fa's nae cleant etts ony beef o e peace offerin belangin tae e Lord, they maun be cuttit aff fae their ain fowk. [21]A body fa touches somethin fylt, human foolness, or a fylt beast or ony fylt creepie-craawlie onno e grun, an syne etts ony o e beef o e peace offerin belangin tae e Lord maun be sneddit aff fae their ain fowk.'"

[22]E Lord said tae Moses, [23]"Tell the Israelites: 'Dinna ett ony o e creesh fae e nowt, sheep nor goats. [24]E creesh o a beast faun deid or rippit tae bits bi wild beasts mith be eesed for idder things, bit ye maunna ett it. [25]Onybody fa etts e creesh o a beast att mith be offert tae e Lord as a maet offerin maun be sneddit aff fae their ain fowk. [26]An farivver ye bide, ye maunna ett e bleed o ony bird nor beast. [27]Onybody fa etts bleed maun be sneddit aff fae their ain fowk.'"

[28]E Lord said tae Moses, [29]"Tell the Israelites: 'Onybody fa fesses a peace offerin tae e Lord maun fess pairt o't as their sacrifeece tae e Lord. [30]They maun gie e maet offerin tae e Lord wi their ain hans. They

97

maun fess e creesh, alang wi e breist, an wag e breist afore e Lord as a wag offerin. [31]E priest maun burn e creesh onno the aaltar, bit e breist is for Aaron an his loons. [32]Ye maun gie e richt hoch o yer peace offerins tae e priest as a hansel. [33]E sin o Aaron fa offers e bleed an e creesh o e peace offerin maun get e richt hoch as his pairt. [34]A've teen e breist att is waggit an e hoch att's gien fae e peace offerins o the Israelites, an gien them tae Aaron e priest an his loons as their pairt fae the Israelites for aa time.'"

[35]Iss is e pairt o e maet offerins tae e Lord att were set apairt for Aaron an his loons on e day they were teen forrit tae sair e Lord as priests. [36]On e day they were annintit, e Lord ordert att the Israelites gie iss tae them as their pairt for ivver for aa ginnerations tae come. [37]Att, syne, are e rowles for e brunt offerin, e meal offerin, the offerin for ill-deeins, the offerin for wrang-deeins, the offerin for e settin up o priests an e peace offerin, [38]att e Lord gied tae Moses at Moont Sinai i the Roch Cuntra o Sinai on e day he garrt the Israelites fess their offerins tae e Lord.

CHAPTIR 8

E Lord said tae Moses, [2]"Fess Aaron an his loons, their claes, the annintin ile, e bull for the offerin for ill-deeins, e twa tups an e ruskie hauddin e loaf bakit wi nae barm, [3]an gaither e hale jing bang o e fowk at the ingyang tae e gaitherin-tent." [4]Moses did fit e Lord bad him, an they aa gaithert at the ingyang o e gaitherin-tent. [5]Moses said tae e gaitherin, "Iss is fit e Lord his garrt hiz dee." [6]Syne Moses brocht Aaron an his loons forrit an waasht them wi watter. [7]He pat e cwyte onno Aaron, festent e sash roon him, cled him wi e goon an pat e weskit onno him. He tied e weskit wi a fancy tow-ban, festent roon aboot him. [8]He pat e breistbag onno him aa pat the Urim an Thummim inno't. [9]Syne he pat e bonnet onno Aaron's heid an set e gowd roondel, e haily token, onno e face o't, as e Lord hid garrt Moses dee.

[10]Syne Moses teuk the annintin ile an sclairiet it ower e tabernacle an aathin inno't an sae consecraitit them. [11]He spirklt a suppie o the ile onno the aaltar syven times, annintin the aaltar an aa its accootrements an e bowlie wi its stan, tae consecrait them. [12]He teemed a suppie o the annintin ile onno Aaron's heid tae consecrait him. [13]Syne he brocht Aaron's loons forrit, pat cwytes onno them, festent sashes roon them an pat bonnets onno them, as e Lord hid garrt Moses dee. [14]Syne he gied ower e bull for the offerin for ill-deeins, an Aaron an his loons laid their hans onno its heid. [15]Moses slauchtert e bull an teuk a suppie o e bleed, an wi his finnger sclairiet it onno aa e horns o the aaltar tae purifee the aaltar. He teemed oot e lave o e bleed at e fit o the aaltar. Sae he consecraitit it tae mak it richt wi God. [16]Moses teuk aa e creesh roon the intimmers, e lang lap o e liver, an baith kidneys an their creesh, an brunt it onno the aaltar. [17]Bit he brunt e bull wi its hide an its flesh an its intimmers ootside e camp, as e Lord hid garrt Moses dee.

[18]Syne he gied ower e tup for e brunt offerin, an Aaron an his loons laid their hans onno its heid.[19]Syne Moses slauchtert e tup an spleitert e bleed anent e sides o the aaltar. [20]He cuttit e tup intae bitties an brunt its heid, e bitties an e creesh. [21]He waasht its intimmers an its legs wi watter an brunt e hale tup onno the aaltar. It wis a brunt offerin, a fine yoam, a maet offerin gien ower tae e Lord, as e Lord hid garrt Moses dee.

[22]Syne he gied ower e tither tup, e tup for the ordination, an Aaron an his loons laid their hans onno its heid. [23]Moses slauchtert e tup an teuk a suppie o't's bleed an sclairiet it onno e lab o Aaron's richt lug, onno e thoom o his richt han an onno e big tae o his richt fit. [24]Moses brocht Aaron's loons forrit an

sclairiet a suppie o e bleed onno e labs o their richt lugs, onno e thooms o their richt hans an onno e big taes o their richt feet. Syne he spleitert bleed agin e sides o the aaltar. [25]Syne, he teuk e creesh, e creesh tail, aa e creesh roon the intimmers, e lang lap o e liver, baith kidneys an their creesh an e richt hoch. [26]An fae e ruskie o loaf bakit wi nae barm, att wis afore e Lord, he teuk ae thick loaf, ae thick loaf wi olive ile mixt throwe it, an a fardel o breid, an he pat them onno e creesh pairts an onno e richt hoch. [27]He gied aa o them inno e hans o Aaron an his loons, an they waggit them afore e Lord as a wag offerin. [28]Syne Moses teuk them oot o their hans an brunt them onno the aaltar on tap o e brunt offerin as an ordination offerin, a fine yoam, a maet offerin gien ower tae e Lord. [29]Moses teuk e breist, his share o the ordination tup, an waggit it afore e Lord as a wag offerin, as e Lord hid garrt Moses dee. [30]Syne Moses teuk a suppie o the annintin ile an a suppie o e bleed fae the aaltar an spirklt them onno Aaron an his claes an onno his loons an their claes. Sae he consecraitit Aaron an his claes an his loons an their claes.

[31]Syne Moses said tae Aaron an his loons, "Bile e beef at the ingyang tae e gaitherin-tent an ett it there wi e loaf fae e ruskie o ordination offerins, as A bid ye dee fan A said: 'Aaron an his loons maun ett it.' [32]Syne burn up e lave o e beef an e loaf. [33]Dinna leave the ingyang tae e gaitherin-tent for syven days, till e days o yer ordination are throwe wi, for yer ordination will lest syven days. [34]Fit's been deen iss day wis bidden bi e Lord tae mak it richt wi God for ye. [35]Ye maun bide at the ingyang tae e gaitherin-tent day an nicht for syven days an dee fit e Lord is sikkin, sae att ye winna dee; cause att's fit A've been bidden dee." [36]Sae Aaron an his loons did aathin e Lord hid bidden throwe Moses.

CHAPTIR 9

On the auchth day, Moses gaithert egither Aaron an his loons an the elders o Israel. [2]He says tae Aaron, "Tak a bull calf for yer offerin for ill-deeins an a tup for yer brunt offerin, baith wi nae fauts, an gie them ower afore e Lord. [3]Syne tell the Israelites: 'Tak a billy goat for an offerin for ill-deeins, a calfie an a lamb, baith a year aul an wi nae fauts, for a brunt offerin, [4]an a yearlin an a tup for a peace offerin tae sacrifeece afore e Lord, alang wi a meal offerin mixt wi olive ile. For iss verra day e Lord will appear tae ye.'"

[5]They teuk fit Moses bad them tak tae e front o e gaitherin-tent, an e hale gaitherin cam in aboot an steed afore e Lord. [6]Syne Moses said, "Iss is fit e Lord his bidden ye dee, sae att e glory o e Lord mith appear tae ye." [7]Says Moses tae Aaron, "Come ower tae the aaltar an sacrifeece yer offerin for ill-deeins an yer brunt offerin an mak it richt wi God for yersel an e fowk; sacrifeece the offerin att's for e fowk an mak it richt wi God for them, as e Lord his bidden."

[8]Sae Aaron cam ower tae the aaltar an slauchtert e calfie as an offerin for ill-deeins for himsel. [9]His loons brocht e bleed tae him, an he dippit his finnger in amo e bleed an sclairiet it onno e horns o the aaltar; e lave o e bleed he teemed oot at e fit o the aaltar. [10]He brunt e creesh, e kidneys an e lang lap o e liver fae the offerin for ill-deeins onno the aaltar, as e Lord hid garrt Moses dee; [11]e flesh an e hide he brunt ootside e camp. [12]Syne he slauchtert e brunt offerin. His loons hannit him e bleed, an he spleitert it anent e sides o the aaltar. [13]They hannit him e brunt offerin bittie bi bittie, wi the heid anaa, an he brunt them onno the aaltar. [14]He waasht the intimmers an e legs an brunt them abeen e brunt offerin onno the aaltar.

[15]Syne Aaron brocht the offerin att wis for e fowk. He teuk e goat for e fowk's offerin for ill-deeins an slauchtert it an offert it for an offerin for ill-deeins as he did wi e first een. [16]He brocht e brunt offerin an

offert it i the wye set oot. [17]He brocht e meal offerin anaa, teuk a gowpenfu o't an brunt it onno the aaltar ower an abeen e foreneen's brunt offerin. [18]He slauchtert e yearlin an e tup as e peace offerin for e fowk. His loons hannit him e bleed, an he spleitert it anent e sides o the aaltar. [19]Bit e creesh pairts o the yearlin an e tup, e creesh tail, e layer o creesh, e kidneys an e lang lap o e liver, [20]they laid onno e breists, an syne Aaron brunt e creesh onno the aaltar. [21]Aaron waggit e breists an e richt hoch afore e Lord as a wag offerin, as Moses hid bidden. [22]Syne Aaron lifted his hands e wye o e fowk an blisst them. An efter he hid sacrifeeced the offerin for ill-deeins, e brunt offerin an e peace offerin, he steed doon. [23]Syne Moses an Aaron gaed in tae e gaitherin-tent. Eence they cam oot, they blisst e fowk. An e glory o e Lord appeared tae aa e fowk. [24]Fire cam oot fae far e Lord wis an birselt e brunt offerin an e creesh pairts onno the aaltar. An fan aa e fowk saa it, they roart oot o them wi joy an plappit doon onno their faces.

CHAPTIR 10

Aaron's loons Nadab an Abihu teuk their firepans, pat fire inno them an pat in some scintit reek; an they offert fire tae e Lord, bit it wisna haily, e wye he hid bidden. [2]Sae fire cam oot fae far e Lord wis an brunt them up, an they deit afore e Lord. [3]Syne Moses said tae Aaron, "Iss is fit e Lord spak aboot fan he said:'A'll shew foo haily A am throwe them fa come in aboot tae ma; A'll shew ma glory afore aa e fowk.'" Aaron nivver spak a wird. [4]Moses cried on Mishael an Elzaphan, loons o Aaron's uncle Uzziel, an said tae them, "Come awa; cairry yer kizzins ayont e camp, awa fae e front o e haily place." [5]Sae they cam an carriet them awa, aye yet i their cwytes, ayont e camp, as Moses hid bidden. [6]Syne Moses said tae Aaron an his loons Eleazar an Ithamar, "Dinna lat yer hair turn huddery an dinna teer yer claes, for fear ye dee an e Lord be raised wi e hale o e fowk. Bit yer ain fowk, aa the Israelites, mith grieve for them att e Lord his deen awa wi throwe fire. [7]Dinna leave the ingyang tae e gaitherin-tent or ye'll dee, cause e Lord's annintin ile is onno ye." Sae they did fit Moses said.

[8]Syne e Lord said tae Aaron, [9]"You an yer loons maunna drink wine nor ither strong drink ony time ye gyang intae e gaitherin-tent, or ye'll dee. Iss is a laa tae be keepit for aye for aa ations tae come, [10]sae att ye mith ken e difference atween e haily an the ilka-day, atween e fylt an e cleant, [11]an sae ye mith learn the Israelites aa e laas e Lord his gien them throwe Moses."

[12]Says Moses tae Aaron an e lave o his loons, Eleazar an Ithamar, "Tak e meal offerin left ower fae e maet offerins bakit wi nae barm an gien ower tae e Lord an ett it anent the aaltar, for it's maist haily. [13]Ett it i the haily place, cause it's your pairt an yer loons' pairt o e maet offerins gien ower tae e Lord; for att's ma biddin. [14]Bit you an yer loons an yer dothers mith ett e breist att wis waggit an e hoch att wis gien ower. Ett them in a place att's been cleant; they've been gien tae you an yer bairns as yer pairt o the Israelites' peace offerins. [15]E hoch att wis gien ower an e breist att wis waggit maun be brocht wi e creesh pairts o e maet offerins, tae be waggit afore e Lord as a wag offerin. Iss will be e pairt for you an yer bairns for aa time, as e Lord his bidden."

[16]Fan Moses speirt aboot e goat o the offerin for ill-deeins an faun oot it hid been brunt, he wis raised wi Eleazar an Ithamar, Aaron's sins att were aye tae e fore, an speirt, [17]"Fit wye did ye nae ett the offerin for ill-deeins inno e haily place? It's maist haily; it wis gien tae ye tae tak awa e guilt o e fowk bi makin it richt for them wi God afore e Lord. [18]Since its bleed wisna teen inno e Hailiest Place, ye shuldna hae etten e goat inno e haily place, as A bad ye dee." [19]Says Aaron tae Moses, "They sacrifeeced their offerin for ill-deeins an their brunt offerin afore e Lord e day, bit e same things hiv happent tae me. Wid

e Lord hae been weel teen gin A'd etten the offerin for ill-deeins e day?" [20]Fan Moses heard iss, he wis weel shuitit.

CHAPTIR 11

E Lord said tae Moses an Aaron, [2]"Tell the Israelites: 'Amo aa e beasts att bide on e grun, iss is the eens ye can ett: [3]Ye can ett ony beast att his a clowen hivv an chaas e cweed. [4]There are a fyow att jist chaa e cweed or jist hiv a clowen hivv an them ye maunna ett. E camel, chaas e cweed, it disna hae a clowen hivv; sae it's nae cleant for ye tae ett. [5]E steen-brock, tho it chaas e cweed, disna hae a clowen hivv; sae it's nae cleant for ye. [6]E bawd, tho it chaas e cweed, disna hae a clowen hivv; an sae its nae cleant for ye. [7]An e grumphie, tho it his a clowen hivv, disna chaa e cweed; sae it's nae cleant for ye. [8]Ye maunna ett their beef nor touch their carcage; they are nae cleant for ye.

[9]"'Amo aa e craiters bidin i the watter o e seas an i the burns ye can ett ony att his fins an scales. [10]Bit aa e craiters i the seas or burns att hinna got fins an scales, whither amo aa e shoals or amo aa e tither craiters att bide i the watters, ye maun leuk on as nae cleant. [11]An sin ye maun leuk on them as nae cleant, ye maunna ett their beef an ye maun leuk on their carcages as nae cleant. [12]Onythin att bides i the watters att disna hae fins an scales maun be leukit on an bein nae cleant.

[13]"'Iss is e birds ye maun leuk on as nae cleant, an maunna ett, cause they are nae cleant: the aigle, e vulture, e black vulture, [14]e reed kite, ony kyn o black kite, [15]ony kyn o craa, [16]e hornie oolet, e screech oolet, e sea-gu, ony kyn o gled, [17]e wee oolet, e scart, e muckle oolet, [18]e fite oolet, e roch cuntra oolet, the osprey, [19]e stork, ony kyn o hern, the hoopoe an e bat. [20]Aa fleein beasties att waalk on fower legs maun be leukit on as bein nae cleant. [21]For aa that, there are some fleein beasties att waalk on fower legs att ye can ett: them fas legs hiv jynts tae lat them hap alang e grun. [22]Amo them, ye can ett ony kyn o locust, katydid, cricket or gresshopper. [23]Bit aa ither fleein beasties att hiv fower legs ye maun leuk on as bein nae cleant. [24]Ye'll mak yersels nae cleant wi siclike. Faaivver touches their carcages will be nae cleant till nichtfa. [25]Faaivver picks up een o their carcages maun waash their claes, an they'll be nae cleant till nichtfa. [26]Ilka beast att disna hae a clowen hivv or att disna chaa e cweed is nae cleant for ye. Faaivver touches e carcage o ony o them will be nae cleant. [27]Amo aa e beasts att waalk on fower legs, them att waalk on their paws are nae cleant for ye. Faaivver touches their carcages will be nae cleant till nichtfa. [28]Gin onybody picks up their carcages they maun waash their claes an winna be cleant till nichtfa. Sic beasts are nae cleant for ye.

[29]"'Amo e beasts att gyang aboot on e lan, iss eens are nae cleant for ye: e futrat, e rottan, ony kyn o muckle lizard, [30]e gecko, e monitor lizard, e waa lizard, e skink an e chameleon. [31]Amo aa them att gyang aboot on e lan, they're nae cleant for ye. Gin onybody touches them fan they're deid, they'll be nae cleant till nichtfa. [32]Gin een o them dees an fas onno ocht, att objeck, fitivver its eese, will be nae cleant, be it vrocht o timmer, claith, ledder or saickclaith. Pit it in amo watter; it will be nae cleant till nichtfa, an syne it will be cleant. [33]Gin een o them faas inno a cley pottie, aathin inno't will be nae cleant, an ye maun braak e pottie. [34]Ony beef att ye're alooed tae ett att his been amo watter fae sic a pottie is nae cleant, an ony bree att's drunken fae siccan a pottie is nae cleant. [35]Onythin att een o their carcages faas onno is nae cleant; an oven or muckle pot maun be breuken. They're nae cleant, an ye maun leuk on them as nae cleant. [36]A spring, hooivver, or a cistren for collectin watter bides cleant, bit onybody fa touches een o sic

carcages is nae cleant. [37]Gin a carcage faas on ony sids att are tae be shaavn, they bide cleant. [38]Bit gin watter his been pat onno e sids an a carcage faas onno't, it's nae cleant for ye.

[39]"'Gin a beast att ye're allooed tae ett dees, onybody fa touches its carcage will be nae cleant till nichtfa. [40]Onybody fa etts ony o its carcage maun waash their claes, an they'll be nae cleant till nichtfa. Onybody fa picks up e carcage maun waash their claes, an they'll be nae cleant till nichtfa. [41]Ilka craiter att craawls alang e grun maun be leukit on as nae cleant; it maunna be etten. [42]Ye maunna ett ony craiter att craawls alang e grun, whither it craawls on its stamack or waalks on aa fowers or on mony feet; it's nae cleant. [43]Dinna fyle yersels wi ony sic craiters. Dinna mak yersels nae cleant throwe them nor be vrocht nae cleant bi them. [44]A'm e Lord yer God; consecrait yersels an be haily, cause A'm haily. Dinna mak yersels nae cleant bi ony craiter att craawls alang e grun. [45]A'm e Lord, fa brocht ye up oot o Egypt tae be yer God; sae be haily, cause A'm haily. [46]Att's e rowles aboot beasts, birds, ilka livin thing att meeves aboot i the watters an ilk craiter att craawls alang e grun. [47]Ye maun ken fit's nae cleant by's fit is, ken fit livin craiters mith be etten by's them att maunna be etten.'"

CHAPTIR 12

E Lord said tae Moses, [2]"Tell the Israelites: 'A wumman fa faas i the faimly wye an his a wee loonie will be nae cleant for syven days, jist as she's nae cleant throwe her monthly stouns. [3]On the auchth day e loonie maun be circumceesed. [4]Syne e wumman maun wyte thirty-three days tae be purifiet fae her bleedin. She maunna touch naethin haily nor gyang tae e haily place till e days for makkin her cleant are throwe. [5]Gin she his a dother, e wumman will be nae cleant for a fortnicht, jist lik throwe her stouns. Syne she maun wyte saxty-sax days tae be made cleant fae her bleedin. [6]Fan e days for makkin her cleant for a sin or a dother are by wi, she maun fess tae e priest, at the ingyang tae e gaitherin-tent, a yearlin lamb for a brunt offerin an a squaab or a doo for an offerin for ill-deeins. [7]He maun offer them afore e Lord tae mak it richt wi God for her, an syne she'll be cleant fae her rin o bleed. Att's e rowles for a wumman fa his a wee loonie or quinie. [8]Bit gin she canna affoord a lamb, she maun fess twa doos or twa squaabs, een for a brunt offerin an e tither for an offerin for ill-deeins. Att wye e priest will mak it richt wi God for her, an she'll be cleant.'"

CHAPTIR 13

E Lord said tae Moses an Aaron, [2]"Fan onybody his a swallin or a rash or a blin lump on their skin att mith be a fylin scaw, they maun be brocht tae Aaron e priest or tae een o his loons fa is a priest. [3]E priest maun tak a gweed leuk o e sair onno e skin, an gin e hair onno e sair bit his turnt fite an e sair leuks tae be doon aneth e skin, it is a fylin scaw. Fan e priest taks a leuk at sic a body, he'll cry them nae cleant. [4]Gin e blin lump onno e skin is fite, bit disna leuk tae be aneth e skin an e hair onno't hisna turnt fite, e priest maun haud e body steekit apairt for syven days. [5]On e syventh day he maun leuk e body ower again, an gin he sees att e sair is aye e same an hisna spreed ony farrer, he maun haud e body steekit apairt for anither syven days. [6]On e syventh day e priest maun leuk them ower again, an gin e sair his thraawn an hisna spreed ony farrer, e priest maun cry them cleant, it's neen bit a rash. They maun waash their claes, an they'll be cleant. [7]Bit gin e rash dis spreed oot farrer efter they hiv shewn themsels tae e priest an been cried cleant, they maun gyang back an see e priest again. [8]E priest maun tak a gweed leuk at e body an gin e rash his spreed farrer, he'll cry them nae cleant, it's a fylin scaw.

[9]"Gin onybody his a fylin scaw, they maun be brocht tae e priest. [10]E priest maun gie them a gweed leuk ower, an gin there's a fite swallin onno e skin att his turnt e hair fite an gin e swallin's reed raa, [11]it's a weel-set-in scaw an e priest maun cry them nae cleant. He maunna haud them steekit apairt, cause they're ariddy nae cleant. [12]Gin e scaw braaks oot aa ower their skin an, as far as e priest can see, it haps e hale body fae heid tae fit, [13]e priest maun gie them a gweed leuk ower, an gin e scaw his happit the hale o them, he maun cry them cleant. Since it his aa turnt fite, they're cleant. [14]Bit fanivver raa flesh appears on them, they winna be cleant. [15]Fan e priest sees e raa flesh, he maun cry them nae cleant. E raa flesh is nae cleant; they hiv a fylin scaw. [16]Gin e raa flesh cheenges an turns fite, they maun gyang tae e priest. [17]E priest maun gie them a gweed leuk ower, an gin e sairs hiv turnt fite, e priest maun cry e body cleant, syne they'll be cleant.

[18]"Fan a body his a blin lump on their skin an it heals, [19]an a fite swallin or a reedy-fite plook appears far e blin lump wis, they maun gyang an see e priest. [20]E priest maun tak a gweed leuk at it, an gin it appears tae be aneth e skin an e hair onno't his turnt fite, e priest maun cry att body nae cleant. It's a fylin scaw att his breukin oot far e blin lump wis. [21]Bit fan e priest taks a gweed leuk at it, there's nae fite hair onno't an it's nae aneth e skin an his thraawn, syne e priest maun haud e body steekit apairt for syven days. [22]Gin it's spreedin ower e skin, e priest maun cry them nae cleant; it's a fylin scaw. [23]Bit gin e plook's jist e same an hisna cheenged, it's bit a scab fae e blin lump an e priest maun cry them cleant.

[24]"Fan a body his a burn onno their skin an a reedy-fite or fite plook appears i the raa flesh o e burn, [25]e priest maun tak a gweed leuk at e plook, an gin e hair onno't his turnt fite, an it appears tae be aneth e skin, it's a fylin scaw att's breukin oot onno e burn. E priest maun cry them nae cleant; it's a fylin scaw. [26]Bit gin e priest taks a gweed leuk at it an there's nae fite hair onno e plook an gin it's nae aneth e skin an his thraawn, syne e priest maun haud e body steekit apairt for syven days. [27]On e syventh day e priest maun tak a gweed leuk at e body, an gin it's spreedin ower e skin, e priest maun cry them nae cleant; it's a fylin scaw. [28]Gin, hooivver, e plook is aye e same as afore an hisna spreed ower e skin bit his thraawn, it's a swallin fae e burn, an e priest maun cry them cleant; it's bit a scab fae e burn.

[29]"Gin a man or wumman hae a sair on their heid or chin, [30]e priest maun gie e sair a gweed leuk ower, an gin it appears tae be aneth e skin an e hair onno't's yalla an peelie-waallie, e priest maun cry them nae cleant; it's a fylin scaw onno e heid or chin. [31]Bit fan e priest taks a gweed leuk at e sair, it disna leuk tae be aneth e skin an there's nae black hair onno't, syne e priest maun haud them steekit apairt for syven days. [32]On e syventh day e priest maun tak a gweed leuk at e sair, an gin it hisna spreed an there's nae yalla hair onno't an it disna leuk tae be aneth e skin, [33]syne e man or wumman maun shave themsels, forbyes e sair bit, an e priest maun haud them steekit apairt for anither syven days. [34]On e syventh day e priest maun tak a gweed leuk at e sair, an gin it hisna spreed ower e skin an leuks as gin it's nae aneth e skin, e priest maun cry them cleant. They maun waash their claes, an they'll be cleant. [35]Bit gin e sair spreeds ower e skin efter they're cried cleant, [36]e priest maun gie them a gweed leuk ower, an gin he fins att e sair his spreed ower e skin, he disna need tae leuk for yalla hair; they're nae cleant. [37]Gin, hooivver, e sair is aye e same as it wis afore, as far as e priest can see, an gin black hair his growen onno't, e body is healt. They are cleant, an e priest maun cry them cleant.

[38]"Fan a man or wumman his fite plooks onno e skin, [39]e priest maun gie them a gweed leuk ower, an gin e plooks are a din-fite, it's a hermless rash att's breuken oot onno e skin; they are cleant. [40]A chiel fa his tint his hair an is beld is cleant. [41]Gin he's tint his hair fae e front o his heid an his a beld broo, he is cleant. [42]Bit gin he his a reedy-fite sair onno his beld heid or broo, it's a fylin scaw braakin oot onno his

heid or broo. [43]E priest maun gie him a gweed leuk ower, an gin e swallt sair onno his heid or broo is reedy-fite, lik a fylin scaw, [44]e chiel is diseased an is nae cleant. E priest maun cry him nae cleant cause o e sair on his heid. [45]A body wi sic a fylin scaw maun weer rippit claes, lat their hair be huddery, hap e fit o their face an roar oot o them, 'Nae cleant! Nae cleant!' [46]As lang as they hiv e disease they'll be nae cleant. They maun bide their leen; they maun bide ootside e camp.

[47]"Noo ony claith att's connacht wi a fylin moold, ony worsit or leenen claes, [48]ony wyven or knitted claith o leenen or worsit, ony ledder or onythin vrocht o ledder, [49]gin e mooldit bit o e claith, e ledder, e wyven or knitted claith, or ony ledder objeck is greenishie or reedishie, it's a fylin moold an maun be shewn tae e priest. [50]E priest maun tak a gweed leuk at e mooldy bit an set the objeck apairt for syven days. [51]On e syventh day he maun tak a gweed leuk at it, an gin e moold his spreed ower e claith, e wyven or knitted claith or e ledder, fitivver it is for, it's a weel set in fylin moold an the objeck is nae cleant. [52]He maun burn e claith, e wyven or knitted claith o worsit or leenen, or ony ledder objeck att's been connacht, cause e fylin moold is weel-set-in, the objeck maun be brunt. [53]Bit fan e priest taks a gweed leuk at it, e moold hisna connacht e claith, e wyven or knitted claith, or e ledder objeck, [54]he maun gie orders att e spylt objeck be waashen. Syne he maun set it apairt for syven days. [55]Efter the objeck his been waashen, e priest maun tak a leuk at it again, an gin e moold jist leuks e same as it wis afore, aiven tho it hisna spreed, it's nae cleant. Burn it, it disna mak fitna side o e claith's been connacht. [56]Fan e priest taks a gweed leuk at it, gin e moold his thraawn efter the objeck's been waashen, he maun rip e spylt bit oot o e claith, e ledder or e wyven or knitted claith. [57]Bit gin e moold comes back inno e claith, inno e wyven or knitted claith, or inno e ledder objeck, it's a spreedin moold; onythin att his sic moold maun be brunt. [58]Ony claith, wyven or knitted claith, or ony ledder objeck att's been waashen an is redd o e moold, maun be washen again. Syne it will be cleant." [59]Att's e rowles aboot fylin moolds in worsit or leenen claes, wyven or knitted claith, or ony ledder objeck, for cryin them cleant or nae cleant.

CHAPTIR 14

E Lord said tae Moses, [2]"Iss is e rowles for onybody wi a scaw att e time they are cleant, fan they're brocht tae e priest: [3]E priest maun gyang oot o e camp an gie them a gweed leuk ower. Gin they've been healt o their fylin scaw, [4]e priest maun gar twa livin clean birds, a suppie cedar timmer, reed oo an hyssop be fessen for e body tae be cleant. [5]Syne e priest maun gar een o e birds be killed ower fresh watter inno a cley pottie. [6]Syne he maun tak e live bird an dip it alang wi e cedar timmer an e reed oo an hyssop inno e bleed o e bird att wis killed ower e fresh watter. [7]He maun spirkle e body att's tae be cleant o e fylin scaw syvenfaul, an syne he'll cry them cleant. Att deen, he maun lowse e live bird oot tae e parks. [8]E body bein cleant maun waash their claes, shave aff aa their hair, an bath wi watter. Syne they'll be cleant. Efter att, they can come inno e camp, bit they maun bide ootside their tent for syven days. [9]On e syventh day they maun shave aff aa their hair, shavin their heid, their baird, their eebroos an aa e lave o their hair. They maun waash their claes, an bath themsels wi watter; syne they'll be cleant. [10]On the auchth day they maun fess twa wedder lambs an ae yearlin yowe lamb, ilka een wi nae fauts, alang wi elyven pun o e best meal mixt wi olive ile for a meal offerin, an half a pint o ile. [11]E priest fa cries them cleant maun pit forrit baith e body tae be cleant an their offerins afore e Lord at the ingyang tae e gaitherin-tent.

[12]"Syne e priest maun tak een o e wedders an offer it as an offerin for wrang-deein, alang wi the halfie o ile; he'll wag them afore e Lord as a wag offerin. [13]He maun slauchter e wedder inno e haily place far the offerin for ill-deeins an e brunt offerin are slauchtert. Lik the offerin for ill-deeins, the offerin for wrang-

deein belangs tae e priest; it's maist haily. [14]E priest maun tak a suppie o e bleed o the offerin for wrang-deein an sclairy it onno e lab o e richt lug o e body tae be cleant, on e thoomb o their richt han an on e big tae o their richt fit. [15]E priest syne man tak a suppie o the halfie o ile, teem it inno e liv o his ain left han, [16]dip his richt forefinnger intae the ile inno his liv, an wi his finnger sprikle a suppie o't afore e Lord syven times. [17]E priest maun sclairy a suppie o e lave o the ile in his liv onno e lab o e richt lug o e body bein cleant, onno e thoomb o their richt han an onno e big tae o their richt fit, ower e heid o e bleed o the offerin for wrang-deein.[18]E priest maun pit e lave o the ile in his liv onno e heid o e body bein cleant an mak it richt for them wi God afore e Lord. [19]Syne e priest maun sacrifeece the offerin for ill-deeins an mak it richt wi God for e body bein cleant fae their nae bein cleant. Att deen, e priest maun slauchter e brunt offerin [20]an offer it onno the aaltar, alang wi e meal offerin, an mak it richt wi God for them, an they'll be cleant.

[21]"Gin, hooivver, they're peer an canna affoord aa that, they maun tak ae wedder lamb as an offerin for wrang-deein tae be waggit, tae mak it richt wi God for them, alang wi three an a half pun o e best meal mixt wi olive ile for a meal offerin, an a half pint o ile, [22]an twa doos or squaabs, jist as they can affoord, een for an offerin for ill-deeins an e tither for a brunt offerin. [23]On the auchth day they maun fess them for their cleanin tae e priest at the ingyang tae e gaitherin-tent, afore e Lord. [24]E priest maun tak e wedder for the offerin for wrang-deein, alang wi e halfie o ile, an wag them afore e Lord as a wag offerin. [25]He maun slauchter e wedder for the offerin for wrang-deein an tak a suppie o't's bleed an pit it onno e lab o e richt lug o e body tae be cleant, onno e thoomb o their richt han an onno e big tae o their richt fit. [26]E priest maun teem a suppie o the ile intae e liv o his ain left han, [27]an wi his richt forefinnger sprikle a suppie o the ile fae his liv syven times afore e Lord. [28]He maun pit a suppie o the ile in his liv onno e same places as he pat e bleed o the offerin for wrang-deein: onno e lab o e richt lug o e body tae be cleant, onno e thoomb o their richt han an onno e big tae o their richt fit. [29]E priest maun pit e lave o the ile inno his liv onno e heid o e body bein cleant, tae mak it richt wi God for them afore e Lord. [30]Syne he maun sacrifeece e doos or squaabs, fitivver e body can affoord, [31]een as an offerin for ill-deeins an e tither as a brunt offerin, alang wi e meal offerin. Att wye e priest will mak it richt wi God for e body tae be cleant afore e Lord." [32]Att's e rowles for onybody fa his a fylin scaw an fa canna affoord e set offerins for their bein cleant.

[33]E Lord said tae Moses an Aaron, [34]"Fan ye gyang tae e cuntra o Canaan, att A'm giein ye as yer ain, an A pit a spreedin moold inno a hoose in att cuntra, [35]e body fa ains e hoose maun gyang an tell e priest, 'A've seen fit leuks lik fylin moolds inno ma hoose.' [36]E priest maun gar e hoose be teemed afore he gyangs tae tak a leuk at e moold, sae att naethin inno e hoose will be cried nae cleant. Efter att, e priest maun gyang an tak a leuk at e hoose. [37]He maun tak a leuk at e moold onno e waas, an gin it his greenishie or reedishie bosses att leuk tae be powkit inno e waa, [38]e priest maun gyang oot o e door o e hoose an shut it up for syven days. [39]On e syventh day e priest maun gyang back an tak a leuk at e hoose. Gin e moold his spreed ower e waas, [40]he maun gar e fylt steens be rippit oot an flang inno a place att's nae cleant ootside e toon. [41]He maun hae aa the inby waas o e hoose scrapit an e scrapins dumpit in a place att's nae cleant ootside e toon. [42]Syne they maun tak ither steens tae sort the eens teen awa an tak new cley tae plaister e hoose.

[43]"Gin e fylin moold comes back tae e hoose efter e steens hiv been rippit oot an e hoose scrapit an plaistert, [44]e priest maun gyang an tak a leuk at it an, gin e moold his spreed i the hoose, it's a weel-set-in fylin moold. E hoose is nae cleant. [45]It maun be hauled doon, its steens an timmers an aa e plaister teen oot o e toon tae a place att's nae cleant. [46]Onybody gyan inno e hoose fan it's shut up winna be cleant till

nichtfa. [47]Onybody fa sleeps or etts i the hoose maun waash their claes. [48]Bit gin e priest comes tae tak a leuk at it an e moold hisna spreed efter e hoose his been plaistert, he maun cry e hoose cleant, cause e fylin moold's awa. [49]Tae purifee e hoose he maun tak twa birds an a puckle cedar timmer, reed oo an hyssop. [50]He maun kill een o e birds ower fresh watter inno a cley pottie. [51]Syne he maun tak e cedar timmer, the hyssop, e reed oo an e live bird, dip them intae e bleed o e deid bird an e fresh watter, an spirkle e hoose syven times. [52]He maun purifee e hoose wi e bird's bleed, e fresh watter, e live bird, e cedar timmer the hyssop an e reed oo. [53]Syne he maun lowse e live bird i the parks ootside e toon. Att wye, he'll mak it richt wi God for e hoose, an it will be cleant." [54]Att's e rowles for ony fylin scaw, for a sair, [55]for fylin moolds in claith or in a hoose, [56]an for a swallin, a rash or a plook, [57]tae wark oot fan somethin is cleant or nae cleant. Att's e rowles for fylin scaws an fylin moolds.

CHAPTIR 15

E Lord said tae Moses an Aaron, [2]"Spik tae the Israelites an tell them: 'Fan ony chiel his a rinnin dischairge, sic a dischairge is nae cleant. [3]Gin it rins on oot o him or is stappit, it will mak him nae cleant. Iss is foo e dischairge fesses aboot him bein nae cleant:

[4]"'Ony bed e chiel wi a dischairge lies onno will be nae cleant, an onythin he sits onno will be nae cleant. [5]Onybody fa touches his bed maun waash their claes an bath wi watter, an they winna be cleant till nichtfa. [6]Onybody fa sits onno onythin att e chiel wi e dischairge sat onno maun waash their claes an bath wi watter, an they winna be cleant till nichtfa. [7]Onybody fa touches e chiel fa his a dischairge maun waash their claes an bath wi watter, an they winna be cleant till nichtfa. [8]Gin e chiel wi e dischairge spits on onybody fa is cleant, they maun waash their claes an bath wi watter, an they winna be cleant till nichtfa. [9]Ony saiddle e chiel sits onno will be nae cleant, [10]an faaivver touches ony o e things att were aneth him will be nae cleant till nichtfa; faaivver picks up sic things maun waash their claes an bath wi watter, an they winna be cleant till nichtfa. [11]Onybody e chiel wi a dischairge touches athoot waashin his hans wi watter maun waash their claes an bath wi watter, an they winna be cleant till nichtfa. [12]Gin e chiel touch a cley pottie, it maun be breuken, an onythin he touches made o timmer maun be sweelt oot wi watter.

[13]"'Fan a chiel is cleant fae his dischairge, he maun coont aff syven days for him tae be cleant; he maun waash his claes an bath himsel wi clean watter, an he'll be cleant. [14]On the auchth day he maun tak twa doos or twa squaabs an come afore e Lord at the ingyang tae e gaitherin-tent an gie them tae e priest. [15]E priest maun sacrifeece them, een for an offerin for ill-deeins an e tither for a brunt offerin. Att wye he'll mak it richt for e chiel wi God afore e Lord, cause o his dischairge. [16]Fan a chiel his an ootpit o spunk, he maun bath his hale body wi watter, an he winna be cleant till nichtfa. [17]Ony claes or ledder att his spunk faas onno maun be waasht wi watter, an winna be cleant till nichtfa. [18]Fan a chiel lies wi a wumman an there's an ootpit o spunk, baith o them maun bath wi watter, an they winna be cleant till nichtfa.

[19]"'Fan a wumman his her reglar rin o bleed, e foolness o her monthly will lest syven days, an onybody fa touches her winna be cleant till nichtfa. [20]Onythin she lies onno fan she's haein her monthly winna be cleant, an onythin she sits onno winna be cleant. [21]Onybody fa touches her bed winna be cleant; they maun waash their claes an bath wi watter, an they winna be cleant till nichtfa. [22]Onybody fa touches onythin she sits onno winna be cleant; they maun waash their claes an bath wi watter, an they winna be cleant till nichtfa. [23]Be it e bed or onythin she wis sittin onno, fan onybody touches it, they winna be

cleant till nichtfa. ²⁴Gin a chiel lies wi her an her monthly rin touches him, he winna be cleant for syven days; ony bed he lies onno winna be cleant.

²⁵"'Fan a wumman his a dischairge o bleed for mony days at a time ither nor her monthly or his a dischairge att gyangs on ayont her monthly, she winna be cleant as lang as she his e dischairge, jist as i the days o her monthly. ²⁶Ony bed she lies onno file her dischairge cairries on winna be cleant, jist lik her bed fan she's haein her monthly, an onythin she sits onno winna be cleant, jist lik fan she's haein her monthly. ²⁷Onybody fa touches them winna be cleant; they maun waash their claes an bath wi watter, an they winna be cleant till nichtfa. ²⁸Fan she's clear o her dischairge, she maun coont aff syven days, an efter att she'll be cleant. ²⁹On the auchth day she maun tak twa doos or twa squaabs an fess them tae e priest at the ingyang tae e gaitherin-tent. ³⁰E priest maun sacrifeece een for an offerin for ill-deeins an e tither for a brunt offerin. Att wye, he'll mak it richt wi God for her afore e Lord for her nae bein cleant cause o her dischairge. ³¹Ye maun haud e Israelites awa fae things att mak them nae cleant, sae they winna dee cause they're nae cleant for fylin ma hoose i the midse o them.'" ³²Att's e rowles for a chiel wi a dischairge, for onybody made nae cleant throwe an ootpit o spunk, ³³for a wumman in her monthly, for a chiel or a wumman wi a dischairge, an for a chiel fa lies wi a wumman fa is nae cleant.

CHAPTIR 16

E Lord spak tae Moses efter Aaron's twa loons deit fan they gaed forrit tae meet in wi e Lord. ²E Lord said tae Moses: "Tell yer brither Aaron att he maunna come fanivver he likes intae e Benmaist Haily Place ayont e drape afore e lid o God's kistie, or else he'll dee. For A'll appear i the clood ower e lid.

³"Iss is foo Aaron maun gyang intae e Benmaist Haily Place: He maun first o aa fess a bull for an offerin for ill-deeins an a tup for a brunt offerin. ⁴He maun pit on e haily leenen goon, wi leenen draawers neist his body; he maun tie e leenen sash roon aboot him an pit on e leenen bonnet. They're haily claes; sae he maun bath himsel wi watter afore he pits them on. ⁵He maun tak twa billy goats fae e fowk o Israel for an offerin for ill-deeins an a tup for a brunt offerin. ⁶Aaron maun offer e bull for his ain offerin for ill-deeins tae mak it richt wi God for himsel an his hoosehaud. ⁷Syne he maun tak e twa goats an gie them ower afore e Lord at the ingyang tae e gaitherin-tent. ⁸He maun cass lots for e twa goats, ae lot for e Lord an e tither for Azazel. ⁹Aaron maun fess e goat fas lot faas tae e Lord an sacrifeece it for an offerin for ill-deeins. ¹⁰Bit e goat pickit bi lot for Azazel maun be gien ower live afore e Lord tae mak it richt wi God for himsel, sennin it oot tae e roch cuntra tae tak awa e fowk's ill-deeins.

¹¹"Aaron maun fess e bull for his ain offerin for ill-deeins tae mak it richt wi God for himsel an his hoosehaud, an he maun slauchter e bull for his ain offerin for ill-deeins. ¹²He maun tak a fire-pan full o burnin cwyles fae the aaltar afore e Lord an twa gowpenfus o fine smellin scint an tak them ahin e drape. ¹³He maun pit e scint onno e fire afore e Lord, an e scintit reek will hap e lid abeen e tablets o e covenant laa, sae att he winna dee. ¹⁴He maun tak a suppie o e bull's bleed wi his finnger an spirkle it onno e front o e lid, syne he maun spirkle a suppie o it wi his finnger syven times afore e lid.

¹⁵"Syne he maun slauchter e goat for the offerin for the ill-deeins o e fowk, an tak its bleed ahin e drape an dee e same wi it as he did wi e bull's bleed. He maun spirkle it onno e lid an afore it. ¹⁶Att wye, he'll mak it richt wi God for e Benmaist Haily Place cause o e contermashious wyes o the Israelites att made

them nae cleant, fitivver their ill-deeins hid been. He maun dee e same for e gaitherin-tent, att sits amo them i the midse o their nae bein cleant. [17]Neen maun be inno e gaitherin-tent fae e time Aaron gyangs in tae mak it richt wi God i the Benmaist Haily Place till he comes oot, haein made it richt wi God for himsel, his hoosehaud an e hale o e fowk o Israel. [18]Syne he maun come oot tae the aaltar att's afore e Lord an mak it richt wi God for it. He maun tak a suppie o e bull's bleed an a suppie o e goat's bleed an sclairy it onno aa e horns o the aaltar. [19]He maun spirkle a suppie o e bleed onno't wi his finnger syven times tae clean it an tae consecrait it fae the Israelites bein nae cleant.

[20]"Fan Aaron is throwe makkin it richt wi God for e Hailiest Place, e gaitherin-tent an the aaltar, he maun fess forrit e live goat. [21]He maun lay baith hans onno e heid o e live goat an confess ower it aa e coorseness an contermashious wyes o the Israelites, aa their ill-deeins, an pat them onno e goat's heid. He maun send e goat awa intae e roch cuntra wi a chiel att's up tae e job o leukin efter it. [22]E goat will cairry aa their ill-deeins onno itsel tae a hine awa place; an e chiel maun lowse it i the roch cuntra. [23]Syne Aaron maun gyang intae e gaitherin-tent an tak aff e leenen claes he pat on afore he gaed inno e Benmaist Haily Place, an he maun leave them there. [24]He maun bath himsel wi watter inno a haily place an pit on his ilka day claes. Syne he maun come oot an sacrifeece e brunt offerin for himsel an e brunt offerin for e fowk, tae mak it richt wi God for himsel an for e fowk. [25]An he maun burn e creesh o the offerin for ill-deeins onno the aaltar. [26]E chiel fa lowses e goat tae Azazel maun waash his claes an bath himsel wi watter; efter att he can come inno e camp. [27]E bull an e goat for the offerins for ill-deeins, fas bleed wis brocht intae e Benmaist Haily Place tae mak it richt wi God, maun be teen ayont e camp; their hides, flesh an intimmers maun be brunt. [28]E chiel fa burns them maun waash his claes an bath himsel wi watter; efter att he can come inno e camp.

[29]"Iss maun be an ivverlestin laa for ye: On e tenth day o e syventh month ye maunna ett naethin an nae dee nae wark, gin ye're fae e cuntra or gin ye're a forriner bidin amo ye, [30]cause on iss day it will be made richt wi God for ye, sae ye'll be cleant. Syne, afore e Lord, ye'll be redd o aa yer ill-deeins. [31]It's a day o Sabbath rist, an ye maunna ett naethin; iss is an ivverlestin laa. [32]E priest fa is annintit an ordaint tae come efter his fadder as heich priest maun mak it richt wi God. He maun pit on e haily leenen claes [33]an mak it richt wi God for e Benmaist Haily Place, for e gaitherin-tent an the aaltar, an for e priests an aa e fowk o e gaitherin. [34]Iss maun be an ivverlestin laa for ye: it maun be made richt wi God eence ilka ear for the ill-deeins o e fowk o Israel." An it wis deen, as e Lord hid garrt Moses dee.

CHAPTIR 17

E Lord said tae Moses, [2]"Spik tae Aaron an his loons an tae aa e fowk o Israel an tell them, 'Iss is fit e Lord his bidden: [3]Ony Israelite fa sacrifeeces a beast, a lamb or a goat i the camp or ootside, [4]raither nor fessin it tae the ingyang o e gaitherin-tent tae gie it ower as an offerin tae e Lord afore e tabernacle o e Lord, att body maun be leukit on as bein guilty o spullin bleed. They hiv spult bleed an maun be cuttit aff fae their ain fowk. [5]Iss is sae the Israelites will fess tae e Lord e sacrifeeces they're makkin oot i the parks ivnoo. They maun fess them tae e priest, att's tae say, tae e Lord, at the ingyang tae e gaitherin-tent an sacrifeece them as peace offerins. [6]E priest maun spleiter e bleed anent the aaltar o e Lord at the ingyang tae e gaitherin-tent an burn e creesh as a yoam att e Lord's weel teen wi. [7]They maunna offer neen o their sacrifeeces nae mair tae e goat-deils att they've been hoorin aboot wi. Iss maun be an ivverlestin laa for them an for e ginnerations tae come.'

[8]"Tell them: 'Ony Israelite or ony forriner bidin amo them fa offers a brunt offerin or sacrifeece [9]an disna fess it tae the ingyang tae e gaitherin-tent tae sacrifeece it tae e Lord, maun be cuttit aff fae e fowk o Israel.

[10]"'A'll turn ma back on ony Israelite or ony forriner bidin amo them fa etts bleed, an A'll cut them aff fae e fowk. [11]For a craiter's life is i the bleed, an A've gien it tae ye tae mak it richt wi God for yersels onno the aaltar; it's e bleed att maks it richt wi God for a body's life. [12]Sae A say tae the Israelites, "Neen o ye maun ett bleed, nor maun ony forriner bidin amo ye ett bleed."

[13]"'Ony Israelite or ony forriner bidin amo ye fa hunts ony beast or bird att can be etten, maun sye oot e bleed an hap it wi yird, [14]cause e life o ilka craiter is its bleed. Att's e wye A've telt the Israelites, "Ye maunna ett e bleed o nae craiter, cause e life o ilka craiter is its bleed; onybody fa etts it maun be cuttit aff." [15]Onybody, be they o iss cuntra or forriner, fa etts onythin faun deid or rippit tae bits bi wild beasts, maun waash their claes an bath wi watter, an they winna be cleant till nichtfa; syne they'll be cleant. [16]Bit gin they dinna waash their claes nor bath themsels, they maun dree their weird.'"

CHAPTIR 18

E Lord said tae Moses, [2]"Spik tae the Israelites an tell them: 'A'm e Lord yer God. [3]Ye maunna dee fit they dee in Egypt, far ye eesed tae bide, an ye maunna dee fit they dee i the cuntra o Canaan, far A'm fessin ye. Dinna chase efter their wyes o deein. [4]Ye maun keep ma laas an waatch aye tae folla ma biddin. A'm e Lord yer God. [5]Keep ma biddin an ma laas, for e body fa keeps tae them will live bi them. A'm e Lord.

[6]"'Naebody maun lie wi ony o their ain fowk. A'm e Lord. [7]Dinna shame yer fadder bi lyin wi yer mither. She's yer mither; dinna lie wi her. [8]Dinna lie wi yer fadder's wife; att wid shame yer fadder. [9]Dinna lie wi yer sister, aither yer fadder's dother nor yer mither's dother, whither she wis born i the same hoose as ye or nae. [10]Dinna lie wi yer sin's dother nor yer dother's dother; att wid shame ye. [11]Dinna lie wi e dother o yer fadder's wife, born tae yer fadder: she's yer sister. [12]Dinna lie wi yer fadder's sister: she's yer fadder's kin. [13]Dinna lie wi yer mither's sister, cause she's yer mither's kin. [14]Dinna shame yer fadder's brither bi gyan ower tae his wife tae lie wi her: she's yer auntie. [15]Dinna lie wi yer dother-in-laa. She's yer sin's wife; dinna lie wi her. [16]Dinna lie wi yer brither's wife; att wid shame yer brither. [17]Dinna lie wi baith a wumman an her dother. Dinna lie wi aither her sin's dother nor her dother's dother; they're her ain fowk. Att's coorseness. [18]Dinna vex yer wife fan she's alive bi takkin her sister as a saicond wife. [19]Dinna gyang tae a wumman tae lie wi her fan she's haein her monthly an nae cleant. [20]Dinna lie wi yer neeper's wife an fyle yersel wi her. [21]Dinna gie ony o yer bairns tae be sacrifeeced tae Molech, for ye maunna spik ill o e name o yer God. A'm e Lord. [22]Dinna lie wi a man as ye wid wi a wumman; att's fool. [23]Dinna lie wi a beast an fyle yersel wi't. A wumman maunna gie hersel ower tae a beast tae lie wi it; att's ill-gaitit.

[24]"'Dinna fyle yersels in ony sic wyes, cause iss e foo e cuntras att A'm gyan tae caa oot afore ye were fylt. [25]E verra grun is fylt an A garrt it dree its weird for its ill-deeins, an e grun spewed up them fa bade there. [26]Bit ye maun keep ma biddin an ma laas. E fowk o iss cuntra an e forriners bidin amo ye maunna dee ony o iss fool things, [27]for aa sic things were deen bi e fowk fa bade in iss cuntra afore ye, an e grun turnt fylt. [28]An gin ye fyle e grun, it will spew ye oot as it spewd oot e fowks att were there afore ye. [29]Aabody fa dis ony o sic fool things, aye e fowk fa dis sic things maun be cuttit aff fae their ain fowk.

[30]Keep fit A'm biddin ye dee an dinna folla ony o e fool proticks att were cairriet oot afore ye cam, an dinna fyle yersels wi them. A'm e Lord yer God.'"

CHAPTIR 19

E Lord said tae Moses, [2]"Spik tae the hale gaitherin o Israel an tell them: 'Be haily cause I, e Lord yer God, am haily.

[3]"'Ilka een o ye maun respeck yer mither an fadder, an ye maun keep ma Sabbaths. A'm e Lord yer God.

[4]"'Dinna turn tae eedols or mak metal gods for yersels. A'm e Lord yer God.

[5]"'Fan ye sacrifeece a peace offerin tae e Lord, sacrifeece it in sic a wye as it will be accepit fae ye. [6]It maun be etten on e day ye sacrifeece it or on e neist day; onythin left ower till e third day maun be brunt. [7]Gin ony o't's etten on e third day, it's scunnersome an winna be accepit. [8]Faaivver etts it will dree their weird cause they hiv fylt fit's haily tae e Lord; they maun be cuttit aff fae their ain fowk.

[9]"'Fan ye hairst e crap fae yer grun, dinna cut tae e verra mairches o yer park or gaither e gleanins o yer hairstin. [10]Dinna gyang ower yer vinyaird a saicond time or gaither e winfaa grapes. Leave them for e peer an e fremt. A'm e Lord yer God.

[11]"'Dinna steal. Dinna tell lees. Dinna swick een anither.

[12]"'Dinna sweer lees bi my name an sae fyle e name o yer God. A'm e Lord.

[13]"'Dinna chet or rob yer neeper. Dinna haud back e waages o a fee'd man owernicht.

[14]"'Dinna sweer at e deef nor pit a stummlin block afore e blin, bit fear yer God. A'm e Lord.

[15]"'Dinna thraw jeestice; dinna haud in wi e peer nor sook up tae e gintry, bit jeedge yer neeper richt-lik.

[16]"'Dinna gyang aboot spikkin ill o ithers amo yer fowk. Dinna dee naethin oonchancie tae yer neeper. A'm e Lord.

[17]"'Dinna hae an ill-will in yer hert at a brither. Gie yer neeper a tellin aff sae ye winna dree his weird.

[18]"'Dinna try tae get yer ain back nor cairry a grudge agin ony amo yer ain fowk, bit loo yer neeper as yersel. A'm e Lord.

[19]"'Keep ma laas. Dinna cleck different kynes o beasts wi een anither. Dinna shaav yer park wi twa kynes o seed. Dinna weer claes made o twa kynes o claith.

[20]"'Gin a chiel lies wi a wumman slave fa's trystit tae anither man, bit fa hisna been peyed aff nor lowsed, she maun get her sairin. Still-an-on they're nae tae be pat tae daith, cause she's nae yet lowsed. [21]E chiel, hooivver, maun fess a tup tae the ingyang tae e gaitherin-tent for an offerin for wrang-deeins tae e

Lord. ²²Wi e tup o the offerin for wrang-deeins, e priest maun mak it richt wi God for him afore e Lord for his ill-deeins, an his ill-deein will be forgien.

²³"Fan ye gyang intae e cuntra an plant ony kyn o fruit tree, ye maunna ett ony o its fruit for three ear. Ye maunna ett it. ²⁴I the fowerth ear aa its fruit will be haily, an offerin o praise tae e Lord. ²⁵Bit i the fifth ear ye mith ett its fruit. Att wye ye'll hae a bigger hairst. A'm e Lord yer God.

²⁶"Dinna ett ony beef wi e bleed aye yet inno't. Dinna tak up wi divination or sic ferlies. ²⁷Dinna cut e hair at yer haffets nor sned aff e sides o yer baird. 28Dinna mak cuts on yer bodies for e deid nor pit tattoo marks onno yersels. A'm e Lord.

²⁹"Dinna tak doon yer dother bi turnin her intill a hoor, for fear e cuntra will turn tae hoorin an be fullt wi coorseness.

³⁰"Keep ma Sabbaths an respeck ma haily place. A'm e Lord.

³¹"Dinna gyang tae spaewives nor sic oot wizards, cause ye'll be fylt bi them. A'm e Lord yer God. ³²"Stan up for the eildit, shew respeck for yer elders an revere yer God. A'm e Lord. ³³"Fan a forriner bides amo ye in yer cuntra, dinna ill-use them. ³⁴E forriner bidin amo ye maun be traitit as een o yer ain. Loo them as yersel, for you were forriners in Egypt. A'm e Lord yer God.

³⁵"Dinna swick fan mizzourin linth, wecht or bulk. ³⁶Use an honest tron an honest wechts, an honest bushel an an honest gallin. A'm e Lord yer God, fa brocht ye oot o Egypt. ³⁷Keep aa ma biddin an aa ma laas an folla them. A'm e Lord.'"

CHAPTIR 20

E Lord said tae Moses, ²"Tell the Israelites: 'Ony Israelite or ony forriner bidin in Israel fa sacrifeeces ony o his bairns tae Molech maun be pat tae daith. E fowk o Israel maun steen him. ³Masel, A'll turn awa fae him an will cut him aff fae his fowk, for bi sacrifeecin his bairns tae Molech, he his fylt ma haily place an deen ill tae ma haily name. ⁴Gin e fowk o Israel shut their een fan sic a chiel sacrifeeces een o his bairns tae Molech an gin they haud fae deein awa wi him, ⁵A'll turn awa fae him an his faimly an will cut them aff fae their ain fowk alang wi aa fa mak hoors o themsels tae Molech.

⁶"A'll turn awa fae onybody fa gyangs tae spaewives an wizards tae mak hoors o themsels bi chasin efter them, an A'll cut them aff fae their ain fowk.

⁷"Consecrait yersels an be haily, cause A'm e Lord yer God. ⁸Keep ma laas an folla them. A'm e Lord, fa maks ye haily.

⁹"Onybody fa sweers at their fadder or mither maun be pat tae daith. Bicause they've sworn at their fadder or mither, their bleed will be onno their ain heid.

¹⁰"Gin a chiel lies wi anither man's wife, say e wife o his neeper, baith e pair o them fa hiv lain egither maun be pat tae daith. ¹¹Gin a chiel lies wi his fadder's wife, he his shamed his fadder. E pair o them

maun be pat tae daith; their bleed will be onno their ain heids. [12]Gin a chiel lies wi his dother-in-laa, e pair o them maun be pat tae daith. Fit they hiv deen is fool. Their bleed will be onno their ain heids. [13]Gin a chiel lies wi anither chiel as ye wid wi a wumman, e pair o them hiv deen fit's scunnersome. They maun be pat tae daith; their bleed will be onno their ain heids. [14]Gin a chiel mairries baith a wumman an her mither, it's coorse. Baith e chiel an e wumman maun be brunt i fire, sae att there will be nae coorseness amo ye. [15]Gin a chiel lies wi a beast, he maun be pat tae daith, an ye maun kill e beast. [16]Gin a wumman gies hersel tae a beast, kill baith e wumman an e beast. They maun be pat tae daith; their bleed will be onno their ain heids. [17]Gin a chiel mairries his sister, e dother o aither his fadder or his mither, an they lie egither, it's scunnersome. They maun redd oot amo their fowk for aa tae see. He his shamed his sister an will be held at faut. [18]Gin a chiel lies wi a wumman haein her monthly, he his unhappit far her rins are commin fae, an she his unhappit it anaa. Baith o them maun be cut aff fae their ain fowk. [19]Dinna lie wi e sister o aither yer mither or yer fadder, for att wid pit shame on een o yer ain fowk; baith o ye wid be held at faut. [20]Gin a chiel lies wi his auntie, he his shamed his uncle. They'll be held at faut; they'll dee athoot haein nae bairns. [21]Gin a chiel mairries his brither's wife, it's a fool thing; he his shamed his brither. They winna hae nae bairns.

[22]"'Keep aa ma biddin an ma laas an folla them, sae att e cuntra A'm fessin ye tae bide in mithna spew ye oot. [23]Ye maunna live e wye e fowk A redd oot afore were livin. Cause they did aa sic things, A cudna stan them. [24]Bit A said tae ye, "Ye'll ain their grun, an A'll gie it tae ye as yer heirskip, a lan reamin wi milk an hunny." A'm e Lord yer God, fa his set ye apairt fae ither cuntras. [25]Sae ye maun mak an odds o cleant beasts by's beasts att are nae cleant, an cleant birds by's birds att are nae cleant. Dinna fyle yersels bi ony beast or ony creepie-craawlie, them att A've set apairt for ye as nae cleant. [26]Ye maun be haily tae me cause A'm e Lord, an A'm haily, an A've set ye apairt fae e tither cuntras tae be ma ain.

[27]"'A man or wumman amo ye fa is a spaewife or wizard maun be pat tae daith. Ye maun steen them; their bleed will be onno their ain heids.'"

CHAPTIR 21

E Lord said tae Moses, "Spik tae e priests, e sins o Aaron, an tell them: 'A priest maunna mak himsel nae cleant for ony o his fowk fa dee, [2]haud awa fae een o his ain fowk, lik his mither or fadder, his sin or dother, his brither, [3]or a sister fa's nae mairriet an fa's depennin on him cause she disna hae a man. He can mak himsel nae cleant for her. [4]He maunna mak himsel nae cleant for his in-laas, an sae fyle himsel. [5]Priests maunna shave their heids nor shave aff e sides o their bairds nor cut their bodies. [6]They maun be haily tae their God an maunna spik ill o e name o their God. Bicause they gie ower e maet offerins tae e Lord, e maet o their God, they maun be haily. [7]They maunna mairry weemen fylt bi hoorin, or divorced fae their men, cause priests are haily tae their God. [8]Leuk on them as haily, cause they offer up e maet o yer God. Leuk on them as haily, cause A'm e Lord an A'm haily. It's me fa maks ye haily.

[9]"'Gin a priest's dother fyles hersel bi turnin tae hoorin, she shames her fadder; she maun be brunt i the fire. [10]The heich priest, the een fae amo his brithers fa's hid the annintin ile teemed onno his heid an fa's been consecraitit tae weer e haily claes, maunna lat his hair growe huddery nor teer his claes. [11]He maunna gyang onywye far there's a deid body. He maunna mak himsel nae cleant, aiven for his fadder or mither, [12]nor leave the haily place o his God nor fyle it, cause he's been set apairt bi the annintin ile o his God. A'm e Lord. [13]E wumman he mairries maunna hae lain wi anither chiel. [14]He maunna mairry a

weeda, a divorced wumman, nor a wumman fylt bi hoorin, bit only a quine fa his nivver lain wi a man fae amo his ain fowk, [15]sae att he winna fyle his bairns amo his ain fowk. A'm e Lord, fa maks him haily.'"

[16]E Lord said tae Moses, [17]"Tell Aaron: 'For e ginnerations tae come neen o them fa come efter ye fa his ony faut can come in aboot tae offer e maet o his God. [18]Nae chiel fa his ony faut mith come in aboot; nae chiel fa's blin, nor cripple, ill-faurt nor shargert; [19]nae chiel wi a cripple fit or rackit han, [20]nor fa's humphie-backit nor shilpit, or fa his onythin wrang wi his een, or fa his feesterin or rinnin sairs or blaudit steens. [21]Neen o Aaron e priest's faimly fa come efter him fa his ony faut maun come in aboot tae gie ower e maet offerins tae e Lord. He his a faut; he maunna come in aboot tae offer e maet o his God. [22]He can ett e maist haily maet o his God, an e haily maet; [23]bit cause o his faut, he maunna gyang up till e drape nor in aboot tae the aaltar, an sae fyle ma haily place. A'm e Lord, fa maks them haily.'" [24]Sae Moses telt iss tae Aaron an his loons an tae aa the Israelites.

CHAPTIR 22

E Lord said tae Moses, [2]"Tell Aaron an his loons tae hae respeck for the haily offerins the Israelites consecrait tae ma, sae they winna fyle ma haily name. A'm e Lord. [3]Tell them: 'For e ginnerations tae come, gin ony o them fa come efter ye are nae cleant an still-an-on comes near e haily offerins att the Israelites consecrait tae e Lord, att body maun be cuttit aff fae ma. A'm e Lord. [4]Gin ony o Aaron's faimly fa come efter him his a fylin scaw or a dischairge o ony kyn, he maunna ett e haily offerins till sic time as he's cleant. He'll be nae cleant gin he touches somethin fylt bi a corpse or bi onybody fa his an ootpit o spunk, [5]or gin he touches ony creepie-craawlie att maks him nae cleant, or ony body fa maks him nae cleant, fitivver wye they mith be nae cleant. [6]E body fa touches ony sic thing will be nae cleant till nichtfa. He maunna ett ony o the haily offerins aathoot bathin himsel wi watter. [7]Fan e sin gyangs doon, he'll be cleant, an syne he can ett e haily offerins, for they're his maet. [8]He maunna ett naethin faun deid or rippit bi wild beasts, an sae be made nae cleant throwe it. A'm e Lord.

[9]"'E priests maun cairry oot ma service in sic a wye as they dinna dee nae wrang an dee for fylin it. A'm e Lord, fa maks them haily. [10]Neen bit a body fae a priest's faimly maun ett e haily offerin, nor mith onybody bidin wi a priest or his fee'd men ett it. [11]Bit gin a priest buys a slave wi siller, or gin slaves are born in his hoosehaud, they mith ett his maet. [12]Gin a priest's dother mairries onybody by's a priest, she maunna ett neen o e haily offerins. [13]Bit gin a priest's dother bicomes a weeda or is divorced, an hisna nae bairns, an she comes hame tae bide in her fadder's hoose, lik she did fan she wis a quine, she mith ett her fadder's maet. Bit neen fae ootside e priest's faimly mith ett it.

[14]"'Onybody fa etts a haily offerin bi mistaak, maun pey back e priest for the offerin an add a fifth tae e vailyee o't. [15]E priests maunna fyle e haily offerins the Israelites gie ower tae e Lord [16]bi lattin them ett e haily offerins an sae fess doon onno them faut att wid need them tae pey compensation. A'm e Lord, fa maks them haily.'"

[17]E Lord said tae Moses, [18]"Spik tae Aaron an his loons an tae aa the Israelites an tell them: 'Gin ony o ye, be ye an Israelite or a forriner bidin in Israel, gie ower a hansel for a brunt offerin tae e Lord, aither tae fullfil a voo or as a freewill offerin, [19]ye maun gie ower a stot, a tup or a billy goat wi nae faut sae att it mith be acceppit fae ye. [20]Dinna fess naethin att his ony fauts, cause it winna be acceppit fae ye. [21]Fan onybody fesses cfae e hird or cflock a peace offerin tae ec Lord taec fullfil a speecial cvoo or as a freewill

offerin, it maunna hae nae faut nor scaur afore it be accepit. [22]Dinna offer tae e Lord e blin, e shargert or e mankit, nor naethin wi warts nor festerin or rinnin sairs. Dinna pit ony sic beasts onno the aaltar as a maet offerin gien ower tae e Lord. [23]Ye can, hooivver, gie ower as a freewill offerin a beast or a sheep att's camshauchelt or shargert, bit it winna be accepit tae fullfil a voo. [24]Ye maunna offer tae e Lord a beast fas steens are chackit, thrummlt, rippit or cuttit. Ye maunna dee sic things at hame, [25]an ye maunna accep sic beasts fae nae forriner an offer them as e maet o yer God. They winna be accepit fae ye, cause they are shargert an hiv fauts.'"

[26]E Lord said tae Moses, [27]"Fan a calfie, a lammie or a goat is born, it maun be keepit wi its mither for syven days. Fae the auchth day on, it will be accepit as a maet offerin gien ower tae e Lord. [28]Dinna slauchter a coo or a yowe an its young on e same day. [29]Fan ye sacrifeece a thank offerin tae e Lord, sacrifeece it in sic a wye att it will be accepit fae ye. [30]It maun be etten att same day; dinna leave neen o't till mornin. A'm e Lord. [31]Keep ma laas an folla them. A'm e Lord. [32]Dinna fyle ma haily name, for A maun be thocht o as haily bi the Israelites. A'm e Lord, fa made ye haily [33]an fa brocht ye oot o Egypt tae be yer God. A'm e Lord."

CHAPTIR 23

E Lord said tae Moses, [2]"Spik tae the Israelites an tell them: 'Iss is ma speecial fairs, e speecial fairs o e Lord, att ye maun cry as haily gaitherins. [3]There are sax days fan ye mith wark, bit e syventh day is a day o Sabbath rist, a day o haily gaitherin. Ye maunna dee nae wark; farivver ye bide, it's a Sabbath tae e Lord.

[4]"'Iss is e Lord's speecial fairs, the haily gaitherins ye maun haud at their appintit times: [5]E Lord's Passower begins at gloamin on e fowerteenth day o e first month. [6]On e fifteenth day o att month e Lord's Fair o Breid wi nae Barm begins; for syven days ye maun ett breid made wi nae barm. [7]On e first day haud a haily gaitherin an dinna dee nae reglar wark. [8]For syven days gie ower a maet offerin tae e Lord. An on e syventh day haud a haily gaitherin an dinna dee nae reglar wark.'"

[9]E Lord said tae Moses, [10]"Spik tae the Israelites an tell them: 'Fan ye win till e lan A'm gyan tae gie ye, an ye hairst it, fess a shaif o e first corn ye hairst tae e priest. [11]He maun wag e shaif afore e Lord sae it will be accepit fae ye; e priest maun wag it on e day efter e Sabbath. [12]On e day ye wag e shaif, ye maun sacrifeece as a brunt offerin tae e Lord a yearlin lamb wi nae faut, [13]alang wi its meal offerin o syven pun o e best meal mixt wi ile, a maet offerin tae be gien ower tae e Lord, a yoam he's weel teen wi, an its drink offerin o a quart o wine. [14]Ye maunna ett nae loaf, nor rossen new corn, till e verra day ye fess iss offerin tae yer God. Iss maun be an ivverlestin laa for e ginnerations tae come, farivver ye bide.

[15]"'Fae e day efter e Sabbath, e day ye brocht e shaif o e wag offerin, coont aff syven full weeks. [16]Coont aff fifty days up till e day efter e syventh Sabbath, an syne gie ower an offerin o new corn tae e Lord. [17]Fae farivver ye bide, fess twa loafs made wi syven pun o e best meal, bakit wi barm, as a wag offerin o first hairst tae e Lord. [18]Gie ower wi iss loaf syven wedder lambs, ilka een a yearlin wi nae faut, ae bullick an twa tups. They'll be a brunt offerin tae e Lord, alang wi their meal offerins an drink offerins, a maet offerin, a yoam att e Lord's weel teen wi. [19]Syne sacrifeece ae billy goat for an offerin for ill-deeins an twa lambs, ilka een a yearlin, for a peace offerin. [20]E priest maun wag e twa lambs afore e Lord as a wag offerin, alang wi e loaf made fae e first hairst. They're a haily offerin tae e Lord for e

priest. [21]On att same day ye maun cry a haily gaitherin an nae dee nae reglar wark. Iss maun be an ivverlestin laa for e ginnerations tae come, farivver ye bide.

[22]"'Fan ye hairst e crap fae yer grun, dinna cut tae e verra mairches o yer park nor gaither e gleanins o yer hairstin. Leave them for e peer an e fremt bidin amo ye. A'm e Lord yer God.'"

[23]E Lord said tae Moses, [24]"Tell the Israelites: 'On e first day o e syventh month ye maun hae a day o Sabbath rist, a haily gaitherin mindit on wi e blaa'in o tooteroos. [25]Dinna dee nae reglar wark, bit gie ower a maet offerin tae e Lord.'"

[26]E Lord said tae Moses, [27]"E tenth day o iss syventh month is e Day o Makkin Things Richt wi God. Haud a haily gaitherin an dinna ett naethin. Gie ower a maet offerin tae e Lord. [28]Dinna dee nae wark att day, cause it's e Day o Makkin Things Richt wi God, fan things are made richt wi God for ye afore e Lord yer God. [29]Them fa dinna fast att day maun be cuttit aff fae their ain fowk.[30]A'll dee awa wi ony fae amo yer fowk fa dis ony wark att day. [31]Ye maunna dee nae wark avaa. Iss maun be an ivverlestin laa for e ginnerations tae come, farivver ye bide. [32]It's a day o Sabbath rist for ye, an ye maunna ett naethin. Fae e nichtfa o e ninth day o e month till e folla'in nichtfa ye maun keep yer Sabbath."

[33]E Lord said tae Moses, [34]"Tell the Israelites: 'On e fifteenth day o e syventh month e Lord's Fair o Tabernacles starts, an it lests for syven days. [35]E first day is a haily gaitherin; dinna dee nae reglar wark. [36]For syven days gie ower maet offerins tae e Lord, an on the auchth day haud a haily gaitherin an gie ower a maet offerin tae e Lord. It's the hinmaist speecial gaitherin; dinna dee nae reglar wark.

[37]"'Att's e Lord's appintit fairs, att ye maun haud as haily gaitherins for fessin maet offerins tae e Lord: e brunt offerins an meal offerins, sacrifeeces an drink offerins notten for ilka day. [38]The offerins are on tap o them for e Lord's Sabbaths an abeen yer hansels an fitivver ye hiv vooed in aa e freewill offerins ye gie tae e Lord. [39]Sae startin wi e fifteenth day o e syventh month, efter ye've gaithert e craps fae yer grun, haud e fair tae e Lord for syven days; e first day is a day o Sabbath rist, an the auchth day is a day o Sabbath rist anaa. [40]On e first day ye maun tak branches fae growthie trees, fae palms, sauchs an ither leafy trees an rejoice afore e Lord yer God for syven days. [41]Haud iss as a fair tae e Lord for syven days ilka ear. Iss maun be an ivverlestin laa for e ginnerations tae come; haud it i the syventh month. [42]Bide in shaakie-doon bields for syven days: aa hame-born Israelites maun bide in siccan bields [43]sae them fa come efter ye mith ken att A hid the Israelites bidin in shaakie-doon bields fan A brocht them oot o Egypt. A'm e Lord yer God.'" [44]Sae Moses telt the Israelites aboot the appintit fairs o e Lord.

CHAPTIR 24

E Lord said tae Moses, [2]"Bid the Israelites fess ye pure olive ile for e cruisie sae att e lichts mith be left burnin wi nae devaal. [3]Ootside e drape att haps God's kistie inno e gaitherin-tent, Aaron maun ten e cruisies afore e Lord fae nichtfa till mornin, wi nae devaal. Iss maun be an ivverlestin laa for e ginnerations tae come. [4]E cruisies onno e pure gowd lampstan afore e Lord maun be tennit wi nae devaal.

[5]"Tak e best meal an bake twal loafs o breid, wi syven pun for ilka loaf. [6]Set them oot in twa raas, sax in ilka raa, onno e table o pure gowd afore e Lord. [7]Anent ilka raa pit a pucklie frankincense as a bit o loaf tae lat God myn on them an as a maet offerin gien ower tae e Lord.   [8]Iss loaf maun be set oot afore

e Lord reglar, ilka Sabbath, on behalf o the Israelites, as an ivverlestin covenant. [9]It belangs tae Aaron an his loons, fa maun ett it inno e haily place, cause it's a maist haily pairt o their share o e maet offerins gien ower tae e Lord for aye."

[10]Noo e sin o an Israelite mither an an Egyptian fadder gaed oot amo the Israelites, an a fecht got up inno e camp atween him an an Israelite. [11]E sin o the Israelite wumman ill-toungit e Name o e Lord wi a curse; sae they brocht him tae Moses. His mither wis caaed Shelomith, she wis dother tae Dibri fae Dan. [12]They pat him inno e jile till they culd wark oot fit God wis tae say aboot it. [13]Syne e Lord said tae Moses: [14]"Tak e chiel fa did e sweerin ootside e camp. Aa fa heard him maun lay their hans onno his heid, an e hale gaitherin maun steen him. [15]Tell the Israelites: 'Ony body fa sweers at their God will be faun at faut. [16]Onybody fa miscaas e name o e Lord maun be pat tae daith. The hale gaitherin maun steen them. Be they fremt or hame-born, gin they miscaa e Name they maun be pat tae daith.

[17]"'Onybody fa taks e life o ony ither livin body maun be pat tae daith. [18]Onybody fa kills anither body's beast maun pey ower its vailyee, life for life. [19]Onybody fa dis skaith tae their neeper maun get e same sairin; [20]breuken been for breuken been, ee for ee, teeth for teeth. Fitivver skaith he's deen, he himsel maun thole. [21]Faaivver kills a beast maun pey ower its vailyee, bit faaivver kills a livin body maun be pat tae daith. [22]Ye maun hae e same laa for e forriner as for them born at hame. A'm e Lord yer God.'"

[23]Syne Moses telt iss tae the Israelites, an they took e chiel fa hid deen e sweerin, ootside e camp an steent him. The Israelites did fit e Lord hid bid Moses gar them dee.

CHAPTIR 25

E Lord said tae Moses at Moont Sinai, [2]"Spik tae the Israelites an tell them: 'Fan ye win e linth o e lan A'm gyan tae gie ye, e grun itsel maun keep a Sabbath tae e Lord. [3]For sax ear shaav yer parks, an for sax ear prune yer vinyairds an gaither their craps. [4]Bit i the syventh ear e grun maun hae a year o Sabbath falla, a Sabbath tae e Lord. Dinna shaav yer parks nor prune yer vinyairds. [5]Dinna cut fit growes bi itsel nor hairst e grapes o oonvrocht vines. E grun maun lie falla for a year. [6]Fitivver growes i the grun throwe e Sabbath ear will be maet till ye, ay for yersel, yer fee'd men an deems, yer warkmen an them bidin amo ye atween times, [7]an yer beasts an aa e wild beasts i the cuntra anaa. Fitivver growes on e grun ye can ett.

[8]"'Coont aff syven Sabbath ears, syven times syven ears, sae att e syven syven Sabbath ears come tae a time o fowerty-nine ear. [9]Syne hae e tooteroo blaawn aawye on e tenth o e syventh month; on e Day o Makkin Things Richt wi God blaa e tooteroo aa throwe yer cuntra. [10]Consecrait e fiftieth ear an cry freedom throwe e hale cuntra tae aa fa bides there. It will be a jubilee for ye; ilka een o ye maun gyang hame tae yer ain fowk an yer ain clan. [11]E fiftieth ear will be a jubilee for ye; dinna shaav an dinna cut fit growes bi itsel, nor hairst the oonvrocht vines. [12]For it's a jubilee an maun be haily for ye; jist ett fit's teen straicht fae e parks. [13]In iss Ear o Jubilee ilka een o ye maun gyang hame tae their ain place. [14]Gin ye sell grun tae ony o yer ain fowk or buy grun fae them, dinna swick een anither. [15]Yer bargain tae buy fae yer ain fowk maun be wirkit oot depennin on foo mony ear it is fae e Jubilee. An they maun sell tae ye depennin on foo mony ear are left for hairstin craps. [16]Gin there's a hantle o ears, ye maun pit up e price, bit gin there's jist a fyow ear, ye maun tak doon e price, cause fit it is ye're buyin is e nummer o craps. [17]Dinna swick een anither, bit fear yer God. A'm e Lord yer God.

[18]"'Folla ma biddin an see att ye keep ma laas, an ye'll hae peace i the cuntra. [19]Syne e grun will gie its crap, an ye'll ett yer full an bide there in peace. [20]Ye mith speir, "Fit will we ett i the syventh ear gin we dinna shaav nor hairst wir craps?" [21]A'll sen ye sic a blissin i the saxth ear att e grun will crap aneuch for three ear. [22]As ye're plantin i the auchth ear, ye'll ett fae the aul crap an will aye be ettin at it fan e hairst o e ninth ear is gaithert.

[23]"'E grun maunna be selt ootricht, cause e grun belangs tae me an ye're bidin inno't as forriners an fremt. [24]Ilka time a bit o grun is selt, there maun be a richt tae buy it back.

[25]"'Gin een o e tither Israelites amo ye losses aa their siller an sells some o his grun, his neist o kin maun come an buy back fit he's selt. [26]Hooivver, gin there's nae naebody tae buy it back for him, bit a filie efter he gaithers egither aneuch tae buy it back himsel, [27]ye maun wark oot its wirth for e years sin he selt it an pey e balance back tae e body he selt it till. Syne he can gyang back tae his ain place. [28]Bit gin he disna gaither aneuch tae buy it back, fit wis selt will bide wi e buyer till the Ear o Jubilee. It will be hannit back i the Jubilee, an syne he can gyang back tae his place. [29]Onybody fa sells a hoose inno a waa'ed toon keeps e richt tae buy it back for a hale ear efter it's selt. Throwe att time e body fa selt it can buy it back. [30]Gin it's nae bocht back afore the ein o the ear, e hoose inno e waa'ed toon will belang tae e body fa bocht it an them fa come efter him. It disna hae tae be gien back at e Jubilee. [31]Bit hooses in clachans wi nae waas maun be leukit on as bein i the open cuntra. They can be bocht back an maun be hannit back at e Jubilee. [32]Them o e clan Levi aye hiv e richt tae buy back the hooses att they aint i their clan toons. [33]Sae e property o e Levi clan can be bocht back, att's tae sae a hoose selt in a toon they haud, an maun be hannit back at e Jubilee, cause e hooses i the toons o e Levi clan are their ain amo the Israelites.[34]Bit e girsin belangin tae their toons maunna be selt, it belangs tae them for aye.

[35]"'Gin ony o the Israelites amo ye losses aa their siller an canna fen for themsels, dee gweed tae them as ye wid for a forriner or fremt, sae they can aye bide amo ye. [36]Dinna chairge them interest nor tak ony profit fae them, bit fear yer God, sae att they can keep bidin amo ye. [37]Ye maunna len them siller at interest nor mak onythin fae e maet ye sell them. [38]A'm e Lord yer God, fa brocht ye oot o Egypt tae gie ye e lan o Canaan an tae be yer God.

[39]"'Gin ony o the Israelites amo ye losses aa their siller an sells themsels tae ye, dinna gar them wark as slaves. [40]They maun be teen on as a fee'd man or traited lik a forriner bidin amo ye for a wee filie. They maun wark for ye till the Ear o Jubilee. [41]Syne they an their bairns maun be lowsed, an they'll gyang back tae their ain clans an e gear o their forebeers. [42]Cause the Israelites are ma servants, fa A brocht oot o Egypt, they maunna be selt for slaves. [43]Dinna be sair on them, bit fear yer God. [44]Yer man an wumman slaves maun come fae e cuntras roon aboot ye, att's far ye maun buy yer slaves fae. [45]Ay, an ye can buy some o them jist bidin amo ye for a filie, an fowk fae their clans born in yer cuntra, an they'll be aint bi ye. [46]Ye can heir them tae yer bairns as an heirskip an can mak them slaves for life, bit ye maunna be sair on yer fella Israelites.

[47]"'Gin a forriner bidin amo ye dis weel for himsel an ony o the Israelites amo ye losses aa their siller an sells themsels tae a forriner or een o e forriner's clan, [48]they keep e richt tae buy themsels back efter they've selt themsels. Een o their relations can buy them back: [49]an uncle or a kizzen or ony bleed relative fae their ain clan can buy them back. Or gin they dee weel, they can buy themsels back. [50]They, an e body fa bocht them, maun coont e time fae the ear they selt themsels up tae the Ear o Jubilee. E price for lowsin them maun be wirkit oot fae fit's peyed tae a fee'd man for att mony ears. [51]Gin there's aye yet a hantle o

ears, they maun pey a bigger pairt o e price they were bocht at tae buy themsels back. [52]Gin there's jist a fyow ear till the Ear o Jubilee, they maun wark att oot an pey accoordinly for their buy-back. [53]They maun be hannlt lik fee'd men. Ye maun see att them they maun sair arena ower sair on them. [54]Aiven gin a body is nae bocht back in ony sic wye, they an their bairns maun be lowsed i the Ear o Jubilee, [55]for the Israelites belang tae me as servants. They are ma servants, fa A brocht oot o Egypt. A'm e Lord yer God.

CHAPTIR 26

[1]"'Dinna mak eedols nor set up an eemage nor a haily steen for yersels, an dinna pit a vrocht steen onno yer grun an boo doon till't. A'm e Lord yer God.

[2]"'Keep ma Sabbaths an hae respeck for ma haily place. A'm e Lord.[3]"'Gin ye keep ma laas an mak seer ye dee ma biddin, [4]A'll sen ye rain in dyow sizzon, an e grun will gie a gweed hairst an e trees muckle fruit. [5]Yer thrashin winna be throwe bi e time ye're hairstin yer grapes an yer grape hairst winna be throwe bi e time for shaavin. Ye'll ett aa e maet ye wint an will bide in peace in yer cuntra. [6]A'll gie ye peace in yer cuntra, an fan ye lie doon ye'll hae naethin tae fear ye. A'll dee awa wi aa wild beasts fae e cuntra, an e swoord winna pass throwe yer lan. [7]Ye'll chase yer faes an an they'll faa bi e swoord afore ye. [8]Five o ye will chase a hunner, an a hunner o ye will chase ten thoosan, an yer faes will faa bi e swoord afore ye. [9]A'll see ye aa richt an mak ye breedie an see att there's mony o ye, an A'll keep ma covenant wi ye. [10]Ye'll aye be ettin last ear's hairst fan ye hiv tae redd it oot tae mak room for e new. [11]A'll pit ma dwallin amo ye, an winna tak a scunner tae ye. [12]A'll traivel amo ye an be yer God, an ye'll be ma ain fowk. [13]A'm e Lord yer God, fa brocht ye oot o Egypt sae att ye widna be slaves tae the Egyptians nae mair; A breuk e bars o yer yock an allooed ye tae gyang aboot wi yer heids held heich.

[14]"'Bit gin ye winna tak tent o ma an dee aa fit A bid ye dee, [15]an gin ye rejeck ma biddin an shew ye canna thole ma laas, an dinna dee aa att A bid ye dee an sae mischieve ma covenant, [16]syne iss is fit A'll dee tae ye: A'll fess doon onno ye a sudden fricht, diseases tae gar ye dwine awa an fivver att will dee awa wi yer sicht an mak ye fair forfochen. Ye'll shaav seed for naethin, cause yer faes will ett it. [17]A'll turn ma back on ye sae att yer faes will get e better o ye. Them fa canna thole ye will rowle ower ye, an ye'll rin, aiven gin there's neen chasin ye. [18]Gin efter aa that, ye still winna tak tent o ma, A'll gie ye yer sairin for yer ill-deeins, syven times ower. [19]A'll braak doon yer thraawnness an mak e lift abeen ye lik airn an e grun aneth ye lik bress. [20]Yer trauchles will aa be for nocht, cause yer grun winna gie nae craps, an e trees o yer cuntra winna hae nae fruit.

[21]"'Gin ye still are thraawn an winna tak tent o ma, A'll deave ye wi syvenfaul trauchles, jist as yer ill-deeins desair. [22]A'll sen wild beasts amo ye, an they'll rive awa yer bairns, fooner yer kye an mak ye sae fyow in nummer att yer roads will be teem. [23]Gin ye winna tak a tellin an still cairry on bein thraawn, [24]A'll be thraawn wi you an will gie ye a syvenfaul sairin for yer ill-deeins. [25]An A'll fess e swoord doon onno ye tae get ma ain back for yer braakin o wir covenant. Fan ye craawl back inno yer toons, A'll sen e pest amo ye, an ye'll be gien ower inno e hans o yer faes. [26]Fan A cut aff yer supply o loaf, ten weemen will be able tae bake yer loaf i the ae oven, an they'll ration yer loaf bi wecht. Ye'll ett, bit ye winna be sairt. [27]For aa that, gin ye still dinna tak tent o ma bit haud on wi yer contermashious wyes agin ma, [28]syne in ma rage, A'll be contermashious wi you, an I masel will gie ye a syvenfaul sairin for yer ill-deeins [29]Ye'll ett e flesh o yer sins an e flesh o yer dothers. [30]A'll ding doon yer heich places, cut doon yer aaltars o scintit reek an heap up yer deid bodies on yer fushionless eedols, an A'll nae hae nae time for

ye. [31]A'll turn yer toons tae a rummle o steens an connach yer sanctuaries, an A winna be ony teen wi e fine yoam o yer offerins. [32]A'll connach aa yer grun, sae att yer faes fa bide there will be sair teen aback. [33]A'll scatter ye amo e cuntras o e warl, draa oot ma swoord an chase efter ye. Yer grun will be connacht, an yer toons lie in ruination. [34]Syne e cuntra will tak pleasure in its Sabbath ears aa e time att it lies scruntit an youeens are i the cuntra o yer faes. Syne e cuntra will rist an tak pleesure in its Sabbaths. [35]Aa e time it lies scruntit, e grun will hae e rist it didna hae on e Sabbaths ye bade onno't.

[36]"As for e lave o ye left there, A'll mak their herts as sair feart i the cuntras o their faes an e soun o a leaf furlin i the win will gar them rin. They'll rin as gin they were rinnin awa fae e swoord, an doon they'll faa, tho there's neen chasin efter them. [37]They'll styter ower een anither as gin they were rinnin awa fae e swoord, tho there's neen chasin efter them. Sae ye winna be fit tae stan afore yer faes. [38]Ye'll dee inno the ither cuntras o e warl, yer faes' cuntras will devoor ye. [39]Them amo ye left will dwine awa in yer faes' cuntras cause o yer ill-deeins. Ay, cause o the ill-deeins o their forebeers they'll dwine awa. [40]Bit gin they'll tak wi their ill-deeins an the ill-deeins o their forebeers, their unfaithfuness an their ill-will at ma, [41]att garrt me hae an ill-will at them sae att A sent them inno e cuntra o their faes; syne fan their thraawn herts are hummlt an they pey for their ill-deeins, [42]A'll myn on ma covenant wi Jacob an ma covenant wi Isaac an ma covenant wi Abraham, an A'll myn on e cuntra. [43]For e cuntra will be redd o them an will tak pleasure in its Sabbaths aa e time it lies scruntit athoot them. They'll pey for their ill-deeins cause they rejeckit ma laas an didna tak wi ma biddin. [44]Bit for aa that, fan they're inno e cuntra o their faes, A winna rejeck them nor hae an ill-will at them sae as tae dee awa wi them aaegither, braakin ma covenant wi them. A'm e Lord their God. [45]Bit for their sake A'll myn on e covenant wi their forebeers fa A brocht oot o Egypt for aa e cuntras o e warl tae see, tae be their God. A'm e Lord.'" [46]Att's e biddin, e laas an e rowles att e Lord set oot at Moont Sinai atween himsel an the Israelites throwe Moses.

CHAPTIR 27

E Lord said tae Moses, [2]"Spik tae the Israelites an tell them: 'Gin onybody maks a speecial voo tae dedicait anither body tae e Lord bi peyin fit att body's wirth, [3]set e wirth o a chiel atween the age o twinty an saxty at fifty shekels o siller, accoordin tae e haily place shekel; [4]for a wumman body, set her wirth at thirty shekels; [5]for a body atween the age o five an twinty, set e wirth o a loon at twinty shekels an o a quine at ten shekels; [6]for a bairn atween a month an five ear aul, set e wirth o a loonie at five shekels o siller an a quinie at three shekels o siller; [7]for a body saxty ear aul or abeen, set e wirth o a chiel at fifteen shekels an o a wumman body at ten shekels. [8]Gin onybody makin e voo is ower peer tae pey e set amoont, e body bein dedicaitit maun be pat forrit tae e priest, fa will set e wirth accoordin tae fit e body makin e voo can affoord.

[9]"Gin their voo is wi a beast att is acceptable as an offerin tae e Lord, sic a beast gien tae e Lord bicomes haily. [10]They maunna niffer it nor cheenge a gweed een for a coorse een, nor a coorse een for a gweed een. Gin they cheenge ae beast for anither, baith o them bicome haily. [11]Gin fit they vooed is a beast att's nae cleant, een att's nae acceptable as an offerin tae e Lord, e beast maun be gien ower tae e priest, [12]fa will jeedge gin it's gweed or coorse. Fitivver wirth e priest sets, att's fit it maun be. [13]Gin e body fa ains e beast wints tae buy it back, a fifth mair maun be peyed forbyes its wirth.

[14]"Gin onybody dedicaits their hoose as haily tae e Lord, e priest will jeedge gin it be gweed or wintin. Fitivver wirth e priest sets, att's fit it maun be. [15]Gin e body fa dedicaits their hoose wints tae buy it back, they maun pey a fifth mair forbyes its wirth, an e hoose will be theirs again. [16]Gin onybody dedicaits pairt o their faimly grun tae e Lord, its wirth maun be set accoordin tae the amoont o seed needed for't, fifty shekels o siller tae ilka three hunnerwecht o barley seed. [17]Gin they dedicait a park i the Ear o Jubilee, e wirth set bides e same. [18]Bit gin they dedicait a park efter e Jubilee, e priest will wark oot e wirth accoordin tae foo mony ears there are till e neist Ear o Jubilee, an its set wirth will come doon. [19]Gin e body fa dedicaits e park wints tae buy it back, they maun pey a fifth mair forbyes its wirth, an e park will be theirs again. [20]Bit, gin they dinna buy back e park, or gin they hiv selt it tae some ither body, it can nivver be bocht back. [21]Fan e park is lowsed i the Jubilee, it will bicome haily, lik a park set aside for e Lord. It will belang tae e priests. [22]Gin onybody dedicaits a park they hiv bocht tae e Lord, nae pairt o their faimly grun, [23]e priest will wark oot its wirth up tae the Ear o Jubilee, an e body fa aint it maun pey its wirth on att day as a haily hansel tae e Lord. [24]I the Ear o Jubilee e park will gyang back tae e body fae fa it wis bocht, e body fa aucht it at the ootset. [25]Ilka vailyee maun be set in accoordance wi e haily place shekel, twinty gerahs tae e shekel.

[26]"Bit naebody maun dedicait the aulest-born o a beast, cause the aulest-born is aint bi e Lord ariddy. Be it a bullick or a sheep, it's e Lord's. [27]Gin it's a beast att's nae cleant, it can be bocht back at its set wirth wi a fifth mair forbyes. Gin it's nae bocht back, it maun be selt at its set vailyee. [28]Bit naethin att a body ains an gies ower tae e Lord, be it a human body or a beast or faimly grun, can be selt or bocht back. Aathin att's gien ower tae e Lord is maist haily tae e Lord. [29]Onybody fa his been speecially gien ower tae e Lord canna be bocht back, they maun be deen awa wi. [30]A tithe o aathin fae e lan, whither meal fae e yird or fruit fae e trees, belangs tae e Lord; it is haily tae e Lord. [31]Faaivver wid buy ony o their tithe maun pey a fifth mair forbyes its wirth. [32]Ilka tithe o e hird an flock, ilka tenth beast att gyangs aneth e shepherd's cruik, will be haily tae e Lord. [33]Naebody maun pick oot e gweed fae e coorse or mak ony cheenge. Gin onybody dis mak a cheenge, baith beasts bicome haily an canna be bocht back.'" [34]Att's e commans e Lord gied Moses at Moont Sinai for the Israelites.

NUMMERS

CHAPTIR 1

E Lord spak tae Moses i the gaitherin-tent i the roch cuntra o Sinai on e first day o e saicond month o e saicond ear efter the Israelites cam oot o Egypt. He said: [2]"Tak a coont o e hale jing bang o the Israelites bi their clans an faimlies, screivin doon ilka man bi name, ay, ilka sinngle een o them. [3]You an Aaron maun coont bi their airmies, ilka chiel in Israel fa's twenty ear aul an abeen an fit tae list. [4]Ae chiel fae ilka clan, ilka een e heid o his faimly, maun gie ye a han.

[5]Iss is e names o e chiels fa will gie ye a han:

fae Reuben, Shedeur's Elizur; [6]fae Simeon, Zurishaddai's Shelumiel; [7]fae Judah, Amminadab's Nahshon; [8]fae Issachar, Zuar's Nethanel; [9]fae Zebulun, Helon's Eliab; [10]fae e sins o Joseph: fae Ephraim, Ammihud's Elishama; fae Manasseh, Pedahzur's Gamaliel; [11]fae Benjamin, Gideoni's Abidan; [12]fae Dan, Ammishaddai's Ahiezer; [13]fae Asher, Ocran's Pagiel; [14]fae Gad, Reuel's Eliasaph; [15]fae Naphtali, Enan's Ahira." [16]Att wis e chiels appintit fae amo e fowk, heid o their aul faimlies. They were e heids o e clans o Israel.

[17]Moses an Aaron teuk the eens fas names hid been set oot, [18]an they cried a gaitherin o aa e fowk on e first day o e saicond month. E fowk set doon their faimlies an their clans, an e chiels att were twenty ear aul an abeen were set doon on a leet, een bi een, [19]as e Lord hid bidden Moses dee. An sae he coontit them i the roch cuntra o Sinai: [20]Fae the ation o Reuben the aulest sin o Israel: Aa e chiels twenty ear aul an abeen fa were fit tae list were set doon on e leet, een bi een, accoordin tae e screivins o their clans an faimlies. [21]Them set doon fae e clan Reuben cam tae fowerty-sax thoosan, five hunner.

[22]Fae the ation o Simeon: Aa e chiels twenty ear aul an abeen fa were fit tae list were set doon on e leet, een bi een, accoordin tae e screivins o their clans an faimlies. [23]Them set doon fae e clan Simeon cam tae fifty-nine thoosan, three hunner.

[24]Fae the ation o Gad: Aa e chiels twenty ear aul an abeen fa were fit tae list were set doon on e leet, een bi een, accoordin tae e screivins o their clans an faimlies. [25]Them set doon fae e clan Gad cam tae fowerty-five thoosan, sax hunner an fifty.

[26]Fae the ation o Judah: Aa e chiels twenty ear aul an abeen fa were fit tae list were set doon on e leet, accoordin tae e screivins o their clans an faimlies. [27]Them set doon fae e clan Judah cam tae syventy-fower thoosan, sax hunner.

[28]Fae the ation o Issachar: Aa e chiels twenty ear aul an abeen fa were fit tae list were set doon on e leet, accoordin tae e screivins o their clans an faimlies. [29]Them set doon fae e clan Issachar cam tae fifty-fower thoosan, fower hunner.

[30]Fae the ation o Zebulun: Aa e chiels twenty ear aul an abeen fa were fit tae list were set doon on e leet, accoordin tae e screivins o their clans an faimlies. [31]Them set doon fae e clan Zebulun cam tae fifty-syven thoosan, fower hunner.

[32]Fae e sins o Joseph:

Fae the ation o Ephraim: Aa e chiels twinty ear aul an abeen fa were fit tae list were set doon on e leet, accoordin tae e screivins o their clans an faimlies. ³³Them set doon fae e clan Ephraim cam tae fowerty thoosan, five hunner.

³⁴Fae the ation o Manasseh: Aa e chiels twinty ear aul an abeen fa were fit tae list were set doon on e leet, accoordin tae e screivins o their clans an faimlies. ³⁵Them set doon fae e clan Manasseh cam tae thirty-twa thoosan, twa hunner.

³⁶Fae the ation o Benjamin: Aa e chiels twinty ear aul an abeen fa were fit tae list were set doon on e leet, accoordin tae e screivins o their clans an faimlies. ³⁷Them set doon fae e clan Benjamin cam tae thirty-five thoosan, fower hunner.

³⁸Fae the ation o Dan: Aa e chiels twinty ear aul an abeen fa were fit tae list were set doon on e leet, accoordin tae e screivins o their clans an faimlies. ³⁹Them set doon fae e clan Dan cam tae saxty-twa thoosan, syven hunner.

⁴⁰Fae the ation o Asher: Aa e chiels twinty ear aul an abeen fa were fit tae list were set doon on e leet, accoordin tae e screivins o their clans an faimlies. ⁴¹Them set doon fae e clan Asher cam tae fowerty-wan thoosan, five hunner.

⁴²Fae the ation o Naphtali: Aa e chiels twinty ear aul an abeen fa were fit tae list were set doon on e leet, accoordin tae e screivins o their clans an faimlies. ⁴³Them set doon fae e clan Naphtali cam tae fifty-three thoosan, fower hunner.

⁴⁴Att wis aa e chiels coontit bi Moses an Aaron an e twal chiefs o Israel, ilka een stannin in for his ain faimly. ⁴⁵Aa the Israelites twinty ear aul or abeen fa were fit tae list were coontit accoordin tae their faimlies. ⁴⁶Aa in, there wis sax hunner an three thoosan five hunner an fifty o them.

⁴⁷The aul clan Levi, hooivver, wisna coontit alang wi e lave. ⁴⁸E Lord hid said tae Moses: ⁴⁹"Ye maunna coont e clan Levi nor add them on tae e leet o e lave o the Israelites. ⁵⁰Raither, pit e Levites in chairge o e gaitherin-tent, ower aa its plenishins an aathin belangin tae it. They maun cairry e gaitherin-tent an aa its plenishins; they maun leuk efter it an bide roon aboot it. ⁵¹Fanivver e gaitherin-tent is tae be meeved, e clan Levi maun tak it doon, an fanivver e gaitherin-tent is tae be set up, e clan Levi maun dee it. Ony ither body fa gyangs nearhan it maun be deen awa wi. ⁵²The Israelites maun set up their tents i their faimlies, ilka een i their ain camp aneth their ain flag. ⁵³E clan Levi, hooivver, maun set up their tents roon aboot e gaitherin-tent sae att ma annger winna fa on e fowk o Israel. E clan Levi will hae the ontaak o leukin efter e gaitherin-tent." ⁵⁴The Israelites did aa iss jist as e Lord hid bidden Moses.

CHAPTIR 2

E Lord said tae Moses an Aaron: ²"The Israelites maun camp roon e gaitherin-tent an oot aboot fae't, ilka een aneth his flag an haudin their faimly banners." ³Tae the east, e wye o e sin risin, the airmies o e camp o Judah maun set up camp aneth their flag. E heid o clan Judah is Amminadab's Nahshon. ⁴There's syventy-fower thoosan sax hunner in his airmy. ⁵Clan Issachar will camp neist them. E heid o clan Issachar is Zuar's Nethanel. ⁶There's fifty-fower thoosan fower hunner in his airmy. ⁷E clan Zebulun will be neist. E heid o clan Zebulun is Helon's Eliab. ⁸There's fifty-syven thoosan fower hunner in his airmy. ⁹Aa e men appintit tae the airmies i the camp o Judah, comes tae a hunner an auchty-sax thoosan fower hunner. They'll caa forrit first.

¹⁰Tae e south will be the airmies o e camp o Reuben aneth their flag. E heid o clan Reuben is Shedeur's Elizur. ¹¹There's fowerty-sax thoosan five hunner in his airmy. ¹²Clan Simeon will camp neist them. E heid o clan Simeon is Zurishaddai's Shelumiel. ¹³There's fifty-nine thoosan three hunner in his airmy. ¹⁴Clan Gad will be neist. E heid o clan Gad is Reuel's Eliasaph. ¹⁵There's fowerty-five thoosan sax hunner an fifty in his airmy. ¹⁶Aa e men appintit tae the airmies i the camp o Reuben, comes tae a hunner an fifty-wan thoosan, fower hunner an fifty. They'll caa forrit saicond.

¹⁷Syne e gaitherin-tent an e camp o clan Levi will caa forrit i the midse o e camps. They'll caa forrit i the same set oot as they set up camp, ilka een in his ain airt aneth their flag.

¹⁸Tae e wast will be the airmies o e camp o Ephraim aneth their flag. E heid o clan Ephraim is Ammihud's Elishama. ¹⁹There's fowerty thoosan five hunner in his airmy. ²⁰Clan Manasseh will be neist them. E heid o clan Manasseh is Pedahzur's Gamaliel. ²¹There's thirty-twa thoosan, twa hunner in his airmy. ²²Clan Benjamin will be neist. E heid o clan Benjamin is Gideoni's Abidan. ²³There's thirty-five thoosan fower hunner in his airmy. ²⁴Aa e men appintit tae e camp o Ephraim, accoordin tae their airmies comes tae a hunner an aucht thoosan, wan hunner. They'll caa forrit third.

²⁵Tae e north will be the airmies o e camp o Dan aneth their flag. E heid o clan Dan is Ammishaddai's Ahiezer. ²⁶There's saxty-twa thoosan syven hunner in his airmy. ²⁷Clan Asher will camp neist them. E heid o clan Asher is Ocran's Pagiel. ²⁸There's fowerty-wan thoosan five hunner in his airmy.

²⁹Clan Naphtali will be neist. E heid o clan Naphtali is Enan's Ahira. ³⁰There's fifty-three thoosan, fower hunner in his airmy. ³¹Aa e men appintit tae e camp o Dan comes tae a hunner an fifty-syven thoosan, sax hunner. They'll caa forrit hinmaist, aneth their flags.

³²Sae att's the Israelites, coontit accoordin tae their faimlies. Aa e men i the camps, bi their airmies, comes tae sax hunner an three thoosan, five hunner an fifty. ³³E clan Levi, hooivver, werena coontit alang wi e lave o the Israelites, as e Lord bad Moses. ³⁴Sae the Israelites did aathin att e Lord bad Moses; att's e wye they set up camp aneth their flags, an att's e wye they held forrit, ilka een wi their clan an faimly.

CHAPTIR 3

Iss is the accoont o e faimly o Aaron an Moses fan e Lord spak tae Moses at Moont Sinai. ²Aaron's sins were caaed Nadab, fa wis aulest, Abihu, Eleazar an Ithamar. ³Att's fit Aaron's loons, the annintit priests, fa were ordained tae sair as priests, were caaed. ⁴Nadab an Abihu, hooivver, deit afore e Lord fan they made an offerin wi fylt fire afore him i the roch cuntra o Sinai. They hidna nae sins, sae Eleazar an Ithamar sairt as priests fan their fadder, Aaron wis alive.

⁵E Lord said tae Moses, ⁶"Gar e clan Levi come in aboot an sen them ower tae Aaron e priest tae gie him a han. ⁷They maun dee wark for him an for e hale o e fowk o Israel at e gaitherin-tent, bi deein e wark o e tabernacle. ⁸They maun leuk efter aa e plenishins o e gaitherin-tent, deein aa att's nott o the Israelites bi deein e wark o e tabernacle. ⁹Gie e clan Levi tae Aaron an his sins; they're the Israelites fa maun be gien tae neen bit him. ¹⁰Appint Aaron an his sins tae sair as priests; ony ither body fa comes near han e haily place maun be deen awa wi." ¹¹An e Lord said tae Moses, ¹²"A've teen e clan Levi fae amo the Israelites insteid o the aulest sin o ilka Israelite wumman. E clan Levi is mine, ¹³for aa e first tae be born are mine. Fan A strack doon aa e first tae be born in Egypt, A set apairt for masel ilka first body tae be born in Israel, be they human or beast. They're tae be mine. A'm e Lord."

[14]E Lord said tae Moses i the roch cuntra o Sinai, [15]"Coont e clan Levi bi their faimlies an clans. Coont ilka male a month aul an abeen." [16]Sae Moses coontit them, as he wis bidden bi e wird o e Lord. [17]E sins o Levi were caaed Gershon, Kohath an Merari. [18]E clans o Gershon were caaed Libni an Shimei. [19]E clans o Kohath: Amram, Izhar, Hebron an Uzziel. [20]E clans o Merari: Mahli an Mushi. Att wis e clans o Levi accoordin tae their faimlies. [21]E clans o Libni an Shimei belanged tae Gershon; they were e clans o Gershon. [22]Fan aa e males mair nor a month aul were coontit, there wis syven thoosan five hunner o them. [23]E clans o Gershon were tae camp tae e wast, ayont e tabernacle. [24]E heid o e faimlies o e clan Gershon wis Lael's Eliasaph. [25]At e gaitherin-tent e clan Gershon were in chairge o leukin efter e tabernacle an tent, its happins, e drapes at the ingyang o e gaitherin-tent, [26]e drapes o e closs, e drapes at the ingyang tae e closs roon e tabernacle an aaltar, an e raips an aathin tae dee wi them.

[27]E clans o Amram, Izhar, Hebron an Uzziel belanged tae Kohath; they were e clans o Kohath. [28]Fan aa e males mair nor a month aul were coontit, there wis aucht thoosan sax hunner o them. E Kohath clans were in chairge o leukin efter e haily place. [29]E Kohath clans were tae camp tae e sooth o e tabernacle. [30]E heid o e faimlies o e Kohath clans wis Uzziel's Elizaphan. [31]They were in chairge o leukin efter God's kistie, e boord, e lampstan, the aaltars, the accootrements o e haily place eesed in meenisterin, e drapes an aathin tae dee wi them. [32]E clan chief o e Levites wis Aaron e priest's sin, Eleazar. He wis appintit abeen them fas job it wis tae leuk efter e haily place.

[33]E clans o Mahli an Mushi belanged tae Merari; they were e clans o Merari. [34]Fan aa e males mair nor a month aul were coontit, there wis sax thoosan twa hunner o them. [35]E heid o e faimlies o e clan Merari wis Abihail's Zuriel; they were tae camp tae e north o e tabernacle. [36]E clan Merari were appintit tae leuk efter e boords o e tabernacle, its crossbars, posts, founs, aa its gear, an aathin tae dee wi sic bits, [37]as weel as e posts o e closs roon aboot it wi their founs, tent pegs an raips.

[38]Moses alang wi Aaron an his sins were tae camp tae e east o e tabernacle, ower e wye o e sin risin, anent e gaitherin-tent. Their job wis tae leuk efter e haily place for the Israelites. Ony ither body fa cam in aboot tae e haily place wis tae be deen awa wi. [39]Fan aa e males mair nor a month aul o e clan Levi were coontit bi Moses an Aaron as e Lord hid bad them dee, there wis twinty-twa thoosan o them.

[40]E Lord said tae Moses, "Coont aa the aulest-born Israelite males fa are mair nor a month aul an mak oot a leet o their names. [41]Tak e clan Levi for ma insteid o aa the aulest-born o the Israelites, an e beasts o e clan Levi insteid o aa the aulest-born o e beasts o the Israelites. A'm e Lord." [42]Sae Moses coontit aa the aulest-born males mair nor a month aul, as e Lord bad him dee. [43]Fan aa the aulest-born males mair nor a month were screiven onno e leet, there wis twinty-twa thoosan, twa hunner an syventy-three o them.

[44]An e Lord said tae Moses, [45]"Tak e clan Levi insteid o aa the aulest-born o Israel, an e beasts o e clan Levi insteid o their beasts. E clan Levi maun be mine. A'm e Lord. [46]Tae lowse e twa hunner an syventy-three aulest-born Israelites fa are mair nor e nummer o e clan Levi, [47]tak up five shekels for ilka een, in accoordance wi e shekel o e haily place, att weys twinty gerahs. [48]Gie e siller for e lowsin o e lave o the Israelites tae Aaron an his sins." [49]Sae Moses teuk up e siller nott tae lowse them fa were abeen e nummer lowsed bi e clan Levi. [50]Fae the aulest-born o the Israelites, he ingaithert siller weyin a thoosan, three hunner an saxty-five shekels, accoordin tae e shekel o e haily place. [51]Moses gied e siller ingaithert for e lowsin tae Aaron an his sins, as he wis bidden bi e wird o e Lord.

CHAPTIR 4

E Lord said tae Moses an Aaron: [2]"Tak a coont o e Kohath sept o e clan Levi bi their clans an faimlies. [3]Coont aa e chiels atween thirty an fifty ear aul fa come tae sair i the wark at e gaitherin-tent. [4]E wark o e Kohaths at e gaitherin-tent is tae leuk efter e maist haily gear.

[5]Fan e camp is gyan tae meeve, Aaron an his sins maun gyang in an tak doon e happin drape an pit it ower God's kistie. [6]Syne they man hap e drape wi hard-weerin ledder, an spreed a claith o blue aa ower it an pat e poles inno their place. [7]Ower e table o e Haily Loaf they maun spreed a blue claith an pit it ower the ashets, dishes an bowels, an e jarries for e drink offerins. E loaf att's aye there maun bide onno't. [8]They maun spreed a reed claith ower them, hap att wi e hard-weerin ledder an pit e poles inno their place. [9]They maun tak a blue claith an hap e lampstan att's for e licht, alang wi its lamps, its wick-snedders, an trays, an aa its jarries for olive ile att's eesed for it. [10]Syne they maun wup it an aa its accootrements in a happin o hard-weerin ledder an pit it onna a heck tae cairry it. [11]They maun spreed a blue claith ower e gowd aaltar an hap att wi e hard-weerin ledder an pit e poles inno their place. [12]They maun tak aa the accootrements eesed for meenisterin inno e haily place, wup them up in a blue claith, hap att wi e hard-weerin ledder an pit them onno a heck for cairryin. [13]They maun sheil oot the aise fae e bress aaltar an spreed a purple claith ower it. [14]Syne they maun pit aa the accootrements eesed for meenisterin at the aaltar onno't, e firepans, maet forks, shuvvels an spirklin bowels. They maun spreed a happin o hard-weerin ledder ower it an pit e poles inno their place. [15]Eence Aaron an his sins are throwe happin e haily plenishins an aa e haily accootrements, an fan e camp is riddy tae meeve, nae till then maun e Kohaths come an dee e cairryin. Bit they maunna touch neen o e haily accootrements or they'll dee. E Kohaths maun cairry aa e things att are inno e gaitherin-tent.

[16]"Aaron, e priest's loon, Eliazer will be in chairge o the ile for e licht, e scintit reek, e reglar grain offerin an the ile for annintin. He'll be in chairge o e hale tabernacle an aathin inno't, includin its haily plenishins an accootrements."

[17]E Lord said tae Moses an Aaron, [18]"Mak seer att e sept o e Kohaths are nae teen awa fae amo e clan Levi. [19]Sae att they mith live an nae dee fan they come in aboot tae e haily things, dee iss for them: Aaron an his sins maun gyang in tae e haily place an gie oot tae ilka chiel e wark he maun dee an fit he maun cairry. [20]Bit e Kohaths maunna gyang in an see e haily things, aiven for a blink, or they'll dee."

[21]E Lord said tae Moses, [22]"Tak a coont tee o e Gershon fowk bi their faimlies an clans. [23]Coont aa e chiels atween thirty an fifty ear aul fa come tae sair i the wark at e gaitherin-tent. [24]Iss is e wark an e cairryin att maun be deen bi e clan Gershon: [25]they maun cairry e drapes o e tabernacle, att's tae say, e gaitherin-tent, its happin an its oot-maist happin o hard-weerin ledder, e drapes for the ingyang tae e gaitherin-tent, [26]e drapes o e closs roon aboot e tabernacle an aaltar, e drape for the ingyang tae e closs, e raips an aa the accootrements eesed tae sair e tent. E clan Gershon maun dee aa att's nott wi iss things. [27]Aa their wark, cairryin or fitivver, maun be deen as bidden bi Aaron an his sins. Ye maun gie ower tae them as their ontaak aa they maun cairry. [28]Iss is e wark o e clan Gershon at e gaitherin-tent. Their wark maun be as bidden bi Aaron, e priest's loon Ithamar.

[29]"Coont e Merari bi their clans an faimlies. [30]Coont a e chiels atween thirty an fifty ear aul fa come tae sair i the wark at e gaitherin-tent. [31]As pairt o aa their wark at e tent, they maun cairry e hecks o e tabernacle, its crossbars, posts an founs, [32]as weel as e posts o e closs roon aboot it wi their founs, tent pegs, raips, aa their accootrements an aathin tae dee wi them. Tell ilka man exackly fit he maun cairry. [33]Iss is fit e Merari clans maun dee as they wark at e gaitherin-tent, deein e biddin o Aaron, e priest's Ithamar."

[34]Moses, Aaron an e clan chiefs coontit e Kohath fowk bi their clans an faimlies. [35]A e chiels atween thirty an fifty ear aul fa cam tae sair i the wark at e gaitherin-tent, [36]coontit bi clans, were twa thoosan, syven hunner an fifty. [37]Att wis foo mony there wis aaegither o e clan Kohath fa sairt at e gaitherin-tent. Moses an Aaron coontit them accoordin tae e Lord's biddin throwe Moses. [38]E Gershon fowk were coontit bi their clans an faimlies. [39]Aa e chiels atween thirty an fifty ear aul fa cam tae sair i the wark at e gaitherin-tent, [40]coontit bi their clans an faimlies, were twa thoosan, sax hunner an thirty. [41]Att wis foo mony there wis aaegither i the clan Gershon fa sairt at e gaitherin-tent. Moses an Aaron coontit them accoordin tae e Lord's biddin.

[42]E clan Merari were coontit bi their clans an faimlies. [43]Aa e chiels atween thirty an fifty ear aul fa cam tae sair i the wark at e gaitherin-tent, [44]coontit bi their clans, were three thoosan, twa hunner. [45]Att wis foo mony there wis aaegither i the clan Merari. Moses an Aaron coontit them accoordin tae e Lord's biddin throwe Moses. [46]Sae Moses, Aaron an e clan chiefs o Israel coontit aa e Levites bi their clans an faimlies. [47]Aa e chiels atween thirty an fifty ear aul fa cam tae dee e wark o sairin an cairryin e gaitherin-tent [48]cam tae aucht thoosan, five hunner an auchty. [49]At e Lord's biddin throwe Moses, ilka een wis gien his ain job an telt fit he maun cairry. Sae att's e wye they were coontit, as e Lord hid bidden Moses.

CHAPTIR 5

E Lord said tae Moses, [2]"Gar the Israelites sen awa fae e camp, onybody fa his a fylin scaw, or a dischairge o ony kyn, or fa is nae cleant cause o a deid body. [3]Sen awa baith man-body an wumman alike; sen them oot o e camp aaegither sae they winna fyle their camp, far A dwall amo them." [4]Sae the Israelites did jist att; they sent them awa oot aboot fae e camp. They did jist as e Lord hid bidden Moses.

[5]E Lord said tae Moses, [6]"Tell the Israelites: 'Ony man or wumman fa dis wrang in ony ither wye, or gyangs agin e wird o e Lord, [7]maun tell afore aa the ill they've deen. They maun pey back in full for the ill they've deen, eikin on a fifth o its wirth an gien att tae e body att they mislippent. [8]Bit gin e body att wis mislippent his neen o their ain fowk fa can get e payment for e wrang-deein, e payment belangs tae e Lord an maun be gien tae e priest, forbyes e ram att maks it aa richt wi God for e body fa's deen wrang. [9]Aa the haily offerins the Israelites fess tae a priest will belang tae him. [10]Haily things belang tae e body fa ains them, bit fit they gie tae e priest, will belang tae e priest.'"

[11]Syne e Lord said tae Moses, [12]"Spik tae the Israelites an tell them: 'Gin a chiel's wife gyangs agley an is unfaithfu tae him, [13]an she lies wi anither man, an they hide it fae her man an he disna fin oot att she's fool, since naebody can tell him cause neen saw them at it, [14]an gin e man begins tae feel jillous an jalouses his wife hisna been leal, or gin he is jillous an suspects his wife aiven tho she hisna been unfaithfu, [15]syne he maun tak his wife tae e priest. He maun tak forbye an offerin o three an a half pun o barley flooer for her. He maunna poor olive ile onno't nor pit scintit reek onno't, cause it's a grain offerin for jillousy, an offerin tae gar myn an tae draa attintion tae e wrang-deein. [16]E priest maun fess her forrit an gar her stan afore e Lord. [17]Syne he'll tak a suppie haily watter in a cley jarrie an pit some stew fae e fleer o e tabernacle inno e watter. [18]Efter e priest his garrt e wumman stan afore e Lord, he maun lowse her hair an pit the offerin tae gar myn inno her hans, e grain offerin for jillousy, an he maun haud e soor watter att fesses doon a curse. [19]Syne e priest maun gar e wumman sweer an aith an tell her, "Gin nae ither man his lain wi ye an ye hinna gane agley an turnt fool fan mairriet tae yer ain man, mith iss soor watter att fesses doon a curse nae dee ye nae hairm. [20]Bit gin ye hiv gaen agley fan mairriet tae yer ain man, an ye've made yersel fool bi lyin wi a man ither nor yer ain man"— [21]att iss pint e priest maun pit e wumman unner iss curse—"mith e Lord mak ye a curse amo yer ain fowk fan he maks yer wyme miscairry an yer belly swall. [22]Mith iss watter att fesses doon a curse gyang inno yer body, sae att yer

belly swalls an yer wyme miscairries." Syne e wumman maun say, "Amen. Sae be't." [23]E priest maun screive iss curses onno a scroll, syne waash them oot wi e soor watter. [24]He maun gar e wumman drink e soor watter att fesses a curse, an iss watter, att fesses e curse an gars her be sair come at, will gyang inno her. [25]E priest maun tak e grain offerin for jillousy oot amo her hans, wag it afore e Lord an fess it tae the aaltar. [26]Syne e priest maun tak a hanfu o e grain offerin as an offerin tae myn on things an burn it onno the aaltar; syne, he maun gar e wumman drink e watter. [27]Gin she his made hersel fool an been unfaithfu tae her man, iss is fit will happen: fan e priest gars her drink e watter att fesses a curse an gars her be sair come at, it will gyang inno her, her belly will swall an her wyme will miscairry, an she'll bicome a curse. [28]Hooivver, gin e wumman hisna made hersel fool, bit is cleant, she'll be redd o guilt an will manage tae hae bairns. [29]Iss, syne is e laa o jillousy fan a wumman gyangs agley an maks hersel fool fan she's mairriet tae her man, [30]or fan feelins o jillousy come onno a chiel cause he doobts his wife. E priest maun gar her stan afore e Lord an maun apply his hale laa tae her. [31]Her man will be free fae ony wrang-deein, bit e wumman will dree e weird o her ill-deeins.'"

CHAPTIR 6

E Lord said tae Moses, [2]"Spik tae the Israelites an tell them: 'Gin a man or wumman wints tae mak a speecial voo, a voo tae set themsels apairt tae e Lord as a Nazirite, [3]they maun haud aff e wine an ither strong drink an maunna drink veenegar made fae wine or ither strong drink. They maunna drink grape juice nor ett grapes nor raisins. [4]For as lang as they're aye unner their Nazirite voo, they maunna ett naethin att comes fae e grapevine, nae aiven e sids nor skins. [5]Aa throwe e time o their Nazirite voo, they maunna eese a blade on their heids. They maun be haily till e time o their settin apairt tae e Lord is by wi; they maun lat their hair growe lang. [6]Aa throwe e time o their settin apairt tae e Lord, e Nazirite maunna gyang ony wye near han a deid body. [7]Aiven gin their ain fadder or mither or brither or sister shuld dee, they maunna mak themsels nae cleant cause o them, cause e sign o their settin apairt tae God is onno their heids. [8]Aa throwe e time o their settin apairt, they're consecraitit tae e Lord. [9]Gin a body dees aa o a suddenty fan there's a Nazirite aboot, sae fylin e hair att marks their settin apairt, they maun shave their heid on e syventh day, e day o their cleanin. [10]Syne on the auchth day they maun fess twa doos or twa squaabs tae e priest at the ingyang tae e gaitherin-tent. [11]E priest maun gie up een as an offerin for ill-deeins an e tither een as a brunt offerin tae mak it richt wi God for e Nazirite cause they did ill bi bein near han a deid body. Att same day they maun consecrait their heid again. [12]They maun set themsels apairt tae e Lord eence mair for e same linth o time o settin apairt an maun fess a yearlin tup lamb as a guilt offerin. E days att gaed afore dinna coont, cause they bicam fylt i the time o their settin apairt.

[13]"Noo iss is e laa o e Nazirite fan e time o their settin apairt is throwe wi. They maun be fessen tae the ingyang tae e gaitherin-tent. [14]There they maun han ower their offerins tae e Lord: a yearlin tup lamb wi nae faut, for a brunt offerin, a yearlin yowe lamb wi nae faut for an offerin for ill-deeins, a ram wi nae faut for a peace offerin, [15]alang wi their grain offerins an drink offerins, an a ruskie o loaf made wi e flooer o e quern an wi nae barm: thick loaf wi olive ile mixt throwe, an breid brushed wi olive ile. [16]E priest maun gie aa iss ower afore e Lord an mak the offerin for ill-deeins an e brunt offerin. [17]He maun gie ower e ruskie o loaf wi nae barm an maun sacrifeece e ram as a peace offerin tae e Lord, alang wi its grain offerin an drink offerin. [18]Syne at the ingyang tae e gaitherin-tent, e Nazirite maun shave aff e hair att's a sign o their settin apairt. They maun tak e hair an pit it inno e fire aneth e sacrifeece o e peace offerin. [19]Efter e Nazirite his shaved aff e hair att's a sign o his settin apairt, e priest maun pit a bylt shank o e ram, ae thick loaf an a bit o breid fae e ruskie, baith bakit wi nae barm, inno his hans. [20]Syne e priest maun wag them afore e Lord as a wag offerin; they're haily an belang tae e priest, alang wi e breist att wis waggit an e shank att wis gien ower. Efter att, e Nazirite can drink wine. [21]Iss is e laa o e Nazirite fa voos offerins tae e Lord in accoordance wi their settin apairt, ower an abeen fit ither they can affoord. They

maun fullfil e voos they've made, accoordin tae e laa o e Nazirite.'" [22]E Lord said tae Moses, [23]"Tell Aaron an his sins, 'Iss is foo ye maun bliss the Israelites. Say tae them: [24]"E Lord bliss ye an keep ye; [25]e Lord mak his face sheen doon onno ye an be doucelik tae ye; [26]e Lord turn his face e wye o ye an lat him gie ye peace.'" [27]Sae they'll pit ma name onno the Israelites, an A'll bliss them."

CHAPTIR 7

Fan Moses wis throwe settin up e tabernacle, he annintit an consecraitit it an aa its plenishins. An he annintit an consecraitit the aaltar an aa its accootrements anaa. [2]Syne e clan chiefs o Israel, e heids o faimlies fa were e chieftains in chairge o them fa were coontit, made offerins. [3]They brocht as their hansels afore e Lord sax happit cairts an twal owsen, a stot fae ilka chief an a cairt fae ilka twa. They gied them forrit afore e tabernacle. [4]E Lord said tae Moses, [5]"Accep iss things fae them, sae they mith be eesed i the wark o e gaitherin-tent. Gie them tae e clan Levi as nott bi ilka chiel for's wark." [6]Sae Moses teuk e cairts an owsen an gied them tae e clan Levi. [7]He gied twa cairts an fower owsen tae e clan Gershon, as their wark nott, [8]an he gied fower cairts an aucht owsen tae e clan Merari, as their wark nott. They were aa telt fit tae dee bi Aaron e priest's loon Ithamar. [9]Bit Moses didna gie neen tae e clan Kohath, cause they hid tae cairry e haily things att they leukit efter onno their shouthers.

[10]Eence the aaltar wis annintit, e chieftains brocht their offerins tae set it apairt wi an gied them ower afore the aaltar. [11]For e Lord hid said tae Moses, "Ilka day, een o e chieftains maun fess his offerin for e settin apairt o the aaltar." [12]Amminadab's Nahshon, fae e clan Judah, wis e chiel fa brocht his offerin on e first day. [13]His offerin wis ae siller ashet weyin three an a quaarter pun an ae siller sprinklin bowel weyin a pun an three quaarters, baith accoordin tae e standart wechts o e haily place, ilka een fullt wi e flooer o e quern mixt wi olive ile as a grain offerin; [14]ae gowd ashet weyin fower unce, fullt wi scintit reek;[15]ae bullick, ae ram an ae yearlin tup lamb for a brunt offerin; [16]ae billy goat for an offerin for ill-deeins; [17]an twa owsen, five rams, five billy goats an five yearlin tup lambs tae be sacrifeeced as a peace offerin. Att wis the offerin fae Amminadab's Nahshon.

[18]On e saicond day Zuar's Nethanel, clan chief o Issachar, brocht his offerin. [19]The offerin he brocht wis ae siller ashet weyin three an a quaarter pun an ae siller sprinklin bowel weyin a pun an three quaarters, baith accoordin tae e standart wechts o e haily place, ilka een fullt wi e flooer o e quern mixt wi olive ile as a grain offerin; [20]ae gowd ashet weyin fower unce, fullt wi scintit reek; [21]ae bullick, ae ram an ae yearlin tup lamb for a brunt offerin; [22]ae billy goat for an offerin for ill-deeins; [23]an twa owsen, five rams, five billy goats an five yearlin tup lambs tae be sacrifeeced as a peace offerin. Att wis the offerin fae Zuar's Nethanel.

[24]On e third day, Helon's Eliab, e chief o clan Zebulun, brocht his offerin. [25]His offerin wis ae siller ashet weyin three an a quaarter pun an ae siller sprinklin bowel weyin a pun an three quaarters, baith accoordin tae e standart wechts o e haily place, ilka een fullt wi e flooer o e quern mixt wi olive ile as a grain offerin; [26]ae gowd ashet weyin fower unce, fullt wi scintit reek; [27]ae bullick, ae ram an ae yearlin tup lamb for a brunt offerin; [28]ae billy goat for an offerin for ill-deeins; [29]an twa owsen, five rams, five billy goats an five yearlin tup lambs tae be sacrifeeced as a peace offerin. Att wis the offerin fae Helon's Eliab.

[30]On e fowerth day Shedeur's Elizur, e chief o clan Reuben, brocht his offerin. [31]His offerin wis ae siller ashet weyin three an a quaarter pun an ae siller sprinklin bowel weyin a pun an three quaarters, baith accoordin tae e standart wechts o e haily place, ilka een fullt wi e flooer o e quern mixt wi olive ile as a grain offerin; [32]ae gowd ashet weyin fower unce, fullt wi scintit reek; [33]ae bullick, ae ram an ae yearlin tup lamb for a brunt offerin; [34]ae billy goat for an offerin for ill-deeins; [35]an twa owsen, five rams, five

billy goats an five yearlin tup lambs tae be sacrifeeced as a peace offerin. Att wis the offerin fae Shedeur's Elizur. [36]On e fifth day Zurishaddai's Shelumiel, e chief o clan Simeon, brocht his offerin. [37]His offerin wis ae siller ashet weyin three an a quaarter pun an ae siller spriklin bowel weyin a pun an three quaarters, baith accoordin tae e standart wechts o e haily place, ilka een fullt wi e flooer o e quern mixt wi olive ile as a grain offerin; [38]ae gowd ashet weyin fower unce, fullt wi scintit reek; [39]ae bullick, ae ram an ae yearlin tup lamb for a brunt offerin; [40]ae billy goat for an offerin for ill-deeins; [41]an twa owsen, five rams, five billy goats an five yearlin tup lambs tae be sacrifeeced as a peace offerin. Att wis the offerin fae Zurishaddai's Shelumiel.

[42]On e saxth day Deuel's Eliasaph, e chief o clan Gad, brocht his offerin. [43]His offerin wis ae siller ashet weyin three an a quaarter pun an ae siller sprklin bowel weyin a pun an three quaarters, baith accoordin tae e standart wechts o e haily place, ilka een fullt wi e flooer o e quern mixt wi olive ile as a grain offerin; [44]ae gowd ashet weyin fower unce, fullt wi scintit reek; [45]ae bullick, ae ram an ae yearlin tup lamb for a brunt offerin; [46]ae billy goat for an offerin for ill-deeins; [47]an twa owsen, five rams, five billy goats an five yearlin tup lambs tae be sacrifeeced as a peace offerin. Att wis the offerin fae Deuel's loon Eliasaph.

[48]On e syventh day Ammihud's Elishama, e chief o clan Ephraim, brocht his offerin. [49]His offerin wis ae siller ashet weyin three an a quaarter pun an ae siller sprklin bowel weyin a pun an three quaarters, baith accoordin tae e standart wechts o e haily place, ilka een fullt wi e flooer o e quern mixt wi olive ile as a grain offerin; [50]ae gowd ashet weyin fower unce, fullt wi scintit reek; [51]ae bullick, ae ram an ae yearlin tup lamb for a brunt offerin; [52]ae billy goat for an offerin for ill-deeins; [53]an twa owsen, five rams, five billy goats an five yearlin tup lambs tae be sacrifeeced as a peace offerin. Att wis the offerin fae Ammihud's loon Elishama.

[54]On the auchth day Pedahzur's Gamaliel, e chief o clan Manasseh, brocht his offerin. [55]His offerin wis ae siller ashet weyin three an a quaarter pun an ae siller sprklin bowel weyin a pun an three quaarters, baith accoordin tae e standart wechts o e haily place, ilka een fullt wi e flooer o e quern mixt wi olive ile as a grain offerin; [56]ae gowd ashet weyin fower unce, fullt wi scintit reek; [57]ae bullick, ae ram an ae yearlin tup lamb for a brunt offerin; [58]ae billy goat for an offerin for ill-deeins; [59]an twa owsen, five rams, five billy goats an five yearlin tup lambs tae be sacrifeeced as a peace offerin. Att wis the offerin fae Pedahzur's Gamaliel.

[60]On e ninth day Gideoni's Abidan, e chief o clan Benjamin, brocht his offerin. [61]His offerin wis ae siller ashet weyin three an a quaarter pun an ae siller sprklin bowel weyin a pun an three quaarters, baith accoordin tae e standart wechts o e haily place, ilka een fullt wi e flooer o e quern mixt wi olive ile as a grain offerin; [62]ae gowd ashet weyin fower unce, fullt wi scintit reek; [63]ae bullick, ae ram an ae yearlin tup lamb for a brunt offerin; [64]ae billy goat for an offerin for ill-deeins; [65]an twa owsen, five rams, five billy goats an five yearlin tup lambs tae be sacrifeeced as a peace offerin. Att wis the offerin fae Gideoni's Abidan.

[66]On e tenth day Ammishaddai's Ahiezer, e chief o clan Dan, brocht his offerin. [67]His offerin wis ae siller ashet weyin three an a quaarter pun an ae siller sprklin bowel weyin a pun an three quaarters, baith accoordin tae e standart wechts o e haily place, ilka een fullt wi e flooer o e quern mixt wi olive ile as a grain offerin; [68]ae gowd ashet weyin fower unce, fullt wi scintit reek; [69]ae bullick, ae ram an ae yearlin tup lamb for a brunt offerin; [70]ae billy goat for an offerin for ill-deeins; [71]an twa owsen, five rams, five billy goats an five yearlin tup lambs tae be sacrifeeced as a peace offerin. Att wis the offerin fae Ammishaddai's Ahiezer.

[72]On the elyventh day Ocran's Pagiel, e chief o clan Asher, brocht his offerin. [73]His offerin wis ae siller ashet weyin three an a quaarter pun an ae siller spirklin bowel weyin a pun an three quaarters, baith accoordin tae e standart wechts o e haily place, ilka een fullt wi e flooer o e quern mixt wi olive ile as a grain offerin; [74]ae gowd ashet weyin fower unce, fullt wi scintit reek; [75]ae bullick, ae ram an ae yearlin tup lamb for a brunt offerin; [76]ae billy goat for an offerin for ill-deeins; [77]an twa owsen, five rams, five billy goats an five yearlin tup lambs tae be sacrifeeced as a peace offerin. Att wis the offerin fae Ocran's Pagiel.

[78]On e twalfth day Enan's Ahira, e chief o clan Naphtali, brocht his offerin. [79]His offerin wis ae siller ashet weyin three an a quaarter pun an ae siller spirklin bowel weyin a pun an three quaarters, baith accoordin tae e standart wechts o e haily place, ilka een fullt wi e flooer o e quern mixt wi olive ile as a grain offerin; [80]ae gowd ashet weyin fower unce, fullt wi scintit reek; [81]ae bullick, ae ram an ae yearlin tup lamb for a brunt offerin; [82]ae billy goat for an offerin for ill-deeins; [83]an twa owsen, five rams, five billy goats an five yearlin tup lambs tae be sacrifeeced as a peace offerin. Att wis the offerin fae Enan's Ahira.

[84]Att wis the offerins o the Israelite chieftains for e settin apairt o the aaltar fan it wis annintit: twal siller ashets, twal siller spirklin bowels an twal gowd ashets. [85]Ilka siller ashet weyed three an a quaarter pun, an ilka spirklin bowel a pun an three quaarters. Aa egither, e siller dishes weyed saxty pun, accoordin tae e standart wechts o e haily place. [86]E twal gowd ashets fullt wi scintit reek weyed fower unce apiece, accoordin tae e standart wechts o e haily place. Aa egither, e gowd ashets weyed three pun. [87]E hale tally o beasts for e brunt offerin cam tae twal bullicks, twal rams an twal yearlin tup lambs, alang wi their grain offerin. Twal billy goats were notten for the offerin for ill-deeins. [88]E hale tally o beasts nott for e sacrifeece o e peace offerin cam tae twinty-fower owsen, saxty rams, saxty billy goats an saxty yearlin tup lambs. Att wis the offerins for e settin apairt o the aaltar efter it wis annintit. [89]Fan Moses gaed inno e gaitherin-tent tae spik wi e Lord, he heard e vice spikkin tae him fae atween e twa cherubim abeen e happin o God's kistie. Att's foo e Lord spak tae him.

CHAPTIR 8

E Lord said tae Moses, [2]"Spik tae Aaron an tell him, 'Fan ye licht e lamps, mak seer aa syven licht up e bit anent e lampstan.'" [3]Aaron did att; he set up e lamps tae keest their licht forrit onno e lampstan, jist as e Lord hid bidden Moses. [4]Iss is foo e lampstand wis made: It wis vrocht o haimmert gowd, fae its foun tae its fleerishes. E lampstan wis vrocht accoordin tae e pattren e Lord hid shewn Moses.

[5]E Lord said tae Moses: [6]"Tak e clan Levi fae amo aa the Israelites an mak them cleant. [7]Tae purifee them, iss is fit ye maun dee: Spirkle e watter o cleansin onno them; syne gar them shave their hale bodies an waash their claes. An att wye they'll purifee themsels. [8]Gar them tak a bullick wi its grain offerin o e flooer o e quern mixt wi olive ile; syne ye maun tak anither bullick for an offerin for ill-deeins.[9]Fess e clan Levi in afore e gaitherin-tent an gaither egither e hale o the Israelites. [10]Ye maun fess e clan Levi afore e Lord, an the Israelites maun lay their hans onno them. [11]Aaron maun gie ower e clan Levi afore e Lord as a wag offerin fae the Israelites, sae att they mith be riddy tae dee e wark o e Lord.

[12]"Syne e clan Levi maun lay their hans onno e heids o e bullicks, giein een as an offerin for ill-deeins tae e Lord an e tither for a brunt offerin, tae mak it richt wi God for e clan Levi. [13]Gar e clan Levi stand afore Aaron an his sins an syne gie them ower as a wag offerin tae e Lord. [14]Att wye ye maun set e clan Levi apairt fae e lave o the Israelites, an e clan Levi will be mine. [15]Eence ye've purifiet e clan Levi an gien them ower as a wag offerin, they maun come an dee their wark at e gaitherin-tent. [16]They're the Israelites

fa maun be gien tae me, reet an crap. A've teen them as ma ain insteid o the aulest-born, the aulest male bairn o ilka Israelite wumman. [17]Ilka aulest male in Israel, whither human or beast, is mine. Fan A strack doon aa the aulest-born in Egypt, A set them apairt for ma ain. [18]An A've teen e clan Levi insteid o aa the aulest sins in Israel. [19]Fae amo aa the Israelites, A've gien e clan Levi as a hansel tae Aaron an his sins tae dee e wark at e gaitherin-tent for aa the Israelites an tae mak it richt wi God for them sae nae ill will strick the Israelites fan they gyang in aboot tae e haily place." [20]Moses, Aaron an aa the Israelites did jist as e Lord hid bidden Moses wi e clan Levi. [21]E clan Levi purifiet themsels an waasht their claes. Syne Aaron gied them ower as a wag offerin afore e Lord an made it richt wi God for them tae purifee them. [22]Syne, e clan Levi cam tae dee their wark at e gaitherin-tent wi Aaron an his sins keepin them richt. They did wi e clan Levi jist as e Lord hid bidden Moses.

[23]E Lord said tae Moses, [24]"Iss applies tae e clan Levi: Men twinty-five ear aul an abeen maun come an dee their bit i the wark at e gaitherin-tent, [25]bit fin they win e linth o fifty ear aul, they maun gie up their reglar darg an nae dee nae mair wark. [26]They can gie a han tae their brithers in cairryin oot their wark at e gaitherin-tent, bit they maunna dee e wark themsels. Sae att's foo ye maun gie oot e wark tae e clan Levi."

CHAPTIR 9

E Lord spak tae Moses i the roch cuntra o Sinai i the first month o e saicond ear efter they cam oot o Egypt. He said, [2]"Gar the Israelites cillebrait e Passower at e set time. [3]Cillebrait it at e set time, at gloamin on e fowerteenth day o iss month, in accoord wi aa its rowles an regulations." [4]Sae Moses telt the Israelites tae cillebrait e Passower, [5]an they did jist att i the roch cuntra o Sinai at gloamin on e fowerteenth day o e first month. The Israelites did aathin, jist as e Lord hid bidden Moses.

[6]Bit some o them culdna cillebrait e Passower att day cause they werna cleant cause o a deid body. Sae they cam tae Moses an Aaron att verra day [7]an said tae Moses, "We're nae cleant cause o a deid body, bit fit wye shuld we miss oot fae giein ower e Lord's offerin wi e lave o the Israelites at e set time?" [8]Moses answert them, "Wyte a meenitie, till A see fit e Lord his tae say about ye."

[9]Syne e Lord said tae Moses, [10]"Tell the Israelites: 'Fan ony o ye or yer ation are nae cleant cause o a deid body or are awa on their traivels, they can still cillebrait e Lord's Passower, [11]bit they maun dee it on e fowerteenth day o e saicond month at gloamin. They maun ett e lamb, alang wi loaf bakit wi nae barm an sooricks. [12]They maunna leave neen o't till mornin or braak ony o its beens. Fan they cillebrait e Passower, they maun folla aa e rowles. [13]Bit gin onybody is cleant an nae awa on their traivels an disna cillebrait e Passower, they maun be cuttit aff fae their ain fowk for nae giein ower e Lord's offerin at e set time. They'll dree e weird o their ill-deeins. [14]A forriner bidin amo ye maun cillebrait e Lord's Passower in accoord wi its rowles an regulations. Ye maun hae e same rowles for baith e forriner an e hamewart.'"

[15]On e day e tabernacle, e tent o e covenant laa, wis set up, e clood happit it. Fae nicht till mornin, e clood abeen e tabernacle leukit lik fire. [16]Att's foo it cairriet on: e clood happit it an at nicht it leukit lik fire. [17]Ony time e clood liftit fae abeen e tent, the Israelites set oot; ony time e clood sattlt, the Israelites set up camp. [18]At e Lord's biddin the Israelites set oot, an at his biddin they set up camp. Fanivver e clood wis abeen e tabernacle, they bade i the camp. [19]Fan e clood bade ower e tabernacle for mony a lang day, the Israelites keepit e Lord's biddin an didna set oot. [20]Files e clood wis ower e tabernacle for jist a fyow days; at e Lord's biddin they wid set up camp, an syne at his biddin they wid set oot. [21]Files e clood bade jist ower nicht till mornin, an fan it liftit i the foreneen, they set oot. Be it bi day or bi nicht, fanivver e clood liftit, they set oot. [22]Whither e clood bade ower e tabernacle for twa days or a month or an ear, the

Israelites wid bide i their camp an nae haud forrit; bit fan it liftit, they wid set oot. [23]At e Lord's biddin, they set up camp an at e Lord's biddin they set oot. They did fitivver e Lord garrt them dee, in accoord wi his biddin throwe Moses.

CHAPTIR 10

E Lord said tae Moses: [2]"Mak twa tooteroos o haimmert siller, an blaa them for cryin aa e fowk egither an for settin oot fae e camps. [3]Fan baith are blaawn, e hale jing bang o e fowk maun gaither afore ye at the ingyang o e gaitherin-tent. [4]Gin jist een is blaawn, e chiefs, e heids o e clans o Israel, maun gaither afore ye. [5]Fan a blast o e tooteroo is sounit, e clans campin on the east are tae set oot. [6]Fan e saicond blast is sounit, e camps on e sooth maun set oot. E blast will be e sign for settin oot. [7]Tae gaither e fowk, blaa e tooteroos, bit nae wi e signal for settin oot. [8]Aaron's loons, e priests, maun blaa e tooteroos. Iss will be a laa till ye for aa ginnerations tae come. [9]Fan ye gyang tae e fechtin in yer ain cuntra conter a fae att's haudin ye doon, soun a blast on e tooteroos. Syne e Lord God will myn on ye an rescyee ye fae yer faes. [10]An fan ye're haein a splore, at e times o yer set fairs an New Meen fairs, ye maun soun e tooteroos ower yer brunt offerins an peace offerins, an they'll be somethin for yer God tae myn on ye. A'm e Lord yer God."

[11]On e twintieth day o e saicond month o e saicond ear, e clood liftit fae abeen e tabernacle o e covenant laa. [12]Syne the Israelites set oot fae e roch cuntra o Sinai an traivelt here, there an aawye till e clood sattlt i the roch cuntra o Paran. [13]They set oot, att first time, at e Lord's biddin throwe Moses.

[14]The airmies o e camp o Judah gaed foremaist, aneth their flag. Amminadab's Nahshon wis in chairge. [15]Zuar's Nethanel wis in chairge o the airmy o e clan Issachar, [16]an Helon's Eliab wis in chairge o the airmy o e clan Zebulun. [17]Syne e tabernacle wis teen doon, an e clan Gershon an clan Merari, fa cairriet it, set oot.

[18]The airmies o e camp o Reuben gaed neist, aneth their flag. Shedeur's Elizur wis in chairge. [19]Zurishaddai's Shelumiel wis in chairge o the airmy o clan Simeon, [20]an Reuel's Eliasaph wis in chairge o the airmy o e clan Gad. [21]Syne e Kohaths set oot, cairryin e haily things. E tabernacle wis tae be set up afore they arrived.

[22]The airmies o e camp o Ephraim gaed neist, aneth their flag. Ammihud's Elishama wis in chairge. [23]Pedahzur's Gamaliel wis in chairge o the airmy o e clan Manasseh, [24]an Gideoni'sAbidan wis in chairge o the airmy o clan Benjamin.

[25]Hinmaist, as e rear gaird for aa the airmies, the airmies o e camp o Dan set oot aneth their flag. Ammishaddai's Ahiezer wis in chairge. [26]Ocran's Pagiel wis in chairge o the airmy o clan Asher, [27]an Enan's Ahira wis in chairge o the airmy o clan Naphtali. [28]Att wis the order o mairch for the Israelite airmies as they set oot.

[29]Noo Moses said tae Reuel fae Midian's sin Hobab, (Reuel wis Moses' fadder-in-laa), "We're settin oot for e place att e Lord spak aboot fan he said, 'A'll gie it tae ye.' Come wi hiz an we'll leuk efter ye richt gait, for e Lord his promist gweed things tae Israel." [30]He answert, "Na, na, A'm nae gyan wi ye; A'm awa hame tae ma ain cuntra an ma ain fowk." [31]Bit Moses said, "Na, dinna leave hiz. You ken far we shuld camp i the roch cuntra, an ye can be wir een. [32]Gin ye come wi hiz, we'll pairt oot wi ye fitivver gweed e Lord gies hiz."

[33]Sae they set oot fae e moontain o e Lord an traivelt for three days. God's kistie gaed on afore them for e hale three days tae fin them a place tae tak their rist. [34]E clood o e Lord wis ower them throwe e day fan they set oot fae e camp. [35]Fanivver God's kistie set oot, Moses said, "Rise up, Lord! Mith yer faes be scattert; mith them fa conter ye tak flicht afore ye." [36]Fanivver it cam tae rist, he said, "Come hame, Lord, tae e coontless thoosans o Israel."

CHAPTIR 11

Noo e fowk compleened i the Lord's hearin aboot foo ill-deen till they were, an hearin iss got his birse up. Syne fire fae e Lord brunt amo them an birselt up a fyow o them on e mairches o e camp. [2]E fowk girned tae Moses, an he prayed tae e Lord an e fire deit doon. [3]Sae att place wis caalled Taberah, cause fire fae e Lord hid brunt amo them.

[4]E clamjamfrie amo them startit tae yammer for ither maet, an again the Israelites startit yowlin an said, "Gin we jist hid some maet tae ett. [5]We myn on e fish we ett in Egypt an it didna cost a penny, an we hid cucumbers, melons, leeks, ingins an garlic. [6]Bit noo we've nae appetite; we nivver see naethin bit iss manna." [7]E manna wis lik coriander sids an leukit lik rosin. [8]E fowk gaed aboot gaitherin it up an syne grun it inno a han-mull or bruised it inno a quern. They bylt it inno a pot or made it intae loaf. An it tastit lik somethin made wi olive ile. [9]Fan e dyowe sattlt onno e camp at nicht, e manna cam doon anaa.

[10]Moses heard e fowk fae ilka faimly yowlin at the ingyang tae their tents. E Lord wis fair raised, an Moses wis sair thochtit. [11]He speirt at e Lord, "Fit wye hiv ye fessen iss stramash onna yer servant? Fit hiv A deen tae misfit ye att ye pit e fash o aa iss fowk onno ma? [12]Did I fadder aa is fowk? Did I gie birth tae them? Fit wye are ye tellin ma tae cairry them in ma airms, lik a nurse cairryin a littlin, tae e lan ye promist in yer aith tae their forebeers? [13]Far can A get maet for aa iss fowk? They're aye yowlin tae ma, 'Gie hiz maet tae ett.' [14]A canna cairry aa iss fowk bi ma leen, e birn is ower wachty for ma. [15]Gin iss is e wye ye're gyan tae hannle ma, jist gyang aheid an dee awa wi ma, gin ye think ocht o ma, an dinna lat ma come tae ma ain crockaneetion."

[16]E Lord said tae Moses: "Fess syventy o Israel's elders fa ye ken tae be cheiftains an officeels amo e fowk. Gar them come tae e gaitherin-tent, an stan there wi ye. [17]A'll come doon an hae a news wi ye there, an A'll tak some o e pooer o e speerit att's onno ye an pit it onno them. They'll syne, tak a share o e birn o e fowk wi ye, sae ye winna hae tae cairry it aa yer leen.

[18]"Tell e fowk: 'Consecrait yersels tae mak riddy for e morn, fan ye'll ett beef. E Lord heard ye fan ye yowled, "Gin we jist hid some maet tae ett. We were better aff in Egypt." Noo e Lord will gie ye maet an ye'll ett it. [19]Ye winna ett it for jist the ae day, nor twa days, nor five, ten nor twinty days, [20]bit for a hale month, till it's comin oot yer lugs an ye're scunnert o't, cause ye've rejeckit e Lord, fa's amo ye, an hiv yowled afore him, cryin, "Fit wye did we ivver leave Egypt?"'" [21]Bit Moses said, "Here A am amo sax hunner thoosan men on e mairch, an ye say, 'A'll gie them maet tae ett for a hale month.' [22]Wid they hae aneuch gin flocks an hirds were slauchtert for them? Wid they hae aneuch gin aa e fish i the sea were catcht for them?" [23]E Lord answert Moses, "Is e Lord's airm shilpit? Jist waatch an ye'll see gin fit A say will come aboot for ye."

[24]Sae Moses gaed oot an telt e fowk fit e Lord hid said. He brocht egither syventy o their elders an garrt them stan roon aboot e tent. [25]Syne e Lord cam doon i the clood an spak wi him, an he teuk a picklie o e pooer o e speerit att wis onno him an pat it onno e syventy elders. Fan e speerit reestit onno them, they prophesiet, bit jist att ae time. [26]Hooivver, twa chiels caaed Eldad an Medad, hid bidden i the camp. They

were on e leet o elders, bit didna gyang oot tae e tent. Still-an-on e speerit reestit onno them, an they prophesiet i the camp. [27]A young loon ran an telt Moses, "Eldad an Medad are propheseein i the camp." [28]Nun's Joshua, fa hid been Moses' grieve fae e time he wis a loon, spak oot an said, "Moses, ma lord, gar them stop." [29]Bit Moses answert, "Are ye jillous for my sake? A wid att aa e Lord's fowk were prophits an att e Lord wid pit his speerit onno them." [30]Syne Moses an the elders o Israel gaed back tae e camp.

[31]Noo a win gaed oot fae e Lord an blew quail in fae e sea. It scattert them up tae three fit deep a roon aboot e camp, e linth o a day's waalk in ilka airt. [32]Aa att day an nicht an aa e neist day e fowk gaed oot an gaithert quail. Naebody gaithert less nor a ton an three quaarters. Syne they spreed them oot roon aboot e camp. [33]Bit as e maet wis still i their moos, an afore it culd be etten, e Lord's rage bleezed up agin e fowk, an he strack them wi a fell pest. [34]Sae e place wis caaed e Graves o Mangin, cause att's far they beeriet e fowk fa hid been mangin for ither maet. [35]Fae e Graves o e Mangin, e fowk traivelt tae Hazeroth an bade there.

CHAPTIR 12

Miriam an Aaron startit tae miscaa Moses cause he'd mairiet a wife fa cam fae Cush. [2]"His e Lord spoken ainly throwe Moses?" they speired. "His he nae spoken throwe hiz anaa?" An e Lord heard iss. [3]Noo Moses wis a gey cannie chiel, mair cannie nor ony ither body i the hale warl. [4]Straichtawa e Lord said tae Moses, Aaron an Miriam, "Come oot tae e gaitherin-tent, aa three o ye." Sae aa three o them gaed oot. [5]Syne e Lord cam doon in a pillar o clood; he steed at the ingyang tae e tent an cried tae Aaron an Miriam tae come ower. Fan e twa o them steppit forrit, [6]he said, "Hearken tae ma wirds: Fan there's a prophit amo ye, I, e Lord, shew masel tae him in veesions, A spik tae him in dreams. [7]Bit iss is nae e case wi ma servant Moses; he is leal in ma hale hoose. [8]Wi him A spik face tae face, straicht an nae in riddles; he sees e shape o e Lord. Fit wye syne, are ye nae feart tae spik oot tae conter ma servant Moses?" [9]The annger o e Lord burned agin them, an he left them. [10]Fan e clood liftit fae abeen e tent, Miriam's skin wis lipprous, it wis fite lik snaa. Aaron turnt e wye o her an saa she hid a fylin scaw, [11]an he said tae Moses, "Oh, ma lord, A wid sikk att ye dinna haud agin hiz the ill we've been sae feel as tae dee. [12]Dinna lat her be lik a stillborn bairn comin fae its mither's wyme wi its flesh half etten awa." [13]Sae Moses cried oot tae e Lord, "Please, God, mak her weel again."

[14]E Lord answert Moses, "Gin her fadder hid spat in her face, wid she nae hae been in shame for syven days? Shut her oot o e camp for syven days; efter att she can be fessen back." [15]Sae Miriam wis shut ootside e camp for syven days, an e fowk didna meeve awa till she wis fessen back. [16]Syne, e fowk left Hazeroth an set up camp i the roch cuntra o Paran.

CHAPTIR 13

E Lord said tae Moses, [2]"Sen a fyow men tae tak a leuk ower e cuntra o Canaan, att A'm gyan tae gie tae the Israelites. Sen een o e chieftains fae ilka aul clan." [3]Sae jist as e Lord hid bidden, Moses sent them oot fae e roch cuntra o Paran. Aa o them were chieftains o the Israelites. [4]Iss is fa they were: fae e clan Reuben, Zaccur's Shammau; [5]fae e clan Simeon, Hori's Shaphat; [6]fae e clan Judah, Jephunneh's Caleb; [7]fae e clan Issachar, Joseph's Igal; [8]fae e clan Ephraim, Nun's Hoshea; [9]fae e clan Benjamin, Raphu's Palti; [10]fae e clan Zebulun, Sodi's Gaddiel; [11]fae e clan Manasseh, a clan o Joseph, Susi's Gaddi; [12]fae e clan Dan, Gemalli's Ammiel; [13]fae e clan Asher, Michael's Sethur; [14]fae e clan Naphtali, Vophsi's Nahbi;

¹⁵fae e clan Gad, Maki's Geuel. ¹⁶Att's e names o e chiels Moses sent oot tae tak a leuk at e lan. Moses gied e name Joshua tae Nun's Hoshea.

¹⁷Fan Moses sent them tae tak a leuk ower Canaan, he said, "Gyang up throwe e Negev an heid intill e heilans. ¹⁸See fit e grun's like an gin e fowk fa bide there hiv ony lik strinth or gin they're a fushionless lot, an foo mony o them there mith be. ¹⁹Fit kyn o cuntra div they bide in? Is't ony eese or coorse? Fit kyn o toons div they bide in? Hiv they waas or are they fortifiet? ²⁰Fit's e grun like? Is't growthie or soor? Are there ony wids or nae? See fit ye can dee aboot fessin back ony o e craps o e cuntra." It wis e sizzon for e first o e grape crap. ²¹Sae awa they gaed an hid a gweed leuk at e cuntra fae e roch cuntra o Zin e linth o Rehob, ower e wye o Lebo Hamath.²²They gaed up throwe e Negev an cam tae Hebron, far Ahiman, Sheshai an Talmai, the ation o Anak, bade. Hebron hid been biggit syven ear afore Zoan in Egypt. ²³Fan they won e linth o e Howe o Eshkol, they cuttit aff a branch wi ae bunch o grapes onno't. Twa o them cairriet it onno a pole atween them, alang wi a pucklie pomegranates an figs. ²⁴E place wis caaed e Howe o Eshkol cause o e bunch o grapes the Israelites cuttit aff there. ²⁵Efter fowerty days they cam hame fae leukin ower e cuntra.

²⁶They cam back tae Moses an Aaron an e hale o the Israelites at Kadesh i the roch cuntra o Paran. Fan they got back they telt aa fit they'd seen an shewed them e craps fae e lan. ²⁷Iss is fit they telt Moses: "We gaed tae e cuntra ye sent hiz till, an it dis rin wi milk an hunny. Here's some o'ts craps. ²⁸Bit e fowk fa bide there are pooerfu, e toons are fortifiet an gey big. We saa them fa come o Anak there. ²⁹The Amalekites bide i the Negev; the Hittites, Jebusites an Amorites bide i the heilans; an e Canaanites bide anent e sea, alang e Jordan." ³⁰Syne Caleb telt e fowk tae be quait afore Moses an said, "We shuld gyang up an tak e lan, for we can seerly dee it." ³¹Bit e chiels fa hid gane up wi him said, "We canna attack them fowk, they're stronnger nor hiz." ³²An they pat oot amo Israelites a pack o lees aboot e cuntra they hid leukit at. They said, "E cuntra we leukit at devoors them fa bide inno't. Aa e fowk we saa there were muckle-boukit. ³³We saa e Nephilim there, (Anak's fowk come doon fae e Nephilim). We felt lik we were girsehoppers, an maun hae leukit e same tae them."

CHAPTIR 14

Att nicht aa wir fowk roared an grat. ²Aa the Israelites grummelt aboot Moses an Aaron, an e hale gaitherin said tae them, "Gin we hid jist deit in Egypt! Or in iss roch cuntra! ³Fit wye is e Lord fessin hiz tae iss cuntra for hiz aa tae dee bi e swoord? Wir weeman-fowk an bairns will be teen for plunner. Wid we nae be better gyan back tae Egypt?" ⁴An they said tae een anither, "We shuld pick anither heid bummer an gyang back tae Egypt."

⁵Syne Moses an Aaron plappit doon afore e hale gaitherin o the Israelites. ⁶Nun's Joshua an Jephunneh's Caleb, fa were amo e chiels fa hid gane tae tak a leuk at e cuntra they were gyan till, rippit their claes ⁷an said tae the hale gaitherin o the Israelites, "E cuntra we traivelt throwe an hid a leuk at is a gey gweed place. ⁸Gin e Lord is weel teen wi's, he'll lead hiz tae att lan, a lan rinnin wi milk an hunny, an he'll gie it till's. ⁹Jist dinna fecht wi e Lord. An dinna be feart o e fowk in att cuntra, cause we'll get e better o them. Their gaird his been teen awa fae them, bit e Lord is wi hiz. Dinna be feart at them." ¹⁰Bit e hale gaitherin confabbit aboot steenin them. Syne e glory o e Lord appeared at e gaitherin-tent tae aa the Israelites.

¹¹E Lord said tae Moses, "Foo lang will iss fowk jamph at ma? Foo lang will they refeese tae believe in ma, for aa e mony winners A've deen amo them? ¹²A'll strick them doon wi e pest an dee awa wi them, bit A'll mak you intae a nation greater an stronnger nor them."

¹³Moses said tae e Lord, "Syne the Egyptians will get tae hear o't. Bi yer pooer ye brocht iss fowk oot fae amo them. ¹⁴An they'll tell e fowk fa bide in iss cuntra aboot it. They've heard ariddy att you, Lord, are wi iss fowk an att you, Lord, hiv been seen face tae face, att yer clood sits abeen them, an att ye gyang afore them in a pillar o clood throwe e day an a pillar o fire throwe e nicht.

¹⁵ "Gin ye dee awa wi them aa, leavin neen alive, e cuntras att hiv heard aa aboot ye will say, ¹⁶'E Lord didna manage tae fess iss fowk tae e cuntra he promist them on aith, sae he slauchtert them i the roch cuntra.' ¹⁷Noo lat's see e Lord's strinth, jist as ye've said, ¹⁸'E Lord is slaw tae annger, reamin wi luv, an forgies ill-deein an causin din. Still-an-on he disna lat fowk aff wi their wrangs: he gies e bairns a sairin for e wrang-deeins o their fadders tae e third an e fowerth ation.' ¹⁹In accoord wi yer great luv, forgie the ill-deeins o iss fowk, jist as ye lat them aff fae e time they left Egypt up till noo." ²⁰E Lord answert, "A've forgien them, jist as ye speirt. ²¹For aa that, as seer's A'm here an as seer as e glory o e Lord fulls e hale warl, ²²nae een o them fa saa ma glory an e ferlies A did in Egypt an i the roch cuntra bit fa didna dee ma biddin an tried ma patience tenfaul, ²³nae een o them will ivver see e cuntra A promist on aith tae their forebeers. Nae een fa his jamphit at ma will ivver see it. ²⁴Bit cause ma servant Caleb his a different wye wi him an his aye folla't ma wi aa his hert, A'll fess him tae e cuntra he gaed till, an his fowk will heir it. ²⁵Since the Amalekites an e Canaanites are bidin i the howes, turn back e morn an set oot e wye o e roch cuntra alang e road tae e Reed Sea."

²⁶E Lord said tae Moses an Aaron: ²⁷"Foo lang will iss coorse crew grummle aboot ma? A've heard aa e girnin o iss grummlin Israelites. ²⁸Sae tell them, 'As seer's A'm here, says e Lord, A'll dee tae ye e verra thing ye said: ²⁹Ye'll aa faa in iss roch cuntra, ilka een o ye twinty ear aul an abeen fa wis i the coontin o't an fa grummelt aboot ma. ³⁰Nae een o ye will gyang e linth o e cuntra A swore wi ma han reesed up att A'd mak yer hame, forbyes Jephunneh's Caleb an Nun's Joshua. ³¹As for yer bairns att ye said wid be teen as plunner, A'll fess them hame tae get e gweed o e lan ee've rejeckit. ³²Bit as for you lot, yer bodies will faa in iss roch cuntra. ³³Yer bairns will be shepherds here for fowerty ear, tholin it for yer unfaithfuness, till e hinmaist o yer bodies lies i the roch cuntra. ³⁴For fowerty ear, ae ear for ilka een o e fowerty days ye were takkin a leuk at e lan, ye'll dree yer weird for yer ill-deeins an ken fit it is tae hae me conter ye.' ³⁵I, e Lord, hiv spoken, an A'll fairly dee aa att things tae iss hale coorse crew, att his collogueit egither tae conter ma. They'll get their comeuppance in iss roch cuntra: it's here they'll dee." ³⁶Sae e chiels Moses hid sent tae leuk ower e cuntra, fa cam back an garrt e hale o e fowk grummle aboot him bi miscaa'in it, ³⁷att chiels, them fa did e miscaa'in aboot e cuntra, were strack doon an deit o e pest afore e Lord. ³⁸Nun's Joshua an Jephunneh's Caleb were the ainly eens tae survive oot o aa e chiels fa gaed tae leuk ower e cuntra.

³⁹Fan Moses telt e lave o the Israelites iss, they grieved sair. ⁴⁰At skreek o day e neist mornin, they set oot for e heid o e heilans, sayin, "Noo we're aa set tae gyang up tae e cuntra e Lord promist hiz. Ay, we've deen ill." ⁴¹Bit Moses said, "Fit wye are ye nae deein fit e Lord bad ye? Iss'll get ye naewye. ⁴²Dinna gyang up cause e Lord's nae wi ye. Ye'll be owercome bi yer faes, ⁴³for the Amalekites an e Canaanites will stan up tae ye there. Cause ye've turnt awa fae e Lord, he winna be wi ye an ye'll faa bi e swoord." ⁴⁴Still-an-on, i their thraawnness, they gaed up tae e heid o e heilans, tho naither Moses nor God's kistie meeved fae e camp. ⁴⁵Syne the Amalekites an e Canaanites fa bade i the heilans there cam doon an set onno them an herriet them aa e wye tae Hormah.

CHAPTIR 15

E Lord said tae Moses, [2]"Spik tae the Israelites an tell them: 'Efter ye win tae e cuntra A'm gien tae ye as yer hame, [3]an ye gie ower tae e Lord maet offerins fae e hird or e flock, as a yoam att e Lord's weel teen wi, whither brunt offerins or sacrifeeces, for speecial voos or freewill offerins or offerins for fairs, [4]e body fa fesses the offerin maun gie ower tae e Lord a grain offerin o three an a half pun o e flooer o e quern mixt wi a quaart o olive ile. [5]Wi ilka lamb for e brunt offerin or e sacrifeece, mak up a quaart o wine as a drink offerin. [6]Wi a ram mak up a grain offerin o syven pun o e flooer o e quern mixt wi twa an a quaarter pints o olive ile, [7]an twa an a quaarter pints o wine as a drink offerin. Gie it up as a yoam att e Lord's weel teen wi. [8]Fan ye mak up a bull as a brunt offerin or sacrifeece, for a speecial voo or a peace offerin tae e Lord, [9]fess wi e bull a grain offerin o elyven pun o e flooer o e quern mixt wi twa quaarts o olive ile, [10]an fess alang wi it twa quaarts o wine as a drink offerin. Iss will be a maet offerin, a yoam att e Lord's weel teen wi. [11]Ilka bull or ram, ilka lamb or young goat, maun be made up att wye. [12]Dee iss for ilka een an for as mony as ye mak up. [13]Aabody fa is o yer ain fowk maun dee it aa att wye fan they gie ower a maet offerin as a yoam att e Lord's weel teen wi. [14]For e ginnerations tae come, fanivver a forriner or a fremt bidin amo ye gies ower a maet offerin as a yoam att e Lord's teen wi, they maun dee e verra same as ee dee. [15]Yer fowk maun hae e same rowles for their ain as they hiv for e forriner bidin amo ye; att's an ivverlestin laa for aa ginnerations tae come. You an e forriner will be eeksie-peeksie afore e Lord. [16]E same laas an rowles will apply baith tae youeens an tae e forriner bidin amo ye.'"

[17]E Lord said tae Moses, [18]"Spik tae the Israelites an tell them: 'Fan ye win e linth o e lan A'm takkin ye till, [19]an ye ett e maet o att lan, gie ower a pairt o't as an offerin tae e Lord. [20]Gie ower a loaf fae e first o yer grun meal an gie it ower as an offerin fae e thrashin-fleer. [21]For aa e ginnerations tae come, ye maun gie iss offerin tae e Lord fae e first o yer grun meal. [22]Noo gin yer fowk there, bi mistaak, dinna haud tae ony o iss biddin att e Lord gied tae Moses, [23]ay, ony o e Lord's biddin tae ye throwe him, fae e day e Lord gied them an gyan on doon throwe aa e ginnerations tae come, [24]an iss is deen bi mistaak athoot e fowk kennin o't, syne e hale o e fowk maun gie up a bullick for a brunt offerin as a yoam att e Lord's weel teen wi, alang wi its set grain offerin an drink offerin, an a billy goat for an offerin for ill-deeins. [25]E priest maun mak it richt wi God for e hale o the Israelite fowk, an they'll be forgien, for it wisna meant an they hiv gien ower a maet offerin an an offerin for ill-deeins tae e Lord for e wrang they've deen. [26]The hale o the Israelites an e forriners bidin amo them will be forgien, cause aa e fowk teuk pairt in e mistaak.

[27]"Bit gin jist the ae body dis wrang bi mistaak, att body maun fess a yearlin nanny goat for an offerin for ill-deeins. [28]E priest maun mak it richt wi God afore e Lord for att body fa made e mistaak bi deein wrang athoot kennin o't. An eence it's been made aa richt wi God for him, att body will be forgien. [29]The ae same laa applies tae aabody fa dis ill bi mistaak, be they hame-born or a forriner bidin amo ye.

[30]"Bit a body fa kens they're deein ill, be they hame-born or forriner, his nae respeck for e Lord an maun be cuttit aff fae e fowk o Israel. [31]Cause they hiv nae respeck for e Lord's wird an hiv breuken his commans, they maun seerly be cuttit aff, cause fit they've deen wrang is onno their ain heids.'"

[32]Fan the Israelites were i the roch cuntra, a chiel wis faun gaitherin sticks on e Sabbath. [33]Them fa faun him gaitherin sticks brocht him tae Moses an Aaron an e hale gaitherin, [34]an they keepit him i the jile, cause they didna ken fit tae dee wi him. [35]Syne e Lord said tae Moses, "E chiel maun be deen awa wi. The hale gaitherin maun steen him ootside e camp." [36]Sae e hale gaitherin teuk him ootside o e camp an steent him tae daith, as e Lord hid bidden Moses.

[37]E Lord said tae Moses, [38]"Spik tae the Israelites an tell them: 'Throwe aa e ginnerations tae come ye maun mak toshils on e neuks o yer claes, wi a blue tow on ilka toshil. [39]Ye'll hae iss toshils tae leuk at an

sae be mynt on aa e commans o e Lord, sae ye mith keep them an nae hoor aboot bi ettlin efter fit yer ain herts an een are sikkin. [40]Syne ye'll myn tae keep aa ma commans an will be consecraitit tae yer God. [41]A'm e Lord yer God, fa brocht ye oot o Egypt tae be yer God. A'm e Lord yer God.'"

CHAPTIR 16

Levi's Kohath's Izhar's Korah, an a puckle o e clan Reuben: Eliab's loons Dathan an Abiram, an Peleth's On turnt rael impident, [2]an reese up tae conter Moses. Alang wi them were twa hunner an fifty Israelite chiels, kenspeckle heidsmen amo e fowk, fa hid been appintit tae e Cooncil. [3]They aa cam egither tae conter Moses an Aaron an said tae them, "Ye've jist gane far aneuch. E hale o wir fowk are haily, ilka last een o them, an e Lord is wi them. Sae fit wye div ye think yersels abeen e gaitherin o e Lord's fowk?" [4]Fan Moses heard iss, he plappit doon on e grun. [5]Syne he said tae Korah an aa his cronies: "E morn's mornin e Lord will shew fa belangs tae him an fa is haily, an he'll draa att body in aboot till him. He'll cry in aboot tae him e chiel he picks. [6]Iss is fit you, an aa yer cronies maun dee, Korah. Tak censers, [7]an e morn, pit burnin cwyles an scintit reek inno them afore e Lord. E chiel fa e Lord picks will be the een fa's haily. You clan Levi, ye've gane ower far iss time." [8]An Moses said tae Korah, "Noo jist listen, aa you clan Levi. [9]Is't nae aneuch for ye att e God o Israel his pairtit ye oot fae e lave o the Israelite fowk an brocht ye in aboot tae himsel tae dee e wark at e Lord's tabernacle an tae stan afore e fowk an meenister tae them? [10]He his fessen ye an aa e lave o e clan Levi tae himsel, bit noo ye're tryin tae get e priesthood anaa. [11]It's conter e Lord att you an yer cronies hiv collogueit egither. Fa is Aaron att ye shuld grummle aboot him?"

[12]Syne Moses pat oot wird for Eliab's loons, Dathan an Abiram, tae come tae him, bit they said, "Na, na we're nae comin. [13]Is't nae aneuch att ye've fessen hiz oot o a cuntra reamin wi milk an hunny tae dee awa wi hiz i the roch cuntra? An noo ye're sikkin tae lord it ower hiz. [14]Fit's mair, ye hinna fessen hiz tae a lan reamin wi milk an hunny nor gien hiz an heirskip o parks an vinyairds. Div ye wint tae haik iss chiels lik slaves? Na, na. We're nae comin." [15]Att gat Moses' birse up an he said tae e Lord, "Dinna accep their offerin. A hinna teen as muckle as a cuddy fae them, nor hiv A deen neen o them nae ill." [16]Moses said tae Korah, "You an aa yer cronies maun appear afore e Lord e morn, you, aa them an Aaron. [17]Ilka chiel maun fess his censer wi scintit reek inno't, twa hunner an fifty censers aa in, an gie it ower afore e Lord. You an Aaron maun gie ower yer censers anaa." [18]Sae ilka een teuk his censer, pat burnin cwyles an scintit reek inno't, an steed wi Moses an Aaron at the ingyang tae e gaitherin-tent. [19]Fan Korah hid gaithert aa his cronies anent them at the ingyang tae e gaitherin-tent, e glory o e Lord appeared tae the hale gaitherin. [20]E Lord said tae Moses an Aaron, [21]"Haud awa fae is crew sae A can dee awa wi them belyve." [22]Bit Moses an Aaron plappit doon on their faces an roart oot, "O God, e God fa gies braith tae aa att's livin, will ye tak yer annger oot on e hale gaitherin fan it's jist the ae chiel fa's deen ill?"

[23]Syne e Lord said tae Moses, [24]"Tell e gaitherin, 'Meeve awa fae e tents o Korah, Dathan an Abiram.'" [25]Moses reese up an gaed tae Dathan an Abiram, an the elders o Israel folla't him. [26]He warnt e gaitherin, "Meeve awa fae e tents o att coorse chiels. Dinna touch naethin att belangs tae them, or ye'll be swypit awa, cause o their ill-deeins." [27]Sae they meeved awa fae e tents o Korah, Dathan an Abiram. Dathan an Abiram hid come oot an were stannin at the ingyangs tae their tents wi their weemen fowk, bairns an littlins. [28]Syne Moses said, "Iss is foo ye'll larn att e Lord his sent ma tae dee aa his warks an it wis naethin tae dee wi me. [29]Gin iss chiels dee a nettral daith an dree e weird o aa mankyn, syne e Lord hisna sent ma. [30]Bit gin e Lord fesses aboot some ferlie, an e grun opens its moo an swallies them, wi aa their gear, an they gyang doon, livin, tae the ill place, syne ye'll ken iss chiels hiv been miscaain e Lord."

[31]As seen as he wis throwe spikkin, e grun aneth them rint in twa [32]an e grun opent its moo an swallied them an aa their hoosehaud an aa them fa hid onythin tae dee wi Korah, alang wi aa they aint anaa. [33]They gaed doon, livin, tae the ill place, wi aathin they aint. E grun shut abeen them an att wis e hinnerein o them. [34]At their yowlin, aa the Israelites roon aboot them teuk aff, roarin, "E grun's gyan tae swally hiz anaa." [35]An fire cam oot fae e Lord an birselt e twa hunner an fifty chiels fa were gien ower e scintit reek. [36]E Lord said tae Moses, [37]"Tell Aaron, e priest's loon Eliazar, tae clear oot e censers fae e lowe an scatter the aise hine oot aboot, cause e censers are haily, [38]e censers o e chiels fa did ill at e cost o their verra lives. Haimmer e censers intae sheets tae hap the aaltar, cause they were gien ower afore e Lord an are noo haily. Lat them be a sign tae the Israelites." [39]Sae Eleazar e priest gaithert e bress censers brocht bi e chiels fa hid been brunt tae daith, an he garrt them be haimmert oot tae hap the aaltar, [40]as e Lord bade him dee throwe Moses. Iss wis sae the Israelites wid myn att neen bit the ation o Aaron shuld come tae burn scintit reek afore e Lord, for fear it mith turn oot lik it did for Korah an his cronies.

[41]E neist day the hale o the Israelite fowk grummelt aboot Moses an Aaron. "Ye've killed e Lord's ain fowk," they said. [42]Bit fan e crood o them gaithert tae conter Moses an Aaron an turnt e wye o e gaitherin-tent, aa at eence e clood happit it an e glory o e Lord appeared. [43]Syne Moses an Aaron gaed oot afore e gaitherin-tent, [44]an e Lord said tae Moses, [45]"Get oot o e road o iss gaitherin o fowk sae A can dee awa wi them straicht awa." An they plappit doon on their faces.

[46]Syne Moses said tae Aaron, "Tak yer censer an pit scintit reek inno't, alang wi burnin cwyles fae the aaltar, an rin tae e gaitherin o fowk an mak it richt wi God for them. Annger his come fae e Lord; e pest his startit." [47]Sae Aaron did as Moses bad him, an ran intae e mids o e fowk fa hid gaithert. E pest wis ariddy startit amo e fowk, bit Aaron offert e scintit reek an made it richt wi God for them. [48]He steed atween e livin an e deid, an e pest stoppit. [49]Bit fowerteen thoosan syven hunner fowk deit o e pest, abeen them fa hid deit cause o Korah. [50]Syne Aaron gaed back tae Moses at the ingyang tae e gaitherin-tent, for e pest hid devaalt.

CHAPTIR 17

E Lord said tae Moses, [2]"Spik tae the Israelites an get twal wans fae them, een fae e chief o ilka clan. Vreet e name o ilka chief onno his wan. [3]On e wan o Levi vreet Aaron's name, for there maun be ae wan for e heid o ilka clan. [4]Lay them doon inno e gaitherin-tent anent God's kistie, far A forgaither wi ye. [5]E wan belangin tae e chiel A pick will growe sproots, an A'll redd masel o iss grummlin agin ye bi the Israelites."

[6]Sae Moses spak tae the Israelites, an their chieftains gied him twal wans, een for e chief o ilka clan, an Aaron's wan wis amo them. [7]Moses laid e wans afore e Lord inno e tent o e covenant laa. [8]E neist day Moses gaed inno e tent an he saa att Aaron's wan, e wan o clan Levi, hid nae jist breert bit hid buddit, flooered an growen almones. [9]Syne Moses brocht oot aa e wans fae afore e Lord tae shew aa the Israelites. They leukit at them, an ilka chieftain teuk his ain wan. [10]E Lord said tae Moses, "Pit Aaron's wan back, in afore God's kistie, tae be keepit as a sign tae e fractious. Iss will pit an ein tae their grummlin agin ma, sae they winna dee." [11]Moses did jist as e Lord hid bidden him. [12]The Israelites said tae Moses, "We'll dee, we're deen for, we're aa doomed. [13]Onybody fa comes in aboot tae e tabernacle o e Lord will dee. Are we aa gyan tae dee?"

CHAPTIR 18

E Lord said tae Aaron, "You, yer sins an yer faimly maun cairry the ontak for e wrangs conneckit wi e haily place, an you an yer sins aleen maun cairry the ontak for e wrangs conneckit wi e priesthood. [2]Fess e lave o e clan Levi tae jine ye an gie ye a han fan you an yer sins meenister afore e tent o e covenant laa. [3]They maun wark unner ye an cairry oot aa e dyowties o e tent, bit they maunna gyang nearhan e plenishins o e haily place nor the aaltar. Gin they div, baith you an them will dee. [4]They maun jine ye an tak on e leukin efter o e gaitherin-tent, dee aa e wark at e tent, an nae ither body maun come near han far you are. [5]Ye maun cairry the ontak o leukin efter e haily place an the aaltar, sae att ma annger winna faa onno the Israelites again. [6]It's masel fa his pickit e lave o e Levites fae amo the Israelites as a hansel tae ye, set apairt tae e Lord tae dee e wark at e gaitherin-tent. [7]Bit jist you an yer sins can sair as priests tae dee wi aa at the aaltar an ayont e drape. A'm giein e sairin o e priesthood tae ye as yer ain. Ony ither body fa comes near han e haily place maun be deen awa wi."

[8]Syne e Lord said tae Aaron, "It's me masel fa's pat ye in chairge o the offerins gien ower tae ma. Aa the haily offerins the Israelites gie tae ma, A gie tae you an yer sins as yer pairt, yer share for ivver. [9]Ye're tae hae e pairt o e maist haily offerins att's keepit fae e fire. Fae aa e gweed gear they fess tae ma as maist haily offerins, be it grain offerins or offerins for ill-deeins, att bit belangs tae you an yer sins. [10]Ett it as somethin maist haily; ilka male maun ett it. Ye maun leuk on it as haily. [11]An iss is yours anaa: fitivver is set apairt fae aa e wag offerins o the Israelites. A gie iss tae you an yer sins an dothers as yer pairt for ivver. Aabody in yer hoosehaud fa is cleant can ett it. [12]A'll gie ye aa e best olive ile an aa e best new wine an corn they gie e Lord as e first crap o their hairst. [13]Aa e lan's first craps att they fess tae e Lord will be yours. Aabody in yer hoosehaud fa is cleant can ett it. [14]Aathin in Israel att's set apairt for e Lord is yours. [15]E first born o ilka wyme, baith human an beast, att's offert tae e Lord is yours. Bit ye maun buy back ilka aulest sin an ilka aulest male beast att's nae cleant. [16]Fan they're a month aul, ye maun buy them back at e buy-back price set at twa unce o siller, accoordin tae e standart wechts o e haily place, att weys a tenth o an unce. [17]Bit ye maunna buy back the aulest-born o a coo, or a yowe or a goat; they are haily. Spleiter their bleed anent the aaltar an burn their creesh as a maet offerin, a yoam att e Lord's weel teen wi. [18]Their beef is tae be yours, jist as e breist o e wag offerin an e richt hoch are yours. [19]Fitivver is set apairt fae the haily offerins the Israelites gie ower tae e Lord, A gie tae you an yer sins an dothers as yer pairt for ivver. It's an ivverlestin covenant bun wi saut afore e Lord, for baith you an yer ation."

[20]E Lord said tae Aaron, "Ye'll hae nae heirskip i their grun, nor will ye hae nae share amo them; A'm yer share an yer heirskip amo the Israelites. [21]A gie tae e Levites aa e tithes in Israel as their heirskip in troke for e wark they dee sairin at e gaitherin-tent. [22]Fae noo on, the Israelites maunna gyang in aboot tae e gaitherin-tent, or they'll dree e weird o their ill-deein an dee. [23]It's e Levites fa maun dee e wark at e gaitherin-tent an cairry the ontak for ony wrangs they dee agin it. Iss is an ivverlestin laa for e ginnerations tae come. They winna win nae heirskip amo the Israelites. [24]Raither, A gie tae e Levites as their heirskip e tithes att the Israelites gie ower as an offerin tae e Lord. Att's fit A'm sayin aboot them: 'They winna hae nae heirskip amo the Israelites.'"

[25]E Lord said tae Moses, [26]"Spik tae e Levites an tell them: 'Fan ye get e tithe A'm giein ye as yer heirskip fae the Israelites, ye maun gie ower a tenth o att tithe as e Lord's offerin. [27]Yer offerin will be leukit on as corn fae e thrashin-fleer or bree fae e winepress. [28]Sae att wye ye maun gie ower an offerin tae e Lord fae aa e tithes ye get fae the Israelites. Fae att tithes ye maun gie e Lord's pairt tae Aaron e priest. [29]Ye maun gie ower as e Lord's pairt e best an hailiest bit o aathin gien tae ye.' [30]Tell e Levites: 'Fan ye gie ower e best pairt, it will be leukit on as comin fae e thrashin-fleer or e winepress. [31]You an yer hoosehauds can ett e lave o't ony wye, cause it's yer waage for yer wark at e gaitherin-tent. [32]Bi giein

ower e best pairt o't, ye winna be held tae be i the wrang, syne ye winna fyle the haily offerins o the Israelites, an ye winna dee.'"

CHAPTIR 19

E Lord said tae Moses an Aaron: [2]"Here's anither order o e laa att e Lord his bidden ye keep: Tell the Israelites tae fess a reed quake tae ye wi nae faut nor mark att his nivver been yokit. [3]Gie her tae Eleazar e priest; she maun be teen ootside e camp an slauchtert wi him waatchin. [4]Syne Eleazar e priest maun tak a suppie bleed onno his finnger an spirkle it syven times e wye o e front o e gaitherin-tent. [5]Wi him waatchin, e quake maun be brunt: her hide, her flesh, her bleed an her intimmers. [6]E priest maun tak a pucklie cedar wid, hyssop an reed oo an fling them onno e burnin quake. [7]Syne, e priest maun waash his claes an bath himsel wi watter. Syne he'll be latten back inno e camp, bit he'll be nae cleant till nichtfa. [8]E chiel fa did e burnin maun waash his claes anaa an bath wi watter, an he'll be nae cleant till nichtfa anaa. [9]A chiel fa's cleant maun gaither up the aise o e quake an pit it inno a cleant place ootside e camp. It maun be keepit bi the Israelites tae eese i the cleanin watter; it's for peerification fae ill-deein. [10]E chiel fa gaithers the aise o e quake maun waash his claes anaa, an he'll be nae cleant till nichtfaa anaa. Iss will be an ivverlestin laa baith for the Israelites an for e forriners bidin amo them.

[11]"Onybody fa touches a human corpse will be nae cleant for syven days. [12]They maun purifee themsels wi e watter on e third day an on e syventh day; syne they'll be cleant. Bit gin they dinna purifee themsels on e third an syventh days, they winna be cleant. [13]Gin they dinna purifee themsels efter touchin a human corpse, they fyle e Lord's tabernacle. They maun be cuttit aff fae Israel. Cause e watter o cleansin hisna been spirklt onno them, they're nae cleant; they're aye still nae cleant. [14]Iss is e laa att applies fan a body dees inno a tent: A body fa gyangs inno e tent an onybody inno't will be nae cleant for syven days, [15]an ilka jar wi nae lid festent tae e tent will be nae cleant. [16]Ony body, oot an aboot, fa touches a body fa's been killed bi e swoord or a body fa's deit a nettral daith, or onybody fa touches a human been or a grave, will be nae cleant for syven days. [17]For e body fa's nae cleant, pit a suppie aise fae e brunt peerification offerin inno a jarrie an poor clean watter ower it. [18]Syne a chiel fa is cleant maun tak some hyssop, dip it inno e watter an spirkle e tent an aa its plenishins an aa e fowk fa were inno't. An he maun spirkle onybody fa his touched a human been or a grave, or onybody fa's been killed or onybody fa his deit a nettral daith. [19]E chiel fa is cleant maun spirkle them fa are nae cleant on e third an syventh days, an on e syventh day he maun purifee them. Them bein cleant maun waash their claes an bath wi watter, an att nicht, they'll be cleant. [20]Bit gin a body fa's nae cleant disna purifee themsels, they maun be cuttit aff fae amo wir ain fowk, cause they hiv fylt e Lord's haily place. E cleanin watter hisna been spirklt onno them an sae they are nae cleant. [21]Iss is an ivverlestin laa for them.

E chiel fa spirkles e cleanin watter maun waash his claes anaa, an onybody fa touches e cleanin watter will be nae cleant till nichtfa. [22]Onythin att a body fa's nae cleant touches turns nae cleant, an onybody fa touches it turns nae cleant till nichtfa."

CHAPTIR 20

I the first month, the hale o the Israelites won e linth o e roch cuntra o Zin, an they bade at Kadesh. Miriam deit an wis beeriet there. [2]Noo there wis nae watter for e fowk, an they aa gaithert tae conter Moses an Aaron. [3]They strove wi Moses an said, "Gin we hid bit deit fan wir brithers fell doon deid afore e Lord. [4]Fit wye did ye fess e Lord's fowk tae iss scruntit hole, for hiz an wir beasts tae dee here? [5]Fit wye did ye fess hiz up oot o Egypt tae iss scunnerfu place? It his nae corn nor figs, nae grapevines nor pomegranates. An there's nae a drap o watter tae drink." [6]Moses an Aaron left e fowk an gaed tae the ingyang o e gaitherin-tent an plappit doon on their faces, an e glory o e Lord appeared tae them. [7]E Lord said tae Moses, [8]"Tak e wan, an you an yer brither Aaron gaither aa e fowk egither. Spik tae att muckle steen as they're waatchin an it will ream oot watter. Ye'll fess watter oot o e steen for aa e fowk, sae att they an their beasts mith drink." [9]Sae Moses teuk e wan fae e place far it wis keepit afore e Lord, jist as he hid bidden him. [10]Moses an Aaron gaithert aa e fowk egither anent e steen an Moses said tae them, "Listen, ye vratches, maun we fess watter oot o iss steen for ye?" [11]Syne Moses reesed his airm an gied e steen twa dunts wi his wan. Watter reamed oot, an aa e fowk an their beasts hid a drink.

[12]Bit e Lord said tae Moses an Aaron, "Bicause ye didna believe in ma aneuch tae shew foo haily I am tae the Israelites, ye winna bring iss fowk tae e cuntra A'm giein them." [13]It wis at e watters o Meribah, att the Israelites strove wi e Lord an far he wis preeved tae be haily amo them.

[14]Moses sent rinners fae Kadesh tae e keeng o Edom, sayin: "Iss is fit yer brither Israel says: Ye ken aboot aa e trauchles we've hid. [15]Wir forebeers gaed doon tae Egypt, an we bade there mony ear. The Egyptians were sair on hiz an wir forebeers, [16]bit fan we cried tae e Lord, he heard hiz an sent an angel an brocht hiz oot o Egypt. Noo here we are at Kadesh, a toon on e mairches o yer cuntra. [17]Wid ye lat hiz pass throwe yer cuntra. We winna gyang ower nae park nor vinyaird, nor drink watter fae nae waalie. We'll traivel alang e Keeng's Causey an nae turn richt nor left till we're clean throwe yer cuntra." [18]Bit Edom answert: "Ye're nae comin throwe here. Gin ye try, we'll mairch oot an tak wir swoords tae ye." [19]The Israelites rebattit: "We'll gyang alang e braid causey, an gin we or wir beasts drink ony o yer watter, we'll pey ye for't. We jist wint tae cross throwe on fit, nae mair nor att." [20]Again they answert: "Ye're nae comin throwe here." Syne Edom cam oot agin them wi a muckle poorfu airmy. [21]As Edom widna lat them throwe their lan, Israel turnt awa fae them.

[22]The hale o e fowk o Israel set oot fae Kadesh an cam tae Moont Hor. [23]At Moont Hor, anent e border wi Edom, e Lord said tae Moses an Aaron, [24]"Aaron will be gaithert tae his ain fowk. He winna gang inno e lan A'm giein tae the Israelites, cause baith o ye turnt agin ma biddin at e watters o Meribah. [25]Get Aaron an his loon Eleazar an tak them up Moont Hor. [26]Tak aff Aaron's claes an pit them onno his loon, Eleazar, for Aaron will be gaithert tae his ain fowk; he's gyan tae dee there." [27]Moses did e Lord's biddin. They gaed up Moont Hor wi the hale o the Israelites waatchin. [28]Moses teuk aff Aaron's claes an pat them onno his loon, Eleazar. An Aaron deit there on e heid o e hill. Syne Moses an Eleazar cam doon fae e hill, [29]an fan aa e fowk got tae hear att Aaron wis deid, aa the Israelites grat for him for thirty days.

CHAPTIR 21

Fan e Canaanite keeng o Arad, fa bade i the Negev, heard att Israel wis comin alang e road tae Atharim, he attackit the Israelites an teuk some o them. [2]Syne Israel made iss voo tae e Lord: "Gin ye gie iss fowk inno wir hans, we'll ding doon aa their toons." [3]E Lord hearkent tae Israel's priggin an gied e Canaanites ower tae them. They made a crockaneetion o aa their toons; sae e place wis caaed Hormah (or Crockaneetion in oor tongue).

[4]They traivelt fae Moont Hor alang e road tae e Reed Sea, tae gyang roon aboot Edom. Bit e fowk grew cankert on e wye; [5]they miscaaed God an Moses, an said, "Fit wye hiv ye brocht hiz oot o Egypt tae dee i the roch cuntra? There's nae loaf. There's nae watter. An we canna stan iss fenless maet." [6]Syne e Lord sent pooshinous snakes amo them; they teuk a bite o e fowk an a hantle o the Israelites deit.

[7]E fowk cam tae Moses an said, "We did ill fan we miscaaed e Lord an you. We prig att e Lord wid tak e snakes awa fae hiz." Sae Moses prayed for e fowk. [8]E Lord said tae Moses, "Mak a snake an pit it up on a pole; ony body fa's bitten can leuk at it an live." [9]Sae Moses vrocht a bress snake an pat it up on a pole. Syne, fan onybody gat a bite fae a snake an leukit at e bress snake, they lived.

[10]The Israelites meeved on an campit at Oboth. [11]Syne they set oot fae Oboth an campit in Iye Abarim, i the roch cuntra att lies tee till Moab tae the east.

[12]Fae there they meeved on an campit i the Howe o Zered. [13]They set oot fae there an campit anent the Arnon, fit's i the roch cuntra rinnin e linth o e lan o the Amorites. The Arnon is e mairch o Moab, atween Moab an the Amorites. [14]Att's fit wye e Beuk o e Waars o e Lord says: ". . . Zahab in Suphah an e glens, the Arnon [15]an braes o e glens att lead tae e clachan o Ar an lie alang e mairches o Moab." [16]Fae there they held on tae Beer, e waallie far e Lord said tae Moses, "Gaither e fowk egither an A'll gie them watter."

[17]Syne Israel liftit iss sang: "Spring up, waallie. Sing aboot it, [18]aboot e waallie att e princes dug, att e gintry howkit, e gintry wi steeks an wans." Syne they gaed fae e roch cuntra tae Mattanah, [19]fae Mattanah tae Nahaliel, fae Nahaliel tae Bamoth,[20]an fae Bamoth tae e howe in Moab far e tap o Pisgah leuks doon on e scruntit grun.

[21]Israel sent rinners tae speir at Sihon keeng o the Amorites: [22]"Lat hiz gyang throwe yer cuntra. We winna gyang ower nae park nor vinyaird, nor drink watter fae nae waallie. We'll traivel alang e Keeng's Causey an nae turn richt nor left till we're clean throwe yer cuntra." [23]Bit Sihon widna lat Israel gyang throwe his cuntra. He gaithert his hale airmy an mairched oot intae e roch cuntra tae fecht wi Israel. Fan he won e linth o Jahaz, he focht wi Israel. [24]Bit Israel pat him tae e swoord an teuk ower his grun fae the Arnon tae e Jabbok, bit jist e linth o the Ammonites, cause their mairch wis fortifiet. [25]Israel teuk aa e toons o the Amorites an occupied them, includin Heshbon an aa e clachans roon aboot it. [26]Heshbon wis Sihon keeng o the Amorites's toon, him fa focht wi the aul keeng o Moab an hid teen fae him aa his grun e linth o the Arnon. [27]Att's fit wye e rhymers say, "Come tae Heshbon an lat it be rebiggit; lat Sihon's toon be replenisht. [28]Fire gaed oot fae Heshbon, a bleeze fae e toon o Sihon. It brunt Ar o Moab, e fowk o e heilans o Arnon. [29]There's nae hope for ye, Moab. It's e hinnerein o ye, ye fowk o Chemosh. He's gien up his sins as fugitives an his dothers as captives tae Sihon keeng o the Amorites. [30]Bit we hiv owercome them; Heshbon's rowle his been deen awa wi aa e wye tae Dibon. We've dung them doon e linth o Nophah, aa the wye tae Medeba."

[31]Sae Israel sattlt i the Amorites's cuntra. [32]Efter Moses hid sent spies tae Jazer, the Israelites teuk e clachans roon aboot it an dreeve oot the Amorites fa were there.

[33]Syne they turnt an gaed up alang e road e wye o Bashan, an Og keeng o Bashan an his hale airmy maircht oot tae fecht wi them at Edrei. [34]E Lord said tae Moses, "Dinna be feart o him, cause A've gien him ower inno yer hans alang wi his hale airmy an his grun. Dee wi him fit ye did wi Sihon the Amorite keeng, fa rowled in Heshbon." [35]Sae they strack him doon, alang wi his sins an his hale airmy, leavin neen alive. An they teuk ower his cuntra.

CHAPTIR 22

Syne the Israelites traivelt tae e carse o Moab an campit alang e Jordan anent Jericho.

[2]Noo Zippor's Balak hid seen fit Israel hid deen tae the Amorites, [3]an Moab wis terrifiet cause there wis sic a thrang o them. In fac, Moab wis fair fullt wi dreid cause o the Israelites. [4]E Moabites said tae e chieftains o Midian, "Iss clamjamfrie is gyan tae sup up aathin roon hiz, as a stot etts up e girse i the parks." Sae Zippor's Balak, fa wis e keeng o Moab at att time, [5]sent rinners tae sik help fae Beor's Balaam, fa wis at Pethor, ower bi the Euphrates River, in his ain cuntra. Balak said: "A crew his come oot o Egypt; they hap e face o e lan an hiv sattlt neist tae ma. [6]Hist ye an pit a curse on iss fowk, cause they're some pooerfu for me. Att wye syne, A mith manage tae get e better o them an drive them oot o e cuntra. For A ken att faaivver ye bliss is blisst an faaivver ye curse is curst."

[7]E chieftains o Moab an Midian held awa, takkin wi them e peyment for e divination. Fan they cam tae Balaam, they telt him fit Balak hid said. [8]"Bide here e nicht," Balaam said tae them, "an A'll come back tae ye wi fit e Lord his tae say aboot it." Sae e chieftains o Moab bade wi him. [9]God cam tae Balaam an speirt, "Fa's att chiels wi ye?" [10]Balaam said tae God, "Zippor's Balak, e keeng o Moab, sent me iss eerin: [11]'A hantle o fowk att hiv come oot o Egypt are happin e face o e lan. Hist ye an pit a curse onno them for ma. Att wye syne, A mith manage tae fecht wi them an dreeve them awa.'" [12]Bit God said tae Balaam, "Dinna gyang wi them. Ye maunna pit a curse onno att fowk, cause they hiv ma blissin." [13]E neist mornin Balaam raise an said tae Balak's chieftains, "Gyang hame tae yer ain cuntra, cause e Lord winna lat ma gyang wi ye." [14]Sae e chieftains o Moab gaed back hame tae Balak an said, "Balaam widna come wi hiz."

[15]Syne Balak sent ither officeels, mair o them an mair kenspeckle nor e first lot. [16]They cam tae Balaam an said: "Iss is fit Zippor's Balak says: Dinna lat naethin haud ye fae comin till ma, [17]cause A'll see ye aa richt an dee fitivver ye tell ma. Come ower an pit a curse onno iss fowk for ma." [18]Bit Balaam answert them, "Aiven gin Balak gied ma aa e siller an gowd in his palace, A culdna dee naethin, nae metter foo smaa, tae conter e biddin o e Lord ma God. [19]Noo, bide e nicht here sae A can fin oot fit ither e Lord his tae say aboot it." [20]Att nicht God cam tae Balaam an said, "Weel, weel, iss chiels hiv come tae sikk yer help, gyang wi them, bit dinna dee naethin bit fit A tell ye." [21]Balaam raise neist mornin, saiddlt his cuddy an gaed wi the officeels fae Moab.

[22]Bit God wis sair raised fan he gaed, an the angel o e Lord steed i the road tae conter him. Balaam wis hurlin on his cuddy, an his twa servants were wi him. [23]Fan e cuddy saa the angel o e Lord stannin i the road wi a drawn swoord in his han, it turnt aff e road inno a park. Balaam strack it tae get it back on e road. [24]Syne the angel o e Lord steed in a nerra pathie throwe e vinyairds, wi dykes on baith sides. [25]Fan e cuddy saa the angel o e Lord, it birzed tee till e dyke, prannin Balaam's fit tee till't. Sae he strack e cuddy again. [26]Syne the angel o e Lord held on aheid an steed in a nerra gullet far there wisna nae room tae turn, naither tae e richt nor tae e left. [27]Fan e cuddy saa the angel o e Lord, it lay doon aneth Balaam, fa wis sair raised an strack it wi his stick. [28]Syne e Lord garrt e cuddy spik, an it opent its moo an said tae Balaam, "Fit hiv A deen tae mak ye strick ma threefaul?" [29]Balaam answert e cuddy, "Ye've made a feel o ma. Gin A hid a swoord i ma han A'd kill ye iss verra meenit." [30]E cuddy backspeirt Balaam, "Am A nae yer ain cuddy, att ye've aye hurlt aboot on, tae iss verra day? Hiv A ivver deen iss tae ye afore?" "Na, A wyte" he said. [31]Syne e Lord opent Balaam's een, an he saa the angel o e Lord stannin i the road wi his swoord drawn. Sae he booed laich an plappit doon on his face. [32]The angel o e Lord speirt at him, "Fit wye did ye strick yer cuddy iss threefaul? A've come here tae conter ye cause ye're gyan doon a coorse road. [33]E cuddy saa ma an turnt awa fae ma att three times. Gin it hidna turnt awa A seerly wid hae killed ye afore noo, bit A wid hae spared her." [34]Balaam said tae the angel o e Lord, "A've deen ill. A didna ken ye were stannin i the road tae conter ma. Noo gin ye're nae pleased wi ma, A'll gyang hame." [35]The angel o e Lord said tae Balaam, "Gyang wi att chiels, bit jist spik fit A tell ye." Sae Balaam gaed wi Balak's officeels.

[36]Fan Balak heard att Balaam wis on e wye, he he gaed oot tae meet in wi him at e Moab toon on the Arnon border, at e mairches o his cuntra. [37]Balak said tae Balaam, "Did A nae tell ye tae hist yersel here? Fit wye did ye nae come tae ma? Did ye nae think A'd be fit tae pey ye?" [38]"Weel, weel, A'm here noo," said Balaam. "Bit A canna say fit A like. A can only tell ye fit God pits i ma moo." [39]Syne Balaam gaed wi Balak tae Kiriath Huzoth. [40]Balak sacrifeeced owsen an sheep, an gied a suppie tae Balaam an the officeels fa were wi him. [41]E neist mornin Balak teuk Balaam up tae Bamoth Baal, an fae there he culd see the ootskirts o the Israelite camp.

CHAPTIR 23

Balaam said, "Bigg ma syven aaltars here, an mak riddy syven bulls an syven rams for ma." [2]Balak did fit Balaam socht, an e twa o them offert a bull an a ram on ilka aaltar. [3]Syne Balaam said tae Balak, "Bide here aside yer offerin an A'll gyang ower by. Mebbe e Lord will come till ma. Fitivver he shews tae ma, A'll tell ye." Syne he gaed awa tae a roch hill-heid. [4]God cam tae him, an Balaam said, "A've made riddy syven aaltars, an on ilka aaltar A've made an offerin o a bull an a ram." [5]E Lord pat wirds inno Balaam's moo an said, "Gyang back tae Balak an tell him iss." [6]Sae he gaed back tae him an faun him stannin anent his offerin, wi aa his officeels fae Moab. [7]Syne Balaam spak his eerin: "Balak brocht ma fae Aram, e keeng o Moab fae e heilans o the east. 'Hist ye here,' he said, 'curse Jacob for ma; come awa an miscaa Israel.' [8]Foo can A curse them fa God hisna curst? Foo can A miscaa them e Lord hisna miscaaed? [9]Fae e steeny hill-heids A see them, fae e hichts A'm leukin at them. A see fowk fa bide apairt an dinna think themsels een o e cuntras o e warl. [10]Fa can coont e motes o Jacob or nummer aiven a fowerth o Israel? Lat ma dee e daith o e richteous, an mith ma hinnerein be lik theirs." [11]Balak said tae Balaam, "Fit hiv ye deen tae ma? A brocht ye tae curse ma faes, bit aa ye've deen is bliss them." [12]He answert, "Maun A nae spik fit e Lord pits i ma moo?" [13]Syne Balak said tae him, "Come awa wi ma ithergaits far ye can see them; ye winna see them aa, bit jist the ootskirts o their camp. An fae there, curse them for ma."

[14]Sae he teuk him tae Zophim's park at e heid o e hill o Pisgah, far he biggit syven aaltars an offert a bull an a ram on ilka aaltar. [15]Balaam said tae Balak, "Bide here aside yer offerin an A'll meet in wi him ower by." [16]E Lord met wi Balaam an pat a wird inno his moo an said, "Gyang back tae Balak an tell him iss." [17]Sae he gaed tae him an faun him stannin aside his offerin, wi his officeels fae Moab. Balak speirt at him, "Fit did e Lord say?" [18]Syne he telt him his eerin: "Get up, Balak, an hearken; listen tae ma, sin o Zippor. [19]God's nae human, att he wid tell lees, nae a human, att he wid cheenge his myn. Dis he say somethin an nae dee it? Dis he mak promises he disna keep? [20]A've been gien an order tae bliss; he his blissed an A canna cheenge it. [21]Nae crockaneetion is seen for Jacob, he sees nae dool for Israel. E Lord their God is wi them; e shout o e Keeng is amo them. [22]God brocht them oot o Egypt; they hiv e strinth o a wild bull. [23]There's nae friet conter Jacob, nae ill omens conter Israel. Noo, fowk will say aboot Jacob an Israel, 'See fit God his deen.' [24]E fowk rise lik a lioness; they kittle themsels up lik a lion att disna devaal till it devoors its prey an sups e bleed o its kill."

[25]Syne Balak said tae Balaam, "Dinna curse them avaa nor bliss them avaa." [26]Balaam answert, "Did A nae tell ye A maun dee fitivver e Lord says?"

[27]Syne Balak said tae Balaam, "Come wi ma ithergaits. Mebbe it'll please God tae lat ye curse them fae there." [28]An Balak teuk Balaam tae e heid o e hill o Peor, leukin doon ower e roch cuntra. [29]Balaam said, "Bigg ma syven aaltars here, an mak riddy syven bulls an seven rams for ma." [30]Balak did fit Balaam hid garrt him, an offert a bull an a ram on ilka aaltar.

CHAPTIR 24

Noo fan Balaam saa att e Lord wis fine shuitit tae bliss Israel, he didna tak up wi divination as he'd deen afore, bit turnt himsel e wye o e roch cuntra. [2]Fan Balaam leukit oot an saa Israel campit clan bi clan, e speerit o God cam onno him [3]an he spak iss eerin: "E prophecy o Beor's Baalam, e prophecy o a chiel fas een is open, [4]e prophecy o a chiel fa hears e wirds o God, fa sees a veesion fae the Almichty, fa faas doon flatlins, an fas een are opent: [5]Foo bonnie are yer tents, Jacob, yer dwallins, Israel. [6]They spreed oot lik howes, lik gairdens anent a burn, lik aloes plantit bi e Lord, lik cedars anent e watters. [7]Watter will rin fae their pails; them att come efter them will hae a rowth o watter. Their keeng will be hine abeen Agag; their keengdom will be reesed heich. [8]God brocht them oot o Egypt; they hiv e strinth o a wild stot. They devoor cuntras fa fecht wi them an braak their beens tae bits, probbin them wi their arras. [9]They coorie an lie doon lik a lion, ay lik a lioness, fa daur meddle wi them? Mith them fa bliss ye be blisst an them fa curse ye be curst."

[10]Syne Balak gat raised wi Balaam. He clappit his hans egither an said tae him, "A cried ye here tae curse ma faes, bit iss three times ye've blisst them. [11]Noo, get oot o here an gyang awa back hame. A said A wid see ye aa richt, bit e Lord his keepit ye fae gettin onythin fae ma." [12]Balaam answert Balak, "Did A nae tell yer rinners att ye sent tae ma, [13]'Aiven gin Balak gied ma aa e siller an gowd in his palace, A couldna dee naethin on ma ain, gweed or ill, tae conter e Lord's biddin, an att a maun say jist fit e Lord says?' [14]Noo A'm gyan awa hame tae ma ain fowk, bit, eh man, lat ma waarn ye o fit iss fowk are gyan tae dee tae ye i the days tae come." [15]Syne he spak iss eerin: "E prophecy o Beor's Balaam, e prophecy o e chiel fas een are open, [16]e prophecy o e chiel fa hears e wirds o God, fa gets his learnin fae e Maist Heich, fa sees a veesion fae the Almichty, fa faas doon flatlins, an fas een are opent: [17]A see him, bit nae enoo; A behaud him, bit nae near han. A star will come oot o Jacob; a staff will rise oot o Israel. He'll pran e broos o Moab, e powes o aa e fowk o Sheth. [18]Edom will be owecome; Seir, his fae, will be owercome, bit Israel will growe strong. [19]A rowler will come oot o Jacob an dee awa wi them left i the toon."

[20]Syne Balaam saa Amalek an spak iss eerin: "Amalek wis foremaist amo e cuntras, bit their hinnerein will be a crockaneetion." [21]Syne he saa e Kenites an spak iss eerin: "Yer dwallin is sauf, yer nestie is set in a muckle steen; [22]still-an-on you Kenites will be deen awa wi fan Asshur taks ye captive." [23]Syne he spak his eerin: "Wae's me! Fa can live fan God dis iss? [24]Boats will come fae e shores o Cyprus; they'll quaiten Asshur an Eber, an they'll come till a crockaneetion anaa." [25]Syne Balaam gaed awa back hame, an Balak gaed his ain gait.

CHAPTIR 25

Fan Israel wis aye in Shittim, e men startit tae play aboot wi weemen fae Moab, [2]fa socht them tae mak sacrifeeces tae their gods. E fowk ate e maet o e sacrifeeces an booed doon tae iss gods. [3]Sae Israel yokit themsels tae e Baal o Peor. An e Lord's birse wis reesed agin them. [4]E Lord said tae Moses, "Tak aa e chieftains o iss fowk, an hing them in braid daylicht afore e Lord, sae att e Lord's toorin rage mith be turnt awa fae Israel." [5]Sae Moses said tae Israel's clan chiefs, "Ilka een o ye maun dee awa wi them fae amo yer clan fa hiv yokit themsels tae e Baal o Peor."

[6]Syne an Israelite chiel brocht a wumman fae Midian in tae e camp, richt afore e verra een o Moses an e hale gaitherin o Israel fan they were greetin at the ingyang tae e gaitherin-tent. [7]Fan Aaron's Eleazar's Phinehas, e priest saa iss, he left e gaitherin, teuk a spear in his han [8]an follaed the Israelite intae e tent.

He dreeve e spear inno e baith o them, richt throwe the Israelite chiel an inno e wumman's guts. Syne e pest att wis afflickin the Israelites cam till an ein. [9]Bit there wis twinty-fower thoosan o them deit o e pest.

[10]E Lord said tae Moses, [11]"Aaron's Eleazar's Phinehas, e priest, his turnt ma annger awa fae the Israelites. As he wis as keen tae kep ma honour amo them as I am, A didna dee awa wi them in ma jillousy. [12]Sae tell him A'm makkin ma tryst o peace wi him. [13]He an his ation will hae a covenant o a lestin priesthood, cause he wis keen for the honour o his God an made it richt wi God for the Israelites." [14]The Israelite fa wis killed wi e wumman fae Midian wis caaed Zimri, he wis Salu's loon, e heid o a faimly o e clan Simeon. [15]E wumman fae Midian fa wis deen awa wi wis caaed Cozbi. She wis dother tae Zur, a chieftain o a faimly o e clan Midian. [16]E Lord said tae Moses, [17]"Trait e Midianites as yer faes an kill them. [18]They traitit you as faes fan they swickit ye i the protick at Peor wi yon Cozbi, e dother o a chieftain o Midian, e wumman fa wis killed fan e pest cam cause o fit she did."

CHAPTIR 26

Efter e pest, e Lord said tae Moses an Aaron's Eleazar, e priest, [2]"Tak a coont o e hale o the Israelite fowk bi their faimlies: aa them twinty ear aul an abeen fa are fit tae sair in Israel's airmy." [3]Sae, on e carse o Moab, anent e Jordan across fae Jericho, Moses an Eleazar e priest spak wi them an said, [4]"Tak a coont o e chiels twinty ear aul an abeen, as e Lord bad Moses dee." Iss wis the Israelites fa cam oot o Egypt:

[5]The ation o Reuben, the aulest sin o Israel, were: throwe Hanoch, e clan Hanoch; throwe Pallu, e clan Pallu; [6]throwe Hezron, e clan Hezron; throwe Carmi, e clan Carmi. [7]Att wis e clans o Reuben; there wis fowerty-three thoosan, syven hunner an thirty o them. [8]Pallu's sin wis Eliab, [9]an Eliab's sins were Nemuel, Dathan an Abiram. Att same Dathan an Abiram were the officeels fa reesed a din agin Moses an Aaron an were amo Korah's cronies fan they reesed a din agin e Lord. [10]E grun opent its moo an swallied them alang wi Korah, fas cronies aa deit fan e fire devoored e twa hunner an fifty o them. An they were a warnin tae e lave. [11]The ation o Korah, hooivver, didna dee oot.

[12]The ation o Simeon bi their clans were: throwe Nemuel, e clan Nemuel; throwe Jamin, e clan Jamin; throwe Jakin, e clan Jakin; [13]throwe Zerah, e clan Zerah; throwe Shaul, e clan Shaul. [14]Att wis e clans o Simeon; there wis twinty-twa thoosan twa hunner o them. [15]The ation o Gad bi their clans were: throwe Zephon, e clan Zephon; throwe Haggi, e clan Haggi; throwe Shuni, e clan Shuni; [16]throwe Ozni, e clan Ozni; throwe Eri, e clan Eri; [17]throwe Arodi, e clan Arodi; throwe Areli, e clan Areli. [18]Att wis e clans o Gad; there wis fowerty thoosan five hunner o them.

[19]Er an Onan were sins o Judah, bit they deit in Canaan. [20]The ation o Judah bi their clans were: throwe Shelah, e clan Shelah; throwe Perez, e clan Perez; throwe Zerah, e clan Zerah. [21]The ation o Perez were: throwe Hezron, e clan Hezron; throwe Hamul, e clan Hamul. [22]Att wis e clans o Judah; there wis syventy-sax thoosan five hunner o them.

[23]The ation o Issachar bi their clans were: throwe Tola, e clan Tola; throwe Puah, e clan Puah; [24]throwe Jashub, e clan Jashub; throwe Shimron, e clan Shimron. [25]Att wis e clans o Issachar; there wis saxty-fower thoosan three hunner o them.

[26]The ation o Zebulun bi their clans were: throwe Sered, e clan Sered; throwe Elon, e clan Elon; throwe Jahleel, e clan Jahleel. [27]Att wis e clans o Zebulun; there wis saxty thoosan five hunner o them.

²⁸The ation o Joseph bi their clans throwe Manasseh an Ephraim were: ²⁹The ation o Manasseh: throwe Makir, e clan Makir (Makir wis fadder tae Gilead); throwe Gilead, e clan Gilead. ³⁰Iss wis the ation o Gilead: throwe Iezer, e clan Iezer; throwe Helek, e clan Helek; ³¹throwe Asriel, e clan Asriel; throwe Shechem, e clan Shechem; ³²throwe Shemida, e clan Shemida; throwe Hepher, e clan Hepher.

³³Zelophehad sin o Hepher didna hae nae sins, jist dothers an they were caaed, Mahlah, Noah, Hoglah, Milcah an Tirzah. ³⁴Att wis e clans o Manasseh; there wis fifty-twa thoosan syven hunner o them.

³⁵Iss wis the ation o Ephraim bi their clans: throwe Shuthelah, e clan Shuthelah; throwe Beker, e clan Beker; throwe Tahan, e clan Tahan. ³⁶Iss wis the ation o Shuthelah: throwe Eran, e clan Eran. ³⁷Att wis e clans o Ephraim; there wis thirty-twa thoosan five hunner o them. Att wis the ation o Joseph bi their clans.

³⁸The ation o Benjamin bi their clans were: throwe Bela, e clan Bela; throwe Ashbel, e clan Ashbel; throwe Ahiram, e clan Ahiram; ³⁹throwe Shupham, e clan Shupham; throwe Hupham, e clan Hupham. ⁴⁰The ation o Bela throwe Ard an Naaman were: throwe Ard, e clan Ard; throwe Naaman, e clan Naaman. ⁴¹Att wis e clans o Benjamin; there wis fowerty-five thoosan sax hunner o them.

⁴²Iss wis the ation o Dan bi their clans: throwe Shuham, e clan Shuham. Att wis e clan o Dan: ⁴³They were aa o e clan Shuham; an there wis saxty-fower thoosan fower hunner o them.

⁴⁴The ation o Asher bi their clans were: throwe Imnah, e clan Imnah; throwe Ishvi, e clan Ishvi; throwe Beriah, e clan Beriah; ⁴⁵an throwe the ation o Beriah: throwe Heber, e clan Heber; throwe Malkiel, e clan Malkiel. ⁴⁶Asher hid a dother caaed Serah. ⁴⁷Att wis e clans o Asher; there wis fifty-three thoosan fower hunner o them.

⁴⁸The ation o Naphtali bi their clans were: throwe Jahzeel, e clan Jahzeel; throwe Guni, e clan Guni; ⁴⁹throwe Jezer, e clan Jezer; throwe Shillem, e clan Shillem. ⁵⁰Att wis e clans o Naphtali; there wis fowerty-five thoosan fower hunner o them. ⁵¹The hale jing bang o e men o Israel wis sax hunner an wan thoosan, syven hunner an thirty.

⁵²E Lord said tae Moses, ⁵³"E grun's tae be pairtit oot amo them as an heirskip in accoordance wi foo mony names there are. ⁵⁴Tae a bigger boorach, gie a bigger heirskip, an tae a smaaer boorach a smaaer heirskip. Ilka een maun get its heirskip accordin tae foo mony were coontit. ⁵⁵Mak seer e grun is pairtit oot bi lot. Fit ilka boorach heirs will be accoordin tae e names for the ation o its clan. ⁵⁶Ilka heirskip maun be pairtit oot bi lot amo e bigger an smaaer boorachs."

⁵⁷Iss wis e Levites fa were coontit bi their clans: throwe Gershon, e clan Gershon; throwe Kohath, e clan Kohath; throwe Merari, e clan Merari. ⁵⁸Iss wis Levite clans anaa: e clan Libnah, e clan Hebron, e clan Mahli, e clan Mushi, e clan Korah. Kohath wis e forebeer o Amram; ⁵⁹e name o Amram's wife wis Jochebed, o the ation o Levi, fa wis born intae e clan Levi in Egypt. Tae Amram she hid Aaron, Moses an their sister Miriam. ⁶⁰Aaron wis fadder tae Nadab an Abihu, Eleazar an Ithamar. ⁶¹Bit Nadab an Abihu deit fan they made an offerin afore e Lord wi e wrang kyn o fire. ⁶²Aa e males o e clan Levi abeen a month aul cam tae twinty-three thoosan. They werena coontit alang wi e lave o the Israelites cause they didna get nae heirskip fae amo them.

⁶³Sae att's aa them fa were coontit bi Moses an Eleazar e priest fan they coontit the Israelites on e carse o Moab anent e Jordan across fae Jericho. ⁶⁴Nae a sinngle een o them wis amo them coontit bi Moses an Aaron e priest fan they coontit the Israelites i the roch cuntra o Sinai. ⁶⁵For e Lord hid telt att Israelites att

they were seer tae dee i the roch cuntra, an neen o them wis left, haud awa fae Jephunneh's Caleb an Nun's Joshua.

CHAPTIR 27

E dothers o Zelophehad, sin tae Hepher, sin tae Gilead, sin tae Makir, sin tae Manasseh, belanged tae e clan o Manasseh, Joseph's sin. E dothers were caaed Mahlah, Noah, Hoglah, Milcah an Tirzah. They cam forrit [2]an steed afore Moses, Eleazar e priest, e chieftains an e hale gaitherin at the ingyang tae e gaitherin-tent an said, [3]"Wir fadder deit i the roch cuntra. He wisna een o Korah's cronies, fa collogueit egither tae conter e Lord, bit he deit for his ain ill-deein an didna leave nae sins. [4]Fit wye shuld wir fadder's name be tint fae his clan cause he didna hae nae sins? Gie hiz his gear amo wir fadder's ation." [5]Sae Moses brocht fit they were sikkin afore e Lord, [6]an e Lord said tae him, [7]"Fit Zelophehad's quines are sayin is richt. Ye maun fairly gie them gear as an heirskip amo their fadder's ation an gie their fadder's heirskip tae them. [8]Tell the Israelites, 'Gin a man dees an disna leave a sin, gie his heirskip tae his dother. [9]Gin he disna hae a dother, gie his heirskip tae his brithers. [10]Gin he disna hae nae brithers, gie his heirskip tae his fadder's brithers. [11]Gin his fadder didna hae nae brithers, gie his heirskip tae e neist ation o his clan, sae he mith tak it on. Iss maun be held as a laa for the Israelites, as e Lord bad Moses.'"

[12]Syne e Lord said tae Moses, "Gyang up iss moontain i the Hills o Abarim an see e grun A've gien tae the Israelites. [13]Efter ye've seen it, ee'll be gaithert tae yer ain fowk anaa, jist lik yer brither Aaron, [14]Cause fan e hale o e fowk reesed a din at e watters i the roch cuntra o Zin, baith o ye didna dee fit A telt ye tae dee: tae honour ma as haily afore their een." Att wis e watters o Meribah Kadesh, i the roch cuntra o Zin. [15]Moses said tae e Lord, [16]"Mith e Lord, e God fa gies braith tae aa att lives, appint a body ower iss fowk [17]tae gyang oot an come in afore them, a body fa will lead them oot an fess them in, sae e Lord's fowk winna be lik sheep wi nae shepherd."

[18]Sae e Lord said tae Moses, "Tak Nun's Joshua, a chiel fa's a born leader an clap yer han onno him. [19]Gar him stan afore Eleazar e priest an e hale gaitherin an appint him tae be in chairge afore them aa. [20]Gie him some o yer aathority sae e hale o the Israelite fowk will dee his biddin. [21]He maun stan afore Eleazar e priest, fa will sikk fae e Lord throwe the Urim fit he maun dee. At his biddin e hale jing bang o the Israelites will gyang oot, an at his biddin they'll come hame." [22]Moses did fit e Lord bad him dee. He teuk Joshua an garrt him stan afore Eleazar e priest an e hale gaitherin. [23]Syne he pat his hans onno him an appintit him tae be in chairge, as e Lord hid bidden throwe Moses.

CHAPTIR 28

E Lord said tae Moses, [2]"Gie iss comman tae the Israelites an tell them: 'Mak seer ye gie ower ma maet offerins tae ma at e set time, as a yoam A'm weel teen wi.' [3]Tell them: 'Iss is e maet offerin ye maun gie ower tae e Lord: twa yearlin lambs wi nae fauts, as a reglar brunt offerin ilka day. [4]Gie up ae lamb i the foreneen an e tither at gloamin, [5]alang wi a grain offerin o three an a half pun o e flooer o e quern mixt wi a quaart o ile thrummlt fae olives. [6]Iss is e reglar brunt offerin set up at Moont Sinai as a yoam A'm teen wi, a maet offerin gien ower tae e Lord. [7]E drink offerin tae gyang wi it maun be a quaart o strong drink wi ilka lamb. Poor oot e drink offerin tae e Lord at e haily place. [8]Gie up e saicond lamb at gloamin, alang wi e same kyn o grain offerin an drink offerin att ye gied up i the foreneen. Iss is a maet offerin, a yoam att e Lord's weel teen wi.

⁹"On e Sabbath day, mak an offerin o twa yearlin lambs wi nae fauts, alang wi its drink offerin an a grain offerin o syven pun o e flooer o e quern mixt wi olive ile. ¹⁰Iss is e brunt offerin for ilka Sabbath, ower an abeen e reglar brunt offerin an its drink offerin.

¹¹"On e first day o ilka month, gie ower tae e Lord a brunt offerin o twa stots, ae ram an syven yearlin tup lambs aa wi nae fauts. ¹²Wi ilka stot ye maun hae a grain offerin o elyven pun o e flooer o e quern mixt wi ile; wi e ram, a grain offerin o syven pun o e flooer o e quern mixt wi ile; ¹³an wi ilka lamb, a grain offerin o three an a half pun o e flooer o e quern mixt wi ile. Iss is for a brunt offerin, a yoam att e Lord's weel teen wi, a maet offerin gien ower tae e Lord. ¹⁴Wi ilka stot there maun be a drink offerin o twa quaarts o wine; wi e ram, twa an a half pints; an wi ilka lamb, a quaart. Iss is e monthly brunt offerin tae be made at ilka new meen throwe e hale ear. ¹⁵Forbyes e reglar brunt offerin wi its drink offerin, ae billy goat maun be gien ower tae e Lord as an offerin for ill-deeins. ¹⁶On e fowerteenth day o e first month, e Lord's Passower maun be held. ¹⁷On e fifteenth day o att month, there maun be a fair; for syven days ett loaf wi nae barm. ¹⁸On e first day haud a haily gaitherin an dinna dee nae reglar wark. ¹⁹Gie ower tae e Lord a maet offerin o a brunt offerin o twa stots, ae ram an syven yearlin tup lambs aa wi nae fauts. ²⁰Wi ilka stot gie up a grain offerin o elyven pun o e flooer o e quern mixt wi ile; wi e ram, syven pun; ²¹an wi ilka een o e syven lambs, three an a half pun. ²²Pit tee a billy goat as an offerin for ill-deeins tae mak it richt for ye wi God. ²³Gie up aa that forbyes e reglar foreneen brunt offerin. ²⁴Ye maun gie ower e maet offerin att wye ilka day for syven days as a yoam att e Lord's weel teen wi; it maun be offert ower an abeen e reglar brunt offerin an its drink offerin. ²⁵On e syventh day haud a haily gaitherin an dinna dee nae reglar wark.

²⁶"On e day o first craps, fan ye gie ower tae e Lord an offerin o new corn throwe e Fair o Weeks, haud a haily gaitherin an dinna dee nae reglar wark. ²⁷Gie ower a brunt offerin o twa stots, ae ram an syven yearlin tup lambs as a yoam att e Lord's weel teen wi. ²⁸Wi ilka stot there maun be a grain offerin o elyven pun o e flooer o e quern mixt wi ile; wi e ram, syven pun; ²⁹an wi ilka een o e syven lambs, three an a half pun. ³⁰Pit tee a billy goat tae mak it richt wi God for ye. ³¹Gie up att alang wi their drink offerins, ower an abeen e reglar brunt offerin an its grain offerin. Mak seer e beasts hiv nae fauts.

CHAPTIR 29

"On e first day o e syventh month haud a haily fair an dinna dee nae reglar wark. It's a day for ye tae soun e tooteroos. ²As a yoam att e Lord's weel teen wi, gie up a brunt offerin o a stot, a ram an syven yearlin tup lambs aa wi nae fauts. ³Wi e stot gie up a grain offerin o elyven pun o e flooer o e quern mixt wi olive ile; wi e ram, syven pun; ⁴an wi ilka een o e syven lambs, three an a half pun. ⁵Pit tee a billy goat as an offerin for ill-deeins tae mak it richt for ye wi God. ⁶Att's ower an abeen e monthly an daily brunt offerins wi their grain offerins an drink offerins as set oot. They're maet offerins gien ower tae e Lord, a yoam he's weel teen wi.

⁷"On e tenth day o e syventh month haud a haily fair. Ye maun fast an nae dee nae wark. ⁸Gie ower as a yoam e Lord's weel teen wi a brunt offerin o a stot, a ram an syven yearlin tup lambs aa wi nae fauts. ⁹Wi e stot gie up a grain offerin o elyven pun o e flooer o e quern mixt wi ile; wi e ram, syven pun; ¹⁰an wi ilka een o e syven lambs, three an a half pun. ¹¹Pit tee a billy goat as an offerin for ill-deeins, ower an abeen e offerin for ill-deeins for makkin it richt wi God an e reglar brunt offerin wi its grain offerin, an their drink offerins.

¹²"On e fifteenth day o e syventh month, haud a haily fair an dinna dee nae reglar wark. Haud a fair tae e Lord for syven days. ¹³Gie ower as a yoam e Lord's weel teen wi, a maet offerin o a brunt offerin o

thirteen stots, twa rams an fowerteen yearlin tup lambs aa wi nae fauts. [14]Wi ilka een o e thirteen stots gie up a grain offerin o elyven pun o e flooer o e quern mixt wi ile; wi ilka een o e twa rams, syven pun; [15]an wi ilka een o e fowerteen lambs, three an a half pun. [16]Pit tee a billy goat as an offerin for ill-deeins, ower an abeen e reglar brunt offerin wi its grain offerin an drink offerin.

[17]"'On e saicond day gie up twal stots, twa rams an fowerteen yearlin tup lambs aa wi nae fauts [18]Wi e stots, rams an lambs, gie up their grain offerins an drink offerins accoordin tae e nummer set doon. [19]Pit tee a billy goat as an offerin for ill-deeins, ower an abeen e reglar brunt offerin wi its grain offerin, an their drink offerins.

[20]"'On e third day gie up elyven stots, twa rams an fowerteen yearlin tup lambs aa wi nae fauts [21]Wi e stots, rams an lambs, gie up their grain offerins an drink offerins accoordin tae e nummer set doon. [22]Pit tee a billy goat as an offerin for ill-deeins, ower an abeen e reglar brunt offerin wi its grain offerin, an drink offerins.

[23]"'On e fowerth day gie up ten stots, twa rams an fowerteen yearlin tup lambs aa wi nae fauts [24]Wi e stots, rams an lambs, gie up their grain offerins an drink offerins accoordin tae e nummer set doon. [25]Pit tee a billy goat as an offerin for ill-deeins, ower an abeen e reglar brunt offerin wi its grain offerin, an drink offerins.

[26]"'On e fifth day gie up nine stots, twa rams an fowerteen yearlin tup lambs aa wi nae fauts [27]Wi e stots, rams an lambs, gie up their grain offerins an drink offerins accoordin tae e nummer set doon. [28]Pit tee a billy goat as an offerin for ill-deeins, ower an abeen e reglar brunt offerin wi its grain offerin, an drink offerins. [29]"'On e saxth day gie up aucht stots, twa rams an fowerteen yearlin tup lambs aa wi nae fauts [30]Wi e stots, rams an lambs, gie up their grain offerins an drink offerins accoordin tae e nummer set doon. [31]Pit tee a billy goat as an offerin for ill-deeins, ower an abeen e reglar brunt offerin wi its grain offerin, an drink offerins.

[32]"'On e syventh day gie up syven stots, twa rams an fowerteen yearlin tup lambs aa wi nae fauts [33]Wi e stots, rams an lambs, gie up their grain offerins an drink offerins accoordin tae e nummer set doon. [34]Pit tee a billy goat as an offerin for ill-deeins, ower an abeen e reglar brunt offerin wi its grain offerin, an drink offerins.

[35]"'On the auchth day haud a closin speecial gaitherin an dinna dee nae reglar wark. [36]Gie ower as a yoam e Lord's weel teen wi a maet offerin o a brunt offerin o a stot, a ram an syven yearlin tup lambs aa wi nae fauts [37]Wi e stots, rams an lambs, gie up their grain offerins an drink offerins accoordin tae e nummer set doon. [38]Pit tee a billy goat as an offerin for ill-deeins, ower an abeen e reglar brunt offerin wi its grain offerin, an their drink offerins. [39]Ower an abeen fit ye voo an yer freewill offerins, gie up tae e Lord at yer set fairs: yer brunt offerins, grain offerins, drink offerins anpeace offerins.'" [40]Moses telt the Israelites aa att e Lord hid bidden him dee.

CHAPTIR 30

Moses said tae e chiefs o e clans o Israel: "Iss is fit e Lord bids ye dee: [2]Fan a chiel maks a voo tae e Lord or taks an aith tae dee somethin, he maunna gyang back on his wird bit maun dee aathin he said. [3]Fan a lassie fa's aye bidin wi her fowk maks a voo tae e Lord or taks an aith tae dee somethin [4]an her fadder hears aboot her voo or aith bit disna say naethin tae her, syne aa her voos an ilka aith she teuk will stan. [5]Bit gin her fadder winna alloo her fan he hears o't, neen o her voos nor aiths will stan; e Lord will lowse her fae them cause her fadder widna alloo her. [6]Gin she mairries efter she maks a voo or efter she spiks a thochtless say-awa att bins her tae dee somethin [7]an her man comes tae hear o't bit disna say naethin tae her, syne her voo or aith she teuk tae dee somethin will stan. [8]Bit gin her man winna alloo her fan he hears o't, he cancels e voo att she teuk or e thochtless say-awa att bun her, an e Lord will lowse her. [9]A weeda or divorced wumman will be bun bi ony voo or obleegation she taks.[10]Gin a wumman bidin wi her man maks a voo or taks an aith tae dee somethin, [11]an her man hears aboot it bit disna say naethin tae her an disna tell her she canna dee it, syne aa her voos or the aiths she teuk tae dee somethin will stan. [12]Bit gin her man winna allo them fan he gets tae hear o them, syne neen o e voos or aiths att cam fae her moo will stan. Her man his cancellt them, an e Lord will lowse her. [13]Her man can alloo or nae alloo ony voo she maks or ony aith she taks att wid pit her in wint. [14]Bit gin her man disna say naethin tae her aboot it for a hale day, syne he confirms aa her voos or the aiths she teuk tae bin hersel. He confirms them bi nae sayin naethin tae her fan he hears aboot them. [15]Hooivver, gin he says he winna alloo them a file efter he hears aboot them, syne he maun dree e weird o her wrang-deein." [16]Att's e rowles e Lord gied Moses aboot foo things stan atween a man an his wife, an atween a fadder an his quine fa's aye yet bidin at hame.

CHAPTIR 31

E Lord said tae Moses, [2]"Get yer ain back on e Midianites for fit they did tae the Israelites. Efter att, ye'll be gaithert tae yer ain fowk." [3]Sae Moses said tae e fowk, "Airm a fyow o yer men tae gyang oot an fecht wi e Midianites sae we mith get wir ain back on them for e Lord's sake. [4]Sen oot tae e fechtin a thoosan men fae ilka een o e clans o Israel." [5]Sae twal thoosan men airmed for e fecht, a thoosan fae ilka clan, were listit fae e clans o Israel. [6]Moses sent them oot tae e fechtin, a thoosan fae ilka clan, alang wi Eleazar e priest's Phinehas, fa teuk wi him accootrements fae the haily place an e tooteroos for signalin. [7]They focht wi e Midianites, as e Lord hid bidden Moses, an killed ilka een o them. [8]Amo e deid were Evi, Rekem, Zur, Hur an Reba, e five keengs o Midian. They pat Beor's sin Balaam tae e swoord anaa. [9]The Israelites teuk e Midianite weemen an bairns, an aa e Midianite hirds, flocks an gear as plunner. [10]They brunt aa e toons far e Midianites hid sattlt, as weel as aa their camps.[11]They teuk a e plunner an spiles, alang wi e fowk an e beasts, [12]an brocht them fa hid been teen, e spiles an e plunner tae Moses an Eleazar e priest an e gaitherin o the Israelites at their camp on e carse o Moab, anent e Jordan across fae Jericho.

[13]Moses, Eleazar e priest an aa e clan chiefs gaed tae meet them ootside e camp.[14]Moses wis raised wi the offishers o the airmies, them in chairge o thoosans an them in chairge o hunners, fa cam hame fae e fechtin. [15]"Hiv ye lat aa e weemen live?" he speirt at them. [16]"They were the eens fa chased efter Balaam's wird an inveiglt the Israelites intae bein unfaithfu tae e Lord yon time at Peor, sae att a pest strack doon e Lord's fowk. [17]Noo kill aa e loons an kill ilka wumman fa his lain wi a man, [18]bit keep for yersels ilka quine fa his nivver lain wi a man. [19]Onybody fa his killed anither body or toucht a body fa wis killed, maun bide ootside e camp for syven days. On e third an syvenTh days ye maun purifee yersels an them ye've teen. [20]Purifee aa yer claes anaa, as weel as aathin vrocht fae ledder, goat's hair or timmer."

[21]Syne Eleazar e priest said tae e sodgers fa hid gaen oot tae e fechtin, "Iss is fit is notten tae be deen bi e laa att e Lord gied Moses: [22]Gowd, siller, bress, airn, tin, leed [23]an onythin ither att can stan fire maun be pat throwe e fire, syne it will be cleant. Bit it maun be purifiet wi e watter o cleansin anaa. An fitivver canna stan fire, maun be pat throwe att watter. [24]On e syventh day waash yer claes an ye'll be cleant. Syne ye mith come inno e camp."

[25]E Lord said tae Moses, [26]"You an Eleazar e priest an e faimly heids o e fowk maun coont aa e fowk an beasts att were teen. [27]Pairt oot e spiles eeksie-peeksie amo e sodgers fa were i the fechtin an e lave o e

fowk. [28]Fae e sodgers fa were i the fechtin, set apairt as cess for e Lord een oot o ilka five hunner, be they fowk, beasts cuddies or sheep. [29]Tak iss tribute fae their half share an gie it tae Eleazar e priest as e Lord's pairt. [30]Fae the Israelites' half, pick een oot o ilka fifty, be they fowk, beasts, cuddies, sheep or ither beasts. Gie them tae e Levites, fas job it is tae leuk efter e Lord's tabernacle." [31]Sae Moses an Eleazar e priest did fit e Lord bad Moses dee. [32]E plunner left ahin fae e spiles att e sodgers teuk wis sax hunner an syventy-five thoosan sheep, [33]syventy-twa thoosan beasts, [34]saxty-wan thoosan cuddies, [35]an thirty-twa thoosan weemen fa hid nivver lain wi a man. [36]E half share o them fa hid been i the fechtin wis: three hunner an thirty-syven thoosan, five hunner sheep [37]an fae them e cess tae e Lord wis sax hunner an syventy-five, [38]thirty-sax thoosan beasts, e cess tae e Lord fae them bein syventy-twa, [39]thirty thoosan five hunner cuddies, e cess tae e Lord fae them bein saxty-wan, [40]an saxteen thoosan weemen-fowk, e cess tae e Lord fae them bein thirty-twa. [41]Moses gied e cess tae Eleazar e priest as e Lord's pairt, as e Lord hid bidden Moses. [42]E half belangin tae the Israelites, att Moses set apairt fae e share o e men fa hid been i the fechtin, [43]e half att wis for e fowk, wis three hunner an thirty-syven thoosan five hunner sheep, [44]thirty-sax thoosan nowt, [45]thirty thoosan five hunner cuddies, [46]an saxteen thoosan fowk. [47]Fae the Israelites' half, Moses pickit een oot o ilka fifty o e fowk an beasts, as e Lord hid bad him dee, an gied them tae e Levites, fas job it wis tae leuk efter e Lord's tabernacle.

[48]Syne the offishers fa were ower e units o the airmy, them in chairge o thoosans an them in chairge o hunners, gaed tae Moses [49]an said tae him, "Yer servants hiv coontit e sodgers unner wir comman, an nae a sinngle een is missin. [50]Sae we've fessen as an offerin tae e Lord e gowd accootrements ilka een o hiz his gotten, airmbans, bangles, signet rings, lugbabs an chines, tae mak it richt wi God for wirsels afore e Lord." [51]Moses an Eleazar e priest accepit fae them e gowd an aa e vrocht accootrements. [52]Aa e gowd fae e captains o thoosans an captains o hunners att Moses an Eleazar gied ower as a hansel tae e Lord weyed three an three-quaarter hunnerwecht. [53]Ilka sodger hid teen plunner for himsel. [54]Moses an Eleazar e priest accepit e gowd fae e captains o thoosans an captains o hunners an brocht it intae e gaitherin-tent as somethin for e Lord tae myn on the Israelites.

CHAPTIR 32

E fowk o e clans Reuben an Gad, fa hid big hirds an flocks, saa att e grun aboot Jazer an Gilead wis weel shuitit for beasts. [2]Sae they cam tae Moses an Eleazar e priest an tae e chieftains amo e fowk, an said, [3]"Ataroth, Dibon, Jazer, Nimrah, Heshbon, Elealeh, Sebam, Nebo an Beon [4]e cuntra att e Lord quaitent afore e fowk o Israel, are weel shuitit for keepin beasts, an yer servants hiv beasts. [5]Gin ye're ony teen wi hiz," they said, "lat iss grun be gien tae yer servants as wir ain. Dinna gar hiz cross e Jordan."

[6]Moses said tae e fowk o e clans Gad an Reuben, "Shuld e lave o the Israelites gyang tae waar wi youeens sittin here? [7]Fit wye are ye ettlin wi the Israelites nae tae cross ower intae e cuntra e Lord his gien them? [8]Iss is fit yer forebeers did fan A sent them fae Kadesh Barnea tae leuk ower e grun. [9]Efter they'd gaen up tae e Howe o Eshkol an leukit ower e grun, they tried tae pit the Israelites fae gyan till e cuntra e Lord hid gien them.[10]E Lord's annger wis reesed att day an he swore iss aith: [11]'Cause they hinna deen aa att A bad them wi aa their herts, nae a sinngle een o them fa wis twinty ear aul an abeen fan they cam oot o Egypt will see e cuntra A promist them in ma aith tae Abraham, Isaac an Jacob. [12]Nae a sinngle een o them forbyes Jephunneh's Caleb, e Kenizzite an Nun's Joshua, for they folla'ed e Lord wi aa their herts.' [13]E Lord's annger burned agin Israel an he garrt them wanner i the roch cuntra for fowerty ear, till e hale ation o them fa he hid seen dee ill wis awa. [14]An here ye are, a bunch o ill-deein vratches, jist lik yer forebeers an makkin e Lord mair raised nor ivver wi Israel. [15]Gin ye turn yer backs fae folla'in him, he'll leave aa his fowk i the roch cuntra again, an their doonfa will be aa your faut."

[16]Syne they cam up tae him an said, "We'd like tae bigg pens here for wir beasts an toons for wir weemen an bairns. [17]Bit we'll airm wirsels for e fechtin an gyang on afore the Israelites till we've fessen them tae their place. An fan we're deein att, wir weemen an bairns can bide in fortifiet toons, tae keep them sauf fae e fowk o e cuntra. [18]We winna come hame tae wir ain places till ilka een o the Israelites his gotten his heirskip. [19]We winna get nae heirskip wi them ayont e Jordan, cause oor heirskip his come tae hiz on the east side o e Jordan."

[20]Syne Moses said tae them, "Gin ye dee iss, gin ye airm yersels afore e Lord for e fecht, [21]an gin aa o ye fa are in airms cross ower e Jordan afore e Lord till he his redd oot aa his faes fae afore him, [22]syne fan e cuntra is at peace afore e Lord, ye can come back an be lowsed fae yer obleedgement tae e Lord an tae Israel. An iss cuntra will be yer ain afore e Lord. [23]Bit gin ye dinna dee iss, ye'll be deein ill agin e Lord; an ye can be seer att yer ill-deeins will fin ye oot. [24]Bigg toons for yer weemen an bairns, an pens for yer flocks, bit dee fit ye've promist tae dee." [25]E fowk o e clans Gad an Reuben said tae Moses, "We're yer servants an we'll dee e Lord's biddin. [26]Wir bairns an wir weemenfowk, wir flocks an hirds will bide here i the toons o Gilead. [27]Bit yer servants, ilka chiel fa is airmed for e fecht, will cross ower tae fecht afore e Lord, jist as wir lord says." [28]Syne Moses gied oot orders aboot them tae Eleazar e priest, an Nun's Joshua an tae e faimly heids o e clans o Israel. [29]He said tae them, "Gin e clans Gad an Reuben, ilka man o them airmed for e fecht, cross ower e Jordan wi ye afore e Lord, syne fan e cuntra is owercam afore ye, ye maun gie them e Gilead cuntra as their ain. [30]Bit gin they dinna cross ower wi ye airmed, they maun tak up their grun alang wi ye in Canaan." [31]E fowk o e clans Gad an Reuben answert, "Yer servants will dee fit e Lord his said. [32]We'll cross ower afore e Lord intae Canaan airmed, bit e grun we heir will be on iss side o e Jordan." [33]Syne Moses gied tae e clan Gad, e clan Reuben an e half-clan o Manasseh, Joseph's sin, e keengdom o Sihon, keeng o the Amorites an e keengdom o Og, keeng o Bashan: e hale cuntra wi its toons an e grun roon aboot them. [34]E clan Gad biggit up Dibon, Ataroth, Aroer, [35]Atroth Shophan, Jazer, Jogbehah, [36]Beth Nimrah an Beth Haran as fortifiet toons, an biggit pens for their flocks. [37]An e clan Reuben rebiggit Heshbon, Elealeh an Kiriathaim, [38]an Nebo an Baal Meon (their names were cheenged) an Sibmah anaa. They gied names tae e toons they rebiggit. [39]The ation o Manasseh's Makir gaed tae Gilead, teuk it an dreeve oot the Amorites fa bade there. [40]Sae Moses gied Gilead tae e Makirites, the ation o Manasseh, an they sattlt there. [41]Jair, fa cam o Manasseh, teuk their clachans an caaed them Havvoth Jair. [42]An Nobah teuk Kenath an e clachans roon aboot it an caaed it Nobah efter himsel.

CHAPTIR 33

Here's far e traivels o the Israelites teuk them fan they cam oot o Egypt i their clans aneth e lead o Moses an Aaron. [2]At e Lord's biddin, Moses set doon e record o their traivels. Iss is far their traivels teuk them: [3]The Israelites set out fae Rameses on e fifteenth day o e first month, e day efter e Passower. They maircht oot wi their heids heich in sicht o aa the Egyptians, [4]fa were beeryin aa their aulest-born fa hid been strack doon fae amo them bi e Lord; cause e Lord hid fessen jeedgement onno their gods. [5]The Israelites left Rameses an campit at Succoth. [6]They left Succoth an campit at Etham, on e mairch o e roch cuntra. [7]They left Etham, turnt back tae Pi-hahiroth, tae the east o Baal Zephon, an campit anent Migdol. [8]They left Pi-hahiroth an passed throwe e sea intae e roch cuntra, an fan they hid traivelt three days i the roch cuntra o Etham, they campit at Marah. [9]They left Marah an gaed tae Elim, far there wis twal springs an syventy palm trees, an they campit there. [10]They left Elim an campit anent e Reed Sea. [11]They left e Reed Sea an campit i the roch cuntra o Sin. [12]They left e roch cuntra o Sin an campit at Dophkah. [13]They left Dophkah an campit at Alush. [14]They left Alush an campit at Rephidim, far there wis nae watter for e fowk tae drink. [15]They left Rephidim an campit i the roch cuntra o Sinai. [16]They left e roch cuntra o Sinai an campit at Kibroth Hattaavah. [17]They left Kibroth Hattaavah an campit at Hazeroth. [18]They left Hazeroth an campit at Rithmah. [19]They left Rithmah an campit at Rimmon Perez. [20]They left Rimmon

Perez an campit at Libnah. ^{21}They left Libnah an campit at Rissah. ^{22}They left Rissah an campit at Kehelathah. ^{23}They left Kehelathah an campit at Moont Shepher. ^{24}They left Moont Shepher an campit at Haradah. ^{25}They left Haradah an campit at Makheloth. ^{26}They left Makheloth an campit at Tahath. ^{27}They left Tahath an campit at Terah. ^{28}They left Terah an campit at Mithcah. ^{29}They left Mithcah an campit at Hashmonah. ^{30}They left Hashmonah an campit at Moseroth. ^{31}They left Moseroth an campit at Bene Jaakan. ^{32}They left Bene Jaakan an campit at Hor Haggidgad. ^{33}They left Hor Haggidgad an campit at Jotbathah. ^{34}They left Jotbathah an campit at Abronah. ^{35}They left Abronah an campit at Ezion Geber. ^{36}They left Ezion Geber an campit at Kadesh, i the roch cuntra o Zin. ^{37}They left Kadesh an campit at Moont Hor, on e mairches o Edom. ^{38}At e Lord's biddin Aaron e priest gaed up Moont Hor, far he deit on e first day o e fifth month o e fowertieth ear efter the Israelites cam oot o Egypt. ^{39}Aaron wis a hunner an twinty-three ear aul fan he deit on Moont Hor. ^{40}E Canaanite keeng o Arad, fa bade i the Negev o Canaan, heard att the Israelites were comin. ^{41}They left Moont Hor an campit at Zalmonah. ^{42}They left Zalmonah an campit at Punon. ^{43}They left Punon an campit at Oboth. ^{44}They left Oboth an campit at Iye Abarim, on e mairches o Moab. ^{45}They left Iye Abarim an campit at Dibon Gad. ^{46}They left Dibon Gad an campit at Almon Diblathaim. ^{47}They left Almon Diblathaim an campit i the heilans o Abarim, anent Nebo. ^{48}They left e heilans o Abarim an campit i the howe o Moab anent e Jordan across fae Jericho. ^{49}There i the howe o Moab they campit alang e Jordan fae Beth Jeshimoth tae Abel Shittim. ^{50}I the howe o Moab anent e Jordan across fae Jericho e Lord said tae Moses, ^{51}"Spik tae the Israelites an tell them: 'Fan ye cross ower e Jordan intae Canaan, ^{52}herrie oot afore ye aa them fa bide there. Ding doon aa their vrocht eemages an their cassen eedols, an caa doon aa their heich places. ^{53}Tak ower e grun an sattle there, for A've gien ye e lan as yer ain. ^{54}Pairt oot e grun bi lot, accoordin tae yer clans. Tae a bigger thrang, gie a bigger heirskip, an tae a wee boorachie a littler een. Fitivver faas tae them bi lot will be theirs. Pairt it oot accoordin tae yer aul clans. ^{55}Bit gin ye dinna redd oot them fa bide there, them ye lat sit on will turn tae bein heuks i yer een an jags i yer sides. They'll be a rael tirmint tae ye i the cuntra far ye're bidin. ^{56}An syne A'll dee tae you, fit A'm gyan tae dee tae them.'"

CHAPTIR 34

E Lord said tae Moses, ^{2}"Tell the Israelites: 'Fan ye gyang in tae Canaan, e cuntra att will be gien tae ye as yer heirskip, ye maun hae mairches. ^{3}Yer sooth side will rin wi e roch cuntra o Zin alang e mairch wi Edom. Yer soothmaist mairch will start i the east fae e sooth ein o e Deid Sea, ^{4}cross sooth o Scorpion Pass, heid on tae Zin an gyang sooth o Kadesh Barnea. Syne it will gyang tae Hazar Addar an ower tae Azmon, ^{5}far it will turn, jine e Wadi o Egypt an ein up at e Mediterranean Sea. ^{6}Yer western mairch will be e shore o e Mediterranean Sea. Att will be yer mairch tae e wast. ^{7}For yer north mairch, rin a line fae e Mediterranean Sea tae Moont Hor ^{8}an fae Moont Hor tae Lebo Hamath. Syne e mairch will gyang tae Zedad, ^{9}heid on tae Ziphron an ein at Hazar Enan. Att will be yer mairch tae e north.

^{10}"For yer eastern mairch, rin a line fae Hazar Enan tae Shepham. ^{11}E mairch will gyang doon fae Shepham tae Riblah on the east side o Ain an heid on alang e braes tae the east o e Sea o Galilee. ^{12}Syne e mairch will gyang doon alang e Jordan an ein at e Deid Sea. Att will be yer grun, wi its mairches on ilka side.'" ^{13}Moses bad the Israelites: "Pairt oot iss grun bi lot as an heirskip. E Lord his ordert att it be gien tae e nine-an-a-half clans, ^{14}cause e faimlies o e clan o Reuben, e clan Gad an e half-clan o Manasseh hiv ariddy gotten their heirskip. ^{15}Att twa-an-a-half clans got their heirskip tae the east o e Jordan across fae Jericho, anent e sinrise."

^{16}E Lord said tae Moses, ^{17}"Here's e names o e chiels fa are tae pairt oot e grun for ye as an heirskip: Eleazar e priest an Nun's Joshua. ^{18}An appint ae leader fae ilka clan tae gie them a han tae pairt oot e grun. ^{19}Here's fa they maun be: Jephunneh's Caleb, chief o e clan Judah; ^{20}Ammihud's Shemuel, chief o e clan Simeon; [21]Kislon's Elidad, chief o e clan Benjamin; [22]Jogli's Bukki, chief o e clan Dan; [23]Ephod's Hanniel, chief o e clan Manasseh, Joseph's sin; [24]Shiphtan's Kemuel, chief o e clan Ephraim, Joseph's sin; [25]Parnach's Elizaphan, chief o e clan Zebulun; [26]Azzan's Paltiel, chief o e clan Issachar; [27]Shelomi's Ahihud, chief o e clan Asher; [28]Ammihud's Pedahel, chief o e clan Naphtali." [29]Att's e chiels e Lord bad pairt oot e heirskip amo the Israelites i the Canaan cuntra.

CHAPTIR 35

I the howe o Moab, anent e Jordan across fae Jericho, e Lord said tae Moses, [2]"Tell the Israelites tae gie e Levites toons tae bide in fae e heirskip the Israelites will ain. An gie them girsins roon aboot e toons. [3]Syne they'll hae toons tae bide in an girsins for their nowt an aa their ither beasts. [4]E girsins att ye gie tae e Levites roon aboot e toons will gyang oot five hunner yairds fae e toon waa. [5]Ootside e toon, mizzour a thoosan yairds tae the east side, a thoosan yairds tae e sooth side, a thoosan yairds tae e wast an a thoosan yairds tae e north, wi e toon i the midse o't. They'll hae iss skelp o grun as girsin for e toons. [6]Sax o e toons ye gie e Levites will be sauf toons, far a body fa his killed anither body mith rin. Abeen att, gie them fowerty-twa ither toons. [7]Aa in aa ye maun gie e Levites fowerty-aucht toons, alang wi their girsins. [8]E toons ye gie tae e Levites fae e grun the Israelites ain maun be gien in accoordance wi e size o e heirskip o ilka clan. Tak mony toons fae a clan att his a hantle o toons, bit fyow fae them att hiv bit a fyow themsels."

[9]Syne e Lord said tae Moses: [10]"Spik tae the Israelites an tell them: 'Fan ye cross e Jordan intae Canaan, [11]pick some toons tae be yer sauf toons, toons att a body fa his killed anither body bi mistak mith rin till. [12]They'll be sauf places fae the avenger, sae att them fa are acceesed o murther mithna be killed afore they stan trial afore e gaitherin. [13]Att sax toons att ye gie will be yer sauf toons. [14]Gie three on iss side o e Jordan an three in Canaan as sauf toons. [15]Att sax toons will be a sauf place for Israelites an for forriners bidin amo them, sae att onybody fa his killed anither body bi mistak can rin there. [16]Gin onybody stricks anither body wi an airn teel an kills them, att body is a murtherer an maun be pat tae daith. [17]Or gin onybody kills anither body wi a steen in his han, att body is a murtherer an maun be pat tae daith. [18]Or gin onybody is haudin a bit o timmer an stricks anither body wi it an kills them, att body is a murtherer an maun be pat tae daith. [19]E neist o kin o e body fa wis killed maun pit e murtherer tae daith. Fan e neist o kin comes onno e murtherer he maun pit e murtherer tae daith. [20]Gin onybody kills a body they canna thole bi shivin him or flingin somethin at him [21]or gin onybody stricks a body they canna thole wi their neive an he dees, att body maun be pat tae daith. Att body is a murtherer. E neist o kin man pat e murtherer tae daith fan he faas in wi him. [22]Bit gin wi nae thocht o coorseness, onybody shives anither body or flings somethin at them bi mistaak, [23]or, athoot seein them, draps a steen onno them, hivvy aneuch tae kill them, an they dee, syne since att ither body wisna a fae an nae hairm wis intennit, [24]e gaitherin maun jeedge atween the acceesed an e neist o kin in accorance wi iss rowles. [25]E gaitherin maun keep e body acceesed sauf fae e neist o kin an sen the acceesed back tae e sauf toon they ran awa tae. The acceesed maun bide there till e heich priest fa wis annintit wi haily ile dees. [26]Bit gin the acceesed ivver gyangs ootside e bouns o e sauf toon att they ran tae [27]an e neist o kin comes onno them ootside e toon, e neist o kin can kill the acceesed an nae be guilty o murther. [28]The acceesed maun bide i the sauf toon till e heich priest dees; they canna gyang back tae their ain place till e heich priest dees. [29]Iss maun be a laa for ye throwe aa ginnerations tae come, farivver ye bide. [30]Onybody fa kills anither body maun be pat tae daith as a murtherer only on e wird o witnesses. Bit naebody maun be pat tae daith on e wird o jist the ae witness. [31]Dinna accep a peyment for e life o a murtherer, fa deserves tae dee. They maun be pat tae daith. [32]Dinna accep a peyment for onybody fa his run tae a sauf toon tae lat them back tae their ain place afore e heich priest dees. [33]Dinna fyle e lan far ye are. Spullin bleed fyles e lan, it canna

be made richt wi God for lan att bleed his been spult onno, excep bi e bleed o e body fa spult it. [34]Dinna fyle e lan far ye bide an far I am, cause A'm e Lord an A bide amo the Israelites.'"

CHAPTIR 36

E heids o e faimlies o e clan o Gilead, sin tae Makir, e sin o Manasseh, fa were fae e clans o the ation o Joseph, cam an spak afore Moses an e chieftains, e heids o the Israelite faimlies. [2]They said, "Fan e Lord bad ma lord gie e grun as an heirskip tae the Israelites bi lot, he ordert ye tae gie e heirskip o wir brither Zelophehad tae his dothers. [3]Noo, supposin they mairry chiels fae ither Israelite clans, syne e heirskip will be teen awa fae oor aul fowks' heirskip an eikit tee till att o e clan they mairry intae. An att wye pairt o e heirskip allotit tae hiz will be teen awa. [4]Fan the Ear o Jubilee for the Israelites comes, their heirskip will be eikit on tae the heirskip o e clan att they mairry intae, an their gear will be teen fae e clan heirskip o wir forebeers."

[5]Syne, at e Lord's biddin Moses gied iss order tae the Israelites: "Fit att clan, the ation o Joseph, is sayin, is richt. [6]Iss is fit e Lord's biddin is for Zelophehad's dothers: They can mairry fa they like as lang as they mairry a chiel fae their fadder's ain clan. [7]Nae heirskip in Israel maun pass fae ae clan tae anither, for ilka Israelite maun keep e clan heirskip o their forebeers. [8]Ilka dother fa heirs grun in ony Israelite clan maun mairry a chiel fae her fadder's ain clan, sae att ilka Israelite will ain the heirskip o their forebeers. [9]Nae heirskip maun pass fae ae clan tae anither, for ilka Israelite clan maun keep e grun it heirs." [10]Sae Zelophehad's dothers did fit e Lord bad Moses. [11]Zelophehad's dothers, Mahlah, Tirzah, Hoglah, Milcah an Noah mairriet their kizzens on their fadder's side. [12]They mairriet wi'in e clans o the ation o Manasseh sin o Joseph, an their heirskip bade inno their fadder's faimly an clan. [13]Sae att's e commans an rowles e Lord gied throwe Moses tae the Israelites i the howe o Moab anent e Jordan across fae Jericho.

DEUTERONOMY

CHAPTIR 1

Iss is fit Moses spak tae aa Israel i the roch cuntra tae the east o e Jordan, e scruntit lan anent Suph, atween Paran an Tophel, Laban, Hazeroth an Dizahab. [2]It taks elyven days te gyang fae Horeb tae Kadesh Barnea bi e Moont Seir road. [3]I the fowertieth ear, on e first day o the elyventh month, Moses spak tae the Israelites aboot aa e Lord hid garrt him say an dee concernin them. [4]Iss wis efter he hid owercome Sihon keeng o the Amorites, fa rowled in Heshbon, an at Edrei, hid owercome Og keeng o Bashan, fa rowled in Ashtaroth. [5]Tae the east o e Jordan i the Moab cuntra, Moses startit tae lay doon iss laa, sayin: [6]E Lord wir God said tae hiz at Horeb, "Ye've bidden lang aneuch at iss moontain. [7]Braak up yer camp an heid e wye o the Amorite heilans; gyang tae aa e clans roon aboot the Arabah, i the heilans there, i the western braes, i the Negev an alang e shore, tae e Canaanite cuntra an tae Lebanon, e linth o e muckle watter, the Euphrates. [8]See noo, A've gien ye iss grun. Awa ye gyang an tak it ower: e lan e Lord swore tae yer forebeers, Abraham, Isaac an Jacob att he wid gie tae them an their ain fowk fa cam efter them."

[9]At att time A telt ye, "Ye're some wachty a birn for ma tae cairry aa ma leen. [10]E Lord yer God his made sae mony o ye, ye're lik e stars i the lift. [11]Mith e Lord, e God o yer forebeers, eik yer nummers oot a thoosanfaul an bliss ye as he promist. [12]Bit foo maun A thole yer stramash, yer birn an yer strivin aa ma leen? [13]Pick some clivver, cannie an weel-respeckit chiels fae ilka een o yer clans, an A'll set them ower ye." [14]Ye rebattit, "Fit ye're sayin ye'll dee is gweed." [15]Sae A teuk e chieftains fae aa yer clans, clivver, weel-respeckit chiels, an gied them aathority ower ye as captains o thoosans, o hunners, o fifties an o tens, as cooncillors in ilka clan. [16]An at att same time A gied e wird tae yer clan chiefs, "Hear the argiements atween yer fowk an jeedge richt-lik, gin e case be atween twa Israelites or atween an Israelite an a forriner bidin amo ye. [17]Be fair i yer jeedgement; hear baith e peer an e gintry e same wye. Dinna be feart at naebody cause jeedgement belangs tae God. Fess ony case att's ower stieve for ye tae me, an A'll hear it." [18]An at att time A telt ye aa att ye maun dee.

[19]Syne, as e Lord wir God hid bidden hiz, we set oot fae Horeb an gaed ower e wye o the Amorite heilans throwe att muckle, gowstie, roch cuntra att ye've aa seen, an sae we won e linth o Kadesh Barnea. [20]Syne A said tae ye, "Ye've won e linth o the Amorite heilans, att e Lord wir God is giein hiz. [21]See noo, e Lord yer God his gien ye e lan. Gyang an tak it ower jist as e Lord, e God o yer forebeers, telt ye. Dinna be neen feart; dinna be neen disjaskit."

[22]Syne ye aa cam tae ma an said, "Lat's sen oot chiels tae tak a gweed leuk at e cuntra for hiz an fess back wird o e road we maun tak an e toons we'll come tae." [23]Att seemed lik a gweed protick tae me; sae A pickit twal o ye, ae chiel fae ilka clan. [24]They set oot an gaed up tae e heilans, cam tae e Glen o Eshcol an reenged aa throwe it. [25]They teuk some o e craps o e cuntra an brocht them back tae hiz wi their spik o e cuntra they'd seen. Says they, "It's gweed grun e Lord wir God is giein hiz." [26]Bit ye were sweir tae gyang up till't; ye reesed a din conter e Lord yer God's biddin. [27]Ye grummelt i yer tents an said, "E Lord disna like hiz; att's e wye he brocht hiz oot o Egypt tae han hiz ower tae the Amorites sae they mith dee awa wi hiz. [28]Far can we gyang? Wir brithers hiv garrt wir herts turn fushionless wi fear. They say, 'E fowk are stronnger an heicher nor hiz; they hiv muckle toons wi waas e hicht o e lift. Ay, an we saa the Anakites there.'" [29]Syne A said tae ye, "Dinna be neen feart; dinna be frichtit bi them. [30]E Lord yer God, fa's gyan on afore ye, will fecht for ye, lik he did for ye in Egypt, afore yer verra

een, ³¹an i the roch cuntra. Ye saa there foo e Lord yer God cairriet ye, lik a fadder cairryin his loon, the hale road ye traivelt till ye won e linth o here." ³²For aa that, ye didna lippen tae e Lord yer God, ³³fa traivelt afore ye on yer road, in fire bi nicht an in a clood bi day, tae haik oot places for ye tae camp an tae shew ye e gait ye shuld tak. ³⁴Fan e Lord heard fit ye said, he wis anngert an swore an aith: ³⁵"Neen o ye fae iss coorse ation will ivver see e gweed grun A swore tae yer forebeers A wid gie them, ³⁶forbyes Jephunneh's Caleb. He'll see it, an A'll gie him an them fa come efter him e grun he sets fit on, cause he folla't e Lord wi aa his hert." ³⁷Ower e heids o you-fowk e Lord wis anngert wi me anaa an said, "Ye winna win e linth o't, aither. ³⁸Bit yer richt-han man, Nun's Joshua, will win e linth o't. Herten him, cause he'll lead Israel tae their heirskip. ³⁹An e littlans att ye said wid be teen captive, yer bairns fa dinna yet ken gweed fae ill, aye they'll win e linth o't. A'll gie it tae them an they'll tak it ower. ⁴⁰Bit youeens maun furl roon an set oot e wye o e roch cuntra alang e road tae e Reed Sea." ⁴¹Syne ye rebattit, "We've deen ill agin e Lord. We'll gyang up an fecht as e Lord wir God bad his dee." Sae ilka een o ye pat on yer wappons, thinkin little o gyan up tae e heilans. ⁴²Bit e Lord said tae ma, "Tell them, 'Dinna gyang up an fecht, cause A winna be wi ye. Yer faes will owercome ye.'" ⁴³A telt ye, bit ye widna tak tent. Ye reesed a din conter e Lord's biddin an in yer heich-heidit wye mairched up intae the heilans. ⁴⁴The Amorites fa bade i the hills cam oot tae meet ye an chased ye lik a swaarm o bees an caaed ye doon aa e wye fae Seir tae Hormah. ⁴⁵Ye cam back an grat afore e Lord, bit he widna tak tent o yer girnin an turnt a deef lug tae ye. ⁴⁶Att's e wye ye bade in Kadesh for as mony days as ye did.

CHAPTIR 2

Syne we turnt back an set oot e wye o e roch cuntra alang e road tae e Reed Sea, as e Lord hid bidden ma. For a gey file we trailt aboot e heilans o Seir. ²Syne e Lord said tae ma, ³"Ye've trailt aboot iss heilans lang aneuch, g'wa northlins. ⁴Tell e fowk iss: 'Ye're gyan awa tae pass throwe e cuntra o yer freens the ation o Esau, fa bide in Seir. They'll be feart o ye, bit waatch yersels. ⁵Dinna steer them up tae waar, cause A'm nae gyan tae gie ye neen o their grun, nae aiven aneuch tae pit yer fit onno. A've gien e heilans o Seir tae Esau as his ain. ⁶Ye maun pey them wi siller for e maet ye ett an e watter ye drink.'" ⁷E Lord yer God his blisst ye in aa ye dee. He's keepit his ee on ye aa e time ye were traivelin throwe iss muckle roch cuntra. Iss last fowerty ear e Lord yer God his been wi ye, an ye've wintit for naethin. ⁸Sae we gaed awa by wir freens, the ation o Esau, fa bide in Seir. We turnt fae the Arabah road, att comes up fae Elath an Ezion Geber, an traivelt alang e roch cuntra road o Moab. ⁹Syne e Lord said tae ma, "Dinna tirmint e Moabites nor steer them up tae waar, cause A'm nae gyan tae gie ye neen o their grun. A've gien Ar tae the ation o Lot as their ain." ¹⁰The Emim fowk eence bade there: a weel-boukit an thrang fowk, an as heich as the Anakites. ¹¹Lik the Anakites, they were thocht tae be Rephaites, bit e Moabites caaed them Emites. ¹²Horites eence bade in Seir; Esau's fowk dreeve them oot. They dreeve awa the Horites afore them an sattlt i their grun, jist lik Israel did i the lan e Lord gied them as their ain. ¹³An e Lord said, "Noo, awa ye gyang ower e Glen o Zered." Sae we crosst e Glen. ¹⁴Thirty-aucht ear hid gaen bye fae e time we left Kadesh Barnea till we crosst e Glen o Zered. Bi att time, a hale ginneration o fechtin chiels hid deit fae amo wir fowk, as e Lord hid sworn tae them. ¹⁵E Lord's han wis agin them till he'd deen awa wi e hale jing bang fae e camp.

¹⁶Noo fan e hinmaist o att fechtin chiels amo e fowk hid deit, ¹⁷e Lord said tae ma, ¹⁸"E day ye'll gyang by e Moab cuntra at Ar. ¹⁹Fan ye come on the Ammonites, dinna tirmint them nor steer them up tae waar, cause A'm nae gyan tae gie ye neen o the Ammonites' grun. A've gien it tae the ation o Lot as their ain." ²⁰Att wis leukit on as bein grun o e Rephaites, fa eesed tae bide there;　bit the Ammonites caaed　them

Zamzummites. [21]They were a stoot an thrang fowk, an as heich as the Anakites. E Lord did awa wi them afore the Ammonites, fa dreeve them oot an sattlt on their grun. [22]E Lord hid deen e same for Esau's fowk, fa bade in Seir, fan he dreeve awa e Horites fae afore them. They dreeve them oot an hiv bidden i their cuntra tae iss verra day. [23]An as for the Avvites fa bade in clachans e linth o Gaza, e Caphtorites comin oot fae Caphtor did awa wi them an sattlt on their grun.

[24]"Set oot noo an cross the Arnon Gullet. Losh, A've gien ye inno yer hans Sihon the Amorite, keeng o Heshbon, an his cuntra. Haud forrit, tak it ower an tryst him tae a fecht. [25]Iss verra day A'll start tae pit a fear an dreid o ye inno aa e cuntras aneth e hivvens. They'll come tae hear o ye an will shaak an be in dreid o ye."

[26]Fae e roch cuntra o Kedemoth A sent rinners tae Sihon keeng o Heshbon offerin peace an sayin, [27]"Lat hiz pass throwe yer cuntra. We'll bide on e braid causey an winna turn tae e left han nor e richt han. [28]Sell hiz maet tae ett an watter tae drink for their wirth in siller. Jist lat hiz pass throwe on fit, [29]lik Esau's fowk, fa bide in Seir, an e Moabites, fa bide in Ar, did for hiz, jist till we win ower e Jordan inno e lan e Lord wir God is giein hiz." [30]Bit Sihon keeng o Heshbon widna lat hiz pass throwe. For e Lord yer God hid made him thraawn an his hert hardent tae gie him inno yer hans, lik he's noo deen. [31]E Lord said tae ma, "Losh, A've startit tae gie Sihon an his cuntra ower tae ye. Noo haud oot tae owercome him an tak his grun." [32]Fan Sihon an his hale airmy cam oot tae fecht wi hiz at Jahaz, [33]e Lord wir God hannit him ower tae hiz an we dung him doon, alang wi his sins an his hale airmy. [34]At att time we took aa his toons an reesed them tae e grun; men, weemen an bairns: we left neen alive. [35]Bit we cairriet awa for wir ain sels e beasts an e plunner we teuk fae e toons att were teen. [36]Fae Aroer on e lip o e Gullet o Arnon, an fae e toon in e gullet, aiven e linth o Gilead, nae a toon culd stan up tae hiz. E Lord wir God gied hiz them aa. [37]Bit in accoord wi e biddin o e Lord wir God, ye didna gyang onno neen o e grun o the Ammonites, naither e grun alang e wye o Jabbok nor e grun roon e heilan toons.

CHAPTIR 3

Neist we turnt an gaed up e road e wye o Bashan, an Og keeng o Bashan wi his hale airmy maircht oot tae fecht wi hiz at Edrei. [2]E Lord said tae ma, "Dinna be neen feart at him, cause A've gien him inno yer hans, alang wi his hale airmy an his grun. Dee tae him fit ye did tae Sihon keeng o the Amorites, fa rowled in Heshbon." [3]Sae e Lord wir God gied Og keeng o Bashan an aa his airmy inno wir hans anaa. We strack them doon, leavin neen alive. [4]At att time we teuk aa his toons. There wisna een o his saxty toons att we didna tak fae them: e hale o e cuntra aboot Argob, Og's keengdom in Bashan. [5]Aa e toons were fortifiet wi heich waas an barred yetts, bit there wis a hantle o clachans wi nae waas anaa. [6]We caaed them aa tae smithereens, as we'd deen wi Sihon keeng o Heshbon, reesin ilka toon tae e grun, men, weeman an bairns. [7]Bit we cairriet awa for wir ain sels e beasts an e plunner we teuk fae e toons att were teen. [8]Sae at att time we teuk fae att twa keengs o the Amorites e grun tae the east o e Jordan, fae the Arnon Gullet e linth o Moont Hermon. [9]Hermon is caaed Sirion bi e Sidonians; the Amorites caa it Senir. [10]We teuk aa e toons on e carse, an aa Gilead, an aa Bashan e linth o Salecah an Edrei, toons o Og's keengdom in Bashan. [11]Og keeng o Bashan wis e hinmaist o e Rephaites. His bed hid trappins o airn an wis abeen fowerteen fit lang an sax fit braid. It's aye in Rabbah o the Ammonites yet. [12]Fae e grun we teuk ower at att time, A gied e clan Reuben an e clan Gad e grun north o Aroer bi the Arnon Gullet, alang wi half e heilans o Gilead, an aa its toons. [13]E lave o Gilead an e hale o Bashan, Og's keengdom, A gied tae e half clan o Manasseh. The hale o e cuntra aroon Argob in Bashan eesed tae be kent as Rephaite

160

cuntra. [14]Jair, o the ation o Manasseh, teuk e hale o the Argob cuntra e linth o e mairches wi e Geshurites an e Maacathites; it wis caaed efter him, sae att tae iss verra day Bashan is caaed Havvoth Jair. [15]An A gied Gilead tae Makir. [16]Bit A gied e grun lyin atween Gilead an the Arnon Gullet (e midse o e gullet bein e mairch) an out tae e Jabbok Watters att rins wi e mairch o the Ammonites, tae e clan Reuben an e clan Gad. [17]Its wastern mairch wis e Jordan i the Arabah, fae Kinnereth tae e Sea o the Arabah (att's e Saut Sea), aneth e braes o Pisgah.

[18]A telt ye at att time: "E Lord yer God his gien ye iss grun tae tak as yer ain. Bit aa yer fit men, airmed for e fecht, maun cross ower aheid o e lave o the Israelites. [19]Hooivver, yer weemen-fowk, yer bairns an yer beasts - an A ken ye hiv a gey hantle o them - can bide i the toons A've gien ye, [20]till e Lord gies rist tae e lave o the Israelites as he his tae youeens, an they hiv teen ower e grun att e Lord yer God is giein them ayont e Jordan. Efter att, ilka een o ye can gyang back tae e grun A've gien ye as yer ain."

[21]At att time A telt Joshua: "Ye've seen for yersel fit e Lord yer God his deen tae att twa keengs. E Lord will dee e same tae aa e keengdoms ower there far ye're gyan. [22]Dinna be feart at them. E Lord yer God himsel will fecht for ye." [23]At att time A priggit wi e Lord: [24]"Lord God, ye're startin tae shew tae yer servant here, foo great ye are an foo stoot a han ye hiv. For fit god is there in hivven or i the warl fa is e marra o ye fan it comes tae e proticks an winnerfu warks ye dee? [25]Lat ma gyang ower an see e gweed grun ayont e Jordan, att bonnie braes aboot Lebanon." [26]Bit cause o youeens e Lord wis anngert wi ma an widna tak tent o ma. "Haud yer tongue," e Lord said. "Dinna spik anither wird tae ma aboot iss. [27]Gyang up tae e heid o e hill o Pisgah an leuk tae e wast an e north an e sooth an the east. Leuk at e lan wi yer ain een, since ye're nae gyan ayont iss Jordan. [28]Bit train up Joshua, an herten an strinthen him, cause he'll lead iss fowk across an will lat them heir e grun att ye'll see." [29]Sae we bade i the howe anent Beth Peor.

CHAPTIR 4

Noo, Israel, herken tae e laas A'm gyan tae larn ye. Folla them sae att ye mith live an mith gyang an tak as yer ain, e grun e Lord, e God o yer forebeers, is gien tae ye. [2]Dinna eik oot fit A tell ye, an dinna tak naethin awa fae't, bit keep e commans o e Lord yer God att A gie till ye. [3]Ye saa for yersels fit e Lord did at Baal Peor. E Lord yer God did awa fae oot amo ye, aa them fa folla't e Baal o Peor, [4]bit ilka een o ye fa held fest tae e Lord yer God is aye livin e day. [5]See noo, A've larnt ye commans an laas att e Lord ma God bad ma dee, sae att ye mith folla them i the cuntra ye're gyan till, tae hae as yer ain. [6]Mak seer ye keep them, cause iss will shew yer mense an unnerstannin tae e cuntras o e warl, fa will get tae hear o aa iss commans an say, "Fairly, iss great nation is a clivver an unnerstannin set o fowk." [7]Fit ither nation is sae great as tae hae their gods in aboot tae them e wye e Lord wir God is near han hiz ony time we pray tae him? [8]An fit ither nation is sae great as tae hae sic richteous commans an laas as iss set o laas att A'm pittin afore ye e day? [9]Bit caa cannie, an waatch yersels sae att ye dinna forget fit yer een hiv seen nor lat them dwine fae yer hert as lang as ye live. Larn them tae yer bairns an tae yer bairns' bairns. [10]Myn e day ye steed anent e Lord yer God at Horeb, fan he said tae ma, "Gaither e fowk afore ma tae hear ma wird, sae att they mith larn tae revere ma as lang as they bide i the lan an mith larn it tae their ain bairns." [11]Ye cam in aboot an steed at e fit o e moountain file it bleezed wi fire tae e verra hivvens, wi bleck cloods an pick mirk. [12]Syne e Lord spak tae ye fae oot amo e fire. Ye heard e soun o wirds bit culdna see naethin; there wis jist a vice. [13]He laid oot his covenant tae ye, e Ten Commandments, att he garrt ye folla an syne vrote them on twa steen slabs.

[14]An e Lord at att time garrt ma larn ye e commans an laas ye maun folla in e cuntra att ye're gettin as yer ain ayont e Jordan. [15]Ye didna see naethin e day e Lord spak tae ye fae oot o e fire at Horeb. Sae waatch yersels richt gait, [16]sae att ye dinna turn fylt an mak for yersels an eedol, an eemage o ony kyn, formed lik a chiel or a wumman, [17]nor lik ony beast i the warl, nor ony bird att flees i the lift, [18]nor lik ony craiter att craawls alang e grun nor ony fish i the watters aneth. [19]An fan ye leuk up tae e lift an see e sin, e meen an e stars, in aa their hivvenly ferlies, dinna be enteeced intae booin doon tae them an wirshippin things e Lord yer God his pairtit oot tae aa e cuntras o e warl. [20]Bit youeens, e Lord teuk ye an brocht ye oot o the airn-smeltin furnace, oot o Egypt, tae be fowk o his heirskip, an att's fit ye are noo. [21]E Lord wis anngert wi me cause o youeens, an he swore an aith att A widna gyang ayont e Jordan an win e linth o e gweed grun e Lord yer God is giein ye as yer heirskip. [22]A'll dee in iss cuntra. A winna gyang ayont e Jordan, bit ee'll seen be gyan ower tae tak aa att gweed grun as yer ain. [23]Tak tent nae tae forget e covenant att e Lord yer God made wi ye; dinna mak for yersels ony eedol shapit lik onythin e Lord forbad ye tae mak. [24]For e Lord yer God is a birstlin fire, a jillous God.

[25]Efter ye've hid bairns an oes an hiv been bidin i the cuntra a lang time, gin ye syne turn coorse an mak ony kyn o eedol, deein ill i the Lord yer God's een an gettin his birse up, [26]A cry on e hivvens an e warl as witnesses, tae conter ye iss verra day att ye winna lest lang i the cuntra ye're tae tak as yer ain ayont e Jordan. Ye winna lest lang there, ye're seer tae be deen awa wi. [27]E Lord will scatter ye amo e fowk o e warl, an bit a fyow o ye will come throwe inno e cuntras att e Lord will herrie ye tae. [28]There ye'll wirship timmer an steen gods, vrocht wi yer ain hans, gods att canna see nor hear nor ett nor smell. [29]Bit gin, fan ye're there, ye sikk e Lord yer God, ye'll fin him gin ye sikk him wi aa yer hert an wi aa yer sowl. [30]Fan ye're fair forfochen an aa iss his happent tae ye, gin efterhin ye come back tae e Lord yer God an dee his biddin, [31]cause e Lord yer God is a mercifu God, he winna gie ye up aa egither nor dee awa wi ye, nor forget e covenant wi yer forebeers, att he gied tae them unner aith. [32]Speir noo aboot aul lang syne, awa afore yer ain time, fae e day God first made human beins on the earth; speir fae ae ein o e hivvens tae e tither. His ony sic ferlie as iss ivver happent, or his ony sic ferlie ivver been heard o? [33]His ony ither fowk ivver heard God's vice spikkin oot o fire, as ye hiv, an lived? [34]His ony god ivver tried tae tak a nation oot o anither for himsel, throwe fash, throwe signs, throwe ferlies, throwe waar, throwe a stoot han an ootraxed airm, or throwe great an winnerfu deeins, lik aa e Lord yer God did for youeens in Egypt afore yer verra een? [35]Iss wis aa shewn tae ye sae att ye mith ken att e Lord is God; forbyes him, there's nae ither. [36]Fae hivven he garrt ye hear his vice sae att he wid keep ye in aboot. On earth he shewed ye his great fire, an ye heard his wirds fae oot amo e fire. [37]Bicause he looed yer forebeers an pickit them fa cam efter them, he brocht ye oot o Egypt throwe his Presence an his muckle strinth, [38]herryin awa afore ye cuntras att were greater an stronnger nor ee were an fessin ye inno their grun tae gie it tae ye for yer heirskip, as ye hiv it e day. [39]Tak wi e fac an tak hert att e Lord is God in hivven abeen an i the warl aneth. There's nae neen ither. [40]Keep his laas an commans, att A'm gien tae ye e day, sae att aa mith gyang richt wi you an yer bairns att come efter ye an sae ye mith live lang i the lan e Lord yer God is giein ye for aa time.

[41]Syne Moses set apairt three toons tae the east o e Jordan, [42]att onybody fa hid killed his neeper bi mistaak an nae throwe nae ill-will, culd rin till. They culd rin tae een o att toons an save their life. [43]E toons were Bezer i the roch cuntra braes, for e clan Reuben; Ramoth o Gilead, for e clan Gad; an Golan in Bashan, for e clan Manasseh.

⁴⁴Iss is e laa Moses set afore the Israelites. ⁴⁵Iss is e rowles, commans an laas Moses gied them fan they cam oot o Egypt ⁴⁶an were i the howe anent Beth Peor, east o e Jordan, i the cuntra o Sihon keeng o the Amorites, fa rowled in Heshbon an wis owercome bi Moses an the Israelites fan they cam oot o Egypt. ⁴⁷They teuk ower his grun an e grun o Og keeng o Bashan, e twa Amorite keengs east o e Jordan. ⁴⁸Iss grun ran fae Aroer on the edge o the Arnon Gullet tae Moont Sirion (att is, Hermon), ⁴⁹an teuk in aa the Arabah east o e Jordan, e linth o e Saut Sea, aneth e braes o Pisgah.

CHAPTIR 5

Moses cried aa Israel egither an said: Hearken tae iss, Israel, e commans an laas A'm gyan tae gie ye e day. Larn them an be seer tae haud wi them. ²E Lord wir God made a covenant wi hiz at Horeb. ³It wisna wi wir forebeers att e Lord made iss covenant, bit wi hiz, wi aa hiz fa are livin an here e day. ⁴E Lord spak tae ye face tae face oot o e fire on e moontain. ⁵At att time A steed atween e Lord an aa o ye tae lat ye ken e wird o e Lord, cause ye were feart at e fire an didna gyang up e moontain. An he said:

⁶"A'm e Lord yer God, fa brocht ye oot o Egypt, oot o e lan o slavery. ⁷Ye'll nae hae nae ither gods by's me. ⁸Ye maunna mak for yersels an eemage i the shape o onythin in hivven abeen, on e warl aneth or i the watters ablow. ⁹Ye maunna boo doon tae them nor wirship them; for A'm e Lord yer God, ay, A'm a jillous God, giein e bairns their sairin for the ill-deens o their aul fowk tae e third an fowerth ation o them fa canna thole ma, ¹⁰bit shewin ma luv tae a thoosan ginnerations o them fa loo ma an keep ma commans. ¹¹Ye maunna miscaa e Lord yer God, for e Lord winna haud athoot faut naebody fa miscaas him. ¹²Respeck e Sabbath day bi keepin it haily, as e Lord yer God bad ye dee. ¹³Sax days ye maun darg an dee aa yer wark, ¹⁴bit e syventh day is a Sabbath tae e Lord yer God. On it ye maunna dee nae wark, yersel, nor yer sin nor yer dother, nor yer fee'd men nor kitchie deems, nor yer nowt, yer cuddy, nor ony o yer ither beasts, nor nae forriner bidin in yer toons, sae att yer fee'd men an kitchie deems mith rist, lik yersels. ¹⁵Myn, ye were slaves in Egypt an att e Lord yer God brocht ye oot o there wi a stoot han an an ootraxed airm. Sae, e Lord yer God his bidden ye keep e Sabbath day.

¹⁶"Honour yer fadder an yer mither, as e Lord yer God bad ye dee, sae ye mith live lang an dee weel i the lan e Lord yer God is giein ye. ¹⁷Ye winna murther. ¹⁸Ye winna lie wi anither man's wife. ¹⁹Ye winna pinch fit's nae yours. ²⁰Ye winna tell lees aboot yer neeper. ²¹Ye winna hanker efter yer neeper's wife, nor his hoose, nor his grun, nor his fee'd man, nor his kitchie deem, nor his nowt, nor his cuddy, nor naethin belangin tae yer neeper."

²²Att's e commans e Lord gied oot tae yer hale gaitherin in a lood vice, there on e moontain fae oot o e fire, e clood an e pick mirk; an att's aa he said. Syne he vreet them on twa steen slabs an gied them tae me. ²³Fan ye heard e vice oot o e mirk wi e moontain bleezin alicht, aa yer clan chiefs an cheiftains cam tae ma. ²⁴An ye said, "E Lord wir God his shewn hiz his glory an his majesty, an we hiv heard his vice fae e fire. E day we've seen att a body can live aiven gin God spiks tae them. ²⁵Bit noo, fit wye maun we dee? Iss muckle fire will birstle hiz up, an we'll dee shuld we hear e vice o e Lord wir God ony mair. ²⁶For fitna body his ivver heard e vice o e livin God spikkin oot o fire, lik hiz, an lived? ²⁷Gyang in aboot an hearken tae aa att e Lord wir God says. Syne tell hiz fitivver e Lord wir God tells ye. We'll tak tent an dee his biddin." ²⁸E Lord heard ye fan ye spak tae ma, an e Lord said tae ma, "A've heard fit iss fowk said tae ye. Aa att they said wis gweed. ²⁹Wid att their herts mith gyang e gait o bein feart at ma an keep ma commans for aye, sae it mith aa gyang richt wi them, an them fa come efter them, for ivver. ³⁰Gyang an

tell them tae gyang back tae their tents. [31]Bit ee bide here wi me sae att A mith gie ye aa e biddins, commans an laas ya maun learn them tae folla i the cuntra A'm giein them as their ain." [32]Sae waatch att ye dee fit e Lord yer God his bidden ye; dinna wanner awa tae e richt nor e left. [33]Waalk i the straicht gait att e Lord yer God his bidden ye, sae att ye mith live an dee weel, an live lang i the cuntra att will be yer ain.

CHAPTIR 6

Here's e biddins, commans an laas e Lord yer God garrt ma learn ye tae keep i the cuntra att yer gyan ayont e Jordan tae tak as yer ain, [2]sae att youeens, yer bairns an their bairns fa come efter them, mith fear e Lord yer God as lang as ye live, bi keepin aa his biddins an commans att A gie ye, an sae att ye mith hae a lang life.

[3]Hear, Israel, an tak tent ye dee ma biddin, sae att aa mith gyang weel wi ye an ye mith haud forrit in a cuntra reamin wi milk an hunny, jist as e Lord, e God o yer forebeers, promist ye. [4]Hear iss, Israel: E Lord wir God, is the ae Lord. [5]Loo e Lord yer God wi aa yer hert an wi aa yer sowl an wi aa yer stringth. [6]Iss commans att A gie ye e day, ye maun haud inno yer herts. [7]Mak seer yer bairns get tae ken them weel. News aboot them fan ye sit at hame an fan ye're traivelin ben e causey, fan ye lie doon an fan ye rise. [8]Festen them as merks onno yer hans an bin them on yer broos. [9]Vreet them onno e door-cheeks o yer hames an onno yer yetts. [10]Fan e Lord yer God fesses ye tae e cuntra att he swore tae yer fadders, Abraham, Isaac an Jacob, att he'd gie ye, a lan wi muckle thrivin toons ye didna bigg, [11]hooses stappit wi aa kinna gweed gear ye didna gaither yersels, waalies ye didna howk, an vinyairds an olive trees ye didna plant, syne fan ye ett an are weel-sairt, [12]tak tent att ye dinna forget on e Lord, fa brocht ye oot o Egypt, oot o e lan o slavery. [13]Hae fear o e Lord yer God, sair neen bit him an tak yer aiths in his name. [14]Dinna chase efter ither gods, e gods o e fowk roon aboot ye; [15]for e Lord yer God, fa is amon ye, is a jillous God an his annger will burn agin ye, an he'll dee awa wi ye fae e face o e lan.

[16]Dinna try oot e Lord yer God lik ye did at Massah. [17]Be seer tae keep e commans o e Lord yer God an aa att he's set oot for ye an e laas he's gien ye. [18]Dee fit's richt an gweed i the Lord's sicht, sae att aa mith gyang weel wi ye an ye mith tak as yer ain e gweed grun e Lord promist on his aith tae yer forebeers, [19]caa'in oot aa yer faes afore ye, as e Lord said. [20]I the days tae come, fan yer sin speirs at ye, "Fit dis aa iss att e Lord his set oot for ye an aa his commans an laas mean?" [21]tell him: "we were slaves o Pharaoh in Egypt, bit e Lord brocht hiz oot o Egypt wi a stoot han. [22]E Lord sent signs an ferlies afore hiz, great an fearsome, onno Egypt an Pharaoh an his hale hoosehaud. [23]Bit he brocht hiz oot fae there tae fess hiz in aboot an gie hiz e lan he promist on aith tae wir forebeers. [24]E Lord garrt hiz tak wi aa iss commans an hae a fear o e Lord wir God, sae att we mith aye dee weel an be keepit alive. An att's jist fit it's like nooadays. [25]An gin we tak tent tae tak wi aa iss laas afore e Lord wir God, as he his bidden hiz, att will be wir richteousness.

CHAPTIR 7

Fan e Lord yer God fesses ye tae e grun ye're gyan tae get as yer ain, an herries oot e tither clans afore ye, the Hittites, Girgashites, Amorites, Canaanites, Perizzites, Hivites an Jebusites, syven cuntras bigger an stronnger nor you, [2]an fan e Lord yer God his hannit them ower tae ye an ye've owercome them, syne ye maun dee awa wi them aaegither. Dinna mak nae tryst wi them, an dinna shew them nae mercy. ³Dinna mairry in amo them. Dinna gie yer dothers tae their sins nor tak their dothers for yer sins, ⁴for they'll turn yer bairns awa fae folla'in me tae sair ither gods, an e Lord's annger will burn agin ye an gey seen missaucre ye. ⁵Iss is fit ye maun dee tae them: braak doon their aaltars, caa their haily steens tae crockaneetion, cut doon their Asherah totems, an burn their eedols i the fire. ⁶For ye're a fowk fa are haily tae e Lord yer God. E Lord yer God his pickit ye fae amo aa e fowk on e face o the earth, tae be his ain fowk, e fowk he's far ben wi. ⁷E Lord didna tak wi ye an pick ye cause there wis sae mony o ye, cause o aa e fowk ee were e fyowest. ⁸Bit it wis cause e Lord looed ye an keepit the aith he swore tae yer forebeers, att he brocht ye oot wi a muckle han an bocht ye back fae e lan o slavery, fae e pooer o Pharaoh keeng o Egypt. ⁹Sae ye maun ken att e Lord yer God is God; he is e leal God, keepin his covenant o luv tae a thoosan ginnerations o them fa loo him an keep his commans. ¹⁰Bit them fa canna thole him, he'll pey back tae their face bi deein awa wi them; he winna be slaw tae pey back tae their face them fa canna stan him. ¹¹Sae, tak tent tae folla e biddin, commans an laas A gie ye e day.

¹²Gin ye tak tent o iss laas an mak seer ye folla them, syne e Lord yer God will keep his covenant o luv wi ye, as he swore tae yer forebeers. ¹³He'll loo ye an bliss ye an mak mony o ye. He'll bliss e fruit o yer wyme, e craps o yer grun, yer corn, new wine an olive ile, e calfies o yer hirds an e lammies o yer flocks i the lan he swore tae yer forebeers he'd gie ye. ¹⁴Ye'll be blisst mair nor ony ither fowk, neen o yer weemen will be athoot bairns an neen o yer beasts will be eel. ¹⁵E Lord will keep ye redd o ilka disease. He winna inflick onno ye e scunnerfu diseases ye kent in Egypt, bit he'll inflick them on aa fa canna thole ye. ¹⁶Ye maun dee awa wi aa e fowk e Lord yer God gies ower tae ye. Dinna hae nae peety on them an dinna sair their gods, for att will be a snare tae ye. ¹⁷Ye mith say tae yersels, "Att cuntras are stooter nor hiz. Foo can we herrie them oot?" ¹⁸Bit dinna be feart at them. Aye hae myn o fit e Lord yer God did tae Pharaoh an tae aa Egypt. ¹⁹Ye saa wi yer ain een e muckle fash, e signs an ferlies, e muckle han an ootraxed airm, att e Lord yer God brocht ye oot wi. E Lord yer God will dee e same tae aa e fowk ye're feart att ivnoo. ²⁰Fit's mair, e Lord yer God will sen muckle waasps amo them till aiven them fa's left hidin fae ye are deen awa wi. ²¹Dinna be fleggit bi them, for e Lord yer God, fa is amo ye, is a great an aawsome God. ²²E Lord yer God will herrie oot aa att cuntras afore ye, a thochtie at a time. Ye winna get tae dee awa wi them aa at eence, or there will be a rowth o wild beasts aroon ye. ²³Bit e Lord yer God will han them ower tae ye, garrin there be a muckle stramash amo them till they are aa deen awa wi. ²⁴He'll gie their keengs inno yer hans, an ye'll strick oot their names fae aneth e hivvens. Neen will stan up tae ye; ye'll dee awa wi them aa. ²⁵Ye maun burn the eemages o their gods i the fire. Dinna hanker efter e siller an gowd onno them, an dinna tak it for yersels, or ye'll be snared bi it, cause its skaichent tae e Lord yer God. ²⁶Dinna fess naethin fool intae yer hoose, for fear baith ee an yer hoose will be set apairt tae be deen awa wi. Leuk on it as scunnerfu an hae naethin tae dee wi't, cause it's set apairt tae be deen awa wi.

CHAPTIR 8

Tak tent tae folla ilka comman A'm giein ye e day, sae att ye mith live an growe tae be mony an gyang an tak as yer ain e lan e Lord promist on aith tae yer forebeers. ²Myn foo e Lord yer God led ye aa e wye i the roch cuntra iss fowerty ear, tae keep ye in aboot an try ye oot, sae att he'd fin oot fit wis inno yer herts, an whither ye wid keep his commans. ³He brocht ye doon, garrin ye hunnger an syne maettit ye wi manna, att naither ye nor yer forebeers hid ivver seen afore, tae learn ye att fowk canna live on nocht bit loaf bit on ilka wird att comes fae e Lord's moo. ⁴Yer claes didna weer deen an yer feet didna swall for e hale o att fowerty ear. [5]Lat yer herts ken att e same wye as a chiel keeps his sin in aboot, sae e Lord yer God keeps you in aboot. [6]Keep e commans o e Lord yer God, aye deein his biddin an respeckin him. [7]For e Lord yer God is fessin ye tae gweed grun, grun wi burnies, watterins, an deep waalies reamin oot inno e glens an hills; [8]a lan wi wheat an barley, vines an fig trees, pomegranates, olive ile an hunny; [9]a lan far there will be nae wint o maet an ye'll wint for naethin; a lan far e steens are airn an ye can howk copper oot o e hills. [10]Fan ye've etten yer full, praise e Lord yer God for e gweed grun he's gien ye.[11]Tak tent att ye dinna forget e Lord yer God, ye dinna forget tae keep his biddin, his commans an his laas att A'm giein ye e day. [12]Iddergaits, fan ye ett yer full, fan ye bigg gran hooses an sattle doon, [13]an fan ye've a rowth o beasts an flocks an ye've a hantle o siller an gowd an aa ye hiv aye growes mair, [14]syne yer hert will turn prood an ye'll forget on e Lord yer God, fa brocht ye oot o Egypt, oot o e lan o slavery. [15]He led ye throwe e muckle coorse roch cuntra, att thirsty dry cuntra, wi its pooshinous snakes an scorpions. He brocht ye watter oot o hard steen. [16]He gied ye manna tae ett i the roch cuntra, a thing yer forebeers nivver hid seen afore, tae haud ye in aboot an try ye oot, sae fin aa wis said an deen aathin mith gyang weel for ye. [17]Ye mith say tae yersel, "Ma pooer an e strinth o ma hans hiv vrocht iss walth for ma." [18]Bit myn on e Lord yer God, for he's the een fa gies ye e smeddum tae dee weel, an sae souders his covenant, att he swore tae yer forebeers, as it is e day. [19]Shuld ye ivver forget e Lord yer God an chase efter ither gods an wirship an boo doon tae them, A'm tellin ye straicht iss verra day, att ye'll seerly be deen awa wi. [20]Lik e cuntras e Lord herriet oot afore ye, ee'll be herriet oot anaa for nae takkin wi e biddin o e Lord yer God.

CHAPTIR 9

Hearken tae iss, Israel: Ye're gyan tae cross e Jordan an will herrie oot cuntras att are bigger an stronnger nor ee are, wi muckle toons att hiv waas e hicht o e lift. [2]E fowk are stoot an heich: Anakites. Ye ken aa aboot them an hiv heard fowk say, "Fa can stan up tae the Anakites?" [3]Bit there's nae doobt att iss verra day, e Lord yer God is gyan across afore ye, lik a devoorin fire. He'll ding them doon; he'll owercome them afore ye. An ye'll herrie them oot an tak nae time tae dee awa wi them, as e Lord his promist ye. [4]Efter e Lord yer God his herriet them oot afore ye, dinna say tae yersels, "E Lord his brocht ma here tae tak ower iss grun cause o ma richteousness." Na, na, it's cause o e coorseness o e fowk o iss cuntras att e Lord is gyan tae herrie them oot afore ye. [5]It's nae cause o your richteousness nor your mense att ye're gyan tae tak ower their cuntra; bit bicause o e coorseness o e fowk o att cuntras, e Lord yer God will herrie them oot afore ye, tae fess aboot fit he swore tae yer fadders, tae Abraham, Isaac an Jacob. [6]Sae ye maun unnerstan, it's nae cause o yer richteousness att the Lord yer God is giein ye iss gweed grun as yer ain, for ye're a thraawn lot.

[7]Myn iss, an nivver forget, for ye managed tae get e Lord's birse up i the roch cuntra. Fae e day ye cam oot o Egypt till ye won here, ye've been contermashious tae e Lord. [8]At Horeb ye kittlt up e Lord's annger sae att he wis raised aneuch tae dee awa wi ye. [9]Fan A gaed up e moontain tae get e slabs o steen, e slabs o e covenant att e Lord hid made wi ye, A bade on e moontain fowerty days an fowerty nichts; A didna ett nae maet an didna drink nae watter. [10]E Lord gied ma twa steen slabs screivin on bi e finnger o God. Onno them were aa e commans e Lord set oot tae ye on e moontain oot o e fire, on e day o e gaitherin. [11]At e hinnerein o e fowerty days an fowerty nichts, e Lord gied ma e twa steen slabs, e slabs o e covenant. [12]Syne e Lord telt me, "G'wa doon fae here at eence, cause yer fowk, fa ye brocht oot o Egypt, hiv turnt coorse. They hinna been slaw tae turn awa fae fit A bad them dee an hiv made an eedol for themsels." [13]An e Lord said tae ma, "A've hid ma ee on iss fowk an they're a thraawn bunch. [14]Leave ma ma leen, sae A mith dee awa wi them an blotch oot their name fae aneth e hivvens. An A'll mak ye

intae a nation stronger an wi mair fowk nor them." [15]Sae A turnt an held awa doon fae e moontain as it wis bleezin wi fire. An e twa slabs o e covenant were inno ma hans. [16]Fan A leukit, A culd see ye'd deen ill agin e Lord yer God; ye'd made an eedol cassen i the shape o a calfie for yersels. Ye hidna teen lang tae turn awa fae e gait e Lord hid bidden ye tak. [17]Sae A teuk e twa slabs an flang them oot o ma hans, braakin them tae bits afore yer verra een. [18]Syne eence mair A fell aa ma linth afore e Lord for fowerty days an fowerty nichts; A didna ett nae maet, an didna drink nae watter, cause o aa the ill ye'd deen, deein fit wis fool i the Lord's sicht an sae, kittlin up his annger. [19]A wis some feart at e rage an annger o e Lord, for ye'd gotten his birse up tae e pass att he wis gyan tae dee awa wi ye. Bit eence mair e Lord hearkent tae ma. [20]An e Lord wis raised aneuch wi Aaron tae dee awa wi him, bit at att time A prayed for Aaron anaa. [21]Fit's mair, A teuk att scunnerfu thing o yours, e calfie ye'd vrocht, an brunt it i the fire. Syne A breuk it tae bits an grun it tae poother as smaa as stew, flang e stew inno a burn att ran doon e moontain. [22]Ay, an ye got e Lord's birse up at Taberah, at Massah an at Kibroth Hattaavah anaa. [23]An fan e Lord sent ye oot fae Kadesh Barnea, he said, "G'wa up an tak ower e grun A've gien ye." Bit ye reesed a din agin e biddin o e Lord yer God. Ye didna lippen tae him nor dee his biddin. [24]Ye've been contermashious agin e Lord ivver since A kent ye. [25]A lay aa ma linth afore e Lord for att fowerty days an fowerty nichts cause e Lord hid said he wid dee awa wi ye. [26]A prayed tae e Lord an said, "Lord God, dinna dee awa wi yer fowk, yer ain heirskip att ye bocht back throwe yer muckle pooer an brocht oot o Egypt wi a michty han. [27]Myn on yer servants Abraham, Isaac an Jacob. Owerleuk e thraawnness o iss fowk, their coorseness an their ill-deeins. [28]Gin ye dinna, e cuntra ye brocht hiz oot o will say, 'Bicause e Lord culdna tak them e linth o e cuntra he promist them, an cause he culdna thole them, he brocht them oot tae dee awa wi them i the roch cuntra.' [29]Bit they're yer ain fowk, yer heirskip att ye brocht oot throwe yer muckle pooer an yer ootraxed airm."

CHAPTIR 10

At att time e Lord said tae ma, "Cloor oot twa steen slabs lik e first eens an come up tae ma on e moontain. Mak a timmer kistie tee. [2]A'll vreet onno e slabs e wirds att were onno e first slabs, att ye breuk. Syne ye maun pit them inno e kistie." [3]Sae A vrocht e kistie oot o acacia wid an cloort oot twa steens lik e first eens, an gaed up e brae wi e twa slabs i ma han. [4]E Lord screivt onno att twa slabs fit he hid screivt afore, e Ten Commanments he hid gien oot tae ye on e moontain, oot o e fire, on e day o e gaitherin. An e Lord gied them tae ma. [5]Syne A cam back doon fae e moontain an pat e slabs inno e kistie A'd vrocht, as e Lord hid bidden ma dee, an att's far they are enoo.

[6]The Israelites traivelt fae e waals o Bene Jaakan tae Moserah. Aaron deit there an wis beeriet, an Eleazar his sin teuk ower fae him as priest. [7]Fae there they traivelt tae Gudgodah an on tae Jotbathah, a lan wi rinnin burnies.

[8]At att time e Lord set apairt e clan Levi tae cairry God's kistie, tae stan afore e Lord tae meenister an tae gie oot blissins in his name, as they dee tae iss verra day. [9]Att's fit wye e clan Levi disna hae nae pairt nor heirskip amo e lave o the Israelites; e Lord's their heirskip, as e Lord yer God telt them. [10]Noo A'd been up i the moontain for fowerty days an fowerty nichts, jist lik e first time, an e Lord listent tae ma iss time anaa. He didna wint tae dee awa wi ye aaegither. [11]E Lord said tae ma, "G'wa an lead e fowk on their road, sae att they mith win inno an tak ower e lan A swore tae their forebeers tae gie them."

[12]An noo, Israel, fit dis e Lord yer God sikk o ye bit tae fear e Lord yer God, tae waalk in his wyes, tae loo him, tae sair e Lord yer God wi aa yer heart an wi aa yer sowl, [13]an tae keep e Lord's commans an laas att A'm giein oot tae ye e day, for yer ain gweed? [14]The hivvens, tae e verra heichest hivvens, e warl an aathin inno't belang tae e Lord yer God. [15]Still-an-on, e Lord hid a noshun for yer forebeers an looed them, an he pickit youeens, fa come efter them, abeen aa ither cuntras o e warl, as ye see e day. [16]Circumceese yer herts, syne, an dinna aye be thraawn. [17]For e Lord yer God is God o gods an Lord o lords, e great God, michty an fearsome, fa disna hae nae faavourites, an disna tak nae backhanners. [18]He leuks oot for e fadderless an e weeda, an looes e fremt bidin amo ye, giein them maet an claes. [19]An ye maun loo e fremt, cause ee were fremt yersels in Egypt. [20]Fear e Lord yer God an sair him. Tak a gweed haud o him an sweer yer aiths in his name. [21]He's the een ye praise; he's yer God, fa did aa att ye saa wi yer ain een for ye. [22]Syventy o yer forebeers gaed doon intae Egypt, an noo e Lord yer God his made as mony o ye as there are stars i the lift.

CHAPTIR 11

Loo e Lord yer God an aye keep fit he sikks o ye, his biddin, his laas an his commans. [2]Myn att yer bairns werna the eens fa saa an gaed throwe e deeciplin o e Lord yer God: his majesty, his pooerfu han, his ootraxed airm; [3]e signs he shewed ye an e things he did i the midse o Egypt, baith tae Pharaoh, keeng o Egypt, an tae his hale cuntra; [4]e throwcome he gied the Egyptian airmy, gied its horses an chariots, foo he garrt e watters o e Reed Sea ream ower them as they were chasin ye, an foo e Lord brocht fair ruination onno them. [5]It wisna yer bairns fa saa fit he did for ye i the roch cuntra afore ye won e linth o here, [6]an fit he did tae Dathan an Abiram, e loons o Eliab o clan Reuben, fan e grun opent its moo i the midse o aa Israel an swallied them an their hoosehauds, their tents an ilka livin thing att wis theirs. [7]Bit it wis yer ain een att saa aa iss ferlies e Lord his deen. [8]Sae ye maun keep aa e commans A'm giein ye e day, sae ye mith hae e strinth tae gyang forrit an tak ower e cuntra ayont e Jordan att ye're gyan tae tak as yer ain, [9]an sae att ye mith hae a lang life i the lan att e Lord swore tae gie tae yer forebeers an them fa cam efter them, a lan reamin wi milk an hunny.

[10]The cuntra ye're gyan intae tae tak ower is naethin lik Egypt, far ye've come fae, far ye shaaved yer seed an made dutches wi yer feet, lik in a yaird. [11]Bit e cuntra ye're gyan ower e Jordan tae tak as yer ain, is a cuntra o heilans an glens att drinks rain fae hivven. [12]It's a cuntra e Lord yer God thinks muckle o; e Lord yer God's een are onno't aa e time fae Ne'er's Day tae Hogmanay.

[13]Sae gin ye tak tent tae keep e commans A'm giein ye e day, tae loo e Lord yer God an tae sair him wi aa yer hert an wi aa yer sowl, [14]syne, A'll sen rain on yer grun in its sizzon, baith at hairst an at e shaavin, sae ye mith hairst yer corn, new wine an olive ile. [15]A'll gie girss i the parks for yer nowt an ye'll ett yer full. [16]Bit tak tent att ye're nae trystit awa tae wirship ither gods an boo doon tae them. [17]Gin att's e wye o't e Lord's annger will burn agin ye, an he'll steek e hivvens sae att there winna be nae rain an e grun winna gie nae crap, an or lang ye'll aa dee i the gweed cuntra e Lord's giein ye.

[18]Preen iss wirds o mine inno yer herts an inno yer heids; festen them as merks onno yer hans an bin them onno yer broos. [19]Learn them tae yer bairns; spik aboot them fan ye're at hame an fan ye're traivelin ben e causey, fan ye lie doon an fan ye rise. [20]Vreet them onno e door-cheeks o yer hooses an onno yer yetts, [21]sae att you an yer bairns mith hae mony days i the cuntra e Lord swore tae gie yer forebeers, as mony as e days att e hivvens are abeen the earth.

²²Gin ye tak tent o aa iss commans A'm gien ye tae folla, tae loo e Lord yer God, tae waalk e richt gait wi him an tae haud fest tae him, ²³syne e Lord will herrie oot aa e fowk o att cuntras afore ye, an ye'll tak ower e grun o fowk att are stronnger nor ee are. ²⁴Ilka place far ye set yer fit will be yours: yer grun will rin fae e roch cuntra o Lebanon, an fae the Euphrates Watter tae e Mediterranean Sea. ²⁵Neen will stan up tae ye. Farivver ye gyang e Lord yer God, jist as he promist ye, will pit terror an fear o ye onno aa ye faa in wi. ²⁶Jist waatch, A'm settin baith a blissin an a curse afore ye e day; ²⁷a blissin gin ye keep e commans o e Lord yer God att A'm giein ye e day; ²⁸a curse gin ye dinna tak wi e commans o e Lord yer God an turn yer back on e wye att A'm biddin ye tae tak e day bi chasin efter ither gods, att ye've nivver kent afore. ²⁹Fan e Lord yer God his fessen ye tae e cuntra ye're gyan tae tak as yer ain, ye maun tell oot e blissins on Moont Gerizim, an e curses on Moont Ebal. ³⁰Ye ken att att moontains are ayont e Jordan, wastlins, e wye o e settin sin, anent e muckle trees o Moreh, i the lan o att sept o e clan Caanan fa bide i the Arabah ower by Gilgal. ³¹Ye'll seen be crossin ayont e Jordan tae gyang an tak ower as yer ain e lan e Lord yer God is giein ye. Fan ye've teen it ower an are bidin there, ³²tak tent att ye bide bi aa e commans an laas A'm settin oot afore ye e day.

CHAPTIR 12

Here's e commans an laas ye maun tak tent tae keep i the cuntra att e Lord, e God o yer forebeers, his gien ye as yer ain, as lang as ye bide inno't. ²Ding doon aaegither e places on e heids o e moontains, i the heilans aneth ilka spreedin tree, far e fowk ye are herryin oot wirship their gods. ³Braak doon their aaltars, smash their haily steens an burn their Asherah totems i the fire; cut doon the eedols o their gods an swype awa their names fae att places. ⁴Ye maunna wirship e Lord yer God i the wye they cairriet on. ⁵Bit ye maun sikk oot e place e Lord yer God will pick fae amo aa yer clans tae pit his name there for his dwallin. Ye maun gyang there, ⁶an fess yer brunt offerins an sacrifeeces, yer cess an speecial hansels, fit ye've promist tae gie in yer freewill offerins, an the aulest-born o yer hirds an flocks. ⁷There, wi e Lord yer God afore ye, you an yer families will ett an be gled in aathin ye pit yer han till, cause e Lord yer God his blisst ye. ⁸Ye maunna dee fit ye're deein here ivnoo, ilka een jist pleasin himsel, ⁹since ye hinna won e linth o e reestin place an heirskip e Lord yer God is giein ye. ¹⁰Bit ye'll win ower e Jordan an sattle i the lan e Lord yer God is giein ye as yer heirskip, an he'll gie ye rist fae aa yer faes roon aboot ye, sae ye will bide in peace. ¹¹Noo fit aboot e place e Lord yer God will pick as a dwallin for his Name? Ye maun fess aathin A bid ye there: yer brunt offerins an sacrifeeces, yer cess an speecial hansels, an aa e best o yer gear att ye've promist tae e Lord. ¹²An there ye'll be gled afore e Lord yer God, you, an yer sins an yer dothers, yer fee'd men an kitchie deems, an the Levites fae yer toons fa hiv nae share nor heirskip o their ain. ¹³Tak tent att ye dinna sacrifeece yer brunt offerins onywye ye like. ¹⁴Ye maun jist offer them at e place e Lord will pick amo een o yer clans, an there ye maun dee aa A've bidden ye. ¹⁵Still-an-on, ye can slaughter yer beasts in ony o yer toons an ett as muckle o e beef as ye wint, jist as gin it wis a gazelle or a rae, accoordin tae e blissin e Lord yer God gies ye. Baith e cleant an e nae cleant can ett it. ¹⁶Bit ye maunna ett e bleed: poor it oot onno e grun lik watter.

¹⁷Ye maunna ett e cess o yer corn an new wine an olive ile in yer ain toons, nor the aulest-born o yer hirds an flocks, nor fitivver ye've promist tae gie, nor yer freewill offerins nor speecial hansels. ¹⁸Insteid, ye maun ett them afore e Lord yer God at e place e Lord yer God will pick, you an yer sins an yer dothers, yer fee'd men an kitchie deems an e Levites fae yer toons, an ye maun be gled afore e Lord yer God in aathin ye pit yer han till. ¹⁹Tak tent nae tae mislippen e Levites as lang as ye bide in yer cuntra.

[20]Fan e Lord yer God his eikit oot e grun he promist ye, an ye're hunngry for maet an say, "A'm wintin somethin tae ett," syne ye can ett as muckle o't as ye wint. [21]Gin e place far e Lord picks tae pit his Name is hine awa fae ye, ye can slauchter beasts fae e hirds an flocks e Lord his gien ye, as A've bidden ye, an ye can ett as muckle o them as ye wint in yer ain toons. [22]Ett them lik ye wid a gazelle or a rae. Baith e cleant an e nae cleant can ett. [23]Bit tak tent ye dinna ett e bleed, cause bleed is e life, an ye maunna ett e life wi e beef. [24]Ye maunna ett e bleed, poor it oot onno e grun lik watter. [25]Dinna ett it sae att aa mith be weel wi ye an yer bairns comin ahin ye, cause ye'll be deein fit's richt i the Lord's een. [26]Bit tak yer consecraitit things an fitivver ye hiv promist tae gie, an gyang tae e place e Lord will pick. [27]Gie ower yer brunt offerins on the aaltar o e Lord yer God, baith e beef an e bleed. E bleed o yer sacrifeeces maun be poored oot anent the aaltar o e Lord yer God, bit ye can ett e beef. [28]Tak tent an see att ye keep aa iss rowles A'm giein ye, sae att aa mith aye gyang weel wi ye an yer bairns comin ahin ye, cause ye'll be deein fit's gweed an richt i the Lord yer God's een.

[29]E Lord yer God will cut aff afore ye e nations ye're gyan inno an gyan tae tak ower. Bit fan ye've herriet them oot an sattlt i their grun, [30]an efter they've been deen awa wi afore ye, see att ye dinna get snarlt up in speirin aboot their gods, sayin, "Foo div iss cuntras sair their gods? We'll jist dee siclike." [31]Ye maunna wirship e Lord yer God i the wye they div, cause fan they wirship their gods, they dee aa kyn o fool things att e Lord canna thole. They aiven burn their ain sins an dothers i the fire as sacrifeeces tae their gods. [32]See att ye dee aa att A bid ye. Dinna eik it oot nor tak awa fae't.

CHAPTIR 13

Gin a prophit, or a spaewife shuld come amo ye an tell ye o a sign or a ferlie, [2]an gin e sign or e ferlie att they spak o comes aboot, an e prophit says, "Lat's folla ither gods" (gods ye didna ken afore) "an lat's wirship them," [3]ye maunna listen tae fit att prophit or spaewife is sayin. E Lord yer God is tryin ye oot tae fin oot gin ye loo him wi aa yer hert an aa yer sowl. [4]It's e Lord yer God ye maun folla, an him ye maun respeck. Keep his commans an dee his biddin; sair him an haud fest tae him. [5]Att prophit or spaewife maun be pat tae daith for steerin up a din agin e Lord yer God, fa brocht ye oot o Egypt an bocht ye back fae e lan o slavery. Att prophit or spaewife tried tae turn ye awa fae e gait e Lord yer God bad ye tak. Ye maun scoor the ill fae amo ye.

[6]Gin yer verra ain brither, or yer sin or yer dother, or e wife ye loo, or yer best freen trysts ye awa hidlins, sayin, "Lat's gyang an wirship ither gods" (gods att neither you nor yer forebeers kent afore,[7]gods o e fowk roon aboot ye, in aboot or hine awa, fae ae ein o e warl tae e tither), [8]dinna gie in tae them nor hearken tae them. Dinna shew them nae peety. Dinna hain them nor proteck them. [9]Ye maun be seer tae pit them tae daith. Your han maun be e foremaist in deein awa wi them, afore e hans o aa e tither fowk. [10]Steen them tae daith, cause they tried tae tryst ye awa fae e Lord yer God, fa brocht ye oot o Egypt, oot o e lan o slavery. [11]Syne aa Israel will hear an be feart, an neen amo ye will ivver dee sic ill again.

[12]Gin ye shuld hear att in een o e toons e Lord yer God is giein ye tae bide in [13]din-raisers hiv gotten up a stramash amo e fowk, sayin, "Lat's gyang an wirship ither gods" (gods ye ken naethin aboot), [14]syne ye maun speir, prob an sikk oot fit it's aa aboot. An gin it's richt an ye can preeve att iss fool thing's been deen amo ye, [15]ye maun mak seer ye pit tae e swoord aa them fa bide in att toon. Ye maun dee awa wi't aaegither, baith its fowk an its beasts. [16]Ye maun gaither aa e spiles o e toon intae e midse o e plainsteens an burn e toon an aa its spiles as a hale brunt offerin tae e Lord yer God. Att toon maun bide a ruin for aye

an nivver be rebiggit, [17]an neen o e mankit gear o e toon maun be faun inno yer hans. Syne e Lord will turn awa fae his tooerin rage, will shew ye mercy, an will tak peety on ye. He'll mak mony o ye as he promist on aith tae yer forebeers, [18]cause ye dee e Lord yer God's biddin bi keepin aa his commans att A'm giein ye e day, an deein fit's richt in his een.

CHAPTIR 14

Ye're e bairns o e Lord yer God. Dinna cut yersels nor shave yer broos for e deid, [2]for ye're a fowk att are haily tae e Lord yer God. Fae amo aa e fowk i the warl, e Lord his pickit you tae be his verra ain.

[3]Dinna ett naethin fool. [4]Iss is e beasts ye can ett: nowt, sheep, goat, [5]the hairt, e gazelle, rae, wild goat, ibex, antelope an e moontain sheep. [6]Ye can ett ony beast att his a clivven hiv an att chaaws e cweed. [7]Hooivver, fae amo them att chaaw e cweed or hiv a clivven hiv, ye maunna ett e camel, rubbit nor bawd. Tho they chaaw e cweed, they dinna hae a clivven hiv. They are nae cleant for ye. [8]E grumphie is nae cleant anaa. It his a clivven hiv bit it disna chaaw e cweed. Ye maunna ett their beef nor touch their carcages. [9]Fae amo aa e craiters bidin i the watters, ye can ett ony att his fins an scales. [10]Bit onythin att disna hae fins an scales ye maunna ett, cause it's nae cleant.

[11]Ye can ett ony clean bird. [12]Bit ye maunna ett the aigle, e vulture, e black vulture, [13]e reed kite, e black kite, ony kyn o gled, [14]ony kyn o craa, [15]e hornt houlet, e scraich houlet, e pew, ony kyn o haawk, [16]e little houlet, e muckle houlet, e fite houlet, [17]e desert houlet, the osprey, e cormorant [18]e stork, ony kyn o lang Sandy, the hoopoe an e bat. [19]Aa fleein flechs are nae cleant tae ye; dinna ett them. [20]Bit ony craiter wi wings att is clean ye can ett.

[21]Dinna ett naethin ye come on att's deid. Ye can gie it tae e forriner bidin in ony o yer toons an they can ett it, or ye can sell it tae ony forriner. Bit yersels, ye're a fowk att are haily tae e Lord yer God. Dinna bile a young goat in its mither's milk. [22]Mak seer ye set aside as cess a tenth o aa att yer parks crap ilka ear. [23]Ett e cess o yer corn, new wine an olive ile, an the aulest-born o yer hirds an flocks wi e Lord yer God afore ye at e place he'll pick as a dwallin for his Name, sae att ye mith larn tae aye respeck e Lord yer God. [24]Bit gin att place is hine awa fae ye an ye've been blisst bi e Lord yer God an canna cairry yer cess, cause e place far e Lord picks tae pit his Name is ower far awa, [25]syne, cash in yer cess for siller, an tak e siller wi ye fan ye gyang tae e place e Lord yer God will pick. [26]Wi e siller buy fitivver ye like, beasts, sheep, wine or ither strong drink, or ony ither thing ye like. Syne you an yer hoosehaud can ett there afore e Lord yer God an be gled. [27]An dinna forget aboot e Levites bidin i yer toons, for they hinna nae pairt nor heirskip o their ain.

[28]At the ein o ilka three ear, fess aa e cess o att ear's crap an keep it i yer toons, [29]sae e Levites, fa hiv nae pairt nor heirskip o their ain, an e forriners, e fadderless an e weedas fa bide i yer toons mith come an ett their full, an sae e Lord yer God mith bliss ye in aa e wark ye dee.

CHAPTIR 15

At the ein o ilka syven ear ye maun cancel yer debts. [2]Iss is foo ye maun dee it: Ilka body fa is dyow siller fae anither body maun cancel oot ony siller they've lent tae ony ither Israelite. They maunna sikk peyment fae ony amo their ain fowk, cause e Lord's time for cancelin debts his been set oot. [3]Ye can sikk peyment fae a forriner, bit ye maun cancel ony debt anither Israelite is dyow ye. [4]Still-an-on, there needna be nae peer fowk amo ye, for e cuntra e Lord yer God is giein ye as yer ain as yer heirskip, will see ye aa richt, [5]bit only gin ye dee fit eLord yer God bids ye dee an ye tak tent tae folla aa iss commans A'm giein ye e day. [6]For e Lord yer God will bliss ye lik he his promist, an ye'll len tae mony cuntras bit borra fae neen. Ye'll rowle ower mony cuntras bit neen will rowle ower you.

[7]Gin there's ony peer body amo yer fella Israelites in ony o e toons i the cuntra e Lord yer God is giein ye, dinna be sair on them or grippie wi them. [8]As lief, be furthie, an dinna dauchle tae len them fitivver they wint. [9]Tak tent nae tae be ill-thochtit as e syventh ear for cancellin debts is comin near han an sae ye dinna shew gweed-will tae yer fella Israelites fa are in wint, an gie them naethin. They can syne appeal tae e Lord agin ye, an ye'll be faun tae hae deen ill. [10]Gie hertilie tae them an dinna bigrudge fit ye're giein; syne, gin ye dee att, e Lord yer God will bliss ye in aa yer wark an in aa ye pit yer han till. [11]There will aye be peer fowk amo ye. Sae A wid prig wi ye tae be furthie tae yer fella Israelites in yer cuntra fa are peer an in wint.

[12]Gin ony o yer ain fowk, Hebrew men or weemen, sell themsels tae ye an sair ye for sax ear, i the syventh ear ye maun lowse them. [13]An eence ye've lowsed them dinna lat them awa wi a teem han. [14]Gie them a gweed luck-penny fae yer flock, yer thrashin-fleer an yer winepress. Gie tae them in accoord wi foo e Lord yer God his blisst you. [15]Hae myn att ee were eence slaves in Egypt an e Lord yer God bocht ye back fae't. Att's e wye A'm giein ye iss comman e day. [16]Bit gin yer servant says tae ye, "A'm nae sikkin a shift," cause he looes you an yer faimly an is weel aff wi ye, [17]tak an elsh an push it throwe his lug tee till e door, an he'll be yer servant for life. Dee e same wi yer kitchie deem. [18]Dinna think yer ill-deen till bi haein tae lowse yer servant, cause they've sairt ye iss sax ear an hiv been twafaul e wirth o a fee'd man. An e Lord yer God will bliss ye in aa ye dee.

[19]Set apairt ilka aulest-born male o yer hirds an flocks for e Lord yer God. Dinna wark yer aulest-born coos, an dinna shear the aulest-born o yer sheep. [20]Ilka ear you an yer faimly maun ett them afore e Lord yer God at e place he picks. [21]Gin a beast his a faut, is cripple or blin, or his ony ither ill, ye maunna sacrifeece it tae e Lord yer God. [22]Ye maun ett it i yer ain toon. Baith them fa are nae cleant an them fa are cleant can ett it, as gin it wis a gazelle or a rae. [23]Bit ye maunna ett e bleed; poor it oot onno e grun lik watter.

CHAPTIR 16

Keep e month o Aviv an cillebrait e Passower o e Lord yer God, cause t'wis i the month o Aviv att he brocht ye oot o Egypt throwe e nicht. [2]Sacrifeece as e Passower tae e Lord yer God a beast fae yer flock or hird at e place the Lord picks as a dwallin for his Name. [3]Dinna ett it wi loaf bakit wi barm, bit for syven days ye maun ett loaf wi nae barm, e loaf o sair sorra, cause ye were in hyste tae leave Egypt, an sae for aa e days o yer life ye mith myn on e time ye cam oot o Egypt. [4]Dinna lat nae barm be faun inno yer hans onywye i the hale cuntra for syven days. Dinna lat ony o e beef ye sacrifeece on e nicht o att first day aye be left till neist mornin. [5]Ye maunna sacrifeece e Passower in ony o e toons e Lord yer God gies ye, [6]apairt fae e place he picks as a dwallin for his Name. There ye maun sacrifeece e Passower i the gloamin, as e sin's gyan doon, at e time o the ear ye set oot fae Egypt. [7]Ross it an ett it at e place e Lord yer God picks. Syne neist mornin g'wa back tae tae yer tents. [8]For sax days ett loaf wi nae barm an on e syventh day haud a gaitherin tae e Lord yer God an dinna dee nae wark.

[9]Coont syven wikks fae e time ye begin tae hairst e stannin corn. [10]Syne cillebrait e Fair o Wikks tae e Lord yer God bi gien a freewill offerin in accoord wi e blissins e Lord yer God his gien ye. [11]An be gled afore e Lord yer God at e place he picks as a dwallin for his Name: you, yer sins an yer dothers, yer fee'd men an kitchie deems, e Levites in yer toons, an e forriners, e fadderless an e weedas bidin amo ye. [12]Hae myn att ee were slaves in Egypt, an tak tent tae folla aa iss commans.

[13]Cillebrait e Fair o Tabernacles for syven days efter ye've gaithert yer craps fae yer thrashin-fleer an yer winepress. [14]Be gled at yer fair, you, yer sins an yer dothers, yer fee'd men an kitchie deems, e Levites, an e forriners, e fadderless an e weedas bidin i yer toons. [15]For syven days cillebrait e fair tae e Lord yer God at e place e Lord picks. For e Lord yer God will bliss ye in aa yer hairst an in aa e wark o yer hans, an ye'll be fair teen wi yersel.

[16]Three times ilka ear aa yer men maun come afore e Lord yer God at e place he picks: at e Fair o e Loaf wi nae Barm, e Fair o Wikks, an e Fair o Tabernacles. Naebody maun come afore e Lord teem-hannit. [17]Ilka een o ye maun gie fit ye're able in accoord wi e wye e Lord yer God his blisst ye.

[18]Appint chieftains an officeels for ilka een o yer clans in ilka toon e Lord yer God is giein ye, an they'll be fair i their jeedgin o e fowk. [19]Dinna pervert jeestice nor tak sides. Dinna accep nae back-hanners: a back-hanner jist blins the een o e wise an thraws e wirds o them fa hiv deen nae wrang. [20]Folla jeestice an nae ither, sae att ye mith live an ain e lan e Lord yer God is giein ye.

[21]Dinna set up nae timmer Asherah totem anent the aaltar ye bigg tae e Lord yer God, [22]an dinna set up nae haily steens, cause e Lord yer God canna thole att.

CHAPTIR 17

Dinna sacrifeece nae beast nor sheep att's nae weel or his ony faut aboot it tae e Lord yer God, for he widna be sair teen wi att.

[2]Gin ony chiel or wumman bidin amo ye in een o e toons e Lord gies ye is faun tae be deein ill i the sicht o e Lord yer God an conterin his covenant, [3]an conter tae ma biddin his wirshippt ither gods, booin doon tae them or tae e sin or e meen or e stars i the lift, [4]an ye've been telt aboot them, syne ye maun leuk intae it richtgait. Gin it be true an it's been preeved att iss fool protick his been gyan on in Israel, [5]tak e chiel or wumman fa's deen iss fool protick tae yer toon yett an steen att body tae daith. [6]On e wird o twa-three witnesses a body maun be pat tae daith, bit naebody maun be pat tae daith on e wird o jist the ae witness. [7]The hans o e witnesses maun be e first tae pit att body tae daith, syne e hans o e lave o e fowk. Ye maun scoor the ill fae amo ye.

[8]Gin cases come afore yer coorts att are some hard for ye tae jeedge, be it aboot e spullin o bleed, argiements or spuilzie, tak them tae e place e Lord yer God picks. [9]Gyang tae e priests o Levi an tae e jeedge fa's in poseetion at e time. Speir att them an they'll gie ye e verdick. [10]Ye maun syne dee in accoord wi e verdick they gie ye at e place e Lord will pick. Tak tent ye dee aa they bid ye dee. [11]Dee

accoordin tae fitivver they tell ye i the verdicks they gie ye. Dinna turn awa fae fit they tell ye, tae e richt han nor e left han. [12]Ony een fa shews sneist for e jeedge or for e priest fa is stannin meenisterin tae e Lord yer God, maun be pat tae daith. Ye maun scoor the ill fae Israel. [13]Aa will hear iss an be feart, an winna be sae sneistie neist time.

[14]Fan ye win e linth o e cuntra e Lord yer God is giein ye an hiv teen it ower, an sattlt inno't, an ye say, "Lat's set a keeng ower hiz like aa e cuntras roon aboot," [15]tak tent ye appint a keeng e Lord yer God picks. He maun be fae amo yer ain fowk. Dinna appint a forriner ower ye, a body fa's nae an Israelite. [16]Fit's mair, e keeng maunna gaither a hantle o horse for himself nor gar e fowk gyang back tae Egypt tae get mair o them, for e Lord his said tae ye, "Ye maunna gyang doon att road again." [17]He maunna tak a hantle o wives, for fear he's led agley. He maunna gaither up a rowth o siller an gowd. [18]Fan he taks e throne o his keengdom, he maun vreet oot for himsel inno a beuk a copy o iss laa, teen fae e beuk o e priests o Levi. [19]It maun bide wi him an he maun read it ilka day o his life sae att he mith larn tae respeck e Lord his God an tak tent tae folla aa e wirds o iss laa an iss commans, [20]an nae think himsel better nor e lave o e Israelites an turn awa fae e laa tae e richt han or tae e left han. Syne he, an them fa come efter him, will rowle a lang time ower his keengdom in Israel.

CHAPTIR 18

E priests o e clan Levi, ay e hale o e clan Levi maunna hae nae pairt o e grun nor heirskip wi Israel. They'll live aff e maet offerins gien ower tae e Lord, for att's their heirskip. [2]They winna hae nae heirskip amo e lave o e Israelites; e Lord's their heirskip, lik he promist them.

[3]Iss is e share dyow tae e priests fae e fowk fa sacrifeece a bull or a sheep: e shouther, the intimmers an e beef fae e heid. [4]Ye maun gie them e first hairst o yer corn, new wine an olive ile, an e first oo fae yer sheep's shearin, [5]for e Lord yer God his pickit them an them fa come efter them oot o aa yer clans tae stan an meenister for aye i the Lord's name.

[6]Gin a Levite shifts fae een o yer toons in Israel an his a hankerin tae come tae e place e Lord picks, [7]he can meenister i the name o e Lord his God lik aa e lave o e Levites fa sair there afore e Lord. [8]He maun get e gweed o aa e maet an offerins att's fessen, aiven tho he got siller for e sellin o his faimly's gear.

[9]Fan ye gyang intae e cuntra e Lord yer God's giein ye, tak tent ye dinna tak up e fool wirkins o e fowk there. [10]Dinna lat neen amo ye be faun sacrifeecin their sin or dother i the fire. Dinna lat neen tak up divination nor sorcery, wark oot omens, tak up wi witchery, [11]nor cass spells, nor be a spaeman nor carline fa sikks tae spik tae e deid. [12]E Lord canna thole onybody fa dis sic things, cause att's e fool proticks e Lord yer God will herrie oot o att cuntras afore ye. [13]Ye maunna dee nae ill afore e Lord yer God.

[14]E fowk ye'll tak ower fae hearken tae them fa tak up wi sorcery or divination. Bit youeens: e Lord yer God winna lat ye dee it. [15]E Lord yer God will reese up a prophit lik masel fae oot amo ye, fae amo the Israelites. Ye maun tak tent o fit he says. [16]For att's fit ye socht fae e Lord yer God at Horeb on e day o e gaitherin fan ye said, "Dinna lat hiz hear e vice o e Lord wir God nor see iss muckle fire nae mair, or we'll dee." [17]E Lord said tae ma: "Fit they're sayin is gweed. [18]A'll reese up for them fae amo themsels a prophit lik yersel, an A'll pit ma wirds i his moo. He'll tell them aathin A bid him. [19]A'll gie their sairin

tae ony fa disna hearken tae ma wird att e prophit spiks in my name. [20]Bit a prophit fa taks on himsel tae spik in my name onythin A hinna bid him say, or a prophit fa spiks i the name o any ither gods, maun be pat tae daith." [21]Ye mith say tae yersels, "Foo will we ken gin an eerin disna come fae e Lord?" [22]Gin fit a prophit tells ye i the name o e Lord disna happen nor come true, att's an eerin e Lord hisna spoken. Att prophit his spoken oot o turn, sae dinna be feart at him.

CHAPTIR 19

Eence e Lord yer God his deen awa wi aa e cuntras fas grun he's giein ye, an eence ee've herriet them oot an sattlt i their toons an hooses, [2]set apairt for yersels three toons i the cuntra e Lord yer God is giein ye as yer ain. [3]Tak a mizzour an pairt oot e cuntra e Lord yer God is giein ye as yer heirskip intae three, sae att a body fa kills anither body mith rin an be sauf in een o att toons.

[4]Iss is fit maun happen tae a body fa kills anither body an rins there tae be sauf, att's tae say, onybody fa kills a neeper bi mistaak wi nae thocht o deein it aforehan. [5]For sayin's sake, a chiel mith gyang tae e wids wi a neeper tae saa doon timmer, as he sweengs his aix tae cut doon a tree, e heid o't flees aff, stricks his neeper an kills him. Att chiel can rin tae een o iss toons an save himsel. [6]Itherweese, e tither chiel's neist o kin mith chase efter him in a rage, catch up wi him gin he's nae hine awa, an kill him aiven tho he disna deserve tae dee, since he did it tae his neeper bi mistaak wi nae thocht o't aforehan. [7]Att's e wye A'm garrin ye set three toons apairt for yersels. [8]Gin e Lord yer God gies ye mair grun, as he promist yer forebeers on aith, an gies aa e grun he promist them, [9]cause ye tak tent tae folla aa iss laas A'm giein ye e day, tae loo e Lord yer God an aye be seer tae dee his biddin, syne ye maun set apairt anither three toons. [10]Dee att, sae att e bleed o them fa hiv nae deen nae wrang winna be spult i yer cuntra att e Lord yer God is giein ye as yer heirskip, an sae ye winna be guilty o spullin bleed.

[11]Bit gin, wi ill-will i their hert, a body wytes for a neeper, stricks him an kills him an syne rins tae een o att toons, [12]e Toon Cooncil maun sen for e killer, fa maun be brocht back fae e toon an hannit ower tae e neist o kin tae be deen awa wi. [13]Dinna hae nae peety. Ye maun scoor fae Israel the ill-deein o spullin e bleed o them fa hiv deen nae wrang, sae aa mith gae weel wi ye.

[14]Dinna shift yer neeper's mairch steen set up bi yer forebeers i the heirskip ye get i the cuntra e Lord yer God is giein ye as yer ain.

[15]Ae witness canna convick a body acceesed o ony crime or ill thing they mith hae deen. For a maitter tae be preeven there maun be e wird o twa or three witnesses.

[16]Gin a leein loon taks e stan tae acceese a body o a crime, [17]e twa fowk fa are argie-bargiein maun stan afore e Lord, afore e priests an e jeedges fa are appintit at e time. [18]E jeedges maun tak a gweed leuk at things an gin e witness is faun tae be leein, giein fause wird agin anither Israelite, [19]dee wi e leein loon as he wis intennin tae dee tae e tither body. Ye maun scoor the ill fae amo ye. [20]E lave o e fowk will hear o iss an be feart, an ye'll nivver hae sic ill bein deen amo ye. [21]Dinna shew nae peety: a life for a life, an ee for an ee, a teeth for a teeth, a han for a han, a fit for a fit.

CHAPTIR 20

Fan ye gyang tae waar wi yer faes an see horse an chariots an an airmy bigger nor yer ain, dinna be feart at them, cause e Lord yer God, fa brocht ye up oot o Egypt, will be wi ye. [2]Fan ye're riddy for e fecht, e priest will come forrit an spik tae yer airmy. [3]He'll say: "Hearken tae iss, Israel: E day ye're gyan tae e fecht wi yer faes. Dinna be fushionless nor feart; dinna tak a pirr nor be terrifiet o them. [4]For e Lord yer God is the een fa will gyang wi ye tae fecht for ye agin yer faes an gie ye e victry." [5]The offishers will say tae the airmy: "His ony o ye biggit a new hoose bit nae yet meeved in? Lat him gyang hame, for fear he mith dee an some ither body start tae bide inno't. [6]His ony o ye plantit a vinyaird an nae yet hid e gweed o't? Lat him gyang hame for fear he mith dee i the fechtin an some ither body get e gweed o't. [7]His ony o ye trystit wi a quine an nae yet mairriet her? Lat him gyang hame for fear he mith dee i the fechtin an some ither body mairry her." [8]Syne the offishers will say, "Is ony o ye feart or fushionless? Lat him gyang hame sae e lave o e sodgers winna turn fushionless anaa." [9]Eence the offishers are throwe spikkin tae the airmy, they'll appint commanders ower it.

[10]Fan ye mairch forrit tae attack a toon, gie its fowk an offer o peace. [11]Gin they accep an open their yetts, aa e fowk inno att toon will be garrt tae wark for ye for naethin. [12]Gin they refeese tae mak peace an they start tae fecht wi ye, lay siege tae att toon. [13]Syne, fan e Lord yer God gies it ower inno yer hans, pit aa e chiels inno't tae e swoord. [14]E weemen, e bairns, e beasts an e lave o fit's inno e toon, ye can tak as plunner for yersels. An ye can eese e plunner e Lord yer God gies ye fae yer faes. [15]Iss is foo ye maun deal wi aa e toons att are hine awa an dinna belang tae yer neeperin cuntras. [16]Hooivver, i the toons o e cuntras att e Lord yer God is giein ye as an heirskip, dinna leave livin onythin att soochs. [17]Dee awa wi them aaegither, the Hittites, Amorites, Canaanites, Perizzites, Hivites an Jebusites, as e Lord yer God bad ye dee. [18]Gin ye dinna, they'll learn ye tae folla aa e fool things they dee bi wirshippin their ain gods, an ye'll dee ill agin e Lord yer God.

[19]Gin ye lay siege tae a toon for a lang time, fechtin tae tak it, dinna aix doon their trees, cause ye can ett their fruit. Dinna hack them doon. Are e trees fowk att ye shuld attack them? [20]Hooivver, ye can hack doon trees att ye ken are nae fruit trees an eese them tae bigg yer seige warks till e toon ye're fechtin wi faas.

CHAPTIR 21

Gin a body.is faun murthert, lyin oot in a park i the cuntra e Lord yer God is giein ye as yer ain, an it's nae kent fa did e killin, [2]yer elders an jeedges maun gyang oot an mizzour foo far awa e body is fae e neeperin toons. [3]Syne the elders o e toon nearest han e body maun tak a quake att's nivver been vrocht an his nivver been yokit [4]an maun lead it doon tae a howe att's nivver been plooed nor shaavn an far there's a burn rinnin. There, i the howe, they maun braak e quake's neck. [5]E priests o clan Levi maun come forrit, for e Lord yer God his pickit them tae meenister an tae gie oot blissins i the name o e Lord an tae decide aa cases o argiein an fechtin. [6]Syne aa the elders o e toon nearest han e body maun waash their hans ower e heid o e quake fas neck wis breuken i the howe, [7]an they maun say: "Oor hans didna spull iss bleed, nor did oor een see fa did it. [8]Accep iss as makkin it richt wi God for yer fowk Israel, fa ye hiv bocht back, Lord, an dinna haud yer fowk guilty o e bleed o a body fa's deen nae wrang." Syne it will be made richt wi God for e spullin o e bleed, [9]an ye'll hae cleant yersels o e guilt o spullin e bleed o een fa did nae wrang, since ye've deen fit's richt i the Lord's een.

[10]Fan ye fecht wi yer faes, an e Lord yer God gies them ower inno yer hans, an ye tak some o them captive, [11]gin ye see amo them ye've teen a bonnie quine an are some teen wi her, ye can tak her as yer wife. [12]Fess her hame wi ye an gar her shave her heid, clip her nails [13]an pit awa e claes she wis weerin fan she wis teen. Efter she's bidden in yer hoose an grieved for her fadder an her mither for a hale month, ye can gyang tae her an an mak yersels man an wife. [14]Gin ye're nae sair teen on wi her, lat her gyang far she likes. Ye maunna sell her nor trait her lik a slave, since ye've lain wi her.

[15]Gin a chiel his twa wives, an he looes een bit nae e tither, an baith hiv sins till him, bit the aulest-born is e loon o e wife he disna care for, [16]fan he wills his gear tae his sins, he maunna gie e richts o the aulest-born tae e sin o e wife he looes ower an abeen his rael aulest-born, e sin o e wife he disna care for. [17]He maun tak wi e sin o e wife he disna care for as his aulest-born bi giein him a twafaul share o aa he ains. Att sin is the first sign o his fadder's strinth. E richts o the aulest-born are his.

[18]Gin onybody his a thraawn an ill-nettered loon fa disna dee his fadder an mither's biddin an winna listen tae them fan they gie him an owergyan, [19]his fadder an mither maun tak a haud o him an haul him afore the elders at e yett o his toon. [20]They maun say tae the elders, "Iss loon o oors is thraawn an ill-nettered. He winna dee fit he's telt. He's a gutsy deil an a boozer." [21]Syne aa e men o his toon maun steen him tae daith. Ye maun scoor the ill fae amo ye. Aa Israel will hear o't an be feart.

[22]Gin a body his deen an ill att sairs e daith penalty, an they're deen awa wi an their corp is hung onno a tree, [23]ye maunna leave e corp hingin on e tree aa nicht. Ye maun see att ye beery it att same day, cause onybody fa is hung onno a tree is aneth God's curse. Ye maunna fyle e lan e Lord yer God is giein ye as an heirskip.

CHAPTIR 22

Gin ye see a stot or sheep belangin tae anither Israelite wannerin aboot, dinna gyang by it, bit see att ye tak it back tae e body fa ains it. [2]Gin they dinna bide near han ye, or ye dinna ken fas beast it is, tak it hame wi ye an leuk efter it till they come leukin for't. Syne gie it back tae them. [3]Dee e same gin ye fin their cuddy or their cwyte or ony ither thing they mith hae tint. Dinna gyang by it.

[4]Gin ye see a cuddy or stot belangin tae anither Israelite cowpit on e road, dinna gyang by it. Gie e body fa ains it a han tae get it back onno its feet.

[5]A wumman maunna weer a man's claes, nor a chiel a wumman's claes, cause e Lord canna thole ony fa dee sic things.

[6]Gin ye come on a birdie's nest anent e road, in a tree or onno e grun, an e mither is cleckit onno e gorblins or the eggs, dinna tak e mither wi e gorblins. [7]Ye can tak e gorblins, bit mak seer ye lat e mither awa, sae att aa mith be weel wi ye an ye mith hae a lang life.

[8]Fan ye bigg a new hoose, mak a stoup roon yer reef sae att yer hoose winna be fylt wi e bleed o onybody fa faas aff yer reef.

⁹Dinna shaav twa kyn o sids i yer vinyaird; gin ye div, baith e craps ye shaav an e fruit o e vinyaird will be connacht.

¹⁰Dinna ploo wi a stot an a cuddy yokit egither.

¹¹Dinna weer claes o oo an leenen wyven egither.

¹²Mak toshels onno e fower neuks o e cwyte ye weer. ¹³Gin a chiel taks a wife an, efter lyin wi her, taks a scunner tae her ¹⁴an caas her for aathin an gies her a bad name, sayin, "A mairriet iss wumman, bit fan A lay wi her, it leukit as gin she'd been wi ither chiels," ¹⁵syne e lassie's fadder an mither maun fess preef att she's nivver lain wi anither chiel tae e toon elders at e yett. ¹⁶Her fadder maun say tae the elders, "A gied ma dother's han in mairrage tae iss chiel, bit he's teen a scunner tae her. ¹⁷Noo he's miscaaed her an said, 'A some think yer dother's lain wi anither chiel.' Bit here's e preef ma dother hisna lain wi nae ither chiel." Syne her mither an fadder maun shew e claith tae e toon elders, ¹⁸an the elders maun tak e chiel an gie him his sairin. ¹⁹They maun fine him a hunner shekels o siller an gie them tae e quine's fadder, cause iss chiel his miscaaed an Israelite maiden. She'll aye be his wife, bit he maunna pit her awa fae him as lang as he lives. ²⁰Bit, gin fit he's said is richt an they canna fess preef att she's nivver lain wi anither chiel, ²¹she maun be brocht tae e door o her fadder's hoose an e men o e toon maun steen her tae daith. She's deen a maroonjus thing bi hoorin aboot fan she wis still in her fadder's hoose. Ye maun scoor ill fae amo ye.

²²Gin a chiel is faun lyin wi anither man's wife, baith e chiel fa lay wi her an e wumman maun dee. Ye maun scoor the ill fae Israel.

²³Gin a chiel, in anither toon meets in wi a quine fa his nivver lain wi a man bit is trystit tae be mairriet, an he lies wi her, ²⁴ye maun tak e pair o them tae e toon yett an steen them tae daith: e quine cause she wis inno a toon an didna howl for help, an e chiel cause he fylt anither man's wife. Ye maun scoor the ill fae amo ye.

²⁵Bit gin a chiel meets in wi a quine fa's trystit tae be mairriet oot i the cuntra an he fyles her, it's jist e chiel fa's deen sic a thing att maun dee. ²⁶Dinna dee naethin tae e quine, she's deen nae ill att deserves her tae be pat tae daith. It's e same as fan a body attacks an kills a neeper, ²⁷for e chiel faun e quine oot i the cuntra, an tho e quine fa wis trystit tae be mairriet howled oot o her, there wisna naebody tae come tae gie her a han tae win awa fae him.

²⁸Gin a chiel meets in wi a quine fa's nae trystit tae be mairriet an taks a haud o her an fyles her, an they're fun oot, ²⁹he maun pey her fadder fifty shekels o siller. He maun mairry e quine, cause he his fylt her. He can nivver pit her awa fae him as lang as he lives.

³⁰A chiel maunna mairry his fadder's wife; he maunna fyle his fadder's bed.

CHAPTIR 23

Nae chiel fa's been libbit bi crushin or cuttin can gyang inno e gaitherin o e Lord. ²Neen born fae a mairrage att's nae allooed nor neen o them fa come o sic a mairraige can gyang inno e gaitherin o e Lord, nae aiven e linth o e tenth ation. [3]Neen o e clan Ammon nor clan Moab nor ony o them fa come efter them can gyang inno e gaitherin o e Lord, nae aiven e linth o e tenth ation. [4]For they didna come tae meet ye wi loaf an watter fan ye were on e road efter ye cam oot o Egypt, an they socht Beor's Baalam fae Pethor in Aram Naharaim tae pit a curse onno ye. [5]Hooiver, e Lord yer God widna listen tae Balaam bit turnt e curse intae a blissin for ye, cause e Lord yer God looes ye. [6]Dinna sikk tae mak a tryst wi them for as lang as ye live.

[7]Dinna leuk doon on e clan Edom, cause they are o yer ain fowk. Dinna leuk doon on an Egyptian, cause ye bade as forriners i their cuntra. [8]E third ation o their bairns can gyang inno e gaitherin o e Lord's fowk. [9]Fan ye're gyan oot tae fecht wi yer faes keep clear o aathin fool.

[10]Gin ony o yer men is nae cleant cause he hid an oot-pit throwe e nicht, he maun gyang ootside e camp an bide there. [11]Bit as gloamin comes on he maun waash himsel, an fan e sin gyangs doon he can come back tae e camp.

[12]Set aside a place ootside e camp for a lavvy. [13]Cairry aboot wi ye somethin tae dell wi, an fan ye need e lavvy, dell a hole an hap yer keech. [14]For e Lord yer God gyangs aboot i yer camp tae keep ye fae aa ill an tae gie ower yer faes tae ye. Yer camp maun be haily, sae he maunna see naethin fool amo ye tae gar him turn awa fae ye.

[15]Gin a slave his teen shilter wi ye, dinna han them ower tae their maister. [16]Lat them bide amo ye farivver they wint an in fitivver toon they pick. Dinna be ower sair on them.

[17]Nae Israelite chiel or wumman maun be a shrine hoor. [18]Ye maunna fess e lugbabs o a wumman nor man hoor intae e hoose o e Lord yer God tae pey ony voo, cause e Lord yer God canna thole sic things.

[19]Dinna chairge anither Israelite interest, be it on siller or on maet or ony ither thing att ye culd chairge interest on. [20]Ye can chairge a forriner interest, bit nae anither Israelite, sae att e Lord yer God mith bliss ye in aa ye pit yer han till, in e cuntra ye're gyan tae hae as yer ain.

[21]Gin ye mak a voo tae e Lord yer God, dinna be slaw tae pey it, for e Lord yer God will be seer tae sikk it fae ye an ye'll be deein ill bi slackin on't. [22]Bit gin ye haud fae makkin a voo, ye winna be deein nae wrang. [23]Fitivver yer lips say ye maun be seer tae dee, cause ye made yer voo voluntaur tae e Lord yer God wi yer ain moo.

[24]Gin ye gyang inno yer neeper's vinyaird, ye can ett aa e grapes ye wint, bit ye maunna pit neen inno yer ruskie. [25]Gin ye gyang inno yer neeper's corn-park, ye can pick e heids wi yer finngers, bit ye maunna pit a sickle tae his stannin crap.

CHAPTIR 24

Gin a chiel mairries a wumman att turns oot a scunner tae him cause he fins somethin fool aboot her, an he vreets oot a letter o divorce tae her, gies it tae her an sens her awa fae his hoose, [2]an gin, efter she hauds awa fae his hoose, she mairries anither chiel, [3]an her saicond man taks a scunner tae her an vreets her a letter o divorce, gies it tae her an sens her awa fae his hoose, or gin he dees, [4]syne her first man, fa

179

gied her awa, maunna mairry her again, efter she's been fylt. Att wid be fool i the Lord's een. Dinna fess ill-deein onno e lan e Lord yer God is giein ye as an heirskip.

[5]Gin a chiel is new mairriet, he maunna be sent tae waar nor hae ony ither ontaak laid onno him. He maun bide at hame for a hale ear an keep e wumman he's mairriet happy.

[6]Dinna tak a set o querns, nae aiven e tapmaist een, as a wad for a debt, cause att wid be takkin a body's livin as a wad. [7]Gin a body is faun kidnappin anither Israelite an traitin or sellin them as a slave, e body fa teuk them maun dee. Ye maun scoor the ill fae amo ye.

[8]In cases o fylin scaw, waatch att ye dee exackly as e priests o Levi bid ye. Ye maun mak seer ye dee aa att A've bidden them. [9]Myn on fit e Lord yer God did tae Miriam on e road efter ye cam oot o Egypt.

[10]Fan ye gie yer neeper a len o siller, dinna gyang inno their hoose tae get fit ye're bein offert as a wad. [11]Bide ootside an lat e neeper ye're giein e len till come oot tae ye wi e wad. [12]Gin ye're neeper is peer, dinna gyang tae sleep aye haudin their wad. [13]Gie them their cwyte back fan e sin gyangs doon sae att yer neeper mith sleep inno't. Then they'll thank ye, an it will be leukit on as a richteous deein i the sicht o e Lord yer God.

[14]Dinna tak a len o a fee'd man fa's peer an in wint, be att fee'd man anither Israelite or a forriner bidin in een o yer toons. [15]Pey them their waage ilka day afore e sin gyangs doon, cause they are peer an depennin on't. Ithergait they mith cry tae e Lord agin ye, an att will be leukit on as an ill-deein. [16]Mithers an fadders maunna be pat tae daith cause o their bairns, nor are bairns tae be put tae daith for their mithers or fadders. Ilka een will dree e weird o their ain ill-deein.

[17]Dinna haud jeestice fae e forriner nor e fadderless. Dinna tak e cwyte fae a weeda as a wad.[18]Aye hae myn ye were slaves in Egypt an e Lord yer God bocht ye back fae there. Att's e wye A'm biddin ye dee iss.

[19]Fan ye're hairstin i yer parks, an ye miss a shaif, dinna gyang back for't. Leave it for e forriner, e fadderless an e weeda, sae att e Lord yer God mith bliss ye in aa e wark o yer hans. [20]Fan ye dunt the olives fae yer trees, dinna gyang ower e branches a saicond time. Leave e lave o't for e forriner e fadderless an e weeda. [21]Fan ye hairst e grapes i yer vinyaird, dinna gyang ower e vines again. Leave e lave o't for e forriner, e fadderless an e weeda. [22]Aye myn att ye were slaves in Egypt. Att's e wye A'm biddin ye dee iss.

CHAPTIR 25

Fan fowk are strivin wi een anither, they maun gyang tae e coort an e shirra will sort oot the odds, lattin aff e body fa did naethin wrang an condemmin e body fa's at faut. [2]Gin e body fa's at faut needs tae get a thrashin, e shirra maun gar him lie doon an get floggit in front o him, wi e nummer o dunts att's his sairin for the ill he's deen, [3]bit e shirra maunna set doon mair nor fowerty dunts. Gin e body fa's deen ill gets mair dunts nor att, yer fella Israelite will be teen some far doon in yer een.

[4]Dinna mizzle a stot fan it's thrashin oot e corn.

[5]Gin brithers are bidin wi een anither an een o them dees athoot leavin a sin, his weeda maunna mairry ootside e faimly. Her man's brither maun tak her tae wife, an cairry oot e dyowties o a brither-in-laa tae her. [6]E first sin she his till him maun tak e deid brither's name sae att his name winna be blottit oot fae Israel. [7]Bit, gin a chiel disna wint tae mairry his brither's weeda, she maun gyang tae the elders at e toon yett an say, "Ma man's brither is refeesin tae cairry on his brither's name in Israel. He winna dee his bit as a brither-in-laa tae ma." [8]Syne e toon elders maun cry him tae come afore them an hae a wird wi him. Gin he hauds at sayin, "A'm nae sikkin tae mairry her," [9]his brither's weeda maun gyang up tae him afore aa the elders, tak aff een o his sheen, spit in his face an say, "Iss is fit happens tae e chiel fa winna bigg up e faimly line o his brither." [10]Att chiel's faimly line will be kent in Israel as E Faimly o e Barfit.

[11]Gin twa chiels are fechtin an e wife o een o them comes tae rescyee her man fae e chiel strivin wi him, an she raxes oot an taks a haud o him bi e goolies, [12]ye maun cut her han aff. Dinna shew her nae peety.

[13]Dinna cairry twa different wechts i yer bag, een hivvy an e tither lichtsome. [14]Dinna keep twa different mizzours i yer hoose, een big an e tither smaa. [15]Ye maun hae true wechts an mizzours, sae att ye mith live lang i the cuntra e Lord yer God is giein ye. [16]For e Lord yer God canna thole fowk fa dee sic things: onybody fa's a swick.

[17]Myn on fit the Amalekites did tae ye on yer road efter ye cam oot o Egypt. [18]Fan ye were wabbit an forfochen, they met in wi ye on e road an attackit e stragglers; they didna fear God. [19]Fan e Lord yer God gies ye peace fae aa e faes aroon ye i the cuntra he's gien ye as yer ain an as an heirskip, ye maunna swype awa e name o Amalek fae aneth e hivvens. Hae myn.

CHAPTIR 26

Eence ye've won e linth o e cuntra e Lord yer God is gien ye as an heirskip, an ye've teen it ower an sattlt there, [2]tak a puckle o e first o yer craps att ye hairst fae e grun o e lan e Lord yer God is giein ye an pit it inno a ruskie. Syne gyang tae e place att e Lord yer God will pick as a dwallin for his Name [3]an say tae faaivver's priest at e time, "A'm sayin e day tae e Lord yer God att A've come tae e cuntra att e Lord swore tae wir forebeers att he wid gie hiz." [4]E priest maun tak e ruskie fae yer hans an set it doon anent the aaltar o e Lord yer God. [5]Syne ye'll say afore e Lord yer God: "Ma fadder wis a wannerin Aramean, an he gaed doon tae Egypt wi a puckle fowk an bade there an turnt oot a great nation, pooerfu an wi mony o them. [6]Bit the Egyptians were sair on hiz an garrt hiz grue, garrin hiz hae a sair chaave for them. [7]Syne we cried oot tae e Lord, e God o wir forebeers, an e Lord heard wir vice an saa foo disjaskit, sair come att an held in aboot we were. [8]Sae e Lord brocht hiz oot o Egypt wi a stoot han an ootraxed airm, wi muckle terror, an wi ferlies an winners. [9]He brocht hiz tae iss place an gied hiz iss lan, a lan reamin wi milk an hunny, [10]an noo A'm fessin e first hairst o e grun att ye, Lord, hae gien ma." Set doon e ruskie afore e Lord yer God an boo doon till him. [11]Syne you an e clan Levi an e forriners bidin amo ye will be gled at aa e gweed things att yer God his gien tae ye an yer hoosehaud.

[12]Eence ye've set aside a tenth o aa yer craps i the third ear, e year o cess, ye maun gie it tae e Levites, e forriners, e fadderless, an e weeda, sae they mith ett their full in yer toons. [13]Syne say tae e Lord yer God: "A've teen the haily share oot o ma hoose an gien it tae e Levite, e forriner, e fadderless an e weeda. Jist as ee bad hiz dee. A hinna turnt ma back on yer commans nor hiv a forgotten neen o them. [14]A didna ett neen o e haily share fan A wis grievin, nor shifted neen o't fan A wis nae cleant, nor offert neen o't tae

them att's deid. A've deen fit e Lord ma God bad ma dee; A've deen aa yer biddin. [15]Leuk doon fae hivven, yer haily hame, an bliss yer fowk Israel an e lan ye've gien hiz as ye promist on aith tae wir forebeers, a lan reamin wi milk an hunny."

[16]E Lord yer God bids ye, iss verra day, tae folla iss commans an laas. Tak tent ye folla them wi aa yer hert an aa yer sowl. [17]Ye've said iss verra day att e Lord is yer God an att ye'll waalk e wye o his biddin, an att ye'll keep his commans an laas; att ye'll hearken tae him.[18]An e Lord his set it oot tae ye iss verra day att ye're his ain fowk, his speecial hauddin as he promist, an att ye maun keep aa his commans. [19]He's set oot att he'll reese ye oot in fame an honour heich abeen aa e cuntras he's made an att ye'll be a fowk haily tae e Lord yer God, as he promist.

CHAPTIR 27

Moses an the elders o Israel bad e fowk: "Keep aa iss commans att A'm giein ye e day. [2]Fan ye gyang ower e Jordan intae e cuntra att e Lord yer God is giein ye, set up some muckle steens an sclairy them wi plaister. [3]Vreet onno them aa e wirds o iss laa fan ye've crosst ower tae gyang inno e cuntra e Lord yer God is giein ye, a lan reamin wi milk an hunny, jist lik e Lord, e God o yer forebeers, promist ye. [4]An eence ye're ower e Jordan, set up att steens on Moont Ebal, jist as A'm biddin ye dee e day, an sclairy them wi plaister. [5]Bigg an aaltar there tae e Lord yer God, a steen aaltar. Dinna eese nae airn teels onno't. [6]Bigg the aaltar o e Lord yer God wi steens fae e parks an offer brunt offerins onno't tae e Lord yer God. [7]Sacrifeece peace offerins there, ettin them an bein gled att ye're i the company o e Lord yer God. [8]An ye maun vreet oot for aa tae see, aa e wirds o iss laa, onno e steens ye've set up."

[9]Syne Moses an e priests o Levi said tae aa Israel, "Haud yer weesht an hearken. Ye're noo e fowk o e Lord yer God. [10]Dee e biddin o e Lord yer God an folla his commans an laas att A'm giein ye e day."

[11]Att same day, Moses telt aa e fowk: [12]Eence ye're ower e Jordan, iss clans maun stan on Moont Gerizim tae bliss e fowk: Simeon, Levi, Judah, Issachar, Joseph an Benjamin. [13]An iss clans maun stan on Moont Ebal tae gie oot curses: Reuben, Gad, Asher, Zebulun, Dan an Naphtali.

[14]E Levites will cry oot tae aa e fowk o Israel in a lood vice: [15]"Curst is onybody fa maks an eedol, a scunnersome thing tae e Lord, vrocht bi skeely hans, an sets it up in saicret." Syne aa e fowk will say, "Sae lat it be.[16]"Curst is onybody fa maks a feel o their fadder or their mither."Syne aa e fowk will say, "Sae lat it be." [17]"Curst is onybody fa shifts their neeper's mairch steen." Syne aa e fowk will say, "Sae lat it be." [18]"Curst is onybody fa leads e blin agley alang e road." Syne aa e fowk will say, "Sae lat it be." [19]"Curst is onybody fa hauds jeestice fae e forriner, e fadderless or e weeda." Syne aa e fowk will say, "Sae lat it be." [20]"Curst is onybody fa lies wi his fadder's wife, for he fyles his fadder's bed." Syne aa e fowk will say, "Sae lat it be." [21]"Curst is onybody fa lies wi a beast." Syne aa e fowk will say. "Sae lat it be." [22]"Curst is onybody fa lies wi his sister, e dother o his fadder or e dother o his mither."Syne aa e fowk will say, "Sae lat it be." [23]"Curst is onybody fa lies wi his mither-in-laa."Syne aa e fowk will say, "Sae lat it be." [24]"Curst is onybody fa kills their neeper in saicret." Syne aa e fowk will say, "Sae lat it be." [25]"Curst is onybody fa taks a backhanner tae kill anither body fa's deen nae wrang." Syne aa e fowk will say, "Sae lat it be." [26]"Curst is onybody fa disna keep tae e wirds o iss laa bi deein fit it bids them dee." Syne aa e fowk will say, "Sae lat it be."

CHAPTIR 28

Gin ye dee aa e Lord yer God bids ye dee an mak seer ye folla aa his commans A'm giein ye e day, e Lord yer God will set ye heich abeen aa e cuntras o e warl. ²Aa iss blissins will come yer wye an come onno ye, gin ye dee e Lord yer God's biddin. ³Ye'll be blisst i the toon an blisst i the cuntra. ⁴E bairns o yer wyme will be blisst, an e craps fae yer grun an e young o yer beasts, e calfies o yer hirds an e lammies o yer flocks. ⁵Yer ruskie an yer bakin bowlie will be blisst. ⁶Ye'll be blisst fan ye come in an blisst fan ye gyang oot.⁷E Lord will see att e faes fa rise up agin ye will be dung doon afore ye. They'll come at ye fae ae direction bit rin fae ye in syven. ⁸E Lord will sen a blissin on yer barns an on aathin ye turn yer han till. E Lord yer God will bliss ye i the lan he's giein ye. ⁹E Lord will set ye up as his haily fowk, as he promist ye on aith he wid dee, gin ye keep e commans o e Lord yer God an waalk in his wyes. ¹⁰Syne e lave o e fowk o e warl will see att ye hiv e name o e Lord inno ye an they'll be feart at ye. ¹¹E Lord will see ye aa richt, i the bairns o yer wyme, e young o yer beasts an e craps o yer grun, i the lan he swore tae yer forebeers he wid gie ye. ¹²E Lord will open e hivvens, e barn o his gweedness, tae sen rain on yer grun in dyow sizzon an tae bliss fitivver ye turn yer han till. Ye'll len tae mony ither cuntras bit winna borra fae neen. ¹³E Lord will mak ye the heid, nae e tail-ein. Gin ye tak tent o e commans o e Lord yer God att A'm giein ye e day an mak seer ye folla them, ye'll come oot on tap, nivver at e boddom. ¹⁴Nivver turn awa fae neen o e commans A'm giein ye e day, tae e left han nor e richt han, chasin efter ither gods an sairin them.

¹⁵Noo, gin ye dinna dee e Lord's biddin an dinna mak seer ye folla aa his commans an laas A'm giein ye e day, aa iss curses will come onno ye an owertak ye. ¹⁶Ye'll be cursed i the toon an cursed i the cuntra. ¹⁷Yer ruskie an yer bakin bowlie will be cursed. ¹⁸E bairns o yer wyme will be curst, an e craps fae yer grun, an e calfies o yer hirds an e lammies o yer flocks. ¹⁹Ye'll be curst fan ye come in an curst fan ye gyang oot. ²⁰The Lord will sen curses onno ye, gie ye stramash an tellins-aff in aathin ye turn yer han tae, till ye're deen awa wi aaegither an come tae crockaneetion cause o the ill ye've deen in turnin awa fae him. ²¹E Lord will deave ye wi diseases till he's deen awa wi ye aaegither oot fae e cuntra ye're gyan till, tae haud as yer ain. ²²E Lord will strick ye wi a disease att will gar ye pine, wi fivver an nirls, wi scorchin heat an drucht, wi scowder an foosht, att will tirmint ye till ye dee. ²³E lift ower abeen ye will be e colour o bress, e grun aneth ye airn. ²⁴E Lord will turn e rain o yer cuntra tae stew an poother. It will come doon fae e lift till there's naethin left o ye.

²⁵E Lord will see till't att ye're owercome afore yer faes. Ye'll haud intae them fae ae airt, bit rin fae them in syven, an ye'll be a richt scunner tae aa e cuntras o e warl. ²⁶Yer carcages will be maet for e birds an e wild beasts, an there will be neen tae hish them awa. ²⁷E Lord will afflick ye wi e blin lumps o Egypt an wi bealins, rinnin sairs, an a yokieness att there's nae better for. ²⁸E Lord will afflick ye wi feelness an blinness an gar ye gyang gyte. ²⁹I the middle o e day ye'll fummle aboot lik a blin body i the dark. Ye winna mak naethin o onythin ye try. Ilka day ye'll be sair come at an robbit, wi neen tae rescyee ye.

³⁰Ye'll be trystit tae mairry a quine, bit anither chiel will lie wi her an hae his wye wi her. Ye'll bigg a hoose, bit ye winna bide inno't. Ye'll plant a vinyaird, bit ye winna hae e gweed o neen o't's crap. ³¹Yer nowt will be slauchtert afore yer verra een, bit ye winna ett neen o't. Yer cuddy will be rivven awa fae ye an ye winna get it back. Yer sheep will be gien tae yer faes, an naebody will rescyee them. ³²Yer sins an dothers will be gien tae anither cuntra, an ye'll weer oot yer een waatchin them, day in, day oot, nae fit tae lift a han. ³³A boorach o forriners will ett fit yer grun an yer darg his growen, an ye winna hae naethin bit a sair fecht aa yer days. ³⁴Fit ye see will gar ye gyang fair aff yer heid. ³⁵E Lord will afflick yer knees an

legs wi sair blin lumps att hiv nae better, spreedin fae e soles o yer feet tae e croon o yer heid. [36]E Lord will dreel ye an e keeng ye set ower yersels tae a cuntra att you an yer forebeers kent naethin aboot. There ye'll tak up wi ither gods, gods o timmer an steen. [37]Ye'll turn oot richt scunnersome, a by-name an a fowk tae be lauchen att bi aa e fowk o e place e Lord dreels ye till. [38]Ye'll shaav a rowth o seed i the parks bit will hae little hairst, cause locusts will devoor it. [39]Ye'll plant vinyairds an ten them bit ye winna drink the wine nor gaither e grapes, cause wirms will ett them. [40]Ye'll hae olive trees aa ower yer cuntra, bit ye winna eese the ile, cause the olives will drap aff. [41]Ye'll hae sins an dothers bit ye winna keep them, cause they'll be teen awa tae capteevity. [42]Swaarms o locusts will tak ower aa yer trees an e craps i yer grun. [43]E forriners fa bide amo ye will reese up abeen ye, heicher an heicher as ee sink doon, doon. [44]They'll len tae ye, bit ee winna len tae them. They'll be e heid, bit ee'll be e tail-ein. [45]Aa iss curses will come onno ye. They'll chase ye an owertak ye till ye're deen awa wi aaegither, cause ye didna dee e Lord yer God's biddin, nor tak wi e commans an laas he gied ye. [46]They'll be a ferlie an a winner tae ye an them fa come efter ye forivver. [47]Cause ye didna sair e Lord yer God blithely an gledly fan ye were deein weel, [48]in hunnger an thirst, in nyaakitness an wint, ye'll sair e faes e Lord sens agin ye. He'll pit an airn yock roon yer neck till he's deen awa wi ye.

[49]E Lord will sen a cuntra fae hine awa tae conter ye, fae the eins o the earth, lik an aigle swoopin doon, a cuntra fas tongue ye winna unnerstan, [50]a ramstam cuntra wi nae respeck for the aul nor peety for e young. [51]They'll devoor e young o yer beasts an e craps o yer grun till they're aa connacht. They winna leave ye wi nae corn, new wine nor olive ile, nor ony calfies fae yer hirds nor lammies fae yer flocks. Ye'll be fair oot e door. [52]They'll lay siege tae aa e toons i yer cuntra till e toons wi heich waas att ye lippen sae muckle till are dung doon. They'll lay siege tae aa e toons throwe aa e cuntra e Lord yer God is giein ye. [53]Cause o e dool yer faes will inflick onno ye aa throwe e siege, ye'll ett yer ain bairns, e flesh o e sins an dothers e Lord yer God his gien ye. [54]E canniest an kittliest chiel amo ye will hae nae peety on his ain brither nor e wife he looes nor his livin bairns, [55]an he winna gie neen o e flesh o his ain bairns att he's ettin tae them. It will be aa he his left cause o e dool yer faes will inflick onno ye throwe e siege o aa yer toons. [56]E canniest an kittliest wumman amo ye, sae cannie an kittlie att she widna sikk tae pit e sole o her fit tae e grun, will grudge e man she looes an her sin or dother [57]e cleanin fae her wyme an e bairns she his. For in her affa wint she intens tae ett them in saicret cause o e dool yer faes will inflick onno ye aa throwe e siege o yer toons.

[58]Gin ye dinna mak seer ye folla aa e wirds o iss laa, att are screiven inno iss beuk, an dinna revere iss winnerfu an aawsome name, e Lord yer God, [59]e Lord will sen fearsome pests onno ye an them fa come efter ye, coorse, coorse, lang crockaneetions, an sair lingerin tribbles. [60]He'll fess onno ye aa e tribbles o Egypt att ye were sae feart at, an they'll festen on tae ye. [61]An e Lord will fess onno ye aa kyn o ills an crockaneetions nae spoken o in iss Beuk o e laa, till ye're deen awa wi aaegither. [62]Ye're as mony as e stars i the lift ivnoo, bit there winna be mony o ye left, cause ye didna dee e biddin o e Lord yer God.

[63]Jist as e Lord wis fine pleased tae see ye deein weel an growe in nummer, it will please him jist as muckle tae fess ye tae ruination an crockaneetion. Ye'll be reeted up fae e cuntra ye're gyan tae as yer ain. [64]Syne e Lord will scatter ye amo e cuntras o e warl, fae ae ein o e warl tae e tither. There ye'll tak up wi ither gods, gods o timmer an steen, att neither ee nor yer forebeers kent naethin aboot. [65]Amo att cuntras ye'll get nae lythe, nae bield for e sole o yer fit. There e Lord will gie ye muckle fash, een weary wi ettlin, an a sair, sair hert. [66]Ye'll bide in hecklepreens, full o dreid day an nicht, nivver seer gin ye're gyan tae live. [67]I the foreneen ye'll say, "Oh, bit gin it wis gloamin," an i the gloamin, "Oh, bit gin it wis e foreneen," cause o e dreid att will be i yer herts an e sichts yer een will see. [68]E Lord will sen ye back in

boats tae Egypt, a road A said ye wid nivver traivel again. There ye'll offer tae sell yersels tae yer faes as man an wumman slaves, bit neen will buy ye.

CHAPTIR 29

Iss is fit e covenant att e Lord bad Moses mak wi the Israelites in Moab, ower an abeen e covenant he hid made wi them at Horeb, wis aa aboot.

[2]Moses cried aa the Israelites egither an said tae them: Ye've seen wi yer ain een aa att e Lord did in Egypt tae Pharaoh, tae aa his officeels an tae aa his lan. [3]Ye've seen wi yer ain een e muckle stramash, an e great ferlies an winners. [4]Bit tae iss day e Lord hisna gien ye a heid att unnerstans, nor een att see nor lugs att hear. [5]Still-an-on, e Lord says, "For e hale o e fowerty ear att A led ye throwe e roch cuntra, yer claes didna weer oot, nor did e sheen on yer feet. [6]Ye didna ett nae loaf nor drink nae wine nor ither strong drink. Iss A did sae att ye mith ken att A'm e Lord yer God." [7]Fan ye won e linth o iss place, Sihon keeng o Heshbon an Og keeng o Bashan cam oot tae fecht wi hiz, bit we owercam them. [8]We teuk their cuntra an gied it as an heirskip tae e clan Reuben, e clan Gad an e half clan o Manasseh. [9]Mak seer ye folla e wird o iss covenant, sae att ye mith dee weel in aa ye turn yer han till.

[10]Ye're aa stannin e day afore e Lord yer God, yer chiefs an chieftains, yer elders an officeels, an aa e tither men o Israel, [11]alang wi yer bairns an yer weemenfowk, an aa e forriners bidin i yer camps fa hack yer sticks an cairry yer watter. [12]Ye're stannin here sae att ye mith mak a covenant wi e Lord yer God, a covenant e Lord is makkin wi ye e day an sealin wi an aith, [13]tae confirm ye e day as his ain fowk, sae he mith be yer God as he promist ye an as he swore tae yer fadders, Abraham, Isaac an Jacob. [14]A'm makkin iss covenant, wi its aith, nae jist wi youeens, [15]fa are stannin wi hiz here e day afore e Lord wir God bit wi them fa are nae here e day anaa.

[16]Ye aa ken weel aneuch foo we bade in Egypt an foo we gaed throwe ither cuntras on wir road here. [17]Ye saa amo them their fool eemages an eedols o timmer an steen, o siller an o gowd. [18]See att there's nae man nor wumman, clan or sept amo ye e day fas hert turns awa fae e Lord wir God tae gyang an wirship e gods o att ither cuntras. See att there's nae a reet amo ye att growes sic soor pooshun. [19]Gin ony fa thinks att wye hears iss aith an cries doon a blissin onno themsels thinkin, "A'm aa richt, aiven tho A haud on e wye A'm gyan," they'll fess crockaneetion onno e wattert grun as weel as e druchtit. [20]E Lord will nivver be willin tae forgie them; his annger an temper will burn agin them. Aa e curses screiven inno iss beuk will faa onno them, an e Lord will blot oot their names fae aneth e hivvens. [21]E Lord will sinngle them oot fae aa e clans o Israel for crockaneetion, in accoord wi aa e curses o the covenant screiven inno iss Beuk o e laa. [22]Yer bairns fa folla ye in ginnerations tae come, an forriners fa come fae hine awa will see e mishanters att befaa e lan an e disease att e Lord his fessen onno't. [23]The hale cuntra will be a burnin waste o saut an brimsteen, naethin shaavn, naethin breert, nae girse growin onno't. It will be like e wrack o Sodom an Gomorrah, Admah an Zeboiim, att e Lord dung doon in his tooerin rage. [24]Aa e cuntras o e warl will speir, "Fit wye his e Lord deen iss tae iss grun? Fit wye is he in sic a tooerin rage?" [25]An fit's the upcome? "It's cause iss fowk turnt awa fae e covenant o e Lord, e God o their forebeers, e covenant he made wi them fan he brocht them oot o Egypt. [26]They gaed awa an wirshippt ither gods an booed doon tae them, gods they didna ken naethin aboot, gods he hidna gien them. [27]Sae e Lord took oot his tooerin rage onno their grun, fessin onno't aa e curses screiven inno iss beuk. [28]In feerious annger an in a tooerin rage e Lord upreeted them fae their cuntra an flang them inno anither cuntra, e wye it is noo." [29]E saicret

things belang tae e Lord wir God, bit e things att he shews belang tae hiz an tae wir bairns forivver, sae we mith folla aa e wirds o iss laa.

CHAPTIR 30

Fan aa iss blissins an curses att A've set oot tae ye, faa onno ye an ye tak them tae hert, farivver e Lord yer God scatters ye amo e cuntras o e warl, [2]an fan you an yer bairns come hame tae e Lord yer God an dee his biddin wi aa yer hert an wi aa yer sowl, jist as A've bid ye dee e day, [3]syne e Lord yer God will see ye aa richt eence mair an hae peety on ye, gaitherin ye again fae aa e cuntras o e warl far he scattert ye. [4]Aiven gin ye're hine awa i the farrest cuntras o e warl, e Lord yer God will gaither ye fae there an fess ye hame. [5]He'll fess ye tae e lan att wis yer forebeers', an ye'll tak it back as yer ain. He'll mak ye better aff an mak mair o ye nor ye were afore. [6]E Lord yer God will circumceese yer herts an e hearts o them fa come efter ye, sae ye mith loo him wi aa yer hert an wi aa yer sowl, an live. [7]E Lord yer God will pit aa iss curses onno yer faes fa canna thole ye an haud ye doon. [8]Eence mair ye'll dee e Lord's biddin an folla his commans att A'm giein tae ye e day. [9]Syne e Lord yer God will see ye dee weel in aa the wark o yer hans an i the hairst o yer wyme, e young o yer beasts an e craps o yer grun. E Lord will think muckle o ye again an see ye dee weel, jist as he thocht sae muckle o yer forebeers, [10]gin ye dee e Lord yer God's biddin an keep his commans an laas att are screiven inno iss Beuk o e laa, an turn back tae e Lord yer God wi aa yer hert an wi aa yer sowl.

[11]Noo, fit A'm biddin ye dee e day is nae hard nor ower sair tae win at. [12]It's nae up abeen i the hivvens sae att ye mith hae tae speir, "Fa will climm up tae hivven tae get at it an cry it oot tae hiz sae we mith dee fit it bids hiz dee?" [13]Na, it's nae ayont e sea, sae att ye mith hae tae speir, "Fa will gyang ayont e sea tae get at it an cry it oot tae hiz sae att we mith dee fit it bids hiz dee?" [14]Na, na, e wird is near han ye; it's inno yer moo an inno yer hert, sae att ye mith dee fit it tells ye.

[15]See noo, fit A'm settin doon afore ye e day is life an thrivin, or daith an crockaneetion. [16]For A'm tellin ye e day, ye maun loo e Lord yer God, ye maun waalk i the wyes he tells ye, ye maun keep his commans an his laas an dee his biddin. Syne ye'll live an thrive, an e Lord yer God will bliss ye i the cuntra ye're gyan till, tae hae as yer ain. [17]Bit gin yer hert turns awa an ye dinna dee his biddin, an ye're trystit awa tae boo doon tae ither gods an wirship them, [18]A'm tellin ye iss verra day, att there's nae doobt ye'll be deen for. Ye winna bide verra lang i the cuntra ye're gyan ayont e Jordan tae tak as yer ain. [19]Iss verra day A cry on e hivvens an e warl as witnesses agin ye att A've set life an daith, blissings an curses afore ye. Noo pick life, sae att you an yer bairns mith live [20]an sae ye mith loo e Lord yer God, hearken tae his vice, an haud ticht tae him. For e Lord is yer life, an he'll gie ye mony ear i the cuntra he swore tae gie tae yer fadders, Abraham, Isaac an Jacob.

CHAPTIR 31

Syne Moses gaed oot an spak iss wirds tae aa Israel: [2]"A'm a hunner an twinty ear aul noo an nae sae fit tae lead ye. E Lord's said tae ma, 'Ye winna gyang ayont e Jordan.' [3]E Lord yer God himsel will cross ower aheid o ye. He'll caa doon att cuntras afore ye an ee'll tak ower their grun. Joshua will gyang ower aheid o ye anaa, jist as e Lord's said. [4]An e Lord will dee tae them fit he did tae Sihon an Og, e keengs o the Amorites, fa he did awa wi alang wi their cuntra. [5]E Lord will gie them inno yer hans an ye maun dee tae them fit A've bidden ye dee. [6]Be strong an stoot-hertit. Dinna be feart or terrifiet cause o them, for e Lord yer God gyangs wi ye, he'll nivver leave ye nor forsake ye." [7]Syne Moses cried ower Joshua an said tae him afore aa Israel, "Be strong an stoot-hertit, cause ye maun gyang wi iss fowk tae e cuntra att e Lord swore tae their forebeers tae gie them, an ye maun pairt it oot amo them as their heirskip. [8]E Lord himsel gyangs afore ye an will be wi ye; he'll nivver leave ye nor forsake ye. Dinna be feart; dinna be disjaskit."

[9]Sae Moses vreet doon iss laa an gied it tae e priests o Levi, fa cairriet God's kistie, an tae aa the elders o Israel. [10]Syne Moses bad them: "At the ein o ilka syven ear, i the ear for cancelin debts, at e time o e Fair o Tabernacles, [11]fan aa Israel comes tae stan afore e Lord yer God at e place he picks, ye maun read oot iss laa afore them sae they can hear it. [12]Gaither aa e fowk, men weemen an bairns, an e forriners bidin i yer toons sae they can hearken an learn tae fear e Lord yer God an tak tent tae folla aa e wirds o iss laa. [13]Their bairns, fa dinna yet ken iss laa, maun hear it an learn tae fear e Lord yer God as lang as ye're bidin i the cuntra att ye're gyan ower e Jordan tae tak as yer ain."

[14]E Lord said tae Moses, "Noo e day ye're gyan tae dee is nae far awa. Cry on Joshua an stan afore ma at e gaitherin-tent far A'll sweer him in." Sae Moses an Joshua cam afore e Lord at e gaitherin-tent. [15]Syne e Lord appeared at e tent in a pillar o clood, an e clood steed ower the ingyang tae e tent.

[16]An e Lord said tae Moses: "Ye're gyan tae rist wi yer forebeers, an it winna be lang afore iss fowk are hoorin aboot wi e forrin gods o e cuntra they're gyan in till. They'll forsake ma an braak e covenant A made wi them. [17]An att day A'll be fair raised wi them an forsake them; A'll hap ma face fae them, an they'll be deen awa wi. Mony crockaneetions an mishanters will come onno them, an att day they'll speir, 'Hiv iss crockaneetions nae come onno hiz cause wir God is nae wi hiz?' [18]An there's nae doobt A'll hide ma face att day cause o aa their coorseness in turnin tae ither gods. [19]Noo vreet doon iss sang an learn it tae the Israelites an gar them sing it, sae it mith be a witness for ma agin them. [20]Eence A've brocht them intae e cuntra reamin wi milk an hunny, e cuntra A promist on aith tae their forebeers, an fan they ett their full an thrive, they'll turn tae ither gods an wirship them, rejeckin me an braaking ma covenant. [21]An fan mony crockaneetions an mishanters come onno them, iss sang will spik oot agin them, cause it winna be forgotten bi them fa come efter them. A ken fine fit they'll gyang an dee, aiven afore A fess them tae e cuntra A promist them on aith."

[22]Sae Moses vreet doon iss sang att day an learnt it tae the Israelites. [23]E Lord gied iss comman tae Nun's Joshua: "Be strong an stoot-hertit, for ye'll fess the Israelites tae e cuntra A promist them on aith, an A'll be wi ye masel."

[24]Efter Moses wis throwe screivin e wirds o iss laa fae beginnin tae ein inno a beuk, [25]he gied iss comman tae e clan Levi fa cairriet God's kistie: [26]"Tak iss Beuk o e laa an pit it aside God's kistie. It maun bide there as a witness agin ye. [27]For A ken foo contermashious an thraawn ye are. Gin ye're contermashious wi e Lord fylst A'm still livin an wi ye, foo muckle mair will ye raise a din efter A'm deid?

[28]Gaither aa the elders o yer clans an aa yer officeels afore ma, sae A mith spikk iss wirds far they'll hear them an sae the hivvens an e warl can spik oot agin them. [29]For A ken att efter A'm deid, ye'll turn coorse an haud awa fae e gait A've bidden ye gyang. In days tae come, crockaneetion will faa onno ye cause ye'll dee ill i the sicht o e Lord an get his birse up wi fit ye've made wi yer ain hans." [30]An Moses spak e wirds o iss sang fae beginnin tae ein far e hale gaitherin o Israel culd hear him:

CHAPTIR 32

Tak tent, ye hivvens, an A'll spik; hearken, warl, tae e wirds o ma moo. [2]Lat ma learnin faa lik rain an ma wirds come doon lik dyowe, lik shoories on new girss, like a smirr o rain on frush plants. [3]A'll cry oot e name o e Lord. Oh, praise e greatness o wir God! [4]He's e muckle steen, aa he dis is perfeck, aa his wyes are jeest. He's a leal God fa disna dee nae wrang, he's upricht an fair. [5]They're coorse an arena his bairns; they're a thraawn an creukit ation, shame on them. [6]Is iss e wye ye pey e Lord back, ye feel, glaikit crew? Is he nae yer Fadder, yer Makker, fa made ye an vrocht ye?

[7]Myn on lang, lang syne; think o e ginnerations fa hiv gaen afore ye. Speir at yer fadder an he'll tell ye, yer elders, an they'll pit ye throwe e maitter. [8]Fan e Maist Heich gied e cuntras o e warl their heirskip, fan he pairtit oot aa mankyn, he set oot mairches for e fowks in accoord wi foo mony sins o Israel there were. [9]For e Lord's pairt is his ain fowk, Jacob the heirskip att comes tae him. [10]He faun him in a druchtit cuntra, a scruntit blousterin waste. He happit him an leukit efter him; he saa till him an culdna see by him, [11]lik an aigle att steers up its nest an hovers ower its young, att raxes oot its wings tae catch them an cairries them up abeen. [12]E Lord aleen led him; nae forrin god wis wi him. [13]He garrt him hurl on e heid o e heilans an fed him wi e craps o e parks. He maetit him wi hunny fae e steen, an wi ile fae e scree o e craig, [14]wi croods an milk fae e hird an flock an wi fat lambs an goats, wi e best o rams o Bashan an e best grits o corn. Ye drank e reamin bleed o e grape.

[15]Jeshurun turnt fat an kickit; stappit wi maet, they turnt hivvy an sappie. They turnt awa fae e God fa made them an rejeckit the Rock their Saviour. [16]They made him jillous wi their forrin gods an anngert him sair wi their fool eedols. [17]They sacrifeeced tae fause gods, nae gods avaa, gods they didna ken afore, gods new appeart, gods yer forebeers werna feart at. [18]Ye turnt yer back on e Rock, fa faddert ye, ye forgot e God fa brocht ye intae e warl. [19]E Lord saa iss an rejeckit them cause he wis anngert bi his sins an dothers. [20]"A'll turn awa ma face fae them," he said, "an see fit will come o them; for they're a thraawn crew, unfaithfu bairns. [21]They made ma jillous wi fit is nae a god avaa an anngert ma wi their orra eedols. A'll mak them jillous throwe a fowk att are nae a fowk avaa, A'll mak them raised throwe a cuntra att disna hae nae learnin. [22]Ma annger will kennle a fire, a fire att burns doon e warl o e deid aneth. It will devoor e warl an its hairsts an set fire tae e founs o e heilans. [23]A'll pile mishanters onno them an shot aa ma arras agin them. [24]A'll sen perishin wint amo them, devoorin pest an scoorin plague; A'll sen amo them e fangs o wild beasts, e pooshun o vipers att sclidder throwe e stew. [25]E swoord will dee awa wi their bairns i the streets; there will be terror in aa their hames. E young loons an quines will dee, an sae will e littlans an the eildit. [26]A said A wid scatter them an scoor their name fae aa human myn, [27]bit A wis some feart their faes wid scowff at ma, for fear them fa steed up tae them wid be misteen an say, 'Wir han his bate aa; iss is nae e Lord's deein.'" [28]They are a cuntra wi nae sense, they jist dinna unnerstan. [29]Gin only they were wise an wid unnerstan iss an think oot fit their comeuppance will be. [30]Foo culd ae chiel chase a thoosan, or twa pit ten thoosan tae flicht, unless their Rock hid selt them, unless e Lord hid gien up on them?

[31]For their rock is nae lik oor Rock, wir verra faes wid agree wi att. [32]Their vine comes fae e vine o Sodom an fae e parks o Gomorrah. Their grapes are foo o pooshun their berries are soor. [33]Their wine is e pooshun o serpents, e deidlie pooshun o cobras. [34]"Hiv A nae keepit iss back an lockit it inno ma fordels? [35]It's mine tae avenge; A'll pey them back. Come time their fit will slip; their day o crockaneetion is nae far awa an their doonfa is near an their weird hurls their wye." [36]E Lord will maugre his ain fowk an relent for his servants fan he sees they're fushionless an there's neen left, slave or free. [37]He'll say: "Far's

their gods noo, the rock they socht as their bield, ³⁸e gods fa ett e creesh o their sacrifeeces an drank e wine o their drink offerins? Lat them rise up tae help ye. Lat them gie ye bield. ³⁹See noo att A'm the een. There's nae god bit me. A pit tae daith an a bring tae life, A've wounnit an A'll mak better, an neen can lowse ye fae my han. ⁴⁰A reese up ma han tae hivven an sweer iss aith, as seer as A liv forivver, ⁴¹fan A shairpen ma glintin swoord an ma han clauchts it in jeedgement, A'll get ma ain back on ma faes, an pey back them fa canna thole ma. ⁴²A'll mak ma arras reed wi bleed, an ma swoord will devoor flesh – e bleed o them fa A kill an fa A tak alive an e heids o e leaders o the innemy." ⁴³Be gled, aa ye cuntras, wi his ain fowk, for he'll avenge e bleed o his servants; he'll tak vengeance on his faes an mak it richt wi God for his lan an his ain fowk.

⁴⁴Moses cam wi Nun's Joshua an spak aa e wirds o iss sangie wi e fowk aa listenin.

⁴⁵Fan Moses wis throwe wi e say-awa o aa iss wirds tae aa Israel, ⁴⁶he said tae them, "Tak tae yer herts aa e wirds A've solemnly gien ye e day, sae att ye mith learn yer bairns tae tak tent tae keep aa e wirds o iss laa. ⁴⁷They're nae jist a lang say-awa for ye, they're yer life. Throwe them ye'll hae lang life i the lan ye're gyan ower e Jordan tae tak as yer ain." ⁴⁸On att same day e Lord said tae Moses, ⁴⁹"Gyang up intae the Abarim Heilans tae Moont Nebo in Moab, anent Jericho, an leuk doon on Canaan, e cuntra A'm giein tae the Israelites as their ain. ⁵⁰On att moontain att ye've climmed, ye'll dee an be gaithert tae yer ain fowk, jist lik yer brither Aaron fa deit on Moont Hor an wis gaithert tae his ain fowk. ⁵¹Iss is cause baith o ye breuk faith wi ma afore the Israelites at e watters o Meribah Kadesh i the roch cuntra o Zin an cause ye didna stan up for ma hailiness amo the Israelites. ⁵²Sae, ye'll jist see e cuntra fae hine awa; ye winna gyang inno e cuntra A'm giein tae e fowk o Israel."

CHAPTIR 33

Iss is e blessin att Moses, e man o God, gied tae the Israelites afore he deit. ²He said: "E Lord cam fae Sinai an dawnt ower them fae Seir; he glintit oot fae Moont Paran. He cam wi a hantle o haily eens fae e sooth, fae his heilan braes. ³It maun be you fa looes e fowk; aa the haily eens are inno yer han. They aa boo doon at yer feet, they get their learnin fae ye, ⁴e laa att Moses gied hiz, an heirskip for e gaitherin o Jacob. 5He wis keeng ower Jeshurun fan e chieftains o e fowk gaithert, alang wi e clans o Israel.

⁶"Lat Reuben live an nae dee, nor his fowk be fyow."

⁷An iss is fit he said aboot Judah: "Hear, Lord, e cry o Judah; fess him tae his fowk. Wi his ain hans he fechts for himsel. Help him tae conter his faes."

⁸Aboot Levi he said: "Yer Thummim an Urim belang tae yer leal servant. Ye tried him oot at Massah; ye contert him at e watters o Meribah. ⁹He said o his fadder an mither, 'A think naethin o them.' He didna ken his brithers nor tak wi his ain bairns, bit he waatched ower yer wird an leukit efter yer covenant. ¹⁰He learns Jacob yer rowles an Israel yer laas. He offers scintit reek afore ye an hale brunt offerins on yer aaltar. ¹¹Bliss his gear, Lord, an accep fit his hans hiv vrocht. Strick doon them fa cause a din agin him, his faes, till they nivver rise again."

¹²Aboot Benjamin he said: "Lat the een e Lord looes bide sauf in him, for he taks care o him aa e lee lang day, an the een e Lord looes rists atween his shouthers."

[13]Aboot Joseph he said: "Mith e Lord bliss his grun wi e praicious dyowe fae hivven abeen an wi e deep watters att lie aneth, [14]wi e best e sin fesses oot an e best e meen can yield; [15]wi e rowth o the aul heilans, an e growthe o the ivverlestin hills; [16]wi e best ootcome o e grun an its rowth, an e faavour o him fa wis inno e burnin buss. Lat aa that rist on Joseph's heid, on e broo o e prince amo his brithers. [17]In majesty he's lik an aulest-born bull; his horns are e horns o a wild stot. Wi them he'll gore e cuntras o e warl, aiven them at the eins o the earth. Att's foo it is wi e ten thoosans o Ephraim; wi e thoosans o Manasseh."

[18]Aboot Zebulun he said: "Be gled, Zebulun, fan ye gyang aboot, an you, Issachar, in yer tents. [19]They'll cry fowks tae e heilans an offer e sacrifeeces o e richteous there; they'll maet on e rowth o e seas, on e trissures hodden i the san."

[20]Aboot Gad he said: "Blisst is the een fa gies Gad mair grun. Gad bides there lik a lion, rivin at airm an heid. [21]He pickit e best grun for himsel; e leader's pairt wis keepit for him. Fan e clan chiefs gaither, he did e Lord's richteous wark, an his jeedgements aboot Israel."

[22]Aboot Dan he said: "Dan is a lion's cub, lowpin oot o Bashan."

[23]Aboot Naphtali he said: "Naphtali is reamin wi e faavour o e Lord an is full o his blissin; he'll heir soothlins e linth o e loch."

[24]Aboot Asher he said: "Asher is e maist blisst o aa e sins; lat his brithers think weel o him, an lat him bath his feet in ile. [25]E snibs o yer yetts will be o airn an bress, an yer strinth will be the equaal o yer days.

[26]"There's neen lik e God o Jeshurun, fa hurls ower e hivvens tae help ye, on e cloods in his majesty. [27]The ivverlestin God is yer bield, an doon aneth are the ivverlestin airms. He'll redd oot yer faes afore ye, sayin, 'Dee awa wi them.' [28]Sae Israel will keep sauf; Jacob will dwall at peace in a cuntra o corn an new wine, far e hivvens drap doon their dyowe. [29]Ye're blisst, Israel. Fa's like ye, fowk saved bi e Lord? He's yer bield an yer helper an yer winnerfu swoord. Yer faes will coorie awa fae ye, an ye'll trump ower their heilans."

CHAPTIR 34

Syne Moses gaed up Moont Nebo fae the howe o Moab tae e heid o e hill o Pisgah, anent Jericho. There e Lord shewed him e hale cuntra, fae Gilead tae Dan, [2]aa o Naphtali, e grun o Ephraim an Manasseh, aa e lan o Judah e linth o e Mediterranean Sea, [3]e Negev an e hale cuntra fae e Howe o Jericho, e Toon o Palms, e linth o Zoar. [4]Syne e Lord said tae him, "Iss is e lan A promist on aith tae Abraham, Isaac an Jacob fan A said, 'A'll gie it tae them fa come efter ye.' A'm lattin ye see it wi yer ain een, bit ye winna gyang ower intae it."

[5]An Moses e servant o e Lord deit there in Moab, as e Lord hid said. [6]He beeriet him in Moab, i the howe anent Beth Peor, bit tae iss day naebody kens faraboots he wis beeriet.

[7]Moses wis a hunner an twinty ear aul fan he deit, bit for aa that, his een werna bleart an he wisna at aa dweeblie.

[8]The Israelites grat for Moses i the howe o Moab for thirty days, till e time for greetin an grievin wis by wi.

[9]Noo Nun's Joshua wis filled wi e speerit o wisdom cause Moses hid laid his hans onno him. Sae the Israelites teuk tent o fit he said an did fit e Lord hid bidden Moses.

[10]Since att time, nae prophit his risen in Israel lik Moses, fa e Lord kent face tae face, [11]fa did aa att ferlies an winners e Lord sent him tae dee in Egypt, tae Pharaoh an tae aa his officeels an tae his hale cuntra. [12]For neen his ivver shewn e michty pooer nor deen e winnerfu ferlies att Moses did for aa Israel tae see.

E BEUK O JOSHUA

CHAPTIR 1

Noo, efter Moses, e Lord's servant, deit, e Lord said tae Moses' grieve, Nun's loon, Joshua, [2]"Ma servant Moses is deid. Noo awa ye gyang, you an aa the Israelites, ower e Jordan tae e cuntra A'm gyan tae gie till them, tae e bairns o Israel. [3]A'll gie ye ilka place ye set yer fit doon on, jist lik A telt Moses. [4]Yer grun will streech fae e roch cuntra o Lebanon tae e muckle watters o the Euphrates, aa e cuntra o the Hittites, e linth o e muckle sea tae e wast. [5]Naebody will get e better o ye, aa e days o yer life. A'll dee wi you jist as A did wi Moses. A'll nivver leave ye nor forhooie ye. [6]Be stoot an croose cause ye'll lead iss fowk tae e lan att A promist their forbeers A wid gie till them. [7]Ye'll need tae be stoot an maist affa croose. Myn an bide bi e laa att ma servant Moses gied ye, athoot devaal. Dinna wanner awa fae't tae e richt han nor e left an ye'll dee weel farivver ye gyang. [8]E beuk o e laa maun aye be on yer lips an ye maun think on't day an nicht sae att ye micht see an dee aathin att's vrittin inno't. Att's e wye ye'll come on an dee weel. [9]Fit hiv A telt ye? Be stoot an croose. Dinna be feart nor disjaskit, cause e Lord yer God will be wi ye aawye ye gyang."

[10/11]Syne Joshua telt the offishers tae gyang aa throwe e camp an say till e fowk, "Mak some maet riddy. Three days fae noo, ye'll cross e Jordan tae tak on e lan att e Lord yer God is giein ye as yer ain." [12]Joshua said till e clan Reuben, e clan Gad an tae e sept o Manasseh, [13]"Myn on e wird att Moses bad ye fan he said, 'E Lord yer God will see ye aa richt here, an his gien ye iss lan.' [14]Yer wives, yer bairnies an yer beasts will bide i the cuntra att Moses gied ye on iss side o e Jordan, bit yer sodgers, fully airmed, maun gyang on aheid o their brithers tae help them [15]till siccan a time as e Lord gies them rist, jist as he's deen for you, an they can tak ower e lan att e Lord's gyan tae gie tae them. Efter att ye can gyang back till yer ain grun att Moses, e Lord's servant, gied till ye on the east side o e Jordan."

[16]Syne they said tae Joshua, "We'll dee fitivver ye bid hiz dee, an farivver ye sen hiz, we'll gyang. [17]Jist as we aye did fit Moses bad hiz, sae we'll tak wi fit ee bid hiz dee. Bit jist lat e Lord yer God be wi ye, jist as he wis wi Moses. [18]Onybody att conters fit ye comman an winna hearken tae fit ye're tellin him, will be putten tae daith. Jist be stoot an croose."

CHAPTIR 2

Nun's loon Joshua sent twa spies oot fae Shittim athoot onybody kennin aboot it, tae get e lie o e lan roon aboot. He telt them tae hae a gweed leuk as far as e linth o Jericho. They gaed tae Jericho an cam till e hoose o a hoor caaed Rahab an bade there. [2]E keeng o Jericho wis telt att nicht att some Israelites hid arrived tae soun oot e cuntra. [3]Sae e keeng sent an eerin tae Rahab sayin, "Fess e chiels fa hiv come till ye an are ludgin wi ye, tae me, cause they've come tae spy oot wir hale cuntra." [4]E wumman teuk e twa chiels an hod them an she said, "Ay, e chiels did come tae me bit A hid nae noshun o far they cam fae. [5]Fan it wis time tae shut e yett at gloamin, e chiels gaed oot, far till, A dinna ken, bit gin ye hist ye efter them, ye mith come on them." [6]Bit she'd teen them up till e reef o her hoose an hid hod them amo e shaifs o flax att she'd laid oot there in raas. [7]E chiels teuk efter them doon e road, e linth o e fyoords o e Jordan, an as seen as e chiels were awa chasin them, they shut e yett.

[8]Afore they were beddit for e nicht, Rahab cam till e chiels on e reef, [9]an she said till them, "A ken e Lord his gien iss lan till ye, aabody i the cuntra is terrifiet o ye an is in a rael stramash ower e heids o ye. [10]We've heard aa aboot foo e Lord driet up e watters o e Reed Sea for ye fan ye cam oot o Egypt, an fit ye did till Sihon an Og, e twa keengs o the Amorites att were ower e Jordan, fa ye slauchtert. [11]As seen as we

heard aa att ye'd deen we were gey feart an naebody hid e smeddum tae stan up till ye, cause e Lord yer God is e God in hivven abeen an e warl aneth. [12]Noo, A prig wi ye, sweer tae ma bi e Lord, since A've been gweed till ye, att ye'll see my faimly aa richt an gie ma a sign att A can trust ye. [13]Tell ma att ye'll see ma fadder an ma mither, ma brithers an ma sisters an aa theirs aa richt an haud hiz awa fae bein slauchtert." [14]An e chiels said till her, "Oor lives for yours as lang as ye dinna lat on fit wir buisness is here. Fan e Lord gies hiz wir lan, we'll see youeens aa richt." [15]Syne she lat them doon throwe e winda wi a tow, cause e hoose far she bade wis tee till e waa o e toon. [16]An she said till them, "G'wa intill e heilans for fear them att are efter ye fin ye. Hide yersels there three days till e lads fa are efter ye come back. Efter att ye can gyang on yer road." [17]E chiels said tae her, "We winna be bun bi the aith ye've made hiz sweer[18]oonless, fan we attack yer lan, ye festen iss bittie o reed tow tae e winda att ye lat hiz oot o an get yer fadder an yer mither, yer brithers an aa yer faimly egither i the hoose here. [19]Gin ony o ye gyang oot o e hoose be it on their ain heid an we winna be tae blame, bit gin ony ill come tae onybody inno e hoose, his bleed will be onno oor heids. [20]Gin ye lat oot a wird o iss, we'll nae laanger be bun bi the aith ye garrt hiz sweer." [21]"It'll be jist as ye've said," she rebat an sent them awa. They heided awa an she bun e reed tow till her winda.

[22]E chiels made their wye till e hills an bade there three days till e lads att were efter them gaed back till e toon. They hid socht them oot for e hale three days bit culdna fin hunt nor hare o them. [23]E twa chiels, syne, cam doon fae e hills an gaed back tae Joshua, Nun's loon an telt him aa att hid come aboot. [24]An they said tae Joshua, "There's nae doot e Lord his delivered aa e lan intae wir hans cause aa e fowk are terrifiet o wir comin."

CHAPTIR 3

Joshua raise airly i the mornin an wi aa the Israelites, he left Shittim an cam till e Jordan far they set up their camp afore crossin ower it. [2]Efter three days, the offishers gaed aa throwe e camp an gied iss orders tae e fowk: [3]"Fan ye see God's kistie bein cairriet forrit bi e priests o Levi, syne ye'll haud awa fae far ye're att an folla on efter't. [4]Keep aboot half a mile ahin't an dinna gyang ower near han't. Iss'll shew ye e wye ye hiv tae gyang, cause ye hinna been doon iss road afore." [5]An Joshua said tae e fowk, "Sanctifee yersels, cause e morn e Lord will dee winners amo ye." [6]Joshua said till e priests, "Heist up God's kistie an gyang ben afore e fowk wi't." An they heistit up God's kistie an gaed ben afore e fowk wi't. [7]Syne e Lord said tae Joshua, "E day A'll start tae reese ye oot afore aa the Israelites sae att they mith ken att A'm as far ben wi you as A wis wi Moses. [8]Tell e priests att cairry God's kistie att fan they come till e Jordan, they maun wyde in an stan inno e watter."

[9]Joshua telt the Israelites, "C'mere an hear e wirds o e Lord, yer God." [10]An Joshua said, "Iss is foo ye'll ken att e livin God is amo ye an he'll caa e Canaanites, the Hittites, the Hivites, e Perizzites, e Girgashites, the Amorites an e Jebusites afore ye. [11]Jist waatch, God's kistie, e kistie o e Lord o aa e warl, will pass ben afore ye in till e Jordan [12]Noo pick twal chiels fae amo e clans, een fae ilka clan. [11]Fit'll happen is, as seen as e soles o e feet o e priests fa are cairryin God's kistie, e kistie o e Lord o aa e warl, reest inno e watters o e Jordan, e watters will be cuttit aff an e watters att are abeen far they are stannin will back up."

[14]Sae e fowk set oot fae their tents tae cross e Jordan, wi e priests cairryin God's kistie afore them. [15]Noo at hairst time e Jordan is aye in spate. Fan e priests fa were cairryin God's kistie won e linth o e Jordan an dippit their feet inno't, [16]e watters abeen far they were stannin backit up a lang wye back, as far as e toon o Adam near han tae Zarethan. E flow doon e watter tae e SautSea wis cuttit aff aa egither an e fowk

crossed ower anent Jericho. [17]E priests fa were cairryin God's kistie, steed stoot on dry grun i the midse o e Jordan an aa the Israelites crossed ower on dry grun till they were aa clean ower.

CHAPTIR 4

Noo, fan aa e fowk hid won ower e Jordan, e Lord said tae Joshua, [2]"Tak twal chiels fae amo e fowk, een fae ilka clan, [3]an gar them tak twal steens oot o e Jordan fae aneth far e priests were stannin. Cairry them ower an set them doon far ye strick camp e nicht." [4]Joshua cried till him e twal chiels he hid seleckit, een fae ilka clan o the Israelites, [5]an he said till them, "Cross ower afore God's kistie intae e middle o e Jordan an ilka een o ye heist up a steen on yer shoother, een for ilka clan o the Israelites, [6]sae iss mith be a memorial till ye an fan yer bairns speir at ye in ears tae come, 'Fit's iss steens for?' [7]syne ye can tell them foo e watters o e Jordan were cuttit aff afore God's kistie fan it wis teen ower e Jordan an att iss steens are a memorial o att tae the Israelites for aa time." [8]The Israelites did as Joshua bad them an teuk twal steens oot o e midse o e Jordan, as e Lord hid telt Joshua tae dee, een for ilka clan o Israel an cairriet them ower tae far they were gyan tae reest for e nicht an set them doon there. [9]Joshua set up e twal steens fae e midse o e Jordan at e verra place far e feet o e priests fa cairriet God's kistie hid been stannin, an they're there tae iss day.

[10]E priests fa cairriet God's kistie steed i the middle o e Jordan till aathin att God hid bidden Joshua see till wis deen bi e fowk, jist as Moses hid telt Joshua, an they hid aa hurriet ower. [11]Noo fan aa e fowk were clean ower, God's kistie an e priests crossed ower as e fowk waatched. [12]Reuben's clan, Gad's clan an e sept o e Manasseh clan crossed ower afore e lave, airmed for e fecht as Moses hid bad them dee. [13]Aboot fowerty thoosan o them, aa set for waar, crossed ower afore e Lord tae fecht i the howe o Jericho.

[14]Att day e Lord reesed oot Joshua i the sicht o aa the Israelites an e fowk respeckit him, jist as they hid respeckit Moses. [15]E Lord said tae Joshua, [16]"Tell e priests cairryin God's kistie tae come up fae e Jordan." [17]Sae Joshua bad e priests come up fae e Jordan. [18]Sae fan e priests cairryin God's kistie cam up oot o e Jordan an their feet were set doon on dry grun, e watters ran back tae their place an fullt up atween its banks as it hid deen afore.

[19]E fowk cam up fae e Jordan on e tenth day o e first month an set up camp in Gilgal tae the east o Jericho. [20]Joshua set up in Gilgal e twal steens att they'd teen oot o e Jordan. [21]He said tae the Israelites, "Fan yer bairns speir at their fadders in times tae come, 'Fit's iss steens for?' [22]syne ye'll lat yer bairns ken att Israel cam ower e Jordan on dry grun. [23]Cause e Lord yer God driet up e watters o e Jordan afore ye till siccan a time as ye'd crossed ower, jist as he did wi e Reed Sea att he driet up till we'd gotten ower't. [24]Att wye aa e fowk i the warl will see att e han o e Lord is stoot an they'll stan in aawe o e Lord yer God for aye.

CHAPTIR 5

Noo fan aa the Amorite keengs tae e wast o e Jordan an aa e Canaanite keengs on e seaward side heard att e Lord hid driet up e watters o e Jordan afore the Israelites till they hid crossed ower, they were sair come att an there wis nae smeddum left in them for fear o the Israelites. [2]At att time, e Lord said tae Joshua, "Mak knives oot o flint an circumceese the Israelites again." [3]Sae Joshua made knives oot o flint an circumceesed the Israelites at e hill o e foreskins. [4]An iss is e wye Joshua hid tae circumceese them: aa e chiels att hid come oot o Egypt, aiven e sodgers, hid deit i the roch cuntra on e wye efter they hid come oot o Egypt. [5]Noo aa them fa left Egypt hid been circumceesed, bit them att hid been born i the roch cuntra as they were traivelin, hidna been. ⁶Ye see, the Israelites hid wannert fowerty ear i the roch cuntra till aa e sodgers amo them fa hid come oot o Egypt were deid, cause they hidna deen e Lord's biddin. E Lord swore att he widna aloo ony sic fowk tae see e lan he hid promist wir fadders he wid gie hiz, a lan rinnin wi milk an hunny. ⁷Sae their sins were brocht up in their place an it wis them att Joshua circumceesed. They werena circumceesed, cause it hidna been deen fan they were traivelin. ⁸Noo, eence they were aa circumceesed, they bade in their camp till they hid recowert. ⁹E Lord said tae Joshua, "E day A've rowed awa fae ye the ill-win att won onno ye in Egypt." Tae iss verra day e place is caaed Gilgal, att's tae say "Rowin-steens".

¹⁰The Israelites set up camp at Rowin-steens an on e fowerteenth o e month they held e passower i the howe o Jericho. ¹¹The mornin efter e passower they ett e maet they hid growen: loaf wi nae barm an rossin corn. ¹²It wis fae att day on fan they first ett fit they hid growen themsels att e manna stoppit. The Israelites hid nae mair manna, bit att ear they ett fit they hid growen i the lan o Canaan.

¹³Noo, fan Joshua wis ower by Jericho, he leukit up an saa a chiel stannin wi a draawn swoord in his han. Joshua gaed ower till him an speirt, "Are ee for hiz or for wir faes?" ¹⁴E chiel said till him, "Na, na, A'm here as a captain o e Lord's airmy." An Joshua plappit doon afore him wi his face till e grun an says, "Fit hiv ye tae say till yer servant, ma Lord?" ¹⁵E captain o e Lord's airmy said tae Joshua, "Lowse aff yer sheen fae yer feet, cause far ye're stannin is haily grun." An Joshua did jist att.

CHAPTIR 6

Noo Jericho wis shut in an e yetts barred cause o e fear o the Israelites. Nae naebody cam oot, an nae naebody gaed in. ²E Lord said tae Joshua, "See, noo, A've gien Jericho intill yer hans alang wi its keeng an its sodgers. ³Gar aa yer sodgers mairch richt roon e toon eence a day for sax days. ⁴Syven priests will gyang in front o God's kistie cairryin syven tooteroos made fae rams' horns. On e syventh day ye'll mairch roon e toon syven times an e priests will blaa their tooteroos. ⁵Noo fit ye'll dee is iss: fan e priests blaa their rams horns an ye hear e soun o e tooteroos, ye'll gar aa e fowk roar oot o them an e waas o e toon will come rummlin doon. Syne yer sodgers will gyang straicht in till e toon."

⁶Sae Nun's loon, Joshua, cried on e priests an said till them, "Tak up God's kistie. Lat syven priests cairry syven rams' horn tooteroos afore God's kistie." ⁷An he said till his sodgers, "Mairch on, aa roon e toon, wi yer sodgers-in-airms gyan afore God's kistie."

⁸Eence Joshua hid gien e sodgers their orders, e syven priests wi e syven rams' horn tooteroos afore e Lord held forrit an gied a blaa on e tooteroos, wi God's kistie comin on ahin them. ⁹E sodgers mairched in front o e priests fa were blaain e tooteroos, syne cam God's kistie an syne himaist ov aa, e priests blaain e tooteroos aa e time. ¹⁰Bit Joshua bad e fowk nae roar oot o them nor mak ony soun avaa, bit haud their weesht till siccan a day as he telt them tae roar oot o them. "Att's fan ye'll dee't," he said. ¹¹Sae God's kistie gaed roon e toon eence, syne they gaed back till their camp for e nicht.

¹²Neist mornin Joshua raise airly an e priests teuk up God's kistie. ¹³E syven priests wi e rams' horn tooteroos gaed on afore God's kistie, blaain them aa e time. E sodgers gaed on aheid o them wi e reargaird ahin God's kistie, e priests aye blaain awa. ¹⁴E saicond day they gaed roon e toon eence an heidit back tae e camp. An they did att for sax days. ¹⁵On e syventh day, they got up at skreek o day an gaed roon e toon i the same wye, syven times. Att wis the only day they gaed roon it syven times. ¹⁶E syventh time, fan e priests blew on their tooteroos, Joshua shouted tae e fowk, "Roar oot o ye, noo. E Lord his gien up e toon till ye. ¹⁷E toon an aathin inno't maun be wrackit, alang wi aa them att's in't as a

penance tae e Lord. Dinna spare naebody bit Rahab e hoor an them fa's wi her in her hoose, cause she leukit oot for e chiels we sent on the eerin. ¹⁸Bit see att ye dinna tak wi onythin i the toon, or ye yersels be fylt wi't gin ye tak haud o't an fyle the Israelite camp an sae fess crockaneetion doon on't. ¹⁹Aa e siller an gowd an bowlies o bress an airn are haily till e Lord an maun come in till his keepin." ²⁰Sae e priests blew their tooteroos an fan e fowk heard e soun o e tooteroos, they aa roart oot o them an e waas cam tummlin doon. E sodgers held forrit an gaed straicht in till e toon, an teuk it. ²¹They ransackit aathin i the toon, killin man an wumman, young an aul, owsen an sheep an cuddies: aa putten till e swoord. ²²Bit e twa chiels fa hid been putten oot as spies were telt bi Joshua tae gayng till e hoor's hoose an fess her oot wi aa her gear, jist as they hid trystit wi her. ²³E twa birkies fa hid ackit as spies gaed in an brocht oot Rahab, her fadder, her mither, her brithers, aa her ither relations an aa her gear. They left them sauf ootside the Israelites' camp. ²⁴They set fire tae e toon an aathin inno't. Aa they teuk oot wis e siller an gowd an bress an airn bowlies for God's keepin. ²⁵Sae Joshua spared Rahab, e hoor, aa her fadder's fowk an aa her gear. She's aye bidin in Israel tae iss verra day, aa cause she hod e chiels att Joshua hid sent oot tae spy on Jericho.

²⁶It wis at att time Joshua pat a curse on Jericho, sayin:
"E curse o e Lord will come doon
on e chiel fa re-biggs Jericho toon;
e layin o e foun
will cost his aulest loon,
an e settin up o e yetts
will cost e youngest he begets."

²⁷Sae e Lord wis wi Joshua, an he cam tae be thocht weel o throwe aa e lan.

CHAPTIR 7

Bit the Israelites didna haud till the order nae tae tak neen o e things att hid been set apairt for e Lord. Carmi's loon, Achan, gransin tae Zabdi an great-gransin o Zerah, fae e clan Judah, pinched some o e things att hid been set apairt an sae e Lord wis raised wi the Israelites. ²Joshua sent men fae Jericho tae Ai, ower bi Bethaven, tae the east o Bethel, sayin till them, "G'wa ower by an see foo e lan lies." E chiels gaed up an hid a reemish aboot aroon Ai. ³They cam hame tae Joshua an said till him, "There's nae need for the hale airmy tae gyang up tae tak Ai. Sen twa or three thoosan sodgers, att's aa att'll be notten, cause there's nae mony o them there. ⁴Sae aboot three thousan sodgers gaed up, bit they turnt tail fan they saa e men o Ai, ⁵fa killed aboot thirty-sax o them, chasin them fae the yett e linth o e steen quarries an strack them doon as they gaed doon e hill. At iss, e herts o e fowk milted an turnt lik watter.

⁶Joshua an aa e clan chiefs o Israel rint their claes an fell doon on their faces afore God's kistie an threw stew ower their heids. They lay there till nichtfa. ⁷An Joshua said, "Oh me, oh me, ma Lord God, fit wye did ye fess iss fowk ower e Jordan tae han hiz ower tae faa fool o the Amorites? Oh bit hid we been happy tae bide on e tither side o e Jordan. ⁸Oh Lord, fit can A say noo att Israel his turnt tail afore her faes? ⁹E Canaanites an aa e lave hereaboots will come tae hear o't, they'll come swaarmin roon hiz an caa hiz fae e face o the earth. Fit will ye dee syne aboot the honour o yer great name?"

¹⁰E Lord said tae Joshua, "Get up, min. Fit are ye lyin on yer face for? ¹¹Israel's deen ill an his breuken e tryst A gied them, cause they hiv thieved things att were set apairt, aye they pinched things, hod them amo their ain gear an lee'ed aboot it. ¹²Att's e wye the Israelites culdna stan up till their faes. They turn their backs an rin awa cause they hiv deen wrang wi e gear att wis set apairt. A winna be wi ye nae mair

oonless ye dee awa wi the gear att wis setten apairt. [13]Get up! Purifee e fowk an gar them purifee themsels for e morn, cause iss is fit e Lord yer God is tellin ye, ye hiv consecraitit gear amo ye Israel, an ye canna stan up till yer faes till ye wun redd o't. [14]I the mornin come forrit in yer clans. E clan att e Lord ranks oot will come forrit, sept bi sept, e sept e Lord ranks oot will come forrit faimly bi faimly, an e faimly att e Lord ranks oot will come forrit man bi man. [15]E chiel fa's catcht wi e gear att wis pinched will be brunt i the fire wi aa his gear, cause he breuk e tryst wi e Lord an vrocht shame on Israel."

[16]Sae Joshua raise airly neist mornin an brocht forrit e clans o Israel een bi een an e clan Judah wis rankit oot. [17]He brocht forrit e clans o Judah an e faimly o Zerah wis rankit oot. [18]He brocht forrit Zerah's faimly, man bi man an Carmi's loon, Achan, gransin tae Zabdi an great-gransin o Zerah fae e clan Judah, wis rankit oot. [19]Joshua said tae Achan, "Ma loon, gie glory tae e Lord God o Israel an confess fit ye've deen. Tell ma, fit hiv ye deen? Be straicht wi ma." [20]An Achan said tae Joshua, "Ay, A've deen ill agin e Lord God o Israel. Iss is fit A did. [21]Amo e spiles A saa a bonnie coatie fae Babylon, twa hunner shekels o siller an a wadge o gowd, fifty shekels in wecht. A hid a hankerin for them an teuk them. A beeriet them i the grun aneth ma tent, wi e siller in aneth."

[22]Sae Joshua sent chiels, fa ran till e tent, an there e coatie wis hodden, wi e siller aneth it. [23]They teuk it oot o e tent an brocht it tae Joshua an aa the Israelites an set it oot afore e Lord. [24]Syne Joshua an the Israelites teuk Achan, sin o Zerah wi e siller an e coatie an e wadge o gowd, his sins an his dothers, his owsen an his cuddies, his sheep an his tent an aathin att he aint intill e Howe o Achor. [25]Joshua said, "Fit wye did ye fess aa iss tribble doon on's? Iss verra day, e Lord will tribble you." The Israelites steened him an efter they hid steened e lave o them, brunt them i the fire. [26]They biggit a cairn ower him, att's there tae iss day. Syne e Lord wisna sae raised as he'd been. Att's e wye e place wis caaed e Howe o Achor (e Howe o Dool) an is still kent as att.

CHAPTIR 8

E Lord said tae Joshua, "Dinna be feart an dinna dauchle. Tak aa yer sodgers an attack Ai. See noo, A've gien e keeng o Ai, aa his fowk, his toon an his lan intill yer han. [2]Ye'll dee tae Ai an her keeng e same as ye did at Jericho an tae her keeng, the only odds bein, iss time ye'll tak e spiles an e beasts as yer ain. Set up an ambush ahin e toon.

[3]Sae Joshua an aa his sodgers made riddy tae attack Ai. Joshua pickit thirty thoosan stoot chiels an sent them on bi nicht. [4]He gied them iss orders, "Set an ambush ahin e toon, nae ower far awa fae't, an be riddy. [5]A'll come up till e toon wi e lave o the airmy an fan they come oot tae meet hiz lik they did afore, we'll turn an rin. [6]Fan they come oot efter hiz, we'll draa them awa fae e toon cause they'll think we're rinnin awa lik last time, sae we'll haud gyan afore them. [7]Syne ye'll come oot o hidin an tak e toon, cause e Lord yer God will gie it intill yer han. [8]An eence ye've teen e toon, set it on fire as e Lord bad ye dee. See noo, att's yer orders."

[9]Sae Joshua sent them awa an they gaed tae lie in ambush. They wytit atween Bethel an Ai, tae e wast o Ai, bit Joshua spent e nicht wi e fowk. [10]Joshua raise airly neist mornin, coontit his sodgers an mairched at e heid o his airmy alang wi the elders o Israel, tae e toon o Ai. [11]Aa the airmy att were wi him mairched till they were near han Ai an set up camp tae e north o e toon. Noo, there wis a howe atween them an Ai. [12]He teuk aboot five thoosan sodgers an set them tae lie in ambush on e wast side o e toon, atween Bethel an Ai. [13]They garrt e sodgers tak their poseetions tae e north o e toon, an them att were tae cairry oot the ambush tae e wast, an Joshua gaed doon att nicht intill e howe.

[14]Noo fan e keeng o Ai saa iss, he an aa e toon got up airly an hurriet oot tae fecht wi the Israelites. Fit he didna ken wis att there wis an ambush wytin for him ahin e toon. [15]Joshua an aa the Israelites made on att they hid been gotten e better o an teuk aff ower e wye o e roch cuntra. [16]Aa e fowk i the toon o Ai were draftit in tae chase them. They teuk efter Joshua an were draawn awa fae e toon. [17]There wisna a man left in Bethel nor Ai att wisna chasin efter Joshua. They left e toon open wi nae defence cause they were harein efter the Israelites. [18]E Lord said tae Joshua, "Rax oot e spear in yer han tae Ai, cause A'll gie it intill yer han." Joshua raxed oot e spear he hid in his han tae e toon. [19]The ambush got up at eence fae their hidin place an ran as seen as he raxed oot his han. They gaed in till e toon, teuk it an werena slaw at settin fire till't. [20]E chiels fae Ai leukit back an saa e reek ower e toon raxin up tae hivven. There wis nae wye for them tae win awa cause e sodgers att hid been rinnin tae e roch cuntra turnt on them. [21]An fan Joshua an the Israelites saa att e toon wis teen bi the ambush, an saa e reek gyan up, they turnt an attackit e chiels fae Ai. [22]E lave cam oot o e toon agin them sae they were catcht i the middle wi Israelites on baith sides o them. The Israelites cut them doon leavin neen alive an lettin neen o them win awa. [23]They teuk e keeng o Ai alive an brocht him tae Joshua. [24]Fan the Israelites hid slauchtert aa e fowk o Ai fa were i the parks an oot i the roch cuntra far they hid chased them, an neen wis left, the Israelites gaed back tae Ai an pat it till e swoord. [25]Twal thoosan were killed att day, baith men an weemen, e hale o e fowk o Ai. [26]Joshua held oot his knife in his han an didna draa it back till e hale o e fowk o Ai were deid. [27]The Israelites teuk e beasts an onythin else they culd lay their han on as booty, jist as e Lord hid commanit Joshua. [28]Sae Joshua brunt Ai tae e grun an made a crockaneetion o't, an att's e wye it lies tae iss verra day. [29]He hangit e keeng o Ai on a tree an left him there till nichtfa. As seen as e sin gaed doon, Joshua ordert att his carcage be teen doon fae e tree an keest doon at e yett o e toon. They biggit a muckle heap o steens ower his body, att's there till iss day.

[30]Syne Joshua biggit an aaltar till e Lord God o Israel at Moont Ebal, [31]biggit accoordin till e plans att Moses, e servant o e Lord, gied the Israelites, as vritten i the Beuk o e Laas o Moses, att says "an aaltar biggit wi steens att hinna been touched bi ony airn teels." They offert brunt-offerins an peace-offerins tae e Lord onno't.

[32]An there, afore aa the Israelites, he vreet a copy o e Laas o Moses onno e steens. [33]Aa the Israelites, the elders, the offishers an e jeedges steed on baith sides o God's kistie afore e priests an e Levites fa were cairryin God's kistie, aa Israel, baith hame-born an fremt. Half o them steed facin Moont Gerizim, an half facin Moont Ebal, jist as Moses hid bad them dee tae bliss aa the Israelites. [34]Syne Joshua read oot aa e wirds o e Laa, e blissins an e cursins, wird for wird, as they're vritten i the Beuk o e Laa. [35]There wisna a sinngle wird o fit Moses hid bad them dee att Joshua didna read oot tae the Israelites, wi aa e weemen an bairns, an forriners att were bidin amo them there tee.

CHAPTIR 9

Noo, fan aa e keengs tae e wast o e Jordan, i the hills an e howes an ower bi e muckle sea at Lebanon, cam tae hear o iss: the Hittites, an the Amorites, e Canaanites an e Perizzites, the Hivites an e Jebusites, [2]they gaithert themsels egither intae ae muckle force agin the Israelites. [3]Fan e fowk fa bade in Gibeon heard fit Joshua hid deen tae Jericho an Ai, [4]they set up a protick tae try tae get e better o them an sent a delegation, takkin cuddies wi aul saicks on their backs an aul wine-skins, rippit an patched, [5]aul bachles tied on till their feet an aul duds an naethin tae ett bit fooshty dry loaf. [6]They cam tae Joshua at e camp at Rowin-steens an said tae him an e lave o the Israelites, "We come fae hine awa an wid wint tae bargain wi ye." [7]Bit the Israelites said till e Hivites, "Bit mebbe ye bide near han, fit wye can we come till a bargain wi ye?" [8]They said tae Joshua, "We're yer servants." An Joshua speirt, "Fa are ye onywye an far aboot div ye come fae?" [9]They said till him, "Fae a hine awa cuntra an we've come cause we've heard aa aboot e Lord yer God an fit lik things he did in Egypt. [10]An aa aboot fit he did till e twa keengs o the Amorites ower e Jordan, Sihon, keeng o Heshbon an Og, keeng o Bashan fa bade at Ashtaroth. [11]Wir clan chiefs an wir fowk telt hiz tae tak maet for e road an come an meet in wi ye an tell ye we're yer servants. Noo, will ye bargain wi hiz? [12]Iss is e loaf att wis new-bakit for hiz at hame e day we set oot tae meet ye. Noo, leuk at it: aa driet up an fooshty. [13]An leuk at e wine-skins att we fullt, new they were, bit they're noo in bits. An leuk at wir claes an wir sheen, aa worn oot wi e lang road we've traivelt." [14]The heid-bummers o the Israelites teuk some o their maet bit didna sikk e Lord's wird aboot it. [15]Joshua dealt kindly wi them an cam till an agreement tae lat them live, an e clan chiefs o the Israelites sware they wid keep till't.

[16]Wi'in three days o makkin the agreement, the Israelites cam tae ken att e chiels were fae e neist cuntra an bade near han till them. [17]Sae the Israelites set oot an three days efter, cam till their toons, Gibeon, Kephirah, Beeroth an Kiriath-jearim. [18]Bit the Israelites didna kill them cause o the aith att their clan chiefs hid sworn bi e Lord God o Israel. Bit there wis mutterins aboot fit e clan chiefs hid deen. [19]Bit e clan chiefs said till them, "We hiv sworn an aith wi them bi e Lord God o Israel, sae we maunna touch them. [20]Iss is fit we'll dee, we'll lat them live sae att the aith we sware winna come back on hiz." [21]An they said, "Lat them live bit they can hack sticks an draa watter for e lave o's." Sae e clan chiefs' aith wis held till.

[22]Joshua cried a meetin wi them an speirt, "Fit wye did ye lee till hiz, makkin on ye cam fae hine awa fan in fac ye dwall ower by? [23]There's a curse on ye for att. Ye'll provide slaves till hiz for aa time tae hack sticks an draa watter for ma God's hoose." [24]An they said tae Joshua, "We were telt att e Lord yer God bad Moses, his servant, gie ye the hale cuntra an tae kill aa e fowk fa bade on't; sae we were feart for wir lives an att's fit wye we did sic a thing. [25]An noo we're in your hans. Dee wi hiz fitivver ye think is e richt thing tae dee." [26]An iss is fit he did: savit them fae daith at e hans o the Israelites an they didna kill them. [27]An fae att day on Joshua garrt them hack sticks an draa watter for e fowk an for the aaltar o e Lord. An tae iss day they dee it at e place att e Lord choise.

CHAPTIR 10

Noo, fan Adoni-zedec, e keeng o Jerusalem, heard att Joshua hid teen Ai an brocht it tae crockaneetion, deein tae Ai an its keeng e same as he'd deen tae Jericho an its keeng, an att e fowk o Gibeon hid made peace wi Israel an were bidin amo them, [2]he wis sair come att, cause Gibeon wis a muckle toon, lik a royal toon, bigger in fac, than Ai, an aa its men were bonnie fechters. [3]Sae Adoni-zedec, e keeng o Jerusalem sent tae Hoham keeng o Hebron, Piram keeng o Jarmuth, Japhia keeng o Lachish an Debir keeng o Eglon an speirt, [4]"Come up an help ma, we maun attack e fowk o Gibeon cause they've made a tryst wi Joshua an the Israelites. [5]Sae e five Amorite keengs, e keeng o Jerusalem, e keeng o Hebron, e keeng o Jarmuth, e keeng o Lachish an e keeng o Eglon gaithert themsels egither an gaed up wi aa their airmies an set up camp ower by Gibeon an declared waar on't.

[6]E men o Gibeon sent wird tae Joshua at e camp at Rowin-steens, "We're yer slaves, dinna forsake hiz, hist ye tae wir aid, cause aa the Amorite keengs o e heilan cuntra are gaithert tae attack hiz." [7]Sae Joshua cam up fae Rowin-steens wi aa his airmies an fechtin men.

[8]E Lord said tae Joshua, "Dinna be feart at them, cause A've gien them intill yer hans, nae a man amo them will stan up till ye." [9]Joshua cam on them aa at eence efter mairchin aa nicht fae Rowin-steens. [10]E Lord set them in a snorl afore the Israelites fa slauchtert them an chased them aa e road up tae Beth-horon, keepin up the attack aa e wye tae Azekah an Makkedah. [11]As they were fleein awa fae the

Israelites on e road doon fae Beth-horon tae Azekah, e Lord keest doon muckle bulets onno them an killed them. Mair o them were killed bi the bulets nor the Israelites killed wi e swoord.

[12]Att day, fan e Lord delivered the Israelites oot o the hans o the Amorites, Joshua spak till e Lord. Wi aa the Israelites roon aboot him, he said,

"Sin, stan still ower Gibeon.
Stan meen, i the howe o Aijalon." [13]An e sin steed still an e meen didna meeve till e nation hid avenged itsel on its faes, jist as it's vritten i the beuk o Jashar. Sae e sin steed i the midse o e hivvens an didna gyang doon for a hale day. [14]There wis nivver a day like it afore nor since, fan e Lord hearkent till e vice o a man; cause e Lord hid fochen for Israel.

[15]Joshua an the Israelites gaed back till e camp at Rowin-steens. [16]Bit e five keengs took flicht an hod in a cave at Makkedah. [17]Joshua wis telt att e five keengs hid been faun hidin in a cave at Makkedah. [18]Joshua said, "Rowe some muckle steens ower e moo o e cave an post men tae keep waatch ower e keengs. [19]Bit dinna dauchle, keep efter yer faes, attack them fae ahin an dinna lat them win e linth o their toons, cause e Lord yer God his delivert them intill yer hans. [20]Sae Joshua an the Israelites slauchtert them near till a man, bit a fyow escapit an won e linth o their toon waas. [21]Syne aa the Israelites cam back tae Joshua's camp at Makkedah an naebody said a bad wird aboot them. [22]Syne Joshua said, "Open e moo o e cave an fess e five keengs till ma." [23]They did att an brocht e five keengs till him fae e cave: e keeng o Jerusalem, e keeng o Hebron, e keeng o Jarmuth, e keeng o Lachish an e keeng o Eglon. [24]Fan they hid been brocht tae him, Joshua cried in aboot aa the Israelites an said till the airmy captains fa'd been wi him, "C'mere, pit yer fit on e necks o iss keengs." Ower they cam an pat their fit on their necks. [25]An Joshua said till them, "Dinna be feart or disjaskit, be stoot an bauld, cause iss is fit e Lord will dee wi aa e faes ye fecht." [26]An he strack e keengs an slew them an hung them up on five trees. They hung there till gloamin. [27]As e sin wis gyan doon, Joshua ordert them tae be teen doon an flang inno e cave they'd been hidin in. He hid muckle steens pat ower e moo o't an they're there till iss verra day.

[28]Att same day, Joshua teuk Makkedah an pat its keeng an aa e fowk there till e swoord, sparin neen o them, deein tae e keeng o Makkedah e same as he'd deen till e keeng o Jericho. [29]Fae Makkedah, Joshua an the Israelites mairched tae Libnah an focht wi e fowk there. [30]E Lord delivered att toon an its keeng intill e hans o the Israelites fa pat aa till e swoord: nae a sowl wis left. They did tae e keeng o Libnah e same as they'd deen till e keeng o Jericho.

[31]Fae Libnah, Joshua an the Israelites mairched tae Lachish, set up their camp an attackit it. [32]E Lord delivered Lachish intill e hans o the Israelites fa teuk it on e saicond day an pat aa e fowk there till e swoord, e same as they'd deen at Libnah.

[33]Syne Horam, e keeng o Gezer cam tae help Lachish, bit Joshua strack him an his fowk doon, till there wis neen left. [34]Fae Lachish, Joshua an the Israelites gaed on tae Eglon, set up their camp an attackit it. [35]They teuk it att same day an pat aa e fowk there till e swoord att verra day, jist e same as he'd deen at Lachish. [36]Fae Eglon, Joshua an the Israelites mairched tae Hebron an attackit it. [37]They teuk it an pat e keeng an aa e fowk in its toons till e swoord. There wisna a sowl left, jist e same as he'd deen tae Eglon, brocht e hale place an aa fa bade there till a crockaneetion.

[38]Syne Joshua an the Israelites gaed back tae Debir an attackit it. [39]They teuk it an pat e keeng an aa e fowk in its toons till e swoord: there wisna a sowl left. He did tae Debir jist e same as he'd deen tae Hebron an Libnah an their keengs.

[40]Sae Joshua maistert e hale o e heilans, e lans tae e sooth, e howes, e wells an aa their keengs. He left neen alive bit wrackit aathin att drew braith, jist as e Lord God o Israel hid ordert. [41]Joshua herriet aa fae Kadesh-barnea tae Gaza an e hale o Goshen as far as Gibeon. [42]He teuk aa o their keengs at att time, cause e Lord God o Israel focht for Israel. [43]An Joshua cam back wi aa the Israelites tae e camp at Rowin-steens.

CHAPTIR 11

Fan Jabin keeng o Hazor got tae hear o aa iss, he sent wird tae Jobab, keeng o Madon, tae e keengs o Shimron an Acshaph, [2]tae e keengs o e north heilans, tae e howe tae e sooth o Kinnereth, i the fithills an ower tae Dor tae e wast, [3]tae e Canaanites tae the east an e wast, tae the Amorites an the Hittites an e Perizzites, tae e Jebusites i the heilans an tae the Hivites aneth Hermon i the Mizpah cuntra. [4]They set oot wi aa their airmies, as mony fowk as there are grains o san alang e shore, wi a muckle set oot o horse an chariots. [5]Aa iss keengs collogued wi een anither an set up camp at e watters o Merom tae fecht wi the Israelites.

[6]E Lord said tae Joshua, "Dinna be feart o them. Aboot iss time e morn A'll han them aa ower tae Israel, ilka een o them deid. Ye'll cripple their horse an burn their chariots." [7]Sae Joshua an aa his airmy creepit up on them anent e watters o Merom an fell on them. [8]An e Lord deliverd them intae Israel's hans. They strack them doon an chased them e linth o Meikle Sidon, Misrephoth-maim an e howe o Mizpah tae the east. They laid in till them till there wis neen left. [9]Joshua dealt wi them jist as e Lord hid ordert, crippled their horse an set fire tae their chariots.

[10]Syne Joshua turnt back tae Hazor. He teuk it an pat its keeng tae e swoord. At ae time Hazor hid been e heid o aa iss keengdoms. [11]He pat aa e fowk there tae e swoord, leavin neen alive an he set fire tae Hazor. [12]Sae Joshua teuk aa e toons an their keengs an pat them tae e swoord, destroyin them aa, jist as Moses, e servant o e Lord, hid ordert. [13]Bit the Israelites didna burn ony o e toons biggit on hillocks, excep Hazor, att een Joshua did set fire till. [14]The Israelites keepit for themsels aa e gear an e beasts fae e toons, bit they pat aa e fowk tae e swoord till neen were left wi a braith inno them.

[15]E Lord gied his commans tae his servant, Moses, fa passed them on tae Joshua an Joshua cairriet them oot. Neen o e commans att e Lord gied tae Moses werena cairriet oot. [16]Sae Joshua teuk ower aa e lan, the heilans, e sooth cuntra, aa e lan o Goshen, the howe an e livvel grun, the heilans o Israel an its howes tee, [17]fae Moont Halak att gyangs up e wye o e Seir tae Baal-gad i the howe o Lebanon aneth Moont Hermon. He teuk aa their keengs an slauchtert them. [18]He focht a lang waar wi aa iss keengs. [19]Nae a sinngle toon made peace wi the Israelites, save for e Hivites fa bade in Gibeon, e lave were aa teen bi force. [20]It wis e Lord's deein att they shuld aa be thraawn an pit up a fecht wi the Israelites, sae att he mith dee awa wi them aa egither, athoot nae mercy, bit destroy them as e Lord ordert Moses.

[21]Att wis e time att Joshua wipit oot the Anakites fae the heilans, an fae Hebron, an fae Debir, an fae Anab, fae aa e heilans o Judah an aa e heilans o Israel, destroyin them an their toons. [22]Nae Anakites were left i the cuntra teen bi the Israelites, excep for Gaza an Gath an Ashdod far there wis still some. [23]Sae Joshua teuk e hale cuntra, jist as e Lord hid ordert Moses. Joshua gied it tae the Israelites as their ain, pairtin't oot amo e clans. An there wis peace.

CHAPTIR 12

Here's e names o e keengs att the Israelites slauchtert an fas lan they teuk ower on the east side o e Jordan, atween e watters o the Arnon an Moont Hermon an aa e cuntra tae the east.

²Sihon keeng o the Amorites fa bade in Heshbon: his cuntra streetched fae Aroer anent e watters o the Arnon, fae e middle o e watters an ower e half o Gilead e linth o Jabbock watters, att borders wi the Ammonites. ³His cuntra gaed alang e level grun tae e sea o Kinnereth tae the east, aa e wye tae e sea o the Arabah, e SautSea, bi e road tae Beth-jeshimoth an fae e sooth tae e braes o Pisgah. ⁴Og keeng o Bashan, een o e hinmaist o e Rephaites fa dwalt at Ashtaroth an Edrei: ⁵his cuntra streetched fae Moont Hermon an Salecah, the hale o Bashan e linth o e border wi e Geshurites an e Maachathites, e half o Gilead as far as e borders o Sihon keeng o Heshbon. ⁶Moses, e servant o e Lord an the Israelites gat e better o them. Moses e servant o e Lord gied their lan till e clan Reuben, e clan Gad an half e clan Manasseh.

⁷Iss is e names o e keengs fa Joshua an the Israelites gat e better o on e wast side o e Jordan fae Baal-gad i the howe o Lebanon e linth o Moont Halak att gyangs up tae Seir att Joshua pairtit oot amo e clans o Israel as their ain: ⁸the heilans, the howes, e level grun, e wells, e roch cuntra, e cuntra till e sooth, e cuntra o the Hittites, the Amorites, e Canaanites, e Perizzites, the Hivites an e Jebusites.

⁹E keeng o Jericho - een; e keeng o Ai att lies tee till Bethel - een;
¹⁰E keeng o Jerusalem – een; e keeng o Hebron – een;
¹¹E keeng o Jarmuth – een; e keeng o Lachish – een;
¹²E keeng o Eglon – een; e keeng o Gezer – een;
¹³E keeng o Debir – een; e keeng o Geder – een;
¹⁴E keeng o Hormah - een; e keeng o Arad - een;
¹⁵E keeng o Libnah – een; e keeng o Adullam – een;
¹⁶E keeng o Makkedah - een; e keeng o Bethel - een;
¹⁷E keeng o Tappuah - een; e keeng o Hepher - een;
¹⁸E keeng o Aphek - een; e keeng o Lasharon - een;
¹⁹E keeng o Madon - een; e keeng o Hazor - een;
²⁰E keeng o Shimron-meron - een; e keeng o Acshaph - een;
²¹E keeng o Taanach - een; e keeng o Megiddo - een;
²²E keeng o Kedesh - een; e keeng o Jokneam o Carmel - een;
²³E keeng o Dor alang e shore o Dor - een; e keeng o e cuntras o Gilgal or Rowin-steens - een;
²⁴E keeng o Tirzah - een: thirty-wan keengs in aa.

CHAPTIR 13

Noo, fan Joshua wis aul an gettin on in ears, e Lord said till him, "Ye're an aul mannie, bit there's still-an-on a fair bit o lan tae be teen in han. ²Iss is e cuntra att still his tae be teen ower: aa e lan o e Philistines an e Geshuri, ³fae e watters o e Shihor tae the east o Egypt e linth o e borders wi Ekron tae e north – att's e cuntra o e Canaanites (e grun o e five Philistine clan chiefs, bein Gaza, Ashdod, Ashkelon, Gath an Ekron); ⁴aa e lan o the Avites tae e sooth, e Canaanite cuntra fae Arah o the Sidonians as far as Aphek, e lan o the Amorites; ⁵e lan o e Giblites an e hale o Lebanon tae the east, fae Baal-gad at e fit o Moont Hermon ower tae Hamath. ⁶Syne there's e fowk o e heilans fae Lebanon tae Misrephoth-maim an aa e Sidonians. A'll drive them oot for ye. Myn noo an parcel oot iss grun amo the Israelites jist as A bad ye dee. ⁷Ye'll pairt it oot amo e nine clans an half e clan Manasseh as their ain for aa time."⁸E lave o e Manasseh clan alang wi e clans o Reuben an Gad got their grun tae the east ayont e Jordan fae Moses, e servant o e Lord. [9]It lay fae Aroer on e banks o the Arnon watter an fae e toon i the middle o e howe ower e flat grun o Medeba as far as Dibon, [10]an aa e toons o Sihon, keeng o the Amorites fa rowled in Heshbon, ower e linth o e lan o the Ammonites; [11]an Gilead an e Geshurite an Maachathite cuntra, the hale o Moont Hermon an e hale o Bashan as far as Salecah; [12]the hale o e lans o Og in Bashan, fa rowled in Ashtaroth an Edrei, the hinmaist o e Rephaites. Moses hid gotten e better o them an dreeve them oot. [13]Bit the Israelites didna drive oot e Geshurites an e Maachathites fa bide amo the Israelites tae iss verra day. [14]Bit he didna gie ony grun till e Levi clan as their ain, cause the offerins made bi fire tae e Lord, e God o Israel, are theirs, jist as he promist them.

[15]Sae Moses hid gien tae e clan Reuben iss grun, faimly bi faimly: [16]their grun startit at Aroer on e banks o the Arnon watter an fae e toon i the middle o e howe an aa e flat grun o Medeba; [17]Heshbon an aa her toons on e flat grun, Dibon, Bamoth-baal an Beth-baal-meon, [18]Jahaz, Kedemoth an Mephaath, [19]Kiriathaim, Sibmah an Zereth-shahar on e hill i the howe, [20]Beth-peor, Ashdoth-pisgah an Beth-jeshimoth, [21]aa e toons on e carse, aa e cuntra o Sihon, keeng o the Amorites fa rowled in Heshbon, fa Moses hid deen awa wi alang wi clan chiefs o Midian, Evi, Rekem, Zur, Hur an Reba fa were septs o Sihon's clan an dwalt in his cuntra.

[22]Baalam sin o Beor, e spaeman, is amo them fa the Israelites pat till e swoord. [23]E mairch o e cuntra o e clan Reuben wis e Jordan, iss wis e grun gien till e clan Reuben as their ain, faimly bi faimly. Alang wi't they got aa e toons an clachans. [24]Moses gied grun till e clan Gad, faimly bi faimly. [25]Their cuntra wis Jazer an aa e toons o Gilead an e half o the Ammonite cuntra, e linth o the Aroer Watter ower by Rabbah. [26]They hid e grun fae Heshbon tae Ramath-mizpah an Betonim an fae Mahanaim tae e border wi Debir. [27]Doon i the howe they hid Beth-aram an Beth-nimrah, Succoth an Zaphon, e lave o e grun o Sihon, keeng o Heshbon, e Jordan an e grun lyin tee till't e linth o e Sea o Kinnereth tae the east side o't. [28]Iss is fit e clan Gad got as their ain, baith toon an clachan.

[29]Moses hid gien e half o e Mannaseh clan grun o their ain, for half e clan, faimly bi faimly. [30]Their grun ran fae Mahanaim, takkin i the hale o Bashan, aa e grun o Og keeng o Bashan, aa e toons o Jair att lie in Bashan, three score toons in aa. [31]They got e half o Gilead an Ashtaroth an Edrei, toons o e cuntra o Og, lyin in Bashan. Iss wis for the ation o Manasseh's loon, Makir, faimly bi faimly. [32]Att's e grun att Moses pairtit oot as their ain on e level grun o Moab, ower e Jordan tae the east o Jericho. [33]Bit Moses didna gie e Levi clan nae grun as their ain. E Lord God o Israel wis theirs, jist as he hid promist them.

CHAPTIR 14

Noo, iss is e grun att the Israelites teuk ower i the cuntra o Canaan, att Eleazar, e priest an Nun's loon Joshua wi the Israelite clan chiefs pairtit oot as their ain. [2]Lots were draawn tae see fit ilka een o e nine an a half clans wid get as e Lord hid ordert throwe Moses. [3]Moses hid gien e tither twa an a half clans grun as their ain on e tither side o e Jordan, bit e clan o e Levites didna get naethin as their ain. [4]E clan Joseph hid twa septs, Manasseh an Ephraim. E Levi clan got nae share o e grun bit got toons tae bide in an the eese o e village lans for their sheep an beasts. [5]Sae the Israelites pairtit oot e grun jist as e Lord hid commannit Moses.

[6]Noo, e clan Judah cam tae Joshua in Rowin-steens an Jephunneh e Kenezite's loon, Caleb said till him, "Ye'll be mynin fit e Lord said tae God's servant, Moses aboot you an me in Kadesh-barnea. [7]I wis fowerty ear aul fan Moses, e servant o e Lord, sent ma oot fae Kadesh-barnea tae see e lie o e lan. A brocht back wird: an honest accoont. [8]Bit for aa that, e lave fa gaed wi ma pat e fear o death inno e fowk, bit A steed by e Lord ma God. [9]An Moses swore att day att e grun I hid waalkit on wid be mine an them

fa come efter ma for aa time cause I hid steed by e Lord ma God. ¹⁰Noo, e Lord his deen fit he said an
keepit ma alive iss five an fowerty ear sin e time he spak tae Moses fan the Israelites were wannerin aboot
i the roch cuntra. An noo A'm auchty-five ear aul. ¹¹For aa that, A'm as hale an hearty noo-a-days as A
wis e day Moses sent ma oot. A'm as riddy for e fecht noo as A wis than, jist as fit tae gyang tae waar noo
as A wis than. ¹²Noo, gie ma iss hill-grun, jist as e Lord promist ma att day. Ye're weel aquant wi e fac att
ae time the Anakites held it wi muckle toons aa pailined in. Mebbe e Lord will be wi ma an A'll drive
them oot, jist as e Lord said." ¹³Joshua blisst him an gied Jephunneh's loon Caleb, Hebron as his ain.
¹⁴Sae Hebron becam e grun o e faimly o Jephunneh's loon Caleb an is still att tae iss day, cause Caleb
steed by e Lord God o Israel. ¹⁵Hebron eesed tae be caaed Kiriath-arba, efter Arba e clan chief o the
Anakites. An e cuntra wis at peace.

CHAPTIR 15

Iss is foo e grun wis pairtit oot amo e faimlies o e clan Judah. It lay fae e mairch wi Edom at e roch cuntra
o Zin tae e sooth. ²E sooth mairch wis e bey at e sooth ein o e Saut Sea, ³it gaed sooth bi e Pass o
Acrabbim aa e wye tae Zin, gaed up bi e sooth o Kadesh-barnea, takkin in Hezron, gaed up tae Adar an
syne come roon tae Karka. ⁴Syne it gaed on e wye o Azmon syne folla'ed e dry howe o Egypt e linth o e
sea. Iss wis e sooth mairches.

⁵The east mairch wis e Saut Sea e linth o e moo o e Jordan. E mairch tae e north wis fae e bey o e sea at e
moo o e Jordan; ⁶it gaed up tae Beth-hoglah an tae e north o Beth-arabah an syne tae e Bohan's Steen
(att's Reuben's loon); ⁷it syne gaed tae Debir fae e Howe o Achor an turnt north tae Rowin-steens att
leuks on tae e Pass o Adummim tae e sooth o e watters. Syne e mairch gaed e linth o the En-shemesh
watters an cam oot at En-rogel. ⁸E mairch syne ran up e Howe o Ben-hinnom tae e sooth slopes o e
Jebusite toon (att's Jerusalem), syne up tae e tap o e hill att lies tae e wast o the Hinnom howe at e north
ein o the Howe o Rephaim. ⁹Fae e heid o e hill e mairch drew roon tae e waalls o Nephtoah, cam roon tae
e toons o Moont Ephron an gaed doon tae Baalah (att's Kiriath-jearim). ¹⁰It syne gaed wast fae Baalah tae
Moont Seir, ran alang e north side o Moont Jearim (att's Kesalon), doon tae Beth-shemesh an on tae
Timnah. ¹¹E mairch syne gaed north tae e slopes o Ekron, roon tae Shikkeron, ower tae Moont Baalah an
on e linth o Jabneel. E mairch einit at e sea. ¹²E wast mairch wis alang e shore o e Muckle Sea. Att's e
mairches o e clan Judah an their faimlies.

¹³Jist as e Lord hid ordert him, Joshua gied Jephunneh's loon, Caleb, a place in Judah – e toon o Anak's
loon Arba, att's caaed Hebron. ¹⁴Caleb dreeve Anak's three loons, Sheshai, Ahiman an Talmai, oot o
there. ¹⁵Fae there he teuk on e fowk o Debir att eesed tae be caaed, Kiriath-sepher.

¹⁶Caleb lat it be kent att faaivver teuk Kiriath-sephir wid get his dother Acsah as his wife. ¹⁷Caleb's
bither, Kenaz's loon Othniel teuk it an he gied him his dother Acsah for his wife. ¹⁸Ae day fan she cam
till him she priggit wi him tae speir att her fadder for a parkie. Fan she got aff her cuddy, Caleb speirt att
her, "Fit can A dee for ye, ma quine?" ¹⁹Says she, "Dee ma a faavour. Ye've gien ma grun i the Negev,
sae gie ma e waalls o watter tee." Sae he gied her e heilan an e lowlan waalls.

²⁰Iss is e grun att wis gien tae e faimlies o e clan Judah as their ain. ²¹E farrest awa toons o e clan Judah
tae e sooth ower bi e mairch wi e grun o the Edomites were Kabzeel, Eder an Jagur, ²²Kinah, Dimonah an
Adadah, ²³Kedesh, Hazor an Ithnan, ²⁴Ziph, Telem an Bealoth, ²⁵Hazor-haddatah, Kerioth an Hezron
(att's caaed Hazor), ²⁶Amam, Shema an Moladah, ²⁷Hazar-gaddah, Heshmon an Beth-pelet, ²⁸Hazar-
shual, Beersheba an Biziothiah, ²⁹Baalah, Iyim an Ezem, ³⁰Eltolad, Kesil an Hormah, ³¹Ziklag,
Madmannah an Sansannah, ³²Lebaoth, Shilhim, Ain an Rimmon, twinty-nine toons an clachans in aa.

^{33}An doon i the howe: Eshtaol, Zorah an Ashnah, ^{34}Zanoah, En-gannim, Tappuah an Enam, ^{35}Jarmuth, Adullam, Socoh an Azekah, ^{36}Shaaraim, Adithaim, Gederah (or Gederothaim), fowerteen toons wi their clachans. ^{37}Zenan, Hadashah an Migdal-gad, ^{38}Dilean, Mizpah an Joktheel, ^{39}Lachish, Bozkath an Eglon, ^{40}Cabbon, Lahmas an Kitlish, ^{41}Gederoth, Beth-dagon, Namaah an Makkedah, saxteen toons wi their clachans. ^{42}Libnah, Ether an Ashan, ^{43}Iphtah, Ashnah an Nezib, ^{44}Keilah, Aczib an Mareshah, nine toons wi their clachans. ^{45}Ekron wi her toons an clachans, ^{46}tae e wast o Ekron aa e toons roon aboot Ashdod wi their clachans. ^{47}Ashdod wi her toons an clachans, Gaza wi her toons an clachans, ower e linth o e dry howe o Egypt an e shores o e muckle sea.

^{48}I the heilans, Shamir, Jattir an Socoh, ^{49}Dannah an Kiriath-sannah, att's Debir, ^{50}Anab, Eshtemoh an Anim, ^{51}Goshen, Holon an Giloh, elyven toons wi their clachans. ^{52}Arab, Dumah an Eshan, ^{53}Janim, Beth-tappuah an Aphekah, ^{54}Humtah, Kiriath-arba (att's Hebron) an Zior, nine toons wi their clachans. ^{55}Maon, Carmel, Ziph an Juttah, ^{56}Jezreel, Jokdeam an Zanoah, ^{57}Kain, Gibeah an Timnah, ten toons wi their clachans. ^{58}Halhul, Beth-zur an Gedor, ^{59}Maarath, Beth-anoth an Eltekon, sax toons wi their clachans. ^{60}Kiriath-baal (att's Kiriath-jearim) an Rabbah, twa toons wi their clachans. ^{61}I the roch cuntra, Beth-arabah, Middin an Secacah, ^{62}Nibshan, e toon o Salt an En-gedi, sax toons an their clachans.

^{63}E clan Judah culdna shift e Jebusites fa were bidin in Jerusalem, sae e Jebusites bide neist till e fowk o e clan Judah in Jerusalem till iss verra day.

CHAPTIR 16

E grun att fell tae Joseph's fowk lay fae e Jordan at Jericho, tae the east o e watters o Jericho up throwe e roch cuntra tae the heilans o Bethel. ^{2}Fae Bethel it gaed tae Luz an crossin ower tae e cuntra o the Arki at Ataroth, ^{3}syne tae e wast tae e borders wi e Japhletites an e linth o e borders o Lower Beth-horon an on tae Gezer, einin up at e sea. ^{4}Sae Manasseh an Ephraim, Joseph's loons teuk fit wis their ain.

^{5}Iss wis e mairches o e clan Ephraim, faimly bi faimly: their eastmaist mairch ran fae Ataroth-addar tae Upper Beth-horon. ^{6}It gaed on e linth o e sea at Micmethath tae e north, gyan roon bi the east o Taanath-shiloh, passin by it on e east tae Janoah; ^{7}it gaed doon fae Janoah tae Ataroth an Naarah, lay tee till Jericho an einnit up at e Jordan. ^{8}Fae Tappuah e mairch gaed wast tae e watters o e Kanah an einnit up at e sea. Att's fit the Ephraim clan got as their ain, faimly bi faimly. ^{9}There wis aa e toons an clachans anaa att gaed tae the Ephraim clan as pairt o fit the Manasseh branch o e clan got as their ain. ^{10}They didna force oot e Canaanites fa bade in Gezer. E Canaanites bide amo the Ephraim clan till iss verra day bit maun wark for them athoot a waage.

CHAPTIR 17

Iss wis e grun att e Manasseh clan fell heir till: e clan o Joseph's aulest sin. Makir wis Manasseh's aulest sin an fadder tae Gilead. Makir's fowk were great sodgers an they got Gilead an Bashan. ^{2}Sae iss grun wis for e lave o e Manasseh clan, e famlies o Abiezer, o Helek, o Asriel, o Shechem, o Hepher an Shemida. Att wis e male septs o e clan o Manasseh, Joseph's sin, faimly bi faimly. ^{3}Zelophehad, sin o Hepher, sin o Gilead, sin o Makir, sin o Manasseh hid nae loons bit jist dothers. They were caaed, Mahlah, Noah, Hoglah, Milcah an Tirzah. ^{4}They cam tae Eleazar e priest an tae Nun's loon Joshua an aa e clan chiefs sayin, "E Lord bad Moses gie hiz grun o wir ain as weel as e menfowk." Sae Joshua gied them grun o their ain alang wi e menfowk, jist as e Lord hid bidden. ^{5}Manasseh got ten pairts as weel as Gilead an

Bashan ower e Jordan, [6]cause e dothers o e clan Manasseh got a share as weel as e menfowk. E lave o Manasseh's sins hid Gilead.

[7]E mairch o Manasseh's grun ran fae Asher tae Micmethath, tae the east o Shechem. E mairch ran sooth fae there tae tak in aa e fowk o En-tappuah. [8]Manasseh hid aa e lan o Tappuah, bit Tappuah, itsel, wis on e border o Manasseh an belanged tae the Ephraim clan. [9]E mairch syne gaed sooth tae the Kanah watters. There were toons held bi the Ephraim clan amo e toons o Manasseh, bit e mairch o Manasseh's grun wis e north side o e watter doon e linth o e sea. [10]Tae e sooth wis Ephraim grun an tae e north Manasseh. E Manasseh grun gaed e linth o e sea an mairched wi Asher tae e north an Issachar tae e east. [11]In Issachar an Asher, Manasseh hid e toons o Beth-shean an Ibleam an e fowk o En-dor an her toons, e fowk o Taanach an her toons an e fowk o Megiddo an her toons. (E third een is e district o Dor). [12]E clan Manasseh culdna get a haud o att toons cause e Canaanites were determined tae bide in att bit o e cuntra. [13]Hooivver eence the Israelites got e better o things, they garrt e Canaanites wark for them athoot a waage an didna drive them oot aaegither. [14]E fowk o e clan Joseph said tae Joshua, "Fit wye hiv ye jist gien hiz ae pairt, seein att we're a big clan an e Lord his gien hiz mony blissins?" [15]An Joshua says till them, "Gin there be sae mony o ye an e grun aboot Ephraim be nae aneuch for ye, gyang tae e wids up i the heilans o e Perizzite an Rephaim cuntra an clear it for yersels. [16]Joseph's fowk said, "The heilans are nae aneuch for hiz, an aa e Canaanites i the howe hiv airn chariots baith them in Beth-shean an its clachans an them i the Howe o Jezreel." [17]Bit Joshua said tae e Joseph clan, tae Ephraim an Manasseh, "There's mony o ye an ye hiv muckle strinth, ye'll nae jist get the ae pairt, [18]bit ye'll get e heilans tee att's in trees. Clear it an it'll aa be yours tae its farrest boonds. Tho e Canaanites hiv airn chariots an hiv strinth, ye'll drive them oot."

CHAPTIR 18

E hale jing bang o the Israelites gaithert egither at Shiloh an set up e gaitherin-tent there. The hale cuntra wis i their hans. [2]There wis still syven clans amo the Israelites fa hidna gotten ony grun as their ain. [3]Joshua said tae the Israelites "Foo lang are ye gyan tae dauchle afore ye tak up e grun att e Lord God o yer fadders his gien ye? [4]Pick three chiels fae ilka clan an A'll sen them oot tae survey e cuntra an mak a map o't an shew foo it shuld be pairtit oot. Syne they'll come back tae me. [5]They'll pairt it oot syven wyes: Judah will keep his mairch alang e coast tae e sooth an e clan Joseph their grun alang e north shore. [6]Eence ye've draawn up e map o e syven pairts, fess e map tae me an A'll cass lots for ye afore e Lord wir God. [7]Bit e Levi clan winna get nae bit o't cause e priesthood o the Lord is their legacy. E clans Gad an Reuben an half o e clan Manasseh hiv ariddy gotten theirs as their ain for aa time on the east side o e Jordan: e grun fit Moses gied till them."

[8]E chiels got up an held on their road tae map oot e grun, an Joshua said till them, "G'wa an traivel throwe e cuntra an map it oot an come back tae me sae A can cass lots for ye afore e Lord, here in Shiloh." [9]Sae e chiels gaed aa throwe e hale cuntra. They set it aa oot in a beukie, toon bi toon, pairtin it oot syven wyes an cam hame tae Joshua i the camp at Shiloh.

[10]An Joshua keest lots for them there in Shiloh, afore e Lord an pairtit oot e grun tae the Israelites accoordin tae their clans.

[11]Iss is fit e Benjamin clan got, faimly bi faimly. Their grun lay atween e grun o e clan Judah an e grun o e clan Joseph. [12]Tae e north, their mairch wis e Jordan, it gaed up e north side o Jericho an awa wast tae the heilans, comin oot at e roch grun aboot Beth-aven. [13]Fae there e mairch gaed ower tae e sooth slopes o Luz (att's tae say, Bethel), syne doon tae Ataroth-addar on e hill sooth o Lower Beth-horon. [14]Fae the hill

facin Beth-horon on e sooth, e mairch turnt sooth alang e wast side an cam oot at Kiriath-baal (att's tae say Kiriath-jearim) a toon belangin tae e Judah clan. Att wis e wast side o't. [15]E sooth side startit on e ootskirts o Kiriath-jearim tae e wast an e mairch cam oot at e waalls o e watters o Nephtoah. [16]E mairch syne gaed doon tae e fit o e hill facin e Howe o Ben Hinnom tae e north o e Howe o Rephaim. It heidit on doon the Howe o Hinnom tae e sooth braes o e Jebusites' grun an doon tae En-rogel. [17]It syne turnt roon tae e north an gaed tae En-shemesh an on tae Geliloth ower by e Braes o Adummim, syne ran doon tae e Steen o Bohan, Reuben's loon. [18]On it gaed tae e north braes o Beth Arabah an doon intill the Arabah. [19]It gaed fae there tae e north braeso Beth-hoglah an cam oot at e north bey o e Saut Sea at e sooth ein o e moo o e Jordan. Att wis e sooth mairch. [20]Tae the east, e mairch wis e Jordan. Att wis e grun gien tae e clan Benjamin as their ain, mappit oot on aa sides.

[21]Noo e Benjamin clan, faimly bi faimly hid iss toons: Jericho, Beth-hoglah an e Howe o Keziz, [22]Beth-arabah, Zemaraim an Bethel, [23]Avim, Parah an Ophrah, [24]Kephar-ammoni, Ophni an Geba – twal toons wi aa their clachans. [25]Gibeon, Ramah an Beeroth, [26]Mizpah, Kephirah an Mozah, [27]Rekem, Irpeel an Taralah, [28]Zelah, Haeleph an Jebus, att's tae say Jerusalem, Gibeah an Kiriath – fowerteen toons wi aa their clachans. Att wis fit e clan Benjamin got as their ain.

CHAPTIR 19

E saicond pairt cam oot for e clan Simeon, faimly bi faimly. E grun att they fell heir till wis i the cuntra o Judah. [2]Their pairtin includit Beer-sheeba, Sheba an Moladah, [3]Hazar-shual, Balah an Ezem, [4]Eltolad, Bethul an Hormah, [5]Ziklag, Beth-marcaboth, an Hazar-susah, [6]Beth-lebaoth, an Sharuhen, thirteen toons wi aa their clachans; [7]Ain, Rimmon, Ether an Ashan, fower toons wi aa their clachans, [8]an aa e clachans oot aboot fae att toons e linth o Baalath-beer, Ramah i the sooth. Iss wis fit e clan Simeon got as their ain faimly bi faimly. [9]E grun att e clan Simeon got wis teen oot o e share o e clan Judah cause they hid gotten mair nor they nott. Sae e clan Simeon got their grun wi'in e lan pairtit oot tae e clan Judah.

[10]E third lot cam up for e clan Zebulun, faimly bi faimly. Their mairch gaed e linth o Sarid. [11]Their mairch gaed up tae Maralah reached tae Dabbesheth an ower tae e Howe o Jokneam. [12]It turnt east fae Sarid, e wye o e sinrise tae e lan o Kisloth-tabor, syne oot tae Daberath an on up tae Japhia, [13]fae there it held farrer tae the east tae Gath-hepher an Eth-kazin, cam oot at Rimmon-methoar an turnt e wye o Neah. [14]There e mairch gaed roon e north tae Hannathon an cam oot i the Howe o Iphtah-el, [15]takkin in Kattath, Nahalal an Shimron, Idalah an Bethlehem, twal toons in aa wi their clachans. [16]Att's fit e clan Zebulun got as their ain, faimly bi faimly: aa att toons wi their clachans.

[17]E fowerth lot cam oot for e clan Issachar, faimly bi faimly. [18]Their mairch wis ower by Jezreel, an teuk in Kesulloth an Shunem, [19]Hapharaim, Shion an Anaharath [20]Rabbith, Kishion an Ebez, [21]Remeth, En-gannim, En-haddah an Beth-pazzez. [22]E mairch gaed e linth o Tabor, Shahazumah an Beth-shemesh an cam oot at e Jordan: saxteen toons wi aa their clachans. [23]Att's fit e clan Issachar got as their ain, faimly bi faimly: aa att toons wi their clachans.

[24]E fifth lot cam oot for e clan Asher, faimly bi faimly. [25]Their mairch teuk in Helkath, Hali, Beten an Acshaph, [26]Allammelech, Amad an Mishal an ran wast e linth o Carmel an Shihor-libnath; [27]syne it turnt tae e direction o e sinrise tae Beth-dagon, reached e linth o Zebulun an the howe o Iphtah-el, ran northlins tae Beth-emek an Neiel an gaed oot tae Cabul on e left han. [28]It gaed tae Hebron, Rehob, Hammon an Kanah an aiven gaed e linth o Muckle Sidon. [29]E mairch syne turnt tae Ramah an e toon waas o Tyre, turnt e wye o Hosah an cam oot at e sea aboot Aczib. [30]It teuk in Ummah, Aphek an Rehob: twa an twinty

toons wi their clachans. [31]Att's fit e clan Asher got as their ain, faimly bi faimly: aa att toons wi their clachans.

[32]E saxth lot cam oot for e clan Naphtali, faimly bi faimly. [33]Their mairch ran fae Heleph an e muckle aik in Zaanannim, takkin in Adami, Nekeb an Jabneel an gyan e linth o Lakkum, comin oot at e Jordan. [34]Syne e mairch turnt wast tae Aznoth-tabor an gaed oot fae there tae Hukkok, winnin e linth o Zebulun tae e sooth, tae Asher on e wast an e Jordon tae the east. [35]Their toon waas teuk in Ziddim, Zer an Hammath, Rakkath an Kinnereth, [36]Adamah, Ramah an Hazor, [37]Kedesh, Edrei an En-hazor, [38]Iron, Migdal-el an Horem, Beth-anath an Beth-shemeth: nineteen toons wi their clachans. [39]Att's fit e clan Naphtali got as their ain, faimly bi faimly: aa att toons wi their clachans. [40]E syventh lot cam oot for e clan Dan, faimly bi faimly. [41]Their mairch teuk in Zorah, Eshtaol an Irshemesh, [42]Shaalabbin, Aijalon an Ithlah, [43]Elon, Timnah an Ekron, [44]Eltekeh, Gibbethon an Baalath, [45]Jehud, Bene-berak an Gath-rimmon, [46]Me-jarkon an Rakkon wi e mairch facin Joppa. [47]Bit e clan Dan were sair come att tae get ahaud o their grun sae they attackit Leshem, pat it till e swoord an teuk it, bade there an cried it Dan efter their forebeer. [48]Att's fit e clan Dan got as their ain, faimly bi faimly: aa att toons wi their clachans.

[49]Eence they were throwe pairtin oot e grun an settin e mairches, the Israelites gied Nun's loon, Joshua somethin o his ain. [50]Jist as e Lord hid bidden, they gied him fit he socht, e toon o Timnath-serah i the heilans o Ephraim. He biggit e toon an dwalt there. [51]Sae att's e lan att Eleazar, e priest an Nun's loon Joshua an e clan chiefs o Israel pairtit oot bi lot afore e Lord at Shiloh, at e door o e gaitherin-tent. Sae att wis it aa sortit oot.

CHAPTIR 20

E Lord spak tae Joshua, sayin till him, [2]"G'wa an say tae the Israelites, 'Ye maun noo appint yer toons o refuge att A spak tae ye aboot throwe Moses. [3]They'll be e places far ony een fa commits manslauchter can bide athoot bein teen up for fit he did bi e faimly o e chiel he killed. [4]Onybody fa rins tae een o sic toons will stan at e yett o e toon an set oot his case tae e toon cooncillors. They, syne, will lat him in till e toon an gie him somewye tae bide. [5]Gin ony o e faimly come chasin efter him, they winna han him ower cause he killed his neeper bi mistak an athoot ony intention o deein't. [6]He'll bide in att toon till siccan a time as he stans afore e congregation tae be jeedged an siccan a time as the heich priest fa is there dees. Syne e body fa did e killin can gyang back till his ain toon an his ain hoose fae far he bolted i the first place.'"

[7]Sae they appintit Kedesh in Galilee i the heilans o Naphtali, Shechem i the heilans o Ephraim an Kiriath-arba in Hebron i the heilans o Judah. [8]Ower e Jordan tae the east o Jericho they appintit Bezer i the roch cuntra on e plains o e clan Reuben, Ramoth o Gilead i the cuntra o e clan Gad an Golan in Bashan i the cuntra o e clan Manasseh. [9]Att were e toons appintit for the Israelites or ony forriner amo them tae rin till gin they hid committed manslauchter an nae be teen up for't bi e faimly o e body he'd killed till siccan a time as he'd steed afore e congregation.

CHAPTIR 21

E chiefs o e Levi clan cam tae Eleazar e priest an Nun's loon Joshua an tae e lave o the Israelite clan chiefs. [2]There at Shiloh i the cuntra o Canaan they said till them, "E Lord ordert, throwe Moses, att we wid get toons tae bide in an village lans for wir beasts." [3]Sae the Israelites gied pairt o their grun till e Levi clan, jist as e Lord hid ordert an iss is e toons an village lans att they got. [4]E lot att cam oot for e

Kohathite faimly wis, first of aa for e sept o e Levi clan att were come o Aaron, thirteen toons choisen bi lot fae e cuntra o e Judah, Simeon an Benjamin clans. ⁵E lave o e Kohathite sept were gien, faimly bi faimly, ten toons fae e cuntra o the Ephraim, Dan an half o e Manasseh clans. ⁶E faimlies att were cam o Gershon got thirteen toons choisen bi lot fae e cuntra o the Issachar, Asher, Napthali an e tither half o e Manasseh in Bashan clans. ⁷E faimlies att were come o Merari got twal toons fae e cuntra o e Reuben, Gad an Zebulun clans. ⁸Sae the Israelites gied iss toons wi their village lans tae e Levi clan jist as e Lord hid bidden be deen throwe Moses.

⁹/¹⁰Iss is e names o e toons att were gien fae e Judah an Simeon clans tae e Koathite faimly fa were come o Aaron an a sept o e Levi clan, cause they got e first lot: ¹¹they got e toon o Arba (Arba wis Anak's fadder), att's in Hebron i the Heilans o Judah, wi e village lans roon aboot it. ¹²Bit the oot-aboot grun roon e toon an its clachans they gied tae Jephunneh's loon Caleb as his ain.

¹³E faimly att come o Aaron e priest were gien Hebron an its village lans tae be a refuge toon for e chiel fa's commited manslauchter, an they got anaa, Libna an her village lans, ¹⁴Jattir an Eshtemoa wi their village lans, ¹⁵Holon an Debir wi their village lans, ¹⁶Ain, Juttah an Beth-shemeth, aa wi their village lans, nine toons fae att twa clans. ¹⁷Fae e Benjamin clan they got Gibeon an Geba wi their village lans, ¹⁸Anathoth an Almon wi their village lans, fower toons in aa. ¹⁹Sae e faimly att were come o Aaron e priest got thirteen toons wi their village lans.

²⁰E toons att e lave o e Kohathite faimlies o e Levite clan got cam fae e cuntra o the Ephraim clan. ²¹They gied them Shechem an her village lans i the Ephraim Heilans tae be their refuge toon, alang wi Gezer an her village lans, ²²Kibzaim an Beth-horon wi their village lans, fower toons, ²³an fae e Dan clan, Eltekeh an Gibbethon wi their village lans, ²⁴Aijalon an Gath-rimmon wi their village lans, fower toons in aa. ²⁵Fae the half clan Manasseh they got Taanach an Gath-rimmon wi their village lans, twa toons. ²⁶E lave o e Kohathite faimlies got ten toons wi their village lans.

²⁷E Gershonite faimlies o e Levi clan got fae e tither half o clan Manasseh, Golan in Bashan wi her village lans tae be their refuge toon, an Be-eshterah wi her village lans, twa toons. ²⁸Fae the Issachar clan they got Kishon an Dabareh wi their village lans, ²⁹Jarmuth an En-gannim wi their village lans, fower toons. ³⁰Fae the Asher clan they got Mishal an Abdon wi their village lans, ³¹Helkath an Rehob wi their village lans, fower toons. ³²Fae e Naphtali clan they got Kedesh in Galilee wi her village lans tae be a refuge toon an Hammoth-dor an Kartan wi their village lans, three toons. ³³E Gershonite faimlies got thirteen toons wi their village lans.

³⁴E lave o e Levi clan, bein e faimlies fa were come o Merari got fae e Zebulun clan, Jokneam an Kartah wi their village lans, ³⁵Dimnah an Nahalal wi their village lans, fower toons. ³⁶Fae e Reuben clan they got Bezer an Jahaz wi their village lans, ³⁷Kedemoth an Mephaath wi their village lans, fower toons. ³⁸Fae e Gad clan they got Ramoth o Gilead wi her village lans tae be their refuge toon an Mahanaim wi her village lans, ³⁹Heshbon an Jazer wi their village lans, fower toons in aa. ⁴⁰Twal toons fell tae e lot o e faimlies fa were come o Merari, e lave o e faimlies o e Levi clan. ⁴¹E Levi clan got fowerty-aucht toons wi their village lans inno e cuntra o the Israelites. ⁴²Ilka toon cam wi its village lans an it wis e same for them aa.

⁴³Att wye, e Lord gied tae the Israelites aa e grun he hid promist their forbeers he wid gie them, an they aint it an sattlt on't. ⁴⁴E Lord gied them peace aa roon aboot them jist as he'd promist till their forbeers. Neen o their faes culd stan up till them an e Lord delivert aa their faes intill their hans. ⁴⁵Nae a sinngle thing att e Lord hid promist the Israelites didna come aboot: it aa cam true.

CHAPTIR 22

Syne Joshua cried egither e Reuben an Gad clans an e half clan Manasseh [2]an said till them, "Ye've deen aa att e Lord's servant Moses bad ye dee an ye've deen aathin att A've socht o ye tee. [3]Ye hinna forhooiet yer brithers an hiv deen aa att e Lord God chairged ye wi. [4]An noo e Lord God his gien peace till yer brithers, jist as he promist, sae noo ye can tak up yer tents an gyang tae yer ain e cuntra att e Lord God's servant, Moses, his gien ye ayont e Jordan. [5]Bit see till't att ye keep e commanments an e laa att Moses, e servant o e Lord, gied till ye: tae loo e Lord yer God, aye waalk in his wyes, keep his commans, hing in till him an serve him wi aa yer hert an aa yer sowl. [6]Sae Joshua blisst them an sent them awa an they gaed tae their hames. [7/8]He sent them awa wi his blissin, sayin till them, "Ye're gyan hame gey walthy, wi plinty beasts, wi siller an gowd, wi copper an airn an a curn o claes. See att ye pairt oot wi yer ain fowk e plunner ye've teen fae yer faes." Moses hid gien grun in Bashan tae ae half o e Manasseh clan an Joshua hid gien grun on e wast side o e Jordan amo their ain fowk tae e tither half. He sent them hame wi his blissin.

[9]E Reuben an Gad clans an e half clan Manasseh left e lave o the Israelites an gaed awa fae Shiloh in Canaan, tae their ain cuntra in Gilead att hid come till them bi e wird o e Lord throwe Moses.

[10]Fan clan Reuben an clan Gad an e half clan Manasseh cam e linth o Geliloth in Canaan, near han e Jordan, they biggit a muckle aaltar for aa tae see. [11]The Israelites cam tae hear att e clan Reuben, e clan Gad an e half clan Manasseh hid biggit the aaltar on e border o Canaan on the Israelite side o e Jordan. [12]Fan the Israelites heard aboot it, the hale jing bang o them gaithert at Shiloh tae declare war on them. [13]The Israelites sent Phinehas e sin o Eleazar e priest tae e clan Reuben, e clan Gad an e half clan Manasseh i the cuntra o Gilead. [14]Ten chiefs gaed wi him, een fae ilka clan o Israel, ilka een e heid o a faimly amo e clans o Israel.

[15]They cam tae e clan Reuben, e clan Gad an e half clan Manasseh i the cuntra o Gilead an said till them, [16]"The hale o e Lord's fowk are sayin fit kyn o protick is iss att ye've deen, conter till e God o Israel, turnin awa fae folla'in e Lord, biggin a muckle aaltar an rebellin agin him? [17]Myn on wir ill-deeins at Peor fan a plague fell onno hiz, e Lord's fowk, an tae iss verra day we hinna been purifiet fae it. [18]Is iss e wye o't att ye turn awa fae e Lord? Gin ye dinna dee fit e Lord sikks e day, he'll turn on e hale o the Israelites e morn. [19]Gin yer ain grun is fool, come ower tae e Lord's grun far e Lord's tabernacle is stannin an share e grun wi hiz. Bit dinna turn awa fae e Lord nor turn awa fae hiz bi biggin an aaltar for yersels ither nor the aaltar o e Lord wir God. [20]Myn on foo Zerah's loon, Achan gaed agley an didna haud wi e sacred things an e wrath o e Lord cam doon on e hale o the Israelites. Achan wisna the only een fa got his comeuppance for his ill-deeins."

[21]Syne e fowk o e clan Rueben, e clan Gad an e half clan Manasseh said tae the heid bummers o e clans o Israel, [22]"E Lord God o gods, e Lord God o gods, he kens! An lat Israel ken, gin we hiv rebelled agin e Lord an didna keep faith wi him dinna spare hiz ivnoo. [23]Gin we'd biggit an aaltar for wirsels tae turn awa fae e Lord an tae offer brunt-offerins an grain-offerins onno't or tae mak peace offerins, lat e Lord himsel dee fit he maun wi hiz. [24]Na, na, we did it cause we were some feart att in times tae come your fowk wid say tae oors, 'Fit hiv ee tae dee wi e Lord God o Israel? [25]E Lord God pat in e Jordan as a mairch atween oor fowk an yours, e clan Reuben an e clan Gad. You eens hiv naethin tae dee wi e Lord.' An att wye your fowk will turn oors awa fae e Lord. [26]Sae we said tae wirsels, 'We'll set oot an bigg an aaltar, nae for brunt-offerins nor sacrifeeces, [27]bit tae shew your fowk an oors an e ginnerations tae come we will wirship e Lord wi wir brunt offerins an sacrifeeces an wir peace-offerins sae att in ears tae come your fowk winna say tae oors, "You eens hiv naethin tae dee wi e Lord"'

[28]"Sae we said tae wirsels, 'Shuld it ivver be att they say iss tae hiz or wir fowk fa come efter hiz, we'll rebat, "Leuk att e set o the aaltar o e Lord wir fadders biggit, nae for brunt offerins an sacrifeeces, bit as a sign atween your fowk an oors.'" [29]Gweed forbid att we shuld rebel agin e Lord an turn awa fae him e day bi biggin an aaltar for brunt-offerins an grain-offerins an sacrifeeces, ither than the aaltar o e Lord wir God att stans afore e tabernacle."

[30]Fan Phinehas e priest, e clan chiefs an e heid bummers o the Israelites att were wi him heard fit e fowk fae e clan Reuben an e clan Gad an e clan Manasseh hid tae say, they were rael weel shuitit. [31]An Eleazar, e priest's loon, Phinehas said tae e fowk o e clan Reuben an clan Gad an clan Manasseh, "We ken, e day, att e Lord is wi hiz cause ye've deen naethin tae conter e Lord an sae hiv rescyeed e hale o Israel fae e han o e Lord." [32]An Eleazar, e priest's loon, Phinehas an e clan chiefs cam hame tae Canaan fae their tryst wi e clan Reuben an clan Gad an clan Manasseh in Gilead tae fess e news back tae the Israelites. [33]They were fine pleased tae hear fit wis fit an praised God an forgot aa aboot fechtin wi them an connachin e cuntra far e clan Reuben an clan Gad were bidin. [34]E Reuben an Gad clans said, "Iss aaltar is a tryst atween hiz att e Lord is God," an they caaed it "E Tryst".

CHAPTIR 23

A lang time efter the Lord hid gien the Israelites peace fae their faes, Joshua, fa wis gettin on in ears, [2]cried egither the Israelites an their clan chiefs, elders, jeedges an cooncillors an said tae them, "A'm aul an gettin on in ears. [3]Ye've seen fit e Lord God his deen tae aa them cuntras for your benefit. It wis e Lord God fa focht for ye. [4]A've pairtit oot amo yer clans e grun o aa e lave o e cuntras att A've overcome atween e Jordan an e Muckle Sea till e wast. [5]E Lord yer God forced them oot o yer wye he shivved them on afore ye sae att ye culd tak their grun jist as e Lord yer God hid promist. [6]Be stoot an keep tae e wird o e laa att's vritten i the Beuk o Moses, athoot turnin awa fae it tae e richt han or e left. [7]Dinna tak up wi e forriners att bide amo ye; dinna spikk e names o their gods nor sweer bi them; ye maunna wirship them nor boo doon till them. [8]Bit haud fest tae e Lord yer God, jist as ye've deen up till noo. [9]Cause ye see, e Lord God his dreeven oot afore ye great an pooerfu nations, bit tae iss verra day, neen his been fit tae stan up tae ye. [10]Een o you can get e better o a thoosan, cause e Lord yer God fechts for ye, jist as he promist. [11]Tak tent, syne, tae loo e Lord yer God. [12]Bit gin ye backslide an tak up wi e lave o siccan cuntras or mairry intill their faimlies att bide amo ye an keep company wi them an them wi you, [13]it's a seer thing att e Lord God winna drive them oot afore ye, bit they'll turn intae snares an gins for ye, wheeps for yer backs, thorns for yer een till ye're aa deen awa wi, oot o iss gweed grun att e Lord yer God his gien ye. [14]An noo A'm near han tae slippin awa. Ye ken in yer herties att nae a sinngle thing e Lord God promist his failed ye. Aathin his come aboot an nae a een his failed. [15]Noo, jist as aathin gweed att e Lord promist ye his happent, e same gait, e Lord will fess doon on ye aa the ills he promist till he's cleared ye aff iss gweed grun he's gien ye. [16]Gin ye braak e covenant att e Lord yer God commannit ye, an gyang an serve ither gods an boo doon till them, e Lord's rage will fire up agin ye an it'll nae be lang or att's the ein o ye on e gweed grun e Lord his gien ye.

CHAPTIR 24

Joshua gaithert aa e clans o Israel egither at Shechem. He cried till him aa e clan chiefs, e heids o e faimlies, e jeedges an e cooncillors an they cam intill e presence o God. [2]An Joshua said tae aa e fowk, "Iss is fit e Lord God o Israel says, 'Lang ago yer fadders, includin Abraham an Nahor's fadder Terah, bade ayont e Watters an wirshippt ither gods. [3]Bit A teuk yer fadder, Abraham fae e cuntra ayont e Watter an led him throwe aa Canaan an gied him mony tae come efter him. A gied him Isaac. [4]Tae Isaac A gied

Jacob an Esau. A gied Esau the Heilans o Seir bit Jacob an his loons gaed doon tae Egypt. [5]Syne A sent Moses an Aaron an tiraneesed Egypt wi fit A did amo them an efter att A brocht ye oot. [6]A brocht yer fadders oot o Egypt an ye cam till e Sea an the Egyptians cam efter yer fadders wi chariots an cavalry e linth o e Reed Sea. [7]Bit they cried on e Lord tae help them an A pat mirk atween you an the Egyptians an garrt e sea come in ower their heids. Ye saa wi yer ain een fit A did till the Egyptians an ye bade i the roch cuntra for a lang file. [8]A brocht ye till e cuntra o the Amorites fa bade on e tither side o e Jordan. They focht wi ye, bit A gied them up inno your hans an wipit them oot afore ye sae att ye micht tak their grun. [9]Fan Zippor's sin, Keeng Balak o Moab raise up tae fecht wi Israel he sent for Beor's loon Balaam tae pit a curse onno ye. [10]Bit A widna hearken tae Balaam, an he einit up blissin ye, sae A fesht ye oot o his hans. [11]Syne ye crossed e Jordan an cam tae Jericho an e fowk o Jericho focht wi ye an sae did the Amorites, e Perizzites, e Canaanites, the Hittites, e Girgashites, the Hivites an e Jebusites an A delivert them aa intill yer han. [12]As ee gaed forrit, A spread panic amo them an att's fit drave oot baith them an e twa keengs o the Amorites, nae your swoord nor yer bowe. [13]A've gien ye grun ye didna wark for an toons ye didna bigg. Ye bide in them an feed aff o vinyairds an oliveyairds ye didna plant.'

[14]"Sae ye maun honour e Lord an serve him wi aa yer hert an in trowth. Dee awa wi e gods yer fadders wirshippt on e tither side o e Watters an in Egypt. Serve e Lord. [15]Bit gin servin e Lord disna suit yer noddle, mak up yer myn noo fa ye're gyan tae serve, whither it be e gods yer fadders wirshippt on e tither side o e Watters or e gods o the Amorites fas cuntra ye bide in. As far as me an my fowk are concernt, we'll serve e Lord." [16]Syne e fowk answert, "God forbid att we shuld forhooie e Lord an wirship ither gods. [17]It wis e Lord wir God fa brocht hiz an wir fadders oot o Egypt, oot o slavery an shewed att winnerfu signs afore wir een an leukit efter hiz aawye we gaed throwe aa e cuntras att we traivelt. [18]E Lord drave oot afore hiz aa e fowk, includin the Amorites att dwalt i the cuntras, sae, we tee will serve e Lord, cause he's oor God." [19]Joshua said tae e fowk, "Ye canna serve e Lord. He's a haily God; he's a jillous God; he winna forgie ye yer wrangs or yer ill-deeins. [20]Gin ye forhooie e Lord an wirship forrin gods, syne he'll turn an dee ye ill an att'll be the ein o ye, aiven tho he mith hae eence been gweed till ye." [21]E fowk said tae Joshua, "Na, na, bit we will wirship e Lord." [22]An Joshua said till e fowk, "Ye're yer ain witnesses tae e fac att ye hiv choisen tae wirship e Lord." "Ay," they said "jist att. [23]"Noo," says he, "fling awa e forrin gods att are amo ye an turn yer herts tae e Lord God o Israel." [24]An e fowk said tae Joshua, "We'll wirship e Lord wir God an dee fitivver he says." [25]Sae Joshua made a covenant for e fowk att day an set oot for them, there at Shechem, rowles an laas.

[26]Joshua vreet doon e wirds i the Beuk o e Laa o God. Syne he teuk a muckle steen an set it up aneth the aik tree i the haily place o e Lord. [27]An Joshua said tae aa e fowk, "See noo, iss steen will be a witness tae hiz, cause it his heard aa e wirds att e Lord spak tae hiz. It will be a witness agin ye gin ye dinna haud till yer God." [28]Sae Joshua syne lat them aa awa hame.

[29]Noo some time efter att, Nun's loon Joshua, e Lord's servant, deit. He wis a hunner an ten ear aul. [30]They beeriet him in his ain place at Timnath-serah i the heilans o Ephraim on e north side o e Hill o Gash. [31]Throw aa e time Joshua wis alive e fowk o Israel served e Lord an throwe e days o the elders fa survived him an kent aa fit e Lord hid deen for Israel.

[32]Joseph's beens, att the Israelites hid fessen up fae Egypt, were beeriet in Shechem in a plottie o grun att Jacob hid bocht for a hunner bitties o siller fae e sins o Hamor, fa wis fadder tae Shechem. E grun wis heired bi Joseph's faimly fa cam efter him. [33]Aaron's loon Eleazor deit an wis beeriet on a hill belangin till his loon Phinehas i the heilans o Ephraim.

E BEUK O CLAN CHIEFS
(JEEDGES)

CHAPTIR 1

Efter Joshua deit, the Israelites speirt att e Lord fa shuld attack e Canaanites first. [2]E Lord said, "Judah will attack them. Jist waatch, A'll deliver e cuntra intill his han." [3]Judah said tae Simeon, "C'mon, come wi ma tae my place an we'll attack e Canaanites, syne A'll gyang wi you tae your place. Sae Simeon gaed wi him. [4]Judah attackit an e Lord delivert e Canaanites an e Perizzites intill their hans. They slew ten thoosan o them at Bezek. [5]They cam on Adoni-bezek there an focht wi him an owercam e Canaanites an e Perizzites. [6]Adoni-bezek teuk till his heels. They chased efter him an catcht him an hackit aff his thooms an his muckle taes. [7]Adoni-bezek said, "Att ae time syventy keengs wi their thooms an taes cuttit aff pickit up e mealicks aneth my table. Fit I eence did, God his deen tae me." They brocht him tae Jerusalem far he deit.

[8]Noo e clan Judah hid fochen wi Jerusalem an hid teen it an pat aa tae e swoord an set e toon on fire. [9]Syne e clan Judah held sooth tae fecht wi e Canaanites i the heilans an doon i the howes. [10]Judah focht wi e Canaanites fa dwalt in Hebron (att eesed tae be caaed Kiriath-arba) an they killed Sheshai, Ahiman an Talmai. [11]Syne they turnt on e fowk o Debir, e place att eesed tae be caaed Kiriath-sepher. [12]Caleb said, "Faaivver attacks Kiriath-sepher an taks it will get ma dother Acsah's han in mairraige." [13]Othniel, e sin o Caleb's younnger brither Kenaz, teuk it an he gied him his dother Acsah as his wife. [14]Noo, fan she cam till him, he priggit wi her tae speir att her fadder for a bittie o grun. She got aff her cuddy an Caleb said till her "Fit are ye sikkin?" [15]An she said till him, "Dee's a faavour. Ye've gien ma att dry cuntra tae e sooth, gie ma waallies o watter tee." Sae Caleb gied her the upper an nether waals.

[16]E fowk o Moses' fadder-in-laa, e Kenite, gaed up wi Judah's fowk fae e Toon o Palms tae e roch cuntra o Judah tae e sooth o Arad an bade amo e fowk there. [17]Syne Judah gaed wi his brither Simeon an they killed e Canaanites bidin in Zephath an flattent e toon an caaed it Hormah. [18]Judah teuk Gaza, Askelon an Ekron wi e lan roon aboot them tee. [19]E Lord wis wi Judah. They teuk ower e hale o e heilans bit cudna manage tae tak e howe cause e fowk there hid airn chariots. [20]They gied Hebron tae Caleb as Moses hid promist an he drave Anak's three loons oot o there. [21]E clan Benjamin didna force oot e Jebusites fa bade in Jerusalem, sae e Jebusites bide there wi e fowk o e clan Benjamin tae is verra day.

[22]E clan Joseph attackit Bethel an e Lord wis wi them. [23]They sent chiels tae spy on Bethel (att eesed tae be caaed Luz), [24]an e spies saa a chiel comin oot o e toon an they said till him, "Shew hiz foo tae get intill e toon an we'll see you aa richt." [25]He shewed them e wye in an they pat e toon tae e swoord bit didna hairm e chiel nor his faimly. [26]E chiel gaed awa tae the Hittite cuntra far he biggit a toon an caaed it Luz an it's kent as att till iss verra day.

[27]Bit Manasseh didna drive oot e fowk o Beth-shean an her toons, nor yet e fowk o Taanach an her toons, nor yet e fowk o Dor an her toons, nor yet e fowk o Ibleam an her toons, nor yet e fowk o Megiddo an her toons, cause e Canaanites were determined tae hing on till them. [28]Sae fit happent wis att fan the Israelites got the upper han, they didna force them oot bit garrt them wark for them for naethin.

[29]Ephraim didna drive oot e Canaanites bidin in Gezer aither, bit lat e Canaanites dwall in Gezer amo them. [30]Naither did Zebulun drive oot e fowk o Kitron nor e fowk o Nahalol; bit e Canaanites dwalt amo them an becam vassals. [31]Nor did Asher drive oot e fowk o Acco, nor e fowk o Sidon, nor Ahlab, nor Aczib, nor Helbah, nor Aphek, nor Rehob, [32]bit e fowk o clan Asher dwalt amo e Canaanites fa were

there ariddy an didna force them oot. [33]Naither did Naphtali drive oot e fowk fa were bidin in Beth-shemesh, nor e Canaanite fowk o Beth-anath bit they dwalt amo them, them fa hid been there ariddy, bit e fowk o Beth-shemesh an Beth-anath becam vassals. [34]The Amorites garrt clan Dan tak tae the heilans an widna lat them doon intill e howe. [35]The Amorites were determint tae haud oot in Moont Heres, Aijalon an Shaalbim, bit e clan Joseph grew in strinth, an come time, they were made vassals tee. [36]E borders o the Amorite cuntra wis fae e Scorpion Pass tae abeen Sela.

CHAPTIR 2

An angel o e Lord gaed up fae Rowin-steens tae Bokim an said, "A brocht ye oot o Egypt an fesht ye here tae e cuntra att A promist tae yer forefadders. A said, 'A'll nivver braak ma covenant wi ye, [2]an ee'll hae naethin tae dee wi e fowk fa bide hereaboots. Ye'll teer doon their aaltars.' Still-an-on, ye hinna deen fit A socht o ye. Fit wye hiv ye deen iss? [3]An sae, A said till ye att A widna drive them oot afore ye, bit they wad be lik a thorn in yer sides an their gods wid be a snare till ye." [4]Fan the angel o e Lord said iss tae the Israelites, they roart an grat [5]an caaed e place Bokim or Greeters. There they offert sacrifeeces tae e Lord.

[6]Efter Joshua wis throwe wi e fowk, they gaed tae tak ower their grun, ilka een till his ain lan. [7]E fowk served e Lord aa e time Joshua wis livin an aa e time the elders fa were wi him were livin: them att hid seen aa e great things e Lord hid deen for Israel. [8]Joshua, Nun's loon, e servant o e Lord, wis a hunner an ten fan he deit. [9]They beeriet him in his ain grun at Timnath-heres i the heilans o Ephraim on e north side o e Hill o Gash. [10]Efter aa att ginneration hid been gaiddert till their fadders, anither ginneration cam till e fore fa didna ken naethin aboot e Lord nor fit he'd deen for Israel. [11]Syne the Israelites turnt tae wyes att were coorse tae e Lord, an wirshippt e Baals. [12]They forhooiet e Lord God o their fadders fa hid brocht them oot o Egypt, an clammert efter ither gods, e gods o e fowk fa bade roon aboot them, booin doon tae them an garrin e Lord get raised. [13]They forsook e Lord an turnt tae Baal an Ashtoreth.

[14]Fair raised wi them, e Lord hannit them ower tae reivers fa ransackit them. He selt them oot tae their faes aa roon aboot sae att they werna fit tae stan up till their faes nae laanger. [15]Fanivver they gaed tae waar, e han o e Lord wis agin them, jist as e Lord hid promist them. They were sair come att.

[16]For aa that, e Lord reesed up clan chiefs amo them fa rescyeed them fae e reivers. [17]Bit they widna hearken till e clan chiefs an gaed hoorin efter ither gods an booed doon till them. They werna slaw in turnin fae e wyes their fadders hid waalkit. Their fadders hid deen as e Lord hid bidden, bit they didna. [18]Ilka time e Lord reesed up clan chiefs amo them, e Lord backit e clan chiefs an rescyeed them fae e hans o their faes as lang as e clan chief wis on e go. E Lord hid a saft side for them gin he heard them yowlin fan they were owercome an disjaskit. [19]Bit fan e clan chief deit, they gaed back tae their aul wyes o deein, aiven waur nor their fadders hid been, an sookit up tae ither gods, wirshippin an booin doon till them wi nae devaal fae their coorse deeins an thraawn wyes.

[20]Sae e Lord wis gey sair raised wi Israel an said, "Cause iss fowk hiv breuken e covenant att A set oot for their forefadders an hinna deen fit A said, [21]fae noo on A'm nae gyan tae drive oot afore them neen o e fowk Joshua left fan he deit.[22]Att wye A'll try oot Israel tae see gin they'll keep e wye o e Lord an waalk in't lik their forefadders did." [23]Sae e Lord lat att fowk bide; he didna force them oot nor gie them intill e hans o Joshua.

CHAPTIR 3

Iss is e cuntras att e Lord left tae try oot the Israelites fa hidna been aroon at e time o e waars wi Canaan, [2](he jist wintit tae learn iss ation o the Israelites fa hid nivver seen waar fit it wis aa aboot): [3]e five chiefs o e Philistines, aa e Canaanites, e Sidonians, e Hivites fa dwalt i the heilans o Lebanon fae Moont Baal-hermon e linth o Hamath. [4]They were left tae try oot the Israelites tae see gin they wid dee fit e Lord telt their forefadders throwe Moses. [5]The Israelites dwalt amo e Canaanites, Hittites, Amorites, Perizzites, Hivites an Jebusites, [6]they mairriet in throwe their dothers, gied their ain dothers tae their sins an wirshippt their gods. [7]The Israelites did ill i the Lord's een, forgot e Lord their God an wirshippt Baal an the Asherah totems.

[8]E Lord wis sair raised at the Israelites, sae he selt them intill e hans o Cushan-rishathaim, keeng o Mesopotamia an the Israelites were in his grip for aucht ear. [9]Bit fan the Israelites cried oot tae e Lord, he reesed up a deliverer till them, Othniel, fas fadder wis Caleb's younnger brither Kenaz. [10]E speerit o e Lord cam onno him an he teuk ower things in Israel an set oot tae waar. E Lord gied Cushan-rishathaim intae Othniel's hans an he owercam him. [11]E cuntra hid peace for fowerty ear, syne Kenaz's loon Othniel deit.

[12]The Israelites did ill again i the Lord's een an he gied Eglon, keeng o Moab strinth ower Israel cause o the ill they hid deen. [13]He got the Ammonites an Amalekites tae jine in wi him an attackit Israel an took e Toon o Palms. [14]Sae the Israelites were i the grip o Eglon, keeng o Moab for auchteen ear. [15]Bit fan the Israelites cried oot tae e Lord, he reesed up a deliverer till them, Gera's sin Ehud fae e clan Benjamin, a corrie-fister. The Israelites sent him wi a hansel tae Eglon, keeng o Moab. [16]Bit Ehud made himsel a dirk wi a twafaul blade, a fit an a half lang, an strappit it tee till his richt leg aneth his claes. [17]He brocht e hansel tae Eglon, keeng o Moab fa wis an undeemous size o a chiel. [18]Fan Ehud hid hannit ower e hansel, he sent awa e chiels fa hid cairriet it [19]an he himsel turnt at e steen quarries at Rowin-steens an gaed back an said "A've a wee saicret tae tell ye, yer highness." E keeng said, "Haud yer weesht," an sent aa his flunkies awa. [20]Ehud, syne, cam up till him as he wis sittin aa his leen in his simmer palace, an said, "A hiv an eerin fae God for ye." An as he got up oot o his cheer, [21]Ehud raxed ower wi his left han an pullt e dirk oot fae his richt leg an yarkit it inno his guts. [22]E verra hannle gaed in wi e blade an e creesh happit e blade sae att he culdna draa e dirk oot an it wis stickin oot ahin. [23]Syne Ehud gaed oot tae a porch, shut e doors ahin him an lockit them. [24]Eence he wis oot, e flunkies cam an faun e doors till e room lockit. They thocht e keeng maun be deein his business i the room. [25]They wytit till they thought it widna be richt tae wyte ony laanger, bit he still didna open it, sae they teuk a kaiy an opent e door till e room. There, they saa their lord lyin on e grun, deid. [26]Wi aa their dibber-dabberin, Ehud got awa. He gaed by e quarries an won e linth o Seirah. [27]Fan he arrived, he blew a tooteroo i the heilans o Ephraim an the Israelites gaed doon fae the heilans, wi him i the lead. [28] "Folla me," he said, "cause e Lord his delivert yer faes, e Moabites, intill yer hans." They folla't him doon an teuk e fyoords o e Jordan on e wye tae Moab an widna lat naebody ower. [29]They slauchtert aboot ten thoosan Moabites att day, aa stoot, brave chiels, nae neen o them escapit. [30]Sae Moab wis teen ower bi Israel att day an e cuntra wis at peace for auchty ear.

[31]Efter Ehud cam Anath's loon Shamgar. He killed sax hunner Philistines wi an owsen-wheep; he savit Israel anna.

CHAPTIR 4

Efter Ehud deit, the Israelites again did ill i the Lord's een. [2]An e Lord pat them i the hans o Jabin, keeng o Canaan fa rowlt in Hazor. The heid o his airmy wis Sisera fa bade in Harosheth-o-e-Gintiles. [3]The

Israelites cried till e Lord for help, cause Sisera hid nine hunner airn chariots an held at the Israelites for twinty ear. [4]At att time, Deborah, a prophitess an wife tae Lappidoth wis chief in Israel. [5]She wid sit aneth e Palm Tree o Deborah atween Ramah an Bethel i the Ephraim heilans an the Israelites cam tae her tae hear her wird. [6]She sent for Abinoam's loon Barak fae Kedesh-naphtali an said till him, "Iss is e comman o e Lord God o Israel, 'G'wa an draa ten thoosan men fae e clan Naphtali an clan Zebulun an mairch tae Moont Tabor. [7]A'll tryst Sisera, e heid o Jabin's airmy tae e Watters o Kishon wi aa his chariots an troops an gie them intill yer hans.'" [8]Barak said till her, "Gin ee'll come wi ma, A'll gyang, bit gin ye winna come wi ma, A'm nae gyan." [9]Says she, "A'll fairly gyang wi ye, bit myn att iss protick winna be for your glory cause e Lord will han Sisera ower till a wumman." Sae Deborah gaed wi Barak tae Kedesh.

[10]Barak pat oot a caal up tae e clan Zebulun an e clan Naphtali,an ten thoosan men mairched wi him tae Kedesh, Deborah gyan wi them tee. [11]Noo, Heber e Kenite hid pairtit company wi e lave o e Kenites. They were e fowk att were come o Hobab, Moses' fadder-in-laa. Heber hid set up his tent i the Howe o Zaananaim, ower anent Kedesh. [12]Fan they telt Sisera att Abinoam's loon Barak hid gaen up tae Moont Tabor, [13]Sisera gaithert aa his nine hunner chariots an e men he hid wi him fae Harosheth-o-e-Gintiles, tae e Watters o Kishon. [14]An Deborah said tae Barak, "Come awa! Iss is e day e Lord his gien Sisera intill yer hans. His e Lord nae gane oot afore ye?" Sae Barak gaed doon fae Moont Tabor wi his ten thoosan men. [15]E Lord scattert Sisera, his chariots an his men afore Barak culd get at them. Sisera got doon aff his chariot an teuk till his heels. [16]Barak chased e chariots an e troops e linth o Harosheth-o-e-Gintiles an pat aa Sisera's troops tae e sword, nae a sinngle een wis left. [17]Hooivver, Sisera ran aff tae e tent o Jael, Heber e Kenite's wife cause Jabin keeng o Hazor got on fine wi e clan o Heber e Kenite.

[18]Jael cam oot tae meet Sisera an said till him, "Come awa in, ma lord, come awa. Dinna be feart." An fan he gaed in she happit him up wi a cloot. [19]He said till her, "Wid ye gie ma some watter tae drink, cause A'm affa dry." She opent a skinnie o milk, gied him a drink an happit him up again. [20]Syne he says till her, "Stan at e door o e tent an gin onybody comes by an speirs gin there's onybody here, say, 'Na, na.'" [21]Bit Heber's wife, Jael pickit up a tent-peg an a haimmer an gaed ower till him fan he wis oot for e coont, cause he wis some weariet, an drave e tent-peg throwe his heid, preenin it till e grun. Att's e wye he deit. [22]As Barak cam harin efter Sisera, Jael cam oot an said till him, "C'mere, A'll shew ye the lad ye're sikkin." An fan he cam till her tent, there wis Sisera, lyin deid, wi e tent-peg throwe his heid. [23]Sae att wis e day God got e better o Jabin, e Caananite keeng, afore the Israelites. [24]An e han o the Israelites gat strinth agin Jabin, e keeng o Canaan till they hid wyppit him oot.

CHAPTIR 5
Deborah's sangie

Syne, att day, Deborah an Abinoam's loon Barak sang iss tunie:

[2]"Bliss e Lord, fan e fowk o Israel cam forrit an Israel cam in till its ain.
[3]Hearken tae iss, you keengs! Preen back yer lugs, ye princes!
A'll sing, ay A'll sing tae e Lord.
Wi a sang, A'll bliss e Lord God o Israel.
[4]Lord, fan ye set oot fae Seir,
fan ye maircht oot fae e parks o Edom,
e warl trummlt, e hivvens opent
an e cloods raint hale watter.
[5]E moontains shook wi fear afore e Lord, e Lord o Sinai,
afore e Lord, e God o Israel.

⁶I the days o Anath's loon Shamgar,i the days o Jael, e braid causies were teem
an fowk traivelt bi e back roads.
⁷There wis neen tae tak e lead in Israel,
neen, till I, Deborah, teuk up e rines,
teuk up e rines as a mither tae Israel.
⁸They choise new gods,
waar cam till e yetts o e toon,
an nae a targe nor a dirk wis seen
amo e fowerty thoosan o Israel.
⁹Ma hert is wi e rowlers o Israel,
att offert themsels willinly amo e fowk.
Bliss e Lord.

¹⁰"You fa sit on yer fite cuddies,
wi saiddle-blankets an you fa waalk alang e road,
think on iss, ¹¹them fa sing at e waallie
are tellin aa aboot e Lord's victories,
e victories o his waariors in Israel.
Syne e Lord's fowk gyang doon tae e yett o e toon.
¹²Rise up, rise up, Deborah.
Rise up, rise up an sing.
Rise up Barak an lead on yer prisoners o waar,
you, sin o Abinoam.
¹³Syne them fa were left cam doon till e lairds,
e Lord's fowk cam tae ma, riddy for e fecht.
¹⁴Some cam fae Ephraim fas reets were in Amalek
Benjamin wis wi e fowk fa follaed ye.
Captains cam doon fae Makir
an fae Zebulun, them fa cairry a staff.
¹⁵The chiefs o clan Issachar cam oot wi Deborah;
clan Issachar steed wi Barak,
they follaed him doon intill e howe.
Bit e clan Reuben werna aa thinkin e same
an there wis muckle hert-sikkin.
¹⁶Fit wye did ye bide ahin amo e sheep pens?
Tae hear e shepherds fusslin tae their flocks?
Bit e clan Reuben werna aa thinkin e same
an there wis muckle hert-sikkin.
¹⁷E clan Gilead bade ower e Jordan.
E clan Dan, fit wye did they dauchle amo e boats?
E clan Asher hung aboot e shore
an bade in its firths.
¹⁸E clan Zebulun riskit their verra lives
an sae did e clan Naphtali at e hicht o e fechtin.

¹⁹"Keengs cam; they focht;
e keengs o Canaan focht
at e Taanach ower bi e Watters o Megiddo,
bit they didna tak awa ony siller.

[20]E stars i the hivvens focht,
e stars i their courses focht wi Sisera.
[21]E Watters o Kishon swypit them awa,
the aul Watters, e Watters o Kishon.
Oh, ma sowl, mairch on wi strinth!
[22]The hivves o e horse thunnert,
gallopin, gallopin on.
[23]A curse on Meroz, said the angel o e Lord,
a curse, a curse on them aa
cause they didna come an help e Lord,
come an help e Lord agin e strinth o his faes.
[24]Blisst abeen aa weemen be Jael,
wife tae Heber e Kenite;
blisst abeen aa weemen i the tents.
[25]He speirt her for watter: she gied him milk,
she brocht him croods in her best bowel.
[26]She raxed oot her han for e tent-peg,
an her richt han for e jiner's haimmer;
she strack Sisera wi e haimmer an bashed in his heid;
stickin it richt throwe his broo.
[27]He fell aa his linth at her feet;
doon he plappit at her feet;
doon he gaed, aa his linth: deid

[28]"Sisera's mither keekit oot e winda
an ahin e lattice she roart oot,
'Fit wye's his chariot sae latchy in comin?
Fit wye it it nae clatterin in aboot?'
[29]E clivverest o her deems answert her,
bit she wirkit oot for hersel, thinkin,
[30]'They'll be gaitherin an pairtin oot e spiles,
a quine or twa for ilka man,
bonnie colourt claes for Sisera
bonnie colourt claes,
bonnie colourt embroidery,
bonnie embroidert thingies for e necks o them fa won,
aa fae e spiles.'
[31]Sae mith aa yer faes be deen awa wi, Lord,
bit lat aa fa loo ye be like e sin fan it rises in strinth."

An e cuntra wis at peace for fowerty ear.

CHAPTIR 6

An the Israelites did ill i the Lord's een an for syven ear he hid them i the hans o Midian. [2]The Midians held sic a grip on the Israelites att they hid tae mak sheuchs for themsels i the caves an bields i the heilans. [3]Ilka time the Israelites shaaved, e Midianites, Amalekites an ither clans fae the east attackit them. [4]They set up their camps, connacht e craps e linth o Gaza an left naethin for the Israelites tae live on, sheep nor beast nor cuddy. [5]They cam up wi their hirds an their tents lik a swaarm o locusts, sae mony ye culdna coont foo mony men nor foo mony camels. They cam in till e cuntra tae herrie it. [6]E Midianites left the Israelites wi naethin an they cried till e Lord.

[7]Noo fan they cried till e Lord cause o fit e Midianites were deein till them, [8]e Lord sent a prophit tae the Israelites. He telt them, "Iss is fit e Lord God o Israel his tae say, 'A brocht ye up oot o Egypt, brocht ye oot o yer slavery, [9]A teuk ye oot o e hans o the Egyptians an aa them fa wid try tae get e better o ye. A dreeve them oot afore ye an gaed ye their grun; [10]an A telt ye att I am e Lord yer God an att ye shuldna wirship the Amorite gods, fas cuntra ye're bidin in, bit ye hinna deen fit A telt ye.'"

[11]The angel o e Lord cam an sat aneth the aik tree in Ophrah, belangin tae Joash the Abiezrite. His loon Gideon wis thrashin wheat inno e winepress sae att e Midianites widna see him. [12]The angel o e Lord appeart till him an said, "Ye're a brave chiel; e Lord is wi ye." [13]Gideon said till him, "Bit tell ma, sir, gin e Lord be wi hiz, fit wye is aa this happenin till hiz? Far's aa his ferlies att wir fadders telt hiz aboot, like foo he brocht hiz oot o Egypt? Bit noo e Lord his desertit hiz an latten hiz inno e hans o e Midianites." [14]E Lord turnt till him an said, "G'wa an mak eese o yer strinth an ye'll save Israel fae e Midianites. Is't nae me fa's sennin ye?" [15]An Gideon said till him, "O, Lord, foo culd I save Israel? My clan is e maist feckless in Manasseh an A'm nae verra far ben in ma ain faimly." [16]An e Lord said till him, "A'll be wi ye an ye'll ding doon e Midianites as gin they were jist the ae chiel." [17]Says Gideon, "Gin ye think att weel o ma, shew ma somethin tae preeve it's raelly you att's spikkin till ma. [18]Dinna gyang awa, wid ye, till A fess ma offerin an set it afore ye." An he said, "A'll wyte till ye come back."

[19]Gideon gaed in, made riddy a young goat an bakit breid fae aboot twa steen o flooer wi nae barm. He pat e goat-beef in a baskitie an e broth in a pot an brocht them oot an offert them till him, aneth the aik. [20]The angel o God said till him, "Tak e goat-beef an e breid an pit them onno iss muckle steen an poor oot e broth." An he did jist att. [21]Syne the angel o e Lord raxed oot the staff att wis in his han an touched e beef an breid, an fire reese oot o e muckle steen an brunt e beef an e breid. Syne the angel o e Lord gaed awa oot o sicht. [22]Syne Gideon kent it wis an angel o e Lord an said, "Ma Lord God, A've seen yer angel face tae face." [23]An e Lord said tae him, "Peace be wi ye, dinna be feart o e daith ye'll nivver dee." [24]Syne Gideon biggit an aaltar tae e Lord there an caaed it God's-peace an tae iss verra day it's at Ophrah i the cuntra o the Abiezrites.

[25]Noo, att same nicht, e Lord said till him, "Tak yer fadder's young bullick, e syven ear aul een, an teer doon yer fadder's aaltar tae Baal an hack doon e totem tae Asherah att's aside it. [26]Bigg an aaltar o e richt sett tae e Lord yer God on e tap o iss muckle steen. Tak e young bullick an mak a brunt offerin o't wi e wid o e totem ye've cuttit doon." [27]Sae Gideon teuk ten o his fee'd men an did fit e Lord hid telt him. Cause he wis feart at his fadder an e lave o e toon, he did it at nicht raither nor throwe e day.

[28]Fan e toonsfowk got up neist mornin, michty, the aaltar o Baal wis in smithereens, e totem att hid been aside it wis cuttit doon an e bullick wis sacrifeeced on e new-biggit aaltar. [29]They said tae een anither, "Fa's deen iss? Fan they leukit intill't they were telt, "Joash's loon Gideon did it." [30]Syne e toonsfowk ordert Joash tae fess oot his loon, "He maun be deen awa wi," they said, "cause he's caaed doon Baal's aaltar an hackit doon e totem att wis aside it." [31]Bit Joash said tae e steer o fowk aboot him, "Are ye pleadin a case for Baal? Are ye tryin tae save him? Ony o ye att pleads for him will be deid bi mornin. Gin Baal raelly is a God, lat him argie his ain case fan somebody caas doon his aaltar." [32]Sae fae att day on they caa'd Gideon Jerubbaal sayin, "Lat Baal plead his ain case agin iss chiel for braakin doon his aaltar."

[33]Noo aa e Midianites, Amalekites an ither clans fae the east jynt forces, crossed e Watter an set up camp i the Howe o Jezreel. [34]Syne e speerit o e Lord cam onno Gideon an he blew his tooteroo an the Abiezrites were caalled oot tae folla him. [35]He sent recruiters throwe aa e clan Manasseh tae caal them up anaa an recruiters tae the Asher, Zebulun, an Naphtali clans sae they cam up tae jine him tee.

[36]Gideon said tae God, "Gin ye'll save Israel throwe my han as ye hiv promist, [37]noo, leuk A'll pit a fleece o oo onno e thrashin-fleer an gin there be dyowe on e fleece bit e grun roon aboot it be dry, syne A'll ken att ee'll save Israel throwe my han jist as ye said." [38]An att's fit happent. Gideon rose e neist mornin, birzt e fleece egither an vrung oot e dyowe, fullin a bowel o watter. [39]Gideon said tae God, "Dinna be raised wi ma. Lat me speir ae mair thing o ye: lat me mak ae mair trial wi e fleece. Lat e fleece be dry an e grun be happit in dyowe. [40]Att nicht att's fit God did. Jist e fleece wis dry an aa e grun wis happit in dyowe.

CHAPTIR 7

Jerubbaal (att's tae say Gideon) an aa e fowk raise airly e neist mornin an set up camp anent e waallie o Harod. E Midianite airmy were tae e north o them, i the howe ower anent e hill o Moreh. [2]E Lord said tae Gideon, "There's ower mony o youeens for me tae gie e Midianites intill yer hans, cause fowk will say it wis e strinth o the Israelites att won bi their ain deein. [3]Sae g'wa an tell yer fowk att ony o them att's frichent or feart can turn an gyang back fae Moont Gilead." Twinty-twa thoosan o them gaed back, leavin ten thoosan ahin. [4]E Lord said tae Gideon, "There's still ower mony o them, tak them doon till e watter an A'll weed them oot for ye there. Gin A say till ye, 'Iss een'll gyang wi ye,' he can gyang, bit gin A say, 'Iss een winna gyang wi ye,' he winna gyang." [5]Sae he brocht e fowk doon till e watter an e Lord said tae Gideon, "Ilka een fa labs e watter wi his tongue lik a tyke labs, ye'll set tae ae side an ony fa booes doon on his knees tae drink ye'll set tae e tither side." [6]Three hunner o them pat their hans till their moos an labbit an e lave booed doon on their knees tae drink e watter. [7]An e Lord said tae Gideon, "A'll save ye wi e three hunner fa labbit an gie e Midianites intill yer han. Lat e lave, ilka een o them, gyang hame." [8]Sae he sent e lave o e men awa till their tents an keepit back e three hunner fa teuk up e maet an e tooteroos. E Midianite airmy wis aneth them, doon i the howe.

[9]Noo, att verra nicht, e Lord said till him, "Get up an gyang doon an attack e camp, cause A'm gyan tae gie it intill yer han. [10]Bit gin ye're feart tae attack, gyang doon tae e camp wi yer servant Phurah, [11]an hearken tae fit they're sayin. Efter att ye'll hae mair spunk aboot ye tae attack their camp." Syne he gaed doon wi Phurah, his servant tae the edge o the innemy camp. [12]E Midianites, Amalekites an ither clans fae the east hid set up their camp doon i the howe an there wis sae mony o them they were lik a swaarm o locusts. They hid sae mony camels ye culdna coont them, as mony as e grains o san alang e shore. [13]As Gideon arrived, a chiel wis tellin his crony aboot a dream he'd hid. "A hid a dream," he wis sayin, "a fardel o breid cam tummlin in amo e Midianite airmy, it gaed furlin up till a tent, strack it an caaed it doon flat on e grun." [14]Says his freen, "Iss can be nae ither nor e swoord o Gideon, Joash's loon, fae Israel. God his gien Midian an e hale airmy intill his han."

[15]Fan Gideon heard o e dream an fit it wis aa aboot, he wirshippt an syne gaed back tae the Israelite camp an said, "Get up, e Lord his gien e Midianite airmy intill yer hans." [16]He pairtit e three hunner men intae three companies an pat a tooteroo an a bowlie wi a licht inno't in ilka man's han. [17]Syne he said till them, "Waatch me an dee fit I dee. Fan A get till the edge o e camp, dee exackly fit I dee. [18]Fan I, an them att are wi ma, blaa wir tooteroos, blaa yours tee aa roon e camp an shout, 'For e Lord, an for Gideon.'"

[19]Sae Gideon an e hunner men att were wi him cam till the edge o e camp jist afore midnicht, jist efter e gaird hid been cheenged. They blew their tooteroos an breuk e bowlies they were haudin. [20]Aa three companies blew their tooteroos an breuk their bowlies, haudin e lichts i their left hans, an tooteroos i their richt hans, giein a gweed blaa. They roart oot o them, 'A swoord for e Lord an for Gideon.' [21]They aa steed their grun aa roon aboot e camp an e hale lot o e Midianites teuk aff, skirlin oot o them. [22]E three hunner blew their tooteroos an throwe aa e camp ilka man attackit e man neist till him an they teuk aff tae Beth-shittah in Zererah an e linth o e borders o Abel-meholah near Tabbath. [23]E men fae e clan Naphtali, clan Asher an clan Manasseh were caalled oot an set oot efter e Midianites.

[24]Gideon sent oot rinners throwe aa the heilans o Ephraim, sayin, "Come doon an cut aff e Midianites. Tak control o e watters o e Jordan aheid o them e linth o Beth-barah."Sae aa e men o Ephraim gaithert an teuk control o e watters o e Jordan, e linth o Beth-barah. [25]They captured twa o e Midianite chieftains, Oreb an Zeeb. They killed Oreb at Oreb's steen an killed Zeeb at Zeeb's winepress. They chased e Midianites an brocht the heids o Oreb an Zeeb ower e Jordan tae Gideon.

CHAPTIR 8

The Ephraimites speirt at Gideon, "Fit wye hiv ye deen is till hiz? Fit wye did ye nae speir at hiz tae jine ye fan ye attackit Midian?" An they gied him a gweed owergyan. [2]He said tae them, "Fit hiv I deen forbyes youeens? Are e gleanins o e grapes o Ephraim nae far better nor e vintage o Abiezer? [3]God delivert inno your hans e twa Midianite clan chiefs, Oreb an Zeeb, fit I hiv deen widna haud a cannel tae att." Syne they calmed doon a bittie fan he said att.

[4]Gideon an his three hunner men, some forfochen, were aye chasin efter them fan they cam till e Jordan an crosst ower it. [5]He said till e fowk o Succoth, "Culd ye gie ma men some maet, they're fair deen an we're still chasin efter Zebah an Zalmunna, keengs o Midian."

[6]E clan chiefs o Succoth said, "Fit wye shuld we gie yer men maet, hiv they teen Zebah an Zalmunna ariddy?" [7]Says Gideon, "Jist you wyte till e Lord hiz delivert Zebah an Zalmunna intae my hans, A'll teer ye tae bits wi e thorns o a fun buss an briers. [8]Fae there he gaed up tae Penuel an speirt e same thing o them. He got e same answer fae e Penuel fowk as he'd gotten fae e Succoth fowk. [9]Says he tae e Penuel fowk, "Fan I hiv conquert aa, A'll teer doon iss tooer."

[10]Noo Zebah an Zalmunna were in Karkor wi their airmy, aboot fifteen thoosan men, aa att wis left o the airmy fae the east. A hunner an twinty thoosan o their swoordsmen hid faa'en. [11]Gideon gaed up bi e road o e traivelin fowk tae the east o Nobah an Jogbehah an attackit the airmy, catchin them unaweers.[12]Zebah an Zalmunna teuk tae their heels; Gideon chased efter them an teuk them an routed their airmy.

[13]Joash's loon Gideon cam hame fae e fechtin afore e sin raise, [14]catcht a young birkie fae Succoth, teuk aathin throwe han wi him an gat fae him e names o syventy-syven o e clan chiefs an elders o Succoth. [15]Syne Gideon cam till e men o Succoth an says till them, "See noo, here's Zebah an Zalmunna fa ye were tirmintin ma aboot, speirin gin Zebah an Zalmunna were in my hans afore ye'd gie ma weary men maet." [16]Sae he teuk the elders o Succoth an learnt them a lesson wi a gweed threeshin wi e thorns o a fun buss an briers. [17]An he caaed doon e tooer o Penuel an slew aa e men o att toon.

[18]Syne he speirt at Zebah an Zalmunna, "Fit kyn o chiels did ye kill at Tabor?" An they says, "Jist chiels lik yersel, ilka een hid e leuk o e sin o e keeng." [19]"Ay," he said, "they were ma brithers, ma mither's sins, A sweer bi e Lord. Gin ye'd saved them, A wid hae deen e same wi you." [20]He turnt till his aulest loon

Jether an said, "Kill them." Bit Jether didna draa his swoord, he wis jist a young loon an wis some feart. [21]Syne Zebah an Zalmunna said, "Come on an, dee it yersel, it taks a man tae dee a man's wark." Gideon gat up an killed Zebah an Zalmunna an teuk e bresses fae aff o e necks o their camels. [22]The Israelites said tae Gideon, "We wint you an yer sins an yer gransins tae be wir keeng cause ye've savit hiz fae e hans o e Midianites." [23]Bit Gideon said till them, "Na, na, A winna rowle ower ye, naither will ma loon: e Lord will rowle ower ye." [24]An Gideon said tae them, "A hiv ae thing tae speir o ye, lat ilka man gie ma a lug-bab fae his spiles." (Ye see they hid aa hid gowden lug-babs, cause they were Ishmailites.) [25]An they aa said, "Fairly att!" They spread oot a blankit an ilka man keest in a lugbab fae his spiles. [26]E wecht o e gowden lugbabs att he socht cam tae aboot three steen forbye ornamints an collars an purple claes att e keengs o Midian hid been weerin, an e chines fae roon their camels' necks. [27]An Gideon made a goon wi't an pat it in Ophrah, his toon, hooanivver, aa Israel gaed hoorin efter it there an it turnt intill a bit o an affront for Gideon an his faimly.

[28]Sae att's foo the Israelites got e better o e Midianites fa nivver raised their heids again. E cuntra wis at peace for e fowerty ear att Gideon wis alive efter att. [29]Joash's loon Jerubbaal, gaed hame till his ain place. [30]Gideon faddert syventy sins cause he hid a fair fyow wives. [31]His bidie-in at Shechem hid a loon till him anna an she caaed him Abimelech.

[32]Joash's loon Gideon wis a fair age fan he deit an wis beeriet i the grave o his fadder Joash i the Abiezrite toon o Ophrah. [33]Noo Gideon wis hardly caul fan the Israelites gaed back till their aul wyes hoorin efter e Baals an settin up Baal-berith as their god. [34]The Israelites forgot aa aboot e Lord their God fa hid rescyeed them fae aa their faes at ilka turn [35]an they didna shew ony respeck for e faimly o Jerubbaal (att's tae say Gideon) for aa he'd deen for Israel.

CHAPTIR 9

Jerubbaal's loon Abimelech gaed tae Shechem an spak tae his mither's fowk an his fadder's faimly sayin, [2]"Speir att aa e fowk o Shechem gin they think it wid be better for them tae hae aa syventy o Jerubbaal's sins rowlin ower them or gin they think they wid be better aff wi jist the een. Myn noo, A'm yer flesh an bleed." [3]His mither's fowk speirt iss o e fowk o Shechem fa were inclined tae folla Abimelech, cause they said, "He *is* wir brither." [4]They gied him syventy bits o siller fae e temple o Baal-berith an he eesed it tae tak on a bunch o eeseless deil-may-care chiels tae rin efter him. [5]He gaed tae his fadder's place at Ophrah an slauchtert e hale o his syventy brithers, Jerubbaal's loons, on ae steen, bit Jotham, Jerubbaal's youngest escapit bi hidin. [6]Syne aa e fowk o Shechem an aa Beth-millo gaithert anent e muckle tree at Shechem far they made Abimelech keeng.

[7]Fan Jotham cam tae hear o iss, he climmed tae the heid o Moont Gerizim an roart till them, "Hearken tae me aa you eens fae Shechem, sae att God mith hearken tae you. [8]Eence on a time e trees gaed oot tae fin a keeng for themsels. They said tae the olive tree, [9]'Ee can be wir keeng.' [10]Bit the olive tree said till them, [11]'Eh! Gie up aa ma sweet ile att's eesed tae honour baith gods an men, jist tae rowle ower e trees?' [12]Syne e trees said till e vine, 'Come on an be wir keeng.' [13]An e vine said till them, 'Eh! Gie up ma wine att maks gods an men baith cheery jist tae rowle ower e trees?' [14]Syne aa e trees said tae e brammle, 'Come on an be wir keeng.' [15]An e brammle said till e trees, 'Gin ye raelly wint tae annint ma keeng ower ye, come an tak yer rist in ma shadda, gin ye dinna, syne lat fire come oot o e brammle an burn aa e cedars o Lebanon.' [16]Noo, gin ye've deen e richt an honourable thing in makin Abimelech yer keeng, an ye've been fair tae Jerubbaal an his faimly, an gin ye've deelt wi him as he deserves, [17](dinna forget ma fadder focht for ye an riskit his life tae haud ye oot o e hans o Midian, [18]an here ye are turnin agin ma

fadder's faimly, killin his sins, syventy o them, on the ae steen, an makkin Abimelech, e sin o his kitchiedeem, keeng ower e fowk o Shechem, cause he's yer brither), [19]weel, weel, gin ye've deen richt an been fair wi Jerubbaal an his faimly e day, syne A wish ye luck wi Abimelech an him wi you. [20]Bit gin ye hinna, lat fire come oot o Abimelech an burn up e fowk o Shechem an Beth-millo, an lat fire come oot o e fowk o Shechem an Beth-millo an burn up Abimelech." [21]Syne Jotham teuk tae his heels an escapit tae Beer cause he wis feart at his brither, Abimelech.

[22]Efter Abimelech hid rowled ower Israel for three ear, [23]God caused ill-feelin atween Abimelech an e fowk o Shechem an they set oot tae get e better o Abimelech. [24]God did iss sae att Abimelech an e fowk o Shechem fa hid been in cahoots wi him at e veelent slauchter o his brithers, Jerubbaal's syventy sins, mith get fit wis comin till them. [25]E Shechem fowk pat reivers at e heilan passes tae lie in wyte for him. They robbit aa att gaed by an Abimelech got tae hear o't. [26]Ebed's loon Gaal flitted tae Shechem an e Shechem fowk cam tae think muckle o him. [27]They gaed oot intill e parks an pickit their grapes, trumpit them an gaed intae their temple an hid a rerr time ettin an drinkin an cursin Abimelech. [28]Ebed's loon, Gaal said, "Fa's iss Abimelech onywye? An fa's iss Shechem att we shuld toddy till them? Is he nae Jerubbaal's loon an Zebul jist dis fit he tells him? Serve e chiels o Hamor, fadder tae Shechem! Fit wye shuld we toddy tae him? [29]Gin I wis att e heid o yer fowk, A'd seen get redd o Abimelech. A'd say till him, 'Get yer airmy egither an come on an fecht'."

[30]Fan Zebul, fa wis provost o e toon, heard fit Ebed's loon Gaal wis sayin he flew inno a rage. [31]He sent saicret agents tae Abimelech tae say, "Ebed's loon, Gaal an his brithers hiv come tae Shechem an are steerin up e toon agin ye. [32]Noo, throwe e nicht you an yer men shuld come an lie in wyte i the parks, [33]an i the mornin ye'll get up airly, as seen as e sin's oot, an attack e toon. Fan he an e fowk fa are sidin wi him come oot, dee wi them fit ye maun."

[34]Sae Abimelech an aa his men fa were wi him gat up throwe e nicht an lay in wyte tae attack Shechem in fower Companies. [35]Ebed's loon Gaal cam oot an steed aneth e toon yett an Abimelech an his men cam oot o their hidin-place. [36]Fan Gaal saa them he said tae Zebul, "Leuk at att! There's fowk comin doon fae the heilans." An Zebul said till him, "Ye're jist seein e shaddas on e hills leukin lik men." [37]Says Gaal, "Leuk, there's fowk comin doon e brae face an mair comin ben e Howe o Meoenim." [38]An Zebul said till him, "Far's yer lip noo than? Ye were sayin 'Fa's iss Abimelech att we shuld toddy till him?' Is iss nae e chiels ye were belittlin? On ye gyang, syne, an fecht wi them." [39]Sae Gaal led oot e fowk o Shechem an focht wi Abimelech. [40]Gaal teuk till his heels an Abimelech chased efter him an mony were hurtit i the fecht, lyin on e grun aa e wye till e yett. [41]Abimelech bade at Arumah an Zebul threw Gaal an his brithers oot o Shechem. [42]E neist day e Shechem fowk gaed oot intill e parks an Abimelech wis telt aboot it. [43]He teuk his men an pairtit them intae three Companies an lay in wyte i the parks. Fan he leukit he culd see e fowk comin oot o e toon sae he held forrit tae attack them. [44]Abimelech an e Company att wis wi him ran forrit an held e yett an e tither twa Companies attackit e fowk fa were oot i the open an hackit them doon. [45]E fechtin gaed on aa day till Abimelech hid teen e toon an slauchtert aa its fowk. He pulled e toon doon an scattert saut aa ower e site.

[46]Fan e fowk fa were inno e castle o Shechem heard iss, they socht shelter inno e waas o e temple o e god Berith. [47]Abimelech wis telt att aa e fowk fae e castle were aa egither. [48]He an his men gaed up Moont Zalmon an wi an aix he cuttit some branches affo e trees an pat them ower his shouthers an said till his men, "See fit I've jist deen? Aa youeens dee e same." [49]Ilka man cuttit doon a branch an followin Abimelech laid them tee till e waas o e temple, set fire till them an brunt it ower their heids. Aa e men an weemen inside, aboot a thoosan in aa, deit.

[50]Neist Abimelech gaed tae Thebez, laid siege till't an teuk it. [51]Hooivver, there wis a strong castle i the middle o e toon far aa e men an weemen, aa e fowk o e toon, fled till. They lockit themsels in an gaed up till e reef o't. [52]Abimelech gaed tae e castle an stormed it. He wis comin ower tae e yett o e castle tae set fire till't, [53]fan a wumman flang a millsteen doon on tap o him an duntit his heid.[54]He turnt till his young batman an said, "Draa yer swoord an kill ma sae att fowk canna say att a wumman killed ma." His batman ran him throwe an he deit. [55]Fan the Israelites saa att Abimelech wis deid, they held awa hame.

[56]Sae att's foo God repeyed e coorseness Abimelech did till his fadder bi killin his syventy brithers. [57]An God saa till't att e fowk o Shechem peyed for their ill-deeins. E curse o Jerubbaal's loon Jotham cam hame till them.

CHAPTIR 10

Noo efter Abimelech, a chiel fae e clan Issacher, Puah's loon Tola, gransin tae Dodo, teuk ower Israel. He bade at Shamir i the heilans o Ephraim. [2]He wis heid o things in Israel for twinty-three ear an fan he deit he wis beeriet at Shamir.

[3]Efter him Jair teuk ower an wis in chairge o things in Israel for twinty-twa ear. [4]He hid thirty sins fa rade thirty cuddies an they hid thirty toons in Gilead att are caaed Havoth-jair tae iss verra day. [5]Fan Jair deit, he wis beeriet in Kamon.

[6]Eence mair the Israelites didna behave i the Lord's een. They wirshippt e Baal an Ashtoreth an e gods o Syria, e gods o Sidon, e gods o Moab, e gods o the Ammonites an e gods o e Philistines, forsook e Lord an forgot aa aboot him. [7]An att gat e Lord's birse up agin Israel an he selt them intae the hans o e Philistines an Ammonites. [8]Att ear an for e neist auchteen ear they held the Israelites in aboot, att's tae say aa the Israelites fa were on e tither side o e Jordan i the Amorite cuntra o Gilead. [9]An fit's mair, the Amorites cam ower e Jordan tae fecht wi e clan Judah, e clan Benjamin an e clan Ephraim. Israel wis sair come at.

[10]The Israelites cried till e Lord an said, "We've deen ill tae ye, cause nae jist hiv we forsaken you, bit we've been wirshippin Baal totems." [11]An e Lord said tae the Israelites, "Did A nae fess ye oot o Egypt an save ye fae the Amorites, the Ammonites an e Philistines? [12]An fit aboot e Sidonians, the Amalekites, an e Maonites fan they were ower ye? Ye cried till ma an A saved ye fae them. [13]Still-an-on, ye've forgotten ma an wirshippt ither gods. Sae A'm nae gyan tae dee nae mair for ye. [14]G'wa an cry tae yer ither gods an see fit they can dee for ye fan ye're in tribble." [15]Bit the Israelites said till e Lord, "We've deen ill. Dee fitivver ye think's best wi hiz, bit for ony sake save hiz ivnoo." [16]They got rid o their foreign gods an wirshippt e Lord an he wis sair come att at e state the Israelites were in. [17]Syne the Ammonites were caalled up an campit at Gilead. The Israelites gaithert an campit at Mizpah. [18]E Clan chiefs an fowk o Gilead said tae een anither, "Fitna ivver chiel stricks e first dunt agin the Ammonites will be the heid o aa Gilead.

CHAPTIR 11

Jephthah o Gilead wis a stoot sodger. Gilead wis his fadder an his mither wis a hoor. [2]Gilead's wife hid sins till him bit fan they grew up they keest Jephthah oot, sayin till him, "You winna heir naethin in oor faimly you're e sin o anither wumman." [3]Jephthah fled fae his brithers an sattlt in Tob far a puckle chancers gaithert roon him an folla'ed him.

[4]Noo, come time, the Ammonites declairt waar on Israel, [5]an sae, fan the Ammonites declairt waar, e clan chiefs o Gilead gaed tae fess Jephthah fae Tob. [6]They said till him, "Come an lead hiz in wir fecht wi the Ammonites." [7]Says Jephthah tae e clan chiefs o Israel, "Ye didna think muckle o ma fan ye keest ma oot o ma fadder's hoose. Fit wye are ye craawlin tae ma noo ye're in tribble?" [8]E clan chiefs o Israel said tae Jephthah, "Att's e wye we're comin till ye noo, gin ye come an fecht the Ammonites wi hiz, ye'll be heid ower aa Gilead." [9]Says Jephthah tae e clan chiefs o Gilead, "Gin ye fess ma hame tae fecht the Ammonites an A get e better o them, will ye raelly mak ma heid o ye aa?" [10]An e clan chiefs o Gilead said tae Jephthah, "E Lord be wir witness atween hiz, we'll dee fit ye say." [11]Syne Jephthah gaed awa wi e clan chiefs o Gilead an they pat him at the heid o their airmy. An Jephthah repeatit aa att he hid said afore e Lord at Mizpah.

[12]Syne Jephthah sent rinners tae e keeng o the Ammonites garrin them speir, "Fit hiv ye agin hiz att ye've attackit wir cuntra?"[13]E keeng o the Ammonites said tae Jephthah's rinners, "Fan Israel cam up oot o Egypt, they teuk oor grun fae Arnon, aa e wye tae Jabbok an ower tae e Jordan. Noo gie it back wi nae fuss." [14]Jephthah sent e rinners back tae e keeng o the Ammonites [15]wi iss eerin: "Iss is fit Jephthah his tae say aboot it. Israel didna tak e Moab cuntra, nor e grun o the Ammonites. [16]Bit fan they cam up oot o Egypt, they wannert aboot i the roch cuntra e linth o e Reed Sea an cam tae Kadesh. [17]Syne Israel sent rinners tae e keeng o Edom, sayin, 'Gie hiz e richt tae gyang throwe yer lan,' bit e keeng o Edom widna listen. E same wye they sent rinners tae e keeng o Moab, bit he widna lat them throwe aither, sae they bade in Kadesh. [18]Syne they gaed throwe e roch cuntra an gaed roon aboot Edom an Moab, cam tae the east side o Moab an set up camp on e tither side o the Arnon. They didna gyang in tae e cuntra o Moab, cause the Arnon's e border o Moab. [19]Syne Israel sent rinners tae Sihon, keeng o the Amorites fa rowled in Heshbon, sayin till him, 'Wid ye lat hiz gyang throwe yer lan tae wir ain?' [20]Bit Sihon didna trust the Israelites an widna lat them throwe, bit insteid, Sihon callt up his airmy, set up camp in Jahaz an focht wi Israel. [21]E Lord God o Israel gied Sihon an aa his fowk intae Israel's hans an they killed them. An Israel got aa e grun o the Amorites fa bade there, [22]takkin it ower fae the Arnon tae Jabbok an ben bi e roch cuntra tae e Jordan. [23]Noo seein as e Lord God o Israel drave oot the Amorites afore his ain fowk, the Israelites, fit wye shuld you ain it? [24]Will ye nae ain fit yer ain god, Chemosh, gies ye? E same wye fitivver e Lord wir God gies hiz, we'll ain. [25]Are ee ony better nor Zippor's loon Balak, keeng o Moab? Did he ivver strive wi Israel or fecht wi them? [26]For three hunner ear Israel his bidden in Heshbon, in Aroer an aa e toons alang the Arnon. Fit wye hiv ye nae teen them back afore iss? [27]I've deen naethin tae misfit ye, bit ee're misfittin me bi wagin waar agin ma. Lat e Lord, e Jeedge, decide atween the Israelites an the Ammonites fa's i the richt an fa's i the wrang."

[28]Weel, weel, noo, e keeng o the Ammonites peyed nae attention tae e message Jephthah sent him. [29]Syne e speerit o e Lord cam onno Jephthah, he crossed Gilead an Manasseh, mairched ower Mizpah o Gilead an fae there he mairched agin the Ammonites. [30]An Jephthah swore an aith tae e Lord: "Gin ee gie the Ammonites inno my hans, [31]syne, fitivver comes oot o e door o ma hoose tae meet ma fan A gyang hame in victory will be e Lord's, an A'll gie it up as a brunt offerin."

[32]Sae Jephthah mairched agin the Ammonites an focht wi them an e Lord delivert them inno his hans. [33]He routed twinty o their toons aa e wye fae Aroer tae Minnith an e howe o e vines. There wis muckle killin an the Ammonites were owercome bi the Israelites.

[34]Jephthah cam hame till his hoose at Mizpah, an fa shuld come oot tae meet him bit his dother, dancin wi tambourines. She wis his only bairn: he hid nae ither sins nor dothers. [35]Fan he saa her, he teer at his claes an said, "Oh ma quinie, ma quinie, fit a doolsome day, o ye're braakin ma hert. A swore an aith tae e Lord an A canna gyang back on ma wird." [36]An she said till him, "Fitivver ye've voo'ed tae e Lord ye maun dee till ma as ye've voo'ed, seein att e Lord his gien yer faes, the Ammonites, intill yer hans." [37]An she

said till her fadder, "Bit gie ma ae hinmaist request, lat ma wanner ower e hills wi ma freens for twa month an grieve att A maun dee, nivver haein lain wi a man." [38]"On ye gyang," he said an sent her awa for twa month. She gaed wi her cronies tae the heilans an grat att she wid nivver lie wi a man. [39]At the ein o e twa month, she cam hame till her fadder an he did wi her as he hid voo'ed. She'd nivver lain wi a man. An fae iss cam e custom [40]att ilka ear, the Israelite quines wid gyang an greet fower days for e dother o Jephthah o Gilead.

CHAPTIR 12

Syne e fowk o Ephraim gaithert egither an gaed north an said tae Jephthah, "Fit wye did ye gyang an fecht the Ammonites athoot speirin at hiz tae jine ye? We'll burn yer hoose doon on e tap o ye." [2]Jephthah says till them, "Me an ma fowk hid a craa tae pick wi the Ammonites. A did sikk yer help bit ye widna gie neen. [3]An fan A saa ye werna willin A teuk ma life in ma ain hans, attackit the Ammonites an e Lord gied them intill ma han. Sae fit wye are ye sikkin tae fecht wi ma noo?" [4]Syne Jephthah gaithert e Gilead airmy an focht Ephraim an e Gilead fowk strack them doon, cause the Ephraim fowk hid said att e fowk o Gilead were reivers fae Ephraim an Manasseh. [5]E Gilead fowk teuk e fyoords o e Jordan fae the Ephraim fowk an fan ony lad fae Ephraim fa hid escapit speirt tae be latten ower, e Gilead fowk said till him, "Are ee fae Ephraim?" An gin he said, "Deil e linth," [6]they wid say till him, "Aa richt! Say 'Shibboleth'," an he wid say 'Shibboleth' an gin he culdna get his tongue roon it richt, they teuk him an slew him there at e fyoords o e Jordan. Fowerty-twa thoosan fowk o Ephraim were slauchtert at att time.

[7]Jephthah o Gilead wis heid o Israel for sax ear an syne he deit an wis beeriet in een o e toons in Gilead.

[8]Efter him, Ibzan fae Bethlehem wis heid o Israel. [9]He hid thirty sins an thirty dothers. He gied his dothers as wives tae men o ither clans an teuk in thirty quines fae oot aboot as wives till his loons. He wis heid o Israel for syven ear. [10]He deit an wis beeriet at Bethlehem.

[11]Efter him, Elon fae e clan Zebulun wis heid o Israel for ten ear. [12]Fan Elon o Zebulun deit, he wis beeriet i the Zebulun toon o Aijalon.

[13]An efter him Hillel's loon Abdon fae Pirathon wis heid o Israel. [14]He hid fowerty sins an thirty nefyees fa gaed aboot on syventy cuddies. He wis heid o Israel for aucht ear. [15]Fan Hillel's loon Abdon fae Pirathon deit, he wis beeriet in Pirathon in Ephraim i the heilans o the Amalekites.

CHAPTIR 13

The Israelites again did ill i the Lord's een sae e Lord delivered them inno e hans o e Philistines for fowerty ear. [2]Noo a chiel fae Zorah bi e name o Manoah fae e clan Dan hid a wife fa wis eel, an didna hae nae bairns till him. [3]The angel o e Lord appeart till e wumman an said till her, "Weel noo, ye're eel an hiv nae bairns: bit ye'll come tae be i the faimly wye an hae a sin. [4]Waatch fit ye're deein noo an dinna tak ony wine or ither strong drink an dinna ett naethin fool, [5]cause wyte an see, ye'll faa i the faimly wye an hae a wee loonie. Nae razor maun be eesed on his heid, cause e loon will be a Nazirite, set aside for God fae e time he's born. E first thing he'll dee is save Israel fae e hans o e Philistines.

[6]Syne e wumman gaed tae her man an telt him, "A man o God cam tae ma an he leukit lik an angel o God, maist fearsome, an A speirt at him far he cam fae bit he widna tell ma fa he wis. [7]He says tae ma,

'See noo, ye'll faa i the faimly wye an hae a sin, dinna tak ony wine nor strong drink nor ett onythin fool cause e bairn will be a Nazirite, set aside for God fae e day he's born till e day he dees.'"

[8]Syne Manoah prayed tae e Lord, sayin, "O ma Lord, lat e man o God fa ye sent doon till hiz come back tae hiz an learn hiz fit tae dee wi iss bairnie att's tae be born." [9]God listent tae fit Manoah wis sayin an the angel o e Lord cam back till e wumman again fan she wis sittin oot i the park. Bit her man, Manoah, wisna wi her. [10]The wumman hurriet tae tell her man, "He's here, e mannie att wis here the ither day his come back tae ma." [11]Manoah gat up an teuk efter his wife an cam tae e chiel an said till him, "Are ee e chiel att spak tae e wife?" An he said, "Jist att." [12]Sae Manoah speirt at him, "Fan fit ye've spoken o comes aboot, foo will we fess e loonie up? Fit will we learn him?" [13]An the angel said tae Manoah, "Yer wife maun dee aa att A've telt her." [14]She maunna ett naethin att comes o e vine, she maunna drink wine nor strong drink nor ett naethin fool. She maun dee aathin A've telt her tae dee." [15]An Manoah said till the angel o e Lord, "Wid ye bide till we've made a young goatie riddy for ye?" [16]An the angel o e Lord said, "A'll fairly bide a fylie, bit A winna ett neen o yer maet, an gin ye pit up a brunt offerin, ye maun offer it tae e Lord." Ye see, Manoah didna ken he wis an angel o e Lord. [17]An Manoah says till the angel o e Lord, "Fa are ye onywye, sae att fan fit ye've been sayin comes aboot, we can honour ye?" [18]The angel o e Lord said till him, "Fit wye are ye speirin fa I am? It's a name ye'd winner at." [19]Sae Manoah teuk a young goat alang wi a grain offerin an sacrifeeced it tae e Lord onno a muckle steen. The angel did somethin att stammygasteret Manoah an his wife fa were waatchin. [20]Fit happent wis, fan e flame gaed up tae hivven fae the aaltar, the angel o e Lord gaed up inno e flames fae the aaltar. Manoah an his wife waatcht an fell aa their linth on e grun. [21]The angel o e Lord nivver cam back tae Manoah nor his wife. Syne Manoah kent he wis an angel o e Lord. [22]Manoah said tae his wife, "Att'll seerly be the hinnerein o's, cause we've seen God." [23]Bit e wife said till him, "Gin e Lord wis wintin tae dee awa wi hiz, he widna hae accept a brunt offerin an a grain offerin fae wir hans an he widna hae showed hiz aa iss things nor telt hiz aa iss."

[24]An e wumman hid a sin an caaed him Samson. He grew up an e Lord blisst him. [25]An e speerit o e Lord begood tae steer inno him i the Camp o Dan atween Zorah an Eshtaol.

CHAPTIR 14

Samson gaed doon tae Timnah an there he saa a young Philistine quine. [2]Fan he cam hame tae his mither an fadder, he said, "A've seen a Philistine quine in Timnah, get her for a wife till ma." [3]Says his mither an fadder, "Is there nae a quine amo yer ain weemenfowk or e weemen in wir clan, att ye maun gyang an sikk a wife fae amo the uncircumceesed Philistines?" An Samson said till his fadder, "Get her for ma. A'm rael sair teen wi her." [4]His mither an fadder didna ken att iss wis e wirkins o e Lord fa wis sikkin a wye tae get back at e Philistines, cause at att time e Philistines were rowlin Israel.

[5]Syne Samson gaed doon tae Timnah wi his mither an fadder. As they were comin up till e vinyairds a young lion roart at him. [6]E speerit o e Lord cam on him sae att he rippit e lion tae bits wi his bare hans as gin it wis a young goatie. Bit he didna tell his mither an fadder fit he hid deen. [7]Syne he gaed an hid a news wi e wumman an Samson likit her fine.

[8]A fylie efter, he gaed back tae mairry her an he teuk a turnie tae see e lion, an michty there wis a swaarm o bees an hunny inno e carcage o e lion. [9]He scoopit some up wi his hans an ett it as he gaed alang e road. He met in wi his fadder an mither an gied them some tae ett bit he didna tell them he'd teen e hunny oot o e carcage o e lion.

[10]Sae his fadder gaed doon tae see e wumman an Samson hid a pairty, jist lik aa grooms dee. [11]Fan fowk saa him, they sent thirty young birkies tae gyang wi him. [12]An Samson said tae them, "A'll gie ye a riddle. Tae faaivver can wark it oot afore e syven days we are pairtyin are ower, A'll gie thirty sheets an thirty cheenges o claes, [13]bit gin ye canna wark it oot, ye maun gie me thirty sheets an thirty cheenges o claes." An they said, "Lat's hear ye than, come awa wi yer riddle." [14]An he said tae them, "Oot o the etter, somethin tae ett an oot o e stoot somethin sweet." For three days they culdna come up wi the answer tae e riddle. [15]Noo on e syventh day, they said tae Samson's wife, "G'wa an tyce yer man tae gie hiz the answer tae e riddle or we'll set fire tae you an aa yer fadder's fowk. Hiv ye invitit hiz here tae rob hiz? Wis att e set o't?" [16]An Samson's wife startit sabbin an said till him, "Ye dinna care for ma, ye dinna loo ma. Ye've set a riddle for my fowk bit ye hinna telt me the answer." An he said tae her, "A hinna aiven telt ma fadder nor ma mither, fit wye shuld A tell you?" [17]She grat e hale syven days o e pairty, an at linth on e syventh day he gied in till her an telt her, cause she wis bein sic a tirmint. An she gied the answer tae e riddle tae her ain fowk. [18]Afore e sin gaed doon on e syventh day, e men o e toon said till him, "Fit's sweeter nor hunny? Fit's stronnger nor a lion?" An he said till them, "Gin ye hidna pleughed wi ma quake, ye widna hae wirkit oot ma riddle."

[19]E speerit o e Lord cam onno him an he gaed doon tae Ashkelon, slew thirty men, teuk their gear an gied a cheenge o claes tae them fa hid wirkit oot e riddle. He wis sair raised an gaed hame tae his fadder's hoose. [20]An Samson's wife wis gien till his best man.

CHAPTIR 15

Noo, a fylie efter, aboot hairst time, Samson teuk a young goat an gaed tae cry in on his wife. He said, "A'm gyan in till ma wife's room." Bit her fadder widna lat him in. [2]Says her fadder, A wis seer ye werna muckle teen wi her, sae A gied her tae yer pal. Div ye nae think her wee sister's bonnier nor her? Tak her insteid." [3]Samson said tae e Philistines, "Iss time A'll see till e Philistines richt gait, jist wyte an see fit A dee till them." [4]Samson gaed an catcht three hunner tods an tied them tail tae tail in twas. Syne he festent a torch tae ilka pair o tails. [5]He set licht tae e torches an lat them in amo e stannin corn crap o e Philistines an brunt e stooks an stannin corn, e vines an the olives.

[6]E Philistines speirt, "Fa's deen iss?" an they were telt, "E Timnite's sin-in-laa, Samson, cause his wife wis mairriet aff till his pal." Sae e Philistines cam an brunt her an her fadder tae daith. [7]Samson said till them, "Sae iss is fit ye're aboot. A winna haud ma han till A get ma ain back on ye." [8]He held at them teeth an a claa an a great mony o them were slauchtert. Syne he gaed an bade in a cave at e rocks o Etam.

[9]Syne e Philistines set up camp at Judah spreadin oot near Lehi. [10]E fowk o clan Judah speirt at them fit wye they hid come tae fecht wi them an they said, "We've come tae tak Samson an dee wi him as he his deen tae hiz." [11]Syne three thoosan chiels fae clan Judah gaed tae e rocks o Etam an said tae Samson, "Div ye nae ken att e Philistines rowle ower hiz? Fit's iss ye've deen tae hiz?" An he said tae them, "A jist gied them as gweed as A got." [12]An they says till him, "We've come tae tie ye up an han ye ower tae e Philistines." An Samson said tae them, "Sweer tae ma att ye winna dee awa wi ma yersels." [13]An they says till him, "Na. Bit we'll tie ye up an han ye ower, bit na, na, we widna kill ye." They tied him up wi twa new tows an brocht him up fae e rock.

[14]As he wis comin tae Lehi, e Philistines cam roarin at him. E speerit o e Lord cam onno him an gied him strinth an e tows att bun his airms turnt lik brunt lint, an e binnins drappit aff his hans. [15]He cam on e jaa-been o a cuddy, pickit it up an slew a thoosan men wi't. [16]Said Samson, "Wi a cuddy's jaa-been A've

made cuddies o them, wi a cuddy's jaa-been A slew a thoosan men." [17]Eence he'd hid his say-awa, he flang awa e jaa-been fae his han an caaed e place, Jaa-been Hill.

[18]He wis thirsty an cried oot tae e Lord, "Ye've gien yer servant iss muckle victory, bit A'm deein o thirst an e weers o faain intill e hans o the uncircumceesed." [19]Bit e Lord opent a kypie i the grun there at Lehi an oot cam watter. Eence he'd hid a drink he recowert an his strinth cam back till him. An he caaed e place, Caller Springs, an it's there in Lehi tae iss verra day. [20]An he wis heid o Israel for twinty ear i the days o e Philistines.

CHAPTIR 16

Ae day Samson gaed tae Gaza, met in wi a hoor an spent e nicht wi her. [2]E fowk o Gaza were telt "Samson's here." Sae they surroonit e place an lay in wyte for him aa nicht at e yett o e toon. They lay quait aa nicht sayin, "We'll kill him come mornin." [3]Bit Samson jist lay till midnicht. Syne he got up an teuk haud o e gateposts o e toon yett, bar an a, threw them ower his shoother an teuk aff wi them tae e heid o e hill att faces Hebron.

[4]A fylie efter att he teuk a likin till a wumman fae e howe o Sorek, caaed Delilah. [5]E Philistine clan chiefs cam till her an said, "See gin ye can tyce him in tae tellin ye foo he comes bi sae muckle strinth an foo we can get e better o him tae bin him up an haud him. Dee att an ilka een o hiz will gie ye elyven hunner bits o siller."

[6]Sae, Delilah said till him, "Tell ma, foo div ye come tae hae sic strinth an foo wid onybody manage tae bin ye up an haud ye?" [7]Samson said till her, "Gin they bun ma up wi syven bowe-strings att hidna been dried oot, A'd be as wyke as ony ither chiel." [8]Syne e Philistine clan chiefs brocht her syven green bowe-strings att hidna been driet an she bun him up wi them. [9]Noo there were chiels hodden in her room, lyin in wyte. She cried oot tae him, "Samson, e Philistines are onno ye!" Bit he snappit e bowe-strings as easy as a threidie braks fan it touches a flame. Sae they didna fin oot foo he cam bi his strinth. [10]Syne Delilah says tae Samson, "Ye've made a feel o ma. Ye telt ma a pack o lees. Come on noo, tell ma foo somebody culd bin ye up. [11]An he said tae her, "Gin they tie ma ticht wi new raips att hiv nivver been eesed, A'd be as wyke as ony ither chiel."[12]Sae Delilah teuk new raips, bun him wi them an cried oot tae him, "Samson, e Philistines are onno ye!" There were chiels fae e Philistines lyin wytin i the room. An he birst e raips aff his airms lik a threid. [13]Syne Delilah said tae Samson, "Up till noo, ye've been makkin a feel o ma an tellin ma lees. Come awa, tell ma foo somebody culd bin ye up." An he said tae her, "Gin ye tak e syven braids o ma hair wyve them egither i the leem an tichen it wi a peg, A'd be as wyke as ony ither chiel." [14]Sae fan he wis sleepin she teuk e syven braids o his hair, wyved them egither i the leem an tichent it wi a peg an cried oot tae him, "Samson, e Philistines are onno ye!" He wakent up an gaed awa pullin it aa lowse fae e leem.

[15]An she said tae him, "Foo can ye say ye loo ma fan ye winna open yer hert tae ma? Ye've made a feel o ma three times an hinna telt ma foo it is ye hiv sae muckle strinth." [16]Noo she naggit at him daily day till he wis sikk tae e daith o her. [17]Sae he spullt e beans an said tae her, "A've nivver hid a razor tae ma heid. A've been a Nazirite, set aside tae God sin e day A wis born. Gin ma heid wis shaven, ma strinth wid fa awa an A'd be as wyke as ony ither chiel." [18]Fan Delilah saa att he'd telt her e trowth, she sent for e Philistine clan chiefs sayin, "Come awa up. A've got it fae him iss time." Syne e Philistine clan chiefs cam up till her, fessin their siller wi them. [19]She lullt him tae sleep on her lap an cried in a chiel tae shave e syven braids aff his heid. Syne she startit tae tirmint him cause he'd tint his s trinth. [20]She says,

"Samson, e Philistines are onno ye!" an he waakent up an said, "A'll jist gyang oot an shaak masel lowss," bit he didna ken e Lord hid left him.

21E Philistines teuk him an pat oot his een an hid him teen doon tae Gaza, bun wi bress chines an pat him tae wark e quern inno e jile. 22Bit e hair o his heid began tae growe again eence he wis inno e jile. 23E Philistine clan chiefs hid a muckle gaitherin tae offer a sacrifeece tae their god, Dagon, an be mirry, sayin, "Wir god his gien Samson ower inno wir hans." 24Fan fowk saa him they praised their god, sayin, "Oor god his gien wir fae inno wir han, e chiel fa tirraneesed wir cuntra an killed sae mony o hiz." 25They got a bittie fu an roart oot o them, "Fess Samson here an we'll hae a bittie o fun." They cried on Samson oot o e jile tae gie them a bit o a lauch. They steed him atween twa pillars. 26Samson said tae e lad att wis haudin on till his han, "Lat go a meenitie an lat ma feel e pillars att haud up e temple sae att A mith lean onno them." 27Noo e place wis full o fowk, men an weemen an aa e Philistine clan chiefs were there. There wis aboot three thoosan on e reef, baith men an weemen aa waatchin Samson's cairryin ons. 28Samson cried tae e Lord sayin, "O Lord God, myn on me, A pray ye, gie ma strinth, A pray ye, jist iss eence God, sae att A mith get ma ain back on e Philistines for fit they've deen till ma twa een." 29Samson teuk ahaud o e twa pillars att held up e temple, een in his richt han an e tither in his left han, 30an he said, "Lat ma dee wi e Philistines." Syne he pushed wi aa his micht an doon cam e biggin onno e clan chiefs an aa e fowk att were inno't. Sae he killed mony mair fan he deit than he killed fan he wis livin. 31His brithers an aa his fadder's fowk cam doon tae get him an teuk him awa tae be beeriet atween Zorah an Eshtaol i the grave o Manoah, his fadder. He'd been heid o Israel for twinty ear.

CHAPTIR 17

There eence wis a chiel i the heilans o Ephraim caaed Micah. 2He said tae his mither, "Myn on the elyven hunner shekels o siller att were pinched fae ye an A heard ye sweerin aboot, I've got it; it wis me fa pinched it. Syne his mither said, "E Lord bliss ye, ma loon." 3An fan he'd gien the elyven hunner shekels o siller back till his mither, she said, "A dedicait iss siller fae ma han till e Lord for ma loon tae mak a cairved eedol an a cassen eemage, sae ye can keep it." 4Bit still-an-on he gied e siller back till his mither an she gied twa hunner o't tae a sillersmith fa made it intill the eedol an the eemage. They sat in Micah's hoose. 5E chiel Micah hid a hoose full o gods. He made a goon an an eemage an appintit een o his sins as a priest. 6Israel didna hae a keeng at att time, aabody jist did fit they wintit.

7A young birkie, a Levite fae e clan Judah bade in Bethlehem in Judah. 8He left there tae sikk his fortune an in his traivels he cam tae Micah's hoose i the heilans o Ephraim. 9Micah said tae him, "Far div ee come fae, min?" An he said, "A'm a Levite fae Bethlehem in Judah an A'm leukin for a place tae bide." 10Micah said tae him, "Bide wi me an be a fadder an a priest tae ma an A'll gie ye a yearly waage o ten shekels o siller, yer claes an yer maet." 11Sae e Levite agreed tae bide wi him an e young lad wis lik een o his sins till him. 12Micah appintit him as his priest an he bade in Micah's hoose. 13Syne Micah said, "Noo A ken e Lord will be gweed tae ma seein as A've appintit a Levite tae be ma priest."

CHAPTIR 18

At att time, there wisna a keeng in Israel. E clan Dan wis tryin for a place o their ain tae sattle, cause they hidna gotten their ain grun as yet fae amo e clans o Israel. 2Sae e clan Dan sent oot five fechtin chiels fae Zorah an Eshtaol tae spy oot e lan an see fit it wis like. They were telt, "G'wa an hae a leuk at e cuntra oot aboot." They gaed tae the heilans o Ephraim an cam tae Micah's hoose an ludged there. 3Fan they were comin up tae Micah's hoose they heard e wird o e young Levite an kent it, sae they turnt in bye an speirt at him, "Fa brocht you here? Fit ye deein hereaboots onywye? Fit bisness hiv ee here?" [4]An he telt them aa att Micah hid deen for him, "He's teen ma on," he said, "as his priest." [5]Syne they said till him, "Pit up a prayer tae God for hiz an learn gin wir protick will hae success." [6]Says e priest till them, "G'wa in peace, yer traivels hiv e Lord's blissin."

[7]Syne e five chiels held oot aboot an cam tae Laish. They saa foo e fowk there hid nae tribbles, a bittie lik e Sidonians, wi nae a care i the warl. They hid nae clan chief tae haud them in aboot. They bade a gweed bit awa fae e Sidonians an hid nae truck wi naebody. [8]Fan they cam hame tae Zorah an Eshtaol, their brithers speirt at them, Weel, fit are ye sayin?" [9]"Come on an fecht them," they said, "we've seen e grun an it's in gweed hert.Are ye nae gyan tae dee naethin? Dinna dauchle, gyang an tak posseession o e grun straicht awa. [10]Fan ye get there ye'll come on fowk nae expecin an attack an plinty grun att God his putten inno yer hans, a place far they wint for naethin."

[11]Sax hunner men o e clan Dan, weel airmed wi wappins, set oot fae Zorah an Eshtaol. [12]On e wye they set up camp in Kiriath-jearim, in Judah an they caaed e place Camp Dan an it's kent as att tae iss verra day, ye ken, it's jist in ahin Kiriath-jearim. [13]Fae there they mairched tae the heilans o Ephraim an cam tae Micah's hoose.

[14]Syne e five chiels fa hid spied oot e lan aboot Laish said tae their brithers, "Div ye ken att een o iss hooses his a goon an a cairved eedol an cassen eemage? Fit div ye think ye'll dee aboot att?" [15]Sae they teuk a turnie in by e young Levite's hoose at Micah's place an said hallo. [16]E sax hunner men o e clan Dan, airmed for waar steed bi the yett. [17]E five chiels fa hid gaen tae spy oot e lan gaed in an teuk oot e cairved eedol an e goon, the ither gods an e cassen eemage, an e priest steed at e yett wi e sax hunner airmed men. [18]Fan they gaed intill e hoose an teuk oot e cairved eedol an e goon, the ither gods an e cassen eemage, e priest said till them, "Fit div ye think ye're deein?" [19]An they said tae him, "Haud yer tongue! Stap yer moo, come wi hiz an be a fadder an a priest tae hiz. Wid ye nae be better tae serve a hale clan o Israel raither nor jist the ae man's faimly?" [20]An he wis fair shuitit at att. He teuk e goon an e gods an e cairved eedol an gaed alang wi them. [21]Syne they turnt an held oot aboot pittin their bairns an beasts an gear tae e fore.

[22]Eence they were a gweed bit awa, e menfowk o Micah's faimly chased efter them an catcht up wi them. [23]They roart ower tae e fowk o e clan Dan, fa turnt an said tae Micah, "Fit ails ye att ye come wi sic a thrang?" [24]An he said, "Ye've teen awa e gods A made an ye gaed awa wi ma priest. Fit ither hiv A got? An ye hiv e chikk tae say 'Fit ails ma'?" [25]An e fowk o e clan Dan said till him, "Dinna say ony mair gin ye dinna wint tae get e birse up in wir men fa will seen pit an ein tae you an e lave o yer faimly." [26]E clan Dan held on their road an fan Micah saa att he wis nae match for them, he gaed awa hame. [27]They teuk e thinngies att Micah hid made alang wi his priest an won e linth o Laish, tae e peacefu fowk, fa didna expeck an attack. They pat them tae e swoord an brunt e toon. [28]Naebody cam till their rescyee cause they were a lang road fae Sidon an didna deal wi ony ither fowk. E toon wis i the howe near han Beth-rehob. They biggit a toon an sattlt there. [29]They caaed e toon Dan, efter Dan, their fadder, fa wis born tae Israel, tho e toon wis kent as Laish, o aul.

[30]E clan Dan set up e cairved eedol. Gershom's loon Jonathan, gransin tae Manasseh, an his loons fa cam efter him were priests tae e clan Dan till e day att e fowk were teen intae exile. [31]They set up the eedol Micah hid made an it bade there aa e time att e hoose o God wis in Shiloh.

CHAPTIR 19

Noo, at att time, fan Israel hidna a keeng, a Levite bidin i the heilans o Ephraim teuk himsel a bidie-in fae Bethlehem in Judah. [2]Bit she wis twa-timin him an gaed awa back tae her fadder's hoose in Bethlehem o Judah. She wis there fower month, [3]fan her man gaed efter her tae prig wi her tae come back till him. He hid his fee'd man an twa cuddies wi him. She brocht him intill her fadder's hoose an fan her fadder saa him he wis fine pleased tae meet in wi him. [4]E quine's fadder, his fadder-in-laa, speirt at him tae bide a fylie, an he bade for three days, ettin an drinkin an gettin his ludgins.

[5]On e fowerth day, they raise airly an he wis gettin riddy tae haud awa, fan e quine's fadder said tae his sin-in-laa, "Hae a moofu tae ett afore ye gyang." [6]Sae e twa o them sat doon igither tae hae somethin tae ett an drink. [7]An fan e chiel gat up tae gyang awa, e fadder-in-laa priggit wi him tae bide anither nicht, an sae he did. [8]He gat up tae gyang airly on e fifth mornin bit e quine's fadder says, "Hae a bite tae ett first, wyte till efterneen," an sae they baith sat doon tae ett. [9]Fan e chiel gat up tae gyang awa wi his bidie-in an fee'd man, his fadder-in-laa, e quine's fadder said, "Ach, it's weerin on tae nicht. Bide anither nicht, e day's near ower wi. Bide an enjoy yersel. E morn ye can get an airly start for hame." [10]Bit e chiel widna tarry att nicht, bit got up an held awa the wye o Jebus (att's Jerusalem) wi his twa saiddlt cuddies an his bidie-in. [11]Fan they got near han Jebus an e day weerin by wi, e man says till his maister, "Come on, we'll gyang intill iss toon o e Jebusites an bide e nicht." [12]Says e maister, "Na, we winna gyang intill a toon o fowk wi dinna ken, fowk att are nae Israelites. We'll haud on tae Gibeah." [13]An he said till his man, "Come on, we'll gyang a bittie farrer an spen e nicht at Gibeah or Ramah." [14]They held on their wye an as e sin gaed doon, they cam tae Gibeah i the cuntra o e clan Benjamin. [15]They turnt in tae spen e nicht in Gibeah. They sat doon i the toon squaar, bit naebody socht tae tak them in for e nicht.

[16]Noo at nichtfa, an aul chiel fae e heilans o Ephraim fa wis bidin in Gibeah (e fowk fae thereaboots were o e clan Benjamin), cam in fae e parks. [17]He leukit up an saa e traiveller i the toon squaar. The aul man said till him, "Far are ye gyan an far are ye fae?" [18]An e chiel said till him, "We're passin throwe fae Bethlehem in Judah tae e heilans o Ephraim: att's far A'm fae. A've been tae Bethlehem in Judah an noo A'm on my wye tae e hoose o e Lord. Naebody here his socht ma in. [19]Bit we've plinty strae an maet for wir cuddies an loaf an wine for masel, ma deemie, an for e birkie fa's wi yer servants. We're nae wintin for naethin. [20]Says the aul man, "Mercy on ye. Come an A'll see tae yer wints. We canna hae ye sleepin i the street." [21]Sae he teuk him hame till his hoose, maetit e cuddies, waasht their feet an ett an drank.

[22]They were haein a rare time fan some cyaards fae e toon surroonit e hoose an haimmert at e door, sayin tae the aul chiel fa aint e hoose, "Fess oot e chiel ye teuk till yer hoose we wint tae hae wir wye wi him." [23]The aul man fa aint e hoose gaed oot an said till them, "Na, na ma freens, ye canna dee onythin as fool as att. Iss chiel is bidin wi me, dinna dee onythin sae feel." [24]See, here's ma dother fa's nivver lain wi a man an his bidie-in, A'll fess them oot till ye an ye can dee fitivver ye wint wi them. Bit ye canna dee onythin sae coorse tae iss man." [25]Bit e lads widna listen till him, sae e chiel teuk his bidie-in oot till them an they rapit her an did fool things till her aa nicht, nivver devaalin till mornin. At day-braak they lat her go. [26]As it wis daawnin, e wumman cam an fell doon at e door o e chiel's hoose far her man wis an lay there till it wis licht. [27]Her man raise i the mornin an opent e door tae haud on his road an saa e wumman fa wis his bidie-in lyin at e door o e hoose wi her hans on e door-steen. [28]He said till her, "Get up an we'll be on wir wye." Bit there wis nae answer. Sae he pat her on e back o his cuddy an set aff for hame.

[29]Fan he got hame, he teuk a knife an cut up his bidie-in intae bits, twal in aa, an sent a bit tae ilka een o e districts o Israel. [30]Aa fa saa it said, "There wis nivver sic a thing deen nor seen sin e day the Israelites cam oot o Egypt. Think aboot fit his happent. Somethin maun be deen aboot it. Fit will we dee?"

CHAPTIR 20

Syne aa the Israelites fae Dan tae Beersheba an fae Gilead gaithert egither as een afore e Lord in Mizpah. [2]E chiefs o e clans o Israel teuk their place in the assembly o e fowk o God, fower hunner thoosan sodgers airmed wi swoords. [3](Noo, e clan Benjamin heard att the Israelites hid gaen up tae Mizpah.) Syne the Israelites speirt, "Foo did iss coorseness happen?" [4]E Levite chiel, e man tae her att wis killed said, "A cam tae Gibeah i the Benjamin cuntra wi ma bidie-in, tae spen e nicht, [5]Throwe e nicht, e lads fae Gibeah cam efter ma an surroonit e hoose intendin tae dee awa wi ma. They rapit ma bidie-in an she deit. [6]A teuk ma bidie-in an cuttit her intae bitties an sent a bit tae ilka district o the fowk o Israel cause o e fool actins o the Israelites. [7]Ye're aa Israelites yersels. Fit hiv ee got tae say aboot it?". [8]They gat up an aa said o the ae accoord, "Neen o hiz will gyang hame. Neen o hiz will gyang back till his hoose. [9]Iss is fit we'll dee tae Gibeah, we'll draa lots an see fa's gyan tae attack her. [10]We'll tak ten men oot o ilka hunner fae throwe aa e clans o Israel, a hunner oot o ilka thoosan an a thoosan oot o lka ten thoosan tae get maet for the airmy. Syne, fan e airmy comes tae Gibeah o Benjamin it can gie them fit they deserve for aa iss ill they've fessen onno Israel." [11]Sae aa e men o Israel gaithert as een agin e toon.

[12]Aa e clans o Israel sent men throwe e Benjamin clan sayin, "Fit are ye sayin aboot iss maist affa thing att ye've deen? [13]Han ower e cyaards fae Gibeah sae we can dee awa wi them an clean e lan o iss ill." Bit e fowk o e Benjamin clan widna listen tae fit their brither Israelites were sayin. [14]Fae aa their toons they gaithert at Gibeah tae fecht wi the Israelites. [15]E clan Benjamin mustert fae their toons twinty-sax thoosan swoordsmen asides e fowk fae Gibeah fa nummert syven hunner o e best fechters. [16]Amo iss set oot wis syven hunner skeely corrie-fisters fa culd sling a steen at a hair an nivver miss. [17]Israel, apairt fae Benjamin mustert fower hunner thoosan swoordsmen, aa bonnie fechters.

[18]The Israelites gaed tae e hoose o God an socht at God fitna o them shuld haud at e clan Benjamin first ov aa. An e Lord said, "Clan Judah will gyang foremaist." [19]Neist mornin the Israelites raise an set up camp ower by Gibeah. [20]The Israelites gaed oot tae fecht e clan Benjamin an teuk up their battle poseetions agin them at Gibeah. [21]E clan Benjamin sallied oot o Gibeah an att day slauchtert twinty-twa thoosan o the Israelite airmy. [22]Bit e men o Israel timmert een anither up an again teuk up poseetions far they hid been att first day. [23]The Israelites gaed up an grat afore e Lord till nichtfa an speirt at e Lord fit tae dee, sayin, "Shuld we fecht wi wir brithers, e clan Benjamin?" An e Lord said. "Ay, jist att." [24]The Israelites cam ower tae e clan Benjamin on e saicond day. [25]E clan Benjamin sallied oot o Gibeah on e saicond day anslauchtert auchteen thoosan o the Israelite airmy, aa o them airmed wi swoords.

[26]Syne the Israelites aa gaed up tae the hoose o God an grat, sittin there afore e Lord, fastin aa day till nichtfa, an offerin brunt offerins an peace offerins tae e Lord. [27]The Israelites speirt at e Lord, (cause God's kistie wis there in them days [28]wi Eleazer's loon Phinehas, gransin tae Aaron stannin afore it at att time), "Shuld we again fecht wi wir brithers, e clan Benjamin, or shuld we nae?" An e Lord said, "On ye gyang, cause e morn A'll han them ower tae ye." [29]Syne the Israelites set an ambush aa roon Gibeah. [30]An the Israelites gaed oot tae fecht e clan Benjamin on e third day, settin themsels oot afore Gibeah as they'd deen afore. [31]The clan Benjamin cam oot tae meet them an were draawn awa fae e toon. They startit tae get e better o the Israelites like they'd deen afore. They killed aboot thirty Israelites on e roads oot i the open, een leadin tae Bethel an e tither tae Gibeah. [32]An e clan Benjamin said, "They're faa'in awa fae hiz jist like afore." Bit the Israelites said, "Pull back an draa them awa fae e toon intill e roads." [33]The Israelites meeved fae far they were an teuk up poseetion at Baal-tamar. The Israelite ambush birst oot fae far they were lyin i the parks roon Gibeah. [34]There wis ten thoosan o e best sodgers o Israel, they set on Gibeah an e fechtin wis fearsome, bit e clan Benjamin didna realise att there wis crockaneetion comin. [35]Sae e Lord owercam e clan Benjamin afore Israel an the Israelites killed twinty-five thoosan wan hunner men att day, aa swoordsmen. [36]E clan Benjamin saa they were deen for, tho the Israelites preenin their

hopes on e chiels lyin in ambush roon Gibeah, hid scattert afore them. [37]The men lyin in ambush made a rush on Gibeah, spreed oot an pat e hale toon tae e swoord. [38]Noo there wis a signal atween the Israelites an e men att were lyin in ambush att they wid pit up a clood o reek fae e toon. [39]The Israelites turnt roon tae fecht, an e clan Benjamin held at them, killin aboot thirty, cause they thocht att they hid gotten e better o them, jist as they'd deen i the first fecht. [40]Bit e clan Benjamin leukit ahin them an saa e flames an clood o reek takkin up tae hivven. [41]Syne the Israelites turnt on them an e clan Benjamin were dumfoonert cause they culd see the ill att wis comin till them. [42]Sae they turnt their backs on the Israelites an teuk aff tae e roch cuntra, bit they culdna win awa fae e fechtin an or lang the Israelites hid come oot o e toon an were cuttin them doon. [43]They surroonit e clan Benjamin, chased them an hid little tribble in gettin e better o them ower tae the east o Gibeah. [44]Auchteen thoosan bonnie fechters fae e clan Benjamin fell att day.[45]They turnt an fled e wye o e roch cuntra tae e steens o Rimmon an they cuttit doon five thoosan men alang e roads. They chased on efter e clan Benjamin e linth o Gidom an killed anither twa thoosan. [46]Sae twenty-five thoosan swoordsmen deit att day, aa bonnie fechters. [47]Bit sax hunner chiels teuk aff intae e roch cuntra an won till e steens o Rimmon far they bade for fower month. [48]An the Israelites gaed back tae e cuntra o e clan Benjamin an pat aa e toons till e swoord, fowk an beasts an aathin they cam on. They brunt ilka toon they cam till.

CHAPTIR 21

Noo e men o Israel hid teen an aith at Mizpah att they widna gie their dothers as wife tae ony o e clan Benjamin. [2]E fowk gaed tae Bethel an sat afore God till nicht time raisin their vices an greetin sair. [3]They said, "O Lord God o Israel, fit's happent tae Israel? Fit wye shuld ae clan be tint fae Israel?" [4]Noo, e neist day e fowk raise airly an biggit an aaltar an offert brunt offerins an peace offerins. [5]An the Israelites said, "Fa o aa the clans o Israel hisna come tae e meetin afore e Lord?" Cause they'd hid a muckle say-awa aboot them fa didna come tae e Lord at Mizpah, sayin att they shuld be putten tae daith. [6]Noo the Israelites were sorry aboot their brithers e clan Benjamin, sayin, "There's a clan cuttit aff fae Israel e day. [7]Fit will we dee for wives tae e lave, seein as we teuk an aith att we widna gie wir dothers tae ony o them for wives?"

[8]An they said, "Fitna o e clans o Israel didna come afore e Lord at Mizpah?" They faun oot att naebody fae Jabesh-gilead hid come till the assembly. [9]Cause they coontit e fowk an neen fae Jabesh-gilead wis there. [10]Sae the assembly sent twal thoosan o e best sodgers tae Jabesh-gilead wi the instuctions tae pit aa there tae e swoord incudin weemen an bairns. [11]"Iss is fit ye maun dee," they said, "kill ilka man an ilka wumman att's lain wi a man" [12]They faun amo e fowk at Jabeth-gilead fower hunner young quines fa hid nivver lain wi a man an they brocht them tae e camp at Shiloh in Canaan. [13]Syne the assembly sent an offer o peace tae e fowk o e clan Benjamin att were at e steens o Rimmon. [14]Sae e Benjamin chiels cam back an were gien e weemen o Jabeth-gilead fa'd nae been deen awa wi. Bit there wisna aneuch for them aa. [15]An e fowk were sorry for e clan Benjamin, cause e Lord hid caused a split i the clans o Israel.

[16]Syne the elders o e congregation said, "Wi aa e weemen fowk o e clan Benjamin slauchtert, foo will we get wives for e lave? [17]Them fae e clan Benjamin fa hiv survived, maun hae heirs," they said "sae att een o e clans o Israel winna be wypit oot. [18]We canna gie them wir ain dothers for wives seein as we, the Israelites, hiv teen an aith att ony fa gies a wife tae e clan Benjamin will be cursed." [19]Syne they said, "Bit wyte, there's a feast o e Lord ilka ear in Shiloh, tae e north o Bethel, on the east side o e road att gyangs up fae Bethel tae Shechem, tae e sooth o Lebonah." [20]Sae they said tae e chiels o e clan Benjamin, "G'wa an wyte i the vinyairds, [21]an waatch an see gin e young quines o Shiloh come oot tae dance, syne ilka een o ye come oot o e vinyairds an tak for yersel a wife fae amo e Shiloh quines an haud awa tae e cuntra o e clan Benjamin. [22]An fan their fadders or brithers come tae hiz tae compleen, we'll say tae them, 'Dee's a

faavour bi helpin them, cause wi didna keep back wives for them at e time o e fechtin. An seein ye didna gie them awa, there will be nae come-back on youeens.'" [23]An att's jist fit e clan Benjamin chiels did. Ilka een catcht a wife fae amo e dancin quines, gaed back tae their ain cuntra, re-biggit their toons an bade in them.

[24]Syne the Israelites left, ilka man till his ain clan an faimly, ilka een back till his ain place. [25]In them days there wisna a keeng in Israel, fowk jist did as they likit.

E BEUK O RUTH

CHAPTIR 1

Noo, a gey file ago, fan e clan chiefs rowled e hale cuntra, there wis nae maet tae be gotten naewye an aabody wis hunngert. A lad fae Bethlehem in Judah gaed tae bide for a fylie in Moab wi his wife an their twa loons. [2]E chiel wis caaed Elimelech, his wife Naomi an his loons, Mahlon an Kilion. They were o e clan Ephrathah fae Bethlehem in Judah. An fan they got till e Moabite cuntra, they sattlt there.

[3]Noo afore lang, Elimelech, Naomi's man, deit an left her on her ain wi her twa loons. [4]E loons mairriet Moabite quines, een caaed Orpah an e tither een, Ruth an they bade there for aboot ten ear. [5]Syne baith Mahlon an Kilion deit leavin e peer aul wife athoot man nor sins. [6]Awa she gyangs wi her twa gweeddothers tae heid back hame far, fowk were sayin, she wid fin plinty maet. [7]Sae, wi her twa gweeddothers, she up sticks an sets oot for Judah, her aul hame. [8]Syne, Naomi says tae her gweeddothers, "G'wa hame tae yer ain mithers an mith e Lord leuk efter ye as ye've leukit efter me an ma loonies fan they were wi hiz. [9]Awa an get a new man tae yersel tae leuk efter ye." She gied them baith a bosie an they baith howled an grat. [10]"Na, Na" says they, "we're comin back wi ye tae your placie an your fowk." [11]Bit says Naomi "Gyang back, ma quines. Fit e deil wye wid ye wint tae come wi me? Am ower aul tae hae ony mair sins tae be men till ye. [12]G'wa hame, ma quines. A'm ower aul tae get anither man, an aiven gin A did, an hid sins till him iss verra nicht, [13]there's nae wye ye wid wyte till they were aul aneuch tae mairry ye. Na, ma quines, A'm sair come at att e Lord his nae been wi me o late." [14]An they grat again fan they heard her spik iss wye. Syne Orpah gied her gweedmither a bosie an gaed awa hame tae her ain fowk, bit Ruth held on tae her.

[15]"Yer sister his gaen back tae her ain fowk an her gods, awa ye gyang tae yours," quo Naomi.

[16]"Dinna prig wi me tae gyang back an leave you aa yer leen," quo Ruth. "Farivver ye gyang, A'll gyang wi ye. Far ye bide, A'll bide. Yer fowk'll be my fowk an yer God'll be my God. [17]Farivver ye come till the ein o yer days, A'll be there tee, an A'll be beeriet wi ye. A gie ma wird afore yer God, naethin bit daith will pairt e twa o's." [18]Naomi saw she wis sweir tae pairt wi her, sae she held her weesht, [19]an e twa o them traivelt on tae Bethlehem. An fan they arrived e hale toon wis oot tae see them. "Is iss wir ain Naomi?" they speirt. [20]"Dinna caa ma Naomi," she telt them, "bit 'Sooricks', cause it's a gye soor ploom att e Lord his gien ma. [21]A gaed awa hale an e Lord his brocht ma back teem. Fit wye div ye think A'm still the aul Naomi? E Lord his been gey sair on ma. The Almichty his brocht ma naethin bit mishanters."

[22]Sae, att wis e begeck att Ruth got fan she cam tae Bethlehem wi her gweedmither fae her ain cuntra o Moab. Fan they got there it wis e time o e barley hairst.

CHAPTIR 2

Noo, Naomi's man, Elimelech, hid a freen, a gey weel deein kyn o billy caaed Boaz. [2]Ruth, e quine fae Moab, speirt at her mither-in-laa ae day gin she cud gyang oot intae e parks an gaither e gleanins ahin ony o the hairsters att wad lat her dee it. "Ay, awa ye gyang, ma quine," quo she. [3]Sae Ruth gaed awa oot an trailed on ahin e hairsters an bi chaunce she wis in a park att wis ained bi Boaz, Elimelech's freen. [4]Boaz cam oot fae e toon an spak tae aa his men an wished them gweed cheer an they aa gied him their blissin. [5]Syne he speirt at e grieve "Fitna quine's att?" [6]"She's a Moabite quine," says e grieve, "new come back fae Moab wi Naomi. [7]She speirt gin she mith gaither amo e shaives ahin e men. She's been at it athoot a braak fae daylicht till noo, apairt fae a wee meenitie till hersel inside." [8]An Boaz gaed ower tae her an says: "Hey, ma quine, bide here i the parks, keep alang wi the ither quines. [9]Waatch far e chiels are cuttin an binnin an gaither ahin them. A've telt them aa nae tae interfere wi ye an gin ye wint a drink, gyang an slock yer drooth oot o e pail o watter att wis fullt for e men."

[10]She flang hersel doon on e grun afore him an speirt, "Fit wye are ye sae gweed tae ma fan ye dinna even ken fa I am?"

[11]Boaz says tae her "They've telt me aa aboot ye an aa fit ye've deen for yer gweedmither since yer man deit, an foo ye left yer ain mither an fadder an yer ain cuntra an cam tae fowk ye didna ken afore. [12]Mith e Lord rewaard ye for yer gweed wark an mith e Lord God o Israel att's noo leukin efter ye, gie ye aa att ye mith ivver wint."

[13]Syne says Ruth: "A hope ye winna think ill o ma, an A'm richt shuitit ye've teen ma on, though A'm nae e marra aiven o yer kitchie deems." [14]Syne Boaz says tae her: "Fan it's supper time, come awa ben an hae somethin tae ett an steep yer loaf i the soor wine." Sae she sat doon wi e fee'd men an he raxed ower an gied her some rossin corn. She ett her full an there wis some left ower forbye. [15]Efter she'd risen up an heided back tae e park, Boaz says till e fee'd men, "Lat her gaither farivver she likes, aiven amo e shaives, an jist lat her aleen. [16]A wad say ye culd even gyang e linth o pu'in oot an antrin strae fae e shaives an throwin it doon for her tae gaither."

[17]Sae Ruth gaithert i the park till e gloamin an fan she threesh oot fit she hid gaithered, it cam tae aboot a bushel o barley.

[18]She gaithert it up an gaed awa back till e toon an her gweedmither saw foo muckle she hid gaithert. Syne Ruth brocht oot e leavins fae her supper an gied it till her. [19]Her gweedmither speirt at her, "Far wis ye gaitherin e day? Fit wye did ye gyang? God's blessin on e chiel att took notice o ye." Sae she telt her gweedmither fa she'd been wirkin wi. "E mannie A wis wirkin wi e day," quo she "wis caaed Boaz." [20]"Michty be here," quo Naomi "e Lord leuks efter e livin as weel as e deid. Iss chiel is freen tae hiz, he's een o wir neist o kin." [21]"Ay, an fit's mair," quo Ruth, e quine fae Moab, "he telt ma tae bide aside his fee'd men till they were throwe hairstin." [22]Syne says Naomi, "E best thing ye culd dee is gyang oot wi his quines e morn an dinna gyang intae ony ither body's parks." [23]Sae she bade wi Boaz's quines, gaitherin till e hinner ein o e hairstin o baith e barley an e wheat; bit ilka nicht, she gaed hame tae her gweedmither.

CHAPTIR 3

Ae day, Ruth's gweedmither Naomi said till her, "Ma quine, A'm hankerin tae see ye sattlt wi a gweed man. [2]Noo fit aboot Boaz; ye were wi his quines, myn. He's gyan tae be winna'in barley e nicht on e barn fleer. [3]Awa an gie yer face a dicht, pit on some scint an yer gweed claes an haud awa doon tae e barn, bit dinna lat him ken ye're there till he's throwe wi his supper an his hid his dram. [4]An fan he gyangs till's bed tak tent o far he's ristin an pu' back e blanket at his queets an coorie doon aside him. He'll tell ye fit he wints ye tae dee." [5]"Aa richt," says she, "A'll dee fativver ye say."

[6]Sae, awa she gyangs tae e barn an dis jist fit her gweedmither telt her. [7]Efter he'd suppered an hid his dram, Boaz wis fair forfochen an gied awa tae hae a lie doon at e fit o a heapie o corn. [8]Aboot twal o'clock, he felt somethin oonchancie, turned ower an gweed sakes, there wis an umman body at e fit o's bed. [9]"Fa's att?" he speirt. "A'm yer hairst quine, Ruth," quo she "noo spread yer aapron ower ma cause A'm yer nearest freen." [10]Says he, "E Lord his blisst ye, lassie, ye've come aa richt i the hinnerein; ye

hinna been fleein efter ony young chiel wi siller or athoot. [11]An noo lassie, nivver fear, A'll dee fitivver ye wint ma till, cause as aabody kens, ye're a gey skeely quine.[12]Bit, are ye seer A'm yer neist o kin? A think there's a lad att's nearer han freens nor me. [13]Reest here e nicht, an e morn's mornin we'll speir at him gin he's willin tae be yer neist o kin, fat sorra ither. Bit gin he's nae willin, A'll tak it on masel, A sweer tae God. Noo lie doon till mornin."

[14]An, sae, she lay doon at his queets till mornin bit rose afore e licht wis up aneuch tae see fa wis fa, an he telt her "Ye'd better nae lat onybody ken att a quine wis i the barn yestreen. [15]Fesh ower yer shallie an haud it oot." Sae she held it oot an he heaped intillt sax mizzour o barley an heist it onno her back an awa she gied tae e toon. [16]An fan she got back tae her gweedmither, she speirt at her "Weel, ma quine, foo did it gyang?" Ruth telt her aa att e billie hid deen for her. [17]"He gied me iss sax mizzour o barley," quo she, "he widna lat ma come hame tae ma gweedmither athoot some arles." [18]Naomi said "Jist ye wyte, ma quine, till ye see fit the ootcome o iss'll be. He winna reest till he's sattlt wi ye the day."

CHAPTIR 4

Noo Boaz hid teen a danner doon tae e toon yett an wis sittin there fan e billie att he thocht wis e neist o kin cam bye. "Hey, min," he cried on him, "come awa an tak yer ease." Ower he cam an doon he sat. [2]Syne Boaz cried ower ten o e Toon Cooncillors an speirt at them tae tak a seat aside them. They aa sat doon [3]an Boaz speirt at e neist o kin, "Ye'll myn on e parkie att belanged tae wir brither Elimelech? Naomi his come hame fae e Moabite cuntra an's sellin't. [4]A telt her A wid speir at ye, afore e Cooncillors aa sittin here, gin ye'd buy it. Gin ye're gyan tae dee things e richt gait as neist o kin, syne get on wi't bit gin ye're nae, somebody'll hae tae dee't. Sae fit are ye sayin till't, spik up man, A'm speirin at ye as neist o kin." "Ay, ay," says he "A'll dee ma dyowty as neist o kin." [5]Syne Boaz telt him, "E day ye buy e park, ye'll get Ruth, e Moabite lassie, tee, e weeda o e deid man, sae as his name will aye be wi e parkie." [6]"Na, na," quo e chiel, "A canna dee att, cause gin A tak att on, there's a gweed chaunce A'll loss ma ain place. Ye'll need tae tak it on yersel. I canna dee't."

[7]Noo, i the days o lang syne, fan grun wis selt or excambed, it wis e deen thing for a man tae pull aff een o his sheen an gie it tae e tither chiel. Iss wis e wye a deal wis strucken in Israel. [8]Sae e neist o kin says tae Boaz, "Tak it yersel," an pu'ed aff his beet. [9]Syne Boaz telt e Cooncillors an aa e fowk stannin there, "Ye're aa witness tae e fac att iss verra day A've gotten fae Naomi aathin att belanged tae Elimelech an aathin att belanged tae Mahlon an Kilion; [10]an fit's mair, A've gotten Ruth, e quine fae Moab, Mahlon's weeda tae be wife tae keep e name o e deid man wi his parkie, sae att his name mithna be tint fae amo his fowk nor at e door o his ain hame. Ye're aa witness tae e fac, e day." [11]An e Cooncillors an aa e tither fowk stannin aboot said, "Ay, we're aa witness till't. Mith e Lord mak iss umman att's come in till yer hoose, like Rachel an Leah, e twa att biggit up e hoose o Israel. Mith ye dee great things in Ephrathah an keep e name gyan in Bethlehem. [12]Mith yer hoose be like e hoose o Perez fa wis carriet tae Judah bi Tamar, throwe e bairns att e Lord will gie ye wi iss quine."

[13]Sae Boaz mairriet Ruth. An fan he'd lain wi her, God saw tae it att she fell i the faimly wye an she hid a wee loonie tae Boaz. [14]Syne e weemen said tae Naomi, "Blissins tae e Lord e day for nae leavin ye athoot a neist o kin. Yer man's name'll aye be myn't in Israel. [15]E bairnie'll mak ye feel like a young thing aa ower again an leuk efter ye fan ye're doited, cause yer gweeddother att looes ye, an his been mair tae ye nor syven sins, is his mither." [16]Naomi took e bairnie an held him in her bosie an wis fair trickit wi him. [17]"Naomi his a bairnie," aabody said, "we'll caa him Obed." He wis Jesse's fadder, him fa wis fadder tae Daavit.

[18]Iss is fa Perez' fowk were: Perez wis e fadder o Hezron; [19]Hezron o Ram; Ram o Amminadab; [20]Amminadab o Nahshon; Nahshon o Salmon; [21]Salmon o Boaz; Boaz o Obed; [22]Obed o Jesse; an Jesse o Daavit.

E FIRST BEUK O SAMUEL

CHAPTIR 1

Noo, there wis a chiel fae Ramathaim-zophim, i the heilans o Ephraim, caaed Elkanah. He wis e sin o Jeroham, sin o Elihu, sin o Tohu, sin o Zuph. He wis o e clan o Ephraim. [2]He hid twa wives, een wis caaed Hannah an e tither een wis caaed Peninnah. Peninnah hid bairns, bit Hannah didna hae neen. [3]Ilka ear, e chiel gaed fae his ain toon tae Shiloh tae wirship an sacrifeece tae e Lord o Hosts. Eli's twa loons, Hophni an Phinehas, e priests o e Lord, were there.

[4]Fanivver Elkanah made the offerins, he gied some o e maet tae his wife, Peninnah an some tae aa her sins an dothers. [5]Bit cause he looed Hannah, he gied her gweed mizzour tee, tho God hid made her eel. [6]An cause e Lord hid made her eel, e tither wife wid tirmint her an kittle her up. [7]Iss gaed on ilka ear fan Hannah gaed up till e hoose o e Lord. She wis tirmintit as muckle, att she grat an widna ett. [8]Her man, Elkanah wid say till her, "Fit are ye girnin aboot? Fit wye are ye nae ettin? Fit's sairest wi ye? Am I nae mair till ye nor ten sins?"

[9]Fan they were throwe ettin an drinkin in Shiloh, Hannah steed up. Noo, Eli, e priest wis sittin on a cheer anent e door o e Lord's temple. [10]She wis affa sair come at an she prayed tae e Lord, greetin her een oot. [11]She made a voo, sayin, "O God Almichty, leuk foo sair come at yer servant is, myn on ma, dinna forget on yer servant, bit gie ma a wee loonie an A'll gie him tae e Lord for as lang as he's livin an his hair will nivver be shorn." [12]Noo, as she wis prayin tae e Lord, Eli wis waatchin her moo. [13]Hannah wis prayin in her hert an tho her lips were meevin, nae soun wis comin oot, sae Eli thocht she wis foo [14]an says till her, "Foo lang are ye gyan tae be dozent wi drink? Ye'll need tae haud aff o e wine." [15]Hannah says till him, "Na, na, ma lord, A'm jist a wumman att's affa doon-hertit. A hinna been drinkin nae wine nor strong drink, bit A've been poorin oot ma hert tae e Lord. [16]Dinna tak yer servant for a limmer, A've jist been prayin here cause A'm sae sair come at." [17]Syne Eli said till her, "Awa ye gyang in peace, an mith e God o Israel gie ye fit ye're sikkin." [18]Says she, "Oh, mith ye nae think ill o yer servant." She gaed awa, hid somethin tae ett an leukit an affa bit happier.

[19]Airly neist mornin, they got up an wirshippt e Lord syne held back tae their hoose at Ramah. Elkanah lay wi Hannah, his wife, an e Lord mynt on her. [20]She fell i the faimly wye an hid a wee loonie an caaed him Samuel, cause, she said, "A socht him o e Lord." [21]Fan e chiel, Elkanah, gaed up wi aa his fowk tae offer e yearly sacrifeece tae e Lord, an fullfil his voo, [22]Hannah didna gyang wi him. She said till her man, "A winna gyang up till e bairnie's spent an syne A'll fess him afore e Lord an he'll bide there for aye." [23]Her man, Elkanah, said till her, "Jist dee fit ye think's richt. Bide here till he's spent. A jist hope e Lord will see yer voo come aboot." Sae e wumman bade at hame an gied breist tae her loonie till he wis spent.

[24]An eence he wis spent she teuk him up wi her, wi three stots, a hunnerwecht o flooer an a bowie o wine an brocht him tae e hoose o e Lord at Shiloh. E bairnie wisna verra aul. [25]They slauchtert a stot an brocht e bairnie tae Eli, [26]an she said till him, "Oh, sir, as sure's A'm here, sir, A'm e wumman att steed aside ye here, prayin till e Lord. [27]A prayed for iss bairnie, an e Lord his gien ma fit A socht fae him. [28]Sae noo A gie him till e Lord an as lang as he lives, he'll be e Lord's." An he wirshippt e Lord there.

CHAPTIR 2

Syne Hannah pat up iss prayer:

"Ma hert rejoices i the Lord,
i the Lord ma horn is reesed up heich.
Ma moo craas ower ma faes
cause A'm sae shuitit ye've set ma lowss.
[2]There's neen att's haily lik e Lord,
neen can be a marra till ye,
nae steen like wir God.

[3]Dinna be sae bigsy
nor lat yer moo blaw sae muckle,
cause e Lord's a God fa kens
an weys oot aa att ye're deein.

[4]E sodgers' bowes are breuken,
bit them fa styttert are airmed wi strinth.
[5]Them fa hid aneuch, fee themsels oot for maet,
bit them fa were hunngert are hunngry nae mair.
The eel wumman his hid syven geets,
bit e wumman wi a hantle o geets is e waur o e weer.

[6]E Lord kills an gies life;
he sens doon till e grave an reeses up.
[7]E Lord maks e peer an he gies walth,
he dings a body doon an reeses a body up.
[8]He reeses e peer fae e dubs
an heists up e gaberlunzie fae e midden;
he sets them doon amo the weel-tae-dee
an gies them a seat o honour.

Ye see, e founs o the Earth are e Lord's
an he's set e warl onno them.
[9]He'll tak care o e feet o his saunts,
bit e coorse he'll mak quait i the mirk.
Naebody wins till e tap bi eesin breet force;
[10]Them fa conter e Lord will be caaed tae smithereens.
He'll thunner agin them fae hivven,
an e Lord will jeedge the eins o e warl;
he'll gie strinth till his keeng,
an reese up e horn o his annintit.

[11]Syne Elkanah gaed hame tae Ramah, bit e loonie meenistered tae e Lord afore Eli e priest.

[12]Noo Eli's sins were deevils an didna tak wi e Lord. [13]Fit e priests eesually did wi e fowk wis att fan onybody offert a sacrifeece, e priest's servant wid come wi a three-teethed heuk fan e beef wis bilin. [14]He wid plump it inno e pan or kettle or biler or pot an fitivver cam up wi e heuk, e priest wid keep till himsel. An iss is fit they did wi aa the Israelites fa cam tae Shiloh. [15]An afore e creesh wis brunt, e priest's servant wid come an say tae e chiel fa wis deein e sacrifeecin, "Gie e priest some beef tae roast, he winna tak bylt beef fae ye, bit jist raa." [16]Gin onybody said till him, "Lat e creesh be brunt first an syne ye can hae as

muckle as ye wint," e servant wid say, "Na, na, jist gies't enoo, gin ye dinna we'll jist rive it fae ye." [17]Noo iss wye o deein bi Eli's loons didna gyang doon verra weel wi e Lord, cause they werna shewin ony respec tae e sacrifeeces tae e Lord.

[18]Bit Samuel meenistered tae e Lord, a young loon weerin a leenen goon. [19]Mairower, his mither made him a wee coatie ilka ear an teuk it till him fan she gaed up wi her man tae offer the yearly sacrifeece.

[20]Eli wid bliss Elkanah an his wife, sayin, "Mith e Lord gie ye bairns tae full e place o the een ye've gien till e Lord." An awa hame they wid gyang. [21]An e Lord wis gweed tae Hannah an she hid anither three sins an twa dothers. An e bairnie Samuel grew up wirkin for e Lord.

[22]Noo Eli wis gettin on in ears an heard aa aboot fit his loons were deein tae Israel: foo they were takkin up wi e weemen fa gaithert at e door o e gaitherin-tent. [23]An he says till them, "Fit wye div ye dee iss. A'm hearin aboot yer ill-deeins fae aabody. [24]Na, na, ma loons, it's naethin gweed A'm hearin aboot ye spreadin amo e Lord's fowk. [25]Gin a body dis ill tae anither, e Lord will jeedge him, bit gin a body dee ill tae e Lord, fa's gyan tae spik for him?" [26]E loons peyed nae attintion tae their fadder's wirds, cause it wis e Lord's intintion att they shuld be deen awa wi. [27]Noo, e loonie, Samuel, as he wis growin up, wis weel in wi e Lord an wi aabody roon aboot tee.

[28]Noo, a man o God cam tae Eli an said till him, "Iss is fit e Lord says, 'Did A nae mak masel clear tae yer fadder's fowk fan they were in Egypt unner Pharaoh? [29]A pickit yer fadder oot o aa e clans o Israel tae be ma priest, tae gyang up tae ma aaltar an burn scintit reek an tae weer a goon fan ye're afore ma. An A gied yer fadder's fowk aa the offerins made wi fire bi the Israelites. [30]Fit wye div ye kick e traces at my sacrifeeces an my offerins att A've set oot for ma dwallin, an think mair o yer loons nor ye div o me an see yersel aa richt wi e best o aa the offerins o ma fowk, the Israelites?' [31]Sae e Lord God o Israel says, 'A wyte A said your hoose an e hoose o yer fadder wid meenister afore ma for aye,' bit noo e Lord God o Israel says, 'Far be it fae me! Them fa gie ma honour, A'll honour them, bit A'll think lichtsome o them fa misca ma. [32]Jist waatch! E time's comin fan A'll hack aff yer airms an the airms o yer fadder's fowk an there winna be an aul man amo ye. [33]Ye'll be sair come at wi fit ye see an will be jillous o aa e walth att comes e wye o Israel, bit nivver again will there be an aul man in your hoose. [34]An them o your fowk fa A dinna cut aff fae ma aaltar will hae their een blint wi tears an a gey sair hert an aa yer faimly fa come efter ye will dee afore their time. [35]Fit's gyan tae happen tae yer twa loons will be a sign till ye: Hophni an Phinehas will baith dee on e same day. [36]Bit A'll reese up a leal priest for masel fa will dee fit's in my hert an my heid. A'll set up his faimly an he'll meenister afore my appinted keeng for aye. [37]An e day will come fan aa o your faimly will come craawlin till him priggin for a waage an a bittie o breid. An they'll say, "Gie ma a job as a priest sae att a mith get a bittie breid.""

CHAPTIR 3

E loonie, Samuel, meenistered tae e Lord afore Eli. At att time e wird o e Lord wisna aften heard: there wisna mony veesions. [2]Ae nicht, Eli, fa wis turnin blin kyn an his sicht wis begood tae fail, wis lyin doon in his beddie, [3]an Samuel wis sleepin i the temple o e Lord, anent God's kistie. Afore e Lamp o God hid gaen oot, [4]e Lord cried tae Samuel an he answert, "A'm here." [5]He ran ben tae Eli an said, "A'm here. Ye were cryin on ma." An he said, "A wisna cryin on ye. G'wa an lie doon." An he gaed an lay doon. [6]An again e Lord cried, "Samuel." An Samuel rose an gaed ben tae Eli. "A'm here," he says, "ye were cryin on ma." An he answert, "A wis naethin o e kyn, ma loon. Awa ye gyang an lie doon." [7]Noo Samuel didna ken e Lord yet: e wird o e Lord hidna been shewn till him. [8]E Lord cried on Samuel a third time. He got up, gaed ben tae Eli an said, "A'm here. Ye were cryin on ma." An Eli kent att it wis e Lord att wis cryin on e loonie. [9]Sae Eli says tae Samuel, "G'wa an lie doon, an gin he cries on ye, say, 'Spik oot, Lord, yer servant's listenin.'" Sae Samuel gaed back an lay doon in his bed. [10]E Lord cam an steed there an cried as he'd deen afore, "Samuel, Samuel." An Samuel answert, "Spik oot, cause yer servant's listenin."

[11]E Lord said tae Samuel, "Jist waatch, A'm gyan tae dee somethin in Israel att'll mak fowks' lugs dirl. [12]Att day, A'll dee aa e things A said A wis gyan tae dee tae Eli an his faimly. An eence A've startit, there will be nae stoppin ma. [13]He wis weel warnt att A wid jeedge him cause o the ill-deeins att he kent aa aboot. His loons were cyaardin aboot aawye an he did naethin aboot it. [14]Sae A swore tae e faimly o Eli att their ill-deeins culd nivver be forgien bi sacrifeece nor offerins."

[15]Samuel lay till mornin syne opent e doors o e hoose o e Lord. Samuel wis feart tae tell Eli aboot e veesion. [16]Syne Eli cried on Samuel sayin, "Samuel, ma loon," an he answert, "A'm here." [17]An Eli said, "Fit wis't e Lord said till ye? Dinna haud it fae ma. Mith God deal wi ye richt gait gin ye haud back fae ma ony o fit he said till ye." [18]Sae Samuel telt him it aa, haudin naethin back. Syne Eli said, "He's e Lord. Lat him dee fit he thinks is best."

[19]As Samuel grew up, e Lord wis wi him an neen o his wirds fell awa. [20]An e hale o Israel fae Dan tae Beer-sheeba kent att Samuel wis tae turn oot a prophit o e Lord. [21]Sae e Lord keepit appearin in Shiloh, shewin himsel tae Samuel throwe his wird.

CHAPTIR 4

An Samuel's wird cam tae aa Israel. Noo the Israelites gaed oot tae fecht wi e Philistines. The Israelites set up camp at Ebenezer, an e Philistines at Aphek. [2]The Philistines set oot their airmy agin Israel an at e ein o e fechtin, the Israelites were deen for, aboot fower thoosan o them bein slauchtert on e battlegrun. [3]Fan e sodgers cam back tae e camp, e clan chiefs o Israel speirt, "Fit wye his e Lord latten e Philistines beat hiz e day? We'll fess God's kistie fae Shiloh, sae att, fan it's here amo hiz, it'll save hiz fae e han o wir faes." [4]Sae they sent chiels tae Shiloh tae fess God's kistie att wis keepit amo e cherubim. Eli's twa loons, Hophni an Phinehas were there wi God's kistie. [5]Fan God's kistie arrived at e camp, aa the Israelites roart oot o them sae lood att e grun dirlt. [6]Fan e Philistines heard e soun o e roarin they speirt, "Fit's aa e soun aboot i the Hebrew camp?" Fan they got tae hear att God's kistie hid appeart inno e camp [7]e Philistines were feart. "God's come intill their camp," they said. "We're for it noo. There's nae been naethin lik att afore. [8]We'll nae hae wir sorras tae sikk noo. Fa's gyan tae save hiz fae iss pooerfu God? Iss is e God fa strack at the Egyptians wi aa yon plagues i the roch cuntra. [9]Be stoot, an stan up lik men, Philistines, for fear ye ein up unner e thoom o e Hebrews, as they've been tae you. Stan up lik men an fecht."

[10]Sae e Philistines focht an owercam the Israelites an ilka chiel teuk tail till his tent. There wis an oondeemous slauchter an thirty thoosan fit-sodgers were killed. [11]God's kistie wis teen an Eli's twa sins, Hophni an Phinehas were slauchtert.

[12]A chiel fae e clan Benjamin ran fae e fechtin tae Shiloh att same day wi his claes rippit an his heid yirdit. [13]Fan he arrived, Eli wis sittin in his cheer at e side o e road, waatchin, cause he wis some feart for God's kistie. Fan e chiel cam in till e toon an telt them fit hid happent, e hale toon lat oot a roar. [14]Fan Eli heard e soun o e roarin he said, "Fit's aa e din aboot?" An e chiel hurriet ower tae Eli an telt him. [15]Noo, Eli wis ninety-aucht ear aul. His sicht wis failin sae att he wis gey near blin. [16]E chiel said tae Eli, "A've jist come fae e fechtin, iss verra day I escapit fae the action." An Eli said, "Fit's happent, ma loon?" [17]An e rinner answert, "The Israelites hiv been scattert bi e Philistines, there's been a muckle slauchter amo oor

fowk, yer twa sins, Hophni an Phinehas are deid an God's kistie's been teen." [18]Fan he mentiont God's kistie, Eli fell backlins aff o his cheer bi e side o e yett. He breuk his neck an deit, cause he wis an aul man an hivvy. He'd been heid o Israel for fowerty ear.

[19]His dother-in-laa, Phinehas' wife wis expeckin an near her time. Fan she heard tell att God's kistie wis teen an att her fadder-in-laa an her man were baith deid, she gaed in tae labour an hid her bairnie, bit leukit as gin she wisna gyan tae come throwe it. [20]As she wis deein, e weemen attenin till her said till her, "Dinna be feart, ye've hid a wee loonie." Bit she nivver spak an didna tak them on. [21]She caaed e bairnie Ichabod, sayin, "E glory's gaen oot o Israel," cause God's kistie hid been teen an her fadder-in-laa an man were deid. [22]Aye, she said, "E glory's gaen oot o Israel, cause God's kistie's been teen."

CHAPTIR 5

Efter e Philistines hid teen God's kistie, they brocht it fae Ebenezer tae Ashdod. [2]They teuk it tae Dagon's temple an set it doon anent the eemage o Dagon himsel.

[3]Neist mornin, fan the Ashdod fowk got up, they faun Dagon's statyee flat on its face onno e grun anent God's kistie. They teuk Dagon an set him back in his place. [4]An fan they reese e neist mornin, there wis Dagon flat on his face onno e grun again, anent God's kistie. His heid an his hans hid been cuttit aff an were lyin onno e doorstep. Jist Dagon's body wis left ahin. [5]Tae iss verra day naither Dagon's priests nor ony ither body att comes in till e temple o Dagon at Ashdod will pit a fit onno e doorstep. [6]E Lord's han wis hivvy onno e fowk o Ashdod an aa roon aboot; he brocht crockaneetion onno them an gied them aa a dose o cankerous bealins. [7]Fan e fowk o Ashdod saa fit wis happenin, they said, "The Israelite God's kistie canna bide wi hiz here, his han is sair on wir heids an on Dagon, wir god." [8]They gaithert aa e Philistine clan chiefs egither an speirt, "Fit shuld we dee wi the Israelite God's kistie?" An they answert, "Cairry the Israelite God's kistie oot tae Gath." Sae they cairriet God's kistie oot there. [9]Bit eence it arrived there, God's han wis turnt agin att toon, causin a muckle stramash. He strack doon e fowk o e toon, baith aul an young wi a dose o cankerous bealins. [10]Sae they sent God's kistie tae Ekron.

Noo fan God's kistie cam tae Ekron, e fowk there startit squallochin, sayin, "They've brocht the Israelite God's kistie tae hiz, tae dee awa wi hiz an wir fowk." [11]Sae they cried a meetin o aa e Philistine clan chiefs an said, "Sen awa the Israelite God's kistie hame till its ain place for fear it'll kill hiz an wir fowk." Cause ye see there wis daith an crockaneetion aa throwe e toon. God's han wis richt hivvy onno't. [12]Them att didna dee, teuk a dose o cankerous bealins an e scronach o e toon gaed up tae hivven.

CHAPTIR 6

Noo, fan God's kistie hid been i the Philistine cuntra for syven month, [2]e Philistines cried on e priests an seers an speirt, "Fit shuld we dee wi God's kistie? Tell hiz foo we're tae get it back till its ain place." [3]An they said, "Gin ye sen back Israel's God's kistie, dinna sen it awa teem, bit sen a compensation offerin. Syne ye'll be made aa better an there will be nae rizzon for his han nae tae be lifted fae ye." [4]Syne they said, "Fitna kyn o compensation shuld we sen?" [5]They answert, "Five gowd piles, five gowd rottans e same nummer as e Philistine clan chiefs, cause e same affliction strack you an yer chiefs. [6]Sae g'wa an mak models o cankerous bealins att ye hid an models o e rottans att are wrackin e cuntra an pey honour tae Israel's God. An jist mebbe he'll lichten his han aff o ye, an aff o yer gods an affo yer lan. [7]Fit wye are ye sae thraawn, lik Pharaoh an the Egyptians were? Myn foo iss God made a feel o them till siccan a time as they lat the Israelites awa.   [8]Noo mak a new cairt, tak twa milker coos att hiv nivver hid a yock onno them. Tie e coos on till e cairt, tak their calfies fae them an fess them hame tae their staas. [9]Tak God's kistie an pit it onno e cairt an in a boxie anent it pit e gowd thingies att ye're sennin as compensation an sen it on its wye. [10]Waatch an see gin it gyang till its ain cuntra e wye o Bethsheba, syne ye'll ken it wis e Lord att brocht iss crockaneetion on hiz, bit if nae, ye'll ken it wisna his han att strack at hiz, bit it wis aa jist bi chaunce.

[11]Sae att's fit they did. They teuk twa milkers, tied them tae e cairt an shut in their calfies at hame. [12]They laid God's kistie on e cairt an e boxie wi e gowd rottans an gowd models o their cankerous bealins. [13]Syne e kye gaed straicht up e road tae Bethshemesh, keepin till e road an lowein aa e wye, turnin naither till e richt han nor e left han. E Philistine clan chiefs follaed them e linth o e mairch wi Bethshemesh. [14]Noo, e Bethshemesh fowk were hairstin their wheat doon i the howe. They leukit up an saa God's kistie an were maist affa gled tae see it. [15]E cairt cam in tae a park belangin tae Joshua fae Bethshemesh an steed up anent a muckle steen. E fowk hackit up e wid o e cairt an offert up e kye as a brunt offerin till e Lord. [16]E Levites teuk doon God's kistie an e boxie wi e gowd ferlies an laid them onno e muckle steen. Att day e fowk o Bethshemesh offert brunt offerins an made sacrifeeces till e Lord. [17]Fan e five Philistine clan chiefs saa iss, they gaed back tae Ekron att same day. [18]E Philistines gied ae gowd pile for ilka een o e toons o Ashdod, Gaza, Askelon, Gath an Ekron as compensation tae e Lord. [19]An there wis a gowd rottan for ilka een o e Philistine toons belangin till e five clan chiefs, baith waalled toons an e clachans roon aboot. E muckle steen far they laid God's kistie sits till iss verra day i the parkie o Joshua fae Bethshemesh.

[20]Bit God strack doon some o e men fae Bethshemeth, killin syventy o them, cause they hid leukit intae God's kistie. An e fowk moorned cause o e hard knock e Lord hid gien them. [21]E fowk o Bethshemesh said, "Fa can stan afore e Lord, iss haily God? Far are we gyan tae sen God's kistie fae here?" [22]Syne they sent rinners tae e fowk o Kiriath-jearim, sayin, "E Philistines hiv fessen back God's kistie. Come awa doon an tak it hame wi ye."

CHAPTIR 7

Sae e Kiriath-jearim fowk cam an teuk awa God's kistie. They teuk it tae Abinadab's hoose i the heilans an consecraitit Eleazar, his sin, tae leuk efter't. [2]Noo God's kistie bade in Kiriath-jearim for a gey file, aboot twinty ear in fac. Aa att time, the Israelites were hankerin efter help fae e Lord.

[3]Sae Samuel said tae the hale o e fowk o Israel, "Gin ye're gyan back tae e Lord hale-hertit like, syne dee awa wi yer forrin gods an Ashtoreth an gie yer herts tae e Lord an serve jist him, an he'll rescyee ye fae e hans o e Philistines." [4]Sae the Israelites got rid o their Baals an their Ashtoreths an served jist e Lord. [5]An Samuel said, "We'll hae a gaitherin o aa the Israelites at Mizpah an A'll pray till e Lord for ye." [6]Sae they aa gaithert at Mizpah, drew watter an poored it oot afore e Lord. They didna ett naethin aa day an there they avooed, "We've deen ill tae e Lord." An Samuel wis e heid o the Israelites at Mizpah. [7]Fan e Philistines got tae hear att the Israelites were gaithert at Mizpah, e clan chiefs o e Philistines teuk airms an fan the Israelites heard o iss, they were some feart at fit e Philistines were gyan tae dee. [8]They said tae Samuel, "Dinna stop cryin oot tae e Lord for hiz sae att he mith keep hiz oot o e hans o e Philistines."

[9]Syne Samuel teuk a sookin lamb an offert it up hale as a brunt offerin tae e Lord. Samuel cried oot tae e Lord for Israel an e Lord hearkent till him. [10]As Samuel wis sacrifeecin e brunt offerin, e Philistines were draain up their battle lines agin Israel, bit e Lord reemisht wi a muckle thunner agin e Philistines att day an gied them sic a stammygaster, they teuk tae their heels afore the Israelites [11]fa chased them oot o Mizpah, slauchterin them aa alang e road till they cam tae aneth Beth-car. [12]Syne Samuel teuk a steen an

set it up atween Mizpah an Shen an caaed it Ebenezer att's tae say, "Steen o help," cause he said "Up tae here, e Lord his helpit hiz." ¹³Sae they'd gotten e better o e Philistines fa nivver cam near han Israel again. E han o e Lord wis turnt agin e Philistines aa e time Samuel wis livin. ¹⁴Israel got back e toons att e Philistines hid teen fae them, fae Ekron e linth o Gath an aa e cuntra roon aboot wis teen back fae e Philistines. An there wis peace amo Israel an the Amorites. ¹⁵Samuel rowled Israel aa his life. ¹⁶Ilka ear he did e roons o Bethel, Gilgal an Mizpah an sortit oot fit wis notten. ¹⁷Bit he aye cam hame tae Ramah, his ain placie, an he sortit things oot there tee. An att's far he biggit an aaltar tae e Lord.

CHAPTIR 8

Fan Samuel grew aul, he appintit his sins tae be heid o Israel. ²His aulest sin wis Joel an e neist een Abijah. They were in chairge o Israel. ³Noo, e loons didna folla their fadder's wyes bit were mair teen up wi makkin siller, takkin back-hanners an braakin e laa. ⁴Sae aa e clan chiefs o Israel got egither an cam tae Samuel at Ramah. ⁵They said tae him, "We ken ye're aul, bit yer loons are nae deein richt lik ee did. Appint a keeng tae rowle hiz lik ither cuntras."

⁶Bit Samuel wisna pleased at them speirin att him tae appint a keeng tae rowle ower them, sae he prayed till e Lord. ⁷E Lord said tae Samuel, "Hearken tae fit e fowk are sayin till ye. It's nae you they're rejeckin, it's me they're rejeckin, they dinna wint me as their keeng. ⁸Jist lik they've deen fae e time A brocht them up oot o Egypt tae iss verra day, forhooiein ma an servin ither gods, they're noo deein e same tae you. ⁹Noo, hearken till them, bit still-an-on leave them in nae doot fit it will be like tae hae anither keeng rowlin ower them."

¹⁰Samuel telt aa e fowk fa hid been speirin at him for a keeng, fit e Lord hid said. ¹¹Says he, "Iss is fit e keeng fa rowles ower ye will dee: he'll tak yer sins an gar them drive his chariots an serve as his cavalry an some he'll gar rin afore his chariots. ¹²He'll mak some captains ower thoosans an some captains ower fifties, he'll set them tae ploo his grun an hairst for him, some he'll gar mak wappons an bits for his chariots. ¹³He'll tak yer dothers tae mak scint for him an be his kitchie deems tae cook an dee his bakin. ¹⁴He'll tak e best o yer parks an yer vinyairds an olive groves an gie them tae his flunkies. ¹⁵He'll tithe yer corn an yer grapes for his offishers an flunkies. ¹⁶He'll tak yer fee'd men an yer kitchie deems an yer owsen an yer cuddies an gar them wark for him. ¹⁷He'll tithe yer sheep an ye'll be slaves till him. ¹⁸Fan att time comes ye'll roar oot tae be shot o e keeng ye've pickit an, ken iss, e Lord winna hear ye!"

¹⁹For aa that, e fowk widna listen tae Samuel, sayin, "Na, na, we're determined tae hae a keeng ower hiz, ²⁰sae att we can be lik ilka ither cuntras an sae att wir keeng can rowle ower hiz, mairch oot at e heid o's an fecht wir waars." ²¹Fan Samuel heard fit e fowk were sayin he telt e Lord. ²²E Lord said tae Samuel, "Weel, weel, jist tak wi them an gie them a keeng." Syne Samuel said tae the Israelites, "Ilka een o ye maun gyang hame till his ain toon."

CHAPTIR 9

Noo, there wis a weel-tae-e-fore chiel fae e clan Benjamin caaed Kish, sin o Abiel, sin o Zeror, sin o Becorath, sin o Aphiah o e clan Benjamin. ²He hid a sin caaed Saul, a couthy, kindly kyn o chiel, there wis neen better amo the Israelites an he steed a gweed heid abeen aa ither fowk. ³Noo, Saul's fadder Kish tint his cuddies an Kish said tae his loon, Saul, "Tak een o e men wi ye an g'wa an see far e cuddies wid be." ⁴He gaed ben bi Moont Ephraim an throwe e cuntra o Shalisha, bit they werna tae be faun. They gaed throwe Shaalim cuntra bit there wis nae sign o them, they gaed throwe e cuntra o e clan Benjamin bit didna come on them. [5]Fan they cam e linth o Zuph, Saul said tae e man wi him, "Come on awa hame or fadder will be mair wirriet aboot hiz nor e cuddies." [6]An he said tae him, "See noo, there's a man o God in iss toon, he's weel thochen o, an aa att he says comes aboot. Come awa a see him, mebbe he'll tell hiz fit road tae tak." [7]Syne Saul said tae his man, "Bit, gin we gyang an see him, fit can we gie him? We've etten aa e maet in wir packs an there's naethin we can gie him. Fit hiv we got?" [8]E man answert Saul again an said, "Leuk, I hiv a quaarter o a shekel o siller, A'll gie att till e man o God sae att he'll tell hiz fit road tae tak." [9](Lang syne in Israel, gin a chiel wintit tae speir ocht o a man o God, he wid say, "Come on, we'll gyang tae e seer," cause fit we caa a prophit nooadays eesed tae be caaed a seer.) [10]Syne Saul said tae his servant, "E verra dunt! Come on, lat's gyang." Sae they gaed intill e toon far e man o God bade.

[11]As they were gyan up e brae tae e toon, they cam on some young quines gyan awa tae draa watter. They says till them, "Dis e seer bide here?" [12]Says they, "Fairly att. He's jist up aheid o ye. Hing in cause he jist cam till e toon e day, cause e fowk hiv a sacrifeece e day at e heich aaltar. [13]Ye'll come on him as seen as ye gyang intill e toon afore he gyangs up tae e heich aaltar for somethin tae ett. E fowk winna start ettin till he comes cause he blisses e sacrifeece, efter att them fa hiv been socht will ett. Awa ye gyang up an ye'll fin him ivnoo." [14]They gaed up till e toon an fan they gaed intill't, they cam on Samuel comin t'waards them on his wye tae e heich aaltar.

[15]Noo e Lord hid hid a wirdie in Samuel's lug e day afore Saul arrived, sayin, [16]"Aboot iss time e morn A'll sen a chiel tae ye fae e clan Benjamin, appint him leader ower ma fowk, Israel, sae att he mith save ma fowk fae e hans o e Philistines. A've seen foo sair come at ma fowk are an A've heard their cry." [17]Fan Samuel saa Saul, e Lord said tae him, "See, att's e chiel A spak tae ye aboot. Iss is e chiel fa will rowle ower my fowk." [18]Saul cam up tae Samuel i the yett an said, "A winner gin ye culd tell ma far e seer bides?" [19]An Samuel said tae Saul, "A'm e seer. Awa ye gyang up afore ma tae the heich aaltar, cause ye'll ett wi me e day, an e morn A'll lat ye awa an tell ye aa att's inno yer hert. [20]Dinna wirry aboot yer cuddies att were tint three days syne, they've been faun. An fa are e fowk o Israel wintin maist ov aa? Is't nae you an yer fadder's faimly?" [21]An Saul said, "Bit am I nae a Benjamin, fae een o e smaaest clans in Israel? An my faimly's o nae muckle accoont amo e famlies o e clan Benjamin. Fit div ye mean bi sayin iss tae me?" [22]Syne Samuel teuk Saul an his man intill e haal an gied them a seat at e heid o aa them fa hid been socht, aboot thirty in aa. [23]Samuel said tae e cook, "Fess in e bittie o e beef A gied ye: e bittie A telt ye tae pit till e side." [24]Sae e cook fesh in e haunch an aa att wis onno't an laid it doon afore Saul. An Samuel said, "Here's fit's been keepit for ye. Stick in till't. It wis keepit for ye tae ett fan aa them fa hid been socht were gaithert here." Sae Saul suppt wi Samuel att day.

[25]Eence they'd come back doon till e toon fae e heich aaltar, Samuel hid a news wi Saul on e reef o his hoose. [26]They raise airly an at skreek o day, Samuel cried tae Saul fae e reef sayin, "Get up an A'll sen ye on yer road." Saul gat up an he gaed awa oot wi Samuel. [27]As they were gyan doon tae the ein o e toon, Samuel said tae Saul, "Gar yer man gyang on aheid o's," (an he did att), "bit stan a meenitie yersel, sae A mith shew ye e wird o God."

CHAPTIR 10

Syne Samuel teuk a flaskie o ile an poored it ower Saul's heid, kissed him an said, "His e Lord nae appintit you heid o aa his ain? [2]Eence ye gyang awa fae me e day, ye'll fa in wi twa lads ower bi Rachel's grave i the mairch o e Benjamin cuntra at Zelzah. They'll say tae ye, 'E cuddies ye gaed leukin for are faun, an noo yer fadder his stoppit thinkin aboot them bit is wirriet aboot you; he's sayin, "Fit am A gyan tae dee aboot ma loon?"' [3]Syne ye'll haud on fae there e linth o e muckle tree o Tabor an there ye'll come on three chiels gyan up tae God at Bethel, een cairryin three young goaties, anither cairryin three loaves o breid an anither cairryin a bottlie o wine. [4]They'll hae a news wi ye an gie ye twa loaves o breid att ye maun tak fae them. [5]"Efter att, ye'll come tae e Hill o God far e Philistines hiv their garrison. Noo fit'll happen is iss, as ye come up till e toon ye'll meet in wi a lang trail o prophits comin doon fae the heich aaltar wi lyres, an tambourines an fussles an hairps gyan afore them. An iss is fit they'll prophesy: [6]E speerit o e Lord will come onno ye, an ye'll prophesy wi them an ye'll be a cheenged chiel. [7]Fan iss signs happen, dee fitivver God gars ye dee, cause he'll be wi ye. [8]Gyang doon aheid o ma tae Rowin-steens an A'll come doon till ye an gie brunt offerins an mak sacrifeeces o peace offerins. Ye maun wyte syven days for ma tae come an shew ye fit ye maun dee."

[9]As Saul turnt tae leave Samuel, God gied him new hert an aa att signs cam aboot att day. [10]An fan they won e linth o e Hill a curn o prophits cam tae meet him. E speerit o God cam onno him an he prophesied amo them. [11]Fan aa e fowk fa kent him o aul saa him prophesyin amo e prophits, they said tae een anither, "Fit's come o Kish's loon? Is Saul een o e prophits?" [12]Een o e chiels fae thereaboots said, "Ach, A kent their fadders!" An sae e sayin wis "Is Saul een amo e prophits?" [13]Eence he wis throwe prophesyin he cam tae the heich aaltar.

[14]Noo Saul's uncle speirt at him an his man, "Far wis ye?" An he said, "Awa leukin for e cuddies. Fan we culdna fin them naewye, we gaed tae Samuel." [15]Says Saul's uncle, "Tell ma, noo, tell ma fit Samuel said till ye." [16]An Saul said tae his uncle, "He telt hiz e beasts hid been faun." Bit Saul didna tell him fit Samuel hid said aboot him becomin keeng.

[17]Samuel cried aa e fowk egither tae e Lord at Mizpah, [18]an he said tae the Israelites, "Iss is fit e Lord God o Israel says, 'A feesh Israel up oot o Egypt an savit ye fae e hans o the Egyptians, an fae the hans o aa e tither cuntras att tiraneesed ye, [19]an noo ye've rejeckit yer God, him fa saved ye fae aa yer mishanters an trauchles. Ye say tae him, "Na, bit ye'll need tae gie hiz a keeng," sae noo, come on forrit afore e Lord in yer clans bi e thoosans.'"

[20]An fan Samuel hid aa e clans o Israel gaithert roon aboot, e clan o Benjamin wis pickit. [21]Syne he brocht e clan Benjamin forrit, faimly bi faimly, an e faimly o Matri wis pickit. An i the hinnerein, Kish's loon Saul wis pickit. Bit fan they leukit for him, he wisna tae be faun. [22]Sae they speirt at e Lord, "Is e chiel come here yet?" An e Lord said, "Dod ay, he's hidin amo e proveesions." [23]They ran ower an brocht him oot, an fan he steed amo e fowk, he wis a heid abeen e lave o them. [24]Samuel said tae aa e fowk, "Div ye see e chiel e Lord his pickit? There's neen like him amo ye aa." An e fowk roart oot o them, "Lang live e keeng." [25]Samuel syne set oot tae e fowk e wirkins o a cuntra wi a keeng, vreet it aa doon in a beuk an laid it afore e Lord. An Samuel sent aabody awa hame tae their ain hoose.

[26]An Saul gaed hame tae Gibeah, alang wi a hantle o chiels fas herts hid been touched bi God. [27]Bit e cyaards said, "Foo can iss mannikie save hiz?" They thocht naethin o him an didna fesh naethin till him. Bit he held his weesht.

CHAPTIR 11

Syne Nahash the Ammonite gaed up an attackit Jabesh-gilead. An aa e men o Jabesh said till him, "Come till an agreement wi hiz an we'll hae ye as wir keeng. [2]Nahash the Ammonite answert them, "A'll come till an agreement wi ye on ae condeetion, an att's att ye'll lat ma tak oot e richt ee o ilka een o ye an sae feesh shame on aa Israel. [3]E Jabesh cooncillors said till him, "Lay aff o hiz for syven days an we'll sen oot wird tae e hale o Israel an syne, gin naethin can be deen for hiz, we'll surrenner till ye."

[4]Wird cam tae Saul's toon o Gibeah an fan e fowk got tae hear o't, they aa roart an grat. [5]Saul wis comin hame fae e parks, trailin ahin his owsen, an he said, "Fit ails ye wi aa yer girnin?" An they telt him fit hid come o e fowk o Gibeah. [6]An fan Saul heard fit they were sayin, e speerit o God cam onno him an he wis sair kittlt up. [7]He teuk twa owsen an hackit them tae bits an sent e bits aa throwe Israel wi e wird att "Faaivver o ye disna come oot wi Saul an Samuel, will hae e same thing deen tae their owsen." E fear o e Lord fell onno e fowk an they aa turnt oot, tae a man. [8]Fan they were aa gaithert at Bezek, Saul coontit three hunner thoosan Israelites an thirty thoosan men fae Judah. [9]They hid telt e messengers fa hid come, "Say tae e fowk o Jabesh-gilead, 'Bi e time e sin is het e morn, ye'll be lowsed.'" Fan e messengers reportit back tae e fowk o Jabesh-gilead, their herts were liftit. [10]They said tae the Ammonites, "We'll gie in till ye e morn an ye can dee fit ye wid wi hiz."

[11]E neist day, Saul pairtit oot his men intae three companies. They forced their wye intill the innemy camp durin e mornin waatch an attackit the Ammonites, killin at them till e het o e day. Them fa survived were sae sair scattert, att nae twa o them were left egither.

[12]Syne e fowk said tae Samuel, "Fa wist att back-speirt gin Saul wid be heid o hiz? Fesh them here an we'll dee awa wi them." [13]Bit Saul said, "There'll be neen deen awa wi e day, cause iss is e day e Lord his rescyeed Israel." [14]Syne Samuel said till e fowk, "Come awa, we'll gyang tae Rowin-steens an sweer an aith o new till e keengdom." [15]Sae they aa gaed tae Rowin-steens an confirmed Saul as keeng afore e Lord. They made sacrifeeces o peace-offerins afore e Lord an Saul an aa the Israelites hid a gran pairty.

CHAPTIR 12

Samuel said tae aa Israel, "See noo, A've hearkent tae aa att ye were sayin tae ma an A've set a keeng ower ye. [2]Noo ye've gotten a keeng as yer leader. A'm aul an greyheidit an ma sins are wi ye. A've been yer chief since A wis a loon tae iss verra day. [3]Here A stan. Set oot fit ye hiv tae say A did wrang afore e Lord an his annintit keeng. Fas beast hiv A teen? Fas cuddy hiv A teen? Fa hiv A chettit? Fa hiv A tirmintit? Fa hiv A teen a backhanner fae tae gar ma shut ma een? Tell ma, an A'll pit it richt." [4]An they said, "Deil the een o's hiv ye chettit, nor tirmintit nor teen a backhanner fae." [5]He says tae them, "E Lord is a witness agin ye, an his annintit is a witness e day att ye've faun nae ill in ma." "Ay, he's a witness," they answert.

[6]Samuel said tae e fowk, "It wis e Lord fa gied ye Moses an Aaron tae fess yer fadders up oot o Egypt. [7]Noo haud at peace sae att A mith pit till ye, afore e Lord, aa e gweed things e Lord his deen for you an yer fadders. [8]Efter Jacob an his loons cam doon tae Egypt they cried on e Lord tae help them, an e Lord sent Moses an Aaron tae fess yer fadders oot o Egypt an sattlt them in iss place here. [9]Bit they didna myn on e Lord their God an he gied them intill e hans o Sisera, heid o the airmy o Hazor, an inno e hans o e Philistines, an inno e hans o e keeng o Moab fa aa focht wi them. [10]An they cried tae e Lord an said, 'We've deen ill, we've forsaken e Lord an teen up wi e Baals an Ashtoreths, bit noo, gin ye save hiz fae e hans o wir faes, we'll serve you.' [11]Syne e Lord sent Jerubbaal an Bedan an Jephthah an Samuel an teuk ye oot amo e hans o yer faes aa roon aboot ye an ye dwalt at peace. [12]An fan ye saa att Nahash, e keeng o the Ammonites wis gyan tae attack ye, ye said tae me, 'Na, we will hae a keeng tae rowle ower hiz,' aiven tho e Lord God wis yer keeng. [13]Noo, here's e keeng ye've pickit, att's fit ye were wintin. See noo, e Lord his set a keeng ower ye. [14]Gin ye fear e Lord, an serve him, dee fit he bids ye an dinna deroge e Lord's commans, an gin baith you an e keeng att rowles ower ye folla e Lord yer God, aathin will be braw. [15]Bit gin ye dinna dee fit he tells ye, bit deroge e commans o e Lord, syne e han o e Lord will be agin ye, jist as it wis wi yer fadders.

[16]"Noo than, haud at peace an waatch e ferlie att e Lord is aboot tae dee afore yer verra een. [17]Is't nae hairst-time enoo? A'm gyan tae speir att e Lord tae sen thunner an rain an ye'll see fit ill ye did i the een o e Lord fan ye socht a keeng." [18]Sae Samuel cried tae e Lord an e Lord sent thunner an rain att day. An aa e fowk turnt feart at Samuel an e Lord. [19]E fowk aa said tae Samuel, "Pray tae e Lord yer God for yer servants sae att we winna dee, cause we've eikit on tae aa wir ither ills e mistak o sikkin a keeng."

[20]Says Samuel tae e fowk, "Dinna wirry! Ye've deen ill, bit dinna turn awa fae e Lord, jist serve him wi aa yer hert. [21]Haud a straicht fur for fear ye gyang efter eeseless eedols. They'll profit ye nocht nor dee ye ony gweed cause they're jist eeseless. [22]For e gweed o his ain name, e Lord winna turn awa fae his fowk, cause e Lord wis weel shuitit tae mak ye his ain. [23]As for me, gweed forbid att I shuld dee ill tae e Lord bi nae prayin for ye. A'll learn ye fit's richt an gweed. [24]Bit mak seer ye fear e Lord an wirship him wi aa yer hert, cause jist think on foo muckle he's deen for ye. [25]Bit gin ye haud tae yer coorse wyes, baith you an yer keeng will be swypit awa."

CHAPTIR 13

Saul wis _ ear aul fan he becam keeng an efter he'd been rowlin for twa ear, he [2]pickit three thoosan men o Israel; twa thoosan were wi him in Michmash in e heilans o Bethel an a thoosan wi Jonathan at Gibeah o Benjamin. E lave o e fowk he sent back tae their tents. [3]Jonathan attackit e Philistine camp at Geba an e Philistines got tae hear o't. Saul hid e tooteroo blaawn throwe e hale cuntra sayin, "Lat e Hebrews hear." [4]Sae e hale o Israel heard e news att Saul hid attackit a camp o e Philistines an att Israel wis noo hated bi e Philistines. E fowk were caalled up tae jine Saul at Rowin-steens.

[5]E Philistines gaithert tae fecht Israel wi thirty thoosan chariots, sax thoosan cavalry an as mony sodgers as there is grains o san on e shore. They cam an set up camp in Michmash tae the east o Bethaven. [6]The Israelites were sair come at an their airmy wis foonerin sae they gaed an hod inno caves, amo fun busses, amo muckle steens, inno pits an doon waallies. [7]A fyow o e Hebrews gaed ower e Jordan tae Gad an Gilead. Saul wis aye yet in Rowin-steens, his men shaakin wi dreid. [8]He wytit for syven days, e linth o time set oot bi Samuel, bit there wis nae sign o Samuel comin tae Rowin-steens, an Saul's men began tae scatter awa. [9]Saul said, "Fess a brunt-offerin an a peace offerin till ma." An he pat up a brunt-offerin. [10]Jist as he wis throwe pittin up e brunt-offerin, Samuel cam in aboot an Saul gaed tae meet in wi him an welcome him.

[11]Samuel speirt, "Fit hiv ye deen?" An Saul said, "Fan A saa e men were scatterin awa an there wis nae sign o ye appearin fan ye said ye wid, an aa e Philistines were gaitherin at Michmash, [12]A thocht tae masel, aa e Philistines will attack ma at Rowin-steens an A hinna speirt at e Lord for his help. A thocht att A hid tae mak an offerin till him." [13]Says Samuel tae Saul, "Ye feel ass! Ye hinna deen fit e Lord yer God telt ye, cause gin ye hid, e Lord wid hae set up yer keengdom in Israel for aye. [14]Bit noo yer keengdom winna lest. E Lord his socht oot a chiel o his ain kyn an made him heid o his fowk, cause ee hinna deen fit he bad ye." [15]Syne Samuel gaed up fae Rowin-steens tae Gibeah o Benjamim an Saul coontit e men fa were wi him: aboot sax hunner in aa.

[16]Saul, his loon Jonathan, an e men fa were wi them bade on in Gibeah o Benjamin, bit e Philistines campit in Michmash. [17]Reivers cam oot fae e Philistine camp in three boorachies. Een gaed ben e wye o Ophrah i the district o Shual; [18]anither een turnt e wye o Beth-horon; an anither een turnt e wye o e borders leukin doon e Howe o Zeboim on till e roch cuntra.

[19]There wisna a smith tae be gotten i the hale o Israel cause e Philistines hid said, "For fear the Israelites will be makkin swoords an spears." [20]E wye o wirkin wis att the Israelites gaed doon tae e Philistines tae get their ploos an their hyowes, their aixes an their scythes shairpent. [21]It cost twa thirds o a shekel tae get a ploo or a hyow shairpent, a third o a shekel for a fork or an aix or tae sort a gaad. [22]Noo, e day efter e Fechtin, neen o Saul an Jonathan's men hid a swoord nor a spear in his han excep for Saul an Jonathan themsels. [23]Noo e Philistines hid sent a garrison tae haud e pass at Michmash.

CHAPTIR 14

Ae day, Saul's loon Jonathan said tae e birkie fa cairriet his wappons, "Come on, we'll gyang ower e hill tae e Philistine camp." Bit he didna tell his fadder. [2]Saul at att time hid his tent aneth a pomegranite tree in Migron jist ootside Gibeah. There wis aboot sax hunner men wi him. [3]Amo them wis Ahijah, weerin a goon. He wis e sin o Ichabod's brither, Ahitub, Phinehas' loon. Phinehas' fadder wis Eli, e Lord's priest in Shiloh. Neen o them kent att Jonathan hid gaen awa.

[4]Noo e nerra road att Jonathan wis takkin tae win ower tae e Philistine camp hid a cliff face on ilka side. Ae side wis caaed Bozez an e tither, Seneh. [5]Een wis facin tae e North e wye o Michmash an e tither tae e Sooth e wye o Gibeah. [6]Jonathan said tae e birkie cairryin his wappons, "Come awa, we'll gyang ower tae e camp o iss uncircumceesed lads. It mith be att e Lord will wark wi hiz. An gin he dis there will be nae stoppin him, whither he his mony wirkin for him or jist a fyow." [7]E birkie wi his wappons said tae him, "Dee fit ye think best. On ye gyang, A'm wi ye, fitivver." [8]Syne Jonathan said, "Come on, than, we'll haud ower tae e chiels an lat them see hiz. [9]Gin they say till's, 'Stan fest till we come till ye', we'll bide far we are an winna gyang up till them. [10]Bit gin they say till's, 'Come up till's,' we'll clim up, cause att'll be e sign e Lord his gien them intill wir hans." [11]Sae they baith shewed themsels tae e Philistine camp an e Philistines said, "Leuk, here's e Hebrews comin oot o e holes they were hidin in." [12]E men i the camp shouted tae Jonathan an e lad fa cairriet his wappons, "Come on up till's an we'll learn ye yer lesson." An Jonathan said tae e chiel wi his wappons, "Folla on up efter ma. E Lord his gien them intill e hans o Israel." [13]Jonathan climmt up eesin baith his hans an his feet an e chiel wi his wappons efter him. E Philistines fell afore Jonathan an e chiel wi his wappons cam on ahin him, killin them. [14]I the first attack bi Jonathan an e chiel fa cairriet his wappons they slew aboot twinty men ower aboot a half acre - as muckle as ye'd ploo in a yokin. [15]There wis a bittie o a panic i the airmy, baith them att were set oot for battle an e hale lot o them i the camp. E men i the camp an i the reivin pairties were terrifiet an e verra grun shook. [16]Saul's leukoots at Gibeah o Benjamin saa the airmy miltin awa in aa dirrections. [17]Syne Saul said tae e men fa were wi him, "Caa the roll an see fa's missin," an fan they'd aa been coontit Jonathan an e birkie fa carriet his wappons werna there. [18]Saul said tae Ahiah, "Fess ower God's kistie." (Ye see, God's kistie wis aye wi the Israelites at att time).

[19]Noo as Saul wis spikkin till e priest, e soun fae e Philistine camp got looder an looder, an Saul said tae e priest, "Haud awa yer han." [20]Sae Saul an aa his men drew up intill their battle-lines. They faun e Philistines aa throwe-idder in a richt stramash, strickin at een anidder wi their swoords. [21]The Hebrews fa hid been wi e Philistines afore han, an hid gaen tae e camp wi them, cheenged sides an cam ower tae the Israelites fa were wi Saul an Jonathan. [22]An fit's mair, fan the Israelites fa'd teen aff tae e Heilans o Ephraim heard att e Philistines were on e run, they jynt i the fechtin. [23]Sae e Lord saved Israel att day an e fechtin meeved ower ayont Bethaven.

[24]Noo the Israelites were sair come at att day, cause Saul hid bun them unner an aith, sayin, "Ony chiel fa etts afore nichtfa, fan A've hid a chaunce tae get ma ain back on ma faes, will be curst." Sae neen o the airmy ett ony maet. [25]Noo e hale airmy gaed in till e wids an there wis hunny onno e grun. [26]An as they

gaed in till e wid, e hunny wis drappin doon, bit neen pat his han till his moo cause they were feart o the aith. [27]Bit Jonathan hidna heard fan his fadder pat e men tae their aith, sae he raxed oot the ein o the staff att wis in his han an dippit it inno a hunnycaim an teuk it up till his moo an he felt e better o't. [28]Syne een o e sodgers telt him, "Yer fadder bun the airmy unner a strick aith sayin,'Curst be ony chiel fa etts e day.' Att's e wye e men are a bittie dweebly." [29]Says Jonathan, "Ma fadder his deen e fowk naethin bit ill; div ye nae see foo kittlt up I am cause a tastied a suppie o e hunny? [30]Foo muckle better wid e lave nae hae been gin they hid tasted a suppie o e plunner they teuk fae their faes? Wid there nae hae been a bigger slaughter o e Philistines?" [31]They herriet e Philistines att day, aa e wye fae Michmash tae Aijalon till they were fair foonert. [32]Syne they fell on e spiles takkin sheep, owsen an calfies, killin them far they steed an ettin them, bleed an aa.

[33]A fyow said tae Saul, "Leuk, e men are deein ill agin e Lord bi ettin maet wi e bleed inno't." An he said till them, "Ye ranagants, e lot o ye! Rowe a muckle steen ower here an hist ye wi't." [34]An Saul said, "Gyang oot amo e fowk an say tae them, 'Ilka een maun fess his owsen, ilka een maun fess his sheep till ma here an maun kill them an ett them here an nae dee ill i the sicht o God bi ettin them wi e bleed inno them.'" [35]An Saul biggit an aaltar tae e Lord – e first een att he ivver biggit. Sae ilka een brocht his ox att nicht an slew it there.

[36]Saul said, "Come awa, we'll gyang doon amo e Philistines e nicht an herrie them till mornin, an dinna leave ony man o them alive." An they said, "Dee fit ye think best." Bit e priest said, "Lat's see fit God his tae say aboot it." [37]Sae Saul speirt at God, "Will A gyang doon amo e Philistines? Will ye gie them intae e han o Israel?" Bit God didna gie him an answer att day. [38]Sae Saul said, "Fess aa e clan chiefs in aboot an lat's see gin we can fin oot far iss ill lies. [39]Cause as seer as God's God, e God fa savit Israel, gin it be ma ain loon Jonathan he maun be putten tae daith." Bit neen o e men spak a wird. [40]Syne he said tae aa the Israelites, "Stan ower there an Jonathan an me will stan ower here." An they said tae Saul, "Dee fit ye think best." [41]Sae Saul said tae e Lord God o Israel, "Tell ma richt. Gin e faut be wi me or ma loon, Jonathan answer bi the Urim, gin it lie wi e fowk, answer bi e Thummim." Saul an Jonathan were teen, bit e lave latten aff. [42]Syne Saul said, "Cass lots atween me an ma loon Jonathan." An Jonathan wis teen. [43]Syne Saul said tae Jonathan, "Tell ma fit ye've deen." An Jonathan telt him, "Ay, richt aneuch, A tastit a suppie hunny on the ein o the staff A hid in ma han. Sae here I am. A'm riddy tae dee." [44]An Saul said, "Mith God strick ma doon deid gin you dinna be putten tae daith, Jonathan." [45]Bit e fowk said tae Saul, "Fit? Jonathan be putten tae daith? Iss same Jonathan fa won sic a victory for Israel? God forbid. As e Lord is livin, nae a hair o his heid will faa tae e grun, cause he his vrocht wi God e day." Sae e fowk savit Jonathan fae bein putten tae daith. [46]Saul stoppit chasin e Philistines an they held awa hame.

[47]Efter Saul becam keeng o Israel, he focht wi his faes on ilka side, e Moabites, the Ammonites, the Edomites, e keengs o Zobah an e Philistines. An farivver he focht, he won. [48]He pat up a gweed fecht an owercam the Amalekites an he lowsed Israel fae aa attacks. [49]Saul's loons were Jonathan, Ishui an Malki-shua. His aulest dother wis Merab an e younger een Michal. [50]Saul's wife wis caaed Ahinoam, e dother o Ahimaaz. The heid o his airmy wis Abner, e sin o Saul's uncle Ner. [51]Kish wis Saul's fadder an Abner's fadder, Ner wis e sin o Abiel. [52]Aa throwe Saul's time there wis waar wi e Philistines, an gin Saul cam on ony stoot chiel, he teuk him intill his service.

CHAPTIR 15

Samuel said tae Saul, "E Lord his sent ma tae annint ye as keeng ower his fowk, Israel. Noo hearken tae fit e Lord his tae say aboot it. [2]Iss is e wird o e Lord o Hosts, 'A myn on foo the Amalekites attackit the Israelites fan they were comin up oot o Egypt. [3]G'wa an attack the Amalekites an wipe them oot athegither an aathin att's theirs. Dinna spare neen o them, kill man an wumman, bairn an babbie, beast an sheep, camel an cuddy.'" ⁴Sae Saul callt up his men an mustert them at Telaim. There wis twa hunner thoosan infantry wi anither ten thoosan fae Judah. ⁵He cam till the Amalekite toon an set up an ambush doon i the howe. ⁶Saul sent wird tae e Kenites att were bidin amo the Amalekites tae come doon an jine him, "For fear," he said, "A dee awa wi aa youeens anaa. Ye were freenly tae the Israelites fan they cam up oot o Egypt." Sae e Kenites left the Amalekites.

⁷Saul syne hackit the Amalekites tae bits, aa e wye fae Havilah tae Shur on e border wi Egypt. ⁸He teuk Agag, e keeng o the Amalekites, alive, bit pat aa e lave o his fowk tae e swoord. ⁹Bit Saul an his fowk spared Agag, e best o e sheep an beasts, e fat stots an e lambs an aathin att wis wirth keepin. They didna destroy naethin gweed bit did awa wi fit wis eeseless an o nae vailyee.

¹⁰Syne e wird o e Lord cam tae Samuel: ¹¹"A'm rael sorry att A ivver made Saul keeng, cause he's turnt his back on ma, an hisna deen fit A bad him." Samuel wis sair come at at iss an cried tae e Lord aa nicht. ¹²Samuel gat up airly neist mornin tae meet in wi Saul, bit he wis telt att Saul hid gaen tae Carmel. Saul hid biggit a monument tae himsel an syne hid gaen doon tae Rowin-steens. ¹³Samuel met in wi Saul there an Saul said tae him, "E Lord's blissins on ye. A've deen fit e Lord bad ma dee." ¹⁴An Samuel said, "Fit's aa iss bleetin o sheep in ma lugs? Aa iss rowstin o nowt A'm hearin?" ¹⁵Saul said, "They've brocht them fae the Amalekites: wir fowk spared e best o e sheep an e beasts tae sacrifeece tae e Lord wir God. E lave we did awa wi." ¹⁶Syne Samuel said tae Saul, "Jist haud on a meenit an A'll tell ye fit e Lord said tae ma yestreen." An he said tae him, "Say awa." ¹⁷An Samuel said, "Eence upon a time ye didna think muckle o yersel, bit noo ye're heid o e clans o Israel an e Lord annintit ye keeng ower Israel. ¹⁸E Lord gied ye a job tae dee an telt ye tae see an pit an ein tae e cyaards o Amalekites, tae fecht them till they were aa deen awa wi. ¹⁹Fit wye hiv ye nae deen fit e Lord bad ye, bit jumpit on e spiles an did fit wis wrang i the een o e Lord? ²⁰An Saul said tae Samuel, "A hiv deen fit e Lord bad ma. A gaed far he sent ma an A've fessen back Agag, keeng o the Amalekites an slauchtert aa e lave o them. ²¹E fowk teuk fae e spiles e best o e sheep an owsen att shuld hae been destroyed tae sacrifeece tae e Lord yer God in Rowin-steens." ²²An Samuel said, "Fit dis e Lord think e mair o? Brunt offerins an sacrifeeces or deein fit he bids ye dee? Deein fit ye're telt is aye better nor sacrifeeces; hearkenin till him better nor e fat o rams. ²³Rebellin agin him is waur nor ackin lik a carlin, bein thraawn is waur nor wirshippin eedols. Cause ye've rejeckit e wird o e Lord he's rejeckit you as keeng."

²⁴Saul said tae Samuel, "A've deen ill. A've ignored e Lord's comman an your biddin, cause A wis feart at e fowk an teuk wi them. ²⁵Noo, A pray, att ye wid forgie ma ill-deein an come back wi ma sae att A mith wirship e Lord." ²⁶An Samuel said tae Saul, "A'm nae comin back wi ye, cause ye've rejeckit e wird o e Lord an he's rejeckit you as keeng o Israel." ²⁷As Samuel turnt tae gyang awa, Saul catcht e fit o his coatie an rippit it. ²⁸Samuel said till him, "E Lord his rippit e keengdom o Israel oot o yer hans e day an will gie it till yer neeper, fa's a better man nor you. ²⁹E God fa's e Strinth o Israel disna tell lees nor cheenge his myn. He's nae a man, sae he disna cheenge his myn." ³⁰Syne Saul said, "A've deen ill, bit honour ma iss eence afore the elders o ma fowk an afore Israel, an come back wi ma, sae att I can wirship e Lord yer God." ³¹Sae Samuel did gyang back wi Saul an he wirshippt e Lord.

³²Syne Samuel said, "Fess Agag e keeng o the Amalekites here till ma." An Agag creepit in aboot an said "Seerly e soorness o daith is by wi." ³³Samuel said, "Your swoord his teen awa mony mithers' bairns an your mither's bairn will be teen awa tee."An Samuel hackit Agag tae bits there at Rowin-steens, afore e Lord.

[34]Syne Samuel gaed tae Ramah an Saul gaed hame till his hoose at Gibeah. [35]Samuel nivver saa Saul again till his deein-day, bit Samuel did moorn for Saul, cause e Lord wis sorry att he hid ivver made Saul keeng o Israel.

CHAPTIR 16

E Lord said tae Samuel, "Foo lang are ye gyan tae grieve ower Saul, cause I rejeckit him as keeng o Israel? Full yer horn wi ile an haud on e road. A'm gyan tae sen ye tae Jesse fae Bethlehem cause A've pickit a keeng for masel fae amo his sins." [2]An Samuel said, "Foo can A gyang there? Gin Saul hear o't he'll kill ma." An e Lord said, "Tak a quake wi ye an say ye've come tae mak a sacrifeece tae e Lord. [3]Speir Jesse tae e sacrifeece an A'll shew ye fit tae dee. Ye'll annint for me, e chiel att A shew till ye." [4]Samuel did as e Lord bad him an gaed tae Bethlehem. E Toon Cooncil cam creepin oot tae meet him sayin, "Are ye comin in peace?" [5]An he said, "Ay, fairly att! A've come tae mak a sacrifeece till e Lord. Purifee yersels an come wi ma tae e sacrifeece." He purifiet Jesse an his sins an socht them tae e sacrifeece anaa.

[6]Fan they got there, Samuel saa Jesse's loon Eliab an he thocht, "Iss chiel, stannin afore e Lord, maun be the een he's pickit." [7]Bit e Lord said tae Samuel, "Dinna tak nae notice o foo gweed leukin or strappin he is, cause I've rejeckit him. E Lord disna see as ordinary fowk see, cause ordinary fowk jeedge bi foo a body leuks, bit e Lord jeedges bi fit's in a body's hert." [8]Syne Jesse cried on Abinadab an garrt him walk by afore Samuel. Bit he said, "Nuh. Iss is nae e chiel e Lord's pickit." [9]Syne Jesse garrt Shammah walk by him an he said, "Na, na. Iss is nae the een e Lord his pickit." [10]Jesse garrt syven o his loons walk by afore Samuel bit Samuel said till him, "E Lord hisna pickit ony o them." [11]Syne Samuel said tae Jesse, "Is iss aa yer bairns?" An he said, "There's jist e youngest een, he's leukin efter e sheep." An Samuel said tae Jesse, "G'wa an fess him in. We winna tak wir rist till he's here." [12]Sae Jesse sent for him tae be fessen in. He hid a bit o colour aboot him an wis affa weel faurt, wi a glint in his ee. An e Lord said, "Up ye get an annint him. Att's the een." [13]Sae Samuel teuk e horn o ile an annintit him there afore aa his brithers. E speerit o e Lord cam on Daavit fae att day on. Sae Samuel set oot an gaed back tae Ramah.

[14]Bit e speerit o e Lord forsook Saul an an ill-win fae e Lord teuk haud o him. [15]Saul's men said tae him, "Ay, we're thinkin an ill-win sent fae God's tirmintin ye. [16]Fit wye dis wir Lord nae bid hiz gyang an sikk a chiel fa's skeely wi e hairp sae att fan e ill-win fae God's onno ye, he'll strum awa at it an ye'll come aa better." [17]An Saul said till his men, "See gin ye can fin a chiel fa can play weel an fess him till ma." [18]Syne een o his men said, "A've seen een o e sins o Jesse fae Bethlehem fa can play. He's a stoot chiel an a bonnie fechter, he's got a bittie o common sense aboot him, rael weel-faurt, an e Lord is wi him."

[19]Sae Saul sent an eerin tae Jesse speirin gin he wid sen his loon Daavit fa leukit efter his sheep till him. [20]Jesse loadit up a cuddy wi loaf, a bowie o wine an a kid an sent them tae Saul wi his loon, Daavit. [21]Daavit arrived an steed afore Saul, fa wis rael teen wi him an gied him a job cairryin his wappons. [22]Saul sent wird tae Jesse: "Lat Daavit bide wi me, wid ye, cause A'm rael teen wi e loon." [23]Noo ony time the ill-win o God wis onno Saul, Daavit teuk up his hairp an strummt awa at it. Saul wid feel e better o't an the ill-win wid leave him aleen.

CHAPTIR 17

Noo, e Philistines caalt up their airmies for waar, an gaithert at Socoh in Judah, settin up camp atween Socoh an Azekah in Ephes-dammim. [2]Saul an the Israelites gaithert anaa an set up camp i the Howe o Elah, layin oot their lines tae face e Philistines. [3]E Philistines steed on ae side o a hill an the Israelites on anither hill facin them wi a howe in atween them. [4]A champion cam oot fae e Philistine camp, a chiel caaed Goliath, fae Gath. He wis abeen nine fit heich. [5]He hid a bress helmet on his heid an wis weerin a coat o mail, made o bress, weyin aboot nine steen. [6]He'd bress greaves on his legs an a bress targe atween his shoothers. [7]The hannle o his spear wis lik e bar on a wyver's leem an the airn heid o't weyed fifteen pun. A lad cairryin a targe gaed on afore him. [8]He steed up an roart tae the Israelite airmy, sayin, "Fit wye hiv ye set yersels oot, riddy tae fecht? A'm a Philistine, ee're jist slaves o Saul. Pick yer man tae come an face ma. [9]Gin he can fecht wi ma an kill ma, we'll be yer slaves. Bit gin I get e better o him an kill him, ye'll be slaves tae hiz." [10]Syne e Philistine said, "A defy the airmy o Israel. Sen oot a man an we'll fecht it oot." [11]Fan Saul an e lave o the Israelites heard iss say-awa, they were sair come at, an gey feart.

[12]Daavit wis e sin o a chiel caaed Jesse fae Bethlehem in Judah, fa hid aucht sins. In Saul's time he wis a fair aul age. [13]Jesse's three aulest loons hid gaen wi Saul tae e waar. E three fa gaed tae e waar were Eliab, the aulest, neist tae him wis Abinadab, an e third wis Shammah. [14]Daavit wis e youngest. E tither three follaed Saul, [15]bit Daavit wid gyang hame fae Saul an maet his fadder's sheep at Bethlehem. [16]Ilka mornin an ilka nicht for fowerty days e Philistine cam an steed afore them. [17]Jesse said tae his loon, Daavit, "Tak a load o rossin corn an iss ten loafs an rin up tae e camp wi them tae yer brithers. [18]Tak iss ten cheese tae their Captain. See foo yer brithers are deein an fess back wird o them." [19]Noo they were wi Saul an e lave o the Israelites, fechtin e Philistines i the Howe o Elah.

[20]Daavit gat up e neist mornin, left anither chiel tae leuk efter e sheep an set oot on his eerin as Jesse hid bidden him. He cam till e lines jist as the airmy wis gyan oot tae tak up their poseetions an gien oot their waar-cry. [21]The Israelites an e Philistines were draawn up facin een anither. [22]Daavit left e proveesions he'd brocht wi e quaartermaister, ran ower till the airmy an met in wi his brithers. [23]As he wis newsin till them, up cam e Philistine champion, Goliath, e chiel fae Gath, fae oot amo e Philistines an pat forrit his challenge as he'd deen afore. Daavit heard him. [24]Fan the Israelites saa e chiel they teuk till their heels in fricht. [25]The Israelites said, "Hiv ye seen e chiel att's come up? He's come tae confoon Israel. E keeng will gie a big rewaard tae faaivver kills him. He'll gie him his dother's han in mairriage tee an his faimly'll nivver hae tae wark again." [26]Says Daavit tae e lads stannin aboot him, "Fit'll be deen for e chiel fa kills iss Philistine an redds Israel o her shame? Fa's iss uncircumceesed Philistine onywye att he shuld pit the airmy o e livin God tae shame?" [27]An e fowk telt him fit e lad fa killed him wid get.

[28]His aulest brither heard Daavit spikkin till e men an got raised at him an said, "Fit did ye come doon here for? Fa hiv ye left tae leuk efter e sheep i the roch cuntra? A ken fit ye're like, ye impident vratch. Ye've jist come doon tae waatch e fechtin." [29]An Daavit said, "Fit hiv A deen noo? Can A nae aiven speir fit's happenin?" [30]An he turnt awa fae him till anither lad an backspeirt him, bit they aa telt him e same thing. [31]Saul got tae hear o fit Daavit hid said an sent for him.

[32]Daavit said tae Saul, "Dinna be doonherted ower att Philistine, A'll gyang an fecht him." [33]An Saul said tae Daavit, "Ee're nae fit tae gyang up agin iss Philistine an fecht wi him. Ee're jist a loon. He's been a sodger aa his days." [34]An Daavit said tae Saul, "Fan yer servant is leukin efter his fadder's sheep an a lion or a bear comes an taks awa a lammie fae e flock, [35]A'll gyang efter it, strick it an save e lammie fae its jaas. An gin it turn on ma, A grab it bi e throat an kill it. [36]A've killed baith lions an bears an A'll jist think o iss uncircumceesed Philistine lik een o them, seein as he's putten the airmies o e livin God tae

shame." [37]Daavit conteenyed, "E Lord fa keepit ma safe fae e paw o e lion an e paw o e bear will keep ma safe fae e han o iss Philistine." An Saul said tae Daavit, "G'wa ye gyang than! An lat e Lord be wi ye."

[38]Saul pat his ain airmour onno Daavit, pat a bress helmet onno his heid an gied him a coat o mail. [39]Daavit strappit Saul's swoord ower the airmour, bit he dauchlt a meenite cause he hidna tried them oot. Daavit said tae Saul, "A canna gyang wi iss, cause A've nivver eesed them afore, an he teuk them aff. [40]He pickit up his stick an choise five smeeth steens fae e burn an pat them inno e pooch o his shepherd's baggie, teuk his sling in his han an drew ower tae far e Philistine wis stannin. [41]E Philistine cam ower nearerhan tae Daavit, e chiel wi e targe gyan on afore him. [42]Fan e Philistine leukit aboot him an saa Daavit, he hid a gweed lauch, cause he wis jist a reed cheekit, wan-faced loon. [43]Says e Philistine tae Daavit, "Am I a tyke att ye come efter ma wi sticks?" An he swore at him i the name o his god. [44]An e Philistine said tae Daavit, "Come on an, an A'll gie yer flesh tae e birds an e beasts." [45]Syne Daavit said tae e Philistine, "Ye come at ma wi a swoord an a spear an a targe, bit I come tae you i the name o e Lord o Hosts, e God o the airmies o Israel att ye've putten tae shame. [46]E Lord's gyan tae deliver ye inno my hans e day, A'll strick ye doon an tak e heid fae ye. A'll gie e carcages o e Philistine sodgers tae e birds an beasts tae ett, an aa e warl will ken there's a God in Israel. [47]An aa e fowk here will see att e Lord disna save wi e swoord an spear. E fecht is e Lord's an he'll pit ye aa inno oor hans." [48]Sae fit happent wis att e Philistine startit tae come at Daavit again; Daavit ran at him tae tak him on. [49]He pat his han in his baggie an drew oot a steen, fired it at e Philistine wi his sling an strack him on e broo; he fell aa his linth on e grun. [50]Sae Daavit got e better o e Philistine wi a sling an a steen, strickin him an killin him, an nae a swoord in his han. [51]Daavit ran up till e Philistine, steed ower him, teuk his swoord, drew it oot o e scabbard, feenished him aff an hackit aff his heid wi't. Fan e Philistines saa att their champion wis deid, they teuk tae flicht. [52]E men o Israel an Judah lat oot a roar an chased e Philistines till they were doon i the howe at e yetts o Ekron. There wis wounnit Philistines lyin att e side o e road aa e wye tae Shaaraim, as far as Gath an Ekron. [53]The Israelites cam back fae chasin efter e Philistines an plunnert their tents. [54]Daavit teuk e Philistine's heid tae Jerusalem, bit he left his wappons in his tent.

[55]Fan Saul saa Daavit gyan oot tae face e Philistines he said tae Abner e Commander o his airmy, "Abner, see att loon there, fas sin is he?" An Abner said, "As sure's A'm here, yer majesty, A dinna ken." [56]An e keeng said, "G'wa an fin oot fas loon e birkie is." [57]As Daavit wis comin back fae killin e Philistine, Abner teuk him tae Saul wi e Philistine's heid still in his han. [58]An Saul said till him, "Fas sin are ee, ma loon?" An Daavit said, "A'm e sin o yer servant Jesse fae Bethlehem."

CHAPTIR 18

Noo eence he wis throwe newsin wi Saul, Jonathan an Daavit teuk a likin tae een anither an Jonathan looed him as muckle as he looed himsel. [2]Saul keepit Daavit wi him fae att day on an widna lat him gyang hame tae his ain hoose. [3]Syne Jonathan made a tryst wi Daavit cause he likit him sae weel. [4]Jonathan teuk aff e robe he wis weerin an gied it tae Daavit alang wi his airmour an his swoord, his bowe an his belt.

[5]Daavit gaed farivver Saul sent him an did sae weel for himsel att Saul gied him a comman i the airmy an aabody teuk till him, aiven the airmy offishers. [6]Noo fan Daavit an e lave o'em cam hame fae e slauchter o e Philistines e weemen fowk cam oot fae aa e toons o Israel tae meet Keeng Saul, singin an dancin wi tambourines an aa kyn o instruments, fair teen they were. [7]E weemen sang tae een anither, "Saul his killed his thoosans an Daavit his ten thoosans." [8]Saul turnt anngert at att, iss say-awa ranklt wi him. He said, "They're gien Daavit his ten thoosans an tae me they jist gie thoosans, they'll be makkin him keeng neist. [9]An fae att day on, Saul keepit his een on Daavit.

[10]Neist day an ill-win fae God cam onno Saul an he fell inno a dwaam. Daavit wis playin e hairp till him as eeswal. Saul hid a spear in his han, [11]an he keest it at Daavit tryin tae preen him tae e waa wi't, bit Daavit joukit oot o e wye o't twice.

[12]Saul wis some feart at Daavit cause e Lord wis wi Daavit bit hid forhooiet him. [13]Sae he pat Daavit oot o his hoose an pat him in comman o a thoosan men. Daavit led his men i the fechtin. [14]Daavit did weel in aa att he did, cause e Lord wis wi him. [15]Fan Saul saa att he wis aye successfu, he wis mair feart o him nor ivver. [16]Bit aa Israel an Judah looed him cause he wis aye att the fore i the fechtin.

[17]Saul said tae Daavit, "Here's ma aulest dother Merab, A'll gie her till ye as yer wife. Bit for her han ye maun be stoot an fecht e Lord's battles." Fit wis in Saul's noddle wis att Daavit wid be killed bi e Philistines an nae bi Saul himsel. [18]Daavit said tae Saul, "Fa am I or my fowk in Israel att I shuld be e keeng's sin-in-laa?" [19]Hooivver fan e time cam for Saul's quine Merab tae get mairriet, she wis gien as wife tae Adriel fae Meholah. [20]Bit Michal, Saul's ither quine teuk a fancy tae Daavit an fan Saul wis telt, he wis fine teen. [21]Saul said, "A'll gie her till him, she'll snare him an fess him till his daith at e hans o e Philistines." Sae Saul said tae Daavit, "Ye'll be ma sin-in-laa yet, ye can hae e tither een o e twa."

[22]Saul ordert his servants tae hae a wirdie in Daavit's lug an say, "E keeng is weel teen wi ye an we aa think muckle o ye, noo is e time for ye tae mairry e keeng's dother." [23]An fan Daavit heard iss fae Saul's servants he said, "Div ye think sae lichtly o mairryin e keeng's dother att ye think a peer, haimalt chiel lik me is up till't?" [24]Saul's servants telt him fit Daavit hid said, [25]an Saul said, "G'wa an say tae Daavit att e keeng's nae leukin for ony tocher ither nor e foreskins o a hunner Philistines, as revenge on ma faes." Bit fit Saul wis thinkin wis att iss wis a wye tae get Daavit killed at e hans o e Philistines. [26]Fan e servants telt Daavit iss he wis fine shuitit wi e thocht o bein e keeng's sin-in-laa. Afore e time ran oot, [27]Daavit gaed oot wi his men an slew twa hunner Philistines an brocht their foreskins an coonted them oot tae e keeng sae att he micht get tae be his sin-in-laa. An Saul gied him his dother Michal as his wife. [28]Saul saa att e Lord wis wi Daavit an he kent att his dother Michal looed him. [29]An Saul wis aye e mair feart o Daavit an saa him as a threet for e lave o his days.

[30]E Philistines wid come oot noo an aan tae fecht an Daavit aye hid mair success agin them nor e lave, sae he cam tae be muckle thocht o.

CHAPTIR 19

Noo Saul spak tae his sin Jonathan an aa his men aboot killin Daavit. [2]Bit Jonathan wis chief wi Daavit an telt him att Saul, his fadder, wis sikkin tae dee awa wi him, sayin till him, "Leuk oot for yersel e morn's mornin. Hide yersel in some saicret hidie hole. [3]A'll come oot wi ma fadder an stan aside ye i the park far ye're hidin an spik till him aboot ye, an gin A fin oot onythin, A'll tell ye."

[4]Jonathan hid a great say-awa aboot Daavit tae Saul, his fadder, an said till him, "Dinna dee ony ill tae yer servant Daavit, cause he hisna deen you ony ill. Aa att he's deen's been for yer ain gweed. [5]Did he nae tak his life in his hans fan he slew e Philistine an e Lord won a great victory for Israel? Ye saa it yersel an were gey weel shuitit aboot it. Will ye conter a chiel fa's deen nae wrang an dee awa wi Daavit for nae cause?" [6]Saul hearkent tae fit Jonathan wis sayin an swore att as seer's e Lord's livin, he widna dee awa wi Daavit. [7]Sae Jonathan socht oot Daavit an telt him aa iss. Jonathan brocht Daavit tae Saul an he attennit on him as he's deen afore.

⁸Waar breuk oot again an Daavit gaed tae fecht e Philistines an slew sae mony o them att e lave teuk tae their heels. ⁹Bit the ill speerit o e Lord wis onno Saul as he sat in his hoose wi his spear in his han. Daavit wis there playin his hairp. ¹⁰Saul socht tae gie him a clout wi e spear an tried tae preen him till e waa wi't, bit Daavit joukit oot o e road an Saul strack e waa wi e spear. Daavit ran aff an escapit. ¹¹Saul sent some chiels tae keep a leuk oot on Daavit's hoose att nicht, an dee awa wi him i the mornin. Daavit's wife Michal said till him, "Gin ye dinna save yersel e nicht, ye'll be deid afore e mornin's oot."

¹²Sae Michal lat Daavit oot throwe a winda an he teuk aff an escapit. ¹³Syne she teuk a statyee an laid it onno e bed, pat a bowster o goat's hair aneth it's heid an happit it wi a coatie. ¹⁴Fan Saul's men arrived tae tak Daavit, she said, "He's nae weel." ¹⁵Saul sent e men back tae see Daavit sayin, "Fess him tae me, bed an aa, an A'll kill him masel." ¹⁶An fan e men gaed in, they saa e statyee i the bed wi e bowster o goat's hair aneth its heid. ¹⁷Saul said tae Michal, "Fit div ye mean bi makkin a feel o ma, sennin awa ma fae an lattin him escape?" An Michal answert, "He said tae ma, 'Help ma escape or A'll kill ye.'"

¹⁸Sae Daavit got awa an cam tae Samuel at Ramah an telt him aa fit Saul hid deen tae him. Daavit an Samuel gaed tae bide in Naioth. ¹⁹Saul wis telt att Daavit wis bidin at Naioth in Ramah. ²⁰Sae Saul sent men tae tak him, bit fan they saa aa e prophits dancin aboot in a haily dwaam wi Samuel at e heid o them, God's speerit fell onno Saul's men an they teuk a haily dwaam wi e lave o them. ²¹Fan Saul got tae hear o iss, he sent ither men an they fell inno a haily dwaam tee. Saul sent a third lot o men an they fell inno e dwaam anaa. ²²Saul himsel set oot for Ramah an cam tae e muckle waals o Secu an he speirt far aboot Samuel an Daavit wis, an he wis telt they were at Naioth in Ramah. ²³On e wye there, e speerit o God cam onno him an he fell inno a haily dwaam aa e wye tae Naioth. ²⁴He strippit aff his claes an wis aye inno e dwaam fan he cam tae Samuel. He lay doon nyaakit aa att day an aa nicht tee. ²⁵Att's far we got e sayin, "Is Saul een o e prophits?

CHAPTIR 20

Daavit fled fae Naioth in Ramah, cam tae Jonathan an speirt, "Fit hiv A deen? Fit ill hiv A deen? Fit hiv A deen tae wrang yer fadder att he's sikkin tae kill ma?" ²Jonathan said till him, "Gweed forbid att ye shuld dee! Ma fadder winna dee naethin avaa till ye athoot spikkin tae me first. Fit wye wid he haud sic a thing fae me? Deil e bit o't." ³An Daavit avooed, "Yer fadder fairly kens att ye think weel o ma sae he winna lat ye in till his plans less he vex ye. As seer as e Lord's livin an as seer's A'm here, there's jist ae step atween me an daith." ⁴Syne Jonathan said tae Daavit, "A'll dee fitivver ye wint for ye." ⁵An Daavit said till him, "It's e new meen e morn an A shuld be supperin wi e keeng, bit lat ma gyang an hide masel i the parks till the evenin o e day efter e morn. ⁶Gin yer fadder misses ma say till him, 'Daavit socht o ma att A wad lat him rin tae his ain toon o Bethlehem cause it's e time o e ear att his hale faimly aye meets up tae mak their sacrifeece.' ⁷Gin he says, 'Weel, weel, sae be it', A'll be sauf, bit gin he gets sair kittlt up, ye'll ken he's set on deein ma ill. ⁸Leuk efter ma, cause we've bun wirsels egither in a covenant wi e Lord. Gin ye think A've deen ony ill, kill ma yersel. Fit wye shuld ye lat ma faa intae yer fadder's hans?" ⁹An Jonathan said, "G'wa wi ye! Gin A thocht att ma fadder wis gyan tae dee ye ony ill, wid A nae tell ye?" ¹⁰Syne, says Daavit tae Jonathan, "Fa's gyan tae lat ma ken gin yer fadder flees intill a rage?" ¹¹An Jonathan said tae Daavit, "Come oot intill e parks." An they baith gaed oot tae e parks. ¹²Jonathan says tae Daavit, "A mak iss promise till ye afore e Lord God o Israel. Aboot iss time e morn A'll suun oot ma fadder again an gin he's inclined tae tak wi ye, A'll sen wird an lat ye ken. ¹³Gin ma fadder means ye ony ill, mith e Lord dee e same gait wi me gin A dinna lat ye ken an get ye awa sauf. Mith e Lord be wi ye as he's been wi ma fadder. ¹⁴A ken att as lang as A'm livin ye'll be a leal freen tae ma; bit shuld onythin come o ma, ¹⁵A ken ye'll be loyal tae ma faimly for ivver, an fan e Lord his cleaned e face o the earth o aa yer faes, [16]mith e Lord caa ye tae accoont gin you an yer faimly are nae laanger ma freens." [17]An Jonathan garrt Daavit sweer till't cause he likit him sae muckle, likit him as weel as he likit his ain sel.

[18]Syne Jonathan said tae Daavit, "It's e new meen e morn an ye'll be missed cause yer cheer will be teem. [19]E day efter e morn, gyang doon till e place far ye hod fan aa iss tribble startit an bide anent e cairn there. [20]A'll sheet three arras intill e side o't as gin A wis sheetin at a target. [21]Fit A'll dee syne is sen a lad tae fess back the arras till ma. Gin A say till e lad, 'Leuk, the arras are on iss side o ye, pick them up,' syne ye can come oot, cause, A sweer, aathin'll be aa richt an there'll be naethin tae fear. [22]Bit gin A say till e loon, 'The arras are ahin ye,' syne ye maun haud oot o here cause e Lord's sennin ye awa. [23]An as tae e promises we've made tae een anither, e Lord will see till't att we keep them for ivver." [24]Sae Daavit hod himsel i the park. E new meen cam an e keeng sat himsel doon till his supper. [25]E keeng teuk his cheer anent e waa, as wis aye e wye o't. Abner sat neist tae Saul an Jonathan wis there tee, bit Daavit's cheer wis teem. [26]For aa that, Saul didna mak ony meention o't att nicht cause he thocht somethin hid come o him an he wisna ceremonially clean, "Att's e wye o't," thocht Saul, "he's nae clean." [27]Noo e neist day, e saicond day o e month, Daavit's cheer wis still teem an Saul said tae Jonathan, his loon, "Fit wye his Jesse's loon nae been for his supper iss hinmaist twa nichts?" [28]An Jonathan said tae Saul, "Daavit speirt leave o ma tae gyang tae Bethlehem. [29]He said 'Ma faimly are haein a sacrifeece i the toon an ma brither his ordert ma tae atten. Gin ye're ma freen, lat ma gyang an see ma ain fowk.' Att's e wye he's nae supperin wi e keeng."

[30]Syne Saul gat kittlt up intill a rage at Jonathan an he said tae him, "Ye sin o a limmer! Ye've made freens wi Jesse's loon an aa att'll dee is fess shame on you an att mither o yours. [31]Div ye nae see att as lang as att loon o Jesse's is livin, ye'll nivver be keeng o iss cuntra? G'wa an fess him tae me: he maun be deen awa wi." [32]An Jonathan rebat tae Saul, his fadder, speirin at him, "Fit wye maun he be deen awa wi? Fit's he deen?" [33]Saul pickit up his spear an keest it at him an Jonathan kent att he wis determined tae kill Daavit. [34]Jonathan wis fair raised an gat up fae e supper. He ett naethin e saicond day o e month. He wis sair come at aboot Daavit cause his fadder hid made a feel o him.

[35]Noo e neist mornin Jonathan gaed oot intae e parks at e time he'd greed wi Daavit, takkin a wee loonie wi him. [36]He said tae e wee loon, "Rin on an fin e arras att A'm gyan tae sheet." As e loonie ran, he shot an arra ower his heid. [37]Fan e loonie cam tae far the arra att Jonathan hid shot wis lyin, Jonathan roart tae e loon, "The arra's ahin ye! [38]Come on, hist ye. Fit are ye dauchlin at?" Sae Jonathan's loon gaithert up the arras an cam back tae his maister. [39]Bit e loon hid nae noshun o fit wis gyan on. Jist Jonathan an Daavit kent. [40]Jonathan gied his wappons tae e loon an said till him, "Awa ye gyang, back tae e toon wi them."

[41]As seen's e loon wis oot o sicht, Daavit gat up fae ahin e cairn an booed himsel doon tae e grun three times. Jonathan an Daavit were in tears as they kissed een anither an Daavit wis mair sair come at nor Jonathan. [42]An Jonathan said tae Daavit, "God be wi ye. We've baith sworn i the name o e Lord att we an wir faimlies will keep e promise we've made tae een anither." Syne Daavit held awa an Jonathan gaed back tae e toon.

CHAPTIR 21

Daavit gaed tae Ahimelech e priest at Nob. Ahimelech wis a bittie come at fan he saa him, an speirt, "Fit are ye deein here aa bi yersel? Fit wye hiv ye naebody wi ye?" [2]Daavit said tae Ahimelech, e priest, "E keeng his sent ma on an eerin an telt ma nae tae lat naebody ken fit A'm aboot nor fit he's bad ma dee. Fan A left ma men ahin A telt them tae meet ma at sic an sic a place. [3]Noo fit hiv ye got tae han? Gie ma five loaves o breid or as mony as ye've got." ⁴An e priest said tae Daavit, "There's nae plain loaf, bit there is sacrament loaf. Hiv e young lads been keepin awa fae e weemen?" ⁵An Daavit said, "Tae tell ye e trowth, we hinna been near a wumman iss three days. E men aye keep themsels haily fan we're on a mission, even an ordinar mission, sae foo muckle mair will they be haily e day." ⁶Sae e priest gied him e sacrament loaf, cause att wis e only loaf att wis there, e Lord's loaf, teen fae aff e sacrament table wi loaf new bakit att mornin putten in its place. ⁷Noo een o Saul's men att happent tae be there att day, held back afore e Lord. He wis Doeg fae Edom, Saul's heid shepherd.

⁸Daavit said tae Ahimelech, "Wid ye hae a spear or a swoord tae han? A hinna brocht ma swoord or ma wappons wi ma, cause A wis in sic a hurry tae see tae e keeng's eerin. ⁹An Ahimelech said, "E swoord belangin tae Goliath e Philistine fa ye slew i the Howe o Elah is here, wappit up in a cloot an in ahin e goon. Gin att's ony eese tae ye, tak it; there's nae ither wappons here. An Daavit said, "Neen better. Gie's a haud o't."

¹⁰Sae Daavit left, aye haudin oot o e road o Saul an gaed tae Achish, keeng o Gath. ¹¹Achish's men said tae him, "Is iss nae Daavit e cuntra's keeng aboot fa they said as they sang an danced, 'Saul his slain his thoosans an Daavit his ten thoosans'?" ¹²Daavit teuk fit they said tae hert an wis some feart at fit Achish, keeng o Gath mith dee. ¹³He pretenit, fan ony o them were aboot, att he wisna e full shillin, scribblin on e doors o e toon yett an slaverin aa doon his beard. ¹⁴Syne Achish said tae his men, "Leuk, e lad's feel, fit are ye deein fessin him tae me? ¹⁵Hiv A need o feels att ye fess iss een tae tirmint ma? Maun he come inno my hoose?"

CHAPTIR 22

Daavit escapit fae there an gaed tae e cave o Adullam. Fan his brithers an his fadder's fowk heard he wis there they aa gaed doon tae see him. ²Fowk o aa kyn, sair come at, hard up an ill-contentit aa gaithert roon him an he becam their leader. There wis aboot fower hunner o them aa in. ³Fae there Daavit gaed tae Mizpah in Moab, an he said till e keeng o Moab, "Lat ma fadder an mither come an bide wi ye till A see fit God's gyan tae dee for ma." ⁴Sae he brocht them tae e keeng o Moab an they bade there aa e time Daavit wis in his hauld.

⁵Syne Gad, e prophit, said tae Daavit, "Ye maunna bide in yer hauld. G'wa at eence tae Judah." Sae Daavit left an gaed e linth o e wids o Hareth. ⁶Wird att Daavit an his men hid been seen won e linth o Saul fa wis sittin aneth a tree in Gibeah wi his spear in his han an his men aa roon aboot him. ⁷Says Saul tae e men stannin aboot, "Hearken tae fit A'm sayin, ye o clan Benjamin, div ye think Jesse's loon'll gie ye aa parks an vinyairds an mak ye captains o thoosans an captains o hunners? ⁸Is att e wye ye're aa plottin agin ma? Is att e wye neen o ye lat on tae ma att ma ain sin wis colloguein wi Jesse's loon? Are neen o ye sorry for ma, att ma loon wis steerin up ma fae fa's noo lyin in wyte for ma?"

⁹Syne Doeg fae Edom, fa wis stannin wi Saul's men, said, "A saa Jesse's loon comin tae Nob, tae Ahitub's loon Ahimelech. ¹⁰Ahimelech speirt att e Lord fit Daavit shuld dee, gaed him maet an gied him e swoord o Goliath e Philistine." ¹¹Sae e keeng sent for Ahimelech, e priest, an aa his faimly fa were priests in Nob an they aa cam tae see e keeng. ¹²Saul said, "Hearken, Ahimelech!" "Ay, lord," he said. ¹³An Saul said tae him, "Fit wye are you an Jesse's loon plottin agin ma? A hear ye gied him maet an a swoord an spak tae God for him. Noo he's teen up airms an is lyin in wyte for ma." ¹⁴An Ahimelech answert e keeng, "An fa's mair leal till ye nor yer ain sin-in-laa, Daavit? He gyangs oot at yer biddin an his an honoured place at hame. ¹⁵Did A dee wrang in spikkin tae God for him? Gweed forbid. A hope ma lord

winna think ill o me nor ma faimly, cause I dinna ken naethin aboot iss metter." ¹⁶An e keeng said, "Ahimelech, you an aa yer faimly maun dee."

¹⁷E keeng said tae e sodgers stannin roon him, "Gyang an kill e priests o e Lord cause they're in cahoots wi Daavit. They kent far he ran aff till an didna tell ma." Bit e sodgers werna willin tae lay a han onno e priests o e Lord. ¹⁸E keeng said tae Doeg, "G'wa an kill e priests." An Doeg fae Edom gaed an fell upo e priests an killed auchty-five men o e cloth. ¹⁹He pat e priests' toon o Nob till e swoord killin men, weemen, bairns, littlins at e breist, owsen, cuddies an sheep – aa putten till e swoord.

²⁰Bit Abiathar, een o e sins o Ahitub's loon Ahimelech, escapit an teuk efter Daavit. ²¹Abiathar telt Daavit att Saul hid slain e Lord's priests. ²²Daavit said tae Abiathar, "A jist kent, att day fan A saa Doeg fae Edom there, he wid gyang an clype tae Saul. It's my faut aa yer faimly his been killed. ²³Bide here wi ma an dinna be feart. E chiel fa's sikkin my life is sikkin yours tee, bit ye'll be sauf wi me."

CHAPTIR 23

Daavit cam tae hear att e Philistines were attackin e toon o Keilah an ransackin e new-threeshen corn. ²Sae Daavit speirt att e Lord gin he shuld gyang an fecht wi e Philistines. E Lord said tae Daavit, "Jist att, gyang an attack them an save Keilah." ³Daavit's men said till him, "We've aneuch tae be feart aboot here in Judah, it'll be fully warse gin we gyang tae Keilah an fecht e Philistines." ⁴Daavit again socht fit e Lord hid tae say. E Lord said till him, "Get gyan. Gyang doon tae Keilah, cause A'm gyan tae deliver e Philistines intill yer hans." ⁵Sae Daavit an his men gaed doon tae Keilah an focht wi e Philistines. They slauchtert a fair fyow o them an teuk their beasts. Sae Daavit saved e fowk o Keilah. ⁶Abiathar, Ahimelech's loon escapit an jined Daavit at Keilah, fessin e goon wi him.

⁷Saul got tae hear att Daavit wis at Keilah an he said, "God his delivert him intill ma hans. We've got him trappit inno a toon wi heich waas an barred yetts." ⁸Sae Saul caalled up his sodgers an mairched on Keilah an laid siege tae Daavit an his men.

⁹Fan Daavit heard fit wis in Saul's noddle, he speirt att Abiathar e priest tae fess e goon till him. ¹⁰Syne Daavit prayed, "O Lord God o Israel, yer servant his heard att Saul means tae come tae Keilah an ransack e toon, cause o me. ¹¹Will e Keilah fowk han ma ower till him? Will Saul come doon here lik A've been hearin? O Lord God o Israel, A'm priggin wi ye tae tell ma." An e Lord said, "Ay, he'll come doon aa richt." ¹²Syne Daavit said, "Will e Keilah fowk han me an ma men ower tae Saul?" An e Lord said, "Jist att."

¹³Daavit an his men, aboot sax hunner o them, there wis, got oot o Keilah straichtawa an heidit iss wye an yon. Fan e news got tae Saul att Daavit hid escapit he didna dee naethin aboot it. ¹⁴Daavit bade i the roch cuntra, hidin i the heilans o Ziph. Saul rakit aboot for him ilka day bit God keepit him oot o his hans. ¹⁵Daavit kent fine att Saul wis efter his hide. Daavit wis in Horesh i the roch cuntra o Ziph ¹⁶fan Saul's sin Jonathan cam till him an hertent him in God's name. ¹⁷He said till him, "Dinna be feart, ma fadder's han will nivver touch ye. Ye'll come tae be keeng ower Israel an A'll rank ahin ye, an Saul ma fadder kens att fine." ¹⁸An e twa o them made a tryst afore e Lord. Daavit bade on at Horesh an Jonathan gaed hame.

¹⁹Fan Saul wis at Gibeah, e fowk o Ziph cam till him wi e news att Daavit wis hidin i their cuntra at Horesh i the heilans o Hakilah on e sooth side o Jeshimon. ²⁰"Come doon, yer majesty," they said, "come ony time ye like, an we'll han him ower till ye." ²¹An Saul said, "E Lord bliss ye, for deein ma sic a gweed turn. ²²Haud awa an see fit ye can fin oot aboot far he's hidin an fa's seen him there, cause A've

heard he's gey sleekit. [23]Fin oot exackly fittin places he hides inno an come back tae me wi e preef an A'll gyang wi ye. A'm tellin ye straicht, gin he's hidin onywye aboot Judah, A'll hunt him doon gin A hiv tae gyang throwe ilka faimly i the cuntra." [24]They held awa back tae Ziph, aheid o Saul. Bit Daavit an his men were i the roch cuntra o Maon, i the howe tae e sooth o Jeshimon. [25]Saul set oot wi his men tae leuk for him. Daavit got tae hear o't an gaed tae a steeny hideoot i the roch cuntra o Maon. Fan Saul heard att, he chased efter Daavit i the roch cuntra o Maon. [26]Saul wis on ae side o e hill, bit Daavit an his men were on e tither. They were hingin in tae get awa fae Saul fa wis closin in on them riddy tae tak them.

[27]Bit a rinner cam tae Saul tae tell him tae hist him hame, cause e Philistines hid invadit e cuntra. [28]Sae Saul gied up chasin efter Daavit an gaed hame tae tak on e Philistines. Efter att they caaed e place E Sinnerin Steen. [29]Fae there, Daavit gaed up tae e bullwarks o Engedi.

CHAPTIR 24

Noo, eence Saul won hame fae fechtin wi e Philistines he wis telt att Daavit wis i the roch cuntra aboot Engedi. [2]Sae Saul teuk three thoosan men, pickit fae the hale o Israel an gaed tae sikk oot Daavit an his men on e east side o e Steens o e Wild Goats. [3]Noo on e road, he cam on some buchts, near han a cave an gaed inno e cave tae dee his bizness. Daavit an his men were hidin at e back o e cave. [4]Daavit's men said till him, "Div ye myn on e Lord sayin he wid deliver yer fae intill yer han some day att ye mith dee fitivver ye please wi him? Weel, iss is it." Syne Daavit gat up an cuttit aff e fit o Saul's robe athoot him kennin fit hid been deen. [5]Efterhin, Daavit felt a bittie guilty aboot fit he hid deen, [6]an he said tae his men, "Gweed forbid att A shuld dee onythin ill tae ma maister, e Lord's annintit, or lift a finnger agin him, cause, efter aa, he is e Lord's annintit." [7]Sae Daavit perswaadit his men nae tae hairm Saul. Saul gat up an gaed oot o e cave. [8]Syne Daavit gaed oot o e cave efter him an cried tae Saul, "Yer Majesty." An fan Saul leukit roon, Daavit booed himsel doon till e grun.

[9]An Daavit said tae Saul "Fa's been tellin ye att Daavit means ye ony ill? Ye've seen for yersel foo e Lord delivert ye inno ma hans e day inno iss cave. Some wid hae hid ma kill ye, bit [10]A didna dee ye nae hairm. 'Na', says I, 'A winna raise ma han agin his majesty cause he's e Lord's annintit.' [11]An fit's mair, ma fadder, see iss bittie A cuttit aff e fit o yer robe? Ay, A cuttit it aff, bit A didna kill ye. Sae ye see there's nae thocht o deein ye ony ill or hairm in ma noddle. A've deen ye nae wrang, yet ye chase efter ma an sikk tae tak ma life. [12]Mith e Lord jeedge e twa o's. Mith he avenge e wrangs ye've deen till ma, bit A'll nae lift a finnger agin ye. [13]As e aul sayin goes, 'Neen bit a cyaard will dee ye ill,' bit A'll nae lift a finnger agin ye. [14]Fa is't att e keeng o Israel is efter? Fa are ye chasin? A deid tyke or a flech? [15]Lat e Lord be e jeedge atween you an me an see att A'm i the richt an deliver ma oot o yer hans."

[16]Fan Daavit wis throwe wi his say-awa, Saul said, "Is iss you, Daavit, ma loon?" An Saul roart an grat. [17]An he said tae Daavit, "Ye're a better man nor me, ye've been gweed tae me an aa A've deen you is ill. [18]Ye've preeved yersel e richt gait e day, cause fan e Lord delivert ma intill yer hans, ye saved ma. [19]There's nae mony fowk catches their innemy an syne lats him awa. Mith e Lord see ye aa richt for fit ye've deen tae ma e day. [20]A ken fine att some day ee'll be e keeng an Israel will dee weel unner you. [21]Noo sweer tae ma bi e Lord att ye winna dee ill tae my fowk an att ye winna lat my fowk be forgotten." [22]Daavit swore tae Saul, an Saul gaed awa hame. Bit Daavit an his men gaed back tae their steeny hideoot.

CHAPTIR 25

Samuel deit, an aa the Israelites gaithert tae moorn him. He wis beeriet at his hoose at Ramah. Efter att, Daavit gaed doon tae e roch cuntra o Paran. [2]Noo, there wis a chiel fae Maon fa aint muckle gear in Carmel. He hid three thoosan sheep an a thoosan goats. He wis clippin his sheep in Carmel. [3]He wis caaed Feel an his wife wis Abigail. She wis a clivver wumman an rael gweed-leukin. Bit her man, fa wis o e clan o Caleb, wis crabbit an grippy.

[4]Oot i the roch cuntra, Daavit got tae hear att Feel wis clippin his sheep. [5]Daavit sent ten young loons, sayin till them "G'wa tae Carmel, sikk oot Feel an tell him A wis speirin for him. [6]Say tae the weel-deein chiel, 'Here's a health tae ye an yer fowk an aa att ye hiv. [7]We heard att ye were at e clippin. Yer shepherds were wi hiz sinsyne an we didna dee them nae ill. Naethin o theirs wis pinched aa e time they were in Carmel. [8]Speir at yer ain fowk an they'll tell ye. Wilcome wir men cause we've come on a gweed day an gie tae hiz, an tae yer sin Daavit, aa att ye can.'" [9]Daavit's young loons gaed an said tae Feel aa e say-awa att Daavit hid telt them. They wytit[10]an Feel answert them, "Fa's Daavit?" he said, "Fa's Jesse's loon? There's run-awa slaves aa ower e place noo-a-days. [11]Div ye think A'm gyan tae tak ma loaf an ma watter an e beef att A've killed for ma shepherds an gie it tae fowk fa come fae A dinna ken far?" [12]Sae Daavit's men turnt an gaed hame an telt him aa att hid been said.

[13]Daavit said till his men, "Pit on yer swoords, ilka een o ye," an ilka man girdit on his swoord an Daavit his tee. Aboot fower hunner o them follaed Daavit an twa hunner bade wi e proveesions.

[14]Bit a young loon telt Feel's wife, Abigail, att Daavit hid sent oot men fae e roch cuntra tae tryst wi his maister fa hid gien them a tonguin. [15]"E men were gweed tae hiz," he said, "an nivver did hiz nae hairm, naethin wis pinched fan we gaed aboot wi them i the parks. [16]They leukit oot for hiz nicht an day aa e time we were shepherdin wi them. [17]A'm jist tellin ye iss sae att ye mith think fit tae dee, cause they're plottin ill agin wir maister an his fowk. He's sic a ranagant, a body canna spik till him."

[18]Noo Abigail, as fest as she culd, got egither twa hunner loaves, twa bowies o wine, five dresst sheep, five mizzour o driet corn, a hunner bunch o raisins an twa hunner cakes o driet figs an loadit them onno e cuddies. [19]She said tae her servants, "G'wa on afore ma an A'll folla on ahin. Bit she didna tell her man, Feel. [20]Sae as she hurlt on her cuddy, hodden bi e side o e hill, Daavit an his men cam on her an she met in wi them. [21]Noo, Daavit hid said, "A've jist wastit ma time leukin efter att chiel's gear i the roch cuntra sae att naethin o his wis teen. He's jist ill-traitit ma for e gweed A did him. [22]Mith God strick ma doon gin A leave a single een o them fa pish up agin e waa alive bi mornin." [23]Fan Abigail saa Daavit she hurriet forrit, got doon aff her cuddy an fell doon on e grun afore him, booin doon tae e grun [24]at his feet an said, "Lat me tak e blame, sir, bit lat yer servant spik sae att ye mith hear fit she his tae say. [25]Dinna tak ony notice o att ranagant, Feel (att's fit he's caaed). Ay, Feel bi name an feel bi nettir. I, yer servant, didna see e young loons ye sent. [26]Noo, Sir, as e Lord his keepit ye fae sheddin bleed an fae avengin yersel wi yer ain hans, as e Lord lives an as you live, yer faes, an aa fa wid dee ill tae ye, will be lik Feel. [27]A've fessin iss blissin till ye, sir, tae gie tae e birkies fa are wi ye. [28]A'm sorry tae hae bathert ye. E Lord will set you an yer fowk up cause ye hiv fochen sair for him an nae ill will come o ye aa yer days. [29]Gin ony chiel sets oot tae dee ye ill or tak yer life, e Lord, wir God, will wup up yer life an keep it till him lik trissure, bit e lives o yer faes he'll fling awa lik steens fae a sling. [30]Fan e Lord his gien ye aa att he's promist ye an his made ye keeng o Israel, [31]ye winna hae on yer conscience e fac att ye've shed bleed for nae cause nor ventit yer annger. Bit fan e Lord deals ye weel, myn on me, yer servant."

[32]Daavit said tae Abigail, "Blissins tae e Lord God o Israel att his sent ye tae me e day. [33]An blissins on yer gweed advice, blissins on you tee for keepin ma fae sheddin bleed e day an fae ventin ma annger.

[34]For A sweer bi e Lord God o Israel fa his keepit ma fae deein ye ony hairm: gin ye hidna come oot tae meet in wi ma, nae a sinngle een o Feel's fowk fa pish up agin e waa wid hae been alive bi mornin." [35]Sae Daavit accepit fit she hid brocht him an said tae her, "G'wa hame in peace. A've listent till ye an gien ye fit ye were sikkin."

[36]Abigail gaed hame tae Feel an he wis haein a pairty, a do fit for a keeng. He wis mirry an fair blootert, sae she didna tell him naethin till mornin. [37]Bit come mornin, Feel hid sobert up, she telt him aboot it an he teuk a dwaam an lay lik a steen. [38]Aboot ten days efter e Lord hid strucken Feel, he deit.

[39]Fan Daavit got tae hear att Feel wis deid, he said, "Blissins tae e Lord fa his gien Feel fit wis comin till him for insultin me an his keepit me fae haein tae dee ony ill. E Lord his turnt Feel's coorseness on his ain heid." An Daavit socht Abigail tae be his wife. [40]An Daavit's servants gaed tae Abigail at Carmel an telt her att Daavit winted tae tak her as his wife. [41]She steed up an booed her heid tae e grun an said, "Losh, lat yer servant deemie waash e feet o ma maister's servants." [42]Sae Abigail hurriet tae get hersel riddy an teuk tae her cuddy wi five o her ain quines an gaed back wi Daavit's men tae be his wife. [43]An Daavit mairriet Ahinoam fae Jezreel an they baith were wife tae him.

[44]Saul, hooivver, hid gien his dother Michal fa wis Daavit's wife tae Laish's loon Paltiel fae Gallim.

CHAPTIR 26

E fowk fae Ziph cam tae Saul at Gibeah tae tell him att Daavit wis hidin on e Hill o Hakilah facin Jerusalem. [2]Sae Saul gaed doon tae e heilans o Ziph wi three thoosan o e best men fae Israel tae leuk for Daavit there. [3]Saul set up camp at e side o e road on e Hill o Hakilah, owerleukin Jerusalem. Daavit bade i the heilans an wis made aquaant att Saul hid come leukin for him. [4]Daavit sent oot spies an learnt att Saul wis fairly thereaboots.

[5]Daavit gaed tae e place far Saul wis campit an saa far Saul an his captain, Ner's loon Abner, were lyin. Saul wis lyin in a trench an his airmy pitched aa roon aboot him. [6]Daavit turnt tae Ahimelech the Hittite an Abishai, fa wis Joab's brither Zeruiah's loon, an speirt, "Fa'll gyang doon wi ma tae Saul i the camp?" "A'll gyang wi ye," says Abishai. [7]Sae Daavit an Abishai gaed doon tae e camp att nicht an faun Saul lyin in his trench wi his spear stucken inno e grun anent his bowster. Abner an the airmy were lyin aa roon aboot him. [8]Says Abishai tae Daavit, "God's gien yer faes inno yer han e day. Lat ma kill him. A'll preen him tae e grun wi ae dyst o e spear, it winna tak mair nor ae dunt." [9]Bit Daavit said tae Abishai, "Dinna dee awa wi him. Fa can turn their han on e Lord's annintit an get awa wi't?" [10]An he said, "As seer's e Lord's livin, e Lord will strick him doon; aither some day his time will come or he'll be killed i the fechtin. [11]God forbid att A shuld rax oot ma han agin e Lord's annintit, bit fit A wint tae dee is tak e spear fae aside his bowster an e bowlie o watter an get awa oot o here." [12]Sae Daavit teuk e spear an e bowlie o watter fae Saul's bowster an they got awa wi naebody kennin they'd been there, naebody saa them an naebody waakent. They were aa sleepin cause a deep sleep sent bi e Lord hid faa'en onno them.

[13]Syne Daavit crossed ower tae e tither side an steed on e heid o a hill, hine awa. There wis a fair distance atween them. [14]Daavit roart across tae the airmy an tae Ner's loon Abner, sayin, "Weel, fit are ye sayin till't, Abner?" An Abner said, "Fa's att roarin for e keeng?" [15]An Daavit said tae Abner, "Ye're a gey chiel, are ye nae? There's neen like ye in Israel. Ye've nae deen a verra gweed job o leukin efter yer Lord, e keeng, fan somebody cam in till him tae dee him ill. [16]Ye're nae up till yer job. As God's alive ye deserve tae dee cause ye hinna leukit efter yer maister, e Lord's annintit. Far div ye think e keeng's spear's gaen till an far's e bowlie att wis onno his bowster? [17]Saul kent Daavit's wird an said, "Is att you

spikkin Daavit, ma loon?" "Ay, it's me spikkin, yer majesty," said Daavit. [18]An he said, "Fit wye is yer majesty aye chasin efter ma? Fit hiv A deen? Fit ill am A sikkin tae dee ye? [19]Noo wid ye bit hearken tae fit A hiv tae say for a meenitie. Gin e Lord his steered ye up agin ma, lat him be gien an offerin, bit gin it be men, lat them be curst i the name o e Lord, cause they hiv chased me awa fae ma dyows i the Lord's cuntra tae places far A can bit wirship fremt gods. [20]Dinna lat ma bleed be spult on forrin yird, awa fae e Lord. E keeng o Israel his come oot leukin for a flech, e same wye as ye wid hunt a pairtrick i the heilans."

[21]Syne Saul said, "A've deen ill. Come hame Daavit, ma loon. A'll nivver dee ye nae hairm cause ye spared ma life e nicht. A've been a feel; clean gyte A've been." [22]Daavit answert him, "Here's yer majesty's spear. Sen een o yer birkies ower tae fess it back till ye. [23]E Lord rewards ilka een fa's gweed-livin an leal. E Lord gied ye intill ma hans e nicht, bit A culdna dee nae ill tae e Lord's annintit. [24]As A vailyet yer life e nicht, sae mith e Lord vailyee my life an haud ma awa fae aa tribble."[25]Syne Saul said tae Daavit, "Mith ye be blisst Daavit, ma loon. Ye'll gyang on tae be a lad o pairts an dee weel in aa ye pit yer han till. Sae Daavit gaed on his wye an Saul gaed awa back hame.

CHAPTIR 27

Daavit thocht till himsel, "Come time, Saul's gyan tae kill ma. E best thing A can dee is escape tae e Philistine cuntra. Saul will gie up tryin tae fin ma in Israel an A'll mebbe be shot o him eence an for aa." [2]Sae Daavit an e sax hunner men att were wi him gaed ower e border tae Achish e sin o Maoch, keeng o Gath. [3]Daavit, his men an aa their faimlies an Daavit's twa wives, Ahinoam fae Jezreel an Abigail fae Carmel (her att wis Feel's wife) sattlt in Gath wi Achish. [4]Fan Saul wis telt att Daavit hid flown tae Gath, he gied up tryin tae fin him.

[5]Daavit said tae Achish, "Gin ye think weel o ma, gie's a placie in een o e toons in yer cuntra sae att A can sattle there. Fit need is there for ma tae bide wi yer majesty i the royal toon?" [6]Sae e day he speirt o him, Achish gied Daavit Ziklag, an it's a royal toon for e keengs o Judah tae iss verra day. [7]Daavit bade i the Philistine cuntra for saxteen month.

[8]Daavit an his men gaed oot reivin amo e Geshurite fowk, amo e Girzite fowk an the Amalekite fowk. Att clans bade lang ago i the cuntra att streetched fae Shur tae Egypt. [9]Daavit herriet e cuntra, leavin nae man nor wumman livin. He teuk their sheep, their owsen, their cuddies, their camels an their gear an cam back hame tae Achish. [10]Achish says till him, "Far hiv ye been herryin e day?" An Daavit said, "Awa tae e sooth o Judah, e sooth o Jerahmeel an e sooth o e Kenite cuntra." [11]Daavit brocht nae livin sowl back tae Gath for fear they mith spik oot aboot fit Daavit an his men hid deen. Sae att wis Daavit an fit he wis deein aa e time he wis wi e Philistines. [12]Achish wis teen in bi Daavit an thocht att he hid made himsel sae ill-thocht o bi the Israelites att he wid be in thraawl tae him for ivver.

CHAPTIR 28

Noo, roon aboot att time, e Philistines caalled up their airmies tae fecht the Israelites. Says Achish tae Daavit, "Ye ken att you an yer men maun fecht on my side." [2]An Daavit said, "Michty ay, an ye'll see fit yer servant can dee." Says Achish tae Daavit, "Weel, A'll mak ye ma bodygaird for life." [3]Noo Samuel wis deid an aa Israel hid moorned for him an hid beeriet him in his ain toon o Ramah. Saul hid putten aa e carlins an spaemen oot o e cuntra. [4]E Philistines gaithert an set up camp at Shunem. Saul gaithert the Israelite airmy an pitched up at Gilboa. [5]Fan Saul saa foo mony o e Philistines there were, he wis some feart, aye fair terrifiet he wis. [6]Saul prayed tae e Lord, bit e Lord didna gie him an answer: nae bi dreams, nor bi Urim nor bi e prophits.

[7]Syne Saul said tae his servants, "G'wa an fin ma a spaewife sae A mith see fit she his tae say aboot things." An his servants telt him there wis sic a wumman at Endor. [8]Sae Saul put on different claes sae att he widna be kent, teuk twa chiels wi him an gaed tae see e wumman ae nicht. He says tae her, "Cry on yer speerits an fess up e chiel A name till ye." [9]Bit e wumman says tae him, "Div ye nae ken fit Saul's deen? He's deen awa wi aa e carlins an spaemen. Fit wye are ye sikkin tae snare me sae att I will be deen awa wi tee?" [10]Bit Saul sware tae her i the name o e Lord sayin, "As seer as e Lord's alive, ye'll nae come tae nae ill for iss." [11]Syne e wumman speirt at him, "Fa are ye sikkin ma tae cry on?" An he said, "Fess up Samuel." [12]Fan e wumman saa Samuel she roart oot o her an said tae Saul, "Fit wye hiv ye chettit ma? Ee're Saul." [13]An e keeng says tae her, "Dinna be feart. Fit did ye see?" An e wumman says tae Saul, "A saa a ghaist comin up fae e grun." [14]An Saul says tae her, "Fit did he leuk like?" An she says, "An aul man wuppit up in a coatie, comin up." An Saul jaloosed it wis Samuel an he booed doon wi his face tae e grun.

[15]Samuel said tae Saul, "Fit are ye deein disturbin ma bi fessin ma up?" Saul answert, "Am fair forfochen. E Philistines are fechtin wi ma, God's forhooiet ma an winna answer ma aither bi prophits nor bi dreams, sae A've turnt tae you tae see gin ye can tell ma fit tae dee." [16]Samuel said tae him, "Fit wye are ye spikkin tae me gin e Lord his turnt fae ye an his become yer fae? [17]E Lord his deen fit he said he wid throwe me. E Lord's rivven e keengdom oot o your hans an gien it tae een o yer neepers: tae Daavit. [18]E Lord's deen iss till ye noo cause ye didna dee fit he telt ye an didna misaaucre the Amalekites. [19]Mairower, e Lord will han you an the Israelites ower tae e Philistines an e morn you an yer loons will be wi me. E Lord will han ower the Israelite airmy tae e Philistines tee." [20]Saul fell tae e grun his full linth an wis gey feart at fit Samuel wis sayin. He wis in a bit o a dwaam cause he hidna hid naethin tae ett aa day or e nicht afore.

[21]E spaewife cam tae Saul an saa he wis sair come at an said tae him, "See noo, yer deemie his deen fit ye speirt. A teuk ma life in ma hans an did fit ye telt ma. [22]Noo jist hearken tae fit A'm gyan tae say tae ye. Ye'll tak a moofu tae ett tae gie ye strinth for e road." [23]"Na, na," he said, "A'm nae for naethin tae ett." Bit e servants an e wumman garrt him an he teuk wi them. He gat up fae e grun an sat on e deece. [24]E wumman hid a fat caffie i the hoose. She slauchtert it richt awa. She teuk flooer an kneaded it an bakit some loaf wi nae barm wi't. [25]She brocht it ben tae Saul an his men an they ett it. Att nicht, they got up an gaed awa.

CHAPTIR 29

E Philistines gaithert aa their airmies at Aphek an the Israelites set up camp anent e waal o Jezreel. [2]E Philistine clan chiefs mairched oot wi their men in units o a hunner an a thoosan. Daavit an his men were at e back wi Achish. [3]E Philistine clan chiefs speirt, "Fit's att Hebrews deein here?" An Achish said tae them, "Iss is Daavit a servant o e keeng o Israel fa's been wi ma for mair nor a year, an sin e day he jynt ma he's nae putten a fit wrang." [4]Bit e Philistine clan chiefs were raised wi him an said till him, "Sen e chiel back tae e toon ye gied him. He maunna gyang tae waar wi hiz for fear he turn on hiz at e fechtin. Fit better wye tae get back intill his maister's gweed beuks than bi killin oor men? [5]Is iss nae e same Daavit att they sang aboot fan they were dancin sayin, 'Saul his slain his thoosans an Daavit his ten thoosans?'"

[6]Syne Achish cried Daavit ower an said tae him, "As seer's e Lord's livin, ye wirkit weel an A wid be fine teen tae hae ye fechtin wi ma i the waar. Fae e day ye jynt ma A've faun nae faut wi ye, bit, weel, weel, e clan chiefs are nae sae seer aboot ye. [7]G'wa back hame an nae cause ony din an dinna dee naethin tae kittle them up."

[8]An Daavit said tae Achish, "Bit fit hiv A deen? Fit faut hiv ye faun wi ma fae e day A jynt ye till noo att A canna gyang an fecht wi yer majesty's faes?" [9]An Achish said tae Daavit, "A think muckle o ye, ye're lik an angel o God tae ma, bit for aa that, e Philistine clan chiefs winna hae ye fechtin alang side them. [10]Sae rise airly e morn's mornin an tak aa e fowk fa are wi ye back tae e toon A gied ye. Set oot as seen as it's daylicht." [11]Sae Daavit an his men gat up airly e neist mornin an gaed back tae e Philistine cuntra an e Philistines gaed up tae Jezreel.

CHAPTIR 30

It teuk Daavit an his men three days tae win e linth o Ziklag. Noo, the Amalekites hid made a raid intill e soothlans an Ziklag. They hid attackit Ziklag an brunt it tae e grun. [2]They carriet awa aa e weeman att were i the toon, aul an young, nae killin ony o them, bit jist teuk them awa wi them.

[3]Sae fan Daavit an his men won e linth o e toon, thy faun it brunt doon an their wives, their sins an their dothers aa teen. [4]Syne Daavit an e fowk fa were wi him roart an grat till they hid nae pith left inno them tae greet nae mair. [5]Daavit's twa wives, Ahinoam fae Jezreel an Abigail, e wife o Feel fae Carmel, hid baith been teen. [6]Daavit wis sair come at, cause e fowk were spikkin aboot steenin him, ilka een fair raised aboot fit hid happent tae their sins an dothers. Bit Daavit faun strinth i the Lord his God. [7]Daavit said tae Abiathar, e priest, Ahimelech's loon, "Fess ma e weskit here, wid ye." An Abiathar brocht it till him. [8]An Daavit speirt at e Lord, "Will A chase e reivers? Will A catch up wi them?" "Ay. Chase them," he answert, "cause ye'll catch them an rescyee aa them att's been teen." [9]Sae Daavit heidit awa wi e sax hunner men att were wi him an cam tae e burn o Besor, far some o them bade ahin. [10]Bit Daavit held on e chase wi fower hunner o his men, twa hunner o them bein sae sair forfochen they culdna get ower e burn o Besor.

[11]They faun a mannie fae Egypt inno a park an he wis fessen tae Daavit. They gied him loaf tae ett an watter tae drink. [12]They gied him a bittie o a cake o figs an twa bunchies o raisins. Eence he wis fed an wattert he cam roon, cause he hidna etten for three days an nichts. [13]Daavit said tae him, "Fa div ee belang till? An far hiv ye come fae?" An he said, "A'm a loon att's come fae Egypt. A wis fee'd tae an Amalekite chiel, bit he left ma ahin cause A turnt nae weel three days syne. [14]We made a raid on e sooth o e Kerethite cuntra, e soothlans o Judah an e cuntra o e clan o Caleb. An we set fire tae Ziklag." [15]An Daavit said tae him, "Can ye fess ma till iss reivers?" "Gin ye sweer tae God att ye winna dee ma ony hairm an winna han ma back tae ma maister, A'll fess ye tae e reivers."

[16]He led them doon, an there they were, scattert aa roon aboot, ettin an boozin an dancin cause o aa e gear they'd plunnert fae e Philistine cuntra an oot o Judah. [17]Daavit attackit them an focht wi them fae first licht till gloamin an on intill e neist day. Nae a sinngle een o them escapit haud awa fae fower hunner chiels fa got awa an teuk flicht on e back o camels. [18]Daavit recowert aa att the Amalekites hid teen an gat his twa wives back. [19]Naethin wis tint, aul nor young, sins nor dothers, nor gear nor onythin att hid been teen. Daavit brocht aathin back. [20]He teuk aa e flocks an hirds an his men drave them on aheid o e tither beasts an he said, "Iss is Daavit's plunner."

²¹Daavit won back tae e twa hunner men fa hid been sae sair forfochen att they culdna gyang ony farrer, bit hid bidden att e burn o Besor. They cam oot tae meet him an e fowk fa were wi him. Daavit speirt att them foo they were aa deein, ²²bit some ill-thochtit billies amo e chiels fa were wi Daavit said, "Cause they didna come wi hiz, we winna gie them ony o e plunner we've gotten. Lat ilka man tak his wife an bairns an get oot o here." ²³Bit Daavit said, "Na, na, ma loons, att ye winna dee. E Lord's been gweed tae hiz an his leukit efter hiz an his gien in tae wir hans e reivers fa turnt on hiz. ²⁴Fa's gyan tae listen tae fit ye're sayin? E chiels fa gaed tae e fechtin will get e same share as e chiels fa bade here wi e baggage. They'll aa get share an share alike." ²⁵Daavit made att pairt o e laa o Israel fae att day tae iss.

²⁶Fan Daavit won back tae Ziklag he sent some o e plunner tae e clan chiefs o Judah fa he wis freendly wi, sayin, "Here's a hansel tae ye fae amo e plunner o e Lord's faes." ²⁷He sent some tae them att were in Bethel, tae them i the sooth o Ramoth, tae them in Jattir, ²⁸tae them in Aroer, tae them in Siphmoth, tae them in Eshtemoa, ²⁹tae them in Racal, tae them i the toons o e clan Jerahmeel, tae them i the toons o e Kenites, ³⁰tae them in Hormah, tae them in Borashan, tae them in Athach, ³¹tae them in Hebron an tae aa e places far Daavit an his men eesed tae gyang aboot.

CHAPTIR 31

Noo, e Philistines focht wi the Israelites; the Israelites took flicht an mony o them fell on Moont Gilboa. ²E Philistines held on efter Saul an his sins an they killed Jonathan, Abinadab an Malkishua. ³E fechtin wis hivvy roon aboot Saul, some archers catcht up wi him an wounnit him. ⁴Saul said tae e lad fa cairriet his wappons, "Draa yer swoord an rin ma throwe wi it for fear iss heathen tak ma an claa ma hide." Bit e chiel widna dee't he wis sae feart. Sae Saul teuk his ain swoord an fell onno't. ⁵Fan e chiel fa cairriet his wappons saa att Saul wis deid he fell on his swoord tee an deit wi him. ⁶Sae Saul, his three sins, e chiel fa cairriet his wappons an his men aa deit att day.

⁷Fan the Israelites across e howe an ben e Jordan saa att the Israelite airmy hid teen flicht an att Saul an his loons were deid they forhooiet their toon an teuk tae flicht tee. An e Philistines cam an teuk ower e toons. ⁸Noo e neist mornin fan e Philistines cam tae tirr e gear fae e deid, they faun Saul an his three loons lyin on Moont Gilboa. ⁹They cuttit aff his heid an strippit him o his wappons an sent rinners throwe aa e Philistine cuntra tae lat it be kent i their temples an amo their fowk. ¹⁰They pat his wappons i the temple o the Ashtoreths an nailed his body tae e waa o Bethshan.

¹¹Fan e fowk o Jabesh-gilead got tae hear o fit e Philistines hid deen tae Saul, ¹²aa their brave men traivelt aa nicht an recowert e bodies o Saul an his loons fae e waa at Bethshan an teuk them tae Jabesh far they brunt them. ¹³Syne they teuk their beens an beeriet them aneth a tree at Jabesh an they fastit for syven days.

E SAICOND BEUK O SAMUEL

CHAPTIR 1

Efter Saul deit, Daavit cam hame fae his victory ower the Amalekites an spent twa days in Ziklag. [2]E neist day a chiel cam fae Saul's camp wi his claes aa rippit an his heid yirdit. Fan he cam tae Daavit he fell aa his linth on e grun in respeck. [3]Daavit said tae him, "Far hiv ee come fae?" An he said, "A've escapit oot o the Israelite camp." [4]Says Daavit tae him, "Fit happent, tell ma?" An he telt him att e fowk hid teen flicht fae e fechtin an mony were wounnit an deid, includin Saul an his sin Jonathan. [5]Says Daavit tae e chiel, "Fitna wye div ye ken att Saul an his sin Jonathan are deid?" [6]An e young birkie said, "A happent tae be gyan alang Moont Gilboa an A saa Saul leanin on his spear an e chariots an cavalry were closin in on him. [7]He leukit ahin him an saa me an cried ma ower. A said, 'Here I am,' [8]an he said tae ma, 'Fa wid ee be?' an A telt him A'm an Amalekite. [9]He says tae ma, 'Come an stan ower ma an dee awa wi ma. A'm deen for, bit yet there's life in ma.' [10]Sae A steed ower him an killed him, cause a culd see att he wis doon an widna come throwe. A teuk e croon fae his heid an e bangle fae his airm an hiv brocht them here tae you, sir. [11]Syne Daavit teuk a haud o his claes an rippit them an sae did aa e men fa were wi him. [12]They moorned an grat an didna ett naethin till nichtfa in respeck for Saul an his sin, Jonathan, for e Lord's fowk an for e hoose o Israel, cause they hid aa faa'en bi e swoord.

[13]An Daavit said tae e birkie fa hid fessen e news, "Far are ee fae?" An he answert, "Am a forriner: an Amalekite." [14]Daavit speirt at him, "Wis ye nae feart tae rax oot yer han an dee awa wi e Lord's annintit?" [15]Daavit cried ower een o his men an said, "Haud in aboot an kill him." An he strack him doon deid. [16]An Daavit said till him, "Lat yer bleed be onno yer ain heid, cause bi e wirds o yer ain moo ye've condemmt yersel bi ainin up tae killin e Lord's annintit."

[17]Daavit sang a lament for Saul an his sin, Jonathan [18]an garrt it be learnt bi aa e fowk o Judah. He garrt them vreet it doon an it can be faun i the Beuk o Jashar.

[19]Israel's flooers o e forest are aa wede awa i the heilans;
wir brave lads are nae mair.
[20]Dinna say a wird aboot it in Gath;
dinna lat it be kent i the streets o Askelon,
for fear e Philistine weemen rejoice,
for fear e dothers o the uncircumceesed craa.
[21]Mith e rain nae ding doon on e heilans o Gilboa
nae dyowe on e hills,
cause there e targes o wir best men lie roostin
an Saul's targe, nae mair polished wi ile.
[22]Jonathan's bowe nivver held back
fae e bleed o them fa fell, fae e breist o the innemy
Saul's swoord wis nivver putten awa teem.
[23]Saul an Jonathan, weel looed an couthy fan alive;
ne'er pairted in daith;
faister nor aigles; stooter nor lions.
[24]Greet for Saul, ye dothers o Israel,
Saul, fa cled ye in scarlet an brawlies,
fa dinkit yer claes wi baubles o gowd.
[25]Foo e flooers o e forest are aa wede awa, wede awa i the fechtin.
Jonathan lies deid i the heilans.

²⁶A'm sair come at for ye, Jonathan, ma brither.
Ye've been gweed tae me.
Yer luv for ma wis winnerfu
mair nor e luv o weemen.
²⁷E flooers o e forest are aa wede awa,
their wappons connacht.

CHAPTIR 2

Efter iss, Daavit speirt at e Lord, "Will A gyang up tae een o e toons o Judah?" An e Lord said tae him, "Awa ye gyang." "Tae fit toon?" speirt Daavit. "Tae Hebron," said he. ²Sae Daavit held awa up there wi his twa wives, Ahinoam fae Jezreel an Abigail fa hid been Feel e Carmelite's wife. ³Daavit brocht wi him aa e men fa were wi him an their faimlies. An they sattlt in Hebron. ⁴Syne e men o Judah cam an annintit Daavit keeng o Judah. They tauld Daavit att e men o Jabesh-gilead hid beeriet Saul.

⁵Daavit sent wird tae e men o Jabesh-gilead, sayin, "E Lord bliss ye cause ye keepit faith wi Saul yer lord an beeriet him. ⁶Mith e Lord keep faith an trowth wi ye an A'll dee e same for you cause ee've deen iss. ⁷Noo lat yer han be strinthent an be stoot o hert cause yer maister, Saul is deid an e clan Judah his annintit me as their keeng."

⁸Bit Ner's loon Asher, captain o Saul's airmy hid teen Saul's loon Ishbosheth ower tae Mahanaim, ⁹an made him keeng o Gilead, as weel as Ashuri, Jezreel, Ephraim, Benjamin an aa Israel. ¹⁰Saul's loon Ishbosheth wis fowerty ear aul fan he startit tae rowle ower Israel an he rowlt for twa ear. Bit e clan Judah wis loyal tae Daavit. ¹¹Daavit wis keeng o e clan Judah in Hebron, for syven ear an sax month.

¹²Ner's loon Abner an Saul's loon Ishbosheth wi their men gaed fae Mahanaim tae Gibeon. ¹³Zeruiah's loon Joab an Daavit's men gaed oot an met them at e watterins o Gibeon, an they sat doon, ae lot at ae side o e watterins an ae lot on e tither side. ¹⁴Says Abner tae Joab, "Fit aboot e young lads deein a bit o sparrin for hiz?" An Joab said, "Ye're on!" ¹⁵Sae twal chiels gid ower fae e clan Benjamin for Saul's loon Ishbosheth, an met twal fae amo Daavit's men. ¹⁶Ilka een grabbit his sparrin pairtner bi the heid an jabbit his dirk inno his side an they aa fell doon egither, sae fae att day e place wis caaed e Park o e Blades. ¹⁷Hivvy fechtin got up att day an Abner an the men o Israel teuk a lickin fae Daavit's men.

¹⁸Three o Zeruiah's loons were there, Joab, Abishai an Asahel. Noo Asahel wis as fleet as a staig, ¹⁹an he chased efter Abner, nae turnin iss wye nor yon as he teuk efter him. ²⁰Abner leukit ahin him an said, "Are ee Asahel?" "I am that!" he said. ²¹Says Abner, "Gyang tae e left or e richt an tak on een o e young lads an strip him o his wappons." Bit Asahel widna gie up chasin him. ²²Again Abner said tae Asahel, "Haud aff chasin efter ma. Fit wye shuld A strick you doon? Fitna wye culd A leuk yer brither i the ee efter att?" ²³Bit he widna haud aff, sae Abner strack him i the guts wi a backlins doosht o his spear att gaed richt throwe him an oot ahin. He fell doon deid far he wis stannin an aabody fa come on e place far he deit steed up. ²⁴Joab an Abishai teuk efter Abner an as e sin wis gyan doon, they cam tae the Hill o Ammah att lies ower bi Giah on e road tae e roch cuntra o Gibeon.

²⁵E clan Benjamin gaithert themsels roon Abner an teuk up poseetion on e heid o a brae. ²⁶Syne Abner cried tae Joab, "Maun e swoord be tae e fore for aye? Can ye nae see it jist leads tae strife i the hinnerein? Foo lang will it be afore ye cry aff yer men fae slauchterin their brithers?" ²⁷An Joab said, "As seer's God, gin ye hidna spoken oot the men wid hae keepit on efter ye till mornin." ²⁸Sae Joab blew a tooteroo

an aa steed up an held aff chasin the Israelites, an didna dee nae mair fechtin. ²⁹Aa att nicht, Abner an his men mairched throwe e howe, crossed e Jordan, gaed throwe Bithron an cam tae Mahanaim. ³⁰Syne Joab cam back fae chasin Abner an gaithert his men. Haud awa fae Asahel, there wis nineteen o Daavit's men missin. ³¹Bit Daavit's men hid killed three hunner an saxty o e clan Benjamin fa were wi Abner.

³²They cairriet awa Asahel an beeriet him in his fadder's grave in Bethlehem. Joab an his men maircht aa nicht an e neist mornin won e linth o Hebron.

CHAPTIR 3

Noo there wis a lang waar atween Saul's fowk an Daavit's fowk, bit Daavit's side got stronnger an stronnger fylst Saul's dweenelt awa.

²Sins were born tae Daavit fan he wis in Hebron: the aulest wis Amnon, bairn tae Ahinoam fae Jezreel, ³an e neist wis Kileab, bairn tae Abigail e wife o Feel fae Carmel. E third wis Absalom, bairn tae Maacah, e dother o Talmai keeng o Geshur. ⁴E fowerth wis Adonijah, bairn tae Haggith, e fifth, Shephatiah, e sin o Abital, ⁵an e saxth, Ithream tae Daavit's wife Eglah. They were aa born tae Daavit in Hebron.

⁶Noo, fan Saul's fowk an Daavit's fowk were fechtin, Abner cam tae e fore amo Saul's fowk. ⁷Saul hid a bidie-in caaed Rizpah, dother o Aiah. Ishbosheth speirt at Abner fit wye he'd teen up wi his fadder's bidie-in. ⁸Abner got fair raised at Ishbosheth's say-awa an said, "Am I a tyke's heid takkin up wi Judah? A've aye been loyal tae yer fadder an his faimly an his fowk. A hinna hannit ye ower tae Daavit, yet ye fin faut wi ma ower e heids o a wumman. ⁹Bit noo, sae help ma God, A'll dee aa A can tae bring aboot fit e Lord swore tae dee for Daavit. ¹⁰A'll dee aa A can tae bring doon e hoose o Saul an set Daavit up as keeng o Israel an Judah, fae Dan e linth o Beersheba." ¹¹Ishbosheth culdna say anither wird tae Abner, he wis sae feart at him.

¹²Abner sent wird tae Daavit sayin, "Fa ains e grun? Mak a tryst wi me an A'll come ower tae ye an help ye fess aa Israel tae your side." ¹³"Jist att," said Daavit, "A'll fairly mak a bargain wi ye. Bit ye maun dee somethin for ma. Dinna come near han ma, oonless ye fess Saul's dother Michal wi ye."

¹⁴An Daavit sent wird tae Saul's loon Ishbosheth sayin, "Han ower ma wife Michal tae ma, her A mairriet for a tocher o a hunner Philistine foreskins." ¹⁵Sae Ishbosheth hid her teen awa fae her man, Laish's loon, Paltiel. ¹⁶Her man, hooivver, gaed wi her, greetin, aa e wye tae Bahurim. Syne Abner said tae him, "G'wa hame oot o iss." An he gaed back hame.

¹⁷Abner gaed tae e clan chiefs o Israel an said tae them, "Ye socht in days o aul for Daavit tae be yer keeng, ¹⁸noo's e time tae dee it. E Lord his said o Daavit, 'Throwe e han o ma servant Daavit A'll save Israel fae e Philistines an fae their faes.'" ¹⁹Abner spak tae e clan Benjamin tee. Syne Abner gaed tae Daavit an telt him aa att the Israelites an e hale clan Benjamin winted him tae dee. ²⁰Abner cam tae Daavit in Hebron wi twinty men an Daavit held a pairty for Abner an e men att were wi him. ²¹Says Abner tae Daavit, "A'm gyan awa tae gaither aa Israel tae yer majesty sae att they mith come till a tryst wi ye an ye mith rule ower them jist e wye ye wint till." Daavit sent Abner awa an he gaed in peace.

²²Daavit an Joab's men cam back fae a raid, fessin a muckle haul o spiles wi them. Bit Abner wisna wi Daavit in Hebron at att time, cause he'd been sent awa in peace. ²³Fan Joab an aa his sodgers arrived, he wis telt att Ner's loon Abner hid been there an hid been sent awa in peace. ²⁴Joab gaed tae e keeng an said, "Fit hiv ye deen? Abner cam till ye. Fit wye did ye lat him awa? ²⁵Ye ken fit Ner's loon Abner's

like. He cam tae chett ye an see yer comins an goins an fin oot fit aa yer were deein." [26]Joab left Daavit an sent rinners efter Abner an they brocht him back fae e waals o Sirah, bit Daavit didna ken naethin aboot it. [27]Fan Abner won back tae Hebron, Joab teuk him tae e side i the yett as gin he wintit tae hae a wirdie in his lug. There, tae avenge e bleed o his brither, Asahel, he strack him i the guts an he deit.

[28]Fan Daavit got tae hear o't he said, "Me an ma keengdom hiv deen nae wrang afore e Lord for aye for e bleed o Ner's loon Abner. [29]Lat it reest on Joab's heid an on his fadder's fowk. Mith Joab's faimly nivver hae een o them athoot a futlie bealin or lipprosy, or is boo't ower a stick, or dees bi e sword or wints for maet." [30]Joab an his brither Abishai slew Abner cause he hid killed their brither Asahel at e Battle o Gibeon.

[31]Daavit said tae Joab an aa e fowk fa were wi him, "Rip yer claes, pit on saickclaith an moorn for Abner." Keeng Daavit himsel waalkit ahin e coffin. [32]They beeriet Abner in Hebron an e keeng roart an grat at Abner's grave an aa e fowk grat tee. [33]E keeng sang iss lament for Abner:

> Fit wye did Abner dee lik a feel?
> [34]Yer hans werna bun,
> yer feet werna in chines.
> Ye fell lik een att fa's amo cyaards.

An aa e fowk grat ower him again. [35]Syne they aa cam tae perswaad Daavit tae hae a moofu tae ett afore nichtfa, bit Daavit swore sayin, "Mith God dee e same tae me, ay an mair, gin A taste loaf or onythin else, till e sin gyang doon." [36]An aa e fowk teuk tent an were weel shuitit, cause fitivver e keeng did, pleased them. [37]Sae att day, aa e fowk an aa Israel kent att e keeng hidna naethin tae dee wi e killin o Ner's loon Abner. [38]An e keeng said tae his men, "Divn't ye ken att there's a prince an a gey lad-o-pairts faa'n in Israel e day? [39]E day, tho A be the annintit keeng, A'm feckless i the face o iss veelent loons o Zeruiah's. E Lord will sattle wi e cyaard accoordin tae his cyaardin."

CHAPTIR 4

Fan Saul's loon Ishbosheth heard att Abner hid deit in Hebron, he wis feart an aa the Israelites were sair come at. [2]Noo Ishbosheth hid twa chiels fa were captains o raidin pairties, the een caaed Baanah an e tither Recab, sins o Rimmon fae Beeroth o e clan Benjamin: Beeroth wis pairt o e Benjamin cuntra. [3]E Beeroth fowk hid teen flicht tae Gittaim far they've bidden ivver since. [4]Saul's sin Jonathan hid a loon att wis cripple. He wis five ear aul fan e news aboot Saul an Jonathan cam fae Jezreel an his nurse pickit him up an ran aff, bit in her hist, he fell an wis cripplt. He wis caaed Mephibosheth. [5]Rimmon fae Beeroth's loons, Recab an Baanah gaed tae Ishbosheth's hoose arrivin i the heat o e day fan he wis haein his denner-time snooze. [6]They gaed in till e hoose makkin on they were there tae get some wheat an they stabbit him i the guts an Recab an his brither Baanah slippit awa. [7]Ye see fan they cam on him, he wis lyin in his bed i the bedroom an they strack him an killed him. They cuttit aff his heid an teuk it wi them, traivelin aa nicht ben e Howe. [8]They brocht Ishbosheth's heid tae Daavit in Hebron an said tae him, "See, here's e heid o Ishbosheth, e sin o yer fae, Saul fa wis for takkin yer life. E Lord his avenged yer majesty agin Saul an his faimly."

[9]An Daavit said tae Recab an his brither Baanah e sins o Rimmom fae Beeroth, "As seer as e Lord lives, e Lord fa's gotten ma oot o a ma tribbles, [10]fan a chiel telt ma, 'Saul's deid,' thinkin he wis fessin ma gweed news, A teuk a haud o him an did awa wi him in Ziklag. Att's foo A rewardit him for his gweed news. [11]Foo muckle waur, fan cyaards hiv killed a gweed man in his ain hoose an his ain bed? Shuld A

noo sikk his bleed fae your han an rid e warl o youeens?" [12]Sae Daavit gied an order tae his men an they killed them an hackit aff their hans an their feet an hung them ower e watterins at Hebron.

CHAPTIR 5

Noo, aa e clans o Israel cam tae Daavit at Hebron an said tae him, "See noo, we're aa yer ain flesh an bleed. [2]I the aul days fan Saul wis wir keeng ye led Israel's airmy tae waar an feesh them hame again. E Lord said tae ye, 'Ye'll be a shepherd tae my fowk, Israel an ye'll be their rowler.'" [3]Sae aa e clan chiefs o Israel cam tae e keeng at Hebron an Keeng Daavit cam till a bargain wi them, there at Hebron afore e Lord. They annintit Daavit keeng ower Israel.

[4]Daavit wis thirty ear aul fan he cam till e throne an rowled for fowerty ear. [5]He rowled ower Judah fae Hebron for syven ear syne rowled ower baith Israel an Judah fae Jerusalem for thirty three ear.

[6]E keeng an his men maircht tae Jerusalem tae fecht e Jebusite clan fa bade thereaboots. The Jebusites said tae Daavit, "Ye winna come near here. Aiven e blin an e cripple wid be mair nor a match for ye," thinkin att Daavit wid nivver win in there. [7]For aa that, Daavit teuk e fortress o Zion, Daavit's toon. [8]On att verra day Daavit said, "Gin ye're gyan tae attack e Jebusite clan ye'll need tae clim up e watter pipe tae get tae e cripple an e blin fa are Daavit's faes." Att's e wye e sayin goes, "E blin an e cripple winna gyan in till e hoose."[9]Sae Daavit set up hame i the fortress ancaaed it Daavit's toon. He biggit e toon roon aboot it startin fae e Millo an wirkin in e wye. [10]Come time, Daavit got mair an mair pooerfu, an e Lord God wis wi him.[11]Keeng Hiram fae Tyre sent a delegation tae Daavit an wi them, cedar wid an vrichts an steenmasons fa biggit a hoose for Daavit. [12]An Daavit cam tae think att e Lord hid set him up as keeng ower Israel an hid reesed up e keengdom for e gweed o his fowk, Israel.

[13]Daavit teuk for himsel mair bidie-ins an wives fae Jerusalem efter he arrived there fae Hebron an hid mair sins an dothers tae them. [14]E names o e bairns born till him in Jerusalem were, Shammuah an Shobab, Nathan anSolomon, [15]Ibhar an Elishua, Nepheg an Japhia, [16]Elishima, Eliada an Eliphelet.

[17]Bit fan e Philistines cam tae hear att Daavit hid been annintit keeng ower Israel, they cam up tae sikk him oot. Daavit got tae ken o't an gaed doon tae a fortified place. [18]E Philistines arrived an spread oot i the Howe o Rephaim. [19]Daavit speirt att e Lord, "Shuld A attack e Philistines? Will ee gie them intae ma han?" An e Lord said tae Daavit, "Ay on ye gyang, cause A'll fairly gie e Philistines inno yer han." [20]Daavit cam tae Baal-perazim far he attackit them. He said, "As a burn bursts its banks e Lord his breuken throwe ma faes afore ma." Sae he caaed e place Baal-perazim att's tae say "E Lord o e braak-throwe." [21]They left their eemages ahin them an Daavit an his men brunt them.

[22]Bit e Philistines attackit again aa throwe e Howe o Rephaim. [23]Daavit socht o e Lord fit tae dee an he said, "Dinna tak them heid-on, bit gyang roon e back o them an come at them fae e tither side amo e balsam trees. [24]As seen as ye hear e soun o mairchin throwe e taps o e trees hist ye forrit, cause att's fan e Lord will gyang afore ye tae get e better o e Philistine airmy." [25]Daavit did fit e Lord hid bad him dee an dreeve e Philistines back aa e wye fae Geba tae Gezer.

CHAPTIR 6

Eence mair Daavit gaithert egither e foremaist chiels o Israel, thirty thoosan o them in aa. [2]He an aa them att were wi him set oot fae Baalah in Judah tae fess up fae there, God's kistie att's kent as e Lord o Hosts, fit bides amo e cherubim. [3]They set God's kistie onno a new cairt an brocht it oot o Abinadab's hoose in Gibeah. Abinadab's loons Uzzah an Ahio dreeve e new cairt [4]as it cam oot o Abinadab's hoose in Gibeah wi God's kistie onno't. Ahio waalkit on afore. [5]Daavit an the Israelites played on aa kyn o instruments made oot o fir-wid; hairps an lyres, drums an tooteroos an cymbals. [6]Fan they won e linth o Nacon's thrashin-fleer, the owsen teuk a styter an Uzzah raxed oot an teuk haud o e kistie. [7]An God wis kittlt up in a rage at Uzzah an God strack him doon richt there for his impidence, an he drappit doon deid anent God's kistie. [8]Daavit wis anngert at fit God hid deen tae Uzzah sae he caaed e place Uzzah's-flyte an it's kent as att tae iss day.   [9]Daavit wis feart at e Lord syne an said, "Foo can A leuk efter God's kistie efter iss?" [10]He wisna willin tae tak God's kistie tae Daavid's Toon bit turnt an cairriet it tae e Hoose o Obed-edom fae Gath. [11]God's kistie lay in Obed-edom fae Gath's hoose for three month an e Lord blisst Obed-Edom an aa his fowk.

[12]Fan Daavit got tae hear att e Lord hid gien a blissin tae Obed-edom an aa his fowk cause o God's kistie, Daavid wis contentit tae fess God's kistie tae Daavit's Toon fae Obed-edom's place. [13]An att's jist fit he did. Fan them att were cairryin the kistie hid teen sax paces he sacrifeeced owsen an fat nowt. [14]An Daavit danced afore e Lord for aa he wis wirth, weerin a leenen goon. [15]Sae Daavit an the Israelites brocht up God's kistie wi muckle shoutin an tooteroos playin. [16]Fan God's kistie hid won e linth o Daavit's Toon, Saul's dother, Michal leukit oot o a winda an saa Keeng Daavit dancin an loupin aboot afore e Lord an it garrt her grue.

[17]They brocht in God's kistie an set it up in its place inno e tabernacle att Daavit hid biggit for it an Daavit gied brunt-offerins an peace-offerins afore e Lord. [18]Eence Daavit wis throwe wi his brunt-offerins an peace-offerins, he blisst e fowk i the name o e Lord o Hosts. [19]Syne he hannit oot tae aa e fowk, e hale o the Israelites, weemen as weel as e menfowk, a bannockie o breid an a gweed dad o beef an a juggie o wine. Syne they aa gaed hame.

[20]Syne Daavit gaed hame tae bliss his ain faimly an Saul's dother Michal cam oot tae meet him an said, "Fitten a glorious day for e keeng o Israel! Makkin a feel o himsel bi barin his backside afore his servants' kitchie deems." [21]An Daavit said tae Michal, "Bit it wis deen afore e Lord, fa pickit me afore your fadder or ony o his faimly tae rowle ower Israel, e Lord's fowk. An A'll dance as muckle as A wint afore e Lord. [22]A'll mak a bigger disgrace o masel an will be shamed o't, bit e servant deemies ye spak o will haud me in aa e mair honour." [23]Saul's dother, Michal nivver hid ony bairns till e day she deit.

CHAPTIR 7

Noo, eence e keeng wis sattlt intill his hoose an e Lord hid gien him peace fae aa his faes roon aboot, [2]he said tae e prophit, Nathan, "A'm bidin here in a hoose biggit o cedar, an God's kistie is aye inno a tent." [3]An Nathan said tae e keeng, "G'wa an dee fit shuits ye best, cause e Lord is wi ye."

[4]Att nicht, e wird o e Lord cam tae Nathan, sayin, [5]"Gyang an tell ma servant Daavit att iss is fit e Lord says: 'Are ee the een tae bigg me a hoose tae bide in? [6]A hinna bidden inno a house fae e time A brocht the Israelites oot o Egypt tae iss verra day, bit hiv been on e caa wi naethin bit a tent for a dwallin. [7]Farivver A gaed wi the Israelites, did I speir at ony o e clan chiefs fa I appinted tae sheperd tae ma fowk fit wye they hidna biggit me a hoose oot o cedar?' [8]Sae, noo ye maun say tae ma servant Daavit, att iss is fit e Lord o Hosts says, 'A teuk ye fae e ferm toon an fae shepherdin tae rowle our ma fowk, Israel. [9]A wis wi ye farivver ye wis an hiv cuttit aff aa yer faes afore ye. A'll mak ye as kenspeckle as e maist pooerfu chieftains i the warl. [10]Fit's mair, A'll provide a place for ma fowk, Israel an set them doon there sae as they mith hae a place o their ain, an nae aye be meevin aboot. Coorse chiels winna tirmint them nae

mair lik they did o aul, [11]e wye they've deen ivver since A appintit clan chiefs ower ma fowk, Israel. An A'll gie ye peace fae aa yer faes. A'm tellin ye, A'll set ye up wi a clan o yer ain. [12]An fan e hinnerein comes, ye'll sleep wi yer fadders. A'll reese up een o yer bairns tae folla efter ye an gie strinth tae his keengdom. [13]He's the een fa will bigg a hoose tae honour my name an A'll set up his royal hoose for ivver. [14]A'll be his fadder an he'll be my loon. Gin he gyangs agley, A'll gie him a gweed lickin jist as ony fadder wid an winna haud aff e spainyie. [15]Bit A winna forsake him, lik A did wi Saul fa A did awa wi tae mak wye for you.[16]Yer faimly will rowle for aye, yer throne will lest for aa time.'"

[17]Nathan telt aa iss say-awa an aa att God hid revealed tae him.

[18]Syne Keeng Daavit gaed in afore e Lord anspeirt at him, "Fa wid I be, Lord God, an fit's my faimly att ye've brocht ma tae iss? [19]An as gin att wisna aneuch ye've said att my faimly will rowle for aye. O Lord, ye lat a man see sic things? [20]Fit mair can A say? Ye ken me, yer servant Daavit, weel. [21]Ye've spoken oot fit ye wintit in yer hert an hiv latten yer servant Daavit ken iss great thing ye've deen. [22]O Lord God, foo great ye are, there's neen like ye. We ken bi fit we've heard wi wir ain lugs there's nae God bit you. [23]There's nae ither cuntra i the warl lik Israel, the ae fowk att God gaed oot tae save as his ain. E winnerfu things ye've deen for them his made ye weel kent ower e hale warl. Ye dreeve oot aa ither clans an gods tae mak wye for yer ain fowk fan ye feesh them oot o Egypt. [24]Noo ye've made Israel yer ain fowk for aye an you O Lord, are their God. [25]An noo, Lord God, dee fit ye said aboot me an ma faimly, an set up wir hoose for aa time, [26]sae att yer name will be great for aye. Fowk will say, 'E Lord o Hosts is e God o Israel', an lat Daavit's faimly rowle for ivver. [27]O Lord God o Hosts, God o Israel, ye've telt yer servant att ye'll bigg up his hoose, sae A've been forrit aneuch tae pit up iss prayer till ye. [28]Sae noo, Lord God, cause God ye are, an ye aye dee fit ye say, ye've made iss winnerfu promise tae yer servant, [29]sae mith ye lat yer blissin faa on yer servant an them fa come efter him for aa time, cause Lord God, ye've gien yer wird. Wi your blissin, yer servant's hoose will be blisst for aa time."

CHAPTIR 8

A file efter att, Daavit focht e Philistines an owercam them an he teuk Metheg-ammah oot o e hans o e Philistines. [2]He beat e clan Moab anaa. He garrt them lie on e grun an he mizzourt them oot wi a linth o tow. Them att were as lang as twa linths o e tow he killed an them att were ae linth he lat aff. Sae e Moabites were vassals tae Daavit an peyed him cess.

[3]Daavit owercam Hadadezer, e sin o Rehob, keeng o Zobah fa wis gyan tae exten his borders tae the Euphrates watter. [4]Daavit captured a thoosan chariots, syven hunner horsemen an twinty thoosan infantry fae him. He hamstrang aa e horse, haud awa fae a hunner, tae eese wi e chariots. [5]Fan e Syrians fae Damascus cam tae fecht wi Hadadezer, keeng o Zobah, Daavit slew twinty-twa thoosan o them. [6]Syne Daavit pat garrisons i the Syrian cuntra o Damascus an sae e Syrians becam vassals tae Daavit an peyed him cess. E Lord leukit efter Daavit farivver he gaed. [7]Daavit teuk e gowd targes fae Hadadezer's offishers an brocht them tae Jerusalem. [8]An Daavit teuk muckle graith o bress fae Hadadezer's toons o Betah an Berothai.

[9]Fan Toi, keeng o Hamath heard att Daavit hid owercam Hadadezer, [10]he sent his sin, Joram tae Keeng Daavit tae sook up till him, an reese him oot for winnin e fechtin wi Hadadezer, cause Hadadezer hid been at waar wi Toi. Joram brocht caups made o siller, an gowd an bress wi him. [11]Daavit dedicaitit them tae e Lord, alang wi e siller an gowd he hid dedicaitit fae aa e cuntras he hid owercam: [12]fae Syria an fae Moab fae e clans o Ammon, fae e Philistines an fae Amalek an fae amo e spiles o Hadadezer, sin o

Rehob, keeng o Zobah. [13]An Daavit made a name for himsel bi slauchterin auchteen thoosan Syrians i the Howe o Saut.

[14]He pat garrisons in Edom, throwe e hale cuntra an the Edom clans becam vassals tae Daavit. An e Lord leukit efter Daavit farivver he gaed. [15]An Daavit rowled ower e hale o Israel an keepit up e laa an jeestice amo aa his fowk. [16]Joab, sin o Zeruiah wis heid o the airmy an Jehoshaphat, e sin o Ahilud keepit e beuks. [17]Zadok, sin o Ahitub, an Ahimelech, sin o Abiathar were e priests an Seraiah wis clerk. [18]Benaiah, sin o Jehoiada wis in chairge o Daavit's bodygaird an Daavit's sins were priests.

CHAPTIR 9

Daavit said "Is ony o Saul's fowk still livin sae att A culd leuk kindly on them for Jonathan's sake?" [2]There wis een o Saul's men caaed Ziba, still tae e fore. They cried on him tae come afore Daavit fa speirt at him, "Are ee Ziba?" "A'm yer man," he said. [3]An e keeng speirt, "Is there ony o Saul's fowk still livin sae att A can leuk kindly on them as A promist God A'd dee?" An Ziba said "A sin o Jonathan's is still aboot. He's vrang amo e feet." [4]An e keeng said till him, "Far aboot wid he be?" An Ziba telt him: "He's bidin wi Makir, Ammiel's loon in Lodebar."

[5]Syne Daavit sent for him an hid him brocht fae the hoose o Ammiel's loon Machir in Lodebar. [6]Noo fan Mephibosheth e sin o Jonathan an gransin o Saul wis fessen tae Daavit, he booed doon in respeck tae Daavit. An Daavit said, "Mephibosheth." An he answert, "Ay, att's me."

[7]Daavit said tae him, "Dinna be feart, cause A mean tae leuk kindly on ye for e sake o yer fadder, Jonathan. A'll gie ye back aa e grun att belanged tae Saul, yer granfadder an ye'll aye get a moofu tae ett att my table. [8]Mephibosheth booed doon again an said, "Fit kin o chiel am A, att ye tak wi a deid dog lik me?"

[9]Syne Daavit cried ower Saul's man Ziba an said tae him, "A've gien yer maister's loon aa att belanged tae Saul an his faimly. [10]You an yer sins an yer men will wark e grun for him, an fess in e hairst sae att yer maister mith hae maet tae ett. Bit Mephibosheth, yer maister's loon will aye get a moofu at my table." Noo Ziba hid fifteen sins an twinty men. [11]Says Ziba tae e keeng, "Yer servant will dee aa att yer majesty his bidden him." "As for Mephibosheth," said e keeng, "he'll ett at my table as gin he wis een o e keeng's sins." [12]Mephibosheth hid a wee loonie caaed Mica. Aa Ziba's fowk were servants tae Mephibosheth. [13]Sae Mephibosheth dwalt in Jerusalem. He aye got a moofu at e keeng's table an he wis cripple in baith feet.

CHAPTIR 10

A file efter att, E keeng o e clan Ammon deit, an his sin Hanun teuk e throne. [2]An Daavit said, "A'll be kindly like tae Nahash's loon, Hanun, jist as his fadder wis gweed tae me." An Daavit sent some o his men tae gie his respecks for his fadder. An fan e men gat e linth o e cuntra o e clan Ammon, [3]the Ammon clan chiefs said tae Hanun, their lord, "Div ye think Daavit is shewin ony respeck for yer fadder bi sennin iss chiels wi sympathy tae ye? Deil e bit o't. Daavit's sennin them tae spy oot e lie o e lan an tak ower yer toon." [4]Sae Haunun teuk haud o Daavit's men an shaved aff half o their bairds, cuttit aff half their claes at the dowp an sent them awa. [5]Fan Daavit gat tae hear he sent chiels oot tae meet them cause they were black affrontit. E keeng said tae them, "Haud on at Jericho till yer bairds growe back again, an syne come hame." [6]The Ammon clan kent att they'd caused a stink wi Daavit, sae they hired in fae e Syrians o Beth-rehob an Zobah, twinty thoosan infantry, a thoosan men fae Keeng Maacah an twal thoosan men fae Ish-tob. [7]Fan Daavit heard o iss, he sent Joab agin them wi e hale airmy. [8]The airmy o e clan Ammon teuk up poseetion at e yett o their toon an e Syrians o Zobah an Rehob, alang wi e men o Ish-tob an Maccah teuk up poseetion i the open cuntraside. [9]Joab saa att they wid attack him fae afore an ahin, sae he pickit aa e best men o Israel an drew them up facin e Syrians. [10]E lave he pat unner e comman o his brither, Abishai sae att he mith draw them up agin e clan Ammon. [11]Joab said tae him, "Gin e Syrians get e better o me ye maun come tae wir aid, an gin e clan Ammon be some stoot for you, A'll come an help you. [12]Hae e guts tae fecht wi aa yer mettle for wir fowk an e toon o wir God. Mith e Lord's will be deen." [13]Joab an his men drew up for e fecht an e Syrians teuk tae flicht. [14]Fan e clan Ammon saa e Syrians takkin tae their heels, they ran aff fae Abishai's men an gaed back intae e toon. Sae Joab cam back tae Jerusalem efter he hid fochen wi e clan Ammon.

[15]E Syrians realised they were bate bi e Israelites sae they gaithert aa their men egither. [16]Hadadezer sent tae caal up mair Syrian sodgers fae ayont e watter, an they cam tae Helam unner e comman o Shobach, e captain o Hadadezer's airmy. [17]Fan Daavit wis telt iss, he gaithert the hale Israelite airmy, crossed ower e Jordan an cam tae Helam. E Syrians drew themsels up facin Daavit an e fechtin startit. [18]The Israelites dreeve e Syrian airmy back an Daavit an his men killed syven hunner Syrian chariot drivers an fowerty thoosan o e cavalry. They wounnit Shobach e captain o their airmy an he deit on e battlefield. [19]Fan aa e keengs fa were vassals tae Hadadezer saw they were gotten e better o bi Israel, they made peace wi them an becam subjeckit tae them. Sae e Syrians were feart tae ivver help e clan Ammon again.

CHAPTIR 11

Noo, i the spring-time fan keengs gyang aff tae fecht, Daavit sent Joab oot wi his men an e hale Israelite airmy. They missaucert e clan Ammon an set seige tae e toon o Rabbah. Daavit bade on at Jerusalem. [2]Ae nicht, Daavit gat up fae his deece an hid a stravaig on e reef o his palace. Fae e reef, he saa a wumman waashin hersel. She wis a gey gweed leukin quine, [3]an Daavit winnert fa she mith be. Somebody said till him, "Is att nae Bathsheba, Eliam's quine, her att's mairriet tae Uriah o the Hittite clan?" [4]Daavit sent some chiels tae fess her till him. She cam tae him an he lay wi her. (She wis jist throwe her purifeein efter her monthly). She gaed awa hame. [5]She fell i the faimly wye an sent wird tae Daavit att she wis expeckin.

[6]Daavit sent wird tae Joab tae sen Uriah o the Hittite clan till him, an Joab sent Uriah tae Daavit. [7]Fan Uriah arrived, Daavit speirt att him foo Joab wis deein, foo e sodgers were an foo e waar wis gyan. [8]An Daavit said tae Uriah, "G'wa hame an waash yer feet." Uriah gaed awa hame an a hansel fae e keeng wis sent on efter him. [9]Bit Uriah sleepit at e door o his lord's hoose wi aa his men an didna gyang hame. [10]Fan Daavit wis telt att Uriah hidna gaen hame, Daavit said tae Uriah, "Ye cam aa is wye, fit wye did ye nae gyang hame tae yer ain hoose?" [11]An Uriah said tae Daavit, "God's kistie bides in a tent an Israel an Judah are aneth cannas. Ma maister, Joab an ma lord's men are campit in bare parks, fit wye, syne, culd I gyang hame tae ma hoose an ett an drink an lie wi ma wife? As sure's A'm here an as sure's you're here tee, a culdna dee sic a thing." [12]An Daavit said tae Uriah, "Bide here for e rest o e day an A'll lat ye awa e morn." Sae Uriah bade in Jerusalem att day an e neist. [13]Daavit invitit him tae ett an drink wi him an he got him fu. Att nicht he flappit doon wi his lord's men an didna gyang hame.

[14]E neist mornin, Daavit vrote a letter tae Joab an sent Uriah awa wi't. [15]Fit he said i the letter wis, "Pit Uriah at e front amo e thickest o e fechtin, syne faa back an leave him tae be strucken an killed." [16]Joab hid been keepin an ee on e toon an he pat Uriah far he kent e stootest fechters were. [17]E men o e toon cam oot tae fecht wi Joab, an some o Daavit's men fell, Uriah bein een o them. [18]Joab sent hame a report on e waar tae Daavit, [19]tellin e rinner, "Fan ye're throwe tellin e keeng aboot foo e waar's gyan, [20]gin he gets

kittlt up an speirs at ye, 'Fit wye were ye fechtin sae near han e toon? Did ye nae ken they wid shot at ye fae e waa? [21]Div ye nae myn o foo Abimelech, Jerubbesheth's loon wis killed? Wis it nae e case att a wumman flang doon a millsteen on him fae e waa at Thebez an att's fit killed him?' Jist say tae him, 'Uriah the Hittite is deid anaa.'"

[22]Sae e rinner gaed an reportit tae Daavit aa att Joab hid telt him. [23]An e rinner said tae Daavit, "Wir faes hid e better o's an cam oot intill e open, we dreeve them back e linth o e yett. [24]They shot arras doon on hiz fae e waa an some o yer majesty's men were killed, amo them Uriah the Hittite." [25]Says Daavit tae e rinner, "Iss is fit ye maun say tae Joab, 'Dinna lat iss pit ye aboot, cause ye nivver ken far e swoord will strick.' Tell him tae be mair forcy agin e toon an tak it. An tell him nae tae be doon-hertit."

[26]Fan Uriah's wife heard att her man wis deid, she gaed in tae moornin for him. [27]Eence e time for moornin wis ower, Daavid sent for her tae come tae his hoose an she mairriet him an hid a wee loonie till him. Bit e Lord wisna sair teen wi fit Daavit hid deen.

CHAPTIR 12

E Lord sent Nathan tae Daavit an fan he arrived he said tae him, "There wis eence twa chiels i the same toon. [2]Een wis walthy wi a muckle graith o sheep an nowt, [3]bit e tither chiel wis peer an hidna naethin bit a wee yowe lammie att he hid bocht as a sickie. It wis brocht up wi him an his bairns. It ett fae his plate an drank fae his caup an lay in his bosie. It wis lik a dother tae him. [4]Ae day a veesitor arrived at e walthy chiel's hoose. He wis ower grippy tae tak onythin fae amo his ain beasts tae serve up tae e traiveller, bit teuk e peer man's lammie an made a supper o't for e chiel." [5]Daavit wis fair raised at iss an said tae Nathan, "As e Lord lives, e chiel fa did sic a thing deserves tae dee. [6]For deein sic a thing an shewin nae regret, he shuld hae tae pey back fower times fit he teuk."

[7]An Nathan said tae Daavit, "It's you fa's att chiel. Iss is fit e Lord God o Israel his tae say tae ye, 'I annintit ye keeng ower Israel, A delivert ye oot o e han o Saul. [8]A gied yer maister's keengdom an his wives as yer ain an gied ye the hale o Israel an e hale o Judah. An gin att wisna aneuch for ye, A'd hae gien ye aiven mair. [9]Fit wye, syne, hiv ye fleen i the face o e wird o e Lord an deen wrang? Ye've strucken doon Uriah the Hittite wi e swoord, it wis you fa hid him murthert wi e swoord o the Ammonites, an ye've teen his wife as yer ain. [10]Your faimly will nivver be at peace fae e swoord, cause ye ackit conter tae my wird an teuk Uriah the Hittite's wife as yer ain wife.' [11]Iss is fit e Lord his tae say till't, 'A'll steer up tribble for ye amo yer ain faimly. A'll tak yer wives fae ye an gie them tae anither chiel an he'll lie wi them in braid daylicht. [12]Ee were sleekit wi't, bit A'll dee iss i the licht o day for aa Israel tae see.'" [13]An Daavit said tae Nathan, "A've deen ill tae e Lord." An Nathan said tae Daavit, "E Lord his forgien yer ill-deeins an ye winna be deen awa wi. [14]Bit cause, bi fit ye've deen ye've mislippent e Lord, e bairn att's born tae ye is seer tae dee."

[15]Nathan gaed awa an e Lord strack e bairnie att Uriah's wife hid tae Daavit an it wis affa nae weel. [16]Daavit prayed tae God for e bairnie. He widna ett onythin an ilka nicht he spent lyin on e bare fleer. [17]The auler men o his faimly tried tae gar him rise fae e grun an sup wi them, bit he widna hear o't. [18]A wikk efter, e loonie deit an Daavit's servants were feart tae tell him. They said amo themsels, "Awat, fan e bairnie wis livin, we spak till him an he widna tak hiz on, fit's he gyan tae be like gin we tell him e bairnie's deid? [19]Fan Daavit saa his servants fusperin, he jaloused e bairnie wis deid. Sae he speirt at his servants, "Is e bairnie deid?" "Ay," they said, "he's deid." [20]Syne Daavit gat up fae e grun, waasht an annintit himsel, cheenged his claes an gaed an wirshipped i the Lord's hoose. Fan he gaed hame he speirt

for maet an fan they brocht it tae him, he ett it. ²¹Syne his servants said tae him, "Fit's gyan on? Fan e loonie wis livin, ye grat for e bairn an widna ett. Noo e bairn's deid, ye get up an ett." ²²An he said, "Fan e bairnie wis livin, A fasted an grat thinkin e Lord mith be gweed tae ma an lat e bairnie live. ²³Bit noo he's deid, fit's the eese o stervin? Can I fess him back again? A'll gyang tae him, bit he'll nivver come back tae me." ²⁴Syne Daavit teuk his wife Bathsheeba tae his bosie, an he lay wi her. She hid a sin till him an he caaed him Solomon. E Lord wis fair teen wi him. ²⁵E Lord sent wird throwe Nathan, e prophit, att he shuld be caaed Jedidiah cause e Lord likit him.

²⁶Joab attackit e clan Ammon's toon o Rabbah an teuk it's watterins. ²⁷Joab sent wird tae Daavit sayin, "A've attackit Rabbah an A've teen its watter supply. ²⁸Ye'd better fess e lave o yer men here an lay seige tae e toon yersel, for fear I tak e toon an it gets caaed efter me." ²⁹Daavit gaithert aa his men egither, gaed tae Rabbah, attackit it an teuk it. ³⁰He teuk e croon aff o e keeng's heid. It weyed aboot five an a half steen an hid a precious jowel inno't. It wis putten on Daavit's heid an he brocht oot muckle graith fae e plunnerin o e toon. ³¹He teuk e fowk o e toon an set them tae wark wi saas an airn teels, an wark inno e brickwarks. Daavid did iss tae aa e clan Ammon's toons an he an his fowk gaed hame tae Jerusalem.

CHAPTIR 13

Come time, Daavit's loon Amnon fell in luv wi Tamar, e gweed-leukin sister o Daavit's ither loon, Absalom. ²Amnon wis sae heid ower heels in luv wi his sister, Tamar, att he made himsel nae weel. She hid nivver lain wi a man an Amnon wisna able tae gyang near han her. ³Bit Amnon hid a cronie caaed Jonadab, e sin o Daavid's brither, Shimeah fa wis a gey smert kin o chiel. ⁴He said tae Amnon, "Fit wye are ee, e keeng's sin, leukin sae peely-wally ilka mornin? Will ye nae tell ma?" An Amnon said tae him, "A'm in luv wi Tamar, ma brither Absalom's sister." ⁵An Jonadab said tae him, "G'wa tae yer bed an mak on ye're nae weel. Fan yer fadder comes tae see ye, say tae him, 'A wid affa like ma sister Tamar tae fess ma somethin tae ett. A wid like tae see her makkin it an tak it tae ett fae her ain hans.'"

⁶Sae Amnon lay doon an made on he wis nae weel. Fan e keeng cam tae see him, Amnon said tae him, 'A wid affa like Tamar tae come an mak a couple o fardels o breid here sae att I can waatch her bakin it an ett it fae her han' ⁷Sae Daavit sent tae e hoose for Tamar tellin her tae gyang tae her brither Amnon's hoose an mak him somethin tae ett. ⁸Sae Tamar gaed tae her brither Amnon's hoose far she faun him lyin in his bed. She teuk a suppie flooer an kneaded it an bakit some breid as he wis waatchin her. ⁹She teuk e pan an turnt them oot afore him, bit he widna ett them. "Clear aabody oot o here," he said: sae aabody left him. ¹⁰Says Amnon tae Tamar, "Fess e breid ower tae e chaumer sae att A can ett fae yer han." Sae Tamar brocht e breid she hid bakit ower tae her brither Amnon i the chaumer. ¹¹Eence she'd brocht e breid tae him, he teuk a haud o her an said, "Come an lie wi ma, sister." ¹²An she said tae him, "Na, na, brither dinna gar ma dee att. We dinna dee att kyn o thing in Israel. Dinna be sae fool. ¹³A'd nivver be able tae shew ma face an ee'd be e lauchin stock o aa Israel. Hae a wirdie wi e keeng. He'll agree tae ma mairryin ye." ¹⁴Bit he widna listen tae fit she wis sayin, bit bein stronnger nor her, held her doon an rapit her.

¹⁵Syne Amnon teuk a muckle scunner at her, hatin her mair nor he hid looed her afore. He said tae her. "Get up an get oot o here." ¹⁶"That A winna," she said, "sennin ma awa is warse nor fit ye've jist deen tae ma." Bit he widna hearken tae her. ¹⁷He cried on his valet an said tae him, "Pit iss wumman oot o here an bar e door ahin her." ¹⁸Noo she wis weerin a goon o aa bony colours, e kyn o thing att a dother o e keeng, fa hisna layn wi a man, eesually weers. E valet pat her oot an barred e door ahin her.

¹⁹Tamar pat aise on her heid, rippet e bonnie-coulert goon she wis weerin an pat her hans on her heid as she gaed awa greetin. ²⁰Her brither, Absalom said tae her, "His yer brither Amnon been interfeerin wi ye?

Dinna tak on sae, he's jist yer brither. Think naethin o't." Sae Tamar bade in her brither, Absalom's hoose, a gey disjaskit wumman.

²¹Bit fan Keeng Daavit got tae hear o't, he wis fair raised. ²²Absalom niver spak tae his brither Amnon again, he wis sae uggit wi him for fit he'd deen tae his sister.

²³Twa ear gaed by an Absalom wis at e sheep-shearin at Baal-hazor ower bi Ephraim. He invited aa e keeng's sins tae come there. ²⁴He gaed tae e keeng an said, "Yer majesty, A'm at e shearin, will ee an yer men aa come?" ²⁵An e keeng said tae Absalom, "Na, na, ma loon. We winna aa come an be an expinse tae ye." Absalom priggit wi him. He widna come bit gied him his blissin. ²⁶Syne Absalom said, "Weel, gin ee winna come, lat ma brither Amnon come." "Fit wye shuld he gyang wi ye?" speirt e keeng. ²⁷Bit Absalom priggit wi him tae lat Amnon an aa e keeng's sins gyang wi him.

²⁸Noo Absalom hid instructit his men tae keep an ee on Amnon an fan he turnt mirry wi e clairet, he wid tell them tae strick him doon an kill him. He telt them they hid naethin tae fear cause he wis giein the order, they maun be stoot an haud tae e task. ²⁹Absalom's men did fit he hid ordert tae Amnon, an at att, e lave o e keeng's sins aa got on their cuddies teuk flicht for hame.

³⁰Noo, they were still on e road fan wird cam tae Daavit att Absalom hid killed aa e keeng's sins an nae a een o them wis left. ³¹E keeng gat up an rippit his claes an flappit doon on e grun. Aa his men steed roon aboot wi their claes rippit. ³²An Jonadab, Daavit's brither Shimeah's loon said, "Yer majesty maunna think att they've slauchtert aa yer loons, it's jist Amnon att's deid. Ye culd see att Absalom wis set on sic a thing fae e day Amnon rapit his sister, Tamar. ³³Dinna think in yer hert att aa yer loons are deid. It's jist Amnon."³⁴Absalom got awa. E waatchman leukit up an saa a curn o fowk comin doon e brae ahin him. ³⁵An Jonadab said tae e keeng, "See, here's yer loons comin, jist lik A telt ye." ³⁶Noo, he wis nae seener throwe sayin iss fan e keeng's sins cam in an roart an grat. An e keeng an his men hid a gweed greet tee.

³⁷Bit Absalom teuk aff an gaed tae Talmai, e sin o Ammihud, keeng o Geshur. Daavit moorned for Amnon ilka day. ³⁸Sae Absalom fled tae Geshur an wis there for three ear. ³⁹In his hert, Daavit wis mangin tae see Absalom, cause he hid got ower his moornin for Amnon.

CHAPTIR 14

Zeruiah's sin Joab kent att e keeng wis missin Absalom, ²sae he sent for a clivver wumman fa bade in Tekoah. He said tae her, "Mak on ye're in moornin. Pit on moornin claes an dinna clairt yersel wi ile, bit ack lik a wumman fa's been in moornin for a gey file. ³Syne gyang tae e keeng an say tae him fit A'm gyan tae tell ye." Sae Joab telt her fit he wintit her tae say.

⁴Fan e wumman fae Tekoah cam in till e keeng, she fell tae e grun, booin till him an said, "Help ma, yer majesty." E keeng said tae her, "Fit's adee?" She answer, "A'm a weeda wumman an ma man's deid. ⁵A hid twa sins an they strove wi een anither fan they were oot i the parks an there wis naebody tae rive them apairt. Een strack e tither an killed him. ⁶Noo e hale faimly his turnt on ma sin fa strack his brither sae att they can kill him for murtherin his brither. ⁷Gin A dee att A'll hae nae heir an they'll cut aff ma hinmaist emmer an ma man will hae nae sin tae keep his name alive." ⁸An e keeng said tae e wumman, "G'wa hame an A'll lat ye ken fit A decide in yer case." ⁹An e wumman fae Tekoah said tae e keeng, "O, yer majesty, lat aa e blame be on me an my fowk an nae on yer majesty nor his throne." ¹⁰An e keeng said, "Gin onybody says onythin tae ye, fess him tae me an ye'll hear nae mair o't." ¹¹Syne she said, "Mith yer majesty speir at e Lord yer God tae haud him fa sikks revenge throwe bleed fae deein

his warst an killin my sin." An he said, "A sweer bi God att nae a hair o his heid will faa tae e grun." [12]Syne e wumman said, "Can A jist say ae mair thing?" "Say awa," says he. [13]An e wumman said, "Fit wye, syne, hiv ee deen a wrang lik iss tae God's fowk? Ye condemn yersel fae yer ain moo, cause ee refeese tae fess back e chiel att ee hiv banished. [14]We're aa gyan tae dee; we're lik watter, eence spult on e grun it canna be gaithert up again. Bit God disna tak life awa aaegither; he'll wark oot a wye att them fa are putten awa fae him are brocht back again come time. [15]A've come tae tell yer majesty iss, cause e fowk hiv made ma feart. Sae A thocht tae masel 'A maun spik till e keeng an mebbe he wid dee fit A'm sikkin. [16]Mebbe he'll hearken tae ma an deliver ma fae e chiel fa's tryin tae cut baith me an ma loon aff fae the inheritance God gied hiz.' [17]An syne A thocht tae masel, 'Mith yer majesty's wird fess ma rist. Yer majesty is lik an angel o God pairtin oot gweed fae coorse.' Mith e Lord yer God be wi ye." [18]Syne e keeng said tae e wumman, "Dinna haud back the answer tae fit A'm gyan tae speir at ye." An e wumman said, "Say awa, yer majesty." [19]Says e keeng, "Div I see e han o Joab wirkin in aa iss?" An e wumman said, "As sure's yer here, yer majesty, neen can turn tae e richt han nor e left fae fit yer majesty says. A wyte it wis yer man, Joab fa pat ma up tae sayin fit A've jist said. [20]He did it tae try tae turn iss hale metter. Bit yer majesty is wylie, as wise as an angel o God an kens aa fit's gyan on."

[21]E keeng said tae Joab, "Sae be it! G'wa an fess young Absalom hame." [22]An Joab fell on e grun an booed doon an thankit e keeng. An Joab said, "Noo A ken att ye're weel teen wi ma, yer majesty, cause yer majesty his deen fit A wis sikkin." [23]Sae Joab gaed tae Geshur an brocht Absalom back tae Jerusalem. [24]An e keeng said, "Lat him gyang tae his ain hoose, he maunna see ma face."

[25]Noo, there wisna a better-faurt chiel nor Absalom i the hale o Israel. Fae e sole o his feet tae e croon o his heid there wisna a blemish onno him. [26]Fan he cuttit his hair (he hid tae crop it eence a year cause it wis sae thick), he weyed it an it cam tae aboot five pun. [27]Noo Absalom hid three sins an a dother caaed Tamar, a gey weel-faurt wumman.

[28]Absalom hid been in Jerusalem for twa ear an hid nivver set een on e keeng. [29]Noo Absalom sent wird tae Joab att he winted tae see him, tae sen a message tae e keeng, bit he widna come. He sent wird again an still he didna come. [30]Sae he said tae his men, "See att barley park o Joab's neist tae mine. G'wa an set fire till't." Sae Absalom's men gaed an fire't it. [31]Syne Joab cam tae Absalom's hoose an speirt, "Fit wye did yer men set fire tae ma park?" [32]An Absalom said tae Joab, "Weel ye see, it's lik iss: A socht ye tae come an see ma sae att A culd sen ye wi an eerin tae e keeng speirin fit wye A wis brocht here fae Geshur. A wid hae been as weel still there, an gin his majesty winna lat me see his face, lat him dee awa wi ma gin he thinks A've deen wrang." [33]Sae Joab gaed tae e keeng an telt him,an he cried on Absalom tae come an see him. Absalom booed himsel tae e grun afore e keeng an e keeng kissed him.

CHAPTIR 15

Efter att, Absalom riggit himsel oot wi chariots an horse, wi fifty men tae rin on afore. [2]Absalom wis e wye o gettin up airly an stannin at e road att gyangs throwe e toon yett. Noo gin ony chiel cam in aboot sikkin tae pit his case afore e keeng, Absalom wid say till him, "Fit toon are ee fae?" an e chiel wid tell him fitna clan he wis come o. [3]An Absalom wid say tae him, "A can see ye hiv a gweed case, bit there's nae representative o e keeng tae hear ye." [4]An Absalom wid say, "Noo gin I wis made a shirra o e coonty, ony chiel wintin tae plead his case culd come tae me an I wid see att jeestice wis deen." [5]Noo, gin ony chiel cam in aboot an booed doon till him, Absalom wid tak a haud o him an gie him a kiss. [6]Sae Absalom did iss tae aabody fa cam in aboot tae hae their case heard bi e keeng an att wye wirmt his wye intae the herts o aa e men o Israel.

[7]Noo, fowerty ear gaed by an Absalom said tae e keeng, "Lat ma gyang tae Hebron an keep a voo A made tae e Lord. [8]Fan A wis at Geshur in Syria, A made a voo tae e Lord att gin e Lord brocht ma tae Jerusalem again, A wid serve him." [9]An e keeng said tae him, "On ye gyang, wi ma blissin." Sae he gaed aff tae Hebron.

[10]Bit Absalom sent spies tae aa e clans o Israel fa spread e wird att fan fowk heard e soun o e tooteroo, they wid ken att Absalom wis keeng in Hebron. [11]Twa hunner men left Jerusalem wi Absalom. He speirt att them tae gyang wi him an little did they ken fit wis in his noddle. [12]Absalom wis offerin sacrifeeces an he sent wird tae Ahithophel o Giloh, een o Daavid's cooncillors att he shuld come tae him fae Giloh. E plot agin e keeng gaithert strinth wi mair an mair fowk jinin Absalom.

[13]Wird cam tae Daavit att the Israelites were gyan ower tae Absalom. [14]Daavit said tae e men fa were wi him in Jerusalem, "Come on, we'd better get oot o here for fear there's nae escapin fae Absalom. Hist ye awa for fear he comes onno's, dis hiz ill an pits e toon tae e swoord." [15]An e keeng's men said tae him, "We're aa here willin tae dee fitivver ye think best." [16]Sae e keeng gaed awa, takkin aa his faimly an fowk, an he left ten o his bidie-ins tae leuk efter e hoose. [17]E keeng left wi aa his fowk folla'in him an they stoppit at a hoose some wye awa. [18]E keeng's men aa mairched by him an syne cam e keeng's bodygaird an syne e Gittites, sax hunner men in aa, fa hid come wi him fae Gath.

[19]Syne e keeng speirt at Ittai e Gittite, "Fit wye are ee comin wi hiz? G'wa hame an bide wi e new keeng. Ye're a forriner an a refugee fae yer ain cuntra. [20]Ye jist arrived yestreen an noo ye're haein tae wanner aboot wi hiz. I dinna ken fit road A maun tak, g'wa back wi yer men an mith e Lord be kindly an leal tae ye." [21]Bit Ittai said, "As God's ma witness an as sure's ma lord e keeng is here, farivver ee gyang, A'll gyang; A'll live wi ye an dee wi ye, sae A will." [22]An Daavit said tae Ittai, "Mairch on." Sae Ittai maircht on wi aa his men an their faimlies fa were wi them. [23]E hale cuntra wis roarin an greetin as e fowk mairched by an e keeng himsel crossed ower e Kidron burn wi aa his fowk heidin for e roch cuntra.

[24]Zadok an aa e clan Levi were there tee, cairryin God's kistie. They set doon God's kistie aside Abiathar till aa e fowk hid left e toon. [25]E keeng said tae Zadok, "Cairry God's kistie back intill e toon. God e Lord is wi ma, he'll fess ma back again tae see God's kistie an e place far it bides. [26]Bit gin he says he's nae pleased wi ma, weel, weel, sae be it. Lat him dee fit he likes wi ma." [27]Fit's mair, e keeng said tae Zadok e priest, "Are ee nae a seer? Gyang back tae e toon in peace an tak yer twa loons wi ye, yer ain sin Ahimaaz an yer brither Abiathar's sin, Jonathan. [28]A'll jist haud on i the howe o e roch cuntra till ee sen wird tae ma." [29]Sae Zadok an Abiathar cairriet God's kistie back tae Jerusalem an they bade on there.

[30]Daavit gaed up e braes o e Moont o Olives an grat as he gaed. His heid wis happit an he gaed barfit. Aa e men wi him hid their heids happit an grat as they gaed up.

[31]Wird cam tae Daavit att Ahithophel hid jynt in wi Absalom's crew, an he said, "Oh, Lord, A pray att ye wid mak Ahithophel spik neen bit havers." [32]Noo fan Daavit won tae e heid o e hill an wis wirshippin God, Hushai the Arkite cam up tae him wi his coatie aa rippit an his heid yirdit. [33]Says Daavit tae him, "Gin ee come wi ma ye'll be naethin bit a hinner, [34]bit gin ye gyang back tae e toon an tell Absalom att ye'll wark for him, sayin, 'Jist as A've wirkit for yer fadder afore noo, A'll wark for you noo,' an mebbe ye'll stap Ahithophel's coonsel. [35]An myn, Zadok an Abiathar e priests will be there tee, sae ony news o fit's happenin i the keeng's hoose, ye can pass on tae them. [36]An Zadok's loon Ahimaaz an Abiathar's loon, Jonathan are there tee an ye can get them tae fess tae me aathin att ye glean."

[37]Sae Daavit's crony Hushai cam tae Jerusalem jist as Absalom won e linth o e toon.

CHAPTIR 16

Noo, Daavit hid gaen a wee bittie ayont e heid o e hill fan he met in wi Mephibosheth's man Ziba wi a pair o cuddies, saiddlt an cairryin twa hunner loaves, a hunner bunch o raisins, a hunner o simmer berries an a bowie o wine. ²E keeng said tae Ziba, "Fit's e meanin o iss?" Say's Ziba, "E cuddies are for yer majesty's faimly tae gyang aboot on, an e loaf an simmer berries for e young fowk tae ett an e wine for them att faa dweebly i the roch cuntra." ³An e keeng said, "An far wid yer maister's gransin be?" An Ziba said tae e keeng, "Awat, he's aye in Jerusalem. Ye see he said, 'Iss is e day att e hoose o Israel will gie ma back e throne o ma fadder.'" ⁴Syne e keeng said tae Ziba, "Aa att belanged tae Mephibosheth is yours noo." An Ziba said, "A boo doon till ye, an mith ye aye be weel teen wi fit A dee, yer majesty."

⁵Fan Keeng Daavit won e linth o Bahurim, Gera's sin, Shimei, a chiel fae a faimly o e same clan as Saul, cam oot, cursin as he cam. ⁶He kees steens at Daavit an aa e keeng's men, tho his men an bodygairds were baith tae his richt an his left. ⁷Cursin awa, Shimei said, "Get oot o here, get oot o here, ye scooneral, ye murtherer. ⁸E Lord his peyed ye back for takkin Saul's throne an spullin e bleed o Saul's faimly. E Lord his gien e throne tae yer loon Absalom. Ay, yer ills hiv catcht up wi ye, ye murtherer."

⁹Syne, Zeruiah's loon Abishai said tae e keeng, "Fit wye shuld iss deid tyke sweer at yer majesty? Lat ma gyang ower an chap aff his heid." ¹⁰Bit e keeng said tae Zeruiah's loons, "Iss is naethin tae dee wi you. Lat him sweer awa. Gin e Lord his said tae him 'Curse Daavit,' fa's tae question fit wye he's deein't." ¹¹An Daavit said tae Abishai an aa his men, "Ma loon, ma verra ain loon, is sikkin tae dee awa wi ma, sae fit winner is it fit iss chiel fae e clan Benjamin is deein. Lat him be an lat him sweer awa cause e Lord his telt him tae dee it. ¹²Mebbe e Lord will tak peety on ma an gie ma a blissin insteid o aa iss cursin A'm gettin ivnoo."¹³As Daavit an his men gaed alang e road,Shimei keepit tee wi him, walkin alang e braeface, sweerin as he gaed an throwin steens an yird at him. ¹⁴E keeng an his men were sair forfochen fan they got tae the ein o their traivels an they teuk their rist.

¹⁵Absalom an aa the Israelites wi him won e linth o Jerusalem, an Ahithophel wis wi him. ¹⁶Fan Daavit's cronie, Hushai the Arkite met in wi Absalom, he said tae him, "God save e keeng, God save e keeng." ¹⁷An Absalom said tae Hushai, "Fit's happent tae yer loyalty tae yer freen Daavit? Fit wye did ye nae g'wa wi him?" ¹⁸An Hushai said tae Absalom, "Na, na, fa e Lord an e fowk o Israel choise, att's fa A'm for, att's fa A'll be wi. ¹⁹Efter aa, fa shuld I serve? Shuld I nae serve e sin? Jist as A served yer fadder, A'll serve you."

²⁰Syne Absalom said tae Ahithophel, "Noo fit are ye sayin till't. Fit shuld we dee?" ²¹An Ahithophel said tae Absalom, "Gyang an lie wi yer fadder's bidie-ins fa he left tae leuk efter his hoose. Syne aa Israel will come tae ken att ye've misfitted yer fadder an iss wll mak yer folla'ers mair inclined tae stick wi ye. ²²Sae they set up a tent for Absalom on e reef o e hoose an Absalom lay wi his fadder's bidie-ins an aa Israel saa fit he wis deein. ²³Ony coonsel att Ahithophel gied in them days wis leukit on as gin it wis e verra wird o God. Baith Daavit an Absalom leukit on his coonsel att wye.

CHAPTIR 17

Noo, Ahithophel said tae Absalom, "Lat me pick twal thoosan men an A'll gyang oot efter Daavit e nicht. ²A'll come on him fan he's weariet an doon hertit. He'll be feart an e men att are wi him will rin awa. E keeng is the only een A'll kill. ³E lave o e fowk A'll fess back tae ye, lik a bride comin back tae her man, an sae aa will be at peace."⁴Absalom an e clan chiefs o Israel were fine shuitit wi fit he wis sayin. ⁵Syne Absalom said, "Fess in Hushai the Arkite an see fit he's sayin aboot it." ⁶Fan Hushai arrived, Absalom said tae him, "Iss is fit Ahithophel his tae say aboot things. Will we tak wi him or fit hiv ee tae say? [7]An Hushai said tae Absalom, "The coonsel att Ahithophel his gien ye iss time's nae eese avaa. [8]Ye see," said Hushai, "ye ken fine yer fadder an his men are bonnie fechters an can be as ill-nettered as a mither bear fa his hid her cubs teen awa fae her. Yer fadder is an aul campaigner an winna sleep wi e lave o his men. [9]Ivnoo, nae doobt, he's holed up somewye. Syne, gin ony o your men are killed fan e fechtin starts, them fa hear o't will say, 'Absalom's follaers hiv been slauchtert.' [10]Syne aiven e bravest o e men, as fearless as lions, will be feart, cause aa Israel kens att yer fadder is a stoot fechter an e sodgers wi him are brave. [11]Sae, fit I wid say is att ye gaither aa the Israelites egither, fae Dan tae Beersheba, as mony as e grains o san alang e shore an you yersel lead them tae e fechtin. [12]We'll come on him farivver he's hidin an we'll faa on him lik e dyowe faa'in on e grun. Naither he, nor a sinngle een o e men wi him will be left. [13]Forbyes gin we can force him inno a toon, syne aa the Israelites can fess raips an we can haul it doon intae e howe till there's nae a steen left stannin." [14]Absalom an aa the Israelites said, "Hushai the Arkite his gien better coonsel nor Ahithophel." E Lord hid decided att Ahithophel's gweed coonsel widna be follaed sae att crockaneetion wid faa on Absalom.

[15]Syne Hushai telt Zadok an Abiathar, e priests, fitna kyn o coonsel Ahithophel gied Absalom, an fitna kyn o coonsel he himsel gied. [16]"Noo," he said, "sen wird tae Daavit nae tae set up camp e nicht at e Fyoords o e Roch Cuntra, bit tae hist ower, for fear he an his men are catcht an killed." [17]Noo Jonathan an Ahimaaz were wytin at En-rogel. A servant deemie wis tae gyang an tell them fit wis fit an they were tae gyang an tell Keeng Daavit, cause they culdna chaunce bein seen i the toon. [18]For aa that, a loon saa them an telt Absalom, bit they baith hurriet awa tae e hoose o a chiel in Bahurim. It hid a waal in its close an they gaed doon inno't. [19]E chiel's wife spread a cloot ower e moo o e waal an happit it wi bruised corn sae att naebody wid ken it wis there. [20]Absalom's servants cam tae e hoose an speirt att e wumman, "Far aboot's Ahimaaz an Jonathan?" An e wumman said, "They gaed awa ower e burn." They huntit for them bit culdna fin them sae they held awa back tae Jerusalem. [21]Efter they'd gaen awa, e twa climmed oot o e waal an gaed awa tae report tae Keeng Daavit, sayin, "Get on an cross e watter as fest as ye can," an telt him fit Ahithophel wis plottin tae dee. [22]Syne Daavit an aa them fa were wi him held awa an crossed ower e Jordan, an bi mornin nae a sinngle sowl o them wisna ower e watter.

[23]Fan Ahithophel saa att they hidna teen his coonsel, he saiddlt his cuddy an gaed hame tae his ain hoose, his ain toon, pat his affairs in order an hangt himsel. He wis beeriet in his fadder's grave. [24]Bi e time att Absalom won ower e Jordan, Daavit wis at Mahanaim.

[25]Absalom pat Amasa in chairge o the airmy insteid o Joab. Amasa wis e sin o a chiel caaed Ithra, o e clan Ishmael. His mither wis Abigail, e dother o Nahash, an e sister o Joab's mither, Zeruiah. [26]Absalom an the Israelites set up camp i the cuntra o Gilead.

[27]Fan Daavit arrived at Mahanaim, he wis met bi Nasha's loon Shobi fae the Ammonite toon o Rabbah, Ammiel's loon, Makir fae Lo-debar an Barzillai fae Rogelim in Gilead. [28]They brocht mattrasses an beddin an caups an jugs, wheat an barley an flooer, rossin corn, beans, lentils an pizz, [29]hunny, kebbucks, sheep an fat beasts for Daavit an e fowk wi him cause they kent they wid be hunngry an thirsty an weariet i the roch cuntra.

CHAPTIR 18

Daavit gaithert aa his men an pairtit them intae bourachs o thoosans an o hunners. [2]Syne he sent a third o them oot unner Joab's comman, a third unner e comman o Zeruiah's loon Abishai an a third unner e comman o Ittai e Gittite. An e keeng said tae his men, "A'll gyang wi ye masel." [3]Bit e men said, "Ye winna that. Gin we tak flicht, they winna care a docken, nor gin e half o hiz are killed. Bit ee're wirth ten thoosan o hiz. It wid be better gin ee were tae bide here i the toon an sen hiz fit we need." ⁴An e keeng said tae them, "A'll dee fit ye think best," an he steed at e side o e yett as they cam oot i their hunners an their thoosans. ⁵E keeng gied orders tae Joab, Abishai an Ittai, sayin, "Dinna be ower hard on ma loon Absalom," an aa e troops heard Daavit tellin his captains tae spare Absalom.

⁶Sae they aa gaed oot tae fecht wi Israel an e fechtin wis i the wids o Ephraim. ⁷Daavit's men got the better o the Israelites an twinty thoosan men fell att day. ⁸E fechtin wis scattert ower e hale cuntraside an mair men were killed i the wids nor bi e swoord.

⁹Noo some o Daavit's men cam on Absalom on e back o a cuddy. E cuddy gaed aneth e boughs o a muckle aik an Absalom's heid gat snorlt i the branches. E cuddy kept gyan an he fan himsel hingin abeen e grun. ¹⁰A chiel saa fit hid happent an telt Joab att he hid seen Absalom hingin in an aik. ¹¹Says Joab tae e chiel, "Gin ye saa him, fit wye did ye nae dee awa wi him there an then. A'd hae gien ye ten shekels o siller an a belt." ¹²An e chiel says tae Joab, "Gin ye gied ma a thoosan shekels o siller I widna lift ma han tae e keeng's ain sin. We heard e keeng tellin you an Abishai an Ittai att nae herm wis tae be deen tae young Absalom. ¹³Gin I'd riskit ma life, cause e keeng wid seen hae got tae hear o't, ee wid hae wintit naethin tae dee wi ma." ¹⁴Syne says Joab, "Dinna waste ma time," an he teuk three shairp sticks an haivt them inno Absalom's hert as he wis hingin there inno the aik. ¹⁵Syne e ten young chiels fa cairriet Joab's wappons thrangt roon Absalom, strack at him an killed him. ¹⁶Joab sounit e tooteroo an e men cam back fae chasin the Israelites cause Joab hid caalled them aff. ¹⁷They teuk Absalom an keest him inno a muckle hole i the wids an happit it wi a muckle rummle o steens. Aa the Israelites fled tae their ain hames.

¹⁸Noo, fan he wis livin, Absalom hid biggit a monument tae himsel i the Keeng's Howe, cause, he said, "I've nae sin tae keep ma name alive." He caaed e memorial efter himsel an it's kent tae iss day as "Absalom's Monument."

¹⁹Syne Zadok's loon Ahimaaz said, "Lat ma rin an fess e news tae e keeng o foo e Lord his saved him fae his faes." ²⁰Bit Joab said tae him, "Na, dinna fess ony gweed news till him e day, some ither day mebbe, bit nae e day cause iss is e day att e keeng's sin deit." ²¹Syne Joab said tae Cushi, "Gyang an tell e keeng fit ye've seen," an Cushi bowed tae him an ran. ²²Bit again Zadok's loon Ahimaaz said tae Joab, "Fit sorra ither, lat ma rin efter Cushi." An Joab said, "Fit wye div ye wint tae rin, ma loon? Ee've nae news ye'll get ony thanks for." ²³Bit aye he priggit, "Lat ma rin." An he said tae him, "Awa ye gyang, than." Ahimaaz teuk e low road an got there afore Cushi. ²⁴Daavit wis sittin atween e twa yetts fan e leukoot gaed onno e reef abeen e yett i the wa, leukit up an saa a chiel rinnin on his ain. ²⁵E leukoot cried doon tae e keeng fit he'd seen. E keeng said, "Gin he's aa his leen, he'll hae news for hiz." An e chiel cam nearer an nearer. ²⁶Syne e leukoot saa inither chiel rinnin an he cried doon tae e doorman sayin, "Leuk, there's anither chiel rinnin aa his leen." An e keeng said, "He'll be fessin news tee." ²⁷An e leukoot said, "A'm thinkin e wye e first chiel's rinnin it's lik e fit o Zadok's loon Ahimaaz." An e keeng said, "He's a fine chiel, nae doobt he'll hae gweed news." ²⁸Ahimaaz cried oot tae e keeng, "Aa's weel." He fell on his face on e grun afore e keeng an said, "Blissins tae e Lord yer God fa his gien e chiels fa rebelled agin yer majesty inno yer hans." ²⁹An e keeng speirt, "Is young Absalom sauf?" An Ahimaaz said, "Yer majesty, fan yer offisher Joab sent ma, A saw a muckle stramash an A dinna ken fit it wis." ³⁰E keeng said tae him, "Stan ower there," an he gaed ower an steed there. ³¹Syne Cushi arrived an said tae e keeng, "A hiv gweed news for yer majesty. E Lord his saved ye e day fae them fa reese up agin ye." ³²An e keeng said tae Cushi, "Is young Absalom sauf?" An Cushi answert, "Mith aa e keeng's faes an aa att wid dee ye herm be as att birkie is."

³³E keeng wis sair come at an gaed up tae e chaumer ower e yett an grat. As he left he said, "Oh ma loonie Absalom, ma loonie, ma loonie, Absalom. Gin bit I hid deit insteid o you. Oh Absalom, ma loonie, ma loonie."

CHAPTIR 19

Joab wis telt att e keeng wis greetin an moornin for Absalom. ²An att day's victory wis turnt tae moornin for aa e fowk, cause e fowk got tae hear foo dool e keeng wis aboot his loon. ³An e men creepit back tae e toon lik men affontit fan they've teen flicht fae e fechtin. ⁴E keeng happit his face an roart oot o him, "O ma loonie, Absalom, o Absalom, ma loonie, ma loonie." ⁵Joab cam tae far e keeng wis bidin an said tae him, "Ye've made a feel o a yer men e day, men fa savit yer life e day, an e lives o yer sins an yer dothers an e lives o yer wives an yer bidie-ins. ⁶Ye loo yer faes an hate yer freens. Ye hiv as muckle as said yer offishers an men mean naethin tae ye, cause A'm thinkin att hid Absalom lived an we'd aa been killed e day, ye'd hae been better pleased. ⁷Noo awa an gie yer men some hertnin, cause A sweer bi e Lord att gin ye dinna gyang oot tae them, nae a een o them will bide wi ye nae laanger an att'll be warse for ye nor aa the ills att hiv come yer wye since ye were a loon." ⁸Sae e keeng gaed oot an sat i the yett, an aa cam tae hear att e keeng wis sittin i the yett. They aa cam an gaithert afore him.

Noo the Israelites hid aa scattert awa hame. ⁹Aa e clans o Israel were strivin amo themsels sayin, "E keeng saved hiz fae wir faes an rescyeed hiz fae e Philistines an noo he's teen aff oot o e cuntra aa cause o Absalom, ¹⁰att same Absalom fa we anninit an his been killed i the fechtin. Fit wye is naebody spikkin o fessin e keeng back?"

¹¹Keeng Daavit sent wird tae Zadok an Abiathar, e priests, tellin them, "Spikk tae e clan chiefs o Judah an speir fit wye they are e hinmaist in fessin e keeng hame, cause wird o fit his been said throwe Israel his won e linth o e keeng in his hoose. ¹²Ye're ma ain fowk, ma ain flesh an bleed. Fit wye syne are ye the hinmaist tae fess back e keeng? ¹³Speir at Amasa gin he's nae ma ain flesh an bleed. Sae help ma God, he'll be commander o ma airmy for life, insteid o Joab."¹⁴He won ower e herts o aa o Judah, sae they sent wird tae e keeng: "Come hame an aa yer men wi ye." ¹⁵Sae e keeng cam hame tae e Jordan an e men o e clan Judah cam tae Rowin-steens tae meet e keeng an escort him ower e Jordan.

¹⁶Gera's loon Shimei fae Bahurim o e clan Benjamin hurriet doon tae e Jordan tae meet in wi e keeng. ¹⁷There wis a thoosan men o e clan Benjamin wi him, includin Ziba, e servant o Saul's faimly, wi his fifteen sins an twinty servants wi him. An they crosst ower e Jordan tae meet e keeng. ¹⁸A ferryboat gaed ower tae cairry e keeng's faimly across an tae dee fitivver he socht. Gera's loon Shimei plappit doon afore e keeng as he crosst ower e Jordan. ¹⁹He said tae e keeng, "Dinna think ill o ma, yer majesty, for fit A did e day yer majesty left Jerusalem, jist pit it oot o yer heid an dinna tak it tae hert. ²⁰Yer servant kens he's deen wrang, sae ye see ma e day, e first een o aa Joseph's fowk tae come doon an meet yer majesty." ²¹Bit Zeruiah's loon Abishai answert him, "Shuldna Shimei be putten tae daith for cursin e Lord's annintit?" ²²Bit Daavit said, "Fit's it got tae dee wi you, Zeruiah's loons, are ye sikkin tae steer up tribble for ma? Fit wye shuld ony man be putten tae daith in Israel e day? Div I nae ken att A'm noo keeng ower aa Israel." ²³An e keeng said tae Shimei, "A sweer att ye winna be putten tae daith."

²⁴Saul's sin, Meshibosheth cam doon tae meet e keeng an hidna waashen his feet nor trimt his baird nor waasht his claes fae e day e keeng hid gaen awa till e day e cam back in peace. ²⁵Fan he cam fae Jerusalem tae meet e keeng, e keeng said tae him, "Fitna wye did ye nae come wi ma, Mephibosheth?" ²⁶An he answert, "O yer majesty, ma servant telt ma a lee. Ye see, A'm a bittie wrang amo e feet, sae A thocht A wid saiddle ma cuddy an gyang on its back wi yer majesty. ²⁷Bit ma servant said coorse things

aboot yer majesty, bit A can see yer majesty is an angel o God. Sae dee fit ye think best. [28]Ma fadder's hale faimly deserved tae be deen awa wi bi yer majesty, bit yet ye lat me, yer servant, ett at yer table. Fit mair culd A speir o yer majesty?" [29]An e keeng said tae him, "Fit are ye fessin iss up for again? A've decided att ee an Ziba can pairt oot e grun atween ye." [30]An Mephibosheth said tae e keeng, "Lat him tak e lot noo att yer majesty is hame sauf." [31]An Barzillai o Gilead cam doon fae Rogelim tae escort e keeng ower e Jordan. [32]Noo Barzillai wis a fair age: auchy ear aul. He hid keepit e keeng in maet fan he wis lyin at Mahanaim. He wis a gey chiel. [33]An e keeng said tae Barzillai, "Come on ower wi ma an A'll see ye aa richt in Jerusalem." [34]An Barzillai said tae e keeng, "Ma days are nummert sae fit's the eese o gyan tae Jerusalem wi ye? [35]A'm auchty ear aul an dinna ken gweed fae ill. A canna taste fit A ett nor drink. A canna hear fin men nor weemen sing. Fit wye shuld A be a burden tae yer majesty? [36]A'll jist gyang a wee bittie ower e Jordan wi yer majesty, fit wye shuld ye trait me sae weel? [37]Lat ma turn for hame sae att A can dee in ma ain toon an be beeriet anent e graves o ma fadder an ma mither. Bit here's ma loon Kimham. Lat him gyang wi yer majesty an dee wi him fit ye think's best." [38]E keeng answert, "Kimham can come ower wi ma an A'll dee wi him fitivver ye wint. An fitivver ye sikk fae ma, A'll gie ye." [39]Aabody crosst ower e Jordan. Fan e keeng won ower, he kisst Barzillai an blisst him an he gaed awa hame. [40]E keeng held on tae Rowin-steens an Kimham gaed wi him. Aa e troops fae Judah an half o e troops fae Israel hid escortit e keeng ower.

[41]Syne aa the Israelites cam tae e keeng an said tae him, "Fitna wye did wir brithers fae Judah get e richt tae tak ye awa an escort yer majesty an aa Daavit's men ower e Jordan?" [42]An e men o Judah answert the Israelites, "Cause e keeng is near freen tae hiz. Fit are ye gettin sae raised aboot? His he peyed for wir maet? His he gien hiz onythin?" [43]An the Israelites answert e men o Judah, "We hiv ten times as muckle richt tae e keeng as ee hiv, we hiv mair richt tae Daavit nor ee hiv. Fit wye did ye nae lippen tae hiz? Were we nae e first tae spik aboot fessin e keeng hame?" Bit the men o Judah spak oot mair forcy nor the Israelites.

CHAPTIR 20

There happent tae be there, at att time, a cyaard fae e clan Benjamin caaed Sheba, e sin o Bicri. He blew a tooteroo an roart oot, "We hiv nae pairt o Daavit, nae trock wi e sin o Jesse, g'wa hame, o Israel." [2]Sae the Israelites forsook Daavit an follaed Bicri's loon Sheba. Bit e men o e clan Judah stuck tae their keeng an gaed wi him fae e Jordan tae Jerusalem.

[3]Daavit cam tae his hoose in Jerusalem an he teuk e ten bidie-ins he hid left tae leuk efter e place an pat them unner gaird, saa att they were weel provided for, bit he didna lie wi them. Sae they were lockit up for e lave o their days, livin lik weeda wummen.

[4]Syne e keeng said tae Amasa, "Caal up e men o Judah an be here wi them in three days' time." [5]Sae Amasa gaed tae caal them up bit he teuk laanger nor e time he'd been set. [6]An Daavit said tae Abishai, "Bicri's loon Sheba will be mair tribble tae hiz nor Absalom wis. Tak my men an haud efter him for fear he get intae fortifiet toons an escape fae hiz." [7]Sae Joab's men an e keeng's bodygaird, aa stoot sodgers, left Jerusalem tae chase efter Bicri's loon Sheba. [8]Fan they won e linth o e muckle steen at Gibeon, Amasa met in wi them. Noo Joab wis weerin his battle fatigues an in his belt wis a swoord inno its sheath, bucklt on tae his belt. As he gaed forrit, it fell oot. [9]Says Joab tae Amasa, "Fit like ma loon?" an teuk a haud o his beard wi his richt han makkin on he wis gyan tae kiss him. [10]Amasa wisna peyin attention tae e swoord att wis in Joab's ither han an he strack him wi't i the stamack an his guts spult oot onno e grun. He didna need tae strick him again cause he wis deid. Sae Joab an his brither Abishai chased efter Bicri's loon Sheba. [11]Een o Joab's men steed ower Amasa an said, "Lat him fa is for Joab an Daavit folla Joab."

¹²Amasa's body covert in bleed lay i the middle o e road. An fan e chiel saa att aabody wis stoppin tae glower at him, he hauled Amasa aff e road intae a park an threw a blanket ower him. ¹³Eence Amasa wis teen aff e road, they aa gaed on wi Joab tae chase efter Bicri's loon Sheba.

¹⁴Sheba gaed throwe e cuntra o aa e clans o Israel till he cam tae Abel o Beth-maachah an aa e Berite clan gaithert an follaed him intill e toon. ¹⁵Joab's men cam an beseiged Abel o Beth-maachah, keesin up a bank o yird agin e waa an syne they startit tae dig aneth e waa tae gar it tummle doon.

¹⁶There wis a spaewife i the toon fa roart tae them, "Hearken! Hearken! Tell Joab tae c'mere. A wint a wirdy wi him." ¹⁷An fan he hid come ower, e wifie said tae him, "Are ee Joab." "Fairly att," he answert. Syne she said tae him, "Hearken tae yer deemie." An he said, "A'm aa lugs." ¹⁸Syne she said, "There's an aul sayin, 'Gyang tae Abel an get the answer,' an sae att sattlt aa. ¹⁹My toon is kent tae be een o e maist peacefu an leal in Israel. Fit wye are ye sikkin tae destroy a toon att's lik a mither in Israel, e Lord's ain?" ²⁰An Joab answert, "Far be it fae me tae be sikkin tae destroy her. ²¹Att's nae fit it's aboot avaa. Bit a chiel fae e heilans o Ephraim, Bicri's loon fa gyangs bi e name o Sheba his rebelled agin e keeng, ay agin Daavit himsel. Han him ower an we'll leave ye aleen." An e wumman said tae Joab, "We'll fling his heid ower e waa tae ye." ²²Syne e wumman gaed tae e fowk o e toon wi her skeely wirds an they cuttit aff Bicri's loon Sheba's heid an keest it oot tae Joab. He blew a tooteroo an they left e toon aleen, aa gyan back tae their hames. Joab gaed back tae e keeng at Jerusalem.

²³Noo Joab wis heid o the hale Israelite airmy. Jehoiada's loon Benaiah wis in chairge o e keeng's bodygaird. ²⁴Adoram wis in chairge o forced labour an Ahilud's loon Jehoshaphat wis e Secretary o State. ²⁵Sheva wis e clerk an Zadok an Abiathar were e priests. ²⁶Ira fae Jair wis Daavit's priest.

CHAPTIR 21

Durin Daavit's reign, there wis a famine att lestit three ear, een efter e tither. Daavit prayed tae e Lord. An e Lord answert, "It's cause o e bleed att's on e hans o Saul's faimly for murtherin e clan o Gibeon." ²E Gibeons werna Israelites bit were fit wis left o the Amorites fa the Israelites hid promist tae leuk efter. Saul socht tae slauchter them in his fervour for e fowk o Israel an Judah. Daavit caalled e Gibeonites tae him, ³an said tae them, "Fit can A dee for ye? Fitna wye can A mak it up tae ye sae att ye mith bliss e Lord's fowk?" ⁴An e fowk o e clan Gibeon said tae him, "We'll hae nae siller nor gowd fae ony o Saul's faimly, nor will ye kill ony Israelite for oor sake." An Daavit said, "Weel, fit div ye say A shuld dee for ye?" ⁵An they answert e keeng, "E chiel fa did sae muckle ill tae hiz an fa tried tae missaucre hiz sae att neen o's shuld be left wi'in e boonds o Israel, ⁶lat syven o his male heirs be hannit ower tae hiz an we'll hing them up afore e Lord in Gibeah o Saul, the een fa e Lord pickit." An e keeng said, "A'll han them ower tae ye." ⁷Bit e keeng spared Mephibosheth, Saul's sin Jonathan's loon cause o the aith att Daavit an Saul's sin Jonathan hid teen afore e Lord. ⁸Bit e keeng teuk e twa sins att Aiah's dother Rizpah hid tae Saul, Armoni an Mephiboshethan an e five sins att Saul's dother Merab hid tae Adriel, e sin o Barzillai o Meholah. ⁹He hannit them ower tae e fowk o e clan Gibeon an they hangt them on e hill afore e Lord. Aa syven o them deit egither. They were deen awa wi at e start o e hairst, jist as e barley wis bein teen in.

¹⁰Aiah's dother Rizpah teuk saickclaith an spread it oot for hersel on a steen. Fae e start o hairst till e rain cam she spent her days keepin awa e birds an her nichts keepin awa wild beasts fae e bodies. ¹¹Daavit cam tae hear fit Aiah's dother Rizpah, Saul's bidie-in, hid deen.

¹²An Daavit gaed an teuk Saul an his sin Jonathan's beens fae e e fowk o Jabeth-gilead, fa hid pinched them fae e squaar at Beth-shan far e Philistines hid hung them up efter e Philistines hid killed Saul in

Gilboa. [13]Sae he brocht Saul an his sin Jonathan's beens an gaithert up e beens o them fa'd been hangt. [14]They beeriet e beens o Saul an his sin Jonathan in e grave o Saul's father Kish, i the clan Benjamin cuntra at Zelah. They did aathin e keeng garrt them dee. Efter att, God answert their prayers for e cuntra. [15]Bit waar breuk oot again amo the Israelites an e Philistines. Daavit an his men focht wi e Philistines an at ae pint Daavit wis fair forfochen. [16]Ishbibenob, een o e clan o Rapha, fas bress spear weyed syven pun an fa wis weerin a new swoord, thocht he culd get e better o Daavit. [17]Bit Zeruiah's loon Abishai cam tae his aid, strack e Philistine an killed him. An Daavit men said tae him, "We sweer att ye're nae comin wi hiz again, for fear Israel's licht mith be putten oot." [18]Efter att, they focht wi e Philistines again, at Gob; att wis fan Sibbecai e Hushathite killed Saph, anither o e clan o Rapha. [19]An there wis mair fechtin wi e Philistines at Gob fan Elhanan e sin o Jaare-oregim fae Bethlehem slew Goliath e Gittite's brither, e shaft o fas spear wis lik a wyver's beam. [20]There wis yet mair fechtin in Gath, far there wis a muckle-boukit chiel wi sax finngers on ilka han an sax taes on ilka fit, fower an twinty aa egither. He wis een o e Rapha clan tee. [21]Fan he tirmintit the Israelites, Jonathan, e sin o Daavit's brither Shimeah slew him. [22]Iss fower were come o e giants o Gath an were killed at e han o Daavit an his men.

CHAPTIR 22

Iss is e wirds o e sangie att Daavit sang tae e Lord on e day he saved him fae Saul an aa his ither faes:

[2]"E Lord's ma rock, ma fortress an ma herbour;
[3]God is ma rock an in him A'll trust;
he's ma targe an wi him A'm sauf.
he's ma heich tooer, ma refuge an ma deliverer;
he keeps ma clear fae veelence.
[4]A'll caal on e Lord, fa's wirthy tae be praised;
an A'll be savit fae ma faes.
[5]Fan daith wis waashin ower ma,
e spates o coorseness made ma feart;
[6]e sorras o Sheol were aa roon ma;
e snares o daith held ma in aboot;
[7]Fan A wis sair come at, A cried tae e Lord;
in his temple he heard ma vice
an my cry dirlt in his lugs.
[8]Syne e grun sheuk an trimmlt,
e founs o hivven meeved an sheuk,
cause he wis raised.
[9]Reek cam oot o his neb,
an a devoorin fire fae his moo
att kennlt coals.
[10]He pairtit e lift an cam doon,
pick-mirk aneth his feet.
[11]He hurlt on a cherub, fleein throwe the air;
an ye'd see him on e wings o e win.
[12]He draipit himsel in bleckness,
dark cloods i the lift.
[13]Coals o fire were kennlt wi e lichtnin att gaed afore him.
[14]E Lord thunnert fae e hivvens,
an his michty vice wis heard i the lift.

[15]He sent oot arras tae scatter fowk,
an lichtnin tae tirraneese them.
[16]Howes i the sea were opent up
e founs o e warl laid bare
at e Lord's raigin, at e blast o e win fae his neb.
[17]He raxed doon fae abeen an teuk ma,
daawin ma oot o deep watter.
[18]He savit ma fae ma stoot faes
an fae them fa hated ma an were ower strong for ma.
[19]They confrontit ma fan A wis dweebly,
bit e Lord wis ma stey.
[20]He brocht ma oot tae a sauf place,
savit ma, cause he wis weel teen wi ma.
[21]E Lord saa ma aa richt cause o ma gweed-livin wyes,
rewardit ma cause ma hans were clean.
[22]Cause A've keepit e wyes o e Lord
an hinna turnt fae ma God tae coorseness.
[23]Aa his laas were afore ma,
an A nivver did A turn fae his wird.
[24]A hid nae fauts in his sicht,
an keepit masel oot o ill wyes.
[25]Sae e Lord his seen ma aa richt for ma gweed-livin wyes
an nivver gettin ma hans fool.
[26]Lord, ye're leal tae them fa's leal tae you,
an ye'll be gweed tae them fa behave.
[27]Tae the honest ye'll be honest,
bit e cyaard winna hae tae sikk his sorras.
[28]The sair come att, ye'll save,
bit ye'll keep yer een on e bigsy,
an ye'll tak them doon a peg or twa.
[29]Ye're ma lamp, o Lord,
an e Lord will lichten ma mirkiness.
[30]Wi your help A can run throwe their defences,
 an hiv strinth tae loup a dyke.
[31]God's wye is perfeck
e Lord's wird his steed e test,
he's a targe tae aa them fa trust in him.
[32]Fit God is there bit e Lord?
Fa's a rock bit oor God?
[33]God's ma strinth an ma pooer:
he maks ma road perfeck.
[34]He maks ma rin lik a deer,
an keeps ma sauf on e braes.
[35]He learns ma foo tae fecht,
sae att A can eese a bowe made o steel.
[36]An ye leuk efter ma an keep ma sauf,
an yer douceness maks ma great,
[37]Ye've garrt ma step oot
sae att A've nivver slippit.

[38]A've chased efter ma faes an gotten e better o them,
nae turnin back till A've made an ein o them.
[39]Aye, an A hiv made an ein o them, strickin them doon,
sae att they canna rise, trumpit aneth ma feet.
[40]Ye've airmt ma wi strinth for e fecht,
them fa reese up agin ma, ye've dung doon.
[41]Ye've gien ma faes ower tae ma,
sae att A culd dee awa wi them.
[42]They leukit aboot them bit there wis neen tae save them,
e Lord widna answer them.
[43]A dirdit them tae stew
trumpin them lik dubs on e road
scatterin them aawye.
[44]Ye've keepit ma fae e strivin o ma ain fowk,
made ma heid o mony cuntras,
fowk fa a nivver thocht A wid rule ower.
[45]E fremt noo bowe doon tae ma,
as seen's they hear, they dee fit A tell them.
[46]Forriners are brocht tae ma,
creepin oot o their brochs.
[47]E Lord lives. Blisst is ma rock.
Praise tae e God o ma salvation.
[48]It's e Lord fa gies ma vengeance,
an pits cuntras aneth ma,
[49]an saves ma fae ma faes.
Ye've reesed ma up heich abeen them fa reese up agin ma,
ye've keepit ma oot o herm's wye.
[50]Sae, Lord, A praise ye amo aa cuntras,
an sing praises tae yer name.
[51]God gies great victories tae his keeng,
he's leal tae his annintit,
tae Daavit's fowk, his ain for aye."

CHAPTIR 23

Daavit's hinmaist wirds.

Daavit, Jesse's loon, e chiel fa wis reesed up heich, annintit bi e God o Jacob, Israel's bonnie singer o psalms, said, [2]"E speerit o e Lord spak throwe me an his wird wis on ma tongue. [3]E God o Israel said, ay iss is fit e Rock o Israel said tae ma, 'E chiel fa rowles ower men fairly, fa rowles i the fear o God, [4]is lik mornin licht, fan e sin rises on a cloodless mornin, lik e green girse breerin throwe e grun efter a spirklin shoorie o rain'. [5]My fowk hiv nae aye teen wi God, bit for aa that, he trystit wi me for aa time, an agreement nivver tae be breuken. He'll be ma salvation an grant ma aa A culd sikk.

[6]"E cyaards will aa be lik thrissles caasen aside, cause neen daur pit oot his han tae tak them. [7]E body fa touches them maun eese an airn teel or e haanel o a spear, burnin them up far they lie."

[8]Iss is e names o e stoot chiels fa were wi Daavit: Ishbosheth fae Tachemon fa led "E Three," an fa liftit his spear ower the aucht hunner he slew aa at the ae time. [9]Neist wis Dodo's sin Eleazar, o e clan Ahoh een o Daavit's three stoot chiels. Fan they were fechtin e Philistines an the Israelites hid fled, [10]he held at e Philistines till his han wis sair hauddin on tae e swoord. E Lord won a great victory att day an e lave cam back ahin him, bit it wis jist tae plunner e deid. [11]Neist efter him wis Shamma e sin o Agee fae Harar. Ae time e Philistines were draawn up for battle in a park o pizz. The Philistines scattered oor fowk, [12]bit he steed his grun, defended it an killed e Philistines. E Lord won a great victory. [13]Three o "E Thirty" gaed doon tae Daavit at e Cave o Adullam ae hairst time. E Philistines were campit i the Howe o Rephaim. [14]Daavit wis in a hill fort an e Philistines held e garrison at Bethlehem. [15]Ae day a langin cam ower Daavit an he said, "O att A culd bit hae a moofu o e watter fae e waalie anent e yett at Bethlehem." [16]E three bold chiels forced their wye throwe e Philistine lines an drew some watter fae e waalie anent e yett at Bethlehem an feesh it back tae Daavit. Bit he widna drink it: he jist poored it oot tae e Lord. [17]An he said, "Far be it fae me, Lord, tae dee iss. Is iss nae e bleed o e men fa riskit their lives for't?" Sae he widna drink it. Sae att wis e three stoot chiels. [18]Joab's brither Abishai, fa wis Zeruiah's loon, wis heid bummer amo e thirty. He eence lifted his spear an killed three hunner men an wis weel kent for't. [19]Wis he nae e farrest ben amo them aa? Jist att, an att's e wye he wis their leader, bit he wisna as far in as "The Three". [20]Benaiah, e sin o Jehoiada fae Kabzeel, wis anither weel-kent sodger. He killed twa men fae Moab fa were as stoot as lions. An ae snaavy day he gaed doon inno a pit an killed a lion. [21]He killed an Egyptian, a weel-faurt chiel fa wis airmed wi a spear. He gaed doon on him wi a stick an caaed e spear oot o his han an killed him wi his ain spear. [22]Sae att wis e ploys o Jehoiada's loon Benaiah, weel-kent amo e thirty. [23]He wis better kent nor e lave o e thirty, bit nae as far ben as "The Three". Daavit pat him in chairge o his bodygairds. [24]Asahel, Joab's brither wis een o e thirty an sae were Dodo's sin, Elhanan fae Bethlehem, [25]Shammah an Elika fae Harod, [26]Helez fae Pelet, Ira, sin o Ikkesh fae Tekoa, [27]Abiezer fae Anathoth, Mebunnai fae Hushah, [28]Zalmon fae Ahoh, Maharai fae Netophah, [29]Heleb, sin o Baanah fae Netophah, Itai, sin o Ribai fae Gibeah i the Benjamin cuntra, [30]Benaiah fae Pirathon, Hiddai fae e Howe o Gash, [31]Abialbon fae Arbah, Azmaveth fae Bahurim, [32]Eliahba fae Shaalbon, e sins o Jashen, Jonathan, [33]Shammah fae Harar, Ahaim e sin o Sharar fae Harar, [34]Eliphelet sin o Ahasbai fae Maacah, Eliam e sin o Ahithophel fae Giloh, [35]Hezro fae Carmel, Paarai fae Arab, [36]Igal, sin o Nathan fae Zobah, Bani fae Gad, [37]Zelek fae Ammon, Naharai fae Beeroth fa cairriet Joab's wappons, [38]Ira an Gareb fae Jattir an [39]Uriah the Hittite, thirty syven in aa.

CHAPTIR 24

Again e Lord wis raised wi Israel an he garrt Daavit meeve agin them tellin him att Israel an Judah shuld be coontit. [2]Sae e keeng gied orders tae Joab, e heid o the airmy att wis wi him tae gyang throwe aa e clans o Israel fae Dan tae Beersheba an coont e fowk sae att he mith fin oot foo mony there were. [3]Bit Joab answert, "Aiven gin e Lord yer God made e fowk o Israel a hunner times as mony as they are ivnoo, an yer majesty live tae see it wi yer ain een, fit pleesure wid it gie ye?" [4]Bit e keeng owerruled Joab an his offishers an they were sent awa tae coont e fowk o Israel.

[5]They crosst e Jordan an set up camp tae e sooth o Aroer, e toon att lies on e livvel grun i the Howe an held on tae Gad an Jazer. [6]Syne they gaed tae Gilead an e cuntra aboot Tahtim Hodshi an on tae Dan-jaan an Zidon. [7]They cam tae e toon o Tyre wi its waas an aa e toons o the Hittites an e Caananites an on tae e sooth o Judah at Beersheba. [8]They gaed throwe e hale cuntra an got back tae Jerusalem efter nine month an twinty days. [9]An Joab gied his tally tae e keeng, an in Israel there were aucht hunner thoosan men fa culd be caalled up, an in Judah, five hunner thoosan.

[10]An Daavit's hert wis sair efter he hid coontit aa e fowk an he said tae e Lord, "A've deen a coorse thing, an noo, A pray, Lord tak awa yer servant's guilt, cause A've been a richt feel." [11]Daavit got up neist mornin an faun att e wird o e Lord hid come tae e prophit, Gad, Daavit's seer. He'd said, [12]"Gyang an tell Daavit att iss is fit e Lord says, 'A'll offer ye three things, pick een o them an att's fit A'll gie ye.'" [13]Sae Gad cam tae Daavit an iss is fit he said tae him, "Div ye wint syven ears o wint i the cuntra, or div ye wint tae be chased bi yer faes for three month, or div ye wint three days o e plague throwe e cuntra? Noo, tell ma an lat ma ken the answer A shuld fees back tae him fa sent ma." [14]An Daavit said tae Gad, "O me, sic a mishanter. Lat hiz faa inno e han o e Lord, cause his mercies are great; dinna lat ma faa intae human hans."

[15]Sae e Lord sent a plague on Israel fae att mornin tae e time he hid set an fae Dan tae Beersheba syventy thoosan fowk deit. [16]Syne the angel raxed oot his han e wye o Jerusalem tae destroy it, bit e Lord thocht better o the ill an said tae the angel att hid deen awa wi aa e fowk, "Att's aneuch. Haud yer han." At att meenit the angel o e Lord wis stannin anent e thrashin-fleer o Araunah fae Jebus. [17]Fan Daavit saa the angel fa hid strucken doon e fowk he said tae e Lord, "O, A've deen ill, A've been rael coorse, bit iss sheepies! Fit hiv they deen? Lat yer han raither be agin me an my faimly."

[18]Att same day Gad cam tae Daavit an said tae him, "Gyang an bigg an aaltar tae e Lord at e thrashin-fleer o Araunah fae Jebus." [19]An Daavit did fit Gad hid telt him tae dee an gaed up as e Lord hid bidden. [20]Fan Aruanah leukit oot an saa Daavit an his men comin his wye, he gaed oot an booed doon his face tae e grun afore e keeng. [21]An Araunah said, "Fit wye his yer majesty come tae see his servant?" An Daavit said, "Tae buy yer thrashin-fleer fae ye, tae bigg an aaltar tae e Lord sae att e plague mith be steyed fae e fowk." [22]An Araunah said tae Daavit, "Lat yer majesty tak it an offer up fit ye think best. Leuk, A hiv owsen here for a brunt sacrifeece an threeshin teels an ither teels ye can eese for firewid." [23]Araunah gied it aa tae e keeng for his ain esse an he said tae e keeng, "Mith e Lord, yer God accep ye." [24]An e keeng said tae Araunah, "Na, na, A'll gie ye a price for't, A winna offer brunt offerins tae e Lord att didna cost ma naethin. Sae Daavit bocht e thrashin-fleer an the owsen for fifty shekels o siller. [25]An Daavit biggit an aaltar tae e Lord there an offert brunt offerins an peace offerins. Syne e Lord answert his prayer for e cuntra an e plague wis steyed in Israel.

E FIRST BEUK O KEENGS

CHAPTIR 1

Noo Keeng Daavit wis turnin aul an gettin on in ears. He wuppit up weel wi claes, bit culdna get nae heat up. [2]Sae his servants said tae him, "We'll need tae fin a young quine tae bide wi ye an leuk efter ye an cuddle inno yer bosie, syne ye'll get e heat up. [3]Sae they huntit aa throwe Israel for a bonnie leukin deem an cam on Abishag fae Shunam fa they brocht till e keeng. [4]She wis an affa bonnie quine an saa tae aa e keengs wints, bit he widna lie wi her.

[5]Syne Haggith's loon Adonijah cam tae e fore an said, "A'll be keeng," an set himsel up wi chariots an horsemen an fifty chiels tae rin on afore him. [6]His fadder nivver got on tae him for deein fit he did. He wis a weel-faurt chiel an he wis aulest sin efter Absalom. [7]He spak tae Zeruiah's loon Joab an tae Abiathar, e priest an they agreed tae back him. [8]Bit Zadok, e priest, Jehoiada's loon Benaiah, Nathan e prophit, Shimei, Rei an Daavit's bodygaird didna side wi Adonijah. [9]Noo Adonijah slew sheep an owsen an fat beasts anent e steen o Zoheleth anent En-rogel an cried till him aa his royal brithers an aa e keengs an officeels fae Judah. [10]Bit he didna invite Nathan e prophit, Benaiah an e bodygaird nor his brither Solomon.

[11]Syne Nathan said tae Solomon's mither, Bathsheba, "Hiv ye nae heard att Haggith's loon Adonijah his teen ower as keeng an wir lord Daavit kens naethin aboot it? [12]Come awa, noo, lat ma tell ye fit ye'll need tae dee tae save yersel an yer sin, Solomon. [13]Gyang an see Keeng Daavit an say tae him, 'Did yer majesty nae sweer tae his deemie here att my loonie Solomon wid be keeng efter you an he'd be the een tae sit on e throne? Fit wye syne his Adonijah teen ower as keeng?' [14]Noo, as ye're aye there spikkin tae e keeng, A'll come in ahin ye an back up fit ye're sayin."

[15]Sae Bathsheba gaed intill e keeng's chaumer: he wis an aul, aul man an Abishag fae Shunam wis nursin him. [16]Bathsheba booed doon afore e keeng an he said tae her, "Fit's adee, ma quine?" [17]An she said tae him, "Yer majesty, ye swore bi e Lord yer God tae me, yer deemie, att my loon Solomon wid rowle efter ye an wid sit on e throne. [18]Bit noo Adonijah his teen ower as keeng an yer majesty disna ken naethin aboot it. [19]He's slauchtert a hantle o owsen an fat beasts an sheep an his cried in aboot aa yer majesty's sins alang wi Abiathar, e priest an Joab, e heid o the airmy, bit he hisna socht yer servant, Solomon. [20]An noo, yer majesty, the hale o Israel's waatchin tae see gin ye'll tell them fa will sit on yer majesty's throne efter him. [21]Itherweese fit'll happen fan ye gyang tae yer lang hame is att me an ma loon will be leukit on as creeminals."

[22]Noo, as she wis spikkin, Nathan e prophit cam in. [23]An it wis annoonced tae e keeng att he wis there. He booed himsel doon wi his face tae e grun [24]an said, "Yer majesty, hiv ye said att Adonijah will be keeng efter ye an will sit on e throne? [25]Cause he's gaen doon e day an slauchtert a hantle o owsen an fat beasts an sheep an his cried aa e keeng's sins an e heids o the airmy an Abiathar e priest till him an they're ettin an drinkin wi him an sayin, 'God save Keeng Adonijah.' [26]Bit he hisna socht me nor Zadok e priest, nor Jehoiada's loon Benaiah nor yer servant, Solomon. [27]Is iss yer majesty's deein an ye jist hinna telt hiz fa's gyan tae sit on e throne efter ye?"

[28]Syne Keeng Daavit said, "Fess ben Bathsheba." She cam in an steed afore him. [29]E keeng swore an aith an said, "As e Lord fa his seen ma ower aa ma tribbles lives, [30]A sweer tae ye bi e Lord God o Israel att yer sin Solomon will rowle efter ma an will sit on my throne fan A'm awa. An A'll see tae att straicht awa." [31]Syne Bathsheba booed her face tae e grun in honour tae e keeng an said, "Mith ma lord, Keeng Daavit live for ivver."

³²An Keeng Daavit said, "Fess ma Zadok e priest an Nathan e prophit an Jehoiada's loon Benaiah." An they aa cam in afore him. ³³E keeng said tae them, "Tak aa o my offishers an gar ma loon, Solomon tak ma cuddy an fess him doon tae Gihon, ³⁴an lat Zadok e priest an Nathan e prophit annint him there as keeng o Israel. Gie e tooteroo a blaa an say 'God save Keeng Solomon.' ³⁵Folla him back here fan he comes tae sit on e throne cause he'll be keeng insteid o me. I hiv appintit him tae be keeng ower Israel an ower Judah." ³⁶An Jehoiada's loon Benaiah answert e keeng an said, "It will be deen, an mith e Lord yer God say wi it tee. ³⁷As e Lord his been wi yer majesty, mith he be wi Solomon an mak his keengdom better nor att o ma lord, Keeng Daavit's." ³⁸Sae Zadok e priest an Nathan e prophit, Jehoiada's loon Benaiah an e keeng's bodygaird aa gaed doon an garrt Solomon sit on e back o e keeng's cuddy an brocht him tae Gihon. ³⁹Zadok e priest teuk a horn full o ile oot o e tabernacle an annintit Solomon. They blew e tooteroo an aa e fowk said "God save Keeng Solomon." ⁴⁰An they aa folla'ed up efter him, blaawin e pipes an dancin wi joy sae att e grun trummelt wi e soun o't.

⁴¹Adonijah, an e fowk fa were pairtyin wi him, heard e soun as they were comin till the ein o their supper. An fan Joab heard e soun o e tooteroo he said, "Fit's adee att there's sic a stramash i the toon?" ⁴²As he wis sayin iss, Jonathan, e sin o Abiathar e priest cam in an Adonijah said tae him, "Come awa in, ma fine chiel, ye'll be fessin gweed news." ⁴³"Deil e linth," said Jonathan tae Adonijah, "wir lord, Keeng Daavit his made Solomon keeng. ⁴⁴He's sent Zadok e priest, Nathan e prophit, Jehoiada's loon Benaiah an e bodygairds wi him, moontit on e keeng's cuddy. ⁴⁵Zadok e priest an Nathan e prophit hiv annintit him keeng in Gihon an they've come up fae their rejoicin sae e hale toon's in a mineer. Att's e soun ye're hearin. ⁴⁶Solomon his teen his seat on e royal throne. ⁴⁷Fit's mair e keeng's officeels gaed tae bliss wir lord Keeng Daavit an said tae him, 'Mith God mak e name o Solomon better nor your name an his throne greater nor your throne,' an e keeng booed his heid on his deece. ⁴⁸An e keeng himsel said, 'Blisst be e Lord God o Israel fa's set a chiel tae folla ma on e throne e day wi me still aroon tae see it.'" ⁴⁹Syne aa Adonijah's company were feart an reese up an scattert.

⁵⁰Adonijah wis feart at fit Solomon mith dee anaa an he gat up an teuk aff tae the aaltar an grabbit ahaud o its horns. ⁵¹An Solomon wis telt, "Adonijah is feart at ye, cause he's teen ahaud o e horns o the aaltar an is sayin, 'Lat Keeng Solomon sweer tae ma enoo att he winna pit his servant tae e swoord.'" ⁵²An Solomon said, "Gin he shew he's wirth his saut A winna touch a hair o his heid, bit gin ony coorseness be faun in him, att'll be the hinnerein o him." ⁵³Sae Solomon sent for him an he wis brocht doon fae the aaltar. He cam an booed doon tae Solomon fa said tae him, "G'wa hame tae yer ain hoose."

CHAPTIR 2

Noo Daavit's days were weerin till an ein an he gied iss hinmaist wird o advice tae his loon, Solomon. ²"A'm gyan e wye o aa e warl," he said, "sae be stoot an shew yersel tae be a man. ³Dee fit e Lord yer God tells ye, waalk in his wyes, keep his laas an his commanments, his jeedgements an his pronooncements as they're vritten i the laa o Moses an ye'll get on in aa ye dee an farivver ye mith be. ⁴Att wye, e Lord will fullfil e promise he made tae me fan he said, 'Gin yer bairns waatch fit they're deein, an waalk afore ma wi trowth i their herts an their sowls, ye'll nivver wint for a successor on e throne o Israel.' ⁵An fit's mair, ye ken fit Zeruiah's loon Joab did tae ma an fit he did tae Ner's loon Abner an Jether's loon Amasa, the heid o the Israelite airmy: he slew them an shed e bleed o waar in peace an pat e bleed o waar on e belt att wis roon his wyste an e sheen on his feet. ⁶Ye ken fit ye maun dee: dinna lat his hoary heid gyang doon tae e grave in peace. ⁷Bit be gweed tae Barzillai o Gilead's loons an lat them sup wi ye cause they were gweed tae me fan A hid tae mak masel scarce fae yer brither Absalom. ⁸An myn on Shimei, e sin o Gera fae e Benjamin toon o Bahurim fa cursed an swore at ma e day A gaed tae Mahanaim, bit cam doon tae meet ma at e Jordan far A swore tae him, bi e Lord, att A widna pit him till e swoord. [9]Bit dinna think he's athoot his fauts, bit ye're a clivver chiel an ken fit ye maun dee wi him, fess doon his hoary heid in bleed tae e grave."

[10]Sae Daavit got e sleep o his fadders an wis beeriet in Daavit's toon. [11]Daavit hid rowled ower Israel for fowerty ear, syven ear in Hebron an thirty three ear in Jerusalem. [12]Syne Solomon teuk e throne o his fadder Daavit an his rowle wis weel establisht.

[13]Adonijah, Haggith's loon, cam tae Solomon's mither, Bathsheba an she speirt at him gin he wis comin in peace, an he said, "Michty ay!" [14]An he said, "There wis somethin A wis wintin tae say tae ye." An she said, "Say awa." [15]"Ye ken e keengdom wis mine," he said, "an aa Israel wis leukin tae me tae be keeng. Bit things were turnt on their heid an it gaed tae ma brither, cause att's fit e Lord wintit. [16]A'm jist sikkin ae thing fae ye: dinna say 'na'." An she speirt at him, "An fit wid att be?" [17]An he said, "Spik tae Solomon, e keeng, cause he winna say na tae you, an speir gin he'll gie ma Abishag fae Shunam as a wife." [18]An Bathsheba said, "Weel, A will spik tae e keeng for ye."

[19]Sae Bathsheba gaed tae Keeng Solomon tae spik tae him for Adonijah. E keeng gat up tae meet her an booed tae her, sat on his throne an garrt a seat be set for his mither at his richt han side. [20]An she said, "A hiv a wee faavour tae sikk o ye, an dinna say na tae ma." An e keeng said tae her, "Speir awa, mither, A winna say na tae ye." [21]An she said, "Lat Adonijah hae Abishag fae Shunam as his wife." [22]An Keeng Solomon said tae his mither, "An fit wye are ee sikkin Abishag fae Shunam for Adonijah? Are ee sikkin e throne for him tee, cause he's ma auler brither? An he his Abiathar e priest an Zeruiah's loon Joab sidin wi him." [23]Syne Keeng Solomon sware bi e Lord sayin, "Mith God strick ma doon deid gin Adonijah disna pey wi his life for sikkin iss. [24]Noo as sure as God's alive, att same God fa set ma up on e throne o Daavit ma fadder, an his sattlt a royal hoose for me jist lik he promist, Adonijah will be putten tae daith e day." [25]Keeng Solomon gied orders tae Jehoiada's loon Benaiah, fa gaed an killed Adonijah.

[26]An e keeng said tae e priest, Abiathar, "G'wa hame tae yer ain cuntra o Anathoth, cause ye deserve tae dee. Bit A winna hae ye deen awa wi ivnoo cause ye leukit efter God's kistie for ma fadder an cam throwe e same sair as he did." [27]Sae Solomon saickit Abiathar fae his job as priest o e Lord, sae att fullfilled fit e Lord hid said in Shiloh aboot Eli's fowk.

[28]Syne Joab got tae hear o fit hid happent an he fled tae e tabernacle o e Lord an teuk ahaud o e horns o the aaltar. Ye see, tho he hidna sided wi Absalom, he hid wi Adonijah. [29]Keeng Solomon wis telt att Joab hid teen aff tae the tabernacle o e Lord an att he wis anent the aaltar. Syne Solomon sent Jehoiada's loon Benaiah tae dee awa wi him tee. [30]Benaiah gaed tae e tabernacle o e Lord an said tae him, "E keeng says ye maun come oot o there." An he said, "Na, na. A'll dee here." Benaiah gaed back tae e keeng an telt him fit Joab hid said [31]an e keeng said tae him, "Weel, weel, gin att's fit he says, jist gyang an dee it an syne beery him [32]an att wye ma fadder's hoose will wun redd o e guilt for the innocent bleed att wis spult bi Joab. [33]Their bleed will be on e heids o Joab an his bairns for ivver. Bit e peace o e Lord will be on Daavit an his faimly an his fowk an his throne for aa time. [34]Sae Benaiah, Jehoida's loon, gaed up tae the aaltar an strack Joab doon an killed him an he wis beeriet in his ain hoose i the roch cuntra.

[35]E keeng appintit Jehoiada's loon Benaiah heid o the airmy in place o Joab an Zadok e priest wis gien Abiathar's poseetion.

[36]E keeng speirt for Shimei tae be brocht till him an said tae him, "Bigg a hoose for yersel in Jerusalem an bide there. Dinna gyang awa ony ither wye. [37]Gin ye ivver leave, e day ye cross e Kidron burn is e day att ye'll dee. Yer bleed will be on yer ain heid." [38]An Shimei said tae e keeng, "Sae be it. Yer servant will

dee jist as yer majesty bids." An Shimei bade in Jerusalem a lang time. ³⁹Noo, three ear on fae att, twa o Shimei's servants ran aff tae Achish, e sin o Maachah, e keeng o Gath. An wird cam tae Shimei att his men were in Gath. ⁴⁰Shimei gaed oot an saiddlt his cuddy an gaed tae Achish in Gath tae sikk oot his men. He gaed tae Gath an brocht them back hame wi him. ⁴¹Solomon got tae hear att Shimei hid been tae Gath an wis noo back hame again. ⁴²E keeng ordert att Shimei be brocht tae him an said, "Did I nae tell ye tae sweer bi e Lord an gie ye iss waarnin: att e day ye gaed oot o e toon tae ony ither place, ye wid dee? An ye said tae ma, 'Sae be it as ye've said.' ⁴³Fit wye, syne, hiv ye nae keepit e Lord's wird an e comman att A gied ye?" ⁴⁴An e keeng gaed on, sayin tae Shimei, "Ye ken in yer hert aa the coorseness ye did tae ma fadder, Daavit sae e Lord will turn att coorseness on yer ain heid, ⁴⁵an Keeng Solomon will be blisst an e throne o Daavit will be siccar afore e Lord for aa time." ⁴⁶Sae e keeng gied orders tae Jehoiada's loon Benaiah fa gaed oot an strack him doon an he deit. Sae Solomon noo hid e hale keengdom siccar in his han.

CHAPTIR 3

Solomon made a tryst wi Pharaoh, keeng o Egypt bi mairryin his dother. He brocht her tae bide in Jerusalem till he hid feenished biggin his ain hoose an e hoose o e Lord an e waas o Jerusalem aa roon aboot e toon. ²E fowk were as yet offerin sacrifeeces at aaltars i the heilans cause there wis nae hoose biggit tae honour e name o e Lord. ³Solomon looed e Lord an keepit tae e laas set oot bi his fadder Daavit, bit he made sacrifeeces an brunt offerins at e heilan aaltars. ⁴E keeng gaed tae Gibeon tae sacrifeece there cause att wis e main heilan aaltar. He gied up a thoosan brunt-offerins at the aaltar there.

⁵Ae nicht fan he wis at Gibeon, e Lord cam tae Solomon in a dream. God said, "Fit wid ye like ma tae gie tae ye?" ⁶An Solomon answert, "Ye were rael gweed tae ma fadder Daavit cause he waalked afore ye in trowth an richteousness an wis honest wi ye. An ye aye shew him yer luv yet bi gien him a sin fa sits on his throne. ⁷An noo, Lord ma God, ye've made yer servant here keeng insteid o his fadder Daavit, tho A'm bit a bairn fan it comes tae e comins an goins o e warl. ⁸An here A am, amo your fowk, e fowk fa ee've choisen, a great race, sae mony o them att they canna be coontit. ⁹Sae gie yer servant a skeely hert tae rowle yer fowk, sae I mith sort oot gweed fae coorse. Cause fa culd rowle iss great race o yours?" ¹⁰An e Lord wis weel teen wi fit Solomon hid said. ¹¹God said tae him, "Cause iss is fit ye're sikkin, an ye hinna socht a lang life for yersel, nor walth for yersel, nor att yer faes shuld be deen awa wi, bit hiv socht unnerstanin in foo tae rowle jeestly, ¹²A'll gie ye fit ye're sikkin: a skeely an unnerstanin hert. There's been neen like ye afore noo an nivver will there be again. ¹³An A'm gyan tae gie ye somethin ye hinna socht, baith sic walth an honour att nae ither keeng will be e mar o ye. ¹⁴An gin ye waalk in my wyes, keepin ma laas an ma commans, jist lik yer fadder Daavit did, syne A'll gie ye a lang life." ¹⁵Solomon waakent an jaloosed it wis a dream. He cam tae Jerusalem an offert up brunt-offerins afore God's kistie an he offert peace offerins an gied a feast for aa his warkers.

¹⁶Ae day, twa hoors cam an presentit themsels tae e keeng. ¹⁷Een o e randies said tae him, "Yer majesty, I bide i the same hoose as iss wumman here an I hid a wee bairnie fan she wis there wi ma. ¹⁸Three days efter I hid my bairn, she hid a bairn tee. Neen bit e twa o hiz were i the hoose. ¹⁹Iss wumman's bairn deit ae nicht cause she smoort it. ²⁰She gat up i the middle o e nicht an teuk my loonie fae aside ma, fan A wis sleepin an laid it in her bosie an laid her deid bairn in my bosie. ²¹Fan I got up i the mornin an gaed tae feed ma bairnie, michty, it wis deid. Bit fan A leukit at it in braid daylicht, it wisna my bairnie." ²²"Deil e linth o't," says e tither randy, "e livin bairnie's my loonie an e deid een's yours." An e first een said, "Na, na, e deid een's your loon an e livin een's mine." An sae they argiet afore e keeng. ²³Syne e keeng said, "Een o ye says it's your loon fa's livin an e ither ee's loon is deid an e tither een o ye says 'Na, na, it's your loon att's deid an mine's livin.'" ²⁴An e keeng said, "Fess a sword here." An they brocht a swoord

till him. ²⁵An e keeng said, "Havver e livin bairn in twa an gie e half tae een an e half tae e tither. ²⁶Up spak e mither o e livin bairnie, her hert full o luv for her loonie, an she said tae e keeng, "O yer majesty, dinna kill e bairnie, gie it tae *her*." Bit e tither een said, "Dinna lat neen o's hae it, jist gyang on an havver it." ²⁷Syne e keeng said tae them, "Gie e bairn tae e first wumman an dinna dee awa wi't: she's e mither." ²⁸Aa Israel got tae hear aboot e rowlin att e keeng hid gien i the case an they respeckit him cause they kent att God hid gien him e heid tae jeedge e richt gait.

CHAPTIR 4

Sae, Solomon wis keeng ower aa Israel. ²His offishers were: Azariah, e sin o Zadok e priest; ³Elihoreph an Ahiah, e sins o Shisha fa were clerks; Jehoshaphat, e sin o Ahilud keepit e beuks; ⁴Benaiah e sin o Jehoiada wis heid o the airmy; Zadok an Abiathar were priests; ⁵Azariah e sin o Nathan wis Secretary o State; Nathan's sin Zabud wis heid adviser tae e keeng; ⁶Ahishar wis heid butler an Adoniram wis collector o e dyows.

⁷Solomon hid twal Distric Guvvernors ower Israel fa saa tae supplyin maet for e keeng an his hoosehaud. Ilka een tae be e heid o't for ae month ilka ear. ⁸Their names were: Hur's loon for e heilans o Ephraim; ⁹Dekar's loon in Makaz, Shaalbim, Beth-shemeth an Elon-beth-hanan; ¹⁰Hesed's loon in Arubboth, takkin in Socoh an aa e Hepher cuntra; ¹¹Abinadab's loon i the cuntra aroon Dor – he wis mairriet tae Solomon's quine, Taphath; ¹²Ahilud's loon Baana hid Taanach an Megiddo an a e cuntra o Beth-shean, ower bi Zarethan aneth Jezreel, takkin in aa e cuntra fae Beth-shean tae Abel-meholah an awa e linth o Jokneam; ¹³Geber's loon wis in Ramoth o Gilead an he teuk in e toons o Jair, Manasseh's loon in Gilead an the Argob cuntra in Bashan wi its three score toons wi waas an bress bars on their yetts; ¹⁴Iddo's loon Ahinadab fa hid Mahanaim; ¹⁵Ahimaaz in Naphtali – he wis mairriet tae Solomon's quine, Basemath; ¹⁶Hushai's loon Baanah wis in Asher an Aloth; ¹⁷Paruah's loon Jehoshaphat wis in Issachar; ¹⁸Elah's loon Shimei in Benjamin; ¹⁹Uri's loon Geber wis i the Gilead cuntra an e cuntra o Sihon e keeng o the Amorites an e cuntra o Og, keeng o Bashan. He wis the only guvvernor i the distric.

²⁰There wis as mony fowk in Judah an Israel as there are grains o san alang e shore aa ettin an drinkin an happy wi themsels. ²¹Solomon rowled ower aa e cuntra fae the Euphrates tae e Philistine cuntra an doon tae e border wi Eygpt. They peyed him their taxes an were subject tae him aa his life.

²²Solomon's proveesions ilka day were thirty mizzours o fine flooer, threescore mizzours o meal, ²³ten fat owsen, twinty owsen fae oot o e parks, a hunner sheep as weel as staigs, roebuck, falla deer an powtry. ²⁴He rowled aa e cuntra tae e wast o the Euphrates fae Tiphsah tae Gaza. Aa e keengs tae e wast o e Euphrates were subjec tae him an he hid peace aa roon aboot him. ²⁵An there wis peace in Judah an Israel for e hale o Solomon's days: ilka man sauf aneth his vine or aneth his fig tree, aa e wye fae Dan tae Beersheba.

²⁶Solomon hid fowerty thoosan staas for his chariot horse, an twal thoosan horsemen. ²⁷E Distric Guvvernors provided maet for Keeng Solomon, ilka een a month at a time an ony att cam tae Keeng Solomon's table wintit for naethin. ²⁸An they brocht tae e richt place barley an strae for e horse an camels, ilka een accoordin tae his quota.

²⁹An God made Solomon skeely an gied him a kindly hert an unnerstannin as braid as e san alang e shore. ³⁰Solomon wis clivverer nor onybody i the east an onybody in Egypt. ³¹He wis clivverer nor ony ither chiel, clivverer nor Ethan the Ezrahite an Heman an Calcol an Darda e sins o Mahol. He wis weel kent in aa e cuntras roon aboot. ³²He culd redd ye three thoosan saaws an sing a thoosan an five sangs. ³³He culd

tell ye aa aboot trees fae e cedars o Lebanon tae e hyssop att growes i the waas. He could tell ye aboot beasts an birds an creepie-craawlies an fish. ³⁴Fowk fae aa ower e warl fa hid heard aboot foo clivver he wis, cam tae hearken till his wird.

CHAPTIR 5

Keeng Hiram o Tyre got tae hear att Solomon hid been annintit as keeng in place o his fadder. He sent envoys tae him cause he aye got on weel wi Daavit. ²An Solomon sent back wird tae Hiram: ³"Ye ken att ma fadder, Daavit, culd nivver bigg a hoose tae e name o e Lord his God till aa e waars he wis enveiglt in were ower an e Lord hid trumpit aa his faes aneth his feet. ⁴Bit noo e Lord his gien me peace aa roon aboot, sae att A'm nae fechtin wi naebody,an there's nae ill aboot. ⁵Sae A wis thinkin aboot biggin a hoose tae e name o e Lord ma God efter fit e Lord promist ma fadder Daavit fan he said, 'Yer loon, fa A'll pit on e throne efter ye're awa, will bigg a hoose tae my name.' ⁶Sae sen yer men tae Lebanon tae cut doon cedar trees for ma. A'll sen my men alang wi yours an A'll pey your men fitivver ye say, cause ye ken there's neen amo hiz att can cut doon trees lik your Sidonians."

⁷Hiram wis fine pleased fan he heard fit Solomon hid tae say an said, "Blisst be e Lord fa his gien Daavit sic a clivver loon tae rowle ower a great cuntra." ⁸Hiram sent wird back tae Solomon, sayin, "A've thocht aboot fit ye wis speirin fae ma an A'll dee fit A can aboot e cedar an pine trees ye're sikkin. ⁹My men will fess them doon fae Lebanon tae e sea an A'll float them on rafts tae farivver ye wint, an gar them be teemed there an ye can tak them ower. In turn ye can supply maet for my men." ¹⁰Sae Hiram supplied Solomon wi aa e cedar an pine wid att he wintit. ¹¹Solomon gied Hiram twinty thoosan mizzours o wheat an twinty mizzours o pure ile ilka ear, tae maet his men. ¹²An e Lord keepit his promise an made Solomon clivver. There wis peace atween Hiram an Solomon an they made a treaty wi een anither.

¹³Solomon conscriptit men fae aa ower Israel, thirty thoosan in aa. ¹⁴He sent ten thoosan o them tae Lebanon ilka month, syne they hid twa month at hame. Adoniram wis in chairge o e conscripts. ¹⁵Solomon hid auchty thoosan quarrymen i the heilans an syventy thoosan cairryin hame e steen, ¹⁶forebye three thoosan three hunner foremen tae owersee e men deein e wark. ¹⁷At e keeng's orders they quarriet great muckle steens att were brocht doon tae lay e founs o e Temple. ¹⁸Hiram an Solomon's masons an e men fae Byblos dressed them an cut e timmer for e biggin o e Temple.

CHAPTIR 6

Fower hunner an auchty ear efter the Israelites left Egypt, Solomon startit tae bigg e Temple o e Lord. It wis i the fowerth ear o Solomon's reign, i the saicond month, e month o Ziv. ²E Temple att Solomon biggit tae e Lord wis a hunner an fowerty-fower fit in linth, thirty sax fit braid an fifty-fower fit heich. ³E porch at e front o e Temple wis thirty sax fit braid rinnin e hale linth o e braidth o e Temple an stikkin oot auchteen fit. ⁴He made nerra windas for e Temple.

⁵Syne he biggit rooms aa roon aboot e ootside waas an aa roon e inside waas o e main biggin. ⁶E nethermaist room wis nine fit braid, e middle een ten an three quarter fit an e third een thirteen an a half fit. He biggit rebates inno e waa o e Temple sae att e jeests o e rooms widna be faistned tae e Temple waa itsel. ⁷E steen for e Temple wis aa dressed afore it wis brocht on till e site sae att there wis nae haimmerin nor chappin o ony airn teels heard i the Temple fan it wis bein biggit. ⁸E door tae e nethermaist room wis on e richt han side o e Temple an a spiral stair gaed up tae e middle fleer an ye gaed oot o there up tae e third fleer. ⁹Fan e biggin o e Temple wis throwe wi, he cladded it aa roon wi beams an boords made oot o

cedar. [10]E rooms he biggit roon aboot e Temple were nine fit heich an they lay tee till e Temple wi battens o cedar wid.

[11]An e Lord said tae Solomon, [12]"Seein ye're biggin iss Temple, gin ye haud tae my laas an ma commans an waalk in my wyes, A'll haud tae e promise att A made tae yer fadder Daavit, [13]an A'll dwall amo the Israelites an winna forsake them. [14]Sae Solomon feenished biggin e Temple. [15]He lined the inside waas wi boords o cedar fae fleer tae reef an laid pine boords for e fleer. [16]I the farrest ben pairt o e biggin, he pairtitioned aff a room thirty fit lang wi cedar boords fae fleer tae reef an made it a shrine caaed E Benmaist Haily Place. [17]E Temple in front o't wis saxty fit lang. [18]E boords inside were carved wi flooer buds an open flooeries, aa made o cedar wi nae steenwark tae be seen. [19]The benmaist shrine wis set oot tae tak God's kistie. [20]Iss shrine wis thirty fit lang, thirty fit braid an thirty fit heich, aa owerlain wi pure gowd. The aaltar wis covert wi cedar panels. [21]The hale o the intimmers o e Temple wis owerlain wi pure gowd an gowd chines were putten i the front o e shrine an e shrine wis owerlain wi gowd tee. [22]The hale place wis owerlain wi gowd. He owerlaid the aaltar i the shrine wi gowd anaa.

[23]Inno e shrine he made twa cherubs oot o olive wid, ilka een fifteen fit heich. [24]Ilka wing on e cherub wis syven an a half fit lang an there wis fifteen fit atween e twa pints o e raxed-oot wings. [25]/[26]Baith e cherubs were e same size, att's tae say, fifteen fit heich. [27]The cherubs were set inno e shrine in sic a wye as e wing o een wis raxed oot tae ae waa, e wing o e tither een wis raxed oot tae e tither waa an their wings touched een anither i the midse o e Temple. [28]E cherubs were owerlain wi gowd. [29]E waas o e Temple, baith inno e shrine an ootside o't, were carved aa roon wi cherubs an palm trees an open flooeries. [30]E fleer o e Temple wis owerlaid wi gowd baith inno e shrine an ootside o't.

[31]Tae get inno e shrine, he made doors o olive wid, e lintel an e door-posts were five-sided. [32]On e olive wid o e doors, he carved cherubs an palm trees an open flooeries an covert them wi gowd, haimmerin e gowd onno e cherubs an e palm trees. [33]I the same wye, he made fower-sided door-posts oot o olive wid for e Temple [34]an twa doors o pine, ilka een wi twa leaves att culd faul back. [35]He carved cherubs an palm trees an open flooeries on e doors an covert them wi haimmert gowd.

[36]He biggit e benmaist close wi three coorse o dressed steen an ae coorse o linths o cedar. [37]E foun o e Temple wis laid i the month o Ziv i the fowerth ear o Solomon's reign. [38]E wark wis feenished, accoordin tae aa e detailed specification, i the month o Bul, att's e auchth month i the elyventh ear o Solomon's reign. Sae it teuk syven ear i the biggin.

CHAPTIR 7

Solomon biggit a hoose for himsel an it wis thirteen ear afore he wis throwe wi e biggin o't. [2]He biggit e hoose wi wid fae Lebanon. It wis a hunner an fifty fit lang, syventy-five fit braid an fowerty-five fit heich. It hid fower raa o cedar columns wi cedar beams laid onno them. [3]There wis a reef made o cedar abeen e beams att ristit onno fowerty-five pillars, fifteen in ilka raa. [4]There wis three raas o windas, facin een anither. [5]E doors were squaar wi e windas att were set oot in three raas.

[6]He biggit a colonnade, syventy-five fit lang an fowerty-five fit braid, wi a porch afore it wi pillars an an owerhingin reef. [7]He biggit a Throne Room far e culd gie oot coonsel an caaed it E Hall o Jeedgement. It wis clad wi cedar fae fleer tae reef. His ludgins far he wis gyan tae bide were biggit e same wye bit were farrer back. He biggit anither set o ludgins for Pharaoh's dother fa he'd teen as wife. [8]Aa iss, an e muckle coort tee, fae e founs tae e reef, wis biggit wi muckle blocks o dressed steen trimmed wi e saa on baith the inside an the ootside. [9]E founs were laid wi great muckle steens some fifteen an some twal fit in linth,

[10]an abeen att were weel dressed steens an cedar beams. [11]E muckle coort hid three coorse o dressed steen aa roon, an a coorse o cedar beams, an sae hid the benmaist coort o e Temple an e porch o e hoose.

[12]Keeng Solomon sent for Hiram fa bade in Tyre. [13]His mither wis a weeda an he wis o e clan Naphtali. His fadder, fa cam fae Tyre, hid wirkit in bress an he himsel wis a clivver, skeely chiel wirkin wi aa kynes o bress. He cam an vrocht for Keeng Solomon. [13]He cast twa pillars o bress ilka een twinty-syven fit heich an it teuk a tow auchteen fit lang tae gyang roon aboot it. [15]He made twa capitals o moulten bress an set them on e heid o e pillars. Ilka een o e capitals wis syven an a half fit heich. [16]E heid o ilka pillar wis decoraitit wi nits an chines made o bress: syven for ilka een. [17]He made twa raa o pomegranites an pat them aa roon e nits on ae pillar an syne did e same wi e tither een. [18]E chapters on e pillars o e porch were sax fit an shapit lik lilies. [19]On e capitals at e heid o e twa pillars, abeen e roonit bit an e nitwark there were twa hunner pomegranites in raas. [20]Syne he set up pillars i the porch o e Temple. The een on e richt han side wis caaed Jakin an the een on e left han side wis caaed Boaz. [21]On e heid o e pillars there were ornamintal lilies. An sae att wis him deen wi e wark on e pillars.

[22]He made a roon tank o cassen metal, fifteen fit across an syven an a half fit deep. It teuk a tow fowerty-five fit lang tae gyang roon aboot it. [22]Aneth e rim, aa roon aboot, there were twa raa o gourds, ten tae ilka fit an a half, aa cassen at e same time as e tank itsel. [24]E tank steed on e backs o twal bress bulls, three leukin tae e north, three leukin tae e wast, three leukin tae e sooth an three leukin tae the east. E tank sat onno them an they were facin oot the wye. [25]It wis a hans-braidth thick an e rim wis lik e rim o a caup, shapit lik a lily flooer. It culd haud as muckle as twa thoosan baths.

[26]He made ten bress cairts, ilka een sax fit lang, sax fit braid an fower an a half fit heich. [27]Iss is foo e cairts were made: they hid panels set inno frames. [28]Onno e panels atween e frames were lions, bulls an cherubs an the same onno e frames. Abeen an aneth e lions an bulls there wis haimmert wark in a spiral design. [29]Ilka cairt hid fower bress wheels wi bress aixles an a bowlie sittin on supports at ilka neuk, wi haimmert wark in spiral design. [30]The openin for e bowlie hid a croon att stuck up for a fit an a half. The openin wis roon an wi its fit wis aboot twa fit. It wis affa bonnie decoraitit. E panels o e cairts were squaar, nae roon. [31]There were fower wheels aneth e panels an the aixles were cassen as pairt o e cairts. Ilka wheel wis aboot twa fit heich. [32]E wheels were made lik e wheels o a chariot, the aixles an hubs an spokes an rims were aa cassen metal. [33]E fower supports were at ilka neuk o e cairts, aa cassen wi e cairt itsel. [34]At e tap o e cairt there wis a roon ban, nine inch heich. E supports an panels were aa attached tae e cairts. [35]E supports an panels were aa carved wi cherubs an lions an palm trees farivver there wis room for them an aa decoraitit wi spiral wark. [36]Att's foo e ten cairts were made, aa made o e same moold, e same mizzourments an e same shape.

[37]Syne he made ten bress bowels. Ilka bowel culd haud fowerty baths. Ilka bowel wis sax fit an there wis een for ilka een o e ten cairts. [38]He pat five cairts at e richt han side o e hoose an five on e left han side an he pat e tank at e sooth-east neuk o't.

[39]Hiram made pans an shuffels an bowels, an att brocht till an ein e wark att he hid teen on for Keeng Solomon for e Lord's Temple. Iss is fit he made: [40]e twa pillars; e twa bowel-shapit capitals for e heid o e pillars; e twa ornamintal nits for e bowel-shapit capitals on e heid o e pillars; [41]e fower hunner pomegranites for e twa nits, twa raa o pomegranites for ilka nit tae hap e bowels o e capitals on e pillars; [42]e ten cairts an ten bowels on e cairts; [43]the ae tank an e twal bulls aneth it; [44]e pans an e shuffels an e bowels. Aa the accootrements att Hiram made for Keeng Solomon for e Lord's Temple were o bress. [45]They were aa cassen i the Howe o e Jordan i the foondry atween Succoth an Zarethan.

[46]Solomon didna wey neen o the accootrements. There wis sae muckle bress eesed, e weicht culdna be wirkit oot. [47]Solomon made aa the accootrements nott for e Temple: e gowd aaltar, e gowd table far e Haily Loaf wis putten; [48]e gowd cannelsticks, five on e richt han side an five on e left afore the benmaist shrine wi flooers an lamps an tyaangs o gowd; [49]an e bowels an e cannel snuffers an e basins an e speens an e gowd censers; e gowd hinges for baith e doors o the benmaist shrine an e Temple itsel. [50]Sae aa e wark att Keeng Solomon did for e biggin o e Temple wis throwe wi. Solomon brocht in e things att his fadder Daavit made haily tae e Lord: e siller an gowd accootrements. They were aa keepit amo e trissures o e Temple.

CHAPTIR 8

Syne Solomon cried a meetin o aa the elders o Israel an aa e clan chiefs o the faimlies o Israel wi him in Jerusalem, sae att they mith tak up God's kistie fae Daavit's toon o Zion. [2]Sae aa e men o Israel met i the syventh month, att's e month o Ethanim. [3]Aa e clan chiefs o Israel were there an e priests teuk up God's kistie. [4]They brocht up God's kistie an e gaitherin-tent wi aa the haily accootrements att were inno e tent. They were aa fessen up bi e priests an e Levites. [5]Solomon an aa e fowk o Israel were gaithert wi him afore God's kistie an they sacrifeeced sae mony sheep an owsen att ye culdna coont them. [6]E priests brocht God's kistie in till its place, the benmaist shrine o e Temple, e maist haily o places in aneth e wings o e cherubs, [7]fa raxed oot their wings ower e heid o God's kistie makin a coverin abeen God's kistie an its poles. [8]E poles were draawn oot sae att their eins culd be seen i the haily place afore e shrine bit culdna be seen ayont it. An they're aye there tae iss verra day. [9]There wis naethin inno God's kistie bit e twa steen tablets att Moses hid putten there at Horeb, yon time fan e Lord made a tryst wi the Israelites efter they cam oot o Egypt. [10]As e priests cam oot o e haily place it fullt wi a clood, [11]sae att e priests culdna stan an meenister cause o't. E glory o e Lord hid fullt e Temple.

[12]Syne Solomon said, "E Lord said att he wid dwall in pick mirk. [13]A've fairly biggit ye a hoose tae dwall in, a ludgin for ye tae bide in for ivver." [14]As e fowk steed there, e keeng furlt roon an blisst them aa, [15]sayin, "Blisst be e Lord God o Israel, fa his deen fit he telt ma fadder Daavit att he wid dee fan he said, [16]'Since e day A brocht ma ain fowk, Israel, oot o Egypt A nivver pickit ony toon fae aa e clans o Israel tae bigg a Temple for masel an far ma name mith be heard. Bit A pickit Daavit tae be heid o ma ain fowk, Israel.' [17]Ma fadder Daavit aye wintit tae bigg a Temple tae e name o e Lord God o Israel. [18]An e Lord said tae ma fadder Daavit, 'Ye wintit tae bigg a Temple for ma an weel-a-wyte, att wis e richt thing tae dee. [19]Still-an-on, it's nae you att's gyan tae bigg e Temple, bit yer loon fa comes efter ye will be the een fa bigs e Temple tae my name.' [20]An e Lord his deen fit he said. I've teen e place o ma fadder Daavit an sit on e throne o Israel, jist as e Lord promist, an A'm the een fa his biggit e Temple tae e name o e Lord God o Israel. [21]A've set oot a place for God's kistie wi e covenant att he made wi wir fadders fan he brocht them oot o Egypt inno't."

[22]An Solomon steed afore the aaltar o e Lord wi aa the Israelites waatchin an raxed oot his hans tae the hivvens. [23]An he said, "Lord God o Israel, there's nae a god like ye, nae i the hivvens abeen nor i the warl aneth att keeps yer wird wi yer servants an shews them att ye loo them fan they keep yer wird wi aa their herts. [24]Ye've deen fit ye said tae ma fadder Daavit att ye wid dee. Yer wird his been yer bond an we can see att e day. [25]Sae noo, Lord God o Israel, keep yer wird tae yer servant Daavit fan ye said till him, 'Ye'll nivver wint for ony man o my pickin tae sit on e throne o Israel, jist as lang as yer bairns waatch fit they're deein an waalk afore ma as ee've waalkit afore ma.' [26]Sae noo, Lord God o Israel, lat yer wird tae ma fadder Daavit come true. [27]Bit can God bide i the warl? Michty, the hivvens an e warl are nae big aneuch tae haud ye, sae foo will iss wee hoosie A've biggit for ye be big aneuch? [28]For aa that, hearken tae e prayer, O Lord ma God, att yer servant pits up till ye e day. [29]Lat yer een be on iss Temple nicht an

day, iss placie att ye hiv said aboot, 'Ma name will be there,' sae att ye'll aye hear e prayers A sen e wye o't. [30]Hear e prayers o yer servant an the fowk o Israel fan they pray the wye o iss place. Hear them in yer hivvenly hame; an fan ye hear them, forgie.

[31]"Gin onybody dee ill tae his neeper an is garrt sweer an aith an the aith is teen afore yer aaltar in iss Temple, [32]hearken till't in hivven an jeedge yer fowk condemmin them att's deen wrang an giein them their sairin; lattin aff them att's deen nae wrang an rewardin them as they deserve.

[33]"Fan yer ain fowk, Israel are owercome bi a fae cause they hiv deen ill tae ye an syne come back tae ye praisin yer name, prayin an blissin ye in iss Temple, [34]syne, hear them in hivven, forgie the ill-deeins o yer ain fowk, Israel an fess them again tae e lan ye gied tae their fadders.

[35]"Fan e hivvens dry up an there's nae rain cause they've deen ill tae ye, gin they pray e wye o iss place, praise yer name an turn fae the ill-deeins att miscomfitit ye, [36]syne, hear them in hivven, forgie the ill-deeins o yer servants, yer ain fowk, Israel an learn them the straicht road tae tak, gie them rain tae watter yer grun, e grun att ye've gien tae them as their ain.

[37]"Gin there be wint i the cuntra, gin there be disease, gin there be a roch blast o win, mildyowe, locusts or grubs, gin their faes attack them in their toons; fitivver disease or ill be amo them; [38]syne hear e prayer o ony o yer ain fowk, Israel as ilka een poors out his hert an raxes oot his hans tae iss Temple. [39]Hear them in yer hivvenly hame, forgie them an dee fit ye think best, rewardin ilka een in accoordance wi fit he's deen an fit ye ken is inno his hert, cause you're the only een att kens fit's inno aabody's herts. [40]An gin ye dee att, they'll dee fit ye sikk o them as lang as they bide i the cuntra att ye gied tae wir fadders. [41]Fit's mair, e forriner, them fa's nae o yer ain fowk, Israel, them fa come fae cuntras hine awa cause they've heard aa aboot ye, [42](they'll hear o yer great name an e strinth o yer han an yer oot-raxed airm), fan he comes an prays e wye o iss Temple, [43]hear him in yer hivvenly hame an dee att e forriner sikks o ye, sae att fowk ower aa e warl mith ken yer name an dee fit ye sikk o them, jist lik yer ain fowk, Israel, an att wye they'll ken iss Temple A've biggit wis biggit in your name.

[44]"Gin ye sen yer fowk oot tae fecht wi their faes, farivver they mith be they'll pray tae e Lord facin iss toon ye've pickit an facin iss Temple A've biggit tae your name. [45]Hear their prayers in yer hivvenly hame an gie them fit they sikk. [46]Gin they dee ill agin ye (cause there's naebody nivver dis nae ill), an ye're raised wi them an gie them intill e hans o their faes, an they're catcht an teen awa tae the cuntra o their faes, be't hine awa or near han hame, [47]an gin in att cuntra far they're held, they think better o things an pray till ye in att forrin cuntra o them fa catcht them, an they say tae ye, 'We've deen ill, we've deen wrang, we've deen coorse things,' [48]an sae come back tae ye wi aa their herts an aa their sowls, there i the cuntra o the faes fa led them awa as prisoners-o-waar, an gin they pray tae ye facin att cuntra o their ain att ye gied tae their fadders, facin e toon att ye pickit an facin e Temple A've biggit tae yer name, [49]syne hear their prayer in yer hivvenly hame an dee fit they sikk. [50]Forgie yer fowk fa hiv deen ill tae ye an aa the coorse things they've deen att are conter tae your wyes an hae peety on them i the hans o their faes an gar their faes hae peety on them tee. [51]Aye myn, they're your fowk, your ain, att ye brocht up oot o Egypt, oot o the airn-foonry. [52]Lat yer een be open tae the prayers o yer servant an tae e prayers o yer ain fowk, Israel, hearken tae them fan ivver they cry till ye. [53]Ye've set them aside fae aa ither fowk i the warl tae be yer ain, jist as ye telt hiz throwe yer servant Moses fan ye brocht wir fadders oot o Egypt, O Lord God."

[54]Eence Solomon wis throwe wi his prayers tae e Lord, he got up aff his knees fae afore the aaltar o e Lord an raxed up his hans tae hivven. [55]He steed an blisst aa the Israelites gaithert there an said in a lood vice, [56]"Blisst be e Lord fa's gien rist tae his ain fowk, Israel jist lik he promist. He his keepit ilka een o e

promises att he made throwe his servant Moses. [57]Mith e Lord wir God be wi hiz jist as he wis wi wir fadders. Mith he nivver leave hiz nor forhooie hiz, [58]sae att wir herts mith turn tae him an we mith waalk in his wyes, keep till his commans an his laas an his jeedgements aa as he gied tae wir fadders. [59]Lat iss wirds att A've prayed tae e Lord be wi e Lord wir God nicht an day att he mith aye dee fit his servant his socht o him an leuk efter his ain fowk, Israel at aa times seein tae fitivver their wints are. [60]Lat fowk ower aa e warl ken att e Lord is God an att there's nae ither. [61]Mith ye aye be leal tae e Lord wir God, jist as ye are enoo: live bi his laas, keep his commans."

[62]E keeng an aa the Israelites wi him offert sacrifeeces tae e Lord. [63]Solomon offert a sacrifeece tae e Lord o twenty-twa thoosan owsen an a hunner an twinty thoosan sheep bi wye o a peace-offerin. Sae Solomon an the Israelites dedicaitit e Temple tae e Lord. [64]Att same day, e keeng consecraitit e middle o e coort at e front o e Temple, giein up brunt-offerins an maet-offerins an e creesh aff o e peace offerins, cause e bress aaltar att wis afore e Lord wisna big aneuch tae tak e brunt-offerins an e maet-offerins an e creesh o e peace-offerins. [65]Att same day, Solomon held a pairty afore e Lord wi a muckle crood o the Israelites comin fae as far apairt as Hamath tae e Watters o Egypt. It lestit syven days an anither syven days efter att –a hale fortnicht.[66]E day efter it wis aa by wi, he sent aabody hame. They blisst e keeng an gaed awa tae their tents full o e joys o life for aa e gweed e Lord hid deen for his servant Daavit an for his ain fowk, Israel.

CHAPTIR 9

Noo efter Solomon wis throwe biggin e Temple an his ain hoose an he'd deen aa att he wintit, [2]e Lord appeared tae Solomon again jist like he'd appeared tae him at Gibeon, eence afore. [3]An e Lord said tae him, "A've hearkent tae aa yer prayers att ye've made tae ma. A've consecraitit iss Temple att ye've biggit an putten ma name till't for ivver. Ma een an ma hert will aye be there. [4]An gin you live yer life jist lik Daavit yer fadder did, honestly an haudin a straicht furr, an dee aa att A've socht o ye, an ye keep tae my laas an my jeedgements, [5]syne, A'll set up your faimly on e throne o Israel for ivver, jist lik A promist Daavit, yer fadder fan A said tae him, 'Ye'll nivver wint for een o yours on e throne o Israel.' [6]Bit gin ee, or ony o yer faimly fa come efter ye, haud fae keepin my commans or e laas A've gien ye, bit gyang awa an wirship ither gods, [7]syne A'll clear the Israelites oot o e lan A've gien them an A'll hae nae mair tae dee wi iss Temple att A've consecraitit tae ma ain name, an fowk aawye will lauch at Israel. [8]Iss Temple will faa tae ruin. Aabody att gyangs by it will get a richt begeck an will scowff at it an say, 'Fit wye his e Lord deen iss tae their cuntra an their Temple?' [9]An they'll answer, 'Cause they forsook e Lord their God fa brocht their fadders oot o Egypt an hiv teen up wi ither gods an hiv wirshippit an served them. Att's fit wye e Lord his brocht aa iss ill onno them.'"

[10]Solomon hid teen twinty ear tae bigg e Temple an his ain hoose. [11]Hiram, e keeng o Tyre hid supplied Solomon wi aa e cedar trees an pine trees an aa e gowd he needed for e wark, sae Solomon gied Hiram twinty toons in Galilee. [12]Hiram cam ower fae Tyre tae see e toons Solomon hid gien him an he wisna sair teen wi them. [13]He said, "Fit kin o toons are iss ye've gien ma, ma freen?' An he caaed them Orra. An att's fit they're kent as tae iss day. [14]Hiram sent e keeng a hunner an twinty talents o gowd.

[15]Solomon eesed forced labour tae bigg e Temple, an his ain hoose, an e Millo, an e waas o Jerusalem, an Hazor, an Megiddo, an Gezer. [16]Gezer hid been teen bi e Pharaoh o Egypt, fa hid brunt it tae e grun, killed e Canaanites fa bade there an hid gien it as a tocher tae his dother fa hid mairriet Solomon. [17]Sae Solomon hid biggit Gezer again an Nether Beth-horon tee, [18]an Baalath, an Tadmor i the roch cuntra, [19]an aa e toons far he keepit his supplies, an e toons far he keepit his chariots, an e toons for his horsemen, an aa the ither things he wintit tae bigg in Jerusalem, an in Lebanon, an aa throwe his realms. [20]The only

clans left fa werna Israelites were the Amorites, the Hittites, e Perizzites, the Hivites an e Jebusites. [21]Their descendants, fa were as yet bidin i the cuntra an hidna been slauchtert bi the Israelites, were keepit bi Solomon as bondsmen. [22]Bit Solomon didna mak bondsmen o ony o the Israelites. He pat them tae wark as sodgers, offishers, commanders, chariot captains an horsemen. [23]There were five hunner an fifty foremen owerseein e men fa did Solomon's wark. [24]Pharaoh's dother cam up fae Daavit's toon tae the hoose Solomon hid biggit for her an syne he biggit Millo. [25]Three times ilka ear Solomon offert brunt-offerins an peace-offerins onno the aaltar he hid biggit tae e Lord an he brunt scintit reek onno't tee. Sae he wis throwe wi e biggin o e Temple.

[26]Keeng Solomon biggit a fleet o boats at Ezion-geber anent Eloth on e shore o e Reed Sea i the Edom cuntra. [27]Hiram sent seasoned sailors tae wark wi Solomon's men. [28]They gaed tae Ophir an brocht back fower hunner an twenty talents o gowd tae Keeng Solomon.

CHAPTIR 10

E Queen o Sheba got tae hear aboot foo kenspeckle Solomon's wis wi e name o e Lord an cam tae try him oot wi some back-speirin. [2]She cam tae Jerusalem wi a muckle tail an camels laden wi spices, gowd an jowels. Fan she met in wi Solomon she opent her hert tae him. [3]Solomon answert aa att she speirt at him; there wis naethin he culdna answer for her. [4]Fan e Queen o Sheba saa foo clivver a chiel Solomon wis, an e Temple he hid biggit, [5]an e maet on his table, his officeels aa sittin roon him, his cooncillors an their rig-oots, his butlers an e steps att he gaed up tae e Temple o e Lord, she wis fair stammygastert. [6]An she said tae e keeng, "Fit they telt ma at hame aboot foo clivver ye are an fit ye hid deen is aa true. [7]A culdna believe fit they were sayin, bit noo A'm here, A can see it wi ma ain een, an faith, they didna tell ma the half o't. Foo clivver ye are an foo weel ye've deen is awa abeen fit they hid telt ma. [8]Happy are e men an happy are yer servants att stan afore ye an hear yer clivver sayins. [9]Blisst be e Lord yer God, fa's weel teen wi ye an his set ye on e throne o Israel. Cause God his aye looed Israel, he made you keeng ower it, sae ye wid dee richt wi yer fowk." [10]She gied e keeng a hunner an twenty talents o gowd an a muckle graith o spices an jowels. There his nivver been sae muckle spices as e Queen o Sheba gied tae Solomon. [11]Hiram's fleet o boats att hid fessen e gowd fae Ophir, brocht sandal-wid trees fae Ophir an precious steens. [12]E keeng made railins for e Temple an for his ain hoose wi e sandal-wid, an hairps an lyres for e players. E sandal-wid att they brocht in wis o e best an there his nivver, tae iss day, been ony seen as gweed. [13]Keeng Solomon gied e Queen o Sheba aa she wintit, aathin she speirt for, forbye aa e tither hansels he gied her. Sae she an her tail held awa hame tae her ain cuntra.

[14]E wecht o gowd att Solomon got ilka ear wis aboot twenty-five ton. [15]Forbye att, he hid e tax fae e merchants, customs on e spice-dealers, cess fae e keengs o Arabia an e district guvvernors.

[16]Keeng Solomon made twa hunner targes o haimmert gowd, near han fifteen pun o gowd gyan in tae lka een. [17]He made three hunner smaa'er targes o haimmert gowd, three pun o gowd gyan in tae ilka een. E keeng pat them inno e hoose biggit wi e wid fae Lebanon.

[18]E keeng made a muckle throne o ivory an owerlaid it wi e finest gowd. [19]E throne hid sax steps an e back o't wis roon at e tap. There were steys on ilka side o e seat wi twa lions aside e steys. [20]There wis twal lions on e sax steps een at aither side o ilka step. There wis nivver e like made for ony ither keeng.

[21]Aa Solomon's drinkin-caups were o gowd an aa the pots an pans i the hoose o Lebanon wid were made o gowd; there were neen made o siller – it wisna thocht muckle o in Solomon's day. [22]E keeng hid a fleet o merchant ships sailin wi Hiram's boats an eence ilka three ear, e merchant ships cam hame wi gowd an

siller an ivory, an monkeys an peacocks. [23]Sae Solomon wis clivverer an walthier nor ony ither keeng i the hale warl.

[24]An e hale warl cam tae see Solomon an hear e sense att God hid putten in his hert. [25]Ilka een att cam brocht a hansel, caups o siller, caups o gowd, finery, airmour, spices, horse, cuddies – mair an mair ilka ear. [26]An Solomon gaithert chariots an horsemen till he hid fowerteen hunner chariots an twal thoosan horsemen. He stabled some i the chariot toons an keepit e lave at hame in Jerusalem. [27]E keeng made siller as common in Jerusalem as steens an there wis as muckle cedar wid as there were sycamore trees i the howe.

[28]Solomon hid horse brocht fae Egypt an Kue – e merchants buyin them at a set price. [29]Chariots were bocht fae Egypt for fifteen pun o siller an a horse for jist aneth fower pun. They selt them on tae e keengs o the Hittites an e keengs o Syria.

CHAPTIR 11

Keeng Solomon looed a hantle o forrin weemen as weel as Pharaoh's dother: Moabite weemen, Ammonite weemen, Edomite weemen, Sidonian weemen an Hittite weemen. [2]Solomon leukit for his wives fae e cuntras aboot fit God hid said tae the Israelites "Ye winna hae nae trock wi them nor them wi you for fear they turn yer herts tae their gods." [3]Solomon hid syven hunner princesses as wives an three hunner bidie-ins. They turnt his hert fae God. [4]Fan Solomon grew aul, his wives kittlt him up tae chase efter ither gods an he wisna leal tae e Lord his God, nae like his fadder Daavit afore him. [5]Solomon teuk up wi Ashtoreth, e goddess o e Sidonians an Molech, the orra god o the Amonites. [6]An Solomon did ill i the sicht o e Lord an didna gie his hale hert tae e Lord, nae lik his fadder Daavit. [7]Solomon biggit a hill-shrine for Chemosh, e scunnerfu god o Moab, an for Molech, the orra god o the Amonites, on e brae face afore Jerusalem. [8]An he biggit e same for aa his forrin wives fa brunt scintit reek an sacrifeeced tae their gods.

[9]An e Lord wis raised wi Solomon cause his hert wis turnt awa fae e Lord God o Israel fa hid appeart tae him twice. [10]He got on till him aboot iss an telt him he shudna chase efter ither gods, bit Solomon peyed nae attintion. [11]Sae e Lord said tae Solomon, "Cause ye're deein iss an nae keepin tae e covenant an e laas A set doon for ye, A'll rive e cuntra fae ye an gie it tae een o yer men. [12]Noo for e sake o Daavit, yer fadder A winna dee't fan ee're livin, bit A'll rive it oot o e hans o yer loon. [13]For aa that, A winna tak awa e hale cuntra, bit for e sake o Daavit yer fadder an for e sake o Jerusalem, ma ain toon, A'll leave him wi jist the ae tribe.

[14]An e Lord steered up Hadad fa wis een o e royal faimly in Edom tae fecht wi Solomon. [15]Daavit hid been in Edom, an his captain, Joab hid gaen tae beery e deid efter they hid killed ilka man an loon in Edom; [16](Joab an the Israelite airmy hid been there sax month an hid killed ilka man an loon i the cuntra). [17]Hadad wis jist a wee loonie at e time an hid skedaddlt wi some o his fadder's men fae Edom tae Egypt. [18]They hid left Midian an hid gaen tae Paran, far some ither men jined them an they traivelt tae Egypt an gaed tae Pharaoh, e keeng o Egypt. He gied them a hoose an some maet an a bittie grun. [19]Pharaoh wis fair teen wi Hadad an gied him his ain wife's sister as a wife. She wis e sister o Taphenes, e queen. [20]She hid a loon, Genubath till him an she brocht e loonie up in Pharoah's hoose. Genubath grew up in Pharoah's hoose wi Pharoah's sins. [21]Fan Hadad got tae hear, doon in Egypt, att Daavit an his captain Joab were baith deid, he said tae Pharaoh, "Lat ma gyang awa hame tae ma ain cuntra." [22]An Pharaoh said till him, "Fit ails ye here wi me att ye're needin hame tae yer ain cuntra?" An he answert, "Naethin avaa, bit jist lat ma gyang onywye."

²³An God steert up anither fae for Solomon, Eliadah's loon Rezon fa hid run aff fae his keeng, Hadadezar o Zobah. ²⁴He wis at e heid o a band o men he'd gaithert egither fan Daavit killed e fowk o Zobah. They held awa tae Damascus, bade there an made him e keeng. ²⁵He wis an innemy o Israel aa throwe Solomon's lifetime, addin tae e tribble att Hadad caased. He wis keeng o Syria an nivver got on wi Israel. ²⁶An anither chiel fa teuk up e cudgels agin Solomon wis Jeroboam. He wis e sin o Nebat, an Ephrathite fae Zeredah fa hid been servant tae Solomon. His mither wis e weeda Zeruah. ²⁷Fit set him at odds wi e keeng wis att Solomon hid biggit Millo an sortit e toon waas o his fadder Daavit's toon. ²⁸Noo Jeroboam wis a lad o pairts an Solomon hid seen iss, an hid putten him in chairge o e warks i the cuntra o e clan Joseph. ²⁹Noo, ae day, Jeroboam wis leavin Jerusalem fan he met in wi e prophit Ahijah fae Shiloh fa wis stannin in his road. He wis weerin a new goon an there wisna anither sowl aboot. ³⁰Ahijah teuk aff e new goon he wis weerin an rippit it inno twal bits. ³¹An he said tae Jeroboam, "Tak ye ten bits cause e Lord God o Israel his said, 'Jist waatch, A'll tak e cuntra oot o Solomon's hans an gie ten clans fae't. ³²Bit he'll keep ae clan for ma servant Daavit's sake an for e sake o Jerusalem e toon A've pickit tae be ma ain oot o aa e clans o Israel. ³³A'm deein iss cause he his turnt awa fae ma an his wirshippt Ashtoreth, e goddess o e Sidonians, Chemosh e god o e Moabites, Molech e god o the Ammonites an hisna folla'ed my wyes an deen fit I see as beein richt an hisna keepit aa ma laas an ma jeedgements, nae lik Daavit his fadder. ³⁴For aa that, A winna tak e hale cuntra oot o his hans, bit leave him as keeng as lang as he lives for e sake o ma servant Daavit cause he keepit my commans an my laas. ³⁵Bit A'll tak e cuntra awa fae his loon an gie you ten o e clans. ³⁶A'll gie his loon ae clan sae att ma servant Daavit mith aye be mynt in Jerusalem, e toon A hiv pickit for ma name tae be kent. ³⁷A'll tak you an mak ye keeng o Israel wi pooer tae dee fitivver ye like. ³⁸An gin ye hearken tae aa att A tell ye, an folla my wyes an dee fit I see as beein richt, keepin ma laas an ma commans jist as Daavit ma servant did, A'll aye stan by ye an see ye weel establisht, jist lik A did for Daavit, an Israel will be yours. ³⁹A'll see att Daavit's faimly get their deserts, bit nae for ivver.'"

⁴⁰Sae Solomon tried tae dee awa wi Jeroboam fa scarpert tae Egypt far Shishak wis keeng an he bade there till Solomon deit.

⁴¹An fit aboot e lave o e things att Solomon did? Weel are they nae aa set oot i the beuk o the Acks o Solomon? ⁴²Solomon wis in Jerusalem as keeng o Israel for fowerty ear. ⁴³Fan he deit, Solomon wis beeriet in his fadder Daavit's toon an Rehoboam teuk e throne efter him.

CHAPTIR 12

Rehoboam gaed tae Shechem cause aa the Israelites hid gaithert there tae croon him keeng. ²Fan Nebat's loon, Jeroboam heard o iss (he wis aye yet in Egypt far he'd gaen fan he ran awa fae Keeng Solomon) he cam up fae Egypt. ³They sent for him an he cam wi aa e crood o the Israelites an said tae Rehoboam, ⁴"Yer fadder gied hiz a gey hard time o't, bit gin ee lichten e load an are nae sae sair on hiz as he wis, we'll serve ye." ⁵An he said tae them, "Come back in three days an A'll tell ye fit A'm sayin till't." Sae they aa gaed awa.

⁶Keeng Rehoboam teuk coonsel wi the aul men fa hid attenit on his fadder Solomon fan he wis livin an he speirt at them, "Fit div ye think A shuld say tae e fowk?" ⁷An they answert, "Gin ye're willin tae be a servant tae e fowk, tell them fit they are wintin tae hear an they'll serve you for ivver." ⁸Bit he didna tak wi the advice he got fae the aul men an speirt e same thing at e young birkies fa hid grown up wi him an were noo servin him. ⁹He said tae them, "Fitna answer div ye think A shuld gie tae e fowk fa hiv socht att A lichten e load ma fadder pat onno their shouthers?" ¹⁰An e young birkies fa hid grown up wi him said

tae him, "Iss is fit ye shuld say tae e fowk fa socht ye tae gie them a lichter load nor yer fadder did: pit it lik iss, 'My pinkie will be braider nor ma fadder's wyste. ¹¹Ma fadder gied ye a hivvy load, A'll mak it hivvier. Ma fadder laid in till ye wi a wheep, wi me it'll be a whang.'"

¹²Sae Jeroboam an aa e fowk cam back tae see Rehoboam three days on, as e keeng hid bad them dee. ¹³He wis rael roch i the wye he spak tae them an didna tak wi e coonsel the aul men hid gien him. ¹⁴Insteid, he folla'ed the coonsel o e young birkies an said, "Ma fadder gied ye a hivvy load, A'll gie ye a hivvier een; ma fadder laid in till ye wi a wheep, wi me it'll be a whang." ¹⁵E keeng didna hearken tae fit e fowk were sayin, an iss wis aa o e Lord's deein, tae fullfil e wird o e Lord att he hid spoken tae Nebat's loon Jeroboam throwe Ahijah fae Shiloh.

¹⁶Sae fan the Israelites saa att e keeng widna listen tae them, they said tae him, "Fit truck div we hae wi Daavit's faimly? We're nae heir tae Jesse's loon. G'wa hame Israel! Noo see tae yer ain hoose, Daavit." Sae the Israelites aa gaed hame tae their tents. ¹⁷Rehoboam wis keeng ower the Israelites fa bade i the toons o Judah. ¹⁸Syne Keeng Rehoboam sent oot Adoram fa wis in chairge o e forced labour an the Israelites steened him tae daith. Sae Keeng Rehoboam teuk tail tae his chariot an hurriet tae Jerusalem. ¹⁹Ivver since att time, the Israelites hiv rebelled agin e hoose o Daavit. ²⁰Fan the Israelites heard att Jeroboam wis back, they caalled him tae a meetin o e fowk an made him keeng ower aa Israel. The only clan fa keepit wi e hoose o Daavit wis Judah.

²¹Fan Rehoboam got back tae Jerusalem, he caalled a e clans o Judah an e clan Benjamin egither an pickit oot a hunner an auchty thoosan men tae list an fecht agin the Israelites an win back e cuntra tae himsel, Rehoboam, sin o Solomon. ²²Bit God spak tae e prophit Shemaiah, sayin, ²³"Spik tae Solomon's loon Rehoboam, e keeng o Judah an aa e fowk o Judah an e clan Benjamin an e lave o them an tell them ²⁴att fit A'm sayin is, they maunna gyang up an fecht wi their brithers in Israel. Tell them aa tae gyang hame tae their ain hooses, an att's my wird on't." Sae they hearkent tae e wird o e Lord an aa gaed awa hame as e Lord hid bidden them.

²⁵Syne Jeroboam rebiggit Shechem i the hill-cuntra o Ephraim an bade there. Fae there he gaed an biggit Penuel. ²⁶Jeroboam thocht tae himsel, "It leuks gey like e cuntra will gyang back tae e hoose o Daavit. ²⁷Gin e fowk fae hereaboots gyang up tae e Temple at Jerusalem tae sacrifeece it'll kittle them up tae turn their alliegence back tae Rehoboam o Judah as their keeng an nae doobt, they'll kill ma an tak Rehoboam o Judah as their keeng." ²⁸Thinkin things ower he made twa calfies o gowd an said tae his fowk, "It's ower muckle o a chaave tae gyang up tae Jerusalem, see, here's yer gods, Israel, fa brocht ye up oot o Egypt." ²⁹He set up een o them in Bethel an e tither een in Dan. ³⁰An sae e fowk teuk up their ill-deein wyes gyan tae Bethel tae wirship een, an aa e wye tae Dan tae wirship e tither. ³¹He set up shrines on e heid o e hills an made aa kyn o fowk priests aiven them fa werna o e clan Levi. ³²Jeroboam appintit a feast be held on e fifteenth day o the auchth month jist lik e feast in Judah an made sacrifeeces on the aaltar. He did e same thing in Bethel, pittin up sacrifeeces tae e calfies he'd made an garrin e priests he'd appintit at e hill-shrines serve in Bethel. ³³Sae he gaed tae the aaltar at Bethel on e fifteenth day o the auchth month, a day he'd pickit himsel, appintit it a feast day for the Israelites an made the offerins on the aaltar an brunt scintit reek.

CHAPTIR 13

As Jeroboam wis stannin anent the aaltar burnin scintit reek, a man o God, sent bi God, cam fae Judah tae Bethel. ²He rantit at the aaltar i the name o e Lord, sayin, "O aaltar, aaltar, hearken tae fit e Lord says: 'A bairnie will be born tae e faimly o Daavit. He'll be caaed Josiah an he'll sacrifeece e priests o e hill-shrines fa mak offerins onno ye an men's beens will be brunt onno ye.'" [3]Att same day he propheseed, "Iss is e wird o e Lord, 'Jist waatch! The aaltar will be rivven in twa an the aise att's onno't scattert.'" [4]Noo fan Jeroboam heard the ill wirds e man o God wis sayin aboot the aaltar at Bethel, he pintit his finnger at him an said, "Tak a haud o att chiel." E han att he wis pintin at him frizzelt up an he culdna draa it back in. [5]The aaltar wis rivven in twa an the aise scattert fae it jist as e man o God hid said e Lord wid dee. [6]Says e keeng tae e man o God, "Pray tae yer God for ma an tell him tae mak ma han aa better." E man o God prayed tae e Lord an e keeng's han wis healt, back tae fit it hid been like afore. [7]An e keeng said tae e man o God, "Come awa hame wi ma an hae a moofu an A'll gie ye somethin for yer tribble." [8]Says e man o God tae e keeng, "Gin ye were tae gie ma e half o yer hoose, A widna gyang in wi ye, an nae a pick o maet, breid nor watter will A hae in sic a place. [9]Cause e wird o e Lord att cam tae ma said, 'Dinna ett nae breid nor drink nae watter nor gyang back e wye ye cam.'" [10]Sae he gaed hame a different road fae the een he'd teen tae Bethel.

[11]Noo there wis an aul prophit bade in Bethel an his sins cam an telt him o e wirkins o e Lord att day in Bethel an they telt their fadder fit e Lord hid said tae e keeng. [12]An e fadder said tae them, "Fit road did he tak fan he gaed awa?" Cause e loons hid waatcht e man o God fa hid come fae Judah gyan awa. [13]An he said tae his sins, "Saiddle a cuddy till ma." Sae they saiddlt e cuddy for him an awa he gaed onno't,[14]efter e man o God an cam on him sittin aneth an aik. He said till him, "Are ee e man o God att cam fae Judah?" An he said, "Jist att." [15]An syne he said till him, "Come awa hame wi me an get a moofu tae ett." [16]An e chiel answert, "A canna gyang back wi ye nor gyang inno yer hoose, nor will A ett ony breid nor drink ony watter wi ye in iss place, [17]cause e wird o e Lord att cam tae ma said att A shuldna ett nae breid nor drink nae watter there nor gyang hame e road A cam." [18]"A'm a prophit, jist lik ee are," he said till him, "an an angel spak tae ma bi e wird o e Lord an telt ma tae fess ye back tae my hoose sae att ye mith ett breid an drink watter." Bit att wis a pack o lees. [19]Sae e chiel gaed back wi him an ett breid an drank watter in his hoose.

[20]Noo, as they were sittin at e table, e wird o e Lord cam tae e prophit fa hid fessen him back, [21]an he cried oot tae e man o God fae Judah sayin, "Iss is fit e Lord his tae say tae ye: 'Cause ye hinna deen fit e Lord telt ye, an hinna keepit e commans att e Lord yer God ordert ye, [22]bit hiv come back an etten breid an drunk watter in att place att e Lord telt ye nae tae ett breid nor drink watter, yer corpse winna be laid i the grave o yer fadders.'"

[23]Efter he hid etten e breid an drunk e watter, e prophit saiddlt e cuddy for e man o God he hid fessen back. [24]Eence he wis on e road, a lion attackit him an killed him an his corpse wis left lyin on e road wi e lion an e cuddy stannin anent it. [25]Fowk gyan by saa e body lyin i the road wi e lion stannin anent it an wird got back tae e toon far the aul prophit bade. [26]An fan e prophit fa hid fessen him back got tae hear o't, he said, "It's e man o God fa didna keep tae God's wird, sae e Lord his sent e lion tae kill him an it his rippit him an killed him jist as e Lord said, fan he spak tae him." [27]An he said tae his sins, "Saiddle e cuddy till ma." An they saiddlt it. [28]He gaed an faun e body at e side o e road wi e lion an e cuddy stannin anent it. E lion hidna etten e body, nor attackit e cuddy. [29]E prophit lifted e body o e man o God an pat it onno e cuddy an brocht it back. The aul prophit cam back tae e toon tae moorn for him an beery him. [30]He laid e body inno his ain grave an they moorned for him sayin, "Aliss, ma brither!" [31]Noo, efter he hid beeriet him, he said tae his sins, "Fan I dee, beery ma inno e grave far e man o God is beeriet. Pit my beens anent his beens, [32]cause fit he hid tae say bi e wird o e Lord aboot the aaltar in Bethel an aboot aa the hill-shrines i the toons o Samaria will seerly come aboot."

³³Efter att, Jeroboam didna turn awa fae his ill-deein wyes bit made priests oot o neer-dee-weels. Onybody fa wintit, he wid consecrait tae be a priest o e hill-shrines. ³⁴Sic ill-deeins wid fess crockaneetion tae Jeroboam's faimly, wipin it aff o e face o the earth.

CHAPTIR 14

Att same time, Jeroboam's loon Abijah teuk nae weel. ²Jeroboam said tae his wife, "Hap yersel up sae att naebody kens ye're my wife an gyang tae Ahijah e prophit at Shiloh, him fa telt ma I wid be keeng ower iss fowk. ³Tak ten loaves o breid, some biscuits an a flaskie o hunny till him an he'll tell ye fit's tae come o e bairn." ⁴Sae Jeroboam's wife held awa tae Shiloh an gaed tae Ahijah's hoose. Bit Ahijah culdna see her cause he wis gyan blin in his aul age.

⁵E Lord said tae Ahijah, "Jeroboam's wife is comin tae speir at ye aboot her loon cause he's nae weel." An he laid aff aa att Ahijah shuld say tae her, "Cause," he said, "fan she comes in she'll be makkin on she's some idder wumman." ⁶Sae, fan Ahijah heard e soun o her feet comin in at e door, he said tae her, "Come awa in. Ee're Jeroboam's wife. Fit wye are ye makkin on att ye're some idder body? A hiv bad news for ye. ⁷Gyang an tell Jeroboam att iss is fit e Lord God o Israel his tae say tae him, 'Efter me reesin ye up fae amo e lave an makkin ye keeng ower my fowk, Israel, ⁸an rivin e keengdom awa fae Daavit's faimly tae gie tae you, ye hinna deen fit ma servant Daavit did wi aa his hert an keepit ma commans an deen bit fit wis richt in my een. ⁹Bit ye've deen mair ill nor ony fa gaed afore ye. Ye've anngert ma bi makkin ither gods an cassen eemages for yersel an hiv turnt awa fae ma aa egither. ¹⁰Sae A'll fess crockaneetion on Jeroboam's faimly. A'll kill ilka man an loon, slave an free an will dee awa wi e hale faimly o Jeroboam jist lik spreadin muck till it's aa dreelt in. ¹¹Ony o his faimly fa dee i the toon will be fed tae e tykes an ony fa dee i the cuntraside will be maet for e craas. Iss is e wird o e Lord.' ¹²Sae g'wa hame tae yer ain hoose an as yer fit reaches e toon, e bairn will dee. ¹³Aa Israel will moorn for him an beery him cause he's the only een o Jeroboam's faimly fa will see a grave, cause, o aa Jeroboam's faimly, there wis some gweed in him t'waards e Lord God o Israel. ¹⁴Fit's mair, e Lord God will reese up a keeng ower Israel fa will see an ein o Jeroboam's hoose. Fat sorra ither. ¹⁵E Lord will strick Israel till it shaaks lik rashes an he'll reet up Israel fae iss gweed grun att he gied tae their fadders an scatter them ayont e watters cause they've made their totems an anngert e Lord. ¹⁶E Lord will gie up on Israel cause o the ill-deeins o Jeroboam an the ill wyes he led Israel in till."

¹⁷Jeroboam's wife held awa an cam tae Tirzah an as she pat her fit on e doorstep, e bairnie deit. ¹⁸They beeriet him an aa Israel moornt for him jist as e Lord hid said throwe his servant, Ahijah e prophit. ¹⁹E lave o Jeroboam's deeins, fit waars he wis in an foo he rowled ower Israel are aa set oot i the beuk o e history o e keengs o Israel. ²⁰Jeroboam rowled for twinty-twa ear an syne he gaed hame tae his fadders an his loon Nadab teuk ower e throne.

²¹Solomon's sin Rehoboam rowled in Judah. He wis fowerty-wan ear aul fan he cam tae e throne an he rowled for syventeen ear in Jerusalem, e toon att e Lord hid picket fae aa e clans o Israel tae be e place far he wis wirshippt. Rehoboam's mither wis Naamah fae Ammon. ²²E fowk o e clan Judah did ill i the een o e Lord, waar nor onythin att their fadders hid deen, an e Lord wis anngert wi them for fit they were deein. ²³Ye see, they hid biggit hill-shrines, an made eemages an totems on e heid o ilka hill an aneth e bowes o ilka tree. ²⁴An waar nor att, at ilka shrine there were chiels fa ackit as hoors, deein aa e kyn o things att hid been deen bi e cuntras att e Lord hid rejeckit fan Israel cam tae e fore.

²⁵Noo i the fifth ear o Rehoboam's rowle, Shishak, keeng o Egypt attackit Jerusalem. ²⁶He teuk awa aa e trissures fae e Temple an fae e keeng's hoose, the hale lot o't: aiven e gowden targes att Solomon hid

made. ²⁷As a retour, Keeng Rehoboam made targes o bress an hannit them ower tae e heid o e gaird fa steed at e door o e keeng's hoose. ²⁸Ilka time e keeng gaed in till e Temple, e gairds cairriet e targes an syne teuk them back tae e gaird-room.

²⁹Noo, e lave o fit Rehoboam did is aa set oot i the beuk o e history o e keengs o Judah. ³⁰Rehoboam an Jeroboam were at waar wi een anther aa their days. ³¹Rehoboam teuk e rist o his fadders an wis beeriet wi them in Daavit's toon. His mither wis Naamah fae Ammon. Abijah, his sin teuk e throne efter him.

CHAPTIR 15

I the auchteenth ear o e reign o Keeng Jeroboam, sin o Nebat, Abijah teuk e throne o Judah. ²He rowled in Jerusalem for three ear. His mither wis Maacah, dother tae Abishalom. ³An he wis jist as muckle o a cyaard as his fadder hid been. He wisna leal tae e Lord his God i the wye o his forebeer Daavit. ⁴Bit for aa that, for Daavit's sake e Lord gied him a lampie tae burn in Jerusalem tae rowle an keep Jerusalem sauf, ⁵cause Daavit hid deen fit wis richt i the een o e Lord an didna haud aff naethin att e Lord bad him dee aa e days o his life, haud awa fae e thingie wi Uriah the Hittite. ⁶Rehoboam an Jeroboam were aye warrin wi een anither. ⁷Aa e lave o fit happent i the time o Abijah an aa fit he did is aa set oot i the beuk o e history o e keengs o Judah. There wis waar atween Abijah an Jeroboam. ⁸Abijah teuk e rist o his fadders an they beeriet him in Daavit's toon, an Asa, his sin, teuk e throne efter him.

⁹Asa becam keeng o Judah i the twintieth ear o Jeroboam's rowle ower Israel. ¹⁰He rowled in Jerusalem for fowerty-wan ears. His granmither wis Maacah, dother tae Abishalom. ¹¹Asa did richt i the een o e Lord, jist lik his forebeer, Daavit. ¹²He did awa wi e chiels fa were hoorin an teuk awa aa the eedols his forebeers hid made. ¹³He deposed his granmither Maacah as queen cause she hid an orra eedol o e god Asherah. He hackit it doon an brunt it anent e burn o Kidron. ¹⁴E hill-shrines werna deen awa wi, bit for aa that, Asa wis leal tae e Lord aa his days. ¹⁵He brocht intae e Temple aa e things att his fadder hid dedicaitit tae God an aa e things att he himsel hid dedicaitit, siller an gowd an accootrements.

¹⁶There wis waar atween Asa an Baasha, keeng o Israel aa their days. ¹⁷Baasha attackit Judah an biggit a fort at Ramah tae cut aff Asa fae aa comins an goins tae Judah. ¹⁸Syne Asa teuk aa e gowd an siller att wis still inno e trissuries o e Temple an e keeng's ain hoose an gied them tae his servants tae tak tae Ben-hadad, e sin o Tabrimmon e sin o Hezion, keeng o Syria at Damascus an say, ¹⁹"We're chief wi een anither, jist as wir fadders were. Here's a hansel o siller an gowd. Braak aff yer tryst wi Baasha, keeng o Israel tae gar him pull back oot o my cuntra." ²⁰Ben-hadad hearkent tae fit Keeng Asa hid tae say an ordert his airmies tae attack e toons o Israel. They attackit Ijon an Dan, an Abel-beth-maachah an e bit o e Kinnereth att mairches wi Naphtali. ²¹Fan Baasha got tae hear o't he stoppit biggin e fort at Ramah an pulled back tae Tirzah. ²²Syne Keeng Asa gied oot an order throwe aa Judah an neen were exempit, tae tak awa e steens an timmer att Baasha hid been biggin at Ramah. An wi it, Asa biggit Geba, i the Benjamin cuntra, an Mizpah. ²³E lave o fit Asa did, aa his pooer an e toons att he biggit is aa set oot i the beuk o e history o e keengs o Judah. For aa that, in his aul age he wis wrang amo e feet. ²⁴An fan Asa teuk his rist amo his fadders he wis beerit wi his forebeers i their toon o Jerusalem. His loon Jehoshaphat teuk ower e throne efter him.

²⁵Jeroboam's sin Nadab teuk ower e throne in Israel e saicond ear att Asa wis keeng o Judah, an he rowled ower Israel for twa ear. ²⁶He did ill i the sicht o e Lord, jist like his fadder hid deen, an aa Israel folla'ed his coorse wyes.

²⁷Baasha, e sin o Ahijah o e hoose o Issachar plottit agin him. Baasha an aa the Israelites attackit him at Gibbethon i the Philistine cuntra, layin seige tae e toon. ²⁸It wis in his third ear as keeng an he wis killed bi Baasha fa teuk ower his throne. ²⁹Fan he teuk ower he set aboot deein awa wi aa e faimly o Jeroboam, killin ilka een o them an leavin nae a livin braith in neen o them, aa accoordin tae fit e Lord hid said tae his servant, Ahijah fae Shiloh, ³⁰cause o the ill-deeins o Jeroboam an e coorse wyes he led Israel tae, vexin e Lord God o Israel an anngerin him.

³¹Noo, e lave o aa fit Nadab did is set oot i the beuk o e history o e keengs o Israel. ³²Asa wis at waar wi Baasha keeng o Israel aa his days. ³³I the third ear o e reign o Asa keeng o Judah, Baasha sin o Ahijah becam keeng o Israel an rowled in Tirzah for twenty-fower ear. ³⁴He did ill i the sicht o e Lord, haein e same cairry on as Jeroboam, an he led Israel intae ill wyes tee.

CHAPTIR 16

E Lord spak tae Jehu, e sin o Hanani aboot Baasha an bad him say iss tae him, ²"Efter me reesin ye up fae e stew an makkin ye keeng ower my ain fowk, Israel, ye've gaen e same wye as Jeroboam an garrt ma ain fowk, Israel, dee ill things gettin ma birse up wi their ill-deeins. ³Sae A'll dee awa wi Baasha an his faimly, jist as A did wi Nebat's loon Jeroboam. ⁴Ony o Baasha's faimly fa dees i the toon will be etten bi e tykes an ony o them att dee i the cuntraside will be etten bi e craas." ⁵E lave o fit Baasha did, aa his deeins an aa his pooer is aa set oot i the beuk o e history o e keengs o Israel. ⁶Sae Baasha lay at rist wi his fadders an wis beeriet in Tirzah. Elah his sin teuk ower e throne efter him. ⁷E wird o e Lord aboot Baasha an his faimly cam throwe e prophit, Jehu, sin o Hanani, tellin o aa the ill he'd deen garrin e Lord tae be raised wi him. Ye see, nae jist hid he gaen e same gait as Jeroboam an his faimly, bit he'd killed aa them tee.

⁸Baasha's sin Elah teuk ower e throne o Israel i the twinty-saxth ear o Asa's rowle in Judah. He rowled in Tirzah for twa ear. ⁹As he sat drinkin an gettin fu in his steward Arza's hoose in Tirzah, Zimri, e captain o his chariots wis plottin agin him. ¹⁰Zimri gaed in an strack him an killed him i the twinty-syventh ear o Asa's rowle in Judah. Zimri teuk ower e throne fae him.

¹¹E first thing he did fan he teuk ower e throne wis kill aa Baasha's faimly, leavin nae a sinngle man nor loon livin amo e faimly o Baasha, his freens nor his cronies. ¹²Zimri did awa wi e hale o Baasha's faimly, jist as e Lord hid said aboot Baasha throwe Jehu e prophit. ¹³Att's fit cam o them for aa the ill-deeins o Baasha an Elah wi their reesin Israel tae ill wyes an gettin e Lord's birse up wi their wirthless eedols. ¹⁴E lave o fit Elah did is aa set oot i the beuk o e history o e keengs o Israel.

¹⁵I the twinty-syventh ear o Asa's rowle in Judah, Zimri reigned for syven days in Tirzah. The airmy wis campit aroon Gibbethon i the Philistine cuntra. ¹⁶Fan e sodgers got tae hear att Zimri hid plotted agin e keeng an killed him, they made Omri, the heid o the airmy, keeng ower Israel att day i the camp. ¹⁷Omri an e hale Israelite airmy gaed up fae Gibbethon an attackit Tirzah. ¹⁸Fan Zimri saa att e toon wis teen, he gaed inno e keeng's palace an set fire till't wi himsel inno't an did awa wi himsel. ¹⁹Att wis the up-come o his ill-deeins i the sicht o e Lord, waalkin as he did e same gait as Jeroboam an reesin Israel tae ill wyes. ²⁰E lave o fit Zimri did an e treason att he vrocht is aa set oot i the beuk o e history o e keengs o Israel.

²¹Noo there wis twa factions amo the Israelites. Ae half folla'ed Tibni e sin o Ginath, an made him their keeng an e tither half teuk wi Omri. ²²Bit e fowk fa folla'ed Omri got e better o them fa teuk wi Ginath's loon Tibni. Tibni deit an Omri becam keeng.

²³Omri teuk ower as keeng o Israel i the thirty-first ear o Asa's rowle in Judah. He rowled twal ear, sax o them in Tirzah. ²⁴He bocht e Hill o Samaria fae Shemer for elyven steen o siller an biggit a toon on e hill att he caaed, Shemer efter him fa hid aint e hill.

²⁵Bit Omri did ill i the een o e Lord, waar nor ony fa hid gaen afore him. ²⁶He gaed e same road as Nebat's loon Jeroboam an garrt Israel dee e same ill as he did himsel, gettin up e birse o e Lord God o Israel wi their coorseness. ²⁷E lave o fit Omri did an aa his pooer is set oot i the beuk o e history o e keengs o Israel. ²⁸Sae Omri ristit wi his fadders an wis beeriet in Samaria. His sin, Ahab teuk ower e throne fae him.

²⁹Omri's sin Ahab teuk ower as keeng o Israel i the thirty-auchth ear o Asa's rowle in Judah. Ahab rowled Israel twinty-twa ear fae Samaria. ³⁰Bit Omri's loon Ahab did ill i the een o e Lord, waar nor ony fa hid gaen afore him. ³¹Nae contint wi gyan e same road as Jeroboam, he mairriet Jezebel, e dother o Ethbaal, e keeng o Sidon an teuk up wirshippin Baal. ³²He biggit a temple tae Baal wi an aaltar inno't in Samaria. ³³Ahab made a totem tae Asherah an did mair tae reese e Lord God o Israel tae annger nor ony o e keengs o Israel fa gaed afore him.

³⁴It wis in his days att Hiel fae Bethel rebiggit Jericho. E layin o e founs cost him his aulest sin, Abiram an e settin up o e yetts cost him his youngest sin, Segub, jist as e Lord hid said fan he spak tae Nun's loon Joshua.

CHAPTIR 17

Noo Elijah, fa bade in Tishbe in Gilead, said tae Ahab, "As seer as e God fa A stan afore is livin, there will be nae dyowe nor rain for a puckle ear till sic a time as I say so." ²Syne e Lord said tae Elijah, ³"Gyang awa fae here, oot tae the east an bide anent e burn o Kerith ower by e Jordan. ⁴Ye'll drink fae e burn an A've ordert e craas tae feed ye there." ⁵Sae awa he gaed an did fit e Lord hid said: he bade bi e burn o Kerith ower by e Jordan. ⁶An e craas brocht him loaf an maet ilka mornin, loaf an maet at nicht an he drank fae e burn. ⁷A fylie efter, e burn ran dry, cause there hidna been nae rain.

⁸An e Lord spak tae him an said, ⁹"G'wa tae Zarephath o Sidon an bide there. Ye see, A've instructit a weeda wummen there tae maet ye." ¹⁰Sae he gat yokit an gaed tae Zarephath. Fan he cam tae e toon yett, e weeda wumman wis there, gaitherin kinlin an he cried till her an said, "A winner gin ye wid fess ma a wee suppie watter inno a caup, A'm affa dry." ¹¹As she wis gyan awa for't, he cried tae her, "Fess ma a bittie o breid tee, gin ye wid." ¹²An she said tae him, "As seer's yer God's alive, A hinna got a fardel o breid, bit jist a hanniefu o meal i the girnal an a wee, wee suppie ile inno a flaskie. A'm gaitherin kinlin sae att A mith gyang in an het it up for ma loon an masel tae ett afore we dee." ¹³An Elijah said tae her, "Dinna fash yersel. Jist gyang an dee fit A've telt ye, bit gyang an mak a wee fardel o breid first an syne fess it till ma syne gyang an mak een for yersel an yer loon, ¹⁴cause e Lord God o Israel his spoken an fit he says is att e girnal will nae be teem o meal nor will the ile i the flaskie gyang deen till siccan a day as e Lord sens doon rain on e grun." ¹⁵She gaed an did fit Elijah telt her an e baith o them an aabody in her hoose hid maet tae ett for mony days tae come. ¹⁶An e girnal wis nivver teem o meal an the ile i the flaskie wis nivver deen, jist as e Lord hid said tae Elijah.

¹⁷Noo, efter iss happent, e sin o e wumman, her att wis mistress i the hoose, teuk nae weel. He got warse an warse till his braith wis stappit. ¹⁸An e wumman said tae Elijah, "Fit are ye interfeerin wi here, ye man o God? Hiv ye come tae pey ma back for ma ill-deeins an kill ma loonie?" ¹⁹An he said tae her, "Gie yer loon tae me." An he teuk him oot o her bosie an carriet him up tae e laft far he wis sleepin an laid him

doon on his ain bed. [20]An he cried tae e Lord, sayin, "Fit wye hiv ye fessin sic dool onno the weeda A'm bidin wi bi killin her loonie?" [21]Syne he raxed himsel ower e loonie three times an prayed tae e Lord, sayin, "O Lord ma God, A pray att ye wid fess iss loonie back tae life." [22]An e Lord heard Elijah's vice an life cam back tae e loonie again, an he recowert. [23]An Elijah teuk a haud o e bairnie an brocht him back doon fae his room intill e hoose an hannit him ower tae his mither. An Elijah said, "See noo, yer loonie's livin."

[24]An e wumman said tae Elijah, "Noo A ken bi iss att ye are a man o God an aa att ye say is e trowth."

CHAPTIR 18

Time wore on, an efter three ear, e wird o e Lord cam tae Elijah. E Lord said, "Gyang an shew yersel tae Ahab an A'll gar e rain faa on e grun." [2]Sae Elijah gaed an shewed himsel tae Ahab. There wis sair wint in Samaria. [3]Ahab caalled in Obadiah, the heid steward in his hoose. (Noo, Obadiah wis a devoot wirshipper o e Lord. [4]Fan Jezebel did awa wi e prophits o e Lord, Obadiah teuk a hunner o them an hod them inno caves, fifty in ilka cave an maetit them wi breid an watter.) [5]Sae Ahab said tae Obadiah, "Gyang aa roon e cuntra, tae ilka waal an ilka burn an it jist mith be att we wid fin some girss tae keep e cuddies an e horse livin, sae att we dinna loss aa e beasts. [6]Sae they pairtit oot e lan att they wid cower atween them, Ahab gyan ae wye bi himsel an Obadiah gyan e tither.

[7]As Obadiah wis gyan alang e road, he met in wi Elijah, fa he wis weel acquant wi. He fell doon on e grun an said, "Is att you, ma lord Elijah?" [8]An he answert, "Jist att. G'wa an tell yer maister att Elijah's here." [9]An he said, "Fit hiv A deen wrang att ye wid han ower yer servant tae Ahab tae dee awa wi ma? [10]As seer as God's alive e keeng's been leukin for ye in ivvry cuntra o e warl. Ilka time a cuntra reportit att ye werna there, he wid gar e rowlers sweer an aith att they culdna fin ye. [11]An noo ye're tellin ma tae gyang an tell ma maister att ye're here. [12]Fit'll happen is, as seen as A'm oot o sicht, e speerit o e Lord will cairry ye awa tae gweed kens far, an sae, fan I tell Ahab ye're here an he canna fin ye syne, he'll kill ma. Bit myn, A've been a devoot wirshipper o e Lord since A wis a loon. [13]Wis ma lord nae telt aboot fit A did fan Jezebel slew e prophits o e Lord: foo A hod a hunner o e Lord's prophits, fifty till a cave an maetit them wi breid an watter? [14]An noo ye're sayin, 'Gyang an tell yer maister att Elijah is here.' He'll jist kill ma." [15]An Elijah said, "As e Lord o Hosts, afore fa A stan, is livin, A'll seerly shew masel tae him e day." [16]Sae Obadiah gaed tae see Ahab an telt him, an Ahab gaed tae meet in wi Elijah.

[17]Noo, fit happent wis, fan Ahab saa Elijah, he said tae him, "Are ee the een fa's causin aa iss stramash in Israel?" [18]An he answert, "There's been nae stramash o my makkin, it's mair like o yours, cause you an yer fowk hiv forhooiet e commans o e Lord an hiv been wirshippin e gods o Baal. [19]Gaither aa Israel tae me at Moont Carmel an e fower hunner an fifty prophits o Baal an e fower hunner prophits o Asherah att Queen Jezebel keeps in maet." [20]Sae Ahab ordert aa the Israelites an e prophits tae gaither at Moont Carmel. [21]Elijah met wi them an said, "Foo muckle laanger will ye dibber-dabber? Gin e Lord be God, syne folla him. Bit gin it be Baal, syne folla him." An e fowk nivver spak a wird. [22]Syne Elijah said tae e fowk, "A'm the only prophit o e Lord still left, bit there's fower hunner an fifty prophits o Baal. [23]Gie's twa stots an lat them pick een o e stots for themsels, an hack it tae bits, lay it onno some wid bit dinna licht a fire aneth it. A'll dress e tither stot, lay it onno some wid an nae licht nae fire aneth it. [24]Ye cry on your gods bi name an A'll cry on e name o e Lord an fitivver God answers wi fire, lat him be God." An e fowk aa said, "Fair aneuch." [25]Elijah said tae e prophits o Baal, "Pick a stot for yersels an dress it first, there's plenty o ye, cry on e name o yer gods bit dinna pit nae fire aneth it." [26]They teuk e stot att wis gien till them an they dresst it an they cried on e name o Baal fae mornin tae neen, sayin, "Hearken till hiz, Baal." Bit naethin wis heard, nae vice answert. An they loupit up on the aaltar they'd made. [27]At twal o

clock, Elijah scowfft at them sayin, "Roar awa, cause he maun be a god, mebbe he's busy newsin or awa oot aboot, or it mith be att he's sleepin an wints waakent." [28]An they roart oot o them an cuttit themsels, as is their wye o't, wi knives an daggers till their bleed ran. [29]Aa efterneen richt up till e time o e nicht-time sacrifeece they rantit an clammert, bit naethin wis heard, there wis nae vice answerin nor naebody peyin nae attintion tae them. [30]An Elijah said tae e fowk, "Come ower here tae ma." An aa e fowk gaed ower tae far he wis. He sortit the aaltar o e Lord att wis breuken. [31]Elijah teuk twal steens, een for ilka een o e clans o e faimly o Jacob att e wird o e Lord hid come till fan he telt them they wid be caaed Israel, [32]an he biggit an aaltar tae e Lord wi e steens. He howkit a sheugh roon aboot the aaltar big aneuch tae tak twa mizzour o seed. [33]He laid oot e wid an cuttit e stot intae bitties an pat them onno e wid an said, "Full fower bowies wi watter an poor it onno e brunt-sacrifeece an onno e wid." [34]An he said, "Dee it again." An they did it again. An he said, "Dee it a third time." An they did it a third time. [35]E watter ran aa roon aboot the aaltar an he fullt e sheugh wi watter tee.

[36]At e time o e nicht-time sacrifeece Elijah, e prophit cam forrit an said, "Lord God o Abraham, Isaac an o Israel, lat it be kent enoo att ee are God o Israel, att A'm yer servant an A've deen aa iss att your wird. [37]Hear ma, O Lord, hear ma, sae att iss fowk mith ken att ee are e Lord God an att ee hiv turnt their hearts back again." [38]Syne e Lord's fire fell, set fire tae e sacrifeece an brunt it, an e wid, an e steens, an the aise, an driet up e watter i the sheugh. [39]Fan e fowk saa fit wis happenin, they fell on their faces an said, "E Lord is God, e Lord is God." [40]An Elijah said tae them, "Tak a haud o e prophits o Baal an dinna lat neen o them get awa." They teuk haud o them an Elijah brocht them doon tae e Kidron burn an killed them there.

[41]An Elijah said tae Ahab, "G'wa noo an ett an drink, cause A hear e soun o rain comin." [42]Sae Ahab gaed awa tae hae somethin tae ett an drink an Elijah gaed up tae e heid o Carmel an keest himsel doon on e grun, wi his face atween his knees. [43]He said tae his man, "Get up an leuk e wye o e sea." An he got up an leukit an said, "There's naethin tae be seen." An he said, "Gyang an leuk again; syven times." [44]An e syventh time he said, "A can see a wispie o clood raxin oot o e sea lik a chiel's han." An he said, "Gyang an tell Ahab tae get his chariot riddy an gyang hame afore he's held bi e rain." [45]Aa iss time, e lift wis gettin black wi cloods, e win got up an here wis a doonpoor o rain. Ahab set aff in his chariot for Jezreel. [46]Bit e pooer o e Lord hid come onno Elijah. He hykit up his robes an ran on aheid o Ahab aa e wye tae Jezreel.

CHAPTIR 19

Sae Ahab telt Jezebel aa att Elijah hid deen an foo he hid putten aa e prophits tae e swoord. [2]Syne Jezebel sent a messenger tae Elijah tae say, "Lat e gods dee e same an mair tae me gin bi iss time e morn A hinna teen your life lik ee teuk theirs." [3]Fan he heard att, he teuk aff for fear o his life an cam tae Beersheba in Judah far he left his man.

[4]Bit he, himsel, traivelt for a hale day inno e roch cuntra an teuk his rist aneth a juniper tree an prayed att he mith dee. He prayed, "Eneugh's eneugh, O Lord. Jist tak ma life awa cause A'm nae neen better nor ma fadders." [5]As he lay sleepin aneth e juniper tree an angel touched him an said tae him, "Waaken up an ett." [6]Fan he leukit, there wis a cake baken onno e coals an a bowie o watter at his heid. He ett an drank an lay doon again. [7]An the angel o e Lord cam a saicond time, touched him an said, "Waaken up an ett, e road's ower lang for ye." [8]He reese up an ett an drank an his maetin gied him e strinth tae haud on for fowerty days an fowerty nichts tae Horeb, e hill o God.

⁹Fan he got there he bade inno a cave an or lang e wird o e Lord cam tae him. E Lord said tae him, "Fit are ye deein here Elijah?" ¹⁰An he said, "A hiv aye deen aa A culd for e Lord God Almichty cause the Israelites hiv forhooiet yer covenant, dung doon yer aaltars, putten yer prophits tae e swoord till A'm the only een left an they're efter me tae dee awa wi me tee." ¹¹An e Lord said, "Gyang an stan afore ma on e hill." Syne e Lord passed by wi a rivin win att rent e hills an breuk e steens in bits afore e Lord. Bit e Lord wisna inno e win. Efter e win cam an earthquaick; bit e Lord wisna inno the earthquaick. ¹²Efter the earthquaick cam fire; bit e Lord wisna inno the fire. An efter e fire cam a douce wee vice o lown. ¹³An fan Elijah heard it, he happit his face wi his coatie an gaed oot an steed i the moo o e cave. An a vice cam tae him att said, "Fit are ye deein here, Elijah?" ¹⁴An he said, "A hiv aye deen aa A culd for e Lord God Almichty cause the Israelites hiv forhooiet yer covenant, dung doon yer aaltars, putten yer prophits tae e sword, till A'm the only een left an they're efter me tae dee awa wi me tee." ¹⁵An e Lord said tae him, "Gyang awa back e wye o e roch cuntra o Damascus an fan ye get there, annint Hazael keeng ower Syria; ¹⁶an annint Jehu, e sin o Nimshi, keeng ower Israel an ye'll appint Elisha, e sin o Shaphat fae Abel-meholah tae tak your place as prophit. ¹⁷Onybody fa wins oot aneth e swoord o Hazael will be killed bi Jehu, an onybody fa wins oot aneth e swoord o Jehu will be killed bi Hazael. ¹⁸There's still syven thoosan in Israel att leuk tae me an hinna yet booed e knee tae Baal an fas lips hinna kisst him."

¹⁹Sae awa he gaed an faun Shaphat's loon Elisha plooin wi twal yock o owsen afore him an he himsel wi e hinmaist o them. As Elijah gaed by him he keest his coatie ower him. ²⁰He left the owsen ahin an ran efter Elijah sayin, "Lat ma kiss ma fadder an ma mither syne A'll folla wi ye." An Elijah answert, "Back ye gyang, A'm nae stoppin ye." ²¹Sae he gaed back, killed a yock o the owsen an biled their flesh wi e timmer fae their gear an gied it tae the fowk tae ett. Syne he gaed awa efter Elijah an meenistered tae him.

CHAPTIR 20

Ben-hadad, e keeng o Syria gaithert aa his airmy egither wi anither thirty-twa keengs an aa their horse an chariots an he declared waar on Samaria an attackit it. ²He sent messengers intae e toon tae Ahab e keeng o Israel fa said tae him, "Iss is fit Ben-hadad says, ³'Ye maun han ower yer siller an yer gowd, yer wives an e stootest o yer bairns.'" ⁴An e keeng o Israel answert, "Ma Lord, jist as ye say, I an aa that A hiv is yours." ⁵An e messengers cam back again an said, "Iss is fit Ben-hadad says, 'Tho A hiv socht att ye han ower yer siller an yer gowd an yer wives an yer bairns, ⁶for aa that, my men will come till ye aboot iss time e morn an will rake throwe yer hoose an e hooses o yer men an ye'll han ower aathin att's wirth onythin an they'll tak it awa.'" ⁷Syne e keeng o Israel caalled aa e clan chiefs o e cuntra egither an said, "A'm tellin ye, jist waatch fit divvelment iss chiel's aboot. He socht ma wives an ma bairns an ma siller an ma gowd an A didna baulk." ⁸An aa e clan chiefs said tae him, "Dinna listen tae him nor gie in till him." ⁹Sae he said tae Ben-hadad's messengers, "Tell his majesty aa ye socht at e ootset A'll gie ye, bit A winna agree tae iss." Sae e messengers gaed awa an reportit back. ¹⁰An Ben-hadad sent wird tae him sayin, "Mith e gods strick ma doon an mair gin A leave aneuch stew in Samaria tae gie ilka een o ma men a hanfu." ¹¹An e keeng o Israel answert, "Tell him tae myn att a sodger shuld dee his braggin fan he taks aff his airmour, nae fan he pits it on." ¹²Noo it happent att fan Ben-hadad got iss answer, he an his cronies were drinkin i their tents an he said tae his men, "Get yersels riddy," an sae they rankit themsels oot afore e toon.

¹³Noo, a prophit cam tae Ahab, e keeng o Israel sayin, "Iss is fit e Lord his tae say, 'Hiv ye seen foo muckle o them there are? Jist waatch A'll deliver them inno yer hans e day an ye'll ken att A'm e Lord.'" ¹⁴An Ahab said, "Bit fa will dee iss?" An he said, "Iss is fit e Lord says, 'E young sins o e clan chiefs.'" Syne he speirt, "Fa will gie the battle orders?" An he answert, "Ee will." ¹⁵Syne he coontit e young sins o e clan chiefs an there were twa hunner an thirty-twa o them. Syne he coontit aa the Israelites an there wis

syven thoosan. [16]They gaed oot at neen bit Ben-hadad an e thirty twa keengs fa were wi him were boozin an gettin fu i their tents. [17]E sins o e clan chiefs gaed oot first ovaa an wird wis sent tae Ben-hadad att men were comin oot o Samaria. [18]An he said, "Whither they are comin oot tae sikk peace or are comin oot tae fecht, tak them alive. [19]Sae e sins o e clan chiefs cam oot o Samaria wi the airmy folla'in on ahin. [20]Ilka een slew e man he wis fechtin wi an e Syrians teuk aff wi the Israelites chasin efter them. Ben-hadad, e keeng o Syria escapit on a horse wi e lave o e cavalry. [21]An e keeng o Israel gaed oot an teuk e horse an e chariots an e Syrians were sair owercome i the fechtin.

[22]Syne e prophit cam tae e keeng o Israel an said tae him, "G'wa back an bigg up yer airmy an set oot a plan, cause, or e turn o the ear, e keeng o Syria will attack ye again." [23]E keeng o Syria's men said tae him, "Their gods are hill-gods sae they were stronnger nor hiz, bit gin we fecht them doon on e livvel grun, we'll be stronnger nor them. [24]An fit ye maun dee is tak e comman fae e keengs an appint richt offishers i their place. [25]Syne caal up an airmy e same size as the een ye've jist lost, horse for horse an chariot for chariot an we'll fecht them on e livvel grun an for seer, we'll be stronnger nor them." He hearkent tae fit they hid tae say an teuk wi them. [26]Noo at e turn o the ear, Ben-hadad rankit oot his men an mairched tae Aphek tae fecht wi Israel. [27]The Israelites were caalled up an steed up tae them. The Israelites leukit lik twa wee flockies o kids bit e Syrians fullt e hale cuntraside.

[28]A man o God cam an spak tae e keeng o Israel an said, "Iss is fit e Lord his tae say, 'E Syrians hiv said att e Lord is e God o e hills bit is nae e God o e howes, A'm gyan tae deliver iss muckle collieshangie intill yer han an ye'll ken att A'm e Lord.'" [29]They drew up facin een anither for syven days an on e syventh day e fechtin startit. The Israelites killed a hunner thoosan o e Syrian infantry in ae day. [30]E lave ran aff tae e toon o Aphek far a waa fell doon an killed twinty-syven thoosan o e men fa were left. Ben-hadad teuk aff an cam tae e toon an hod himsel in a ben-room.

[31]An his men said tae him, "We've been hearin att e keengs o Israel are mercifu. Fit aboot gin we pit saickclaith roon wir hurdies an tows on wir heids an gyang oot tae e keeng o Israel an mebbe he'll spare yer life." [32]Sae they wuppit saickclaith roon their hurdies an pat tows on their heids an gaed tae e keeng o Israel an said, "Yer servant Ben-hadad sikks att ye spare his life." An he said, "Is he aye livin? He's lik a brither tae ma." [33]Noo e men were waatchin tae see gin he wid gie them ony hope an catcht on rael quick an said, "Ay, Ben-hadad's yer brither." An syne he said, "G'wa an fess him till ma." Ben-hadad cam afore him an he garrt him climm up inno e chariot. [34]Says Ben-hadad tae him, "A'll gie ye back e toons ma fadder teuk fae yer fadder an ye can set up a tradin quaarter in Damascus jist lik my fadder did in Samaria." Syne Ahab said, "A'll lat ye awa on att terms." Sae they cam till an agreement an he sent him awa.

[35]Een o a boorach o prophits said till anidder een, "Strick ma, wid ye." Bit e chiel widna strick him. [36]An syne he said tae him, "Cause ye hinna deen fit e vice o e Lord said, jist ee waatch, as seen as ye leave ma, a lion will kill ye." An as seen as he gaed awa, a lion cam on him an killed him. [37]Syne he cam on anither chiel an said tae him, "Strick ma, wid ye." An e chiel strack him an hurtit him. [38]Sae e prophit gaed awa an wytit for e keeng bi e roadside, disguisin himsel wi aise on his face. [39]As e keeng wis gyan by, he cried tae him, "Yer servant wis oot i the hert o e fechtin fan a sodger brocht a prisoner-o-waar tae ma an said, 'Leuk efter iss chiel. Gin bi ony chaunce he gyang missin, your life will be teen for his, or idderweese, ye'll pey five an a half steen o siller.' [40]Bit A wis teen up wi ither affairs an e chiel gaed missin." An e keeng o Israel said tae him, "Ye're the aathor o yer ain tribble, ye've brocht it on yersel." [41]Syne he dichtit the aise fae his face an e keeng o Israel kent him tae be een o e prophits. [42]An e prophit said tae him, "E Lord says, att cause you lat oot amo yer finngers a chiel att he condemned tae crockaneetion, your life maun be teen for his an your fowk for his fowk." [43]An e keeng gaed back tae Samaria, rael wirriet an doonhertit.

<h2 style="text-align:center">CHAPTIR 21</h2>

Naboth fae Jezreel hid a vinyaird in Jezreel richt anent e palace o e keeng o Samaria. [2]Ahab said tae Naboth, "Gie ma yer vinyaird as A'm sikkin tae hae it as a gairden for herbs cause it's near han my hoose. A'll swap ye a better vinyaird for't or gin ye're sikkin, A'll pey ye fit it's wirth." [3]An Naboth said tae Ahab, "E Lord forbid att A shuld gie ye fit A heired fae ma fadders." [4]Ahab gaed hame tae his hoose dooncassen an raised cause o e wye Naboth fae Jezreel hid dealt wi him fan he said he widna gie him fit he'd heired fae his fadders. He teuk tae his bed, turnt his face tae e waa an widna ett.

[5]Bit his wife Jezebel cam an said tae him, "Fit's adee ye're sae doonhertit an are nae ettin?" [6]An he said tae her, "Cause A wis spikkin tae Naboth fae Jezreel aboot buyin his vinyaird fae him or swappin him for a better een bit he says he's nae giein ma his vinyaird." [7]An Jezebel said tae him, "Are ee e keeng o Israel or nae? Get up, hae a moofu tae ett an cheer up. A'll gie ye Naboth fae Jezreel's vinyaird." [8]Sae she vrote letters in Ahab's name an sealt them wi his seal an sent them tae the officeels an heid-bummers in Jezreel far Naboth bade. [9]I the letters she said, "Haud a fast an gie Naboth e place o honour. [10]Get a couple o cyaards tae acceese him o blasphemin God an e keeng. Syne tak him oot an steen him tae daith." [11]Sae the officeels an heid bummers o e toon did aa fit Jezreel hid socht o them in her screivins in her letter she sent them. [12]They held a fast an gied Naboth e place o honour. [13]Syne twa cyaards o chiels cam an sat doon afore him an acceesed Naboth afore aa e fowk o blasphemin God an e keeng. Syne they cairriet him oot o e toon an steened him tae daith.[14]They sent wird tae Jezebel att Naboth hid been steened an wis deid.[15]Noo fan she heard att Naboth hid been steened an wis deid, Jezebel said tae Ahab, "G'wa an tak posseshion o e vinyaird att Naboth fae Jezreel widna sell ye. Naboth's deid." [16]Sae hearin att Naboth wis deid, Ahab set oot tae gyang doon tae Naboth's vinyaird tae tak posseshion o't.

[17]An e wird o e Lord cam tae Elijah fae Tishbe, sayin, [18]"G'wa doon an meet Ahab, keeng o Israel fa's in Samaria tryin tae tak posseshion o Naboth's vinyaird. [19]Hae a wirdie wi him an say, 'Iss is fit e Lord says, "Hiv ye killed an teen posseshion tee?"' An ye'll say tae him, 'Iss is e Lord's wird, "I the verra place far e tykes lickit e bleed o Naboth, they'll lick yours tee."'" [20]An Ahab said tae Elijah, "Hiv ye catcht ma syne, ma fae?" An he answert, "Ay, A've catcht ye. Ye've selt yersel tae dee fit's coorse i the een o e Lord. [21]Sae A'll fess ill doon on you. A'll dee awa wi ilka chiel in Ahab's faimly, slave or free. [22]Your faimly will gyang e same road as e faimly o Nebat's loon Jeroboam an e faimly o Ahijah's loon Baasha. Yer ill-deeins hiv gotten ma fair raised an hiv trystit Israel tae coorse wyes. [23]An e Lord spak o Jezebel tee, sayin 'E tykes will ett Jezebel anent e waa o Jezreel.' [24]Them o Ahab's faimly fa dee i the toon will be etten bi e tykes an them att dee i the cuntraside will be etten bi e craas."

[25]There nivver wis naebody fa hid ivver deen sae muckle tae annger e Lord as Ahab, steered up as he wis bi his wife Jezebel. [26]He wis aye chasin efter eedols e same wye as the Amorites did, them fa were chased oot bi the Israelites. [27]Noo, fan Ahab heard fit hid been said, he rint his claes pat on saickclaith neist his skin. He stoppit ettin an lay aboot in his saickclaith mutterin tae himsel. [28]An e Lord said tae Elijah fae Tishbe, [29]"See foo mensefu Ahab is afore ma noo? Bicause he's hummlt himsel afore ma, A winna fess doon ill on him fan he's alive, bit in his sin's time A'll fess doon crockaneetion on his faimly."

<h2 style="text-align:center">CHAPTIR 22</h2>

For three year there wis nae waar atween Syria an Israel. [2]I the third ear, Jehoshaphat, keeng o Judah cam doon tae see e keeng o Israel. [3]E keeng o Israel said tae his men, "Ye ken att Ramoth o Gilead is oors, still-an-on we're nae deein naethin tae tak it back fae e keeng o Syria." [4]An he said tae Jehoshaphat, "Will ee gyang an fecht wi ma in Ramoth o Gilead?" [5]An Jehoshaphat said tae e keeng o Israel, "See fit e Lord

318

his tae say aboot it first." ⁶Syne e keeng o Israel gaithert aa e prophits egither, aboot fower hunner o them, an said tae them, "Will A gyang an attack Ramoth o Gilead or shuld A haud ma han?" An they said, "Up ye gyang, cause e Lord will deliver it inno e keeng's han." ⁷Bit Jehoshaphat said, "Is there nae ony ither prophit o e Lord we culd speir at?" ⁸An e keeng o Israel said tae Jehoshaphat, "There is ae man forbye we can speir at for e wird o e Lord, Micaiah, e sin o Imlah. Bit A canna thole him, cause he nivver prophesies onythin gweed aboot me; jist ill aa e time." An Jehoshaphat said, "Dinna say att!" ⁹Syne e keeng o Israel cried ower an offisher an said, "Hist ye an fess Imlah's loon Micaiah till ma." ¹⁰An e keeng o Israel an Jehoshaphat, e keeng o Judah pat on their funcy claes an baith sat on their thrones in a clear space i the door o e yett o Samaria. Aa e prophits cam an prophesiet afore them. ¹¹Een o them, Zedekiah, sin o Kenaanah made himsel a set o horns oot o airn an said, "E Lord says att wi iss horns, ye'll shiv e Syrians till ye've deen awa wi them." ¹²An aa e tither prophits said e same thing: "Gyang up tae Ramoth o Gilead an ye'll dee weel, cause e Lord will deliver it inno e keeng's han." ¹³Noo e rinner fa hid gaen tae fess Micaiah said tae him, "Aa e prophits are sayin e same thing aboot e keeng, att he'll dee weel. A hope ee're gyan tae say e same thing an tell hiz gweed news." ¹⁴An Micaiah said, "As seer's e Lord livin, A'll say naethin bit fit e Lord says tae me."

¹⁵Sae he cam tae e keeng. Says e keeng tae him, "Tell ma, Micaiah, shuld we gyang an attack Ramoth o Gilead or shuld we haud wir han?" An he said, "Gyang an dee weel, cause e Lord will deliver it inno yer han." ¹⁶An e keeng said tae him, "Foo mony times maun A prig wi ye nae tae tell ma naethin bit fit is true i the name o e Lord?" ¹⁷An Micaiah said, "A saa aa Israel scatter on e brae face lik sheepies wi nae shepherd. E Lord said, 'They hiv nae maister; lat ilka een gyang hame till his ain hoose in peace.'" ¹⁸An e keeng o Israel said tae Jehoshaphat, "Didna A tell ye att he nivver prophesies naethin gweed aboot me; jist ill aa e time?" ¹⁹An Micaiah said, "Hear e wird o e Lord. A saa e Lord sittin on his throne an aa e host o hivven stannin tae his richt han an his left han. ²⁰An e Lord said, 'Fa's gyan tae tryst Ahab tae gyang an fecht at Ramoth o Gilead sae att he'll be killed?' Some said ae thing an some said anither. ²¹Bit a speerit cam an steed afore e Lord an said, 'A'll perswaad him'. ²²An e Lord said tae him, 'Foo are ye gyan tae dee att?' An e speerit answert, 'A'll gyang an be a speerit tellin lees throwe e moos o aa his prophits.' An e Lord said, 'Att's e wye tae dee it an ye'll hae success. Awa ye gyang an wark yer ploy.' ²³Sae ye see, e Lord his put a leein speerit i the moos o aa iss prophits an e Lord his spoken ill aboot ye."

²⁴Bit Zedekiah, e sin o Kenaanah cam ower tae Micaiah an slappit his lug an said, "An foo did e speerit o e Lord come fae me tae spik tae you, syne?" ²⁵An Micaiah said, "Jist waatch an ye'll see on e day ye're rinnin tae e pantry tae hide yersel." ²⁶An e keeng o Israel said, "Arrest Micaiah an tak him tae e toon Guvvernor an tae Prince Joash, ²⁷an tell them A'm orderin them tae pit iss lad inno e jile an pit him on breid an watter till I come hame in peace." ²⁸An Micaiah said, "Gin ye come hame in peace, e Lord hisna spoken throwe me." An he said, "Jist myn, aa o ye, fit A've said."

²⁹Sae e keeng o Israel an Jehoshaphat, keeng o Judah gaed up an attackit Ramoth o Gilead. ³⁰E keeng o Israel said tae Jehoshaphat, "A'll disguise masel an gyang an fecht, bit ee pit on yer robes." An e keeng o Israel disguised himsel an gaed an focht. ³¹Bit e keeng o Syria hid ordert his thirty twa chariot captains nae tae fecht wi aa att they cam on, bit jist e keeng o Israel. ³²Fan e chariot captains saa Jehoshaphat in aa his finery they said, "Att maun be e keeng o Israel." An they turnt roon tae attack him. Jehoshaphat roart oot o him, ³³an e chariot captains realised it wisna e keeng o Israel avaa an they stoppit their attack. ³⁴A Syrian sodger teuk a chaunce shot wi his bowe an strack e keeng o Israel atween e jynts o his airmour. He said tae his chariot driver, "Tak ma awa oot o here, cause A've been wounnit." ³⁵E fechtin turnt waar an e keeng bade proppit up in his chariot wi e bleed rinnin oot o his wouns aa ower e chariot. ³⁶As e sin wis gyan doon, the order gaed oot throwe the Israelite ranks: "Ilka man back tae his ain toon an his ain cuntra."

[37]Sae e keeng deit an wis brocht back tae Samaria far they beeriet him. [38]They waasht his chariot i the waals at Samaria an e tykes lappit up his bleed, an they waasht his airmour, aa jist as e Lord hid said. [39]Noo e lave o fit Ahab did an the ivory hoose, an aa e toons he biggit is aa set oot i the beuk o e history o e keengs o Israel. [40]Sae Ahab sleepit wi his fadders an his sin Ahaziah teuk ower e throne.

[41]Jehoshaphat e sin o Asa hid teen ower e throne o Judah i the fowerth ear o Ahab's rowle in Israel. [42]Jehoshaphat wis thirty-five ear aul fan he cam tae e throne an he reigned for twinty-five ear in Jerusalem. His mither wis Azubah, e dother o Shilhi. [43]Like his fadder Asa afore him he waalkit i the wyes o e Lord, nae turnin awa fae it an deein fit wis richt i the een o e Lord. Bit e hill-shrines werna deen awa wi an e fowk aye yet offert sacrifeeces an brunt scintit reek at them. [44]Jehoshaphat made peace wi e keeng o Israel. [45]Noo e lave o fit Jehoshaphat did, aa his wirthy acks an e waars he focht is aa set oot i the beuk o e history o e keengs o Judah. [46]He did awa wi aa e male hoors fa wirkit at e shrines fae e days o his fadder, Asa. [47]At att time there wis nae keeng in Edom, it wis rowlt bi a regent. [48]Jehoshaphat hid merchant ships biggit tae gyang tae Ophir for gowd, bit they nivver got there: they were wreckit at Ezion-geber. [49]Ahab's sin, Ahaziah said tae Jehoshaphat, "Lat my men sail wi yours." Bit Jehoshaphat widna agree.

[50]Jehoshaphat got e sleep o his fadders an wis beeriet wi them in Daavit's toon. His sin Jehoram teuk ower e throne fae him.

[51]Ahaziah, e sin o Ahab teuk ower as keeng o Israel in Samaria i the syventeenth ear o e reign o Jehoshaphat in Judah an he rowlt owerIsrael for twa ear.[52]He did ill i the sicht o e Lord an gaed e same road as his fadder an mither an e same wye as Jeroboam e sin o Nebat fa led Israel tae ill wyes. [53]He wirshippt e gods o Baal an got e God o Israel raised, jist lik his fadder afore him.

E SAICOND BEUK O KEENGS

CHAPTIR 1

Efter Ahab deit, Moab rebelled agin Israel. [2]Noo, Ahaziah hid faa'en doon throwe a winda i the reef o his palace in Samaria, an hurtit himsel. Sae he sent for rinners an said tae them, "G'wa an speir at Baal-zebub, e god o Ekron gin A'm gyan tae recower fae iss ull." [3]Bit the angel o e Lord said tae Elijah fae Tishbe, "Gyang an meet in wi e keeng o Samaria's rinners an say tae them, 'Is there nae a God in Israel att ye maun gyang an sikk oot Baal-zebub, e god o Ekron?' [4]E Lord says, 'Ye'll nae get up fae att bed ye're lyin on; iss will seerly be the hinnerein o ye.'" An Elijah left them.

[5]E rinners turnt back tae e keeng an he speirt at them, "Fit are ye deein back here?" [6]An they said tae him, "There wis a chiel met in wi hiz an said tae hiz, 'Gyang back an tell e keeng fa sent ye, att iss is e wird o e Lord, "Is there nae a God in Israel att ye maun gyang an sikk oot Baal-zebub, e god o Ekron?"'" [7]An he said tae them, "Fit kin o a chiel wis't att met in wi ye an said iss till ye?" [8]An they answert, "He wis a hairy kyn o a chiel wi a ledder aapron roon his wyste." An e keeng said, "Att's Elijah fae Tishbe." [9]Syne e keeng sent a captain wi fifty men tae fess Elijah till him an e captain cam on him sittin on e heid o a hill. He said tae him, "Ay, ay, man o God, e keeng's sikkin ye tae come doon tae him." [10]Says Elijah tae e captain, "Gin A'm a man o God, lat fire come doon fae hivven an frizzle up you an yer fifty men." An e fire o God cam doon fae hivven an frizzlt up e captain an his fifty men. [11]An e keeng sent anither captain wi his fifty men. An iss captain said tae Elijah, "Man o God, e keeng says ye maun hist ye tae him noo." [12]Says Elijah tae him, "Gin A'm a man o God, lat fire come doon fae hivven an frizzle up you an yer fifty men." An e fire o God cam doon fae hivven an frizzlt up e captain an his fifty men.

[13]An e keeng sent a third captain wi his fifty men. An iss third captain cam an fell doon on his knees afore Elijah an priggit wi him, sayin, "O man o God, A pray till ye, be mercifu tae me an ma fifty men. [14]Fire cam doon fae hivven an brunt e tither twa captains an their fifty men, bit hae mercy on my life." [15]An the angel o e Lord said tae Elijah, "Gyang doon wi him: dinna be feart at him." Sae he got up an gaed doon wi him tae e keeng. [16]An he said tae e keeng, "Iss is fit e Lord his tae say, 'Is there nae a God in Israel att ye maun gyang an sikk oot Baal-zebub, e god o Ekron? Ye'll nae get up fae att bed ye're lyin on, iss will seerly be the hinnerein o ye.'"

[17]Sae he deit, jist as e Lord hid said throwe Elijah. He hid nae sins, sae Joram teuk ower e throne fae him, att wis i the saicond ear o e rowle o Jehoram, e sin o Jehoshaphat e keeng o Judah. [18]Noo e lave o fit Ahaziah did is aa set oot i the beuk o e history o e keengs o Israel.

CHAPTIR 2

Noo, e Lord wis aboot tae tak Elijah up tae hivven in a furlin win. Elijah an Elisha hid set oot fae Gilgal, [2]an Elijah said tae Elisha, "Bide here a wee, e Lord is sennin me tae Bethel." Elisha said tae him, "As seer as e Lord's livin an as seer as you're here, A'll nae leave ye." Sae they baith gaed doon tae Bethel. [3]E sins o e prophits o Bethel cam oot tae meet Elisha an said tae him, "Div ye nae ken att e Lord will tak yer maister awa fae ye e day?" An he said, "Ay. Haud yer tongues. A ken att fine." [4]An Elijah said tae him, "Bide here a wee, Elisha, cause e Lord is sennin me tae Jericho." An he said tae him, "As seer as e Lord's livin an as seer as you're here, A'll nae leave ye." Sae they cam tae Jericho. [5]E sins o e prophits o Jericho cam tae Elisha an said tae him, "Div ye nae ken att e Lord will tak yer maister awa fae ye e day?" An he said, "Ay. Haud yer tongues. A ken att fine." [6]An Elijah said tae him, "Bide here a wee, cause e Lord is sennin me tae e Jordan." An he said tae him, "As seer as e Lord's livin an as seer as you're here, A'll nae leave ye." An they baith held on their road.

[7]Fifty o e prophits folla'ed them an steed owerby an waatched them as e twa o them steed up afore e Jordan. [8]Elijah teuk aff his coatie, wuppit it up an strack e watters wi't an they were pairtit an e twa o them crosst ower dry-fittit.

[9]Eence they'd won ower, Elijah said tae Elisha, "Fit wid ye sikk att A dee for ye afore A'm teen awa fae ye?" An Elisha said, "A cudna wint for ony better nor tae hae a twa-faul pairtin o yer speerit." [10]An he said, "Ye're nae feart are ye! Bit weel, weel, gin ye see ma fan A'm teen fae ye, ye'll get fit ye're sikkin; bit gin ye dinna see ma, ye winna. [11]Noo as they held ben e road, newsin tae een anither, a chariot o fire wi horse aa ableeze appeart an cam in atween them, an Elijah gaed up tae hivven in a furlin win.

[12]Elisha saa fit happent an he cried oot o him, "Ma fadder, ma fadder, e chariot o hivven an its horsemen." He nivver saa him again an he teuk a haud o his claes an rippit them tae bits. [13]He pickit up e coatie att hid fa'en aff o Elijah an gaed ower tae e bank o e Jordan; [14]an he teuk e coatie att hid fa'en aff o Elijah, strack e watters wi't an said, "Far's e Lord God o Elijah?" Fan Elisha strack e watters they pairtit att wye an yon an he crosst ower. [15]Fan e prophits o Jericho, fa were waatchin saa him, they said, "Elijah's speerit is reestin on Elisha." They cam ower tae meet him an booed doon tae e grun afore him.

[16]They said tae him, "We hiv fifty men here, aa stoot chiels, lat's sen them tae leuk for yer maister, for fear e speerit o e Lord his cairriet him up an his cassen him on some hill or howe." An he said, "Na, na. Dinna sen them oot." [17]Bit they contert him till he culda refeese an he said, "Weel, weel! Sen them gin ye wint." Sae they sent oot e fifty chiels fa socht him for three days, bit nivver faun him. [18]Fan they cam back tae Elisha (cause he wytit on at Jericho), he said tae them, "Fit did A tell ye? A said nae tae gyang!"

[19]Some o e chiels at Jericho said tae Elisha, "Awyte, as ye can see for yersel, is iss nae a rael bonnie toon? Bit there's nae muckle watter an e grun's gey bare." [20]An he said tae them, "Fess ma a new bowlie wi some saut inno't." An they brocht it tae him. [21]He gaed tae e waals an keest e saut inno them an said, "E Lord says, 'A've healed iss watterins an fae noo on there will be nae mair daith nor bare grun.'" [22]An tae iss verra day e watter his been gweed jist as Elisha hid said fan he spak.

[23]He gaed up fae there tae Bethel. As he wis gyan alang e road some wee bairnies cam oot o e toon an were makkin a feel o him an shoutin, "Here comes baldy, here comes baldy." [24]He turnt an leukit at them, syne cursed them i the name o e Lord. Twa she bears cam oot o e wids an rippit fowerty-twa o e bairns tae bits. [25]Fae there he gaed tae Moont Carmel an syne on tae Samaria.

CHAPTIR 3

Ahab's sin Joram teuk ower e throne o Israel i the auchteenth ear o Jehoshaphat's rowle in Judah. He rowled for twal ear in Samaria. [2]He vrocht ill i the sicht o e Lord, bit nae i the same wye as his fadder an his mither, cause he pat awa the eemage o Baal att his fadder hid made. [3]Bit for aa that, he held on tae e coorse wyes o Nebat's sin Jeroboam an led Israel tae ill-deeins, an widna devaal.

[4]Mesha, e keeng o Moab wis skeely amo sheep an gied e keeng o Israel a hunner thoosan lambs wi the oo o a hunner thoosan rams. [5]Bit fan Ahab deit, e keeng o Moab rebelled agin Israel.

⁶Keeng Joram set oot fae Samaria an gaithert aa his troops. ⁷He sent wird tae Jehoshaphat, e keeng o Judah, sayin, "E keeng o Moab his risen up agin ma, will ee jine ma i the fecht agin Moab?" "Fairly att," he said, "we're aa e same faimly, my fowk are your fowk an my horse are your horse." ⁸An he said, "Fit road will we tak?" An he answert, "Throwe e roch cuntra o Edom." ⁹Sae e keengs o Israel an Judah an Edom aa set oot, an efter mairchin for syven days they ran oot o watter for their men an e beasts att were comin efter them. ¹⁰Says e keeng o Israel, "A wyte, e Lord his cried hiz three keengs egither tae han hiz ower tae Moab." ¹¹Bit Jehoshaphat said, "Is there nae a prophit o e Lord here, att we can speir throwe him fit e Lord says we shuld dee?" An een o e keeng o Israel's men said, "Here's Shaphat's loon Elisha fa poored watter on Elijah's hans." ¹²An Jehoshaphat said, "E wird o e Lord is wi him." Sae e keeng o Israel an Jehoshaphat an e keeng o Edom aa gaed doon tae spik tae him. ¹³Says Elisha tae e keeng o Israel, "Fit hiv I tae dee wi you? G'wa an sikk oot e prophits o yer ain fadder an yer ain mither." An e keeng o Israel said tae him, "Na, na. E Lord his cried iss three keengs egither tae han them ower tae e fowk o Moab." ¹⁴An Elisha said, "As e Lord afore A stan lives, seerly wis it nae att Jehoshaphat e keeng o Israel, fa A think muckle o's stannin here, A widna hae naethin tae dee wi ye. ¹⁵Fess ma a chiel tae play some meesic." An fan e chiel played for him, e han o e Lord cam onno him. ¹⁶An he said, "Iss is fit e Lord his tae say, 'Dig dutches aa ben iss howe.'" ¹⁷An he said, "Cause e Lord says, 'Ye'll see nae win nor rain, bit for aa that, e howe will be fullt wi watter att you an yer beasts can drink.' ¹⁸An att's e least o fit e Lord's gyan tae dee cause he'll gie e fowk o Moab intill yer hans. ¹⁹Ye'll raze aa their waa'ed toons, aa their best toons, ye'll caa doon aa their stoot trees, stap aa their watterins an hap aa their gweed grun wi steens." ²⁰E neist mornin fan they were makkin e maet-offerin, watter startit tae come fae e wye o Edom an e cuntraside wis happit wi watter.

²¹Fan e fowk o Moab heard att e keengs hid come oot tae fecht wi them, they gaithert aa e men att were fit an pat on their airmour an stationt them at e border. ²²Fan they reese i the airly mornin, they saa e sin sheenin on e watter an it leukit tae e Moab fowk as reed as bleed. ²³An they said, "Iss is bleed, e keengs maun hae been killed an they've set on een anither. Lat's gae doon tae e spiles, Moab." ²⁴Fan they cam tae the Israelite camp, the Israelites gat up an attackit e Moabite airmy, fa teuk tae their heels, bit they chased efter them, killin them aa throwe their ain cuntra. ²⁵They caaed doon their toons an keest steens on aa their gweed grun till it wis happit. They stappit aa e waals o watter an hackit doon aa e stoot trees. The only place far they left e biggins stannin wis in Kir-hareseth, bit chiels wi slings dung them doon anaa.

²⁶Fan e keeng o Moab saa att they hid gotten e better o him, he teuk syven hunner swoordsmen tae try an braak throwe tae far e keeng o Edom wis, bit he didna mak it. ²⁷Syne he teuk his aulest loon, fa wid hae rowlt efter him an offert him up as a brunt-offerin onno e waa. The Israelites were sae teen aback at sic deeins att they withdrew an held back tae their ain cuntra.

CHAPTIR 4

E wife o een o e chiels fae amo e prophits cam tae Elisha an said, "Ma man, fa wirkit for ye is deid, an ye ken att he hid a fear o e Lord, bit e lad fa he wis awin siller tae is comin tae tak ma twa loonies as slaves." ²An Elisha said tae her, "Fit can I dee for ye? Tell ma fitna gear hiv ye got i the hoose?" "Yer deemie his naethin avaa," she said, "forbyes a bowie o ile." ³Elisha said, "G'wa an sikk teem jars fae aa yer neepers. Nae jist a fyow. ⁴Eence ye win hame, shut yersel an yer loons in. Poor ile inno e jars an as ilka een fulls up, pit it tae ae side." ⁵Sae she left him an she shut hersel an her loons in. They brocht jars till her an she poored ile inno them. ⁶Noo, eence they were aa full, she said tae her loon, "Fess ma ower anither jar," an he said tae her, "There's nae ony mair." The ile stoppit rinnin. ⁷Syne she gaed an telt e man o God, an he said, "Gyang an sell the ile an pey yer awin an you an yer loons can live on fit's left ower."

⁸Ae day, Elisha gaed tae Shunem far a weel-tae-dee wumman bade. She priggit wi him tae hae a bite tae ett an sae ilka time he gaed att road, he cried in by for a moofu. ⁹An she said tae her man, "A'm thinkin iss is a haily man o God att files comes iss gait. ¹⁰Fit aboot makkin a chaulmer for him an set up a bed an a table an a cheer an a cannelstick sae att fan he cries in by, he can bed himsel doon." ¹¹Noo, ae day, fan he cried in by, he gaed tae e chaulmer an lay doon there. ¹²An he said tae his man, Gehazi, "Gyang an fess e Shunem wumman till ma." An fan he cried on her, she cam an steed afore him. ¹³An he said tae his man, "Tell her she's leukit efter hiz rael weel an speir fit we can dee for her. Culd we pit in a gweed wirdie for her wi e keeng or e captain o the airmy?" An she said, "A've aa att's nott here amo ma ain fowk." ¹⁴An he said, "Fit, syne, can we dee for her?" An Gehazi said, "She disna hae nae bairns an her man's a gey aul chiel." ¹⁵An Elisha said, "Cry her ben." Sae he cried her ben an she cam an steed i the door. ¹⁶An he said tae her, "Aboot iss time neist ear, ye'll hae a wee loonie in yer bosie." An she said, "Na, na, ma lord, dinna tell lees, an you a man o God." ¹⁷Bit e wumman fell i the faimly wye an hid a wee loonie e neist ear, jist aboot e time Elisha said she wid.

¹⁸Fan e bairn hid growen up, he wis oot ae day wi his fadder an e hairsters. ¹⁹An aa at eence he said tae his fadder, "Oh, ma heid! Ma heid!" An his fadder telt een o e men tae cairry him hame till his mither. ²⁰Sae he brocht him hame till his mither an he lay on her knees till e midse o e day an syne he deit. ²¹She laid him doon on e man o God's bed, shut e door an gaed awa oot. ²²She cried tae her man, "Sen een o e young lads wi een o e cuddies sae A mith hyste tae e man o God an get hame again." ²³An he said tae her, "Fit wye are ye gyan e day? It's nae e new meen nor e Sabbath." An she said, "Fit sorra ither." ²⁴Syne she saiddlt e cuddy an said tae her servant, "Hist ye on. Dinna dauchle, oonless I tell ye till." ²⁵Sae awa she gaed an cam on e man o God at Moont Carmel. Noo, e man o God saa her fan she wis aye hine awa an he said tae his man, Gehazi, "Leuk ower there. Att's e wumman fae Shunem. ²⁶Hist ye ower an meet in wi her an speir att her gin aathin's aa richt wi her an wi her man an aa richt wi her bairn. "Aathin's fine," she said. ²⁷Bit fan she cam up e brae tae e man o God she claucht him bi e feet an Gehazi tried tae pull her awa. Bit e man o God said, "Lat her be, cause she his a gey sair hert an e Lord hod it fae ma an didna tell ma." ²⁸Syne she said, "Did I speir for a sin, ma lord. Did I nae say, 'Dinna tell ma lees.'" ²⁹An he said tae Gehazi, "Hitch up yer cloak, tak ma staff in yer han an rin. Gin ye meet in wi ony chiel, dinna tak him on an gin onybody taks you on, dinna spik tae him. Lay ma staff onno e bairnie's face." ³⁰An e bairn's mither said, "As e Lord's alive an as sure as you're here, A winna leave ye." Sae he got up an folla'ed her. ³¹Gehazi held awa afore them an laid e staff on e bairnie's face, bit there wis nae soun nor sign o life. Sae he gaed tae meet Elisha an said tae him, "E loonie hisna waakent." ³²Elisha cam in till e hoose, e bairn wis deid an lyin on his bed. ³³He gaed in an shut e door on e twa o them an prayed tae e Lord. ³⁴He gaed ower tae e bairn, lay onno't an pat his moo tae e bairn's moo an his een tae e bairn's een an his hans on e bairn's hans. He streetched himsel oot ower e bairn an e bairn's body grew waarm. ³⁵Elisha got up an waalked back an fore i the room an gaed back an streetched himsel on e bairn. E bairn sneezed syven times an opent his een. ³⁶He shouted tae Gehazi, "Cry on e Shunem wumman." Sae he cried her ower an fan she cam in till e room, he said tae her, "Here's yer loon." ³⁷Syne she gaed in an fell doon at his feet an booed hersel tae e grun, teuk up her loon an gaed awa oot.

³⁸Elisha gaed back tae Rowin-steens an there wis famine i the cuntra. Fan aa e prophits were meetin wi him, he said tae his man, "Pit on e muckle pot an bile up some beef for e prophits here." ³⁹Een o them gaed oot intill e park tae gaither some herbs an he faun a wild vine an pickit as muckle o its fruit as he culd cairry i the faul o his cloak an fan he got back, cuttit them up an pat them inno e pot tho naebody kent fit they were. ⁴⁰Sae they laidlet oot e beef for e chiels tae ett. An as they were ettin they aa said, "Gyaad, ye man o God! There's daith inno iss pot," an they culdna ett it. ⁴¹Bit he said, "Fess some meal," an he haived it inno e pot, Syne he said, "Laidle't oot noo for e fowk an lat them ett: an there wis naethin wrang wi't.

⁴²A chiel cam fae Baal-shalisha fessin wi him, for e man o God, twinty barley-loaves made wi e first o e hairst alang wi some o e new corn, an he said, "Gie iss tae e fowk tae ett. ⁴³His servant said, "Iss? For a hunner men?" An he said again, "Gie iss tae e fowk tae ett, cause e Lord says, 'They'll ett an hae some left ower.'" ⁴⁴Sae he set it doon afore them an they ett fae't an there wis some left ower, jist as e Lord hid said.

CHAPTIR 5

Noo, Naaman, e heid o e keeng o Syria's airmy wis a gey chiel an weel thocht o bi his maister, cause throwe him e Lord hid gien Syria victory ower her faes. He wis a bonnie fechter bit he suffert fae lipprosy. ²In een o their raids on Israel, e Syrians hid brocht back as a captive a wee quinie an she wirkit as a maid tae Naaman's wife. ³Ae day she said tae her mistress, "A wish ma maister wid gyang an see e prophit fa bides in Samaria. He wid mak him aa better o his lipprosy." ⁴Naaman gaed tae e keeng an telt him, wird for wird, fit e quinie fae Israel hid said. ⁵An e keeng o Syria said, "Awa ye gyang, an A'll sen a letter tae e keeng o Israel." Sae aff he gaed takkin wi him ten talents o siller, sax thoosan bits o gowd an ten cheenges o claes. ⁶E letter att he teuk tae e keeng o Israel said, "A'm sennin ma man Naaman tae ye wi iss letter an wid speir att ye mith cower him o his lipprosy." ⁷Noo, fan e keeng o Israel read e letter, he rippit his claes an said, "Am I God tae kill an leave alive att iss chiel sens ma iss lad tae mak him better o his lipprosy? A'm thinkin he's tryin tae raise din wi ma."

⁸Fan Elisha, e man o God cam tae hear att e keeng o Israel hid rippit his claes, he sent wird tae e keeng speirin, "Fitna wye hiv ye rippit yer claes? Lat e chiel come tae me an he'll ken there's a prophit in Israel." ⁹Sae Naaman cam wi his horse an his chariots an drew up at e door o Elisha's hoose. ¹⁰Elisha sent een o his men oot tae him tae say tae him, "Gyang an waash yersel i the Jordan syven times an ye'll come aa better an ye'll be clear o yer ails." ¹¹Bit Naaman wis raised an gaed awa sayin, "Michty, A thocht e chiel wid seerly come tae ma himsel an stan afore ma an cry on e name o e Lord his God an wag his han aboot tae mak ma better o ma lipprosy. ¹²Are e watters o Abana an Pharpar in Damascus nae better nor aa e watters o Israel? Culd A nae waash in them an get better?" Sae he turnt awa in a rage. ¹³His men cam ower an spak tae him an said, "Maister, gin e prophit hid bad ye dee some winnerfu thing, wid ye nae hae deen it? Foo muckle mair syne fan he jist says 'Waash an be cleant'?" ¹⁴Syne he gaed doon an dippit himsel syven times i the Jordan, jist as e man o God hid telt him tae dee an he wis made aa better an his skin cam lik att o a wee bairnie.

¹⁵He gaed back tae e man o God wi aa his troup an steed afore him an said, "See noo, A ken there's nae a God in aa e warl cep in Israel. Wid ye tak somethin for yersel fae ma?" ¹⁶Bit he said, "Na, na, as e Lord afore A stan is livin, A'm nae for naethin." He priggit wi him tae tak somethin bit he widna hae neen o't. ¹⁷An Naaman said, "Weel, weel, gin ye're nae for naethin fit aboot gien ma as muckle yird as twa cuddies can cairry sae att A'll nivver again mak brunt-offerins or sacrifeeces tae ony ither God bit e Lord. ¹⁸Bit mith e Lord forgie me, his servant, iss ae thing: fan ma maister gyangs intae e temple o Rimmon tae boo doon, he leans on my airm, an I hiv tae boo doon tee. Fan I boo doon i the temple o Rimmon, mith e Lord forgie ma for it." ¹⁹An Elisha said tae him, "Awa ye gyang in peace."

He hidna gaen verra far ²⁰fan Gehazi e servant o Elisha, e man o God said tae himsel, "Ma maister wis some easy on iss Syrian chiel Naaman bi nae takkin naethin fae him. Bit as seer's e Lord's here, A'll rin efter him an get somethin fae him." ²¹Sae Gehazi ran efter Naaman. Fan Naaman saa him comin he got doon aff o his chariot tae spik tae him an he said, "Fit's adee?" ²²An he said, "Aathin's fine. Ma maister his sent ma tae tell ye att twa young chiels hiv come tae him fae e heilins o Ephraim, baith e sins o prophits. He's sikkin a talent o siller an twa cheenges o claes for them." ²³An Naaman said, "Fairly att.

Tak twa talents." An he bun up twa talents o siller in twa bags wi twa cheenges o claes, an gied them tae twa o his men fa cairriet them afore Gehazi. [24]Fan he cam tae e hill far Elisha bade, he teuk them fae e men an pat them inno e hoose an telt e men tae gyang awa, an they did.[25]Syne he gaed in an steed afore his maister, Elisha. An Elisha said tae him, "Far hiv ye been, Gehazi?" An he said, "Yer servant hisna been naewye." [26]An Elisha said tae him, "Wis my hert nae wi ye fan e chiel got doon fae his chariot tae meet wi ye? Is iss e time tae tak siller, an claes an olive groves an vinyairds an sheep an owsen an men an deems? [27]Naaman's lipprosy will tak haud o you an yer bairns for ivver." An fan he left Elisha he hid lipprosy as fite as snaa.

CHAPTIR 6

E prophit chiels cam tae Elisha an said, "Iss place here far we're bidin wi ye, is nae near han big aneuch for hiz. [2]Fit aboot gyan doon tae e Jordan an cuttin doon some trees an biggin a place tae bide there?" An he said tae them, "On ye go!" [3]Bit een o them said tae him, "Fit aboot you comin wi hiz?" An he said, "Fairly att." [4]Sae awa they gaed an fan they won e linth o e Jordan, they startit tae cut doon some trees. [5]Bit as een o them wis hackin doon a tree, the heid o his aix fell inno e watter, an he cried tae Elisha, "Oh maister, A jist hid e lyne o att." [6]An e man o God said, "Far did it faa?" An he shewed him far aboot it fell. An Elisha cuttit doon a stick an keest it at e place, an the airn floatit. [7]Sae he said, "Lift it oot." An e chiel raxed doon an pickit it up.

[8]E keeng o Syria declairt waar on Israel an confabbit wi his offishers aboot far they wid set up their camp. [9]An e man o God sent wird tae e keeng o Israel nae tae gyang near e place, cause e Syrians were gyan doon there. [10]Sae e keeng o Israel sent wird tae e fowk fa bade i the place, waarnin them, an they keepit a leuk oot. An e keeng o Israel saved himsel a fyow times bi keepin awa fae e place. [11]Noo e keeng o Syria wis sair come att cause o iss an he cried his offishers egither an said tae them, "Fitna amo ye is sidin wi e keeng o Israel?" [12]Een o his offishers said tae him, "Neen o's ma lord keeng. Bit Elisha e prophit o Israel is tellin e keeng o Israel e wirds ye're fusperin in yer bedroom."

[13]G'wa an fin oot far he is," he said, "sae att we can tak him." An they telt him att Elisha wis in Dothan. [14]Sae he sent a muckle force wi horses an chariots there. They cam at nicht an surroonit e toon. [15]Noo e man o God's servant raise airly an gaed oot tae see a muckle airmy wi horses an chariots aa roon e toon. An he said tae Elisha, "Oh maister, fit are we gyan tae dee?" [16]An Elisha answert, "Hae nae fear! There's mair o hiz nor there is o them." [17]Sae Elisha prayed an said, "Lord, A pray att ye open his een sae att he mith see." An e Lord opent e laddie's een an he saa e hillside wis fullt wi horses an chariots an fire aa roon aboot Elisha. [18]As e Syrians attackit, Elisha prayed tae e Lord an said, "Strick e hale lot o them blin." An he strack them aa blin jist as Elisha hid speirt.

[19]An Elisha said tae them, "Iss is nae e richt road nor e richt toon. Folla me an A'll tak ye tae e lad ye're sikkin." Bit he led them tae Samaria. [20]Noo, fan they arrived in Samaria, Elisha prayed, "Lord open their een sae att they mith see." An e Lord opent their een an they saa they were inno Samaria. [21]Fan e keeng o Israel saa them, he said tae Elisha, "Will A kill them, fadder? Will A kill them?" [22]An he said, "Na. Dinna kill them. Wid ye kill men ye've captured wi yer ain swoord an bowe? Set oot maet an watter for them sae att they mith ett an drink an syne gyang back tae their maister.[23]He set oot a muckle spread for them an fan they hid etten an drunk their full, he sent them back tae their maister. Efter att there wis nae mair raids bi e Syrians on Israel.

[24]Noo efter att, Ben-hadad, e keeng o Syria gaithert his airmy an gaed up an attackit Samaria. [25]There wis muckle wint in Samaria an e seige lestit sae lang att a cuddy's heid wis sellin for auchty bits o siller an a

half pint mizzour o sids for five bits o siller. [26]As e keeng o Israel wis gyan by onno e waa, a wumman cried oot tae him, "Help ma, lord keeng." [27]An he said tae her, "Gin e Lord canna help ye, far culd I get help for ye? Fae e barn fleer? Fae e winepress?" [28]An he said tae her, "Fit ails ye onywye?" An she answert, "Iss wifie said tae ma,'Gie ma yer loon an we'll ett him e day an we can ett my loon e morn.' [29]Sae we bylt my loon an we ett him. E neist day A speirt att her tae gie hiz her loon sae att we culd ett him, bit she's plunket him somewye oot o sicht."

[30]Noo, fan e keeng heard fit e wumman wis sayin, he rippit his claes an held on alang e waa an fan e fowk leukit at him he wis weerin saickclaith neist his body. [31]Syne he said, "Mith God strick ma deid gin Shaphat's sin Elisha still his his heid on him afore iss day's oot." [32]Elisha wis sittin in his hoose wi the elders. E keeng sent wird on aheid o him, bit afore wird cam, he said tae the elders, "See foo iss murtherer is sennin somebody tae chap aff my heid? Leuk, fan e chiel arrives, shut e door an haud him there. Is att nae e soun o his maister's fit ahin him?" [33]An as he wis spikkin e keeng's man arrived an e keeng said, "Iss crockaneetion is e Lord's deein. Fit wye shuld A wyte ony laanger for him tae dee somethin?"

CHAPTIR 7

Elisha said, "Hear e wird o e Lord. E Lord says, 'Aboot iss time e morn a mizzour o fine flooer will be selt for a shekel an twa mizzours o barley for a shekel at e yett o Samaria.'" [2]Syne an offisher fas airm e keeng wis leanin on said tae e man o God, "Culd att happen, aiven gin e Lord wis tae open e windas o e lift?" An he answert, "Jist wyte. Ye'll see it wi yer ain een, bit ye winna ett ony o't."

[3]There wis fower chiels wi lipprosy sittin at e door o e yett. They said tae een anither, "Fit wye shuld we bide here till we dee? [4]Gin we say att we'll gyang in till e toon, there's wint there an we'll dee an gin we bide here we'll dee. Sae lat's gyang ower tae e Syrian's camp an gie wirsels up. Gin they spare hiz, we'll live an gin they dinna, weel, weel, we're gyan tae dee onywye." [5]They got up i the gloamin tae gyang tae e Syrian's camp. They gaed aa throwe e camp bit there wisna a sowl there. [6]Ye see, e Lord hid garrt e Syrians think they were hearin e soun o chariots an o horses an o a muckle airmy an they said, "E keeng o Israel maun hae teen on e keengs o the Hittites an e keengs o Egypt tae fecht wi hiz." [7]Sae they teuk tae their heels i the gloamin, leavin ahin their tents an their horse an their cuddies. The hale camp wis desertit as they fled for their lives. [8]Fan e lippers cam tae e farrest ben pairt o e camp, they gaed inno a tent an ett an drank an helpit themsels tae siller an gowd an claes an gaed an hod it. They cam back an gaed inno anither tent an teuk aathin oot o't an hod it anaa. [9]Syne they said tae een anither, "Iss is nae richt. We hiv gweed news an we shuldna be keepin it tae wirsels. Gin we bide here till mornin some ill will come on hiz, come on, lat's gyang an tell e keeng's fowk aboot iss." [10]Sae they gaed an cried up e nicht-waatchmen o e toon an telt them, "We've come fae e Syrian's camp an there's naebody there, nae a soun o a man's vice tae be heard. Their horse an cuddies are bun an their tents lyin as they left them." [11]The waatchmen shouted e news an wird got e linth o e keeng's hoose. [12]E keeng got up i the middle o e nicht an said tae his servants, "A'll tell ye fit e Syrians are up till. They ken we're stairvin an hiv left their camp an are hidin i the parks thinkin att we'll come oot o e toon an they'll be able tae tak hiz alive an syne get inno e toon." [13]Bit een o his servants said, "Lat's tak five o e horse att are left i the toon an sen oot men, they're gyan tae dee here i the toon onywye sae it'll mak nae difference tae them gin they're killed there, an we'll see fit's fit. [14]Sae they roadit twa chariots wi their horse an e keeng sent them oot tae far e Syrian airmy wis, sayin, "Gyang an see." [15]They trackit them e linth o e Jordan an e hale wye wis strown wi claes an gear att e Syrians hid keest awa i their hist. E men cam back an telt e keeng fit they hid faun. [16]E fowk gaed oot an raidit e Syrians' tents. Sae a mizzour o fine flooer wis selt for a shekel, an twa mizzours o barley for a shekel, jist as e Lord hid said.

[17]E keeng hid appintit the offisher fa he wis leanin on tae tak chairge o e yett, bit e fowk trumpit ower e heid o him as he wis stannin at e yett an he wis killed, jist as e man o God hid said fan he spak tae e keeng. [18]An the ither spik o e man o God cam true tee, att twa mizzour o barley an a mizzour o fine flooer wid be selt for a shekel iss time e morn at e yett o Samaria. [19]The offisher hid said tae e man o God, "Culd att happen, aiven gin e Lord wis tae open e windas o e lift?" An he'd said, "Ye'll see it wi yer ain een, bit ye winna ett ony o't." [20]Sae att's exackly fit happent. E fowk trumpit ower e heid o him i the yett an he deit.

CHAPTIR 8

Elisha said tae e wumman fas sin he hid brocht back tae life, "Tak yer faimly an gyang an sikk a hame farivver ye can, cause e Lord his set oot att there will be a famine hereaboots for syven ear." [2]Sae e wumman set oot an did as e man o God hid said. She teuk her faimly an gaed tae bide i the Philistine cuntra for syven ear. [3]Noo, at the ein o e syven ear, e wumman cam hame fae e Philistine cuntra an gaed tae e keeng tae sikk her hoose an her grun back. [4]E keeng spak tae e man o God's servant, Gehazi an speirt, "Tell ma aa e fairlies att Elisha his deen." [5]An it jist happent att as he wis tellin e keeng aboot foo he hid brocht e deid body back tae life, e wumman fas sin he hid brocht back tae life cam in aboot tae sikk her hoose an her grun fae e keeng. An Gehazi said, "Iss is e wumman fas sin Elisha brocht back tae life, yer Majesty." [6]An fan e keeng speirt at e wumman, she telt him aa aboot it. Sae e keeng telt een o his offishers tae see att she got back aa att wis hers wi e hairsts o e parks fae e day she hid left tae att verra day.

[7]Elisha gaed tae Damascus an fan he won there, Ben-hadad, e keeng o Syria wis nae weel, an they telt him e man o God hid arrived. [8]Says e keeng tae Hazael, "G'wa an meet e man o God an tak a hansel for him wi ye an speir at e Lord, throwe him, gin A'll recower fae iss sair." [9]Sae Hazael gaed oot tae meet in wi him an teuk a hansel wi him o e best att Damascus culd provide: fowerty camels it nott tae cairry it. He steed up afore him an said, "Yer servant, Ben-hadad, keeng o Syria his sent ma till ye tae speir gin he'll recower fae his sair." [10]An Elisha said tae him, "G'wa an tell him att he'll get ower't, bit e Lord his telt ma att he's gyan tae dee." [11]Syne he glowert at Hazael till he wis affrontit an e man o God startit tae greet. [12]An Hazael said, "Fit ails ye, ma lord?" An he answert, "Cause A ken the ills ye're gyan tae fess doon on the Israelites. Ye'll fire their toons an kill their loons wi e swoord, dang their bairnies tae e grun an rip open their weemen fa are wi bairn. [13]An Hazael said, "Div ye think A'm a tyke att A wid dee sic a thing?" An Elisha said, "E Lord his shewn ma att ee will be keeng ower Syria." [14]Sae he left Elisha an cam back tae his maister fa speirt at him, "Weel, fit hid Elisha tae say tae ye?" Says he, "He telt ma att ye were seer tae come aa better." [15]Noo e neist day, he teuk a thick cloot, dippit it in watter an held it ower e keeng's face till he deit an Hazael teuk ower as keeng.

[16]I the fifth ear o e rowle o Joram, sin o Ahab keeng o Israel, Jehoram teuk ower e throne o Judah fae his fadder Jehoshaphat. [17]He wis thirty-twa ear aul fan he cam tae e throne an he rowlt aucht ear in Jerusalem. [18]Bit he gaed e same wye as e keengs o Israel, jist lik Ahab an his faimly, cause he hid mairriet Ahab's dother. He vrocht ill i the sicht o e Lord. [19]For aa that, e Lord widna missaucre Judah for e sake o Daavit, his servant, cause he'd promist tae gie him an his faimly a lampie for aye.

[20]Roon aboot att time, e fowk o Edom rebelled fae Judah, an set themsels up wi their ain keeng. [21]Sae Jehoram gaed tae Zair wi aa his chariots. The Edomites surroonit him, bit at nicht he breuk throwe wi his chariots an his airmy scattert awa hame. [22]Tae iss day, Edom his been rebellin agin Judah. Libnah rebelled at e same time. [23]Noo e lave o fit Jehoram did is aa set oot i the beuk o e history o e keengs o

Judah. ²⁴An Jehoram teuk e rist o his fadders an wis beeriet wi his forebeers in Daavit's toon. His sin, Ahaziah teuk ower as keeng.

²⁵It wis i the twalth ear o e rowl o Joram e sin o Ahab, keeng o Israel att Ahaziah, e sin o Jehoram, keeng o Judah teuk ower e throne. ²⁶Ahaziah wis twinty-twa ear aul fan he cam tae e throne. He jist rowlt for ae ear. His mither wis Athaliah, e dother o Omri, keeng o Israel. ²⁷He gaed e same wye as the Ahabs an vrocht ill i the sicht o e Lord, jist like the Ahabs, cause o coorse, he wis their sin-in-laa. ²⁸He teuk up airms wi Joram e sin o Ahab agin Hazael e keeng o Syria in Ramoth o Gilead far Joram wis wounnit bi e Syrians. ²⁹Keeng Joram gaed back tae Jezreel tae cower fae e wouns att he'd gotten fae e Syrians at Ramah, fechtin wi Hazael, e keeng o Syria. Ahaziah e sin o Jehoram, keeng o Judah gaed doon tae see Joram, sin o Ahab in Jezreel, cause he wis nae weel.

CHAPTIR 9

Elisha, e prophit cried on een o e young prophits an said tae him, "Get yersel riggit an tak iss flaskie o ile tae Ramoth o Gilead. ²Fan ye get there, sikk oot Jehu, fas fadder wis Jehoshaphat e sin o Nimshi an tak him ben the hoose fae his fowk tae a room on his ain. ³Syne tak e flaskie o ile an poor it ower his heid, sayin, 'E Lord says, "I hiv annintit ye keeng ower Israel,"' syne tak oot e door an get awa as fest as ye can."

⁴Sae e young prophit gaed tae Ramoth o Gilead. ⁵Fan he got there he faun e captains o the airmy aa sittin egither. He said tae them, "A hiv an eerin for ye, captain." "Fa for?" said Jehu. An he said, "For you, captain." ⁶He reese up an gaed intill e hoose an he poored the ile on his heid an said tae him, "E Lord God o Israel says, 'A've annintit ye keeng ower aa e Lord's fowk, Israel. ⁷Ye'll strick doon e hoose o Ahab, yer maister, sae att I mith avenge e bleed o ma servants, e prophits an e bleed o aa e Lord's fowk spult bi Jezebel. ⁸E hale o Ahab's clan maun dee, ilka man gin he be free or slave. ⁹A'll mak Ahab's faimly e same as e faimly o Nebat's loon Jeroboam an e faimly o Ahijah's loon Baasha. ¹⁰E tykes will ett Jezebel i the grun aroon Jezreel an there will be naebody tae beery her.'" An he opent e door an teuk tae his heels.

¹¹Jehu gaed back tae e lave o his offishers fa speirt at him, "Fit's adee? Fit wye did att feel come till ye?" An he said tae them, "Ye ken e chiel an fit he hid tae say." ¹²An they said, "Deil e linth. Tell hiz his wird." An he said, "He telt ma att e Lord says he's annintit ma keeng o Israel." ¹³They hurriet an teuk their cloaks an pat them aneth him at e heid o e stair, blew their tooteroos an said "Jehu is keeng."

¹⁴Syne Jehu, e sin o Jehoshaphat fa wis e sin o Nimshi set oot plans agin Joram, fan Joram an the Israelites were defendin Ramoth o Gilead agin Hazael e keeng o Syria. ¹⁵Joram hid gaen back tae Jezreel tae recower fae e sair he hid gotten fae e Syrians fan he wis fechtin wi their keeng, Hazael. Jehu said, "Gin iss is fit ye're thinkin, dinna lat naebody oot o e toon tae fess e news tae Jezreel." ¹⁶Sae Jehu gaed tae Jezreel in his chariot: Joram wis lyin there. Ahaziah e keeng o Judah hid come doon tae see Joram. ¹⁷E sentry stannin on e waatch-tooer o Jezreel saa Jehu an his men comin an he said, "A see some fowk comin." An Joram said, "Get a horseman tae gyang oot an meet in wi them an speir gin they're comin in peace." ¹⁸Sae a horseman gaed oot tae meet them an said, "E keeng's speirin gin ye come in peace." An Jehu said, "Fit's peace got tae dee wi you. Faa in ahin ma." E sentry said, "E messenger his won e linth o them, bit he's nae comin back." ¹⁹Syne he sent oot a saicond horseman fa said tae them, "E keeng's speirin gin ye come in peace." An Jehu said, "Fit's peace got tae dee wi you. Faa in ahin ma." ²⁰An e sentry reportit, "He's won e linth o them bit he's nae comin back. E drivin's lik att o Nimshi's loon Jehu, he's drivin lik an eedjit." ²¹An Joram said, "Mak riddy." Sae his chariot wis gotten riddy. Joram keeng o Israel an Ahaziah keeng o Judah baith gaed oot i their chariots tae meet in wi Jehu an cam on him i the

park aint bi Naboth fae Jezreel. ²²Noo, fan Joram saa Jehu, he said tae him, "Div ye come in peace, Jehu?" An he answered, "Fit wye can there be peace wi aa e witchcraft an flumgummery att yer mither, Jezebel his startit?" ²³Joram turnt an fled, shoutin tae Ahaziah, "Iss is treachery, Ahaziah." ²⁴Jehu drew a bowe aa its linth an shot Joram atween e shouthers. The arra strack his hert an he plappit doon in his chariot. ²⁵Syne Jehu said tae his captain, Bidkar, "Tak him an fling him inno e parkie belangin tae Naboth fae Jezreel. Div ye myn on e time we were in wir chariots ahin Ahab, his fadder, fan e Lord said iss wid happen? ²⁶'Estreen A saa e bleed o Naboth an his sins', says e Lord,'an A'll gar ye pey for it on iss park' says e Lord.'" ²⁷Noo, fan Ahaziah, e keeng o Judah saa fit hid happent, he teuk up e road tae Beth-haggan. Jehu teuk efter him an said, "Kill him in his chariot." They got him on e road tae Gur ower by Ibleam. He held on tae Megiddo an deit there. ²⁸His men cairriet him in a chariot tae Jerusalem an beeriet him i the grave o his fadders in Daavit's toon. ²⁹Ahaziah teuk ower e throne o Judah i the elyventh ear o e rowle o Joram e sin o Ahab.

³⁰Fan Jehu arrived at Jezreel, Jezebel got tae hear o't. She clairtit her face an kaimed her hair an leukit oot o e winda. ³¹As Jehu cam throwe e yett, she said, "Hiv ye come in peace Zimri, you fa killed yer maister?" ³²Jehu leukit up tae e winda an shouted, "Fa's wi me? Fa?" Twa or three chiels fa hid been libbit leukit doon at him. ³³An he said, "Fling her doon." Sae they keest her doon an some o her bleed wis splattert on e waa an ower e horses as they trumpit ower e heid o her. ³⁴He cam in an ett an drank an syne said, "G'wa an see tae att cyaard o a wumman. Beery her, cause she's e dother o a keeng." ³⁵Sae they gaed tae beery her bit there wis naethin left o her bit her heid an her feet an her hans. ³⁶They gaed back tae tell him an he said, "Iss is fit e Lord said throwe his servant Elijah fae Tishbe. He said, 'E tykes will ett e flesh o Jezebel i the park o Jezreel; ³⁷her body will be lik muck on e park o Jezreel an naebody will ken att she's there.'"

CHAPTIR 10

Noo there were syventy o Ahab's loons bidin in Samaria. Jehu vreet letters an sent them tae Samaria: tae e cooncillors in Jezreel, tae the elders an tae them fa hid brocht up Ahab's bairns. E letters said, ²"Seein att ye hiv yer maister's sins wi ye, an ye hiv chariots an horse an hiv a toon wi waas an hiv wappons, as seen's ye get iss letter, ³pick oot e maist kenspeckle an foremaist o aa yer maister's sins, pit him on yer maister's throne an fecht for yer faimly." ⁴Bit they were maist affa feart an said, "Twa keengs cudna stan up tae him, fit can we dee?" ⁵The heid o e faimly, e provost o e toon, the elders an them fa hid brocht up e bairns o e faimly sent back wird tae Jehu, sayin, "We're yer servants an we'll dee aa ye bid hiz dee, bit we winna mak naebody keeng, sae dee fit ye think best." ⁶Syne he vreet anither letter tae them att said, "Gin ye're wi ma, an willin tae folla my orders, fess e heids o aa Keeng Ahab's loons tae ma at Jezreel bi iss time e morn." Noo e keeng's sins, aa syventy o them were wi e heid deesters o e toon fa hid brocht them up. ⁷Sae fan e letter cam tae them, they teuk e keeng's sins, killed aa syventy o them an pat their heids in creels an sent them tae Jezreel.

⁸A rinner cam tae Jehu an telt him att they hid fessen e heids o e keeng's sins, an he said, "Pit them in twa kyarns at e yett o e toon till mornin." ⁹E neist mornin, he gaed oot tae e yett an said tae e fowk gaithert there, "Ye've deen nae ill. It wis me fa plottit agin ma maister an killed him, bit fa slew aa them? ¹⁰Ye can be seer att ilka wird att e Lord spak aboot e faimly o Ahab will come aboot, cause e Lord his deen fit he said throwe his servant Elijah." ¹¹Sae Jehu slew e lave o Ahab's faimly in Jezreel wi aa his clan chiefs, his freens an his priests, leavin neen alive.

¹²An sae he left an cam back tae Samaria. On e wye he gaed in by a sheep-faul, ¹³an met in wi some freens o Keeng Ahaziah o Judah. "An fa wid ee be?" he speirt. "We're Ahaziah's fowk," they answert,

"an we're gyan doon tae pey wir respecs tae e queen an e keeng's faimly." [14]"Tak them alive," he said. Sae they teuk them alive an slew them anent e watterins o e sheep-faul, aa fowerty-twa o them leavin nae a sinngle een alive.

[15]Efter he left there, he cam on Recab's loon, Jehonadab comin ben e road. He teuk him on an said, "Will ee tak wi me jist as I tak wi you?" An Jehonadab answert, "Jist att!" "Gin att's e wye o't gie's yer han." Sae Jehonadab sheuk his han an he teuk him up inno his chariot. [16]Says Jehu, "Come wi me an see ma zeal for e Lord." An he garrt him hurl in his chariot. [17]Fan he won e linth o Samaria, he slew aa e lave o Ahab's fowk there till there wis neen left, jist as e Lord hid said tae Elijah.

[18]Syne Jehu gaithert aa e fowk egither an said tae them, "Ahab served Baal a wee, bit A'll serve him muckle mair. [19]Noo cry in aboot aa e prophits o Baal an aa his servants an his priests an dinna wint neen o them cause A'm gyan tae mak a muckle sacrifeece tae Baal. Gin onybody disna come, they winna live. Bit iss wis aa joukery-packery on e pairt o Jehu fa wis schemin tae dee awa wi aa them fa wirshippt Baal. [20]An Jehu said, "Cry a date for an Assembly o Baal. An sae they cried it. [21]Wird gaed aa throwe Israel an sae aa e wirshippers o Baal cam, an nae a sinngle man wis wintin. They aa croodit intae e temple o Baal an it wis stappit fae ae ein tae e tither. [22]An Jehu said tae e priest in chairge o e robes, "Fess oot e robes for aa e wirshippers o Baal." An he brocht oot e robes. [23]Jehu an Recab's loon Jehonadab gaed intae e temple o Baal an said tae them fa wirshippt Baal, "Hae a gweed leuk aboot ye an see att there's nae wirshippers o e Lord in here, bit jist them fa wirship Baal." [24]Sae they gaed in tae mak sacrifeeces an brunt offerins. Jehu posted auchty men ootside an said tae them, "A'm pittin ye in chairge o iss chiels, e man fa lats ony o them awa will pey for't wi his life." [25]Noo as seen as he wis throwe wi e brunt-offerins, Jehu said tae e gaird an e captains, "Gyang in an kill them. Dinna lat neen awa." They pat them aa tae e swoord an e gaird an e captains keest them oot an gaed intae e benmaist shrine o e temple o Baal. [26]They brocht oot e haily totem fae e temple an brunt it. [27]They dung doon e haily totem o Baal an e temple o Baal an it's been eesed as a lavvy ivver since. [28]Sae att's foo Jehu wipit oot e wirship o Baal in Israel.

[29]Bit he didna gie up the ill-deein wyes o Jeroboam e sin o Nebat fa trystit Israel tae wirship e gowd calfies at Bethel an Dan. [30]An e Lord said tae Jehu, "Cause ye've deen weel an cairriet oot agin Ahab's faimly aa att I winted ye tae dee tae them, your bairns will sit on e throne o Israel for fower ginnerations." [31]Bit Jehu's hert wisna i the keepin o e laas o e Lord God o Israel. He didna braak wi the ill-deein wyes o Jeroboam att hid caused Israel tae dee ill.

[32]Aboot att time, e Lord wis takkin grun awa fae Israel an Hazael wis attackin them on aa their borders: [33]east fae e Jordan, aa e cuntra o Gilead, o Gad, o Reuben an o Manasseh fae Aroer on the Arnon watters throwe Gilead tae Bashan. [34]Noo e lave o fit Jehu did an aa his michty deeins is aa set oot i the beuk o e history o e keengs o Israel. [35]Sae Jehu teuk his rist wi his fadders an they beeriet him in Samaria. His sin, Jehoahaz teuk ower e throne. [36]Jehu rowlt ower Israel fae Samaria for twinty-aucht ear.

CHAPTIR 11

Fan Ahaziah's mither, Athaliah saa att her sin wis deid, she set aboot deein awa wi e hale o e royal faimly. [2]Bit Ahaziah's sister, Jehosheba, fa wis Keeng Jehoram's dother, sneekit oot Ahaziah's sin Joash fae amo e keeng's sins fa were deen awa wi. She pat him an his nurse inno a bedroom tae hide them fae Athaliah, sae he wisna killed. [3]She keepit him hodden wi her i the Temple o e Lord for e sax ear att Athalia rowlt e cuntra.

⁴Noo, i the syventh ear, Jehoiada sent for e captains o the units o a hunner an e captains o e gairds, brocht them tae e Temple o e Lord an made a covenant wi them, garrt them sweer an aith an syne shewed them e keeng's sin. ⁵Syne he gied them iss orders: "Iss is fit ye maun dee. A third o ye att come on dyowty on e Sabbath maun gaird e keeng's hoose; ⁶a third o ye maun stan gaird at e Foun Yett, an a third o ye maun stan ahin e gaird fa maun tak it in turn tae gaird e Temple. ⁷An e twa companies att gyang aff dyowty on e Sabbath maun gaird e Temple for e keeng. ⁸Stan roon aboot e keeng, ilka man wi his wappons in his han an kill ony att comes near han ye. An ye maun bide wi e keeng farivver he gyangs. ⁹An e captains o e hunners did aa att Jehoiada e priest garrt them dee. They brocht aa their men till him, baith them gyan on dyowty an comin aff dyowty on e Sabbath. ¹⁰E priest gied Keeng Daavit's spears an targes att were inno e Temple tae e captains o e hunners. ¹¹An they steed gaird, ilka man wi his wappons in his han, aa roon e keeng fae ae neuk o e Temple tae e tither. ¹²He brocht oot e keeng's sin, pat e croon on his heid, gied him a copy o e laas, cried him as keeng an annintit him. They clappit their hans an cried, "God save e keeng."

¹³Fan Athalia heard e soun o e gaird an aa e fowk, she gaed tae e Temple o e Lord far e fowk were. ¹⁴Fan she leukit she saa e keeng stannin anent a pillar as wis e wye o't. The offishers an tooteroo players were aa stannin roon aboot him. E fowk were aa makkin mirry an blaawin tooteroos. Athaliah rippit her claes an roart, "Treason! Treason!" ¹⁵Jehoiada ordert e captains o e hunners fa were in chairge o the airmy tae tak her an aa her folla'ers oot o there an pit them tae e swoord. E priest said, "Ye maunna lat her be killed i theTemple o e Lord." ¹⁶They teuk a haud o her an teuk her ben e wye att e horses gyang intill e palace an there they killed her.

¹⁷E priest, Jehoiada garrt e keeng an e fowk sweer a covenant tae e Lord att they wid be his fowk; an he made a covenant atween e keeng an e fowk. ¹⁸E fowk aa gaed intae e temple o Baal an dung it doon. They caaed doon the aaltar an the eemages braakin them tae smithereens an killed Mattan, e priest o Baal, anent the aaltars. Syne e priest appintit gairds ower e Temple o e Lord. ¹⁹Syne he gaithert the offishers an e captains o e gaird an aa e fowk o e cuntra an they teuk e keeng oot o e Temple o e Lord an brocht him doon tae e royal palace bi wye o e Gaird yett. An he sat on e throne. ²⁰An aabody i the cuntra made mirry an e toon wis quaet. They pat Athalia tae e swoord aside e royal palace. ²¹Joash wis syven ear aul fan he cam tae e throne.

CHAPTIR 12

Fan Jehu hid been on e throne for syven ear, Joash teuk ower e throne an rowlt in Jerusalem for fowerty ear. His mither wis Zibiah fae Beersheba. ²Joash did fit pleased e Lord aa e days o his life, cause Jehoiada e priest keepit him richt. ³Bit e hill-shrines werna deen awa wi: fowk aye sacrifeeced an brunt scintit reek there.

⁴Syne Joash said tae e priests, "Tak aa e siller att's gien wi the offerins i the Lord's Temple, aa e tax att ye collect, aa e rates att are peyed, an aa e free-will offerins att are brocht tae e Lord's Temple, ⁵lat e priests gaither aa e siller att's gien tae them an eese it tae sort e bits o e Temple farivver sortin's nott. ⁶Bit bi e twinty third ear o Keeng Joash's rowle e priests still hidna sortit e Temple. ⁷Syne Keeng Joash caalled up e priest Jehoiada an aa e tither priests an said tae them, "Fit wye hiv ye nae sortit e Temple? Fae noo on ye winna haud on tae e siller att comes in, bit ye maun han it ower tae pey for e sortin o e Temple." ⁸An e priests agreed att they widna tak nae mair siller fae e fowk an att they widna sort e Temple. ⁹Bit Jehoiada e priest teuk a kist an bort a hole i the tap o't an set it anent the aaltar, on e richt han side as ye'er comin in tae e Lord's Temple. E priests fa were on door dyowty pat aa e siller att wis brocht tae e Temple inno't. ¹⁰Aye fan they saa there wis a heap o siller inno e kist, e keeng's secretary an e heich priest wid come an coont an bag up e siller att wis faun i the Lord's Temple. ¹¹Eence they'd coontit e siller, they gied it tae e

tradesmen att were owerseein e wark on e Lord's Temple: [12]tae e masons an steenmasons, tae buy timmer an dressed steens tae sort e Lord's Temple an for aa e tither ootgyans for e sortin o't. [13]For aa that, e siller brocht tae e Temple wisna eesed for makkin bowels o siller, nor cannel snuffers, nor basins, nor tooteroos, nor ony ither siller or gowd accootrements. [14]It aa gaed tae e tradesmen fa eesed it for e sortin o e Lord's Temple. [15]They didna sikk an accoontin fae e foremen fa were gien e siller tae pey e warkers, cause they were aa honest chiels. [16]E siller for guilt-offerins an offerins for ill-deeins were brocht tae e Temple cause they belanged tae e priests.

[17]Noo, Hazael e keeng o Syria attackit Gath an teuk it. He wis aa set tae heid for Jerusalem. [18]Keeng Joash o Judah teuk aa the haily things att his forebeers, Jehoshaphat, Jehoram an Ahaziah, e keengs o Judah hid consecraitit an aa his ain haily things an aa e gowd att wis inno e Temple coffers an e palace coffers an sent it tae Keeng Hazael o Syria, fa syne fell back fae Jerusalem.

[19] Noo e lave o fit Joash did is aa set oot i the beuk o e history o e keengs o Judah. [20]His officeels plottit agin Joash an killed him at Beth Millo on e road tae Silla. [21]It wis Shimeath's loon Jozabad an Shomer's loon Jehozabad, fa baith were his officeels, att strack him an killed him. They beeriet him wi his fadders in Daavit's toon an his sin Amaziah teuk ower e throne.

CHAPTIR 13

I the twenty-third ear o e rowle o Joash, e sin o Ahaziah as keeng in Judah, Jehoahaz e sin o Jehu cam tae e throne o Israel in Samaria an rowlt for syventeen ear. [2]He vrocht ill i the sicht o e Lord an follaed the ill-deein wyes o Jeroboam e sin o Nebat att garrt Israel dee ill, an he nivver devaalt fae sic wyes.

[3]An e Lord's annger wis kittlt up agin Israel an he lat Hazael e keeng o Syria an his sin Ben-hadad get e better o them aa their days. [4]Jehoahaz prayed till e Lord fa hearkent till him cause he saa foo sair come att Israel wis at e hans o e keeng o Syria. [5]E Lord sent Israel a leader fa brocht them oot fae aneth e hans o e Syrians an the Israelites bade i their tents as they hid deen o aul. [6]Bit for aa that, they didna haud awa fae the ill-deein wyes o Jeroboam's fowk fa led Israel tae ill wyes, bit jist cairriet on e same aul gait. An e totem o Asherah wis aye stannin in Samaria. [7]There wis naethin left o Jehoahaz's airmy forebye fifty cavalry an ten chariots wi ten thoosan infantry. E lave hid aa been killed bi e keeng o Syria, scattert like e stew fae a thrashin.

[8]Noo e lave o fit Jehoahaz did is aa set oot i the beuk o e history o e keengs o Israel. [9]An Jehoahaz teuk e rist o his fadders an they beeriet him in Samaria. His sin Jehoash teuk ower e throne fae him.

[10]Fan Joash hid been keeng in Judah for thirty syven ear, Jehoash e sin o Jehoahaz teuk owe e throne o Israel in Samaria an rowlt for saxteen ear. [11]He vrocht ill i the sicht o e Lord an follaed the ill-deein wyes o Jeroboam e sin o Nebat att garrt Israel dee ill an he gaed e same gait. [12]Noo e lave o fit Jehoash did an his stoot fecht wi Amaziah, keeng o Judah, is aa set oot i the beuk o e history o e keengs o Israel. [13]An Jehoash teuk e rist o his fadders an Jeroboam teuk ower e throne. Jehoash wis beeriet in Samaria wi e keengs o Israel.

[14]Noo Elisha teuk nae weel an come time, deit o his sairs. Bit Jehoash keeng o Israel cam doon tae see him an grat ower e heid o him sayin, "Ma fadder! Ma fadder! E chariots an horsemen o Israel." [15]Says Elisha tae him, "Get a bowe an some arras." An he got a bowe an some arras. [16]An Elisha said tae e keeng o Israel, "Tak e bowe in yer han," an he teuk it up. Elisha pat his han onno e keeng's han. [17]Syne he said, "Open e winda on e east side," an he opent it. Syne Elisha said, "Tak a shot," an he shot. An syne Elisha

said, "Att's the arra o e Lord's deliverance, the arra o deliverance fae Syria. Ye'll fecht wi e Syrians in Aphek an ye'll win ower them." [18]An he said, "Tak the arras." An he pickit them up. Syne Elisha said tae e keeng, "Strick e grun wi them." An he strack e grun three times syne stoppit. [19]E man o God wis raised at him an said, "Ye shuld hae strucken it five or sax times an syne ye wid hae strucken Syria till there wis naethin left o't bit noo ye'll only win agin them three times."

[20]Elisha deit an they beeriet him. An at e beginnin o ilka ear, Moabite reivers attackit e cuntra. [21]Ae day, they were beeryin a chiel fan they saa a band o e reivers an they keest e chiel inno Elisha's tomb. Fan e chiel wis latten doon, he touched e beens o Elisha, cam till himsel an steed up.

[22]Bit Hazael keeng o Syria wis sair on Israel aa throwe Jehoahaz's rowle. [23]Bit e Lord wis douce an mercifu tae them an felt sorry for them cause o his covenant wi Abraham, Isaac an Jacob an widna see them deen awa wi an hisna forsaken them, aiven yet. [24]Keeng Hazael o Syria deit an his sin Ben-hadad teuk ower e throne. [25]An Jehoash e sin o Jehoahaz teuk back fae Ben-hadad, e toons att his fadder Hazael hid teen i the waar. Jehoash gat e better o him three times an took back e toons o Israel.

CHAPTIR 14

I the saicond ear o e rowle o Jehoash, sin o Jehoahaz as keeng o Israel, Amaziah, sin o Joash cam tae e throne o Judah. [2]He wis twenty-five ear aul fan he teuk ower an rowlt in Jerusalem for twenty-nine ear. His mither wis Jehoaddan fae Jerusalem. [3]He did fit wis richt i the sicht o e Lord, bit nae e wye o his forebeer Daavit, mair lik fit his fadder Joash hid deen. [4]He didna dee awa wi e hill shrines an e fowk aye yet made sacrifeeces an brunt scintit reek there.

[5]As seen as he wis seer he hid e hale cuntra aneth his thoom, he did awa wi e men fa hid killed e keeng, his fadder. [6]Bit he didna kill their bairns, folla'in e wird screiven inno e beuk o e laa o Moses att says, "Fadders winna be putten tae daith for the ills o their bairns nor bairns be putten tae daith for the ills o their fadders, bit ilka een dree his ain weird." [7]He slew ten thoosan fae Edom i the Howe o Saut, captured e toon o Sela, syne cried it Joktheel, e name it's kent bi tae iss verra day.

[8]Syne Amaziah sent wird tae Jehoash, e sin o Jehoahaz fa wis e sin o Jehu, keeng o Israel tae come an hae a news wi him. [9]Bit Jehoash, keeng o Israel sent back wird tae Amaziah, keeng o Judah, sayin, "There wis eence a thrissle in Lebanon att sent wird tae a cedar sayin, 'Gie ma yer dother as a wife tae my sin'. Bit a wild beast cam by an trumpit doon e thrissle. [10]Ye've gotten e better o e fowk o Edom an ye're feelin rael bigsy aboot it. Na, na ma loon, bide at hame an walla in yer winnins. Fit wye div ye wint tae steer up tribble for yersel att will fess naethin bit crockaneetion for you an yer fowk in Judah?" [11]Bit Amaziah widna hearken, sae Jehoash e keeng o Israel mairched oot an they drew up facin een anither at Beth-shemeth in Judah. [12]Israel got e better o Judah an ilka man teuk aff hame. [13]Jehoash keeng o Israel captured Amaziah keeng o Judah an sin o Joash, fa wis e sin o Ahaziah, at Beth-shemeth an mairched tae Jerusalem an dung doon e toon waa fae e yett o Ephraim tae the yett i the neuk, a linth o aboot sax hunner feet. [14]An he teuk aa e gowd an siller an aa the accootrements i the Temple an aa e trissures i the palace. He teuk hostages an gaed back tae Samaria.

[15]Noo e lave o fit Jehoash did an his stoot fecht wi Amaziah, keeng o Judah, is aa set oot i the beuk o e history o e keengs o Israel. [16]An Jehoash teuk e rist o his fadders an wis beeriet in Samaria wi e keengs o Israel. His sin Jeroboam teuk e throne efter him.

¹⁷Amaziah, sin o Joash, keeng o Judah lived for fifteen ear efter Jehoash, sin o Jehoahaz e keeng o Israel deit. ¹⁸Noo e lave o fit Amaziah did is aa set oot i the beuk o e history o e keengs o Judah. ¹⁹There wis a bit o plottin agin him in Jerusalem an he teuk aff tae Lachish, bit they folla'ed him tae Lachish an killed him there. ²⁰They feesh him back on a horse an he wis beeriet in Daavit's toon o Jerusalem wi his fadders.

²¹E fowk o Judah made Amaziah's sin Azariah, fa wis e saxteen ear aul, keeng in place o his fadder. ²²He biggit Eloth an restored it tae Judah an syne he teuk e rist o his fadders. ²³Fan Amaziah, sin o Joash keeng o Judah hid been on e throne for fifteen ear, Jeroboam, sin o Jehoash, keeng o Israel teuk ower e throne in Samaria an rowlt for fowerty-wan ear. ²⁴Bit he vrocht ill i the sicht o e Lord. He keepit tae the ill wyes o Jeroboam e sin o Nebat fa led Israel tae ill wyes. ²⁵He teuk back aa e cuntra fae Lebo Hamath tae e Sea o Arabah jist as e Lord hid said throwe his servant Jonah, e sin o Amittai e prophit fae Gath-hepher. ²⁶E Lord saa foo sair come att the Israelites were, whither bun or free an there wis naebody tae help them. ²⁷Bit e Lord nivver threetent tae blot oot e name o Israel fae aneth e hivvens, bit he garrt Jeroboam e sin o Jehoash save them.

²⁸Noo e lave o fit Jeroboam did an aa e waars he focht an foo he teuk back Damascus for Israel an Hamath fae Judah, is aa set oot i the beuk o e history o e keengs o Israel. ²⁹An Jeroboam teuk e rist o his fadders, e keengs o Israel, an his sin Zechariah teuk ower e throne.

CHAPTIR 15

Fan Jeroboam hid been keeng in Israel for twinty-syven ear, Azariah e sin o Amaziah began tae rowle in Judah. ²He wis saxteen ear aul fan he teuk ower e throne an he rowlt for fifty-twa ear in Jerusalem. His mither wis Jecoliah fae Jerusalem. ³An he did richt i the sicht o e Lord jist as his fadder Amaziah hid deen, ⁴apairt fae e fack att e hill shrines werna teen doon, e fowk still aye sacrifeecin an burnin scintit reek onno them.

⁵E Lord strack e keeng doon wi lipprosy till e day he deit. He nott tae bide in a hoose aa his leen an his sin Jotham acket in his stead, cairryin oot aa his dyowties as regent. ⁶Noo e lave o fit Azariah did is aa set oot i the beuk o e history o e keengs o Judah. ⁷Sae Azariah teuk e rist o his fadders an they beeriet him wi his forebeers in Daavit's toon. Jotham, his sin teuk ower e throne.

⁸I the thirty auchth ear o Azariah's rowle in Judah, Zechariah e sin o Jeroboam rowlt in Samaria for sax month. ⁹He vrocht ill i the sicht o e Lord jist lik his fadders afore him. He didna haud awa fae the ill-deeins o Jeroboam e sin o Nebat fa led Israel tae ill-deein wyes. ¹⁰Jabesh's loon, Shallum plottit agin him an strack him doon an killed him afore aa e fowk. He teuk ower e throne. ¹¹Noo e lave o fit Zechariah did, A wyte, is aa set oot i the beuk o e history o e keengs o Israel. ¹²Fan e Lord spak tae Jehu iss wis fit he said, "Yer sins will sit on e throne o Israel for fower ginnerations," an att's jist fit happent.

¹³Shallum e sin o Jabesh teuk ower e throne i the thirty ninth ear o keeng Uzziah's rowle in Judah. He rowlt for a hale month in Samaria. ¹⁴Menahem e sin o Gadi cam up fae Tirzah tae Samaria, strack doon Shallum an killed him an teuk ower e throne fae him. ¹⁵Noo e lave o fit Shallum did, an e wye he plottit, A wyte, is aa set oot i the beuk o e history o e keengs o Israel.

¹⁶Syne Menahem attackit Tiphsah an killed aa e fowk i the toon an aa e fowk fae Tirzah tae e coast, cause e toon fowk widna lat him intill e toon. He aiven rippit open e wymes o e weemen fa were i the faimly wye. ¹⁷Menahem, e sin o Gadi teuk ower e throne o Israel i the thirty ninth ear o Keeng Azariah's rowle in Judah. He rowlt for ten ear in Samaria. ¹⁸He vrocht ill i the sicht o e Lord. Aa his days, he didna haud

awa fae the ill-deeins o Jeroboam e sin o Nebat fa led Israel tae ill-deein wyes. [19]Pul e keeng o Assyria invadit his cuntra an Menahem gied him a thoosan talents o siller tae stey his han an help him get a stronnger haud on e cuntra. [20]Menahem taxed aa e walthy chiels in Israel tae raise e siller, chairgin ilka een fifty talents o siller sae att he wid hae e siller tae han ower tae Pul. Sae e keeng o Assyria turnt for hame an withdrew fae e cuntra.

[21]Noo e lave o fit Menahem did, an aa his proticks, is aa set oot i the beuk o e history o e keengs o Israel. [22]An Menahem teuk e rist o his fadders an his sin Pekahiah teuk ower e throne fae him.

[23]Pekahiah, e sin o Menahem teuk ower e throne o Israel i the fiftieth ear o Keeng Azariah's rowle in Judah. He rowlt for twa ear in Samaria. [24]He vrocht ill i the sicht o e Lord. He didna haud awa fae the ill-deeins o Jeroboam e sin o Nebat fa led Israel tae ill-deein wyes. [25]Pekah, e sin o Remaliah, een o his captains plottit agin him an alang wi Argob, Arieh an fifty chiels fae Gilead, killed him i the keeng's palace in Samaria. Pekah teuk ower e throne fae him. [26]Noo e lave o fit Pekahiah did, an aa his proticks, A wyte, is aa set oot i the beuk o e history o e keengs o Israel.

[27]Pekah, e sin o Remaliah teuk ower e throne o Israel i the fifty-saicond ear o Keeng Azariah's rowle in Judah. He rowlt for twinty ear in Samaria. [28]He vrocht ill i the sicht o e Lord. He didna haud awa fae the ill-deeins o Jeroboam e sin o Nebat fa led Israel tae ill-deein wyes. [29]I the time fan Pekah wis keeng o Israel, Tiglath-pileser, keeng o Assyria attackit e cuntra an teuk Ijon, Abelbeth-maacah, Janoah, Kedesh, Hazor, Gilead, Galilee an aa e cuntra o e clan Naphtali an teuk aa e fowk tae Assyria as slaves. [30]Hoshea e sin o Elah plottit agin Pekah e sin o Remaliah, strack him doon an killed him an teuk ower e throne fae him i the twintieth ear o e rowle o Jotham e sin o Uzziah. [31] Pekahiah, e sin o Menahem teuk ower e throne o Israel i the fiftieth ear o Keeng Azariah's rowle in Judah.

[32]Jotham, e sin o Uzziah teuk ower e throne o Judah i the saicond ear o Keeng Pekah e sin o Remaliah's rowle in Israel. [33]He wis twinty-five ear aul fan he teuk ower e throne an he rowlt for saxteen ear in Jerusalem. His mither wis Jerusha, Zadok's dother. [34]An he did richt i the sicht o e Lord, jist as his fadder Uzziah hid deen.

[35]For aa that, e hill shrines werna deen awa wi. E fowk aye yet brunt sacrifeeces an scintit reek onno them. He wis the een fa biggit the upper yett o e Temple.

[36]Noo e lave o fit Jotham did, an aa his proticks, A wyte, is aa set oot i the beuk o e history o e keengs o Judah. [37]It wis fan he wis keeng att e Lord sent Rezin e keeng o Syria an Pekah e sin o Remaliah tae attack Judah. [38]An Jotham teuk e rist o his fadders an wis beeriet wi his forebeers in Daavit's toon. His sin Ahaz teuk ower e throne fae him.

CHAPTIR 16

Ahaz, e sin o Jotham teuk ower e throne o Judah i the syventeenth ear o Keeng Pekah e sin o Remaliah's rowle in Israel. [2]Ahaz wis twinty ear aul fan he teuk ower e throne an rowlt for saxteen ear in Jerusalem. He wisna e mar o Daavit his forebeer, bit did things att werna richt i the sicht o e Lord. [3]He gaed e same road as e keengs o Israel an sacrifeeced his ain loon wi fire e same wye as e heathen att e Lord hid cassen oot afore the Israelites did. [4]He made sacrifeeces an brunt scintit reek at e hill shrines, on e hills an aneth ilka tree att grew.

[5]Syne Rezin e keeng o Syria an Pekah e sin o Remaliah, keeng o Israel laid siege on Jerusalem bit culdna tak Ahaz. [6]It wis at att time att Rezin keeng o Syria teuk back Elath for Syria an dreeve oot e Jowes. E Syrians sattlt in Elath an dwall there tae iss day. [7]Ahaz sent wird tae Tiglath-peleser keeng o Assyria sayin, "A'm yer servant an yer sin, come up an save ma fae e hans o e keeng o Syria an fae e hans o e keeng o Israel fa hiv risen up agin ma." [8]Ahaz teuk e siller an gowd fae e Temple an fae e trissuries i the palace an gied it as a hansel tae e keeng o Assyria. [9]E keeng o Assyria hearkent tae fit he hid tae say an gaed up an teuk Damascus, cairriet aff its fowk tae Kir an slew Rezin. [10]Keeng Ahaz gaed tae Damascus tae meet in wi Keeng Tiglath-peleser o Assyria an fan he wis there, he saa an aaltar. Keeng Ahaz sent Urijah e priest a plan o the aaltar settin oot aa e detail o't. [11]Uriah e priest biggit an aaltar in accoordance wi e plans att Keeng Ahaz hid sent him fae Damascus an hid it feenished afore Ahaz cam hame fae Damascus. [12]Fan e keeng got hame fae Damascus he saa the aaltar, gaed ower till't an made an offerin onno't. [13]He gied up a brunt offerin an a maet offerin, poored oot a drink offerin an spirkilt the aaltar wi e bleed o his peace offerins. [14]He shiftit e bress aaltar att wis afore e Lord fae e front o e Temple far it wis, atween the aaltar an e Temple, an pat it on e north side o the new aaltar. [15]Keeng Ahaz gied iss order tae Uriah e priest: "Burn e mornin brunt offerin on e muckle aaltar as weel as the evenin maet offerin, e keeng's brunt sacrifeece, his maet offerin, e brunt offerins o aabody i the cuntra an their maet offerins an their drink offerins. Spirkle onno't aa e bleed o e brunt offerins an aa e bleed o e sacrifeece. Leave e bress aaltar for me tae sikk oot fit mith be afore hiz. [16]Uriah e priest did aa att e keeng socht o him.

[17]Keeng Ahaz syne breuk up e cairts an teuk e panels aff o them. He teuk e tank aff o e twal bress bulls att were aneth it an laid it on a foun o steens. [18]He turnt roon aboot e biggin they hid pat up i the Temple for e Sabbath an did awa wi e keeng's entrance jist tae please e keeng o Assyria.

[19]Noo e lave o fit Ahaz did, an aa his proticks, is aa set oot i the beuk o e history o e keengs o Judah. [20]Sae Ahaz teuk e rist o his fadders an wis beeriet wi his forebeers in Daavit's toon. Hezekiah his sin teuk ower e throne fae him.

CHAPTIR 17

Hoshea, e sin o Elah teuk ower e throne in Samaria i the twalth ear o Keeng Ahaz's rowle in Judah. He rowlt ower Israel for nine ear. [2]He vrocht ill i the sicht o e Lord, bit nae i the same wye as e keengs o Israel fa gaed afore him did.

[3]Shalmaneser, keeng o Assyria gaed tae waar wi him an Hoshea surrennert tae him an peyed him dyows ilka ear. [4]Ae ear, Hoshea sent messengers tae So, keeng o Egypt an didna pey his dyows tae e keeng o Assyria fa hid him arristit an lockit up i the jile.

[5]Syne e keeng o Syria invadit e hale cuntra an cam tae Samaria an laid siege tae it for three ear. [6]I the ninth ear o Hoshea's rowle, e keeng o Assyria teuk Samaria an cairriet the Israelites awa tae Assyria an sattlt them in Halah an in Habor anent e Gozan watters an i the toons o e Medes. [7]Ye see, the Israelites hid deen ill tae e Lord their God fa brocht them up oot o Egypt an fae unner e han o Pharaoh, keeng o Egypt. They wirshippt ither gods, [8]an teuk up wi the eedols o e heathen att e Lord hid cassen oot afore them as weel as takkin up wi fit e keengs o Israel hid teen in. [9]The Israelites did things e Lord their God didna appreev o, biggin hill shrines in aa their places fae e wee clachans tae e muckle toons. [10]They set up pillars an totems on ilka heich hill an aneth ilka green tree. [11]They brunt scintit reek i their hill shrines jist lik e heathen att e Lord hid dreeven oot afore them. They vrocht coorse deeins an kittlt up e Lord's annger. [12]They wirshippt eedols att e Lord hid forbad them tae dee. [13]E Lord hid warnt Israel an Judah weel aneuch throwe e prophits an seers tellin them tae turn fae their coorse wyes an keep his commans an

laas att he hid gien tae their forebeers an sent tae them throwe e prophits. [14]For aa that, they widna listen an were thraawn, jist lik their fadders were thraawn fa didna tak wi e Lord. [15]They rejeckit his laas an e covenant he made wi their fadders an didna tak tent o e waarnins he gied them. They chased efter whigmaleeries an turnt feckless an teuk up wi e wyes o e heathen att were roon aboot them, e verra things att e Lord hid warnt them nae tae folla. [16]They forsook e commans o e Lord their God an made themsels eemages o cassen metal, twa caffies it wis, an made a totem an wishippit aa kyn o gods an served Baal. [17]They sacrifeeced their sins an dothers wi fire, eesed spaewives an witchery an selt themsels tae dee ill i the sicht o e Lord, gettin him fair raised. [18]Israel fairly gat e Lord's danner up, sae he pat them awa oot o his sicht an aa att wis left wis e clan Judah. [19]Bit e fowk o Judah werna keepin e commans o e Lord their God aither bit teuk up wi the eemages att Israel hid made. [20]Sae e Lord rejeckit aa the Israelites, saa till't att they got fit wis comin tae them, hannit them ower tae e reivers an i the hinnerein cass them awa oot o his sicht. [21]Sae he pairtit Israel fae e hoose o Daavit, an the Israelites made Jeroboam e sin o Nebat their keeng an Jeroboam drave Israel fae folla'in e Lord, garrin them dee muckle ill. [22]The Israelites gaed e same coorse road as Jeroboam an didna devaal, [23]till sic time as e Lord pat Israel awa oot o his sicht, jist as he hid said, throwe his servants, e prophits. Sae the Israelites were cairriet awa fae their ain cuntra tae Assyria far they bide tae iss verra day.

[24]E keeng o Assyria brocht fowk fae Babylon an fae Cuthah, fae Avaa, fae Hamath an fae Sepharvaim an sattlt them i the toons o Samaria far the Israelites hid been. They teuk ower Samaria an bade in her toons. [25]Fan they first sattlt there, they didna wirship e Lord, sae e Lord sent lions in amo them att killed a hantle o them. [26]Sae they spak tae e keeng o Assyria an said, "E fowk fa ye've teen an sattlt i the toons o Samaria dinna ken naethin aboot e God o att cuntra, sae he's sent lions amo them an, A wyte, a hantle o e fowk hiv been killed cause they dinna ken e wyes o e God o e cuntra." [27]E keeng o Assyria ordert: "Cairry een o e priests fae there back tae bide there, sae att he can learn them aboot e wyes o e God o e cuntra." [28]Sae een o e priests att they'd cairriet awa cam back tae bide in Bethel an learnt them foo tae wirship e Lord. [29]For aa that, ilka cuntra made gods o their ain an pat them i the hill shrine temples att e Samaritans hid biggit. Ilka cuntra hid them i the toons far they bade. [30]E fowk fae Babylon made eedols o e god Succoth-benoth, e fowk fae Cuthah, o e god Nergal, e fowk fae Hamath, o e god Ashima, [31]the Avite fowk, o e gods Nibhaz an Tartak an e Sepharvite fowk sacrifeeced their bairns wi fire tae Adrammelech an Anammelech, e gods o Sepharvaim. [32]They wirshippt e Lord bit att e same time appintit aa kyn o cyaards as priests o e hill shrines an aye wirshippt there tee. [33]They wirshippt e Lord bit still aye teuk up wi their ain gods jist as they hid deen i the cuntras they hid come fae.

[34]They cairry on their aul wyes tae iss verra day. They dinna wirship e Lord nor stick tae his orders nor jeedgements nor tae e laas nor commans att he gied tae them fa cam efter Jacob an fa he caaed Israel. [35]E Lord made a covenant wi them an bad them: "Ye winna wirship nae ither gods, nor boo doon tae them, nor serve them nor sacrifeece tae them; [36]Bit e Lord fa brocht ye up oot o Egypt wi muckle pooer an wi his airm raxed oot, att's fa ye maun wirship an att's fa ye'll mak sacrifeeces till. [37]An ye'll stick tae e statutes an laas an commans he vreet oot for ye; an ye winna wirship nae ither gods. [38]Ye maunna forget e covenant A've vrocht wi ye an ye winna wirship nae ither gods. [39]Bit ye'll wirship e Lord yer God an he'll kep ye fae e hans o aa yer faes." [40]Fit sorra ither, they widna listen, bit keepit tae their aul wyes. [41]Sae iss fowks wirshippt e Lord bit served their eemages an sae did their bairns an their bairns' bairns jist as their fadders hid deen an they're aye at it yet.

CHAPTIR 18

Hezekiah, e sin o Ahaz, keeng o Judah teuk ower e throne i the third ear o e rowle o Hoshea, sin o Elah, keeng o Israel. [2]He wis twenty-five ear aul fan he cam tae e throne an he row lt twenty-nine ear in

Jerusalem. His mither wis Abijah, e dother o Zechariah. [3]An he did richt i the sicht o e Lord jist lik his forebeer Daavit afore him.

[4]He did awa wi e hill shrines breuk the eemages an cuttit doon e totems. He breuk tae bits e bress snake att Moses hid made, cause the Israelites were aye yet burnin scintit reek tae it. They caaed it Nehushtan. [5]He trustit i the Lord God o Israel; there wis neen like him amo aa e keengs o Judah fa cam efter him nor were afore him. [6]He clave tae e Lord an nivver wore awa fae folla'in him bit keepit e commans att e Lord hid gien tae Moses. [7]Sae e Lord wis wi him an he threeve farivver he gaed. He rebelled agin e keeng o Assyria an didna gie him service. [8]He attackit e Philistines an dreeve them back e linth o Gaza an e cuntra roon aboot, takkin waatch-toors an waa'ed toons anaa.

[9]Noo i the fowerth ear o e rowle o Keeng Hezekiah, att wis e syventh ear o e rowle o Hoshea, sin o Elam as keeng o Israel, Shalmaneser keeng o Assyria laid seige tae Samaria. [10]Efter three ear he teuk it (it wis i the saxth ear o Hezekiah's rowle, an e ninth ear o Hosea keeng o Israel att Samaria wis teen). [11]E keeng o Assyria cairriet aff the Israelites tae Assyria an sattlt them in Halah an in Habor anent e Gozan watters an i the toons o e Medes. [12]Att wis the upcome o them nae deein fit e Lord their God telt them, bi braakin his covenant an nae listenin tae, nor deein fit, Moses, e servant o e Lord, hid bad them.

[13]Noo, in Keeng Hezekiah's fowerteenth ear, Sennacherib, keeng o Assyria, attackit aa e waa'ed toons o Judah an teuk them. [14]Hezekiah keeng o Judah sent wird tae e keeng o Assyia at Lachish sayin, "A've deen wrang. Haud aff yer attack an A'll pey ye fitivver ye're sikkin." E keeng o Assyria socht three hunner talents o siller an thirty talents o gowd fae Hezekiah keeng o Judah. [15]Hezekiah gied him aa e siller att wis i the Lord's Temple an i the keeng's palace. [16]It wis at att time Hezekiah cuttit aff e gowd fae e doors o e Lord's Temple an fae e pillars att he himsel hid owerlain, an gied it tae e keeng o Assyria.

[17]E keeng o Assyria sent Tartan, Rabsaris an Rab-shakeh fae Lachish wi a muckle airmy tae attack Keeng Hezekiah in Jerusalem. They cam tae Jerusalem an drew up bi e watterins o the upper peel on e road tae e wyver's parkie. [18]Fan they socht e keeng, oot cam Eliakim e sin o Hilkiah, the heid butler, wi Shebna e secretary an Joah e sin o Asaph e registrar. [19]Says Rab-shakeh tae them, "G'wa an tell Hezekiah att e muckle keeng, e keeng o Assyria is speirin 'Fit maks him sae croose. [20]He's sayin he his strategy an military pooer, bit he's jist a bag o win. Fa's he lippenin till att he's waarrin wi me? [21]He's leukin tae Egypt, att breuken rash. Gin a chiel tak it for a stave it'll prob his han gin he lean on't. Att's e wye Pharaoh keeng o Egypt is wi aa att lippen till him. [22]Bit gin ye say tae me, "We trust i the Lord wir God," his Hezekiah nae teen awa aa his hill-shrines an aaltars, sayin tae Jerusalem an Judah, "Ye maun wirship afore iss aaltar in Jerusalem."' [23]Sae, come on noo, dee a deal wi my maister e keeng o Assyria. A'll gie ye twa thoosan horse gin ee can fin e men tae pit onno them. [24]Ye're nae match for my maister's orraloon bit yet ye're leukin tae Egypt for chariots an horsemen. [25]Div ye think A've come tae attack iss place an wrack it athoot wird fae e Lord? E Lord himsel telt ma tae mairch agin iss cuntra an wrack it."

[26]Syne Eliakim sin o Hilkiah, Shebna an Joah said tae Rab-shakeh, "Spik tae hiz i the Syrian tongue, cause we unnerstan it, dinna spik in Hebrew cause e fowk on e waa can hear ye." [27]Bit Rab-shakeh said tae them, "Div ye think ma maister sent ma jist tae say iss wirds tae you eens? Deil e bit o't, he's sent ma tae say it tae e fowk on e waa tee, sae att they can ett their ain shite an drink their ain pish alang wi ye." [28]Syne Rab-shakeh steed an roart oot in Hebrew, "Hear fit e muckle keeng, e keeng o Assyria his tae say: [29]iss is fit he his tae say 'Dinna lat Hezekiah chet ye. He canna save ye. [30]Nor maun ye lat Hezekiah mak ye trust e Lord sayin, "E Lord is seer tae save hiz an iss toon will nae faa intae e hans o e keeng o Assyria."' [31]Dinna listen tae Hezekiah, cause fit e keeng o Syria his tae say is, 'Mak a tryst wi me an surrenner, an ye'll aa get tae ett fae yer ain vine an yer ain fig tree an aa drink e watters o yer ain waalie, [32]till sic time as I tak ye awa tae a cuntra lik yer ain, a cuntra full o olive ile an hunny far ye mith live an

nae dee. Dinna listen tae Hezekiah fan he tries tae perswaad ye att e Lord will save ye. [33]Did e gods o ony o e tither cuntras save their fowk fae e han o e keeng o Assyria? [34]Far were e gods o Hamath or o Arpad? Far were e gods o Sepharvaim, or Hena or Ivvah? Did they save Samaria fae ma? [35]Fa amo e gods o aa att cuntras wis able tae save their cuntra fae me? Foo, syne can e Lord save Jerusalem fae me?'" [36]Bit e fowk didna sae naethin, nae a wird did they spik, cause e wird fae e keeng hid been, "Dinna answer him back." [37]Syne Eliakim e sin o Hilkiah, the heid butler, Shebna, e secretary an Joah e sin o Asaph, e registrar cam tae Hezekiah wi their claes rippit an telt him aa att Rab-shakeh hid said.

CHAPTIR 19

Noo, fan Keeng Hezekiah heard iss, he rippit his claes, happit himsel wi saickclaith an gaed intae e Temple. [2]He sent Eliakim, e heid butler an Shebna, e secretary an the heids amo e priests, aa happit in saickclaith tae Isaiah e prophit, e sin o Amoz. [3]An they said tae him, "Hezekiah is sayin iss is a dool day o tribble an scaul an shame. We're lik e wumman in labour att hisna e strinth tae shiv oot her bairn. [4]It mith be att e Lord yer God heard e wird o Rab-shakeh fa wis sent bi his maister e keeng o Assyria tae fin faut wi e livin God an he'll gie him an owergyan for fit he wis sayin. Sae reese up a prayer for e lave o's." [5]Fan Keeng Hezekiah's officeels cam tae Isaiah, [6]he said tae them, "Gyang an say iss tae yer maister, 'E Lord says dinna be feart o e wirds ye've heard e servants o e keeng o Assyria eesin tae blaspheme me. [7]Jist waatch, A'll gie him a blast an he'll hear some claik att'll sen him awa hame an there A'll gar him faa bi e swoord.'"

[8]Rab-shakeh heard att e keeng o Assyria wis awa fae Lachish an he faun him waarrin wi Libnah. [9]Wird cam att Tirhakah, keeng o Ethiopia wis on his wye tae fecht wi the Assyrians, sae Sennacherib sent rinners tae Keeng Hezekiah [10]wi orders tae say tae him, "Dinna lat yer God att ye pit yer trust in chet ye fan he tells ye att Jerusalem winna be teen bi e keeng o Assyria. [11]Aye, ye've heard fit e keengs o Assyria hiv deen tae ither cuntras: fessen them tae crockaneetion. Div ye think ee'll be saved? [12]E gods o e cuntras ma fadders plunnert didna dee muckle for them: at Gozan, or Haran, or Rezeph or for e fowk o Eden in Telassar. [13]Far's e keeng o Hamath noo? Far's e keeng o Arpad? Far's e keeng o e toon o Sepharvaim? Or o Hena or Ivvah?"

[14]Hezekiah teuk e letter fae e hans o e rinner an read it an he gaed up tae e Temple an spread it oot afore e Lord. [15]Hezekiah prayed tae e Lord an said, "O Lord God o Israel fa dwalls amo the angels ye're the een an only God o aa e cuntras o e warl; ye made hivven an earth. [16]Preen up yer lugs an hearken; open yer een an see; hear e wird o Sennacherib fa's spoken ill o e livin God. [17]Ye ken fine, Lord, e keengs o Assyria hiv fessen crockaneetion on mony cuntras an their grun, [18]they've cassen their gods inno e fire cause they werna richt gods bit jist eemages made bi e hans o men oot o wid an steen. [19]Sae noo, o Lord wir God A'm priggin wi ye tae save hiz fae his han sae aa e cuntras o e warl will ken an ye're the een an only Lord God."

[20]Syne Isaiah e sin o Amoz sent wird tae Hezekiah sayin, "Iss is fit e Lord God o Israel says, 'A've heard yer prayers tae ma aboot Sennacherib keeng o Assyria.' [21]Iss is fit e Lord God his said aboot it,

> 'E Virgin dother o Zion scowffs at ye,
> she lauchs her heid aff at ye;
> e dother o Jerusalem tosses her heid as ye tak tae yer heels.
> [22]Fa hiv ye made a feel o an blasphemed?
> Fa were ye makkin sae muckle din aboot,
> an rollin yer een: bit the Haily Een o Israel.

²³Ye've sent yer flunkies tae scowff at e Lord an ye said,
"Wi ma mony chariots A've climmed e heichest hills
tae e braes o Lebanon
far A'll hack doon their gran cedars
an their fine fir trees;
A've won e linth o it's farrest ben borders,
tae e best o its wids.
²⁴A've howkit waals in forrin lans
an drunk e watter there,
an wi e soles o ma feet
A've driet up aa e watters o Egypt."
²⁵Hiv ye nae heard lang ago
foo A did it aa?
A planned it i the days o aul lang syne;
noo A've garrt it happen
att ye've turnt waa'ed toons
intae rummles o steens.
²⁶Their fowk hid aa pooer teen awa fae them,
gat a rael stammygaster an were aa throwe ither.
They were lik girse i the parks, lik green herbs,
lik e thack on e reef, lik corn blastit as seen as it's breert.
²⁷Bit I ken far ye bide,
an aa yer comins an gyans,
an foo ye rant at ma.
²⁸Ye're annger at ma an yer chick
his won e linth o my lugs,
sae A'll pit ma heuck in yer neb
an ma bit in yer moo
an A'll turn ye back e wye ye cam.'

²⁹"An iss will be a sign tae ye: iss ear ye'll ett fitivver grows bi itsel an neist ear ye'll hae fit seeds itsel fae att. I the third ear ye'll shaav an hairst, plant vinyairds an ett e fruit fae att. ³⁰E lave left ahin in Judah will tak reet aneth an bear fruit abeen. ³¹Cause a remnant will come oot o Jerusalem an survivors fae Moont Zion. E zeal o e Lord will see tae iss. ³²Sae iss is fit e Lord his tae say aboot e keeng o Assyria:

'He winna come intae iss toon,
nor sheet an arra there,
nor come afore it wi a targe,
nor bigg a siege ramp aneth its waas.
³³He'll gyang back e wye he cam
an winna come near iss toon,'
says e Lord.
³⁴'Cause A'll defend iss toon
tae save it baith for ma ain sake
an for e sake o ma servant Daavit.'"

³⁵Att nicht the angel o e Lord gaed oot tae e camp o the Assyrians an killed a hunner an auchty-five thoosan; fan mornin cam, there wis naethin bit deid bodies. ³⁶Sae Sennacherib keeng o Assyria held awa an gaed hame tae far he bade in Nineveh. ³⁷Ae day as he wis wirshippin i the temple o his god, Nisroch,

Adrammelech an Sharezer, his sins killed him wi a swoord an fled tae Armenia. Esarhaddon, his sin teuk ower e throne.

CHAPTIR 20

At att time Hezekiah wisna verra weel an wis near han weerin awa. E prophit Isaiah, sin o Amoz gaed till him an said, "E Lord says ye maun set yer hoose in order cause ye're gyan tae dee, ye're nae gyan tae pull throwe." ²Sae he turnt his face tae e waa an prayed tae e Lord. Iss is fit he said: ³"A pray Lord, att ye wid myn on foo A've waalkit afore ye, leal, an wi a devoot hert an hiv deen fit's richt in yer sicht." An Hezekiah roart an grat. ⁴Noo afore Isaiah won e linth o e middle coort, e Lord said iss tae him, ⁵"Gyang back an tell Hezekiah, e chief o ma fowk, att iss is fit I, e God o Daavit yer fadder hiv tae say, 'A've heard yer prayer, A've seen yer tears, an faith, A'll heal ye. In three days time ye'll gyang up tae e Temple o e Lord. ⁶A'll gie ye anither fifteen ear an A'll save you an iss toon fae e hans o e keeng o Assyria. A'll save iss toon for ma ain sake an for e sake o ma servant Daavit.'" ⁷An Isaiah said, "Pit on a powtice o figs," an they laid it on his blin lump an he recowert.

⁸Hezekiah said tae Isaiah, "Fit will be e sign att e Lord will mak ma aa better an att three days efter, A'll gyang up till e Temple?" ⁹An Isaiah said, "Iss will be e sign att e Lord will kep his wird. Will e shadda gyang forrit ten steps or back ten steps?" ¹⁰An Hezekiah answert, "It's nae ull for e shadda tae gyang forrit ten steps, mak it gyang back ten steps." ¹¹Syne e prophit Isaiah caalled on e Lord fa made e shadda gyang back ten steps far it hid come doon e stair o Ahaz.

¹²Aboot att time, Merodach-baladan, e sin o Baladan, keeng o Bablyon sent letters an a hansel tae Hezekiah, cause he hid heard att Hezekiah hid been nae weel. ¹³Hezekiah teuk tent o fit e messengers hid tae say an shewed them aa e bonnie things he hid in his hoose, e siller an e gowd, e spices an his fine ile, an aa the accootrements in his airmoury an aathin amo his trissures. There wis naethin in his hoose nor in his cuntra att he didna shew them.

¹⁴Syne Isaiah e prophit cam tae Keeng Hezekiah an said, "Fit were att chiels sikkin? Far did they come fae?" An Hezekiah said tae him, "They cam fae hine awa, fae Babylon." ¹⁵An Isaiah said, "Fit hiv they seen in yer hoose?" An Hezekiah answert, "They've seen aathin att's mine; there's naethin amo ma bonnie things att they hinna seen." ¹⁶An Isaiah said tae Hezekiah, "Hearken tae fit e Lord his tae say aboot it. ¹⁷'E day will come att aathin att's in yer hoose an aa att yer fadders afore ye hiv laid up will be cairriet awa tae Babylon an naethin will be left.' Att's fit e Lord says. ¹⁸'They'll tak awa tee, ony sins att ye mith fadder an they'll be libbit an wark i the palace o e keeng o Babylon.'" ¹⁹Syne Hezekiah said tae Isaiah, "E wird o e Lord att ye hiv spoken is gweed," cause he thocht att meant there wid be peace an security as lang as he wis livin.

²⁰Noo e lave o fit Hezekiah did, an aa his proticks, an foo he made a watterins an piped watter doon tae e toon, are aa set oot i the beuk o e history o e keengs o Judah. ²¹An Hezekiah teuk e rist o his fadders an Manasseh his sin teuk ower e throne fae him.

CHAPTIR 21

Manasseh wis twal ear aul fan he teuk ower e throne, an rowlt for fifty-five ear in Jerusalem. His mither wis Hephzi-bah. ²He vrocht ill i the sicht o e Lord chasin efter e fool wyes o e heathens fa e Lord hid cassen oot afore the Israelites. ³He rebiggit e hill shrines att his fadder Hezekiah hid dung doon an biggit aaltars for Baal, pat up a totem jist as Ahab e keeng o Israel hid deen. He booed doon tae aa kyn o gods an wirshippt them. [4]He biggit aaltars i the Temple o e Lord, att verra Temple in Jerusalem att e Lord hid said wid be haily tae his name. [5]He biggit aaltars tae aa kyn o gods inno e twa coorts o e Temple. [6]He sacrifeeced his ain sin wi fire, practised magic an witchcraft an socht oot spaewives an wizards. He vrocht muckle coorseness i the sicht o e Lord an reesed him tae annger. [7]He set an eemage o e totem he hid biggit inno e Temple att e Lord hid said tae Daavit an Solomon, his sin, "I hiv pickit iss Temple fae amo aa e clans tae be in my ain name in Jerusalem for ivver. [8]Nae mair will A gar e feet o the Israelites wanner fae iss lan att A gied tae their fadders an att's gin they dee aa att A bid them an stan bi e laa att ma servant Moses gied them." [9]Bit they widna listen an Manasseh trysted them intae deein waar nor e clans att e Lord hid dreeven oot afore the Israelites.

[10]An e Lord spak throwe his servants e prophits an said, [11]"Cause Manasseh e keeng o Judah his deen sic scunnerfu things an his deen far mair ill nor the Amorites fa were in att cuntra afore him, bi garrin Judah tak up wi iss eedols," [12]e Lord God o Israel conteenued, "A wyte, A'm gyan tae fess doon sic ill times on Jerusalem an Judah, att fan ye hear o fit A'm gyan tae dee, yer lugs will dirl. [13]A'll rax oot ower Judah e mizzour o Samaria an e plumb-line o e hoose o Ahab. A'll dicht Jerusalem as a body wid dicht an ashet an turn it upside doon. [14]A'll forhooie e lave o them fa survive an han them ower tae their faes. They'll be reived an plunnert bi aa their faes, [15]cause they've deen ill in my sicht an hiv gotten ma birse up, fae e time their fadders cam oot o Egypt tae iss verra day. [16]Fit's mair, Manasseh spult sae muckle innocent bleed att he fullt Jerusalem fae ein tae ein, forbye his ill-deein wyes o leadin Israel tae dee fit wis ill i the sicht o e Lord."

[17]Noo e lave o fit Manasseh did, an aa his proticks, an his ill wyes are aa set oot i the beuk o e history o e keengs o Judah. [18]An Manasseh teuk e rist o his fadders an wis beeriet i the yard o his ain hoose, e gairden o Uzza, an Amon his sin teuk ower e throne fae him.

[19]Amon wis twinty-twa ear aul fan e cam tae e throne an he rowlt twa ear in Jerusalem. His mither wis Meshullemeth, e dother o Haruz fae Jotbah. [20]An he did things att were ill i the sicht o e Lord, jist as his fadder Manasseh hid deen. [21]He gaed e same gait as his fadder, wirshippin the eedols att his fadder hid wirshippt. [22]He forsook e Lord God o his fadders an didna waalk i the wyes o e Lord.

[23]Amon's servants plottit agin him an killed him in his palace. [24]Bit e fowk murthert aa e conspeerators an appintit his sin Josiah as keeng efter him. [25]Noo e lave o fit Amon did, is aa set oot i the beuk o e history o e keengs o Judah. [26]An he wis beeriet in his grave i the gairden o Uzza an Josiah his sin teuk ower e throne fae him.

CHAPTIR 22

Josiah wis aucht ear aul fan he teuk ower e throne an he rowlt thirty-wan ear in Jerusalem. His mither wis Jedidah e dother o Adaiah fae Bozkath. [2]An he did fit wis richt i the sicht o e Lord an traivelt e road o Daavid his forebeer an didna turn awa tae e richt han nor e left han.

[3]Noo i the auchteenth ear o Josiah's rowle, he sent Shaphan e sin o Azaliah, fa wis e sin o Meshullam e secretary, tae e Temple o e Lord, sayin tae him, [4]"Gyang up tae Hilkiah e heich priest an tell him tae coont e siller att e doorkeepers o e Temple hiv gaithert fae e fowk, [5]an tell them tae pey it tae e foremen o e chiels fa are deein e wark on e Temple, an tell e foremen tae pey it tae e warkmen att are sortin e Temple, [6]tae e vrichts, e masons an e steen-masons an for timmer an dressed steen for e sortin wark. [7]A'm nae leukin for an accoontin for e siller, cause A ken a can trust them."

[8]Hilkiah, e heich priest, said tae Shaphan, e secretary, "A've faun e beuk o e laa i the Temple." Hilkiah gied e beuk tae Shaphan an he read it. [9]Shaphan e secretary cam back tae e keeng an telt him fit hid happent, "Yer servants hiv gaithert e siller fae e Temple an hiv peyed it ower tae e foremen owerseein e wark i the Temple." [10]Shaphan, e secretary shewed e keeng e beuk an said, "Hilkiah e priest his gien ma a beuk," an he read it tae e keeng. [11]Noo, fan e keeng heard fit e beuk hid tae say, he rippit his claes, [12]an he caalled a meetin wi Hilkiah, e priest, Shaphan's loon Ahikam, Micaiah's loon Acbor, Shaphan e secretary an Asahiah, een o his servants, an he said tae them, [13]"Gyang an spik tae e Lord for ma an for aa e fowk, e hale o Judah, about fit iss beuk ye've faun says. E Lord is maist affa raised wi hiz cause wir fadders didna hearken tae fit iss beuk says an didna dee fit it says." [14]Sae Hilkiah, e priest, an Ahikam, an Acbor, an Shaphan an Asahiah gaed tae Hulda e prophitess, wife tae Shallum e sin o Tikvah, e sin o Harhas fa leukit efter e keeng's wardrobe (she bade i the skweel at Jerusalem) an they hid a confab wi her.

[15]An she said tae them, "Iss is fit e Lord God o Israel says, 'Tell e chiel fa sent ye tae ma [16]att iss is fit I hiv tae say aboot it. Jist waatch, A'll fess doon ill on iss place an e fowk fa bide here jist as it says i the beuk att e keeng o Judah his read. [17]Cause they've forhooiet ma, they've brunt scintit reek tae ither gods, provokin ma tae annger wi their deeins; sae ma wrath will be kennlt agin iss place an ye winna douse it. [18]Bit say tae e keeng o Judah fa sent ye on iss eerin tae sikk fit e Lord his tae say, tell him, iss is fit e Lord God o Israel says aboot e wirds he his heard: [19]cause ye were saft hertit an ye hummlt yersel afore e Lord, fan ye heard aa fit A hid tae say aboot iss place an e fowk fa bide here: att they wid come till a crockaneetion an a curse, an ye rippit yer claes an grat, I hiv teen tent, says e Lord. [20]Sae A'll gaither ye tae yer fadders an ye'll win till yer grave in peace an your een winna see the ill att A'm gyan tae fess doon on iss place.'" Sae they brocht wird o iss back tae e keeng.

CHAPTIR 23

E keeng sent for aa e clan chiefs o Judah an Jerusalem fa gaithert afore him. [2]E keeng gaed up tae e Temple an aa e men o Judah an fowk fae Jerusalem gaed wi him, alang wi e priests an e prophits an aa e fowk fitivver their stannin i the warl. An he read oot e wirds o e beuk o e covenant att wis faun i the Temple, sae att they culd hear them.

[3]An e keeng steed anent a pillar an made a covenant wi e Lord att they wid folla his wyes an keep his commans an his laas wi aa their herts an aa their sowls tae dee fit wis screiven in his beuk. An aa e fowk steed by e covenant. [4]An e keeng bad Hilkiah e heid priest an aa the saicond priests an e doorkeepers fess oot o e Temple aa the accootrements att were made for Baal, an for e totem, an for aa e tither gods an he brunt them ootside Jerusalem i the Kidron parks, an cairriet their aise tae Bethel. [5]He did awa wi e priests att wirshippt ither gods att e keengs o Judah hid gar burn scintit reek till i the hill shrines o e toons o Judah an i the toons roon aboot Jerusalem, them fa hid brunt scintit reek tae Baal an tae e sin an tae e meen an tae e planets an aa e tither gods o hivven. [6]He teuk e totem fae e Temple tae e Kidron burn ootside Jerusalem an brunt it there at e side o e burn an trumpit it tae poother an keest e poother on e public cemetary. [7]He caaed doon e hooses o e male hoors att were aside e Temple an far e weemen hid been wyvin hingins for e totem. [8]He teuk aa e priests oot o e toons o Judah an dung doon e hill shrines far e priests hid brunt scintit reek fae Geba tae Beersheba an breuk doon e shrines att were anent e yett o e toon, e Yett o Joshua, e toon provost, att were at e left han side o e toon yett. [9]Tho e priests fae the hill shrines didna come tae e aaltar o e Lord in Jerusalem, they did ett e loaf wi nae barm wi e tither priests. [10]An he did awa wi Topheth i the Howe o Ben Hinnom sae att naebody culd eese it tae sacrifeece his sin or dother wi fire tae Molech. [11]He teuk awa fae e door o e Temple, e horses att e keengs o Judah hid dedicaitit tae e sin. They were anent e room eesed bi Nathan-melech e chamberlain i the colonade; an he brunt e chariots dedicaitit tae e sin. [12]He tore doon the aaltars att were abeen the upper room o Ahaz att e

keengs o Judah hid made an the aaltars att Manasseh hid made i the twa coorts o e Temple. He battert them tae stew an threw e bits inno e Kidron burn. [13]He dung doon e hill shrines att were ootside Jerusalem on e richt han side o e Hill o Corruption att Solomon e keeng o Israel hid biggit tae Ashtoreth e fool god o e Sidonians an for Chemosh e fool god o e Moabites an for Molech e fool god o the Ammonites. [14]An he breuk tae bits aa the eemages, cuttit doon e totems an happit e places far they hid steed wi human beens.

[15]Fit's mair, he breuk doon the aaltar at Bethel an e hill shrine att Jeroboam e sin o Nebat hid biggit. He set fire tae e hill shrine, trumpit it tae poother an brunt e totem. [16]Josiah leukit aboot an saa e graves att were on e hill an he hid aa e beens teen awa an brunt on the aaltar tae defile it tae fullfil e wird o e Lord att e man o God hid spoken fan Jeroboam steed anent the aaltar at e feast. [17]Syne he said, "Fas heidsteen's att?" An e men fae e toon telt him, "It's e grave o e prophit fa cam fae Judah an foretelt iss things att ee've jist deen tae the aaltar o Bethel." [18]An he said, "Lat him be. Dinna lat naebody touch his beens." Sae they left his beens aleen alang wi e beens o e prophit fa hid come fae Samaria. [19]Jist as he hid deen in Bethel, Josiah teuk awa e hooses at e hill shrines att e keengs o Israel hid biggit in Samaria an att hid provokit e Lord tae annger. [20]He killed aa e priests o e hill shrines on the aaltars, brunt human beens on them an syne gaed hame tae Jerusalem.

[21]E keeng pat oot an order tae e fowk, sayin, "Keep e passower haily tae e Lord yer God as it's set oot i the beuk o e covenant." [22]There wis nivver sic a passower seen sin e days o e clan chiefs att rowlt Israel, nae in aa e days o e keengs o Israel nor i the days o e keengs o Judah. [23]Iss passower wis held tae e Lord in Jerusalem i the auchteenth ear o Keeng Josiah's rowle.

[24]Mair nor att, Josiah did awa wi e spae-wives, e wizards, the eemages, the eedols an aa e fool capers att hid been seen i the cuntra o Judah an in Jerusalem sae att he mith abide bi e wird o e laa att wis screiven i the beuk att Hilkiah e priest hid faun i the Temple. [25]Neen o e keengs att gaed afore him hid gien his heart an sowl sae willinly tae e Lord an wi aa his micht hid turnt tae e laas o Moses; an there wis nae neen att come efter him aither.

[26]For aa that, e Lord didna dampen his tooerin rage at Judah cause o aa e tirmint att Manasseh hid been tae him. [27]Sae e Lord said, "A'm gyan tae pit Judah oot o ma sicht, jist as A've deen wi Israel an A'll rejeck Jerusalem e toon att A pickit an e Temple far A said ma name wid aye be there." [28]Noo e lave o fit Josiah did, is aa set oot i the beuk o e history o e keengs o Judah.

[29]In Josiah's time Pharaoh Neco, e keeng o Egypt gaed up tae the Euphrates tae fecht alang wi e keeng o Assyria. Keeng Josiah gaed tae meet him, bit Pharaoh Neco steed up tae him at Megiddo an slew him. [30]His men hurlt his body back in a chariot tae Jerusalem fae Megiddo, far they beeriet him in his ain grave. E fowk syne annintit Josiah's sin Jehoahaz as keeng in place o his fadder.

[31]Jehoahaz wis twinty-three ear aul fan he cam tae e throne an he rowlt three month in Jerusalem. His mither wis Hamutal e dother o Jeremiah fae Libnah. [32]An he vrocht ill i the sicht o e Lord, jist lik his forebeers hid deen. [33]Pharaoh Neco pat him in chines at Riblah i the Hamath cuntra tae haud him fae rowlin in Jerusalem. He taxed e cuntra a hunner talents o siller an a talent o gowd. [34]Pharaoh Neco set up Josiah's sin Eliakim as keeng in place o his fadder an cheenged his name tae Jehoiakim. He teuk Jehoahaz tae Egypt far he deit. [35]Jehoiakim gied e siller an e gowd tae Pharaoh, bit tae raise it he taxed e cuntra tae tak in fit wis notten tae pey Pharaoh. Ilka een wis taxed accoordin tae his cess.

³⁶Jehoiakim wis twenty-five ear aul fan he teuk ower e throne an he rowlt elyven ear in Jerusalem. His mither wis Zebidah, e dother o Pedaiah fae Rumah. ³⁷An he did aa att wis ill i the sicht o e Lord jist lik his fadders afore him.

CHAPTIR 24

I the time o Jehoiakim, Nebuchadnezzar, e keeng o Babylon attackit e cuntra an Jehoiakim wis subjeckit tae him for three ear. Syne he reese an rebelled agin him. ²Eloed sent bands o Assyrians an Syrians an Moabites an Ammonites agin him an agin Judah in accoordance wi e wird o e Lord att he hid spoken throwe his prophits. ³It maun hae been e Lord's deein att iss aa cam on Judah sae att they mith be putten awa fae him, cause o aa the ills att Manasseh did, ⁴an for the innocent bleed att he spult, cause he fullt Jerusalem wi innocent bleed, somethin e Lord widna forgie him for.

⁵Noo e lave o fit Jehoiakim did, is aa set oot i the beuk o e history o e keengs o Judah. ⁶Sae Jehoiakim teuk e rist o his fadders an his sin Jehoiachin teuk ower e throne. ⁷E keeng o Egypt didna mairch oot fae his ain cuntra again, cause e keeng o Babylon hid teen aa e lan fae e Nile in Egypt tae e watters o the Euphrates att hid belanged tae Egypt.

⁸Jehoiachin wis auchteen ear aul fan he teuk ower e throne an he rowlt in Jerusalem for three month. His mither wis Nehushta, e dother o Elnathan fae Jerusalem. ⁹An he did aa att wis ill i the sicht o e Lord jist lik his fadder afore him.

¹⁰At att time the airmy o Nebuchadnezzar o Babylon attackit Jerusalem an laid seige tae e toon. ¹¹Nebuchadnezzar, keeng o Babylon himsel cam tae e toon as his sodgers were layin seige till't. ¹²Jehoiachin e keeng o Judah, alang wi his mither, his men, his princes an his offishers aa surrennert tae e keeng o Babylon. Att wis i the auchth ear o his rowle. ¹³Nebuchadnezzar cairriet awa aa e trissures o e Temple, cuttit up aa e gowd accootrements att Solomon keeng o Israel hid made for e Temple, as e Lord hid bidden him dee. ¹⁴He cairriet awa aa e fowk o Jerusalem, e royalty, aa the offishers an sodgers, aa e tradesmen an smiths; ten thoosan in aa. He didna leave naebody bit e doon-an-oots. ¹⁵He cairriet Jehoiachin awa tae Babylon, alang wi his mither, his wives, his offishers, his airmy, aa cairriet intae capteevity fae Jerusalem tae Babylon. ¹⁶He teuk syven thoosan fechtin men, a thoosan tradesmen an smiths an onybody att wis able-bodied.

¹⁷An e keeng o Babylon set up Jehoiachin's uncle, Mattaniah as keeng an cheenged his name tae Zedekiah. ¹⁸Zedekiah wis twenty-wan ear aul fan he teuk ower e throne an he rowlt elyven ear in Jerusalem. His mither wis Hamutal e dother o Jeremiah fae Libnah. ¹⁹An he did aa att wis ill i the sicht o e Lord jist lik Jehoiakim hid deen afore him. ²⁰E Lord wis sae raised wi Jerusalem an Judah att he put them awa oot o sicht aaegither. Zedekiah rebelled agin e keeng o Babylon.

CHAPTIR 25

Noo on e tenth day o e tenth month o e ninth ear o his rowle, Nebuchadnezzar e keeng o Babylon cam back wi aa his airmy agin Jerusalem. He set up camp ootside e waas an they biggit forts aa roon aboot e toon. ²They laid seige tae e toon till e elyventh ear o Keeng Zedekiah's rowle. ³On e ninth day o e ninth month o att year e hunnger wis sae bad i the toon, cause there wis nae maet for e fowk.

[4]E toon waa wis breached an aa e sodgers fled throwe e nicht oot o e yett atween e twa waas ower by e keeng's yard, tho e Babylonians were surroonin e toon. They heidit aff e wye o e Howe o e Jordan. [5]E Babylonian airmy teuk efter e keeng an come on him i the Howe o Jericho an aa his airmy scattert awa fae him. [6]Sae e keeng wis teen an fessen tae e keeng o Babylon at Riblah far they pat him on trial. [7]They killed Zedekiah's sins afore his verra een syne pat oot his een an bun him wi bress chines an cairriet him tae Babylon.

[8]On e syventh day o e fifth month i the nineteenth ear o Keeng Nebuchadnezzar's rowle in Babylon, Nebuzar-adan, a captain o e gaird an offisher tae e keeng o Babylon cam tae Jerusalem. [9]He set fire tae e Temple, tae e palace, tae aa e hooses an tae aa the important biggins in Jerusalem. [10]The airmy att e captain o e gaird hid brocht wi him caaed doon e waas aa roon aboot Jerusalem. [11]E lave o e fowk fa hid been left i the toon an aa them fa hid gaen ower tae e side o e Babylonians were aa carriet awa bi Nebuzar-adan e captain o e gaird. [12]Bit he left e peer fowk tae wark e wineries an e ferm toons. [13]E Babylonians breuk up e bress pillars an e base an e tank att were inno e Temple an cairriet e bress tae Babylon. [14]They teuk aa e pans, an shuffels, an cannel-snuffers, e speens an aa e bress accootrements att were eesed i the Temple. [15]E captain o e gaird teuk awa e firepans, an bowels an aathin att wis made o gowd or siller. [16]E bress o e twa pillars an e bases an e tank att Solomon hid made for e Temple wis mair nor culd be weyed. [17]Ilka een o e pillars wis twenty-syven fit heich e chapiter on e heid o't wis anither fower an a half fit an e fine vrocht wark wi e pomegranites aa roon e capital aa made o bress. E tither pillar wi its vrocht wark wis e same.

[18]E captain o e gaird teuk Seraiah e heich priest an Zephaniah his assistant an e three doorkeepers. [19]Fae them att were aye i the toon he teuk an offisher o the airmy an five o e keeng's staff, e chief secretary tae the airmy att caalled up e fowk for service, an saxty ither chiels att were faun i the toon. [20]Nebuzar-adan, e captain o e gaird brocht them aa tae e keeng o Babylon at Riblah, [21]an e keeng o Babylon killed them at Riblah in Hamath. Sae aa e fowk o Judah were cairriet awa fae their ain cuntra.

[22]Fan Nebuchadnezzar left Judah he appintit Gedaliah e sin o Ahikam e sin o Shaphan tae rowle ower e fowk att were left there. [23]Fan the airmy offishers an their men heard att e keeng o Babylon hid appintit Gedaliah as guvvernor, Ishmael e sin o Nethaniah, Johanan e sin o Kareah, Seraiah e sin o Tanhumeth fae Netophah an Jaazaniah e sin o Maacathite an their men aa cam till him. [24]An Gedaliah sware tae them an their men, sayin, "Dinna be feart tae wark for e Babylonians. Bide here, wark for e keeng o Babylon, an aa will be weel wi ye. [25]Bit i the syventh month, Ishmael e sin o Nethaniah, e sin o Elishama, fa hid royal bleed inno him, cam wi ten men an killed Gedaliah an aa e Jowes an Babylonians fa were wi him in Mizpah. [26]At iss, aa e fowk baith gintry an peer fled tae Egypt for fear o fit e Babylonians wid dee.

[27]On e twenty-syventh day o e twalth month i the thirty syventh ear att Jehoiachin hid been held in capteevity, Evil-merodach keeng o Babylon i the first ear o his rowle lowsed Jehoiachin fae e jile. [28]He spak rael douce tae him an gied him a seat o honour abeen aa e tither keengs att were wi him in Babylon. [29]He cheenged oot o his jile claes an wis invitit tae e keeng's table aa e rest o his life. [30]E keeng gied Jehoiachin an allooance ilka day for e lave o his days.

E FIRST BEUK O CHRONICLES

CHAPTIR 1

Adam, Seth, Enosh, [2]Kenan, Mahalalel, Jared, [3]Enoch, Methuselah, Lamech, [4]Noah, Shem, Ham an Japheth.

[5]E sins o Japheth: Gomer, an Magog, an Madai, an Javan, an Tubal, an Meshech, an Tiras. [6]E sins o Gomer: Ashkenaz, an Riphath, an Togarmah. [7]E sins o Javan: Elishah, an Tarshish, e Kittim an e Rodanim.

[8]E sins o Ham: Cush, an Mizraim, an Put, an Canaan. [9]E sins o Cush: Seba, an Havilah, an Sabta, an Raamah, an Sabteca. E sins o Ramaah: Sheba an Dedan. [10]An Cush faddert Nimrod fa wis a gey lad o pairts. [11]An Mizraim faddert e Ludites, an the Anamites, an Lehabites, an Naphtuhites, [12]an Pathrusites, an Casluhites (e Philistines cam o them), an e Caphtorites. [13]Canaan's aulest wis Sidon, an syne there wis Heth. [14]An fae Canaan cam e Jebusites, an the Amorites, an e Girgashites, [15]the Hivites, the Arkites, an e Sinites, [16]an the Arvadites, an e Zemarites, an e Hamathites.

[17]E sins o Shem: Elam, an Asshur, an Arphaxad, an Lud, an Aram, an Uz, an Hul, an Gether, an Meshech. [18]Arphaxad faddert Shelah, an Shelah wis fadder tae Eber. [19]Eber hid twa sins, een wis caaed Peleg cause in his time aa e fowk o e warl were pairtit an his brither wis caaed Joktan. [20]Joktan faddert Almodad, an Sheleph, an Hazarmaveth, an Jerah, [21]an Hadoram, an Uzal, an Diklah, [22]an Obal, an Abimael, an Sheba, [23]an Ophir, an Havilah, an Jobab. They were aa sins o Joktan.

[24]Shem, Arphaxad, Shelah, [25]Eber, Peleg, Reu, [26]Serug, Nahor, Terah, [27]Abram, files caaed Abraham. [28]Abraham's sins were Isaac an Ishmael.

[29]Iss is their faimly line: Ishmael's aulest wis Nebaioth, syne there wis Kedar, an Adbeel, an Mibsam, [30]an Mishma, an Dumah, an Massa, an Hadad, an Tema, [31]an Jetur, an Naphish, an Kedemah. Att wis e sins o Ishmael.

[32]Noo Abraham's bidie-in, Keturah hid Zimran till him, an Jokshan, an Medan, an Midian, an Ishbak, an Shuah. Jokshan's sins were Sheba an Dedan. [33]Midian's sins were Ephah, an Epher, an Hanoch, an Abida, an Eldaah. They were aa sins o Keturah. [34]Abraham faddert Isaac an Isaac's sins were Esau an Israel.

[35]Esau's sins were Eliphaz, an Reuel, an Jeush, an Jalam, an Korah. [36]Eliphaz's sins were Teman, an Omar, an Zepho, an Gatam, an Kenaz, an bi Timna: Amalek. [37]Reuel's sins were Nahath, an Zerah, an Shammah, an Mizzah. [38]Seir's sins were Lotan, an Shobal, an Zibeon, an Anah, an Dishon, an Ezer, an Dishan. [39]Lotan's sins were Hori, an Homam. Lotan's sister wis Timna. [40]Shobal's sins were Alvan, an Manahath, an Ebal, an Shepho, an Onam. Zibeon's sins were Aiah an Anah. [41]Anah's sin wis Dishon, an Dishon's sins were Hamran, an Eshban, an Ithran, an Keran. [42]Ezer's sins were Bilhan, an Zaavan, an Akan. Dishan's sins were Uz an Aran.

[43]Noo e keengs fa rowlt ower e cuntra o Edom afore there wis ony keengs ower the Israelites were Bela e sin o Beor, fas toon wis Dinhabah; [44]syne efter Bela deit, cam Jobab e sin o Jerah fae Bozrah; [45]syne efter Jobab deit cam Husham fae e Temanite cuntra; [46]syne efter Husham deit, cam Hadad e sin o Bedad fa attackit Midian at e battle o Moab. He rowlt fae Avith; [47]syne efter Hadad deit, cam Samlah fae

Masrekah; ⁴⁸syne efter Samlah deit, cam Shaul fae Rehoboth doon bi e watters; ⁴⁹syne efter Shaul deit, cam Baal-hanan e sin o Acbor; ⁵⁰an syne efter Baal-hanan deit, cam Hadad fas toon wis Pau. He wis mairriet tae Mehetabel, e dother o Matred fas mither wis Mezahab.

⁵¹Hadad deit come time. E clans o Edom were e clan Timnah, e clan Alvah, e clan Jetheth, ⁵²e clan Oholibamah, e clan Elah, e clan Pinon, ⁵³e clan Kenaz, e clan Teman, e clan Mibzar, ⁵⁴e clan Magdiel, an e clan Iram. Att wis e clans o Edom.

CHAPTIR 2

Iss is e sins o Israel: Reuben, Simeon, Levi, Judah, Issachar, Zebulun, ²Dan, Joseph, Benjamin, Naphtali, Gad an Asher.

³E sins o Judah: Er, an Onan, an Shela. E mither o aa three o them wis e dother o Shua fae Canaan. Er, Judah's aulest misfittit e Lord an he slew him. ⁴Judah hid twa ither sins wi his dother-in-laa, Tamar, an they were Perez an Zerah. Judah hid five sins aaegither. ⁵E sins o Perez: Hezron an Hamul. ⁶E sins o Zerah: Zimri, an Ethan, an Heman, an Calcol, an Darda: five o them aaegither. ⁷E sin o Carmi wis Achar fa brocht tribble on Israel bi deein fit God didna aloo. ⁸Ethan's sin wis Azariah. ⁹E sins att were born tae Hezron: Jerahmeel, an Ram, an Caleb. ¹⁰An Ram faddert Amminadab, an Amminadab faddert Nahshon fa wis a chief o e clan Judah. ¹¹An Nahshon faddert Salmon, an Salmon faddert Boaz. ¹²Boaz faddert Obed, an Obed faddert Jesse.

¹³Jesse's aulest sin wis Eliab, syne he hid Abinadab, an Shimea wis e third, ¹⁴Nethaneel e fowerth, Raddai e fifth, ¹⁵Ozem e saxth an Daavit e syventh. ¹⁶Their sisters were Zeruiah an Abigail. Zeruiah hid three sins: Abishai, an Joab, an Asahel. ¹⁷Abigail wis mither tae Amasa fas fadder wis Jether o e clan Ishmael.

¹⁸Caleb, Hezron's sin, faddert bairns tae his wife Azubah fae Jerioth. Her sins were Jesher, an Shobab, an Ardon. ¹⁹An efter Azubah deit, Caleb mairriet Ephrath fa hid Hur tae him. ²⁰An Hur faddert Uri, an Uri faddert Bezalel.

²¹Fan Hezron wis saxty ear aul, he mairriet e dother o Makir fa wis fadder tae Gilead an she hid Segub tae him. ²²An Segub faddert Jair fa aint twenty-three toons in Gilead. ²³An he teuk Geshur an Aram alang wi e toons o Jair an Kenath an aa its toons, some saxty toons aa in, an they aa belanged tae e faimly o Makir, e fadder o Gilead. ²⁴Efter Hezron deit in Caleb-ephratah, his wife Abiah gied birth tae Ashhur fa wis e fadder o Tekoa.

²⁵E sins o Jerahmeel: Hezron, fas aulest wis Ram, an Bunah, an Oren, an Ozem, an Ahijah. ²⁶Jerahmeel hid anither wife caaed Atarah fa wis e mither o Onam. ²⁷E sins o Ram, Jerahmeel's aulest, were: Maaz, an Jamin, an Eker. ²⁸E sins o Onam were Shammai an Jada. Shammai's sins were Nadab an Abishur. ²⁹Abishur's wife wis Abihail fa hid Ahban an Molid tae him. ³⁰E sins o Nadab: Seled an Appaim. Seled nivver hid nae bairns. ³¹Appaim's sin wis Ishi, an Ishi's sin wis Sheshan. Sheshan's sin wis Ahlai. ³²E sins o Shammai's brither Jada were Jether an Jonathan. Jether nivver hid nae bairns. ³³E sins o Jonathan: Peleth an Zaza. Sae att wis Jerahmeel's faimly.

³⁴Noo Sheshan didna hae nae sins bit he did hae dothers an he hid a fee'd man fae Egypt caaed Jarha. ³⁵Sheshan gied his dother tae Jarha as his wife an she hid Attai tae him. ³⁶An Attai faddert Nathan, an Nathan wis fadder tae Zabad. ³⁷Zabad faddert Ephlal, an Ephlal wis fadder tae Obed. ³⁸Obed faddert Jehu an Jehu wis fadder tae Azariah. ³⁹Azariah faddert Helez an Helez wis fadder tae Eleasah. ⁴⁰Eleasah

faddert Sismai an Sismai wis fadder tae Shallum. [41]Shallum faddert Jekamiah an Jekamiah wis fadder tae Elishama. [42]Noo e sins o Caleb, Jerahmeel's brither were: Mesha fa wis his aulest an wis fadder tae Ziph, an Mareshah fa wis fadder tae Hebron. [43]E sins o Hebron: Korah, an Tappuah, an Rekem, an Shema. [44]An Shema faddert Raham fa wis fadder tae Jorkeam. Rekem wis fadder tae Shammai. [45]Maon wis Shammai's sin an he wis e fadder o Beth-zur. [46]Caleb's bidie-in, Ephah hid Haran, an Moza, an Gazez tae him. Haran faddert Gazez. [47]E sins o Jahdai: Regem, an Jotham, an Gesham, an Pelet, an Ephah, an Shaaph. [48]Caleb's bidie-in, Maacah hid Sheber an Tirhanah tae him. [49]She wis e mither o Shaaph fa wis fadder tae Madmannah, an she wis e mither o Sheva fa wis fadder o Macbenah fa wis fadder tae Gibea. Caleb's dother wis Acsah.

[50]The ation o Caleb: e sins o Hur fa wis the aulest sin o Ephrathah; Shobal fa foondit Kiriath-jearim, [51]Salma fa foondit Bethlehem, an Hareph fa foondit Bethgader. [52]Fae Shobal, fa foondit Kiriath-jearim, cam e fowk o Haroeh, an half o e clan Manahath, [53]an e faimlies o Kiriath-jearim fa were the Ithrites, e Puthites, e Shumathites an e Mishraites. Fae them cam e Zorathites an the Eshtaolites. [54]E descendents o Salma: e fowk o Bethlehem, e Netophathites, e fowk o Ataroth, e clan o Joab, half o e clan Manahath, e Zorites, [55]e faimlies o e scribes fa bade at Jabez, e Tirathites, e Shimeathites an e Sucathites. They were e Kenites fa hid mairriet intae e families o e Recabites.

CHAPTIR 3

Noo iss wis wis e sins o Daavit, born tae him fan he wis in Hebron: Amnon wis the aulest fas mither wis Ahinoam fae Jezreel; e saicond wis Daniel fas mither wis Abigail fae Carmel; [2]e third wis Absalom fa wis e sin o Maacah e dother o Talmai, keeng o Geshur; e fowerth wis Adonijah e sin o Haggith; [3]e fifth wis Shephatiah, sin o Abital; e saxth wis Ithream sin o Daavit's wife Eglah. [4]Iss sax were aa born till him in Hebron far he rowlt for syven ear an sax month. He rowlt in Jerusalem for thirty three ear. [5]Born till him in Jerusalem were Shimea, an Shobab, an Nathan, an Solomon. E mither o e fower o them wis Bathsheba e dother o Ammiel. [6]An there wis Ibhar, an Elishama, an Eliphelet, [7]an Nogah, an Nepheg, an Japhia, [8]an Elishama, an Eliada, an Eliphilet, nine in aa. [9]Att wis aa e sins o Daavit forebye e sins o his bidie-ins an their sister Tamar.

[10]Solomon's sin wis Rehoboam, his sin wis Abija, his sin wis Asa, his sin wis Jehoshaphat, [11]his sin wis Jehoram, his sin wis Ahaziah, his sin wis Joash, [12]his sin wis Amaziah, his sin wis Azariah, his sin wis Jotham, [13]his sin wis Ahaz, his sin wis Hezekiah, his sin wis Manasseh, [14]his sin wis Amon, his sin wis Josiah. [15]E sins o Josiah were: Johanan, the aulest, Jehoiakim, e saicond, Zedekiah, e third an Shallum e fowerth. [16]E sins o Jehoiakim were: Jechoiachin an Zedekiah.

[17]E sins o Jehoiachin were Assir an Shealtiel, [18]an Malkiram, an Pedaiah an Shenazzar, an Jekamiah, an Hoshama, an Nedabiah. [19]E sins o Pedaiah were Zerubbabel an Shimei. E sins o Zerubbabel were Meshullam, an Hananiah wi Shelomith their sister, [20]an syne there wis Hashubah, an Ohel, an Berekiah, an Hasadiah, an Jushabhesed, five o them. [21]The ation o Hananiah were Pelatiah an Jeshaiah, e sins o Rephaiah, e sins o Arnan, e sins o Obadiah, e sins o Shecaniah. [22]Shecaniah's sax sins were: Shemaiah, an Hattush, an Igal, an Bariah, an Neariah, an Shaphat. [23]Neariah hid three sins: Elioenai, an Hezekiah, an Azrikam. [24]Elioenai hid syven sins: Hodaviah, an Eliashib, an Pelaiah, an Akkub, an Johanan, an Delaiah, an Anani.

CHAPTIR 4

E sins o Judah: Perez, an Hezron, an Carmi, an Hur, an Shobal. [2]Shobal's sin Reaiah wis fadder tae Jahath. An Jahath wis fadder tae Ahumai an Lahad. Att wis e clans o e Zorathites. [3]Etam wis fadder tae Jezreel, an Ishma, an Idbash. They hid a sister caaed Hazzelelponi. [4]Penuel wis e fadder o Gedor, an Ezer e fadder o Hushah. Att wis e faimly o Hur, the aulest sin o Ephrathah, fa foondit Bethlehem.

[5]Ashhur, e fadder o Tekoa hid twa wives, Helah an Naarah. [6]Naarah hid Ahuzzam, an Hepher, an Temeni an Haahashtari till him. [7]Helah's sins were Zereth, an Zohar, an Ethnan. [8]Koz wis fadder tae Anub an Hazzobebah an e clans o Aharhel e sin o Harum.

[9]Jabez wis a better lad nor his brithers. His mither hid caaed him Jabez, cause, she said, he wis sair vrocht. [10]An Jabez prayed tae e God o Israel sayin, "O wid ye bit bliss ma, gie ma a bittie mair grun, lat yer han be wi ma an keep ma fae aa ill sae att A mithna hae nae sorra." An God gied him fit he socht.

[11]Shuah's brither, Kelub faddert Mehir fa wis fadder tae Eshton. [12]Eshton faddert Beth-rapha, an Paseah an Tehinnah fa wis fadder tae Ir-nahash. They were aa o e clan Recab. [13]E sins o Kenaz were Othniel an Seraiah. Othniel's sins were Hathath an Meonothai, [14]fa wis fadder tae Ophrah. Seraiah faddert Joab fas faimly sattlt e Howe o Harashim an were tradesmen. [15]E sins o Jephunneh's loon Caleb: Iru, an Elah, an Naam. E sin o Elah: Kenaz. [16]E sins o Jehallelel: Ziph, an Ziphah, an Tiria an Asarel. [17/18]E sins o Ezra were Jether, an Mered, an Epher, an Jalon. They were e sins o Pharaoh's dother Bithiah fa Mered hid mairriet. She wis e mither o Miriam, an Shammai, an Ishbah e foonder o Eshtemoa. His Jowe wife wis e mither o Jered fa wis fadder tae Gedor an Heber fa wis fadder tae Soco an Jekuthiel fa wis fadder tae Zanoah. [19]The ation o his wife Hodiah, e sister o Naham foondit e clan Garm fa bade in Keilah an e clan Maachah fa bade in Eshtemoa. [20]Shimon's sins were Amnon, an Rinnah, an Ben-hanan, an Tilon. Ishi's sins: Zoheth an Ben-zoheth.

[21]E sins o Judah's loon Shelah were Er, fa foondit Lecah, an Laadah fa foondit Mareshah, e faimlies fa vrocht fine leenen in Ashbea, [22]an Jokim, e men o Cozeba, an Joash, an Saraph fa aint grun in Moab, an Jashubi-lehem. (Att's a story o aul lang syne.) [23]They made pots for e keeng an bade i the toons o Netaim an Gederah far they did their wark for e keeng.

[24]Simeon's sins were Nemuel, an Jamin, an Jarib, an Zerah, an Shaul. [25]Shaul's sin wis Shallum, his sin wis Mibsam an his sin wis Mishma. [26]Syne Mishma's sin wis Hammuel, his sin wis Zacchur an his sin wis Shimei. [27]Shimei hid saxteen sins an sax dothers, bit his brithers didna hae mony bairns sae there wisna as mony o them as there wis o e clan Judah. [28]They bade at Beersheba an Moladah an Hazar-shual [29]an Bilhah an Ezem an Tolad [30]an Bethuel an Hormah an Ziklag [31]an Beth-marcaboth an Hazar-susim an Beth-biri an at Shaaraim. Att wis their toons till Daavit cam tae e throne. [32]Their five clachans were Etam an Ain an Rimmon an Token an Ashan. [33]They hid ferm toons aa roon e clachans aa e linth o Baal. An att's far aboot they bade. [34/38]E names o e clan chiefs were set oot i the registers. They were: Meshobab, Jamlech, Joshah e sin o Amaziah, Joel, Jehu e sin o Josibiah fa wis e sin o Seraiah, fa wis e sin o Asiel, Elioenai, Jaakobah, Jeshohaiah, Asaiah, Adiel, Jesimiel, Benaiah, Ziza e sin o Shiphi fa wis e sin o Allon, fa wis e sin o Jedaiah, fa wis e sin o Shimri, fa wis e sin o Shemaiah. Bi iss time there wis a fair puckle o them.

[39]They spread ower tae the east side o e howe at Gedor sikkin girse for their flocks. [40]They cam on gweed growthy girse in fine open cuntra far there wis nae strife. E clan Ham hid eence dwalt thereaboots. [41]I the time o Keeng Hezekiah o Judah e chiels fas names are set oot abeen, cam an dung doon e tents an hooses o e fowk fa bade there sae att nae a wird o them is noo heard. They sattlt there cause there wis gweed

girse for their flocks. [42]Five hunner o e clan Simeon gaed an attackit the heilans o Seir unner their captains, Pelatiah, Neariah, Rephaiah an Uzziel fa were sins o Ishi. [43]They killed e lave o the Amalekites fa hid escapit an they bide there tae iss day.

CHAPTIR 5

Noo e sins o Reuben, Israel's aulest loon (tho he wis the aulest he hid his birth richts teen awa fae him cause he lay wi een o his fadder's wives an e richts were gien tae Joseph. [2]Judah wis e clan att cam oot on tap an provided e chief o aa e clans. Bit e birth rich wis Joseph's). [3]E sins o Reuben, fa, as A say, wis Israel's aulest, were Hanoch, an Pallu, an Hezron, an Carmi. [4]E sin o Joel wis Shemaiah, fas sin wis Gog, an fas sin wis Shimei, [5]an fas sin wis Micah, an fas sin wis Reaia, an fas sin wis Baal, [6]an fas sin wis Beerah, att wis cairriet awa tae capteevity bi Tiglath-pileser, e keeng o Assyria. He wis a chief o e clan Reuben. [7]His fowk, faimly bi faimly, set oot i the clan lists o chiefs: Jeiel an Zechariah, [8]an Bela e sin o Azaz fa wis e sin o Shema, fa wis e sin o Joel fa dwalt in Aroer an hid e grun fae Nebo tae Baal-meon. [9]Ower e wye o the east they hid e lan e linth o e roch cuntra tae the Euphrates watters, cause they hid sae mony beasts fan they were in Gilead. [10]In Saul's time they focht wi the Hagarites fa fell tae their han, an they dwalt i their tents in aa e cuntra tae the east o Gilead.

[11]E clan Gad neepert them i the cuntra atween Bashan an Salecah. [12]E clan chief wis Joel an his saicond in comman wis Shapham; Janai an Shaphat were in chairge in Bashan. [13]Their ations were Michael, an Meshullam, an Sheba, an Jorai, an Jacan, an Zia, an Heber, syven o them in aa. [14]They were aa come o Abihail fa wis e sin o Huri, fa wis e sin o Jaroah, fa wis e sin o Gilead, fa wis e sin o Michael, fa wis e sin o Jeshishai, fa wis e sin o Jahdo, fa wis e sin o Buz. [15]Ahi wis e sin o Abdiel, fa wis e sin o Guni fa wis e clan chief. [16]They dwalt in Gilead an Bashan an i the toons there an i the ootlyin cuntra o Sharon. [17]E registers o their names were draawn up i the days o Jotham, keeng o Judah an e days o Jeroboam, keeng o Israel.

[18]I the clan Reuben, clan Gad an half o clan Manasseh there were fowerty-fower thousand syven hunner an saxty sodgers att culd gyang tae waar, aa bonnie fechters, weel able tae hannle targe an swoord, tae sheet wi e bowe an skeely in waar. [19]They gaed tae waar an focht wi the Hagarites, wi Jetur, wi Naphish an wi Nodab. [20]They were gien a han agin them cause they cried tae God tae be wi them i the fechtin an cause they pat their trust in him, he hearkent tae their prayers an e Hagarites an aa their allies were owercome. [21]They teuk aa their beasts alang wi fifty thoosan camels, twa hunner an fifty thoosan sheep, twa thoosan cuddies an a hunner thoosan men. [22]Mony fowk were killed cause e waar wis o God's deein. They dwalt in att cuntra till e time they were teen intae exile.

[23]Half o e clan Manasseh bade in att cuntra an extennit their grun fae Bashan tae Baal-hermon an Senir an ower e linth o moont Hermon. [24]Iss wis their clan chiefs: Epher, an Ishi, an Eliel, an Azriel, an Jeremiah, an Hodaviah, an Jahdiel aa weel kent, brave chiels, an aa clan chiefs.

[25]They turnt awa fae e God o their fadders an gaed hoorin efter e gods o e fowk o att cuntra att God hid dreevin oot afore them. [26]An e God o Israel steered up Pul, kent as Tilgath-pileser, keeng o Assyria, an he cairriet awa e clan Reuben an clan Gad an e half clan Manasseh an teuk them tae Halah, an Habor, an Hara an tae e watters o e Gozan, far they are aye yet tae iss day.

CHAPTIR 6

E sins o Levi: Gershon, an Kohath, an Merari. [2]E sins o Kohath: Amram, an Izhar, an Hebron, an Uzziel. [3]E bairns o Amram: Aaron, an Moses, an Miriam. E sins o Aaron: Nadab, an Abihu, an Eleazar, an Ithamar.

[4]Eleazar wis fadder tae Phinehas, Phinehas wis fadder tae Abishua, [5]Abishua wis fadder tae Bukki, Bukki wis fadder tae Uzzi, [6]Uzzi wis fadder tae Zerahiah, Zerahiah wis fadder tae Meraioth, [7]Meraioth wis fadder tae Amariah, Amariah wis fadder tae Ahitub, [8]Ahitub wis fadder tae Zadok, Zadok wis fadder tae Ahimaaz, [9]Ahimaaz wis fadder tae Azariah, Azariah wis fadder tae Johanan. [10]Johanan wis fadder tae Azariah, fa wis appintit as priest i the Temple att Solomon biggit in Jerusalem. [11]Azariah wis fadder tae Amariah, Amariah wis fadder tae Ahitub, [12]Ahitub wis fadder tae Zadok, Zadok wis fadder tae Shallum, [13]Shallum wis fadder tae Hilkiah, Hilkiah wis fadder tae Azariah, [14]Azariah wis fadder tae Seraiah, Seraiah wis fadder tae Jehozadak, [15]Jehozadak wis teen intae capteevity fan e Lord garrt Nebuchadnezzar cairry awa e fowk o Judah an Jerusalem.

[16]E sins o Levi: Gershon, an Kohath, an Merari. [17]Iss is e names o e sins o Gershon: Libni an Shimei. [18]Kohath's sins were Amram, an Izhar, an Hebron, an Uzziel. [19]E sins o Merari: Mahli an Mushi. An att's e faimly trees o e Levi clan. [20]Noo iss is the ation o Gershon: Libni wis his sin, Jehath his sin, Zimmah his sin, [21]Joah his sin, Iddo his sin, Zerah his sin, Jeatherai his sin. [22]The ation o Kohath: Amminadab wis his sin, Korah his sin, Assir his sin, [23]Elkanah his sin, Ebiasaph his sin, Assir his sin, [24]Tahath his sin, Uriel his sin, Uzziah his sin, an Shaul his sin. [25]The ation o Elkanah: Amasai, an Ahimoth, [26]his sin wis Elkanah, his sin wis Zophai, his sin wis Nahath, [27]his sin wis Eliab, his sin wis Jeroham, an his sin wis Elkanah. [28]E sins o Samuel: Vashni, the aulest, syne Abijah. [29]The ation o Merari: Mahli, his sin wis Libni, his sin wis Shimei, his sin wis Uzza, [30]his sin wis Shimei, his sin wis Haggiah an his sin wis Asaiah. [31]Att's e chiels fa Daavit appintit tae owersee e meesic i the Hoose o e Lord eence God's kistie wis fessen there. [32]An they cairriet oot their wark singin afore e gaitherin-tent till sic time as Solomon biggit e Temple in Jerusalem, an syne they teuk turns in cairryin oot their dyowties there. [33]Iss is e names o e chiels fa, wi their bairns, did e wark. Fae e Kohathite clan: Heman e singer, sin o Joel, sin o Samuel, [34]sin o Elkanah, sin o Jeroham, sin o Eliel, e sin o Toah, [35]e sin o Zuph, e sin o Elkanah, e sin o Mahath, e sin o Amasai, [36]e sin o Elkanah, e sin o Joel, e sin o Azariah, e sin o Zephaniah, [37]e sin o Tahath, e sin o, Assir, e sin o Ebiasaph, e sin o Korah, [38]e sin o Izhar, e sin o Kohath, e sin o Levi, e sin o Israel. [39]Heman's brither Asaph steed at his richt han. Asaph wis e sin o Berekiah, fa wis e sin o Shimea, [40]sin o Michael, sin o Baaseiah, sin o Malkijah, [41]sin o Ethni, sin o Zerah, sin o Adaiah, [42]sin o Ethan, sin o Zimmah, sin o Shimei, [43]sin o Jahath, sin o Gershon, sin o Levi. [44]On their left han steed the ation o Merari: Ethan sin o Kishi, sin o Abdi, sin o Malluch, [45]sin o Hashabiah, sin o Amaziah, sin o Hilkiah, [46]sin o Amzi, sin o Bani, sin o Shemer, [47]sin o Mahli, sin o Mushi, sin o Merari, sin o Levi. [48]Chiels fae e clan Levi were appintit tae aa kyn o jobs i the service o e tabernacle o e hoose o God.

[49]It wis Aaron an his descendants fa cairriet oot the offerins on e brunt-offerin aaltar an on the scintit reek aaltar an were appinted tae aa e wark o e maist haily place an tae mak e sacrifeeces att garrt God forgie the ill-deeins o Israel i the wye att Moses, God's servant hid ordert. [50]An iss is the ation o Aaron: Eleazar his sin, Phinehas his sin, Abishua his sin, [51]Bukki his sin, Uzzi his sin, Zerahaih his sin, [52]Meraioth his sin, Amariah his sin, Ahitub his sin, [53]Zadok his sin, an Ahimaaz his sin.

[54]Noo iss is far Aaron's faimly, e Kohathites were sattlt an e grun an hooses far they bade. [55]They were gien Hebron in Judah an aa e grun roon aboot it. [56]Bit e toon parks an e clachans they gied tae Jephunneh's loon Caleb. [57]They gied Aaron's faimly e toons o Judah, Hebron e safe toon, an Libnah wi e grun roon aboot, an Jattir, an Eshtemoa wi e grun roon aboot them. [58]An they got Hilen an Debir wi e

grun roon aboot them, [59]an Ashan an Beth-shemeth wi e grun roon aboot them. [60]An fae e clan Benjamin they got Geba, Alemeth an Anathoth wi e grun roon aboot them. E faimlies hid thirteen toons amo them. [61]E lave o e faimlies o e clan Kohath were gien ten toons bi lot fae e half clan o Manasseh. [62]E faimlies o Gershon were gien thirteen toons fae e clan Issachar, e clan Asher e clan Naphtali an e pairt o e clan Manasseh fa were in Bashan. [63]E faimlies o Merari were gien twal toons bi lot fae e clan Reuben, e clan Gad an e clan Zebulun. [64]The Israelites gied iss toons wi e grun roon aboot them tae e clan Levi. [65]Aa e toons att cam fae e clan Judah an e clan Simeon an e clan Benjamin were pairtit oot bi draawin lots. [66]E lave o e clan Kohath hid toons gien tae them fae e cuntra o e clan Ephraim. [67]They gied them e safe toons o Shechem i the heilans o Ephraim wi e grun roon aboot an Gezer wi e grun roon aboot, [68]an Jokmeam an Beth-horon wi e grun roon aboot, [69]an Aijalon an Gath-rimmon wi e grun roon aboot. [70]Fae e half clan Manasseh they got Aner an Bileam wi e grun roon aboot, aa for e lave o e clan Kohath. [71]Tae e faimlies o Gershon the half clan Manasseh gied Golan in Bashan an Ashtaroth wi e grun roon aboot. [72]An fae e clan Issachar, Kedesh an Daberath wi e grun roon aboot, [73]an Ramoth an Anem wi e grun roon aboot. [74]An fae e clan Asher, Mashal an Abdon wi e grun roon aboot, [75]an Hukok an Rebob wi e grun roon aboot. [76]An fae e clan Naphtali, Kedesh in Galilee, Hammon an Kiriathaim, aa wi e grun roon aboot. [77]E lave o e clan Merari got fae e clan Zebulun, Rimmon an Tabor wi e grun roon aboot, [78]an ower e Jordan on the east side near han Jericho, they got fae e clan Reuben, Bezer i the roch cuntra an Jahzah, baith wi e grun roon aboot, [79]Kedemoth an Mephaath wi e grun roon aboot. [80]An fae e clan Gad they got Ramoth o Gilead an Mahanaim wi e grun roon aboot, [81]an Heshbon an Jazer wi e grun roon aboot.

CHAPTIR 7

Noo, e fower sins o Issachar were Tola, an Puah, an Jashub, an Shimron. [2]E sins o Tola: Uzzi, an Rephaiah, an Jeriel, an Jahmai, an Ibsam, an Samuel, aa chiefs o faimlies descendit fae Tola an aa brave chiels i their day. I the time o Daavit there wis twinty-twa thoosan sax hunner o them. [3]E sin o Uzzi: Izrahiah. E sins o Izrahiah: Michael, an Obadiah, an Joel, an Ishiah, makkin five o them aa egither an aa heid o their faimlies. [4]They hid mony wives an sins an fae their faimlies culd muster thirty sax thoosan sodgers in time o waar. [5]They, oot o aa e clan Issachar, were brave chiels an there wis auchty-syven thoosan o them set oot i the registers.

[6]E three sins o Benjamin: Bela, an Beker, an Jediael. [7]E five sins o Bela: Ezbon, an Uzzi, an Uzziel, an Jerimoth, an Iri. They were aa chiefs o faimlies an brave chiels i their day. I the registers there wis twinty-twa thoosan an thirty fower o them. [8]E sins o Beker: Zemira, an Joash, an Eliezer, an Elioenai, an Omri, an Jerimoth, an Abijah, an Anathoth, an Alemeth, aa sins o Beker. [9]They were aa chiefs o faimlies an brave chiels i their day. I the registers there wis twinty thoosan twa hunner o them. [10]E sins o Jediael: Bilhan. E sins o Bilhan: Jeush, an Benjamin, an Ehud, an Kenaanah, an Zethan, an Tarshish, an Ahishahar. [11]The sins o Jediael were aa chiefs o faimlies an brave chiels i their day. I the registers there wis syventeen thoosan twa hunner o them, aa trained as sodgers. [12]In iss clan there wis e Shuppites, an the Huppites tee, sins o Ir, an Hushites fa cam o Aher.

[13]E sins o Naphtali: Jahziel, an Guni, an Jezer, an Shallum. They were come o Bilhah.

[14]Bi his Aramean bidie-in, Manasseh hid Asriel an Makir fa wis fadder tae Gilead. [15]Makir mairriet Maachah, e sister fa cam o the Huppites an Shuppites. Makir's saicond sin wis Zelophehad, bit he jist hid dothers. [16]Makir's wife Maachah hid a sin an she caaed him Peresh. He hid a brither caaed Sheresh fa hid twa sins, Ulam an Rakem. [17]Ulam's sin: Bedan. Att wis e faimly o Gilead, e sin o Makir, e sin o Manasseh. [18]His sister Hammoleketh hid Ishod, an Abiezer, an Mahlah. [19]E sins o Shemida were Ahian, an Shechem, an Likhi, an Aniam.

²⁰E sins o Ephraim: Shuthelah fas sin wis Bered, fas sin wis Tahath, fas sin wis Eleadah, fas sin wis Tahath, ²¹fa's sin wis Zabad, fas sin wis Shuthelah. Ephraim hid twa ither sins, Ezer an Elead, fa were killed bi e men o Gath fan they cam doon tae reive their beasts. ²²Their fadder Ephraim moorned them for mony days an his brithers cam tae sympatheese wi him.

²³He lay wi his wife an she fell i the faimly wye an hid a sin an caaed him Beriah, cause aa gaed ill wi his faimly. ²⁴His dother wis Sheerah fa biggit Nether an Upper Beth-horon an Uzzen-sheerah. ²⁵His sin wis Rephah, an his sin wis Resheph, an his sin wis Telah, an his sin wis Tahan, ²⁶an his sin wis Ladan, an his sin wis Ammihud, an his sin wis Elishama, ²⁷an his sin wis Nun, an his sin wis Joshuah.

²⁸The grun they aint wis Bethel an e toons roon aboot it, eastlins tae Naaran an wastlins tae Gezer wi aa e toons roon aboot; Shechem an aa e toons roon aboot e linth o Gaza an aa e toons roon aboot; ²⁹ower tae e borders o e clan Manasseh, Beth-shean an her toons, Taanach an her toons, Megiddo an her toons an Dor an her toons. Att's e places far e faimlies o Joseph e sin o Israel bade.

³⁰E sins o Asher: Imnah, an Ishvah, an Ishvi, an Beriah an Serah, their sister. ³¹E sins o Beriah: Heber, an Malkiel fa wis fadder tae Birzaith. ³²Heber faddert Japhlet, an Shomer, an Hotham, an their sister Shua. ³³E sins o Japhlet: Pasach, an Bimhal, an Ashvath. Att wis Japhlet's bairns. ³⁴E sins o Shomer: Ahi, an Rohgah, an Hubbah, an Aram. ³⁵E sins o his brither Helem: Zophah, an Imna, an Shelesh, an Amal. ³⁶E sins o Zophah: Suah, an Harnepher, an Shual, an Beri, an Imrah, ³⁷an Bezer, an Hod, an Shamma, an Shilshah, an Ithran, an Beera. ³⁸E sins o Jether: Jephunneh, an Pispah, an Ara. ³⁹E sins o Ulla: Arah, an Hanniel, an Rizia. ⁴⁰They were aa e descendents o Asher, heids o faimlies, gweed, brave men an clan chiefs. An fae their faimlies they culd muster twenty-sax thoosan men trained as sodgers.

CHAPTIR 8

Noo Benjamin faddert Bela fa wis his aulest, Ashbel his saicond an Aharah e third, ²Nohah e fowerth an Rapha e fifth. ³Bela's descendants were Addar, an Gera, an Abihud, ⁴an Abishua, an Naaman, an Ahoah, ⁵an Gera, an Shephuphan, an Huram. ⁶The ation o Ehud, fa were e chiefs amo e fowk fa meeved them fae Geba tae Manahath were: ⁷Naaman, an Ahijah, an Gera (he wis the een fa flitted them) fa wis fadder tae Uzza an Ahihud. ⁸Shaharaim faddert bairns in Moab efter he hid putten awa his wives Hushim an Baara. ⁹Tae his wife Hodesh he hid Jobab, an Zibia, an Mesha, an Malcam, ¹⁰an Jeuz, an Shakia, an Mirma. Att wis his sins, e heids o their faimlies. ¹¹Tae Hushim he hid Abitub an Elpaal. ¹²E sins o Elpaal: Eber, an Misham, an Shemed fa biggit Ono an Lod wi their toons, ¹³an Beriah an Shema fa were heids o e faimlies fa bade in Aijalon, them fa drave oot e folk fa bade in Gath, ¹⁴an Ahio, an Shashak, an Jeremoth, ¹⁵an Zebadiah, an Arad, an Ader, ¹⁶an Michael, an Ispah, an Joha fa were sins o Beriah, ¹⁷an Zebadiah, an Meshullam, an Hizki, an Heber, ¹⁸an Ishmerai, an Izliah, an Jobab: e sins o Elpaal, ¹⁹an Jakim, an Zicri, an Zabdi, ²⁰an Elienai, an Ziliethai, an Eliel, ²¹an Adaiah, an Beraiah, an Shimrath e sins o Shimei, ²²an Ishpan, an Heber, an Eliel, ²³an Abdon, an Zicri, an Hanan, ²⁴an Hananiah, an Elam an Anthothijah, ²⁵an Iphdeiah, an Penuel e sins o Shashak, ²⁶an Shamsherai, an Shehariah, an Athaliah, ²⁷an Jaareshiah, an Elijah, an Zicri e sins o Jeroham. ²⁸Att wis e heids o e faimlies or chiefs. They dwalt in Jerusalem. ²⁹Jeiel e foonder o Gibeon bade at Gibeon. His wife wis caaed Maacah. ³⁰His aulest sin wis Abdon, syne Zur, an Kish, an Baal, an Nadab, ³¹an Gedor, an Ahio, an Zeker,³²an Mikloth fa wis fadder tae Shimeah. They aa bade alang side their freens in Jerusalem.

³³Ner faddert Kish, an Kish faddert Saul, an Saul faddert Jonathan, an Malki-shua, an Abinadab, an Esh-baal. ³⁴Jonathan's sin wis Merib-baal, an Merib-baal faddert Micah. ³⁵Micah's sins were Pithon, an Melech, an Tarea, an Ahaz. ³⁶Ahaz faddert Jehoaddah, an Jehoaddah faddert Alemeth, an Azmeveth, an

Zimri, an Zimri faddert Moza, [37]an Moza faddert Binea. His sins were Rapha an Eleasah an Azel. [38]Azel hid sax sins fa were caaed Azrikam, an Bokeru, an Ishmael, an Sheariah, an Obadiah, an Hanan. They were aa sins o Azel. [39]His brither Eshek's sins were Ulam, the aulest, Jeush e saicond an Eliphelet e third. [40]Ulam's sins were aa brave chiels an were airchers an hid mony sins an gransins: a hunner an fifty in aa. They were aa come o Benjamin.

CHAPTIR 9

Sae the hale o Israel wis registered faimly bi faimly i the beuk o e keengs o Israel an Judah, bit e fowk o Judah, for their ill-deeins, were cairriet awa tae exile in Babylon. [2]Noo e first fowk tae come back tae their toons were a curn o Israelites, an priests an Levites an Temple servants. [3]E fowk o e clan Judah, an e clan Benjamin, an e clan Ephraim, an clan Manasseh bade in Jerusalem. [4/6]There were sax hunner an ninety faimlies o e clan Judah in Jerusalem, Uthai e sin o Ammihud, e sin o Omri, e sin o Imri, e sin o Bani the ation o Perez e sin o Judah. E Shilonites were: Asaiah, the aulest, an his sins, e sins o Zerah, an Jeuel an his faimly. [7]O e clan Benjamin: Sallu e sin o Meshullam, e sin o Hodaviah, e sin o Hassenuah, [8]Ibneiah e sin o Jeroham, an Elah e sin o Uzzi, e sin o Micri, an Meshullam e sin o Shephathiah, e sin o Reuel e sin o Ibnijah, [9]wi aa their faimlies there wis nine hunner an fifty-sax. Aa att chiels were heid o their faimlies inno their clans.

[10]E priests were: Jedaiah, an Jehoiarib, an Jakin, [11]an Azariah e sin o Hilkiah, e sin o Meshullam, e sin o Zadok, e sin o Meraioth, e sin o Ahitub, heid o e hoose o God, [12]an Adaiah e sin o Jeroham, e sin o Pashhur, e sin o Malchijah, an Maasai e sin o Adiel, e sin o Jahzerah, e sin o Meshullam e sin o Meshillemith, e sin o Immer, [13]an aa their brithers heids o their faimlies, syventeen hunner an saxty families, aa chiels weel fit tae dee e wark att wis nott i the hoose o God. [14]Syne e Levites: Shemaiah e sin o Hasshub, e sin o Azrikam, e sin o Hashabiah aa come o Merari, [15]an Bakbakkar, an Heresh, an Galal, an Mattaniah e sin o Mica, e sin o Zicri e sin o Asaph, [16]an Obadiah e sin o Shemaiah, e sin o Galal, e sin o Jeduthun, an Berekiah e sin o Asa, e sin o Elkanah fa bade i the clachans o e Netophathites. [17]E doorkeepers were Shallum, an Akkub, an Talmon, an Ahiman an their faimly. Shallum wis heid o them. [18]Afore att time they hid been doorkeepers i the quaarters o e Levites at e Keeng's Yett, eastlins. [19]Shallum wis e sin o Kore, e sin o Ebiasaph, e sin o Korah fa, wi e lave o his faimly, e Korahites, were in chairge o keepin gaird at e yett o e tabernacle, jist as their forebeers hid been, gairdin as they did e wye in tae e Lord's dwallin. [20]Phinehas e sin o Eleazar wis heid o them at ae time an e Lord wis wi him. [21]Zechariah, e sin o Meshelemiah wis doorkeeper at e door o e gaitherin-tent. [22]There were twa hunner an twal doorkeepers, aa registered i their clachans. It wis Daavit an Samuel e prophit fa hid seleckit them cause they culd be trustit. [23]Sae, they an their descendants owersaa e waatches for e keepin o e yetts o e hoose o e Lord. [24]There were doorkeepers at e fower quaarters: tae the east, wast, north an sooth. [25]Their relations fa bade i their clachans teuk it in turn tae be on dyowty for syven days at a time. [26]E fower heid doorkeepers were Levites an weel trustit. They owersaa e rooms an stores o e hoose o God.

[27]They ludged near han tae e hoose o God sae att they culd cairry oot their wark, cause, ilka mornin they hid tae open it up. [28]Some o them were in chairge o the accootrements, keepin coont o them as they were fessen in an oot. [29]Some o them were appintit tae leuk efter the accoutrements an aa e furniter o e haily place an e fine flooer, an e wine, an the ile, an e frankincense an e spices. [30]Some o e priests' faimlies made the intment fae e spices. [31]Mattithiah, een o e Levites, fa wis the aulest sin o Shallum fae Korah wis in chairge o leukin efter e pans. [32]Ither Kohathites were in chairge o makkin e haily loaf for ilka Sabbath. [33]Some o e heids o e Levite faimlies were in charge o e meesic, bit were lowsed fae ither jobs cause they were nott i their ain wark at aa oors. [34]Att wis e heids o e Levite faimlies fae ginneration tae ginneration fa bade in Jerusalem.

[35]Jeiel e foonder o Gibeon, bade at Gibeon. His wife wis caaed Maacah. [36]His aulest sin wis Abdon, syne Zur, an Kish, an Baal, an Ner, an Nadab, [37]an Gedor, an Ahio, an Zechariah, an Mikloth. [38]Mikloth faddert Shimeam. They dwalt wi their faimlies at Jerusalem alang wi e lave o their clan. [39]Ner faddert Kish, an Kish faddert Saul, an Saul faddert Jonathan, an Malki-shua, an Abinadab, an Esh-baal. [40]Jonathan's sin wis Merib-baal an he faddert Micah. [41]Micah's sins were Pithon, an Melech, an Tahrea, an Ahaz. [42]Ahaz faddert Jadah, an Jadah faddert Alemeth, an Azmeveth, an Zimri, an Zimri faddert Moza, [43]an Moza faddert Binea, an his sin wis Rephaiah, an his sin wis Eleasah, an his sin wis Azel. [44]Azel hid sax sins fa were caaed Azrikam, an Bokeru, an Ishmael, an Sheariah, an Obadiah, an Hanan, aa sins o Azel.

CHAPTIR 10

Noo, e Philistines focht wi the Israelites; the Israelites took flicht fae e Philistines an mony o them fell on Moont Gilboa. [2]E Philistines teuk het fit efter Saul an his sins an they killed Jonathan, Abinadab an Malki-shua. [3]E fechtin wis hivvy roon aboot Saul, an some airchers catcht up wi him an wounnit him. [4]Saul said tae e lad fa cairriet his wappons, "Draa yer swoord an rin ma throwe wi it for fear iss heathen tak ma an claa ma hide." Bit e chiel widna dee't he wis sae feart. Sae Saul teuk his ain swoord an fell onno't. [5]Fan e chiel fa cairriet his wappons saa att Saul wis deid he fell on his swoord tee an deit. [6]Sae Saul, his three sins, an his hale hoose aa deit att day. [7]Fan the Israelites across e howe saa att their airmy hid teen flicht an att Saul an his loons were deid, they forhooiet their toons an teuk tae flicht tee. An e Philistines cam an teuk ower e toons. [8]Noo, e neist mornin fan e Philistines cam tae tirr e gear fae e deid, they faun Saul an his three loons lyin on Moont Gilboa. [9]They strippit him an teuk his heid an his airmour an sent rinners throwe aa e Philistine cuntra tae lat it be kent i their temples an amo their fowk. [10]They pat his airmour inno e temple o their god an nailed up his heid i the temple o Dagon.

[11]Fan e fowk o Jabesh-gilead got tae hear o fit e Philistines hid deen tae Saul, [12]aa their brave men set oot an recowert e bodies o Saul an his loons, an teuk them tae Jabesh far they beeriet them aneth an aik an fasted for syven days.

[13]Sae Saul deit cause o the ills he hid deen afore e Lord an ills he hid deen tae e wird o e Lord bi nae keepin his wird an for speirin at a spaewife tae tell him fit he shuld dee, [14]insteid o speirin at e Lord. Sae e Lord slew him an gied e cuntra ower tae Daavit e sin o Jesse.

CHAPTIR 11

Noo, aa e clans o Israel cam tae Daavit at Hebron an said tae him, "See noo, we're aa yer ain flesh an bleed. [2]I the aul days fan Saul wis wir keeng ye led Israel's airmy tae waar an feesh them hame again. E Lord yer God said tae ye, 'Ye'll be a shepherd tae my fowk, Israel an ye'll be their chief.'" [3]Sae aa e clan chiefs o Israel cam tae e keeng at Hebron an Keeng Daavit cam till a bargain wi them, there at Hebron afore e Lord. They annintit Daavit keeng ower Israel accoordin tae e wird e Lord hid gien tae Samuel.

[4]Daavit an aa the Israelites gaed tae Jerusalem, att wis caaed Jebus, an wis far e Jebusite clan bade. [5]E Jebusites said tae Daavit, "Ye winna come near here." For aa that, Daavit teuk e fortress o Zion, Daavit's toon. [6]An Daavit said, "Faaivver is e first tae strick e Jebusites will be made captain o the airmy." Sae Zeruiah's loon Joab strack first an wis made heid o the airmy. [7]Sae Daavit set up hame i the fortress an it wis caaed Daavit's toon. [8]He biggit e toon roon aboot it startin fae e Millo an wirkin in e wye. An Joab sortit e lave o e toon. [9]Come time, Daavit got mair an mair pooerfu, an e Lord God wis wi him. [10]Iss is e

names o e stoot chiels fa were wi Daavit an cam tae pooer wi him in his keengdom an in Israel, makkin him keeng as e wird o e Lord hid said aboot Israel. [11]Sae here's e stoot chiels fa were wi Daavit: Jashobeam fae Hacmon wis fa led e captains an fa liftit his spear ower three hunner, fa he slew aa at the ae time. [12]Neist wis Dodo's sin Eleazar, o e clan Ahoh, een o Daavit's three stoot chiels. [13]He wis wi Daavit at Pas-dammim far they focht e Philistines in a barley park an the Israelites startit tae rin awa. [14]An they set themsels up i the middle o e park, held their poseetion an slew e Philistines, e Lord giein them a muckle victory.

[15]Three o "e thirty" gaed doon tae Daavit at e Cave o Adullam. E Philistines were campit i the Howe o Rephaim. [16]Daavit wis in a hill fort an e Philistines held e garrison at Bethlehem. [17]Ae day a langin cam ower Daavit an he said, "O, that A culd bit hae a moofu o e watter fae e waalie anent e yett at Bethlehem." [18]E three bold chiels forced their wye throwe e Philistine lines an drew some watter fae e waalie anent e yett at Bethlehem an feesh it back tae Daavit. Bit he widna drink it: he jist poored it oot tae e Lord. [19]An he said, "Far be it fae me, Lord, tae dee iss. Is iss nae e bleed o e men fa riskit their lives for't? They riskit their lives tae fess it tae ma." Sae he widna drink it. Sae att wis e three stoot chiels.

[20]Joab's brither Abishai, wis heid o e three. He eence liftit his spear an killed three hunner men an wis weel kent for't. [21]He wis farrer ben nor e three an att's e wye he wis their leader, bit he wis nivver een o them. [22]Benaiah, e sin o Jehoiada e sin o a brave chiel fae Kabzeel, wis anither weel-kent sodger. He killed twa men fae Moab fa were as stoot as lions. An ae snaavy day, he gaed doon inno a pit an killed a lion. [23]He killed an Egyptian, a muckle chiel fa wis near aucht fit heich, haudin a spear lik a wyver's beam. He gaed doon on him wi a stick an caaed e spear oot o his han an killed him wi his ain spear. [24]Sae att wis e ploys o Jehoiada's loon Benaiah, weel-kent amo e thirty. [25]He wis better kent nor e lave o e thirty, bit nae as far ben as "e three". Daavit pat him in chairge o his bodygairds.

[26]Ither brave chiels were Asahel, Joab's brither, Elhanan e sin o Dodo fae Bethlehem, [27]Shammoth fae Haror, Helez fae Pelon, [28]Ira, sin o Ikkesh fae Tekoa, Abiezer fae Anathoth, [29]Sibbecai fae Hushah, Ilai fae Ahoh [30]Maharai fae Netophah, Heled e sin o Baanah fae Netophah, [31]Ithai, sin o Ribai fae Gibeah i the Benjamin cuntra, Benaiah fae Pirathon, [32]Hurai fae e Howe o Gash, Abiel fae Arbath, [33]Azmeveth fae Baharum, Eliahba fae Shaalbon, [34]e sins o Hashem fae Gizon, Jonathan e sin o Shagee fae Harar, [35]Ahaim e sin o Sacar fae Harar, Eliphal e sin o Ur, [36]Hepher fae Mekerah, Ahijah fae Pelon, [37]Hezro fae Carmel, Naarai e sin o Ezbai, [38]Joel e brither o Nathan, Mibhar e sin o Hagri, [39]Zelek fae Ammon, Naharai fae Beroth fa cairriet Joab's wappons, [40]Ira an Gareb fae Jattir an [41]Uriah the Hittite, Zabad e sin o Ahlai, [42]Adina e sin o Shiza een o e clan Reuben, fa hid thirty sodgers wi him, [43]Hanan e sin o Maacah, Joshaphat fae Mithan [44]Uzzia fae Ashterah, Shama an Jeiel e sins o Hotham fae Aroer, [45]Jediael e sin o Shimri an Joha his brither fae Tiz, [46]Eliel fae Mahavah an Jeribai an Joshaviah e sins o Elnaam, Ithmah fae Moab, [47]Eliel, an Obed an Jaasiel fae Mezoba.

CHAPTIR 12

Noo iss is e chiels fa cam tae Daavit at Ziklag fan he wis hidin fae Saul e sin o Kish, aa bonnie fechters i the waar. [2]They were airmed wi bowes an culd eese their richt han or their left han in flingin steens or sheetin wi their bowes. They were fae e clan Benjamin, freen tae Saul. [3]The heid o them wis Ahiezer, syne cam Joash, e sins o Shemaah fae Gibeah, syne Jeziel an Pelet e sins o Azmeveth, an Beracah, an Jehu fae Anathoth, [4]an Ismaiah fae Gibeon a stoot chiel an een o e leaders o e thirty, an Jeremiah, an Jahaziel, an Johanan, an Josabad fae Gederath, [5]an Eluzai, an Jerimoth, an Bealiah, an Shemariah, an Shephatiah fae Harup, [6]an Elkanah, an Isshiah, an Azarel, an Joezer, an Jashobeam aa fae Korah, [7]an Joelah an Zebadiah e sins o Jeroham fae Gedor. [8]Fae e clan Gad there cam tae Daavit far he wis hidin i the roch cuntra, stoot, weel trained sodgers riddy tae fecht, att culd hannle a targe an spear, their faces set lik lions an as swack as e deer i the heilans. [9]First wis Ezer, Obadiah neist, Eliab third, [10]Mishmannah fowerth, Jeremiah fifth, [11]Attai saxth, Eliel syventh, [12]Johanan auchth, Elzabad ninth, [13]Jeremiah tenth an Macbannai elyventh. [14]Att wis e sins o Gad fa were captains o their airmy, an they culd tak on onythin fae a hunner tae a thoosan men apiece. [15]I the first month they aa crossed e Jordan at e time it wis in spate an routed aa e fowk fae e howes baith tae the east an tae e wast. [16]An chiels fae e clan Benjamin an e clan Judah cam tae Daavit fan he wis in hidin. [17]An he gaed oot tae meet them an says tae them, "Gin ye come in peace tae help ma, A'll bin ye tae ma hert, bit gin ye come tae betray ma tae ma faes, tho A've nae deen naethin wrang, e God o wir fadders will ken o't an will sort ye oot. [18]Syne God's speerit cam onno Amasai fa wis heid o e thirty, an he said, "We're wi ye an on yer side, Daavit sin o Jesse, peace, peace be wi ye an wi yer freens, cause God's yer freen." Sae Daavit teuk them in an made them captains in his reivin bands. [19]Some o e chiels fae e clan Manasseh cam ower tae Daavit fan he gaed tae waar wi e Philistines agin Saul. Bit they didna dee muckle, cause e Philistines sent Daavit awa sayin, "He'll tak e side o his maister Saul an wir heids will sned." [20]As he wis gyan tae Ziklag, Adnah, an Jozabad, an Jediael, an Michael, an Jozabad, an Elihu, an Zillethai aa captains o a thoosan men fae e clan Manasseh jined him. [21]They helpit Daavit fecht e bands o reivers, cause they were aa bonnie fechters an were made airmy captains. [22]At att time mair fowk jined Daavit daily day, till he hid gaithert a muckle airmy, lik the airmy o God.

[23]Iss is foo mony cam tae Daavit at Hebron, aa geared up for waar tae tak e keengdom for him fae Saul, jist as e Lord hid said. [24]There were sax thoosan aucht hunner o e clan Judah wi targe an spear, aa geared up for waar. [25]There were syven thoosan wan hunner o e clan Simeon, aa brave chiels riddy for e fechtin. [26]There were four thoosan sax hunner o e clan Levi. [27]Jehoiada wis e chief o clan Aaron an he hid three thoosan syven hunner wi him. [28]Zadok, a brave birkie hid twinty-twa captains fae his fadder's faimly. [29]There were three thoosan fae e clan Benjamin, Saul's clan. Up till then e feck o them hid keepit in wi Saul. [30]There were twinty thoosan aucht hunner, weel kent i their ain clan for bein brave fechters, fae e clan Ephraim. [31]There were auchteen thoosan fae e half clan Manasseh, pickit oot bi name tae gyang an set Daavit up as keeng. [32]Fae e clan Issachar, chiels fa unnersteed fit wis happenin an kent fit Israel maun dee, there were twa hunner chiefs wi aa their clansmen wi them. [33]There were fifty thoosan fae e clan Zebulun, aa weel trained sodgers, riddy for waar an weel airmed, keen tae get on wi e job. [34]There were a thoosan chiefs an thirty-syven thoosan men airmed wi targe an spear fae e clan Naphtali. [35]There were twinty-aucht thoosan sax hunner fae e clan Dan weel trained for fechtin. [36]There were fowerty thoosan fae e clan Asher weel trained for fechtin. [37]Ower e Jordan, there were a hunner an twinty thoosan fae e clan Reuben, e clan Gad an e half clan Manasseh, wi aa kyn o wappons. [38]Aa iss sodgers, weel dreelt, cam tae Hebron, determined tae mak Daavit keeng o aa Israel, an aa e lave o Israel tee were set on makkin Daavit keeng. [39]They bade there wi Daavit, ettin an drinkin, for three days, e maet their fowk hid provided for them. [40]E clans fa were roon aboot, Issachar, an Zebulun, an Napthali brocht loaf on cuddies, on camels, on mules an on owsen. An they brocht beef, meal, cakes o figs, bunches o raisins, wine, ile an mair nor aneuch owsen an sheep. The hale o Israel wis happy.

CHAPTIR 13

Daavit consultit wi aa e captains in chairge o e units o a thoosan an units o a hunner an wi aa e chiefs. [2]An Daavit said tae aa the Israelites gaithert there, "Gin ye think it wid be richt, an att e Lord wir God wid be wi hiz, lat's sen oot wird tae aa wir ain fowk left in Israel an sen wird tee tae aa e priests an Levites in aa e toons an roon aboot, sikkin them tae gaither wi hiz here. [3]An lat's fess God's kistie hame tae hiz cause nae notice wis teen o't in Saul's time." [4]An they aa teuk wi his say awa, cause they aa thocht att wis e richt thing tae dee. [5]Sae Daavit gaithert egither aa e fowk o Israel, fae Shihor in Egypt tae e borders o

Hamath tae fess God's kistie fae Kiriath-jearim. [6]Sae Daavit an the Israelites gaed up tae Baalah, caaed Kiriath-jearim, in Judah tae fess God's kistie up fae there: God's kistie, att's kent as e Lord o Hosts, att bides amo e cherubim. [7]They brocht God's kistie oot o Abinadab's hoose an cairriet it onno a new cairt an Uzzah an Ahio dreeve e cairt. [8]An Daavit an the Israelites played an sang afore God for aa they were wirth, wi singin an hairps an lyres an drums an cymbals an tooteroos.

[9]Fan they won e linth o Kidon's thrashin-fleer, the owsen teuk a styter an Uzzah raxt oot his han an teuk haud o e kistie. [10]An God wis kittlt up in a rage at Uzzah an he strack him doon cause he hid hannlt e kistie, an he drappit doon deid afore God. [11]Daavit wis anngert at fit God hid deen tae Uzzah an e place is caaed Uzzah's-flyte tae iss day. [12]Daavit wis feart at e Lord syne an said, "Foo can A fess God's kistie hame tae ma?" [13]Sae Daavit didna fess God's kistie tae Daavit's Toon bit turnt an cairriet it tae e hoose o Obed-edom fae Gath. [14]God's kistie lay in Obed-edom's faimly's hoose for three month, an e Lord blisst Obed-edom an aa his fowk.

CHAPTIR 14

Noo, Keeng Hiram fae Tyre sent a delegation tae Daavit an wi them, cedar wid an masons an vrichts tae bigg a hoose for him. [2]An Daavit cam tae think att e Lord hid set him up as keeng ower Israel an hid reesed up e keengdom for e gweed o his fowk, Israel.

[3]Daavit teuk mair wives for himsel at Jerusalem an hid mair sins an dothers. [4]E names o e bairns born till him in Jerusalem were, Shammuah an Shobab, Nathan an Solomon, [5]Ibhar, Elishua an Elpelet, [6]Nogah, Nepheg an Japhia, [7]Elishama, Beeliada an Eliphelet.

[8]Bit fan e Philistines cam tae hear att Daavit hid been annintit keeng ower Israel, they cam up tae sikk him oot. Daavit got tae ken o't an gaed oot tae meet them. [9]E Philistines arrived an spread oot i the Howe o Rephaim. [10]Daavit speirt att e Lord, "Shuld A attack e Philistines? Will ee gie them intae ma han?" An e Lord said tae Daavit, "Ay, on ye gyang, cause A'll gie ye e Philistines inno yer han." [11]Sae they cam tae Baal-perazim far Daavit attackit them. Syne he said, "E Lord his gien ma e strinth tae brak throwe ma faes lik a burn burstin its banks." Sae they caaed e place Baal-perazim att's tae say "E Lord o e braak-throwe". [12]They left their eemages ahin them an Daavit gied the order for them tae be brunt. [13]Bit e Philistines again spread throwe e howe. [14]Sae Daavit again socht o God fit tae dee an God said tae him, "Dinna tak them heid-on, bit gyang roon e back o them an come at them fae e tither side amo e balsam trees. [15]As seen as ye hear e soun o mairchin throwe e taps o e trees ye maun attack, cause att's fan e Lord will gyang afore ye tae get e better o e Philistine airmy." [16]Daavit did fit e Lord hid bad him dee an dreeve e Philistines back aa e wye fae Gibeon tae Gazer. [17]Wird o fit Daavit hid deen spread aawye an e Lord saa tae it att aa ither cuntras cam tae be feart o him.

CHAPTIR 15

Daavit biggit hooses in Jerusalem, cleared a place for God's kistie an pitched a tent tae haud it. [2]Syne Daavit said, "Neen bit e Levites maun cairry God's kistie, cause e Lord his pickit them tae cairry God's kistie an tae meenister tae him for aye." [3]An Daavit gaithert aa the Israelites in Jerusalem tae see God's kistie bein brocht tae e place he hid sortit for it. [4]Syne Daavit gaithert egither e faimlies o Aaron an e Levites: [5]fae e clan o Kohath cam Uriel, e chief an his faimly, a hunner an twinty o them; [6]fae e clan o Merari cam Asaiah, e chief an his faimly, twa hunner an twinty o them; [7]fae e clan o Gershon cam Joel, e chief an his faimly, a hunner an thirty o them; [8]fae e clan o Elizaphan cam Shemaiah, e chief an his faimly, twa hunner o them; [9]fae e clan o Hebron cam Eliel, e chief an his faimly, auchty o them; [10]fae e clan o Uzziel cam Amminadab, e chief an his faimly, a hunner an twal o them. [11]An Daavit socht att Zadok an Abiathar e priests come alang wi e Levites, Uriel, an Asaiah, an Joel, an Shemaiah, an Eliel an Amminadab, [12]an he says tae them, "Ye're e chiefs o e clans o e Levites, purifee yersels an yer fowk sae att ye mith fess up God's kistie tae e place A've set oot for it. [13]It wis cause ye didna dee it e first time att e Lord fell oot on hiz, seein att we didna wirship him lik we shuld hae deen." [14]Sae e priests an e Levites purifiet themsels sae att they culd fess up God's kistie. [15]E Levites cairriet God's kistie on their shoothers wi e staves onno't jist as e Lord hid garrt them dee throwe Moses. [16]Daavit telt e Levite chiefs tae appint fae amo their fowk, singers an players o lutes an hairps an cymbals, tae reese a cheery soun. [17]Sae e Levites appintit Joel's loon Heman an fae his fowk tee, Berekiah's loon Asaph an fae amo e Merari clan, Kushaiah's loon Ethan. [18]They appintit as their assistants Zechariah, an Ben, an Jaaziel, an Shemiramoth, an Jehiel, an Unni, an Eliab, an Benaiah, an Maaseiah, an Mattithiah, an Eliphelehu, an Mikneiah, wi Obed-edom, an Jeiel as doorkeepers. [19]Heman, Asaph an Ethan were appintit tae play e bress cymbals; [20]Zechariah, Aziel, Shemiramoth, Jehiel, Unni, Eliab, Maaseiah an Benaiah tae play lutes; [21]Mattithiah, Eliphelehu, Mikneiah, Obed-edom, Jeiel an Azaziah tae play hairps; [22]an Kenaniah, cause he wis skeely wi meesic, wis appintit e Levite in chairge tae learn e singers an players. [23]Berekiah an Elkanah were doorkeepers for e kistie. [24]Shebaniah, Jehoshaphat, Nethaneel, Amasai, Zechariah Benaiah an Eliezer, e priests played tooteroos afore e kistie an Obed-edom an Jehiah were doorkeepers for e kistie.

[25]Sae Daavit an aa e chiefs o Israel wi e captains o a thoosan men gaed tae fess God's kistie up fae Obed-edom's hoose wi muckle pleesure. [26]Cause God hid helpit e Levites fa cairriet God's kistie they sacrifeeced syven stots an syven rams tae him. [27]Daavit an aa e Levites fa cairriet e kistie, an e singers an Kenaniah e quire-maister were aa weerin robes o fine leenen an Daavit hid a leenen goon tee. [28]Sae aa the Israelites brocht up God's kistie wi a muckle hullabaloo an wi playin on horns an tooteroos an cymbals an lutes an hairps.

[29]Noo as God's kistie cam in tae Daavit's toon, Saul's dother Michal wis leukin oot o her winda an saa Daavit dancin an playin an it garrt her grue.

CHAPTIR 16

They brocht in God's kistie an set it up i the midse o e tabernacle att Daavit hid biggit for it an they offert brunt-offerins an peace-offerins afore e Lord. [2]Eence Daavit wis throwe wi his brunt-offerins an peace-offerins, he blisst e fowk i the name o e Lord. [3]Syne he hannit oot tae aa e fowk, e hale o the Israelites, weemen as weel as e menfowk, a bannockie o breid an a gweed daad o beef an a juggie o wine.

[4]An he appintit some o e Levites tae meenister afore God's kistie, tae cry oot his name an tae thank an praise e Lord God o Israel. [5]They were, Asaph e chief an syne neist Zechariah, Jeiel, Shemiramoth, Jehiel, Mattithiah, Eliab, Benaiah, Obed-edom an Jeiel tae play lutes an hairps an Asaph tae play e cymbals. [6]Benaiah an Jahaziel were e priests fa played e tooteroos athoot devaal afore God's kistie.

[7]Sae it wis on att day Daavit gied iss psalm tae Asaph an his fowk as a thankye tae e Lord:

[8]Gie thankye tae e Lord, cry on his name, lat aabody ken fit he's deen.
[9]Sing tae him: sing psalms tae him, spik o aa his winnerfu warks.
[10]Glory in his haily name, lat aa fa sikk e Lord be mirry.
[11]Sikk e Lord an his strinth, sikk tae aye be wi him.
[12]Myn on e winnerfu things he's deen, his ferlies an e jeedgements he's gien.

¹³Ye fa are e bairns o Israel his servant, ye fa are e bairns o Jacob fa he choise, ¹⁴he is e Lord wir God, his jeedgements are ower e hale warl.

¹⁵Nivver forget his covenant: e wirds he's promist tae a thoosan ginnerations, ¹⁶att promise he gied tae Abraham an the aith he gied tae Isaac, ¹⁷att covenant he gied tae Jacob an will be Israel's laa for ivver. ¹⁸He said, "A'll gie ye e lan o Canaan an it will be yours for aye."

¹⁹There were fyow o them an fremt, ²⁰an they wannert fae cuntra tae cuntra fae ae lan till anither,

²¹bit God widna see onybody dee them ony ill an scaldit keengs for their sake, ²²sayin tae them, "Keep yer hans aff ma ain fowk an dinna herm ma prophits." ²³Lat e hale warl sing tae e Lord, tell ilka day e news att he's saved hiz.

²⁴Declare his glory amo e heathen an lat aa cuntras ken o his mervellous warks.

²⁵E Lord is great an we maun reese him oot an haud him up abeen aa ither gods.

²⁶Ither fowk's gods are jist eedols, bit e Lord made e hivvens.

²⁷Glory an honour are wi him; strinth an gledness are far he is.

²⁸Gie tae e Lord, aa ye faimlies, gie tae e Lord glory an strinth.

²⁹Gie e Lord e glory att's dyowe tae his name, fess an offerin till him, wirship e Lord in winnerfu hailyness.

³⁰Mith aa e warl be feart fan afore him. E hale warl is biggit on a stoot foun an winna shift.

³¹Lat e hivvens be gled an e warl be mirry an lat fowk o ilka cuntra say, "E Lord rowles."

³²Lat e sea an aa att's inno't roar, lat e parks an aa att's inno them be mirry.

³³Syne e trees i the wid will sing oot o them fan e Lord's at han, cause he comes tae jeedge e warl.

³⁴Gie thanks tae e Lord cause he's gweed, his mercy lests for aye.

³⁵Say tae him, "Save hiz, o God o oor salvation, gaither hiz egither an keep hiz oot o e hans o e heathen sae att we mith gie thanks tae yer haily name an glory in praisin ye."

³⁶Blisst be e Lord God o Israel for ivver an ivver.

An e fowk aa said "Amen," an praised e Lord.

³⁷Sae he left Asaph an his faimly there tae meenister afore God's kistie as their daily wark. ³⁸Obed-edom e sin o Jeduthun wi his saxty aucht clansmen an Hosah were tae be doorkeepers. ³⁹Zadok e priest wi e lave o e priests in his clan were left tae leuk efter e wirshippin o e Lord at e hill-shrine at Gibeon. ⁴⁰They were tae sen up brunt-offerins tae e Lord nicht an mornin athoot devaal fae the aaltar o e brunt-offerins an tae dee aa e tither things set oot i the screiven laas att e Lord laid doon for Israel. ⁴¹Wi them were Heman an Jeduthun an e lave fa were pickit tae gie thanks tae e Lord, cause his mercy is for aa time. ⁴²Heman an Jeduthun leukit efter e chiels fa were tae sing an play tae e Lord wi tooteroos an cymbals an ither instruments. Jeduthun's sins were doorkeepers. ⁴³Syne aa e fowk gaed hame tae their ain place an Daavit gaed tae bliss his ain fowk.

CHAPTIR 17

Noo, as Daavit wis sittin in his hoose, he said tae e prophit, Nathan, "A'm bidin here in a hoose biggit o cedar, bit God's kistie is aye inno a tent." ²An Nathan said tae Daavit, "G'wa an dee fit shuits ye best, cause e Lord is wi ye."

³Noo, att nicht, e wird o e Lord cam tae Nathan, sayin, ⁴"Gyang an tell ma servant Daavit att iss is fit e Lord says: 'Ye're nae the een tae bigg a hoose for ma tae bide in, ⁵cause A hinna bidden inno a house fae e time A brocht the Israelites oot o Egypt tae iss verra day, bit hiv been on e caa wi naethin bit a tent for a dwallin. ⁶Farivver A gaed wi the Israelites, did A speir at ony o e clan chiefs o Israel fa I appintit tae

shepherd tae ma fowk, fit wye they hidna biggit me a hoose oot o cedar?' ⁷Sae, noo ye maun say tae ma servant Daavit, att iss is fit e Lord o Hosts says, 'A teuk ye fae e fauld an fae shepherdin tae rowle ower ma fowk, Israel. ⁸A've been wi ye farivver ye've gaen an hiv cuttit aff aa yer faes afore ye. A've reesed ye oot abeen aa ither chiels in aa e warl. ⁹Fit's mair, A'll provide a place for ma fowk, Israel an set them doon there sae as they mith hae a place o their ain an nae aye be meevin aboot. Coorse chiels winna tirmint them nae mair like they did o aul, ¹⁰e wye they've deen ivver since I appintit clan chiefs ower ma fowk, Israel. An A'll gie ye peace fae aa yer faes. Fit's mair, A'm tellin ye, A'll set ye up wi a clan o yer ain.

¹¹"An fan e hinnerein comes, an ye gyang tae rist wi yer fadders, A'll reese up een o yer bairns tae folla efter ye an gie strinth tae his keengdom. ¹²He's the een fa will bigg a hoose for ma an A'll set up his royal hoose for ivver. ¹³A'll be his fadder an he'll be my loon. A winna forsake him, lik A did wi e chiel fa gaed afore you, ¹⁴bit A'll sattle him in ma hoose an in ma keengdom for ivver an his throne will lest for aa time.'" ¹⁵Nathan telt aa iss say awa an aa att God hid revealed tae him tae Daavit.

¹⁶Syne Keeng Daavit gaed in afore e Lord an speirt at him, "Fa wid I be, Lord God, an fit's ma faimly att ye've brocht ma tae iss? ¹⁷An as gin att wisna aneuch ye've said att ma faimly will rowle for aye an hiv dealt wi me as gin A wis jist a gey chiel. ¹⁸Fit mair can A say? Ye ken me, yer servant Daavit, weel. ¹⁹Ye've spoken oot fit ye wintit in yer hert an hiv latten yer servant Daavit ken iss great thing ye've deen. ²⁰O Lord, foo great ye are, there's neen like ye. We ken bi fit we've heard wi wir ain lugs there's nae God bit you. ²¹There's nae ither cuntra i the warl lik Israel, the ae fowk att God gaed oot tae save as his ain. E winnerfu things ye've deen for them his made ye kenspeckle ower e hale warl. Ye dreeve oot aa ither clans tae mak wye for yer ain fowk fan ye feesh them oot o Egypt. ²²Noo ye've made Israel yer ain fowk for aye an you, O Lord, are their God. ²³An noo, Lord God, dee fit ye said aboot me an ma faimly, an set up wir hoose for aa time. ²⁴Lat yer name be great for aye. Fowk will say, 'E Lord o Hosts is e God o Israel an a God tae Israel', an lat Daavit's faimly rowle for ivver. ²⁵O God, ye've telt yer servant att ye'll bigg up his hoose, sae A've been forrit aneuch tae pit up iss prayer tae ye. ²⁶Sae noo, Lord God, cause God ye are, an ye've made iss winnerfu promise tae yer servant. ²⁷Sae mith ye lat yer blissin faa on yer servant an them fa come efter him for aa time. Lord, ye've gien yer blissin, yer servant's hoose will be blisst for aa time."

CHAPTIR 18

A file efter att, Daavit focht e Philistines an owercam them an he teuk Gath an her toons fae e Philistines. ²He gat e better o e clan Moab. Sae e Moabites were vassals tae Daavit an peyed him cess.

³Daavit owercam Hadadezer keeng o Zobah near han Hamath cause he wis tryin tae exten his borders tae the Euphrates watter. ⁴Daavit captured a thoosan chariots, syven thoosan horsemen an twinty thoosan infantry fae him. He hamstrang aa e horse, forbyes a hunner tae eese wi e chariots. ⁵Fan e Syrians fae Damascus cam tae fecht alang side Hadadezer, keeng o Zobah, Daavit slew twinty-twa thoosan o them. ⁶Syne Daavit pat garrisons i the Syrian cuntra o Damascus an sae e Syrians becam vassals tae Daavit an peyed him cess. E Lord leukit efter Daavit farivver he gaed. ⁷Daavit teuk e gowd targes fae Hadadezer's offishers an brocht them tae Jerusalem. ⁸An Daavit teuk muckle graith o bress fae Hadadezer's toons o Tebah an Cun. Solomon eesed it tae mak e bress tank an e pillars an bress accootrements.

⁹Fan Tou, keeng o Hamath heard att Daavit hid owercam the airmy o Hadadezer keeng o Zobah, ¹⁰he sent his sin, Hadoram tae Keeng Daavit tae sook up tae him an reese him oot for winnin the fechtin wi

Hadadezer, cause Hadadezer hid been at waar wi Tou. Hadoram brocht wi him, caups made o siller, an gowd an bress.

[11]Daavit dedicaitit them tae e Lord alang wi e siller an gowd he hid brocht fae aa e cuntras he hid owercam: fae Edom an fae Moab, fae e clans o Ammon, fae e Philistines an fae Amalek. [12]Abishai e sin o Zeruiah slauchtert auchteen thoosan o e clan Edom i the Howe o Saut.

[13]He pat garrisons throwe e hale cuntra o Edom, an the Edom clans becam vassals tae Daavit. An e Lord leukit efter Daavit farivver he gaed.

[14]Sae Daavit rowled ower e hale o Israel an keepit up e laa an jeestice amo aa his fowk. [15]Joab, sin o Zeruiah wis heid o the airmy an Jehoshaphat, e sin o Ahilud keepit e beuks. [16]Zadok, sin o Ahitub an Abimelech, sin o Abiathar were e priests an Shavsha wis clerk. [17]Benaiah, sin o Jehoiada wis in chairge o Daavit's bodygaird an Daavit's sins were aye tae han aroon e keeng.

CHAPTIR 19

A file efter att, Nahash, e keeng o e clan Ammon deit, an his sin teuk ower e throne. [2]An Daavit said, "A'll be kindly like tae Nahash's loon, Hanun, jist as his fadder wis gweed tae me." An Daavit sent some o his men tae gie his respecks for his fadder. Sae Daavit's men gaed tae pey respecks tae Hanun i the cuntra o e clan Ammon. [3]Bit the Ammon clan chiefs said tae Hanun, "Div ye think Daavit is shewin ony respeck for yer fadder bi sennin iss chiels wi sympathy tae ye? Deil e bit o't. Daavit's sennin them tae spy oot e lie o e lan an tak ower yer cuntra." [4]Sae Haunun teuk haud o Daavit's men, shaved aff their bairds, cuttit aff their claes at e dowp an sent them awa. [5]Fan Daavit gat tae hear o foo e men hid been hannlt, he sent chiels oot tae meet them, cause they were black affrontit. E keeng said tae them, "Haud on at Jericho till yer bairds growe back again, an syne come hame."

[6]The Ammon clan kent att they'd misfittit Daavit, sae they hired in fae Mesopotamia, Syria-maachah an Zobah chariots an horse at a cost o a thoosan talents o siller. [7]They hired thirty twa thoosan chariots an e keeng o Maacah an his airmy cam an set up camp at Medeba. E clan Ammon gaithert fae their toons an gat riddy tae fecht [8]Fan Daavit heard o iss, he sent Joab agin them wi e hale airmy. [9]The airmy o e clan Ammon teuk up poseetion at e yett o their toon an e tither keengs teuk up poseetion i the open cuntraside. [10]Joab saa att they wid attack him fae afore an ahin, sae he pickit aa e best men o Israel an drew them up facin the Syrians. [11]E lave he pat unner e comman o his brither, Abishai sae att he mith draw them up agin e clan Ammon. [12]Joab said tae him, "Gin the Syrians get e better o me ye maun come tae wir aid, an gin the clan Ammon be some stoot for ye, A'll come an help ye. [13]Hae e guts tae fecht wi aa yer mettle for wir fowk an e toons o wir God. Mith e Lord's will be deen." [14]Joab an his men drew up for e fecht an e Syrians teuk tae flicht. [15]Fan e clan Ammon saa e Syrians takkin tae their heels, they ran aff fae Abishai's men an gaed back intae e toon. Sae Joab cam back tae Jerusalem.

[16]Fan e Syrians saa they were bate bi the Israelites they sent orders for e Syrians att were ower e watter tae come an they were unner e comman o Shophach, captain o Hadadezer's airmy. [17]Fan Daavit wis telt iss, he gaithert the hale Israelite airmy, crosst ower e Jordan an cam on them. He marshalled his troops an e fechtin startit. [18]The Israelites dreeve e Syrian airmy back an Daavit an his men killed syven thoosan Syrian chariot drivers an fowerty thoosan infantry, an killed Shophach e captain o their airmy. [19]Fan aa e keengs fa were vassals tae Hadadezer saw they were gotten e better o bi Israel, they made peace wi Daavit an becam subjeckit tae him. Sae e Syrians were feart tae ivver help e clan Ammon again.

CHAPTIR 20

Aboot a year efter e fechtin wis throwe wi, Joab led oot the airmy tae attack e cuntra o e clan Ammon. He laid siege tae Rabbah an brocht it tae a crockaneetion, bit Daavit bade on at Jerusalem. ²Daavit teuk e croon aff o e keeng's heid. It weyed aboot five an a half steen o gowd an it hid precious steens inno't. It wis putten on Daavit's heid an he brocht oot muckle graith fae e plunnerin o e toon. ³He teuk e fowk o e toon an set them tae wark wi saas an airn harras an aixes. Daavit did iss tae aa e clan Ammon's toons an he an his fowk gaed hame tae Jerusalem.

⁴Bit waar breuk oot again at Gezer wi e Philistines. Att wis e time att Sibbechai fae Hushah killed Sippai fae e clan o e giants an e Philistines were haudden doon. ⁵Waar breuk oot wi e Philistines again an Elhanan e sin o Jair slew Goliath fae Gath's brither Lahmi, e shaft o fas spear wis lik a wyver's beam. ⁶There wis yet mair fechtin in Gath, far there wis a muckle-boukit chiel wi sax finngers on ilka han an sax taes on ilka fit, fower an twinty aa egither. He wis een o e giant clan tee. ⁷Fan he tirmintit the Israelites, Jonathan, e sin o Daavit's brither Shimea slew him. ⁸They were come o e giants o Gath an were killed at e han o Daavit an his men.

CHAPTIR 21

E deil wintit tae fess ill on Israel, sae he garrt Daavit coont aa e fowk. ²Sae Daavit said tae Joab an e clan chiefs, "Gyang an coont the Israelites fae Dan tae Beersheba an fess e nummer tae me, sae att A mith fin oot foo mony there are." ³Bit Joab answert, "Aiven gin the Lord yer God made e fowk o Israel a hunner times as mony as they are enoo, wid they still nae be aa yer ain fowk, yer majesty? Fit's yer majesty sikkin iss for? Tae mak e hale cuntra guilty?" ⁴Bit e keeng owerrult Joab an he gaed oot throwe aa Israel syne cam back tae Jerusalem.

⁵An Joab gied his tally o e fowk tae Daavit. In Israel there were wan million wan hunner thoosan men fa culd be caalled up, an in Judah, fower hunner an syventy thoosan. ⁶Bit Joab didna coont e clans o Levi nor Benjamin sae pitten oot wis he wi fit e keeng hid socht him tae dee. ⁷An God wisna sair teen wi it aither, sae he teuk it oot on Israel. ⁸An Daavit said tae God, "A've deen ill wi deein iss, an noo, A pray, Lord tak awa yer servant's guilt, cause A've been a richt feel."

⁹E Lord spak tae Gad, Daavit's seer. He'd said, ¹⁰"Gyang an tell Daavit att iss is fit e Lord says, 'A'll offer ye three things, pick een o them an att's fit A'll gie ye.'" ¹¹Sae Gad cam tae Daavit an said tae him, "Iss is fit e Lord his tae say, 'Ye maun pick ¹²three ears o wint i the cuntra, or three month o bein herriet bi yer faes an chased bi their swoords, or three days o plague throwe aa e cuntra wi the angel o e Lord fessin daith throwe e hale o Israel.' Noo, tell ma fitna answer A shuld fess back tae him fa sent ma." ¹³An Daavit said tae Gad, "O me, sic a mishanter. Lat ma faa inno e han o e Lord, cause his mercies are great; dinna lat ma faa intae e hans o men."

¹⁴Sae e Lord sent a plague on Israel an syventy thoosan o e fowk o Israel deit. ¹⁵An God sent an angel tae destroy Jerusalem an as he wis deein his wark, e Lord leukit on fit he wis deein an thocht better o the ill an said tae the angel att wis causin e missaucre, "Att's aneuch. Haud yer han." The angel wis stannin anent e thrashin-fleer o Ornan fae Jebu. ¹⁶Daavit leukit up an saa the angel o e Lord stannin atween e warl an hivven raxin oot ower Jerusalem wi a draawn swoord in his han. Syne Daavit an e clan chiefs o Israel, fa were aa weerin saickclaith, fell doon tae e grun. ¹⁷An Daavit said tae God, "Is't nae me att garrt e fowk be coontit? Is't nae me fa's deen ill? Bit iss sheepies! Fit hiv they deen? Lat yer han, o Lord ma God, raither be agin me an ma faimly, bit dinna tirraneese yer fowk wi iss plague."

[18]Syne the angel o e Lord garrt Gad tell Daavit att he shuld gyang up an bigg an aaltar tae e Lord at e thrashin-fleer o Ornan fae Jebu. [19]An Daavit did fit Gad hid telt him tae dee an gaed up as e Lord hid bidden. [20]Fan Ornan leukit oot an saa the angel, his fower loons were wi him an they gaed an hod themsels, bit Ornan cairriet on thrashin his wheat. [21]As Daavit cam near han, Ornan saa him an he gaed oot fae his thrashin-fleer an booed doon his face tae e grun afore Daavit. [22]An Daavit said tae Ornan, "A've come tae buy yer thrashin-fleer fae ye, tae bigg an aaltar tae e Lord onno't, sae att e plague mith be steyed fae e fowk. A'll gie ye full price for't." [23]An Ornan said tae Davit, "Lat yer majesty tak it an dee fit ye think best. Leuk, A'll gie ye owsen for brunt-offerins an e thrashin teels for firewid, an wheat for e maet offerin tee. Ye can hae e lot." [24]An Keeng Daavit said tae Ornan, "Na, na, bit A'll fairly gie ye full price for't; A winna tak fit's yours, tae mak brunt offerins tae e Lord, att didna cost ma naethin." [25]Sae Daavit bocht e place fae Ornan for sax hunner shekels o gowd. [26]An Daavit biggit an aaltar tae e Lord there an offert brunt offerins an peace offerins an cried tae e Lord. An e Lord answert him bi sennin fire fae hivven onno e brunt offerin aaltar. [27]An e Lord garrt the angel pit his swoord back inno its scabbard.

[28]Daavit saa att e Lord hid answert his prayer, sae he made a sacrifeece there at e thrashin-fleer o Ornan fae Jebu, [29]cause God's kistie att Moses hid made i the roch cuntra an the aaltar o e brunt offerins were at att time at e hill shrine o Gibeon. [30]Bit Daavit culdna gyang there tae wirship, cause he wis feart at e swoord o the angel o e Lord.

CHAPTIR 22

Syne Daavit said, "Iss is e hoose o e Lord God an the aaltar o e brunt offerins o Israel." [2]An Daavit garrt aa e fremt at were in Israel be gaithert egither an he appintit steenmasons tae dress steens tae bigg e Temple. [3]Daavit set in a store o airn tae mak nails for e doors o e yetts an e hinges for e doors, an sae muckle bress it culdna be weyed, [4]an he hid e fowk o Sidon an Tyre fess him a muckle graith o cedar trees for wid. [5]An Daavit said, "Ma loonie Solomon is young an nae yet warldly-wise, bit e Temple o e Lord maun be a gran set oot o a biggin, tae be heard aboot in aa e cuntras o e warl, sae A'll mak a start tae get things riddy for e biggin o't." Sae Daavit did muckle o e grunwark afore he deit.

[6]Syne he spak tae his loon, Solomon an gied him orders tae bigg a Temple for e Lord God o Israel. [7]Says Daavit tae Solomon, "Ma loon, A some thocht A wid bigg a Temple tae e name o e Lord ma God, [8]bit e wird o e Lord att cam tae ma said, 'Ye've spullt muckle bleed an fochten in mony waars, ye winna bigg a Temple tae my name cause A've waatched ye spull sae muckle o e warl's bleed. [9]Ye'll hae a sin fa will be a man o peace an A'll gie him peace fae aa his faes roon aboot him. He'll be caaed Solomon an A'll gie peace an rist tae Israel aa his days. [10]He's the een fa will bigg a Temple tae my name; he'll be my loon an A'll be his fadder an A'll set up e rowle o his keengdom ower Israel for ivver.' [11]Noo, ma loon, e Lord be wi ye; mith ye dee weel an bigg e Temple o e Lord yer God as he his said ye wid dee. [12]Mith e Lord mak ye wise an gie ye unnerstannin in aa ye dee for Israel, sae att ye mith keep e laa o e Lord yer God. [13]Ye'll dee aa richt gin ye see till't att ye bide bi e laas an jeedgements att e Lord hannit doon tae Moses for Israel. Be stoot; hae pluck; nivver be feart nor be pit oot bi onythin. [14]Noo, ye'll see, A've gaen tae e bather o settin aside a hunner thoosan talents o gowd an a thoosan talents o siller for e Temple, an bress an airn, mair nor ye can wey, a hantle o timmer an dressed steen an ye can pit tee tae att yersel. [15]Fit's mair there's ample tradesmen: masons an steenmasons, vrichts an aa kyn o skeely chiels for aa menner o wark. [16]There's mair gowd an siller an bress an airn nor ye can ivver tally up. Awa ye gyang, an get on wi't, an mith e Lord be wi ye.

[17]Daavit ordert aa e clan chiefs o Israel tae gie Solomon a han, sayin, [18]"Is e Lord yer God nae wi ye? His he nae gien ye peace aa roon aboot ye? He's gien aa e fowk fa bade here inno ma hans an e hale cuntra is

at peace an e fowk are aa subjeckit tae e Lord an tae hiz. [19]Noo set yer hert an yer sowl tae sikk e Lord yer God. Awa an bigg e Temple o e Lord God an fess God's kistie an aa the haily accootrements o God intae e Temple att will be biggit tae e name o e Lord.

CHAPTIR 23

Sae fan Daavit hid seen mony a day an wis growen aul he appintit his sin, Solomon, keeng ower Israel. [2]He gaithert egither aa e clan chiefs o Israel an e priests an e Levites. [3]Noo aa e Levites ower thirty ear aul were coontit an there wis thirty-aucht thoosan o them. [4]Twinty-fower thoosan fae amo them were set tae see tae e biggin o e Temple an sax thoosan were appintit tae be officeels an jeedges. [5]Fower thoosan o them were doorkeepers an fower thoosan were appintit tae play meesic tae praise e Lord on the instruments att Daavit hid made. [6]Daavit split them intae three accoordin tae their clans: Gershon, Kohath an Merari.

[7]E clan Gershon were: Ladan an Shimei. [8]Ladan hid three sins: Jehiel the aulest, Zetham an Joel. [9]Shimei hid three sins: Shelomoth, Haziel an Haran. They were e heids o e faimlies o Ladan. [10]Shimei hid anither fower sins: Jahath, Ziza, Jeush an Beriah. [11]Jahath wis aulest an Ziza neist. Jeush an Beriah didna hae big faimlies, sae they were coontit as the ae branch o their fadder's faimly.

[12]Kohath hid fower sins: Amram, Izhar, Hebron Uzziel. [13]Amram's sins were Aaron an Moses. Aaron an his sins were set apairt tae be in chairge o aa haily things, tae burn scintit reek afore e Lord, tae meenister tae him an tae bliss his name for aye. [14]Bit e sins o Moses, e man o God, were coontit as bein o e clan Levi. [15]Moses e man o God's sins were: Gershom an Eliezer. [16]Shubael wis Gershom's aulest sin. [17]Eliezer hid jist the ae sin, Rehabiah, bit Rehabiah hid a hantle o sins. [18]Shelomith wis e foremaist sin o Izhar. [19]Hebron's sins were: Jeriah, e foremaist, Amariah e saicond, Jahaziel e third an Jekameam e fowerth. [20]Uzziel's sins were: Micah, e foremaist an Isshiah, saicond.

[21]Merari's sins were: Mahli an Mushi. Mahli's sins were: Eleazar an Kish. [22]Eleazar deit leavin nae sins, jist dothers an they were teen in bi Kish's faimly. [23]Mushi hid three sins: Mahli, Eder an Jerimoth.

[24]Sae att wis e heids o e faimlies o e clan Levi, ilka een registered bi name. They aa wirkit i the Temple fae e time they were twinty ear aul. [25]Ye see, Daavit hid said, "E Lord God o Israel his gien his fowk peace sae att they mith bide in Jerusalem for ivver. [26]Nae mair will e Levites hae tae cairry aboot God's kistie nor ony o its accootrements." [27]Bi Daavit's hinmaist wirds, aa e Levites were registered tae serve fae the age o twinty. [28]Their job wis tae gie Aaron an his faimly a han i the service o e Temple, i the coorts, i the chaumers, i the purifeein o e haily things an aathin att wis notten tae be deen i the rinnin o e Temple. [29]They saa e loaf offert tae God, tae e flooer an e maet offerins, for e bannocks wi nae barm, for aathin bakit inno e pans, for fit wis fried, mizzourin it aa oot e richt size. [30]Tae thank an praise e Lord, they hid tae get yokit ilka mornin an syne e same ilka nicht. [31]They hid tae offer aa e brunt sacrifeeces tae e Lord on e Sabbath, at e new meen an on e set feast days, accoordin tae their set nummer an aa afore e Lord. [32]They hid tae leuk efter e gaitherin-tent an e Temple an help oot Aaron's faimly in aa e Temple wirship.

CHAPTIR 24

Noo here's e faimlies o Aaron's clan. Aaron's sins: Nadab, Abihu, Eleazar an Ithamar. [2]Nadab an Abihu deit afore their fadder an didna hae nae bairns, sae Eleazar an Ithamar cairriet oot e wark as priests.

³Daavit, alang wi Zadok fae amo the ation o Eleazar an Abimelech fae amo the ation o Ithamar, set them tae wark i their dyowties as priests. ⁴There were mair leaders in Eleazar's faimly nor in Ithamar's faimly, sae there were saxteen leaders amo Eleazar's fowk an aucht amo Ithamar's. ⁵He sortit them oot bi draawin lots amo them as keepers o e sanctuary an keepers o e Temple. They were aa fae Eleazar's faimly or fae Ithamar's faimly. ⁶E clerk, Shemaiah e sin o Nethaneel, een o e Levites, vreet doon their names fan e keeng an e clan chiefs, Zadok e priest, Ahimilech e sin o Abiathar an e heids o e faimlies o e priests an Levites were aa meetin. Ae leadin faimly wis teen fae e line o Eleazar an een fae e line o Ithamar.

⁷Iss iss the order att e faimlies were hannit oot their wark: first Jehoiarib, saicond Jedaiah, ⁸third Harim, fowerth Seorim, ⁹fifth Malkijah, saxth Mijamin, ¹⁰syventh Hakkoz, auchth Abijah, ¹¹ninth Jeshuah, tenth Shecaniah, ¹²elyventh Eliashib, twalth Jakim, ¹³thirteenth Huppah, fowerteenth Jeshebeab, ¹⁴fifteenth Bilgah, saxteenth Immer, ¹⁵syventeenth Hezir, auchteenth Happizzez, ¹⁶nineteenth Pethahiah, twintieth Jehezkel, ¹⁷twinty-first Jakin, twinty-saicond Gamul, ¹⁸twinty-third Delaiah an twinty-fowerth Maaziah. ¹⁹Att wis the order they cam in tae serve i the Temple i the wye e Lord God o Israel hid commannit their forebeer Aaron.

²⁰E lave o the ation o e Levi were: fae e sins o Amram: Shubael; fae e sins o Shubael: Jehdeiah. ²¹Fae Rehabiah: e chief amo Rehebiah's sins wis Isshiah. ²²Fae the Izharites: Shelomoth an fae amo his sins: Jahath. ²³Fae the Hebron faimlies: Jeriah wis first, Amariah saicond, Jahaziel third an Jekameam fowerth. ²⁴Fae the Uzziel faimlies: Micah an fae amo his sins: Shamir. ²⁵Micah's brither wis Isshiah an his sin wis Zechariah. ²⁶E sins o Merari were Mahli an Mushi. E sin o Jaaziah: Beno.

²⁷Fae Merari's faimly throwe Jaaziah: Beno, Shoham, Zaccur an Ibri. ²⁸Fae Mahli cam Eleazar bit he didna hae nae sins. ²⁹Fae Kish: his sin Jerahmeel. ³⁰Mushi's sins were Mahli, Eder an Jerimoth. Att wis e sins o e Levites faimly bi faimly. ³¹Aa Aaron's fowk, alang wi their relations, keest lots fan Keeng Daavit an Zadok e priest, Ahimilech an e heids o e faimlies o e priests an Levites were aa meetin, the auler faimlies haein e same chaunce as e younnger eens.

CHAPTIR 25

Keeng Daavit an e leaders o the airmy pairtit oot speecial wark for e sins o Asaph an Heman an Jeduthun tae mak prophesies tae e meesic o hairps an lutes an cymbals. E chiels fa did iss wark were set oot in iss order: ²fae e sins o Asaph: Zaccur, Joseph, Nethaniah an Asarelah. They were fee'd unner Asaph fa gied prophesies fanivver e keeng socht them; ³fae e sins o Jeduthun: Gedaliah, Zeri, Jeshaiah, Hashabiah an Mattithiah, sax o them includin their fadder Jeduthun fa prophesiet tae e meesic o a hairp, gien thanks an praise tae e Lord; ⁴e sins o Heman: Bukkiah, Mattaniah, Uzziel, Shubael, Jerimoth, Hananiah, Hanani, Eliathah, Giddalti, Romamti-ezer, Joshbekashah, Mallothi, Hothir an Mahazioth; ⁵they were aa sins o Heman e keeng's seer, gien tae him bi God tae reese him up. God hid gien Heman fowerteen sins an three dothers. ⁶They aa played cymbals an lutes an hairps unner their fadder's direction i the Temple services in accoordance wi e keeng's orders tae Asaph, Jeduthun an Heman. ⁷There were twa hunner an auchty-aucht, coontin their relations, aa skeely i the sangs o e Lord.

⁸They drew lots for their wark, young an aul, maister an scholar. ⁹E first fell tae Joseph fae Asaph's faimly, e saicond tae Gedaliah (there wis twal o them coontin his brithers an sins). ¹⁰E third fell tae Zaccur, fa wi his brithers an sins, there wis twal. ¹¹E fowerth fell tae Izra, fa wi his brithers an sins, there wis twal. ¹²E fifth fell tae Nethaniah, fa wi his brithers an sins, there wis twal. ¹³E saxth fell tae Bukkiah, fa wi his brithers an sins, there wis twal. ¹⁴E syventh fell tae Jesarelah, fa wi his brithers an sins, there wis

twal. [15]The auchth fell tae Jeshaiah, fa wi his brithers an sins, there wis twal. [16]E ninth fell tae Mattaniah, fa wi his brithers an sins, there wis twal. [17]E tenth fell tae Shimei, fa wi his brithers an sins, there wis twal. [18]The elyventh fell tae Azarel, fa wi his brithers an sins, there wis twal. [19]E twalth fell tae Hashabiah, fa wi his brithers an sins, there wis twal. [20]E thirteenth fell tae Shubael, fa wi his brithers an sins, there wis twal. [21]E fowerteenth fell tae Mattithiah, fa wi his brithers an sins, there wis twal. [22]E fifteenth fell tae Jeremoth, fa wi his brithers an sins, there wis twal. [23]E saxteenth fell tae Hananiah, fa wi his brithers an sins, there wis twal. [24]E syventeenth fell tae Joshbakashah, fa wi his brithers an sins, there wis twal. [25]The auchteenth fell tae Hanani, fa wi his brithers an sins, there wis twal. [26]E nineteenth fell tae Mallothi, fa wi his brithers an sins, there wis twal. [27]E twintieth fell tae Eliathah, fa wi his brithers an sins, there wis twal. [28]E twinty-first fell tae Hothir, fa wi his brithers an sins, there wis twal. [29]E twinty-saicond fell tae Gidalti, fa wi his brithers an sins, there wis twal. [30]E twinty-third fell tae Mahazioth, fa wi his brithers an sins, there wis twal. [31]E twinty-fowerth fell tae Romamti-ezer, fa wi his brithers an sins, there wis twal.

CHAPTIR 26

Noo, here's foo e doorkeepers were organised. Fae e Korah clan there wis Meshelemiah e sin o Kore een o e faimly o Asaph. [2]Meshelemiah's sins were Zechariah the aulest, Jedaiel e saicond, Zebadiah e third, Jathniel e fowerth, [3]Elam e fifth, Jehohanan e saxth an Elioenai e syventh. [4]Obed-edom's sins were Shemaiah the aulest, Jehozabad e saicond, Joah e third, Sacar e fowerth, Nethaneel e fifth, [5]Ammiel e saxth, Issachar e syventh an Peullethai the auchth. God hid blisst him. [6]Shemaiah hid sins fa were skeely chiels an led their faimly. [7]Shemaiah's sins were Othni, Rephael, Obed, Elzabad (fas faimly were aa stoot chiels), Elihu an Semakiah. [8]There wis saxty-twa i the faimly o Obed-edom, aa weel able tae cairry oot their wark. [9]There wis auchteen i the faimly o Meshelemiah, aa stoot chiels. [10]Hosah fae e clan Merari hid sins: Simri wis e heid tho he wisna the aulest, bit his fadder pat him in chairge, [11]Hilkiah e saicond, Tabaliah e third an Zechariah e fowerth. There wis thirteen in Hosah's faimly. [12]E doorkeepers' wark wis pairtit oot amo them aa, incudin e heids o e faimlies fa teuk their turn tae meenister i the Temple.

[13]An they drew lots, baith great an sma throwe aa e faimlies tae see fa wid wark at ilka yett. [14]The east yett fell tae Shelemiah. Zechariah, his sin, a clivver chiel drew e north yett. [15]Obed-edom got e sooth yett an e storehoose gaed tae his sins. [16]Shuppim an Hosah drew e Wast Yett wi e Shalleketh Yett on e brae road. They aa hid tae see tae their ain wark. [17]Sax Levites were on dyowty ilka day on the east side, wi fower on e north, fower on e sooth an twa at ilka storehoose. [18]At e pavilion tae e wast side there wis fower on e road an twa at e pavilion itsel. [19]Att's foo e wark wis pairtit oot amo e doorkeepers fae e faimlies o Kore an Merari.

[20]Fae amo e Levites, Ahijah leukit efter e Temple trissury an e stores o trissures dedicaitit tae God. [21]Ladan cam o e clan Gershon an throwe Ladan there were mony faimly heids an Ladan's sin wis Jehieli. [22]Jehieli's sins were Zetham an Joel fa were baith appintit tae leuk efter e Temple trissury. [23]Fae e faimlies o Amram, Izhar, Hebron an Uzziel, [24]Shubael sin o Gershom, sin o Moses wis heid o the owerseein o e trissury. [25]E faimly o his relation Eliezer were his sin Rehabiah, his sin Jeshaiah, his sin Joram, his sin Zicri an his sin Shelomith. [26]Shelomith an his faimly leukit efter e store o e things att Daavit e keeng an his airmy offishers an captains hid dedictit tae e Lord. [27]They dedicaitit tae e Temple things teen fae e spiles o their fechtin. [28]They leukit efter aa e things dedicaitit bi Samuel e prophit, Saul e sin o Kish, Abner e sin o Ner an Joab e sin o Zeruiah. In fac, onythin att hid been dedicaitit wis leukit efter bi Shelomith an his faimly.

²⁹Fae amo e clan Izhar, Kenaniah an his sins were in chairge o secular business o Israel an ackit as clerks an jeedges. ³⁰Hashabiah an syventeen hunner o e clan Hebron, aa lads o pairts, leukit efter aa e releegious an ceevil metters o Israel tae e wast o e Jordan. ³¹Amo e clan Hebron, Jeriah wis chief. I the fortieth ear o Daavit's rowle, their faimly history wis leukit in till an some gey ootstannin chiels were faun amo them at Jazer in Gilead. ³²Daavit pickit twa thoosan syven hunner heids o faimlies fae Jeriah's fowk an set them in chairge o aa religious an ceevil metters for e clan Reuben, e clan Gad an e half clan o Manasseh.

CHAPTIR 27

The Israelites fa were heids o faimlies an offishers fa served e keeng an saa tae e rinnin o e cuntra an aa e wark o e keeng, cheenged ilka month o e year an ilka set hid twenty-fower thoosan men. ²Iss is foo they were organeesed month bi month: e first month it wis Jashobeam e sin o Zabdiel fa hid twenty-fower thoosan men aneth him. ³Een o e clan Perez, he wis in chairge o e Temple warkforce for e first month. ⁴I the saicond month Dodai fa come o Ahohi wis in chairge wi Mikloth as his grieve. He hid twenty-fower thoosan men tee. ⁵Benaiah e sin o Jehoida a chief priest teuk ower for e third month. He hid twenty-fower thoosan men tee. ⁶Att wis e same Benaiah fa cam tae e fore an wis leader o e thirty. His sin Ammizabad teuk ower fae him. ⁷Asahiel, brither tae Joab wis in chairge for e fowerth month. Zebadiah, his sin teuk ower fae him an they hid twenty-fower thoosan men tee. ⁸Shamhuth fae Izra teuk ower i the fifth month an he hid twenty-fower thoosan men tee. ⁹Ira e sin o Ikkesh fae Tekoa teuk ower i the saxth month an he hid twenty-fower thoosan men tee. ¹⁰Helez fae Pelon o e clan Ephraim teuk ower i the syventh month an he hid twenty-fower thoosan men tee. ¹¹Sibbecai fae Hushah, een o e clan Zerah, teuk ower i the auchth month an he hid twenty-fower thoosan men tee. ¹²Abiezer fae Anathoth i the Benjamin cuntra teuk ower i the ninth month an he hid twenty-fower thoosan men tee. ¹³Maharai fae Netophah, een o e clan Zerah, teuk ower i the tenth month an he hid twenty-fower thoosan men tee. ¹⁴Benaiah fae Pirathon i the Ephraim cuntra teuk ower i the elyventh month an he hid twenty-fower thoosan men tee. ¹⁵Heldai fae Netophah, fa wis come o Othniel, teuk ower i the twalth month an he hid twenty-fower thoosan men tee.

¹⁶Iss wis e lads fa were heid o e clans o Israel: Eliezer sin o Zicri wis chief o e clan Reuben; Shephatiah e sin o Maacah wis chief o e clan Simeon; ¹⁷Hashabiah e sin o Kemuel wis chief o e clan Levi; Zadok o e clan Aaron; ¹⁸Elihu, een o Daavit's brithers o e clan Judah; Omri e sin o Michael o e clan Issachar; ¹⁹Ishmaiah e sin o Obadiah o e clan Zebulun; Jerimoth e sin o Azriel o e clan Naphtali; ²⁰Hoshea e sin o Azaziah o e clan Ephraim; Joel e sin o Pedaiah o e half clan Manasseh; ²¹Iddo e sin o Zechariah o e half clan Manasseh in Gilead; Jaasiel e sin o Abner o e clan Benjamin; ²²Azarel e sin o Jeroham o e clan Dan. They were e chiefs o e clans o Israel.

²³Daavit didna coont ony fa were aneth twenty ear aul, cause e Lord hid said he wid eik oot the Israelites tae be as mony as e stars i the lift. ²⁴Joab e sin o Zeruiah did start e coontin, bit nivver got till e hinnerein, cause God's annger cam onno Israel ower e heids o't. Sae e tally wis nivver set doon i the records o Keeng Daavit.

²⁵Azmaveth e sin o Adiel leukit efter e keeng's trissury an Jehonathan e sin o Uzziah wis in chairge o e storehooses i the cuntraside, i the toons, i the clachans an i the forts. ²⁶Ezri e sin o Kelub wis in chairge o aa e ferm warkers, ²⁷an Shimei fae Rama o aa them fa wirkit i the vinyairds. Zabdi fae Shipham wis in chairge o e makkin o e wine. ²⁸Baal-hannan fae Geder wis in chairge o the olive an plane trees i the howes an Joash wis in chairge o e stores o ile. ²⁹Shitrai fae Sharon wis in chairge o aa e beasts in Sharon an Shaphat e sin o Adlai wis in chairge o aa e beasts i the howes. ³⁰Obil o e clan Ishmael wis in chairge o e camels an Jehdeiah fae Meron wis in chairge o e cuddies. ³¹Jaziz fae Hagar wis in chairge o aa e sheep an goats. They were e fowk fa leukit efter aa e gear att belanged tae Keeng Daavit. ³²Daavit's uncle,

Jonathan, a gey clivver chiel, wis a clerk an a cooncillor. Jehiel e sin o Hacmoni wis dominie tae e keeng's sins. [33]Ahithophel wis adviser tae e keeng an Hushai the Arkite wis e keeng's crony. [34]Jehoiada e sin o Benaiah an Abiathar teuk ower fae Ahithophel. The heid o e keeng's airmy wis Joab.

CHAPTIR 28

Daavit gaithert aa e chiefs o Israel, e chiefs o e clans, aa them fa wirkit for e keeng in chairge o a thoosan men or in chairge o a hunner men, aa them fa were in chairge o e keeng's gear an his sins' gear, wi the offishers, e leadin lichts i the cuntra an aa e cuntra's heroes tae Jerusalem. [2]Daavit got till his feet an said, "Hearken, ma freens an ma fowk, A hid been thinkin tae masel att A wid bigg a place tae set doon God's kistie an God's fitsteel, an hid aathin riddy for e biggin o't. [3]Bit God said tae ma, 'Ye winna bigg a hoose in my name cause ye've been warrin an hiv spullt bleed.'[4]For aa that, e Lord God o Israel pickit me oot o aa ma fadder's fowk tae be e keeng o Israel for ivver, cause he's pickit e clan Judah, ma fadder's clan tae be e rowlers. An oot o aa ma fadder's sins he wis fine pleased tae mak me keeng o Israel. [5]An fae aa ma loons (cause he's gien ma mony) he's pickit ma loon Solomon tae sit on e throne o e Lord's keengdom o Israel. [6]An he said tae ma, 'Yer sin, Solomon, will bigg ma Temple an its coorts, cause A've pickit him tae be my sin an A'll be his fadder. [7]Fit's mair A'll set up his keengdom for ivver, gin he keep ma commans an ma jeedgements as he dis enoo.' [8]Sae noo, afore e gaitherin o aa Israel, e congregation o e Lord an i the sicht o wir Lord, sikk oot an keep aa e commans o e Lord yer God, an gin ye dee att, ye'll keep iss gweed grun an leave it tae yer bairns fa come efter ye.

[9]"An you, Solomon, ma loon, mak seer ye ken e God o yer fadder an serve him hale-hertitly an wi a willin mind, cause e Lord probs ilka hert an kens aa fit ye're thinkin. Gin ye sikk him, he'll lat ye fin him, bit gin ye forsake him, he'll cass ye awa for ivver. [10]Pey attintion noo, cause e Lord his pickit you tae bigg a temple tae him. Be stoot an get on wi't."

[11]Syne Daavit gied Solomon e plans for e porch an its biggins, an o e store-hooses an e heich chaumers, an the benmaist rooms, an e place far ill-deeins are forgien. [12]An he gied him e plans o fit he wis thinking e coorts o e Temple wid leuk like an e chaulmers roon aboot it an e store-hooses o e Temple an e store-hooses for e things att hid been dedicaitit tae God. [13]An e plans for pairtin oot e wark o e priests an e Levites an for aa them att wid be servin i the Temple an for aa e servin accootrements i the Temple. [14]He set oot foo muckle siller an gowd wid be needed for aa the accootrements att wid be eesed for aa kyn o service, [15]e wecht o gowd or siller nott for e cannlesticks an lamps att wid be made fae gowd or siller in accoordance wi fit they were tae be eesed for. [16]He set oot e wecht o gowd nott for e tables for e haily loaf an e same for e siller tables, [17]an e gowd nott for e fleshheuks an bowels an caups. For e gowd basins he set oot e wecht o gowd nott for ilka basin an e same for ilka siller basin. [18]He set e wecht o refined gowd for the aaltar o scintit reek an e gowd nott for e chariots o e cherubim fa raxed oot their wings ower God's kistie. [19]"Iss wis aa draftit accordin tae e plan att e Lord gied ma wi his ain han," said Daavit. [20]An Daavit said tae his sin, Solomon, "Be stoot. Nivver fear. Jist gyang an see till't. Dinna wirry or be doon-hertit for e Lord God, my God, will be wi ye. He winna lat ye doon nor leave ye till ye're throwe wi e wark o biggin eTemple. [21]Here's e lists o e priests an e Levites fa will serve i the Temple: they'll be wi ye tee. Ye'll hae at yer finngertips aa kyn o craftsmen an skeely warkers for ony job an e clan chiefs an aa e fowk will dee fitivver ye sikk o them."

CHAPTIR 29

Fit's mair, Daavit said tae e gaitherin o fowk, "Ma loon, Solomon, fa his been pickit bi God is aye yet young an nae wirldly-wise an iss is jist a gey job for him tae tak on, cause e biggin is nae a hoose for a man, bit for God. [2]Noo A've deen aa A can tae plan for e Temple o ma God, aa e gowd for e gowd accootrements, e siller for e siller accootrements, e bress for e bress accootrements, an airn for fit's tae be made o airn, wid for fit's tae be made o wid, onyx steens, steens for decoraitin, spirklin steens o aa bonnie colours, precious steens an a hantle o mairble. [3]Fit's mair, cause A'm affa teen wi biggin a hoose tae God, A've gien fae ma ain gear, gowd an siller ower an abeen fit's been set aside for e haily hoose: [4]three thoosan talents o gowd fae Ophir an syven thoosan talents o refined siller tae clad e waas o e biggins, [5]an tae mak e gowden things an e siller things an aa e wark tae be deen bi e craftsmen. Noo fa else is gyan tae gie willinly tae e Lord e day?"

[6]Syne e heids o e faimlies an clan chiefs o Israel an e captains o e thoosans an e hunners wi aa e keeng's officeels gied willinly. [7]They gied for e service o e Lord five thoosan talents an ten thoosan drams o gowd, ten thoosan talents o siller, auchteen thoosan talents o bress an a hunner thoosan talents o airn. [8]Them fa aint precious steens gied them in tae e stores o e Temple throwe Jehiel fae Gershon. [9]Syne aabody wis happy, cause they'd aa gien willinly an hale-hertitly tae e Lord. An Keeng Daavit wis rael pleased tee.

[10]Daavit, syne blisst e Lord afore aa e gaitherin sayin, "Blisst be wir fadder, e Lord God o Israel, for ivver. [11]Yours, o Lord is e micht an e pooer an e glory an e victory an e majesty, cause aa att's i the hivvens an aa att's i the warl is yours, yours is e keengdom, o Lord, an ye're reesed up as heid abeen aa. [12]Baith walth an honour come fae ye an ye rowle ower aa, ye dole oot pooer an micht an yer han can mak great an gie strinth tae aa. [13]Sae, God, we thank ye an praise yer winnerfu name. [14]Bit fa am I or my fowk att we shuld be sae willin tae mak offerins o iss kyn? Cause aathin comes fae you an aa we've gien ye is bit yer ain. [15]We're fremt afore ye, an wannerers lik wir fadders afore hiz, wir days i the warl are bit a shadda, naethin lests for ivver. [16]O Lord wir God, aa iss gear we've putten in han tae bigg a Temple tae yer name is bit fae yer ain han, it's aa yours. [17]A ken fine, Lord, att ye try hiz sair an are weel teen fan we behave. As for masel, A've willinly an hale-hertitly offered aa iss things an A've seen foo weel teen yer fowk here are tae offer things willinly tae ye. [18]O Lord God o Abraham, Isaac an o wir fadder Israel, keep iss for ivver in yer fowks' thochts an keep their herts true tae ye. [19]Gie ma loon, Solomon a hale-hertit ettlin tae keep yer commans, yer wird an yer laas an tae bigg e Temple att A've deen e plannin for."

[20]An Daavit said tae e fowk att were gaithert, "Noo bliss e Lord yer God." An they aa blisst e Lord God o their fadders, booin doon their heids an wirshippin e Lord an e keeng. [21]They made sacrifeeces tae e Lord wi brunt offerins. E neist day, they made sacrifeeces for aa Israel o a thoosan stots, a thoosan rams an a thoosan lambs wi drink offerins tee. [22]They ett an drank afore e Lord att day an were maist affa happy. Syne they made Daavit's sin Solomon keeng for a saicond time an annintit him as their keeng i the name o e Lord an they appintit Zadok as their priest. [23]Syne Solomon teuk e throne o e Lord in room o Daavit his fadder. He did weel an aa Israel teuk wi him. [24]Aa e leaders an e chiefs an aa Daavit's ither sins subjeckit themsels tae keeng Solomon. [25]E Lord reesed up Solomon till aa Israel wis an aawe o him an gied him sic royal majesty as hid nivver been seen in ony keeng o Israel afore him.

[26]Daavit, e sin o Jesse hid rowled ower aa Israel [27]for fowerty ear, syven ear in Hebron an thirty-three ear in Jerusalem. [28]He wis a fair aul age fan he deit, full o ears, walthy an weel thocht o. Solomon, his sin, teuk ower e throne. [29]Aa att happent in Keeng Daavit's reign, fae start tae feenish is aa set oot i the beuk o Samuel e prophit, e beuk o Nathan e prophit an e beuk o Gad e prophit. [30]They gie a full accoont o his reign, foo pooerfu he wis, an aa att happent in his time in Israel an e cuntras roon aboot.

E SAICOND BEUK O CHRONICLES

CHAPTIR 1

Solomon e sin o Daavit wis weel set up in his keengdom, an e Lord God wis wi him an made him pooerfu. ²Syne Solomon spak tae his captains o thoosans an captains o hunners an tae e clan chiefs an aa e guvvernors o Israel an tae e heids o ilka faimly. ³Sae Solomon an aa e congregation wi him gaed tae e hill toon o Gibeon, cause e gaitherin-tent o e fowk o God, att Moses, e Lord's servant, hid made i the roch cuntra, wis there. ⁴Daavit hid brocht God's kistie up fae Kiriath-jearim tae e place he'd riggit for it, cause he'd putten up a tent at Jerusalem for it. ⁵Fit's mair, e bress aaltar att hid been made bi Bezalel fa wis e sin o Uri, sin o Hur, he hid putten afore e tabernacle o e Lord, an Solomon an e congregation wirshippt there. ⁶Solomon gaed up tae e bress aaltar at e gaitherin-tent an gied up a thoosan brunt-offerins onno't.

⁷Att nicht, e Lord cam tae Solomon in a dream, an said tae him, "Fit wid ye like ma tae gie tae ye?" ⁸An Solomon said tae God, "Ye were rael gweed tae ma fadder Daavit an hiv alooed me tae tak ower e throne fae him. ⁹Sae noo, Lord ma God, lat fit ye promist ma fadder Daavit come aboot, cause ye've made ma keeng ower sae mony folk att they canna be coontit. ¹⁰Sae gie ma learnin, an ken, sae att A can gyang amo yer fowk an rowle iss great fowk o yours." ¹¹An e Lord said tae Solomon, "Cause iss is fit ye're sikkin, an ye hinna socht muckle gear, nor walth, nor honour, nor att yer faes shuld be deen awa wi, nor att ye mith live till an aul age, bit hiv socht learnin an unnerstanin for yersel sae att ye mith rowle jeestly amo e fowk fa A've made ye keeng ower, ¹²A'll gie ye learnin an unnerstannin, bit A'm gyan tae gie ye muckle gear an walth an honour att nae ither keeng afore ye his ivver hid nor will ony att comes efter ye see e like o." ¹³Syne Solomon cam fae e gaitherin-tent at e hill toon o Gibeon tae Jerusalem an rowlt ower Israel. ¹⁴An Solomon gaithert chariots an horsemen till he hid fowerteen hunner chariots an twal thoosan horsemen. He stabled some i the chariot toons an keepit e lave at hame in Jerusalem. ¹⁵E keeng made siller as plentifu in Jerusalem as steens, an there wis as muckle cedar wid as there were plane trees i the howe. ¹⁶Solomon hid horse brocht fae Egypt an Kue – e merchants buyin them at a set price. ¹⁷Chariots were bocht fae Egypt for fifteen pun o siller an a horse for jist aneth fower pun. They selt them on tae e keengs o the Hittites an e keengs o Syria.

CHAPTIR 2

Solomon made up his myn tae bigg a Temple tae e Lord an a palace for himsel. ²He pat syventy thoosan men tae wark an sent auchty thoosan tae fell trees i the heilans wi three thoosan sax hunner foremen owerseein them.

³Solomon sent wird tae Keeng Hiram o Tyre sayin, "Ye dealt wi ma fadder fan he bocht trees fae ye tae bigg a hoose for himsel, will ye deal wi me tee? ⁴A'm, gyan tae bigg a Temple tae e Lord ma God an dedicait it tae him an burn sweet scintit reek tae him an keep haily loaf for him an mak brunt offerins, mornin an evenin ilka Sabbath, an ilka new meen, an on e haily feast days o e Lord wir God. He his socht att Israel dee iss for ivver. ⁵A'm gyan tae bigg a muckle Temple, cause oor God is a great God, abeen aa ither gods. ⁶Fa's fit tae bigg a Temple tae him seein att e hale o e hivvens canna haud him? Fa am I tae bigg a Temple tae him; tae burn sacrifeeces tae him? ⁷Sae, sen ma a chiel fa's skeely i the wirkin o gowd an siller, an bress an airn, an in purple, reed an blue claith. He'll wark alang wi e vrichts here in Judah an Jerusalem att were pickit bi ma fadder Daavit. ⁸Sen ma cedar trees an fir trees an sandalwid trees fae Lebanon, cause A ken ye hiv chiels in Lebanon att are skeely at e cuttin doon o trees, an A'll sen ye men tae wark wi yours. ⁹A'll be needin a gey big order o wid cause e Temple A'm gyan tae bigg will be some

size. ¹⁰A'll pey yer loggers, fa cut doon e trees for ma, twinty thoosan mizzours o wheat an twinty thoosan mizzours o barley, twinty thoosan barrels o wine an twinty thoosan barrels o ile.

¹¹Hiram keeng o Tyre sent wird back tae Solomon sayin, "E Lord looed his fowk, sae he made you their keeng." ¹²An Hiram said, "Blisst be e Lord o Israel, fa made hivven an earth an fa his gien Keeng Daavit sic a clivver loon att's sae cannie an unnerstannin an fa's gyan tae bigg a Temple tae e Lord an a palace for himsel. ¹³A'm sennin ye a chiel caaed Huram-Abi fa is a gran skeely vricht. ¹⁴His mither wis fae e clan Dan an his fadder cam fae Tyre. He can dee skeely wark wi gowd an siller an bress an airn an steen an timmer an wi fine purple, reed an blue leenen. He can dee aa kynes o engravin o fitivver style he's socht tae dee. He'll wark wi yer ain vrichts an yer fadder Daavit's vrichts tee. ¹⁵Sae sen ma e wheat an e barley an the ile an e wine att ye spak aboot, ¹⁶an we'll cut as muckle wid as ye're wintin oot o Lebanon. We'll float it doon tae ye bi sea tae Joppa an ye can haul it up tae Jerusalem."

¹⁷Solomon held a census o aa e forriners bidin in Israel e same wye as his fadder Daavit hid deen. There wis a hunner an fifty-three thoosan sax hunner o them. ¹⁸He set syventy thoosan o them tae be cairters an auchty thoosan tae be loggers i the heilans, wi three thoosan sax hunner foremen owerseein them.

CHAPTIR 3

Syne Solomon yokit on e biggin o e Temple o e Lord at Jerusalem on e Hill o Moriah, far e Lord hid appeared tae his fadder Daavit at e thrashin-fleer o Ornan fae Jebu. ²He startit e biggin on e saicond o e saicond month i the fowerth ear o his rowle.

³Noo iss is e mizzourments Solomon gied oot for e biggin o e Temple: e linth wis ninety fit an it wis thirty fit braid. ⁴E porch ran e hale linth o e front o e Temple an wis thirty fit braid an a hunner an auchty fit heich. He owerlaid it wi pure gowd. ⁵He claid the inside waas o e Temple itsel wi boords o fir, owerlaid wi fine gowd, engraved wi palm trees an chines. ⁶He decoraitit e Temple wi precious steens an e gowd att he eesed cam fae Parvaim. ⁷He owerlaid e Temple an e beams an e posts, an e waas, an e doors wi gowd. He engraved cherubs on e waas. ⁸He made e sanctuary squaar, thirty fit bi thirty fit an he owerlaid it wi fine gowd, comin tae sax hunner talents. ⁹Fifty shekels wirth o gowd nails were eesed an aa e chaumers on e tap fleer were owerlaid wi gowd. ¹⁰He made twa cherubs, owerlaid wi gowd for e sanctuary.

¹¹E wings on e cherubs raxed thirty fit across, ilka wing bein syven an a half fit lang, een raxin up tae e waa o e Temple an e tither raxin across tae e wing o e tither cherub. There wis fifteen fit atween e twa pints o e raxed-oot wings. ¹²Baith e cherubs' wings were syven an a half fit, ae wing raxin tae e waa o e Temple an e tither een tae e wing o e tither cherub. ¹³E wings o e cherubs raxed ower thirty fit. They steed on feet an leukit in the wye.

¹⁴He made a blue, purple an reed drape o fine leenen an vrocht cherubs onno't. ¹⁵He made twa pillars tae stan afore e Temple, fifty-twa an a half fit heich an e capital on e heid o ilka een wis syven an a half fit. ¹⁶He made chines tae gyang on e heids o e pillars, wi a hunner pomegranites on e tap. ¹⁷He set up e pillars afore e Temple, een on e richt han side an een on e left. He caaed the een on e richt Jakin, an the een on e left Boaz.

CHAPTIR 4

Syne he made a bress aaltar, thirty fit lang, thirty fit braid an fifteen fit heich. [2]He made a roon tank o cassen metal, fifteen fit across an syven an a half fit deep. It teuk a tow fowerty-five fit lang tae gyang roon aboot it. [3]Aneth e lip were twa raas o eemages o bulls aa roon it, ten tae ilka fit an a half, cassen alang wi e tank. [4]It steed on e backs o twal bress bulls, three leukin tae e north, three leukin tae e wast, three leukin tae e sooth an three leukin tae e east. E tank sat onno them an they were facin oot the wye. [5]It wis a han's-braidth thick an e rim wis lik e rim o a caup, shapit lik a lily flooer. It culd haud as muckle as three thoosan baths.

[6]He made ten basins an pat five on e richt han side an five on e left han side for waashin e graith they gied in for brunt offerins. E tank, hooivver, wis for e priests tae waash inno. [7]An he made ten gowd cannelsticks an set them inno e Temple, five on e richt han side an five on e left. [8]He made ten tables an set them inno e Temple, five on e richt han side an five on e left.

[9]Syne he made e coort o e priests an e muckle coort an e doors for e coort. He owerlaid them wi bress. [10]He set e tank on e sooth side at e sooth east neuk. [11]Huram made pans an shuffels an bowels, an att brocht till an ein e wark att he hid teen on for Keeng Solomon for e Lord's Temple. [12]Iss is fit he made: e twa pillars; e twa bowel-shapit capitals for e heid o e pillars; e twa ornamintal nits for e bowel-shapit capitals on e heid o e pillars; [13]fower hunner pomegranites for e twa nits, twa raa o pomegranites for ilka nit tae hap e bowels o e capitals on e pillars; [14]e founs an e bowels on e founs; [15]the ae tank an e twal bulls aneth it; [16]e pans an e shuffels an e flesh-heuks. Aa the accootrements att Huram made for Keeng Solomon for e Lord's Temple were o bress. [17]They were aa cassen i the Howe o e Jordan i the foonry atween Succoth an Zarethan. [18]Solomon hid sae mony sic accootrements made att e weicht o e bress culdna be wirkit oot.

[19]Solomon made aa the accootrements nott for e Temple: e gowd aaltar, e gowd table far e Haily Loaf wis putten; [20]e gowd cannelsticks an their lichts tae burn afore e benmaist sanctuary as his been set oot [21]wi their flooers an lamps an tyaangs o pure gowd; [22]an e cannel snuffers an e basins an e speens an e censers aa o pure gowd; an e Temple doors, e doors for e sanctuary an aa the inside doors o e Temple, aa made o pure gowd.

CHAPTIR 5

Sae aa e wark att Keeng Solomon did for e biggin o e Temple wis throwe wi. Solomon brocht in the things att his fadder Daavit made haily tae e Lord: e siller an gowd accootrements. They were aa keepit amo e trissures o e Temple.

[2]Syne Solomon cried a meetin o aa the elders o Israel an aa e clan chiefs o the faimlies o Israel wi him in Jerusalem, sae att they mith tak up God's kistie fae Daavit's toon o Zion. [3]Sae aa e men o Israel met at e time o e feestival i the syventh month. [4]Aa e clan chiefs o Israel were there an e Levites teuk up God's kistie. [5]They brocht up God's kistie an e gaitherin-tent wi aa the haily accootrements att were inno e tabernacle. They were aa fessen up bi e priests an e Levites. [6]Solomon an aa e fowk o Israel were gaithert wi him afore God's kistie an they sacrifeeced sae mony sheep an owsen att ye culdna coont them. [7]E priests brocht God's kistie in till its place, the benmaist shrine o e Temple, e maist haily o places: in aneth e wings o e cherubs, [8]fa raxed oot their wings ower e heid o God's kistie makin a coverin abeen God's kistie an its poles. [9]E poles were draawn oot sae att their eins culd be seen i the haily place afore e shrine

bit culdna be seen ayont it. An they're aye there tae iss verra day. [10]There wis naethin inno God's kistie bit e twa steen tablets att Moses hid putten there at Horeb, yon time fan e Lord made a tryst wi the Israelites efter they cam oot o Egypt.

[11]Noo e priests cam oot o e haily place. They hid aa sanctifiet themsels nae metter fitna sect they belanged tae. [12]E Levites, fa were in chairge o e meesic fae e clans Asaph, Heman an Jeduthun, wi their faimlies, were riggit oot in fite leenen an hid cymbals an lutes an hairps. They steed at the east ein o the aaltar alang wi a hunner an twinty priests blaawin tooteroos. [13]They aa sang an played egither, reesin a soun o praise an thanks tae e Lord. An fan they sang an played their cymbals an tooteroos an ither instruments, singin, "E Lord is gweed, his mercy lests for ivver," e Temple wis fullt wi a clood.

CHAPTIR 6

Syne Solomon said, "E Lord said att he wid dwall in pick mirk. [2]A've fairly biggit ye a hoose tae dwall in, a ludgin for ye tae bide in for ivver." [3]As e fowk steed there, e keeng furlt roon an blisst them aa, [4]sayin, "Blisst be e Lord God o Israel, fa his deen fit he telt ma fadder Daavit att he wid dee fan he said, [5]'Since e day A brocht ma ain fowk oot o Egypt, A nivver pickit ony toon fae aa e clans o Israel tae bigg a Temple in for masel an far ma name mith be heard. Nor did A pick ony man tae rowle ower ma fowk, Israel. [6]Bit A've pickit Jerusalem sae att ma name mith be there an A've pickit Daavit tae be heid o ma ain fowk, Israel.' [7]Ma fadder Daavit aye wintit tae bigg a Temple tae e name o e Lord God o Israel. [8]An e Lord said tae ma fadder Daavit, 'Ye wintit tae bigg a Temple for ma an weel-a-wyte, att wis e richt thing tae dee. [9]Still-an-on, it's nae you att's gyan tae bigg e Temple, bit yer loon fa comes efter ye will be the een fa biggs e Temple tae my name.' [10]An e Lord his deen fit he said. I've teen e place o ma fadder Daavit an sit on e throne o Israel, jist as e Lord promist, an A'm the een fa his biggit e Temple tae e name o e Lord God o Israel. [11]A've set oot a place for God's kistie an inno't is e covenant att he made wi wir fadders fan he brocht them oot o Egypt."

[12]An Solomon steed afore the aaltar o e Lord, wi aa the Israelites waatchin, an raxed oot his hans. [13]He hid made a bress gantry, syven an a half fit lang, syven an a half fit braid an fower an a half fit heich an hid set it i the midse o e coort. He steed onno't, got doon on his knees afore aa the Israelites, raxed oot his hans tae hivven [14]an said, "Lord God o Israel, there's nae a god like ye, nae i the hivvens abeen nor i the warl aneth, att keeps yer wird wi yer servants an shews them att ye loo them fan they keep yer wird wi aa their herts. [15]Ye've deen fit ye said tae ma fadder Daavit att ye wid dee. Yer wird his been yer bond an we can see att e day. [16]Sae noo, Lord God o Israel, keep yer wird tae yer servant Daavit, ma fadder, fan ye said till him, 'Ye'll nivver wint for ony man o my pickin tae sit on e throne o Israel, jist as lang as yer bairns waatch fit they're deein an waalk afore ma as ee've waalkit afore ma.' [17]Sae noo, Lord God o Israel, lat yer wird tae ma fadder Daavit come true. [18]Bit can God bide wi man i the warl? Michty, the hivvens an e warl are nae big aneuch tae haud ye, sae foo will iss wee hoosie A've biggit for ye be big aneuch? [19]For aa that, hearken tae e prayer, O Lord ma God, att yer servant pits up till ye e day. [20]Lat yer een be on iss Temple nicht an day, iss placie att ye hiv said aboot, 'Ma name will be there,' sae att ye'll aye hear e prayers A sen e wye o't. [21]Hear e prayers o yer servant an e fowk o Israel fan they pray the wye o iss place. Hear them in yer hivvenly hame; an fan ye hear them, forgie.

[22]"Gin onybody dee ill tae his neeper an is garrt sweer an aith an the aith is teen afore yer aaltar in iss Temple, [23]hearken till't in hivven an jeedge yer fowk, condemmin them fa hiv deen wrang an giein them their sairin; lattin aff them fa hiv deen nae wang an rewardin them as mith be their sairin.

[24]"Fan yer ain fowk, Israel, are owercome bi a fae cause they hiv deen ill tae ye an syne come back tae ye, praisin yer name, prayin an blissin ye in iss Temple, [25]syne, hear them in hivven, forgie the ill-deeins o yer ain fowk, Israel an fess them again tae e lan ye gied tae their fadders.

[26]"Fan e hivvens dry up an there's nae rain cause they've deen ill tae ye, gin they pray e wye o iss place, praise yer name an turn fae the ill-deeins att miscomfitit ye, [27]syne, hear them in hivven, forgie the ill-deeins o yer servants, yer ain fowk, Israel an learn them the straicht road tae tak, gie them rain tae watter yer grun, e grun att ye've gien tae them as their ain.

[28]"Gin there be wint i the cuntra, gin there be disease, gin there be a roch blast o win, mildyowe, locusts or grubs, gin their faes attack them in their toons; fitivver sair or ill be amo them; [29]syne hear e prayer o ony o yer ain fowk, Israel as ilka een poors out his hert an raxes oot his hans tae iss Temple. [30]Hear them in yer hivvenly hame, forgie them an dee fit ye think best, rewardin ilka een in accoordance wi fit he's deen an fit ye ken is inno his hert, cause ee're the only een att kens fit's inno aabody's herts. [31]An gin ye dee att, they'll dee fit ye sikk o them as lang as they bide i the cuntra att ye gied tae wir fadders.

[32]"Fit's mair, e forriner, them fa's nae o yer ain fowk, Israel, them fa come fae cuntras hine awa, cause they've heard aa aboot ye, (they'll hear o yer great name an e strinth o yer han an yer oot-raxed airm), fan he comes an prays e wye o iss Temple, [33]hear him in yer hivvenly hame an dee aa att e forriner sikks o ye, sae att fowk ower aa e warl mith ken yer name an dee fit ye sikk o them, jist lik yer ain fowk, Israel, an att wye they'll ken iss Temple A've biggit wis biggit in your name. [34]Gin ye sen yer fowk oot tae fecht wi their faes, farivver they mith be they'll pray tae e Lord facin iss toon ye've pickit an facin iss Temple A've biggit tae your name. [35]Hear their prayers in yer hivvenly hame an gie them fit they sikk. [36]Gin they dee ill agin ye (cause there's naebody nivver dis nae ill), an ye're raised wi them an gie them intill e hans o their faes, an they're catcht an teen awa tae e cuntra o their faes, be't hine awa or near han hame, [37]an gin in att cuntra far they're held, they think better o things an pray till ye in att forrin cuntra o them fa catcht them, an they say tae ye, 'We've deen ill, we've deen wrang, we've deen coorse things,' [38]an sae come back tae ye wi aa their herts an aa their sowls, there i the cuntra o the faes fa led them awa as prisoners-o-waar, an gin they pray tae ye facin att cuntra o their ain att ye gied tae their fadders, facin e toon att ye pickit an facin e Temple A've biggit tae yer name, [39]syne hear their prayer in yer hivvenly hame, dee fit they sikk an forgie yer fowk fa hiv deen ill tae ye. [40]Noo, Lord God, A pray, lat yer een be open an yer lugs tak tent o the prayers att are made here. [41]Sae rise up, Lord God an come tae yer reest an tae the airk o yer micht, lat yer priests be claithed wi salvation an yer saunts rejoice in gweedness. [42]Lord God, dinna rejeck yer keeng, myn on e luv ye promist yer servant Daavit."

CHAPTIR 7

Noo, fan Solomon wis throwe wi his prayin, fire cam doon fae hivven an birselt e brunt offerins an e sacrifeeces. E Lord's glory fulled e Temple. [2]E priests culdna win in till e Temple cause it wis full o e Lord's glory. [3]Fan e fowk o Israel saa foo e fire hid come doon, an foo e Lord's glory hid fulled e Temple they booed doon on e pavin wi their faces tae e grun an wirshippt an praised e Lord, sayin, "He is gweed, his mercy lests for ivver."

[4]Syne e keeng an aa the fowk offert sacrifeeces tae e Lord. [5]Keeng Solomon offert a sacrifeece o twenty-twa thoosan owsen an a hunner an twenty thoosan sheep. Sae e keeng an the Israelites dedicaitit e Temple tae e Lord. [6]E priests teuk up their places. E Levites played e hymn att Daavit hid screiven f or praisin e

Lord, fas mercy lests for ivver, on their instruments as Daavit himsel hid deen. E priests blew their tooteroos an the Israelites aa steed up. [7]An forbye, Solomon consecraitit e middle o e coort at e front o e Temple, gien up brunt-offerins an e creesh aff o e peace offerins, cause e bress aaltar att Solomon hid made culdna tak e brunt-offerins an e maet-offerins an e creesh.

[8]At att same time, Solomon held a pairty afore e Lord wi a muckle crood o the Israelites comin fae as hine awa as Hamath an e Watters o Egypt. It lestit a hale syven days. [9]On the auchth day, they held an assembly cause they hid cillebraitit e dedicaition o the aaltar for syven days an hid anither syven days for e feestival. [10]On e twinty third day o e syventh month he sent aabody hame fair shuitit an full o e joys o life for aa e gweed e Lord hid deen for his servant Daavit, an tae Solomon an his ain fowk, Israel.

[11]Sae Solomon wis throwe biggin e Temple an his ain hoose an he'd deen aa att he wintit i the Temple o e Lord an his ain hoose.

[12]E Lord appeared tae Solomon ae nicht an said tae him, "A've hearkent tae aa yer prayers an hiv pickit iss place for somewye tae mak sacrifeeces tae ma. [13]Gin A shut e hivvens an stey e rain, or gin A sen locusts tae ett aa yer craps, or gin A sen disease amo ma fowk, [14]syne, gin ma fowk, fa A caa ma ain, hummle themsels an pray an leuk up tae me an haud fae their ill-deeins, syne A'll hear them in hivven an forgie their coorse wyes an will mak their grun growthie again. [15]Ma een will be open an ma lugs preened back tae e prayers att come fae iss place. [16]Cause noo A've pickit an consecraitit iss Temple sae att ma name mith be there for ivver. Ma een an ma hert will aye be there. [17]An gin you live yer life jist lik Daavit yer fadder did an dee aa att A've socht o ye an ye keep tae my laas an my jeedgements, [18]syne, A'll set up your faimly on e throne o Israel, jist lik A promist Daavit, yer fadder fan A said tae him, 'Ye'll nivver wint for een o yours on e throne o Israel.' [19]Bit gin ye haud fae keepin my commans or e laas A've gien ye, an gyang awa an wirship ither gods, [20]syne A'll clear the Israelites oot o e lan A've gien them an A'll hae nae mair tae dee wi iss Temple att A've consecraitit tae ma ain name, an fowk aawye will lauch at Israel. [21]Iss Temple will faa tae ruination. Aabody att gyangs by it will get a richt begeck an will scowff at it an say, 'Fit wye his e Lord deen iss tae their cuntra an their Temple?' [22]An they'll answer, 'Cause they forsook e Lord their God fa brocht their fadders oot o Egypt an hiv teen up wi ither gods an hiv wirshippt an served them. Att's fit wye e Lord his brocht aa iss ill onno them.'"

CHAPTIR 8

Solomon hid teen twinty ear tae bigg e Temple an his ain hoose. [2]Solomon hid rebiggit e toons att Hiram hid gien him an hid sattlt Israelites inno them. [3]Solomon attackit Hamath-zobah. [4]He biggit Tadmor i the roch cuntra an aa e toons in Hamath for storin supplies. [5]He biggit Upper Beth-horon an Nether Beth-horon, fortifiet toons wi waas an yetts an bars. [6]He biggit Baalath an toons for storin supplies an toons for keepin chariots an toons for keepin horse. He biggit aathin att he nott in Jerusalem, in Lebanon an aa throwe his lans.

[7]The only clans left fa werna Israelites were the Hittites, the Amorites, e Perizzites, the Hivites an e Jebusites. [8]Their descendants, fa were aye as yet bidin i the cuntra an hidna been slauchtert bi the Israelites, were keepit bi Solomon as bondsmen. [9]Bit Solomon didna mak bondsmen o ony o the Israelites. He pat them tae wark as sodgers, offishers, commanders, chariot captains an horsemen. [10]There were twa hunner an fifty foremen owerseein e men fa did Solomon's wark.

¹¹Pharaoh's dother cam up fae Daavit's toon tae the hoose Solomon hid biggit for her, cause he said, "Nae wife o mine can bide i the hoose o Daavit keeng o Israel, cause e places far God's kistie his been are haily." ¹²Syne Solomon offert brunt-offerins tae e Lord onno the aaltar he hid biggit tae e Lord at e front o e porch, ¹³in accoordance wi fit wis nott for offerins ilka day as laid doon bi Moses: on e Sabbath, at e new meen, on haily feast days three times ilka ear, on e feast o e loaf wi nae barm, on e feast o wikks an on e feast o e tabernacles.

¹⁴He appintit, as set oot bi Daavit his fadder, e rotas for e priests tae dee their wark an e Levites tae lead e praise, as wis notten ilka day. He set oot e rotas for e yett-keepers as Daavit, e man o God, hid laid doon. ¹⁵Neen o e priests or Levites depairtit fae e keeng's orders aboot ony metter nor fae onythin concernin e trissuries. ¹⁶Aa Solomon's wark wis noo throwe wi, fae e layin o e founs o e Temple tae its feenishin. Sae e Temple wis biggit.

¹⁷Syne Solomon gaed tae Ezion-geber an Eloth alang e shore i the Edom cuntra. ¹⁸Huram sent boats wi skeely sailors fa kent aboot e sea. They gaed wi Solomon's men tae Ophir an brocht back fower hunner an fifty talents o gowd tae Keeng Solomon.

CHAPTIR 9

E Queen o Sheba got tae hear aa aboot Solomon an cam tae Jerusalem tae see fit she culd mak o him. She cam wi a muckle tail an camels laden wi spices, gowd an jowels. Fan she met in wi Solomon she opent her hert tae him. ²Solomon answert aa att she speirt at him; there wis naethin he culdna gie her an answer for. ³Fan e Queen o Sheba saa foo clivver a chiel Solomon wis, an e Temple he hid biggit, ⁴an e maet on his table, his officeels aa sittin roon him, his cooncillors an their rig-oots, his butlers an foo they were riggit oot, an e steps att he gaed up tae e Temple o e Lord she wis fair stammygastert. ⁵An she said tae e keeng, "Fit they telt ma at hame aboot foo clivver ye are an fit ye hid deen is aa true. ⁶A culdna believe fit they were sayin, bit noo A'm here, A can see it wi ma ain een, an faith, they didna tell ma the half o't. Foo clivver ye are an foo weel ye've deen is awa abeen fit they hid telt ma. ⁷Happy are e men an happy are yer servants att stan afore ye an hear yer clivver sayins. ⁸Blisst be e Lord yer God, fa's weel teen wi ye an his set ye on e throne o Israel. Cause God his aye looed Israel, he made you keeng ower it, sae ye wid dee richt wi yer fowk." ⁹She gied e keeng a hunner an twinty talents o gowd an a muckle graith o spices an jowels. There his nivver been sae muckle spices as e Queen o Sheba gied tae Solomon. ¹⁰Hiram an Solomon's men fa hid fessen e gowd fae Ophir, brocht sandal-wid trees fae Ophir an precious steens. ¹¹E keeng made railins for e Temple an for his ain hoose wi e sandal-wid an hairps an lyres for e players. E sandal-wid att they brocht in wis o e best an there his nivver, tae iss day, been ony seen as gweed in Judah. ¹²Keeng Solomon gied e Queen o Sheba aa she wintit, aathin she speirt for, forbye aa e tither hansels he gied her. Sae she an her tail held awa hame tae her ain cuntra.

¹³E wecht o gowd att Solomon got ilka ear wis sax hunner an saxty-sax talents. ¹⁴Forbye att, he hid e tax fae e merchants, customs on e spice-dealers, cess fae e keengs o Arabia an e district guvvernors, peyed in gowd an siller.

¹⁵Keeng Solomon made twa hunner targes o haimmert gowd, sax hunner shekels o gowd gyan in tae ilka een. ¹⁶He made three hunner smaa'er targes o haimmert gowd, three hunner shekels o gowd gyan in tae ilka een. E keeng pat them inno e hoose biggit wi e wid fae Lebanon. ¹⁷E keeng made a muckle throne o ivory an owerlaid it wi pure gowd. ¹⁸E throne hid sax steps wi a fitsteel o gowd, festened tae e throne.

There were steys on ilka side o e seat wi twa lions aside e steys. [19]There wis twal lions on e sax steps een at aither side o ilka step. There wis nivver e like made for ony ither keeng. [20]Aa Solomon's drinkin-caups were o gowd an aa the pots an pans i the Hoose o e Wids o Lebanon were made o gowd; there were neen made o siller – it wisna thocht muckle o in Solomon's day. [21]E keeng hid a fleet o merchant ships sailin wi Hiram's boats an eence ilka three ear, e merchant ships gaed tae Tarshish an cam hame wi gowd an siller an ivory, an monkeys an peacocks. [22]Sae Solomon wis clivverer an walthier nor ony ither keeng i the hale warl.

[23]An aa e keengs o e warl cam tae see Solomon an hear e sense att God hid putten inno his hert. [24]Ilka een att cam brocht a hansel, caups o siller, caups o gowd, finery, harness, spices, horse, cuddies – mair an mair ilka ear.

[25]Solomon hid fower thoosan staas for horse an chariots an twal thoosan horsemen. He billeted them i the chariot toons an in Jerusalem.

[26]He rowlt ower aa e keengs fae e watters tae e Philistine cuntra an doon tae e border wi Egypt. [27]Siller wis as plentifu in Jerusalem as steens, an cedarwid as plentifu as e plane trees att growe lik weeds i the howes. [28]Solomon brocht in horse fae Egypt an fae aa ither cuntras.

[29]Noo e lave o fit Solomon did fae e beginnin tae e hinnerein, is aa screiven i the beuk o Nathan e prophit an i the prophesy o Ahijah fae Shiloh an i the Veesions o Iddo e Seer fa vreet aboot Jeroboam e sin o Nebat tee. [30]Solomon rowlt ower Israel in Jerusalem for fowerty ear. [31]Solomon teuk e rist o his fadders an wis beeriet i the toon o Daavit, his fadder, an his sin Rehoboam teuk ower e throne fae him.

CHAPTIR 10

Rehoboam gaed tae Shechem cause aa the Israelites hid gaithert there tae croon him keeng. [2]Fan Nebat's loon Jeroboam heard o iss (he wis in Egypt far he'd flouwn fan he ran awa fae Keeng Solomon) he cam hame fae Egypt. [3]They sent for him an he cam wi aa e crood o the Israelites. An Jeroboam said tae Rehoboam, [4]"Yer fadder gied hiz a gey hard time o't, bit gin ee lichten e load an are nae sae sair on hiz as he wis, we'll serve ye." [5]An he said tae them, "Come back tae ma in three days." Sae they aa gaed awa.

[6]Keeng Rehoboam teuk coonsel wi the aul men fa hid attenit on his fadder Solomon fan he wis livin an he speirt at them, "Fit div ye think A shuld say tae e fowk?" [7]An they answert, "Gin ye're gweed tae e fowk an please them, an tell them fit they're wintin tae hear, they'll serve you for ivver." [8]Bit he didna tak wi the coonsel he got fae the aul men an speirt e same thing at e young birkies fa hid growen up wi him an were noo servin him. [9]He said tae them, "Fitna answer div ye think A shuld gie tae e fowk fa hiv socht att A lichten e load ma fadder pat onno their shouthers?" [10]An e young birkies fa hid grown up wi him said tae him, "Iss is fit ye shuld say tae e fowk fa socht ye tae gie them a lichter load nor yer fadder did: pit it lik iss, 'My pinkie will be braider nor ma fadder's wyste. [11]Ma fadder gied ye a wachty load, A'll mak it wachtier. Ma fadder laid in till ye wi a wheep, wi me it'll be a whang.'"

[12]Sae Jeroboam an aa e fowk cam back tae see Rehoboam three days on, as e keeng hid bad them dee. [13]Rehoboam wis rael roch i the wye he spak tae them an didna tak wi e coonsel the aul men hid gien him. [14]Raither, he follaed the coonsel o e young birkies an said, "Ma fadder gied ye a wachty load, A'll gie ye a wachtier een; ma fadder laid in till ye wi a wheep, wi me it'll be a whang." [15]E keeng didna hearken tae fit e fowk were sayin, an iss wis aa o e Lord's deein, tae fullfil e wird o e Lord att he hid spoken tae Nebat's loon Jeroboam throwe Ahijah fae Shiloh.

[16]Sae fan the Israelites saa att e keeng widna listen tae them, they said tae him, "Fit truck div we hae wi Daavit's faimly? We're nae heir tae Jesse's loon. G'wa hame Israel! Noo see tae yer ain hoose, Daavit." Sae the Israelites aa gaed hame tae their tents. [17]Rehoboam wis keeng ower the Israelites fa bade i the toons o Judah. [18]Syne Keeng Rehoboam sent oot Adoniram fa wis in chairge o e forced labour an the Israelites steened him tae daith. Sae Keeng Rehoboam teuk tail tae his chariot an hurriet tae Jerusalem. [19]Ivver since att time, the Israelites hiv rebelled agin e hoose o Daavit.

CHAPTIR 11

Fan Rehoboam got back tae Jerusalem, he caalled aa e septs o e clans o Judah an e clan Benjamin egither an pickit oot a hunner an auchty thoosan men tae list an fecht agin the Israelites an win back e cuntra tae himsel, Rehoboam. [2]Bit God spak tae e prophit Shemaiah, sayin, [3]"Spik tae Solomon's loon Rehoboam, e keeng o Judah an aa e fowk o e clan Judah an e clan Benjamin an tell them [4]att fit A'm sayin is, they maunna gyang up an fecht wi their brithers in Israel. Tell them aa tae gyang hame tae their ain hooses, an att's my wird on't." Sae they hearkent tae e wird o e Lord an aa gaed awa hame as e Lord hid bidden them.

[5]Rehoboam dwalt in Jerusalem an biggit toons tae defen Judah. [6]He biggit Bethlehem, an Etam, an Tekoa, [7]an Beth-zur, an Soco, an Adullam, [8]an Gath, an Mareshah, an Ziph, [9]an Adoraim, an Lachish, an Azekah, [10]an Zorah, an Aijalon, an Hebron att are aa in Judah. He biggit toons wi palins i the Benjamin cuntra. [11]He biggit forts an pat captains in them wi stores o maet an ile an wine. [12]He hid an airmy unit in ilka toon an strinthent them aa, haein e clan Judah an e clan Benjamin on his side.

[13]E priests an Levites fae aa pairts o Israel sided wi him. [14]E Levites left their toons an their gear an cam tae Judah an Jerusalem, cause Jeroboam an his sins hid rejeckit them as priests o e Lord. [15]He ordained priests for e hill shrines an for e deils an caffies he hid cassen. [16]Aa them fae e clans o Israel fa socht tae set their herts on e Lord God o Israel cam tae Jerusalem tae mak sacrifeeces tae e Lord God o their fadders. [17]Sae att gied strinth tae e keengdom o Judah an tae Solomon's sin Rehoboam, e keeng – for three ear. For three ear they waalkit i the wyes o Daavit an Solomon.

[18]Rehoboam mairriet Mahalath fas fadder wis Daavit's sin Jerimoth, an Abihail fas fadder wis Jesse's sin Eliab. [19]She hid sins tae him: Jeush, an Shemariah, an Zaham. [20]Efter her, he mairriet Absalom's dother Maacah. She hid Abijah, an Attai, an Ziza, an Shelomith tae him. [21]Rehoboam looed Maacah e best ovaa amo aa his wives an bidie-ins. He hid auchteen wives an saxty bidie-ins an faddert twinty-aucht sins an saxty dothers. [22]Rehoboam appintit Abijah e heid amo his brithers cause he thocht tae mak him keeng. [23]He wis rael clivver i the wye he scattert his sins throwe aa e Judah an Benjamin cuntra, tae ilka fortifiet toon. He saa they were weel provided for an hid plinty o wives.

CHAPTIR 12

Noo, fan Rehoboam hid set himsel up in his keengdom, he an aa Israel wi him turnt awa fae e laas o e Lord. [2]I the fifth ear o Rehoboam's rowle, Shishak, keeng o Egypt attackit Jerusalem, cause they hid deen ill tae e Lord. [3]He cam wi twal hunner chariots an saxty thoosan cavalry an as mony sodgers as culdna be coontit fae Egypt an fae e Lybians, e Sukkites an the Ethiopians. [4]He teuk e fortifiet toons o Judah an cam e linth o Jerusalem.

[5]Shemaiah e prophit cam tae Rehoboam an e clan chiefs o Judah att hid gaithert at Jerusalem cause o Shishak an he said tae them, "Iss is fit e Lord his tae say, 'Ye've turnt awa fae ma, sae I hiv left ye i the hans o Shishak.'" [6]At att, e clan chiefs o Israel an e keeng hummlt themsels an said, "E Lord is gweed." [7]Fan e Lord saa they were sorry, he spak tae Shemaiah an said, "They're sorry, sae A winna hae them deen awa wi aaegither, A'll gie them some easement. My annger winna be poored oot onno Jerusalem throwe e han o Shishak. [8]For aa that, they'll be unner his pooer, sae att they'll ken e difference atween servin me an servin warldly things. [9]Sae Keeng Shishak o Egypt attackit Jerusalem an teuk awa aa e trissures fae e Temple an fae e keeng's hoose, the hale lot o't: aiven e gowden targes att Solomon hid made. [10]As a retour, Keeng Rehoboam made targes o bress an hannit them ower tae e heid o e gaird fa steed at e door o e keeng's hoose. [11]Ilka time e keeng gaed in till e Temple, e gairds cairriet in e targes an syne teuk them back tae e gaird-room. [12]Fan he hummlt himsel, e Lord's annger turnt fae him sae he widna hae him deen awa wi aaegither. Sae aa wis weel in Judah.

[13]Sae Rehoboam got stronnger as he rowlt in Jerusalem. He wis fowerty-wan ear aul fan he teuk ower e throne, an he rowlt for syventeen ear in Jerusalem, e toon att e Lord hid pickit fae amo aa e clans o Israel tae pit his name till. Rehoboam's mither wis Naamah fae Ammon. [14]An he did ill, cause he didna set his hert tae sikk e Lord. [15]Noo fit Rehoboam did fae e beginnin tae e hinnerein an aa his faimly tree are aa set oot i the beuks o Shemaiah e prophit an Iddo e seer. Rehoboam wis aye fechtin waars wi Jeroboam. [16]An Rehoboam teuk e rist o his fadders an wis beeriet in Daavit's toon. His sin Abijah teuk ower e throne fae him.

CHAPTIR 13

I the auchteenth ear o e reign o Keeng Jeroboam, Abijah teuk ower e throne o Judah. [2]He rowled in Jerusalem for three ear. His mither wis Micaiah, dother tae Uriel o Gibeah. Waar breuk oot atween Abijah an Jeroboam. [3]Abijah lined up for e fechtin wi an airmy o fower hunner thoosan trained sodgers. An Jeroboam lined up for e fecht, aucht hunner thoosan trained sodgers.

[4]Abijah lined up on Moont Zemaraim, files caaed Moont Ephraim an said, "Hearken tae fit A hiv tae say, Jeroboam an aa you Israelites. [5]Div ye nae ken att e Lord God o Israel gied e keengship o Israel tae Daavit's line for ivver throwe a tryst sealed wi saut? [6]Bit for aa that, Jeroboam, e sin o Nebat, e servant o Solomon e sin o Daavit his risen up an rebelled agin his Lord. [7]He gaithert wi him a curn o cyaards, nae better nor e bairns o e deil, an set them up tae conter Rehoboam e sin o Solomon fan he wis ower young an green tae stan up tae them. [8]An noo ye think tae fecht wi e keengdom o e Lord att's i the hans o Daavit's sins. Ye're a muckle collieshangie, an ye hiv wi ye e gowd caffies att Jeroboam made for gods tae ye. [9]Is it nae a case att ye've flang oot e priests o e Lord, e sins o Aaron, an e Levites, an hiv appintit priests lik they dee in forrin cuntras? Gin a chiel comes tae consecrait himsel wi a stot an syven rams, he'll be made a priest tae nae god. [10]Bit for hiz, e Lord is oor God an we hinna forsaken him. E priests fa meenister tae e Lord are the ation o Aaron an e Levites cairry oot their dyowties. [11]They burn sacrifeeces an sweet scintit reek tae e Lord ilka mornin an ilka evenin. They set oot e haily loaf on e table an set up e gowd cannelstick wi its lichts tae burn ilka nicht. We haud tae e Lord wir God, bit ee hiv forsaken him. [12]See noo, God himsel is wi hiz as wir captain an his priests will blaa their tooteroos an soun e battle cry agin ye. O ye bairns o Israel, dinna fecht wi e Lord God o yer fadders: it winna dee ye nae gweed."

[13]Bit Jeroboam set an ambush tae come roon ahin them, sae they were tae e front o e men o Judah an ahin them tee. [14]An fan e men o Judah leukit ahin there wis fechtin tae be deen on baith sides. They cried tae e Lord an e priests sounit e tooteroos. [15]Syne e men o Judah roart oot o them an wi att, God owercam Jeroboam an the Israelite airmy afore Abijah an e men o Judah. [16]The Israelites fled fae e men o Judah an

God gied them intae their han. [17]An Abijah an his airmy slew them in a muckle missaucre. Five hunner thoosan o the Israelite airmy fell att day. [18]Sae at att time e fowk o Judah hid the owerhan on e Israelites cause they hid lippent till e Lord God o their fadders. [19]Abijah held chase efter Jeroboam an teuk some o his toons: Bethel wi e toons roon aboot, Jeshanah wi e toons roon aboot an Ephraim wi e toons roon aboot. [20]Jeroboam nivver recowert his strinth again throwe aa e days o Abijah. E Lord strack him an he deit.

[21]Bit Abijah got tae be a gey chiel. He mairriet fowerteen wives an hid twenty-twa sins an saxteen dothers. [22]E lave o fit Abijah did an foo he did it an fit he said is aa set oot i the beuk o e prophit Iddo.

CHAPTIR 14

Sae Abijah teuk e rist o his fadders an they beeriet him in Daavit's toon. Asa, his sin, teuk e throne efter him. In his time there wis peace for ten ear. [2]Asa did richt i the een o e Lord. [3]He did awa wi the aaltars tae e forrin gods an e hill shrines; he breuk up the eemages an cuttit doon e totems. [4]He garrt e fowk o e clan Judah sikk e Lord God o their fadders an stick tae his laas an commans. [5]He teuk awa the hill shrines an the eemages fae aa e toons o Judah. An e cuntra wis at peace.

[6]He biggit fortifiet toons in Judah. There wis peace an nae waars at att time cause e Lord hid gien him peace. [7]Sae he said tae e fowk o Judah, "Lat's bigg toons wi waas roon them an tooers an yetts an bars as lang as e cuntra is at peace. Cause we've socht e Lord wir God, he's gien hiz peace on ilka han." Sae they biggit an did weel. [8]Asa hid an airmy o three hunner thoosan in Judah aa equippit wi targes an spears. Fae e clan Benjamin he hid twa hunner an auchty bowemen wi targes. They were aa stoot chiels.

[9]Zerah fae Ethiopia attackit them wi an airmy o a million men an three hunner chariots. They cam e linth o Mareshah. [10]Asa gaed oot tae meet them an they lined up for e fecht i the howe o Zephathah at Mareshah. [11]Asa cried tae e Lord his God sayin, "Lord ye can help a wee airmy jist as ye can a muckle een. Sae help hiz, Lord wir God. We lippen tae ye an in your name we fecht iss thrang. O Lord, ye're oor God, dinna lat mortals get e better o ye. [12]Sae e Lord owercam the Ethiopians afore Asa an the fowk o Judah, an the Ethiopians teuk flicht. [13]Asa an his men chased them tae Gerar, an the Ethiopians were sae sair come at att they culdna recower. They were deen for afore e Lord an his airmy. E men o Judah cairriet awa a hantle o spiles. [14]They dung doon aa e toons aboot Gerar cause e fear o e Lord hid come onno them. They plunnert aa e toons an teuk awa a curn o graith fae them. [15]They dung doon e byres an cairriet awa muckle sheep an camels back hame tae Jerusalem.

CHAPTIR 15

E speerit o God cam on Oded's loon Azariah, [2]an he gaed tae see Asa an said tae him, "Hearken tae fit A hiv tae say Asa an aa e fowk o e clan Judah an e clan Benjamin. E Lord will be wi ye as lang as ye're wi him. An gin ye leuk for him, ye'll fin him. Bit gin ye turn awa fae him, he'll turn awa fae you. [3]Noo for a fair fylie, the Israelites hiv been athoot a true God, athoot a priest tae learn them an athoot e rowle o laa. [4]Bit fan they were sair forfochen, they turnt tae e Lord God o Israel an they faun him. [5]Noo at att time naebody culd traivel aboot saufly cause ilka cuntra wis in a mineer. [6]Cuntra focht wi cuntra an toons focht wi ither toons, cause God vexed them aa wi an ill throwecome. [7]Sae hae strinth an dinna be doon hertit, an ye'll get yer dyow rewaard for fit ye dee." [8]Fan Asa heard e wirds o e prophesy o Oded, he wis hertent an did awa wi e fool eedols throwe aa e lans o e clan Judah an e clan Benjamin an i the toons he'd teen i the heilans o Ephraim an rebiggit the aaltar o e Lord att steed afore e porch o e Temple. [9]He gaithert aa e clan Judah, e clan Benjamin an e forriners in Ephraim, an fae e cuntra o e clans Manasseh an Simeon cause they cam tummlin tae him fae Israel fan they saa e Lord wis wi him. [10]They gaithert at Jerusalem i the third month o e fifteenth ear o Asa's rowle. [11]Fae e spiles they'd fessen back they offert tae e Lord syven hunner owsen an syven thoosan sheep. [12]They trystit tae sikk e Lord God o their fadders wi aa their herts an aa their sowls, [13]an ony att didna sikk e Lord God wid be deen awa wi, fitivver station in life he mith hae an whither it be man or wumman. [14]They made an aith tae e Lord wi a lood vice, wi shoutin, wi tooteroos. [15]E hale o Judah wis happy tae tak the aith, cause they'd sworn it halehertitly. An e Lord teuk a likin till them an gied them peace aa roon aboot them.

[16]Keeng Asa hid his mither Maacah deposed as queen cause she hid made an orra eedol tae e god Asherah. Asa cuttit it doon, trumpit on it an brunt it aside e Kidron burn. [17]Bit e hill shrines in Israel werna deen awa wi, bit for aa that, Asa wis leal tae e Lord aa his days.

[18]He brocht back tae e Temple aa e siller an gowd accootrements att he an his fadder hid dedicaitit. [19]There wis nae mair waars till e thirty-fifth ear o Asa's rowle.

CHAPTIR 16

I the thirty-saxth ear o Asa's rowle, Baasha, keeng o Israel, attackit Judah an biggit a fort at Ramah tae cut aff Asa fae aa comins an goins tae Judah. [2]Syne Asa teuk aa e gowd an siller att wis still inno e trissuries o e Temple an e keeng's ain hoose an gied them tae his servants tae tak tae Ben-hadad, keeng o Syria at Damascus an say, [3]"We're chief wi een anither, jist as wir fadders were. Here's a hansel o siller an gowd. Braak aff yer tryst wi Baasha, keeng o Israel tae gar him pull back oot o my cuntra." [4]Ben-hadad hearkent tae fit Keeng Asa hid tae say an ordert his airmies tae attack e toons o Israel. They attackit Ijon an Dan, an Abel-maim an aa e store toons o e clan Naphtali. [5]Fan Baasha got tae hear o't he stoppit aa e wark o biggin e fort at Ramah. [6]Syne Keeng Asa gied oot an order throwe aa Judah, tae tak awa e steens an timmer att Baasha hid been biggin at Ramah. An wi it, Asa biggit Geba an Mizpah.

[7]Aboot att time, Hanani e seer cam tae Keeng Asa o Judah an said tae him, "Cause ye've leukit tae e keeng o Syria tae help ye oot an nae e Lord yer God, e Syrian airmy his escapit fae ye. [8]Div ye myn on foo muckle horse an chariots there were amo the Ethiopians an e Lybians? For aa that, cause ye relied on e Lord, he gied them intill yer han. [9]E Lord waatches ower e hale warl sae att he can shew his strinth tae them fa tak wi him halehertitly. Ye've been a feel, sae fae noo on ye'll be enveiglt in waars. [10]Asa wisna weel teen at e seer an jiled him. He wis anngert bi fit he'd been sayin. Att e same time Asa wis sair on his ain fowk.

[11]Noo, fit Asa did fae e beginnin tae e hinnerein is aa set oot i the beuks o e keengs o Judah an Israel. [12]I the thirty-ninth ear o his rowle, Asa gaed vrang amo e feet, an he wis maist affa sair. Bit Asa didna sikk help for't fae e Lord, bit fae e doacter.

[13]An Asa teuk e rist o his fadders, deein i the thirty-ninth ear o his reign. [14]An they beeriet him i the tomb he'd biggit for himsel in Daavit's toon an laid him in a fine-scintit bed, spairgt wi spices made up bi e chemists. They hid a muckle bondie tae cillebrait his passin.

CHAPTIR 17

His sin Jehoshaphat teuk ower e throne an biggit up his pooer agin Israel. ²He pat a garrison in aa e waa'ed toons o Judah, an biggit forts in Judah an e toons o Ephraim att his fadder Asa hid teen ower. ³E Lord wis wi Jehoshaphat cause he waalkit i the wye o his forbeer Daavit an didna gyang chasin efter Baal. ⁴He socht e Lord God o his fadders an held tae his commans an didna gyang e wye o Israel. ⁵Sae e Lord gied him a strong han ower e keengdom an aa Judah brocht him hansels. He hid muckle walth an wis weel thocht o. ⁶He reesed up his hert tae e Lord an he teuk awa e hill shrines an totems in Judah.

⁷I the third ear o his rowle he sent his officeels, Ben-hail, Obadiah, Zechariah, Nethaneel an Micaiah tae learn e fowk i the toons o Judah. ⁸Alang wi them he sent Shemaiah, Nethaniah, Zebadiah, Asahel, Shemiramoth, Jehonathan, Adonijah, Tobijah an Tob-adonijah fa were Levites, an Elishama an Jehoram fa were priests. ⁹They teacht in Judah an hid e beuk o e laas o e Lord wi them. They gaed throwe aa e toons o Judah learnin e fowk.

¹⁰E fear o e Lord fell on aa e cuntras att were roon Judah sae neen o them declairt waar on Jehoshaphat. ¹¹Some o e Philistines brocht hansels an siller as tribute tae Jehoshaphat; the Arabians brocht him syven thoosan, syven hunner rams an syven thoosan, syven hunner billy goats.

¹²An Jehoshaphat grew pooerfu an he biggit castles an store toons in Judah. ¹³He did muckle trade i the toons o Judah an his best sodgers were in Jerusalem. ¹⁴Iss wis e roll caal o his airmy bi their clans: Adnah wis captain o three hunner thoosan sodgers fae e clan Judah, ¹⁵neist tae him wis Jehohanan wi twa hunner an auchty thoosan, ¹⁶syne Zicri's sin Amasiah, fa willinly offert himsel tae serve e Lord, wi twa hunner thoosan sodgers, ¹⁷fae e clan Benjamin there wis Eliada, fa wis a gey chiel, wi twa hunner thoosan sodgers airmed wi bowe an targe, ¹⁸neist tae him cam Jehozabad wi a hunner an auchty aa trained for e fecht. ¹⁹They served e keeng ower abeen them att e keeng hid barracked i the waa'ed toons o Judah.

CHAPTIR 18

Noo, Jehoshaphat hid muckle walth an wis affa weel thocht o. His faimly mairriet intae e faimly o Ahab. ²A fyow ear on, he gaed doon tae see Ahab in Samaria. Ahab killed a muckle graith o sheep an owsen for him an his train an perswaadit him tae gyang wi him tae Ramoth o Gilead. ³Ahab keeng o Israel said tae Jehoshaphat keeng o Judah, "Will ye come wi ma tae Ramoth o Gilead?" An he said, "A'm wi ye. We're aa ae faimly. We'll tak wi ye in ony waar."

⁴Jehoshaphat said tae e keeng o Israel, "G'waan see fit e Lord his tae say aboot it first." ⁵Sae e keeng o Israel gaithert aa e prophits egither, aboot fower hunner o them, an said tae them, "Will we gyang an attack Ramoth o Gilead or shuld A haud ma han?" An they said, "Up ye gyang, cause e Lord will deliver it inno e keeng's han." ⁶Bit Jehoshaphat said, "Is there nae ony ither prophit o e Lord we culd speir at?" ⁷An e keeng o Israel said tae Jehoshaphat, "There is ae man forbye we can speir at for e wird o e Lord, bit A canna thole him, cause he nivver prophesies onythin gweed aboot me; jist ill aa e time. He's Micaiah, e sin o Imlah." An Jehoshaphat said, "Dinna say att!" ⁸Syne e keeng o Israel cried ower an offisher an said, "Hist ye an fess Imlah's loon Micaiah till ma." ⁹An e keeng o Israel an Jehoshaphat, e keeng o Judah pat on their funcy claes an baith sat on their thrones in a clear space i the door o e Yett o Samaria. Aa e prophits cam an prophesiet afore them. ¹⁰Een o them, Zedekiah, sin o Kenaanah made himsel a set o horns oot o airn an said, "E Lord says att wi iss horns, ye'll shiv e Syrians till ye've deen awa wi them." ¹¹An aa e tither prophits said e same thing: "Gyang up tae Ramoth o Gilead an ye'll dee weel, cause e Lord will deliver it inno e keeng's han." ¹²Noo e rinner fa hid gaen tae fess Micaiah said tae him, "Aa e

prophits are sayin e same thing aboot e keeng, att he'll dee weel. A hope ee're gyan tae say e same thing an tell hiz gweed news." [13]An Micaiah said, "As seer's e Lord's livin, A'll say naethin bit fit e Lord says tae me." [14]Sae he cam tae e keeng. Says e keeng tae him, "Tell ma, Micaiah, shuld we gyang an attack Ramoth o Gilead or shuld A haud ma han?" An he said, "Gyang an dee weel, cause e Lord will deliver it inno yer han." [15]An e keeng said tae him, "Foo mony times maun A prig wi ye nae tae tell ma naethin bit fit is true i the name o e Lord?" [16]An Micaiah said, "A saa aa Israel scattert on e brae face lik sheepies wi nae shepherd. E Lord said, 'They hiv nae maister; lat ilka een gyang hame till his ain hoose in peace.'" [17]An e keeng o Israel said tae Jehoshaphat, "Didna A tell ye att he nivver prophesies naethin gweed aboot me; jist ill aa e time?" [18]An Micaiah said, "Hear e wird o e Lord. A saa e Lord sittin on his throne an aa e host o hivven stannin tae his richt han an his left han. [19]An e Lord said, 'Fa's gyan tae tryst Ahab tae gyang an fecht at Ramoth o Gilead sae att he'll be killed?' Some said ae thing an some said anither. [20]Bit a speerit cam an steed afore e Lord an said, 'A'll perswaad him'. An e Lord said tae him, 'Foo are ye gyan tae dee att?' [21]An e speerit answert, 'All gyang an be a speerit tellin lees throwe e moos o aa his prophits.' An e Lord said, 'Att's e wye tae dee it an ye'll hae success. Awa ye gyang an wark yer ploy.' [22]Sae ye see, e Lord his put a leein speerit i the moos o aa iss prophits an e Lord his spoken ill aboot ye."

[23]Bit Zedekiah, e sin o Kenaanah cam ower tae Micaiah, gied him a clout on e lug an said, "An foo did e speerit o e Lord come fae me tae spik tae you, syne?" [24]An Micaiah said, "Jist waatch an ye'll see on e day ye're rinnin tae e pantry tae hide yersel." [25]An e keeng o Israel said, "Arrist Micaiah an tak him tae Amon e toon Guvvernor an tae Prince Joash, [26]an tell them A'm orderin them tae pit iss lad inno e jile an pit him on breid an watter till I come hame in peace." [27]An Micaiah said, "Gin ye come hame in peace, e Lord hisna spoken throwe me." An he said, "Jist myn, aa o ye, fit A've said." [28]Sae e keeng o Israel an Jehoshaphat, keeng o Judah gaed an attackit Ramoth o Gilead. [29]E keeng o Israel said tae Jehoshaphat, "A'll disguise masel an gyang an fecht, bit ee pit on yer robes." An e keeng o Israel disguised himsel an e fechtin startit. [30]Bit e keeng o Syria hid ordert his chariot captains fa were wi him nae tae fecht wi aa att they cam on, bit jist e keeng o Israel. [31]Fan e chariot captains saa Jehoshaphat they said, "Att maun be e keeng o Israel." An they turnt roon tae attack him. Jehoshaphat roart oot o him, an e Lord cam tae his rescyee an garrt them stap their attack. [32]Fan e chariot captains cam tae see att it wisna e keeng o Israel, they turnt awa fae chasin him. [33]A Syrian sodger teuk a chaunce shot wi his bowe an strack e keeng o Israel atween e jynts o his airmour. He said tae his chariot driver, "Turn roon an tak ma awa oot o here, cause A've been wounnit." [34]E fechtin turnt waur an e keeng bade proppit up in his chariot facin e Syrians till nichtfa. As e sin wis gyan doon, he deit."

CHAPTIR 19

Jehoshaphat cam hame tae Jerusalem in peace. [2]Jehu, e sin o Hanani e seer, gaed oot tae meet him an said tae Keeng Jehoshaphat, "Shuld ye help e coorse an loo them fa hate e Lord? Cause o iss, e Lord's raised wi ye. [3]For aa that there is some gweed inno ye. Ye've teen awa the Asherah totems fae aa throwe e cuntra an hiv set yer hert on sikkin God." [4]Jehoshaphat bade at Jerusalem bit gaed oot amo aa e fowk, fae Beersheba tae e heilans o Ephraim an brocht them back tae e Lord God o their fadders.

[5]He set up jeedges in ilka een o e fortifiet toons o Judah. [6]He said tae e jeedges, "Waatch fit ye're deein: ye jeedge, nae for men bit for e Lord fa will be wi ye in aa yer jeedgements. [7]Sae lat e fear o e Lord be on ye, tak tent an ye'll see there's nae coorseness wi e Lord wir God, nor dis he haud in wi nae body mair nor anither nor is there ony joukery-packery wi him."

[8]Fit's mair, Jehoshaphat appintit Levites an priests an e clan chiefs o Israel tae be jeedges in Jerusalem in metters o e Lord an in ceevil cases. They bade in Jerusalem. [9]He gied them orders, sayin, "Ye'll dee yer

wark i the fear o e Lord, leal, an wi a stench hert. [10]Fitivver case comes tae ye, be it o yer ain clan fae yer ain toons, whither it be aboot e sheddin o bleed or ony ither breach o e laa or comman, ye maun warn them att fitivver happens they maunna conter God, or his annger will come on you an yer fowk. Keep tae att an ye canna gyang wrang. [11]See, Amariah, e heid priest will hae e hinmaist wird in aa releegious metters. Zebadiah, Ishmael's sin, clan chief o Judah will hae e hinmaist wird in aa royal metters an e Levites will ack as officeels afore ye. Be croose an e Lord will be wi them fa's gweed."

CHAPTIR 20

Efter att, e clans Moab an Ammon, wi some ithers foreby, focht wi Jehoshaphat. [2]Wird cam tae Jehoshaphat att there wis a muckle collieshangie comin tae attack him fae Syria, ower e sea, an att they hid won e linth o Hazazon-tamar in Engedi. [3]Jehoshaphat teuk fleg an wintit tae see fit e Lord hid tae say aboot it. He ordert a fast throwe aa Judah. [4]E fowk o Judah gaithert fae aa e toons o Judah tae sikk help fae e Lord.

[5]Jehoshaphat steed amo aa fa hid gaithert fae Judah in Jerusalem afore e new close at e Temple [6]an said, "Lord God o wir fadders, are ee nae God in hivven? Div ee nae rowle ower aa e cuntras o e warl? Hiv ye nae e pooer in yer han tae see att neen can stan up tae ye? [7]Are ye nae oor God att drave oot e fowk fa bade hereaboots afore yer ain fowk, Israel an gied it tae the ation o yer freen Abraham for ivver? [8]They sattlt here, an biggit ye a Temple tae yer name an said, [9]'Gin ony ill comes on hiz, be it sroord, jeedgement disease or wint, we'll stan afore yer Temple wi you here (cause iss hoose wis biggit tae your name) an cry tae ye in wir dool an ye'll hear hiz an help hiz.' [10]An noo, here we hiv e clans Ammon an Moab an e fowk fae e heilans o Seir att ye didna lat Israel tak fan they cam oot o Egypt, bit garrt them turn back an didna dee awa wi them. [11]See noo, foo they pey hiz back bi comin tae keest hiz oot o e lan att ye gied hiz as wir ain. [12]O God, will ee nae dee naethin aboot it? We canna dee naethin agin iss muckle collieshangie att's comin at hiz, nor div we ken fit tae dee. We're leukin tae you." [13]The hale o Judah steed afore e Lord, wi their geets an wives an bairns.

[14]Syne e speerit o e Lord cam tae Jahaziel, e sin o Zechariah, e sin o Benaiah, e sin o Jeiel, e sin o Mattaniah, een o e Levites fae e clan Asaph, as he wis stannin amo e gaitherin. [15]An he said, "Hearken, aa Judah an fowk o Jerusalem, an you tee, Keeng Jehoshaphat. Iss is fit e Lord his tae say till ye, 'Dinna be feart nor dishertent cause o iss muckle collieshangie, e fechtin's nae up tae you, bit tae God. [16]E morn's mornin gyang doon an attack them as they're comin throwe e slap o Ziz an ye'll come on them aside e burn afore e roch grun o Jeruel. [17]Ye winna need tae fecht them, jist line up an stan still an waatch fit e Lord dis tae save ye, fowk o Judah an Jerusalem. Dinna be feart nor dishertent. Gyang oot an face them e morn, cause e Lord will be wi ye'." [18]Jehoshaphat booed doon wi his face tae e grun, an aa e fowk o Judah an Jerusalem fell doon an wirshippt e Lord. [19]E Levites, e clan Kohath an e clan Korah steed up tae praise e Lord God o Israel wi a lood shout.

[20]They raise airly e neist mornin an gaed oot tae e roch cuntra aboot Tekoa. On e wye there, Jehoshaphat steed up an said, "Hearken tae ma, aa ye fowk o Judah an Jerusalem, believe i the Lord yer God, an ye'll stan firm. Believe in his prophits an ye'll nae come tae nae ill." [21]He confabbit wi e fowk, syne appintit fowk tae sing tae e Lord an praise e brawness o his hailyness as they mairched afore the airmy singin, "Praise e Lord, his mercy lests for aye."

[22]Fan they startit tae sing an praise e Lord, e Lord sent ambushes agin e clans Ammon an Moab an e fowk o the heilans o Seir att hid come tae attack Judah, an they were owercome. [23]E clans Ammon an Moab startit tae fecht wi e fowk fae e heilans o Seir an killed e lot o them, an eence they hid deen awa wi aa e

fowk fae the heilans o Seir, they startit on een anither. [24]Fan e fowk o Judah cam tae e fort att leuks ower e roch cuntra, they leukit at e collieshangie an there wis naethin bit deid bodies lyin on e grun an neen o them hid escapit. [25]Fan Jehoshaphat an his men cam tae collect e spiles fae them, they faun muckle walth an precious steens on e deid bodies att they tirred, an keepit as their ain, mair nor they culd cairry. There wis sae muckle graith, it teuk them three days tae gaither it.

[26]They gaithert i the howe o Praise on e fowerth day an gied blissins tae e Lord. Tae iss verra day its caaed e howe o Praise. [27]They aa held back hame tae Judah an Jerusalem wi Jehoshaphat at e heid o them. They were fair shuitit, cause e Lord hid gien them cause tae rejoice ower their faes.[28]They cam tae e Temple at Jerusalem wi lutes an hairps an tooteroos. [29]An e fear o e Lord spread throwe aa neeperin cuntras fan they heard att e Lord hid fochen wi Israel's faes. [30]Sae Jehoshaphat's keengdom wis at peace, cause his God gied him rist aa roon aboot.

[31]Jehoshaphat wis thirty-five ear aul fan he cam tae e throne o Judah an he rowlt for twinty-five ear in Jerusalem. His mither wis Shilhi's dother Azubah. [32]Like his fadder Asa afore him, he waalkit i the wyes o e Lord, nae turnin awa fae it an deein fit wis richt i the een o e Lord. [33]Bit e hill-shrines werna deen awa wi, cause as yet, e fowk's herts werna set on e God o their fadders. [34]Noo e lave o fit Jehoshaphat did, fae e beginnin tae e hinnerein is aa set oot i the beuk o Jehu e sin o Hanani fa gets a mintion i the beuk o e keengs o Israel.

[35]At ae time, Jehoshaphat keeng o Judah wis hauddin in wi Ahaziah keeng o Israel fa wis a gey cyaard. [36]He gaed in wi him tae bigg boats tae gyang tae Tarshish. E boats were biggit at Ezion-geber. [37]Syne Eliezer, e sin o Dodavahu fae Mareshah prophisiet att cause Jehoshaphat hid gaen in wi Ahaziah, e Lord wid wrack aa att he'd biggit. An e boats were wrackit an nivver got tae Tarshish.

CHAPTIR 21

Jehoshaphat got e sleep o his fadders an wis beeriet wi them in Daavit's toon. His sin Jehoram teuk ower e throne fae him. [2]His brithers, Jehoshaphat's ither sins, were Azariah, Jehiel, Zechariah, Azariahu, Michael an Shephatiah. They were aa sins o Jehoshaphat keeng o Israel. [3]Their fadder hid gien them muckle graith o siller an gowd an ither expinsive things wi waa'ed toons in Judah. Bit he gied e throne tae Jehoram cause he wis the aulest. [4]Noo fan Jehoram wis reesed up i the place o his fadder, an hid established himsel, he pat aa his brithers tae e swoord alang wi a fyow o e princes o Israel.

[5]Jehoram wis thirty-twa ear aul fan he cam tae e throne an he rowlt aucht ear in Jerusalem. [6]Bit he gaed e same wye as e keengs o Israel, jist lik Ahab an his faimly, cause he hid mairriet Ahab's dother. He vrocht ill i the sicht o e Lord. [7]For aa that, e Lord widna missaucre e hoose o Daavit, cause o e tryst he'd made wi Daavit, promisin tae gie him an his faimly a lampie for aye.

[8]In Jehoram's time, e clan Edom rebelled agin e clan Judah an set themsels up wi their ain keeng. [9]Jehoram set oot wi his officeels an his chariots, an ae nicht the clan Edom surroonit him an his chariots, bit they breuk throwe an got awa. [10]E clan Edom hiv rebelled agin e clan Judah tae iss verra day. Aboot e same time e clan Libnah rebelled agin him tee, cause he hid forsaken e God o his fadders. [11]Fit's mair, he biggit hill shrines i the heilans o Judah an lat e fowk o Jerusalem hoor aboot aawye an e lave o Judah did e same.

[12]Ae day Elijah e prophit vreet tae him sayin, "Iss is fit e Lord God o Daavit yer fadder his tae say, 'Cause ye hinna gaen e same road as yer fadder Jehoshaphat, nor e road o A sa, keeng o Judah, [13]bit hiv gaen

doon e road o e keengs o Israel, an hiv set aa Jerusalem an Judah hoorin, lik e hoor hooses o Ahab's time, an hiv killed yer ain brithers fa were aa better men nor ee, [14]e Lord will sen an unco plague tae strick yer fowk, their bairns, their wives an their gear. [15]An you yersel will get a dose o e skitters att will get worse ilka day till yer intimmers faa oot o ye.'"

[16]An mair nor att, e Lord steered up e Philistines an the Arabians fae Ethiopia agin Jehoram. [17]They cam tae Judah, invadit it an cairriet awa aathin tae be faun i the palace alang wi his sins an his wives. His sins were aa teen, apairt fae Ahaziah, e youngest fa wis the only een left. [18]Efter att e Lord strack his intimmers wi a disease att hid nae remead. [19]Twa ear on, his ailin garrt his intimmers faa oot, an att wis the ein o him. There wis nae bondies lichtit for his passin, lik e fowk hid deen for his fadders. [20]He wis thirty-twa ear aul fan he teuk ower e throne an he rowlt in Jerusalem for aucht ear, an naebody missed him fan he deit. For aa that, they beeriet him in Daavit's toon, bit nae i the tombs o e keengs.

CHAPTIR 22

E fowk o Jerusalem appintit Ahaziah, his youngest sin keeng in his stead. E band o Arabian reivers fa hid attackit them hid killed e lave o his auler brithers. Sae Ahaziah, e sin o Jehoram, keeng o Judah teuk ower e throne. [2]Ahaziah wis fowerty-twa ear aul fan he cam tae e throne. He jist rowlt for ae ear in Jerusalem. His mither wis Athaliah, e dother o Omri. [3]He gaed e same wye as the Ahabs, his mither kittlin him on tae dee ill. [4]He vrocht ill i the sicht o e Lord, jist like the Ahabs, cause they were keepin him richt efter his fadder deit an att wis his doonfa.

[5]He teuk their coonsel an teuk up airms wi Joram e sin o Ahab, keeng o Israel agin Hazael e keeng o Syria in Ramoth o Gilead far Joram wis wounnit bi e Syrians. [6]He gaed back tae Jezreel tae cower fae e wouns att he'd gotten at Ramah, fechtin wi Hazael, e keeng o Syria. Ahaziah sin o Jehoram, keeng o Judah gaed doon tae see Joram, sin o Ahab in Jezreel, cause he wis nae weel. [7]It wis throwe iss veesit tae Joram att God brocht aboot Ahaziah's doonfa. Fan he got there he jined in wi Joram in fechtin wi Jehu e sin o Nimshi fa e Lord hid pickit tae dee awa wi e hoose o Ahab. [8]As Jehu wis cairryin oot e jeedgement on e hoose o Ahab, he faun e princes o Judah an e sins o Ahaziah's fowk att were leukin efter him an he did awa wi them. [9]He gaed leukin for Ahaziah an he wis catcht hidin in Samaria an brocht tae Jehu. They killed him, bit they did beery him, in respec for his fadder Jehoshaphat, fa hid halehertitly socht e Lord. Sae there wis neen fae Ahaziah's faimly tae tak ower e throne.

[10]Fan Athaliah, Ahaziah's mither heard he wis deid, she killed aa the heirs tae e throne o Judah. [11]Bit Jehosheba e keeng's dother teuk Ahaziah's sin Joash an sneekit him awa fae e lave o e keeng's sins fa were killed an hod him an his nursie in a chaulmer. Sae Jehosheba fa wis e dother o Keeng Jehoram, wife tae Jehoiada e priest an e sister o Ahaziah, hod e loonie fae Athaliah, sae he wisna killed. [12]They hod him i the Temple for sax ear an Athaliah rowlt e cuntra.

CHAPTIR 23

Noo, i the syventh ear, Jehoiada established himsel an sent for e captains o the units o a hunner: Azariah e sin o Jeroham, Ishmael e sin o Jehohanan, Azariah e sin o Obed, Maaseiah e sin o Adaiah an Elishaphat e sin o Zicri, an teuk them intae his confidence. [2]They gaed aa throwe Judah an gaithert aa e Levites fae aa e toons o Judah an aa e clan chiefs o Israel an brocht them tae Jerusalem. [3]An e gaitherin made a tryst wi him i the Temple o e Lord. An he said tae them, "E keeng's sin maun rowle jist as e Lord his said o e sins o Daavit. [4]Iss is fit ye maun dee. A third o ye priests an Levites att come on dyowty on e Sabbath maun gaird e doors; [5]a third o you maun gaird e keeng's hoose an a third o ye maun stan gaird at e Foun Yett, an aa e lave o e fowk maun be i the coorts o e Temple. [6]Dinna lat naebody come inno e Temple bit e priests an them fa meenister tae e Levites. They maun get in cause they are haily, bit aa e lave maun stan gaird for e Lord. [7]E Levites will stan roon aboot e keeng, ilka man wi his wappons in his han an kill ony body else fa comes in till e Temple. An ye maun bide wi e keeng farivver he gyangs. [8]Sae e Levites an e lave o e fowk aa did as Jehoiada e priest hid bad them. They brocht aa their men till him, baith them gyan on dyowty an comin aff dyowty on e Sabbath, cause Jehoiada hidna latten naebody aff dyowty att day. [9]Jehoiada e priest gied e captains o e hunners Keeng Daavit's spears an targes att were inno e Temple. [10]An they steed gaird, ilka man wi his wappons in his han, aa roon e keeng fae ae side o e Temple roon by the aaltar tae e tither side. [11]They brocht oot e keeng's sin, pat e croon on his heid, gied him a copy o e laas, cried him as keeng. Jehoiada an his sins annintit him an said, "God save e keeng."

[12]Fan Athalia heard e soun o e fowk aa rinnin an praisin e keeng, she gaed tae e Temple o e Lord far e fowk were. [13]Fan she leukit, she saa e keeng stannin anent a pillar as wis e wye o't. The offishers an tooteroo players were aa stannin roon aboot him. E fowk were aa makkin mirry an blaawin tooteroos. There wis singers an chiels playin meesic aa leadin e praisin. Athaliah rippit her claes an roart, "Treason! Treason!" [14]Jehoiada e priest ordert e captains o e hunners fa were in chairge o the airmy tae tak her an aa her folla'ers oot o there an pit them tae e swoord. E priest said, "Ye maunna lat her be killed i the Temple o e Lord." [15]They teuk a haud o her an teuk her ben e wye att e horses gyang intill e palace an there they killed her.

[16]Jehoiada garrt e keeng an e fowk sweer a covenant tae e Lord att they wid be his fowk. [17]E fowk aa gaed intae e temple o Baal an dung it doon. They caaed doon the aaltars an the eemages, braakin them tae smithereens, an killed Mattan, e priest o Baal, anent the aaltars. [18]Syne Jehoiada appintit e priests an Levites att Daavit hid set up tae owersee e wark o e Temple o e Lord an tae offer e brunt offerins o e Lord as set oot i the laas o Moses, wi muckle rejoicin an singin as Daavit hid appintit. [19]He set doorkeepers at e yetts o e Temple tae see att nae fool body wid win in. [20]Syne he gaithert e offishers an e captains o e hunners an e chiefs an aa e fowk o e cuntra an they teuk e keeng oot o e Temple o e Lord an brocht him doon tae e royal palace bi wye o e heich yett, an sat him on e throne. [21]An aabody i the cuntra made mirry an e toon wis quaet. It wis efter att they pat Athalia tae e swoord.

CHAPTIR 24

Joash wis syven ear aul fan he cam tae e throne an he rowlt in Jerusalem for fowerty ear. His mither wis Zibiah fae Beersheba. [2]Joash did fit pleased e Lord aa e days o Jehoiada e priest. [3]Jehoiada pickit twa wives for him an he faddert sins an dothers. [4]Noo Joash wis o a myn tae sort e Temple o e Lord. [5]Sae he gaithert e priests an e an said tae them, "Gyang oot tae e toons o Judah an gaither as muckle siller as ye can fae Israel tae keep e Temple o e Lord in gweed beuk, an be quick aboot it. Bit e Levites didna fash themsels aboot it. [6]E keeng cried Jehoiada e priest tae him an said tae him, "Fit wye hiv ye nae garrt e Levites fess in e collections fae Judah an fae Jerusalem as wis bidden bi Moses, e servant o e Lord, fan he ordert att e fowk o Israel wid pey for e tabernacle o e witness?" [7]E sins o att bisom Athaliah hid herriet e Temple an hid teen ower aa the haily accootrements i the Temple for their wirshippin o Baal. [8]At e keeng's orders they made a kist an set it doon ootside e yett o e Temple. [9]They proclaimed aa throwe Judah an Jerusalem att aabody maun fess a collection tae e Temple as laid doon bi Moses e servant o God fan the Israelites were i the roch cuntra. [10]Aa the officeels an e fowk were happy, fessin their siller an cassin it inno e kist till it wis full. [11]Ilka noo-an-aan, e kist wis cairriet tae e keeng' offices bi e Levites, fan they saa there wis a heap o siller inno e kist, an e keeng's secretary an e heich priest's officeel wid come an teem e kist an syne hae it cairriet back tae its stance. Sae ilka day they collected a heap o siller.

¹²E keeng an Jehoiada gied it tae e tradesmen att were wirkin i the Lord's Temple: tae e masons an e vrichts att were sortin e Temple an tae e vrichts att wirkit wi airn an bress tae sort e Temple. ¹³Sae e tradesmen vrocht, an they sortit e Temple, settin it richt an strinthenin it. ¹⁴Fan they were throwe, they brocht e lave o e siller tae e keeng an Jehoiada an it wis eesed for makkin bowels for e Temple for meenisterin an offerin, an speens an accootrements o gowd an siller. They offert brunt offerins i the Temple aa throwe e days o Jehoiada.

¹⁵Jehoiada grew aul an come time deit at the age o a hunner an thirty. ¹⁶They beeriet him amo e keengs in Daavit's toon cause he hid deen sae muckle gweed for Israel, baith for God an for his Temple. ¹⁷Noo efter Jehoiada deit the officeels o Judah cam an sookit up tae e keeng. E keeng hearkent tae them. ¹⁸They turnt awa fae e Temple o e Lord God o their fadders an wirshippt totems o Asherah an eedols. God's annger cam on Judah an Jerusalem for iss ill-deeins. ¹⁹Still-an-on, he sent prophits tae them tae tryst them back tae e Lord, bit they widna hear o't. ²⁰E speerit o e Lord cam tae Zechariah e sin o Jehoiada e priest fa steed up afore e fowk an said tae them, "Iss is fit God his tae say, 'Fit wye div ye negleck e commans o e Lord an fess crockaneetion on yersels? Cause ee've forsaken e Lord, he's forsaken you.'" ²¹They plottit agin him an att the orders o e keeng steened him inno e close o e Temple. ²²Sae Joash e keeng hid little thocht for aa e gweed his fadder Jehoiada hid deen him, killin his sin. As he deit he said, "Mith e Lord see iss an gar ye answer for't."

²³At e hinnerein o att ear the Syrian airmy attackit him. They invadit Judah an Jerusalem, killin aa the officeels an sent aa their walth tae e keeng at Damascus. ²⁴The Syrian airmy wisna att big bit e Lord delivert a muckle airmy intill their hans, cause they hid turnt awa fae e Lord God o their fadders an Joash got his come-uppance. ²⁵He wis sair wounnit an fan the Syrian airmy withdrew, his ain officeels plottit agin him for fit he hid deen tae Jehoiada e priest's sins. They slew him in his bed an beeriet him in Daavit's toon, bit nae i the tombs o e keengs. ²⁶It wis Zabad, fas mither wis Shimeath o e clan Ammon an Jehozabad, fas mither wis Shimrith o e clan Moab att plottit agin him.

²⁷Noo aa aboot his faimly an e wecht on his shoothers tae dee wi e sortin o e Temple, is aa set oot i the beuk o e keengs. Amaziah, his sin teuk ower e throne fae him.

CHAPTIR 25

Amaziah wis twenty-five ear aul fan he teuk ower e throne an he rowlt for twenty-nine ear in Jerusalem. His mither wis Jehoaddan fae Jerusalem. ²He did fit wis richt i the sicht o e Lord bit nae jist fit ye wid say halehertitly.

³Noo, as seen as he wis seer he hid e hale cuntra aneth his thoom, he did awa wi e men fa hid killed e keeng, his fadder. ⁴Bit he didna kill their bairns, folla'in e wird screiven inno e beuk o e laa o Moses far e Lord commannit: "Fadders winna be putten tae daith for the ills o their bairns nor bairns be putten tae daith for the ills o their fadders, bit ilka een dree his ain weird."

⁵Amaziah gaithert aa e fowk o Judah an appintit captains ower thoosans an captains ower hunners accoordin tae their clans i the Judah an Benjamin cuntra. He took a census o aa them abeen twinty ear aul, an faun there wis three hunner thoosan fit men fa culd hannle a spear an targe an were riddy tae gyang tae waar. ⁶For a hunner talents o siller, he hired a hunner thoosan trained sodgers fae Israel. ⁷Bit a prophit cam till him an said, "Yer Majesty, dinna lat the Israelite airmy jine ye, cause e Lord is nae ower teen wi Israel enoo, nor wi e fowk fae Ephraim. ⁸Bit aiven gin ye pit up a gweed fecht, God will gar ye faa afore yer faes, cause God his e pooer tae help ye or cass ye doon." ⁹An Amaziah said tae e prophit, "Bit fit

aboot e hunner talents A gied tae the Israelite airmy?" An e prophit answert, "E Lord will gie ye a gey lot mair nor att." [10]Sae Amaziah withdrew e sodgers fa hid come fae Ephraim an sent them hame. They were gey sair raised at Judah for att an gaed awa hame wi their birse up.

[11]Amaziah girdit up his strinth an led oot his airmy. He gaed tae e Howe o Saut an killed ten thoosan o e clan Seir. [12]E ten thoosan att survived were teen awa bi e men o Judah tae the heid o a cliff far they were hurlt doon an smattert tae bits.

[13]Bit e sodgers fa hid been sent hame bi Amaziah afore he gaed tae e fechtin, attackit e toons o Judah fae Samaria tae Beth-horon, killed three thoosan fowk an reived muckle graith fae them.

[14]Noo it happent att fan Amaziah cam hame fae e killin o e clan Edom, he brocht back e gods o e clan Seir an set them up as his gods, booin doon afore them an burnin scintit reek tae them. [15]E Lord wis raised at Amaziah for att, sae he sent a prophit tae him tae say, "Fit wye are ye takkin up wi iss gods att culdna aiven save their ain fowk fae your han?" [16]As he wis spikkin tae him, e keeng speirt, "Since fan were ee appintit a cooncillor tae e keeng? Haud yer weesht or A'll pit an ein tae ye." Sae e prophit wis quaet, bit said, "A ken att God his made his mind up tae dee awa wi ye cause ye've deen iss an hinna listent tae fit A'm sayin till ye."

[17]Syne Amaziah, keeng o Judah wis advised tae sen wird tae Jehoash, e sin o Jehoahaz fa wis e sin o Jehu, keeng o Israel tae come an hae a news wi him. [18]Bit Jehoash, keeng o Israel sent back wird tae Amaziah, keeng o Judah, sayin, "There wis eence a thrissle in Lebanon att sent wird tae a cedar sayin, 'Gie ma yer dother as a wife tae my sin'. Bit a wild beast cam by an trumpit doon e thrissle. [19]Ye've gotten e better o e fowk o Edom an ye're feelin rael bigsy aboot it. Na, na ma loon, bide at hame. Fit wye div ye wint tae steer up tribble for yersel att will fess naethin bit crockaneetion on you an yer fowk in Judah?" [20]Bit Amaziah widna hearken, cause it wis God's deein att they wid be gien intae e hans o their faes cause they hid wirshippt e gods o Edom. [21]Sae Jehoash e keeng o Israel mairched oot an he drew up facin Amaziah, keeng o Judah at Beth-shemeth in Judah. [22]Israel got e better o Judah an ilka man teuk aff hame. [23]Jehoash e keeng o Israel captured Amaziah keeng o Judah an sin o Joash, fa wis e sin o Jehoahaz, at Beth-shemeth an brocht him tae Jerusalem far he dung doon e toon waa fae e yett o Ephraim tae the yett i the neuk, a linth o aboot sax hunner feet. [24]An he teuk aa e gowd an siller an aa the accootrements i the Temple att were leukit efter bi Obed-edom, an he teuk hostages an gaed back tae Samaria.

[25]Amaziah, sin o Joash, keeng o Judah lived for fifteen ear efter Jehoash e sin o Jehoahaz, keeng o Israel deit. [26]Noo e lave o fit Amaziah did, fae e beginnin tae e hinnerein is aa set oot i the beuk o e history o e keengs o Judah an Israel. [27]Noo efter Amaziah turnt awa fae folla'in the Lord, there wis a bit o plottin agin him in Jerusalem an he teuk aff tae Lachish. Bit they folla'ed him tae Lachish an killed him there. [28]They feesh him back on a horse an he wis beeriet in Daavit's toon wi his fadders.

CHAPTIR 26

E fowk o Judah made Uzziah, fa wis e saxteen ear aul sin o Amaziah, keeng in place o his fadder. [2]He biggit Eloth an restored it tae Judah an syne he teuk e rist o his fadders. [3]Uzziah wis saxteen ear aul fan he teuk ower e throne an he rowlt for fifty-twa ear in Jerusalem. His mither wis Jecoliah fae Jerusalem. [4]An he did richt i the sicht o e Lord jist as his fadder Amaziah hid deen. [5]He socht God throwe aa e days o Zechariah fa wis skeely i the warks o God, an as lang as he folla'ed e wyes o God, he did weel. [6]Bit he gaed tae waar agin e Philistines an dung doon e waas o Gath an Jabneh an Ashdod an he biggit toons roon aboot Ashdod i the Philistine cuntra. [7]God gied him a han fan he wis fechtin e Philistines, an fan he wis fechtin the Arabians in Gur-baal, an fechtin e Meunites. [8]The Ammonites brocht hansel tae Uzziah an his fame spread aa roon aboot an aiven e linth o Egypt cause he did muckle tae strinthin his cuntra. [9]Fit's mair, Uzziah fortifiet Jerusalem bi biggin tooers at e yett i the neuk at e howe yett an far e waa turnt. [10]He biggit tooers i the roch cuntra tee an howkit a hantle o waals, cause he hid a heap o beasts, baith i the fithills an i the howes. He hid fairmers an vine keepers i the heilans, an in Carmel, cause he wis weel intae fairmin. [11]An mair nor att, Uzziah hid a muckle airmy att gaed tae waar in units. A record o its nummers wis keepit bi Jeiel e secretary an Maaseiah the offisher unner e comman o Hananiah fa wis een o e keeng's captains. [12]There wis twa thoosan sax hunner heids o faimlies owerseein e sodgers. [13]They were in chairge o an airmy o three hunner an syven thoosan five hunner men an were a force tae be reckoned wi fan e keeng teuk on his faes. [14]Uzziah airmed his sodgers wi targes an spears an helmets, breistplates, bowes an slings tae cass steens. [15]In Jerusalem he set up contraptions, inventit bi skeely chiels, on e toon waas tae shot arras an fire muckle steens. His fame spread aawye an he got sae muckle help att he turnt pooerfu.

[16]Bit fan he wis at e hicht o his pooer he becam full o himsel an att wis his doonfa. He wis unfaithfu tae e Lord his God an gaed intae e Temple an brunt scintit reek on the aaltar o scintit reek. [17]Azariah e priest an anither auchty stoot priests o e Lord gaed in efter him. [18]They steed up tae Keeng Uzziah an said tae him, "It's nae up tae you, Uzziah tae burn scintit reek tae e Lord, bit att's e job o e priests o Aaron's line fa hiv been consecraitit tae burn scintit reek. Get oot o iss haily place, ye've nae business here, nor will e Lord God think muckle o ye for deein iss." [19]Att got Uzziah's birse up. He wis haudin a scintit reek burner in his han an as he vintit his annger on e priests, lipprosy creepit ower his broo as he steed afore e priests aside the scintit reek aaltar i the Temple. [20]Azariah e heid priest an aa e tither priests glowert at him an saa e lipprosy on his brew an they flang him ootside. He, himsel, wis in a hurry tae get oot cause e Lord hid smittit him. [21]Keeng Uzziah wis a lipper tae e day he deit an dwalt in an isolation hoose cause o his lipprosy. He wis keepit awa fae e Temple an his sin Jotham acket in his steid, cairryin oot aa his dyowties as regent.

[22]Noo e lave o fit Uzziah did, fae e beginnin tae e hinnerein, wis aa set oot bi Isaiah e prophit, sin o Amoz. [23]Sae Uzziah teuk e rist o his fadders an they beeriet him wi his forebeers i the cemetary o e keengs, cause, they said, "He wis a lipper." His sin, Jotham, teuk ower e throne.

CHAPTIR 27

Jotham wis twenty-five ear aul fan he teuk ower e throne an he rowlt for saxteen ear in Jerusalem. His mither wis Jerusha, Zadok's dother. [2]An he did richt i the sicht o e Lord, jist as his fadder Uzziah hid deen. Bit, nae like him, he nivver gaed inno e Temple o e Lord. Bit e fowk keepit tae their ill wyes. [3]He biggit the upper yett o e Temple an cairriet oot impreevments tae e toon waa at Ophel. [4]Mairower, he biggit toons i the heilans o Judah an i the wids, he biggit castles an brochs.

[5]He focht wi e keeng o e clan Amon an won. E clan Amon att ear, peyed him cess o a hunner talents o siller, ten thoosan mizzours o wheat an ten thoosan o barley. They peyed him e same baith e neist ear an the ear efter att. [6]Sae Jotham prospert cause he held tae e wyes o e Lord his God.

[7]Noo e lave o fit Jotham did, an aa his waars, an aa his proticks, is aa set oot i the beuk o e history o e keengs o Israel an Judah. [8]He wis twenty-five ear aul fan he teuk ower e throne an rowlt saxteen ear in Jerusalem.

⁹An Jotham teuk e rist o his fadders an wis beeriet in Daavit's toon. His sin Ahaz teuk ower e throne fae him.

CHAPTIR 28

Ahaz wis twenty ear aul fan he teuk ower e throne an rowlt for saxteen ear in Jerusalem. He wisna e mar o Daavit his forebeer, bit did things att werna richt i the sicht o e Lord. ²He gaed e same road as e keengs o Israel an made cassen eemages tae Baal. ³Fit's mair he brunt scintit reek i the howe o Hinnom an sacrifeeced his bairns wi fire e same wye as e heathen att e Lord hid cassen oot afore the Israelites did. ⁴He made sacrifeeces an brunt scintit reek at e hill shrines, on e hills an aneth jist aboot ilka tree att grew. ⁵Sae e Lord God gied him intae the hans o e keeng o Syria. They attackit him an cairriet awa mony, mony o them as captives an teuk them tae Damascus. An he wis gien intill e hans o e keeng o Israel fa brocht crockaneetion onno his fowk.

⁶Pekah e sin o Remaliah slew a hunner an twinty thoosan brave Judean sodgers in ae day, cause they hid turnt awa fae e Lord God o their fadders. ⁷Zicri, a sodger fae Ephraim killed Ahaz's sin Maaseiah, Azrikam e heid steward o e palace an Elkanah fa wis neist in comman tae e keeng. ⁸The Israelites teuk awa twa hunner thoosan weemen, loons an quines as captives alang wi a graith o spiles tae Samaria. ⁹A prophit o e Lord caaed Oded wis there an he gaed tae the airmy att cam hame tae Samaria an said tae them, "See noo, cause e Lord God o yer fadders wis raised wi Judah, he's gien them intae yer han, bit ee've slauchtert them in a rage att raxes up tae hivven. ¹⁰Noo ye're intennin tae tae keep e fowk fae Judah as slaves. Bit hiv ee nae deen ill tee tae e Lord yer God? ¹¹Sae hearken tae fit A hiv tae say. Han back e captives att ye've teen cause e rage o e Lord God will faa onno ye." ¹²Syne some o e heids o e faimlies o e clan Ephraim, Azariah e sin o Johanan, an Berekiah e sin o Meshillemoth, an Jehizkiah e sin o Shallum, an Amasa e sin o Hadlai steed up afore them fa hid come hame fae e waar ¹³an said, "Ye winna fess yer captives here. We've misfittit e Lord ariddy, an ye're gyan tae mak metters warse. We've deen affa ill an e Lord's sair raised wi Israel." ¹⁴Sae e sodgers left e captives wi e leaders an e fowk there. ¹⁵E chiels fa hid spoken oot teuk e captives an clad their nyaakitness wi claes fae e spiles att hid been teen, shod them, gied them maet an drink, annintit them, pat the dweebly on cuddies an brocht them tae Jericho, e toon o palm trees, an tae their ain fowk. Syne they held back tae Samaria.

¹⁶Aboot att time, Keeng Ahaz socht help fae e keengs o Assyria, ¹⁷cause again Edom hid attackit Judah an teen awa captives. ¹⁸E Philistines invadit e toons i the laich cuntra an i the sooth o Judah tee, an hid teen Beth-shemesh, Aijalon, Gederoth, Soco an aa its clachans an Timnah an aa its clachans, Gimzo an aa its clachans an hid meeved in tae them. ¹⁹E Lord brocht Judah doon cause o e deeins o Keeng Ahaz. He hid strippit Judah bare an hid been maist unfaithfu tae e Lord. ²⁰Tilgath-pileser, keeng o Assyria cam tae him, bit jist made things warse insteid o better. ²¹Ahaz teuk siller fae e Temple o e Lord an teuk some o his ain siller an fae his faimly an gied it tae e keeng o Assyria, bit he didna help him ony.

²²Sair made as he wis, he did mair ill agin e Lord. Att wis Keeng Ahaz for ye! ²³He made sacrifeeces tae e gods o Damascus – e verra cuntra att hid attackit him. He thocht cause e gods o Syria hid helpit them, gin he sacrifeeced tae them, they wid help him tee. Bit they were e crockaneetion o him an o aa Israel. ²⁴Ahaz gaithert e Temple accootrements an cut them up. He lockit e doors o e Temple an set up aaltars in ilka neuk o Jerusalem. ²⁵In ilka ither toon o Judah he set up hill shrines tae burn scintit reek tae ither gods an fasht e Lord God o his fadders.

²⁶Noo e lave o fit he did an aa his proticks fae e beginnin tae e hinnerein are aa set oot i the beuk o e keengs o Judah an Israel. ²⁷Sae Ahaz teuk e rist o his fadders an wis beeriet i the toon o Jerusalem, bit nae i the tombs o e keengs o Israel. Hezekiah his sin teuk ower e throne fae him.

CHAPTIR 29

Hezekiah teuk ower e throne fan he wis twenty-five ear aul an he rowlt twenty-nine ear in Jerusalem. His mither wis Abijah, e dother o Zechariah. ²An he did richt i the sicht o e Lord jist lik his forebeer Daavit afore him.

³I the first ear o his reign, i the verra first month, he opent e doors o e Temple an sortit them. ⁴He gaithert e priests an Levites intae e close on e east o e Temple ⁵an said tae them, "Hearken tae fit A hiv tae say tae ye, Levites. Sanctifee yersels an sanctifee e Temple o e Lord God yer fadders an clear aa e dirt oot o e haily place. ⁶Wir fadders hiv deen wrang an hiv deen ill i the een o e Lord wir God. They hiv forhooiet him an hiv turnt their faces awa fae e Temple o e Lord an turnt their backs on him. ⁷They lockit e doors, pat oot e lichts an hinna brunt scintit reek nor offert brunt offerins i the haily place tae e Lord God o Israel. ⁸Cause o att, e Lord wis raised wi Judah an Jerusalem an sent them naethin bit tribble. He's gien them a gey begeck an made them ootcasts as ye can see for yersels. ⁹Wir fadders fell bi e swoord an wir sins an dothers an wives hiv been teen captive cause o't. ¹⁰A've made up ma myn tae come till a covenant wi e Lord God o Israel sae att his annger mith be turnt awa fae hiz. ¹¹Ma loons, waatch fit ye're deein cause e Lord his pickit you tae stan afore him, tae serve him, tae meenister tae him an tae burn scintit reek."

¹²Sae e Levites got tae wark: fae e clan Kohath there wis Mahath e sin o Amasai, an Joel e sin o Azariah; fae e clan Merari there wis Kish e sin o Abdi, an Azariah e sin o Jehallelel; fae e clan Gershon there wis Joah e sin o Zimmah, an Eden e sin o Joah; ¹³fae e clan Elizaphan there wis Shimri an Jeiel; fae e clan Asaph there wis Zechariah an Mattaniah; ¹⁴fae e clan Heman there wis Jehiel an Shimei; fae e clan Jeduthun there wis Shemaiah an Uzziel. ¹⁵They gaithert e lave o e Levites, sanctifiet themsels an cam accoordin tae the order o e keeng an e wird o e Lord tae clean oot e Temple. ¹⁶E priests gaed intae e ben-maist pairt o e Temple tae clean it an brocht oot aa e foolness att wis inno e Temple tae e Temple close. E Levites teuk it an keest it inno e Kidron burn. ¹⁷They startit e cleanin on e first day o e first month an aucht days on they cam e linth o e porch, sae e job o sanctifeein e Temple teuk them aucht days. Bi e saxteenth o e month they were throwe wi e wark. ¹⁸Syne they gaed tae keeng Hezekiah an said, "We've cleaned e hale Temple an the aaltar o e brunt offerins wi aa its accootrements an e table for e haily loaf an aa its accootrements. ¹⁹Fit's mair, we've cleaned an sanctifiet aa the accootrements att were thrown oot in Keeng Ahaz's reign fan he wis unfaithfu tae God an ye'll see them aa set oot afore the aaltar o e Lord."

²⁰Neist mornin, Keeng Hezekiah raise airly an gaithert e leaders o e toon an gaed up tae e Temple. ²¹They brocht syven stots, syven rams, syven lambs an syven billy goats as an offerin for e cuntra's ill-deeins, for e haily place an for Judah. E keeng ordert e priests o e clan Aaron tae offer them up on the aaltar o e Lord. ²²They killed e stots an e priests catcht e bleed an spirklt it onno the aaltar. E same wye, fan they killed e rams they spirklt e bleed onno the aaltar an fan they killed e lambs they spirklt e bleed onno the aaltar. ²³They brocht ben e goats as an offerin for their ill-deeins, an e keeng an e gaitherin o fowk laid their hans onno them. ²⁴E priests killed them an presentit their bleed onno the aaltar as an offerin tae mak mends for aa Israel. E keeng hid ordert att e brunt offerin an the offerin for their ill-deeins shuld be made for aa Israel. ²⁵He steed e Levites i the Temple wi cymbals an lutes an hairps, jist as hid been commannit bi Daavit, an bi Gad e keeng's seer, an bi Nathan e prophit. Att wis fit e Lord hid ordert throwe his prophits. ²⁶E Levites steed wi the instruments o Daavit an e priests wi e tooteroos. ²⁷An Hezekiah ordert att e brunt

offerins be made onno the aaltar. Fan e brunt offerins were startit, e hymn tae e Lord startit tee wi tooteroos an wi the instruments o Keeng Daavit o Israel. [28]An aa e fowk gaithert there wirshippt, e singers sang an e tooteroos were blaawn. Iss conteenyed till e brunt offerin wis throwe wi. [29]Eence it wis aa by wi, e keeng an aa e fowk fa were there booed doon an wirshippt. [30]Keeng Hezekiah an his officeels ordert e Levites tae sing praises tae e Lord wi e wirds o Daavit an Asaph a seer. They were happy tae sing praises, booin their heids as they wirshippt. [31]Syne Hezekiah said, "Noo att ye've consecraitit yersels tae e Lord, come in aboot an fess sacrifeeces an thank offerins tae e Temple." An e fowk fa were gaithert brocht in sacrifeeces an thank offerins an some aiven gaed e linth o fessin in brunt offerins. [32]There were syventy stots, a hunner rams an twa hunner lambs aa brocht in as brunt offerins tae e Lord. [33]An sax hunner owsen an three thoosan sheep were consecraitit. [34]Bit there wisna aneuch priests sae they culdna dress aa e brunt offerins, sae e Levites gied them a han till they got lowsed an the ither priests hid sanctifiet themsels. (E Levites were mair o a dab han at keepin themsels sanctifiet nor e priests were.) [35]There wis a rowth o brunt offerins alang wi e creesh o e peace offerins an e drink tae gyang wi e brunt offerins. Sae e servin o e Temple wis aa pat in order. [36]An Hezekiah an e fowk were aa weel teen at fit God hid deen for them, cause it happent aa sae sudden.

CHAPTIR 30

Hezekiah sent oot wird tae aa Israel an Judah an sent letters tae Ephraim an Manasseh tellin them tae come tae e Temple at Jerusalem an tae keep e passower tae e Lord God o Israel. [2]E keeng, his officeels an aa e fowk gaithert at Jerusalem hid teen coonsel tae keep e passower i the saicond month, [3]cause nae aneuch o e priests hid sanctifiet themsels nor hid e fowk yet gaithert in Jerusalem i the first month. [4]Sae e keeng an e fowk were happy wi att. [5]Sae they passed a laa tae mak it kent throwe aa Israel, fae Beersheba tae Dan att aa shuld come an keep e passower tae e Lord God o Israel at Jerusalem. It wis a lang time since they'd deen it e wye it wis set doon. [6]Sae e rinners gaed oot wi e letters fae e keeng an his officeels tae e hale o Israel an Judah. E keeng's comman said, "Ye Israelites, turn back tae e Lord God o Abraham, Isaac an Israel an he'll come back tae sic o ye as hiv escapit fae e hans o e keengs o Assyria. [7]Dinna be like yer fadders afore ye nor like yer relations fa contert e Lord God o their fadders, fa as ye saa, gied them a sair time o't. [8]Dinna be thraawn like yer fadders, bit gie yersels up tae e Lord an come intae his Temple att he his sanctifiet for ivver. Serve e Lord yer God sae att his snell annger will turn awa fae ye. [9]Cause, gin ye come back tae e Lord, their captors will tak peety on yer fowk an yer bairns an lat them hame. E Lord God is couthie an mercifu an winna turn awa fae ye gin ee come back tae him." [10]Sae e rinners gaed fae toon tae toon throwe aa the Ephraim an Manasseh cuntra an tae e cuntra o e clan Zebulun tee. Bit e fowk there jist leuch at them an made a feel o them. [11]Hooivver, there were some o e fowk o Asher an Manasseh an Zebulun fa werna ower prood tae come tae Jerusalem. [12]In Judah the han o God made them aa o ae myn tae dee fit e keeng bad an folla e wird o e Lord.

[13]Sae a muckle collieshangie gaithert in Jerusalem tae keep e passower i the saicond month. [14]They teuk awa aa the aaltars biggit throwe Jerusalem an cleared awa the scintit reek aaltars an keest them inno e Kidron burn. [15]They killed e passower lamb on e fowerteeth o e saicond month. E priests an e Levites were affrontit an sanctifiet themsels an brocht brunt offerins in tae e Temple. [16]They teuk their places as hid been laid doon bi Moses, e man o God, an e Levites hannit bleed tae e priests for them tae spirkle. [17]Cause sae mony o them fa hid gaithert werna sanctifiet, e Levites hid tae kill passower lambs for aa them fa hidna been sanctifiet, sae att they culd come tae e Lord. [18]A gey curn o them fae e clans Ephraim an Manasseh an Issachar an Zebulun hidna been sanctifiet, bit still-an-on did ett e passower lamb fit wis agin e laa. Bit Hezekiah gied up iss prayer for them, "Mith e gweed Lord [19]forgie aa fa set their herts tae God, e Lord God o his fadders, tho he mithna be sanctifiet accordin tae e haily rowles." [20]An e Lord hearkent tae Hezekiah an didna herm e fowk. [21]The Israelites fa were there at Jerusalem keepit e passower

for syven days wi muckle joy. E Levites an e priests praised e Lord ilka day singin wi lood instruments tae e Lord. [22]Hezekiah wis douce i the wye he traitit e Levites fa teacht e gweed wird o e Lord. E fowk ett their portions for syven days, makkin peace offerins an praisin e Lord God o their fadders. [23]The hale jing bang agreed tae keep anither syven days, an they were mair nor happy tae dee att. [24]Keeng Hezekiah o Judah gied them a thoosan stots an syven thoosan sheep. The officeels gied e fowk a thoosan stots an ten thoosan sheep. An mony, mony priests sanctifiet themsels. [25]An aa them fa hid gaithert fae Judah, e priests an e Levites, aa e fowk fa hid come fae Israel aa e forriners fae Israel fa bade in Judah were aa happy. [26]Sae there wis muckle joy in Jerusalem; e like hidna been seen since e days o Daavit's sin Solomon, keeng o Israel.

[27]Syne e priests an e Levites steed up an blisst e fowk an their vices were heard, their prayer raxin up tae God's haily hame in hivven.

CHAPTIR 31

Noo efter they were aa lowsed, the Israelites fa hid been there gaed oot tae aa e toons o Judah an breuk the eemages tae bits, cut doon e totems tae Asherah an dung doon e hill shrines an the aaltars. They did iss nae jist in Judah, bit i the cuntra o e clans Benjamin, an Ephraim, an Manasseh till they hid wrackit ilka een. Syne ilka Israelite gaed back tae his ain place an his ain toon.

[2]Hezekiah set oot e rota for e priests an e Levites, ilka man tae his ain job. They hid tae see tae e brunt offerins anpeace offerins, they hid tae meenister an gie thanks an tae praise at e yetts o e Temple. [3]E keeng gied up fae his ain gear brunt offerins for e Sabbath an for e new meen an e set feasts as screiven i the laas o e Lord. [4]He ordert e fowk fa bade in Jerusalem tae gie their dyows tae e priests an e Levites sae att they mith gie aa their time tae e laas o e Lord.

[5]As seen as the order cam oot, the Israelites brocht a rowth o e first hairstin o e corn, wine, ile an hunny an aa e tither craps att were growen. They brocht a tithe o aathin they grew. [6]The Israelites fa bade in Israel an Judah brocht a tithe o their owsen an sheep an a tithe o e haily things dedicaitit tae e Lord their God, aa laid oot in heapies. [7]The hansels startit tae arrive i the third month an were piled up till e syventh month. [8]Fan Hezekiah an his officeels cam an saa the heaps, they blisst e Lord an his ain fowk, Israel. [9]Hezekiah speirt at e priests an e Levites aboot e heaps, [10]an Azariah e heid priest o e faimly o Zadok answert, "Since e fowk startit tae fess their offerins tae e Temple, we've hid mair nor we've notten an some forbye. Ye see, e Lord his blisst his ain an fit's left ower is iss muckle fordel."

[11]Hezekiah ordert att storerooms be set oot i the Temple an att wis seen till. [12]The offerins an e tithes were aa brocht in an dedicaitit. Conaniah e Levite wis appintit quaartermaister wi his brither Shimei, saicond in comman. [13]E foremen aneth Conaniah an Shimei were Jehiel, an Azaziah, an Nahath, an Asahel, an Jerimoth, an Jozabad, an Eliel, an Ismakiah, an Mahath, an Benaiah. They were aa subjeck tae Keeng Hezekiah an Azariah, e heid o e Temple. [14]Kore, sin o Imnah fa wis doorkeeper at the east yett, wis in chairge o e freewill offerins tae God an hid tae see tae e pairtin oot o them an e maist haily things. [15]In ither toons far there were priests, he wis gien a han bi Eden, an Miniamin, an Jeshua, an Shemaiah, an Amariah, an Shecaniah tae pairt oot tae the priests there baith young an aul. [16]Abeen att, they pairtit out tae aa them att were abeen three ear aul accoordin tae e records o their faimlies, fa cam tae e Temple tae cairry oot their daily wark as set oot for them. [17]E priests were allotted their wark accoordin tae their faimly an e Levites fa were ower twenty-three ear aul accoordin tae their groups. [18]They teuk in aa e littlins, their wives, their sins, their dothers an aa fa were i the faimly records, cause they hid aa been leal in consecraitin themsels. [19]As for the priests, the ation o Aaron, fa bade on e fairms aroon their toons,

chiels were gien e job o pairtin oot a share tae ilka man amo them an tae aa them fa were includit i the faimly records o e Levites.

²⁰Hezekiah did e same throwe aa Judah an vrocht fit wis gweed an richt an true afore e Lord his God. ²¹An aathin he cairriet oot i the service o e Temple, or i the laa, or i the commanments tae sikk his God, he did wi aa his hert. An cause o att, he cam weel speed.

CHAPTIR 32

Noo, efter aa iss hid been deen, Sennacherib, keeng o Assyria, cam tae Judah an attackit aa e waa'ed toons o Judah an teuk them. ²Fan Keeng Hezekiah saa att Sennacherib hid invadit an wis intennin tae attack Jerusalem, ³he agreed wi his officeels an his airmy commanders att they wid shut aff e watter fae e waalies ootside e toon. ⁴Sae a hantle o fowk gaithert an shut aff e watter an blockit e springs att fed them sayin, "Fit wye shuld e keengs o Assyria come an fin plinty watter?" ⁵He strinthent his fortifications an biggit up e waa att hid tummlt doon, reesin it tae e hicht o e tooers. He biggit anither waa ootside an sortit e waa i the district o Millo. He hid plinty arras an targes made. ⁶He declairt marischal laa an gaithert e fowk tae e close anent e yett o e toon an gied them hert bi sayin tae them, ⁷"Be stoot an gallus, dinna be doonhertit nor feart at e keeng o Assyria an e crood att's wi him. We hiv mair pooer nor him. ⁸He his bit an airm o flesh, bit we hiv e Lord wir God tae help hiz an fecht for hiz." An e fowk were contint wi fit Hezekiah, keeng o Judah hid tae say.

⁹Syne Keeng Sennacherib o Assyria gaed wi his airmy tae lay siege tae Lachish an he sent his servants tae Jerusalem wi iss eeran tae Keeng Hezekiah an e fowk o Judah att were in Jerusalem: ¹⁰"Sennacherib, keeng o Assyria wid like tae ken fit maks ye think ye hiv ony hope o survivin e siege o Jerusalem. ¹¹Aa Hezekiah is deein is condemmin ye tae dee o hunnger an thirst bi sayin tae ye att God will deliver ye fae e hans o e keeng o Assyria. ¹²Att same Hezekiah his deen awa wi e hill shrines an the aaltars an his garrt aa Judah an Jerusalem wirship an burn scintit reek at the ae aaltar. ¹³Div ye nae ken fit I an ma forebeers hiv deen tae e fowk in ither cuntras? Fit gweed did e gods o att cuntras dee tae keep att cuntras oot o my hans? ¹⁴Fa wis there amo e gods o att cuntras, att my forebeers ransackit, att culd save their folk fae my han? Fit maks ye think your God will save you fae me? ¹⁵Dinna lat Hezekiah mislippen ye nor perswaad ye. Dinna believe a wird he says. Nae god o ony cuntra culd save his fowk fae my han nor e han o ma forebeers. Fit, syne, can your God dee tae save ye fae me?" ¹⁶An the Assyrian officeels said a hantle mair orra things aboot e Lord God an aboot Hezekiah. ¹⁷He vreet letters miscaa'in e Lord God o Israel sayin att e gods o ither cuntras hidna deen naethin tae save their fowk fae his hans sae it wid be e same wi Hezekiah's God. ¹⁸Syne they made a lang say awa in Hebrew tae e fowk o Jerusalem fa were stannin on e waa tae fleg them an daunt them sae att they micht tak e toon. ¹⁹They spak ill o e God o Jerusalem an o aa e tither gods o e warl att were naethin bit e wark o men's hans.

²⁰Keeng Hezekiah an e prophit Isaiah, e sin o Amoz, prayed an roart oot tae hivven aboot iss. ²¹E Lord sent an angel fa killed aa e sodgers an captains o the Assyrian airmy i their camp. Sae e keeng gaed hame hingin-luggit an ae day fan he wis i the temple o his god, his ain sins cuttit him doon wi a swoord. ²²Sae e Lord savit Hezekiah an e fowk o Jerusalem fae e han o Keeng Sennacherib o Assyria an fae aa their ither faes an leukit efter them on ilka side. ²³Mony fowk brocht hansels tae e Lord at Jerusalem an tae Keeng Hezekiah o Judah, sae att fae att time on he hid e respeck o aa ither cuntras.

²⁴At att time Hezekiah wisna verra weel an he prayed tae e Lord. E Lord gied him a sign he wid recover. ²⁵Bit Hezekiah wis ower prood tae accep fit e Lord hid deen for him sae e Lord's annger cam doon on

him an on Judah an Jerusalem. ²⁶I the hinnerein Hezekiah thocht e better o things sae att e Lord's annger didna fess ony ill on them i the time o Hezekiah.

²⁷Hezekiah hid muckle walth an wis weel thocht o. He biggit storehooses for his siller, for his gowd, for his precious steens, for his spices, for his targes an for aa kyn o gem steens. ²⁸He biggit storehooses for his corn, for his wine an for his ile. He hid staas for aa kyn o beasts an buchts for his sheep. ²⁹He biggit toons an hid a graith o flocks an hirds, cause God hid gien him muckle gear. ³⁰Iss wis e same Hezekiah fa stappit e heid watters o Gihon an channelt it doon tae e wast side o Daavit's toon. Hezekiah did weel in aa his proticks.

³¹Bit fan envoys were sent bi e rowlers o Babylon tae speir at him aboot e winnerfu ferlies att hid happent i the cuntra, God left him tae try him oot an tae see fit wis raelly in his heart.

³²Noo e lave o fit Hezekiah did, an aa his gweed warks are aa set oot i the beuk o Isaiah e prophit an i the beuk o e keengs o Judah an Israel. ³³An Hezekiah teuk e rist o his fadders an they beeriet him i the tapmaist tombs o Daavit's faimly. Manasseh his sin teuk ower e throne fae him.

CHAPTIR 33

Manasseh wis twal ear aul fan he teuk ower e throne, an rowlt for fifty-five ear in Jerusalem. ²He vrocht ill i the sicht o e Lord chasin efter e fool wyes o e heathens fa e Lord hid cassen oot afore the Israelites.

³He rebiggit e hill shrines att his fadder Hezekiah hid dung doon an biggit aaltars for Baal, pat up totems, wirshippt aa kyn o gods an served them. ⁴He biggit aaltars i the Temple o e Lord, att verra Temple in Jerusalem att e Lord hid said wid be haily tae his name for ivver. ⁵He biggit aaltars tae aa kyn o gods inno e twa coorts o e Temple. ⁶He sacrifeeced his ain bairns bi burnin them i the howe o Hinnom, he practised divination an magic an witchcraft an socht oot spaewives an wizards. He vrocht muckle coorseness i the sicht o e Lord an reesed him tae annger. ⁷He set an eemage o e totem he hid biggit inno e Temple att e Lord hid said tae Daavit an Solomon, his sin, "I hiv pickit iss Temple fae amo aa e clans tae be in my ain name in Jerusalem for ivver. ⁸Nae mair will A gar e feet o the Israelites wanner fae iss lan att A gied tae their fadders an att's gin they dee aa att A bid them an abide bi e laa att ma servant Moses gied them." ⁹Bit Manasseh trysted Judah an e fowk o Jerusalem intae deein waar nor e heathens att e Lord hid dreeven oot afore the Israelites. ¹⁰E Lord warnt Manasseh an his fowk, bit they widna listen.

¹¹Sae e Lord sent e captains o the Assyrian airmy an they teuk Mannaseh wi heuks an bun him wi chines an cairriet him tae Babylon. ¹²Sair come at, he socht e Lord his God an hummlt himsel afore e God o his fadders. ¹³He prayed tae him an God lippent tae him an brocht him back tae his keengdom an Jerusalem. Sae Manasseh kent att e Lord wis God. ¹⁴Efter att he reesed a waa tae a muckle hicht ootside Daavit's toon on e wast side o e howe o Gihon as far as e Fish Yett, takkin it roon Ophel. An he pat military commanders in aa e waa'ed toons o Judah. ¹⁵He did awa wi e forrin gods, teuk the eedol oot o e Temple, teuk doon the aaltars he hid biggit on e Temple hill an i the lave o Jerusalem an keest them oot o e toon. ¹⁶He sortit the aaltar o e Lord, sacrifeeced peace offerins an thank offerins onno't an garrt e fowk o Judah serve e Lord God o Israel. ¹⁷For aa that, e fowk still sacrifeeced on e hill shrines, bit it wis tae e Lord their God.

¹⁸Noo e lave o fit Manasseh did, his prayers tae his God an fit e seers said tae him i the name o e Lord God o Israel are aa set oot i the beuk o e keengs o Israel. ¹⁹His prayer an foo God answert him, an aa his ill-deeins an unfaithfuness an far he biggit hill shrines an set up Asherah totems an carved eemages afore

he saa e better o't, they're screiveni the sayins o e seers. ²⁰An Manasseh teuk e rist o his fadders an wis beeriet in his ain hoose, an Amon his sin teuk ower e throne fae him.

²¹Amon wis twinty-twa ear aul fan he cam tae e throne an he rowlt twa ear in Jerusalem. ²²An he did things att were ill i the sicht o e Lord, jist as his fadder Manasseh hid deen, cause Amon sacrifeeced tae aa e carved eemages att Manasseh his fadder hid made, an served them. ²³He didna hummle himsel afore e Lord as his fadder Manasseh hid deen bit got mair an mair oot o han. ²⁴His servants plottit agin him an killed him in his palace.

²⁵Bit e fowk o e cuntra murthert aa them fa hid plottit agin Keeng Amon an they appintit his sin Josiah as keeng efter him.

CHAPTIR 34

Josiah wis aucht ear aul fan he teuk ower e throne an he rowlt thirty-wan ear in Jerusalem. ²An he did fit wis richt i the sicht o e Lord an traivelt e road o Daavit his forebeer an didna turn awa tae e richt han nor e left han.

³I the auchth ear o his rowle, still a young birkie, he startit tae sikk efter e God o his forebeer Daavit. I the twalth ear o his rowle he startit tae redd Judah an Jerusalem o e hill shrines an e totems tae Asherah, e carved eemages an e cassen eemages. ⁴He waatcht the aaltars o e gods o Baal bein dung doon an he cuttit doon the eemages att were abeen them, alang wi e totems tae Asherah an e carved eemages an e cassen eemages. He breuk them tae bits an made stew o them an scattert it onno e graves o them fa hid sacrifeeced tae them. ⁵He brunt e beens o e priests on their aaltars an cleaned up Judah an Jerusalem. ⁶He did e same i the toons o e clans Manasseh, an Ephraim, an Simeon, an e linth o e clan Naphtali an i the ruins roon aboot them. ⁷Eence he hid torn doon aa the aaltars an e totems o Asherah, an hid grun the eemages tae poother an cuttit doon aa the eedols throwe e hale o Israel, he caaed back tae Jerusalem.

⁸Noo i the auchteenth ear o his rowle, efter he hid purifiet e cuntra an e Temple, he sent Shaphan e sin o Azaliah, an Maaseiah e guvvernor o e toon an Joah e sin o Joahaz e registrar tae sort e Temple o e Lord his God. ⁹They gaed tae Hilkiah e heich priest an gied him e siller att hid been brocht intae e Temple, att e Levites fa were doorkeepers hid collected fae e fowk o e clans Manasseh, an Ephraim an the lave o Israel an fae aa e fowk o e clans Judah an Benjamin an them fa bade in Jerusalem. ¹⁰They hannit it ower tae e foremen fa were owerseein e wark i the Temple an they gied it tae e tradesmen fa vrocht i the Temple, sortin an rebiggin it. ¹¹They gied it tae e vrichts an masons tae buy dressed steen an timmer for e couples an fleers o e biggins att e keengs o Judah hid dung doon. ¹²E men did e wark weel. E foremen were Jahath, an Obadiah, Levite sins o Merari; an Zechariah an Meshullum fae e clan Kohath. There were ither Levites, skeely in playin meesic, ¹³an they were in chairge o e labourers an owersaa aa the warkers in fitivver job they were deein. Some o e Levites were secretaries, offishers an doorkeepers.

¹⁴Noo, fan they were fessin e siller att hid been brocht tae e Temple, Hilkiah, e heich priest, faun a beuk o e laas o e Lord att hid been gien tae Moses. ¹⁵An Hilkiah said tae Shaphan, e secretary, "A've faun e beuk o e laa i the Temple." Hilkiah gied e beuk tae Shaphan. ¹⁶Shaphan teuk e beuk tae e keeng an telt him att his officeels hid deen aa att he hid socht o them. ¹⁷He said, "They hiv gaithert e siller fae e Temple an hiv peyed it ower tae e foremen fa hiv gien it tae e warkers." ¹⁸Syne Shaphan, e secretary said tae e keeng, "Hilkiah e priest his gien ma e beuk," an he read it tae e keeng. ¹⁹Noo, fan e keeng heard fit e beuk hid tae say, he rippit his claes, ²⁰an he gied iss order tae Hilkiah, Shaphan's loon Ahikam, Micah's loon Abdon, Shaphan e secretary, an Asaiah, een o his servants, ²¹"Gyang an spik tae e Lord for ma an for aa e fowk

left in Israel an Judah about fit iss beuk ye've faun says. E Lord is maist affa raised wi hiz, cause wir fadders hinna keepit e wird o e Lord an hinna deen aa att iss beuk says." [22]Sae Hilkiah, e priest, an e lave o them appintit bi e keeng gaed tae Hulda e prophitess, wife tae Shallum, e sin o Tikvah, e sin o Hasrah fa leukit efter e keeng's wardrobe (she bade i the skweel at Jerusalem) an they hid a confab wi her.

[23]An she said tae them, "Iss is fit e Lord God o Israel says, 'Tell e chiel fa sent ye tae ma [24]att iss is fit I hiv tae say aboot it. Jist waatch, A'll fess doon ill on iss place an on e fowk fa bide here jist as it says i the beuk att's been read tae e keeng o Judah. [25]Cause they've forhooiet ma, they've brunt scintit reek tae ither gods, provokin ma tae anger wi their deeins; sae ma wrath will be kennlt agin iss place an ye winna douse it. [26]Bit say tae e keeng o Judah fa sent ye on iss eerin tae sikk fit e Lord his tae say, tell him, iss is fit e Lord God o Israel says aboot e wirds he his heard: [27]cause ye were saft hertit an ye hummlt yersel afore God, fan ye heard att fit A hid tae say aboot iss place an e fowk fa bide here, an cause ye hummlt yersel afore ma an rippit yer claes an grat afore ma, A've teen tent, says e Lord. [28]Sae A'll gaither ye tae yer fadders an ye'll win till yer grave in peace an your een winna see the ill att A'm gyan tae fess doon on iss place an fowk fa bide here.'" Sae they brocht wird o iss back tae e keeng.

[29]E keeng sent for aa e clan chiefs o Judah an Jerusalem fa gaithert afore him. [30]E keeng gaed up tae e Temple an aa e men o Judah an fowk fae Jerusalem gaed wi him, alang wi e priests an e Levites an aa e fowk fitivver their stannin i the warl. An he read oot e wirds o e beuk o e covenant att wis faun i the Temple, sae att they culd hear them. [31]An e keeng steed anent a pillar an made a covenant wi e Lord att he wid folla his wyes an keep his commans an his laas wi aa his hert an aa his sowl, tae dee fit wis screiven in iss beuk. [32]An he garrt aa them in Jerusalem an aa them o e clan Benjamin stan by e covenant. An e fowk o Jerusalem did accoordin tae e covenant o God, e God o their fadders. [33]An Josiah did awa wi aa att wis dirten i the cuntra o the Israelites an garrt aabody in Israel serve e Lord their God. An aa his days they nivver depairtit fae wirshippin e Lord, e God o their fadders.

CHAPTIR 35

Fit's mair, Josiah keepit e passower tae e Lord in Jerusalem an they killed e passower lamb on e fowerteenth day o e first month. [2]He set e priests tae their darg an gied them hertnin i their service i the Temple. [3]He said tae e Levites fa teacht in Israel, "Pit God's kistie i the Temple att Solomon e sin o Daavit biggit. Dinna cairry it aboot on yer shoothers. Serve e Lord yer God an his fowk, Israel. [4]Set yersels oot faimly bi faimly tae dee iss wark as screiven doon bi keeng Daavit o Israel an Solomon his sin. [5]Serve i the Temple i the place set oot for your faimly an yer kith an kin, an accoordin tae e divisions o e Levites in yer fadder's clan. [6]Kill e passower lamb an sanctifee yersels. Learn yer ain fowk tae folla e wird o e Lord as hannit doon tae Moses." [7]Syne Josiah gied tae aa them fa were there, fae his ain hauddins, thirty thoosan lambs an young goats an three thoosan stots, as for e passower offerins. [8]An his officeels gied willinly tae e folk, e priests, an e Levites. Hilkiah, Zechariah, an Jehiel, the heid billies o e Temple, gied e priests twa thoosan sax hunner lambs an young goats an three hunner owsen as passower offerins. [9]Conaniah alang wi Shemaiah an Nethaneel, his brithers, an Hashabiah, an Jeiel an Jozabad, e leaders o e Levites, gied five thoosan lambs an young goats an five hunner owsen tae e Levites for passower offerins. [10]Sae aa wis riddy an e priests steed i their places an e Levites teuk up their dyowties accordin tae e keeng's orders. [11]E passower lambs were slauchtert, an e priests splairged e bleed hannit tae them agin the aaltar, file e Levites flyppit e skin fae e beasts. [12]They pairtit oot e brunt offerins amo e fowk, faimly bi faimly, sae att they culd offer them tae e Lord as set oot i the Beuk o Moses. They did e same wi the owsen. [13]E passower beasts were rossen as e laa ordeent, bit they bylt the ither haily offerins in pans an muckle pots an kettles an pairtit them oot belyve amo aa e fowk. [14]Efter iss, they made riddy for themsels an for e priests, cause e priests, the ation o Aaron, were sacrifeecin e brunt offerins an e creesh till gloamin. Sae e Levites made riddy for themsels an for e priests fa cam o Aaron. [15]E singers, the sins o Asaph, were i their places tee accoordin tae e comman o Daavit, an Asaph, an Heman, an Jeduthun the king's seer; an e doorkeepers wytin at ilka yett didna hae tae leave their posts, cause e Levites their brithers rankit aathin oot for them. [16]Sae aa e service o e Lord wis made riddy att day tae cillebrait e passower, an tae offer brunt offerins on the aaltar o e Lord accoordin tae e comman o keeng Josiah. [17]The Israelites fa were there cillebraitit e passower at att time an keepit e feast o e loaf wi nae barm for syven days. [18]There wis nivver sic a passower seen like it in Israel sin e days o Samuel e prophit. Nivver in aa e days o e keengs o Israel hid there been sic a passower as Josiah held, wi e priests, e Levites, aa o Judah an Israel fa were there, an e fowk o Jerusalem. [19]Iss passower wis held i the auchteenth ear o Josiah's rowle.

[20]Efter aa iss, fan Josiah hid riggit e Temple, Neco, keeng o Egypt cam up tae fecht at Carchemish on the Euphrates an Josiah gaed oot tae face him. [21]Bit he sent wird tae him speirin, "Fitna quaarrel hiv A wi you, keeng o Judah? It's nae you A'm attackin at iss time, bit e hoose att A'm waarrin wi. God his telt ma tae hist; sae stop conterin God, fa's wi me, or he'll destroy ye." [22]Josiah, hooivver, widna turn awa fae him, bit disguised himsel tae tak him on in battle. He widna hearken tae fit Neco hid said at God's comman bit gaed tae fecht wi him i the howe o Megiddo. [23]E bowemen shot at Keeng Josiah an e keeng said tae his servants, "Tak ma awa oot o here cause A'm sair deen for." [24]Sae his servants teuk him oot o his chariot an pat him in anither chariot an brocht him tae Jerusalem far he deit an wis beeriet in een o e tombs o his forebeers. E hale o Judah an Jerusalem moornt for Josiah.

[25]Jeremiah screived laments for Josiah, an tae iss day aa e men an weemen singers sing aboot Josiah i their laments. They becam a tradeetion in Israel an are screiven i the Scronachs o Jeremiah. [26]Noo, e lave o fit Josiah did an aa his gweed warks in deein fit wis set oot i the laa o e Lord, [27]an aa his deeins fae e first tae e hinnerein are aa set oot i the beuk o e keengs o Israel an Judah.

CHAPTIR 36

Syne e fowk made Jehoahaz keeng in place o his fadder in Jerusalem. [2]Jehoahaz wis twinty-three ear aul fan he cam tae e throne an he rowlt three month in Jerusalem. [3]E keeng o Egypt deposed him fae e throne in Jerusalem an taxed e cuntra tae a hunner talents o siller an a talent o gowd. [4]E keeng o Egypt set up Josiah's brither Eliakim as keeng o Judah an Jerusalem an cheenged his name tae Jehoiakim. Neco teuk Jehoahaz tae Egypt.

[5]Jehoiakim wis twinty-five ear aul fan he teuk ower e throne an he rowlt elyven ear in Jerusalem. An he did aa att wis ill i the sicht o e Lord his God. [6]Nebuchadnezzar, e keeng o Babylon attackit him, bun him in chines an cairriet him aff tae Babylon. [7]Nebuchadnezzar carriet awa aa e accootrements o e Temple tee an pat them in his temple in Babylon. [8]Noo e lave o fit Jehoiakim did, aa his fool warkins an aa att wis faun in him is aa set oot i the beuk o e keengs o Israel an Judah. Jehoiachin his sin teuk ower e throne. [9]Jehoiachin wis aucht ear aul fan he teuk ower e throne an he rowlt in Jerusalem for three month an ten days. An he did aa att wis ill i the sicht o e Lord. [10]At e turn o e year, Nebuchadnezzar gaed back tae Babylon an cairriet awa aa e trissures o e Temple, an set up his brither Zedekiah as keeng ower Judah an Jerusalem.

[11]Zedekiah wis twinty-wan ear aul fan he teuk ower e throne an he rowlt elyven ear in Jerusalem. [12]An he did aa att wis ill i the sicht o e Lord his God an widna hummle himsel afore Jeremiah e prophit fan he spak e wird o e Lord. [13]An he rebelled agin Nebuchadnezzar fa hid garrt him sweer bi God. Bit he turnt thraawn an hard hertit aboot turnin tae e Lord God o Israel.

[14]Fit's mair, e heid priests an e fowk aa turnt mair an mair unfaithfu, chasin efter e coorse wyes o e heathens an dirtent e Temple att e Lord hid made haily in Jerusalem. [15]E Lord God o their fadders, wis aye sennin wird tae them, cause he wis hert-sair for his fowk an for his dwallin place. [16]Bit they leuch at God's messengers an thocht lichtfu o his wirds an ill-traitit his prophits till the annger o e Lord reese up yont aa remead. [17]Sae he brocht e keeng o Babylon agin them fa pat aa their young chiels tae e swoord inno e Temple an hid nae peety on e fowk, killin baith young men an young weemen, the aul an them booed doon wi age. God hannit them aa ower. [18]He teuk aa the accootrements o e Temple, great an sma, aa e Temple trissures, aa e waalth o e keeng an his officeels back tae Babylon. [19]They set fire tae e Temple an dung doon Jerusalem's waas an set fire tae aa e palaces an herriet onythin att wis o wirth. [20]Them att hid escapit e swoord he cairriet awa tae Babylon, far they were servants tae him an his faimly till e keengdom o Persia cam tae pooer. [21]Aa iss wis deen tae fulfill fit e Lord hid foretelt throwe Jeremiah. Sae e cuntra enjoyed its Sabbaths, an e linth o e cuntra's crockaneetion lestit till a syventy ear lang Sabbath hid gaen by-han. [22]Noo tae bring aboot fit e Lord hid said throwe Jeremiah, i the first ear o e rowle o Cyrus, keeng o Persia, e Lord steered up Cyrus tae mak a proclamation. He pat it in vreetin an sent it aa throwe his keengdom an it said, [23]"Is is e wird o Cyrus, keeng o Persia. E Lord God his gien ma aa e cuntras o e warl an he's ordert ma tae bigg him a Temple in Jerusalem in Judah. Ony o ye fa are o his ain fowk, mith e Lord be wi ye an mith ye gyang up."

EZRA

CHAPTIR 1

Noo tae fess aboot fit e Lord hid said throwe Jeremiah, i the first ear o e rowle o Cyrus, keeng o Persia, e Lord steered up Cyrus tae mak a proclamation. He vrote it oot an sent it aa throwe his keengdom an it said, [2]"Is is e wird o Cyrus, keeng o Persia. E Lord God his gien ma aa e cuntras o e warl an he's ordert ma tae bigg him a Temple in Jerusalem in Judah. [3]Ony o ye fa are o his ain fowk, mith e Lord be wi ye, an mith ye gyang up tae Jerusalem in Judah anbigg e Temple o e Lord God o Israel, fa is God there in Jerusalem. [4]An ony fa are left ahin, lat e fowk o att place gie him a han wi siller an gowd an gear an beasts ower abeen e freewill offerin for e Temple in Jerusalem.

[5]Syne e heids o e faimlies o Judah an Benjamin, an e priests an Levites, aabody fas herts were meeved bi God, gaed awa tae bigg e Temple in Jerusalem. [6]Aa their neepers gied them a han wi accootrements o siller an gowd, gear an beasts an wi chattels an livestock, an jowels as weel as e freewill offerins. [7]Cyrus brocht oot the accootrements o e Temple att Nebuchadnezzar hid fessen fae Jerusalem an hid pat i the temple o his ain gods. [8]Cyrus garrt Mithredath e trissurer fess them oot an han them ower tae Sheshbazzar, e heid o e fowk o Judah. [9]There wis thirty gowd ashets, a thoosan siller ashets, twinty-nine knives, [10]thirty gowd basins, fower hunner an ten siller basins o aa different kyns, an a thoosan ither accootrements. [11]There wis five thoosan fower hunner gowd an siller plenishins aa in. Sheshbazzar brocht them aa back tae Jerusalem fae Babylon alang wi the fowk fa hid been held captive.

CHAPTIR 2

Noo, here's e list o e Jowish exiles fae e provinces fa cam back oot o capteevity. Keeng Nebuchadnezzar hid teen them awa tae Babylon, bit noo they cam hamewith tae Jerusalem an e tither toons in Judah, ilka een tae his ain toon. [2]Wi Zerubbabel cam Jeshua, an Nehemiah, an Seraiah, an Reelaiah, an Mordecai, an Bilshan, an Mispar, an Bigvai, an Rehum, an Baanah. Iss wis e nummers o the Israelites: [3]e faimly o Parosh: twa thoosan wan hunner an syventy-twa; [4]e faimly o Shephatiah: three hunner an syventy-twa; [5]e faimly o Arah: syven hunner an syventy-five; [6]e faimly o Pahath-moab (throwe e line o Jeshua an Joab): twa thoosan aucht hunner an twal; [7]e faimly o Elam: twal hunner an fifty-fower; [8]e faimly o Zattu: nine hunner an fowerty-five; [9]e faimly o Zaccai: syven hunner an saxty; [10]e faimly o Bani: sax hunner an fowerty-twa; [11]e faimly o Bebai: sax hunner an twinty-three; [12]e faimly o Azgad: twal hunner an twinty-twa; [13]e faimly o Adonikam: sax hunner an saxty-sax; [14]e faimly o Bigvai: twa thoosan an fifty-sax; [15]e faimly o Adin: fower hunner an fifty-fower; [16]e faimly o Ater throwe Hezekiah: ninety-aucht; [17]e faimly o Bezai: three hunner an twinty-three; [18]e faimly o Jorah: a hunner an twal; [19]e faimly o Hashum: twa hunner an twinty-three; [20]e faimly o Gibbar: ninety-five; [21]e fowk o Bethlehem: a hunner an twinty-three; [22]e fowk o Netophah: fifty-sax; [23]e fowk o Anathoth: a hunner an twinty-aucht; [24]e fowk o Azmaveth: fowerty-twa; [25]e fowk o Kiriath-jearim, Kephirah an Beeroth: syven hunner an fowerty-three; [26]e fowk o Ramah an Gaba: sax hunner an twinty wan; [27]e fowk o Michmash: a hunner an twinty-twa; [28]e fowk o Bethel an Ai: twa hunner an twinty-three; [29]e fowk o Nebo: fifty-twa; [30]e fowk o Magbish: a hunner an fifty-sax; [31]e fowk o the ither Elam: twal hunner an fifty-fower; [32]e fowk o Harim: three hunner an twinty; [33]e fowk o Lod, Hadid an Ono: syven hunner an twinty-five; [34]e fowk o Jericho: three hunner an fowerty-five; [35]e fowk o Senaah: three thoosan sax hunner an thirty.

³⁶E priests: e faimly o Jedaiah, o e line o Jeshua: nine hunner an syventy-three; ³⁷e faimly o Immer: a thoosan an fifty-twa; ³⁸e faimly o Pashhur: twal hunner an fowerty-syven; ³⁹e faimly o Harim: a thoosan an syventeen.

⁴⁰E Levites: e faimlies o Jeshua an Kadmiel o e line o Hodaviah: syventy fower.
⁴¹E singers: e faimly o Asaph: a hunner an twinty-aucht.

⁴²E doorkeepers: e faimlies o Shallum, an Ater, an Talmon, an Akkub, an Hatita, an Shobai: a hunner an thirty-nine.

⁴³E Temple servants: e faimlies o Ziha, an Hasupha, an Tabbaoth, ⁴⁴an Keros, an Siaha, an Padon, ⁴⁵an Lebanah, an Hagabah, an Akkub, ⁴⁶an Hagab, an Shalmai, an Hanan, ⁴⁷an Giddel, an Gahar, an Reaiah, ⁴⁸an Rezin, an Nekoda, an Gazzam, ⁴⁹an Uzza, an Paseah, an Besai, ⁵⁰an Asnah, an Meunim, an Nephussim, ⁵¹an Bakbuk, an Hakupha, an Harhur, ⁵²an Bazluth, an Mehida, an Harsha, ⁵³an Barkos, an Sisera, an Temah, ⁵⁴an Neziah, an Hatipha.

⁵⁵The ation o Solomon's servants: e faimlies o Sotai, an Hassophereth an Peruda, ⁵⁶an Jaalah, an Darkon, an Giddel, ⁵⁷an Shephatiah, an Hattil, an Pokereth fae Zebaim, an Ami. ⁵⁸Aa e Temple servants an the ation o Solomon's servants cam tae three hunner an ninety-twa. ⁵⁹Anither lot come up at iss time fae e toons o Tel-melah, Tel-harsha, Kerub, Addan, an Immer. Hooivver, they culdna preeve att they or their faimlies were o the ation o Israel. ⁶⁰They were: e faimlies o Delaiah, an Tobiah an Nekoda: sax hunner an fifty-twa.

⁶¹An fae amo e priests: the ation o Hobaiah, an Hakkoz an Barzillai (a chiel fa mairriet a dother o Barzillai fae Gilead an teuk her faimly name). ⁶²They hid aa leukit i their faimly records, bit they culdna fin them there sae they were keepit oot o e priesthood as bein nae cleant. ⁶³E guvvernor telt them att they werna tae ett e maist haily maet, till a priest steed up wi Urim an Thummim.

⁶⁴E hale gaitherin o them wis fowerty-twa thoosan three hunner an saxty. ⁶⁵Forbye their servants an deems fa nummert syven thoosan three hunner an thirty-syven. Amo them there were twa hunner singin men an weemen. ⁶⁶They hid syven hunner an thirty-sax horse an twa hunner an fowerty-five mules. ⁶⁷They hid fower hunner an thirty-five camels an sax thoosan syven hunner an twinty cuddies.

⁶⁸Fan they won e linth o e Temple o e Lord in Jerusalem, some o e heids o e faimlies made voluntar offerins t'waard e rebiggin o God's Temple on its oreeginal site. ⁶⁹Ilka een gied fit he culd an aa in, fit they gied cam tae saxty-wan drams o gowd, five thoosan pun o siller an a hunner sets o robes for e priests. ⁷⁰Sae e priests, e Levites, e singers, e doorkeepers an e Temple servants aa sattlt i their ain toons, alang wi some o e tither fowk, an e lave o the Israelites sattlt i their toons.

CHAPTIR 3

Fan e syventh month cam, an the Israelites were sattlt i their toons, they aa gaithert as een in Jerusalem. ²Syne Jeshua e sin o Jozadak an his priestly brithers an Zerubbabel sin o Shealtiel an his brithers startit tae bigg the aaltar o e God o Israel sae they culd gie up brunt offerins on it, as socht bi e laa o Moses, e man o God. ³Tho they were feart att e fowk roon aboot them, they biggit the aaltar on its founs an sacrifeeced brunt offerins onno't tae e Lord, baith e mornin an evenin sacrifeeces. ⁴Syne as it's screiven, they keepit e feast o e tabernacles wi e richt nummer o brunt offerins notten for ilka day. ⁵Efter att, they gied up e reglar brunt offerins an offerins for e new meens an for aa the haily days o e Lord as weel as for e freewill offerins tae e Lord. [6]They startit tae mak brunt offerins tae e Lord fae e first day o e syventh month, tho they hidna yet laid e founs o e Temple. [7]They peyed e masons an e vrichts an gied maet an drink an ile tae chiels fae Sidon an Tyre tae fess cedar trees bi sea fae Lebanon tae Joppa in accoordance wi e leave att they hid fae Keeng Cyrus o Persia.

[8]I the saicond month o e saicond ear efter they cam back tae e Temple at Jerusalem, Zerubbabel e sin o Shealtiel an Jeshua e sin o Jozadak startit e wark, alang wi e lave o their brithers, e priests an e Levites, an aa them fa hid come tae Jerusalem fae the exile. They appintit e Levites fa were at least twinty ear aul tae owersee e wark on e Lord's Temple. [9]Syne Jeshua wi his sins an brithers an Kadmiel wi his sins, fa were come o Judah's fowk, jined Henadad's faimly an their sins an brithers, e Levites, in owerseein them fa were wirkin on God's hoose. [10]Fan e masons laid e founs o e Temple o e Lord, e priests i their finery cam forrit wi tooteroos, an e Levites, e sins o Asaph, wi cymbals, tae praise e Lord, accoordin tae the instructions o Daavit keeng o Israel. [11]An they sang back an fore tae e een anither, praisin an giein thanks tae e Lord, singin "For he is gweed, an he ayewis shows mercy tae Israel." An aa e fowk roart oot o them fan they praised e Lord, cause e foun o e Temple hid been laid. [12]Bit a curn o the auler priests an Levites an faimly heids, fa hid seen the aul Temple, roart an grat fan they saa e foun o iss Temple bein laid, bit mony ithers shoutit for joy. [13]There wis sic a steer, att e fowk att were there culdna mak oot fa wis shoutin for joy an fa wis greetin, cause they were aa roarin throwe-idder an ye culd hear them far aneuch.

CHAPTIR 4

Noo fan e faes o Judah an Benjamin got tae hear att them fa hid been teen captive were gyan tae bigg a Temple tae e Lord God o Israel, [2]they cam tae Zerubbabel an e heids o e faimlies an said tae them "Lat hiz gie ye a han wi e biggin, cause we wirship your God tee an hiv been deein sae sin e days o Esar-haddon, e keeng o Assyria fa brocht hiz here." [3]Bit Zerubbabel, Joshua an e lave o e heids o e faimlies o Israel answert, "Ye hiv naethin tae de wi hiz i the biggin o a Temple tae oor God. We'll bigg it wirsels for e Lord, e God o Israel, jist as Keeng Cyrus, e keeng o Persia, bad hiz." [4]Syne e fowk roon aboot did aa they culd tae hinner e fowk o Judah an cause tribble wi e biggin. [5]They lined e pooches o officeels tae wark conter them an their plans throwe aa e time o Cyrus keeng o Persia, richt doon tae e time o Darius keeng o Persia. [6]Fan Ahasuerus teuk ower e throne, they vreet a letter complainin tae him aboot e deeins o e fowk o Judah an Jerusalem.

[7]An i the time o Artaxerxes keeng o Persia, Bishlam, Mithredath, Tabeel an e lave o their company vreet a letter tae Artaxerxes. They vrote it in Aramaic letterin an i theAramaic tongue. [8]Rehum e commander an Shimshai e secretary vrote a letter aboot Jerusalem tae Keeng Artaxerxes, att said: [9]"Fae Rehum e commander, Shimshai e secretary, an e lave o their company, e jeedges, e rowlers, the officeels, e secretaries, e fowk o Erech, e Babylonians, e fowk o Susa, att's tae say, the Elamites, [10]an e lave o e cuntras att e great an honourable Asnapper brocht ower an sattlt i the toons o Samaria an ither places iss side o e watter at yon time." [11]Noo iss is e wirdin o e letter att they sent tae Keeng Artaxerxes, "Yer servants, e men on iss side o e watters, [12]wid lat it be kent tae yer majesty att e Jowes att hiv come tae hiz fae you are rebiggin Jerusalem, att coorse, din-raisin toon, an hiv sortit e founs an are rebiggin e waas. [13]We wad lat yer majesty ken att gin e toon be rebiggit an e waas set up, they winna pey their cess, taxes nor dyows an att'll affeck yer majesty's income. [14]Noo cause wi lippen tae yer majesty an it widna be richt for hiz tae see ony skaith come tae yer majesty, we wid sen wird tae yer majesty, [15]tae tell ye tae hae a leuk in yer forbeers' records an ye'll see att iss toon is a din-raisin toon, aye causin tribble tae keengs an cuntras, a place wi a lang history o contermashious wyes. Att's e wye iss toon wis herriet. [16]We wid uphaud, yer majesty, att gin iss toon be biggit again an e waas set up, ye'll nae hae naethin left iss side o e watters."

[17]Syne e keeng sent an answer tae Rehum e commander, an Shimshai e secretary an tae e lave o their company fa bade in Samaria an tae e fowk ayont e watters sayin, "Fit like! [18]E letter ye sent his been read oot tae ma, [19]an I ordert a scran throwe e records an it wis faun att iss toon his been i the wye o risin up agin its rowlers an att they hiv been din-raisin an inclynt tae rebel. [20]There hiv been some gey chiels as keengs o Jerusalem att hiv rowlt ower aa e cuntras ayont e watters an cess, tax an dyows wis peyed tae them. [21]Gar them stop their biggin o e toon till sic a time as I gie the order. [22]Dinna lat ma doon in iss. Fit wye shuld we lat skaith growe tae mischeive e keeng?"

[23]Noo fan e wirdin o Keeng Artaxerxes's letter wis read tae Rehum an Shimshai e secretary an their company, they hurriet tae e Jowes in Jerusalem an garrt them stop. [24]Sae e wark on e Temple in Jerusalem stoppit till e saicond ear o e rowle o Keeng Darius o Persia.

CHAPTIR 5

Noo e prophits, Haggai an Zechariah e sin o Iddo, propheseed tae e Jowes fa were in Judah an Jerusalem, i the name o e God o Israel fa wis ower them. [2]Syne Zerubbabel e sin o Shealtiel an Jeshua e sin o Jozadak startit tae rebigg e Temple o God in Jerusalem. E prophits o God were wi them, giein them a han.

[3]Aboot att time Tattenai, guvvernor o e cuntra on iss side o e watter, an Shethar-bozenai an their company cam tae them an speirt, "Fa said ye culd rebigg iss Temple an mak up its waa?" [4]An they speirt, "Fit's e names o e chiels fa are deein e biggin?" [5]Bit God's ee wis waatchin ower the elders o e Jowes, an they werena stoppit till wird culd gyang tae Darius an his screivt answer cam back.

[6]Iss is e wirdin o e letter att Tattenai, guvvernor o e cuntra on iss side o e watter an Shethar-bozenai an their company, the officeels o e cuntra on iss side o e watter, sent tae Keeng Darius. [7]E letter they sent said iss, "Tae Darius e keeng, aa peace. [8]We'd like yer majesty tae ken att we gaed tae e province o Judah an saa e Temple o e great God, biggit wi muckle steens an wi timmer laid intae its waas. They're haudin forrit wi e wark an it's fair comin on. [9]Syne we speirt at the elders, 'Fa said ye culd rebigg iss Temple an mak up its waa?' [10]We speirt their names tee sae att we micht report tae ye fa their heid bummers were. [11]An they said tae hiz, 'We're e servants o God o hivven an earth an are rebiggin e Temple att wis biggit mony ear ago bi a great keeng o Israel. [12]Bit wir fadders tirmintit e God o hivven sae muckle att he got raised wi them an gied them intae the han o Nebuchadnezzar e keeng o Babylon, e Chaldean, fa herriet e Temple an cairtit e fowk awa tae Babylon. [13]Bit i the first ear o e rowle o Cyrus keeng o Babylon, att same Cyrus ordert att iss Temple be rebiggit. [14]An aa the accootrements o gowd an siller belangin tae e Temple in Jerusalem att Nebuchadnezzar teuk oot o't an brocht tae Babylon were aa teen oot o e temple at Babylon an gien tae Sheshbazzar fa he hid appintit as guvvernor. [15]An he said tae him, "Tak aa iss accootrements an cairry them back tae e Temple in Jerusalem an lat e hoose o God be rebiggit far it steed." [16]Sae Sheshbazzar cam an laid e foun o e Temple in Jerusalem an ivver since, we've been rebiggin it an we're nae yet throwe wi't.' [17]Sae gin it please yer majesty, hae a leuk in yer trissury there at Babylon an see gin it be richt att Cyrus e keeng appintit att iss Temple be biggit in Jerusalem, an mith yer majesty lat hiz ken fit he wid like hiz tae dee."

CHAPTIR 6

Syne Keeng Darius ordert att they shuld rype throwe aa e records keepit i the trissury in Babylon. [2]An i the castle at Ecbatana i the province o Medes, they faun a scroll wi iss recordit onno't, [3]"I the first ear o e rowle o Keeng Cyrus, a tt same Cyrus made an order concernin e Temple at Jerusalem sayin: 'Lat e

Temple be rebiggit i the same place as they offert sacrifeeces. Lat e founs be weel laid, e waas ninety fit heich an ninety fit braid, [4]wi three raa o muckle steens an a raa o new timmer, an lat e cost o't be met fae e royal purse, [5]an lat aa e gowd an siller accootrements att Nebuchadnezzar teuk oot o e Temple at Jerusalem an brocht tae Babylon, be putten back i the Temple in Jerusalem sae att ilka een is in its richt place i the hoose o God'. [6]Sae, noo, Tattenai, guvvernor ayont e watters, an Shethar-bozenai an you ither officeels o att province, bide awa fae there. [7]Leave e wark att's bein deen on iss Temple aleen, lat e guvvernor an the elders o e Jowes bigg iss Temple in its place. [8]Fit's mair A mak an order att ye'll gie the elders a han i the biggin o e Temple: their expinses are aa tae be peyed oot o e royal trissury, fae e taxes o e cuntra ayont e watters, sae att their wark winna be hinnert. [9]Fitivver they mith need, stots, rams, lambs for e brunt offerins o e God o hivven, wheat, saut, wine an ile as nott bi e priests at Jerusalem will be gien tae them daily day athoot fail, [10]sae att they mith offer acceptable sacrifeeces tae e God o hivven an pray for e life o e keeng an his sins. [11]Mairower A've decreet att faaivver defies iss order will hae his hoose dung doon an timmer fae't set up tae hing him on, an his hoose will be turnt intill a midden. [12]Mith God, fa his allooed his name tae dwall there, owerthraa ony keeng or fowk fa lift a han tae cheenge iss order or tae dee ill tae iss Temple in Jerusalem. I, Darius, hiv decreet it. Lat it be carriet oot richt awa."

[13]Syne Tattenai e guvvernor o e cuntra on iss side o e watters, Shethar-bozenai, an their company did exackly as Keeng Darius hid ordert. [14]Sae the elders o e Jowes held on wi e biggin an did weel unner e preachin o Haggai e prophit an Zechariah e sin o Iddo. They feenished biggin e Temple accoordin tae e comman o e God o Israel an the orders o Cyrus, Darius an Artaxerxes, keengs o Persia. [15]E biggin o e Temple feenished on e third o e month o Adar i the saxth ear o e reign o Keeng Darius.

[16]The Israelites, e priests, e Levites an aa e lave o them fa hid been held captive cillebraitit e dedicaition o e Temple wi joy. [17]At e dedicaitin o e Temple, they offert a hunner stots, twa hunner rams an fower hunner lambs. For an offerin for the ill-deeins o aa Israel they offert twal billy goats, een for ilka een o e clans o Israel. [18]An e priests an Levites aa teuk up their places for e servin o God in Jerusalem, aa as set oot i the beuk o Moses. [19]Them fa hid been held captive held e passower on e fowerteenth day o e first month. [20]E priests an Levites hid purifiet themsels an were aa cleant. They slauchert e passower lamb for aa them fa hid been held captive, for their freens e priests an for themsels. [21]An the Israelites fa hid come oot o capteevity an aa them fa hid pairtit fae e fool deeins o forrin cuntras tae turn tae e Lord God o Israel, ett e passower, [22]an keepit e feast o loaf wi nae barm for syven days, cause e Lord hid made them happy an hid turnt e hert o e keeng o Assyria tae them, sae att he helpit them i the wark o e hoose o God, e God o Israel.

CHAPTIR 7

Noo, efter att, i the time o Artaxerxes keeng o Persia, Ezra sin o Seraiah, e sin o Azariah, e sin o Hilkiah, [2]e sin o Shallum, e sin o Zadok, e sin o Ahitub, [3]e sin o Amariah, e sin o Azariah, e sin o Meraioth, [4]the sin o Zerahiah, e sin o Uzzi, e sin o Bukki, [5]e sin o Abishua, e sin o Phinehas, e sin o Eleazar, e sin o Aaron the heid priest, [6]iss Ezra cam up fae Babylon. He wis a dominie weel versed i the laa o Moses, att e Lord, e God o Israel, hid gien. E keeng hid granted him aathin he hid socht, cause e han o e Lord his God wis onno him. [7]A fyowe o the Israelites, includin priests, Levites, singers, doorkeepers an temple servants, cam up tae Jerusalem tee i the syventh ear o Keeng Artaxerxes.

[8]Ezra cam tae Jerusalem i the fifth month o e syventh ear o e keeng. [9]He hid set oot fae Babylon on e first day o e first month, an he won e linth o Jerusalem on e first day o e fifth month, cause God's helpin han wis onno him. [10]Ye see, Ezra hid been eident i the studyin an keepin o e Laa o e Lord, an in learnin fowk o its wird an jeedgements in Israel.

[11]Noo, iss is e wirdin o e letter Keeng Artaxerxes hid gien tae Ezra e priest, e dominie o e laa, a chiel weel learnt in metters o e commans an e laas o e Lord o Israel: [12]"Artaxerxes, keeng o keengs, tae Ezra e priest, dominie o e laa o e God o hivven: mith peace be wi ye; an noo, [13]it's my decreet att ony o the Israelites in my keengdom, includin priests an Levites, fa wint tae gyang tae Jerusalem wi ye, can gyang. [14]Ye're bein sent bi ee keeng an his syven cooncillors tae fin oot aboot Judah an Jerusalem accoordin tae e laa o your God, att's in yer han, [15]an tae tak wi ye e siller an gowd att e keeng an his cooncillors hiv freely gien tae e God o Israel, fa bides in Jerusalem, [16]an aa e siller an gowd ye can fin i the province o Babylon, as weel as e freewill offerins o e fowk an priests, for e Temple o their God in Jerusalem. [17]Wi iss, mak seer ye buy bulls, rams an tup-lambs, alang wi their maet offerins an drink offerins, an sacrifeece them onno the aaltar o e Temple o yer God in Jerusalem. [18]You an e lave o yer fowk can dee fitivver ye think best wi e lave o e siller an gowd, in accoordance wi e will o yer God. [19]Han ower tae e God o Jerusalem aa the accootrements att are gien tae ye for e wirship i the Temple o yer God. [20]An fitivver ither mith be nott for e Temple o yer God att ye are expeckit tae plenish, ye can chairge tae e royal trissury. [21]Noo I, Keeng Artaxerxes, hereby order att aa e store-keepers i the cuntra ayont e watters plenish, first han, fitivver Ezra e priest, e dominie o e laa o e God o hivven, sikks fae ye, [22]up tae a hunner talents o siller, a hunner mizzours o wheat, a hunner bowies o wine, a hunner bowies o ile, an as muckle saut as they wint. [23]Fitivver is ordert bi e God o hivven, lat it be deen wi aa hist for e Temple o e God o hivven. Fitwye shuld he be anngert wi e cuntra o e keeng an his sins? [24]Ye maun tak tent tee att ye'll hae nae richt tae gar ony o e priests, Levites, singers, doorkeepers, Temple servants or ither warkers at iss hoose o God pey cess or tax or dyowty. [25]An you, Ezra, in accoordance wi e learnin o yer God, att's inno ye, appint magistrates an shirras tae admeenister jeestice tae aa e fowk ayont e watter: aa fa ken e laas o yer God. An see att ye learn them fa dinna ken them. [26]Faaivver disna keep e laa o yer God an e laa o e keeng maun be sentenced tae daith or bainishment, poindin o their gear, or e jile."

[27]Praise be tae e Lord, e God o wir forbeers, fa his brocht it intae e keeng's hert tae fess honour tae e Temple o e Lord in Jerusalem in iss wye, [28]an his shewn his gweedness tae me afore e keeng an his cooncillors an aa his pooerfu officeels. Cause e han o e Lord ma God wis onno ma, A wis hertent an gaithert leaders fae Israel tae gyang up wi ma.

CHAPTIR 8

Iss is e heids o e faimlies an them fa were registered wi them fa cam up wi ma fae Babylon i the time o Keeng Artaxerxes: [2]o the ation o Phinehas, Gershom; o the ation o Ithamar, Daniel; o the ation o Daavit, Hattush [3]o the ation o Shechaniah; o the ation o Parosh, Zechariah, an wi him were registered a hunner an fifty men; [4]o the ation o Pahath-Moab, Eliehoenai sin o Zerahiah, an wi him twa hunner men; [5]o the ation o Shecaniah e sin o Jahaziel, an wi him three hunner men; [6]o the ation o Adin, Ebed sin o Jonathan, an wi him fifty men; [7]o the ation o Elam, Jeshaiah sin o Athaliah, an wi him syventy men; [8]o the ation o Shephatiah, Zebadiah sin o Michael, an wi him auchty men; [9]o the ation o Joab, Obadiah sin o Jehiel, an wi him twa hunner an auchteen men; [10]o the ation o Shelomith e sin o Josiphiah, an wi him a hunner an saxty men; [11]o the ation o Bebai, Zechariah sin o Bebai, an wi him twinty-aucht men; [12]o the ation o Azgad, Johanan sin o Hakkatan, an wi him a hunner an ten men; [13]o the ation o Adonikam, the hinmaist eens, fa were caaed Eliphelet, Jeuel an Shemaiah, an wi them saxty men; [14]o the ation o Bigvai, Uthai an Zaccur, an wi them syventy men.

[15]A gaithert them aa egither at e burn att runs e wye o Ahava, an we campit there for three days. Fan A checkit e fowk an e priests, A faun neen o e Levites there. [16]Sae A cried on Eliezer, Ariel, Shemaiah, Elnathan, Jarib, Elnathan, Nathan, Zechariah an Meshullam, fa were leaders, an Joiarib an Elnathan, fa were men o learnin tae come an see ma, [17]an A ordert them tae gyang tae Iddo, e leader in Casiphia. A telt

them fit tae say tae Iddo an e Levites wi him in Casiphia, sae att they mith fess meenisters tae hiz for e hoose o wir God. [18]E gweed han o wir God wis onno hiz, sae they brocht hiz Sherebiah, a skeely chiel, fae e faimly o Mahli sin o Levi, e sin o Israel, alang wi his sins an his brithers, auchteen o them aa in; [19]an Hashabiah, alang wi Jeshaiah fae e faimly o Merari, an his brithers an nefyees, twinty aa in. [20]They brocht twa hunner an twinty o e Temple servants tee, e lads att Daavit an the officeels hid set up tae gie e Levites a han wi their wark. They were aa registered bi name.

[21]There, aside the Ahava burn, I ordert we haud a fast, sae att we mith hummle wirsels afore wir God an sikk at him for a sauf road for hiz an wir bairns an wir gear. [22]A wis affrontit tae speir at e keeng for sodgers an horsemen tae hain hiz fae reivers alang e road, cause we hid said tae e keeng, "E gweed han o wir God is onno aabody fa leuks tae him, bit his pooer an his annger are agin aa fa forsake him." [23]Sae we fasted an prayed tae wir God aboot iss, an he answert wir prayer.

[24]Syne A pickit oot twal o e heid priests: Sherebiah, Hashabiah an ten o their brithers, [25]an A weyed oot tae them the offerin o siller an gowd an the accootrements att e keeng, his cooncillors, his officeels an aa the Israelites there hid hannit ower for e hoose o wir God. [26]A weyed out tae them sax hunner an fifty talents o siller, siller accootrements weyin a hunner talents, a hunner talents o gowd, [27]twinty bowels o gowd vailyeed at a thoosan drams, an twa rare caups o bronze, sheenin lik gowd. [28]An A said tae them, "You as weel as aa iss accootrements are haily tae e Lord. E siller an gowd are a freewill offerin tae e Lord God o yer fadders. [29]Leuk efter them till ye wey them oot i the chaulmers o e hoose o e Lord in Jerusalem afore e heid priests an e Levites an e faimly heids o Israel." [30]Syne e priests an Levites teuk e siller an gowd an haily accootrements att hid been weyed oot sae att they culd cairry them tae e hoose o wir God in Jerusalem.

[31]We set oot fae the Ahava burn tae heid for Jerusalem on e twalth day o e first month. E han o wir God wis onno hiz, an he keepit hiz sauf fae wir faes an reivers alang e road. [32]Sae we cam tae Jerusalem, an teuk wir rist there for three days.

[33]On e fowerth day, inno e hoose o wir God, we weyed oot e siller an gowd an e haily accootrements intill e hans o Meremoth sin o Uriah, e priest. Eleazar sin o Phinehas wis wi him, an sae were e Levites Jozabad sin o Jeshua an Noadiah sin o Binnui. [34]Aathin wis accoontit for an e nummer an wecht screiven doon at att time.

[35]Syne e fowk fa hid come back fae capteevity sacrifeeced brunt offerins tae e God o Israel: twal stots for e hale o Israel, ninety-six rams, syventy-syven tup-lambs an, as an offerin for ill-deeins twal billy goats. Aa iss wis a brunt offerin tae e Lord. [36]An they hannit ower e keeng's orders tae e keeng's satraps an tae e guvvernors o e cuntra on iss side o e watter, fa syne, were willin tae gie a han tae e fowk an tae e hoose o God.

CHAPTIR 9

Noo efter att hid aa been deen, e leaders cam tae me an said, "E fowk o Israel, includin e priests an e Levites, hinna keepit awa fae e neeperin fowk wi their fool wyes, lik e wyes o e Canaanites, the Hittites, e Perizzites, e Jebusites, the Ammonites, e Moabites, the Egyptians an the Amorites. [2]They've teen some o their dothers as wives for themsels an their sins, an hiv made a rummle throwe-idder o the haily race wi e fowk roon aboot them. An e leaders an officeels hiv been e warst offenders." [3]Fan A heard iss, A rippit ma goon an ma cloak, yankit e hair fae ma heid an sat doon affa sair made wi masel. [4]Syne aa them fa feared e wirds o e God o Israel gaithert roon ma cause o iss ill-deeins bi them fa hid been in exile. An A sat there dumfoonert till the evenin sacrifeece. [5]Syne, at the evenin sacrifeece, A pulled masel oot o ma doolsome souch, an wi ma goon an ma cloak rippit, A fell doon on ma knees wi ma hans raxed oot tae e Lord ma God [6]an prayed: "O God, A'm fair affrontit an it's a gey reed face A lift up tae ye. Wir ill-deeins are ower wir heids an rax up e linth o hivven. [7]Fae e days o wir fadders tae noo we've deen affa ill, an for wir ills, we an wir keengs an wir priests hiv been subjeckit tae e swoord an capteevity, tae crockaneetion an doon-come at e hans o forrin keengs, as it is enoo. [8]Bit noo, jist for a wee meenitie, e Lord wir God his been gracious in lattin some o hiz awa fae't an giein hiz a firm foun in his haily place an licht tae wir een, some easement fae wir sair. [9]Slaves we mith be, bit wir God hisna forsaken hiz in wir slavery. He his been douce tae hiz i the sicht o e keengs o Persia: he's gien hiz new life tae rebigg e hoose o wir God an sort its doonfa, an he his gien hiz a sauf herbour in Judah an Jerusalem. [10]Bit noo, God, fit can we say efter iss? Cause we've forsaken e commans [11]att ye gied hiz throwe yer servants e prophits fan ye said: 'E lan ye're takkin ower is dirten wi e foolness o e fowk fa bide in it. Wi their scunnersome wyes they hiv fulled it wi their dirt fae ae ein tae e tither. [12]Sae dinna gie yer dothers in mairrage tae their loons or tak their quines for your sins. Dinna sikk a peace treaty wi them at ony time, sae ye mith hae strinth an ett o e gweed things o e grun an leave it tae yer ain as theirs for ivver.' [13]Efter aa wir ill-deeins an fit his come o hiz cause o att, tho wir God wisna as sair on hiz as ye mith hae been for wir ills, an you gien hiz a chaunce lik iss, [14]we gyang an braak yer commans an gyang an mairry in throwe e fowk fa dee sic affa things. A widna winner gin ye were sae raised wi hiz att ye wid dee awa wi hiz aaegither leavin nae a sowl alive. [15]Lord, e God o Israel, ye're richteous! We're still free in you. Here we are afore ye in wir guilt, tho cause o iss, neen o hiz can stan afore ye."

CHAPTIR 10

As Ezra wis prayin an confessin, greetin an throwin himsel doon afore e hoose o God, a muckle crood o Israelites, men, weemen an bairns, gaithert roon him. They were greetin sair tee. [2]Syne Shecaniah e sin o Jehiel, een o e line o Elam, said tae Ezra, "We hiv deen ill tae wir God bi mairryin forrin weemen fae amo e fowk roon aboot. Bit for aa that, there's aye hope for Israel. [3]Noo lat's mak a covenant wi oor God tae pit awa aa iss weemen an their geets, in accoordance wi e coonsel o ma lord an o them fa fear e commans o wir God. Lat it be deen accoordin tae e laa. [4]Get up; iss is up tae you. We'll say wi ye, sae be stoot hertit an dee it." [5]Sae Ezra reese up, an garrt the heid priests an Levites an aa the Israelites sweer an aith tae dee jist att. An they aa teuk the aith.

[6]Syne Ezra got up fae far he wis afore e hoose o God an gaed tae Jehohanan e sin o Eliashib's room. Fan he wis there, he didna ett nae maet nor drink nae watter, cause he wis aye yet dool ower e metter o the ill-deeins o the exiles.

[7]Syne a scry wis made throwe aa Judah an Jerusalem for aa them fa hid been in capteevity tae gaither in Jerusalem. [8]Onybody fa didna come wi'in three days wid forfeit aa his gear, in accoordance wi e deceesion o the officeels an elders, an he himsel wi be putten oot o e congregation o the exiles.

[9]Wi'in e three days, aa e men o Judah an Benjamin hid gaithert in Jerusalem. It wis e twintieth day o e ninth month, an aa e fowk were sittin i the coort afore e hoose o God, sair come at cause o fit wis happenin, nae helpit bi it dingin doon hale watter. [10]Syne Ezra e priest steed up an said tae them, "Ye've deen ill; ye've mairriet forrin weemen, eikin oot Israel's shame. [11]Sae noo confess tae e Lord, e God o yer fadders, an dee fit he's sikkin. Separate yersels fae e fowk roon aboot ye an fae yer forrin wives." [12]E hale meetin roart oot in answer: "Ye're richt! We maun dee fit ye've said. [13]Bit there's a curn o fowk here an it's affa weety wither, sae we canna stan aboot ootside. Forbyes, we winna sort iss oot in a day or twa

cause there's sae mony o's deen wrang. [14]Lat wir officeels tak ower for e hale congregation, an lat aabody in wir toons fa his mairriet a forrin wumman come at a set time, alang wi the elders an jeedges o ilka toon, till God's annger in iss metter is turnt awa fae hiz."

[15]The only eens fa didna tak wi iss were Jonathan e sin o Asahel an Jahzeiah e sin o Tikvah an Meshullam, an Shabbethai e Levite said wi them.

[16]Sae the exiles did fit wis speirt o them. Ezra e priest pickit chiels fa were heids o faimlies, een fae ilka faimly line aa o them bi name. On e first day o e tenth month they sat doon tae sort aathin oot, [17]an bi e first day o e first month they were throwe dealin wi aa e men fa hid teen forrin wives.

[18]Amo the ation o e priests fa hid mairriet forrin weemen were: fae the ation o Jeshua e sin o Jozadak, an his brithers: Maaseiah, Eliezer, Jarib an Gedaliah. [19]They aa sheuk hans on e promise att they wid pit awa their wives, an for their ill-deeins ilka een hannit ower a ram fae e flock as a guilt offerin. [20]Fae the ation o Immer: Hanani an Zebadiah. [21]Fae the ation o Harim: Maaseiah, Elijah, Shemaiah, Jehiel an Uzziah. [22]Fae the ation o Pashhur: Elioenai, Maaseiah, Ishmael, Nethaneel, Jozabad an Elasah. [23]Amo e Levites: Jozabad, Shimei, Kelaiah (att's Kelita), Pethahiah, Judah an Eliezer. [24]Fae e singers: Eliashib. Fae e doorkeepers: Shallum, Telem an Uri. [25]An fae amo the ither Israelites: fae the ation o Parosh: Ramiah, Izziah, Malkijah, Mijamin, Eleazar, Malkijah an Benaiah. [26]Fae the ation o Elam: Mattaniah, Zechariah, Jehiel, Abdi, Jeremoth an Eliah. [27]Fae the ation o Zattu: Elioenai, Eliashib, Mattaniah, Jeremoth, Zabad an Aziza. [28]Fae the ation o Bebai: Jehohanan, Hananiah, Zabbai an Athlai. [29]Fae the ation o Bani: Meshullam, Malluch, Adaiah, Jashub, Sheal an Ramoth. [30]Fae the ation o Pahath-Moab: Adna, Kelal, Benaiah, Maaseiah, Mattaniah, Bezalel, Binnui an Manasseh. [31]Fae the ation Harim: Eliezer, Ishijah, Malkijah, Shemaiah, Shimeon, [32]Benjamin, Malluch an Shemariah. [33]Fae the ation o Hashum: Mattenai, Mattattah, Zabad, Eliphelet, Jeremai, Manasseh an Shimei. [34]Fae the ation o Bani: Maadai, Amram, Uel, [35]Benaiah, Bedeiah, Keluhi, [36]Vaniah, Meremoth, Eliashib, [37]Mattaniah, Mattenai, Jaasu, [38]Bani, Binnui Shimei, [39]Shelemiah, Nathan, Adaiah, [40]Macnadebai, Shashai, Sharai, [41]Azarel, Shelemiah, Shemariah, [42]Shallum, Amariah an Joseph. [43]Fae the ation o Nebo: Jeiel, Mattithiah, Zabad, Zebina, Jaddai, Joel an Benaiah.

[44]They'd aa mairriet forrin weemen an some o them hid bairns bi them.

E BEUK O NEHEMIAH

CHAPTIR 1

E wirds o Nehemiah sin o Hacaliah:

I the month o Kislevi the twintieth ear att A wis i the fortress o Susa, [2]Hanani, een o ma brithers, cam tae see ma wi some ither chiels fae Judah. A speirt at them aboot e Jowes fa were bidin there, fa hid escapit fae exile, an aa aboot Jerusalem. [3]They said tae ma, "Them fa escapit fae exile an are back i the province are sair come at an are ill-leukit on. E waa o Jerusalem is aa tummlt doon, an its yetts hiv been fired."

[4]Fan A heard iss, A sat doon an grat. For some days A wis dool an fastit an prayed afore e God o hivven. [5]Syne A said: "Lord God o hivven, e great an aawsome God, fa keeps his covenant o luv wi them fa loo him an keep his commans, [6]lat yer lug tak tent an yer een be open tae hear e prayer yer servant is praying afore ye noo, day an nicht for yer servants, the Israelites. A confess the ill-deeins att we the Israelites, hiv committit agin ye, an att taks in the ills deen bi me an my fowk tee. [7]We've deen some gey coorse things tae ye an hinna keepit yer commans, laas nor jeedgements att ye gied yer servant Moses. [8]Myn fit ye said tae yer servant Moses, 'Gin ye're unfaithfu, A'll scatter ye throwe aa cuntras, [9]bit gin ye turn tae ma an keep ma commans, syne aiven gin ye were cassen oot tae e eins o the earth, A'll gaither them fae there an fess them tae e place far A hiv pickit tae set ma name.' [10]They are your servants an your fowk, fa ye've savit wi yer great strinth an yer michty han. [11]Lord, lat yer lug hear e prayer o yer servant an e prayer o yer servants fa delicht in giein honour tae yer name. Gie yer servant success enoo bi grantin him mercy i the sicht o iss man." Iss wis e time A cairriet e keeng's caups.

CHAPTIR 2

I the month o Nisan, i the twintieth ear o Keeng Artaxerxes's rowle, ae day wine wis brocht for him. A teuk e wine an gied it tae e keeng. A'd nivver been dool afore fan A wis wi him, [2]sae e keeng speirt at ma, "Fit ails ye? Ye've a face lik a torn scone. It maun be somethin butherin yer hert." A wis some feart at att, [3]bit A said tae e keeng, "Mith e keeng live forivver! Fit wye shuld A nae leuk dool fan e toon far ma fowk are beeriet lies in ruins, an its yetts hiv been brunt wi fire?" [4]An e keeng said tae ma, "Fit are ye sikkin?" Sae A prayed tae e God o hivven, [5]an A answert e keeng, "Gin it pleases yer majesty an gin yer servant his faun faavour wi him, lat him sen ma tae e toon in Judah far ma fowk are beeriet sae A can rebigg it." [6]An e keeng, wi e queen sittin aside him, speirt at ma, "Foo lang will ye be there an fan will ye get back?" Sae e keeng wis fine shuitit tae sen ma; sae A set a time. [7]Fit's mair, A said tae e keeng, "Gin it please yer majesty, culd A hae letters tae e guvvernors o e cuntra across e watter, sae att they'll gie ma sauf passage till A win e linth o Judah? [8]An culd A hae a letter tae Asaph, keeper o e royal wids, sae he'll gie ma timmer tae mak beams for e yetts o e fortress anent e Temple an for e toon waas an for a hoose tae masel?" An cause e gracious han o ma God wis onno ma, e keeng gied ma fit A socht.

[9]Sae A cam tae e guvvernors o e cuntra ayont e watter an gied them e keeng's letters. E keeng hid sent airmy offishers an cavalry wi ma. [10]Fan Sanballat fae Horon an Tobiah the Ammonite officeel heard aboot iss, they werena verra sair shuitit att somebody hid come tae farder e weel-bein o the Israelites.

[11]Sae A cam tae Jerusalem, an efter bidin there three days, [12]A set out ae nicht wi a fyow idder chiels. A hidna telt naebody fit ma God hid pat in ma hert tae dee for Jerusalem. There wisna nae beasts wi ma, haud awa fae the een A wis hurlin on. [13]A gaed oot at nicht time throwe e Howe Yett e wye o e Dragon

waalie an e Midden Yett, takkin a gweed leuk o e waas o Jerusalem att hid been dung doon, an its yetts att hid been connacht wi fire. [14]Syne A meeved roon tae e Waalie Yett an e Keeng's Peel, bit there wis nae eneugh room for ma beast tae get throwe; [15]sae A gaed up e burn side bi nicht, takkin a gweed leuk at e waa an syne turnt back an cam hame throwe e Howe Yett. [16]The officeels hid nae noshun o far A hid been nor fit A wis deein, cause A hidna yet said naethin tae e Jowes nor e priests nor e nobles nor officeels nor ony ither body fa wid be deein e wark.

[17]Syne A said tae them, "Ye see e mineer we're in: Jerusalem lies herriet, an its yetts hiv been brunt wi fire. Come awa, lat's rebigg e waa o Jerusalem, an we'll nae laanger be thocht little o." [18]An A telt them foo God's han hid been gweed tae ma an fit e keeng hid said tae ma. They answert, "Lat's get on wi e biggin." Sae they pat their hans tae iss gweed wark. [19]Bit fan Sanballat fae Horon, Tobiah the officeel fae Ammon an Geshem the Arab heard aboot it, they leuch at hiz an made feels o hiz. "Fit's iss ye're deein?" they speirt. "Are ye gyan tae be rebellin agin e keeng?" [20]A jist said tae them, "E God o hivven will see hiz aa richt. We, his servants, will start rebiggin, bit as for you, ye hiv nae share in Jerusalem nor nae claim on naethin tae dee wi't."

CHAPTIR 3

Eliashib e heich priest an his brither priests got yokit an rebiggit e Sheep Yett. They dedicaitit it an set up doors, biggin roon e linth o e Tooer o the Hunner, dedicaitin it, syne gyan e linth o e Tooer o Hananel. [2]Men fae Jericho biggit e neeperin linth, an Zaccur e sin o Imri biggit neist tae them.

[3]E Fish Yett wis rebiggit bi e sins o Hassenaah. They laid in its beams an set up its doors an locks an snecks. [4]Meremoth sin o Uriah, e sin o Hakkoz, sortit e neist linth. An syne e neist linth wis sortit bi Meshullam sin o Berekiah, e sin o Meshezabel, an neist tae him Zadok sin o Baana did some sortin tee. [5]E neist linth wis sortit bi e men o Tekoa, bit their gintry widna pit their shouthers tae e wark o their Lord. [6]The Aul Yett wis sortit bi Jehoiada sin o Paseah an Meshullam sin o Besodeiah. They laid its couples an set up its doors wi their locks an snecks an bars. [7]Neist tae them, e sortin wis deen bi men fae Gibeon an Mizpah, Melatiah fae Gibeon an Jadon fae Meronoth, places unner e rowle o e guvvernor o e cuntra on iss side o e watter. [8]Uzziel, sin o Harhaiah, een o e gowdsmiths, sortit e neist linth; an Hananiah, sin o een o e droggists sortit e linth neist tae att. They rebiggit Jerusalem e linth o e Braid Waa. [9]Rephaiah sin o Hur, provost o a half o Jerusalem, sortit e neist linth. [10]Neeperin iss, Jedaiah sin o Harumaph sortit e linth anent his hoose, an Hattush sin o Hashabneiah sortit e bit neist tae him. [11]Malkijah sin o Harim an Hasshub sin o Pahath-moab sortit anither linth an e Tooer o the Ovens. [12]Shallum sin o Hallohesh, provost o a half o Jerusalem, sortit e neist linth an his dothers gied him a han.

[13]E Howe Yett wis sortit bi Hanun an e fowk fae Zanoah. They rebiggit it an set up its doors wi their locks an snecks an bars. They sortit fifteen hunner fit o e waa tee, e linth o e Midden Yett. [14]E Midden Yett wis sortit bi Malkijah sin o Recab, provost o e district o Beth-haccerem. He rebiggit it an set up its doors wi their locks an snecks.

[15]E Waalie Yett wis sortit bi Shallun sin o Col-hozeh, provost o e district o Mizpah. He rebiggit it, reefin it ower an fittin its doors an locks an snecks. He sortit e waa o e Peel o Siloam, ower bi e Keeng's Gairden tee, e linth o e steps att gyang doon fae Daavit's toon. [16]Ayont him, Nehemiah sin o Azbuk, provost o a half-district o Beth-zur, sortit e waa up tae a pint anent e tombs o Daavit, e linth o e watter dam an e Hoose o e gweed fechters. [17]Neist tae him, sortin wis deen bi e Levites unner Rehum sin o Bani. Neist them wis Hashabiah, provost o half e district o Keilah, fa sortit e bits for his district. [18]Neist tae him wis their relations unner Bavvai e sin o Henadad, provost o e tither half-district o Keilah. [19]Neist tae him,

Ezer sin o Jeshua, provost o Mizpah, sortit anither linth, fae a pint facin e brae up tae the airmoury e linth o e turn i the waa. ²⁰Neist tae him, Baruch sin o Zabbai set tee wi e sortin o anither linth, fae e turn i the waa tae far ye gyang in tae the hoose o Eliashib e heich priest. ²¹Neist tae him, Meremoth sin o Uriah, e sin o Hakkoz, sortit anither linth, fae far ye gyang in tae Eliashib's house tae the ein o his hoose.

²²Efter him, e priests fae e carse roon aboot did e sortin. ²³Ayont them, Benjamin an Hasshub sortit e linth in front o their hoose; an neist tae them, Azariah sin o Maaseiah, e sin o Ananiah, sortit a linth aside his house. ²⁴Neist tae him, Binnui sin o Henadad sortit anither linth, fae Azariah's house tae e neuk at e turn o e waa. ²⁵Palal sin o Uzai wirkit anent e turn i the waa an e tooer att sticks oot fae the heichmaist palace at e jile close. Neist tae him, Pedaiah e sin o Parosh an²⁶e Temple servants fa bade on e hill o Ophel sortit e linth up tae a pint anent e Watter Yett tae e east an e tooer att sticks oot fae it. ²⁷Neist tae them, e men o Tekoa sortit anither linth, fae e muckle tooer att sticks oot tae e waa o Ophel.

²⁸Abeen e Horse Yett, ilka een o e priests sortit e linth afore his ain hoose. ²⁹Neist tae them, Zadok sin o Immer sortit e bit anent his hoose. Neist tae him, Shemaiah sin o Shecaniah, e gaird at the East Yett, sortit a linth. ³⁰Neist tae him, Hananiah sin o Shelemiah, an Hanun, e saxth sin o Zalaph, sortit anither linth. Neist tae them, Meshullam sin o Berekiah sortit e linth anent his chaumer. ³¹Neist tae him, Malkijah, een o e gowdsmiths, sortit e linth o e hoose o e Temple gillies an e merchans, anent e Gaitherin Yett, e linth o e chaulmer abeen e neuk; ³²an atween e chaulmer abeen e neuk an e Sheep Yett e sortin wis deen bi e gowdsmiths an merchans.

CHAPTIR 4

Noo, fan Sanballat got tae hear att we were rebiggin e waa, he got anngert an his birse wis fairly up. He made a feel o e Jowes, ²an afore his freens an the airmy o Samaria, he said, "Fit are att dweebly Jowes deein? Can they rebigg their waa themsels? Will they offer sacrifeeces? Will they be throwe in a day? Can they fess e steens back tae life fae iss midden heaps att are aa brunt?" ³Tobiah fae Ammon, fa wis stannin aside him, said, "Gin a tod wis tae clim up onno fit they are biggin it wid caa doon their steen waa!"

⁴Hear hiz, wir God, cause we're lauchen att. Turn their tongue back on their ain heids, an lat aa they hiv be teen fae them in a cuntra far they've been teen captive. ⁵Dinna hap their ill-deeins nor blot oot their ill wyes fae afore ye, cause they hiv anngert ye afore e masons. ⁶Sae we rebiggit e waa till e hale o't wis up tae half its hicht, cause e fowk hid been willin warkers.

⁷Bit fan Sanballat, Tobiah, the Arabs, the Ammonites an e fowk o Ashdod heard att Jerusalem's waas were gettin sortit, an aa e slaps were bein fullt in, they were dancin mad. ⁸They aa plottit egither tae come an fecht wi Jerusalem an tae caause a steer. ⁹Bit we prayed tae wir God an set a waatch day an nicht cause o them.

¹⁰E fowk o Judah said, "E strength o e warkers is dwinin, an there's sae muckle heaps o steens att we canna rebigg e waa." ¹¹An wir faes said, "Afore they ken o't or see hiz, we'll be richt in amo them an we'll kill them an pit an ein tae their wark." ¹²Syne e Jowes fa bade near them cam an telt hiz ten times ower, "Fitivver wye ye turn, they will attack hiz."

¹³Sae A plunkit some o e fowk ahin e laichest bits o e waa far it wis maist exposed, postin them bi faimlies, wi their swoords, spears an bowes. ¹⁴Efter A'd leukit things ower, A steed up an said tae e

gintry, the officeels an e lave o e fowk, "Dinna be feart at them. Myn on e Lord, fa is great an aawsome, an fecht for yer faimlies, yer sins an yer dothers, yer wives an yer hames." [15]Noo, fan wir faes cam tae hear att we kent aboot their protick an att God hid checkit it, we aa gaed back tae e waa, ilka man tae his ain wark. [16]Noo, fae att day on, half o ma men vrocht at e wark, an e tither half steed gaird wi spears, targes, bowes an airmour. The offishers steed ahin aa e fowk o Judah [17]fa were biggin e waa. E labourers fa cairriet e draucht, did their wark wi ae han an held a wappon i the tither, [18]an ilka een o e masons wore his swoord at his side as he vrocht. E chiel fa sounit e tooteroo bade aside me. [19]An A said tae e gintry, the officeels an e lave o e folk, "There's a muckle graith o wark tae be deen, an we're aa spread oot along e waa. [20]Farivver ye are fan ye hear e soun o e tooteroo, come here tae hiz. Wir God will fecht for hiz."

[21]Sae we gloriet on wi half e men haudin spears fae e first licht o daawn till e stars cam out. [22]At e same time A said tae e fowk, "Hae ilka man an his servant bide inside Jerusalem at nicht, sae they can ack as gairds at nicht an as labourers bi day." [23]Naither I nor ma brithers, nor ma men nor e gairds att were wi ma teuk aff wir claes excep fan we gaed tae waash wirsels.

CHAPTIR 5

Noo e men an their wives reesed a muckle dirdum agin some o e tither Jowes. [2]Some were sayin, "Wi aa wir sins an dothers there's a fair fyow o hiz; sae att we mith live, we maun get corn." [3]Ither fowk were sayin, "We're mortgagin wir grun, wir vinyairds an wir hooses tae buy corn in iss time o wint." [4]Still ithers were sayin, "We hiv hid tae borra siller on wir grun an vinyairds tae pey e keeng's taxes. [5]We're aa Jock Tamson's bairns an tho oor bairns are as gweed as ither fowks', for aa att, we hiv tae fess wir sins an dothers tae slavery. Some o wir dothers are ariddy in service as slaves, an there's naethin we can dee aboot it, cause ither chiels noo ain wir grun an wir vinyairds."

[6]Fan A heard them cryin oot sic wirds, A wis fair raised. [7]A thocht aboot it for a fylie syne gied a tonguein tae e gintry an officeels. A telt them, "Ye're chettin yer ain fowk wi the interest ye're chairgin them." Sae A cried egither a curn o fowk tae a meetin tae see fit we were gyan tae dee wi them, [8]an A said: "As muckle as we culd, we've fessen back wir ain folk fa were selt tae e forriners. Noo its you att's sellin yer ain fowk, bit for them tae be selt back tae hiz." They nivver spak, they didna ken fit tae say. [9]Sae on A held, "Fit ye're deein's nae mowse. Shuld ye nae be waalkin i the fear o wir God sae att wir forrin faes dinna lauch at hiz? [10]Me an ma brithers an ma men are lennin them siller an corn, bit fit say ye, we stop chairgin interest? [11]Gie them back straichtawa their grun, vinyairds, oliveyairds an hooses, an the interest ye're chairgin them tee at ae per cent an e corn, wine an ile ye tak aff them." [12]"We'll gie it back," they said. "An we winna tak naethin mair fae them. We'll dee fit ye're sikkin." Syne A caalled up e priests an garrt e gintry an officeels tak an aith tae dee fit they'd promist. [13]An A shook e fauls o ma goon an said, "Iss wye mith God shaak oot o their hoose an gear, onybody fa disna haud tae iss promise. Mith he be shaaken oot an teemed." An aa them at e meetin said, "Sae be it," an praised e Lord. An e fowk keepit their promise.

[14]Mairower, fae e time A wis appintit their guvvernor in Judah, att wis fae e twintieth ear o Keeng Artaxerxes' rowle, tae his thirty-saicond ear, twal ear in aa, naither I nor ma brithers ett e guvvernor's allooance o maet. [15]Bit e guvvernors fa cam afore ma were sair on e fowk takkin nae jist e loaf an wine, bit fowerty shekels o siller anaa fae them. Their factors lordit ower e fowk tee. Bit oot o reverence for God A didna dee siclike. [16]Aye A gied aa ma time tae e wark on e waa an A didna buy nae grun cause aa ma men were teen up wi e wark on e waa. [17]Fit's mair, A fed a hunner an fifty Jowes an officeels, as weel as them fa cam tae hiz fae forrin cuntras roon aboot. [18]Ilka day a stot, sax o e best sheep an some powtry

were cookit for ma, an ilka ten days we teuk in a gweed sup o wine o aa kynes. For aa that, A never socht e maet allottit tae e guvvernor, cause e fowk were haein a gey chaave. [19]Think weel o ma, ma God, for aa A've deen for iss fowk.

CHAPTIR 6

Noo fan Sanballat, Tobiah, Geshem the Arab an e lave o wir faes got tae hear att A hid rebiggit e waa an nae a slap wis tae be faun inno't (tho at att time A hidna set e doors i the yetts), [2]Sanballat an Geshem sent an eerin tae ma, sayin, "Come, an meet wi hiz in een o e clachans i the howe o Ono." Bit they were schemin tae dee ma a mishanter, [3]sae A sent wird back tae them tae say "A'm thrang wi wark enoo an canna come doon till ye. Fit wye shuld e wark be held up for me tae leave it an come doon tae you?" [4]Fower times they speirt ma doon, an ilka time A gied them e same answer.

[5]Syne, e fifth time, Sanballat sent his mannie tae me wi e same eeran, an in his han wis an open letterie [6]att said: "A'm hearin fae some forriners, an Gashmu says it's nae lee, att you an e Jowes are plottin tae rebel, an att's e wye ye're biggin e waa, an they're sayin ye're plannin tae tak ower as their keeng [7]an hiv aiven appintit prophits tae reese ye oot in Jerusalem sayin: 'There is a keeng in Judah!' Noo we'll hae tae report tae e keeng fit's bein said, sae come an spik tae hiz." [8]Sae A sent him iss rebat: "Naethin lik fit ye're sayin is happenin; ye're just makkin it aa up in yer heid." [9]They were aa tryin tae fleg hiz an said, "Their hans will get ower wyke for e wark, an they'll nivver be throwe." Bit A prayed, "Noo, God, gie strinth tae ma hans."

[10]Efter att A gaed tae see Shemaiah sin o Delaiah, e sin o Mehetabel, fa wis unner hoose-arrist. He said, "Lat's gyang tae e hoose o God, inno e Temple, an claa tee e Temple doors, cause there's lads leukin tae dee awa wi ye; A'm tellin ye, they're comin e nicht tae kill ye." [11]Bit A said, "Shuld a chiel lik me run awa? Or shuld a chiel lik me gyang inno e Temple tae save himsel? Na, na, A'm nae gyan." [12]Ye see, A'd wirkit oot att God hidna sent him, bit att he hid propheseed iss agin ma, cause Tobiah an Sanballat hid lined his pooches tae dee it. [13]He'd been teen on tae fleg ma tae dee fit he wis suggestin an sae commit some ill, an syne they culd say A'd deen wrang an cry ma doon. [14]Myn on Tobiah an Sanballat, ma God, cause o fit they've deen; hae myn on e prophit Noadiah tee an foo she an e lave o e prophits hiv been tryin tae fleg ma. [15]Sae e waa wis feenished on e twinty-fifth o e month o Elul. It hid teen fifty-twa days.

[16]Noo, fan aa wir faes got tae hear o iss, aa e cuntras roon aboot were feart for themsels, cause they hid wirkit oot att iss wark hid been vrocht wi e help o wir God.

[17]Noo at att time, e gintry o Judah were vreetin back an fore tae Tobiah. [18]A gey fyow in Judah hid sworn an aith o lealtie tae him, cause he wis sin-in-laa tae Shecaniah e sin o Arah. His sin Jehohanan hid mairriet e dother o Meshullam e sin o Berekiah. [19]Fit's mair, they kept tellin me aa e gweed wark he'd deen an clypin tae him fit A said. An Tobiah sent ma letters tae try tae fleg ma.

CHAPTIR 7

Efter e waa wis biggit an A hid set up e doors i the yetts, e doorkeepers, singers, an Levites were appinted. [2]A gied e job o guvvernin Jerusalem tae ma brither Hanani, alang wi Hananiah, e commander o e fortress, cause he wis a leal chiel fa feared God mair nor maist. [3]An A said tae them, "Dinna open e yetts o Jerusalem till e sin's het. Lat e doorkeepers fa are stannin there shut an bar e doors. Appint e fowk fa bide in Jerusalem tae ack as gairds, ilka een tae tak a waatch. Some will waatch at their posts an some afore their ain hooses." [4]At att time e toon wis big an spread oot, bit there wisna mony fowk bidin inno't an neen o e hooses hid been biggit. [5]Sae ma God gied ma e noshun tae gaither egither aa e gintry an leaders o e toon, alang wi the ordinar fowk, sae att they mith be registert. A faun e register o them fa hid first come back tae Judah, an iss is fit it said:

[6]Here's e list o them fae e province fa cam up oot o e capteevity o the exiles fa Nebuchadnezzar the keeng o Babylon hid teen awa, bit hiv noo come hame tae Jerusalem an the ither toons o Judah, ilka een tae his ain toon. [7]Them fa cam wi Zerubbabel were Jeshua, Nehemiah, Azariah, Raamiah, Nahamani, Mordecai, Bilshan, Mispereth, Bigvai, Nehum, an Baanah.

Iss wis e nummer o e men o Israel fa cam back fae exile:

[8]E faimly o Parosh: twa thoosan, wan hunner an twinty-twa;
[9]E faimly o Shephatiah: three hunner an syventy-twa;
[10]E faimly o Arah: sax hunner an fifty-twa;
[11]E faimly o Pahath-moab (fae e line o Jeshua an Joab): twa thoosan aucht hunner an auchteen;
[12]E faimly o Elam: twal hunner an fifty-fower;
[13]E faimly o Zattu: aucht hunner an fowerty-five;
[14]E faimly o Zaccai: syven hunner an saxty;
[15]E faimly o Binnui: sax hunner an fowerty-aucht;
[16]E faimly o Bebai: sax hunner an twinty-aucht;
[17]E faimly o Azgad: twa thoosan three hunner an twinty-twa;
[18]E faimly o Adonikam: sax hunner an saxty-syven;
[19]E faimly o Bigvai: twa thoosan an saxty-syven;
[20]E faimly o Adin: sax hunner an fifty-five;
[21]E faimly o Ater (fae e line o Hezekiah): ninety-aucht;
[22]E faimly o Hashum: three hunner an twinty-aucht;
[23]E faimly o Bezai: three hunner an twinty-fower;
[24]E faimly o Hariph: a hunner an twal;
[25]E faimly o Gibeon: ninety-five;
[26]E fowk o Bethlehem an Netophah: a hunner an auchty-aucht;
[27]E fowk o Anathoth: a hunner an twinty-aucht;
[28]E fowk o Beth-azmaveth: fowerty-twa
[29]E fowk o Kiriath-jearim, Kephirah, an Beeroth: syven hunner an fowerty-three;
[30]E fowk o Ramah an Gaba: sax hunner an twinty-wan;
[31]E fowk o Michmash: a hunner an twinty-twa;
[32]E fowk o Bethel an Ai: a hunner an twinty-three;
[33]E fowk o the ither Nebo: fifty-twa;
[34]E fowk o the ither Elam; Twal hunner an fifty-fower;
[35]E fowk o Harim: three hunner an twinty;
[36]E fowk o Jericho: three hunner an fowerty-five;
[37]E fowk o Lod, Hadid, an Ono: syven hunner an twinty-wan;
[38]E fowk o Senaah: three thoosan nine hunner an thirty.
[39]Iss is e priests fa cam back fae exile:
E faimly o Jedaiah (throwe e line o Jeshua): nine hunner an syventy-three;
[40]E faimly o Immer: a thoosan an fifty-twa;
[41]E faimly o Pashhur: a thoosan twa hunner an fowerty-syven;
[42]E faimly o Harim: a thoosan an syventeen;

[43]Iss is e Levites fa cam back fae exile:
E faimlies o Jeshua an Kadmiel (fae e line o Hodaviah): syventy-fower;
[44]E singers o e faimly o Asaph: a hunner an fowerty-aucht;
[45]E doorkeepers o e faimlies o Shallum, Ater, Talmon, Akkub, Hatita, an Shobai: a hunner an thirty-aucht.
[46]Fae e line o e Temple servants fa cam back fae exile:
Ziha, Hasupha, Tabbaoth,
[47]Keros, Sia, Padon,
[48]Lebana, Hagaba, Shalmai,
[49]Hanan, Giddel, Gahar,
[50]Reaiah, Rezin, Nekoda,
[51]Gazzam, Uzza, Paseah,
[52]Besai, Meunim, Nephussim,
[53]Bakbuk, Hakupha, Harhur,
[54]Bazluth, Mehida, Harsha,
[55]Barkos, Sisera, Temah,
[56]Neziah, an Hatipha.
[57]Fae e line o e servants o Keeng Solomon fa cam back fae exile:
Sotai, Sophereth, Perida,
[58]Jaala, Darkon, Giddel,
[59]Shephatiah, Hattil, Pokereth fae Zebaim, an Amon.
[60]In aa, e Temple servants an e line o Solomon's servants nummert three hunner an ninety-twa.

[61]An iss is e names o them fa cam back fae e toons o Tel-melah, Tel-harsha, Kerub, Addon, an Immer. Hooivver, they culdna preeve att they nor their faimlies cam o Israel:

[62]e faimlies o Delaiah, Tobiah, an Nekoda, sax hunner an fowerty-twa o them.

[63]E faimlies o priests: Hobaiah, Hakkoz, an Barzillai. Iss Barzillai hid mairriet a wumman fa cam o Barzillai fae Gilead, an he hid teen her faimly name. [64]They rakit throwe e registers for their names, bit culdna fin them, sae they werna alooed tae serve as priests. [65]E guvvernor telt them att they maunna ett the maist haily things till a priest wis appintit wi Urim an Thummim.

[66]Sae e hale jing bang o them cam tae fowerty-twa thoosan three hunner an saxty, [67]wi syven thoosan three hunner an thirty-syven servants an twa hunner an fowerty-five singers, baith men an weemen forbye. [68]They teuk wi them syven hunner an thirty-sax horse, twa hunner an fowerty-five mules, [69]fower hunner an thirty-five camels, an sax thoosan syven hunner an twinty cuddies.

[70]Some o e heids o e faimlies gied ower siller for e wark. E guvvernor gied tae e trissury a thoosan drams o gowd, fifty gowd bowies, an five hunner an thirty goons for e priests. [71]Some o e heids o e faimlies gied tae e trissury twinty thoosan drams o gowd, an twa thoosan twa hunner pun o siller. [72]E lave o e fowk gied twinty thoosan drams o gowd, twa thoosan pun o siller, an saxty-syven goons for e priests.

[73]Sae e priests, e Levites, e doorkeepers, e singers, e Temple servants, an e lave o the Israelites aa sattlt i their toons.

Fan e syventh month cam an the Israelites were sattlt i their toons,

CHAPTIR 8

aa e fowk cam egither as een i the squaar anent e Watter Yett. They telt Ezra, e dominie, tae fess oot e Beuk o e Laa o Moses, att e Lord hid gien ki tae Israel. [2]Sae on e first day o e syventh month, Ezra e priest brocht e laa afore e fowk fa hid gaithert, baith men an weemen an aa fa culd unnerstan it. [3]He read it oot fae mornin tae neen, facin e squaar anent e Watter Yett afore e men, weemen an them fa culd unnerstan. An they aa preent up their lugs tae e Beuk o e Laa. [4]Ezra e dominie steed on a timmer poopit biggit for the occasion. Aside him on his richt han side steed Mattithiah, Shema, Anaiah, Uriah, Hilkiah an Maaseiah; an on his left han were Pedaiah, Mishael, Malkijah, Hashum, Hashbaddanah, Zechariah an Meshullam. [5]Fan Ezra opent e beuk, aa e fowk culd see him, cause he wis stannin abeen them; an fan he opent it, e fowk aa steed up. [6]Ezra praised e Lord, e great God; an aa e fowk liftit up their hans an cried, "Amen, Amen." Syne they booed doon their heids an wirshipped e Lord wi their faces tae e grun. [7]E Levites, Jeshua, Bani, Sherebiah, Jamin, Akkub, Shabbethai, Hodiah, Maaseiah, Kelita, Azariah, Jozabad, Hanan an Pelaiah, helpit e fowk in unnerstannin e laa as they were stannin there. [8]They read fae e Beuk o e Laa o God, makkin it clear an expoonin fit it meant sae att e fowk were mensefu i the up-tak o fit wis bein read oot.

[9]Syne Nehemiah e guvvernor, Ezra e priest an dominie, an e Levites fa were learnin e fowk said tae them aa, "Iss day is haily tae e Lord yer God. Dinna be dool or greet." Cause aa e fowk hid grutten fan they heard e wirds o e laa.

[10]Syne he said tae them, "Awa ye gyang, enjoy e best maet an sweet drinks, an sen some tae them fa hinna naethin riddy. Iss day is haily tae wir Lord. Dinna be sorrafu, cause e joy o e Lord is yer strinth." [11]Sae e Levites quaitent aa e fowk, sayin, "Keep a calm sough, cause iss is a haily day an dinna be sair come at." [12]Syne aa e fowk gaed an ett an drank, an gied tae them fa hid neen an they made mirry, cause they hid unnersteed e wirds att were read tae them.

[13]On e saicond day o e month, e heids o aa e faimlies, alang wi e priests an e Levites, gaithert roon Ezra e dominie tae gie mair thocht tae e wirds o e laa. [14]They faun screiven i the laa, att e Lord hid gien throwe Moses, att the Israelites were tae bide in buchts aa throwe e feast o e syventh month [15]an att they shuld mak it kent in aa their toons an in Jerusalem, bi sayin: "Gyang up tae the heilans an fess back olive branches, an pine branches, an myrtle branches, an palm branches an ither leafy trees, tae mak buchts, jist as e laa says."

[16]Sae e fowk gaed oot an brocht back branches an biggit buchts for themsels on their ain reefs, i their closes, i the coorts o e hoose o God an i the squaar anent e Watter Yett an e squaar anent e Yett o Ephraim. [17]E hale jing bang o them fa hid come back fae exile biggit buchts an bade in them. Fae e days o Jeshua e sin o Nun till att day, the Israelites hidna deen naethin lik iss. An they were aa maist happy. [18]Daily day, fae e first day tae e hinnerein, Ezra read fae e Beuk o e Laa o God. They keepit e feast for syven days, an on the auchth day, there wis a gaitherin, as wis notten bi e laa.

CHAPTIR 9

On e twinty-fowerth day o e same month, the Israelites gaithert egither, fastin an weerin saickclaith an yirdin their heids. [2]Them fa cam o Israelite faimlies were stannin apairt fae aa e forriners. They steed up an admittit tae their ill-deeins an the ill-deeins o their forebeers. [3]They steed far they were an read fae e Beuk o e Laa o e Lord their God for a quaarter o e day, an spent anither quaarter in confessin an in wirshippin e Lord their God.

[4]Stannin on e stairs o e Levites were Jeshua, Bani, Kadmiel, Shebaniah, Bunni, Sherebiah, Bani an Kenani. They roart oot wi lood vices tae e Lord their God. [5]An e Levites, Jeshua, Kadmiel, Bani, Hashabneiah, Sherebiah, Hodiah, Shebaniah an Pethahiah said: "Stan up an bliss e Lord yer God, for ivver an ivver. Blisst be yer glorious name, reesed abeen aa blessin an praise. [6]Neen bit you is Lord. Ye've made e hivvens, up tae e heichest hivven, an aa their airmy o stars, e warl an aa att's onno't, e sea an aa att's inno't. Ye gie life tae aathin, an e thrang o hivven wirships ye. [7]Ye're e Lord God, fa pickit Abram an brocht him oot o Ur o e Chaldees an caaed him Abraham. [8]Ye faun his hert leal tae ye, an ye trystit wi him tae gie tae his descendants e lan o e Canaanites, Hittites, Amorites, Perizzites, Jebusites an Girgashites. Ye've keepit yer promise cause ye're jeest. [9]Ye saa foo sair come at wir fadders were in Egypt an ye hearkent tae their cry bi e Reed Sea. [10]Ye sent ferlies an winners tae Pharaoh, an tae aa his officeels an tae aa e fowk o his cuntra, cause ye kent foo heich-heidit the Egyptians were tae them. Ye made a name for yersel, an hiv keepit it tae iss day. [11]Ye pairtit e sea afore them, sae att they gaed throwe e midse o't on tae dry grun, bit ye keest e chiels fa were efter them intae e depths, lik a steen inno raigin watters. [12]Throw e day ye led them wi a pillar o clood, an bi nicht wi a pillar o fire tae gie them licht on e wye they shuld gyang. [13]Ye cam doon onno Moont Sinai an ye spoke tae them fae hivven an gied them gweed jeedgements an laas att are jeest an richt, an decrees an commans att are gweed. [14]Ye telt them aboot yer haily Sabbath an gied them commans, decrees an laas throwe yer servant Moses. [15]Ye gied them loaf fae hivven fan they hunngert an brocht them watter fae e rock fan they thirstit; ye promist them they wid get e grun att ye swore tae gie them.

[16]"Bit they an wir forebeers were prood an hard-neckit, an they didna bide bi yer commans. [17]They refeesed tae listen an didna myn on e winnerfu things ye did for them. They were thraawn an in their contermashious wyes, appinted a leader tae tak them back tae their slavery. Bit ye're a forgiein God, gracious an mercifu, slow tae reese an foo o luv. Sae ye didna forsake them, [18]aiven fan they cass for themsels an eemage o a caffie an said, 'Iss is yer god, fa brocht ye up oot o Egypt,' or fan they vrocht maist sair blasphemies. [19]For aa that, cause o yer hert-peety for them, ye didna leave them on their ain i the roch cuntra: e pillar o clood nivver left aff leadin them e wye bi day, nor did e pillar o fire devaal bi nicht fae shewin them e licht on e wye they shuld gyang. [20]Ye gied yer gweed speerit tae learn them, an ye didna haud back yer manna fae their moos, an ye gied them watter fan they were drouthy [21]For fowerty ear ye keepit them gyan i the roch cuntra; they wintit for naethin, their claes didna weer oot an their feet nivver swallt. [22]Ye gied them keengdoms an cuntras, spreadin them intae ilka neuk. They teuk ower e cuntra o Sihon keeng o Heshbon an e cuntra o Og keeng o Bashan. [23]Ye gied them as mony bairns as there are stars in hivven, an ye brocht them tae e cuntra att ye hid promist tae their fadders they wid gyang an ain. [24]Their bairns gaed an teuk ower e grun an ye garrt e fowk att were bidin there knuckle unner tae them. Ye gied e Canaanites inno their hans, alang wi their keengs an e fowk o e cuntra, tae dee wi them fit they wid. [25]They teuk fortifiet toons an growthie grun; they teuk ower hooses full o aa kyns o gweed gear, waalls ariddy howkit, vinyairds, oliveyairds an fruit trees o aa kynes. They ett an were full an threeve; they were happy wi themsels at yer great gweedness.

[26]"Bit they were ill-trickit an rebelled agin ye an they turnt their backs on yer laa. They killed yer prophits, fa hid gien them warnins tae try tae turn them back tae ye; they vrocht maist sair blasphemies. [27]Sae ye hannit them ower tae their faes, fa tiraneesed them. Bit fan they were sair come at, they cried oot tae ye an fae hivven ye heard them, an in yer great mercy ye sent them deliverers, fa redd them o their faes. [28]Bit as seen as they were at rist, they were back tae deein fit wis ill in yer sicht. Sae ye left them tae e hans o their faes fa held them in aboot. An fan they cam back an cried oot tae ye again, ye heard them fae hivven, an in yer mercy ye savit them time an time again. [29]Ye warnt them, tae turn them back tae yer laa, bit they turnt heich-heidit an widna dee fit ye socht. They widna folla yer commans, (gin ye flee wi e craas, ye'll get shot wi e craas). They turnt thraawn, becam stiff-neckit an widna listen. [30]For mony ears

ye pat up wi't an bi yer speerit ye warnt them throwe yer prophits. Still-an-on they peyed nae attintion, sae ye gied them inno e hans o their neepers. ³¹Bit in yer muckle mercy ye didna dee awa wi them aaegither, nor gie up on them, cause ye're a gracious an mercifu God.

³²"Sae, noo, oor God, e great God, michty an aawsome, fa keeps his tryst o luv, dinna lat aa iss skaith seem lik little or naethin tae ye, iss skaith att's come onno hiz, on wir keengs an wir chiefs, on wir priests an wir prophits, on wir forebeers an on aa yer fowk, fae e days o e keengs o Assyria till iss verra day. ³³In aa att's happent tae hiz, ye've been fair, ye've deen aathin richt, bit we've been coorse. ³⁴Wir keengs, wir chiefs, wir priests an wir forebeers didna folla yer laa nor listen tae yer commans nor e warnins ye gied them tae keep yer laas. ³⁵Fan they were i their ain cuntra, kennin e gweed o yer rowth o boontie tae them i the braid, growthie grun ye gied them, they didna serve ye or turn fae their ill wyes. ³⁶Bit jist leuk, we're slaves nooadays, i the cuntra ye gied wir forebeers sae att they culd ett its fruit an e lave o its boontie: slaves, att's fit we are. ³⁷Cause o wir ill-deeins, its weel-gaithert growthe gyangs tae e keengs ye've pat ower hiz. They lord it ower wir verra bodies an ower wir beasts jist as they like, an we're sair come at. ³⁸Cause o aa iss we will mak a solemn promise an we're gyan tae vreet it doon an wir chiefs an Levites an priests will aa sign it."

CHAPTIR 10

Them fa signed were:

Nehemiah e guvvernor, e sin o Hacaliah, Zedekiah, ²Seraiah, Azariah, Jeremiah, ³Pashhur, Amariah, Malkijah, ⁴Hattush, Shebaniah, Malluch, ⁵Harim, Meremoth, Obadiah, ⁶Daniel, Ginnethon, Baruch, ⁷Meshullam, Abijah, Mijamin, ⁸Maaziah, Bilgai an Shemaiah, fa aa were e priests.

⁹E Levites: Jeshua sin o Azaniah, Binnui o e sins o Henadad, Kadmiel, ¹⁰an their freens: Shebaniah, Hodiah, Kelita, Pelaiah, Hanan, ¹¹Mica, Rehob, Hashabiah, ¹²Zaccur, Sherebiah, Shebaniah, ¹³Hodiah, Bani an Beninu.

¹⁴E chiefs amo e fowk: Parosh, Pahath-moab, Elam, Zatthu, Bani, ¹⁵Bunni, Azgad, Bebai, ¹⁶Adonijah, Bigvai, Adin, ¹⁷Ater, Hezekiah, Azzur, ¹⁸Hodiah, Hashum, Bezai, ¹⁹Hariph, Anathoth, Nebai, ²⁰Magpiash, Meshullam, Hezir, ²¹Meshezabel, Zadok, Jaddua, ²²Pelatiah, Hanan, Anaiah, ²³Hoshea, Hananiah, Hasshub, ²⁴Hallohesh, Pilha, Shobek, ²⁵Rehum, Hashabnah, Maaseiah, ²⁶Ahiah, Hanan, Anan, ²⁷Malluch, Harim an Baanah.

²⁸E lave o e fowk, e priests, Levites, doorkeepers, singers, Temple servants an aa them fa steed apairt fae e neeperin fowk for e sake o e Laa o God, alang wi their wives an aa their sins an dothers fa culd unnerstan ²⁹aa clave tae their fella Israelites their leaders, an bun themsels wi a curse an an aith tae folla e Laa o God gien throwe Moses e servant o God an tae bide bi aa commans, rowles an laas o e Lord wir Lord. ³⁰We promist we widna gie wir dothers tae e neeperin fowk nor tak their dothers for wir sins. ³¹An gin ony o e neeperin fowk fess gear or corn tae sell on e Sabbath, we winna buy fae them on e Sabbath nor on ony haily day. Ilka syventh ear we'll leave e grun falla an will cancel aa debts. ³²We teuk on for ilka een o hiz tae pey a third o a shekel ilka ear for e service o e hoose o wir God: ³³for e loaf set oot on e table; for e reglar maet offerins an brunt offerins; for the offerins on e Sabbaths, at e New Meen feasts an at e set feasts; for e haily offerins; for the offerins for wir ill-deeins tae say att aa Israel is sorry; an for aa e wark o e hoose o wir God. ³⁴We cass lots amo e priests, e Levites an e fowk tae see fan ilka faimly wid fess wid tae e hoose o wir God tae burn on the aaltar at set times ilka ear, as it's screiven i the Laa. ³⁵We unnerteuk tae fess e first o e hairst ilka ear tae e hoose o e Lord, baith o wir craps an o wir fruit trees, ³⁶an

wir aulest sins an first born o wir beasts an wir hirds an wir flocks, jist as it's screiven i the Laa, aa fessen tae e hoose o wir God, tae e priests meenisterin there. [37]An e first o wir dough, o wir maet offerins, o e fruit o aa wir trees an o wir wine an ile, aa fessen tae e priests i the stores o e hoose o wir God. An we'll fess a tithe o wir craps tae e Levites, cause e Levites collect e tithes in aa e toons far we wark. [38]A priest o Aaron's line will gyang wi e Levites fan they tak e tithes, an e Levites will fess a tenth o e tithes up tae e hoose o wir God, tae e stores o e trissury. [39]The Israelites, includin e Levites, will fess their offerins o corn, new wine an ile tae e stores, far the accootrements o e sanctuary are keepit an far e meenisterin priests, e doorkeepers an e singers are tae be faun. We winna forget e hoose o wir God.

CHAPTIR 11

Noo e leaders o e fowk sattlt in Jerusalem. E lave o e fowk keest lots tae fess een oot o ilka ten o them tae bide in Jerusalem, the haily toon, wi e tither nine o them left tae sattle in ither toons. [2]E fowk blisst aa them fa were willin tae bide in Jerusalem.

[3]Iss is e name o e chiefs o e province fa sattlt in Jerusalem (i the toons o Judah ilka chiel bade in his ain property, att's tae say, Israelites, priests, Levites, Temple servants an descendants o Solomon's servants, [4]bit in Jerusalem there wis fowk fae baith Judah an Benjamin):

Fae the ation o Judah: Athaiah sin o Uzziah, e sin o Zechariah, e sin o Amariah, e sin o Shephatiah, e sin o Mahalalel, o Perez's line; [5]an Maaseiah sin o Baruch, e sin o Col-hozeh, e sin o Hazaiah, e sin o Adaiah, e sin o Joiarib, e sin o Zechariah, o Shelah's line. [6]The ation o Perez fa bade in Jerusalem cam tae fower hunner an saxty-aucht stoot chiels.

[7]Fae the ation o Benjamin: Sallu sin o Meshullam, e sin o Joed, e sin o Pedaiah, e sin o Kolaiah, e sin o Maaseiah, e sin o Ithiel, e sin o Jesaiah, [8]an efter him, Gabbai an Sallai, nine hunner an twinty-aucht chiels. [9]Joel sin o Zicri wis their grieve, an Judah sin o Hassenuah wis saicond in comman ower e toon.

[10]Fae e priests: Jedaiah, e sin o Joiarib, Jakin, [11]Seraiah sin o Hilkiah, e sin o Meshullam, e sin o Zadok, e sin o Meraioth, e sin o Ahitub, the officeel in chairge o e hoose o God, [12]an their cronies fa did e wark i the Temple, cam tae aucht hunner an twinty-twa chiels; Adaiah sin o Jeroham, e sin o Pelaliah, e sin o Amzi, e sin o Zechariah, e sin o Pashhur, e sin o Malkijah, [13]an his cronies fa were heids o faimlies cam tae twa hunner an fowerty-twa chiels; Amashai sin o Azarel, e sin o Ahzai, e sin o Meshillemoth, e sin o Immer, [14]an their cronies fa were aa stoot chiels cam tae a hunner an twinty-aucht. Their grieve wis Zabdiel sin o Haggedolim.

[15]Fae e Levites: Shemaiah sin o Hasshub, e sin o Azrikam, e sin o Hashabiah, e sin o Bunni; [16]Shabbethai an Jozabad, twa o e heids o e Levites, fa leukit efter the ootside wark o e hoose o God; [17]Mattaniah sin o Mica, e sin o Zabdi, e sin o Asaph, fa led e thanksgiein an prayer; Bakbukiah, saicond amo his faimly; an Abda sin o Shammua, e sin o Galal, e sin o Jeduthun. [18]Twa hunner an fowerty-fower Levites i the haily toon.

[19]E doorkeepers: Akkub, Talmon an their cronies, fa keepit waatch at e yetts, a hunner an syventy-twa chiels.

[20]E lave o the Israelites, wi e priests an Levites, were in a e toons o Judah, ilka een in his ain heired property.

²¹E Temple servants bade in Ophel. Ziha an Gishpa were in chairge o them.

²²E grieve amo e Levites in Jerusalem wis Uzzi sin o Bani, e sin o Hashabiah, e sin o Mattaniah, e sin o Mica. Uzzi cam o e faimly o Asaph, fa were e singers att saa tae e meesic i the hoose o God. ²³They teuk their orders fae e keeng fa set oot fit they were tae get ilka day. ²⁴Pethahiah sin o Meshezabel, een o the ation o Zerah sin o Judah, wis e keeng's factor in aathin att hid tae dee wi e fowk. ²⁵As for e clachans an their parks, some o e fowk o Judah bade in Kiriath-arba an i the clachans roon aboot, in Dibon an its clachans, in Jekabzeel an its clachans, ²⁶in Jeshua, in Moladah, in Beth-phelet, ²⁷in Hazar-shual, in Beersheba an its clachans, ²⁸in Ziklag, in Meconah an its clachans, ²⁹in En-rimmon, in Zorah, in Jarmuth, ³⁰Zanoah, Adullam an their clachans, in Lachish an its parks, in Azekah an its clachans. An they dwalt aa e wye fae Beersheba tae e Howe o Hinnom.

³¹The ation o e Benjamin clan fae Geba dwalt at Michmash, Aija, Bethel an their clachans, ³²in Anathoth, Nob an Ananiah, ³³in Hazor, Ramah an Gittaim, ³⁴in Hadid, Zeboim an Neballat, ³⁵in Lod an Ono, an i the Howe o e Vrichts. ³⁶Some o e diveesions o e Levites o Judah sattlt in Benjamin cuntra.

CHAPTIR 12

Iss wis e priests an Levites fa cam hame wi Zerubbabel sin o Shealtiel an wi Jeshua: Seraiah, Jeremiah, Ezra, ²Amariah, Malluch, Hattush, ³Shecaniah, Rehum, Meremoth, ⁴Iddo, Ginnethon, Abijah, ⁵Mijamin, Moadiah, Bilgah, ⁶Shemaiah, Joiarib, Jedaiah, ⁷Sallu, Amok, Hilkiah an Jedaiah. They were e leaders o e priests an their brithers i the days o Jeshua.

⁸E Levites were Jeshua, Binnui, Kadmiel, Sherebiah, Judah, an Mattaniah, fa, alang wi his brithers, wis in chairge o e singin for e thanksgiein. ⁹Bakbukiah an Unni, their brithers, steed conter them i the services.

¹⁰Jeshua faddert Joiakim, Joiakim faddert Eliashib, Eliashib faddert Joiada, ¹¹Joiada faddert Jonathan, an Jonathan faddert Jaddua. ¹²I the time o Joiakim, iss wis e heids o e faimlies o e priests: Seraiah's faimly: Meraiah; Jeremiah's: Hananiah; ¹³Ezra's: Meshullam; Amariah's: Jehohanan; ¹⁴Malluch's: Jonathan; Shebaniah's: Joseph; ¹⁵Harim's: Adna; Meraioth's: Helkai; ¹⁶Iddo's: Zechariah; Ginnethon's: Meshullam; Abijah's: Zicri; ¹⁷Miniamin's; Moadiah's: Piltai; ¹⁸Bilgah's: Shammua; Shemaiah's: Jehonathan; ¹⁹Joiarib's: Mattenai; Jedaiah's: Uzzi; ²⁰Sallu's: Kallai; Amok's: Eber; ²¹Hilkiah's: Hashabiah; Jedaiah's: Nethaneel.

²²E faimly heids o e Levites i the days o Eliashib, Joiada, Johanan an Jaddua, as weel as e priests, were recorded i the reign o Darius e Persian. ²³E faimly heids amo the ation o Levi up tae e time o Johanan sin o Eliashib were recorded i the Beuk o e Chronicles. ²⁴An e leaders o e Levites were Hashabiah, Sherebiah, Jeshua sin o Kadmiel, an their brithers, fa steed conter them tae gie praise an thanksgiein, singin back an fore tae een anither, as set oot bi Daavit e man o God.

²⁵Mattaniah, Bakbukiah, Obadiah, Meshullam, Talmon an Akkub were doorkeepers fa gairded e stores at e yetts. ²⁶Att wis i the time o Joiakim sin o Jeshua, e sin o Jozadak, an i the time o Nehemiah e guvvernor an o Ezra e priest an dominie.

²⁷At e dedicaition o e waa o Jerusalem, e Levites were socht oot fae far they bade an were brocht tae Jerusalem tae gledly keep e dedicaition wi sangs an wi thanksgiein an wi singin, an cymbals, an hairps, an lyres. ²⁸E singers gaithert tee fae e howes roon aboot Jerusalem an fae e clachans o Netophathites, ²⁹an

fae Beth-gilgal, an fae e parks o Geba an Azmaveth, cause e singers hid biggit clachans for themsels roon aboot Jerusalem. [30]Fan e priests an Levites hid purifiet themsels, they purifiet e fowk, an e yetts, an e waa. [31]Syne A brocht e leaders o Judah up ontae e waa an A appintit twa muckle quires o singers tae gie thanks. Een gaed alang e richt han side o e waa, e wye o e Midden Yett. [32]Hoshaiah an half e leaders o Judah gaed efter them, [33]alang wi Azariah, Ezra, Meshullam, [34]Judah, Benjamin, Shemaiah, an Jeremiah, [35]as weel as some o sins o e priests wi tooteroos: Zechariah sin o Jonathan, e sin o Shemaiah, e sin o Mattaniah, e sin o Micaiah, e sin o Zaccur, e sin o Asaph, [36]an his brithers, Shemaiah, Azarel, Milalai, Gilalai, Maai, Nethaneel, Judah an Hanani, wi e meesical instruments o Daavit e man o God. Ezra e dominie gaed afore them. [37]At e Waalie Yett, att wis anent them, they gaed up e stairs o Daavit's toon, far e waa gyangs up e wye abeen Daavit's hoose an gaed on tae e Watter Yett tae the east.

[38]E tither quire gaed e conter wye wi me ahin them, an wi half o e fowk on e heid o e waa. We gaed by e Tooer o the Ovens tae e Braid Waa, [39]ower abeen e Yett o Ephraim, abeen the aul yett, e Fish Yett, e Tooer o Hananel an e Tooer o Meah, e linth o e Sheep Yett. They steed up at e Yett o e Gaird.

[40]E twa quires att gied thanks syne took their stances i the hoose o God, an sae did I, wi half the officeels, [41]alang wi e priests, Eliakim, Maaseiah, Miniamin, Micaiah, Elioenai, Zechariah an Hananiah wi their tooteroos, [42]an wi Maaseiah, Shemaiah, Eleazar, Uzzi, Jehohanan, Malkijah, Elam an Ezer. E quires sang oot unner their conductor Jezrahiah. [43]An att same day they offert muckle sacrifeeces, mirry cause God hid made them happy. E weemen an bairns were happy tee. E soun o e mirriment in Jerusalem culd be heard far aneuch.

[44]At att time some chiels were appinted tae be in chairge o e stores for the offerins, e first o e hairst an e tithes. Their job wis tae gaither fae e parks roon e toons e cess set doon bi e laa for e priests an e Levites, cause Judah wis weel teen wi e meenisterin priests an Levites. [45]They cairriet oot e service o their God an e service o peerification, an sae did e singers an doorkeepers, accoording tae the orders o Daavit an his sin Solomon. [46]I the aul days o Daavit an Asaph, there hid been leaders for e singers an for e sangs o praise an thanksgiein tae God. [47]Sae i the days o Zerubbabel an o Nehemiah, aa Israel brocht maet ilka day for e singers an e doorkeepers. An they set aside a suppie for e tither Levites, an e Levites laid aside a bittie for the ation o Aaron.

CHAPTIR 13

On att day e Beuk o Moses wis read oot i the hearin o e fowk an there it wis faun screiven att nae chiel fae Ammon nor fae Moab shuld ivver be lat inno e congregation o God, [2]cause they hidna gien the Israelites maet an watter fan they met them, bit hid fee'd Balaam tae cry a curse doon on them. For aa that, wir God, turnt e curse intae a blissin. [3]Noo, fan e fowk heard iss laa, they shed aa e forriners fae the Israelites.

[4]Afore iss, Eliashib e priest hid been pat in chairge o e stores o e house o wir God. He wis freen tae Tobiah, [5]an he hid furnisht him wi a muckle room far afore att, they hid keepit e maet offerins, the scintit reek, e Temple accootrements, e tithes o corn, e new wine an the ile att wis notten tae be gien tae e Levites, singers an doorkeepers, as weel as the offerins for e priests.

[6]Bit I wisna in Jerusalem at iss time, cause i the thirty-saicond ear o e rowle o Artaxerxes keeng o Babylon I hid gaen back tae see e keeng. Some time efter, A socht leave fae e keeng [7]an A cam back tae Jerusalem, an faun oot the ill att Eliashib hid deen in furnishin Tobiah wi a room i the coorts o e hoose o God. [8]A wis sair raised an keest aa Tobiah's gear oot o e room. [9]A gied orders for e room tae be purifiet an A brocht back tae e room, the accootrements o e hoose o God wi e maet offerin an the scintit reek.

[10]An A got tae ken att e Levites hidna been giein their allotted maet, an att aa e Levites an singers fa did e wark, hid gaen back tae their ain parks. [11]Sae A gied the officeels a tellin aff an speirt at them, "Fit wye is e hoose o God negleckit?" Syne A gaithert them egither an set them at their stances. [12]Syne e hale o Judah brocht their tithes o corn, new wine an ile tae e stores. [13]A pat Shelemiah e priest, Zadok e secretary, an a Levite caaed Pedaiah in chairge o e stores an made Hanan sin o Zaccur, e sin o Mattaniah, their saicond in comman, cause they were thocht tae be honest chiels. Their job wis tae han oot e plenishin tae e lave o e Levites. [14]Myn on ma for deein iss, ma God, an dinna dicht oot aa e gweed A've deen for e hoose o ma God an its services.

[15]In them days A saa fowk in Judah trumpin grapes for wine on e Sabbathan leadin shaives on e backs o cuddies an cairtin wine, grapes, figs an aa ither kyn o loads aa bein fessen in tae Jerusalem on e Sabbath. Sae, A warnt them aboot sellin maet on sic a day. [16]Fowk fae Tyre, bidin there were fessin in fish an aa menner o gear an sellin it in Jerusalem on e Sabbath tae e fowk o Judah. [17]A gied e leaders o Judah a tellin aff an said tae them, "Fit's iss ill ye're deein, fylin e Sabbath day? [18]Did yer fadders nae dee e same thing, sae att wir God brocht aa iss amshach onno hiz an onno iss toon? An for aa that, ye're fessin mair wrath agin Israel bi fylin e Sabbath." [19]Sae fan e gloamin fell on e yetts o Jerusalem afore e Sabbath, I ordert them tae shut e doors an nae open them till e Sabbath wis by wi. A postit some o ma men at e yetts tae mak seer nae loads were brocht in on e Sabbath. [20]Eence or twice e merchans an sellers o aa kyn o gear hid tae spen e nicht ootside Jerusalem. [21]Bit A warnt them an said, "Fit wye are ye ludgin anent e waa? Dee att again an A'll hae ye teen." Fae att time on they didna come nae mair on e Sabbath. [22]Syne A ordert e Levites tae purifee themsels an gyang an gaird e yetts tae keep e Sabbath day haily. Myn on me for iss tee, ma God, an shew mercy tae ma in accoordance wi yer great luv.

[23]Fit's mair, i them days A saa chiels fae Judah fa hid mairriet weemen fae Ashdod, Ammon an Moab. [24]The half o their bairns spak e tongue o Ashdod or e tongue o een o e tither forriners, an didna ken foo tae spik e tongue o Judah. [25]A gied them a tellin aff an cried curses doon on them. A skelpit some o them an pulled oot their hair. A garrt them tak an aith in God's name an said: "Ye winna gie yer dothers tae their sins, nor are ye tae tak their dothers for your sins or for yersels. [26]Did Keeng Solomon nae dee iss same ill? Amo mony cuntras there wis nae keeng like him. He wis looed bi his God, an God made him keeng ower aa Israel, bit aiven he wis led tae ill-deeins bi forrin weemen. [27]Maun we hearken tae you an dee sic ill an be unfaithfu tae wir God bi mairryin forrin weemen?" [28]Een o e sins o Joiada sin o Eliashib e heich priest wis sin-in-laa tae Sanballat fae Horon. An I dreeve him oot aboot. [29]Myn on them, ma God, cause they hiv fyled e priestly office an e covenant o e priesthood an o e Levites. [30]Sae A cleant oot aa e forriners fae them an set aa e priests an e Levites tae their stances, ilka een tae his ain darg. [31]An A made proveesion for e wid offerin at appintit times, an for the offerins o e first hairsts. Think weel o ma, ma God.

E BEUK O ESTHER

CHAPTIR 1

Iss is fit happent i the time o Ahasuerus, att same Ahasuerus fa rowlt ower a hunner an twinty-syven provinces streetchin fae India tae Ethiopia: [2]at att time Keeng Ahasuerus' seat wis i the fort toon o Susa fae far he rowlt. [3]I the third ear o his reign he gied a pairty for aa his chiefs an officeels. The heids o the airmies o Persia an Media an e chiefs an leaders o e provinces were aa there tee. [4]For a hunner an auchty days he set oot e walth o his keengdom an e ferlies an glory o his majesty. [5]At e hinnerein o the hunner an auchty days, e keeng held a pairty lestin syven days, i the waaed gairden o his palace, for aa e fowk, great an sma, fa were i the fort o Susa. [6]E gairden hid hingins o fite, green an blue, festent wi raips o fite leenen o purple claith, tae rings made wi siller on mairble pillars. There were deeces o gowd an siller on fleerin o reed, blue, fite an bleck mairble. [7]They were served in gowd tassies, ilka een different fae e tither, an e royal wine wis rinnin lik watter, in keepin wi e keeng's mense. [8]E keeng lat it be kent att ilka guest culd drink fit he wintit wi nae scrimp, cause e keeng hid gien orders tae e butlers tae serve aabody fitivver they socht. [9]Queen Vashti held a pairty for e weemen in Keeng Ahasuerus' royal palace.

[10]On e syventh day, fan Keeng Ahasuerus wis weel kittlt up wi e wine, he garrt e syven chiels fa hid been libbit att served him, Mehuman, Biztha, Harbona, Bigtha, Abagtha, Zethar an Carcas, [11]fess Queen Vashti till him weerin her royal croon, sae att he culd shew aff tae e fowk an e chiefs foo bonnie she wis. [12]Bit fan e libbit chiels gaed wi e keeng's comman, Queen Vashti widna come. At att, e keeng becam loupin mad an smooldert wi rage.

[13]As wis his wye, e keeng speirt at his clivver chiels fit tae dee aboot sic a thing, seein att they were weel learnt in metters o laa an jeestice. [14]E chiels fa were farrest ben wi e keeng were Carshena, Shethar, Admatha, Tarshish, Meres, Marsena an Memucan, e syven chiefs o Persia an Media fa gaed aboot wi e keeng an were eemaist i the keengdom. [15]"Fit dis e laa say we maun dee wi Queen Vashti cause she hisna deen fit Keeng Ahasuerus socht o her throwe e libbit chiels?" he speirt. [16]Syne Memucan steed up afore e keeng an e chiefs an answert, "Queen Vashti his deen wrang, nae jist tae e keeng, bit tae aa e chiefs an e fowk in aa Keeng Ahasuerus' provinces, [17]cause aa kyn o weeman will come tae hear o fit e queen his deen an they'll tak e len o their men, sayin, 'Keeng Ahasuerus garrt Queen Vashti be brocht till him, bit she widna come.' [18]Sae aa the weemen-fowk o e chiefs o Persia an Media fa hiv heard aboot fit e queen his deen will be sayin, e day, e same thing tae their men. There will be naethin bit disrespeck an strife. [19]Sae gin it please yer majesty, lat him pit oot a royal comman an lat it be screiven i the laas o Persia an Media, in sic a wye as it canna be repealed, att Vashti maun never nae mair come afore Keeng Ahasuerus. An lat yer majesty gie her royal place tae some ither body fa's better nor her. [20]Syne, fan e keeng's edick is read oot throwe aa his muckle lans, aa the weemen will gie respeck tae their men, baith great an sma."

[21]E keeng an e chiefs were weel teen on wi iss say-awa, sae e keeng did fit Memucan hid suggestit. [22]He sent letters tae aa e neuks o his keengdom, tae ilka province in its ain letterin an tae ilka clan i their ain tongue, settin oot att ilka man shuld rule e roost in his ain hoose. Iss wis tae be pit in sic a wye att aabody wid unnerstan.

CHAPTIR 2

A fylie efter, eence he hid queeled doon, Keeng Ahasuerus mynt on fit Vashti hid deen an the edick he hid putten oot agin her. [2]Syne e keeng's servants fa were roon aboot him said, "Lat bonnie young quines be socht for e keeng. [3]Lat e keeng appint agents in ilka province o his keengdom tae fess aa sic bonnie young quines tae the harem at e fort o Susa. Lat them be putten unner e han o Hegai, e keeng's libbit chiel, fa is in chairge o e weemen; an lat them hae as muckle poother an pint as they wint. [4]Syne lat e young quine fa pleases e keeng best be queen insteid o Vashti." E keeng wis rael teen on wi iss, sae att's fit he did.

[5]Noo i the fort o Susa there wis a Jowe fae e clan Benjamin, caaed Mordecai, sin o Jair, e sin o Shimei, e sin o Kish, [6]fa hid been teen intae exile fae Jerusalem bi Nebuchadnezzar, keeng o Babylon, amo them teen alang wi Jehoiachin keeng o Judah. [7]Mordecai hid a kizzen caaed Hadassah, fa he hid brocht up cause she hidna a fadder nor a mither. E quine wis rael bonnie an Mordecai hid teen her in as his ain dother, fan her fadder an mither deit.

[8]Fan e keeng's order an edick wis read oot, a boorach o young quines wis brocht tae e fort at Susa an pat unner e care o Hegai. Hadassah fa wis kent as Esther wis teen tae e keeng's palace tee, an pat intae e hans o Hegai, fa hid chairge o e harem. [9]E quinie pleased him an got intae his gweed beuks. He gied her stuff tae mak her bonnie an a speecial deit o maet. He gied her syven maids pickit fae e keeng's palace an he saa att she an her maids got tae bide i the best bit o e harem. [10]Esther hidna latten on fit her hame cuntra an faimly backgrun wis, cause Mordecai hid warnt her nae tae lat on. [11]Ilka day Mordecai waalkit back an fore anent e close o the harem tae fin oot foo Esther wis deein an fit wis tae come o her.

[12]Noo afore a young deemie's turn cam tae gyang in tae Keeng Ahasuerus, she hid tae dee a twal month o bein made bonnier att aa e weemen hid tae dee, sax month wi ile o myrrh an sax month wi scints an ither weemen's stuff. [13]Syne iss is fit wid happen fan a quine gaed tae e keeng: onythin she wintit wis gien tae her tae tak wi her fae e harem tae e keeng's palace. [14]She wid gyang at nicht an neist mornin she'd gyang back tae anither bit o e harem tae be leukit efter bi Shaashgaz, een o e keeng's libbit men fa leukit efter e bidie-ins. She widna gyang back tae e keeng less he wis weel teen wi her an cried her back bi name.

[15]Fan e turn o Esther, e quinie Mordecai hid adoppit, fa wis e dother o his uncle Abihail, cam tae gyang in tae e keeng, she speirt for naethin bit fit Hegai, e keeng's libbit man, fa wis in chairge o e harem, suggestit. An Esther wis likit bi aabody fa saa her. [16]Esther wis teen tae Keeng Ahasuerus i the palace i the tenth month, e month o Tebeth, i the syventh ear o his reign. [17]Noo e keeng wis teen up wi Esther mair nor ony o e lave o e weemen, an he thocht mair o her nor ony o e tither quines. Sae he set a royal croon on her heid an made her queen in room o Vashti. [18]An e keeng threw a muckle pairty in honour o Esther, for aa his clan chiefs an officeels. He declairt a holiday throwe aa e provinces an gied oot a muckle rowth o hansels. [19]Fan e quines aa gaithert for a saicond time, Mordecai wis sittin at e keeng's yett. [20]Bit Esther hidna latten on fa her faimly wis nor fitna cuntra she wis fae, jist as Mordecai hid bad her, cause she still did fit Mordecai telt her, e wye she hid deen fan he wis fessin her up.

[21]I the days att Mordecai wis sittin at e keeng's yett, Bigthana an Teresh, twa o e keeng's offishers fa gairdit e doorwye, got raised an plottit tae dee awa wi Keeng Ahasuerus. [22]Bit Mordecai faun oot aboot their protick an telt Queen Esther, fa in turn telt e keeng, pittin Mordecai's name tae the news. [23]An fan e thing wis leukit intae, it wis faun tae be richt aneuch, sae e twa coves were hangt on e gallaws. Aa iss wis recorded i the beuk o e chronicles afore e keeng.

CHAPTIR 3

Efter iss, Keeng Ahasuerus promotit Haman e sin o Hammedatha fae Agag, reesin him up an giein him a cheer o honour abeen aa e tither chiefs. [2]Aa e keeng's men at e keeng's yett kneelt doon an fawnt tae Haman, cause e keeng hid ordert iss wis fit hid tae be deen. Bit Mordecai widna kneel doon nor boo tae him. [3]Syne e keeng's men at e keeng's yett speirt at Mordecai fitna wye he didna tak wi e keeng's comman. [4]Noo, they spoke tae him day efter day, bit he widna listen, sae they telt Haman aboot it tae see gin he wid pit up wi Mordecai's ongyans, cause he hid telt them he wis a Jowe.

[5]Fan Haman saa att Mordecai widna boo doon nor gie him lealtie, he wis sair raised. [6]Haein faun oot fa Mordecai's fowk were, he leuch at the noshun o deein awa wi jist Mordecai himsel. Haman raither leukit for a wye tae dee awa wi aa e Jowes, Mordecai's fowk, throwe e hale o Ahasuerus' lans.

[7]I the twalth ear o Keeng Ahasuerus, i the first month, e month o Nisan, lots (caaed pur) were keest afore Haman tae pick a day an month, an e lot fell on e twalth month, e month o Adar.

[8]Syne Haman said tae Keeng Ahasuerus, "There's a certain fowk scattert aa throwe amo e tither fowk in aa e provinces o yer keengdom fa keep themsels tae themsels. Their laas are different tae e lave an they dinna kep e keeng's laas; sae it's nae deein e keeng ony gweed tae pit up wi them. [9]Gin it please yer majesty, lat an order be made tae dee awa wi e lot o them, an A'll gie ten thoosand talents o siller tae them fa dee e job, tae gie tae e keeng's trissury." [10]Sae e keeng teuk aff e ring fae his finnger an gied it tae Haman sin o Hammedatha fae Agag, e fae o e Jowes. [11]"Keep yer siller," said e keeng tae Haman, "an dee fit ye like wi iss fowk."

[12]Syne on e thirteenth day o e first month e royal clerks were caalled up. They vrote oot i the letterin o ilka province an i the tongue o ilka clan aa the orders Haman hid gien tae e keeng's satraps, e guvvernors o e provinces an e chiefs o e clans. They were vritten i the name o Keeng Ahasuerus himsel an sealed wi e keeng's ring. [13]Letters were postit tae aa e keeng's provinces wi the order tae missaucre, kill an dee awa wi aa e Jowes, young an aul, weemen an bairns on a sinngle day, e thirteenth day o e twalth month, e month o Adar, an tae plunner their gear. [14]E wirdin o the edick wis tae be made kent in ilka province an aa e fowk were tae be riddy for att day. [15]E rinners gaed oot, hurryin, cause it wis an order fae e keeng, comin oot fae e fort o Susa. E keeng an Haman sat doon tae hae a drink, bit e toon o Susa wis in a picher.

CHAPTIR 4

Fan Mordecai cam tae hear o fit hid been deen, he rippit his claes, pat on saickclaith an aise, an gaed oot intae e toon yowlin oot o him. [2]He cam e linth o e keeng's yett, bit culdna gyang nae farrer cause naebody riggit oot in saickclaith wis latten throwe it. [3]In ilka province far e keeng's edick an order hid been sent, there wis muckle grievin amo e Jowes, fa fastit, an grat an yowlt. A hantle o them lay doon in saickclaith an aise.

[4]Fan Esther's maids an libbit chiels cam an telt her aboot it, she wis sair come at. She sent claes tae Mordecai tae weer insteid o his saickclaith, bit he widna tak them. [5]Syne Esther cried on Hathach, een o e keeng's libbit chiels fa leukit efter her, tae come tae her, an garrt him fin oot fit wis adee wi Mordecai an fit e fash wis aa aboot. [6]Sae Hathach gaed tae see Mordecai i the toon squaar afore e keeng's yett. [7]An Mordecai telt aathin att hid happent tae him, an aa aboot e siller att Haman hid promist tae pey intae e royal trissury for e missaucre o e Jowes. [8]He gied him a copy o e wirdin o the edick att said they were tae be wipit oot, att hid been sent oot fae Susa, tae shew tae Esther an tell her fit it wis aboot, an he telt him

tae gar her gyang tae e keeng tae prig wi him for mercy an tae plead wi him for her fowk. ⁹Hathach cam an telt Esther fit Mordecai hid said.

¹⁰Syne Esther spak tae Hathach an telt him tae say tae Mordecai, ¹¹"Aa e keeng's officeels an e fowk fae aa e keeng's provinces ken att for ony man or wumman fa gyangs in tae e keeng in his benmaist coort athoot bein socht, there's bit the ae laa: they'll be putten tae daith oonless e keeng raxes oot e gowd scepter tae them an spares their lives. Bit I hinna been speirt in tae e keeng for iss last thirty days."

¹²Mordecai wis telt fit Esther hid said, ¹³an he sent back iss answer tae her: "Dinna think att ee're ony safer nor e lave o e Jowes, jist cause ye bide i the palace. ¹⁴Gin ye haud yer tongue enoo, help an rescyee for e Jowes will come fae some ither wye, bit you an yer fadder's faimly will perish. An fa kens? Mebbe ye've come tae e poseetion att ye're in jist for sic a time as iss."

¹⁵Syne Esther garrt iss answer be teen back tae Mordecai: ¹⁶"G'wa, an gaither egither aa e Jowes in Susa, an fast for ma. Dinna ett nor drink for three days, nicht or day. I an ma maids will fast tee, an syne A'll gyang in tae e keeng, aiven tho it's agin e laa. An gin A dee, A dee." ¹⁷Sae Mordecai gaed awa an did aa att Esther hid bad him dee.

CHAPTIR 5

On e third day Esther pat on her royal goons an steed i the benmaist coort o e palace, anent e keeng's rooms. E keeng wis sittin on his royal throne i the throne room, facin the ingyang. ²Fan he saa Queen Esther stannin i the coort, he wis pleased tae see her an raxed oot e gowd sceptre att wis in his han tae her. Sae Esther cam ower tae him an teuk haud o e pint o e sceptre. ³Syne e keeng speirt at her, "Fit are ye sikkin, Queen Esther? Fit is't ye're wintin? Aiven up tae half e keengdom, will be gien tae ye."⁴An Esther anwert, "Gin ye wid like, wid yer majesty an Haman come e day tae e pairty A'm haudin for them?" ⁵"Fess Haman at eence," said e keeng, "sae we mith dee fit Esther sikks." Sae e keeng an Haman cam tae Esther's pairty.

⁶As they were boosin at e wine, e keeng again speirt at Esther, "Noo fit are ye sikkin? It will be gien tae ye. An fit is't ye're wintin? Aiven up tae half e kingdom, will be gien tae ye." ⁷Says Esther, "Fit A'm sikkin an fit A'm wintin is iss: ⁸Gin yer majesty thinks onythin o ma an will gie ma fit A'm sikkin an dee fit A'm wintin, lat yer majesty an Haman come e morn tae a pairty att A'm haudin for them, an syne A'll gie yer majesty an answer."

⁹Haman gaed awa oot att day fine pleased wi himsel. Bit fan he saa Mordecai at e keeng's yett an saa att he didna stan up nor meeve for him, he wis fair raised at Mordecai. ¹⁰For aa that, Haman steyed his han an gaed hame. Fan he won hame, he caalled for his freens an his wife, Zeresh. ¹¹Haman startit tae blaw tae them aboot foo walthy he wis, foo mony bairns he hid, an aa e wyes e keeng hid reesed him up abeen e tither chiefs an officeels. ¹²"An att's nae aa," he braggit, "A'm the only chiel Queen Esther invited tae gyang wi e keeng tae e pairty she gied. An she's invited ma back e morn wi e keeng. ¹³Bit aa att's nae wirth a dam as lang as A'm seein att Jowe Mordecai sittin at e keeng's yett."

¹⁴His wife Zeresh an aa his freens said tae him, "Mak a gallaws, syventy-five fit heich, an e morn's mornin speir at e keeng tae hae Mordecai hangt onno't. Syne gyang an enjoy yersel at e pairty." Haman wis fair teen wi iss, an he hid e gallaws made.

CHAPTIR 6

Att nicht, e keeng culdna get tae sleep, sae he garrt them fess e beuk o chronicles, the history o his reign, an read it tae him. [2]Noo screiven there wis e fac att Mordecai hid been the een fa clypit on Bigthana an Teresh, e twa keeng's offishers fa gairdit e doorwye, an fa hid plottit tae kill Keeng Ahasuerus. [3]An e keeng speirt, "Fit honor an mense his Mordecai been gien for iss?" "Naethin avaa's been deen for him," his servants said.

[4]E keeng said, "Fa's i the coort?" Noo Haman hid jist come intae the ootmaist coort o e palace tae spik tae e keeng about e hangin o Mordecai on e gallaws att he hid set up for him. [5]E keeng's servants said tae him, "It's Haman fa's stannin i the coort." "Fess him in," said e keeng. [6]Fan Haman cam in, e keeng speirt at him, "Fit can e keeng dee for e chiel fa's his aul freen?" Noo Haman thocht tae himsel, "Fa wid e keeng raither dee onythin for nor me?" [7]Sae he says tae e keeng, "For e chiel fa e keeng wid like tae honour, [8]gar them fess in an aul robe o e keeng's an a horse e keeng his ridden, een wi a royal crest on its heid. [9]Syne gie e robe an e horse tae een o e keeng's maist noble chiefs, sae att they can pit e robe on e chiel att e keeng wid like tae honour, an syne lead him on e horse throwe aa e streets o e toon proclaimin afore him, 'Iss is fit is deen for e chiel att e keeng wid like tae honour.'" [10]Syne e keeng said tae Haman "Hist ye an tak e claes an e horse an dee jist fit ye've said wi Mordecai e Jowe, fa sits at e keeng's yett. Dinna negleck tae dee naethin att ye've said." [11]Sae Haman teuk e claes an e horse an riggit oot Mordecai, an led him on e back o e horse throwe e streets o e toon, proclaimin afore him, "Iss is fit is deen for e chiel e keeng wid like tae honour."

[12]Mordecai cam back tae e keeng's yett. Bit Haman hurriet hame sair come at, [13]an telt Zeresh his wife an aa his freens aathin att hid happent tae him. His clivver chiels an his wife Zeresh said tae him, "Gin Mordecai, afore fa ye're startin tae faa, be a Jowe, ye winna get e better o him, bit will seerly fa afore him." [14]They were still dibber-dabberin, fan een o e keeng's libbit chiels cam tae hist Haman awa tae Esther's pairty.

CHAPTIR 7

Sae e keeng an Haman gaed tae Queen Esther's pairty, [2]an as they were drinkin wine on e saicond day, e keeng again speirt, "Queen Esther, fit are ye sikkin? It'll be gien tae ye. Fit are ye wintin? Aiven up tae half e keengdom, it'll be gien tae ye."

[3]Syne Queen Esther answert, "Gin ye think onythin o ma, yer majesty, an gin it pleases ye, spare ma ma life, att's fit A'm sikkin. An spare ma fowk, att's fit A'm wintin. [4]Cause ma fowk an me hiv been selt tae be deen awa wi, tae be killed an wipit oot. Gin we'd jist been selt for male an female slaves, A wid hae held ma tongue, cause att widna be wirth butherin e keeng aboot."

[5]Syne Keeng Ahasuerus speirt at Queen Esther, "Fa is he? Far's e chiel att wid daur dee sic a thing?" [6]An Esther said, "Wir innemy an fae is iss cyaard Haman." Syne Haman wis terrifiet afore e keeng an queen.

[7]E keeng got up in a tirr fae his wine an gaed oot tae e palace gairden. Bit Haman, kennin att e keeng wis meanin tae dee ill tae him, bade ahin tae prig for his life wi Queen Esther. [8]Jist as e keeng cam back in fae e palace gairden tae e haal far they were haein e pairty, Haman stytert on tae e cooch far Esther wis sklent. "Hech me, said e keeng, "will he aiven set upo e queen fan she's wi ma in ma ain house?" As seen as e wirds were oot o e keeng's moo, they happit Haman's face. [9]Syne Harbona, een o e libbit chiels attenin on e keeng, said, "Leuk, ower anent Haman's hoose, there's e gallaws, syventy-five fit heich att

Haman biggit for Mordecai, fa spak up tae save e keeng." An e keeng said, "Hang him on it!" [10]Sae they hangt Haman on e gallaws att he hid set up for Mordecai. Syne e keeng's rage quaitent doon.

CHAPTIR 8

Att same day, Keeng Ahasuerus gied Queen Esther the hoose att hid been aint bi Haman, e fae o e Jowes. An Mordecai cam afore e keeng, cause Esther hid telt e keeng he wis freen tae her. [2]E keeng teuk aff his ring, att he'd teen back fae Haman, an gied it tae Mordecai. An Esther pat Mordecai in chairge o Haman's hoose.

[3]Esther spak again wi e keeng, faa'in doon at his feet wi a tearie in her ee. She priggit wi him tae pit an ein tae the ill-trickit protick att Haman fae Agag hid thocht up for e Jowes. [4]Syne e keeng raxed oot e gowd scepter tae Esther an she got up an steed afore him an said, [5]"Gin it please yer majesty, an gin he thinks onythin o ma, an gin he thinks iss is e richt thing tae dee, an gin he be teen on wi ma, lat an order be screiven owerturnin e letters att Haman e sin o Hammedatha fae Agag hid screiven, orderin att e Jowes be wipit oot in aa e keeng's provinces. [6]Cause foo can A stan tae see e mishanter att will come on my fowk? Foo can A stan tae see ma ain fowk bein wipit oot?"

[7]Keeng Ahasuerus said tae Queen Esther an tae Mordecai e Jowe, "Ye've seen att A've gien Haman's hoose tae Esther, an they've hangt him on e gallaws att he set up cause he daured tae lay a han on e Jowes. [8]Noo screive anither edick sayin fitivver ye like, i the keeng's name, on behalf o e Jowes, an seal it wi e keeng's ring cause naethin screiven i the keeng's name an sealed wi his ring can be revokit." [9]Sae, att day, e twinty third day o e third month, e month o Sivan, e keeng's clerks were socht in, an they vreet oot aa Mordecai's orders tae e Jowes, an tae e satraps, guvvernors an chiefs o the hunner an twinty-syven provinces streetchin fae India tae Ethiopia. The orders were screiven i the letterin o ilka province an tongue o ilka clan an tae e Jowes tee i their ain letterin an tongue. [10]Mordecai vrote i the name o Keeng Ahasuerus, sealed e screivins wi e keeng's ring, an sent them bi couriers on horse.

[11]E keeng's edict gied e Jowes in ilka toon e richt tae gaither tae defen themsels; tae destroy, kill an dee awa wi ony fowk fae ony cuntra or ony province fa mith attack them or their weemen an bairns an tak plunner fae their gear. [12]E thirteenth day o e twalth month, e month o Adar, wis e day pickit for there tae be broadcast throwe aa e provinces o Keeng Ahasuerus [13]a copy o e screivin o the edick tae be made kent tae aa fowk in ilka province an sae att e Jowes wid ken tae be riddy att day tae get their ain back on their faes. [14]E couriers, on e horse, gaed oot, hurryin, cause it wis an edick fae e keeng. The edict wis gien oot fae e fort at Susa.

[15]Fan Mordecai cam awa fae his meetin wi e keeng, he wis weerin royal claes o blue an fite, wi a muckle croon o gowd an a purple robe made fae fine leenen. An e toon o Susa wis mirry an happy. [16]E Jowes were gled an were beamin wi joy an happiness an honour. [17]In ilka province an in ilka toon att e keeng's edick cam tae e Jowes were fair delichtit, cillebraitin a gweed day wi feastin. An mony fowk i the cuntra convertit tae bein Jowes, cause fear o e Jowes hid teen ahaud o them.

CHAPTIR 9

On e thirteenth day o e twalth month, e month o Adar, e day att the edick ordert bi e keeng wis tae be cairriet oot, e day att e faes o e Jowes hid been hopin tae get e better o them, (bit noo things were furlt roon aboot an e Jowes hid the upper han ower them fa hated them), [2]e Jowes gaithert egither i their toons throwe aa e provinces o Keeng Ahasuerus tae lay hans o them fa socht tae dee them ill. Neen culd stan up tae them, cause e fowk o aa e tither cuntras were feart at them. ³An aa e chiefs o e provinces, e satraps, e guvvernors an e keeng's offishers helpit e Jowes, they were sae feart at Mordecai. ⁴Cause Mordecai wis gey far ben i the palace an his wird hid spread throwe aa e provinces, an he becam mair an mair pooerfu. ⁵E Jowes strack doon aa their faes wi e swoord, killin an slauchterin, an deein fit they likit wi them fa hated them. ⁶I the fort o Susa, e Jowes killed an slauchtert five hunner men, ⁷an in Parshandatha, Dalphon, Aspatha, ⁸Poratha, Adalia, Aridatha, ⁹Parmashta, Arisai, Aridai an Vajezatha, ¹⁰they killed e ten sins o Haman sin o Hammedatha, e fae o e Jowes, bit they didna tak ony plunner. ¹¹E keeng wis telt att same day foo mony hid been killed i the fort o Susa.

¹²An e keeng said tae Queen Esther, "E Jowes hiv killed an slauchtert five hunner men an e ten sins o Haman i the fort o Susa. Fit hiv they deen i the lave o e keeng's provinces? Noo fit are ye sikkin? It'll be gien tae ye. Fit are ye wintin? Ye'll get att tee." ¹³An Esther answert, "Gin it please yer majesty, gie e Jowes in Susa e leave tae cairry oot e day's edick e morn tee, an lat Haman's ten sins be hangt on e gallaws." ¹⁴Sae e keeng ordert att iss be deen an the edick wis gien oot fae Susa, an they hangt e ten sins o Haman. ¹⁵E Jowes left in Susa gaithert egither on e fowerteenth day o e month o Adar, an they slew three hunner men in Susa, bit they didna tak ony plunner.

¹⁶E lave o e Jowes fa were i the keeng's provinces gaithert themsels egither tee tae defen themsels an get peace fae their faes. They slew syventy-five thoosan o their faes bit didna tak ony plunner. ¹⁷Iss wis on e thirteenth day o e month o Adar, an on e fowerteenth they ristit an made it a day o feastin an joy. ¹⁸E Jowes in Susa, gaithert on e thirteenth an fowerteenth, an syne on e fifteenth they ristit an made it a day o feastin an joy. ¹⁹Att's e wye e Jowes fa bide i the cuntraside an e clachans keep e fowerteenth o e month o Adar as a day o joy an feastin, an a day for giein hansels tae een anither.

²⁰Mordecai vrote aa iss doon, an he sent letters tae aa e Jowes i the provinces o Keeng Ahasuerus, near han an hine awa, ²¹garrin them keep e fowerteenth an fifteenth days o e month o Adar ilka ear ²²as e time fan e Jowes ristit fae their faes, an as e month fan their dool wis turnt tae joy an their moorning tae a day o cillebraition. He telt them tae haud e days as days o feastin an joy an giein hansels o maet tae een anither an giein tae e peer. ²³Sae e Jowes teuk tae keepin tae fit they hid startit, deein as Mordecai hid vritten tae them. ²⁴Haman e sin o Hammedatha fae Agag, e fae o aa e Jowes, hid plottit agin e Jowes thinkin he wid dee awa wi them an hid keest e pur (att's tae say, e lot) for their ruination an missaucre. ²⁵Bit fan e keeng cam tae ken o his protick, he sent oot letters orderin att Haman's ill-mintit ploy att he hid thocht tae cairry oot agin e Jowes shuld come back onno his ain heid, an att he an his sins shuld be hangt on e gallaws. ²⁶Sae iss days were caaed Purim, fae e wird pur, cause o aa it wis said in iss letter an cause o fit they hid seen an fit hid happent tae them. ²⁷E Jowes teuk it on themsels tae set up a custom att they an their descendants an aa fa jined them shuldna devaal fae keepin iss twa days ilka ear, i the wye set oot an on the appintit dates, ²⁸an att e twa days shuld be mynt on an keepit in ilka ation bi ilka faimly, in ilka province an in ilka toon. An iss days o Purim shuld aye be keepit bi e Jowes an att their descendants shuld myn on them for aa time.

²⁹Sae Queen Esther, dother o Abihail, an Mordecai e Jowe, vrote wi full aathority tae confirm iss saicond letter aboot Purim. ³⁰An Mordecai sent letters tae aa e Jowes i the hunner an twinty-syven provinces o Ahasuerus' keengdom, wi wirds o gweedwill an peace, ³¹tae confirm e days o Purim at their set times, e wye Mordecai e Jowe an Queen Esther hid decreet for them, an as they hid set oot for themsels an their descendants i the metters o fastin an grievin. ³²Esther's decreet confirmed e metters aboot Purim, an it wis screiven i the beuks.

CHAPTIR 10

Keeng Ahasuerus set a tax on e hale cuntra an on the isles o e sea. [2]An aa e great an michty things he did, wi a full accoont o e greatness o Mordecai, fa wis reesed up bi e keeng, are aa set oot i the beuk o e history o e keengs o Media an Persia. [3]Mordecai e Jowe wis rankit neist tae king Ahasuerus, eemaist amo e Jowes, an weel thocht o bi e mony o his ain fowk, aye wirkin for e gweed o his ain fowk an biggin a time o peace for e ginnerations att cam efter him.

E BEUK O JOB

CHAPTIR 1

I the cuntra o Uz there bade a chiel caaed Job. E chiel wis gweed-livin an upricht; he feared God an held awa fae fit wis coorse. [2]He hid syven sins an three dothers. [3]He ained syven thoosan sheep, three thoosan camels, five hunner yock o owsen an five hunner cuddies, an a hantle o servants. He wis e foremaist chiel o e hale east. [4]His sins wid haud a pairty i their hooses on their birthdays an wid speir their three sisters tae come an ett an drink wi them. [5]Fan their splore wis ower wi, Job wid see tae it att they were purifiet. He raise airly an wid sacrifeece a brunt offerin for ilka een o them, winnerin, "It mith be att ma bairns hiv deen ill an cursed God i their herts." Job wis aye deein iss.

[6]Noo, ae day the angels cam tae present themsels afore God, an e Deil cam amo them. [7]E Lord said tae e Deil, "Far did ee come fae?" An e Deil answert e Lord, "Fae stravaigin aboot e warl, an gyan iss wye an yon ower it." [8]An e Lord said tae e Deil, "Hiv ye thocht aboot ma servant Job? There's naebody i the warl like him; he's a gweed-livin an upricht chiel, fa fears God an hauds awa fae fit's coorse." [9]Syne e Deil said tae e Lord, "Dis Job fear God for naethin? [10]Hiv ee nae pat a hedge roon aboot him an his house an aathin he ains? Ye've blisst e wark he dis, sae att his hauddin o lan his growen bigger. [11]Bit jist rax oot yer han an strick aa att he his, an A'se warren he'll curse ye tae yer face." [12]An e Lord said tae e Deil, "Verra weel, aathin he his is in yer pooer, bit dinna lay a finnger on e chiel himsel." Syne e Deil held awa fae afore e Lord.

[13]Ae day Job's sins an dothers were ettin an drinkin wine at the aulest loon's hoose, [14]fan a chiel cam tae Job an said, "The owsen were plooin an e cuddies were girsin owerby, [15]fan e Sabeans yokit on them an made aff wi them. They pat e servants tae e swoord, an A'm e only een fa got awa tae tell ye aboot it."

[16]He wisna throwe wi his say awa fan anither chiel cam an said, "E fire o God fell fae e hivvens an brunt up e sheep an e servants, an A'm e only een fa got awa tae tell ye aboot it." [17]He wisna throwe wi his say awa fan anither chiel cam an said, "Three bands o reivers fae e Chaldeans yokit on yer camels an made aff wi them. They pat e servants tae e swoord, an A'm e only een fa got awa tae tell ye aboot it." [18]He wisna throwe wi his say awa fan anither chiel cam an said, "Yer loons an quines were ettin an drinkin wine at the aulest loon's hoose, [19]fan aa o a suddenty a soochin win cam howlin in fae e roch cuntra an strack e fower neuks o e hoose. It fell on e heid o them an they're deid, an A'm e only een fa got awa tae tell ye aboot it." [20]Syne Job got up an rippit his claes an cuttit aff his hair. Syne he fell tae e grun in wirship, [21]an said: "A wis nyaakit fan a cam oot o ma mither's wyme, an nyaakit A'll gyang back. E Lord gies an e Lord taks awa; blisst be e name o e Lord." [22]In aa iss, Job did nae ill nor did he faut God wi deein wrang.

CHAPTIR 2

Anither day the angels cam egither afore e Lord, an e Deil cam amo them tae present himsel afore him tee. [2]An e Lord said tae e Deil, "Far did ee come fae?" An e Deil answert e Lord, "Fae stravaigin aboot e warl, an gyan iss wye an yon ower it." [3]An e Lord said tae e Deil, "Hiv ye thocht aboot ma servant Job? There's naebody i the warl like him; he's a gweed-livin an upricht chiel, fa fears God an hauds awa fae fit's coorse. An he still hauds his mense, tho ye garrt ma dee him ill for nae rizzon." [4]"Skin for skin!" said e Deil. "A chiel will gie aa he's got tae save his ain life. [5]Bit jist rax oot yer han an strick his flesh an his beens, an A'se warren he'll curse ye tae yer face." ⁶E Lord said tae e Deil, "Verra weel, he's in yer pooer; bit ye maun spare his life." ⁷Sae e Deil left e Lord an strack Job doon wi futtlie bealins fae e sole o his fit tae e croon o his heid. ⁸Job teuk a bit o a breuken cley pot an scrapit himsel wi't, sittin amo the aise.

⁹Says his wife tae him, "Are ye aye yet hauddin yer mense? Curse God an dee." ¹⁰Bit he said tae her, "Ye're spikkin lik a haiveral wumman. Will we jist tak e gweed things God gies hiz an nivver tak the ill?" In aa iss, Job nivver spak a coorse wird.

¹¹Noo, fan Job's three cronies, Eliphaz fae Teman, Bildad fae Shuha an Zophar fae Naamah, heard aboot aa the ills att hid come onno him, they cam fae their hames an ettlt tae gyang an sympatheeze wi him an gie him some easement. ¹²Fan they saa him fae oot aboot, they hardly kent him; they roart an grat, an they rippit their claes an spirklt stew on their heids. ¹³Sae, they sat doon on e grun wi him for syven days an syven nichts. Nae a wird wis said tae him, cause they culd see foo sair come att he wis.

CHAPTIR 3

Syne, Job spak oot an cursed e day he wis born. ²An Job said: ³"Mith e day att A cam intae e warl perish, an e nicht att it wis said, 'It's a loon.' ⁴Lat att day turn tae mirk; latna God abeen leuk on it; latna e licht sheen on it. ⁵Lat pick mirk an e shadda o daith tak it back eence mair; lat a clood settle onno't; lat e bleckness o e day terrifee it. ⁶Lat mirk tak haud o att nicht; lat it nae be coontit amo e days o the ear nor be nummert in ony month. ⁷Lat att nicht be eel; lat nae joyfu soun be heard in it. ⁸Lat them fa curse days, curse att day, them fa are riddy tae reese up e monster. ⁹Lat e stars o its daawnin be dark; lat it leuk for e licht att nivver comes an nae see e daawnin o e day, ¹⁰cause it didna caa tee e doors o ma mither's wyme nor hide sorra fae ma een. ¹¹Fit wye did A nae dee fan A wis born? Fit wye did A nae gie up e ghaist fan A cam oot o ma mither's wyme? ¹²Fit wye wis there a bosie tae haud ma an breists for ma tae sook? ¹³Cause, syne, A wid noo be lyin quait; A'd be sleepin an ristin ¹⁴wi keengs an cooncillors o e warl, fa biggit places for themsels att noo lie in ruin, ¹⁵or wi princes fa hid gowd, an fa fullt their hooses wi siller, ¹⁶or be hodden awa oot o sicht lik some bairn att's born deid, lik a bairnie fa nivver saa e licht o day? ¹⁷There e coorse hiv nae quaalms an there e disjaskit are at rist. ¹⁸Them fa are teen captive fin rist there tee, nae langer div they hear e vice o them fa haud them in aboot. ¹⁹E sma an e great are there, an e slave free fae his maister. ²⁰Fit wye is licht gien tae them fa are in meeserie an life gien tae e sair-hertit, ²¹tae them fa mang for a daith att disna come, tho they howk for it mair nor for hodden trissure, ²²fa are gled an happy fan they win tae e grave? ²³Fit wye is licht gien tae a body fas wye canna be seen an fa God his pailined roon aboot? ²⁴A sooch ilka day afore A ett, an ma greetin poors oot lik watter. ²⁵Fit A wis feart for his come on ma; fit A dreided his happent tae ma. ²⁶A hiv nae ease, nivver hiv A quaitness, nae rist; naethin bit stramash."

CHAPTIR 4

Syne Eliphaz fae Teman answert:

²"Gin we spik tae ye, will ye be ill-nettert? Onywye, foo culd A haud ma tongue? ³Think foo mony fowk ye hiv learnt, foo ye've gien strinth tae fushionless hans. ⁴Yer wirds hiv been the uphauddin o them fa hiv stytert; ye've gien smeddum tae fushionless knees. ⁵Bit noo, ye're fair teen aback wi e stammygaster ye've got an ye tak a dwaam; it stricks ye, an ye're dumfoonert. ⁶Dis yer fear o God nae mak ye croose an dis yer gweed-livin wyes nae gie ye hope? ⁷Hae myn, fa ivver perished for deein naithin wrang? Fan were

e gweed-livin ivver deen awa wi? [8]It wid seem fae fit A've seen, att them fa ploo ill an shaav coorseness, hairst it. [9]They perish bi e braith o God; at e bluffert o his annger they're nae mair. [10]E lions mith roar an e turk lions gurr, bit e teeth o e young lions are breuken. [11]The aul lion will sterve for wint o prey an e cubs o e lioness are scattert. [12]A wee wirdie wis fuspert tae ma an ma lugs catcht some o't. [13]Amo nichtmares fan a deep sleep waps a body, [14]A wis teen bi a fear an trimmlin att garrt ma beens shaak. [15]A banshee flittit by ma face, an ma hair aa steed on ein. [16]It steed afore ma bit A culdna mak oot fit it wis. There wis an eemage afore ma een; aa wis quait an A heard a vice sayin, [17]'Can a mortal be mair upstannin nor God? Can a chiel be purer nor his Makker? [18]Gin God canna trust his ain servants, an gin he acceeses his angels o makkin mistaks, [19]foo muckle less will he think o them fa bide in hooses biggit wi yird, fas founs are i the stew an can be thrummlt lik a moch. [20]Atween skreek o day an gloamin they are breuken tae bits, bit naebody cares aboot it. [21]Dis e gweed att's inno them nae flee awa, an syne they dee lik feels?'

CHAPTIR 5

"Cry oot, gin ye will, bit fa's gyan tae answer ye? Tae fitna o e saunts will ye turn? [2]Annger kills e feel, an jillousy e sappie-heidit. [3]I masel hiv seen a feel tak reet, bit aa at eence A kent his hoose wis cursed. [4]His bairns are far fae sauf, haudden-doon i the coort wi naebody tae spik for them. [5]The hunngry ett up aa their crap, aiven pickin it oot fae amo e thrissles an e thirsty swally their walth. [6]A sair throwcome disna come oot o e yird, nor dis trauchle sproot fae e grun. [7]Still-an-on, man is born tae trauchle as seerly as spirks flee up e wye. [8]Bit gin A wis ye, A wid prig wi God an lay ma case afore him. [9]He dis winners att canna be faddomed, ferlies att canna be coontit. [10]He sens rain on e warl; an watters e parks. [11]He sets e hummle on heich, an e dowie are reesed up tae saufty. [12]He pits e haims on e proticks o e sleekit sae att their hans are steyed. [13]He catches oot e clivver i their ain craftiness, an e ploys o e sleekit are swypit awa. [14]Mirk comes on them throwe e day, an at neen they fummle aboot as gin it wis nicht. [15]He saves e peer fae e swoord i their moo, an fae e claucht o e pooerfu. [16]Sae e peer hiv hope, an the ill-deein shut their moos. [17]Blisst is e chiel fa God correcks; sae dinna misca e discipleen o the Almichty. [18]Cause he'll gie ye a sair, an bin it up, he'll malagaroose ye, bit his hans will mak ye hale. [19]He'll haud ye sauf fae sax mishanters an fan e syventh comes it winna herm ye. [20]In time o wint, he'll keep daith fae yer door, an i the fecht he'll haud ye fae e dunt o e swoord. [21]Ye'll be keepit fae gettin a tonguein, an ye needna be feart at wrack fan it comes. [22]Ye'll lauch at wrack an wint, an ye winna be feart at wild beasts. [23]Cause ye'll be thrang wi e steens i the parks, an e wild beasts will be at peace wi ye. [24]Ye'll ken att yer tent is sauf; ye'll gyang throwe yer gear an naethin will be missin. [25]Ye'll ken att ye'll hae mony bairns, an yer descendants lik e girss o e warl. [26]Ye'll be a gweed age fan ye come tae e grave, lik a shaif o corn gaithert i the hairst. [27]We've leukit intae iss, an ken it's true. Sae hearken tae it an tak it in for yer ain gweed."

CHAPTIR 6

Syne Job answert:

[2]"O bit ma dool could be weyed an aa ma mishanters laid on e tron. [3]It wid seerly be hivvier nor e san o e seas, nae winner A spak oot o turn. [4]The arras o the Almichty are probbin ma, ma speerit sups their pooshun; God's terrors are raawed up afore ma. [5]Dis a wild cuddy rowt fan it his girse, or a stot roar fan it his strae? [6]Can wersh maet be etten wi nae saut, or is there ony taste i the fite o an egg? [7]Ma sowl winna hae naethin tae dee wi't, sic maet gars ma cowk. [8]A'm mangin for God tae gie ma fit A'm sikkin, [9]att God wid dee awa wi ma, lat lowss his han an cut ma aff! [10]Syne at least A'd hae some easedom, in spite o ma sair, kennin att A hidna gien up e wird o the Haily Een. [11]Fitna strinth hiv A, att A shuld hope? Fitna

ootleuk att A shuld live ony laanger? ¹²Hiv A e strinth o a steen? Is ma flesh made o bress? ¹³Can A nae dee naethin tae help masel noo att A'm sae sair forfochen? ¹⁴A freen shuld aye tak peety on a chiel fa's sair come at, aiven tho he forsakes e fear o the Almichty. ¹⁵Bit ma brithers are as siccar as a burn att's files rinnin dry an files burstin its banks, ¹⁶fan broon wi thaawin ice an swallt wi miltin snaa, ¹⁷bit rins dry fan there's nae rain, an fin e wither's het disappears oot o sicht. ¹⁸Traivellers' caravans turn aff their roads gyang intae e roch cuntra an dee. ¹⁹E traivellers fae Tema leukit for watter, e merchans fae Sheba wytit in hope. ²⁰They're sair come at, cause they hid hoped; they cam there, an were disappintit. ²¹Noo ye're nae eese tae ma aither, ye see foo doon-cassen I am, an ye're feart. ²²Did A ivver tell ye tae fess onythin tae ma, or speir att ye shuld gie ma somethin o fit's yours? ²³Or speir at ye tae tak ma oot amo e hans o ma faes, or haul ma fae e claucht o some cyaard? ²⁴Learn ma, an A'll haud ma tongue; shew ma fit A've deen wrang. ²⁵Honest wirds are sair. Bit fit dis yer argiement preeve? ²⁶Are ye gyan tae pit ma richt, an haud ma desperate wirds as a sooch o win? ²⁷Ye wid aiven cass lots for e fadderless an sell yer ain freen. ²⁸Bit tak a gweed leuk at ma. Wid A lee tae yer face? ²⁹C'mon, play fair. Think again, A ken A'm richt. ³⁰Is there ony coorseness on ma tongue? Can A nae taste fit's ill?

CHAPTIR 7

"Is life nae a chaave? Is wir time nae aa lik att o a fee'd man? ²Lik a slave mangin for nicht tae come, or a fee'd man wytin for his waage, ³sae hiv A been dolled oot wi months o eeselessness, an nichts o dool hiv been ma lot. ⁴Fan A lie doon, A think, 'Foo lang will it be afore A get up an e nicht's by wi?' A rummle aboot till skreek o day. ⁵Ma body is happit wi wirms an creesh, ma skin is scabbit an etterin. ⁶Ma days flee by lik a wyver's shuttle, an leave ma wi nae hope. ⁷Hae myn, O God, ma life is bit win; ma een will nivver see happiness again. ⁸Ye see ma noo, bit ye'll see ma nae mair; ye'll leuk for ma, bit A winna be there. ⁹Lik a clood att is here ae meenit an awa e neist, sae him fa gyangs doon tae e grave nivver comes back. ¹⁰Nivver again will he darken e door o his hoose an his place winna ken him nae mair.

¹¹"Sae A winna haud ma tongue; A'll spik o fit's tribblin ma hert, A'll grummle aboot fit's warst wi ma. ¹²Am A lik e sea, or a sea-monster att ye waatch ma aa e time? ¹³Fan A think A'll be croose in ma bed or att ma cooch will ease ma sair, ¹⁴ye fleg ma wi dreams an gie ma nichtmares, ¹⁵sae att A wid raither be strannglt an dee than live in iss body o mine. ¹⁶A hate iss life. A dinna wint tae live for ivver. Lat ma be; ma days mean naethin tae ma. ¹⁷Fit's mankyn att ye mak sae muckle o them, an pey them sae muckle attintion, ¹⁸an att ye cry in by ilka mornin, an pit them throwe e mull ilka meenite? ¹⁹Will ye nivver tak yer een aff ma nor leave ma aleen lang aneuch tae swally ma spit? ²⁰Gin A've deen ill, fit hiv A deen tae ye, fa sees aathin we dee? Fit wye are ye pickin on ma, sae att A'm a birn for ma ain back? ²¹Fit wye div ye nae forgie fit A've deen wrang an tak awa ma ills? A'm gyan tae lie doon i the stew; ye'll leuk for ma i the mornin, bit A winna be there."

CHAPTIR 8

Syne Bildad fae Shuha answert:

²"Foo lang are ye gyan tae say sic things? Foo lang are ye gyan tae spik lik a bluffertin win? ³Is God's jeestice contermashious? Dis the Almichty connach fit's richt? ⁴Gin yer bairns did ill agin him, he gied them fit they deserved for fit they'd deen. ⁵Bit gin ye sikk God wi aa yer hert an prig wi the Almichty, ⁶gin ye're pure an upricht, he'll aye yet reese himsel for ye an set ye up again in yer richteous dwallin. ⁷Ye'll start fae sma beginnins, bit i the hinnerein ye'll dee aa richt. ⁸Speir at the aul fowk an fin oot fit they larnt; ⁹we were jist born yestreen an ken naethin; oor days i the warl are bit a shadda. ¹⁰Will they nae

learn ye, an tell ye, spikkin wirds fae their herts? [11]Can rashes growe far it's nae boggy? Can sprots threeve wi nae watter? [12]Gin they're still green an nae cuttit, they wizzen faister nor girse. [13]It's e same for aa them fa forget God; sae e hope o e godless dwines awa. [14]Their hope is easy tae sinner, they're lippenin tae a wyver's wob. [15]They lean on e wob, bit it braaks; they claucht at it, bit it winna haud. [16]They are lik a weel-wattert plant i the sin, raxin its sheets ower e hale yard; [17]it wups its reets roon a pile o steens an leuks for a place tae bide amo e steens. [18]Bit fan it's rippit oot o its airt, e place winna tak wi it an says, 'A've nivver seen ye.' [19]Iss is e joy o its wyes an fae e grun new life will growe. [20]God winna shiv awa a gweed-livin chiel or gie a han tae e cyaards. [21]He'll full yer moo wi lauchin, an yer lips wi shouts o joy. [22]Yer faes will be fair affrontit an e toons o e cyaards will be nae mair."

CHAPTIR 9

Syne Job answert:

[2]"A ken att fine, bit foo can a chiel be i the richt afore God?

[3]"Gin he conters him he canna answer him ae time oot o a thoosan. [4]He's maist affa clivver an pooerfu in micht. Fa can tak a stance agin him an come oot o't athoot skaith? [5]He meeves moontains athoot them kennin it an tummels them doon in his annger. [6]He shaaks e warl on its foun an gars its pillars rummle. [7]He spiks a wird tae e sin an it disna sheen; he shuts aff e licht o e stars. [8]Aa his leen he hauds oot e hivvins an stans on e waves o e sea. [9]He made e Ploo an Orion, e Syven Sisters an e constellations o e sooth. [10]He dis winners att canna be gotten tae e back o, ferlies att canna be coontit. [11]Fan he gyangs by ma, A canna see him; fan he gangs ayont ma, A dinna ken he's there. [12]Gin he taks awa, fa can stop him? Fa can say tae him, 'Fit are ye deein?'

[13]"God disna haud back his annger; aiven Rahab's cronies cooriet doon afore him. [14]Fit wye can A argie wi him? Foo can A fin wirds tae conter him? [15]Tho A'd deen naethin wrang, A cudna spik back tae him; aa A culd dee wid be speir at ma jeedge for mercy. [16]Gin A'd cried on him an he'd answert, A widna believe he wid hae hearkent tae fit A'd said. [17]He'd bluffert ma wi a storm an gie ma mair sairs for nae rizzon. [18]He widna lat ma tak a braith, bit fulls ma wi dool. [19]Gin it's aboot strinth, he's e strong een, an gin it's aboot jeestice, fa can tak him tae e coort? [20]Gin A've deen naethin wrang, ma ain moo wid condemn ma; gin A say it wisna ma wyte, it wid say it wis. [21]An tho it wisna ma wyte, it maks nae difference tae ma; A nochtifie ma ain life. [22]It's aa een; att's fit wye A say, 'He dis awa wi baith e fautless an e cyaard.' [23]Fan an amshach fesses sudden daith, he lauchs at e chaave o them fa hiv deen nae wrang. [24]E warl fas intae e hans o cyaards an he blinfauls its jeedges. Gin it's nae him att's deen it, syne fa is't? [25]Ma days are fester nor a rinner; they flee by wi nae sicht o ony gweed. [26]They skiff by lik boats made o rashes, lik aigles swoopin doon on their prey. [27]Gin A say, 'A'll forget aboot ma ills, A'll pit awa ma oorlich face an gie a smirk,' [28]A still dreid aa ma sorras, cause A ken ye winna say it wisna ma wyte. [29]Gin A'm sae coorse, fit wye div A chaave for naethin? [30]Gin A waash masel wi miltit snaa an waash ma hans wi soap, [31]ye'd still plype ma in a sheuch, sae att ma verra claes wid tak an ill-will at ma. [32]He's nae jist a body lik me att A mith spik back tae him, or att we mith baith tak een anither tae e coort? [33]Gin only there wis a thirdsman atween hiz, somebody tae fess hiz egither, [34]somebody tae tak God's stang fae ma, sae att A widna be feart at him ony mair. [35]Syne A wid spik oot an nae be feart at him; bit that, A canna dee.

CHAPTIR 10

"A hate ma verra life; lat ma tell aa fit ails ma an spik oot i the dool o ma sowl. [2]A say tae God: Dinna fin faut wi ma, bit tell ma fit ye think A've deen wrang. [3]Div ye like tirmintin ma, miscaa'in e wark o yer ain hans, an at e same time ye leuk weel teen wi e ploys o e cyaards? [4]Hiv ye the een o a mortal? Div ye see lik ony human body? [5]Are yer days lik a mortal's days, yer ears lik human ears, [6]att ye maun rake oot ma fauts an prob efter ma ill-deeins, [7]tho ye ken A'm nae coorse an att naebody can save ma fae yer han? [8]Yer hans shapit ma an made ma. Bit yet ye're deein awa wi ma. [9]Myn att ye mooldit ma lik yird. Will ye noo turn ma tae stew again? [10]Did ye nae poor ma oot lik milk an mak croods o ma lik cheese, [11]claithed ma wi skin an flesh an wyved ma egither wi beens an sinnins? [12]Ye've gien ma life an been gweed tae ma, an ye've teen gweed care o ma speerit. [13]Bit iss is fit ye hod in yer hert, an A ken iss wis fit ye wintit tae dee: [14]Gin A did ill, ye were waatchin ma an widna lat ma aff wi't. [15]Gin A've deen wrang—weel, weel! Aiven gin A'm nae at faut, A canna lift ma heid, cause A'm fair affrontit an droont in ma ain dool. [16]It's aye gettin waur an ye hunt ma doon lik a lion an again ye shew yer aawsome pooer agin ma. [17]Ye fess mair witnesses agin ma, eikin oot yer annger at ma; yer airmies aa come oot agin ma een efter anither. [18]Fit did ye mean bi fessin ma oot o ma mither's wyme? A wish A hid deit afore ony ee ivver saa ma. [19]Gin only A hid nivver been born; hid been carriet straicht fae e wyme tae e grave. [20]Are ma days nae fyow? Haud awa an leave ma aleen, sae A can hae a meenitie's peace [21]afore A gyang tae e place A'll nivver come back fae, tae e lan o mirk an e shadda o daith, [22]tae e lan o pick mirk, an e shadda o daith, far aiven e licht is lik mirk."

CHAPTIR 11

Syne Zophar fae Naamah answert:

[2]"Shuld iss lang say-awa nae be answert? Is e lang-winnit chiel aye richt? [3]Will yer blaawin gar e lave be quaet? Will neen mak ye black affrontit tae jamph? [4]Ye've said tae God, 'Ye canna faut ma doctrine, A'm clean in yer een.' [5]Oh, A wish God wid spik, an open his lips tae ye [6]an shew ye e saicrets o wisdom, cause richt wisdom his twa sides. Ken iss, fit God's giein ye as yer fairin is nae as muckle as yer deserts. [7]Can ye fathom oot God? Can ye ivver win tae e perfection o the Almichty? [8]It's as heich as e hivvens; fit can ye dee? It's deeper nor e shaddalans; fit can ye ken? [9]Its mizzour is laanger nor e warl an braider nor e sea. [10]Gin he's passin throwe an claps ye i the jile or caalls e coort tae order, fa can hinner him? [11]He kens e chets an fan he sees ill, dis he nae tak tent? [12]Bit a feel will nivver be clivver, nae mair nor a cuddy's foalie culd be born a man. [13]Gin ye gie yer hert tae him an rax oot yer hans tae him, [14]an gin ye pit awa the ill att's inno yer han an alloo nae wrang-deein tae dwall in yer tent, [15]syne, lowsed fae yer faut, ye'll lift up yer face; ye'll stan siccar wi nae fear. [16]Ye'll forget aa yer tribbles: they'll be lik watter aneth e brig. [17]Yer life will be brichter nor neenday, an mirk will be bricht as mornin. [18]Hope will gie ye smeddum; ye'll leuk roon aboot ye an tak yer rist in saufty. [19]Fan ye lie doon, ye'll be feart at naebody an mony will sook up tae ye.

[20]"Bit the een o e cyaards will growe bleart, an they winna win awa; their only hope will be tae slip awa."

CHAPTIR 12

Syne Job answert:

²"Ach, ye think ye're Airchie, an wisdom will dee fan ee win awa. ³Bit A can think jist as weel as ye, ye're neen better nor ma; ay, fa disna ken sic things as iss? ⁴Ma freens aa lauch at ma, cause A cry on God an expeck him tae answer. A'm jist a gweed livin chiel, yet they lauch at ma. ⁵Fowk fa are at ease jamph an lauch at them fas feet hiv slippit an hiv come on mishanters. ⁶E tents o e reivers are left aleen an them fa deeve God an fess their God i their han, sit siccar. ⁷Bit speir at e beasts an they'll learn ye, or e birds o e lift, they'll tell ye; ⁸or spik tae the earth, an it'll learn ye, or lat e fish i the sea tell ye e wye o't. ⁹Fa amo aa o them disna ken att e han o e Lord his deen iss? ¹⁰E life o ilka beastie an e braith o aa mankyn is in his han. ¹¹Dis e lug nae pree wirds an e tongue taste maet? ¹²It's amo auler fowk att wit is faun. Lang life fesses unnerstannin. ¹³Wit an pooer belang tae God, coonsel an unnerstannin are his. ¹⁴Fit he teers doon canna be biggit again; them he jiles, canna win oot. ¹⁵Gin he hauds back e rains, there's drucht; gin he lats them lowss, there's a spate ower e lan. ¹⁶He his stringth an insicht; baith e chettit an e chet are his. ¹⁷He leads rowlers awa barfit, an maks feels o jeedges. ¹⁸He lowses e bans pat on bi keengs, an pits a tow roon their wyste. ¹⁹He leads priests awa barfit an owerthrows e michty. ²⁰He garrs e trustit be quaet an taks awa the unnerstannin o the aul. ²¹He poors contemp on e gintry an wykens e strinth o e michty. ²²He fins e deep things in mirk an fesses pick mirk intae licht. ²³He biggs up cuntras syne dings them doon; he extens their mairches, syne scatters them. ²⁴He gars e rowlers o e warl gyang gyte; an maks them wanner in bare grun wi nae roads. ²⁵They plowter aboot i the mirk wi nae licht an he gars them styter as gin they were fu.

CHAPTIR 13

"Ma een hiv seen aa iss, ma lugs hiv heard an unnersteed it. ²I ken as muckle as ee div; ye're nae neen better nor ma. ³Bit A'm wintin tae spik tae the Almichty, an tae argie ma pint wi God. ⁴Bit ee jist clairt ma wi lees; ye're jist a bunch o quacks, e lot o ye. ⁵Gin ye wid aa bit haud yer tongues, att wid be yer learnin. ⁶Hearken tae ma pint o view, hearken tae fit ma lips are priggin. ⁷Will ye spik ill on God's behalf? Will ye be sleekit fan ye spik for him? ⁸Will ye play fair wi him? Will ye argie e case for God? ⁹Wid it turn oot weel gin he probbit ye? Culd ye swick him e wye ye culd swick a man? ¹⁰He wid seerly bring ye tae book gin ye sleekitly didna play fair. ¹¹Wid his majesty nae terrifee ye? Wid e dreid o him nae faa onno ye? ¹²Yer clivver saaws are lik aise; yer defenses are defenses o yird. ¹³Haud yer weesht an lat ma spik; syne lat fitivver comes, come. ¹⁴Fit wye div A set masel up tae be clunkit doon an tak ma life in ma hans? ¹⁵Tho he kill ma, yet A'll aye trust him; bit A'll still argie tae his face att A'm richt. ¹⁶Iss will be e savin o ma, cause nae heepocrit wid daur come afore him. ¹⁷Tak tent o fit A'm sayin; lat ma wirds full yer lugs. ¹⁸A've got ma case riddy, an A ken A'll be faun tae be i the richt. ¹⁹Fa can conter ma? Gin onybody can, A'll be quaet an lie doon an dee. ²⁰A'm bit sikkin twa things, God, an syne A winna hide fae ye: ²¹haud yer han awa fae ma, an stop fleggin ma wi yer terrors. ²²Syne cry tae ma an A'll answer, or lat ma spik, syne gie ma an answer. ²³Foo mony wrangs an ills hiv A deen? Shew ma fit A've deen wrang an fit ill A've deen. ²⁴Fit wye are ye hidin yer face an haudin ma tae be yer fae? ²⁵Wid ye tirmint a leaf blaawin i the win? Will ye chase efter dry caff? ²⁶Ye screive doon soor things agin ma an gar ma pey for the ills A did fan A wis a loon. ²⁷Ye bin ma feet in chines; an keep an ee on ilka road A tak, settin keel on e howe o ma fit. ²⁸Sae we aa weer awa, lik somethin rotten, lik moch-etten claes.

CHAPTIR 14

"Mortals, born o weemen, hiv fyow days an are full o trauchle. ²They sproot lik flooers an dwine awa, lik a fleetin shadda, they dinna lest. ³Div ye open yer een tae siccan a body as iss, an fess ma afore ye for jeedgement? ⁴Fa can fess fit's clean oot o fit's fool? Naebody! ⁵A body's days are nummert; ye ken foo mony months he his an ye've set a leemit he canna gyang by. ⁶Sae leuk awa fae him an gie him peace, till he's wirkit his time lik a fee'd man. ⁷At least there's hope for a tree: gin it's cuttit doon, it'll sproot again, an its new sheets will keep comin. [8]Its reets mith growe aul i the grun an its runt dee i the yird, [9]still-an-on, e smell o watter will gar it sproot an pit oot boughs lik a saplin. [10]Bit a chiel dees an weers awa; he taks a hinmaist braith an far is he? [11]As e watter o a peel dries up or a burn rins dry, [12]sae he lies doon an disna rise. Till e hivvens are nae mair, fowk winna waaken nor be roosed fae their sleep. [13]Gin only ye wid hide ma i the grave an keep ma hod till yer annger's by wi. Jist set ma a time an myn on ma. [14]Gin a chiel dees, will he live again? Aa e days o ma trauchle A'll wyte for a cheenge tae come onno ma. [15]Ye'll cry an A'll answer ye; ye'll think lang for e craiter yer hans hiv made. [16]Sae noo, ye coont ma steps bit dinna tak tent o ma ill-deeins. [17]Ma fauts hiv been baggit an ye shew up ma ills. [18]Bit as a moontain crummles tae naethin, an steens are meeved fae their stance, [19]as watter weers doon steens an a spate waashes awa e yird, sae ye dee awa wi a chiel's hope. [20]Ye get e better o him eence an for aa, ye cheenge e wye he leuks an sen him awa. [21]Gin his bairns are honourt, he disna ken naethin aboot it; gin they're dung doon, he disna see it. [22]He can feel e sair in his flesh an his sowl moorns for himsel."

CHAPTIR 15

Syne Eliphaz fae Teman answert:

[2]"Wid a clivver chiel gie an answer wi blethers or full his belly wi a blaa o het east win? [3]Wid he argie wi teem wirds, wi orra spik? [4]Ye hiv nae fear o God an ye hinner devotion tae him. [5]Yer moo spiks fit yer ain ills tell it an ye hiv a sleekit tongue. [6]Yer ain moo condemns ye, nae me; yer ain lips stan witness agin ye. [7]Are ee e first chiel ivver born? Were ee born afore e hills were made? [8]Div ee listen in on God's cooncil? Hiv ee keepit wisdom tae yersel? [9]Fit div ee ken att we dinna ken? Fit hiv ee in yer noddle att we dinna hae? [10]E grey-heidit an the aul are wi hiz, men att are auler nor yer fadder. [11]Are God's consolations nae gweed aneuch for ye, e douce wird he spiks tae ye? [12]Fit wye dis yer hert cairry ye awa, an fit wye div yer een glimmer, [13]sae att ye tak oot yer annger on God an jaw sic wirds fae yer moo? [14]Fit wye culd mortals be pure, or them born o wumman be richteous? [15]See noo, God disna aiven trust the angels, an he disna see the hivvins as bein pure, [16]foo muckle mair ill-toungit an fool are fowk fa drink in ill-deeins lik watter. [17]Hearken tae ma an A'll tell ye, tell ye fit A've seen, [18]fit e clivver chiels hiv telt they got fae their fadders, hidin naethin; [19]them fa were gien e warl, an nae forriners gaed aboot amo them: [20]Aa his days e cyaard drees his weird, e years o e ruthless chiel are nummert. [21]Terrifeein souns full his lugs; fan aa seems tae be gyan fine, reivers set on him. [22]He winners gin he'll ivver get oot o e mirk an he is jist wytin for e sword. [23]He wanners aboot leukin for maet speirin far it is an he kens e day o mirk is nae far awa. [24]Trauchle an fash fill him wi fear; they'll tak up their stance agin him, lik a keeng raa'ed up for battle, [25]cause he raxes oot his han agin God an offers tae tak on the Almichty. [26]He chairges at his heid wi e thick bosses on his targe. [27]Tho he fulls his face wi creesh an his wyst is weel-boukit, [28]he'll bide in wull toons an hooses far naebody bides, hooses faa'in doon in ruination. [29]Nae laanger will he be weel aff an his walth winna lest, nor will his gear spread ower e lan. [30]He winna win awa fae e mirk, a flame will sinner his breer an e braith o God's moo will cairry him awa. [31]Dinna lat him mislippen himsel bi pittin his trust in fit's wirthless, cause he'll get naethin for't. [32]He'll weer awa afore his time an his branches will nivver be green. [33]He'll be lik a vine tirred o its grapes afore they're ripe, lik an olive tree sheddin its flooers. [34]Cause aa e godless will be eel, an fire will burn up e tents o them fa tak back-hanners. [35]They jist mak tribble an fess aboot ill; oot o their wymes comes sleekitness."

CHAPTIR 16

Syne Job answert:

[2]"Ach, A've heard aa iss afore; ye're nae muckle o a freen, neen o ye. [3]Will yer dreich say-awas nivver ein? Fit ails ye wi aa yer argiein? [4]A'm jist as able tae spik lik ee are, gin ee were far I am, A culd spik fine wirds aboot you eens an shaak ma heid at ye. [5]Bit ma moo wid gie ye a lift; ye'd feel better at e douce wirds fae ma lips. [6]Bit gin A spik, ma dool is neen e better; an gin A haud ma weesht, it disna gyang awa. [7]Bit God his caaed ma deen; he's deen awa wi aa ma company. [8]Ye've gien ma naethin bit runkels att say it aa; A'm sae shilpit it rises up an spiks oot agin ma face. [9]God teers at ma in his annger an grins his teeth at ma; ma fae glowers at ma wi powkin een. [10]Fowk open their moos an jamph at ma; they slap ma lug i the afftak an aa gaither agin ma. [11]God his hannit ma ower tae th'ungodly an keest ma inno e hans o cyaards. [12]A wis fine pleased wi masel, bit he smashed ma tae bits; he teuk a haud o ma bi e thrapple an dirlt ma tae murlins. He's made ma his prap; [13]his bowemen are aa roon aboot ma. He teers ma rines asunner an disna spare; he spulls ma gaal on e grun. [14]Time an again he braaks throwe ma; rinnin at ma lik a waarrior. [15]A've shewed saickclaith tae ma skin an foolt ma broo wi stew. [16]Ma face is aa begrutten an e shadda o daith is on ma eelids; [17]yet nae for ony ill A've deen, an ma prayer is pure. [18]Mith e warl nivver hap ma bleed; mith ma pewl nivver be hodden awa. [19]Aiven noo ma witness is in hivven; e chiel fa will spik up for ma is abeen. [20]Ma freens aa scowff at ma, bit ma een poor oot tears tae God; [21]O att God wid plead for man wi himsel, as a man wid plead for his neeper. [22]It winna be mony ears till A tak e road fae far there's nae comin back.

CHAPTIR 17

"A'm fair forfochen, ma days are cuttit short, ma grave is wytin for ma. [2]Are fowk aa aroon ma nae scowffin at ma? Can A nae see naethin bit their scowffin? [3]Lay doon a wad for ma, o God. Fa else will stan surety for ma? [4]Ye've keepit their herts fae unnerstannin; sae ye winna reese them oot. [5]E chiel fa miscaas his freens tae better himsel, the een o his bairns will fail. [6]God his made ma a bywird tae aabody, a chiel for fowk tae spit in ma face. [7]Ma een are bleart wi dool; ma airms an legs are lik a shadda. [8]E gweed-livin are dumfoonert at iss; honest chiels steer themsels up agin th'ungodly. [9]E richteous will haud tae their wyes, an e chiel wi clean hans will gyang fae strinth tae strinth. [10]Bit come on, aa o ye, try again. A canna fin a lang-heidit chiel amo ye. [11]Ma days are by wi, ma plans aa connacht. Yet e thochts o ma hert [12]turn nicht intae day; it's sae mirky, daylicht is at han. [13]Gin A wyte, ma hame will be e grave, A've made ma bed i the mirk. [14]Gin A say tae corruption, "Ye're ma fadder," an tae e wirm, "ma mither" or "ma sister," [15]far's ma hope? Ma hope! Fa can see ony hope for ma? [16]It will gyang doon tae e yetts o hell fan we aa rist egither as stew."

CHAPTIR 18

Syne Bildad fae Shuha answert:

[2]"Fan are ye gyan tae stop bletherin? Be mensefu, an syne we can spik. [3]Fit wye div ye think we're lik beasts an leuk on hiz as glaikit? [4]Ye're teerin yersel tae bits wi yer rage, will e warl be cheenged jist tae please ye? Maun boolders be shiftit fae far they lie? [5]E licht o e cyaard is snuffed oot an e glint o e fire winna sheen. [6]E licht in his tent growes dark; his cannel will be snuffed oot wi him. [7]Nae laanger will there be a lowp in his step an he'll be cassen doon bi his ain protticks. [8]His ain feet cass him inno a nit; he wanners intae its mesh. [9]A snare taks him bi e heel; a trap grips him. [10]A noose is hodden for him on e grun, a snare lies in his road. [11]Terrors fear him on ilka side an snap at his heels. [12]He's fushionless wi hunnger; crockaneetion will catch him fan he faas. [13]It etts awa at his skin; daith's aulest-born rives at his strinth. [14]Fit he trusts in will be rippit fae his tent an it will fess e warst o aa terrors. [15]Fit's nae his will bide in his tent; brimsteen will be scattert ower his dwallin. [16]His reets will turn wizzent aneth an his

branches will wither abeen. [17]E warl will forget him; naewye is his name mynt. [18]He'll be hurlt fae licht intae mirk an be chased fae e warl. [19]He his nae bairns nor oes amo his fowk an there will be naebody left far he dwalt. [20]Them fa come efter him are dumfoonert at fit happent tae him, them fa cam afore him were feart. [21]Att's fit e cyaard's hoose is like; att's e dwallin o them fa dinna ken God."

CHAPTIR 19

Syne Job answert:

[2]"Foo lang will ye tirmint ma an braak ma tae bits wi yer spik? [3]Att's ten times noo ye've gotten on tae ma; are ye neen affrontit at e wye ye yock on ma? [4]Gin A hiv deen onythin wrang, att's my business. [5]Gin ye div think yersels better nor ma an wid haud ma doonfa agin ma, [6]syne ken att God his wranged ma an his keest his nit roon ma. [7]Tho A compleen A've been wranged, A get nae reply; A scraich for help, bit naebody plays fair wi ma. [8]He's stappit ma road sae A canna win throwe; he's happit ma paths wi mirk. [9]He's strippit ma honour fae ma an teen e croon fae ma heid. [10]He dings ma doon on ilka side till A'm fair deen; he upreets ma hope lik a tree. [11]He his kennlt his annger agin ma; he coonts ma as een o his faes. [12]His airmy gaithers egither, they bigg a siege ramp agin ma an set their camp roon ma tent. [13]He's turnt ma faimly agin ma an ma freens winna hae naethin tae dee wi ma. [14]Ma ain fowk hiv left ma an ma best pals hiv forgotten ma. [15]Them fa bide wi ma an ma kitchie deems think o ma lik a forriner: they trait ma lik an ootlin. [16]A cry on ma servant, bit he disna pey nae heed, tho A prig wi him wi ma ain moo. [17]Ma wife tells ma ma braith stinks an A'm a scunner tae ma verra brithers. [18]Aye, aiven e wee bairnies miscaa ma, they scowff at ma as seen as they see ma. [19]Aa ma aul freens hate ma, them att A looed hiv aa turnt agin ma. [20]A'm awa tae skin an been; A've jist won throwe bi e skin o ma teeth.[21]Hae peety on ma, hae peety on ma, ma freens, cause e han o God his strucken ma. [22]Fit wye div ye tirmint ma lik God dis? Fit wye div ye chaa ma tae bits? [23]Oh, att ma wirds were screiven doon, set oot in screivin in a beuk, [24]screedit wi an airn teel in leed onno a steen for ivver. [25]A ken ma redeemer lives, an att i the hinnerein he'll stan on the earth. [26]An efter ma body is destroyed bi wirms, still-an-on in ma flesh will A see God; [27]A'll see him for masel, see him wi ma ain een, nae naebody ither. Ma hert burns at e thocht. [28]Bit gin ye say, 'Fit wye are we tirmintin him, since e reet o e metter lies wi him?' [29]ye shuld fear e sweord yersels, cause annger fesses a fairin bi e sweord, an syne ye'll ken att there's jeedgment."

CHAPTIR 20

Syne Zophar fae Naamah answert:

[2]"Ma thochts gar ma answer ye, cause A'm sair come at. [3]A've hid tae pit up wi yer ill-jaa an ma unnerstannin gars ma answer. [4]Seerly ye ken o aul, sin ivver fowk were stanced i the warl, [5]att e cyaard disna lauch lang, e joy o e godless lests bit a blink. [6]Tho his pride raxes tae e hivvens, an his heid skuffs e cloods, [7]he'll perish forivver, lik his ain skitter; them fa hiv seen him will say, 'Far is he?' [8]Lik a dream he flees awa, nivver tae be faun, chased awa lik a veesion o e nicht. [9]The ee att saa him winna see him again; his place winna leuk on him nae mair. [10]His bairn maun gie tae e peer; his ain hans maun gie back fit he teuk. [11]Tho his beens are e beens o a callant, they'll lie wi him i the stew. [12]Tho coorseness is sweet in his moo an he hides it aneth his tongue, [13]tho he canna thole tae lat it gyang an lats e taste o't dauchle in his moo, [14]for aa that, e maet in his stamack will turn soor; it'll be lik e pooshun o a snake inno him. [15]He'll spew up e walth he's swallied; God will gar his guts boak them up. [16]He'll sook e pooshun o snakes; e fangs o an adder will kill him. [17]He winna see e burnies, burnies rinnin wi hunny an butter. [18]Fit he vrocht for, he maun gie back an he winna swally it; he winna get e gweed o his trade. [19]Cause he his

dung doon e peer an left them forfochen; he his glaumt hooses he didna bigg. ²⁰Cause his belly wis aye leukin for mair, he canna haud on tae fit he delichts in. ²¹There's nae maet left for him tae ett; sae his walth winna lest. ²²I the midse o aa his plinty, hert's-care will owercome him; ilka han o dool will come doon on him. ²³Fan he's awa tae full his belly, God will vent his bleezin annger onno him, rainin it doon on him fan he's ettin. ²⁴Tho he rins fae an airn wappon, he's stobbit wi a bress-tippit arra. ²⁵He draas it oot o his back, taks e glintin pint oot o his gaal-bledder. He'll be sair come at; ²⁶pick mirk will be keepit for his trissures. A fire att's nae blaawn on will birstle him up an devoor fit's left in his tent. ²⁷E hivvens will shew up his ill-deeins; e warl will rise up agin him. ²⁸A spate will cairry aff his hoose, an his gear will be waashin awa on e day o God's wrath. ²⁹Att's fit God dis for e cyaard; att's e heirskip appintit for them bi God."

CHAPTIR 21

Syne Job replied:

²"Tak tent o fit A'm sayin; an lat iss be the easedom ye gie ma. ³Haud yer weesht an lat ma spik, an eence A've hid ma say, haud on wi yer jamphin. ⁴Am A compleenin aboot a human bein? Fit wye shuld A nae be nettlt? ⁵Leuk at ma an winner; clap yer han ower yer moo. ⁶Fan A think on iss, A'm terrifiet; ma hale body taks a dose o e shaaks. ⁷Fit wye div cyaards aye live on, growin aul an increasin their pooer? ⁸They see their bairns dee weel roon aboot them, their geets afore their een. ⁹Their hames are sauf an free fae fear; God's spaignie is nae onno them. ¹⁰Their bulls nivver fail tae breed; their coos calve an dinna drap their caffies. ¹¹Their bairnies loup aboot lik lammies; their littlins link it roon. ¹²They sing tae e meesic o e tambourine an e hairp; they mak mirry tae e soun o e flute. ¹³They are weel-plenisht aa their days an gyang doon tae e grave in peace.¹⁴For aa that, they say tae God, 'Leave hiz be! We're nae sikkin tae ken yer wye o things. ¹⁵Fa wid the Almichty be, att we shuld serve him? Fit wid be e gweed tae hiz o prayin tae him?' ¹⁶Bit their weel-deein is nae i their ain hans, keep ma awa fae e coonsel o e cyaard. ¹⁷Yet foo aften is e cyaard's lampie snufft oot? Foo aften div he come on a mishanter an God hans doon sorra tae him in his annger? ¹⁸Foo aften are they lik strae afore e win, lik caff blaawn awa bi a skail? ¹⁹Fowk say, 'God stores up e fairin o e cyaard for his bairns.' Lat him gie e cyaard his dyows, sae they themsels will fin e dirdin o't. ²⁰Lat him see his ain doonfa wi his ain een; lat him drink e caup o e wrath o the Almichty. ²¹Fit dis he care about e faimly he leaves ahin fan his allottit months come till an ein? ²²Can onybody learn God, sin he jeedges aiven the eemaist? ²³Ae body dees hale an herty, croose an canty, ²⁴his milk-pail nivver teem an his beens foo o marra. ²⁵E neist body dees sair forfochen, nivver haein seen naethin shortsome. ²⁶They baith lie doon i the same stew, an e wirms hap them baith. ²⁷A ken fine fit ye're thinkin, thinkin o proticks tae misfit ma. ²⁸Ye say, 'Far's e laird's hoose? Far are e tents e cyaards bade in?' ²⁹Hiv ye nivver speirt at them fa hiv seen e warl? Hiv ye nivver listened tae their tales, ³⁰att e cyaard aye his an easy life o't, att he's spared fae e day o wrath? ³¹Fa will tell him tae his face att he's deen wrang? Fa gies him his comeuppance for fit he's deen? ³²He's carriet tae e grave, an a waatch is keepit ower his tomb. ³³E divots i the howe are sweet tae him; aabody trails on ahin him an a muckle collieshangie trytles on afore him. ³⁴Sae foo can ye comfort ma wi yer havers? Naethin is left o yer answers bit lees!"

CHAPTIR 22

Syne Eliphaz fae Teman answert:

²"Can a chiel be ony eese tae God as a clivver chiel is o eese tae himsel? ³Is there ony pleesure tae the Almichty gin ee are richteous? Fit gweed wid it be tae him gin ye nivver did nae wrang? ⁴Is it cause ye're gweed livin att he rages at ye an fesses chairges agin ye? ⁵Hiv ye deen affa wrang? Are yer ill-deeins nae einless? ⁶Ye socht wadset fae yer brither fan it wisna nott; ye strippit fowk o their duds, leavin them nyaakit. ⁷Ye didna gie nae watter tae e wabbit an ye didna gie nae maet tae e hunngry, ⁸bit e pooerfu chiel aint e grun an e honourable chiel bade onno't. ⁹An ye sent weedas awa teem-hannit an scruntit e strinth o the orphans. ¹⁰Att's fit wye there's snares aa roon aboot ye an sudden dreid fears ye, ¹¹att's fit wye it's sae dark ye canna see, an att's fit wye a spate o watter haps ye. ¹²Is God nae i the hichts o hivven? An see foo heich abeen e heichest stars are. ¹³Still-an-on, ye say, 'Fit dis God ken? Dis he jeedge throwe sic mirk? ¹⁴Thick cloods hap him, sae he canna see hiz as he stravaigs roon e hivvens.' ¹⁵Will ye keep tae the aul road att e coorse hiv traivelt? ¹⁶They were teen awa afore their time, their founs washen awa bi a spate. ¹⁷They said tae God, 'Leave hiz be. Fit can the Almichty dee tae hiz?' ¹⁸For aa that, he wis the een fa fulled their hooses wi ferlies, e coonsel o e cyaards is far fae ma. ¹⁹E richteous see iss an are happy; them fa hiv deen nae ill jamph at them, sayin, ²⁰Seerly them fa reese up againt hiz are cuttit aff, an e lave are devoort bi fire.' ²¹Gree wi God an be at peace wi him; att wye walth will come tae ye. ²²Accep e wird o his moo an lay it up in yer hert. ²³Gin ye come back tae the Almichty, ye'll be restored. Gin ye redd yer tent o ill-deein ²⁴an lay yer gowd i the stew, yer gowd o Ophir amo e steens i the burn, ²⁵syne the Almichty will be yer gowd, e bonniest o siller for ye. ²⁶Seerly syne, ye'll fin delicht i the Almichty an will lift up yer face tae God. ²⁷Ye'll pray tae him, an he'll hear ye, an ye'll pey yer voos tae him. ²⁸Fitivver ye decide tae dee will be deen, an licht will sheen on yer road. ²⁹Fan fowk are dooncassen an ye say, 'Lift them up,' syne he'll save e dooncassen. ³⁰He'll deliver aiven e chiel fa his deen wrang, an he'll deliver throwe e cleanness o yer hans."

CHAPTIR 23

Syne Job answert:

²"Aiven e day ma complaint is dool; his han is sair on ma for aa ma girnin. ³Gin A bit kent far tae fin him, sae A mith come till his coort. ⁴A wid lay oot ma case afore him, an full ma moo wi argiements. ⁵A wid fin oot fit answer he gied ma, an think on fit he hid tae say tae ma. ⁶Wid he conter ma, teeth an claa? Na, na, seerly he'd tak tent o fit A wis sayin. ⁷There, the honest man can hae his say awa wi him, sae A'll win awa for ivver fae ma jeedge. ⁸Bit gin A gyang tae the east, he's nae there; gin A gyang tae e wast, A canna fin him. ⁹Fan he's wirkin i the north, A dinna see him; fan he turns soothlins, A canna see him. ¹⁰Bit he kens far A'm gyan; eence he's tried ma oot, A'll come throwe it lik gowd. ¹¹Ma fit his his held tae his step; A've keepit tae his wyes athoot devaal. ¹²A hinna gien back on his wird; A've thocht mair o his wird nor o ma daily maet. ¹³Bit he's o the ae myn, an ye winna gar him cheenge. He dis fit he likes. ¹⁴He cairries oot fit he his appintit for ma, an he his mony proticks still in han. ¹⁵Att's fit wye A'm sair come at fan A'm afore him; fan A think o aa iss, A'm terrifiet at him. ¹⁶God his made ma fushionless; the Almichty his terrifiet ma. ¹⁷A wisna cuttit aff fae e warl afore e mirk cam onna ma, nor his he happit ma face wi mirk.

CHAPTIR 24

"Fit wye dis the Almichty nae set oot times for his jeedgements? Fit wye can them fa ken him nivver see sic days? ²There are some chiels fa meeve mairch steens; they pinch flocks an pit them i their ain parks. ³They drive awa the orphan's cuddy an tak e weeda's coo for a wadset. ⁴They shiv them fa are in wint oot o their road an gar aa e peer fowk rin awa an hide themsels. [5]Lik wild cuddies i the roch cuntra, e peer fowk gyang tae their wark o rakin aboot for maet; they sikk maet for their bairns i the wilds. [6]They gaither a hairst fae e parks an e cyaards glean i the vinyairds. [7]Wi nae claes they spen e nicht nyaakit; they hiv naethin tae hap themsels wi fae e caul. [8]They are drookit bi the weety rain fae the heilans an coorie intill e rocks for wint o lythe. [9]The weeda's bairn is wheeched awa fae her breist; e bairn o e peer man is teen for his awin. [10]Wi nae a stitch tae their back, they gyang aboot nyaakit; they cairry e shaives, bit still gyang hunngry. [11]They pran olives amo the waas; an trump the winepresses, still on on, they are dry. [12]E grains o e deein rise up fae e toon, an e sowls o e wounnit roar oot for help. Bit God disna haud onybody his deen wrang. [13]Some fowk tak an ill will at e licht, they dinna ken its wyes nor kep tae its paths. [14]E murtherer rises afore its licht, an kills e peer an needy. At nicht he's lik a thief. [15]The ee o e chiel fa taks up wi anither man's wife waatches for e gloamin; he thinks tae himsel, 'Nae ee can see ma,' an he keeps his face happit. [16]I the mirk, thieves braak intae hooses, bit they shut themsels awa throwe e day; they dinna wint naethin tae dee wi e licht. [17]For them, midnicht is their foreneen their freens are e terrors o pick mirk. [18]For aa that, they are faem on e heid o e watters; their grun is cursed, naebody gyangs near han their vinyairds. [19]As heat an drucht milt e snaa, sae e grave snatches awa them fa hiv deen ill. [20]Their ain mithers will forget them, an e wirm feeds on them; naebody myns on a cyaard, bit he's breuken lik a tree. [21]They prey on the eel an bairnless wumman, an are nivver couthie tae the weeda. [22]Bit God hauls awa e michty bi his pooer; tho they hiv a gweed doon-sittin, they hiv nae assurance o life. [23]He mith lat them think att aathin's weel, bit he's keepin his ee on their wyes. [24]For a wee fylie they're reesed up an syne they're doon an oot, fessen doon an gaithert up lik e lave; they're bruised lik a heid o corn. [25]Gin att's nae true, fitna een o ye can mak ma oot tae be a leear an haud fit A'm sayin nae wirth a docken?"

CHAPTIR 25

Syne Bildad fae Shuha answert:

[2]"Domination an fear belang tae God; he sees att aathin is weel redd oot i the hichts o hivven. [3]Can his airmies be coontit? Fa dis his licht nae rise onno? [4]Foo syne, can a chiel be richteous afore God? Foo can a body, born o a wumman, be pure? [5]See, aiven e meen isna bricht an e stars arena pure in his een, [6]foo muckle less a chiel, little better nor a maive, a mortal bein, fa's jist a wirm."

CHAPTIR 26

Syne Job answert:

[2]"Foo hiv ye helpit him fa his nae pooer! Foo hiv ye savit e dweebly airm! [3]Fitna coonsel hiv ye gien tae e feel! An fit common sense hiv ye shewn! [4]Fa wis iss say-awa meant for? Fa telt ye fit tae say? [5]E deid aneth e watters shaak, an aa them fa bide there. [6]The ill place is laid bare afore God; naethin haps e shaddalans. [7]He spreads oot e north ower teem space; he hings e warl on naethin. [8]He wups up e watters in his cloods, bit for aa that, e cloods dinna birst wi e wecht o't. [9]He haps e face o his throne an spreads his cloods ower it. [10]He marks oot e horizon on e face o e watters as a mairch atween licht an mirk. [11]E pillars o hivven shaak, sair come at wi his raigin. [12]Wi his pooer he steered up e sea; an bi his learnin he stricks throwe e prood. [13]He blaas on e hivvens an they turn bricht; his han probes e rinnin serpent. [14]An att's jist a thochtie o fit he dis; we hear bit a fusper o him. Fa syne, can unnerstan e thunner o his pooer?"

CHAPTIR 27

An Job held on wi his phrasin:

[2]"As God's alive, fa his teen awa ma richts, the Almichty, fa his made ma life soor, [3]as lang as A hiv a braith inno ma, e sooch o God in ma neb, [4]ma lips winna spik an ill wird, an ma tongue will nivver tell a lee. [5]God forbid att A ivver ain ye're richt; till e day A dee, A winna gie up ma mense. [6]A'll haud tae ma gweed livin an nivver lowse fae't; my hert winna reproach ma as lang as A live. [7]Lat ma fae be lik e cyaard, them fa conter ma lik them fa dee ill. [8]Fit hope hiv e godless, fan fitivver they mith hae won, God taks awa their sowl? [9]Will God hear their cry fan sair comes till them? [10]Will they fin delicht i the Almichty? Will they aye be cryin on God? [11]A'll learn ye aboot e pooer o God; A winna hap naethin o e wyes o the Almichty. [12]Ye've aa seen iss for yersels. Fit wye syne aa iss bletherin? [13]Iss is fit God hans oot tae the ill-deein, the heirskip a cyaard wins fae the Almichty: [14]nae metter foo mony bairns he his, they're aa for e swoord; his geets will aye be hunngert. [15]Them fa survive will be beeriet in daith, an their weedas winna greet for them. [16]Tho he heaps up siller like stew an claes lik piles o cley, [17]fit he lays up, e richteous will weer, an them fa hiv deen nae wrang will havver his siller. [18]The hoose he biggs is lik a maive's, lik a waatchman's bothy. [19]He lies doon walthy, bit it winna be gaithered; fan he opens his een, it's aa awa. [20]Terrors come ower him lik a spate; a storm swypes him awa i the nicht. [21]The east win cairries him aff, an he's awa; it furls him oot o his place. [22]It blufferts him wi nae devaal as he rins fae its pooer. [23]It claps its hans an scowffs an boos him oot o his place.

CHAPTIR 28

"There maun be a mine for siller an a place far gowd is seyed. [2]Airn is teen fae e grun, an copper is smeltit fae ore. [3]Man pits an ein tae e mirk an rakes i the farrest neuks for e steens o bleck mirk an e shadda o daith. [4]They sink a shaft hine awa fae far onybody bides, far nae fit his ivver trumpit; they showd back an fore hine awa fae ilka ither body. [5]The earth, far maet comes fae, is cheenged aneth as gin bi fire; [6]lapis lazuli comes fae its steens, an in its stew there's spreckles o gowd. [7]Nae bird o prey kens att hodden path, nae vulture's ee his seen it. [8]Wild beasts dinna set fit onno't an nae lion prowls there. [9]Fowk set their han tae e hard steen an teer up moontains bi e reet. [10]They howk throwe e rock; an their een see aa its ferlies. [11]They dam up e watters an fess things att were hodden oot intae e daylicht. [12]Bit far can wisdom be faun? Far dis unnerstannin bide? [13]Naebody kens its wirth; ye winna come onno't i the lan o e livin. [14]E deep says, "It's nae wi me"; e sea says, "It's nae wi me." [15]It canna be bocht wi e best o gowd, nor can its vailyee be weyed oot in siller. [16]E gowd o Ophir winna buy it, nor precious onyx nor lapis lazuli. [17]Naither gowd nor crystal is a mar for't, nor can it be hid for jowels o gowd. [18]Coral an crystal are nae wirth spikkin aboot, e price o wisdom is mair nor rubies. [19]E topaz o Ethiopia is nae a mar for it; it canna be vailyeed in pure gowd. [20]Far syne dis wisdom come fae? Far dis unnerstannin bide? [21]It's hodden fae the een o ilka livin beast, aiven e birds i the lift canna see it. [22]Wrack an Daith say, "Jist a wee wirdie o't his won e linth o wir lugs." [23]God kens fine e wye o't an he's the only een fa kens far it bides, [24]cause he leuks tae the eins o e warl an sees aathin aneth e hivvens. [25]He gied wecht tae e win an mizzoured oot e watters. [26]Fan he set oot laas for e rain an a road for e thunnerstorm, [27]he leukit at wisdom an set it furth; he socht it oot an set it up. [28]An he said tae e fowk, "E fear o the Lord—att's fit wisdom is, an tae gyang by the door o ill is unnerstannin."

CHAPTIR 29

Job held on wi his say-awa:

[2]"Foo A'm mangin for e months att are bye wi, for e days fan God keepit waatch ower ma, [3]fan his lampie sheent abeen ma heid an bi his licht A waalkit throwe e mirk. [4]Oh, for e days fan A wis in ma prime, fan God's coonsel blisst ma hoosie, [5]fan the Almichty wis aye wi ma an ma bairnies were aa roon aboot ma, [6]fan ma road wis clairtit wi butter an e rock poored oot a burnie o ile for ma. [7]Fan A gaed tae e toon yett an teuk ma seat i the plainsteens, [8]e birkies saa ma an steppit oot o ma road an the aul chiels steed up; [9]e chiefs were quait an happit their moos wi their hans; [10]e gintry held their weesht, an their tongues stuck tae e reef o their moos. [11]E lugs att heard ma, blisst ma, an aa them fa saa ma spak weel o ma, [12]cause A helpit e peer fa socht it, an e fadderless fa hid naebody tae leuk efter them. [13]Them fa were weerin awa, blisst ma; an A garrt e weeda's hertie sing. [14]A wis claid wi richteousness an jeestice wis ma robe an ma bonnet. [15]A wis een tae e blin an feet tae e cripple. [16]A wis a fadder tae e peer an I spak oot for fowk A didna aiven ken. [17]A breuk e jaa o e cyaards an rived e victims fae their teeth. [18]A thocht, 'A'll see ma time oot in ma ain wee hoose, an ma days will be as mony as e grains o san. [19]Ma reets will rax e linth o e watters, an e dyowe will lie aa nicht on ma branches. [20]Ma glory winna dwine an e bowe will aye be new in my han.' [21]Aabody hearkent tae fit A wis sayin, keepin quait tae hear ma wird. [22]Eence I hid spoken, they were quait; ma wirds were lithesome on their lugs. [23]They wytit for ma as for a shoorie o rain an drank in ma wirds lik an Aapril shooer. [24]Fan A gied them a smilie, they were fair teen aback; an A wis aye cheery wi them. [25]A pickit fit road they shuld traivel an sat as their chief; A dwalt lik a keeng amo his troops; A wis like a body att comforts e moorners.

CHAPTIR 30

"Bit noo they mak a feel o ma, chiels younnger nor me, fas fadders wirna e mar o my sheep dogs. [2]Fit eese wis their hans tae me, their strinth worn deen wi aul age? [3]Shilpit fae wint an hunnger, they wannert aboot e druchtit grun, dreich an ill-wared, bi nicht. [4]They pu sooricks amo e funs an ett e reets o e breem. [5]Nae human body wid leuk near han them, cryin efter them as gin they were thieves. [6]They were garrt bide amo e steeny craigs, amo bowlders an in holes i the grun. [7]They rowtit amo e busses an cooriet egither aneth e nittles. [8]A dirten an orra clan, they were, an unco hill-run boorach, they were dreelt oot o e cuntra. [9]An noo they mak a feel o ma i their sangs an they jist tak e rise o ma. [10]They canna thole ma, an keep awa fae ma; an it's naethin for them tae spit in ma face. [11]God his lowsed ma raip an deaved ma, sae they hiv gaen clean oot o han afore ma. [12]On ma richt han e randies steer up an try tae trip up ma feet an lay snares in ma road tae tak ma. [13]They stap ma path an malagaroose ma, an there's naebody tae help ma. [14]They come on ma like a bursen dam rowin ower an ower i the mineer. [15]A'm fair terrifiet an they chase ma honour lik e win, ma weel-bein blaas awa lik a passin clood. [16]An noo ma sowl poors oot o ma, days o sufferin hiv grippit ma. [17]Nicht probs ma beens, ma gnawin sairs are nivver at peace. [18]Ma sairs fyle aa ma claes an they yark roon ma thrapple. [19]He throws ma inno e dubs, an A'm jist lik stew or aise. [20]A roar tae ye, bit ye dinna tak ma on; A stan afore ye bit ye jist leuk at ma. [21]Ye're coorse tae ma an hiv turnt yer muckle han agin ma. [22]Ye wheech ma awa wi e win an rummle ma roon i the storm. [23]A ken ye'll dee awa wi ma an fess ma tae e place appintit for aa e livin. [24]Fit wye will God nae pit oot his han tae fess a chiel tae daith an e grave, fan he prays sair for them, nae aiven fan he his caased e mishanter? [25]Hiv I nae grutten for them att are sair fasht? His ma sowl nae been hert-sorry for e peer? [26]Fan A leukit for gweed, ill cam; fan A leukit for licht, e mirk cam. [27]Ma intimmers are in a mineer; days o sufferin come onno ma. [28]A gyang aboot blaikent, bit nae bi e sin; A stan i the assembly an roar for help. [29]A've turnt a brither tae jackals, a freen tae oolets. [30]Ma skin growes bleck an ma body burns wi fivver. [31]Ma hairp is turnt tae sorra, an ma pipe tae e soun o greetin.

CHAPTIR 31

"A made a covenant wi ma een nae tae leuk at a young quine. [2]Fit is wir lot fae God abeen, fit will we heir fae the Almichty on high? [3]Is't nae ruination for e coorse, a begeck for them fa dee wrang? [4]Dis he nae see ma wyes an coont ma ilka step? [5]Gin A've been vauntie in ma gait or ma fit his gaen rinnin efter swickerie, [6]lat God wey ma wi honest wechts an he'll ken att A've been straicht, [7]gin ma fit his turnt fae e roadie, gin ma hert's been led bi ma een, or gin ma hans hiv been fyled, [8]lat ither fowk ett fit A've shaavn, an mith ma craps be upreetit. [9]Gin ma hert's teen fleein efter a wumman or gin A've been joukin aboot ma neeper's door, [10]syne lat ma wife mull anither chiel's corn, an lat ither chiels lie wi her. [11]Cause att wid hae been braisent, an ill tae be jeedged. [12]It's a fire att burns aa e wye tae crockaneetion; it wid hae upreeted aa ma hairst. [13]Gin A hinna played fair wi ony o ma servants, be they loons or quines, fan they brocht a grummle tae ma, [14]fit will A dee fan God stans up afore ma? Fit will A say fan A'm caalled tae accoont? [15]Are we nae aa Jock Tamson's bairns? Did e same een nae mak hiz baith in wir mither's wyme? [16]Gin A hinna peyed muckle heed tae e peer or hiv latten e weeda's een growe wabbit, [17]gin A've keepit ma fairin tae masel an hinna eekit it oot wi e fadderless, [18]bit since A wis a loon A've brocht them up lik a fadder wid, an fae e day A wis born A've guided the weeda, [19]gin A've seen onybody perisht for wint o claes, or e peer wi naethin tae weer, [20]an their herts didna bliss ma for warmin them wi the oo fae ma sheep, [21]gin A've liftit ma han tae e fadderless, kennin foo far ben A wis att e coort, [22]syne lat ma airm faa fae ma shoother, lat it be knackit aff at e jynt. [23]Cause A wis terrifiet at fit God wid dee tae ma, an for fear o his majesty A culdna dee sic things. [24]Gin A've made gowd ma hope, or said tae pure gowd, 'A'll lippen tae you,' [25]gin A've gloated ower ma muckle walth, made wi ma ain bare hans, [26]gin A've leukit at e sin fan it wis sheenin or e meen meevin in its brawness, [27]sae att ma hert wis trystit or ma moo kisst ma han, [28]syne iss wid be ill-deeins wintin tae be jeedged, cause A wid hae been unfaithfu tae God abeen. [29]Gin A've teen pleesure in ma fae's mishanters or wis big-heidit fan he wis haein a sair fecht, [30]A hinna latten ma moo dee ill bi cryin a curse on his life, [31]gin ma servants hiv nivver said, 'Fa hisna hid a gweed bellyfull at Job's brod?' [32]bit nae fremt his ivver been turnt awa tae spen e nicht i the street, cause ma doorie wis aye open tae e traiveller, [33]gin A've hodden ma ill-deeins, lik some fowk, bi keepin ma guilt in ma breist [34]cause A wis feart at e croods an dreided e contimpt o e clans att A held ma weesht an widna gyang oot aboot, [35](oh, gin onybody wid hearken tae ma! Here's ma signature – lat the Almichty answer ma; lat them fa acceese ma pit their chairge in vreetin. [36]A wid seerly cairry it on ma shoother, A wid weer it lik a croon. [37]A wid gie him an accoont o ma ilka step; A wid gyang up tae him as gin A wis a prince.) [38]Gin ma grun spiks oot agin ma, an aa its furs greet alang wi it, [39]gin A've etten its craps athoot peymint or deen awa wi them fa ain it, [40]syne lat e thrissles come up insteid o wheat an dockens insteid o barley."

Job's wirds are throwe wi.

CHAPTIR 32

Sae iss three chiels stoppit answerin Job, cause he wis richteous in his ain een. [2]Bit Elihu, e sin o Barakel fae Buz, o e clan Ram, got fair raised wi Job cause he thocht himsel mair richt nor God. [3]He wis raised wi his three freens tee, cause they hidna faun ony wrang-deein in Job, bit yet hid faun faut wi him. [4]Noo Elihu hid wytit afore spikking tae Job cause e tither chiels were auler nor him. [5]Bit fan Elihu saa e three chiels hid naethin mair tae say, it got his danner up. [6]Sae Elihu, e sin o Barakel fae Buz said: "A'm young in ears, an ee're aul, att's e wye A wis feart tae lat ye ken fit I wis thinkin. [7]A thocht, 'Eild shuld spik, an them att's eildit shuld ken aboot things.' [8]Bit it's e speerit in a body, e braith o the Almichty, att gies them unnerstannin. [9]It's nae jist the aul att are wise, nae jist them att's eildit att ken fit's richt. [10]Sae noo, A say: Hearken tae me; A'll tell ye fit I think aboot it. [11]Leuk see, A wytit fan ye were spikkin an hearkent tae yer argiement; fan ye were thinkin aboot fit tae say, [12]A booed ma lug till ye, bit weel A wyte, neen o ye preeved att Job wis wrang, nor answert his wirds. [13]Waatch att ye dinna say, 'We've faun wisdom; it's God att will caa him doon, nae man.' [14]Bit Job hisna said naethin aboot me, an it's nae youeens' argiements att A'll answer him wi. [15]They are dumfoonert an hiv nae mair tae say, they're tongue-tackit. [16]Maun I dauchle cause they are quait, noo att they stan there wi naethin tae say? [17]A'm gyan tae hae ma say anaa, A'll say fit I think tee. [18]A'm lang-gabbit an e speerit inno ma garrs ma spik; [19]ma belly's rivin lik it's full o fizzin win, lik new wineskins riddy tae birst. [20]A maun spik tae get it aff ma chest; an maun open ma lips an answer. [21]A winna tak ony sides nor will A sook in wi naebody. [22]A dinna ken foo tae fleetch an gin A did, ma Makker wid seen tak ma awa.

CHAPTIR 33

"Bit noo, Job, hearken tae ma wirds an tak tent o aathin A say. [2]A'm gyan tae open ma moo, an ma tongue his chaawed ilka wird. [3]Ma wirds come fae an upricht hert an ma lips will be hameower in fit they say. [4]E speerit o God his made ma, an e braith o the Almichty gies ma life. [5]Answer ma syne, gin ye can; stan up an set oot yer case afore ma. [6]We're baith e same in God's sicht; A'm mooldit oot o cley tee. [7]Ye dinna need tae be feart o me, ma han winna birze ye doon. [8]Bit A've heard ye say, A've heard yer verra wirds: [9]'A'm clean an hiv deen nae wrang; A'm innocent an hiv deen nae ill. [10]Still-an-on, God his faun faut wi ma; he leuks on ma as his fae. [11]He bins ma feet wi chines an waatches aathin A dee.' [12]Bit A'm tellin ye iss, att's jist far ye're wrang, cause God is bigger nor ony man. [13]Fit wye div ye strive wi him fan he disna answer yer wirds? [14]Cause God dis spik, files ae wye, files anither, tho ye widna ken it. [15]In a dream, in a veesion o e nicht, fan a deep sleep faas on a body as they lie i their beds, [16]he mith open their lugs an gar them unnerstan his warnins, [17]tae turn them fae their ill-deein wyes an keep them fae gettin ower bigsy, [18]tae keep back their sowl fae e pit, an their lives fae perishin bi e swoord. [19]Files a chiel mith be beddit wi his sairs an a stoonin in his beens, [20]sae att his body winna leuk at maet an his sowl taks an ill-will at e best o fare. [21]His flesh dwines awa tae naethin an his beens, eence hodden, noo stick oot. [22]His sowl draaws near tae e grave an his life tae them fa fess daith. [23]Still-an-on, gin there be an angel anent him, a messenger, een fae amo a thoosan, sent tae shew a chiel fit's e richt thing for him tae dee, [24]an he's kindly tae him an says, 'Spare him fae gyan doon intill e grave, A've faun a ransom for him, [25]his flesh will be freshent lik a bairnie's, he'll gyang back tae his young days,' [26]syne he can pray tae God fa will accep him, he'll see God's face an shout wi joy; an God will gie man back his richteousness. [27]An he'll sing oot o him afore ither fowk an say, 'A've deen ill an thraawn fit is richt, an little gweed it did ma. [28]God his saved ma fae e grave, an A'll live tae see e licht o life.' [29]A wyte, God dis aa iss for a body twa or three times ower, [30]tae fess his sowl back fae e grave, sae att e licht o life mith sheen on him. [31]Tak tent, Job, an hearken tae ma; haud yer weesht an A'll spik. [32]Gin ye've onythin tae say, answer ma; spik oot, cause A wint tae see ye held as blameless. [33]Bit if nae, hearken tae me; haud yer weesht, an A'll learn ye wisdom."

CHAPTIR 34

Syne Elihu said:

[2]"Hearken tae ma wirds, you clivver chiels, preen back yer lugs aa you chiels wi learnin, [3]cause e lugs try wirds jist as e tongue tastes maet. [4]Lat's wark oot for wirsels fit's richt; lat's learn egither fit's gweed. [5]Job says, 'I did naethin wrang, bit God his teen awa ma richts. [6]Wid A lee aboot ma richt? Ma sair canna be made hale tho A've nae deen naethin wrang.' [7]Fa is there lik Job fa drinks afftakin lik watter? [8]He

hauds in wi cyaards; he gyangs aboot wi ill-settit chiels. [9]Cause he says, 'Fit's e gweed o tryin tae haud in wi God?' [10]Sae hearken tae ma, you clivver chiels. Far be it fae God tae dee ill, an fae the Almichty tae dee wrang. [11]He gies aabody their dyows for fit they've deen; he gars ilka body get fit's comin till him. [12]Seerly, God wid nivver dee naethin wrang, the Almichty wid nivver pervert jeestice. [13]Fa made him grieve o e hale warl? Fa laid e hale warl onno him? [14]Gin he set his myn tae it an held back his speerit an his braith, [15]aathin i the warl wid be deen awa wi an aa mankind wid turn again tae stew. [16]Noo, gin ye ken fit A'm sayin, hearken tae iss; hear fit A hiv tae say. [17]Can a body fa hates jeestice guvvern? Will ye condemn him fa's richteous an michty? [18]Can ye say tae a keeng, 'Ye're jist a cyaard,' or tae e gintry, 'Ye're naisty vratches.' [19]Fa shews nae faavour tae e gintry an maks nae mair o e walthy than he dis o e peer, cause they're aa e wark o his hans? [20]They dee in a blink, i the middle o e nicht, e fowk are shaaken an they pass awa, e stoot are teen awa wi nae human han. [21]He waatches aa att fowk dee, he sees their ilka step. [22]There's nae mirk, nae shadda o daith far cyaards can hide. [23]God his nae need tae tak fowk throwe han ony farrer, att they shuld come afore him for jeedgment. [24]He braaks e michty wi nae back-speirin an sets up ithers i their steid. [25]He kens aa fit they're deein, he dings them doon i the nicht an they are bruised. [26]He sticks them doon for their coorseness far aa can see, [27]cause they turnt awa fae folla'in him an widna tak wi neen o his wyes. [28]They garrt e cry o e peer come tae him, sae att he heard e priggin o e needy. [29]Bit gin he gies peace, fa can gainsay him? Gin he hides his face, fa can see him? Fither its deen agin a hale cuntra or jist the ae man, [30]tae keep e godless fae rowlin, or layin snares for fowk. [31]Noo, jist supposin somebody says tae God, 'A've deen ill bit winna nae mair. [32]Learn ma fit A canna see, gin A've deen wrang A winna dee't again.' [33]Shuld God rewaard ye as ye see e wye o't fan ye widna say ye were sorry? Ee maun mak up yer myn, nae me, sae tell ma fit ye ken. [34]Men o unnerstannin will say tae ma, an clivver chiels fa hear ma say tae ma, [35]'Job disna ken fit he's spikkin aboot, his wirds hiv nae foun.' [36]Oh, att Job mith be tested tae the eemaist for answerin lik a cyaard. [37]Tae his ill-deeins he adds contermashiousness; he claps his hans amo hiz an keeps up his wirds agin God."

CHAPTIR 35

Syne Elihu said:

[2]Div ye think iss is richt, fan ye say, 'My richteousness is mair nor God's'? [3]Yet ye speir, 'Fit e better o't will ye be an fit div I win bi nae deein nae ill?' [4]A'll tell ye an yer freens wi ye. [5]Leuk up tae e hivvens an see; tak a gweed leuk at e cloods awa abeen ye. [6]Gin ye dee ill, fit hairm will att dee him? An gin ye hiv a hullock o ill-deeins, fit dis att dee tae him? [7]Gin ye behave yersel, fit syne, div ye gie tae him, or fit dis he get fae your han? [8]Yer coorseness will only hairm chiels lik yersel, an yer richteousness mortal men. [9]Fowk cry oot aneth their mony birns, an prig for easement fae the airm o e pooerfu. [10]Bit naebody says, 'Far is God ma Makker, fa gies sangs i the nicht, [11]fa learns hiz mair nor he learns e beasts o e warl an maks hiz skeelier nor e birds i the lift?' [12]Fowk cry oot, bit he disna gie an answer cause o e heich-heidit wyes o e cyaards. [13]Na faith, God disna hearken tae their teem wirds. The Almichty peys nae attintion tae it. [14]Foo muckle less fan ye say ye canna see him: yer case is afore him an ye maun wyte for him. [15]Bit noo, cause he hisna veesitit in his annger an he disna think muckle o them fa's heich-heidit, [16]Job opens his moo wi teem wirds, lik a feel he his a lang say-awa."

CHAPTIR 36

Elihu gaed on:

²"Gin ye can thole hearkenin tae ma laanger a wee, there's mair tae say on God's behalf. ³A'll hake oot ma learnin fae hine awa an shew att God is fair. ⁴A wyte, A'm nae tellin a wird o a lee, it's a gey clivver chiel fa stans afore ye. ⁵God is michty, bit leuks doon his nose at naebody; he is michty, an siccar i the strinth o aa his acks. ⁶He disna keep e cyaard livin, bit gies jeestice tae e dooncassen. ⁷He disna tak his een aff e gweed-livin, bit pits them on a throne wi keengs an reeses them up for aye. ⁸Bit gin fowk are bun in chines an held in aboot wi raips o affliction, ⁹he shews them fit they've deen an their ill-deeins att they are sae prood o.¹⁰He maks them hearken tae correction an gars them turn awa fae their ill-deein wyes. ¹¹Gin they dee fit he bids them an serve him, they'll dee aa richt for e lave o their days an spen their years in contintment. ¹²Bit gin they dinna listen, they'll perish bi e swoord an dee lik feels. ¹³E godless in hert are in an ill-teen; they dinna roar for help fan he bins them. ¹⁴They dee young amo e men-hoors at e shrines. ¹⁵Bit them fa suffer he rescyees throwe their sufferin; he opens their lugs throwe their sorra. ¹⁶For aa that, he wid hae teen ye oot o yer strait tae a braid place far ye widna be grippit; an hae set on yer table e best o fare. ¹⁷Bit noo ye're full o e jeedgeent o e cyaard, jeedgement an jeestice hiv teen ahaud o ye. ¹⁸Cause there is annger, waatch att he disna tak ye awa wi a clout, syne aiven a muckle ransom winna rescyee ye. ¹⁹Wid aa yer walth keep ye oot o tribble or aa yer chaavin? ²⁰Dinna be mangin for e nicht fan fowk are cuttit aff fae their place. ²¹Waatch ye dinna turn tae ill wyes, cause att's fit ye seem tae like raither not sorra. ²²God is reesed up in his pooer. Fa's a dominie lik him? ²³Fa his set oot his road for him, or said tae him, 'Ye've deen wrang'? ²⁴Myn an reese oot his wark, att fowk hiv seen. ²⁵Aabody aawye his seen it; fowk gaze on it fae hine awa. ²⁶God is great, ayont wir unnerstannin. Foo mony ears he's seen we can nivver fin oot. ²⁷He draaws up e drappies o watter att faa as rain fae e mochy mist; ²⁸e cloods lowse their shoories an there's a doon-poor on fowk's heids. ²⁹Fa can unnerstan foo he spreads oot e cloods or e thunner fae his dwallin? ³⁰See foo he scatters his lichtnin aroon him, happin e reets o e sea. ³¹Att's e wye he rowles aa fowk an gies them plinty maet. ³²He fulls his hans wi lichtnin an gars it strick e mark. ³³His thunner waarns att e storm's comin, e verra beasts ken att God is gyan up i the storm.

CHAPTIR 37

"At iss ma hert knocks an loups fae its place. ²Hearken, hearken tae e roar o his vice an e soun att comes oot o his moo. ³He lowses it aneth e hale hivven an his lichtnin tae e neuks o e warl. ⁴Efter att, a vice roars, he thunners wi his majestic vice. He winna stey them fan his vice is heard. ⁵God's vice thunners in winnerfu wyes; he dis muckle ferlies att we can nivver unnerstan. ⁶He says tae e snaa, 'Faa on e grun,' an tae e shoorie o rain an e muckle doonpoor. ⁷He tethers aabody's han, sae att aa creation mith ken his wark. ⁸The beasties leuk for lythe an bide i their holies. ⁹E tirrin win comes oot o its chaumer an caul fae e scatterin wins. ¹⁰E braith o God maks ice, an e braid watters turn geelt. ¹¹He lades e thick cloods wi watter; he scatters his licht throwe them. ¹²At his deein they furl aboot, deein fitivver he gars them ower e face o e warl. ¹³He fesses e cloods tae haud fowk in aboot, for e gweed o his grun or tae shew his luv. ¹⁴Hearken tae iss, Job; tak yer reest a meenitie an think o God's winners. ¹⁵Div ye ken foo God guides e cloods an maks his lichtnin flash? ¹⁶Div ye ken foo e cloods hing there, winners o him fa kens aathin? ¹⁷Foo are yer claes het fan e grun lies lown aneth e sooth win? ¹⁸Can ee spread oot e lift wi him, hard as a gless o cassen bress? ¹⁹Tell hiz fit we shuld say tae him; we canna wark oot fit tae say cause o e mirk. ²⁰Shuld he be telt A wint tae spik? Gin a body spiks, seerly he'll be swallied up. ²¹Noo naebody can leuk at e bricht licht att's i the cloods, eence e win his swypit them awa. ²²Oot o e north comes gowden brawness; wi God is leesome majesty. ²³As for the Almichty, we canna win till him; he's reesed up in pooer; in his jeestice an great richteousness, he disna haud fowk doon. ²⁴Sae fowk fear him. He disna think muckle o e wise in heart."

CHAPTIR 38

Syne e Lord spak tae Job oot o e furlin win. He said:

[2]"Fa's iss att smoors my advice wi unkennin wirds? [3]Stan up lik a man; A'll speir att ye an ye'll answer ma. [4]Far were ee fan A laid e founs o e warl? Tell ma, gin ye unnerstan. [5]Fa set oot its mizzourments? Div ye nae ken. Fa raxed oot e line ower it? [6]Fit were its founs set onno, or fa laid its cornersteen, [7]fan e mornin stars were aa singin egither an an aa the angels shoutit for joy? [8]Fa shut up e sea ahin doors fan it burst oot o e wyme, [9]fan I wuppit it up in cloods an bun it in pick mirk, [10]an set oot its airches an pat its doors an bars in place, [11]fan A said, 'Iss is e linth ye can come an nae farrer an here is far yer prood waves maun stop?' [12]Hiv you ivver gien orders tae e mornin, or shewn e skreek o day its place, [13]sae it mith tak haud o the eins o e warl an shak e cyaards oot o't? [14]E warl cheenges lik e cley o a seal an aathing onno't stans oot lik patterns on yer claes. [15]E cyaards dinna get nae licht an their reesed airm is breuken. [16]Hiv ye traivelt tae e waalies o e sea or hiv ye waalkit i the deeps? [17]Hiv e yetts o daith been shewn tae ye? Hiv ye seen e doors o e pick mirk? [18]Hiv ye ony noshun o e size o e warl? Tell ma gin ye ken aa iss. [19]Fit's e wye tae e hoosie far licht bides? An far aboot dis e mirk bide? [20]Can ee tak them tae their ain places? Div ee ken e road tae their dwallins? [21]Div ee ken cause ye were aboot then? Are ee as aul as att? [22]Hiv ee been i the warehooses o e snaa or seen e warehooses o e hailsteens, [23]att I haud back for times o fasherie, for days o waar an fechtin? [24]Foo is e licht pairted oot or far is e place fae far the east wins are scattert ower e warl? [25]Fa dells a lade for e watters o e spate an redds a road for e lichtnin o e thunner, [26]tae gar it rain on a cuntra far naebody bides, e scruntit roch cuntra wi nae a sowl there, [27]tae slocken e roch grun an gar it sproot wi bonnie girss? [28]Dis e rain hae a fadder? Fa's fadder tae e drappies o dyowe? [29]Fas wyme dis the ice come fae? Fa gies birth tae the haar-frost fae the hivvens, [30]fan watter turns hard as steen an e lochan freezes ower? [31]Can ee bin e chines o e Syven Sisters? Can ee lowse Orion's belt? [32]Can ee fess oot e constellations i their sizzons or lead oot e Bear wi its cubs? [33]Div ee ken e laas o the hivvens? Can ee set up God's rowle ower e warl? [34]Can ee reese up yer vice tae e cloods an hap yersel wi a spate o watter? [35]Can ee sen e flashes o lichtnin sae they come an say tae ye, 'Here we are'? [36]Fa his pat learnin inno the intimmers or gied unnerstannin tae the hert? [37]Fa's clivver aneuch tae coont e cloods? Fa can teem oot e watter bowies o hivven [38]fan e dubs dries hard an e divots turn claggie? [39]Will ee hunt e prey for e lioness an sair e hunnger o e young lions [40]fan they hunker doon i their dens or lie in wyte in a buss? [41]Fa sorts e maet for e craa fan its gorblins cry oot tae God an wanner about for wint o maet?

CHAPTIR 39

"Div ee ken fan e heilan goats cleck? Div ee waatch fan e deer his her fawn? [2]Div ee coont e months till their time comes? Div ee ken e time they gie birth? [3]They coorie doon an their young come hame; their cryin time is ower. [4]Their young thrive an weer up weel i the wild; eence they're spent they dinna come back. [5]Fa lat e wild cuddy awa? Fa lowsed its raips? [6]I gied it e roch cuntra for its hame, e saut-lan tae bide in. [7]It lauchs at e steer i the toon, an disna hear e driver's shout. [8]It roams e heilans for its sheilins an reenges for onythin girsy. [9]Will e wild bull serve ye? Will it bide bi yer byre at nicht? [10]Can ee haud it tae e furr wi a harness? Will it harra the howes ahin ye? [11]Will ee lippen tae it cause o its muckle strinth? Will ee leave yer hivvy darg tae it? [12]Can ee trust it tae lead in yer crap an fess it tae yer thrashin-fleer? [13]The wings o the ostrich flap proodly, bit they're nae lik e feathers o a stork. [14]She lays her eggs on e grun an lets them waarm i the san, [15]nivver mynin att a fit mith trump on them or some wild beast mith braak them. [16]She's coorse tae her littlins as gin they werna her ain; she disna care at her birthin wis in vain, [17]cause God didna mak her verra clivver nor gie her muckle common sense. [18]Still-an-on, fan she raxes oot her feathers tae run, she lauchs at e horse an its rider. [19]Div ee gie e horse its strinth or clad its neck wi thunner? [20]Can ee gar it loup lik a cricket, garrin aa tae shak wi its snortin? [21]It pawts doon i the howe, rejoicin in its strinth, an chairges into the wappons. ²²It lauchs at fricht, nae feart at naethin; it disna shy awa fae e swoord. ²³E quiver dirls agin its side, alang wi e flashin spear an e targe. ²⁴Kittlt up tae a muckle tirr, it swallys up e grun; it canna stan at peace fan e tooteroo souns. ²⁵At e brattle o e tooteroo it snorts, 'Aha,' an it fins e smell o fechtin fae hine awa, e roarin o e captains an e shoutin. ²⁶Is it bi your clivverness att e gled flees an raxes its wings tae e sooth? ²⁷Dis the aigle flee abeen at your comman an bigg its nests on heich? ²⁸It dwalls on a cliff, on e teeth o a craig, far it his its stronghaud. ²⁹Fae there it rakes for maet, its ee seein it hine awa. ³⁰Its gorblins rive at bleed, an farivver there are deid bodies, it's there."

CHAPTIR 40

E Lord said tae Job:

²"Will e chiel fa strives wi the Almichty correck him? Lat e chiel fa argies wi God answer him."

³Syne Job answert e Lord:

⁴"A'm a naethin: foo can I answer you? A'll pit ma han ower ma moo. ⁵A spak eence or mair nor eence. Noo A'll be quait, A'll say nae mair."

⁶Syne e Lord spak tae Job oot o e furlin win an said,

⁷"Stan up lik a man, A'm gyan tae speir somethin at ye an ye'll answer ma. ⁸Wid ee refeese tae tak wi my jeedgement? Wid ee acceese ma o nae bein fair tae haud att ye've deen naethin wrang? ⁹Hiv ee an airm lik God's, or can your vice thunner like his? ¹⁰Syne rig yersel oot wi glory an brawness an claithe yersel in mense an majesty. ¹¹Gie vint tae yer annger, leuk at aa fa are bigsy an ding them doon, ¹²leuk at aa fa are prood an hummle them, trump doon e cyaards far they stan. ¹³Beery the lot o them egither i the stew, hap their faces i the grave. ¹⁴Syne A'll ain tae ye att yer ain richt han can save ye. ¹⁵Leuk at Behemoth, att A creatit at e same time as you, an etts girss like a stot. ¹⁶See e strinth in his shanks an e pooer i the muscles in his guts. ¹⁷It meeves its tail lik a cedar, e sinnons o its hochs are ticht bun eigither. ¹⁸Its beens are tubes o bress, its ribs lik bars o airn. ¹⁹It stans eemaist amo e warks o God, still-an-on its Makker can tak his swoord tae it. ²⁰E knowes fess maet tae it an e beasts play roon aboot. ²¹It lies i the lythe o e trees i the shadda o e boggy rashes. ²²E trees hap it wi their shadda an e sauch busses anent e burn surroon it. ²³A spate o watter disna tirmint it, it's nae fasht, tho e Jordan mith gurge intill its moo. ²⁴Can onybody tak it fan its een are open or snare it an bore it throwe e neb?

CHAPTIR 41

"Can ee haul in Leviathan wi a heuk or tie doon its tongue wi a raip? ²Can ee pit a strae-raip throwe its neb or prob its jaa wi a heuk? ³Will it sook up tae ye or spik tae ye wi douce wirds? ⁴Will it dee a deal wi ye tae tak it as yer servant for life? ⁵Will ee play wi it lik a bird or pat it on a tow for e quines in yer hoose? ⁶Will e guilds bargain for it an pairt it oot amo e merchants? ⁷Can ee fill its hide wi harpoons or its heid wi leisters? ⁸Gin ye lay a han onno't, ye'll fairly myn on e stramash an ye winna dee't again. ⁹Ye hinna a hope o quaitnin it, e verra sicht o't will ding ye doon. ¹⁰Naebody is turk aneuch tae reese it. Fa syne, can conter me? ¹¹Fa his deen me sic an obleegement att A maun pey him? Aathin aneth e hivvens is mine. ¹²A winna keep quait aboot its limbs nor aboot its strinth nor aboot foo weel-boukit it is. ¹³Fa can teer aff his ooter claddin? Fa can come at him wi a twa-faul bridle? ¹⁴Fa daur open his muckle jaas surroonit wi frichtsome teeth? [15]Its scales are lik raas o shields, aa lockit egither; [16]aa sae near han een anither att nae win can pass throwe them. [17]They are aa jynt tae een anither, stucken egither sae att they canna be pairtit. [18]Its sneeshin flings oot flashes o licht an its een are lik e skreek o day. [19]Lowin lichts teem fae its moo an sparks o fire birse oot. [20]Reek poors oot fae its neb lik fae a muckle pot on a swey ower burnin rashes. [21]Its braith kennles coal, an flames sheet oot o its moo. [22]There's strinth in its neck an fear reeses up afore it. [23]E fauls o its flesh are weel bun egither an are siccar an weel set. [24]Its hert is hard as a steen, hard as the unnersteen o a mull. [25]Fan it reeses itsel up, e stoot are terrifiet, they are dumfoonert bi its threeshin. [26]E swoord att wins e linth o't his nae effect, nor dis e spear, e dairt nor e javelin. [27]It trokes wi airn lik strae an bress lik rotten wid. [28]Arras dinna mak it rin an it turns shots fae a sling tae stibble. A rung is lik stibble tae it an it lauchs at e wheechin o a javelin. [29]Its guts are lik shairp breuken crocks, leavin a track i the dubs lik a bruising-leem. [30]It maks e deeps bile lik a muckle pot an steers up e sea lik a jar o intment. [31]It leaves a sheenin wake ahin it; makkin ye think e sea hid a fite heid o hair. [32]There's nae e mar o't i the hale warl, a beast wi nae fear. [33]It leuks doon on e bigsy an is keeng ower a them fa are prood."

CHAPTIR 42

Syne Job answert e Lord:

[2]"A ken ye can de aathin an nae protick o yours can be steyed. [3]Ye speir, 'Fa's iss att hides my coonsel wi nae unnerstannin?' Sae A've said things A didna unnerstan, things ower winnerfu for me tae ken onythin aboot. [4]Ye said, 'Hearken noo, an A'll spik, A'll speir things at ye an ye'll answer ma.' [5]A hid heard aa aboot ye, bit noo A've seen ye wi ma ain een. [6]Sae, A think little o masel an repint in stew an aise." [7]Efter e Lord hid said aa iss tae Job, he said tae Eliphaz fae Teman, "A'm raised wi you an yer twa cronies, cause ye hinna spoken e trowth aboot me, as ma servant Job his. [8]Sae gyang an tak syven bulls an syven rams an gyang tae ma servant Job an sacrifeece a brunt offerin for yersels. Ma servant Job will pray for ye, an I will accep his prayer an nae gie ye yer sairin for yer glaikitness. Ye hinna spoken e trowth aboot me, as ma servant Job his." [9]Sae Eliphaz fae Teman, Bildad fae Shuha an Zophar fae Naamah did fit e Lord socht o them; an e Lord acceptit Job's prayer. [10]Efter Job hid prayed for his freens, e Lord lowsed him fae his buns an gied him twice as muckle as he hid afore.[11]Aa his brithers an sisters an aabody fa hid kent him afore cam an ate wi him in his hoose. They sympatheesed an teuk peety on him for aa the ills e Lord hid fessen onno him, an ilka een gied him some siller an a gowd ring. [12]Sae e Lord blisst e hinnerein o Job's days mair nor he hid at e start. He hid fowerteen thoosan sheep, sax thoosan camels, a thoosan yock o owsen an a thoosan cuddies. [13]An he hid syven sins an three dothers tee. [14]The aulest dother he caaed Jemimah e neist saicond Keziah an e third Kerenhappuch [15]Naewye i the hale cuntra wis there tae be faun quines as bonnie as Job's dothers, an their fadder gied them an heirskip alang wi their brithers. [16]Efter iss, Job lived a hunner an fowerty ear an saa fower ginneration o his sins an gransins.[17]An sae Job deit an aul man, weel on in ears.

E BEUK O PSALMS

PSALM 1

He's a gey happy chiel att disna folla e cyaards, nor waalks e roads o the ill-deein nor sits wi the ill-wirdit.

[2]His happiness is e wird o e Lord; he thinks o e Lord's laas nicht an day.

[3]He's lik e tree growein anent e burnie, att his a gweed crap in its sizzon; his leaf winna dee oot; fativver he dis he'll mak gweed o't.

[4]Coorse fowk are nae lik iss; they're lik caff, blaawn aboot bi e win.

[5]Sae fan they hiv tae stan afore e jeedgement seat, they'll be faun wintin an e ill-deein winna stan amo e gaitherin o e gweed.

[6]E Lord waatches ower e gweed, bit e wyes o the ill-deein winna stan for lang.

PSALM 2

Fit wye are e cuntras o e warl aye fechtin wi een anither? Fit wye div fowk aye think sae muckle o themsels?

[2]Aa e keengs o e warl stan tee an e chiefs confab egither tae conter e Lord an them he's pickit.

[3]"We'll braak aa their chines," they say, "an fling aff aa their raips."

[4]E Lord, sittin on his throne abeen i the hivvens, lauchs at them; e Lord scowffs at them.

[5]Syne, in a gey lik rage, he'll gie them fit for.

[6]"A hiv pat ma keeng on his throne on e haily knowe o Zion," he says,

[7]an iss is his decreet: "Ye're ma loon," he says, "iss day, A've bicome yer fadder.

[8]Sikk fae ma fit ye like: A'll leave ye hale cuntras fan A gyang awa, ye'll ain richt tae the eins o the earth.

[9]Ye'll braak them wi a wan o airn, ye'll caa them tae bits lik a cley pottie."

[10]Jist ye hae myn, aa ye keengs: learn weel yer lessons aa ye clan chiefs: [11]faa doon an wirship e Lord, shaak wi dreid afore him, an be gled o him an [12]kiss his loon, for fear e Lord be raised at ye an strick ye doon in mid coorse; for he is gey quick tae get his birse up. Bit them fa lippen till him will aye be gled.

PSALM 3

A psalm o Daavit fan he teuk flicht fae his loon Absalom.

Michty, Lord, fit a set oot o fowk are aa conterin ma! Sae mony o them fecht wi ma.

[2]An mony o them are sayin att there's nae savin o ma sowl.

[3]Bit ye, Lord, are lik a targe ower ma heid. Ye're aa ma glory an ye lift ma heid up heich.

[4]A reese up ma vice tae e Lord an he answers ma fae his haily knowe.

[5]A lie doon an sleep bit aye A waaken, for e Lord is wi ma.

[6]A'll nivver be feart, tho ten thoosan are aa roun aboot ma, attackin ma fae aa the airts.

[7]Rise up, Lord, an save ma, O ma God. Ye've strucken aa them att wid conter ma across e jaa an smackit e coorse i the moo.

[8]Salvation belangs tae ye, ma Lord, an yer blissins are on aa yer fowk.

PSALM 4

Tae e heid o meesic, wi fiddles an basses. A psalm o Daavit.

Hearken tae ma fan A cry on ye, God o aa ma richteousness. Fan A wis sair deen till, ye lowsed ma; be gweed tae ma an tak tent o ma prayers.
²Oh ye sins o men, foo muckle langer will ye turn ma glory tae shame or set yer herts on ferlies an chase efter lees?
³Ken iss, e Lord his set aside e godly fowk for himsel. E Lord hears fan A cry till him.
⁴Nae metter foo angert ye micht be, dee nae wrang; think aboot it fan yer lyin in yer bed, haud yer peace.
⁵Pey yer dyows tae e Lord an lippen till him tae be wi ye.
⁶There are mony fa say, "Fa will shew hiz ony gweed?" Lord, lift up e licht o yer face on hiz.
⁷Ye've made ma hert gled, mair nor them fa hiv a rowth o meal an new wine.
⁸Noo A'll lie ma doon in peace, tae sleep; for naebody bit ye, Lord, will haud ma oot o ill hans.

PSALM 5

Tae e heid o meesic, wi fussles: a psalm o Daavit.

Hearken tae fit A'm sayin, Lord; tak tent o ma grue.
²Tak tent o ma scraichin for help, ye fa are ma keeng an ma God.
³Ye hear ma vice ilka foreneen, Lord. Ilka mornin A say ma prayers till ye an leuk up till ye.
⁴Cause ye're nae a God fa likes ony ill; nae ill bides wi ye.
⁵Feel fowk winna stan afore ye; ye canna thole coorse fowk,
⁶an ding doon them fa tell lees. Ye've nae time for fowk fa fecht nor them fa canna leuk ye straicht i the ee.
⁷Bit as for me masel, A'll come intae yer hoose i the lythe o yer mercy an boo doon tae yer haily biggin in aawe o ye.
⁸Tak ma wi ye, Lord i the wyes o yer richteousness, cause faes are aa aboot. Set a straicht furr for ma tae ploo.
⁹Ye canna lippen tae fit they say, they're rotten tae e verra hert. Their thrapples are lik a grave att's gantin open, they're aye glib-tongueit.
¹⁰Dee awa wi e lot o them, God; lat their ain ill-deeins fesh them doon. Kees them oot i their coorseness, them fa hiv turnt agin ye.
¹¹Bit mak seer att yer ain fowk rejoice; lat them aye cry oot wi gledness, cause ye leuk efter them. Mak seer att them fa ken yer name hiv muckle pleesure in ye.
¹²For, ye Lord, will poor yer blissins on e gweed an tak them in aneth yer wing, oot o aa fear o ill.

PSALM 6

Tae e heid o meesic, wi fiddles an basses i the wye o Sheminith.
A psalm o Daavit.

Lord, dinna be raised wi ma an scaul ma. Dinna gie ma a lickin in yer annger.
²Hae peety on ma for mercy's sake; haud ma up for A'm fair forfochen, an ma beens are sair.
³Ma sowl is sair come at. Foo muckle laanger, Lord, foo muckle laanger?
⁴Come back, Lord, set ma sowl lowss, for peety's sake, save ma.
⁵Fan we're deid, we'll nae myn on ye, naebody reeses ye oot fae e grave.

⁶A'm weary, weary wi grainin. Ilka nicht ma bowster is wringin wi ma greetin an e deece is soakit wi ma tears.

⁷Ma een are aa swallt wi ma greetin, turnt aul bi aa ma faes.

⁸G'wa oot o here aa ye ill breets! E Lord hears ma greetin;

⁹he hears ma priggin for help, an he'll sort aathin oot.

¹⁰Aa ma faes will be owercome an sair come at an they'll aa be caa'd awa in a snorl.

PSALM 7

A sang att Daavit vreet fan he wis some vrocht up an he sang tae e Lord, fae e wirds o Cush o e clan Benjamin.

O, Lord, ma God, A ken att ye'll aye leuk efter ma richt gait; save ma fae aa fa wid chase efter ma,

²for fear they rive ma tae bits lik e lions, wi naebody tae haud ma fae them.

³O, Lord, ma God, gin A hiv mislippent ony sowl,

⁴or deen ony ill tae a freen, or wi nae cause misfittit ma faes,

⁵syne lat ma faes tak ma an trump ma intill e grun an beery ma honour i the stew.

⁶Rise up, Lord, in yer annger, set yersel conter ma faes; waaken up, ma God, an fess jeestice;

⁷Gaither aa e fowk roon aboot ye an sit yersel abeen them aa.

⁸Lord ye'll be e jeedge ower aa; Lord jeedge ma accoordin tae ma sairin, for A've deen naethin wrang.

⁹See till't att e cyaards dee nae mair hairm, uphaud e gweed livin; gie their herts an their myns a gweed ower-gyan lik e richteous God att ye are.

¹⁰God's ma targe, savin them wi an honest hert.

¹¹God's an honest jeedge; he's raised wi e coorse ilka day.

¹²Gin a body winna cheenge his wyes, he'll shairpen his swoord an string his bowe an mak it riddy;

¹³his wappons o daith are aa sortit an his arras are tippit wi fire.

¹⁴The ill-tricket cairry naethin bit coorseness; they plan mischief an fess lees intae e warl.

¹⁵Bit they dell a hole for themsels an are catcht i their ain snares.

¹⁶Their mischief will reboon on them an faa back doon on their ain heids.

¹⁷Thank e Lord for his gweedness, A'll sing a psalm tae e Lord maist heich.

PSALM 8

Tae e heid o meesic fae Gath. A psalm o Daavit.

Lord, wir God, fit a gran name ye hiv ower e hale warl. Yer praises rax up till e verra hivvens.

²Oot o e moos o bairns an babbies at e breist ye hiv scaulded e michty, quaitenin yer faes an them fa wid conter ye.

³Fan A leuk up till yer hivvens, vrocht bi yer ain han, tae e meen an e stars, set i their ain placie bi ye,

⁴A think: fit are we att ye myn on hiz? Fit are oor fowk att ye leuk efter them sae weel?

⁵Still-an-on, ye hiv made hiz nae att far aneth yersel, crooned wi glory an honour.

⁶Ye hiv pitten hiz abeen e wark o yer hans, wi aathin aneth wir fit:

⁷the ewies, e stots an aa e wild beasts;

⁸e birdies o the air an e fishies an aa e beasties i the sea.

⁹Lord, wir God, fit a gran name ye hiv aawye.

PSALM 9

Tae e heid o meesic, a sangie on e daith o a sin. A psalm o Daavit.

A'll praise ye, Lord, wi aa ma hert; A'll tell aabody o e winnerfu things ye've deen.
²A'll be richt gled o ye an reese ye oot; A'll praise yer verra name in psalms, God Almichty.
³Faes will rin awa an faa ower an dwine awa fan they see ye;
⁴cause ye've leukit efter ma gey weel, sittin up there on yer throne jeedgin fit's richt an fit's wrang.
⁵Ye've rebukit the oongodly an felled e coorse, dichtin oot their name for aa time.
⁶Wir faes are deen for, for ivver; ye've dung doon their toons, nae mair will we myn on them.
⁷Bit e Lord will laist for ivver, sittin on his jeedgement throne.
⁸He'll jeedge e warl, e gweed an the ill.
⁹He'll be a bield for them att's sair deen till; a herbour fan things are strett.
¹⁰E fowk fa ken ye will aye lippen till ye; ay Lord, ye'll aye tak care o yer ain.
¹¹Sing psalms tae e Lord fa bides in Zion. Tell oot tae e warl his winnerfu warks.
¹²God will aye myn on them att ail, he winna mislippen them fa are sair deen till.
¹³Lord, hae peety on ma, leuk at aa e tribbles poored on ma heid bi ma faes: ye've reesed ma up fae e jaaws o daith,
¹⁴sae A mith sing yer praises at e yetts o Jerusalem, foo gled att ye've savit ma.
¹⁵E warl warsels i the hole it his dellt, its fit teen i the snare it set for itsel.
¹⁶E Lord is kent bi his jeedgments, e coorse are snared i their ain han's wark.
¹⁷E coorse will faa heidmaist intae Sheol wi aa e fowk att pey nae attintion tae e wird o God.
¹⁸Bit them att wint, winna be forgotten; them fa hae naethin winna hope in vain.
¹⁹Rise up, Lord, dinna lat men be bigsy; cry aa e nations afore ye sae ye mith jeedge them aa.
²⁰Pit e fear o daith in them sae they mith ken fa's boss.

PSALM 10

Fit wye are ye stannin sae far oot aboot, Lord? Fit wye div ye hod yersel awa fanivver we hiv tribbles?
²E coorse are prood tae herrie peer bodies; lat them be teen i their ain snares.
³They blaw aboot fit they rin efter an they sweer at e Lord an rejeck him.
⁴E coorse are ower prood tae sikk God; they think God disna metter.
⁵They aye dee weel. Yer jeedgements are awa abeen their heids an they scowff at their faes.
⁶They say till themsels, "Naethin will get e better o hiz, cause we'll nivver be fashed wi naethin."
⁷Their moos are full o sweerin, lees an threets; ye canna lippen till a wird they say.
⁸They skulk aboot i the clachans wytin tae murther them att's mindin their ain business. They're waatchin oot for some peer vratch,
⁹wytin lik a lion in its den for e peer billie, tae tak him an trail him intill his nit. ¹⁰They lurk, they coorie doon, an e peer faa aneth their strinth.
¹¹They say tae themsels, "God'll nivver myn on iss; he's shut his een an will nivver see naethin."
¹²Rise up, Lord. Reese up yer han, dinna forget e peer craiters.
¹³Fit wye, Lord, div e coorse spik ill o ye, an say tae themsels att ye'll nivver see naethin?
¹⁴Bit ye div see. Ye aye pey attintion tae ill-tricks an sic lik tribble, an fess doon yer han onno't. E peer vratch leuks on ye as a stey, ye're e freen o e fadderless.
¹⁵Brak the airms o e cyaards an e coorse. Sikk oot aa att's ill, till there's nae mair tae be faun.
¹⁶E Lord is keeng for aye, e heathens perish fae his lan.
¹⁷Hearken, Lord, tae e prayers o e hummle, gie them strinth an listen tae their cry.
¹⁸Ye'll hear e priggin o e fadderless an e dooncassen, sae att e men o iss warl will fleg them nae mair.

PSALM 11

Tae e heid o meesic. A psalm o Daavit.

A'll aye lippen tae e Lord tae keep ma oot o ill; fit wye div ye tell ma, "Flee tae e hills lik a craa;"
[2]aye, see foo e coorse draa their bowes an mak riddy their arras wi tow tae sheet at e gweed-livin fae oot o
e shadaas?
[3]Fan e founs are connacht, fat sorra ivver cud a gweed man dee?
[4]E Lord is in his haily hoose, his throne is in hivven; his ee is upo hiz aa, he taks it aa in.
[5]He waatches e gweed an e coorse jist e same, bit he canna thole e veelent. [6]He'll set a snare for e coorse
an fling doon het fire an breemsteen upo them, an rivin wins will be e caup they claw.
[7]E gweed Lord likes e gweed, he leuks weel on e fowk att tak tae his wyes.

PSALM 12

Tae e heid o meesic, i the style o Sheminith. A psalm o Daavit.

Help ma, Lord, there's nae a gweed sowl left; A canna fin naebody att's leal.
[2]Aabody tells lees tae aabody else, glib-tongueit an fause-hertit.
[3]Quaiten e glib tongues, Lord, an seelence them att blaw.
[4]"We can get fit we wint wi oor fauncy spik, we can say fit we wint an neen will be e marra o hiz," they
said.
[5]"Bit noo A'm comin," says e Lord, "tae ten till e peer an for e grains o them fa are in wint. A'll cairry
them ower tae saufty awa fae e lads att craa."
[6]The wird o e Lord is pure: lik siller, seyed i the furnace syvenfaul.
[7]Lord, keep hiz an proteck hiz fae iss ation for ivver.
[8]There's cyaards on ilka han an e warst o fowk are reesed oot.

PSALM 13

Tae e heid o meesic. A psalm o Daavit.

Foo lang, Lord, will ye forget on ma? Forivver? Foo lang will ye hap yer face fae ma?
[2]Foo lang maun A thole tribble in ma sowl, sorra in ma hert, day an nicht?
Foo lang will ma faes lord it ower ma?
[3]Leuk at ma, Lord ma God, gie ma an answer. Lichten ma een for fear A slip e timmers,
[4]for fear ma faes mith say, "A've gotten e better o him," an syne mak mirry at ma doonfa.
[5]Bit A maun lippen till yer siccar luv. Ma hert will be blythe, cause ye hiv set ma lowss.
[6]A'll sing till e Lord: he's gien ma aa att A could ivver sikk.

PSALM 14

Tae e heid o meesic. A psalm o Daavit.

E feel says till himsel, "There's nae a God." They're aa oonchancie, dinraisin an neen o them dee ony
gweed.
[2]E Lord leuks doon fae abeen on aa Jock Tamson's bairns tae see gin there be ony wi sense, att mith sikk
him oot.
[3]Bit they're aa tarred wi e same brush, ilka een as fool as e tither. There's naebody tae dee ony gweed, na,
neen avaa.

[4]"Hiv they nae sense?" says e Lord, "They ett up ither fowk as they wad ett a slice o breid, an nivver speir for me."

[5]Bit syne they'll be terrifiet, cause God is wi them fa are richteous.

[6]Cyaards connach e plans o e peer bit e Lord will leuk efter them.

[7]O gin Israel's savin mith come oot o Zion! Fan e Lord fesses back his fowk tae their ain, lat Jacob be mirry an Israel be gled.

PSALM 15

A psalm o Daavit.

Lord, fa will gyang intill yer haily tent, fa will dwall in yer haily knowe?

[2]E gweed livin, them fa dee richt an spik e trowth fae their herts,

[3]an spik nae ill o ithers, dee nae wrang tae their freens an tell nae tittle-tattle o their neebour;

[4]them fa hiv nae time for e coorse, bit think muckle o them fa dreid e Lord; fa stan bi their wird tho it mith be sair an dinna cheenge their myns;

[5]them fa dinna chairge nae interest on their lennin an canna be bribit tae tell lees agin them fa hiv deen nae wrang. Faaivver dis sic things will stan siccar.

PSALM 16

A miktam o Daavit.

Leuk efter ma, God, cause in ye A hiv lythe.

[2]A said tae e Lord, "You are ma Lord, haud awa fae you, A hiv naethin gweed."

[3]As for e haily fowk fa are i the lan, they are e noble eens. Aa ma pleesure is in them.

[4]Them fa chase efter ither gods winna hae their sorras tae sikk. A'll nae hae naethin tae dee wi their offerins o bleed nor fyle ma lips wi their names.

[5]Lord, ye're ma heirskip an ma caup, aa att A mith ivver wint.

[6]E mairches hiv faa'en tae ma i the best o places: A'm weel contintit wi ma lot.

[7]A'll bliss e Lord fas han guides ma; ma hert keeps ma richt at nicht.

[8]E Lord is aye in ma sicht; cause he's at ma richt han, an A'll stan siccar.

[9]Sae ma hertie's gled, ma speerit rejoices an ma verra flesh rists in hope.

[10]Cause ye'll nae leave ma sowl in hell, nor will ye alloo yer Haily Een tae see jowkery-packery.

[11]Ye'll shew ma e path o life; fan ye're aboot, aathin is full o joy; at yer richt han there's pleesure for aye.

PSALM 17

A prayer o Daavit.

Hearken Lord, tae ma plea for jeestice; tak tent fan A threep wi ye for help; hearken tae ma prayer, it comes fae ma hummle moo.

[2]Lat ma sentence come fae yer lips, lat yer een see fit's richt.

[3]Ye've tried ma hert an waatched ma aa throwe e nicht. Ye've tested ma an faun nae ill inno ma. A'll spik ill o nae man.

[4]A've teen tent o aa yer sayins an hiv lifted ma han tae naebody.

[5]Ma fit his plooed a straicht furr; ma fitsteps hinna slippit.

[6]A cry tae ye, God, boo doon yer lug tae ma, hearken tae ma wird.

⁷Shew yer winnerfu luv, ye fas richt han saves them fa lippen till ye tae keep them fae their faes.

⁸Kep ma lik the aipple o yer ee, hod ma aneth e shadda o yer wings,

⁹fae the ill-tricket fa stan in ma wye an fae ma faes fa crood aa roon ma.

¹⁰They're shut inno their ain creesh, aye blawin aboot somethin.

¹¹They birze in aboot, sikkin tae haul ma doon tae e grun.

¹²They're lik lions wytin for ma, lik a young lion coorie'in doon oot o sicht.

¹³Rise up, Lord. Fecht them an cass them doon. Save ma fae the ill-trickit wi yer swoord.

¹⁴Wi yer han, Lord, dee awa wi them fa leuk tae iss warl for their rewaard, their stammacks are full o yer gweed things, their mony bairns are weel saired an fits left gyangs tae their bairns' bairns.

¹⁵Bit A'll see yer face, cause A've deen nae wrang. Fan A waaken, A'll be blisst bi e sicht o ye.

PSALM 18

Tae e heid o meesic. O Daavit e servant o e Lord. He sang e wirds o iss sangie tae e Lord fan e Lord savit him fae e hans o aa his faes an fae e han o Saul.

A loo ye, Lord, ma strinth.

²E Lord's ma steen, ma keep, ma deliverer. Ma God's ma rock, wi him A'm sauf. He protecks ma lik a targe, the horn o ma salvation, ma heich tooer.

³A cry upo e Lord wi aa ma praise an he'll kep ma fae ma faes.

⁴E sorras o daith were aa roon aboot ma an e spates o e heathen were ower ma heid.

⁵E sorras o hell were aa roon aboot ma an e snares o daith were afore ma.

⁶In ma picher A scraicht tae e Lord; cried tae ma God. He heard ma vice fae his Temple an ma scraichin won till his lugs.

⁷Syne e warl shook an shooglt; e founs o e hills rummlt aboot, cause he wis reesed.

⁸Reek cam oot o his neb; devoorin fire cam oot o his moo, lowin coals poored fae him.

⁹He rived e lift apairt an cam doon wi a mirky clood aneth his fit.

¹⁰He flew doon on e back o a cherub, fleein on e wings o e win.

¹¹He hod wi e mirk roon aboot him, cled in bleck watters an thick cloods fae e lift.

¹²E brichtness afore him scattert e cloods wi hailsteens an lichtnin.

¹³Syne e Lord thunnert i the hivvens an e vice o e Maist Heich wis heard amo e hailsteens an lichtnin.

¹⁴He lowsed his arras, scatterin his faes an wi his flachts o lichtnin he garrt them flee.

¹⁵E fleers o e watters were seen an e founs o e warl laid bare, Lord, as ye gied them a raigin them wi a blast o win fae yer neb.

¹⁶E Lord raxed doon fae abeen an teuk a haud o ma an hauled ma oot o e deep watter.

¹⁷He savit ma fae ma pooerfu faes an fae them fa didna like ma an were some stoot for ma.

¹⁸They set on ma fan A wis sair come at, bit e Lord leukit efter ma.

¹⁹He brocht ma oot till a braid place an savit ma, cause he wis rael shuitit wi ma.

²⁰E Lord rewardit ma cause A'm gweed livin, ma hans were clean sae he gied ma ma dyows.

²¹Cause A've bidden bi e wird o e Lord, A hinna turnt fae ma Lord tae ill wyes.

²²A've teen tent o his laas an hiv deen fit he telt ma.

²³A hid nae fauts afore him an A've deen naethin wrang.

²⁴Sae he sees ma aa richt, cause A've keepit masel fae deein onythin wrang; A've keepit masel clean in his een.

²⁵Ye'll dee richt bi them att dis richt bi you, ye'll be gweed tae them att are gweed themsels.

²⁶Wi e pure, ye'll shew yersel pure, bit wi e coorse, ye'll shew ye can be coorse tee.

²⁷Ye'll save e hummle, bit ye'll hummle e prood.

²⁸Ye'll licht ma cannel; e Lord ma God casses awa ma mirk.

²⁹Wi you at ma side A can rin throwe a hale airmy an throwe ma God lowp ower ony dyke.

³⁰E wye o God is aefaul. Ye can reest on e Lord's verra wird. He's a targe tae aa fa lippen till him.

³¹Cause fa is God bit e Lord? Fa is a steen bit oor God?

³²It's God fa gies ma strinth, fa redds ma road.

³³He maks ma as seer-fittit as a deer an sets ma up on heich.

³⁴He learns ma tae fecht, ma airm can draa a bowe o bress.

³⁵Ye've gien ma e targe o yer salvation, yer richt han hauds ma up an yer douceness maks ma great.

³⁶Ye've garrt ma stride oot sae att ma queets nivver styter.

³⁷A chased ma faes an owerteuk them, an A didna dauchle till A'd deen awa wi them aa.

³⁸A strack them doon an they'll nivver rise nae mair, trumpit aneth ma fit.

³⁹Ye gie ma strinth for e fecht an ye've held doon them att wid hae fochen wi ma.

⁴⁰Ye garrt ma faes turn their backs an flee; A've deen awa wi aa them fa didna like ma.

⁴¹They roart oot o them, bit there wis naebody tae save them. They even roart tae e Lord, bit he didna save them.

⁴²Syne A prant them till they were lik stew blaawn aboot bi e win. A trumpit on them lik dubs i the closs.

⁴³Ye've savit ma fae e strivins o e fowk, an hiv made ma rowler ower e cuntra. Fowk A didna ken noo lippen tae ma.

⁴⁴As seen as they hear o ma, they dee fit A tell them, an forrin chiels come crawlin tae ma.

⁴⁵Aye, forriners tak a dwaam an creep feart-like oot o their castles.

⁴⁶E Lord lives! Blisst is ma rock. Lat God, ma saviour, be reesed up on heich.

⁴⁷He's e God fa peys back them fa dee ma hairm; he hauds doon hale cuntras aneth ma

⁴⁸an saves ma fae ma faes. Ye haud ma up abeen e heids o them att wid hae fochen wi ma. Ye savit ma fae roch cyaards.

⁴⁹Sae A gie ye aa praise, Lord, amang e heathens, A sing praises till yer name.

⁵⁰God gies great victories till his keeng, an leuks efter his choisen Daavit an his bairns for aye.

PSALM 19

Tae e heid o meesic: a psalm o Daavit.

E hivvens are tellin e glory o God, e lift sets oot his handiwark.

²Ae day spiks till anither an ilka nicht tae ilka nicht, poorin oot learnin.

³Naethin is spoken, nivver a wird; an nae a soun is heard.

⁴For aa that, their eerin gyangs oot tae e hale warl an is heard at the eins o the earth. Inno them he his biggit a hame for e sin,

⁵fa comes lik a new-mairriet chiel fae his waddin bed, lik a rinner riddy for his race.

⁶It sets oot fae ae ein o e lift an hauds richt roon till e tither. Naethin can hide fae his heat.

⁷E laa o e Lord is perfeck an gies new strinth till e sowl. E biddins o e Lord nivver gyang wrang, gien learnin tae feels.

⁸E laas o e Lord are richt an them att bide bi them are blythe. E biddins o e Lord are jeest, gien licht tae yer een.

⁹Dreid o e Lord is gweed, an lests for aye. E jeedgements o e Lord are true an richteous, ilka een.

¹⁰They're wirth mair nor gowd, ay, e finest gowd, they're sweeter nor hunny dreepin fae e hunnykaim.

¹¹They gie warnin till yer loon an him fa keeps them gets muckle rewaard.

¹²Fatna chiel kens fin he dis wrang? Steer ma awa, Lord, fae aa ma hodden fauts.

¹³Keep yer loon awa fae his willfu ill-deein; dinna lat them get e better o ma. Syne A'll be gweed-livin an free fae the ills o e warl.

¹⁴Mith e wirds o ma moo an e thochts o ma hert be pleasin tae ye, Lord, ma strinth an ma redeemer.

PSALM 20

Tae e heid o meesic. A psalm o Daavit.

Mith e Lord hear ye in yer day o tribble; mith e God o Jacob leuk efter ye;
²sen ye help fae e haily place an gie ye strinth fae Zion.
³Mith he myn on aa yer offerins an be weel shuitit wi yer brunt sacrifeeces.
⁴Mith he gie ye fit yer hert sikks an mith yer best laid plans nae gyang agley.
⁵We'll sing at e tap o wir vices ower yer victory an we'll set up wir flags in God's name. E Lord gie ye aa fit ye're sikkin.
⁶Noo, A ken fine e Lord saves his annintit. He'll hear him fae his haily hivven, savin wi e strinth o his richt han.
⁷Some lippen till their chariots, some i their horse, bit we pit wir faith i the Lord wir God.
⁸Sic fowk stummle an faa, bit we'll rise up an stan siccar.
⁹God save e keeng; answer hiz fan we cry on ye.

PSALM 21

Tae e heid o meesic. A psalm o Daavit.

E keeng's weel teen wi yer strinth, Lord, an he's blythe wi yer victory.
²Ye've gien him fit his hert wis sikkin an ye hinna held back fit his lips speirt ye for.
³Ye wilcomed him wi blissins an set a croon o pure gowd on his heid.
⁴He socht life fae ye, an ye gied it till him; linth o days for lang.
⁵Yer salvation his fessen muckle glory till him an ye've laid honour an majesty onno him.
⁶Yer blissins are wi him for aa time an he's rael gled fan ye're near at han.
⁷E keeng lippens tae e Lord; throwe e mercy o e Maist Heich, he'll nivver be shaaken.
⁸Yer han will tak aa yer faes an yer richt han will rax oot an tak them fa hate ye.
⁹Ye'll fling them intill a het furnace in yer annger, e Lord will swally them in his rage an e fire will devoor them.
¹⁰Ye'll dee awa wi their bairns fae e hale warl an for aa ginnerations tae come.
¹¹They were ettlin tae dee ye ill. They hid coorse proticks thocht oot, bit they couldna mak naethin o them.
¹²Bit they'll turn their backs an rin fan ye draa yer arras i their faces.
¹³Be reesed up, Lord, in yer strinth. We'll sing an praise yer pooer.

PSALM 22

Tae e heid o meesic, tae be sung tae e tune "Deer o e mornin." A psalm o Daavit.

My God, my God, fit wye hiv ye forsaken ma? Fit wye div ye haud sae far awa fae helpin fan a cry oot tae ye?
²O ma God, A scraich till ye i the daytime, bit ye dinna hear ma, an A roar till ye at nicht bit get nae reest.
³Still-an-on, ye're the Haily Een, an Israel reeses ye oot.
⁴Wir fadders lippent till ye; they trusted ye, an ye saved them.
⁵They roared till ye an ye saved them; they lippent till ye an werna disappintit.
⁶Bit A'm a gollach, nae a man, thocht lichtfu o an leukit doon on bi aa.
⁷Aa them fa see ma, jamph at ma, stickin oot their tongues an shaakin their heids, sayin,
⁸"He lippent till e Lord att he'd save him, lat him save him than, gin he thocht sae muckle o him."
⁹Bit it wis ee fa feesht ma oot o e wyme; fa gied ma hope fan A wis at ma mither's breist.

¹⁰A wis cassen upo ye fae e day A wis born. Ye've been ma God since A cam oot o ma mither's wyme.
¹¹Dinna haud awa fae ma, cause there's tribbles at han, an there's naebody tae help ma.
¹²There's bulls aa roon aboot ma, muckle bulls o Bashan hiv surroonit ma.
¹³They gappit their moos at ma lik a teerin, roarin lion.
¹⁴A'm skailt lik watter, an aa ma beens are oot o jynt, ma hert is lik wax, miltit in ma verra guts.
¹⁵Ma strinth is driet up lik a crackit caup an ma tongue sticks till e reef o ma moo; ye've fessen ma till e stew o daith.
¹⁶There's tykes aa roon aboot ma; A'm surroonit bi cyaards fa hiv probbit ma hans an ma feet.
¹⁷Ma beens are aa stickin oot an they aa glower an gowp at ma.
¹⁸They've pairtit ma claes amo them an raffle ma duddies.
¹⁹Bit dinna haud awa fae ma, Lord; ye're ma strinth, hist ye tae help ma.
²⁰Save ma sowl fae e swoord, ma praicious life fae e pooer o e tykes.
²¹Haud ma fae e lion's jaas, save ma fae e horns o e unicorns.
²²A'll tell aa ma fowk fit ye've deen; afore e congregation A'll reese ye oot.
²³Praise Him, ye fa dreid e Lord; aa ye bairns o Jacob, glorifee him, stan in aawe o him, aa ye bairns o Israel.
²⁴He hisna negleckit e disjaskit nor furlt fae his plicht; nor his he hodden his face fae him, bit fan he roart till him he heard.
²⁵A'll praise ye afore e hale gaitherin, A'll pey ma voos afore aa fa dreid ye.
²⁶E peer will ett as muckle as they wint, them fa sikk e Lord will praise Him an be in gweed hert for aye.
²⁷Aa the eins o e warl will myn tae turn till e Lord. Aa e fowk o aa e cuntras will wirship him,
²⁸cause e Lord is keeng an he rowles ower aa cuntras.
²⁹Aa e walthy fowk i the warl will ett an worship; aa them fa gyang doon tae stew will boo doon afore him – them fa canna keep themsels alive.
³⁰Aa ginnerations tae come will serve him. Ginnerations tae come will be telt aboot e Lord.
³¹They'll come an gar his richteousness be kent bi aa att are nae born yet, sayin, "Iss wis his deein."

PSALM 23

A psalm o Daavit.

E Lord's ma shepherd; A'll wint for naethin.
²He gars ma lie doon in green parkies, an taks ma han alang e burnie-side;
³he waakens ma sowl, an cause o his name, he leads ma e richt gait.
⁴Aye, tho A waalk throwe e howe o e shadda o daith, A winna be feart at nae ill, cause ye're wi ma, yer staff an crook will ease ma.
⁵Ye set ma brod wi a muckle spread, far ma faes can see; ye sclary ile on ma heid, an ma bowlie's reamin ower.
⁶Sheerly gweedness an mercy will folla ma aa e days o ma life, an A'll dwall i the hoose o e Lord for ivver.

PSALM 24

A psalm o Daavit.

The earth is e Lord's an aathin att's inno't, e warl an aabody fa dwalls in't.
²He biggit its foun on e seas an plantit it on e deep watters.
³Fa will gyang up e Lord's hill? Fa will stan in his haily place?

⁴E chiel fa his clean hans an an aefaul hert; fa hisna reesed up his hert tae fit's fause, nor telt lees unner aith.
⁵He'll get a blessin fae e Lord an richteousness fae God his saviour.
⁶Iss is e fowk fa come tae God, fa sikk his face, God o Jacob.
⁷Lift up yer heids, o ye yetts, be liftit up ye ivverlestin doors, sae e Keeng o Glory mith win in.
⁸Fa's iss Keeng o Glory? E Lord stoot an michty; e Lord michty i the fecht.
⁹Lift up yer heids, o ye yetts, be liftit up ye ivverlestin doors, sae e Keeng o Glory mith win in.
¹⁰Fa's iss Keeng o Glory? E Lord o airmies, att's fa e Keeng o Glory is.

PSALM 25

A psalm o Daavit.

Tae you, Lord, A reese up ma sowl.
²Tae you A lippen, God, dinna lat ma hing ma heid, nor lat ma faes get e better o ma.
³Them fa lippen till ye will nivver be affronitit, bit shame will come tae them fa dee ill for e sake o't.
⁴Shew ma yer wyes, Lord, learn ma yer roadies.
⁵Tak ma bi e han i the wyes o yer trowth, an learn ma: cause ye're God ma Saviour: A'll aye trust in ye.
⁶Myn, Lord, on yer douce an couthie luv att ye've shewn hiz sin lang syne.
⁷Forgie the ill A did fan A wis a loon, sic ill-trickit wyes. Myn on ma in yer nivver einin luv an gweedness, Lord.
⁸E Lord is gweed an upricht, sae he'll learn them fa wanner awa fae e richt gait.
⁹He guides e hummle in fit's richt an learns them his wyes.
¹⁰Aa e pathies o e Lord are mercy an trowth tae aa fa keep his wird an dee fit he gars them dee.
¹¹For your name's sake, Lord, forgie ma coorseness, cause it's gie wachty.
¹²Fa, syne are them fa are e Lord's? He'll learn them i the wyes they shuld pick.
¹³They'll hae aa they need, aa their days, an their bairns will heir e lan.
¹⁴E Lord is e freen o them fa dee fit he bids, an he learns them his wird.
¹⁵Ma een are aye leukin tae e Lord, cause neen bit he'll lowse ma fit fae e snare.
¹⁶Turn tae ma, Lord, an hae mercy on ma, cause A'm aa ma leen an sair forfochen.
¹⁷E tribbles o ma hert are muckle boukit. O fess ma oot o ma dool.
¹⁸Leuk on ma sorra an ma sair fecht an forgie aa ma ill-deeins.
¹⁹See foo mony faes A hiv, an see foo muckle o an ill-will they hiv at ma.
²⁰Leuk efter ma, save ma, dinna lat ma be affrontit, cause A lippen till ye.
²¹Lat gweed-livin an uprichtness kep ma, cause A wyte on you.
²²Save yer fowkies, Israel, fae aa their tribbles, God.

PSALM 26

A psalm o Daavit.

Jeedge ma, God, cause A've aye deen richt. A've lippent till e Lord an hiv nivver stytert.
²Try ma oot, Lord, an pit ma tae e preef, tak a gweed leuk at ma hert an ma heid.
³Yer nivver failin luv is afore ma een an A waalk in yer trowth.
⁴A dinna sit wi vaunty fowk nor tak up wi leein loons.
⁵A've nae time for boorachs o cyaards an hiv nae trock wi the ill-trickit.
⁶A waash ma hans tae shew A'm sakeless an mairch roon yer aaltar, Lord,
⁷roarin oot o ma in praise tae ye, tellin o aa yer winners.
⁸Lord, o bit A loo e hoosie far ye bide, e placie far yer glory dwalls.

⁹Dinna gaither up ma sowl wi e cyaards, nor ma life wi chiels fa spull bleed,
¹⁰fa aye hiv their finngers inno somethin coorse, aye leukin for a backhanner.
¹¹As for me, I aye dee fit's richt, be mercifu tae ma, an save ma.
¹²Ma fit's on livvel grun afore e hale gaitherin, A'll bliss e Lord.

PSALM 27

A psalm o Daavit.

E Lord's ma licht an ma salvation. A winna be neen feart o naebody. E Lord's e strinth o ma life. Fa will A be feart o?
²Fan coorse cyaards come at ma tae ett up ma flesh, it's ma faes an them fa wid dee ma ill fa styter an faa.
³Tho a hale airmy lay siege tae ma, ma hert winna fear; tho waar braak oot agin ma, aiven then A'll stan siccar.
⁴There's ae thing A sikk fae e Lord, jist the aa thing A'll speir for: att A mith dwall i the hoose o e Lord aa e days o ma life, tae see wi ma ain een foo bonnie e Lord is, an sikk him in his Temple.
⁵Fan A'm fair forfochen, he'll keep ma sauf in his hoosie; he'll hod ma in a saicret place in his bield an set ma up on a muckle steen.
⁶Syne will ma heid be reesed up abeen ma faes aa roon aboot ma; at his tabernacle A'll gither offerins wi shouts o joy; A'll sing, ay, sing praises tae e Lord.
⁷Hear ma vice, Lord, fan A scraich tae ye. Hae mercy on ma an answer ma.
⁸Fan ye said, "Sikk oot ma face," ma hertie said tae ye, "Fairly att, A'll sikk yer face."
⁹Dinna hide yer face awa fae ma. Dinna turn yer servant awa in annger; ye've been ma help, dinna leave ma nor forhooie ma, God ma saviour.
¹⁰Fan ma fadder an ma mither weer awa, syne, e Lord will tak ma in.
¹¹Learn ma yer wyes Lord, lead ma i the straicht gait, cause o ma faes.
¹²Dinna han ma ower tae e will o ma faes, cause leein loons rise up tae conter ma, wi an oot-blaawin o ill.
¹³A ken A'll see e gweedness o e Lord fan A'm i the lan o e livin.
¹⁴Wyte for e Lord. Be stoot, tak hert an wyte, A tell ye, for e Lord.

PSALM 28

A psalm o Daavit.

A cry tae you, Lord ma rock. Dinna turn a deef lug tae ma for fear A turn lik them fa gyang doon tae the ill place.
²Hear ma vice fan A cry tae ye for help, fan A rax up ma hans tae yer haily Temple.
³Dinna trail ma awa wi e cyaards, them fa dee neen bit ill, fa mealy-moo their neepers, bit hiv naethin bit coorseness i their herts.
⁴Gie them their dyows for their proticks an their ill-deein wyes; gie them their dyows for e wark o their hans; gie them their sairin.
⁵Cause they dinna care a docken for e warks o e Lord nor fit his hans hiv deen, he'll ding them doon an nivver bigg them up again.
⁶Blissins tae e Lord, cause he's heard ma cry for help.
⁷E Lord is ma strinth an ma targe, ma hert lippens till him, an A'm helpit. Ma hertie loups wi joy, an A'll sing ma praises tae him.
⁸E Lord is e strinth o his ain an e shelterin waa o his annintit een.
⁹Save yer fowk an bliss yer heirskip; be their shepherd an cairry them for aye.

PSALM 29

A psalm o Daavit.

Gie tae e Lord, ye fa are michty, gie tae e Lord glory an strinth.
²Gie tae e Lord e glory dyow till his name, wirship e Lord i the beauty o his hailiness.
³E Lord's vice is heard onno e watters, e God o glory thunners, e Lord thunners ower mony watters.
⁴E vice o e Lord is pooerfu, e vice o e Lord is majestic.
⁵E vice o e Lord rives e cedar trees apairt, ay, it braaks e cedar trees o Lebanon tae bits.
⁶He maks Lebanon caper lik a calfie an Moont Sirion loup lik a stot.
⁷E vice o e Lord is lik a flacht o lichtnin.
⁸E vice o e Lord maks e roch cuntra shaak, e Lord shaaks e roch cuntra aboot Kadesh.
⁹E Lord's vice gars e doe gie birth an rives e leaves fae e trees. An in his Temple aa cry "Glory".
¹⁰E Lord sits ower e spates, sittin keeng on his throne for aye.
¹¹E Lord gies strinth tae his ain, e Lord blisses his ain wi peace.

PSALM 30

A psalm o Daavit. A sang for e dedicaitin o e Temple.

A'll praise ye, Lord, cause ye reesed ma oot o e slorach an hiv keepit ma faes fae lauchin at ma.
²Lord ma God, A cried till ye for help an ye made ma better.
³Ye've keepit ma sowl fae e grave; keepit ma livin sae att A widna gyang tae Sheol.
⁴Sing tae e Lord, aa you, his wirthy fowk, an gie thanks tae his haily name.
⁵His annger lests bit a wee meenitie, bit his faavour lests a lifetime. Ye mith greet for a nicht, bit lauchin comes or mornin.
⁶Fan A wis weel set up, A said tae masel, "Naethin will get e better o ma."
⁷Lord fan ye faavored ma ye made ma moontain stan stoot; bit fan ye hod yersel fae ma, A wis some feart.
⁸A cried on ye, Lord, A priggit wi ye tae help ma.
⁹Fit gweed is there in ma bleed fan I gyang doon tae e black hole? Can deid fowk praise ye? Can they broadcast yer trowth?
¹⁰Hear ma, Lord an hae mercy on ma. Lord, help ma.
¹¹Ye've swappit ma greetin for dancin; ye've keest aff ma saickclaith, an cled ma wi joy;
¹²sae att ma hert will sing yer praises an nae be quait. Lord ma God, A'll praise ye for ivver.

PSALM 31

Tae e heid o meesic. A psalm o Daavit.

Lord, A've come tae you tae keep ma sauf, nivver lat ma be affrontit, haud ma sauf in yer richteousness.
²Boo doon yer lug tae ma, dinna be latchie in comin tae ma rescyee. Be ma rock tae proteck ma, a keep tae save ma.
³Seein as ye're ma rock an ma keep, for e sake o yer name lead ma an guide ma.
⁴Keep ma sauf fae e snare they've set for ma, cause ee're ma strinth.
⁵A commit ma speerit inno yer hans, ye've lowsed ma, Lord, ma leal God.
⁶A've nae time for them fa wirship fause gods, A lippen tae e Lord.
⁷A'll be gled an rejoice in yer mercy, cause ye saa foo fashed A wis, ye kent A wis sair come at,
⁸an ye didna han ma ower tae ma faes, bit hiv set ma doon ben i the best room.
⁹Hae mercy on ma, Lord, cause A'm sair come at. There's tears in ma ee an dool in ma hert.

[10]Ma hale life is naethin bit dool, ma years teen up wi soochin. A'm aa dweebly cause A'm sae sair come at, ma beens are dwinin.

[11]A hiv sae mony faes, ma neepors winna tak wi ma; ma freens will hae naethin tae dee wi ma an fan fowk see ma oot an aboot, they rin fae ma.

[12]A'm forgotten, lik a chiel fa's deid an oot o sicht: I'm lik a breuken bowie.

[13]A hear them caa'in ma for aathin, an there's terror aa roon aboot ma. They hiv plottit amo themsels tae dee awa wi ma.

[14]Bit A lippen tae you, Lord. "Ye're ma God," A said.

[15]Ma times are in yer han: lowse ma fae e hans o ma faes, an fae them fa tirraneese ma.

[16]Lat yer face sheen on yer loon, save ma wi yer nivver einin luv.

[17]Dinna lat ma be made a feel o, Lord, cause A've cried till ye. Lat e cyaards be made a feel o, an lat their moos be steekit i the grave.

[18]Lat e lips att tell lees be steekit: aa them fa spik mim-mooed, are full o themsels an spik oot conter tae them fa are richteous.

[19]Foo winnerfu is yer gweedness, haint up for them fa fear ye: vrocht for them fa trust in ye afore e sicht o men.

[20]I the lythe o yer presence ye'll hap them fae e proticks o ill fowk, in yer chaumers ye'll keep them awa fae strivin tongues.

[21]Praise be tae e Lord, cause he shewed ma his winnerfu luv fan A wis tirraneesed fae aa airts.

[22]A wis some quick in sayin, "A'm cuttit aff fae yer sicht," bit for aa that, ye heard ma vice fan A cried oot tae ye for mercy.

[23]Loo e Lord, aa ye his saunts! Cause e Lord leuks efter e leal, bit gies e prood their sairin.

[24]Stan siccar an tak hert, aa ye fa hope i the Lord.

PSALM 32

A psalm o Daavit tae gar ye think.

O happy is e chiel fas coorse wyes are forgien, fas ill-deeins are happit.

[2]Happy is e chiel fa e Lord sees nae wrang in, an in fas speerit there's naethin tae hide.

[3]Fan A held ma tongue, ma beens dwynt awa wi ma grainin aa day lang.

[4]For day an nicht yer han wis wachty onno ma, ma strinth wis gizzent lik e drucht o simmer.

[5]Syne A telt ye fit aa A'd deen wrang, A hod naethin fae ye. A said tae masel A wid confess aa tae ye an ye forgied aa ma ill-deeins.

[6]Sae maun ilka leal body pray till ye fan they're forfochen an e muckle spates o tribbles winna win at them.

[7]Ye're ma hidin placie. Ye'll keep ma fae aa ill an surroon ma wi sangs att will lowse ma.

[8]A'll learn ye an lead ye i the wye ye maun gyang. A'll keep an ee on ye.

[9]Dinna be lik a horse or a cuddy, feel beasts att canna think bit maun be checkit wi a bit an branks or they winna come till ye.

[10]E coorse will hae mony sorras; bit e chiel fa lippens till e Lord is leukit efter bi his nivver failin luv.

[11]Be gled i the Lord, an rejoice, ye richteous; roar oot o ye wi joy aa ye fa hiv a stoot hert.

PSALM 33

Shout for joy afore e Lord aa ye richteous: it's aefaul for e gweed-livin tae praise him.

[2]Praise e Lord wi e hairp, sing psalms till him alang wi a ten-stringed lyre.

[3]Sing a new sang till him; be skeely in yer playin an shout for joy.

⁴E Lord's wird is richt an true, ye can depen on aa he dis.
⁵E Lord looes fit's richt an jeest, e warl is full o his gweedness.
⁶E Lord's wird made e hivvens an aa the airmy o hivven wis vrocht bi his biddin.
⁷He gaithers up e watters o e sea intae jarries an pits them awa i the barn.
⁸Lat e hale warl fear e Lord, lat aabody i the warl stan in aawe o him.
⁹Cause he spak, an it wis deen; he gied his biddin an it steed siccar.
¹⁰E Lord fesses e proticks o cuntras tae naethin; he sets e best laid plans o men aa agley.
¹¹Bit e Lord's ain plans will stan for ivver, e thochts o his hert throwe aa ginnerations.
¹²It's a happy cuntra fas God is e Lord: e fowk att he's teen for his ain.
¹³E Lord leuks doon fae hivven an sees aa kyn o fowk,
¹⁴he taks a gweed leuk oot fae his hoosie on aa e fowk o e warl.
¹⁵He forms ilka human hert an unnerstans aathin they dee.
¹⁶Nae keeng is saved bi e size o his airmy, a sodger disna win throwe cause o his strinth.
¹⁷Ye canna lippen till a horse tae save ye, for aa its strinth it winna see ye throwe.
¹⁸E Lord keeps his een on them fa fear him, on them fa hope for his mercy;
¹⁹tae lowse their sowls fae daith an keep them alive fan maet is scarce.
²⁰We wyte in hope for e Lord, he's wir help an wir targe.
²¹Wir herts are gled in him cause we trust his haily name.
²²Mith yer mercy, Lord, be onno hiz jist as we pit wir hope in you.

PSALM 34

A psalm o Daavit. Fae e time he ackit as gin he wis feel afore Abimelech fa chased him awa.
A'll aye bliss e Lord; there will nivver be a meenit fan his praise is nae in ma moo.
²Ma sowl will glory i the Lord, e sair-come-at will hear o't an be gled.
³Tell, alang wi ma, foo great e Lord is; lat hiz reese oot his name egither.
⁴A socht e Lord's help an he answert ma; he lowsed ma fae aa ma fears.
⁵Them fa leuk tae him for help are lichtit up, they'll niver leuk as gin they are affrontit.
⁶Iss peer body cried oot tae e Lord, fa heard him an lowsed him fae aa his tribbles.
⁷The angel o e Lord sets a gaird on aa them fa dreid e Lord, an saves them.
⁸Taste, syne, an see att e Lord is gweed. Happy are them fa trust in him.
⁹Fear e Lord, aa you, his haily fowk; cause them fa fear him wint for naethin.
¹⁰Lions mith growe wyke an hunngert, bit them fa fear e Lord winna wint for gweed gear.
¹¹Come awa, ma bairnies, hearken till ma, an A'll learn ye e fear o e Lord.
¹²Fatna een amo ye looes life an hopes tae see mony gweed days?
¹³Haud yer tongue fae coorse spik an yer lips fae tellin lees.
¹⁴Haud clear o aa att's coorse an dee gweed; sikk peace an haud at it.
¹⁵E Lord's keepin his een on e richteous, an his lugs hearken tae their cry.
¹⁶E Lord sets his face conter them att dee ill, sae att e warl will seen forget them.
¹⁷Fan e richteous cry oot, e Lord hears them an lowses them fae aa their tribbles.
¹⁸E Lord's nivver far awa fae e breuken hertit, an he saves them fas speerits are dowie.
¹⁹E gweed livin mith be sair forfochen, bit e Lord lowses them fae aa ill.
²⁰He leuks efter ilka been o their bodies, nae neen o them are breuken.
²¹The coorse will get their sairin for their coorseness, them fa hate e richteous will get fit's comin till them.
²²E Lord will save his ain an neen fa lippen till him will be brocht tae crockaneetion.

PSALM 35

A psalm o Daavit.

Strive, Lord, wi them fa strive wi ma; fecht wi them fa fecht agin ma.

[2]Tak up yer targe an yer airmour an rise up an come an help ma.

[3]Draa oot yer spear an yer aix agin them fa tiraneese ma. Say tae ma sowl, "A'm yer salvation."

[4]Shame an affront be tae them fa sikk tae dee awa wi ma. Lat them fa ettle ma crockaneetion, be turnt back aa throwe-idder.

[5]Lat them be lik caff afore e win, wi the angel o e Lord dirdin them awa.

[6]Lat their road be mirky an skytie, an lat the angel o e Lord tiraneese them.

[7]They've hid nae rizzon tae set their nit tae tak ma, nae rizzon tae hae dellt a pit for ma sowl.

[8]Lat crockaneetion come on them fan they dinna ken o't an lat them faa intill their ain pits sae it mith be e hinnerein o them.

[9]Syne, A'll rejoice i the Lord, an be fair shuitit wi his salvation.

[10]Ilka been o ma body will say, "Lord, fa's like ye? Ye rescyee e peer fae them fa's ower strong for them, ay, an e peer an disjaskit fae them fa wid sorn on them."

[11]Leein loons come forrit an acceese ma o things A ken naethin aboot.

[12]They pey oot ill for gweed till A'm rael sair made.

[13]Bit fan they were nae weel, A pat on saickclaith, A hummlt masel wi fastin; fan ma prayers cam back wi nae answer

[14]A gaed aboot as gin he wis ma freen or ma brither, A booed ma heid doon lik a chiel moornin for his mither.

[15]Bit fan I took a styter, they crooded roon, fair teen, e cyaards aa in a thrang roon aboot ma fan A wisna aweers. An they tore intae ma athoot devaal.

[16]The hale clamjamfrie scowffed at ma an gnashed at ma wi their teeth.

[17]Foo muckle laanger, Lord, will ye stan an waatch? Rescyee ma life fae their herryin, save ma precious life fae sic lions.

[18]Syne A'll gie ye thanks afore aa yer fowk, amo thrangs o fowk, A'll praise ye.

[19]Dinna lat ma faes be sae crouse, nor lat them fa hate ma for nae rizzon wink tae een anither ahin ma back.

[20]They nivver hiv a gweed wird tae say bit are aye mislippinin ither fowk fa live a dacent life.

[21]Aye, they gowp at ma an say, "Ha, ha, we've seen it wi wir een."

[22]Lord, ye've seen iss for yersel, dinna bide quait; dinna haud oot aboot fae ma.

[23]Waaken up, an reese up tae tak up ma case. Spik up for ma, ma God an ma Lord.

[24]Jeedge ma accordin till yer richteousness, Lord ma God an dinna lat them lauch at ma.

[25]Dinna lat them say tae themsels, "Ha. Jist fit we wintit." Dinna lat them say, "We hiv swallied him up."

[26]Mith aa them fa lauch at ma be putten tae shame an in a snorl. Lat them fa lord it ower ma be happit wi shame an dishonour.

[27]Bit lat them fa wid see ma putten tae richt, shout wi joy an be gled. Ay, lat them say ower an ower again, "Mith e Lord be reesed up, fa is weel teen wi e success o his loon."

[28]Ma tongue will spik o yer richteousness an praise ye aa day lang.

PSALM 36

Tae e heid o meesic. A psalm o Daavit, e loon o e Lord.

Hine doon in his hert, ill-deein wyes fusper till e cyaard fa his nae fear o God afore his een.

[2]He's sae full o himsel att he disna think onythin he dis culd be coorse.

[3]His spik is fool an full o lees an his deeins are naither wise nor gweed.

[4]Lyin in his bed, he's wirkin oot proticks for ill. He sets himsel alang a coorse road, an he nivver turns awa fae ill-deeins.

[5]Yer mercy, Lord, raxes till e hivvens, an yer lealty till e cloods.

[6]Yer richteousness is lik e heich hills, yer jeedgements lik e deeps o e sea. Lord ye leuk efter man an beast.

[7]Fa can pit a price on yer nivver-failin luv? Heich an laich, aa fin lythe i the shadda o yer wings.

[8]They'll be lippin full wi e rowth o yer hoose; an ye gie them tae drink fae yer couthie burnie.

[9]For, wi you is e foontain o life; in yer licht, we see licht.

[10]Haud gyan wi yer luv tae them fa ken ye, an yer richteousness tae them wi an upricht hert.

[11]Dinna lat prood fowk gie ma a kickin, nor ony coorse han drive ma awa.

[12]See far e cyaards hiv faaen, aa dung doon, nae fit tae rise.

PSALM 37

A psalm o Daavit.

Dinna fash yersel aboot coorse chiels an dinna be jillous o them fa dee wrang,

[2]cause they'll seen be cuttit doon lik e girse, an dee oot lik foggage.

[3]Lippen tae e Lord, an dee gweed: syne ye'll sattle i the lan an fin gweed grun.

[4]Sikk yer happiness i the Lord, an he'll gie ye fit yer hert sikks.

[5]Commit yer life tae e Lord, trust in him, an he'll see till't.

[6]An he'll reese oot yer richteousness an gar it sheen lik e licht o day; an e richt wyes o yer deeins lik e sin i the midse o e day.

[7]Rist i the Lord an hae patience as ye wyte for him: dinna fash fan ither fowk get forrit in their wyes fan they cairry oot their ill proticks.

[8]Dinna get raised, keep a calm sooch. Dinna fash yersel – it jist leads tae coorseness.

[9]Cyaards will be sneddit aff, bit them fa wyte on e Lord will heir e warl.

[10]In a wee fylie, ye'll nae see nae cyaards: ye mith leuk for them, bit ye winna fin them.

[11]The hummle will heir e lan, an will be fair teen up wi e fac att's there's peace aawye.

[12]Coorse fowk plot agin gweed fowk, an gnash their teeth at them.

[13]Bit e Lord lauchs at coorse fowk, cause he kens their day is comin.

[14]Coorse fowk draa e swoord an boo e bowe tae ding doon e peer an them fa are in wint, an tae dee awa wi them fa dee fit's richt.

[15]Their swoords will gyang intill their ain herts; their bowes will be breuken.

[16]Better e wee pucklie att e gweed hiv nor e walth o aa e cyaards.

[17]E stoot airm o e cyaards will be breuken, bit e Lord uphauds e richteous.

[18]E Lord kens ilka day o gweed fowk's life, an their heirskip will lest for ivver.

[19]They'll nae suffer fan times are coorse: an fan there's little maet, they'll get their full.

[20]Bit e cyaards will come till a crockaneetion: e faes o e Lord are lik a park o flooeries, they'll disappear lik a puff o reek.

[21]Coorse fowk borra siller bit dinna pey it back, bit gweed fowk are leebral wi their siller.

[22]Them fa e Lord blisses will heir e warl, bit them fa he curses will be cuttit aff.

[23]E Lord tells gweed fowk e wye they maun gyang, an is weel teen fan they dee fit they're telt.

[24]Gin they tummle, they winna bide doon, cause e Lord will gie them a han up.

[25]A wis young eence, bit noo A'm aul, an A've nivver seen gweed fowk forsaken, nor their bairnies thiggin for maet.

[26]They're aye leebral an len their siller, an their bairnies are a blissin.

[27]Haud awa fae ill wyes an dee gweed an ye'll live for ivver.

²⁸E Lord likes fowk tae dee richt, an disna forhooie his leal fowk; he'll aye leuk efter them. Bit e cyaards' bairns will be cuttit aff.

²⁹E richteous will heir e lan an bide there for aa time.

³⁰E moos o gweed fowk spik sense, an their tongues spik o fit's jeest.

³¹God's laa is i their herts; their feet nivver skite.

³²E coorse keep waatch on e gweed, sikkin tae dee awa wi them,

³³bit e Lord winna leave them i the hans o e coorse, nor lat them be condemned fan teen afore e shirra.

³⁴Wyte for e Lord, an haud till his wyes, an he'll reese ye up tae heir e lan, an ye'll see e coorse cuttit aff.

³⁵A've seen e coorse at their wark, lik a muckle tree spreadin oot ower aa,

³⁶bit they seen cam till an ein, an were nae mair, ay, A leukit for them, bit they werna tae be seen.

³⁷Noo, tak a leuk at gweed fowk, waatch them fa are honest, cause fowk fa haud wi peace will hae somethin afore them.

³⁸Bit e cyaards will aa come till a crockaneetion, an they winna hae naethin tae leuk forrit till.

³⁹Salvation for e richteous comes fae e Lord, he's their strinth in time o tribble.

⁴⁰E Lord will leuk efter them an deliver them. He'll deliver them oot o e hans o e cyaards an save them, cause they lippen till him.

PSALM 38

A psalm o Daavit. Tae gar ye hae myn.

Lord, dinna be raised wi ma, nor gie ma a licken in yer annger.

²Yer arras powk at ma an yer han is wachty onno ma.

³There's nae a bit o ma left hale cause o yer annger; ma beens are sair cause o ma ill-deeins.

⁴A'm ower e heid wi coorseness, an it's a wachtier load nor A can cairry.

⁵Ma sair bits are festerin an stinkin cause o ma ill-deeins.

⁶A'm booed twafaul tae e verra grun; A gyang aboot greetin aa day lang.

⁷A hiv an affa sair back an there's nae a hale bit aboot ma.

⁸A'm fushionless an sair come at, an A roar oot o ma wi e sairness in ma hert.

⁹Lord ye ken fit A'm sikkin o ye; ye hear ma ilka sooch.

¹⁰Ma hertie's poondin, A'm lik tae tak a dwaam, an e licht his gane oot o ma een.

¹¹Aa ma freens haud awa fae ma cause o ma sairs an ma ain fowk stan ower by.

¹²Them fa wid sikk ma deid set snares for ma an them fa wid dee awa wi ma spik ill o ma an are aye schemin tae tak ma.

¹³Bit A'm lik a deef body att canna hear, a stan quait afore them lik a body fa canna open his moo.

¹⁴Sae A'm lik a chiel fa canna hear an canna spik up for himsel.

¹⁵A festen ma hope on you, Lord, ye'll answer ma, Lord ma God.

¹⁶A said, "Dinna lat ma faes mak a feel o ma an think they're great fan ma fit skytes."

¹⁷A ken A'm e weers o faa'in an sorra is aye afore ma.

¹⁸A mak nae saicret o ma ill-deeins an A'm sorry for't.

¹⁹Bit ma faes are mony an stoot, an there's a gweed curn o them fa dinna care for ma.

²⁰Them fa gie ill for gweed stan agin ma, cause they ken A'm efter fit's gweed.

²¹Bit Lord, dinna leave ma ma leen, dinna be far awa fae ma, Lord, ma God.

²²Hist ye here tae help ma, Lord, ma saviour.

PSALM 39

Tae Jeduthun, e heid o meesic. A psalm o Daavit.

A said: A'll waatch fit A'm deein, an haud awa fae spikkin ill. A'll steek ma moo as lang as e coorse are afore ma.

²A keepit quait an held ma tongue, aiven fae sayin gweed, an A wis sair come at.

³Ma hert grew het inno ma intimmers an e mair A thocht o't e waur it fleemed, syne A spak oot.

⁴"Lord, lat ma ken e hinnerein o't, an foo mony days A hiv yet. Lat ma ken fan A'm gyan tae weer awa.

⁵Ye've made ma days bit e braidth o a han, an afore ye e linth o ma life is naethin. Ilka livin sowl is naethin bit a puffie o win."

⁶Fowk are lik a shadda as they gyang back an fore, they hash aboot for naethin, they gaither walth, bit dinna ken fa'll get e gweed o't.

⁷Bit noo, Lord, fit am A sikkin? Ma hope is in you.

⁸Save ma fae aa ma ill-deeins, dinna lat ma be lauchen at bi feels.

⁹A wis quait an didna open ma moo, an it's your dee'in.

¹⁰Tak yer scaul awa fae ma. A'm forjaskit wi e scuddin o yer han.

¹¹Ye gie fowk a licken for their ill-deeins an ye ett up fit's gweed in them lik a moch; ay, fowk are jist a puffie o win.

¹²Hear ma prayer, Lord, an hearken tae ma cry; dinna sneck yer lugs tae ma greetin. A bide wi ye lik e fremt, jist as ma forebeers were.

¹³Dinna scowl at ma, sae att A mith be happy again afore A weer awa an A'm nae mair.

PSALM 40

Tae e heid o meesic. A psalm o Daavit.

A wytit lang for e Lord. He booed doon tae ma an heard ma cry.

²He hauled ma oot o e dubby hole, oot o e clorty cley. He set ma fit on a steen an gied ma a gweed foun tae stan on.

³He pat a new sang in ma moo, a sang o praise tae wir God. Mony will see it, be feart an pit their trust i the Lord.

⁴Happy is e chiel fa maks e Lord his trust, an disna leuk tae hauchty, leein fowk.

⁵Ye've deen mony winnerfu things, Lord ma God, an yer winnerfu wirkins are aa for oor gweed. There's naebody like ye. Gin A were tae spik o aa yer gweed warks A'd nivver get throwe them aa, they're sae mony.

⁶Ye werna sikkin sacrifeece an offerins bit ye've opent ma lugs; brunt-offerins an offerins for ill-deeins ye didna sikk.

⁷Syne A said, "See noo, here I am." It's vritten aboot ma i the Scripters.

⁸A'm aye weel teen tae dee yer will, ma God, ay, yer laa's inno ma hert.

⁹A've preached fit's richt tae e muckle gaitherin, ay, an A hinna minced ma wirds, as weel ye ken, Lord.

¹⁰A hinna keepit yer gweedness hodden in ma hert. A've reesed oot yer lealty an yer savin pooers, an hinna held back yer nivver einnin luv an trowth fae e gaitherin.

¹¹Lord, dinna haud back yer tenner cares fae ma; yer nivver einnin luv an trowth will aye leuk efter ma.

¹²Coontless ills crood aa roon aboot ma; ma ill-deeins hiv catcht up wi ma an A'm blin; they're mair nor e hairs o ma heid, an A'm rael doon-hertit.

¹³Leuk weel on ma, Lord an save ma; hist ye, Lord tae help ma.

¹⁴Lat them fa sikk tae dee awa wi ma be affrontit an confoonit; lat them fa sikk tae force ma tae crockaneetion be turnt back in disgrace.

¹⁵Mith them fa lauch at ma be gien their comeuppance for their affrontery.

¹⁶Bit lat them fa sikk ye be happy an gled in ye; lat them fa sikk yer salvation aye cry, "Glory tae e Lord."
¹⁷Bit me? A'm peer an in wint, Lord, think on ma. Ye're ma help an ma salvation; Lord dinna scutter aboot.

PSALM 41

Tae e heid o meesic. A psalm o Daavit.

Happy are them fa tak tent o e peer. E Lord will see them aa richt in time o tribbles.
²E Lord leuks efter them an gies them life an maks them happy i the lan; e Lord winna gie them ower intill e han o their faes.
³E Lord leuks efter them fan they're nae weel an maks them aa better fan they're beddit up.
⁴Bit A said, "Lord hae mercy on ma, mak ma aa better cause A've deen ill tae ye."
⁵Ma faes spik ill o ma an say, "Fan's he gyan tae dee an be forgotten aboot?"
⁶Aa them fa come tae see ma spik wi a teem hert, sikkin tae dig dirt aboot ma an tell e warl o't.
⁷A them fa hate ma, fusper tae een anither aboot ma an steer up e warst kyn o lees.
⁸They say, "He's nae lang for iss warl, he's teen till his bed an A's warren he'll nae rise fae't."
⁹Aiven ma freen, fa A thocht sae muckle o an fa affen suppert wi ma, his turnt agin ma.
¹⁰Lord, hae mercy on ma, reese ma up sae A mith get e better o them.
¹¹Syne A'll ken att ye're wi ma aa e wye, cause ma faes winna get e better o ma.
¹²Bit ye haud ma up cause o ma gweed livin wyes; ye're aye waatchin ower ma.
¹³Blisst be e Lord, e God o Israel, fae ivverlestin tae ivverlestin. Amen, Amen.

PSALM 42

Tae e heid o meesic. A psalm tae gar ye think fae Korah's fowk.

Jist as e deer mangs for e watter o e burnie, sae div I mang for you, Lord.
²Ma sowl thirsts for God, e livin God; fan can I gyang an meet in wi God?
³Day an nicht ma tears are ma only maet, an fowk are aye speirin at ma, "Far's yer God?"
⁴A myn on sic things as A poor oot ma sowl: A gaed wi e crood till e hoose o God, leadin the wye, happy an singin an praisin God on e feestival days.
⁵Fit wye is ma sowl hert-sair? Fit wye are ye haudin sic a stramash inno ma intimmers? Pit yer hope in God, cause A'll praise him yet, ma saviour an ma God.
⁶Ma sowl is dooncassen inno ma, sae A'll myn on ye fae e lan o e Jordan, fae e hichts o e Hermons an fae e hill o Mizar.
⁷Deep cries oot tae deep i the soun o yer watterfaas, aa e waves an braakers bream ower ma heid.
⁸Bit e Lord shews his nivver einin luv throwe e day, an at nicht his sang is wi ma, a prayer tae e God o ma life.
⁹A'll say tae God, ma rock, "Fit wye hiv ye forgotten aboot ma? Fit wye maun A gyang aboot lik A'm in moornin, sair come att bi ma faes?"
¹⁰A'm fair forfochen wi their jamphin. "Far's yer God?" they speir aa day lang.
¹¹Fit wye is ma sowl hert-sair? Fit wye are ye haudin sic a stramash inno ma intimmers? Pit yer hope in God, cause A'll praise him yet, ma saviour an ma God.

PSALM 43

Spik up for ma, God, an see ma richt afore the ungodly; save ma fae coorse, leein fowk.

²Ye're e God o ma strinth; fit wye hiv ye left ma aa ma leen? Fit wye maun A gyang aboot in dool, sair deen till bi ma faes?

³Sen oot yer licht an yer trowth tae shew ma e wye; lat them fess ma tae yer haily knowe, an tae e place far ye dwall.

⁴Syne A'll gyang tae God's aaltar, tae God fa's aa ma joy; ay A'll praise ye wi e hairp, God, ma God.

⁵Fit wye is ma sowl hert-sair? Fit wye are ye haudin sic a stramash inno ma intimmers? Pit yer hope in God, cause A'll praise him yet, ma saviour an ma God.

PSALM 44

Tae e heid o meesic. A psalm tae gar ye think fae Korah's fowk.

We've heard it wi wir ain lugs, God, wir fadders afore hiz telt hiz, fit winnerfu things ye did i their day, lang syne.

²Foo ye dreeve oot e heathens an planted wir fowk i their lan, foo ye tirraneesed e tither fowk an drave them oot.

³Wir fowk didna fecht tae win e lan, naither did they win it throwe strinth, bit bi your richt han, your airm, an e licht o yer presence, cause ye looed them.

⁴Ye're ma keeng an ma God; bi yer biddin Jacob wins aa.

⁵Wi your pooer, we'll bleck wir faes, in your name we'll trump doon them fa reese up agin hiz.

⁶A winna trust till ma bowe, an ma swoord winna dee ma ony gweed.

⁷Ye've saved hiz fae wir faes, an owercome them fa dinna care for hiz.

⁸We blaw aboot God aa day lang, an praise yer name for ivver.

⁹Bit noo ye've rejeckit hiz an lat hiz be owercome, ye dinna mairch wi oor airmy.

¹⁰Ye gar hiz pull back afore wir faes an they've ransackit aa wir gear.

¹¹Ye've forhooiet hiz tae be slauchtert lik sheep an hiv scattert hiz throwe e cuntras o wir faes.

¹²Ye've selt yer ain fowk for a maik, an are nae better aff i the bargain.

¹³Ye've made hiz a begeck tae wir neepers, an we're made a feel o bi aa aroon.

¹⁴Ye've gien hiz a byname amo wir faes, an fowk shaak their heids at hiz;

¹⁵A'm fair affrontit aa day lang, an A'm ower e heid wi shame

¹⁶at bein lauchen at an sworn at as ma faes get their ain back on ma.

¹⁷Aa iss his come on hiz, bit we hinna forgotten ye, nor hiv we breuken e covenant ye made wi hiz;

¹⁸we hinna gaen back tae wir aul wyes o deein, nor hiv wir feet wannert fae yer path.

¹⁹Ye've prant hiz amo wild beasts an happit hiz wi mirk.

²⁰Gin we hidna mynt on e name o wir God, or hid raxed oot wir hans tae a forrin god,

²¹syne God wid hae faun iss oot, wid he nae? Cause he kens e neuks o e hert.

²²It's cause o you we're bein deen awa wi aa day lang, an bein leukit on lik sheep for e slauchter.

²³Waaken up, Lord, fit wye are ye sleepin? Rise up an dinna keest hiz aside for aye.

²⁴Fit wye are ye happin yer face fae hiz, forgettin foo sair deen till we are?

²⁵We're booed doon till e yird, wir guts on e grun.

²⁶Rise up an see tae hiz, save hiz wi yer nivver einin luv.

PSALM 45

Tae e heid o meesic. Tae e tune "Lilies". A learnin psalm fae Korah's fowk.

Bonnie wirds steer ma hert as A vreet iss sangie for e keeng, ma tongue warks gin it were e pen o a learnt han.

²Ye're better faured nor ither fowk an hiv sic a wye wi wirds, God his blisst ye for ivver.

³Heist up yer swoord at yer side, michty een, claith yersel brawly in majesty.

⁴Ride oot, braw as ye are, tae owercome aa wi trowth, cannieness an richteousness. Yer richt han will shew ye some gey sichts.

⁵Yer shairp arras will prob e herts o e keeng's faes, lat cuntras faa aneth yer feet.

⁶Yer throne, God, will lest for ivver, e sceptre o yer keengdom is e sceptre o richt.

⁷Ye loo fit's richt an hate fit's wrang, sae God, yer God, his sclariet ye wi the ile o joy an his set ye abeen aa ither body.

⁸Aa yer claes smell o myrrh an aloes an cassia; fae palaces clad wi ivory e meesic o e fiddles maks ye gled.

⁹Keengs' dothers are amo yer weemenfowk; e queen stans at yer side in gowd o Ophir.

¹⁰Hearken, ma quine, think o iss an preen up yer lugs, forget yer ain fowk an yer fadder's hoose.

¹¹E keeng is fair teen on wi foo bonnie ye are, myn he's yer lord, ye maun dee fit he bids ye.

¹²E Dother o Tyre will come wi a hansel, an e walthy will sikk ye oot.

¹³E keeng's dother is sae bonnie in her rooms, her goon is threidit wi gowd.

¹⁴Her bridesmaids will folla her in tae see e keeng, aa deckit oot in her embroidert claes.

¹⁵Wi joy an gledness they're comin inno e keeng's palace.

¹⁶Yer sins will tak e place o yer fadders; ye'll mak them rowlers ower mony cuntras.

¹⁷A'll mak yer name be mynt throwe aa ginnerations sae e fowk will praise ye for ivver an ivver.

PSALM 46

Tae e heid o meesic. A psalm fae Korah's fowk tae be sung bi weemen.

God is wir bield an wir strinth, aye there tae help fan we wint him.

²Sae, we winna be feart, aiven tho e warl faa awa an e moontains be cassen inno e mids o e sea,

³an tho its watters roar an faim, an tho e moontains shak wi e waallin up o't.

⁴There's a burnie fas watters mak e toon o God gled, e haily place far e maist heich bides.

⁵God's inno att toon, she'll nivver be cassen doon, God will help her at skreek o day.

⁶Cuntras are in a dirdum an nations hurlt doon; he lifts his vice an the earth milts awa.

⁷E Lord Almichty is wi hiz, e God o Jacob is wir bield.

⁸Come an see fit e Lord his vrocht, e tirraneetion he's brocht on e warl,

⁹fae ein tae ein o e warl he quaitens wars; he braaks e bowe an havvers the arra an burns e targe i the fire.

¹⁰"Be quait an ken att I am God; A'll be reesed oot amo aa cuntras, reesed oot ower aa e warl."

¹¹E Lord Almichty is wi hiz, e God o Jacob is wir bield.

PSALM 47

Tae e heid o meesic. A psalm fae Korah's fowk.

Clap yer hans, aa ye cuntras; shout tae God wi cries o joy.

²E Lord maist heich is aawsome, great keeng ower aa e warl.

³He dung doon cuntras aneth hiz, he dung doon fowk aneth wir feet.

⁴He pickit fit we're gyan tae heir, e pride o Jacob fa he looed.

⁵God his gaen up wi shouts o joy, e Lord his gaen up in a bleeze o sounin tooteroos.

⁶Sing praise tae God, sing praise: sing praise tae wir keeng, sing praise.

⁷God's e keeng o e hale warl, sing praise for aa ye're wirth.

⁸God reigns ower aa cuntras; God sits on his haily throne.

[9]E rowlers o e cuntras gaither wi e faimlies o e fowk o Abraham, cause aa e rowlers o e warl belang tae God, an he's reesed abeen them aa.

PSALM 48

A sang. A psalm fae Korah's fowk.

E Lord is great an wirthy o wir praise i the toon o wir God, on his haily hill.

[2]E Hill o Zion is heich an bonnie, a joy tae e hale warl, northlins, e toon o e muckle keeng.

[3]Inno her palaces, God his made it weel kent att he's a bield.

[4]E keengs aa gaithert roon her, mairchin in company,

[5]bit they were dumfoonert fan they saa her, were sair come att an hurriet awa.

[6]Fear teuk haud o them, stouns lik a wumman fan her time comes.

[7]Ye wrack e boats o Tarshish i the moo o an easterly gale.

[8]Jist as we heard, we saa wi wir ain een, i the toon o e Lord o Hosts, i the toon o wir God, he'll keep e toon sauf for ivver.

[9]Inno yer Temple, God, we think o yer luv att's aye afore hiz.

[10]Jist lik yer name, God, yer praise is heard at e farrest neuks o e warl. Yer richt han is aye jeest.

[11]Lat e Hill o Zion be gled, lat e toons o Judah be gled, cause o yer jeedgements.

[12]Tak a turnie roon Zion an coont her tooers,

[13]tak tent o her waas an leuk weel on her gran hooses, sae ye mith tell them fa come efter ye:

[14]"Iss God is wir God for aye, he'll lead hiz richt gait for aa time."

PSALM 49

Tae e heid o meesic. A psalm fae Korah's fowk.

Hearken, hearken aabody tae iss, listen, listen aa e warl,

[2]orraloon an laird, walthy an peer,

[3]cause e wirds A spik are wise, an ma innermaist thochts full o unnerstannin.

[4]A'll set ma lug tae hear a saaw an tell it straicht wi a tune on e hairp.

[5]Fit wye shuld A be feart fan times are ill an ma faes are aa roon aboot ma,

[6]them fa hiv naethin i their noddles bit siller, aye blawin aboot foo weel aff they are?

[7]Naebody can nivver coof anither, nivver pey God e price o his life.

[8]A life costs ower muckle tae coof, mair nor onybody culd ivver pey,

[9]tae aloo him tae live for aye an keep him fae e grave.

[10]Bit aye myn on iss: clivver fowk aa dee, feels an cyaards aa gyang e same wye, leavin aa their warldly gear tae them fa come efter them.

[11]E grave is far they'll bide for ivver, their dwallin for aa time. They mith caa their grun efter themsels,

[12]bit they winna be mynt on, they'll dee jist lik nowt.

[13]Att's fit comes o aa feels, an them fa tak wi fit they say.

[14]Lik sheep, they are heidin for e grave: daith is their shepherd. E gweed livin will get e better o them gin mornin an their bodies will rot awa tae naethin, hine awa fae their gran hooses.

[15]Bit God will coof my sowl fae e pooer o e grave cause he'll tak ma in.

[16]Dinna tak ill wi't fan ye see ither fowk comin in tae siller, an e walth o their faimly increasin.

[17]They canna tak it wi them fan they dee, their siller winna gyang doon wi them.

[18]Tho fan they're livin they think themsels lucky an fowk praise them cause they're deein weel,

[19]they'll gyang e same wye as aa them fa gaed afore them, they'll nivver see e licht o day.

[20]For aa their walth, they're still jist feels; an lik e beasts, they'll come till e same ein.

PSALM 50

A psalm o Asaph.

God, e Lord God, his spoken an cries on e warl aneth fae e risin o e sin till e gyan doon o't.

[2]Oot o Zion, sae bonnie an perfeck, God sheens.

[3]Wir God is comin an winna bide quait: a fire will devoor aa afore him an a storm blaas aa roon aboot him.

[4]He cries on e hivven abeen an e warl sae he mith jeedge his fowk:

[5]"Gaither ma leal fowk till ma aa them fa hiv made a tryst wi ma bi sacrifeece."

[6]The hivvens cry oot his gweedness, cause God himsel is e jeedge.

[7]"Hearken tae fit A'm sayin, ma fowk, an A'll spik: Israel, A'll gie ivvidence agin ye. I am God, your God,

[8]A dinna get on till ye aboot yer sacrifeeces, nor yer brunt offerins att are aye afore ma.

[9]A winna tak a stirk fae yer hoose nor a billy goat fae yer fauls;

[10]cause aa e beasts o e wids are mine, an e nowt o a thoosan hills.

[11]A ken ilka birdie i the heilans an aa e craiters i the parks are mine.

[12]Gin A wis hunngry, A widna tell ye, cause e warl an aathin inno't's mine.

[13]Will A ett e beef fae yer bulls, or drink e bleed o yer billy goats?

[14]Offer yer thanksgiein tae God an keep e voos ye made tae e maist heich.

[15]Cry upo ma fan ye're in tribble: A'll come till yer rescyee an ye'll honour ma."

[16]Bit God says iss tae e cyaards: "Fit richt hiv ee tae spoot my laas or spik e wirds o my covenant?

[17]Youeens fa winna dee fit A bid ye an cass ma wirds ahin ye?

[18]Fan ye meet a thief, ye haud in wi him; an collogue wi them fa've been hoorin;

[19]ill comes oot o yer moo, an yer tongue clatters wi lees.

[20]Ye're aye miscaa'in ither fowk; ye spikk ill o yer ain mither's sin.

[21]Fan ye did siclike, A held ma tongue. Ye thocht I wis as bad as you, bit noo A'll gie ye in tae tribble an set oot ilka faut tae yer face.

[22]Noo, think on iss, ye fa forget God, or A'll tear ye tae bits an there will be naebody tae save ye.

[23]Them fa offer a thanksgein sacrifeece honour ma, an tae him fa lives bi my wird A'll shew e salvation o God."

PSALM 51

Tae e heid o meesic. A psalm o Daavit. Fan Nathan, e prophit cam tae Daavit efter he hid lain wi Bathsheba.

Hae mercy on ma, God, as ye luv ma for aye; cause o yer great mercy waash awa ma ill-deeins.

[2]Waash awa ma coorseness an lave ma o ma ills.

[3]Oh, A'm weel awaar o ma mistak an ma ill-deeins are tae e fore ilka day.

[4]Conter you, neen bit you, hiv A deen wrang an deen fit ye think ill o fan ye see it, sae ye're richt in fit ye say an hiv ivvery richt tae condemn ma.

[5]A wis born tae ill-deein wyes, ill-deein fae e time ma mither conceived ma.

[6]Fit ye sikk is trowth in wir intimmers an ye'll learn ma tae be wise inno att hodden place.

[7]Skirp ma wi hyssop sae A mith be clean, waash ma an A'll be fiter nor snaa.

[8]Lat ma hear e soun o joy an gledness; lat e beens att ye've breuken, loup.

⁹Hap yer face fae ma ill-deeins an dicht oot ma coorse wyes.
¹⁰Mak a pure hert inno ma, God, an gie ma a new steadfest speerit.
¹¹Dinna cass ma awa fae ye, nor tak yer haily speerit fae ma.
¹²Fess back e joy o yer salvation tae ma an haud ma up wi a willin speerit.
¹³Syne A'll learn e cyaards yer wye; an the ill-deein will be fessen back till ye.
¹⁴Keep ma awa fae spullin bleed, God, e God o ma salvation, an A'll sing oot o ma o yer richteousness.
¹⁵Lord, open ma lips sae att ma moo mith sing yer praise.
¹⁶Ye're nae leukin for a sacrifeece, or I wid fess een till ye. Ye dinna care for a brunt offerin.
¹⁷E sacrifeeces o God are a breuken speerit; a breuken an sair hert, God, ye winna rejeck.
¹⁸Be happy tae dee gweed tae Zion an bigg up e waas o Jerusalem.
¹⁹Syne ye'll be weel teen wi e sacrifeeces o e gweed livin an wi e brunt offerins an hale offerins. Syne nowt will be offert on yer aaltar.

PSALM 52

Tae e heid o meesic. A psalm tae gar ye think. Fan Doeg fae Edom hid gane tae Saul an telt him att Daavit hid gane tae Ahimelek's hoose.

Fit wye div ye blaw aboot yer coorseness, ye muckle chiel? God's gweedness will lest for aye.
²Yer tongue wid clip cloots, lik a razor-blade, ye leear.
³Ye like ill better nor gweed, an leein raither nor spikkin e trowth.
⁴Ye loo ilka fool wird, ye misslippent tongue.
⁵Seerly God will be yer doonfa, swypin ye awa, grabbin ye an heistin ye oot o yer hoose, upreetin ye fae e lan o e livin.
⁶E gweed livin will see it, fair stammygastert, an will lauch at ye an say:
⁷"Ay, iss is e chiel fa didna think he needed God tae leuk efter him, bit lippent till his muckle walth an grew stoot in his ain coorseness."
⁸Bit A'm lik an olive tree thrivin in God's hoose, I trust i the mercy o God for ivver an ivver.
⁹A'll praise ye for ivver for fit ye've deen. A'll reese oot yer name afore yer fowk, cause it's gweed.

PSALM 53

Tae e heid o meesic. I the style o Mahalath. A psalm o Daavit tae gar ye think.

E feel says till himsel, "There's nae a God." They're aa corrupt, dinraisin an neen o them dee ony gweed.
²E Lord leuks doon fae abeen on aa Jock Tamson's bairns tae see gin there be ony wi sense, fa mith sikk him oot.
³Bit they're aa tarred wi e same brush, ilka een as fool as e tither. There's naebody tae dee ony gweed, na, na, neen avaa.
⁴"Hiv they nae sense?" says e Lord, "They ett up ither fowk as they wad ett a slice o breid, an nivver cry upo me."
⁵Bit syne they were terrifiet far there wis naethin tae be feart o. God scatters e beens o them fa attack ye. Ye'll pit them tae shame cause God will hae naethin tae dee wi them.
⁶O gin Israel's deliverance mith come oot o Zion! Fan e Lord fesses back his fowk tae their ain, lat Jacob rejoice an Israel be gled.

PSALM 54

Tae e heid o meesic. Wi fiddles an basses. A psalm o Daavit tae gar ye think. Fan e fowk fae Ziph hid gane tae Saul an said "Is Daavit nae hidin amo hiz?"

Save ma, God, bi yer name, uphaud ma bi yer strinth.

[2]Hear ma prayer, God, hearken tae e wirds o ma moo.

[3]Chiels A dinna ken rise up an attack ma an cyaards rax oot for ma verra sowl - they've nivver seen God.

[4]Bit God is ma help; e Lord's the een fa keeps ma gyan.

[5]Ma faes will get fit's comin till them, gar them be seelenced bi yer trowth, Lord.

[6]A'll willinly sacrifeece an offerin tae ye; A'll praise yer name, Lord, cause it's gweed.

[7]Cause ye've savit ma fae ilka tribble an A lauch fan A see fit ye've deen tae ma faes.

PSALM 55

Tae e heid o meesic. Wi fiddles an basses. A psalm o Daavit tae gar ye think.

Hearken till ma prayer, God, dinna hide yersel awa fan A pray till ye.

[2]Hear fit A'm sayin an answer ma. A'm feelin affa sorry for masel.

[3]Ma faes are roarin at ma an aa kyn o cyaards are tiraneesin ma, cause they're aye deein ill tae ma, are raised wi ma an hate ma.

[4]Ma hertie is rint inside o ma, an e fear o daith his faa'en onno ma.

[5]A'm fair shaakin wi fear an A'm owercome wi dreid.

[6]A said, "Oh att A hid e wings o a doo tae flee awa an be at rist.

[7]A'd tak aff, hine awa an bide i the roch cuntra,

[8]A wid seen fin a bield for masel, awa fae win an blast."

[9]Gar e cyaards be aa throwe ither, Lord, mak a mixter-maxter o their spik, cause I've seen fechtin an strife i the toon.

[10]Day an nicht they're at it on e toon waas, coorseness an sorra aawye.

[11]Ill-deein wyes are aa roon aboot an chettin an lees are nivver far fae its streets.

[12]It wisna ony o ma faes att wis tirmintin ma, att A culd pit up wi. Gin an innemy wis malagaroosin ma, A wid hae hodden masel fae him.

[13]Bit it wis you, a chiel lik masel, ma guide, ma crony.

[14]Mony's e gweed time we've hid egither waalkin throwe e thrang i the Lord's hoose.

[15]Mith daith strik at them an sen them het fit tae hell cause there's coorseness i their hames.

[16]As for me, A'll cry on God, an e Lord will save ma.

[17]Mornin, neen an nicht A'll pray an roar oot o ma an he'll hear ma vice.

[18]He's brocht ma sowl tae peace fae e stramash att wis inno ma, an a gey onding it wis tee.

[19]God, fa cairries on for ivver, will hear ma an grieve them; sic chiels as nivver cheenge their wyes an hiv nae fear o God.

[20]He turns agin his verra freens an braaks his wird.

[21]Fan he spiks, he lays it on lik butter, bit thinks o naethin bit fechtin, his wirds are as sleekie as ile bit as shairp as a draawn swoord.

[22]Kees aa yer cares on e Lord, an he'll cairry ye. He'll nivver lat e gweed-livin faa.

[23]Bit you, God, will fess doon e cyaards tae e howe o crockaneetion. Bleedthirsty an leein bodies winna live oot half their days, bit A'll lippen till ye.

PSALM 56

Tae e heid o meesic. Tae e tune o "A Doo on Hine awa Aiks." A miktam o Daavit. Fan e Philistines hid teen haud o him in Gath.

Be mercifu tae ma, God, cause fowk are efter ma aa e time, tiraneesin ma aa day lang.
²They caa ma for aathin aa day lang an there's a gey puckle o them tee.
³Fanivver A'm feart, A'll lippen tae you.
⁴A'll reese oot e wird o God, in God A'll pit ma trust. A'll nivver fear fit mortal flesh can dee tae ma.
⁵Ilka day they twist ma wirds an they're aye thinkin up somethin ill tae dee tae ma.
⁶They hiv a gaitherin amo themsels, snaik aboot, waatch far A'm gyan, mangin tae dee awa wi ma.
⁷Dinna lat them aff wi't. In yer annger, Lord, fess doon crockaneetion onno them,
⁸ye ken foo sair come at I am, kep ma tears in yer flaskie, are they nae aa in yer beukie?
⁹Fan A cry till ye, ma faes will aa turn; att's e wye A'll ken God's for ma.
¹⁰In God, fas wird A'll reese oot; i the Lord, fas wird A'll reese oot;
¹¹A've putten ma trust in God: A'll nivver be feart o fit ony human body can dee till ma.
¹²A'll sweer tae ye, God. A'll offer aa ma thanks till ye.
¹³Cause ye've rescyeed ma fae daith an keepit ma feet fae styterin sae att A mith waalk afore God i the licht o life.

PSALM 57

Tae e heid o meesic. Tae e tune "Dinna Destroy." A miktam o Daavit. Fan he teuk flicht fae Saul inno e cave.

Hae mercy on ma, Lord, hae mercy, cause in you A hiv ma bield. A'll mak ma hoosie i the shadda o yer wings till aa ills are bye wi.
²A'll cry oot tae God maist heich, tae God, fa dis sae muckle for ma.
³He'll sen doon fae hivven tae save ma an gie an owergyan tae them fa tirraneese ma. God will sen doon his trowth an his luv.
⁴A'm surroonit bi lions, chiels fa breathe oot fire, their teeth lik spears an arraas, their tongues lik shairp swoords.
⁵Be reesed up, God, abeen e hivvens, lat yer glory be ower aa e warl.
⁶They've set oot a nit tae tak ma fit. A wis sair forfochen. They howkit a muckle hole in ma road, bit they've faaen intillt themsels.
⁷Ma hert sits siccar, God, ma hert sits siccar. A'll sing an gie praise.
⁸Waaken up, ma sowl! Waaken up lute an clarsach! A'll be up wi e daawn.
⁹A'll reese ye oot, Lord amo aa fowk, A'll sing tae ye amo aa e clans,
¹⁰cause yer luv is unboondit, raxin till e hivvens, an yer trowth wins e linth o e cloods.
¹¹Be reesed up, God, abeen e hivvens, lat yer glory be ower aa e warl.

PSALM 58

Tae e heid o meesic. Tae e tune "Dinna Destroy." A miktam o Daavit.

Spik up, ye rowlers. Are yer jeedgements fair? Div ye mak e richt deceesions amo fowk?
²Deil e linth. In yer herts there's coorseness an yer hans dell oot veelence i the warl.
³Fae e meenit they're born, e coorse gyang agley, nae seener oot o e wyme nor they're tellin lees.
⁴Their pooshun is lik e pooshun o a snake, lik a deef adder wi its lugs stappit,
⁵sae it canna hear e tune o e chairmer, fooivver perswaadin e tunie mith be.

⁶Braak e teeth i their moos, God, rive oot e fangs o e lions, Lord.

⁷Lat them disappear lik watter doon e lade; fan they draa e bowe, mith their arras be blunt.

⁸Mith they be lik a snail att melts in its slime; or a bairnie born deid fa nivver sees e sin.

⁹Afore yer pots feel e heat o e funs, green or burnin, he'll swype them awa wi a furlin win.

¹⁰The gweed livin will be gled fan they see them get their dyows; fan they lave their feet i the bleed o e cyaards.

¹¹Syne fowk will say, "There's little doot e gweed livin get their hairst, there is a God fa jeedges e warl."

PSALM 59

Tae e heid o meesic. Tae e tune "Dinna Destroy." A miktam o Daavit. Fan Saul hid sent men tae waatch Daavit's hoose tae sikk tae kill him.

Save ma fae ma faes, God, leuk efter ma fan fowk attack ma.

²Save ma fae e cyaards, an fae them fa wid draa bleed.

³See noo, they're wytin tae tak ma, they're aa rankit oot agin ma, nae cause A've deen onythin wrang or for ma ill-deeins, Lord.

⁴A've deen naethin wrang, bit they're oot tae get ma; waaken up an help ma, see for yersel.

⁵Lord God o Hosts, Lord God o Israel, steer yersel an gie them a lickin for fit they're deein; dinna hae peety on neen o them for their coorseness.

⁶They come at nicht, bowf-bowffin lik tykes, an prowlin aa roon e toon.

⁷Hearken till their bleeterin, their wirds come oot o their moos lik swoords, "Bit fa's gyan tae hear hiz?" they say.

⁸Bit ee'll lauch at them, Lord, ee'll scowff at aa e heathens.

⁹Ye're ma strinth an A'll wyte on ye, cause God will leuk efter ma.

¹⁰Ma mercifu God will gyang afore ma an see ma gloat ower ma faes.

¹¹Dinna kill them, for fear ma fowk forget. Scatter them wi yer strinth an fess them tae crockaneetion, Lord, ma targe.

¹²Lat e coorse wird fae their moos, lat e dirt comin fae their lips, lat their cursin an their leein be their doonfa i their pride.

¹³Destroy them in yer annger, ay, destroy them till there's neen left. Lat them ken att God rowles in Jacob an tae the eins o the earth.

¹⁴They come back at nicht, bowffin lik tykes, an creep roon e toon.

¹⁵They wanner up an doon, growlin gin they dinna fin aneuch.

¹⁶Bit A'll sing o your strinth, ay, ilka foreneen A'll roar oot o ma, singin o yer mercy, cause ee've leukit efter ma an been ma bield fan A've been in tribble.

¹⁷O, ma strith, A'll sing yer praises. God's ma refuge, e God fa looes ma.

PSALM 60

Tae e heid o meesic. Tae e tune "E Lily o e Covenant." A miktam o Daavit for learnin. Fan he focht Aram Naharaim an Aram Zobah, an fan Joab cam hame an strack doon twal thoosan o e fowk fae Edom i the Howe o Saut.

Ye've cassen hiz awa an scattert hiz, God; ye were raised, come awa hame tae hiz.

²Ye've garrt e lan shaak an rippit it open, men its sairs cause its tremmlin.

³Ye've shewn yer fowkies coorse times, ye've garrt hiz syter as gin we were e waur o drink.

⁴Ye've reesed a flag for them fa fear ye, tae unfurl it agin e bowe.

⁵Save an help hiz wi yer richt han, sae att them fa loo ye mith be rescyeed.
⁶God his spoken in his hailiness, "In triumph A'll pairt oot Shechem an mizzour up Succoth.
⁷Gilead belangs tae me, an Manasseh belangs tae me, Ephraim is ma bonnet an Judah ma sceptre,
⁸Moab's ma washin-bowie, an A'll fling ma sheen at Edom; ower Philistia A shout in triumph."
⁹Fa'll tak ma till e fortifiet toon? Fa can fess ma tae Edom?
¹⁰Is't nae you, God? You fa his cassen hiz awa? You fa disna gyang wi wir airmies nae mair?
¹¹Gie hiz help agin wir faes; we've nae muckle chaunce on wir ain.
¹²Wi God's help we'll win throwe, he'll trump on aa wir faes.

PSALM 61

Tae e heid o meesic. Wi fiddles an basses. A psalm o Daavit.
Hear ma cry, God; hearken tae ma prayer.
²Fae the eins o e warl A'll cry till ye fan ma hert is sair. Fess ma till e rock att's heicher nor ma.
³Ye've been a bield till ma, a stoot keep agin ma faes.
⁴Lat ma dwall in yer tent for aye an fin lythe aneth yer wings.
⁵God, ye've heard fit A promist ye an hiv gien ma aa the heirskip o them fa loo yer name.
⁶Gie lang life tae e keeng, mony days tae come, his years lestin for mony ginnerations.
⁷Mith he reign afore God for ivver; leuk efter him an keep him wi yer luv an lealty.
⁸A'll aye be singin psalms tae yer name as A fulfill ma promise daily day.

PSALM 62

For Jeduthun, e heid o meesic: A psalm o Daavit.
Ma hertie langs for God, throwe him A'm latten lowss.
²He aleen is ma rock an ma salvation, he leuks efter ma an A'll nivver be shaaken.
³Foo lang will ye haud in aboot tae a chiel, fa's lik a bogshaivelt wa or a half-hung-tee pailin?
⁴Aye, they're tryin tae coup him aff his reest, tellin lees, aa mealie-moo'ed bit wi skaichen herts.
⁵Mith my hert wyte for God aleen, aa att A lang for comes fae him.
⁶He aleen is ma rock an ma salvation, he leuks efter ma an A'll nivver be shaaken.
⁷Ma salvation an ma honour depen on God, he's e rock o ma strinth, ma bield.
⁸Aye lippen till him, e lot o ye, poor oot yer herts till him, cause God is wir bield.
⁹Mortal fowk are lik a fuff o win, lairds bit a lee, pit ony o them on e wachts an they'll wye naethin, lichter nor a puff o win.
¹⁰Hae nae trock wi aye tryin tae get een ower on ither fowk or snicher fan ye've robbit somebody. Though ye dee aa richt for yersel, dinna lat it rowle ye.
¹¹God eence said, an A've heard it mony times, "Pooer belangs tae God,"
¹²an "true luv, Lord, is yours." Seerly, ye'll gie tae ilka een accoordin tae fit they've deen.

PSALM 63

A psalm o Daavit fae e time he wis i the roch cuntra o Judah.
O God, you are ma God; A'll sikk ye oot keenly, ma hert thirstin for ye, ma flesh langin for ye gin in a dry, birstlin lan wi nae watter.
²A've seen ye i the sanctuary in aa yer pooer an yer glory.

³Cause yer hert-waarm luv is better nor life, ma lips will praise ye.
⁴Sae A'll bliss ye as lang as A live, liftin up ma hans tae yer name.
⁵Ma sowl will be fullt lik haein e best o maet, an e happy lips o ma moo will praise ye.
⁶A myn on ye fan A'm in ma bed an think aboot ye throwe e waatches o e nicht.
⁷Cause ye've helpit ma, A sing i the shadda o yer wings.
⁸Ma sowl rins efter ye, yer richt han hauds ma up.
⁹Them fa sikk ma life will be deen awa wi, they'll gyang doon tae e bowels o the earth.
¹⁰They'll faa bi e swoord, maet for jackals.
¹¹Bit e keeng will rejoice in God, ilka een fa sweers bi God's name will praise him, bit e moos o them fa tell lees will be stappit.

PSALM 64

Tae e heid o meesic. A psalm o Daavit.
Hear ma, God, hear ma as A dree ma weird; save ma fae e threet o ma faes.
²Keep ma awa fae e coorse ploys o e cyaards, fae e rabble o the ill-deers;
³fas tongues wid clip cloots an fa keest their ill-jawed wirds lik arras.
⁴They tak a shot, oonseen, at gweed livin fowk shottin aa o a suddenty, wi nivver a fear.
⁵They eik een anither on i their ill ploys an spik aboot far tae set their snares, sayin, "Fa's gyan tae see them?"
⁶They leuk for ill, reetin it oot farivver they can fin it. Their thochts an their herts are sleekit.
⁷Bit God will shot them doon wi his arras, aa o a suddenty they'll tak a skaith.
⁸He'll turn their ill-jaw on themsels an fess them doon; aa fa see them will shaak their heids at them.
⁹Aabody will be feart. "Iss is e wark o God," they'll say, an learn their lesson fae fit he's deen.
¹⁰E gweed-livin will rejoice i the Lord, an tak their rist in him. The upricht in hert will praise him.

PSALM 65

Tae e heid o meesic. A sang. A psalm o Daavit.
Praise wytes for ye, God, in Zion an we'll stan bi aa wir promises tae ye.
²You fa hearkens tae wir prayers, aa fowk will come till ye.
³We're sair come at bi ill wyes, bit you will forgie aa wir wrang-deein.
⁴Blisst are them ye wyle oot tae lat bide in aboot till ye. We're fulled wi aa e gweed o yer hoose, yer haily Temple.
⁵Ye answer hiz wi winnerfu ferlies, God wir saviour, ye're e hope o aa the eins o e warl an e farrest seas,
⁶yer strinth set oot e hills, shewin yer michty pooer.
⁷Ye quaitent e roar o e sea, e squallachin o e waves, e binner o e warl.
⁸E fowk fa dwall hine oot aboot are feart at yer winners. Far e mornin daawns an far e nicht turns tae gloamin ye gar fowk shout wi joy.
⁹Ye leuk efter e grun an watter it, ye fair mak it growthy. God's burnies are full o watter tae gar fowk's corn growe, att's fit ye've been aboot.
¹⁰Ye watter e mids an livvel e furrs, ye saffen it wi shoories an bliss its breer.
¹¹Ye croon e year wi yer hairst an yer cairts are lippin ower.
¹²E girse o e roch cuntra is growthy an e hills are claithed wi joy.
¹³E ley grun is full o sheep an e howes cled in corn. They shout for joy an sing.

PSALM 66

Tae e heid o meesic. A sang. A psalm.

Lat aa e warl shout tae God wi joy;
²Sing oot e honour o his name, mak his praise winnerfu.
³Say tae God, "Foo aawsome are yer warks, throwe e greatness o yer pooer yer faes will faa afore ye.
⁴E hale warl will wirship ye an sing till ye. They'll sing praises till yer name."
⁵Come an see fit God's deen, the aawsome things he's deen for fowk.
⁶He turnt e sea tae dry lan, they waalkit throwe e watter. We were fair shuitit wi him there.
⁷He rowles for ivver throwe his pooer, he waatches ower aa e cuntras; dinna lat them fa are aye fechtin rise up agin him.
⁸Lat aa bliss wir God, lat e soun o his praise be heard.
⁹He keeps hiz fae dwinin awa an hauds wir feet fae skitin.
¹⁰Cause you, God, hiv seyed hiz, ay, seyed hiz, jist lik siller's seyed.
¹¹Ye've catcht hiz in a nit an putten a hivvy wecht on wir backs.
¹²Ye garrt ither fowk trump ower e heid o's, we gaed throwe fire an watter, bit ee've brocht hiz till a place far there's plinty.
¹³A'll fess brunt offerins tae yer Temple; A'll dee fit A promist ye,
¹⁴aa att ma lips promist an ma moo spak fan A wis sair forfochen.
¹⁵A'll offer ye fat beasts as sacrifeeces an gie an offerin o rams, an offerins o stots an goats.
¹⁶Come an hearken, aa youeens fa are feart at God an A'll tell ye fit aa he's deen for ma.
¹⁷A cried oot till him wi ma moo, his praise wis on ma tongue.
¹⁸Gin there wis ony coorseness in ma hert, e Lord widna hae listent tae ma.
¹⁹Bit God did listen till ma, he hearkent till ma prayer.
²⁰Praise be tae God, fa didna turn awa fae ma prayers, fa didna haud his mercy fae ma.

PSALM 67

Tae e heid o meesic. Wi fiddles an basses. A sang. A psalm.

Mith God help hiz an bliss hiz. Mith his face sheen onno hiz,
²sae att yer wyes mith be kent i the warl, yer salvation amo aa cuntras.
³Lat fowk praise ye, God, lat aa fowk praise ye.
⁴Lat cuntras be gled an sing for joy, cause ye'll dee richt wi fowk, an rowle e cuntras o e warl.
⁵Lat fowk praise ye, God, lat aa fowk praise ye.
⁶Syne e warl will gie up her hairst, an God, wir ain God, will bliss hiz.
⁷God will bliss hiz an aa the eins o e warl will be feart at him.

PSALM 68

Tae e heid o meesic. A psalm o Daavit. A sang

Lat God rise up, lat his faes be scattert; lat them fa hate him rin awa afore him.
²Lik reek blaawn awa wi e win, lat them be blaawn awa; lik wax miltin afore e fire, lat e coorse perish afore God.
³Bit lat e gweed-livin be gled, lat them rejoice afore God, aye lat them be happy an sing for joy.
⁴Sing tae God, sing praises till his name. Reese oot him fa hurls on e cloods, his name is e Lord, rejoice afore him.
⁵A fadder tae them wi nae fadder, he'll leuk efter e weedas, att's God in his haily hoose.

⁶God gies the ootlin a faimly, he lowses them fa are bun wi chines, bit e cyaards maun bide in a druchtit lan.

⁷God, fan ye gaed oot afore yer fowk, fan ye mairched throwe e roch cuntra,

⁸e warl sheuk an e hivvens drappit doon hale watter afore God, e God o Sinai, afore God, e God o Israel.

⁹Ye sent ample rain, God, tae freshen yer ain grun fan it wis soor.

¹⁰Yer ain fowk sattlt there, an fae yer gweedness, ye provided for e peer.

¹¹E Lord gied e wird. A muckle crood o fowk spak o't.

¹²Keengs an airmies tak tae flicht. E weemen fowk at hame pairtit oot e spiles.

¹³Tho ye lie doon amo e buchts, ye're lik e wings o a doo happit wi siller, an her feathers wi yalla gowd.

¹⁴Fan the Almichty scattert e keengs it wis lik snaa faain in Zalmon.

¹⁵The Hill o Bashan is a hill o God, ay, jist a gey hill is e Hill o Bashan.

¹⁶Bit fit wye div ye glower doon fae yer muckle hicht? Iss is e hill far God pickit tae bide. Ay, e Lord will bide there for ivver.

¹⁷God's chariots are twafaul ten thoosan, ay thoosan upo thoosan o chariots, e Lord his come fae Sinai till his haily hame.

¹⁸Fan ye gaed up tae e hichts, ye teuk mony wi ye fa were bun up. Ye got hansels fae fowk, aiven fae e cyaards, sae att you, Lord God, mith bide there.

¹⁹Praise tae e Lord, fa cairries wir sorras ilka day, e Lord o wir salvation.

²⁰Wir God is a God fa saves, an fae him comes wyes awa fae daith.

²¹Bit God will strick e heids o his faes, e hairy heids o them fa cairry on wi their ill-deeins.

²²E Lord says, "A'll fess them fae Bashan, A'll fess ma fowk fae e depths o e sea,

²³sae att ye mith trump yer feet inno e bleed o yer faes, an yer tykes will get a lick o't tee."

²⁴Yer waalk, God, is seen bi aa, yer waalk, ma God an keeng, intill e sanctuary.

²⁵E singers gyang afore wi e meesicians ahin, amo them, quines playin tambourines.

²⁶Praise God i the muckle gaitherin, praise e Lord i the gaitherin o aa Israel.

²⁷There's e wee clan o Benjamin tae e fore, e clan chiefs o Judah i their thrang, e clan chiefs o Zebulun an e clan chiefs o Naphtali.

²⁸Strinthen yer pooer, God, att pooer att ye've vrocht for hiz.

²⁹Cause o yer Temple at Jerusalem, keengs will fess hansel till ye.

³⁰Gie a raigin till e beast amo e rashes, e hird o bulls amo e calfies o e cuntra. Hummlt, mith it fess bars o siller. Scatter e fowk fa steer up strife.

³¹Envoys will come fae Egypt, Ethiopia will rax oot her han tae God.

³²Sing tae God aa ye cuntras o e warl. Sing praises till e Lord,

³³tae him fa hurls ower the aul hivvens abeen, him fa roars oot wi a michty vice.

³⁴Tell aa o God's pooer, his majesty is ower Israel, his strinth is i the hivvens.

³⁵Ye're aawsome, God, in yer sanctuary, e God o Israel gies pooer an strinth tae his fowk. Praise be tae God.

PSALM 69

Tae e heid o meesic. Tae be sung tae e tune "Lilies". A psalm o Daavit.

Save ma, God, cause e watters are up tae ma neck.

²A'm lairt amo goor, wi naewye tae pit ma fit. A'm inno deep watter, wi e spate ower ma heid.

³A'm weary, weary o greetin, ma thrapple's reed raa, ma een growe bleart leukin for God.

⁴Them fa hate ma for nae rizzon are mair nor e hairs on ma heid. Them fa sikk tae dee awa wi ma wi nae cause, are ower e heid o ma. They gar ma gie back fit A didna pinch.

⁵God, ye ken fit a feel I am, ma ill-deens are nae hod fae ye.

6Mith them fa hiv hope in ye nae be affrontit cause o me, Lord God o Hosts. Dinna lat them fa sikk ye be confoont cause o me, God o Israel.

7A've been scowfft at for your sake, an shame haps ma face.

8Ma brithers dinna ken ma; fremt tae ma mither's bairns.

9Zeal for yer hoose his devoort ma an them fa were miscaa'in you are noo miscaa'in me.

10Fan A greet or am fastin, A maun pit up wi them miscaa'in ma.

11Fan A weer saickclaith, they mak a feel o ma.

12E fowk sittin at e yett lauch at ma, an fowk sing aboot ma fan they're fu.

13Bit A pray till ye Lord, aye fan e time's richt. Hear ma, God, in yer great mercy, answer ma wi yer salvation.

14Haud ma oot amo e goor an dinna lat ma lair. Save ma fae them fa hate ma an fae e deep watters.

15Dinna lat e spate come ower ma heid, nor e depths swally ma; dinna lat ma be sookit inno e bog.

16Hear ma, Lord, i the gweedness o yer luv; in yer great mercy turn tae ma.

17Dinna hap yer face fae yer loon; cause A'm fair forfochen, wid ye bit answer ma noo.

18Draa intill ma bosie an rescyee ma. Save ma cause o ma faes.

19Ye ken foo A'm scowfft at, lauchen at an made a feel o. Aa ma faes are afore ye.

20A'm breuken-hertit wi their scowffin; A'm sair dung doon; A leukit for some tae tak peety on ma, bit na, na. A leukit for comfort, bit there wis neen tae be gotten.

21They pat bile inno ma maet, an fan A wis thirsty, gied ma veenegar tae drink.

22Mith they be snared wi their ain maet, an fit shuld hae been gweed for them, lat it be their doonfa.

23Lat their een be blint sae att they canna see; an lat their backs aye be booed.

24Teem oot yer annger onno them an lat yer rage tak haud o them.

25Lat e places far they bide faa tae ruin an their tents be teem.

26They tiraneese them fa ye hiv hurtit an spik aboot e sair o them att ye've wounnit.

27Eik ills on tae their ills an dinna lat them hae nae pairt o yer salvation.

28Scrat them oot o e beuk o life, an dinna lat them be listit wi e gweed livin.

29O, bit A'm affa doon; lat yer salvation, God, reese ma up.

30A'll praise God's name wi a sang, A'll reese him oot bi giein him thanks.

31Iss'll please e Lord better nor offerin him a beast, mair nor a stot wi its horns an hivvs.

32The peer will see iss an be happy, them fa sikk God will be hertent.

33E Lord hears them fa wint, an disna think lichtfu o them fa are in thrall till him.

34Lat hivven an earth praise him, e sea an aathin att meeves inno them,

35cause God will save Zion an bigg e toons o Judah. His fowk will bide there an ain e grun.

36E bairns fa come efter them will heir it, an them fa loo his name will bide there.

PSALM 70

Tae e heid o meesic. A psalm. For a funeral.

Hing in, God, an save ma. Hing in tae help ma, Lord.

2Lat them fa sikk ma life be affrontit an pat in a snorl. Lat them fa sikk ill for ma be turnt backlins an made feels o.

3Lat them be turnt backlins as comeuppance for their shame fa say "Ha, ha!" tae ma.

4Bit lat aa fa sikk you, be gled an rejoice in ye. Lat aa fa loo yer salvation say, "Lat God be reesed oot."

5Bit A'm peer an in wint. Hist ye tae ma, God. Ye're ma help an ma deliverer; Lord, dinna dauchle, noo.

PSALM 71

Tae you, Lord, A lippen, dinna lat ma be affrontit.

[2]Rescyee ma an deliver ma in yer gweedness, turn yer lug tae ma an save ma.

[3]Be a steen biggin till ma, far A can aye be keepit sauf. Ye've gien e biddin tae save ma, ye're ma rock an ma keep.

[4]Haud ma oot, God, fae amo e hans o e cyaards, fae e grip o e coorse an ill fowk.

[5]Ye're ma hope, Lord God, A've trustit ye since A wis a bairn.

[6]Fae e meenit A wis born, A've depennit on ye, ye teuk ma oot o ma mither's wyme; A'll aye praise ye.

[7]Mony fowk winner at ma, bit I hiv you as ma stoot bield.

[8]Ma moo is full o yer praise, an A gie ye honour aa day lang.

[9]Dinna cass ma awa fan A'm aul, dinna forsake ma fan a growe wyke.

[10]Ma faes spik oot agin ma, an them fa wyte for ma tae dee, are schemin amo themsels,

[11]sayin, "God's gien up on him, tiraneese an tak him, cause neen will rescyee him noo."

[12]O God, dinna gyang far fae ma. O God, hist ye tae help ma.

[13]Lat them fa wid wint tae hairm ma be confoonit an deen awa wi; lat them fa wid dee ma ill be made a feel o an shamed.

[14]Bit A'll aye hae hope. A'll aye praise ye mair an mair.

[15]Ma moo will tell o yer gweedness, o yer salvation, aa day lang, tho it's mair nor I can unnerstan.

[16]A'll gyang aboot i the strinth o e Lord God; A'll spik o yer gweedness, yours aleen.

[17]God, ye've learnt ma since a wis a bairn, an tae iss verra day A spik o yer winnerfu warks.

[18]Noo A'm aul an grizzelt, God, dinna leave ma, till A've shewn yer strinth tae wir young fowk, an yer pooer tae e fowk fa come efter them.

[19]Yer gweedness raxes up till e lift, God; ye've deen winnerfu things, God, fa's like ye?

[20]Ye've sent ma mony a sair, bit ye'll cheer ma up an fess ma up fae e warl's mools.

[21]Ye'll reese ma oot, an gie ma comfort aa roon.

[22]A'll praise ye wi e hairp for ye lealty, God; A'll sing psalms tae ye wi ma clarsach, maist haily o Israel.

[23]Ma lips will shout wi joy fan A sing tae ye. Ma sowl will sing tae ye, cause ye've saved it.

[24]Ma tongue will spik o yer gweedness aa day lang. Them fa are ettlin tae dee ma hairm are confoonit an brocht tae shame.

PSALM 72

A psalm o Solomon.

Lord, learn e keeng foo tae dee richt, gie yer richteousness tae e keeng's sin,

[2]sae he micht dee richt wi yer fowk an be jeest in his dealins wi e peer.

[3]Mith e moontains fess peace tae aa fowk an e heilans richteousness.

[4]He'll jeedge e peer an sufferin, leuk efter them fa wint an birze doon e tyrant.

[5]Yer fowk will wirship ye as lang as there's a sin abeen an a meen tee, for aa ginnerations.

[6]He'll spirkle lik rain on new mown girss, lik shoories watterin e grun.

[7]In his days, e gweed-livin will dee aa richt, an there will be peace as lang as there's a meen.

[8]He'll rowle fae shore tae shore an fae e Watter till e eins o e warl.

[9]E clans fa bide i the roch cuntra will boo doon till him, an his faes will lick e stew.

[10]E keengs o Tarshish an the isles will fess hansel till him; e keengs o Sheba an Seba will fess him offerins.

[11]Aye, aa e keengs o e warl will boo doon till him, aa cuntras will lippen till him.

[12]He'll leuk efter them fa wint fan they cry till him, he'll leuk efter e peer an e sair made.

[13]He'll hae peety on e wyke an e peer, an save e sowls o them fa wint.

¹⁴He'll haud them fa are sair deen till cause their bleed is o wirth in his sicht.

¹⁵Lang live e keeng. He'll be gien e gowd o Sheba. Prayers will aye be said tae him. He'll be praised ilka day.

¹⁶There will aye be plinty corn i the lan, ay, up till e heids o e hills, aye a gweed crap, jist lik in Lebanon, an there will be as mony fowk i the toons as there are blades o girss.

¹⁷His name will lest for aye, lest as lang as there's a sin abeen. Aa cuntras will be blisst throwe him an aa cuntras caa him blisst.

¹⁸Blisst be e Lord God o Israel, he aleen warks winners.

¹⁹Blisst be his glorious name for aye, lat aa e warl be fullt wi his glory. Amen. Amen.

²⁰Att's the ein o e prayers o Daavit, Jesse's loon.

PSALM 73

A psalm o Asaph.

Foo gweed God is tae Israel, tae them fa are pure in hert.

²Bit as for me, ma feet hid jist aboot slippit. A gey near teuk a tummle.

³Cause A wis jillous o e prood, fan A saw foo weel-deein they were.

⁴They nivver hiv a chaave, they're aye hale an herty.

⁵They nivver hiv sorras lik ither fowk, an nivver hiv tae thole human dools.

⁶Sae they weer their bigsyness lik a necklace an claithe themsels in veelence.

⁷Their een leuk oot throwe fauls o creesh an they hiv mair nor their herts culd ivver wint.

⁸They scowff an spik ill o fowk an they mak threets in fancy wirds.

⁹They hiv tongues att wid fussle a laiverock oot o e lift an wid pit e warl tae richts.

¹⁰An sae ma fowk turn tae them an guzzle aa they spoot.

¹¹They say, "Foo dis God ken? Dis e Maist Heich ken onythin?"

¹²Lat ma tell ye, they're naethin bit cyaards, bit for aa that, they dee aa richt for themsels an gaither muckle waalth.

¹³Fit wis the eese o keepin ma hert pure an waashin ma hans in innocence?

¹⁴Aa day lang A'm sair come att an get a lickin ilka mornin.

¹⁵Gin A hid said, "A'm gyan tae spik oot," A'd hae betrayed yer bairns.

¹⁶Fan A tried tae wark iss oot for masel, it wis some hard for ma,

¹⁷till A gaed intae God's coorts, syne A saa fit their ein wid be.

¹⁸Seerly ye set them onno slippery grun an kees them doon tae crockaneetion.

¹⁹Aa at eence they are dung doon: swypit awa wi terror,

²⁰lik waakenin up fae a dream, Lord, flittin awa as seen as ye waaken.

²¹Ma hert wis sair an ma speerit weariet.

²²Bit A wis sae feel an gockit, A wis little better nor a beast.

²³Bit, for aa that, A'm aye wi ye, ye haud ma richt han.

²⁴Yer gweed wird will see ma richt gait an efter will tak ma till ye wi glory.

²⁵Fa hiv a got in hivven forbye you? There's naethin i the warl A'm sikkin bit you.

²⁶Ma flesh an ma hert mith weer awa, bit ye'll be mine for aye.

²⁷Them fa dinna haud in aboot till ye are tint; ye dee awa wi aa fa hinna been leal tae ye.

²⁸Bit A'm fine pleased tae be near han ye, God, A've putten ma trust i the Lord God an A'll tell oot aa yer gweed warks.

PSALM 74

A psalm o Asaph tae gar ye think.

Fitna wye hiv ye rejeckit hiz for ivver, God? Fit wye are ye aye sae ill-nettert wi e sheepies in yer flock? ²Hae myn on e gaitherin o yer ain fowk, fowk att ye teuk for yer ain lang syne, e clan o yer heirskip fa ye redeemed, an iss Moont Zion att wis yer hame.
³Reese up yer feet tae iss crockaneetion, tae aa iss ill att yer faes hiv deen in yer haily place.
⁴Yer faes roar i the face o yer gaitherins, an set up their flags as signs they've won.
⁵They ackit lik chiels hackin doon muckle trees wi their aixes.
⁶They breuk doon e carvins wi aixes an haimmers.
⁷They set fire tae yer haily place an tore doon an fylt e place att wis haily tae yer name.
⁸They said tae themsels, "We'll mak a crockaneetion o them aaegither," an they brunt doon aa the haily places i the cuntra.
⁹We canna see nae signs; there's nae prophits noo, an neen o's ken foo lang iss will be.
¹⁰God, foo lang will yer faes mak a feel o ye? Will yer faes scowff at yer name for ivver?
¹¹Fit wye div ye haud back yer han, yer richt han? Rax it oot fae e fauls o yer breist an dee awa wi them.
¹²You, God are ma keeng o aul, fessin salvation tae e warl.
¹³Wi yer strinth ye sinnert e sea, an breuk e heids o e muckle beasts i the watters.
¹⁴It wis you fa breuk e heids o e muckle sea-beast, an gied him as maet tae e craiters i the roch cuntra.
¹⁵Ye made waals an burnies rin, an driet up watters att were nivver kent tae rin dry.
¹⁶The day is yours an e nicht is yours anaa, you fa set up e licht o e sin an e meen.
¹⁷Ye set oot aa e places o e warl; ye made e simmer an e winter.
¹⁸Bit aye hae myn, Lord, att yer faes mak a feel o ye an feels scowff at yer name.
¹⁹Dinna gie ower e life o yer doo tae e wild beasts, dinna aye forget on yer ain forfochen fowk.
²⁰Hae a thocht for e tryst ye made, cause there's coorseness in ilka dark neuk o e lan.
²¹Dinna lat them fa are sair come at be affrontit; lat e peer an disjaskit praise yer name.
²²Rise up, God an spik oot for yer ain cause, myn on foo e feels scowff att ye daily day.
²³Dinna ignore e clashmaclavers o yer faes: e yammerin o them fa wid conter ye gets looder ilka day.

PSALM 75

Tae e heid o meesic. Tae e tune, "Dinna Destroy." A psalm o Asaph. A sang.

We thank ye, God, wi gie ye thanks, yer name is near an aabody spiks o yer winnerfu warks.
²"A'll pick e richt time," ye say, "it's me fa jeedges fit's richt.
³Fan e warl an aa att's inno't's in a mineer, A'll haud up its pillars.
⁴A'll say tae e bigsy, 'Haud aff yer blawin', an tae e coorse, 'Haud yer horns in aboot,
⁵dinna keest up yer horns tae the hivvens, an dinna leuk doon yer nose at fowk.'"
⁶Pooer disna come tae a body fae the east nor fae e wast, nor fae e roch cuntra.
⁷Bit it's God fa jeedges: he caas een doon an heists anither up.
⁸E Lord hauds a caup in his han, e clairet inno't reams, mixt wi spices. He poors it oot an e cyaards o e warl maun drink ilka drap.
⁹Bit A'll spik o him for ivver; A'll sing praise tae e God o Jacob.
¹⁰A'll cut aff aa e cyaards' horns, bit e horns o e gweed-livin will be heistit up.

PSALM 76

Tae e heid o meesic. Wi fiddles an basses. A psalm o Asaph. A sang.

God's weel kent in Judah; his name is great in Israel.

²His tent is in Salem, an his hame is in Zion.

³There he breuk e flacht o arras, e targes an e swoords: e wappons o waar.

⁴Ye're mair glorious nor e moontains full o game.

⁵E stoot-hertit hiv dwynt awa, sleepin their hinmaist sleep, aa their strinth an skeel eeseless.

⁶Wi a raigin fae you, God o Jacob, the horse an e chariot are in a deid sleep.

⁷Bit ee maun be feared. Fan ee are raigin, fa can thole ye?

⁸Ye made yer jeedgement kent fae hivven, an aa e warl wis feart an keepit quait,

⁹fan you, God reese up tae jeedge an save aa them att's sair come at.

¹⁰E mair anngert fowk are, e mair they praise ye an them fa get ower yer wrath are keepit in aboot.

¹¹Mak voos tae e Lord yer God an stick till them. Lat aa cuntras roon aboot fess hansel tae him fa maun be feared.

¹²He fesses clan chiefs doon tae earth an maks great keengs terrifiet.

PSALM 77

Tae Jeduthun, e heid o meesic. A psalm o Asaph.

A roar oot o ma tae God, A roar oot o ma an he hears ma.

²Days fan A'm fair forfochen, A sikk e Lord, an at nicht A reese up ma hans in prayer bit there's nae ease.

³A mynt on God an A soocht, A lay thinkin an ma speerit dwynt.

⁴Ye haud ma fae sleepin. A'm sae sair come att A canna spik.

⁵A think on aul lang syne, e years att are awa.

⁶A mynt on ma sangs i the nicht, A gaither ma thochts an tak a gweed leuk o ma sowl.

⁷Will e Lord rejeck hiz for ivver mair? Will he nivver mair be pleased wi hiz?

⁸Is his mercy clean awa for ivver? Will his promises nivver stan?

⁹His God forgotten tae be mercifu? Is he sae raised att he hauds awa his compassion?

¹⁰Syne A said, "Iss is fit is sairest: e richt han o e Lord is nae fit it eesed tae be."

¹¹A'll myn on fit e Lord his deen; e winnerfu things he's deen o aul, A'll nivver forget.

¹²A'll think on aa e things ye've deen, spik o aa yer great wark.

¹³Your wyes, God, are haily, there's nae a god lik oor God.

¹⁴Ye're e God fa warks winners, ye shew fit ye can dee amo aa fowk.

¹⁵Bi e strinth o yer airm ye saved yer fowk, e bairns o Jacob an Joseph.

¹⁶E watters saa ye, God, e watters saa ye an were feart, e verra deeps got a begeck.

¹⁷E cloods poored doon watter, e lift rummlt wi thunner, an yer arras flashed aa ower e place.

¹⁸Yer thunner wis heard i the hivvens an yer lichtnin lichtit up e hale warl; e warl trummlt an sheuk.

¹⁹Yer road wis throwe e sea, yer wye throwe e depths o e sea, an naebody saa yer fitsteps.

²⁰Ye led yer fowk lik sheepies, bi e han o Moses an Aaron.

PSALM 78

A psalm o Asaph tae gar ye think.

Hearken, ma ain fowk, tae fit A learn ye, preen back yer lugs tae fit A say.

²A'll tell ye a story wi a meanin till't, a story att ye've heard afore: o the aul wyes,

[3]a story att's been telt or noo an we ken weel, heard fae wir fadders.

[4]We winna haud them fae wir bairns, we'll shew them fa come efter hiz e praises o e Lord, an his strinth, an e winnerfu things att he's deen.

[5]Ye see, he hannit doon laas tae Jacob, laas appintit for Israel, an garrt wir fadders mak seer their bairns were telt fit they waar,

[6]sae att e ginnerations tae come mith ken them, aiven e bairns nae yet born, sae att they mith han them doon tae their bairns.

[7]Att wye they mith set their hope in God an nae forget e things he's deen an kep his biddin;

[8]an sae they mithna be thraawn lik their fadders, a din-raisin crew fas herts were nae set e richt gait an fas speerits were nae leal tae God.

[9]E men o Ephraim, airmed wi bowes an arras, ran awa e day o e fechtin.

[10]They didna keep God's wird an widna bide bi his laas.

[11]They didna myn on fit he'd deen an e winners he'd shewn them.

[12]Oh ay, he did winnerfu things for their fadders tae see, doon in Egypt ower by Zoan.

[13]He pairtit e sea an lat them win throwe. He garrt e watter stan back lik a dyke.

[14]Throwe e day he led them wi a clood, an at nicht wi e lowe o a fire.

[15]He clave e steens i the roch cuntra an gied them as muckle watter as there is i the seas.

[16]He brocht burns oot o e steens an garrt e watter rin lik a river.

[17]Bit aye they did wrang, rebellin agin God fan they were i the roch cuntra.

[18]They tried God sair bi howlin for e maet they were wintin.

[19]Aye, they spak conter tae God bi sayin, "Can God gie hiz wir sairin o maet i the roch cuntra?

[20]A wyte, he strack e steen an watter poored oot an e burns were in spate. Bit can he gie hiz maet anaa? Can he supply beef for his fowk?"

[21]Noo, e Lord heard iss an wis raised, fire kennlt up agin Jacob, an Israel got e brunt o his annger.

[22]Ye see, they didna hae faith in God, an didna believe he wid save them,

[23]for aa that he hid gien orders tae e lift abeen, an opent e doors o hivven,

[24]an hid raint doon manna for them tae ett an gien them e corn o hivven.

[25]They ett e maet o angels, an God gied them aa they nott.

[26]He garrt the east win blaa fae e hivvens, an wi his pooer steert up e sooth win.

[27]He raint doon maet lik stoor an birds lik a sanstorm.

[28]He garrt it faa onno their camp, aa roon aboot far they were bidin.

[29]Sae they ett an were ful tae e gunnels: cause he gied them fit they socht.

[30]Bit aye they girned, aiven fan their moos were foo o maet.

[31]God wis neen ower teen on wi them, an he killed e stootest o them, strickin doon e young loons o Israel.

[32]Bit still-an-on, they keepit tae their ill-trickit wyes, an widna believe, in spite o aa he'd deen.

[33]Sae he einnit their days in eeselessness an their ears in crockaneetion.

[34]Bit fan he sent daith amo them, they socht him oot, an fain wid turn back tae him.

[35]They mynt att God wis their rock, God maist heich wis there tae leuk efter them.

[36]They turnt aa mealy-mooed, their leein tongues flappin,

[37]cause they hidna teen him intill their herts, an werna leal tae his wird.

[38]Bit God wis mercifu tae his fowk; he forgied them for their ill wyes an didna dee awa wi them. Ay, mony's e time he turnt his annger awa an didna steer up his wroth,

[39]cause he mynt they were flesh an been, jist passin throwe, lik e win soochin by, nivver tae come again.

[40]Mony's e time they kittlt him up fan they were i the roch cuntra. Aft times he wis sair come att wi them in att fushionless grun.

[41]Mony's a time they tried him sair, an vexed e Haily God o Israel.

[42]They hid nae myn o his pooer, nor e time fan he saved them fae their fae;

[43]e time fan he hid wirkit his signs in Egypt, his winners i the cuntra o Zoan;

[44]foo he hid turnt their watters tae bleed, sae they culdna drink fae their burns;

⁴⁵foo he sent swaarms o flees amo them tae tirmint them an puddocks att tiraneesed them;
⁴⁶foo he gied their craps tae e locusts an their hairst tae e tory wirms.
⁴⁷He connacht their vines wi hailsteens, an their plane trees wi frost.
⁴⁸He killed their beasts wi hailsteens, an their flocks wi flachts o lichtnin.
⁴⁹He lat flee his annger an rage at them, poorin doon crockaneetion on them wi ill-eeran angels.
⁵⁰He redd a road for his rage, didna spare their sowls fae daith, bit set a plague amo them.
⁵¹He killed ilka aulest bairn in Egypt, e foremaist amo them i the tents o Ham.
⁵²Bit he brocht his ain fowk oot lik a flock, an shepherdit them throwe e roch cuntra.
⁵³He guidit them saufly sae they werna feart, bit e sea cam ower e heid o their faes.
⁵⁴An he brocht them intae his haily lan, tae e heilans won bi his richt han.
⁵⁵He dreeve oot e fowk fa bade there afore them, an pairtit oot e lan tae them bi faimlies, an sattlt e clans o Israel i their hames.
⁵⁶Bit for aa that, they provokit e God maist heich an tried him sair. An they widna tak wi his wird.
⁵⁷They turnt their backs on him jist lik their fadders hid deen, as muckle eese as a shammlt bowe.
⁵⁸They anngert him wi their heilan shrines an made him jillous wi their eedols.
⁵⁹Fan God heard them, he wis fair raised, an rejeckit Israel oot o han.
⁶⁰He forhooiet e tent at Shiloh, e place far he hid bidden amo hiz.
⁶¹He lat his faes tak God's kistie an lat his strinth inno innemy hans.
⁶²He gied his fowk ower tae e swoord, an wis raised wi his ain.
⁶³The young lads were teen bi fire, an e quines hid neen tae mairry.
⁶⁴Priests deit bi e swoord an their weedas culdna greet for them.
⁶⁵Syne, at linth, e Lord waakent lik a chiel fa'd been sleepin, lik a chiel fired up wi e drink.
⁶⁶He strack at e backsides o his faes, fessin ivverlestin shame onno them.
⁶⁷Fit's mair, he rejeckit e tents o Joseph, an didna pick the Ephraim clan,
⁶⁸bit seleckit e clan Judah an e heilins o Zion, a place he liket weel.
⁶⁹There he biggit his Temple, as heich as e hivvens, biggit lik e warl tae lest for ivver.
⁷⁰He pickit Daavit as his loon, takkin him fae e buchts.
⁷¹Fae tennin his sheep, he teuk him tae ten tae his fowk, Jacob, his heirskip, Israel.
⁷²Daavit pat his hale hert intae leukin efter them, guidin them wi his skeely han.

PSALM 79

A psalm o Asaph.

O God, e cuntras hiv won intill yer heirskip. They've fylt yer haily Temple, they've dung doon Jerusalem.
²They've gien e deid bodies o yer servants tae e birds o e lift as maet, e flesh o yer ain fowk tae wild beasts.
³They've poored oot bleed lik watter aa roon Jerusalem, an there's nae naebody tae beery e deid.
⁴Wir neepers aa lauch at hiz, we're made feels o bi aa aroon hiz.
⁵Foo lang, Lord? Will ye be raised for ivver? Foo lang will yer jillousy burn lik fire?
⁶Poor out yer wrath on e cuntras att dinna ken ye, on e keengdoms att dinna cry on yer name;
⁷cause they hiv devoored Jacob an dung doon his place.
⁸Dinna haud agin hiz the ill-deeins o them fa gaed afore hiz; lat yer mercy hist tae come tae hiz, cause we're sair come att.
⁹Help hiz, God wir Saviour, for e glory o yer name; save hiz an forgie wir ill-deeins, for your name's sake.
¹⁰Fit wye shuld cuntras say, "Far's their God?" Afore wir een, lat aa cuntras ken att you avenge e spult bleed o yer servants.

[11]Lat e soochin o e preesoners come afore ye; wi yer stoot airm save them condemned tae daith.

[12]Pey back intae e breists o wir neepers syvenfaul the upcasts they've flung at ye, Lord.

[13]Syne we, yer ain fowk, e sheepies o yer parkies, will thank ye for aye, fae ginneration tae ginneration, we'll sing oot yer praise.

PSALM 80

Tae e heid o meesic. Tae be sung tae e tune "Lilies o e Covenant." A psalm o Asaph.

Hearken tae hiz, Shepherd o Israel, you fa led Joseph lik a flock. You fa sit enthroned amo e cherubim, sheen oot.

[2]Afore Ephraim, Benjamin an Manasseh, steer up yer strinth an come an save hiz.

[3]Tak hiz back, God; mak yer face sheen on hiz, sae we mith be saved.

[4]Foo lang, Lord God Almichty, will ye be raised wi e prayers o yer fowk?

[5]Ye've fed them wi e breid o greetin; ye've garrt them drink tears full mizzour.

[6]Ye've set aa wir neepers lauchin at hiz, an wir faes scowff at hiz.

[7]Tak hiz back, God Almichty; mak yer face sheen on hiz, sae we mith be saved.

[8]Ye brocht a vine oot o Egypt, ye dreeve oot e nations an plantit it.

[9]Ye cleared e grun for it, it teuk reet an fulled e lan.

[10]E moontains were happit wi its shadda, e muckle cedars wi its branches.

[11]Its branches won e linth o e Sea, its sheets e linth o e Watter.

[12]Fitna wye hiv ye caaed doon its waas sae att aa fa pass by pu its grapes?

[13]Boars fae e wids tirr it an beasties fae e parks ett at it.

[14]We prig wi ye tae come back tae hiz, God Almichty. Leuk doon fae hivven an see; leuk efter iss vine;

[15]e reet yer richt han his planted, e sin ye hiv brocht up for yersel.

[16]Yer vine is cuttit doon, it's brunt wi fire; yer fowk are deen awa wi at yer raigin glower.

[17]Lat yer han reest on e chiel at yer richt han, e sin o man ye've brocht up for yersel.

[18]Syne we winna turn awa fae ye; gie hiz life again an we'll cry on yer name.

[19]Tak hiz back, God; mak yer face sheen on hiz, sae we mith be saved.

PSALM 81

Tae e heid o meesic. A psalm o Asaph played on e fiddle fae Gath.

Sing oot tae God wir strinth; shout alood tae e God o Jacob.

[2]Strick up e meesic, play e tambourine, e cantie soun o e hairp an clarsach.

[3]Soun e tooteroo at e new meen, an at e full meen on wir feast days.

[4]Iss is a laa for Israel, an ordinance o e God o Jacob.

[5]God set it up as a laa for Joseph fan he gaed oot agin Egypt. A heard a forrin tongue A culdna unnerstan sayin:

[6]"A teuk e birn fae their shoothers; their hans were lowsed fae e creel.

[7]Fair forfochen, ye cried on ma an A saved ye, A answert ye fae oot o a thunnerclood, A tried ye oot at e watters o Meribah.

[8]Hearken tae ma, ma ain fowk, an A'll gie ye a waarnin, gin ye wid bit listen tae ma, Israel.

[9]Ye'll hae nae forrin god amo ye, ye winna boo doon tae nae forrin god.

[10]It wis me, e Lord yer God, fa brocht ye up oot o Egypt. Open yer moos wide an A'll full them.

[11]Bit ma fowk widna listen tae ma; Israel widna hae naethin tae dee wi ma.

[12]Sae A left them tae their thraawn wyes, tae gyang their ain gait.

[13]Gin ma fowk wid jist listen tae ma, gin Israel wid folla my wyes.

[14]A wid seen pit doon their faes an turn ma han agin them fa dee them ill.
[15]Them fa hate e Lord wid creenge afore him, an their fairin wid lest for ivver.
[16]Bit I wid maet ye wi e best o wheat, wi hunny fae e steen A wid gie ye yer full."

PSALM 82

A psalm o Asaph.

God taks his place i the coorts o e michty; he jeedges amo e gods.
[2]Foo lang will ye tak wi the unjeest an nae see by e coorse?
[3]Stan up for e dweebly an e fadderless, uphaud e richts o e peer an e dooncassen.
[4]Save e peer an them fa are in wint, tak them oot amo e finngers o e coorse.
[5]They dinna ken naethin, they dinna unnerstan naethin. They traivel aboot i the mirk; aa e founs o e warl are shaaken.
[6]A said, "Ye're gods, ye're aa sins o e Maist Heich.
[7]Bit ye'll dee lik ilka ither body, ye'll faa lik ilka ither rowler."
[8]Rise up, God, jeedge e warl, cause aa e nations belang tae you.

PSALM 83

A sang. A psalm o Asaph.

God, dinna keep quait, dinna turn a deef lug. Dinna stan ower by, God.
[2]See fit a dirdum yer faes are makkin, foo them fa hate ye heeze up their heids.
[3]They mak clivver plans conter yer fowk, an collogue wi een anither agin them ye loo.
[4]"Come on," they say, "lat's dicht them oot as a nation, sae att Israel's name be mynt on nae mair."
[5]They're aa plottin egither agin ye an are chief wi een anither tae conter ye.
[6]E tents o Edom an e clan Ishmael, o Moab an e clan o Hagar,
[7]Gebal, Ammon an Amalek, Philistia, an e fowk fae Tyre,
[8]Assyria, tee, his jined up wi them tae help the ation o Lot.
[9]Dee tae them fit ye did tae Midian, fit ye did tae Sisera an Jabin at e burn o Kishon,
[10]fa deit at Endor an becam lik sharn on e grun.
[11]Mak their gintry lik Oreb an Zeeb, aa their clan chiefs lik Zebah an Zalmunna,
[12]fa said, "Lat's tak God's girse parks tae wirsels."
[13]Mak them lik a win-blaawn shaif, God, lik strae afore e win.
[14]Lik fire burnin throwe a wid, or lik muirburn on a hillside,
[15]sae deave them wi yer onding, terrifee them wi yer rivin win.
[16]Hap their faces wi shame, Lord, sae they mith sikk yer name.
[17]Lat them be affrontit an trachelt for ivver, mith they dee in disgrace.
[18]Sae att they mith ken att you aleen, fas name is e Lord, are e maist heich ower aa e warl.

PSALM 84

Tae e heid o meesic. Tae be played on e fiddle fae Gath. A psalm o e clan Korah.

Foo bonnie is yer dwallin placie, Lord God o Hosts.
[2]Ma sowl langs, ay aiven taks a dwaam, for e coorts o e Lord; ma hert an ma flesh roar oot for e livin God.

³E spurdie his faun a hame, an e swallaw a nestie for hersel far she mith lay her gorblins, near han yer aaltar, Lord God o Hosts, ma Keeng an ma God.

⁴Blisst are them fa bide in yer hoose, they are aye praisin ye.

⁵Blisst are them fas strinth is in you, fas herts are set on e road tae Zion.

⁶As they waalk throwe e Howe o Baca, they mak it a place o watterins; e rain fulls aa e peels.

⁷They gyang fae strinth tae strinth, ilka een appearin afore God in Zion.

⁸Hear ma prayer, Lord God o Hosts, hearken tae ma, God o Jacob.

⁹Leuk on wir targe, God; leuk at e face o yer annintit.

¹⁰Ae day in your coorts is finer nor a thoosan ony ither wye. A'd raither be a doorman i the hoose o ma God nor dwall i the tents o e coorse.

¹¹For e Lord God is wir sin an wir targe; e Lord will gie hiz grace an glory; he hauds back naethin gweed fae them fa waalk richt gait.

¹²Lord o Hosts, blisst are them fa lippen till ye.

PSALM 85

Tae e heid o meesic. A psalm o e clan Korah.

You, Lord, hiv been gweed tae yer lan, ye hiv helpit Jacob tae thrive.

²Ye've forgien yer fowks' ill-deeins an happit aa their wrangs.

³Ye've teen awa aa yer annger an turnt fae yer burnin rage.

⁴Turn back tae hiz, God wir Saviour, an lat be yer annger at hiz.

⁵Will ye be raised wi hiz forivver? Will ye keep up yer annger throwe aa ginnerations?

⁶Will ye nae gie hiz new life again, sae att yer fowk mith be gled in ye?

⁷Shew hiz foo leal yer luv is, Lord, an gie hiz yer salvation.

⁸A'll hearken tae fit God e Lord says; he'll spik peace tae his fowk, his leal servants: bit dinna lat them turn tae feelness.

⁹Seerly his salvation is nearhan them fa fear him, sae att his glory mith dwall in wir lan.

¹⁰Luv an leal meet in wi een anither; richteousness an peace kiss een anither.

¹¹Lealty lowps up fae e grun an richteousness leuks doon fae hivven.

¹²Ay, e Lord will gie fit's gweed an wir lan will gie oot its hairst.

¹³Richteousness will gyang afore him an redd a road for his fit.

PSALM 86

A prayer o Daavit.

Hear ma, Lord, an answer ma, cause A'm peer an in wint.

²Kep ma sowl, cause A'm haily; you God, save yer loon fa lippens till ye.

³Hae mercy on ma, Lord, cause A cry tae ye aa day lang.

⁴Fess joy tae yer loon, Lord, cause A reese up ma sowl tae ye.

⁵Ye're gweed, Lord, an willin tae forgie, reamin ower wi luv tae aa them fa cry till ye.

⁶Hearken tae ma prayer, Lord; atten tae ma fan A prig wi ye tae shew ma mercy

⁷Fan A'm forfochen A'll cry tae ye, cause ye'll answer ma.

⁸Amo e gods there's neen lik you, Lord; neen o their warks are e marra o yours.

⁹Aa e cuntras ye've made will come an wirship afore ye, Lord, an will fess honour tae yer name.

¹⁰Cause ye're great an dee winnerfu things; you aleen are God.

¹¹Learn ma yer wye, Lord, A'll waalk in yer trowth; lat ma hailhertitly fear yer name.

¹²A'll praise ye, Lord ma God, wi aa ma hert; A'll glorifee yer name for ivver.

¹³For yer luv t'wards ma is great, ye've delivert ma fae e howe o hell.
¹⁴Heich-heidit faes are attackin ma, God; gallus chiels are tryin tae kill ma; they think little o you.
¹⁵Bit you, Lord, are a couthy God fa taks peety, slow tae reese an reamin wi luv an lealty.
¹⁶Turn tae ma an tak peety on ma, gie yer strinth tae yer loon; save e sin o yer kitchie deem.
¹⁷Shew ma a sign o yer gweedness, sae att them fa canna stan ma will be affrontit, cause you, Lord, hiv helpit an comfortit ma.

PSALM 87

A sang. A psalm o e clan Korah.

His founs are on e haily heilians.
²E Lord looes e yetts o Zion mair nor ony ither toon o Jacob.
³Glorious things are spoken o ye, toon o God:
⁴"A'll spik o Rahab an Babylon amo them fa tak wi ma, an Philistia tee, an Tyre, alang wi Cush, an A'll say, 'Iss chiel wis born here.'"
⁵Fit's mair, they'll say o Zion, "Iss een an att een were born in her, an e Maist Heich himsel will stablish her."
⁶E Lord says fan he vreets up e registers o e fowk, att iss een wis born there.
⁷An e singers an e meesicians will say, "Aa ma waals are in ye."

PSALM 88

A sang. A psalm o e clan Korah. Tae e heid o meesic. Tae e tune, "Sair an forfochen", A psalm tae gar ye think, o Heman fae Ezra.

Lord God o ma salvation, A've roart oot tae ye day an nicht.
²Lat ma prayer come afore ye, boo yer lug tae ma cry.
³A'm fair forfochen an weerin awa.
⁴A'm coontit amo them fa gyang doon till e pit; A'm lik a fushionless chiel.
⁵A'm lowsed amo e deid, lik a corp inno e grave, fa ye myn nae mair on, sneddit aff fae yer han.
⁶Ye've laid ma i the naithmaist pit, i the blaikest depths o e mirk.
⁷Yer annger lies hivvy onno ma, yer waves are ower ma heid.
⁸Ye've teen aa ma aul freens awa fae ma, A gar them grue, A'm steekit in an canna win lowss.
⁹Ma een are bleart wi greetin. A cry tae ye ilka day, Lord, A rax oot ma hans tae ye.
¹⁰Will ye shew yer ferlies tae e deid? Will e deid rise up an praise ye?
¹¹Will yer luv be spoken aboot i the grave, yer lealty i the Ull Place?
¹²Will yer ferlies be kent aboot i the mirk, or yer gweed warks i the lan o nae mynin?
¹³Bit A cry tae ye for help, Lord; i the mornin ma prayer comes afore ye.
¹⁴Fit wye div ye cass awa ma sowl, Lord? Fit wye div ye hod yer face fae ma?
¹⁵Fae e time A wis a loon, A've been sair come at an near han daith; ye hiv garrt ma grue an A'm fair forfochen.
¹⁶A'm ower e heid wi yer burnin annger an A'm foonert wi yer terrors.
¹⁷Ilka day they surroon ma lik a spate; sweelin aboot ma fae ilka airt.
¹⁸Ye've teen awa ma freens an ma neepers: mirk is ma only freen.

PSALM 89

A psalm tae gar ye think, o Ethan fae Ezra.

A'll sing o e Lord's mercies for ivver; wi ma moo A'll mak yer lealty kent tae aa ginnerations.

²A've said, "Mercy will be biggit up for ivver, ye'll stablish yer lealty i the verra hivvens."

³Ye said, "A've made a covenant wi the een A pickit, A've sworn an aith tae Daavit, ma loon,

⁴A'll set doon yer bairns for ivver an mak yer throne siccar throwe aa ginnerations.

⁵E hivvens praise yer ferlies, Lord, yer lealty tee, i the gaitherin o the haily eens.

⁶For fa, i the lift, is e marra o e Lord? Fa is lik e Lord amo the hivvenly beins?

⁷There maun be muckle fear o God i the cooncil o the haily eens; he is mair aawsome nor ony o them roon aboot him.

⁸Lord God o Hosts, fa's like ye? Lord God o micht, yer lealty surroons ye.

⁹Ye rowle ower e faimin sea; fan its waves swall up, ye quaiten them.

¹⁰Ye breuk Rahab tae bits lik een att's been killed. Wi yer stoot airm ye scattert yer faes.

¹¹E hivvens are yours, an sae tee is e warl; ye foundit e warl an aa att's inno't.

¹²Ye creatit e north an e sooth; Tabor an Hermon shout for joy at yer name.

¹³Ye hiv a strong airm, yer han is pooerfu an yer richt han is reesed up heich.

¹⁴Richteousness an jeestice are e founs o yer throne; mercy an trowth gyang afore ye.

¹⁵Blisst are them fa ken e happy soun, they'll waalk, Lord, i the licht o yer ee.

¹⁶They rejoice in yer name aa day lang; they mak mirry in yer richteousness.

¹⁷For ee're e glory o their strinth, an by yer appreeval, wir horn is reesed up.

¹⁸Ay, wir targe belangs tae e Lord, an wir keeng tae the Haily Een o Israel.

¹⁹Eence ye spak in a veesion tae yer leal an said, "A've gien help tae een fa is michty, A've reesed up een pickit fae amo ma fowk.

²⁰A've faun Daavit, ma loon, A've annintit him wi ma haily ile.

²¹Ma han will set him siccar an ma airm will strinthen him.

²²The innemy winna win ower him; e coorse winna haud him doon.

²³A'll ding doon his faes afore him an strik doon them fa canna thole him.

²⁴Ma lealty an mercy will be wi him, an in ma name his horn will be reesed up.

²⁵A'll set his han on e sea an his richt han on e watters.

²⁶He'll cry tae ma, 'Ye're ma fadder, ma God, an e Rock o ma salvation.'

²⁷An A'll mak him ma aulest loon, e heichest o aa e keengs o e warl.

²⁸A'll loo him for aye, an ma tryst wi him will stan siccar.

²⁹A'll set up his line for ivver, an his throne for as lang as e hivvens lest.

³⁰Gin his bairns forsake ma laa an dinna folla ma rowles,

³¹gin they braak ma statutes an dinna kep tae ma biddin,

³²A'll gie them fit for wi e stang, an sair their ill-deeins wi a floggin.

³³Bit A winna tak awa ma luv fae him, nor braak ma promise till him.

³⁴A winna braak ma wird nor tak back fit A've said.

³⁵Eence an for aa, A've sworn bi ma hailiness, an A winna tell a lee tae Daavit,

³⁶att his bairns will gyang on for ivver an his throne will be lik e sin afore ma.

³⁷It will be stablished forivver lik e meen, e leal witness i the lift."

³⁸Bit ee hiv rejeckit him an keest him awa fae ye, ye've been raised wi yer annintit een.

³⁹Ye've breuken e covenant wi yer loon an hiv fyled his croon i the stoor.

⁴⁰Ye've dung doon his dykes an hiv fessen his keeps tae crockaneetion.

⁴¹Aa them fa gyang by herrie him an his neepers scowff at him.

⁴²Ye've reesed up e richt han o his faes an made his innemies fine pleased.

⁴³Ay, ye've turnt back e cannel o his swoord an didna uphaud him i the fecht.

⁴⁴Ye've fessen an ein tae his brawness an cassen his throne doon on e grun.

⁴⁵Ye've made him aul afore his time an happit him wi affrontery.

⁴⁶Foo lang, Lord? Will ye hod yersel forivver? Foo lang will yer annger burn lik fire?

⁴⁷Myn foo short my time is. Fit's e eese o't aa?

⁴⁸Fa can live an nae see daith? Fa can win oot amo e pooer o e grave?

⁴⁹Lord, far's e luv ye eesed tae hae, att ye swore tae Daavit in yer lealty?

⁵⁰Myn on foo yer servants were lauchen at, Lord, foo A cairry in ma hert e upcast o aa e cuntras.

⁵¹Yer faes hiv scowffed at ma, Lord, they've made a feel o ilka step o yer annintit een.

⁵²Blisst be e Lord forivver. Amen. Amen.

PSALM 90

A prayer o Moses, e man o God.

Lord, ye've been wir bield throwe aa ginnerations.

²Afore e moontains were brocht furth an ye gied birth tae the earth an e warl, fae ivverlestin tae ivverlestin, you are God.

³Ye turn fowk back tae stew, an say, "Gyang back tae stew, bairns o men."

⁴A thoosand ears in yer sicht are lik yestreen fleetin by, or lik a waatch i the nicht.

⁵Ye swype fowk awa lik in a spate as gin they were sleepin an they're lik e new girse o e mornin.

⁶I the mornin it sproots an briers, bit come nicht it's birselt winnelstrae.

⁷Yer annger etts inno's an we're owercome at yer rage.

⁸Ye've set wir ill-hertit wyes afore ye, an wir saicret ill-deeins i the licht o yer face.

⁹Aa wir days pass awa aneth yer annger, we ein wir ears lik a sooch.

¹⁰Syventy ear we hiv, an gin we haud oot, mebbe auchty; bit e best o them are bit chaave an sorra, ay they flee by an we flee awa.

¹¹Fa wid ken e pooer o yer annger? Yer wrath is e marra o e fear att's yer dyow.

¹²Learn hiz tae coont wir days, sae we mith get a hert o wisdom.

¹³Come back, Lord; foo lang? Tak peety on yer servants.

¹⁴Sair hiz i the mornin wi yer leal luv, sae att we mith sing wi joy an be happy aa wir days.

¹⁵Mak hiz happy for e same linth o time as ye've hid hiz doon cassen, for as mony ears as we've been sair come at.

¹⁶Lat yer wark be seen bi yer servants, an yer brawness bi their bairns.

¹⁷Lat e faavour o e Lord wir God reest on hiz; lat e wark we dee aye come weel speed, ay, lat e wark we dee aye come weel speed.

PSALM 91

Faaivver dwalls i the bield o e Maist Heich will reest i the shadda o the Almichty.

²A'll say o e LORD, "He's ma bield an ma keep, ma God, tae fa A lippen."

³Seerly, he'll keep ye oot amo e snares o e fowler an fae e thraws o e plague.

⁴He'll hap ye wi his feathers, an ye'll fin lythe aneth his wings, his trowth will be yer targe an yer bield.

⁵Ye winna be feart at e terrors o e nicht nor o the arra att flees bi day,

⁶nor e disease att traivels aboot i the mirk, nor e crockaneetion att striks at twal a'clock.

⁷A thoosand mith faa anent ye, ten thoosan at yer richt han, bit it winna touch ye.

⁸Ye'll jist see wi yer ain een, e comeuppance o e cyaards.

⁹Cause ye hiv made e Lord, ma bield, e maist heich, yer dwallin,

¹⁰nae herm will come tae ye, nae crockaneetion will befaa yer tent.

¹¹Cause he'll tell his angels tae leuk efter ye, tae keep ye sauf in aa yer wyes.

[12]They'll haud ye up wi their hans sae att yer fit will nivver strick a steen.

[13]Ye'll trump on e lion an e cobra, ye'll stan on e muckle lion an e snake.

[14]"Cause he looes ma," says e Lord, "A'll keep him sauf, A'll leuk efter him, cause he kens ma name.

[15]He'll cry on ma, an A'll answer him; A'll be wi him fan he's sair come at; A'll keep him sauf an honour him.

[16]A'll sair him wi lang life an shew him ma salvation."

PSALM 92

A psalm. A sang. For e Sabbath day.

It's gweed tae praise e Lord an mak meesic tae yer name, Maist Heich:

[2]tae scry yer luv i the foreneen an yer lealty at nicht,

[3]tae e meesic o a ten-stringed lyre an e douce soun o e hairp.

[4]For ye've made ma happy bi yer warks, Lord; A sing for joy at fit yer hans hiv deen.

[5]Foo great are yer warks, Lord, an foo deep yer thochts.

[6]Glaikit fowk dinna ken, feels dinna unnerstan

[7]att tho coorse fowk sproot up lik girse an cyaards thrive, they'll be caa'd doon for ivver.

[8]Bit you, Lord, are reesed up for aye.

[9]Ay, yer faes, Lord, ay, yer faes will perish. Aa cyaards will be scattert.

[10]Ye've reesed up ma horn lik att o a wild bull, A've been annintit wi e best o ile.

[11]Ma een hiv seen e doonfa o ma faes; ma lugs hiv heard att them fa stan agin ma are bate.

[12]E richteous will thrive lik a palm tree, they'll growe lik a cedar o Lebanon;

[13]plantit i the hoose o e Lord, they'll thrive i the coorts o wir God.

[14]They'll aye gie fruit fan they're aul, they'll be growthie an green,

[15]sayin "E Lord is upricht; he's ma rock, an there's nae coorseness inno him."

PSALM 93

E Lord reigns, he is claithed in majesty; e Lord is claithed in majesty an airmed wi strinth; ay, e warl his a gweed foun an canna be shaaken.

[2]Yer throne wis stablisht lang syne, ye're fae aa eternity.

[3]E spates hiv liftit up, e spates hiv liftit up their vice; e seas hiv liftit up their thunnerin waves.

[4]E Lord maist heich is mair nor e dirdum o mony watters, mair nor e braakers o e sea.

[5]Yer laas, Lord, stan siccar; hailiness maks yer hoose sae bonnie for aye.

PSALM 94

E Lord is a God fa avenges. God fa avenges, sheen oot.

[2]Rise up, Jeedge o e warl, gie e prood their sairin.

[3]Foo lang, Lord, will e coorse, foo lang will e coorse craa?

[4]They bleeter oot bigsy wirds; aa e cyaards are aye blawin.

[5]They braak yer fowk tae bits an tiraneese yer heirskip.

[6]They kill e weeda an e fremt, they murther e fadderless.

[7]They say, "E Lord disna see it; e God o Jacob peys nae attintion."

[8]Tak tent ye glaikit amo e fowk, ye feels, fan will ye learn sense?

[9]Dis him fa made yer lugs nae hear? Dis him fa made yer een nae see?

[10]Dis him fa gies a raigin tae e nations nae gie them their sairin? Dis him fa learns hiz aa, nae hae kennin?
[11]E Lord kens aa fit fowk are thinkin, kens it's aa bit a puff o win.
[12]Blisst are e fowk ye haud in aboot, Lord, them fa learn yer laa.
[13]Ye gie them easement fae their sair fecht, till a pit is dellt for e coorse.
[14]For e Lord winna rejeck his fowk, he winna pass ower his heirskip.
[15]Jeestice will again be richteous, an aa the upricht in hert will folla it.
[16]Fa will stan up for ma agin e coorse? Fa will tak a stance for ma agin cyaards?
[17]Gin e Lord hidna gien ma help, A wid seen hae dwalt in seelence.
[18]Fan A said, "Ma fit is skitin," yer mercy, Lord, held ma up.
[19]Fan A wis in hecklepreens, yer dowie wirds sattlt ma doon.
[20]Can e throne o coorseness hae ony truck wi you, a throne att caases ill throwe its laas?
[21]They haud in wi een anither agin e gweed-livin an condemn them fa hiv deen nae wrang tae daith.
[22]Bit e Lord is ma keep an ma God, e rock o ma bield.
[23]He'll pey them back for their ill-deeins an dee awa wi them for their coorseness, e Lord wir God will dee awa wi them.

PSALM 95

Come on, lat hiz sing for joy tae e Lord; lat hiz mak a cheery soun tae e Rock o wir salvation.
[2]Lat hiz come afore him giein thanks an sing oot tae him wi psalms.
[3]For e Lord is a muckle great God, a muckle keeng abeen aa gods.
[4]In his han are e depths o e warl, an e heids o e heilans belang tae him.
[5]E sea is his, cause he made it, an his hans formed e dry lan.
[6]Come on noo, lat hiz wirship an boo doon, lat hiz gyang doon on wir knees afore e Lord oor Makker,
[7]for he is oor God an we are e fowk o his parkies, e flock he leuks efter. Iss verra day, gin ye hear his vice,
[8]"Dinna harden yer herts lik ye did at Meribah, lik ye did att day at Massah i the roch cuntra,
[9]far yer fadders tried ma; they pat ma tae ma preef tho they'd seen fit A did.
[10]For fowerty ear A wis sair come att wi att ginneration, an A said, 'They are a fowk fas herts gyang agley an they dinna ken my wyes.'
[11]Sae a swore an aith in ma annger att they wid nivver win throwe tae my rist."

PSALM 96

Sing a new sang tae e Lord. Lat e hale warl sing tae e Lord.
[2]Sing tae e Lord an bliss his name, cry oot o ye ilka day e gweed news att he his saved hiz.
[3]Tell oot his glory tae aa cuntras o e warl, his winnerfu wark tae aa fowk.
[4]Cause e Lord is gran an wirthy o reesin oot, ye maun fear him mair nor ony god.
[5]E gods o ither cuntras are nocht bit eedols, bit e Lord vrocht e hivvens.
[6]Glory an majesty are aa roon aboot him, stoot an bonnie is his Temple.
[7]Haud oot tae e Lord aa kith an kin, haud oot tae e Lord glory an strinth.
[8]Haud oot tae e Lord e glory dyow till his name, fess an offerin an come in till his coorts.
[9]Boo doon tae e Lord i the braivity o his hailiness, chitter afore him, aa fowk o e warl.
[10]Say tae aa cuntras o e warl, "E Lord is Keeng, he's set e warl on a firm foun, he'll jeedge fowk richt gait."
[11]Lat e hivvens rejoice an e warl be gled; lat e sea an ilka thing inno't roar oot;
[12]Lat e parks an ilka thing inno them be blythe, syne e trees i the wid will skraich wi joy

¹³afore e Lord: cause he's comin, ay he's comin tae jeedge e warl wi richteousness an e fowk wi his trowth.

PSALM 97

E Lord is keeng: lat e warl be gled; lat ilka inch i the sea be happy.
²Cloods an mirk are aa roon him: gweedness an jeestice are e founs o his throne.
³A fire gyangs afore him, birstlin up aa his faes roon aboot him.
⁴His lichtnin lichts up e warl, the earth saa it an sheuk.
⁵The hills milt lik wax afore him, afore e Lord o e hale warl.
⁶The hivvens cry oot his gweedness, an aabody sees his glory.
⁷Confoon aa them fa wirship carved eemages, aa them fa blaw aboot eedols. Wirship him, aa ye gods.
⁸Zion heard an wis fine pleased, aa e quines o Judah rejoice cause o yer jeedgements, Lord,
⁹Cause ye're heich abeen e warl, Lord, ye're reesed up abeen aa gods.
¹⁰Gin ye loo e Lord, ye'll hate ill. He leuks efter e sowls o his saunts; he keeps them oot amo e hans o e cyaards.
¹¹Licht is shaavn for e gweed livin an gledness for e leal.
¹²Rejoice i the Lord aa ye fa are gweed livin. Gie thanks tae his haily name.

PSALM 98

A psalm.
Sing a new sang tae e Lord. He's vrocht winners. His richt han an his haily airm hiv won him e victory.
²E Lord his lat aa ken att his is e victory. He his shewn his gweedness tae ilka cuntra o e warl.
³He his mynt on his mercy an trowth tae e hoose o Israel. Aa the eins o the earth hiv seen wir God's victory.
⁴Lat e hale warl mak a joyfu soun tae e Lord. Sing oot o ye, rejoice an sing praises.
⁵Sing tae e Lord wi e hairp; wi e hairp an wi e soun o a psalm.
⁶Mak a joyfu soun afore e Lord, e Keeng, wi e tooteroo an e horn.
⁷Lat e sea an aathin att's inno't roar, e warl an aa fa dwall on't.
⁸Lat e spate clap its hans, an aa e hills be joyfu wi een anither
⁹afore e Lord. He comes tae jeedge e warl. He'll jeedge e warl wi gweedness, an will be fair tae aa fowk.

PSALM 99

E Lord reigns, lat aabody trimmle. He sits atween e cherubs, lat e warl shaak.
²E Lord is great in Zion, he's heich abeen aabody.
³Lat them praise yer great an aawsome name, he is haily.
⁴E keeng is stoot, he loos jeestice, he maks aathin fair, throwe Jacob, ye've deen fit's jeest an richt.
⁵Reese up e Lord wir God an wirship at his fitsteel, cause he's haily.
⁶Moses an Aaron were amo his priests, an Samuel amo them fa cry on his name. They cried tae e Lord an he answert them.
⁷He spak tae them in a cloody pillar; they keepit his wird an e laas he gied them.

⁸You, Lord wir God answert them; ye were a God fa forgied them, tho ye did scaul them for their wrang-deeins.
⁹Reese up e Lord wir God an wirship at his haily hill; cause e Lord wir God is haily.

PSALM 100

A psalm o praise.

Lat aa e warl sing oot wi joy tae e Lord.
²Be gled tae serve e Lord, sing fan ye come till him.
³Mak seer ye ken e Lord is God. It wis him fa made hiz, nae hiz wirsels. We are his fowk, e sheepies in his parks.
⁴Be thankfu fan ye gyang in throwe his yetts, gie praise fan ye gyang in till his coorts. Be thankfu tae him an bliss his name.
⁵Cause e Lord is gweed; his mercy lests for aye; his trowth abides for aa ginnerations.

PSALM 101

A psalm o Daavit.

A'll sing o yer luv an jeestice, Lord, A'll sing praise tae ye.
²A'll be eident tae nivver dee nae ill. Fan will ye come tae ma? A'll gyang aboot ma life wi mense in ma hert.
³A winna set ma een on naethin att's o little wirth. A canna thole e wyes o e coorse, A'll hae naethin tae dee wi't.
⁴A winna hae a contermashious hert; I winna hae naethin tae dee wi nae ill.
⁵A'll cut aff faaivver spiks ill o his neeper ahin their back. A winna pit up wi naebody fa is heich-heidit nor prood hertit.
⁶Ma een will be on e leal o e lan, sae they mith dwall wi ma; neen bit them fa hiv nae fauts will serve ma.
⁷Naebody fa tries tae swick will bide in my hoose; nae leear will stan afore ma.
⁸Ilka mornin A'll dee awa wi aa e cyaards i the lan; cuttin aff fae e Lord's toon aa them fa dee ill.

PSALM 102

A prayer for a body sair forfochen fan he's growen dweebly an poors oot his sorras tae e Lord.

Hear ma prayer, Lord; lat ma skraichin for help come tae ye.
²Dinna hod yer face fae ma fan A'm forfochen, turn yer lug tae ma an fan A cry on ye, hist ye tae answer ma.
³Ma days blaw awa lik reek, ma beens birstle lik reed-het coals.
⁴Ma hert is cankert lik winnelstraes; sae A forget tae ett ma maet.
⁵In ma wanrest A roar oot o ma an A'm awa tae skin an been.
⁶A'm lik a pelican i the roch cuntra, lik an oolet amo e ruins.
⁷A lie waakent; A'm lik a spurdie aa its leen on a reef.
⁸Aa day lang ma faes scowff at ma; them fa mak a feel o ma curse an sweer at ma.
⁹A ett aise lik breid an mix tears wi ma drink,
¹⁰cause o yer muckle annger, cause ye've reesed ma up an syne dung ma doon.
¹¹Ma days are lik e gloamin shadda; A'm lik a winnelstrae.
¹²Bit you, Lord, sit on yer throne for ivver, aa ginnerations myn on ye.

¹³Ye'll reese up an tak peety on Zion, for e time tae hae lenity on her, ay, e time for't his come.

¹⁴Yer servants tak pleesure in her steens; they tak delicht in her verra stew.

¹⁵Cuntras o e warl will be fleggit at e name o e Lord, aa e keengs o e warl at yer glory.

¹⁶Cause e Lord will rebigg Zion an appear in his glory.

¹⁷He'll answer e prayer o e dooncassen; he winna rejeck their prayer.

¹⁸Lat iss be screiven for ginnerations tae come, sae att fowk nae yet born mith praise e Lord:

¹⁹"E Lord leukit doon fae his haily hichts, leukit doon fae hivven at e warl,

²⁰tae hearken tae e greetin o e bun an lowse them condemned tae dee."

²¹Sae they cry oot e name o e Lord in Zion an praise him in Jerusalem,

²²fan e fowk aa gaither, an e keengdoms, tae wirship e Lord.

²³He's teen awa ma strinth alang e wye, he's snibbit ma days.

²⁴Says I: "Dinna tak ma awa, ma God, i the midse o ma days; your ears gyang on throwe aa ginnerations.

²⁵Fan aathin wis first yokit, ye laid e founs o e warl, an e hivvens are e wark o your hans.

²⁶They'll come till an ein, bit ee bide for aye, they'll weer oot lik claes, lik a semmit, ye'll cheenge them an they'll be flung oot.

²⁷Bit ee stan siccar an yer ears nivver ein.

²⁸E bairns o yer servants will cairry on, an their bairns' bairns will be set up afore ye."

PSALM 103

A psalm o Daavit.

Bliss e Lord, ma sowl, lat aa att's inno ma bliss his haily name.

²Bliss e Lord, ma sowl, an dinna forget aa e gweed things he's deen,

³fa forgies aa yer wrang-deeins an sorts aa yer sairs,

⁴fa saves ye fae e pit an croons ye wi luv an peety,

⁵fa sairs yer wints wi gweedness sae yer young days are replenisht lik the aigle's.

⁶E Lord warks richteousness an jeestice for aa fa are forfochen.

⁷He set oot his wyes tae Moses, his deeins tae e fowk o Israel.

⁸E Lord is innerlie an couthie, slaw tae canker, an reamin wi luv.

⁹He winna aye scaul, nor haud in his annger for ivver.

¹⁰He disna aye gie hiz wir sairin, or pey hiz back for wir wrang-deeins.

¹¹For as heich as e hivvens are abeen e warl, sae muckle is his luv for them fa fear him.

¹²As far as the east is fae e wast, sae far his he teen awa wir ill-deeins fae hiz.

¹³As a fadder tens his bairnies, sae e Lord tens them fa fear him.

¹⁴Cause he kens foo we are made, aye mynin we are stew.

¹⁵E life o fowk is lik girse, they thrive lik a flooer o e parks:

¹⁶e win blaas ower it an it's awa, e placie far it wis, seen forgotten.

¹⁷Bit e Lord's luv is fae ivverlestin tae ivverlestin onno them fa fear him an his richteousness wi their bairns' bairnies,

¹⁸tae them fa keep his biddin an myn tae bide bi his laas.

¹⁹E Lord his set doon his throne in hivven, an his keengdom rowles ower aa.

²⁰Bliss e Lord, ye his angels, o muckle strinth, fa dee his biddin an keep his wird.

²¹Bliss e Lord, aa ye hivvenly Hosts, ye his servants fa dee fit he sikks.

²²Bliss e Lord, aa his warks, aawye in his realm. Bliss e Lord, ma sowl.

PSALM 104

Bliss e Lord, ma sowl. Lord ma God, ye're maist byordinar; ye're claithed wi honour an majesty.
²Ye wup yersel wi licht, lik a coatie, ye rax oot e hivvens lik a drape,
³ye lay e couples o yer chaulmers on e watters; ye mak e cloods yer chariot an hurl on e wings o e win.
⁴Ye gar e wins rin yer eerins, an mak bleezin fires yer servants.
⁵Ye set e warl on its founs sae att it mith nivver meeve.
⁶Ye happit it wi e deeps lik a coatie; e watters steed abeen e moontains.
⁷Bit at yer threet, they teuk flicht, at e soun o yer thunner they skailt oot;
⁸moontains reese up an howes sank doon tae e place ye appintit for them.
⁹Ye set a mairch they canna win ower; they'll nivver hap e warl again.
¹⁰Ye gar springs teem inno e howes, rinnin atween e moontains.
¹¹They gie watterins tae aa e beasts o e parks, e wild cuddies slock their drooth at them.
¹²E birdies o e lift bigg their nests anent e watters; they sing amo e branches.
¹³Ye watter e heilans fae yer heich chaulmers, e grun is sairt bi e fruit o yer wark.
¹⁴Ye gar girse growe for e beasts an plants for fowk tae eese, fessin maet fae e grun;
¹⁵wine tae cheer a body's hert an ile tae gar their faces sheen, an breid tae strinthin a body's hert.
¹⁶E Lord's trees are weel wattert, e cedars o Lebanon att he plantit.
¹⁷E birdies mak their nests inno them an e stork maks its hame amo e pine trees.
¹⁸E heilans belang tae e wild goats; e scaurs a bield for e bawds.
¹⁹Ye made e meen tae mark e sizzons, an learnt e sin fan tae set.
²⁰Ye fess mirk, an it's nicht, an aa e beasts o e wids screenge.
²¹E young lions roar for their prey an sikk their maet fae God.
²²E sin rises, an they creep awa, back tae lie doon i their dens.
²³Syne fowk gyang oot tae their wark, dargin till nichtfa.
²⁴Foo mony are yer warks, Lord. Ye've made them aa in wisdom, e warl is full o yer craiters.
²⁵There's e sea, muckle an braid, hotchin wi sae mony craiters they canna be coontit, livin beasties baith wee an muckle.
²⁶There e boats gyang back an fore, an there, e Muckle Beasts att ye made, hiv their splore.
²⁷They aa leuk tae you tae maet them at e richt time.
²⁸Ye gie it tae them an they gaither it up, fan ye open yer han, they're fulled wi gweed.
²⁹Fan ye hide yer face, they are terrifiet; fan ye stap their braith, they dee an gyang back tae stew.
³⁰Ye sen yer speerit an they are vrocht, an ye mak e face o e grun new.
³¹Mith e glory o e Lord lest for ivver, mith e Lord be weel teen wi his warks.
³²He leuks at e warl an it dirls, he touches e hills an they reek.
³³A'll sing tae e Lord aa ma days, A'll sing praises tae ma God for as lang as A live.
³⁴Mith ma thochts be pleasin tae him; A'll be gled i the Lord.
³⁵Bit lat them fa dee ill disappear fae e warl, an cyaards be deen awa wi. Bliss e Lord, ma sowl. Praise e Lord.

PSALM 105

Gie thanks tae e Lord, cry on his name; mak it kent amo aa fowk fit he his deen.
²Sing tae him, sing psalms tae him; spikk oot aboot aa his winnerfu warks.
³Glory in his haily name; lat e herts o them fa sikk e Lord be gled.
⁴Sikk e Lord an his strinth, aye sikk his face.
⁵Myn on e winnerfu warks he's deen, his ferlies, an e jeedgements fae his moo,
⁶you bairns o Abraham, his loon, you the ation o Jacob fa he pickit.

[7]He's e Lord wir God; his jeedgments are ower aa e warl.

[8]He myns his covenant forivver, e wird he commannit for a thoosan ginnerations;

[9]e covenant he made wi Abraham, an sware tae Isaac.

[10]He confirmed it tae Jacob as a laa an tae Israel as an ivverlestin covenant:

[11]sayin, "Tae you A'll gie e lan o Canaan e grun tae be yer heirskip."

[12]Fan there wis fyow o them, ay fyow, an fremt,

[13]they wannert fae cuntra tae cuntra, fae ae keengdom tae att o ither fowk.

[14]He widna lat naebody dee them nae wrang an for them he held keengs in aboot.

[15]"Dinna touch my annintit eens, dinna dee ma prophits nae herm."

[16]He cried for wint i the lan an cuttit aff aa their purvey o maet.

[17]He sent a chiel afore them, Joseph, selt as a slave.

[18]They hurtit his feet wi a clamp; his neck wis pat in airns,

[19]till fit he hid forecast cam aboot, till e wird o e Lord preeved him richt.

[20]E keeng sent wird tae lowse him, e rowler o e fowk set him lowss.

[21]He made him grieve o his hoose, in chairge o aa he aint,

[22]tae gie orders tae his chieftains as he wintit, an learn his elders sense.

[23]Syne Israel cam tae Egypt, an Jacob bade as a forriner i the cuntra o Ham.

[24]E Lord garrt his fowk dee aa richt for themsels, makkin them stronnger nor their faes,

[25]fas herts he turnt tae hate his ain fowk, an ill-trait his servants.

[26]He sent Moses his loon, an Aaron, fa he hid pickit.

[27]They shewed his winnerfu signs amo them, his ferlies i the cuntra o Ham.

[28]He sent mirk an made e lan dark, an they didna rebel agin his wird.

[29]He turnt their watters tae bleed, garrin their fish dee.

[30]Their lan wis hotchin wi puddocks, aiven i the chaulmers o e keeng.

[31]He spak, an there cam a swaarm o flees an flechs,throwe aa their cuntra.

[32]He gied them bulits for rain an lichtnin throwe aa e lan.

[33]He strack doon their vines an fig trees an dung doon e trees o their cuntra.

[34]He spak, an e locusts cam, wirms, sae mony ye culdna coont them.

[35]They ett up ilka green thing i the lan, ett up ilka crap i their grun.

[36]Syne he strack doon the aulest-born in their lan, e tapmaist o aa their strinth.

[37]He fesh them oot wi siller an gowd, an there wisna a sinngle dweebly body amo their clans.

[38]Egypt wis gled fan they held awa oot aboot, cause dreid o Israel hid faaen onno them.

[39]He spread oot a clood as a coverin, an a lowe tae gie them licht at nicht.

[40]They speirt, an he brocht them quail an sairt their hunnger wi e loaf o hivven.

[41]He crackit e muckle steen, watter gusht oot, an ran throwe e roch cuntra lik a burn.

[42]For he mynt on his haily promise gien tae his loon Abraham.

[43]He brocht oot his fowk wi rejoicin, e fowk he'd pickit as his ain wi shouts o joy.

[44]He gied them e grun o e cuntras an their heirskip wis fit ither fowk hid vrocht for,

[45]sae att they mith keep his laas an bide bi his biddin.

Praise e Lord.

PSALM 106

Praise e Lord. Gie thanks tae e Lord, for he is gweed, his luv lests for aye.

[2]Fa can spik o e gran warks o e Lord or tell o aa his praise?

[3]Blisst are them fa haud tae e straicht, fa aye dee fit's richt.

[4]Myn on ma, Lord, fan ye shew faavour tae yer fowk, come tae ma wi yer savin han,

⁵sae A mith see e gweed o them ye hiv wylt oot, sae A mith rejoice i the happiness o yer fowk an glory wi yer heirskip.

⁶We've deen ill, jist lik wir forebeers, we've deen wrang an been coorse in wir wyes.

⁷Fan wir fowk were in Egypt, they didna gie ony thocht tae yer winnerfu warks, they didna myn on foo gweed ye'd been tae them, an they rebelled anent e sea, e Reed Sea.

⁸Still-an-on, he saved them for his name's sake, tae mak his muckle pooer kent.

⁹He raged at e Reed Sea an it gaed dry, he led them throwe e depths as gin it were druchtit lan.

¹⁰He haint them fae e han o them fa culdna thole them, fae e han o e fae, he keepit them sauf.

¹¹E watters happit their faes, an nae a sinngle een o them cam throwe it.

¹²Syne they lippent till his wird; they sang his praise.

¹³Bit they seen forgot fit he'd deen an didna wyte for his coonsel.

¹⁴I the roch cuntra, they gied in tae their hankerins, an i the druchty lans they pat God tae his mettle.

¹⁵Sae he gied them fit they socht, bit sent an oncome amo them.

¹⁶I the camp they grew jillous o Moses an o Aaron, e Lord's haily een.

¹⁷E grun opent up an swallied Dathan an happit ower Abiram an his curn.

¹⁸Fire bleezed up amo their thrang an e lowe birselt e cyaards.

¹⁹At Horeb they made a caffie an wirshippt a cassen eemage.

²⁰They swappit their glory for an eemage o a girse-ettin bull.

²¹They hid nae myn o e God fa saved them, fa hid deen sic winnerfu things in Egypt,

²²ferlies i the cuntra o Ham an aawsome deeins anent e Reed Sea.

²³Sae he said he wid dee awa wi them, hid Moses, the een fa he hid pickit, nae steed i the slap afore him tae haud his annger fae deein awa wi them aaegither.

²⁴Syne they rejeckit e bonnie grun, an widna tak wi his promise.

²⁵They girned in their tents an didna hearken tae e Lord's vice.

²⁶Sae wi a reesed han he swore tae them he wid ding them doon i the roch cuntra,

²⁷gar their bairns faa amo ither cuntras an scatter them throwe aa e lans.

²⁸They bun themsels tae Baal-peor an ett sacrifeeces tae fushionless gods.

²⁹They kittlt up e Lord's annger wi their proticks an an oncome breuk oot amo them.

³⁰Bit Phinehas steed up an vrocht jeedgement, an the oncome wis steyed.

³¹Sae he wis gien e mense o't as richteousness for aa ginnerations tae come.

³²At e watters o Meribah they anngert e Lord, an Moses got a sair time cause o't.

³³They turnt agin e speerit o God, an Moses' tongue wis lowsed at them.

³⁴They didna missaucre e fowk as e Lord hid ordert them,

³⁵bit they rummelt throwe-ither wi e tither cuntras an teuk on their wyes.

³⁶They wirshippt their eedols an att turnt intill a snare for them.

³⁷They sacrifeeced their sins an their dothers tae deils.

³⁸They shed innocent bleed, ay, e verra bleed o their sins an dothers fa they sacrifeeced tae the eedols o Canaan, an e lan wis fylt wi their bleed.

³⁹They fylt themsels wi their proticks an gaed hoorin in their ain warks.

⁴⁰Sae e Lord wis sair raised wi his fowk an thocht little o his heirskip.

⁴¹He gied them inno e hans o e heathens an they were rowled ower bi fowk fa hated them.

⁴²Their faes tirraneesed them an they were haudden doon bi their pooer.

⁴³Mony's e time he lowsed them, bit they were set on strivin an they were dung doon wi their ill-deeins.

⁴⁴Still-an-on, he teuk tent o their wanrest fan he heard their scronach.

⁴⁵He mynt on his covenant for their sake an relentit cause o his great luv for them.

⁴⁶He garrt aa them fa held them captive tak peety on them.

⁴⁷Save hiz, Lord wir God, an gaither hiz fae amo e heathens, sae we mith gie thanks tae yer haily name an glory in yer praise.

⁴⁸Blisst be e Lord God o Israel, fae ivverlestin tae ivverlestin. Lat aa e fowk say, "Amen!"

Praise e Lord.

PSALM 107

Gie thanks tae e Lord, for he is gweed; his luv lests for ivver.
[2]Lat them fa hiv been teen on bi e Lord tell it oot, them he teuk in fae e han o e fae,
[3]them he gaithert fae aa airts, fae east an wast, fae north an sooth.
[4]Some wannert their leen i the roch cuntra an faun nae toon tae sattle in.
[5]They were hunngry an thirsty, an their sowls dwynt awa.
[6]Fair forfochen, they cried on e Lord in their stramash, an he lowsed them fae their wanrest.
[7]He led them richt gait tae a toon far they culd bide.
[8]Lat them gie thanks tae e Lord for his gweedness an his winnerfu warks for mankyn.
[9]He sairs e weary sowl an fulls e hunngry sowl wi gweed things.
[10]Some fowk sat in mirk an e shadda o daith, dreein their weird, bun in chines o airn,
[11]cause they hid rebelled agin God's biddin an scowfft at e coonsel o e Maist Heich.
[12]Sae he held them doon wi a sair chaave, they stytert an there wisna naebody tae help.
[13]Fair forfochen, they cried on e Lord in their stramash, an he lowsed them fae their wanrest.
[14]He brocht them oot o e mirk, e shadda o daith an breuk awa their chines.
[15]Lat them gie thanks tae e Lord for his gweedness an his winnerfu warks for mankyn,
[16]for he braaks doon yetts o bress an cuts airn bars asunner.
[17]Feels, cause o their strivin an cause o their ill-deeins, are sair come att.
[18]They culdna thole nae kyn o maet an were near han e yetts o daith.
[19]Fair forfochen, they cried on e Lord in their stramash, an he lowsed them fae their wanrest.
[20]He sent oot his wird an made them aa better, he lowsed them fae e grave.
[21]Lat them gie thanks tae e Lord for his gweedness an his winnerfu warks for mankyn.
[22]Lat them sacrifeece thank offerins an tell o his warks wi rejoicin.
[23]Some gaed doon tae e sea in boats, merchants on e muckle faem.
[24]They saa e warks o e Lord, his winnerfu warks i the deep.
[25]He spak an reesed a rivin win att heistit heich e waves o e sea.
[26]They reese up tae e hivvens an gaed laich doon again; sae oonchancie wis it att their smeddum miltit awa.
[27]They stytert aboot as gin they were fu, an stottit an staiggert lik a drunk chiel; they were at their wits' ein.
[28]Fair forfochen, they cried on e Lord in their stramash, an he lowsed them fae their wanrest.
[29]He garrt e storm quall, e waves o e sea were quaitent.
[30]They were gled fan it lowdent an he brocht them tae the herbour they were sikkin.
[31]Lat them gie thanks tae e Lord for his gweedness an his winnerfu warks for mankyn.
[32]Lat them reese him oot fan e fowk gaither egither an praise him i the cooncil o the elders.
[33]He turnt burns tae drucht, rinnin watters tae dry grun,
[34]an gweed grun tae a sautty moss cause o e coorseness o them fa bade there.
[35]He turnt e roch cuntra intae peels o watter an e druchtit grun intae watterins.
[36]He brocht e hunngry tae bide there an they biggit a toon they culd bide in.
[37]They shaav parks an plant vinyairds att aye gie a gweed crap.
[38]He blisst them an they hid a rowth o bairns, an he didna lat their beasts dwine.
[39]Bit their nummers gaed doon an they were sair come at, bein doon-haudden an fair forfochen wi sorra.
[40]He poors contimp on their gintry an gars them wanner aboot amo roch cuntra wi nae path
[41]Bit he reeses them fa are in wint oot o their sorra, an gars their faimlies growe lik flocks.

⁴²The upricht see it an are gled, bit aa e cyaards keep their moos shut.
⁴³Them fa hiv ony sense will see sic things an think on e luvin wyes o e Lord.

PSALM 108

A sang. A psalm o Daavit.
Ma hert, God, is siccar; A'll sing an gie praise wi aa ma pooer.
²Waaken up, hairp an lyre. A'll waaken up e skreek o day.
³A'll praise ye, Lord, amo e fowk; A'll sing praises tae ye amo e nations.
⁴For yer luv is great, heicher nor e hivvens; yer trowth raxes tae e cloods.
⁵Be reesed up, God, abeen e hivvens; lat yer glory be ower e hale warl.
⁶Sae them fa ye loo mith be lowsed, save hiz wi yer richt han an answer ma.
⁷God his spoken in his hailiness: "A'll pairt oot Shechem wi joy an mizzour oot e howe o Succoth.
⁸Gilead is mine, Manasseh is mine; Ephraim is ma bonnet, Judah is ma scepter.
⁹Moab is ma waashin bowie, on Edom A'll keese ma shee; ower Philistia A bear e gree."
¹⁰Fa will fess ma tae e waa'ed toon? Fa will lead ma tae Edom?
¹¹Is't nae you, God, you fa hiv rejeckit hiz an dinna mairch oot wi wir sodgers nae mair?
¹²Gie hiz help agin wir faes, cause human help is wirthless.
¹³Throwe God we'll win ower, an he'll trump doon wir faes.

PSALM 109

Tae e heid o meesic. A psalm o Daavit.
Ma God, fa A praise, dinna bide quait,
²cause coorse leein moos nyatter agin ma; they hiv spoken agin ma wi leein tongues.
³They surroun ma wi ill wirds, they fecht wi ma for nae rizzon.
⁴They pey back ma luv bi acceesin ma, bit A keep on prayin.
⁵They pey ma ill for gweed, an ill will for ma luv.
⁶Set a cyaard agin ma fae, lat an accuser stan at his richt han.
⁷Fan he's jeedged, lat him be faun at faut, an mith his prayers be coontit as wrangs.
⁸Lat his days be fyow; mith some ither body tak up his job.
⁹Lat his bairns be fadderless, an his wife a weeda.
¹⁰Lat his bairns gyang aboot cadgin an lat them be keest oot o their herriet hames.
¹¹Lat e chiel he's owe peen aa his gear; lat fremt reive aa he's vrocht for.
¹²Lat naebody dee him an obleegement, or tak peety on his fadderless bairns.
¹³Lat aa his geets dee, their names be dichtit oot fae e neist ginneration.
¹⁴Lat the ill-deeins o his fadders be mynt afore e Lord; lat e coorse wyes o his mither nivver be dichtit oot.
¹⁵Lat their wrangs aye bide afore e Lord, sae he mith blot oot their name fae e warl.
¹⁶Cause he niver thocht tae dee nae gweed, bit tirraneesed e peer, them fa were in wint an them wi a sair hert, an pat them tae daith.
¹⁷There wis naethin he likit better nor tae curse fowk, sae lat it come tae him. He niver likit tae bliss ither fowk, sae mith it be hine awa fae him.
¹⁸He claithed himsel wi sweerin lik a cwyte, it sypit inno him lik watter, inno his beens lik ile.
¹⁹Lat it be lik a cwyte wuppit roon him, lik a belt att he draas roon him.
²⁰Lat iss be e Lord's peyment tae them fa fin faut wi ma, tae them fa spik ill o ma.
²¹Bit you, God e Lord, see ma throwe for yer name's sake, oot o e gweedness o yer hert, lowse ma.
²²Cause A'm forfochen an in wint, an ma hert is sair inno ma.

²³A'm dwinin lik e gloamin shadda, A'm shaaken aff lik a locust.
²⁴Ma knees are fushionless fae fastin; A'm aa skin an been.
²⁵Them fa fin faut wi ma lauch at ma, fan they see ma, they shaak their heids.
²⁶Help ma, Lord ma God; save ma cause o yer mercy.
²⁷Lat them ken att it's your han, att you, Lord, hiv deen it.
²⁸Lat them sweer, bit ee'll bliss; lat them fa wid fecht wi ma be affrontit; bit lat yer loon rejoice.
²⁹Lat them fa fin faut wi ma be claithed wi shame an lat their affront wup roon them lik a cwyte.
³⁰Wi ma moo A'll reese oot e Lord; A'll praise him amo e muckle thrang.
³¹Cause he stans at e richt han o them fa are in wint tae save their lives fae them fa wid fin faut wi them.

PSALM 110

A psalm o Daavit.

E Lord said tae my lord: "Sit at ma richt han till A mak yer faes yer fitsteel."
²E Lord will rax oot e wan o yer strinth fae Zion, sayin, "Rowle i the midse o yer faes."
³Yer fowk will come forrit fan ye gyang tae waar. Riggit oot in haily graith yer birkies will come tae ye lik dyowe fae e wyme o e mornin.
⁴E Lord his teen an aith an winna cheenge his myn: "Ye're a priest for ivver, jist lik Melchizedek."
⁵E Lord is at yer richt han; he'll strick doon keengs i the day o his annger.
⁶He'll jeedge amo e heathens, pilin up e deid, an he'll mischieve e heids o mony cuntras.
⁷He'll drink fae e burnie bi e roadside an he'll reese up his heid heich.

PSALM 111

Praise e Lord. A'll reese oot e Lord wi aa ma hert, i the cooncil o e gweed-livin an i the gaitherin o e fowk.
²Great are e warks o e Lord, socht oot bi aa fa tak pleesure in them.
³His wark is braw an glorious an his richteousness his nae ein.
⁴He his garrt his ferlies be mynt on; e Lord is couthie an mercifu.
⁵He gies maet tae them fa fear him an he myns on his covenant for ivver.
⁶He his shewn his fowk e pooer o his warks, giein them e grun o ither cuntras.
⁷E warks o his hans are leal an jeest; aa his laas are siccar.
⁸They're set siccar for ivver an ivver, tae be cairriet throwe in trowth an uprichtness.
⁹He set his fowk lowse; he his ordert his covenant tae lest for ivver: his name is haily an aawsome.
¹⁰E fear o e Lord is e beginnin o wisdom; aa fa folla his laas hiv gweed unnerstannin. His praise lests for ivver.

PSALM 112

Praise e Lord.Blisst are them fa fear e Lord, fa tak pleesure in his biddin.
²Their bairns will be pooerfu i the lan, the ation o e gweed-livin will be blisst.
³Walth an lairgess are inno their hooses, an their richteousness lests for aye.
⁴Licht sheens i the mirk for the gweed-livin, for them fa are couthie an mercifu an richteous.
⁵Gweed fowk are open hannit an len siller, they see fair play in their line o business.
⁶Seerly e richteous will nivver be shaaken, they'll aye be mynt on.
⁷They'll hae nae fear o ill news; their herts are siccar, trustin in e Lord.

⁸Their herts are croose, they winna hae nae fear, an i the hinnerein they'll get e mends o their faes.
⁹They hiv gien muckle rowth tae e peer, their richteousness lests for aye, their horn will be reesed up in honour.
¹⁰E coorse will see them far aneuch, they'll grin their teeth an dwine awa; e wints o e coorse will come tae naethin.

PSALM 113

Praise e Lord. Praise e Lord, aa his servants; praise e name o e Lord.
²Blisst be e name o e Lord baith noo an for ivver mair.
³Fae skreek o day tae gloamin, e Lord's name maun be praised.
⁴E Lord is reesed abeen aa cuntras an his glory abeen e hivvens.
⁵Fa is lik e Lord wir God, fa sits on a heich throne,
⁶fa booes doon tae leuk at e hivvens an e warl?
⁷He reeses e peer fae e stew an them fa wint fae the aise midden;
⁸tae sit amo cheiftains, amo e clan chiefs o his ain fowk.
⁹He gars the eel wumman keep hoose, a happy mither o bairns.
Praise e Lord.

PSALM 114

Fan Israel won oot o Egypt, e hoose o Jacob fae fowk wi a forrin tongue,
²Judah wis his sanctuary, Israel his keengdom.
³E sea leukit an uptailed an awa, e Jordan turnt back;
⁴e moontains louped lik tups, e heilans lik lambs.
⁵Fit ails ye, sea, att ye uptailed an awa? you, Jordan, att ye turnt back?
⁶ye moontains, att ye loupit lik tups? ye heilans, lik lambs?
⁷Shaak, warl, afore e Lord, afore e God o Jacob,
⁸fa turnt e muckle steen intae a peel o watter, e rock intae waals o watter.

PSALM 115

Nae tae hiz, Lord, nae tae hiz, bit tae your name be aa e glory, cause o yer luv an lealty.
²Fit wye div e heathens say, "Far's their God?"
³Oor God is in hivven; he dis fitivver he likes.
⁴Their eedols are siller an gowd, made bi human hans.
⁵They hiv moos, bit canna spik, een, bit canna see.
⁶They hiv lugs, bit canna hear, nebs, bit canna smell.
⁷They hiv hans, bit canna feel, feet, bit canna waalk, naither can they spik win their thrapples.
⁸Them fa mak them will be like them, an sae will aa fa tak wi them.
⁹Israelites, lippen till e Lord, he's their help an targe.
¹⁰Hoose o Aaron, lippen till e Lord, he's their help an targe.
¹¹Ye fa dreid e Lord, lippen till e Lord, he's their help an targe.
¹²E Lord his mynt on hiz an will bliss hiz, he'll bliss his fowk Israel, he'll bliss e hoose o Aaron,
¹³he'll bliss them fa dreid e Lord, baith e sma an e muckle.
¹⁴Mith e Lord cause ye tae dee weel, baith you an yer bairns.

¹⁵Mith ye be blisst bi e Lord, e Makker o hivven an earth.
¹⁶E verra hivvens belang tae e Lord, bit e warl he's gien tae mankyn.
¹⁷E deid dinna praise e Lord, nor them fa gyang doon tae e quait place.
¹⁸It's hiz fa reese oot e Lord, baith noo an foraye.
Praise e Lord.

PSALM 116

A loo e Lord, cause he heard ma vice an ma cry for mercy.
²Cause he booed his lug tae ma, A'll cry oot tae him as lang as A live.
³E raips o daith were wuppit roon ma, e stangs o hell teuk ahaud o ma; A wis sair forfochen wi fash an sorra.
⁴Syne A cried on e name o e Lord: "Lord, wid ye bit save ma."
⁵E Lord is couthie an richteous; wir God is full o peety.
⁶E Lord leuks efter e blate; fin A wis disjaskit, he saved ma.
⁷Haud back tae yer rist, ma sowl, cause e Lord his been gweed tae ye.
⁸For ye've haint ma sowl fae daith, ma een fae greetin, ma feet fae styterin,
⁹sae A mith waalk afore e Lord i the lan o e livin.
¹⁰A believed aiven fan A wis sayin, "A'm fair forfochen."
¹¹In ma picher A said, "Aabody is a leear."
¹²Fit can A gie back tae e Lord for aa his gweedness tae ma?
¹³A'll lift up e caup o salvation an cry on e name o e Lord.
¹⁴A'll keep ma voos tae e Lord afore aa his fowk.
¹⁵Praicious in e sicht o e Lord is e daith o his leal servants.
¹⁶A'm fairly yer loon, Lord; ay, A'm yer loon an e sin o yer kitchie deem. Ye've lowsed ma fae ma chines.
¹⁷A'll sacrifeece a thank offerin tae ye an cry on e name o e Lord.
¹⁸A'll keep ma voos tae e Lord afore aa his fowk
¹⁹i the coorts o e Lord's hoose, i the midse o you, Jerusalem.
Praise e Lord.

PSALM 117

Praise e Lord, aa ye nations; reese him oot, aa ye fowk.
²For great is his douce luv tae hiz, an e Lord's lealty lests for aye.
Praise e Lord.

PSALM 118

Gie thanks tae e Lord, cause he is gweed, his luv lests for aye.
²Lat Israel say, "His luv lests for aye."
³Lat e hoose o Aaron say, "His luv lests for aye."
⁴Lat them fa fear e Lord say, "His luv lests for aye."
⁵Fan A wis sair come at, I cried tae e Lord an he brocht ma tae a braid place.
⁶E Lord is wi ma; A winna be feart. Fit can mortals dee tae ma?
⁷E Lord is wi ma; he's ma helper. A leuk doon on them fa hate ma.

[8]It's better tae trust i the Lord nor tae lippen tae human bodies.

[9]It's better tae trust i the Lord nor tae lippen tae lairds.

[10]Aa e cuntras grip ma in aboot, bit i the name o e Lord, A'll ding them doon.

[11]They're aa roon aboot ma, ay aa roon aboot, bit i the name o e Lord, A'll ding them doon.

[12]They bizz roon ma lik bees, bit are birselt up as fest as burnin funs. I the name o e Lord, A'll ding them doon.

[13]Ye shivved ma back an A wis gyan tae faa, bit e Lord helpit ma.

[14]E Lord is ma strinth an ma sang, he his come tae be ma salvation.

[15]E soun o joy an salvation is inno e tents o e richteous, "E richt han o e Lord his deen croose things."

[16]E Lord's richt han is reesed up heich: "E richt han o e Lord his deen croose things."

[17]A winna dee, bit will liv an spikk o fit e Lord his deen.

[18]E Lord his gien ma a gweed owergyan, bit he hisna gien ma ower tae daith.

[19]Open e yetts o richteousness tae ma. A'll gyang in an gie thanks tae e Lord.

[20]Iss is e yett o e Lord throwe fit e richteous will gyang in.

[21]A'll gie ye thanks, cause ye've answert ma, ye've come tae be ma salvation.

[22]E steen e masons rejeckit, his turnt oot tae be e cornersteen.

[23]E Lord his deen iss an it's winnerfu tae see.

[24]Iss is e day e Lord his made, we'll rejoice an be gled in it.

[25]Lord, save hiz. Lord we pray, see hiz aa richt.

[26]Blisst is the een fa comes i the name o e Lord. We bliss ye fae e hoose o e Lord.

[27]E Lord is God, his licht his glintit doon on hiz. Bin e sacrifeece wi raips tae e verra horns o the aaltar.

[28]Ye're ma God, an A'll praise ye. Ye're ma God, an A'll reese ye up.

[29]Gie thanks tae e Lord, cause he is gweed, his luv lests for aye.

PSALM 119

א Aleph

Aye blisst are them fas wyes are athoot faut, fa waalk i the wyes o e laa o e Lord.

[2]Blisst are them fa keep his laas an sikk him wi aa their hert.

[3]They dee nae wrang, they folla in his wyes.

[4]Ye've laid oot yer biddins att we maun be stench i the keepin o them.

[5]Oh, att my wyes were siccar in keepin yer laas.

[6]Syne A widna be affrontit fan A think o aa yer biddins.

[7]A'll praise ye wi an upricht hert fan A've learnt yer richteous laas.

[8]A'll keep tae yer laas: oh dinna forsake ma aa egither.

ב Beth

[9]**Bi** fit gait can a birkie keep tae a straicht road? Bi keepin himsel tae yer wird.

[10]A've socht ye wi aa ma hert; dinna lat ma wanner awa fae yer biddins.

[11]A've stowed yer wird in ma bosie sae A mith dee nae ill agin ye.

[12]Blisst are you, Lord; learn ma yer laas.

[13]Wi ma lips A screed aff aa e laas att come fae yer moo.

[14]A fin as muckle pleesure in folla'in yer laas as in muckle walth.

[15]A think lang on yer biddins an refleck on yer wyes.

[16]A'll tak pleesure in yer laas an winna forget yer wird.

ג Gimel

[17]**Gie** me, yer loon, fit's gweed file A live, sae a mith keep yer wird.
[18]Open ma een sae A mith see winnerfu things come oot o yer laa.
[19]A'm fremt tae e warl, dinna hide yer laas fae ma.
[20]Ma sowl is owercome wi its mangin for yer laas at aa times.
[21]Ye gie a raigin tae e prood, fa are cursed an fa wanner fae yer biddins.
[22]Tak ma awa fae afftak an sneist cause I keep yer laas.
[23]Tho gintry sit aboot an miscaa ma, yer loon will think lang on yer laas.
[24]Yer laas are ma delicht an ma coonsellors.

ד Daleth

[25]**Doon** i the stew A lie, gie ma life in accoordance wi yer wird.
[26]A've telt ye fit A wis like an ye answert ma; learn ma yer laas.
[27]Gar ma unnerstan e wyes o yer biddins, sae a mith think lang on e winnerfu things ye've vrocht.
[28]Ma sowl is fair forfochen, strinthen ma accoordin tae yer wird.
[29]Haud ma fae swickerie, be croose wi ma an learn ma yer laa.
[30]A've pickit e wye o trowth, A've set yer laas afore ma.
[31]A grip on tae yer laas, Lord, dinna lat ma be affrontit.
[32]A'll rin i the wye o yer biddins cause ye hiv eikit oot ma hert.

ה He

[33]**Eh**, bit ye wid learn ma, Lord, e wye o yer laas sae A mith folla it tae the hinnerein.
[34]Gie ma unnerstannin, sae A mith keep yer laa an folla it wi aa ma hert.
[35]Gar ma waalk i the gait o yer biddins, for there A'll fin pleesure.
[36]Boo ma hert tae yer laas an nae aye tae thinkin o makkin siller for masel.
[37]Turn ma een awa fae nochtie an strinthen ma accoordin tae yer wird.
[38]Uphaud yer promise tae yer loon sae ye mith be feared.
[39]Tak awa the affront att A dreid, cause yer laas are gweed.
[40]Foo A mang for yer biddins. Gie ma life in yer wyes.

ו Waw

[41]**Wid** yer mercies come tae ma, Lord, yer salvation accoordin tae yer wird.
[42]Syne A can answer them fa cast things up tae ma, cause A trust in yer wird.
[43]Nivver tak yer wirds o trowth fae ma moo, cause A've pat ma hope in yer laas.
[44]A'll aye haud tae yer laas. For ivver an ivver.
[45]A'll aye be lowse-fittit cause A've socht yer biddins.
[46]A'll spik o yer laas afore keengs an winna be hingin-heidit,
[47]cause A tak pleesure in yer biddins, cause A loo them.
[48]A rax up ma hans tae yer biddins, att A loo, sae a mith think lang on yer decreets.

ז Zayin

[49]**Zealous** hope is fit ye've gien ma, sae myn yer wird tae yer loon.
[50]Ma comfort in ma sufferin is iss: yer wird gies ma life.

[51]E bigsy lauch their heids aff at ma, bit A dinna turn fae yer laa.
[52]A myn on yer jeedgements o aul, Lord, an fin easement in them.
[53]A'm sair fasht at e coorse fowk fa hiv forhooiet yer laa.
[54]A sing o yer laas farivver A mith be bidin.
[55]A myn yer name i the nicht, Lord, an hiv keepit yer laa.
[56]Att's e wye o't wi ma, A keep yer biddins.

ח Heth

[57]**Heirskip**, att's fit ye are tae ma, Lord. A've promist tae keep yer wird.
[58]A've socht yer appreeval wi aa ma hert, be couthie tae ma as ye promist.
[59]A've thocht aboot ma wyes an hiv turnt ma fit tae yer laas.
[60]A hurriet an didna dauchle tae haud wi yer biddins.
[61]Tho coorse fowks' raips bin ma, A winna forget yer laa.
[62]At midnicht A rise tae gie ye thanks for yer richteous laas.
[63]A'm freen tae aa fa fear ye, tae aa fa folla yer biddins.
[64]E warl is fulled wi yer luv, Lord. Learn ma yer laas.

ט Teth

[65]**Tak** tent o yer loon, Lord, accoordin tae yer wird.
[66]Learn ma foo tae be cannie an ken, cause A trust yer biddins.
[67]Afore A wis forfochen, A gaed agley, bit noo A haud wi yer wird.
[68]Ye're gweed an fit ye dee is gweed. Learn ma yer laas.
[69]Tho bigsy fowk slaister ma wi lees, A haud tae yer biddins wi aa ma hert.
[70]Their herts are cloggit wi creesh, bit I tak pleesure in yer laa.
[71]A wis neen e waur o bein forfochen: it garrt ma learn yer laas.
[72]E laa fae yer moo is mair wirth tae me nor thoosans o bits o siller or gowd.

י Yodh

[73]**It** wis your hans att made ma an formed ma; gie ma unnerstannin tae learn yer biddins.
[74]Them fa fear ye will be gled fan they see ma, cause A've pat ma hope in yer wird.
[75]A ken, Lord att yer laas are richt, an ye made ma fair forfochen cause A wis weel e waur o't.
[76]Lat yer mercifu gweedness be an easedom tae ma in accoordance wi yer promise tae yer loon.
[77]Lat yer tenner mercies come tae ma sae A mith live, cause A fin pleesure in yer laa.
[78]Mith e heich-heidit be pat tae shame for deein ma ill wi nae cause. Bit A'll think lang on yer biddins.
[79]Lat them fa fear ye turn tae me, them fa unnerstan yer laas.
[80]Lat ma hert be weel grundid in yer laas sae A mith nae be pat tae shame.

כ Kaph

[81]**Kittlt** up I am, mangin for yer salvation bit A've pat ma hope in yer wird.
[82]Ma een are bleart, leukin for yer promise. A'm sayin, "Fan will ye comfort ma?"
[83]Tho A'm lik a reekit wineskin, A dinna forget yer laas.
[84]Foo lang maun yer loon wyte? Fan will ye gie them fa tirraneese ma their sairin?
[85]E heich-heidit hiv dellt a pit for ma: they dinna tak wi yer laa.
[86]Aa yer biddins are leal. Help ma, cause A'm bein tirraneesed for nae rizzon.
[87]They jist aboot dichtit ma aff e face o the earth, bit A hinna forsaken yer biddins.

[88]Gie ma life throwe yer ivverlestin luv sae I mith haud tae e laas ye spak.

ל Lamedh

[89]**Lord**, yer wird is for aye; it stans siccar i the hivvens.
[90]Yer lealty gyangs on doon throwe aa ginnerations; ye made e warl an it stans siccar.
[91]They stan tae iss day cause o your biddins cause aathin is yer orraloon.
[92]Gin yer laa hidna made ma hert gled, A wid hae deit in ma sorra.
[93]A'll nivver forget yer biddins, cause throwe them, ye gie ma life.
[94]Save ma, A'm yours; A've socht oot yer biddins.
[95]E coorse are wytin tae tak ma, bit A'll think aboot yer laas.
[96]Perfection his its stent, bit your biddins are oondeemous.

מ Mem

[97]**Marraless** is ma luv o yer laas. A think aboot them aa day lang.
[98]Yer biddins mak ma clivverer nor ma faes, cause they are aye wi ma.
[99]A hiv mair unnerstannin nor aa ma dominies, cause A'm aye thinkin aboot yer laas.
[100]A hiv mair unnerstannin nor the aul fowk, cause A keep tae yer biddins.
[101]A've keepit ma feet clear o ilka ill road, sae att A mith keep tae yer wird.
[102]A hinna wannert awa fae yer laas, cause you yersel learnt ma.
[103]Foo sweet are yer wirds tae ma taste, sweeter nor a moofu o hunny.
[104]A win unnerstannin fae yer biddins, sae A canna thole fause wyes.

נ Nun

[105]**Noo**, yer wird's a cruisie tae ma feet, a licht on ma road.
[106]A've teen an aith an A'll stick till't, att A'll folla yer richteous laas.
[107]A'm sair forfochen: gie ma life, Lord, accoordin tae yer wird.
[108]Accep, Lord, e willin offerins fae ma moo, an learn ma yer laas.
[109]Tho A'm for ivver takkin ma life in ma hans, A winna forget yer laa.
[110]E coorse hiv set a snare for ma, bit A hinna wannert awa fae yer biddins.
[111]Yer laas are ma heirskip for aye, A'm jist fair trickit wi them.
[112]Ma hert is set on keepin yer laas tae e hinnerein.

ס Samekh

[113]**Sleekit** fowk A hiv nae time for, bit A loo yer laa.
[114]Ye're ma bield an ma targe, A've pat ma hope in yer wird.
[115]Haud awa fae ma, ye cyaards, sae A mith kep e biddins o ma God.
[116]Uphaud ma lik ye promist, an A'll live. Dinna gie ma hopes a begeck.
[117]Haud ma up an A'll be sauf. A'll aye think weel o yer laas.
[118]Ye rejeck aa them fa wanner awa fae yer laas, cause their chetterie mislippens.
[119]Aa e coorse o e warl ye pit awa lik dross; sae A loo yer laas.
[120]Ma flesh skaaks for fear o ye an A'm gey feart at yer laas.

ע

Ayin

[121]**Och**, A've deen fit's richteous an jeest, dinna leave ma tae be tirraneesed.
[122]See till yer loon's weel-bein; dinna lat e bigsy tirraneese ma.
[123]Ma een grow weary leukin for yer salvation an yer richteous wird.
[124]Tak yer loon throwe han accoordin tae yer mercy an learn ma yer laas.
[125]A'm yer loon; gie ma unnerstannin sae A mith ken yer wird.
[126]It's time ye were deein somethin aboot it, Lord, cause cyaards hiv mischieved yer laas.
[127]Cause A loo yer biddins mair nor gowd, aye mair nor pure gowd,
[128]an cause A think aa yer biddins are richt, A canna thole ony wrang road.

פ Pe

[129]**Prodeegious** are yer testimonies, sae A'll keep wi them.
[130]Yer wird is lik a doorie wi a licht sheenin throwe. Aiven e saikless can unnerstan it.
[131]A open ma moo an pech, mangin for yer biddins.
[132]Leuk on ma an hae mercy on ma, jist lik ye aye dee tae them fa loo yer name.
[133]Lead ma fit in yer wird, dinna lat nae ill-deein tirraneese ma.
[134]Save ma fae bein doon-haudden bi ither fowk sae A mith keep yer biddins.
[135]Gar yer face sheen on yer loon an learn ma yer laas.
[136]Burnies o tearies rin doon fae ma een, cause they dinna keep yer laas.

צ Tsadhe

[137]**T's** richteous ye are, Lord, an yer laas are jeest.
[138]E laas ye've laid doon are richteous, an verra siccar.
[139]A'm worn deen wi ma zeal, cause ma faes hiv forgotten yer wirds.
[140]Yer promises hiv been preeved an yer loon looes them.
[141]A mith be an ablich an little thocht o, bit A dinna forget yer biddins.
[142]Yer richteousness is ivverlestin an yer laa is e trowth.
[143]Trauchle an fash hiv teen haud o ma, bit A'm fair trickit wi yer biddins.
[144]Yer laas are aye richteous; gie ma unnerstannin sae A mith live.

ק Qoph

[145]**Quaitly** hear ma Lord, fan I cry oot o ma wi aa ma hert, an A'll answer yer biddins.
[146]A cry tae ye, save ma an A'll keep yer laas.
[147]A rise afore e skreek o day an cry for help; A pit ma hope in yer wird.
[148]Ma een open afore e time o e nicht waatch sae A mith think on yer wird.
[149]Hear ma vice in keepin wi yer leal luv. Gie ma life, Lord, accoordin tae yer laas.
[150]Them fa rin efter deviltry are near han, bit they're hine awa fae yer laa.
[151]Still-an-on, you are near at han, Lord an aa yer biddins are true.
[152]Lang syne, A kent fae yer laas att ye set them up tae lest for ivver.

ר Resh

[153]**Regaird** ma fashery an save ma, cause A hinna forgotten yer laa.
[154]Defen ma cause an save ma; gie ma life lik ye promist.
[155]Salvation is hine awa fae e coorse, cause they dinna sikk yer laas.

¹⁵⁶Yer mercy is great, Lord, gie ma life accoordin tae yer jeedgements.
¹⁵⁷Mony faes tirraneese ma, bit A hinna turnt fae yer laas.
¹⁵⁸A leuk on e slidderie an A'm sair come at, cause they dinna keep yer wird.
¹⁵⁹Leuk at foo A loo yer biddins; gie ma life, Lord, accoordin tae yer leal luv.
¹⁶⁰E hale o yer wirds are true an aa yer richteous laas will lest for ivver.

ש Sin an Shin

¹⁶¹**Sair** tiraneesin A get fae gintry for nae rizzon, bit ma hert stans in aawe o yer wird.
¹⁶²A'm fair trickit wi yer promise, lik a body finnin a muckle trissure.
¹⁶³A canna thole, canna abide leein, bit A loo yer laa.
¹⁶⁴Syvenfaul ilka day A reese ye oot for yer richteous laas.
¹⁶⁵Them fa loo yer laa hiv a rowth o peace an naethin will gar them styter.
¹⁶⁶A hope for yer salvation, Lord, as A folla yer biddin.
¹⁶⁷A keep yer laas an A'm fair teen wi them.
¹⁶⁸A keep yer biddin an yer testimonies, cause aa ma wyes are afore ye.

ת Taw

¹⁶⁹**Tae** you, lat ma cry come, Lord, gie ma unnerstannin accoordin tae yer wird.
¹⁷⁰Lat wird o fit A'm sikkin come afore ye, save ma, jist as ye promist.
¹⁷¹Lat ma lips ream ower wi praise, cause ye learn ma yer laas.
¹⁷²Lat ma tongue sing o yer wird, cause aa yer biddins are richt.
¹⁷³Lat yer han be riddy tae help ma, cause A've pickit yer biddins.
¹⁷⁴A mang for yer salvation, Lord an A'm fair trickit wi yer laa.
¹⁷⁵Lat ma live sae A mith praise ye, an mith yer laas haud ma up.
¹⁷⁶A've wannert awa lik a tint sheep. Sikk oot yer loon, cause A dinna forget yer biddin.

PSALM 120

A sang for gyan up.

Fair forfochen, A cry tae e Lord an he answers ma.
²Save ma, Lord fae leein lips an chettin tongues.
³Fit will he gie tae ye an fit will he dee tae ye, ye chettin tongue?
⁴Shairp arras o e waarrior an bleezin coals o e breem buss.
⁵A hinna ma sorras tae sikk bidin in Meshech, att A bide amo e tents o Kedar.
⁶A've dwalt ower lang wi them fa hate peace.
⁷A'm for peace, bit fan A spikk, they're for waar.

PSALM 121

A sang for gyan up.

A lift ma een tae e heilans; far dis ma help come fae?
²Ma help comes fae e Lord, fa made hivven an earth.
³He winna lat yer fit skyte; him fa waatches ower ye winna fa tae sleepin.
⁴Ay, him fa waatches ower Israel winna rist nor sleep.
⁵E Lord's yer gairdian; e Lord's yer shade at yer richt han.

⁶E sin winna strick ye throwe e day nor e meen throwe e nicht.
⁷E Lord will hain ye fae aa ill; he'll kep yer life.
⁸E Lord will waatch ower yer ingyan an yer ootgyan baith noo an for ivver mair.

PSALM 122

A sang for gyan up, o Daavit.

A wis fair shuitit fan they said tae ma, "Lat's gyang tae e hoose o e Lord."
²Wir feet are stannin inno yer yetts, Jerusalem.
³Jerusalem is biggit lik a toon att's weel bun egither.
⁴Aa e clans gyang up, aa e clans o e Lord, tae Israel's airk, tae gie thanks tae e name o e Lord.
⁵There, e thrones o jeedgement were set, e thrones o e hoose o Daavit.
⁶Pray for e peace o Jerusalem: "Mith them fa loo ye dee weel.
⁷Mith peace be inno yer waas an weel-deein be inno yer keeps."
⁸For e sake o ma kith an kin A'll say, "Peace be inno ye."
⁹For e sake o e hoose o e Lord wir God, A'll sikk fit's for yer gweed.

PSALM 123

A sang for gyan up.

A reese up ma een tae ye, you fa dwalls i the hivvens.
²As the een o a loon leuk tae e han o e maister or the een o a deem leuk tae e han o e mistress, sae oor een leuk tae e Lord wir God, till he his mercy on hiz.
³Hae mercy on hiz, Lord, hae mercy on hiz, cause we've hid mair nor aneuch jamph.
⁴We've hid wir sairin o bein made a feel o bi croose fowk, an contemp fae e bigsy.

PSALM 124

A sang for gyan up, o Daavit.

Gin e Lord hidna been on oor side, lat Israel say,
²gin e Lord hidna been on oor side fan men reese up conter hiz,
³they wid hae swalliet hiz hale, fan their annger wis kittlt up agin hiz;
⁴e spate wid've been ower wir heids, e watters wid've come teemin ower wir sowls;
⁵e teerin watters wid've swypit hiz awa.
⁶Blisst be e Lord fa hisna lat hiz be rippit bi their teeth.
⁷We've escapit lik a bird fae e fowler's snare; e snare's breuken an we're lowsed.
⁸Wir help is i the name o e Lord, fa made hivven an earth.

PSALM 125

A sang for gyan up.

Them fa lippen till e Lord are lik Moont Zion, it canna be shaaken bit lests for aye.
²As e moontains surroon Jerusalem, sae e Lord surroons his fowk fae noo on an for aye.
³For e scepter o e cyaards winna reest ower e lan o e richteous, sae att e richteous winna turn their han tae deein ill.

⁴Lord, dee gweed tae them fa are gweed, tae them fa hiv upricht herts.
⁵Bit them fa turn aff e straicht, e Lord will lead them awa wi them fa wark ill.
Peace be onno Israel.

PSALM 126

A sang for gyan up.

Fan e Lord brocht back the exiles tae Zion, we were lik fowk in a dwaam.
²Wir moos were full o lauchin, wir tongues wi sangs o joy. Syne it wis said amo ither cuntras, "E Lord his deen winners for them."
³E Lord his deen winners for hiz. We're richt weel shuitit.
⁴Turn again wir exiles, lik e burns o e Negev.
⁵Them fa shaav wi tears will hairst wi shouts o joy.
⁶Them fa gyang oot greetin wi seed tae shaav, will come hame wi shouts o joy, cairryin shaives wi them.

PSALM 127

A sang for gyan up, o Solomon.

Oonless e Lord biggs e hoose, them fa bigg it are wastin their time. Oonless e Lords keeps waatch ower e toon, e gairds keepin waatch are wastin their time.
²There's nae eese in risin airly an gyan latchie tae yer bed, chauvin for maet tae ett, cause he gies sleep tae them fa he looes.
³Bairnies are an heirskip fae e Lord, e fruit o e wyme are a rewaard fae him.
⁴Lik arras i the hans o a bonnie fechter are bairns born tae ye fan ye're young.
⁵Happy is e chiel fas quivver is full o them. He winna be affrontit tae spik afore them fa conter him at e toon yett.

PSALM 128

A sang for gyan up.

Blisst are aa fa fear e Lord, fa waalk in his wyes.
²Ye'll ett fit ye've wirkit for, ye'll be happy an feint a care ye'll hae.
³Yer wife will be lik a weel-crappin vine ben yer hoose, yer bairns lik olive plants roon yer brod.
⁴Ay, att's e wye e chiel fa fears e Lord will be blisst.
⁵E Lord will bliss ye fae Zion an ye'll see Jerusalem dee weel aa e days o yer life.
⁶Mith ye live tae see yer bairns' bairnies. Peace be wi Israel.

PSALM 129

A sang for gyan up.

"They hiv tiraneesed ma fae e time A wis a loon," lat Israel say,
²"they hiv tiraneesed ma fae e time A wis a loon, bit they hinna gotten e better o ma.
³Ploomen hiv plooed ma back, makin lang furrs.
⁴Bit e Lord is richteous, he his havvert e raips o e coorse."

⁵Lat aa fa hate Zion be turnt back an affrontit.

⁶Lat them be lik girse on e reef att turns scruntit afore it growes.

⁷It winna full e hans o a raiper nor e oxters o a banster.

⁸An dinna lat them gyan by say tae them, "E blissin o e Lord be onno ye, we bliss ye i the name o e Lord."

PSALM 130

A sang for gyan up.

Oot o e depths A cry tae ye, Lord.

²Lord, hear ma vice. Lat yer lugs tak tent o ma cry for mercy.

³Lord, gin ye keepit a reckonin o ill-deeins, fa culd stan?

⁴Bit ee're willin tae forgie, sae ye mith be feared.

⁵A wyte for e Lord, ma verra sowl wytes, an A pit ma hope in his wird.

⁶Ma sowl wytes for e Lord, mair nor e waatchman wytes for e mornin, ay, mair nor e waatchman wytes for e mornin.

⁷Israel, hope i the Lord, for wi e Lord there is mercy, an wi him is a rowth o remead.

⁸He himsel will lowse Israel fae aa their ill-deeins.

PSALM 131

A sang for gyan up, o Daavit.

Ma hert's nae prood, Lord, nor ma een bigsy; A'm nae teen up wi high-falootin affairs, nor things ayont ma ken.

²Bit I hiv a quait, calm sooch, lik a spent bairn wi its mither; ma sowl inno ma is lik a spent bairnie.

³Israel, hope i the Lord, baith noo an for aye.

PSALM 132

A sang for gyan up

Lord, myn on Daavit an aa his tirmints.

²He swore an aith tae e Lord an made a voo tae e Michty Een o Jacob:

³"A winna gyang in tae ma hoose nor lie in ma bed,

⁴A winna lat sleep inno ma een nor rist tae ma eelids,

⁵till A fin a place for e Lord, a dwallin for e Michty Een o Jacob."

⁶We heard o't in Ephrathah, we cam on't i the parks o Jaar:

⁷"Lat hiz gyang tae his dwalling place, lat hiz wirship at his fitsteel sayin,

⁸'Rise up, Lord, an come tae yer reest, you an the airk o yer strinth.

⁹Mith yer priests be cled wi yer richteousness; mith yer leal fowk sing for joy.'"

¹⁰For e sake o yer loon Daavit, dinna turn awa yer annintit een.

¹¹E Lord swore an aith tae Daavit, a siccar aith he winna forsweer: "A'll set een o yer ain bairns on yer throne.

¹²Gin yer sins kep ma covenant an e laas A learn them, syne their sins will sit on yer throne for ivver an ivver."

¹³For e Lord his socht oot Zion, he his pickit it for his hame, sayin,

[14]"Iss is ma reest for ivver an ivver, here A'll sit on ma throne, cause iss is fit A wintit.
[15]A'll see till't att she wints for naethin; A'll see att her peer are weel-sairt for maet.
[16]A'll cled her priests wi salvation, an her saunts will aye sing for joy.
[17]Here A'll gar Daavit's horn breer an set up a cruisie for ma annintit een.
[18]A'll cled his faes wi shame, bit on his heid will be a glintin croon."

PSALM 133

A sang for gyan up, o Daavit

Foo gweed an couthie it is fan aabody's chief egither.
[2]It's lik ile o muckle wirth poored ower e heid, rinnin doon on e baird, rinnin doon ower Aaron's baird, doon e neck o his goon.
[3]It's as gin e dyowe o Hermon wis faa'in doon on Moont Zion. Cause att's far e Lord gies his blissin – life for ivvermair.

PSALM 134

A sang for gyan up.

Noo bliss e Lord, aa ye loons o e Lord fa meenister throwe e nicht i the hoose o e Lord.
[2]Reese up yer hans i the sanctuary an praise e Lord.
[3]Mith e Lord fa made hivven an earth, bliss ye fae Zion.

PSALM 135

Praise e Lord.Praise e name o e Lord; praise him, ye servants o e Lord,
[2]you fa stan i the hoose o e Lord, i the coorts o e hoose o wir God.
[3]Praise e Lord, for e Lord is gweed; sing praise tae his name, for att's couthie.
[4]For e Lord his pickit Jacob tae be his ain, an Israel tae be his ain byornar trissure.
[5]A ken att e Lord is great, att wir Lord is abeen aa gods.
[6]E Lord dis fitivver he likes, i the hivvens an on the earth, i the seas an i the deeps.
[7]He gars cloods rise fae the eins o e warl, he maks lichtnin for e rain an fesses e win oot o his barns.
[8]He strack doon the aulest-born o Egypt, baith man an beast.
[9]He sent his ferlies an winners inno e mids o ye, Egypt, conter Pharaoh an aa his servants.
[10]He strack doon muckle cuntras an killed mony keengs:
[11]Sihon keeng o the Amorites, Og keeng o Bashan, an aa e keengs o Canaan,
[12]an he gied their lan as an heirskip, an heirskip tae his ain fowk, Israel.
[13]Yer name, Lord, lests for ivver, aa ginnerations will myn weel o ye.
[14]For e Lord will jeedge his fowk an feel hert-sair for his servants.
[15]The eedols o e heathen are bit siller an gowd, made bi human hans.
[16]They hiv moos, bit canna spik, een, bit canna see.
[17]They hiv lugs, bit canna hear nor is there ony braith in their moos.
[18]Them fa mak them will be lik them, an sae will aa them fa pit their hope in them.
[19]Bliss e Lord, hoose o Israel, bliss e Lord, hoose o Aaron,
[20]bliss e Lord, hoose o Levi, bliss e Lord aa you fa fear him.
[21]Blisst be e Lord fae Zion, fa dwalls in Jerusalem.

Praise e Lord.

PSALM 136

Gie thanks tae e Lord, for he is gweed,
his luv lests for ivver.
[2]Gie thanks tae e God o gods,
his luv lests for ivver.
[3]Gie thanks tae e Lord o lords,
his luv lests for ivver,
[4]tae him fa dis winnerfu ferlies aa bi himsel,
his luv lests for ivver,
[5]tae him fas skeely wyes made e hivvens,
his luv lests for ivver,
[6]tae him fa spread oot e warl ower e watters,
his luv lests for ivver,
[7]tae him fa made e muckle lichts,
his luv lests for ivver,
[8]e sin tae rowle bi day,
his luv lests for ivver,
[9]e meen an stars tae rowle bi nicht,
his luv lests for ivver,
[10]tae him fa strack doon the aulest-born o Egypt,
his luv lests for ivver,
[11]an brocht oot Israel fae amo them,
his luv lests for ivver,
[12]wi a stoot han an his airm raxed oot,
his luv lests for ivver,
[13]tae him fa havvert e Reed Sea,
his luv lests for ivver,
[14]an garrt Israel traivel throwe e midse o't,
his luv lests for ivver,
[15]an keest Pharaoh an his airmy inno e Reed Sea,
his luv lests for ivver,
[16]tae him fa led his fowk throwe e roch cuntra,
his luv lests for ivver,
[17]tae him fa strack doon muckle keengs,
his luv lests for ivver,
[18]an killed pooerfu keengs,
his luv lests for ivver,
[19]Sihon, keeng o the Amorites,
his luv lests for ivver,
[20]Og, keeng o Bashan,
his luv lests for ivver,
[21]an gied their grun as an heirskip,
his luv lests for ivver,
[22]as an heirskip tae Israel his loon,
his luv lests for ivver,

²³fa mynt on hiz fan we were forfochen,
his luv lests for ivver,
²⁴an saves hiz fae wir faes,
his luv lests for ivver,
²⁵fa gies maet tae aa mortal thing,
his luv lests for ivver.
²⁶Gie thanks tae e God o hivven,
his luv lests for ivver.

PSALM 137

Bi e watters o Babylon we sat an grat fan we mynt on Zion.
²On e sauch busses i the midse o't we hingit wir hairps,
³for there them fa hid teen hiz speirt at hiz for sangs, them fa were tiraneesin hiz socht sangs fae hiz, sayin, "Sing een o e sangs o Zion till hiz."
⁴Foo can we sing e Lord's sang in a forrin cuntra?
⁵Gin A forget ye, Jerusalem, mith ma richt han forget its airt.
⁶Mith ma tongue stick tae e reef o ma moo gin A dinna myn on ye, gin A dinna think o Jerusalem as ma eemaist joy.
⁷Myn, Lord, fit e clan Edom said att day at Jerusalem, "Teer it down," they roart, "teer it doon tae its founs."
⁸Dother o Babylon, fa will get yer comeuppance, happy is the een
fa peys ye back for fit ye've deen tae hiz.
⁹Happy is the een fa taks ahaud o yer geets an dunts them agin a steen.

PSALM 138

A psalm o Daavit.

A'll gie ye thanks, Lord, wi aa ma hert, A'll sing yer praises afore e gods.
²A'll boo doon e wye o yer haily Temple an will praise yer name for yer abidin luv an yer trowth; cause ye've reesed up yer wird an yer name abeen aa.
³E day A cried tae ye, ye answert ma, ye gied ma strinth att hertent ma.
⁴Aa e keengs o e warl will praise ye, Lord, fan they hear e wirds ye've spoken.
⁵Ay, they'll sing o e wyes o e Lord, cause e glory o e Lord is great.
⁶Tho e Lord is abeen aa, he's couthie wi e hummle, bit he sees e prood fae hine awa.
⁷Tho A'm fair forfochen, ye'll timmer ma up. Ye rax oot yer han agin e rage o ma faes, wi yer richt han ye'll save ma.
⁸E Lord will feenish fit he's deen for ma; yer luv, Lord, lests for aye: dinna gie up e wark o yer hans.

PSALM 139

Tae e heid o meesic. A psalm o Daavit.

Ye've teen a gweed leuk o ma, Lord, an ye ken ma.
²Ye ken ma fan A sit doon an fan A rise up; ye ken fit A'm thinkin fae hine awa.
³Ye waatch e road A tak an fan A lie doon; ye're aquant wi aa ma wyes.
⁴Afore a wird wins e linth o ma tongue, ye ken aa aboot it, Lord.

⁵Ye're aa roon ma, afore an ahin, an ye lay yer han onno ma.

⁶Kennin sic things is ower winnerfu for ma, ower heich for ma tae win at.

⁷Far can A gyang fae yer speerit? Far can A rin an hide fae ye?

⁸Gin A gyang up tae hivven, ye're there; gin a mak ma bed i the grave ye're there.

⁹Gin A rise at e skreek o day or sattle at e farrest side o e seas,

¹⁰even there yer han will lead ma an yer richt han haud ma.

¹¹Gin A say, "Seerly e mirk will hide ma, an e licht turn tae nicht aroon ma,"

¹²even e mirk winna be mirk tae you, e nicht will sheen lik day. Mirk an licht are aa e same tae you.

¹³For ye made ma innermaist pairts, ye knittit ma egither inno ma mither's wyme.

¹⁴A praise ye for makkin ma sae winnerfu quirkie, aa yer warks are winnerfu, A ken att fine.

¹⁵Ma bouk wisna hodden fae ye, fan a wis made in saicret, fan A wis wyven egither i the depths o e grun.

¹⁶Yer een saa ma bouk tho it wisna yet firmed; an aa e days set oot for ma were screiven in yer beuk afore ony o them cam tae be.

¹⁷Foo praicious tae ma are yer thochts aboot ma, God. Foo mony, mony they are.

¹⁸Gin A wis tae coont them they wid be mair nor e san. Fan a waaken, A'm aye wi ye.

¹⁹Gin ye wid bit kill e coorse. Haud awa fae ma ye bleedthirsty.

²⁰They spik ill o ye an yer faes mislippen yer name.

²¹Divn't A hate them fa hate you, Lord, an canna thole them fa rebel agin ye?

²²A jist canna thole them avaa, A coont them tae be ma faes.

²³Tak a gweed leuk o ma, God, an ken ma hert, try ma an ken ma hert's care.

²⁴See gin there be ony coorseness in ma an lead ma i the ivverlestin wye.

PSALM 140

Tae e heid o meesic. A psalm o Daavit.

Save ma, Lord fae cyaards; hain ma fae roch fowk,

²fa think up ill proticks in their herts an steer up strife ilka day.

³They shairpen their tongues lik a snake, e pooshun o adders is onno their lips.

⁴Kep ma, Lord, fae e hans o e coorse, hain ma fae roch fowk fa try tae trip ma up.

⁵E prood hiv hodden a snare for ma, an hiv spread oot e raips o their nit an set traps alang e road for ma.

⁶A say tae e Lord, "Ye're ma God." Hear ma cry for help, Lord.

⁷God e Lord, e strinth o ma salvation, ye hap ma heid i the day o battle.

⁸Dinna gie e coorse fit they're sikkin, Lord; dinna lat their proticks come speed.

⁹Lat them fa surroon ma, hae e deviltry o their lips faa on their ain heids.

¹⁰Lat burnin coals faa onno them; lat them be cassen inno e fire, inno e goor, niver tae rise.

¹¹Dinna lat them fa spik ill o ither fowk dee weel i the warl. Lat crockaneetion hunt doon roch fowk.

¹²A ken e Lord will see richt is deen tae them fa are forfochen an uphaud e cause o them fa are in wint.

¹³Seerly e richteous will gie thanks for yer name an e gweed-livin will dwall far ee are.

PSALM 141

A psalm o Daavit.

A cry tae ye Lord, hist ye tae ma. Hear ma fan A cry tae ye.

²Lat ma prayer be set afore ye lik haily reek; lat e liftin up o ma hans be lik e gloamin sacrifeece.

³Set a gaird ower ma moo Lord; kep e door o ma lips.

⁴Dinna boo ma hert tae naethin ill nor wirkin ill wi cyaards; dinna lat ma sup their gulshachs.

⁵Lat e richteous strik ma: att's for ma ain gweed. Lat him gie ma a raigin: att's ile on ma heid. Dinna lat ma heid refeese it, cause aye yet ma prayer will be agin their ill proticks.

⁶Their chiefs will be cassen ower e craigs an e coorse will hear my wirds, cause they're couthie.

⁷Wir beens are scattert at e moo o e grave lik grun breuken in wi e ploo.

⁸Bit ma een are on you, Lord ma God, in you A tak ma bield. Dinna leave ma tae dee.

⁹Keep ma fae e snares they hiv set for ma an fae e traps o e cyaards.

¹⁰Lat e coorse be teen in their ain nits, bit lat ma gyang by saufly.

PSALM 142

A psalm o Daavit tae gar ye think, fae fan he wis i the cave.

A cried oot tae e Lord; A reesed ma vice tae prig wi e Lord for mercy.

²A poor oot ma grummles afore him; A tell him o aa ma trauchles.

³Fan ma speerit turnt dweebly inno ma, ye were the een fa keepit an ee on ma road. Alang e road far A traivel, fowk hiv hodden a snare for ma.

⁴A leukit tae e richt an there wisna a sowl tae tak tent o ma; naebody cared a docken for ma, A hiv nae bield. There wis nae naebody tae fash themsels aboot ma.

⁵A cried tae ye, Lord. A said, "Ye're ma bield, ma heirskip i the lan o e livin."

⁶Hearken tae ma cry, cause A'm sair forfochen; hain ma fae them fa chase efter ma, cause they are some muckle for ma.

⁷Lowse ma fae ma jile sae A mith praise yer name. Syne e richteous will surroon ma, cause ye're sae gweed tae ma.

PSALM 143

A psalm o Daavit.

Lord, hear ma prayer, hearken tae ma cry for mercy; in yer lealty an richteousness answer ma.

²Dinna fin faut wi yer loon, cause nae mortal sowl is richteous fan ee're aboot.

³The innemy his tirraneesed ma sowl, he dings ma doon tae e grun, he gars ma dwall i the mirk, lik them lang deid.

⁴Sae ma speerit is forfochen inno ma; ma hert inno ma is sair come at.

⁵A myn on aul lang syne; A think lang aboot aa yer warks an refleck on e warks o yer hans.

⁶A rax oot ma hans tae ye; A thirst for ye lik druchtit grun.

⁷Hist ye tae answer ma, Lord; ma speerit dwaams. Dinna hide yer face fae ma for fear A turn lik them fa gyang doon tae e mools.

⁸Lat ma hear o yer leal luv i the foreneen, cause A've pat ma trust in ye. Learn ma e richt gait, cause A reese up ma sowl tae ye.

⁹Hain ma fae ma faes, Lord, cause A rin tae ye tae proteck ma.

¹⁰Learn ma tae dee fit ye're sikkin, cause ee're ma God. Mith yer gweed speerit lead ma on livil grun.

¹¹For e sake o yer name, Lord, lat ma live; in yer richteousness fess ma oot o herm's wye.

¹²In yer unfailin luv, quaiten ma faes, ding doon aa them fa tirraneese ma sowl, cause A'm yer loon.

PSALM 144

A psalm o Daavit.

Blisst be e Lord ma strinth, fa learns ma hans for waar, ma finngers for fechtin.
²He's ma gweedness an ma keep, ma heich tooer, ma deliverer, ma targe, in fa A tak ma lythe. He gars cuntras knuckle doon tae ma.
³Lord, fit are fowk att ye leuk efter them, or Jock Tamson bairns att ye think o them?
⁴They're lik a puff o win; their days are lik a shadda passin throwe.
⁵Sinner yer hivvens, Lord an come doon; touch e moontains, an gar them reek.
⁶Kees doon lichtnin an scatter them; shot yer arras an gar them skail.
⁷Rax doon yer han fae abeen; deliver ma an hain ma fae e muckle watters, fae e hans o forriners,
⁸fas moos spik lees, fas richt hans are sleekit.
⁹A'll sing a new sang tae ye, God; A'll sing praises tae ye on e ten-stringed hairp.
¹⁰Tae the een fa gies victory tae keengs, fa saves his loon Daavit fae e mischeivin swoord.
¹¹Save ma. Haud ma oot amo e hans o forriners fas moos are full o lees, fas richt hans are sleekit.
¹²Syne wir young birkies will be lik growthie plants, an wir dothers will be lik cornersteens fit for a palace.
¹³Wir barns will be fulled wi aa kyn o hairst. Wir sheep will eik tae thoosans an tens o thoosans in wir parks;
¹⁴wir nowt mith be weel boukit. There will be nae dingin doon o waas, nor bein teen awa, nae greetin soun in wir gaits.
¹⁵Happy are e fowk fa hiv iss wye o't; happy are e fowk fas God is e Lord.

PSALM 145

A psalm o praise. O Daavit.

A'll reese yee up, ma God e Keeng an A'll bliss yer name for ivver an ivver.
²Ilka day A'll bliss ye an reese oot yer name for ivver an ivver.
³Great is e Lord an maist warrantin o praise; his greatness is ayont aa.
⁴Ae ginneration will reese oot yer warks tae anither, they tell o yer winnerfu deeins.
⁵A'll spik o yer kenspeckle majesty an aa yer byous warks.
⁶Fowk will spik aboot e micht o yer aawsome warks an will tell o yer greatness.
⁷They'll reese oot e fame o yer muckle gweedness an blithely sing o yer richteousness.
⁸E Lord is couthie an kindly, slaw tae flee in a rage an reamin ower wi luv.
⁹E Lord is gweed tae aa an his hert-peety for aa he his made.
¹⁰Aa yer warks praise ye, Lord; an yer saunts bliss ye.
¹¹They'll spik o e glory o yer keengdom an tell o yer pooer.
¹²sae att aabody mith ken aboot yer winnerfu deeins an e byous brawness o yer keengdom.
¹³Yer keengdom is an ivverlestin keengdom, an yer rowle is for aa ginnerations.
¹⁴E Lord hauds up aa fa are doon an reeses up aa fa are twa-faul.
¹⁵Aabody's een are onno ye an ye gie them maet at e richt time.
¹⁶Ye open yer han an sair e wints o aa mortal thing.
¹⁷E Lord is richteous in aa his wyes an couthie in aa he dis.
¹⁸E Lord is anent aa fa cry on him; tae aa fa cry on him in trowth.
¹⁹He sairs e wints o aa fa fear him; he hears their cry an saves them.
²⁰E Lord waatches ower aa fa loo him, bit he'll ding doon aa e coorse.
²¹Ma moo will spik in praise o e Lord. Lat ilka craiter praise his haily name for ivver an ivver.

PSALM 146

Praise e Lord. Praise e Lord, ma sowl.

²A'll praise e Lord as lang as A'm tae e fore; A'll sing praise tae ma God as lang as A draa braith.

³Dinna lippen tae princes, nor tae fowk fa canna dee naethin for ye.

⁴Fan their braith gyangs fae them they gyang back tae e grun; att day their proticks come tae naethin.

⁵Happy are them fas help is e God o Jacob, fas hope is i the Lord their God,

⁶fa made hivven an earth, e sea an aa att's inno them: he bides leal for ivver.

⁷He sees att e doon-haudden are seen aa richt an gies maet tae e hunngry. E Lord lowses them fa are held in aboot.

⁸E Lord gies sicht tae e blin an reeses up them fa are twa-faul. E Lord looes e richteous.

⁹E Lord leuks efter forriners an helps the orphans an e weedas, bit he pits e haims on e deeins o coorse fowk.

¹⁰E Lord will rowle for ivver: your God, Zion, for aa ginnerations. Praise e Lord.

PSALM 147

Praise e Lord, cause it's gweed tae sing praises tae wir God, foo cantie an richtlins tae praise him.

²E Lord is biggin up Jerusalem; he gaithers aa the ootcasts o Israel.

³He maks e breuken-hertit better an bins up their sairs.

⁴He coonts aa e stars an caas ilka een bi its name.

⁵Wir Lord is great an his muckle pooer. There's nae bouns tae his unnerstannin.

⁶E Lord reeses up e hummle bit keests e coorse doon tae e grun.

⁷Sing tae e Lord wi thankfu praise; sing praise tae wir God on e hairp.

⁸He haps e lift wi cloods; he gies e warl its rain an gars e girse growe on e hills.

⁹He maets e beasts an feeds e gorblin craas fan they skirl.

¹⁰His disna tak pleasure i the strinth o e horse nor dis he care for e shanks o e waarrior;

¹¹e Lord taks pleesure in them fa fear him, fa pit their hope in his luv.

¹²Praise e Lord, Jerusalem; praise yer God, Zion.

¹³He strinthens e bars o yer yetts an blisses yer bairns inno ye.

¹⁴He gies peace tae yer mairches an sairs yer hunnger wi e best o wheat.

¹⁵He sens his biddins tae e warl; his wird is aye knypin on.

¹⁶He sens e snaa lik oo an scatters e frost lik shunners.

¹⁷He flings doon his hailsteens lik mealicks. Fa can thole his stervation?

¹⁸He sens oot his wird an thowes them; he gars his win blaa an e watters rin.

¹⁹He his shewn his wird tae Jacob, his laas an biddins tae Israel.

²⁰He hisna deen iss for nae ither cuntra; they dinna ken his laas.
Praise e Lord.

PSALM 148

Praise e Lord.
Praise e Lord fae e hivvens; praise him i the lift abeen.

²Praise him, aa his angels; praise him, aa his hivvenly airmy.

³Praise him, sin an meen; praise him, aa ye stars o licht.

⁴Praise him, ye heichest hivvens an you watters att are abeen e lift.

⁵Lat them praise e name o e Lord, cause he gied e biddin an they were vrocht.

⁶He set them doon for ivver an ivver an gied e biddin att will nivver weer by.

⁷Praise e Lord aa e warl, aa ye sea bogles an aa e deeps o e seas,

⁸lichtnin an hailsteens, snaa an cloods, blatterin wins att dee fit he tells them,

⁹heilans an hills, fruit trees an cedars,

¹⁰wild beasts an aa nowt, creepie-craawlies an fleein birds,

¹¹keengs o e warl an aa cuntras, clan chiefs an aa rowlers i the warl,

¹²young loons an quines, aul fowk an bairns.

¹³Lat them praise e name o e Lord, cause his name aleen is reesed up; his glory is abeen e warl an e hivvens.

¹⁴An he his reesed up a horn for his fowk; e praise o aa his saunts: e fowk o Israel, e fowk he hauds in his bosie.

Praise e Lord.

PSALM 149

Praise e Lord.

Sing a new sang tae e Lord an his praise i the gaitherin o e leal.

²Lat Israel be joyfu in him fa made them, lat e fowk o Zion be gled in their keeng.

³Lat them praise his name wi dancin an lat them sing praises tae him wi tambourine an hairp.

⁴For e Lord taks pleesure in his fowk; he croons e hummle wi salvation.

⁵Lat e richteous be croose in glory an sing oot o them on their beds.

⁶Lat e praise o God be in their moos an a braidswoord be in their hans,

⁷tae inflick a laawin on e cuntras an a sairin on e fowk,

⁸tae bin their keengs wi chines an their chiefs wi bans o airn,

⁹tae cairry oot on them e jeedgement att wis screiven. Iss is e glory o aa his leal fowk.

Praise e Lord.

PSALM 150

Praise e Lord.

Praise God in his sanctuary; praise him in his michty hivvens.

²Praise him for his pooerfu deeins, praise him for his feerious greatness.

³Praise him wi e sounin o e tooteroo, praise him wi e lyre an e hairp,

⁴praise him wi tambourine an dancin, praise him wi fiddles an pipes,

⁵praise him wi e dunt o cymbals, praise him wi e knackin dirdum o cymbals.

⁶Lat aa att his braith praise e Lord.

Praise e Lord.

SAAWS
(PROVERBS)

CHAPTIR 1

E saaws o Solomon, sin o Daavit, keeng o Israel:

[2]Tae learn wisdom an teachin, for unnerstannin clivver sayins, [3]for gettin learnin in foo tae behave an deein fit's richt, fair an jeest; [4]tae gie forethocht tae e blate, kennin an mense tae e young. [5]Lat e wise hearken an eik oot their learnin, an lat the unnerstannin get soun coonsel: [6]for unnerstannin a saaw or a sayin, e saaws an riddles o e wise.

[7]E fear o e Lord is e beginnin o knowledge, bit feels think lichtsome o wisdom an lear. [8]Hearken, ma loon, tae fit yer fadder learns ye, an dinna rejeck yer mither's lear. [9]They are a wreath o grace for yer heid an gowd chines roon yer neck.

[10]Ma loon, gin cyaards timpt ye, dinna gie in tae them. [11]Gin they say, "Come awa wi hiz, lat's lie in wyte for bleed, lat's skulk aboot an tak some hermless craiter; [12]lat's swally them alive, lik e grave, an hale, lik them fa gyang doon tae e pit; [13]we'll get aa kyn o vailyable gear an full wir hooses wi fit we tak; [14]tak yer chaunce wi hiz an we'll aa tak a share o fit we herrie," [15]ma loon, dinna tak their road, dinna set a fit on their gait; [16]cause their feet rin tae fit's ill an they're nae slaw tae spull bleed. [17]Fit's the eese o settin a nit far a bird can see it? [18]Sic chiels lie in wyte for their ain bleed; aa they tak is themsels. [19]Sic is e road o them fa are hunngry for ill-gotten gains; it taks awa e life o them fa get it.

[20]Ootside wisdom shouts oot o her, she reeses her vice i the plainsteens; [21]she stans at e heid o e brae an roars oot o her, she his her say-awa att e toon yett: [22]"Foo lang will you sappie-heidit loo yer blate wyes? Foo lang will e scowffers be weel teen wi their scowffin an feels hate learnin? [23]Turn awa fae ma raigin. Syne A'll poor oot ma thochts tae ye an learn ye ma wird.

[24]Bit cause ye winna hearken fan A cry on ye, an naebody taks nae heed fan A rax oot ma han, [25]an ye dinna tak wi ma advice an winna accep ma nippit wirds, [26]A'll jist lauch at yer mishanters, an scowff fan an amshach besets ye, [27]fan tribble comes at ye lik a storm an mishanter swypes ower ye lik a furlin win, fan fash an mischief come on ye. [28]Syne they'll cry tae ma, bit A winna answer; they'll leuk for ma bit they winna fin ma: [29]cause they hated learnin an didna gie themsels tae fear e Lord. [30]They widna tak a tellin fae ma an keest oot ma warnins, [31]they'll sup e fruit o their wyes an get e sairin o their proticks. [32]E thraawnness o e sappie-heidit will kill them, an eedle-oodle feels will be deen awa wi; [33]bit faaivver listens tae me will sit siccar an will be at ease fae e fear o skaith.

CHAPTIR 2

Ma loon, gin ye accep ma wirds an tak ma commans inno yer breist, [2]turnin yer lugs tae learnin an boo'in yer hert tae unnerstannin, [3]ay, gin ye cry oot for learnin an reese yer vice for unnerstannin, [4]an gin ye leuk for it lik siller an sikk it oot lik hodden trissure, [5]syne ye'll unnerstan e fear o e Lord an learn foo tae ken God. [6]Cause e Lord gies wisdom, oot o his moo come learnin an unnerstannin. [7]He hauds soun wisdom for e gweed-livin, he's a targe tae them fa nivver dee nae ill, [8]cause he gairds e road o e gweed-livin an waatches ower e deeins o his saunts. [9]Syne ye'll come tae ken fit's richt an jeest an fair, ay, ilka straicht road.

[10]Cause wisdom will gyang intae yer hert an learnin will be a pleesure tae yer sowl. [11]Mense will leuk efter ye an unnerstannin will gaird ye. [12]Wisdom will save ye fae e wyes o cyaards, fae chiels fa are fool-moo'ed, [13]fa hiv left e straicht an nerra tae waalk i the mirky wyes, [14]fa are nivver happier nor fan they are deein ill an tak pleesure i the joukery-packery o ill, [15]fas roads gang agley an fa are sleekit in their deeins. [16]Wisdom will save ye fae the orra wumman, fae e strumpit, wi her timptin wirds, [17]fa his left her aul man an turnt her back on e promise she made wi God. [18]She draps doon tae daith alang wi her hoose, an her road leads tae e lan o e deid. [19]Neen fa gyang tae see her come back nor waalk on e road o life. [20]Sae ye maun waalk i the wyes o e gweed an keep tae e road o e gweed-livin. [21]Cause e gweed-livin will dwall i the lan an them fa dee nae ill will bide on there; [22]bit e coorse will be sned oot o e lan an e cyaards will be rivven fae't.

CHAPTIR 3

Ma loon, dinna forget fit A've learnt ye, keep ma commans in yer hertie, [2]cause it will gie ye a lang life an fess ye peace an weel-deein. [3]Lat luv an trowth nivver depairt fae ye; bin them roon yer neck an vreet them in steen on yer hert. [4]Syne ye'll be likit an thocht weel o bi God an aa fowk.

[5]Trust i the Lord wi aa yer hert an dinna depen on yer ain unnerstannin; [6]ken him in aa ye dee an he'll redd ye a straicht road.

[7]Dinna think yersel clivver; fear e Lord an haud clear o coorseness. [8]Att will see ye hale an herty an fess marra tae yer beens. [9]Honour e Lord wi yer walth, wi e first o aa yer hairsts; [10]syne yer barns will be stappit full an yer bowies reamin ower wi new wine.

[11]Ma loon dinna think lichtsome o e Lord's correctin o ye, an dinna be ill teen-on fan he checks ye, [12]cause e Lord keeps them fa he looes in aboot, jist lik a fadder correcks e sin att he looes.

[13]Blisst are them fa fin wisdom, them fa win tae unnerstannin, [14]cause wisdom will win ye mair nor siller, dee mair gweed for ye nor gowd. [15]She's wirth mair nor rubies; naethin ye culd wint is e mar o her. [16]Lang life is in her richt han; in her left han are walth an honour. [17]Her wyes are cantie an aa her paths are peace. [18]She is a tree o life tae them fa tak haud o her; them fa haud on tae her are blisst. [19]Throwe wisdom e Lord laid e warl's founs, throwe unnerstannin he set oot e hivvens; [20]throwe his ken e deep watters were pairtit up an e cloods drap doon e dyowe.

[21]Ma loon, dinna lat wisdom an unnerstannin oot o yer sicht, keep soun wisdom an mense; [22]they'll be life tae yer sowl an grace tae yer neck. [23]Syne ye'll trump a sauf road an yer fit winna styter. [24]Fan ye lie doon, ye winna be neen feart, fan ye lie doon, yer sleep will be douce. [25]Nivver hae fear o sudden mishanter or o e crockaneetion o e cyaards, fan it comes, [26]cause e Lord will be aside ye an will kep yer fit fae bein teen.

[27]Dinna haud back gweed fae them fa are wirthy o't, fan it's in yer pooer tae dee sic a thing. [28]Dinna say tae yer neeper, "Come back e morn an A'll gie it tae ye," fan ye hiv it in yer han ariddy. [29]Dinna plan ill agin yer neeper, fa bides aside ye in peace.

[30]Dinna strive wi ither fowk for nae cause fan they've deen ye nae ill.

[31]Dinna be jillous o roch fowk nor pick tae folla their wyes. [32]Cause e Lord canna thole a cyaard, bit taks e gweed-livin intae his bosie.

³³E Lord's curse is on e hoose o e cyaard, bit he blisses e hame o e gweed-livin. ³⁴He jamphs at them fa jamph, bit is gweed tae the doon cassen. ³⁵The wise will be heir tae honour, bit feels get naethin bit shame.

CHAPTIR 4

Hearken, ma loons, tae a fadder's tellin, tak tent sae ye mith come tae unnerstannin. ²A gie ye soun learnin, dinna forsake ma wird. ³Cause I tee wis a sin tae ma fadder, frush an looed bi ma midder. ⁴He learnt ma, sayin, "Lat yer hert tak haud o ma wirds, kep ma commans an ye'll live. ⁵Get wisdom, get unnerstannin; dinna forget it nor turn awa fae fit A'm sayin. ⁶Dinna forsake wisdom, an she'll leuk efter ye; loo her an she'll waatch ower ye. ⁷E beginnin o wisdom is tae get wisdom. An wi aa ye hiv, get unnerstannin. ⁸Think muckle o her an she'll haud ye up, tak her in yer bosie an she'll honour ye. ⁹She'll pit a wreath o grace on yer heid an gie ye a croon o glory." ¹⁰Hearken, ma loon, tak in fit A'm tellin ye an ye'll liv for mony a year. ¹¹A've learnt ye aboot e wyes o wisdom an led ye alang straicht roads. ¹²Fan ye waalk yer fit winna be hinnert, fan ye rin ye winna styter. ¹³Haud on tae yer learnin, dinna lat go o't, leuk efter it weel, cause it's yer life.

¹⁴Dinna set fit on e road o e coorse nor traivel e wye o e cyaard. ¹⁵Haud clear o't, dinna gyang e wye o't, turn awa fae't an haud on by. ¹⁶For they canna rist till they've deen ill; they are chettit o sleep till they cowp somebody up. ¹⁷They ett e breid o coorseness an sup e wine o fechtin. ¹⁸E path o e gweed-livin is lik e mornin sin, sheenin brichter an brichter till e full o day. ¹⁹Bit e wye o e cyaard is lik pick mirk, he disna ken fit gars him styter.

²⁰Ma loon, tak tent o fit A'm sayin, boo yer lug tae ma wirds. ²¹Dinna lat them oot o yer sicht, kep them inno yer hert; ²²cause they are life tae them fa fin them an health tae yer hale body.

²³Abeen aa, tak care o yer hert, cause aathin ye dee reams oot o't. ²⁴Keep yer moo clean an dinna hae fool spik. ²⁵Lat yer een leuk straicht forrit an staw yer sicht fair afore ye. ²⁶Tak thocht tae e paths for yer feet an be siccar in aa yer deeins. ²⁷Dinna turn tae e richt nor e left; haud yer fit fae ill.

CHAPTIR 5

Ma loon, tak tent o ma wisdom, boo yer lug tae ma unnerstannin, ²sae ye mith kep yer mense an yer lips kep their learnin.

³Cause e lips o e strumpit are dreepin wi hunny, her wird is mair sleekit nor ile, ⁴bit i the hinnerein she's as soor as wirmwid, as shairp as a braidswoord. ⁵Her feet gyang doon tae daith, her steps lead straicht tae e grave. ⁶She his nae thocht for e path o life, she hakes aboot back an fore bit disna ken ony better. ⁷Sae noo, ma loons, hearken tae ma an dinna turn awa fae fit A'm tellin ye. ⁸Haud weel awa fae her, dinna gyang near han e door o her hoose, ⁹for fear ither fowk think little o ye an ye gie yer years tae e coorse, ¹⁰an forriners will tak their full o yer walth an some ither chiel will get e gweed o yer darg. ¹¹At the ein o yer life ye'll compleen fan yer flesh an body are foonert. ¹²Ye'll say, "A culdna thole bein held in aboot an foo ma hert held awa fae correction. ¹³A hinna listent tae ma dominies nor booed ma lug tae ma teachers. ¹⁴A near han cam tae crockaneetion afore e congregation o God's fowk."

[15]Drink watter fae yer ain bowie, watter rinnin fae yer ain waalie. [16]Shuld ye lat yer springs pirr oot aa roon aboot an yer burnie rin i the street?[17]Lat them be yer ain, nae tae be pairtit oot wi e fremt. [18]Lat yer foontain be blisst, an mith ye be happy i the wife ye mairriet aa that ears ago. [19]Lik a lovin doe, a gracefu deer, mith her breists aye please ye, an mith ye aye be foo wi her luv. [20]Fit wye, ma loon, be teen in bi anither man's wife an gie bosies tae a strumpit? [21]Cause e Lord sees aathin ye dee an he waatches ilka step ye tak.

[22]The coorse wyes o e cyaard snare him, an e raips o his ill-deein bin him fest. [23]For wint o haddin in aboot, he'll dee, an cause o his muckle feelness, he'll styter tae crockaneetion.

CHAPTIR 6

Ma loon, gin ye've steed gweed for a len for yer neeper, gin ye've shaaken hans in a wad for a fremt, [2]ye're held bi fit ye said, snared bi e wirds o yer moo. [3]Sae dee iss, ma loon, tae lowse yersel, ye've faa'en inno yer neeper's hans, rin an haud att him an prig wi him for aa ye're wirth. [4]Dinna lat sleep intill yer een nor rist tae yer eelids. [5]Lowse yersel, lik a deer fae e han o e stalker, lik a bird fae e fowler's snare.

[6]Gyang tae the emerteen, ye sweirty, waatch its wyes an learn somethin. [7]It his nae grieve, maister nor rowler, [8]still-an-on it maks its maet i the simmer an gaithers its fairin at hairst-time. [9]Foo lang will ye lie there, ye sweirty? Fan will ye get up fae yer snoozin? [10]A wee sleepie, a wee nappie, a wee faulin o e hans in rist, [11]an wint will come on ye lik a reiver an scant lik an airmed cateran.

[12]A gweed-for-naethin, a cyaard, gyangs aboot wi a fool moo. [13]He winks his ee, shuffles his feet an wags his finngers, [14]plots ill wi a contermashious hert an is aye steerin up strife. [15]Sae it winna be lang or he comes tae crockaneetion; he'll be dung doon aa at eence an there will be nae road back.

[16]There's sax things e Lord canna thole, ay, syven att he his nae time for avaa: [17]a heich-heidit leuk, a leein tongue, hans att shed innocent bleed, [18]a heart att thinks up coorse proticks, feet att are fest tae rin efter ill, [19]a leein witness fa poors oot haivers an a body fa steers up strife amo fowk att wid gree.

[20]Ma loon, dee fit yer fadder bids ye, an dinna rejeck yer mither's learnin. [21]Aye bin them tae yer hert an festen them roon yer neck. [22]Fan ye traivel aboot, they'll lead ye; fan ye sleep, they'll keep a waatch on ye; fan ye waaken, they'll spik tae ye. [23]Cause iss comman is a lamp, iss learnin a licht, an rows an teachin are e wye tae life, [24]keepin ye awa fae yer neeper's wife, fae e fleetchin tongue o e strumpit. [25]Dinna hae an ee for foo bonnie she is nor lat her tak ye in wi her een. [26]Cause throwe a hoor, a chiel can be brocht tae a loaf o breid, bit anither man's wife will hake for yer verra sowl. [27]Can a chiel haud fire tae his breist an nae get his claes brunt? [28]Can a man waalk on het coals an nae burn his feet? [29]Sae it's e same wi e chiel fa sleeps wi anither man's wife, faaivver touches her winna gyang athoot gettin his finngers brunt. [30]Fowk dinna haud it agin a thief gin he pinches tae full his belly fan he's hunngert. [31]Still-an-on, gin he's catcht, he maun pey back syvenfaul, gien aa the haudin o his hoose. [32]Bit a chiel fa lies wi anither man's wife is a feel; he destroys himsel. [33]He'll get a haimmerin an be held in disgrace, an his shame will nivver be dichtit awa. [34]Cause jillousy timmers a man up an he winna haud his han eence he sets oot tae get his ain back. [35]He winna accep ony mends, an he winna be contint tho ye offer him a muckle back-hanner.

CHAPTIR 7

Ma loon, kep ma wirds an trissure ma commans inno ye. ²Kep ma commans an ye'll live; gaird ma learnin as the aipple o yer ee. ³Bin them on yer finngers; vreet them in steen on yer hert. ⁴Say tae wisdom, "Ye're ma sister," an caa unnerstanin a near freen. ⁵They'll kep ye fae the wumman att wid lie wi anither man, fae e strumpit an her sweetie-wirds.

⁶At e winda o ma hoose, A leukit doon throwe e drapes. ⁷A saa amo e sappie-heidit, A saa amo e birkies, a loon fad hid nae sense. ⁸He wis gyan doon e street near han her neuk, an gaed ower e wye o her hoose ⁹at gloamin, as e licht wis gyan doon an e mirk o nicht settin in. ¹⁰Syne a wumman cam tae meet him, riggit oot lik a hoor an wi a sleekit airt. ¹¹She's braisent an forritsome, her feet are nivver at hame; ¹²files i the street, files at e mairt, scungin aboot at ilka neuk. ¹³She claucht him an kisst him an wi an impident leuk she said: ¹⁴"A teuk ma voos e day an A hiv maet fae ma offerins at hame. ¹⁵Sae A cam oot tae meet ye; A leukit for ye aawye an noo A've faun ye. ¹⁶A've spread ma bed wi bonnie coverins made oot o colourt lawn fae Egypt. ¹⁷A've scintit ma bed wi myrrh, aloes an ceenamon. ¹⁸Come on, lat's tak wir full o luv till mornin; lat's hae a rare time wi luv. ¹⁹Ma man's awa fae hame: awa on a lang trip. ²⁰He teuk a bag o siller wi him, an winna be hame till e full meen." ²¹Wi trystin wirds she led him agley, she mistrystit him wi her sweetie-wirds. ²²Aa at eence he follas her lik a stot gyan tae e slauchter, or lik a feel gyan tae e stocks, ²³till an arra probs his liver, lik a bird fleein intae a snare, nae kennin it will cost him his life.

²⁴Sae noo, ma loons, hearken tae ma; tak tent o fit A'm sayin. ²⁵Dinna lat yer hert turn tae her wyes, nor wanner inno her road. ²⁶She's fessen mony tae crockaneetion; her victims are a muckle thrang. ²⁷Her hoose is e road tae hell, leadin doon tae e chaulmers o daith.

CHAPTIR 8

Dis wisdom nae cry oot? Dis unnerstannin nae reese her vice? ²At e heid o e hill alang e wye, far e roads meet, she taks her stan; ³anent e yett o e toon, at e wye in, she roars oot o her: ⁴"Tae you, ma fowk, A cry oot; A reese ma vice tae fowk aawye. ⁵Ye saft-heidit, win some sense; an you feels, get some unnerstannin. ⁶Hearken, cause A hiv braw things tae say; an fae ma lips will come fit's richt. ⁷Ma moo will spik e trowth cause ma lips canna thole coorseness. ⁸Aa e wirds o ma moo are jeest; neen o them are camshachelt nor contermashious. ⁹They're straichtforrit tae them fa unnerstan an richt tae them fa hiv faun learnin. ¹⁰Tak ma instruction raither nor siller an learnin raither nor e purest gowd, ¹¹cause wisdom is wirth mair nor rubies, an naethin ye culd ivver wint is e mar o her. ¹²"I, wisdom, dwall wi intelleck; A hiv learnin an mense. ¹³Tae fear e Lord is tae hate ill; A canna thole conceit, bigsyness, ill-deein wyes an coorse spik. ¹⁴Coonsel an soun jeedgment are mine; A hiv unnerstannin an strinth. ¹⁵Throwe me, keengs reign an rowlers pit oot decrees att are jeest; ¹⁶throwe me princes guvvern, an clan chiefs, an aa fa rowle ower aa e warl. ¹⁷I luv them fa loo me, an them fa sikk ma oot, fin ma. ¹⁸Walth an honour are wi me, an lestin walth an gweed livin. ¹⁹Ma fruit is better nor gowd, ay aiven fine gowd; my profit better nor fine siller. ²⁰I waalk i the wye o richteousness, alang e paths o jeestice, ²¹giein walth as an heirskip tae them fa loo ma, an fullin their trissuries. ²²E Lord brocht ma forrit as e first o his wirkins, e foremaist o his warks o aul; ²³I wis set doon lang, lang ago, fin aathin wis yokit, afore e warl cam tae be. ²⁴Fan there wis nae wattery deeps, I wis brocht furth, fan there were nae sprigs gushin wi watter; ²⁵afore e moontains were sattlt, afore e heilins, I wis brocht furth, ²⁶afore he made e warl or its parks, or ony o e stew o e warl. ²⁷A wis there fan he set e hivvens in place, fan he markit oot e horizon on e face o e deep, ²⁸fan he set doon e cloods abeen an fan e foontains o e deep teuk strinth; ²⁹fan he set e sea its bouns sae e watters widna gyang farrer nor his comman an fan he made e founs o e warl. ³⁰At att time A wis aye at his side, lik a maister mason. A wis fair teen daily day, aye happy fan A wis wi him, [31]rejoicin in his hale warl an delichtin aa fowk. [32]Sae noo, ma bairnies, hearken tae ma; they're blisst att kep ma wyes. [33]Listen tae ma wird an be wise; dinna lat it gyang by ye. [34]Blisst are they fa tak tent o fit A'm sayin, waatchin ilka day at ma yetts, wytin at ma door-cheek. [35]Cause them fa fin ma, fin life an win faavour fae e Lord. [36]Bit them fa gyang by ma dee themsels ill; them fa canna thole ma loo daith."

CHAPTIR 9

Wisdom his biggit her hoose; she his set up its syven pillars. [2]She his made her maet an melled her wine; she's set her table tee. [3]She his sent awa her kitchie deems an roars oot fae e heid o e toon, [4]"Lat aa them fa are blate, come tae me," an tae them fa wint unnerstannin she says, [5]"Come an ett ma maet an sup e wine A've melled. [6]Leave ahin fit's feel an ye'll live; traivel e road o unnerstannin." [7]Gin ye correck a scowffer, ye'll get caaed aathin; gin ye upredd a cyaard, ye'll get miscaaed yersel. [8]Dinna correck a scowffer or he'll tak an ill will tae ye; gie a row tae a wise chiel an he'll loo ye. [9]Gie lear tae e wise an they'll be aa e wiser; learn e clivver an they'll be aa e clivverer. [10]E fear o e Lord is e beginnin o wisdom, an kennin the Haily Een is unnerstannin. [11]Cause throwe wisdom yer days will be mony, an yer life will be eikit oot. [12]Gin ye're wise, yer wisdom will be yer gain; gin ye scowff, ye'll bear e brunt o't yersel.

[13]Feelness is a hallyrackit hizzie, she's daft an glaikit. [14]She sits at e door o her hoose, on a seat at e heid o e toon, [15]cryin oot tae aa fa gyang by, haudin a straicht gait, [16]"Lat aa fa are blate come tae me." Tae them wi nae common sense she says, [17]"Stealt watter is sweet; maet etten on e sly is richt fine." [18]Bit he disna ken e deid are there, att her veesitors are i the howes o hell.

CHAPTIR 10

E saaws o Solomon:

A wise loon maks his fadder gled, bit a feel o a loon fesses sorra tae his mither. [2]Ill-gotten gains fess naethin lestin; bit richteousness saves ye fae daith. [3]E Lord winna lat e richteous gyang hunngry, bit he conters the ill-ee o e cyaard. [4]Sweir hans mak for wint, bit eydent hans fess walth. [5]A clivver loon gaithers craps i the simmer, bit e loon att sleeps throwe hairst fesses shame. [6]Blissins croon e heid o e richteous, bit veelence haps e moo o e cyaard. [7]E mynin o e richteous is a blissin, bit e name o e cyaard will turn mochie. [8]E wise-hertit accep commans, bit a blitherin feel comes tae crockaneetion. [9]E chiel fa his a bit o mense is seer-fittit, bit e chiel fas road is in a snorl will be faun oot. [10]E chiel fa gies a sly wink causes sorra, an a yatterin feel comes tae crockaneetion. [11]E moo o e richteous is a waalie o life, bit e moo o e cyaard is happit wi veelence. [12]Ill-will steers up strife, bit luv haps aa wrangs. [13]Wisdom is faun on e lips o them fa hiv unnerstannin, bit a stang for e back is e fairin for them wi nae sense. [14]E wise kep in their learnin, bit e moo o a feel speirs for crockaneetion. [15]E weel-aff chiel's walth is his waa'ed toon, bit wint is e crockaneetion o e peer. [16]E waages o e richteous is life, bit e fee o e cyaard is ill-deein an daith. [17]E chiel fa dis fit he's telt shews e wye o life, bit e chiel fa winna tak a tellin gyangs aft agley. [18]E chiel fa hides an ill-will wi leein lips an is ill-tonguit, is a feel. [19]Ill-deein isna brocht till an ein bi bein lang-winnit, e cannie haud their weesht. [20]E tongue o e richteous is best siller, bit e hert o e cyaard is nae wirth a docken. [21]E lips o e richteous maet mony, bit feels dee for wint o sense. [22]E blissin o e Lord fesses walth, an there's nae chaave for it. [23]A feel fins pleesure in ill ploys, bit an unnerstannin body delichts in wisdom. [24]Fit e cyaard dreids will come tae him; fit e richteous mang for will be gien tae them. [25]Fan e storm flees by, e coorse are nae mair, bit e richteous stan siccar forivver. [26]Lik veenegar tae e teeth an reek tae the een, sae are e sweir tae them fa sen them. [27]E fear o e Lord eiks oot life, bit e years o e cyaards are dockit. [28]E richteous leuk forrit tae joy, bit e hopes o e coorse come tae nocht. [29]E wye o e Lord is a strinth tae e gweed-livin, bit it is crockaneetion for them fa dee ill. [30]E richteous will nivver be upreetit, bit e coorse winna bide i the lan. [31]E moo o e richteous will fess doon wisdom, bit an ill-wirdit tongue will be quaitent. [32]E lips o e richteous ken fit will be accepit, bit e moo o e cyaard only spiks fit's contermashious.

CHAPTIR 11

E Lord canna thole dishonest wechts, bit a richt-set wecht he's fine teen wi. [2]Wi pride comes shame, bit wi hummleness comes wisdom. [3]The honesty o e gweed-livin leads them, bit them fa chet ither fowk are brocht doon bi their ain swickery. [4]Walth is eeseless i the day o wrath, bit richteousness hauds ye fae daith. [5]The uprichtness o e gweed-livin maks their path straicht, bit e cyaards are dung doon bi their ain coorseness. [6]E richteousness o e gweed-livin saves them, bit the unfaithfu are held bi their ill-trickit wyes. [7]Fan a cyaard dees, his hopes dee wi him, the hopes o wrangous chiels come tae nocht. [8]E richteous body is saved fae tribble, an it faas on e coorse insteid. [9]Wi his moo, e godless destroys his neeper, bit throwe learnin e richteous win lowss. [10]Fan e richteous dee weel, e toon maks mirry; fan e coorse dee, there's cheerin. [11]Bi e blissin o e gweed-livin, e toon gyangs forrit, bit it's dung doon bi e moo o e coorse. [12]E chiel fa maks a feel o his neeper his nae sense, bit e chiel fa his unnerstannin hauds his tongue. [13]A cleck lats oot e poother, bit a stieve body steeks his nieve. [14]For wint o leadin a cuntra will faa; bit victory is won throwe mony coonsellors. [15]Faaivver pits up a wad for a fremt will suffer for it, bit them fa canna thole skaakin hans on a wad is sauf. [16]A couthie wumman wins honour, bit forcy chiels win bit walth. [17]Kindly fowk win gweed for themsels, bit e coorse fess crockaneetion on their ain heids. [18]A cyaard wins e waages o swickery, bit e chiel fa shaavs richteousness wins a seer fee. [19]The gweed-livin fin true life, bit faaivver chases efter ill fins daith. [20]E Lord canna thole them wi contermashious herts, bit he is weel shuitit wi them fa nivver dee nae ill. [21]Tho han mith jine han, e coorse winna win awa fae their fairin, bit them fa are richteous will gyang free. [22]The bonnie lassie wi nae mense is lik a gowd ring in a grumphie's snoot. [23]E richteous wint nocht bit gweed, bit the hope o e coorse is bit annger. [24]Ae body scatters bit still-an-on wins mair, anither hauds back mair nor he shuld, yet comes tae wint. [25]A body fa's aye giein tae ither fowk will dee weel, faaivver gies watter tae anither will himsel be wattert. [26]Fowk sweer at e chiel fa stores up his corn, bit blissins come tae e chiel fa sells his. [27]E chiel fa sikks gweed will be leukit on kindly, bit ill comes tae e chiel fa leuks for it. [28]E chiel fa trusts in his walth will faa, bit e richteous will thrive lik a leaf. [29]E chiel fa fesses tribble on his ain fowk will heir win, an e feel will be fee'd tae e wise. [30]E fruit o e richteous is a tree o life, an e wise chiel wins sowls. [31]Gin e richteous win their sairin in iss warl, foo muckle mair syne e coorse an e cyaards.

CHAPTIR 12

Faaivver looes instruction looes learnin, bit them fa canna thole bein telt they are wrang are nae better nor a beast. [2]Gweed fowk are looed bi e Lord, bit he'll upcast them fa wark coorse proticks. [3]Neen can be set up throwe coorseness, bit e richteous canna be upreetit. [4]A braw gweedwife is a croon till her man, bit a hizzie is lik a canker in his beens. [5]E thochts o e richteous are jeest, bit e coonsel o e cyaard is sleekit. [6]E wirds o e cyaards lie in wyte for bleed, bit e spik o the upricht saves them. [7]E cyaards are dung doon an nivver seen again, bit e hoose o e richteous sits siccar. [8]A chiel is reesed oot accoordin tae his wisdom, bit a fool brute is laithsome. [9]Better tae be a naebody bit still-an-on hae a fee'd man, nor hae a gweed conceit o yersel an nae hae ony maet. [10]E richteous leuk efter their beasts, bit the kindliest feelins o e cyaards are ill-set. [11]E chiel fa warks his grun will hae plinty maet, bit e gype fa rins efter teem thochts his nae gumption. [12]E cyaard sikks e bield o them fa dee ill, bit e reet o e richteous growes a gweed crap. [13]E cyaard is snared bi his ain coorse spik, bit e jeest win awa fae tribble. [14]A chiel will be fulled wi gweed fae e wirds o his moo an e wark o his hans will pey him back. [15]E feel thinks att aathin he dis is richt, bit e wise hearken tae fit they are telt. [16]A feel is nae lang or his birse is up, bit e cannie owerleuks a back-jaw. [17]An honest witness tells e trowth, bit a fause witness tells lees. [18]E wirds o e cyaard-toungit prob lik swoords, bit e tongue o e wise mens. [19]Lips att spik e trowth sit siccar, bit a leein tongue lests nae time avaa. [20]Swickery is i the hert o e chiel fa collogues ill, bit the chiel fa shaavs e seed o peace, his joy. [21]Nae ill comes tae e richteous, bit e coorse are beset wi mishanters. [22]E Lord canna thole leein lips, bit he's weel shuitit wi e chiel fa deals i the trowth. [23]E cannie chiel keps his learnin tae himsel, bit a feel's hert bleeters oot stite. [24]Skeely hans will rowle, bit e sweirty will ein up a slave. [25]Wanrest weys doon a hert, bit a gweed wird gies it a lift. [26]E richteous is an example tae his neeper, bit e wyes o e cyaard mislippens him. [27]E sweir dinna ross fit they tak i the hunt, bit e best att a chiel auchts is hard wark. [28]I the path o richteousness there's life; alang att path there's nae daith.

CHAPTIR 13

A wise loon taks tent o fit his fadder tells him, bit a scowffer winna tak a tellin. [2]Fae e fruit o his lips a chiel will ett weel, bit e sowl o e cyaard is wrang-deein. [3]E chiel fa waatches fit he says keeps his life, bit him fa is glib-toungit will come tae crockaneetion. [4]E sweirty is aye mangin efter things, bit wins nocht, bit e sowl o e hard warker will be made lippin full. [5]E richteous chiel canna thole leein, bit e cyaard is a scunner an causes shame. [6]Richteousness leuks efter them fa are upricht, bit ill dings doon e cyaard. [7]A body mith mak on tae be walthy, still-an-on his naethin, anither maks on tae be peer bit his muckle walth. [8]A chiel can ransom his life wi his walth, bit a peer man disna hear a threet. [9]E licht o e richteous sheens oot, bit e lampie o e coorse is snufft oot. [10]Far there's pride, there's strife, bit there's wisdom in them fa heed coonsel. [11]Ill-gotten gains dwine awa, bit e chiel fa gaithers siller a hannifu at a time, gars it growe. [12]Hope att's hinnert maks for a sair hert, bit a wint sairt is a tree o life. [13]Faaivver scowffs at learnin will come tae crockaneetion, bit faaivver respecks a comman will get their fee. [14]E wird o e wise is a foontain o life, turnin ye awa fae e snares o daith. [15]Ye'll be weel thocht o for haein gweed sense, bit e road for e coorse is roch. [16]E mensefu chiel acks wi kennin, bit e feel jist shews foo muckle o a feel he is. [17]A slidderie messenger will get a begeck, bit a leal cadger fesses healin. [18]Wint an shame come tae him fa winna tak a tellin, bit faaivver taks tent o fit he's telt is honoured. [19]A wint fullfilled is sweet tae e sowl, bit feels dinna like turnin awa fae coorseness. [20]Gin ye waalk wi e wise, ye'll turn wise, bit gyang aboot wi feels an ye'll come tae crockaneetion. [21]Tribble chases the ill-deein, bit gweed things are gien tae e richteous. [22]A gweed-hertit chiel leaves an heirskip for his bairns' bairns, bit a cyaard's walth is laid up for e richteous. [23]Clean-grun growes a gweed crap for e peer, bit there's things att are brocht tae ruination throwe injeestice. [24]Faaivver hauds back e spaignie thinks little o their bairns, bit them fa loo their bairns are nae feart tae gie them a lickin. [25]E richteous aye hiv aneuch maet tae sair their sowls, bit e stamack o e cyaard is aye teem.

CHAPTIR 14

E wise wumman biggs her hoose, bit e dozent een teers hers doon wi her ain hans. [2]Them fa waalk uprichtly fear e Lord, bit them fa miscaa him are sleekit. [3]A feel's moo his a rung o pride for his back, bit e lips o e wise gie them lythe. [4]Far there's nae beasts, e forestaa is teem, bit fae e strinth o beasts comes a muckle hairst. [5]An honest witness disna tell lees, bit a fause witness yammers oot lees. [6]A scowffer leuks for wisdom an canna fin it, bit knowledge comes easy tae them fa unnerstan. [7]Bide awa fae a feel fan ye canna see ony unnerstannin on his lips. [8]The wisdom o them wi mense is tae think o their wyes, bit e glaiketness o feels is swickery. [9]Feels lauch at ill-deein, bit there's gweedwill amo e gweed-livin. [10]Ilka hert kens its ain sorra, an nae ither body can share its joy. [11]The hoose o e cyaard will be dung doon, bit e bield o e gweed-livin will thrive. [12]There's a wye att seems tae be richt, bit i the hinnerein, it leads tae daith. [13]Aiven fan lauchin, the hert mith be sair, an joy can ein in sorra. [14]Them fa turn awa fae God will get their sairin, an e gweed will be weel wared for their wyes. [15]E sappie-heidit believe ilka wird ye tell them, bit e cannie waatch far they're gyan. [16]E wise fear e Lord an keep clear o ill, bit a feel gets kittlt up an is heich-heidit. [17]An ill-nettert chiel will gyang clean gyte, an naebody likes e chiel fa thinks up coorse proticks. [18]E sappie-heidit heir gypertie, bit e cannie are crooned wi learnin. [19]Cyaards will boo doon afore e gweed, an e coorse at e yetts o e richteous. [20]E peer are nae leukit near han, aiven bi their verra neepers, bit e walthy aye hiv a rowth o freens. [21]It's wrang tae leuk doon on yer neeper, bit them fa leuk kindly on e peer are blisst. [22]Div them fa plan ill nae gyang agley? Bit them fa plan fit's gweed fin luv an trowth. [23]Aa hard wark fesses a profit, bit naethin bit gabbin is e road tae wint. [24]E croon o e wise is their walth, bit e gyperie o feels is jist gyperie. [25]A trowthfu witness saves lives, bit a fause witness is sleekit. [26]I the fear o e Lord there's e hope o strinth, an his bairns will fin a bield. [27]E fear o e Lord is a foontain o life, turnin a body fae e snares o daith. [28]A cuntra full o fowk is a keeng's glory, bit nae fowk is e crockaneetion o a prince. [29]Faaivver is livvel-heidit shews muckle unnerstannin, bit e chiel fa flees intill a rage is a feel. [30]A hailsome hert is life tae e body, bit jillousy rots e beens. [31]Faaivver hauds doon e peer shews nae respeck for his Makker, bit faaivver is kindly tae e peer honours God. [32]E coorse are dung doon bi their ain ill wyes, bit e richteous hiv hope in daith. [33]Wisdom coories inno e hert o them fa hiv unnerstannin an aiven amo feels she lats hersel be kent. [34]Richteousness reeses up a cuntra, bit ill-deein is e doom o ony fowk. [35]A keeng is weel shuitit wi a wise servant, bit nae wi the een att affronts him.

CHAPTIR 15

A douce wird hauds awa annger, bit a vext wird steers up strife. [2]E tongue o e wise lays oot learnin, bit e moo o e feel poors oot gyperie. [3]E Lord's een are aawye, waatchin e coorse an e gweed. [4]E tongue att mens is a tree o life, bit an ill tongue braaks e speerit. [5]A feel lauchs at his fadder's learnin, bit faaivver will tak a tellin shews some mense. [6]The hoose o e richteous hauds muckle trissure, bit e waages o e coorse fess fasherie. [7]E lips o e wise spread learnin, bit e herts o feels gyang agley. [8]E Lord canna thole the offerin o e coorse, bit he's weel teen o wi e prayer o e gweed-livin. [9]E Lord canna thole e deeins o e coorse, bit he looes them fa gyang efter richteousness. [10]A gweed tonguin wytes for them fa wanner fae e path, them fa winna tak a tellin will dee. [11]Daith an the ill place lie open afore e Lord, foo muckle mair syne are fowk's herts? [12]A scowffer winna tak a tellin an winna sikk coonsel fae e wise. [13]A croose hert maks for a cantie face, bit a sair hert braaks e speerit. [14]The unnerstannin hert sikks learnin, bit e moo o a feel feeds on gyperie. [15]Ilka day's a chaave for e doon cassen, bit e cantie hert his an eident feast. [16]Better a wee pickie wi e fear o e Lord nor muckle walth an stramash. [17]Better a wee dishie o kale wi luv nor a fat caffie an an ill-will. [18]A crabbit chiel steers up strife, bit e patient chiel quaitens a din. [19]The wye o e sweir is lik a raa o funs, bit e path o e gweed-livin is a braid causey. [20]A wise loon maks his fadder happy, bit feel fowk canna thole their mither. [21]E feel is aye weel teen wi gyperie, bit them wi unnerstannin waalk a straicht road. [22]E best laid schemes gyang agley for wint o coonsel, bit wi mony advisers they win throwe. [23]A chiel is aye weel teen tae gie a straicht answer, an it's fine tae get a wird in dyow sizzon. [24]E path o life leads up e wye for e wise, haudin them oot amo e jaaws o hell. [25]E Lord dings doon e hoose o e bigsy, bit he sets up e weeda's mairch steen. [26]E Lord canna thole ill thochts, bit kindly wirds are bonnie in his sicht. [27]E chiel fa mangs tae mak siller fesses crockaneetion tae his ain hame, bit e chiel fa canna thole back-hanners will live. [28]E gweed man thinks afore he spiks, bit e moo o e coorse poors oot ill. [29]E Lord is nae near han e coorse, bit he hears e prayer o e richteous. [30]A cheery leuk fesses joy tae the hert, an gweed news fattens e beens. [31]E lug att will tak a tellin will be at hame amo e wise. [32]E chiel fa winna tak a tellin thinks little o his ain sowl, bit e chiel fa taks wi a tellin aff wins unnerstannin. [33]Wisdom tells ye tae fear e Lord, an sma conceit o yersel comes afore honour.

CHAPTIR 16

E plans o e hert are mortal, bit the answer o e tongue is fae e Lord. [2]Aa a body's wyes seem richt tae them, bit e Lord weys e speerits. [3]Pit aathin ye dee i the hans o e Lord, an aa yer plans will comethrowe. [4]E Lord his made aathin for its ain ootcome, ay, aiven e coorse for e day o ill. [5]E Lord canna thole them fa are prood hertit. Tho han jine wi han, they winna gyang athoot their sairin. [6]Throwe mercy an trowth ill-deeins are deen awa wi; throwe e fear o e Lord ill is haudden wide o. [7]Fan e Lord is weel teen on wi a body's wyes o deein, he gars their faes mak peace wi them. [8]Better sma bouk wi richteousness nor muckle gear wi nae jeestice. [9]Fowk plan their wyes i their herts, bit God sets doon their feet. [10]E wirds o a keeng are lik wirds fae God an fit he says is aye richt. [11]Aa e Lord's wechts an trons are honest, he made aa e wechts i the bag. [12]Keengs canna thole ill-deein, cause a throne stans on richteousness. [13]Keengs tak pleesure in honest lips; they loo them fa say fit's richt. [14]A keeng's annger is lik e moyen o daith, bit e wise will mak peace wi him. [15]Fan a keeng's face lichts up, there is life; an bein in his gweed beuks is lik a clood att fesses a shoorie in spring. [16]Foo muckle better tae get wisdom nor gowd, tae get unnerstannin raither nor siller. [17]E gait o e gweed-livin hauds awa fae ill; them fa waatch fit they're deein hain their lives. [18]Pride gyangs afore crockaneetion an a hauchty speerit afore a faa. [19]Better tae be doon cassen amo them att are ill deen till nor pairtin oot e plunner wi e bigsy. [20]Faaivver dis fit he's telt dis weel for himsel an happy is e chiel fa trusts i the Lord. [21]E wise hertit are cried cannie, an douce wirds gie e best learnin. [22]Unnerstannin is a waalie o life tae them fa hiv unnerstannin, bit feels will learn ye naethin bit feelness. [23]A wise body's hert pits cannie wirds in his moo an gies learnin tae his lips. [24]Cantie wirds are a hunnykaim, sweet tae e sowl an healin tae e beens. [25]There is a wye att leuks tae be richt, bit i the hinnerein it leads tae daith. [26]E wints o a fee'd man's body warks for him, his hunnger dreeves him on. [27]A cyaard steers up ill; his wirds are lik a burnin fire. [28]A contermashious body steers up strivin an the ill-tonguit sinners e best o freens. [29]A veelent body trysts awa his neeper an leads him doon a road att's nae gweed. [30]Faaivver gies a wink o the ee is plottin nae gweed, faaivver thraws his lips is set on coorseness. [31]A fite pow is a croon o glory, it's won throwe e road o richteousness. [32]Better tae be slaw tae reese nor a fechter, een fa hauds his timper nor een fa wid tak a toon. [33]E lot is cassen inno e lap, bit ilka throwcome is fae e Lord.

CHAPTIR 17

Better a dry crust wi peace an quait nor a hoose foo o feastin an strife. [2]A cantie servant will be better nor a shamefu sin an will get a pairtin o the heirskip wi e faimly. [3]E pottie for siller an e furnace for gowd, bit e Lord tries e hert. [4]A cyaard hearkens tae leein lips an a leear taks tent o a clatterin tongue. [5]Faaivver scowffs at e peer insults their Makker; faaivver likes tae see a mishanter winna gyang athoot gettin a sairin. [6]Bairns' bairnies are a croon tae the aul an bairns are prood o their mither an fadder. [7]Bonnie wirds are nae eese tae a feel, an warse nor att, leein lips tae a prince. [8]A back-hanner is seen as a cantrip tae them fae gie it, they think att naethin bit gweed will come o't. [9]Faaivver wid hod his wrang deeins is sikkin luv, bit faaivver spiks oot o turn pairts close freens. [10]A tellin aff gyangs farrer inno a wise body nor a hunner whangs inno a feel. [11]A cyaard sikks nocht bit strife, e moyen o daith will be set agin him. [12]Better tae meet in wi a bear fas whelps hiv been teen fae her nor a feel set on his feelness. [13]Ill will nivver depairts fae e hoose o them fa pey back ill for gweed. [14]Steerin up strife is lik breachin a dam, sae haud yer weesht afore ony argiein starts. [15]Lattin aff e guilty or condemmin them fa hiv deen naethin wrang – e Lord his nae time for sic things. [16]Fit wye shuld e feel hae siller in his han tae buy learnin fan there's nae wye he'll unnerstan it? [17]A freen looes at aa times, an a brither is born for fan e warl's at odds wi ye. [18]A chiel wi little sense shaaks hans an stans gweed for a neeper. [19]Faaivver likes tae strive likes ill; faaivver biggs a heich yett is askin for tribble. [20]E thraawn chiel winna dee weel an the ill-tonguit chiel will faa intill a mishanter. [21]Tae fadder a feel o a bairn fesses sorra, there's nae joy in bein e f adder o a feel. [22]A cantie hert is hailsome graith, bit a runklt speerit dries up e beens. [23]E cyaard will tak a backhanner in saicret tae pervert e coorse o jeestice. [24]A cannie body keeps his ee on unnerstannin, bit the een o a feel are aa ower e place. [25]A stupid loon fesses sorra tae his fadder an a sair hert tae e mither fa bore him. [26]There nae eese finin them fa hiv deen naethin wrang, seerly tae lay intae e gweed-livin canna be richt. [27]E clivver chiel waatches fit he's sayin an e chiel wi unnerstannin keeps a calm sooch. [28]Aiven feels are thocht clivver gin they keep their moos shut an cantie gin they haud their tongues.

CHAPTIR 18

E body fa wints tae better himsel will gyang bi his leen an will come tae ken unnerstannin. [2]Feels care naethin for unnerstannin bit are aye gabbin oot their ain opeenions. [3]Wi coorseness comes contimpt an wi dishonour comes disgrace. [4]E wirds o e moo are deep watters, bit e waallie o wisdom is a fest-rinnin burnie. [5]It's nae mowse tae shew gweedwill tae e coorse an sae tak jeestice awa fae them att's deen nae wrang. [6]A feel's lips fess strife an his moo is speirin for a lickin. [7]A feel's moo is his crockaneetion an his lips are a snare tae his sowl. [8]E wirds o a clashbag are easy swallied, they gyang doon tae e benmaist intimmers. [9]E sweirty is brither tae e chiel fa maks a crockaneetion o aathin. [10]E name o e Lord is a strong tooer, e richteous rin till it an are sauf. [11]E walth o e weel-aff is their strong toon, they think on't lik a waa ower heich tae clim ower. [12]Afore a doon-faa, the hert is bigsy, bit a lown cast comes afore honour. [13]Tae answer afore ye've heard fit's bein said is feel an shamefu. [14]E human speerit can thole a body bein nae weel, bit fa can thole a breuken speerit? [15]The hert o e cannie gets learnin cause e lugs o e wise sikk it oot. [16]A luck-penny opens doors for a body an lats him in tae stan afore gintry. [17]In a coort o laa, e first tae spik aye seems tae hae e richt o't till somebody comes an cross-examines him. [18]Cassin lots sattles a collieshangie an sorts oot e twa sides fae een anither. [19]A brither fa's been wranged is mair steive nor a fortifiet toon; strivin is lik e barred yetts o a keep. [20]A body's stammack is fulled wi e fruits o his moo; he gets his sairin wi e hairst o his lips. [21]E tongue his e pooer o life an daith, an them fa loo it will ett its fruit. [22]Faaivver fins a wife fins somethin gweed an is thocht weel o bi e Lord. [23]E peer plead for mercy, bit e walthy are snell in their answer. [24]Ower mony freens can lead tae ruination, bit a gweed freen grips till ye lik a brither.

CHAPTIR 19

It's better tae be peer an honest raither nor a leein feel. [2]Gin e sowl wints unnerstannin: att's nae gweed, an gin e feet flee they gyang agley. [3]A body's feelness is e weers o coupin him up an he says it's aa e Lord's faut. [4]Siller maks mony freens bit e peer chiel his nivver a freen. [5]A leein loon winna avide his sairin, an faaivver tells lees winna win lowss. [6]Mony sook up tae e gintry an aabody's a freen tae e chiel fa gies han-oots. [7]Fowk gyang by e door o their peer relations an foo muckle mair div their freens forsake them. E peer try priggin wi them bit they dinna come near han. [8]Faaivver gets wisdom looes life an faaivver hauds on tae unnerstannin will seen dee weel. [9]A leein loon will get his sairin an faaivver tells lees will be deen awa wi. [10]It's nae richt for a feel tae live in e lap o luxury, nor for a servant tae rowle ower lairds. [11]A bit o mense can haud back annger an ye'll aye be thocht weel o gin ye pass ower an offince. [12]A keeng's rage is lik e roar o a lion, bit his faavour is like dyowe on e girss. [13]A feel bairn is a begeck tae its fadder an a contermashious wife is lik watter att's aye sypin. [14]Hooses an walth are heired fae yer fowk, bit a cannie wife is fae e Lord. [15]Sweirty leads tae a soun sleep an wastrels will gyang hunngry. [16]Faaivver hauds tae e commandments keeps their life, bit faaivver disna care a docken aboot fit he dis will dee. [17]Faaivver is gweed tae e peer, lens tae e Lord, an he'll see them aa richt for fit they've deen. [18]Haud yer bairns in aboot, cause in att there's hope, bit dinna be ower sair on them. [19]A crabbit chiel maun pey for it, ye mith save him eence bit ye'll jist hae tae dee it again. [20]Hearken tae fit's bein said tae ye an dee fit ye're telt an ye'll be aa e wiser for't i the hinnerein. [21]There mith be mony plans in a body's hert bit it's e Lord's wird att will stan. [22]Fit a body sikks tae dee is e mizzour o his luv, better tae be peer nor a leear. [23]E fear o e Lord leads tae life, an faaivver his it will sleep sauf, wi naethin tae tribble him. [24]A sloonger hods his han i the ashet an winna aiven fess it back tae his moo. [25]Gie a scowffer a hidin an e saftie will learn fit's richt; gie e clivver a tellin aff an they'll win unnerstannin. [26]Faaivver malagarooses his fadder or chases awa his mither is a bairn fa fesses shame an disrespeck. [27]Stop listenin tae instruction, ma loon, an ye'll wanner awa fae e wirds o knowledge. [28]An ill-hertit witness scowffs at jeestice, an e moo o e cyaard gobbles doon coorseness. [29]Scowffers will get their sairin, an feels straiks for their backs.

CHAPTIR 20

Wine is a scowffer an the hard stuff a fechter, faaivver is e warse o drink isna wise. [2]E fear o a keeng is lik e roarin o a lion, gin ye kittle up his annger, ye'll suffer for't. [3]It's tae yer honour tae haud awa fae strivin, bit ilka feel will be carnaptious. [4]Sweir folk are aye ahin wi e ploo, sae fan they leuk for a hairst, there's naethin. [5]Fowks' innermaist thochts are lik deep watter, bit the unnerstannin chiel will draa them oot. [6]Mony fowk ain att they are full o gweedness, bit far will ye fin a leal body? [7]E richteous dee nae wrang, an blisst are e bairns att come efter them. [8]A keeng sittin on his jeedgement throne scatters awa aa ill wi his een. [9]Fa can say, "A've keepit ma hert clean ma ill-deeins are aa redd oot o ma"? [10]E Lord's nae sair teen on wi different wechts an different mizzours. [11]Aiven a wee bairnie is kent bi fit he dis: whither his deeins are pure an richt. [12]E lug att hears an the ee att sees, e Lord his made them baith. [13]Dinna be smitten wi sleep for fear ye turn peer, keep waakent an ye'll aye hae maet a-plinty. [14]"It's nae muckle eese, it's nae muckle eese!" says e buyer, bit eence he's awa he blaws aboot fit he's bocht. [15]There's gowd an a rowth o rubies, bit lips att spik wi kennin are a rare jowel. [16]Tak e sark aff e back o e chiel fa stans gweed for a fremt, an tak a wadset fae him fa stans gweed for a forriner. [17]Maet won throwe chettin his a fine taste, bit ye ein up wi a moo foo o shunners. [18]Plans are set oot throwe gweed coonsel, sae gin ye weege a waar, sikk advice. [19]Gabby fowk canna kep a saicret sae haud awa fae bletherers. [20]Gin onybody sweers at his fadder or mither their licht will be snuffed oot in pick mirk. [21]An heirskip gotten ower seen winna be blisst i the hinnerein. [22]Dinna say, "A'll pey ye back for iss ill." Wyte for e Lord an he'll save ye. [23]E Lord canna thole different wechts an he's nae pleased at a fause tron. [24]A body's steps are guided bi e Lord. Foo can onybody unnerstan his ain wye? [25]It's a snare for onybody tae say "It's haily," an syne tae winner aboot fit he's deen. [26]A wise keeng scatters oot e coorse, an he drives e quern ower them. [27]E speerit o a chiel is e lamp o e Lord probin aa his intimmers. [28]Mercy an trowth keep a keeng sauf, throwe mercy his throne is set siccar. [29]E glory o young loons is their stringth, a gray heid o hair maks the aul kenspeckle. [30]A gweed lickin gets shot o coorseness, an a gweed skelpin cleans oot the intimmers.

CHAPTIR 21

I the Lord's han e keeng's hert is lik a burnie att he gars rin fitivver wye he wints. [2]A body mith think his ain wyes are richt, bit e Lord sets the airt o the hert. [3]Deein fit's richt an jeest is mair pleasin tae e Lord nor an offerin. [4]Heich-heidit een an a prood hert an aa e parks plooed bi e coorse fess bit ill. [5]E plans o e hard wirkin lead tae profit as seer as hist leads tae wint. [6]Muckle gear laid in throwe a leein tongue is lik a puff o win tae them fa sikk daith. [7]E roch wyes o e coorse will rug them awa, cause they refeese tae dee fit's richt. [8]E wye o them fa hiv deen wrang is camshachelt, bit as for them fa hiv deen naethin wrang, their wyes are upricht. [9]Better tae bide on a neuk o e reef nor tae share a hoose wi a randie. [10]E sowl o e coorse sikks ill, his neeper nivver gets a gweed wird fae him. [11]Fan a scowffer gets his sairin, e saft-heidit win wisdom, an fan e wise get instruction, they learn bi it. [12]E wise chiel taks tent o e hoose o e cyaard bit God dings doon e coorse for their coorseness. [13]Faaivver shuts his lugs tae e greetin o e peer winna be heard fan he greets himsel. [14]A hansel gien in saicret quaitens annger, bit a back-hanner hodden aneth e weskit quaitens unco rage. [15]Fan jeestice is deen it fesses joy tae e richteous bit grue tae e coorse. [16]Faaivver wanners awa fae e gait o unnerstannin will ein up i the gaitherin o e deid. [17]Faaivver looes pleesure will turn peer, faaivver looes wine an olive ile will nivver be walthy. [18]E coorse will be a ransom for e richteous, an the unfaithfu for e gweed-livin. [19]Better tae bide i the roch cuntra nor wi a randie o a wife fa's aye nyatterin on. [20]There's muckle trissure an ile i the hoose o e wise, bit e feel guzzle it doon. [21]Faaivver gyangs efter richteousness an mercy fins life, walth an honour. [22]A clivver chiel can tak on e toon o e michty an ding doon e strinth att they pat their trust in. [23]Them fa waatch their moos an their tongues kep themsels oot o tribble. [24]E prood an bigsy body, "Scowffer," he's cried, acks wi heich-heidit impidence. [25]Fit e sweirty sikks will be e daith o him, cause his hans refeese tae wark. [26]Aa day lang he's aye leukin for mair, bit e richteous gies awa an disna haud back. [27]The offerin o e coorse is scunnersome, foo muckle mair sae fan it's ill-thochtit. [28]A leein loon will come tae naethin, bit fit e chiel fa hearkens says, will lest for aye. [29]E cyaard will aye leuk perjink bit e gweed-livin gies thocht tae fit he's aboot. [30]There's nae wisdom, nae unnerstannin, nae coonsel att will stan up tae e Lord. [31]The horse is yokit for e day o fechtin, bit it's e Lord fa bears e gree.

CHAPTIR 22

A gweed name is wirth mair nor muckle walth, tae be thocht weel o is better nor siller or gowd. [2]Be ye walthy or peer, we're aa Jock Tamson's bairns: e Lord made hiz aa. [3]Them wi a bittie o mense see ill an tak cover, bit e feels keep gyan an get their sairin for't. [4]E rewaard o humility an e fear o God is walth, honour an life. [5]Funs an snares are i the road o e coorse, bit them fa wid save their lives haud weel awa fae them. [6]Learn a bairn e wye tae gyang an fan he's aul, he winna depairt fae't. [7]E walthy rowle ower e peer an them fa are in debt are servants tae e lender. [8]Faaivver shaavs coorseness will hairst crockaneetion, an e spaingie they wield in rage will be hairmless. [9]The open-hannit will be blisst cause they pairt oot their maet wi e peer. [10]Cass oot e scowffer an oot gyangs fechtin; strivin an flytin are deen awa wi. [11]Faaivver looes a pure hert an spiks a couthie wird will hae e keeng for a freen. [12]E Lord's een keep a waatch ower learnin, bit he dings doon e wird o e cyaards. [13]E sweirty says, "There's a lion ootby! A'll be killed i the street!" [14]E moo o a wumman fa lies wi anither man is a deep pit, an e chiel fa e Lord canna thole will faa inno't. [15]Feelness is bun up i the hert o a bairn bit e spaingie will dreeve it oot o him. [16]Faaivver hauds doon e peer tae full up his ain pooch an fa gies tae e walthy will come tae wint himsel. [17]Preen up yer lugs tae e wirds o e wise, an hing in tae fit A learn ye, [18]cause it's a cantie thing tae keep it inno yer hert an aye riddy on yer lips. [19]Sae att yer trust mith be i the Lord, A'll learn ye e day, ilka een o ye. [20]Hiv A nae vreeten oot for ye thirty saaws aboot coonsel an learnin, [21]sae att ye mith ken foo tae be honest an spik e trowth an fess back wirds o trowth tae them fa sen ye? [22]Dinna pinch fae e peer jist cause they're peer, an dinna ding doon them fa are in wint, i the coort, [23]cause e Lord will tak up their cause an rive awa e life o them fa rive fae e peer. [24]Dinna mak freens wi ill-nettert fowk, dinna gyang aboot wi them fa hiv a short fuse [25]for fear ye learn their wyes an tak yersel in a snare. [26]Dinna be e kyn o body fa shaaks hans in a wadset or stans gweed for ither fowks' awin; [27]gin ye've naethin tae pey it wi, fit wye lat him tak e bed fae oot aneth ye? [28]Dinna shift the aul mairch-steen set up bi yer fadders. [29]Gin ye see a chiel fa's skeely in his wark, he'll stan afore keengs, he winna stan afore carles.

CHAPTIR 23

Fan ye sit doon tae yer supper wi a rowler, tak tent o fit's afore ye, ²an pit a knife tae yer thrapple gin ye be ower gutsy. ³Dinna think lang for his gulshachs, cause att kyn o maet mith mislippen ye. ⁴Dinna caa yersel deen tryin tae gaither walth, be smairt aneuch tae haud back. ⁵As seen as ye keek at walth, it's awa, sprootin wings an fleein awa lik an aigle tae hivven. ⁶Dinna ett e maet o a ticht fistit chiel, dinna think lang for his gulshachs, ⁷cause he's aye tryin tae wark oot fit it's costin him. "Stick in," he says tae ye, bit his hert's nae wi ye. ⁸Ye'll spew up fit little ye've etten an will hae wastit yer time wi yer phraisin. ⁹Dinna spik i the lug o a feel, cause he'll jist mak a feel o yer wise wirds.

¹⁰Dinna meeve an aul mairch-steen nor trump ower e parks o e fadderless, ¹¹cause their Defender is stoot, an will tak up their cause agin ye. ¹²Set yer hert tae learnin an yer lugs tae wirds o knowledge. ¹³Dinna haud fae giein a bairn a tellin aff: a gweed lickin winna kill him.¹⁴A wup wi a spaingie will save him fae daith. ¹⁵Ma loon, gin yer hert be wise, syne my hert will be gled, ay sae it will, ¹⁶ma intimmers will be gled fan yer lips spik fit's richt. ¹⁷Dinna lat yer hert be jillous o them fa dee ill, bit aye be in fear o e Lord. ¹⁸There maun be an ein an yer hope winna be sneddit. ¹⁹Hearken, ma loon an be wise; set yer hert on e richt gait. ²⁰Dinna gyang aboot wi them fa are some drouthy wi e wine or ower gutsy wi their maet, ²¹cause drouths an gutsy fowk turn peer, an droosieness will cled them in cloots. ²²Hearken tae yer fadder fas bairn ye are, an dinna think ill o yer mither fan she's aul. ²³Buy e trowth an dinna sell it, an wisdom, an learnin, an unnerstannin. ²⁴E fadder o a richteous bairn is weel contintit, a chiel fa fadders a wise bairn his muckle joy in't. ²⁵Lat your fadder an mither be gled, an mith she fa brocht ye intae e warl be blithe. ²⁶Ma loon, gie ma yer hert an lat yer een keep tae my wyes, ²⁷cause a hoor is a nerra ditch an a wumman fa taks up wi ither men is a nerra waallie. ²⁸She lies in wyte lik a thief, garrin mair an mair chiels turn unfaithfu. ²⁹Fa his dool? Fa his sorra? Fa his strife? Fa his compleents? Fa his sairs for naethin? Fa his bleart een? ³⁰Them fa sit lang ower their wine, them fa gyang an sikk oot mixt wine. ³¹Dinna leuk at e wine fan it's reed, fan it glints i the caup, fan it slockens yer drouth. ³²I the hinnerein it bites lik a snake an pooshuns lik an adder. ³³Yer een will gyang agley an fan e drink's in e wit's oot. ³⁴Ye'll be lik a body lyin doon i the midse o e sea, lyin a-tap e riggin. ³⁵"They strack ma," ye'll say, "bit A wisna hurtit. They gied ma a hidin bit A dinna feel it. Fan will A waaken up? A maun hae anither drink."

CHAPTIR 24

Dinna be jillous o coorse fowk, dinna be mangin tae be wi them, ²cause their herts are aye schemin strife an their lips spik o divilry. ³A hoose is biggit up throwe wisdom an throwe unnerstannin it's set up. ⁴Throwe learnin its rooms are fulled wi praicious an braw gear. ⁵E wise hiv strinth an them fa hiv learnin growe in pooer. ⁶Seerly ye will need coonsel tae fecht a waar, an victory is won throwe mony advisers. ⁷Wisdom is some heich for feels, they nivver open their moos at e toon yett. ⁸Faaivver schemes ill, will be caaed ill-trickit. ⁹E thocht o feelness is ill-deein an naebody likes a scowffer. ¹⁰Gin ye tak a dwaam fan things are nae gyan richt, ye hinna muckle strinth. ¹¹Rescyee them fa are bein teen awa tae daith, haud back them stytterin e wye o slauchter. ¹²Gin ye say, "Bit we didna ken naethin aboot iss," dis him fa weys e hert nae ken o't? Dis him fa taks tent o yer life nae ken it? Will he nae gie ilka body their sairin for fit they've deen? ¹³Ett hunny, ma loon, cause it's affa fine. Hunny fae e kaim is sweet in yer moo. ¹⁴Ken, syne, att wisdom is lik att tae yer sowl. Eence ye've faun it, there will be a rewaard, an yer hope winna be sned. ¹⁵Dinna snaik aboot, ye vratch, near han e hoose o e richteous, dinna blaud his hoosie. ¹⁶Gin richteous fowk faa ower syven times, they rise up again, bit e cyaards styter fan a crockaneetion comes onno them. ¹⁷Dinna gloat fan yer fae faas, dinna be pleased wi yersel fan they styter, ¹⁸for fear e Lord sees it an taks exception till't an turns his annger awa fae him. ¹⁹Dinna vex yersel aboot cyaards nor be jillous o coorse fowk, ²⁰cause e cyaard his naethin tae leuk forrit till an e lamp o e coorse will be snychtit oot.

[21]Fear e Lord an e keeng, ma loon, an dinna tak up wi them fa are aye leukin tae cheenge things, [22]cause att kyn o fowk aye get a comeuppance, an fa kens fit ruination can be fessen onno them?

[23]Here's some mair sayins o clivver fowk:

It's nivver gweed tae be pairtial fan ye jeedge ithers. [24]Faaivver says tae a cyaard, "Ye're richteous," will be cursed bi fowk an miscaa'd bi cuntras. [25]Bit it will be aa richt wi them fa convick them fa hiv deen wrang, an muckle blissins will faa onno them. [26]An honest answer is lik a kiss on e lips. [27]Pit yer ootbye wark in order an mak riddy yer parks, syne efter att, bigg yer hoose. [28]Dinna testifee agin yer neeper athoot cause; wid ye wark yer lips tae tell a lee? [29]Dinna say, "A'll dee tae them fit they've deen tae me, A'll pey them back for fit they've deen." [30]A gaed by e park o a chiel fa's bone lazy an by e vinyaird o a chiel wi nae sense, [31]thrissles hid sprooted aawye, e grun wis happit wi nittles an e dyke wis a rummle o steens. [32]A teuk gweed notice o fit A wis seein an learnt a lesson fae't. [33]A pickie sleep, a wee snoozie, a thochtie faulin o e hans in rist, [34]an peertith will come on ye lik a thief an wint lik a chiel wi wappins.

CHAPTIR 25

Here's some mair o e saaws o Solomon, vrittin doon bi e men o Hezekiah keeng o Judah:

[2]It's e glory o God tae hod a thing, bit e glory o keengs is tae sikk oot a thing. [3]Jist as e hivvens are heich an e warl is deep, ye can nivver get tae e boddom o e hert o a keeng. [4]Tak awa e dross fae e siller an oot will come a caup fae e sillersmith; [5]tak awa e coorse fae afore e keeng an his throne will be set up throwe richteousness. [6]Dinna reese yersel oot afore e keeng an dinna sikk a place amo the high-heid billies. [7]It's better for him tae say tae ye, "Come awa up," nor for him tae pit ye doon afore his gintry. Fit ye've seen wi yer een, [8]dinna be in ower muckle o a hurry tae fess tae e coort, cause fit will ye dee i the hinnerein gin yer neeper maks a feel o ye? [9]Gin ye tak yer neeper tae e coort, dinna lat oot fit anither chiel his telt ye in confidence, [10]or e body fa hears it mith mak a feel o ye, an ye'll aye be thocht e waur o. [11]A douce wird spoken is lik a gowden aipple set in siller. [12]A wise wird o waarnin tae a listenin lug is lik a gowd lug-bab or a whigmaleerie o fine gowd. [13]A messenger ye can trust is lik a snaa-queeled drink at hairst-time tae e chiel fa sens him: he slocks e drooth o his maister's hert. [14]E body fa blaws aboot fit he nivver got is lik cloods an win athoot rain. [15]Throwe lang-sufferin a rowler mith be perswaadit, an a douce tongue mith braak a been. [16]Gin ye come on hunny, jist tak aneuch: ower muckle an ye'll spew. [17]Dinna set fit in yer neeper's hoose ower aften: for fear he turn scunnert o ye an tak an ill will at ye. [18]E body fa tells lees aboot his neeper is lik a mail or a swoord or a shairp arra. [19]Lippenin tae the unfaithfu fan ye're in a snorl is lik haein a breuken teeth or a cripple fit. [20]Singin sangs tae a body wi a sair hert is lik takkin awa a body's cwyte on a caul day or poorin veenegar on a hack. [21]Gin yer fae be hungry, gie him maet tae ett, an gin he be thirsty, gie him watter tae drink. [22]Gin ye dee att ye'll heap coals on his heid an e Lord will rewaard ye. [23]Lik a north win att fesses a shooer o rain, an ill-waggin tongue gars a body glower. [24]Better tae bide on e neuk o e reef nor tae share a hoose wi a din-raisin wife. [25]Gweed news fae forrin pairts is lik caller watter tae a weariet sowl. [26]Gweed livin fowk fa gie in tae e coorse are lik a drumly spring or a skaiken waalie. [27]It's nae gweed for ye tae ett ower muckle hunny, nor tae rake ower muckle amo wirds o learnin. [28]A body fa canna keep his timper is lik a toon fas waas are dung doon.

CHAPTIR 26

Lik snaa in simmer or rain at hairst, honour is nae confeerin tae a feel. [2]Lik a flafferin spurdie or a flichterin swallaw, a rhymeless sweerin disna come tae reest. [3]A fup for e horse, branks for e cuddy an a spaignie for e backs o feels. ⁴Dinna answer a feel wi feel spik or ee'll jist be a bad as he is. ⁵Gie a feel his fairins in e wye ye spik back tae him for fear he mith think some muckle o himsel. ⁶Sennin an eerin bi e hans o a feel is lik cuttin aff yer feet or drinkin pooshun. ⁷A saaw i the moo o a feel is lik the eeseless legs o a cripple. ⁸Giein honour tae a feel is lik wuppin a steen tae a sling. ⁹A saaw i the moo o a feel is lik a fun buss i the han o a drooth. ¹⁰A chiel fa fees a feel or a body fa's jist passin throwe is lik an archer att fires aff arras aa ower e place. ¹¹Feels aye keep deein feel things lik a tyke gyan back tae its spewins. ¹²Div ye see a chiel fa thinks himsel clivver? There's mair hope for a feel nor for him. ¹³E sweirty says, "There's a lion i the road, a lion reengin aboot i the street." ¹⁴Lik a door turnin on its hinges, sae e sweirty turns on his bed. ¹⁵E sweirty beeries his han i the ashet an is ower sweir tae fess it back till's moo. ¹⁶Sweir fowk think themsels clivverer nor syven fowk fa spik gweed sense. ¹⁷A body fa fyles his finngers wi ither fowk's strivin is lik a body fa grabs a stray tyke bi e lugs. ¹⁸Lik a body att's aff his heid flingin a clavie or arras or daith, ¹⁹is e body fa maks a feel o his neeper an says, "It wis jist for fun." ²⁰Far there's nae wid e fire gyangs oot, wi nae clashpot e collieshangie quaitens. ²¹Lik coals tae emmers an wid tae fire, sae is a din-raisin body for kennlin up strivin. ²²E wirds o a claik are lik gulshachs, they gyang doon tae yer intimmers. ²³Snell lips wi an ill hert are lik a steen crock happit wi siller. ²⁴A fae will be aa mealy-moo'ed wi ye bit aa e time will be tryin tae get e better o ye. ²⁵Tho their spik is aa mim-moo'ed, dinna believe a wird o't, cause it's aa ill-thochtit. ²⁶Their ill-will mith be happit bi lees bit their coorseness will be shewn tae e hale gaitherin. ²⁷Faaivver digs a pit will faa inno't, an fan a body rowes a steen, it'll rowe back onno him. ²⁸A leein tongue his nae time for them fa it malagarooses an a phraisin moo warks ill.

CHAPTIR 27

Dinna blaw aboot e morn, ye've nae noshun o fit it mith fess. ²Lat ither fowk reese ye oot, an dinna blaw aboot yersel; some ither body, nae fae yer ain moo. ³A steen is hivvy an san wachty, bit e deavin o a feel is wachtier nor them baith. ⁴Annger is coorse an rage blecks aa, bit fa can stan afore jillousy? ⁵Better a gweed tonguein nor hodden luv. ⁶Ye can lippen tae sairs fae a freen, bit e kisses o a fae ye can nivver trust. ⁷Gin a body's stappit foo he'll grue e taste o hunny, bit tae the hunngry, aiven fit's soor tastes sweet. ⁸A body fa wanners awa fae hame is lik a bird att wanners fae its nest. ⁹Intmint an scint mak e hert cheery an e same wye a freen's freenly wird maks e sowl cheery. ¹⁰Dinna forsake yer freen nor a freen o e faimly, an dinna gyang tae a freen's hoose fan ye come onno a mishanter. It's better tae hae a neeper near han nor a freen hine awa. ¹¹Be wise, ma loon, an mak ma hert cheery, syne A'll be able tae answer ony doon-takkin. ¹²E cannie see fit's onchancie an tak cover, bit e dozent haud gyan an hiv tae mak mends for't. ¹³Tak e sark aff e back o e chiel fa stans gweed for a fremt, an tak a wadset fae him fa stans gweed for a forriner. ¹⁴Gin ye baawl oot o ye fan ye meet yer neeper i the mornin, it'll be teen as a curse. ¹⁵A contermashious wife is like e dreepin o a sypin reef fan it's teemin doon; ¹⁶haudin her in aboot is lik keppin e win or haudin ile in yer han. ¹⁷As airn shairpens airn sae ae chiel will shairpen anither.

¹⁸Faaivver ains a fig tree will ett its fruit, an faaivver leuks oot for his maister will be thankit. ¹⁹As watter reflecks e face, sae a body's life reflecks e hert.²⁰Jist as hell an damnation are nivver sairt sae the een o man are nivver sairt. ²¹E crucible tries siller an e furnace tries gowd, sae fowk are tried bi foo weel they are spoken o. ²²Tho ye grun a feel wi bruised corn inno a mortar wi a pestle, ye winna mak them ony less glaikit. ²³Mak siccar att ye ken foo yer sheep are deein, an tak gweed tent o yer beasts; ²⁴ye mithna aye be sae weel aff, an dis a croon gyang doon tae aa ginnerations? ²⁵Fan e hey is led an e breer comes throwe an e girse fae e brae face is gaithert, ²⁶e lambs will plenish ye wi claes, an e goats wi e price o a park. ²⁷Ye'll be rife wi goats' milk tae feed yer faimly an for aa yer kitchie deems.

CHAPTIR 28

E coorse tak tae their heels tho naebody is efter them bit e richteous are as stoot as a lion. [2]A cuntra att's nivver at peace his mony leaders, bit a rowler fa's croose an clivver keeps aathin weel redd. [3]Fite-airn gintry fa ding doon e peer are lik an onding att leaves nae maet. [4]Them fa dinna keep e laa reese oot e cyaards, bit them fa haud till e laa winna hae naethin tae dee wi them. [5]Cyaards dinna ken richt fae wrang, bit them fa sikk e Lord strive wi them. [6]Better tae be peer an straicht nor walthy an ill-gaitit. [7]A croose loon taks a tellin, bit a loon att kicks ower e theats is an affront tae his fadder. [8]Faaivver wins walth bi takkin heich interest, gaithers it in for some ither body fa will be gweed tae e peer. [9]Gin ye turn a deef lug tae e laa, yer verra prayers will be thocht little o. [10]Faaivver leads e gweed-livin tae an ill gait will faa inno their ain hole, bit the unco gweed will hae a fine heirskip. [11]E walthy think themsels affa clivver, bit a croose peer body sees richt throwe them. [12]Fan e richteous win throwe, aabody's happy, bit fan e coorse come tae the heid, fowk rin an hide. [13]Faaivver haps their ill-deeins nivver comes ony linth, bit them fa confess an turn awa fae them will fin mercy. [14]Blisst are them fa fear e Lord, bit faaivver hardens his hert will come bi an amshach. [15]A coorse leader ower peer fowk is lik a roarin lion or a breengin bear. [16]A rowler fa his nae unnerstannin will haud doon his fowk, bit the een fa canna thole them att are ticht-fistit will hae a lang life. [17]Onybody fa his e bleed o anither on his hans will get nae rist till e grave, lat naebody haud him fae't. [18]E body fa nivver pits a fit wrang will be saved, bit e carnaptious will faa at eence. [19]Them fa wark their grun will hae plinty maet, bit them fa are aye chasin efter ferlies will hae their full o wint. [20]A leal body will aye get a blissin, bit e body fa's aye mangin for walth will get his sairin. [21]Hauddin in wi ither fowk is nivver gweed, cause a body will dee wrang for a bittie o loaf. [22]E ticht-fistit are aye mangin efter siller, unaweers att wint is roon e neuk. [23]Ye'll be thocht mair o efterhin for gien a body a gweed tellin aff raither nor beein aa mealy-moo't wi him. [24]Faaivver pinches fae his fadder or mither an says, "There's naethin wrang wi att," is in collogue wi him fa dings aathin doon. [25]E prood o hert steer up strife, bit them fa trust in e Lord will dee weel. [26]Them fa trust in themsels are feels, bit them fa waalk in wisdom are keepit sauf. [27]Them fa gie tae e peer will wint for naethin, bit them fa shut their een will get mony a curse. [28]Fan e coorse tak ower, fowk rin an hide, bit fan e coorse are deen awa wi, e richteous thrive.

CHAPTIR 29

Faaivver is still-an-on thraawn efter a gweed tellin aff will come till a crockaneetion wi nae remead. [2]Fan e gweed-livin come till e fore, fowk are happy; fan e coorse tak ower, fowk gie a sooch. [3]A chiel fa looes learnin maks his fadder happy, bit a loon att's aye hoorin aboot, squanners his siller. [4]A keeng maks his cuntra siccar throwe jeestice, bit the een att taks backhanners teers it doon. [5]Them fa reese oot their neepers are settin a nit for their feet. [6]Cyaards are snared bi their ain ill-deein, bit e richteous sing oot wi joy an are gled. [7]E richteous are teen on wi jeestice for e peer, bit e coorse think naethin o't. [8]Scowffers steer up a toon, bit e wise turn annger awa. [9]Gin a wise chiel his a collieshangie wi a feel, e feel raises a din an there's nae rist. [10]Bleedthirsty fowk canna thole a gweed-livin body, bit e gweed-livin sikk his sowl. [11]Feels aye lose e rag, bit e wise keep a calm sooch. [12]Gin a rowler hearkens tae lees, aa his officeels will becoorse. [13]E peer an e loan shark are baith Jock Tamson's bairns, e Lord gies sicht tae the een o baith o them. [14]Gin a keeng plays fair wi peer fowk, his throne will be set up for ivver. [15]A stang an a tellin aff gie wisdom, bit a bairn att's oot o han is an affront tae its mither. [16]Fan e coorse are aawye, ill-deein is aawye, bit e richteous will see their doonfa. [17]Haud yer bairns in aboot an they'll gie ye peace, ay, they'll be a delicht tae yer sowl. [18]Far there's nae veesion, fowk canna be held in aboot bit them fa keep e laa are blisst. [19]A servant canna tak a tellin fae jist wirds, he kens fine fit ye're sayin till him, bit he winna answer ye. [20]Div ye see e chiel fa opens his moo an lets his belly rummle? There's mair hope for a feel nor for him. [21]A servant att's been spylt since he wis a bairn will turn oot ill-jaawed. [22]A chiel in a rage steers up strife an a crabbit body dis muckle ill. [23]A chiel's pride will ding him doon, bit e laich in speerit win honour. [24]Gin ye flee wi e craas, ye'll get shot wi e craas; ye'll be pitten on yer aith, bit ye daurna testifee. [25]Fear o man will fess a snare, bit faaivver trusts in e Lord will be sauf. [26]Mony sikk an aadience wi a rowler, bit it's fae e Lord ye'll get jeestice. [27]E gweed-livin canna thole them fa swick; e coorse canna thole e gweed-livin.

CHAPTIR 30

E wirds o Agur e sin o Jakeh, the oracle. E chiel spak tae Ithiel, ay tae Ithiel an tae Ucal. [2]Seerly A'm mair lik a beast nor a man, A canna unnerstan lik a man. [3]A hinna learnt nae wisdom nor div a ken aboot the Haily Een. [4]Fa his gaen up tae hivven an come doon? Fa his gaithert up e win in his nivves? Fa his wuppit e watters in a coatie? Fa his set oot the eins o e warl? Fit's he caaed an fit's his loon caaed? Ye maun ken. [5]Ilka wird o God is tried, he's a targe tae them fa tak him as their bield. [6]Dinna pit an eik tae his wirds for fear he rage at ye an preeve ye tae be a leear. [7]Twa things A sikk o ye, dinna refeese ma them afore A dee: [8]Kep swickery an lees hine awa fae ma; gie ma naither wint nor walth, bit jist fit maet A need, [9]for fear A mith hae ower muckle an disain ye an say, "Fa's e Lord?" Or A mith turn peer an pinch an sae miscaa e name o ma God. [10]Dinna spik ill o a servant tae his maister, for fear they curse ye an ye pey for't. [11]Some fowk curse their fadders an dinna bliss their mithers. [12]Some fowk are pure in their ain een bit are nae waashen o their goor: [13]them fa leuk doon their noses at ye an gie ye a glower; [14]them fas teeth are lik swoords an hiv jaas set wi knives tae ett up e peer o e warl an them fa are in wint. [15]E leech his twa dothers: "Gie! Gie!" There are three things att are nivver sairt, fower att nivver say "Att's aneuch": [16]e grave, the eel wyme, lan att nivver gets its sairin o watter, an fire att nivver says, "Aneuch." [17]The ee att scowffs at a fadder an is afftakkin wi an aul midder will be pickit oot bi e craas i the howe an will be etten bi e vultures. [18]There are three things att A canna get ma heid roon, ay fower att A dinna unnerstan: [19]e wye o an aigle i the lift, e wye o a snake on a steen, e wye o a boat on e seas an e wye o a chiel wi a young quine. [20]Iss is e wye o a wumman att lies wi a man att's nae her ain: she etts, dichts her moo an says "A've nae deen naethin wrang." [21]There's three things att shaak e warl an fower it canna stan up till: [22]a fee'd-loon att becomes a keeng, an eedjit fa aye his plinty tae ett, [23]a hussie att gets mairriet an a kitchie deem fa taks ower fae e mistress. [24]There's fower things i the warl att are sma, bit for aa that are maist affa wise: [25]emerteens are beasties wi nae muckle strinth, yet they lay in their maet i the simmer, [26]rubbits are fushionless bit they mak their hames amo steens, [27]locusts dinna hae a keeng, bit for aa that, they mairch oot in ranks, [28]ye can tak a lizard wi yer han bit for aa that ye'll fin it inno e palaces o keengs. [29]There are three things att are knypin on, fower att hiv a sonsie fit: [30]a lion, stootest amo beasts, fa nivver backs awa fae naethin, [31]a struntin cockaleerie, a billy-goat an a keeng fa neen can rise up agin. [32]Gin ye've been feel aneuch tae reese yersel up, or gin ye've thocht ill, clap yer han ower yer moo. [33]Kirnin ream maks butter an thrawin e neb gars it bleed, sae steerin up annger maks for strife.

CHAPTIR 31

E wirds o keeng Lemuel, the oracle his mither learnt him. [2]Fit ma loon? Fit, sin o ma wyme? Fit, sin o ma voos? [3]Dinna gie yer strinth tae weemen, nor yer wyes tae fit brings doon keengs. [4]It's nae for keengs, Lemuel, it's nae for keengs tae drink wine, nae for princes tae sikk e hard stuff, [5]for fear they drink an forget e laa an dee awa wi jeestice for them fa hiv a sair time o't. [6]Gie strong drink tae e deein an wine tae them wi a sair hert. [7]Lat them drink an forget their wint an droon their sorras. [8]Spik oot for them fa canna spik for themsels, for e richts o aa att are sair deen till. [9]Spik oot, play fair an stick up for e richts o e peer an needfu.

[10]Fa can fin a stoot gweedwife? She's wirth far mair nor rubies. [11]Her man can lippen till her an he'll wint for naethin. [12]She fesses him gweed, nae herm, aa e days o her life. [13]She picks oot oo an lint an is skeely wi her hans. [14]She's lik e merchan ships, fessin maet fae hine awa. [15]She rises fan it's aye nicht, maets aa her hoose an gies a suppie tae her kitchie deems. [16]She leuks ower a park an buys it an fae her yirnins plants a vinyaird. [17]She gets throwe a tear o wark att gies strinth tae her airms. [18]She's aye seer tae mak a penny an her cannel is nivver on the wane at nicht. [19]She taks a haud o e distaff an sets her han tae e spinnle. [20]She raxes oot her airm tae e peer an offers a kindly han tae e needfu. [21]Fan it's dingin on snaa, she his nae fears for her fowk cause they are aa weel cled. [22]She maks bedclaes an she weers gran claes o fite leenen an purple. [23]Her man is weel kent att e toon yett, fan he sits amo e cooncillors. [24]She maks fite sarks an sells them tae e chapman. [25]She is cled wi strinth an honour an she can lauch at fit's afore her. [26]She spiks a lot o sense an she his a couthy netter aboot her. [27]She keeps an ee on fit's gyan on in her hoose an disna ett e breid o sweirty. [28]Her bairns rise an bliss her, an her man tee, reeses her oot. [29]Mony weemen hiv deen winnerfu things, bit ee bleck aa. [30]Ye mith be teen in bi chairm,an beauty is fleetin, bit a wumman fa fears e Lord maun be reesed oot. [31]Gie her e fruit o her hans an lat her wark reese her oot at e toon yett.

ECCLESIASTES

CHAPTIR 1

E wirds o e Dominie, sin o Daavit, keeng in Jerusalem: [2]"Feckless, feckless," says e Dominie." Fair feckless! Aathin's feckless!" [3]Fit div fowk win fae aa their darg att they chaave at aneth e sin? [4]Ae ginneration gyangs an anither ginneration comes, bit e warl stans siccar. [5]E sin rises an e sin gyangs doon, an is hurriet tae gyang back tae far it rises. [6]E win blaas tae e sooth an furls northlins, roon an roon it birls aye blaawin back till its coorse. [7]Aa burns rin doon till e sea, bit for aa that, e sea is nivver full. E burns gyang back tae e place they yokit fae. [8]Aathin's a trauchle, mair nor ye can ivver say. The ee can nivver see aneuch; e lug nivver his its full o hearin. [9]Fit his been will be again, fit's been deen will be deen again: there's naethin new aneth e sin. [10]Is there naethin ye can say aboot, "Leuk see, iss is somethin new"? It wis here afore, lang syne. Here lang afore oor time. [11]Naebody myns on e fowk fa cam afore hiz an aiven them still tae come winna be mynt on bi them fa come efter them.

[12]Me, e Dominie, A wis keeng ower Israel in Jerusalem. [13]A set masel tae sikk oot an hiv come tae ken throwe learnin aathin att's deen aneth e hivvens. Sic a birn God his laid onno mankyn tae chaave wi. [14]A've seen aa e wark att's deen aneth e sin: they're aa feckless lik chaavin efter e win. [15]Fit's camshachelt canna be straichent; fit's wintin canna be coontit. [16]A said tae masel, "Dyod min, A've teen in mair learnin nor ony chiel fa's rowelt ower Jerusalem afore ma; A hiv mair learnin inno ma nor ony o them." [17]Sae A set masel tae ken aa aboot learnin an daftness an feelness tee; bit A faun oot att iss is jist chaavin efter e win anaa. [18]Cause wi muckle learnin comes muckle sorra: e mair learnin, e mair dool.

CHAPTIR 2

A said tae masel, "Weel awyte, A'll try ye wi a splore, sae ye mith enjoy yersel." Bit att turnt oot feckless tee. [2]"Lauchter," A said, "is feelness. An fit gweed dis pleesure dee?" [3]A socht tae cheer masel up wi clairet, ma heid still leadin ma wi wisdom. A claucht at feelness. A jist wintit tae see fit wis gweed for a body tae dee aneth e hivvens in e fyow days o his life. [4]A teuk on muckle proticks. A biggit hooses for masel an plantit vinyairds. [5]A laid oot gairdens an parks an plantit aa kyn o fruit trees inno them. [6]A biggit dams tae watter e trees i the plantins. [7]A bocht men an weemen slaves an hid ither slaves att were born at hame. A aint mair sheep an nowt nor ony ither body in Jerusalem afore ma. [8]A gaitherit siller an gowd for masel an e trissure o keengs an cuntras. A teuk in men an weeman singers, an fit chiels are teen on wi, plinty bidie-ins. [9]Sae A wis far better set up nor ony ither body in Jerusalem afore ma, an ma wisdom bade wi ma. [10]Fanivver ma een saa somethin they winted, A didna haud it fae them. There wis nae pleesure A keepit fae ma hert. Sae ma darg brocht ma pleesures, an iss wis e rewaard for aa ma trauchle. [11]Syne, A teuk a gweed leuk at aa ma hans hid deen an fit A hid chaaved tae win till: it wis aa feckless, jist chaavin efter e win. There wis naethin tae be won aneth e sin.

[12]Syne A turnt ma thochts tae wisdom an daftness an feelness. Fit can e chiel fa comes efter e keeng dee att hisna been deen ariddy? [13]A saa att wisdom is better nor feelness, jist as licht is better nor mirk. [14]Clivver fowk hiv een in their heids, bit e feel waalks i the mirk; bit it cam tae ma att they baith dree e same weird. [15]Syne A said tae masel, "A'm gyan tae dree e same weird as e feel. Sae fit eese is there o bein clivver?" A said tae masel, "Iss is feckless anaa." [16]For e clivver chiel, lik e feel will seen be forgotten aboot, e days will seen be here fan baith will nae be mynt on. Lik e feel, e clivver chiel maun dee anaa. [17]Sae A hated life, cause e wark deen aneth e sin wis sair. It's aa feckless, chaavin efter e win.

[18]A hated aathin A'd chaaved for aneth e sin, cause A maun leave them tae e chiel fa comes efter ma. [19]An fa kens gin att chiel will be clivver or a feel? Still-an-on he'll tak ower aa att A chaaved for wi aa ma skeel an darg aneth e sin. Iss is feckless anaa. [20]Sae ma hert turnt disjaskit ower aa ma darg aneth e sin. [21]Cause a body mith chaave wi wisdom, kennin an skeel an syne maun leave it aa tae somebody fa hisna deen a han's turn for't. Iss is feckless tee, a gey mishanter. [22]Fit dis a body get for aa e darg an chaave att they strive at aneth e sin? [23]Aa his days his wark is sorra an dool; even at nicht his hert disna get nae rist. Iss is feckless tee.

[24]There's naethin better for a body nor tae ett an drink an be cantie in his wark. Iss tee, A see, is fae e han o God, [25]for fa can ett or fin enjoyment athoot him? [26]God gies wisdom, kennin an happiness tae them fa please him, bit tae the ill-dee'er he gies e chaave o gaitherin an fordellin up, tae gie it aa ower tae them fa please God. Iss tee is feckless, jist a chaavin efter e win.

CHAPTIR 3

Aathin his it's sizzon, an for ilka thing ye dee aneth e hivvens there's a time:

[2]A time tae be born, an a time tae dee; a time tae shaav, an a time tae hairst; [3]a time tae dee awa wi, an a time tae mak aa better; a time tae pu doon, an a time tae bigg up; [4]a time tae greet, an a time tae lauch; a time tae moorn an a time tae dance; [5]a time tae scatter steens, an a time tae gaither them up; a time tae gie a bosie, an a time tae haud back fae gien a bosie; [6]a time tae sikk, an a time tae tine; a time tae haud on tae things, an a time tae fling awa; [7]a time tae rive, an a time tae sort; a time tae be quait, an a time tae spik oot; [8]a time tae loo, an a time tae hate; a time for waar, an a time for peace. [9]Fit gweed dis e warker get fae aa his trachles? [10]A've seen e birn att God his gien fowk tae keep them thrang. [11]He's made aathin bonnie in it's time. He's gien fowk e sense o fit's gaen afore an fit's tae come, bit naebody can unnerstan God's wark fae e yokin till e hinnerein. [12]A ken there's naethin better for fowk nor tae be happy an live as gweed a life as they can fan they're livin. [13]Mairower fowk shuld ett an drink an mak e best o aa their hard wark, att's e hansel fae God. [14]A ken att fit God dis lests for ivver. Ye canna add till't nor tak awa fae't. God dis it sae aabody mith be in aawe o him. [15]Fitivver is happenin noo his happent afore, an fit's afore hiz his ariddy been. God fesses back fit's been afore.

[16]An A saa some ither thing aneth e sin: there wis coorseness i the place o jeedgement an ill-deein i the place o richteousness. [17]A said tae masel, "God will fess jeedgement on baith e gweed livin an e cyaards, cause there's a time for ilka throwe-pit an for ilka wark." [18]An A said tae masel aboot mankyn "God tries fowk sae they mith see they're jist lik beasts. [19]Seerly, fit happens tae fowk is jist e same as fit happens tae a beast; they maun dee e same weird: as een dees, sae e tither dees. They aa hiv the ae braith; fowk are nae neen better nor e beasts. Aathin is feckless. [20]They aa gyang tae e same place: they aa come fae stew an tae stew they aa gyang back. [21]Fa kens gin fowk's speerits gyang up e wye an e beasts' speerits gyan doon intill e yird?" [22]Sae A saa there wis naethin better for a body nor tae be happy in his wark, cause att's wir lot. Cause fa can fess hiz back tae see fit comes ahin hiz?

CHAPTIR 4

Again A leukit an A saa foo muckle doon-haudin there is aneth e sin. A saa e tears o them att were sair come at wi naebody tae tak peety on them. Pooer lay wi them deein e tirraneesin bit they hid naebody tae tak peety on them. [2]Sae A thocht att e deid, fa hid ariddy deit, are mair content nor e livin fa are aye yet alive. [3]Bit better nor baith o them is e body fa his nivver been born, an hisna seen the ill att's deen aneth e sin. [4]Syne A saa att aa chaave an skeely wark is dyow tae fowk's jillousy o their neeper. Att tee is feckless, jist chaavin efter e win. [5]Feels faul their hans an ett their maet. [6]Ae hanfu wi rist is better nor twa hanfus wi darg an chaavin efter e win.

[7]Syne A saa some ither fecklessness aneth e sin: [8]there wis a chiel aa his leen, wi naebody ither, nae sin nor brither. There wis nae ein tae his darg, bit still-an-on, his een werna contint wi his walth. He nivver speirt "Fa am A chaavin for an tirrin awa aa ma ain pleesure?" Iss is feckless anaa, a sair fecht.

[9]Twa are better nor een, cause they get a gweed return fae their darg. [10]Gin een o them styters, e tither will heeze him up. Bit peety e body att faas wi naebody tae heeze him up. [11]Fit's mair, gin twa lie doon egither, they'll keep een anither warm. Bit foo can ye keep warm yer leen? [12]A body on his ain mith be owercome, bit twa can defen themsels. A three-faul tow's nae gweed tae braak.

[13]Better a peer, bit cannie loon nor a feel aul keeng fa disna ken ony mair foo tae tak a tellin. [14]E loon mith come fae e jile tae ein up as keeng or he mith hae been born peer in his ain cuntra. [15]A thocht o aa e livin fa waalk aneth e sin takkin wi e saicond loon fa cam efter e keeng. [16]There wis nae ein o fowk afore them. Bit them fa cam efter didna tak wi him. Iss tee is feckless, jist chaavin efter e win.

CHAPTIR 5

Waatch yer fit fan ye gyang intae e hoose o God an be aye riddy tae hearken raither nor offer a feel's hansel. Feels dinna ken fan they're deein wrang. [2]Dinna be ower thochtless wi yer moo, nor lat yer hert be hasty tae say onythin afore God. Cause God's in hivven an ye're o e warl sae lat yer wirds be fyow. [3]Muckle fash will fess dreams, an feels aye hiv a great lay aff aboot things. [4]Fan ye mak a voo tae God, dinna dauchle i the cairryin oot o't. He disna thole feels: stick tae yer promise. [5]It's better nae tae mak a voo avaa, nor tae mak een an nae stick till't. [6]Dinna lat yer moo lead ye tae ill-deein wyes. An dinna say tae e messenger o God att it wis a mistaak. Fit wye shuld God be raised at fit ye say an wrack e wark o yer hans? [7]Mony dreams an a lang lamgamachie are eeseless. Raither, fear God.

[8]Gin ye see e peer bein sair haudden doon an nae jeestice nor richteousness aboot a place, dinna winner at sic things, cause ae officeel will scrat anither's back an there's anither chiel abeen them turnin a blin ee.

[9]E hairst o e grun in aa things is a keeng browdent on his parks. [10]Them fa loo siller, nivver hiv aneuch; them fa loo walth are nivver sairt wi their waage. Iss is feckless tee. [11]E mair gear there is aboot, e mair fowk there is makkin eese o't. An fit gweed are they tae e chiel fa ains it, by's glowerin at them? [12]E sleep o wirkin fowk is sweet, whither they ett a wee thochtie or muckle, bit as for e walthy, their graith leaves them nae sleep. [13]A've seen coorse, coorse ill aneth e sin; walth hoordit up an deein ill tae them fa aint it, [14]or walth tint throwe some mishanter, sae fan they hid a sin, there wis naethin tae heir. [15]Aabody comes bare fae their mither's wyme; an as they cam, sae they'll gyang back. They'll tak naethin fae their darg att they can cairry in their hans. [16]Iss tee, is a sair ill; as aabody comes, sae they gyang awa, an fit e better are they o't? Aa they dee is chaave for e win. [17]Aa their days they ett i the mirk, wi muckle fash, sorra an sair.

[18]Bit ae thing A've noticed: it's gweed tae ett an drink an be happy i their sair chaave aneth e sin i the fyow days o life att God his gien them: cause there's naethin else for't. [19]Fit's mair, fan God gies fowk walth an gear, an the abeelitie tae mak e best o't, tae tak their lot an be happy i their darg, att's a hansel fae God. [20]They winna think langsome on e days o their life, cause God keeps them teen up wi joy i their hert.

CHAPTIR 6

A've seen anither ill aneth e sin an it's a birn for e shoother o mankyn. [2]God gies some fowk muckle walth, gear an honour, sae att they wint for naethin att they mith sikk, bit God disna gie them e pooer tae ett fae it an forriners get e gweed o't insteid. Iss is feckless, a sair ill.

[3]A chiel mith hae a hunner bairns, an live for mony ear; still-an-on, nae metter foo lang he lives, gin he canna get e gweed o's walth an win an honest beerial, A wid say a bairnie att's born deid is better aff nor him. [4]It's comin is feckless, it depairts i the mirk, an its name is happit wi mirk. [5]Fit's mair, it nivver saa e sin or kent o naethin, bit it his mair rist nor att chiel, [6]ay, tho he live a thoosan ear, twice ower, bit canna get e gweed o his walth. Are they nae aa gyan e same gait? [7]Aabody's darg is tae full their moo, still-an-on, their hunnger is nivver sairt.

[8]Is e clivver chiel ony better nor e feel? Fit better is e peer chiel o kennin foo tae gyang aboot things? [9]Better fit's afore yer een nor ettlin for fit ye wint. Iss is feckless anaa, chaavin efter e win. [10]Fitivver exists his been gien a name lang syne, an it's kent fit man is; neen can conten wi him fa's stronnger nor him. [11]E mair ye say, e less e meanin o't, an fit gweed's att tae a body? [12]Fa kens fit's gweed for a body in iss life, throwe e fyow feckless days they pass throwe lik a shadda? Fa can tell them fit will happen aneth e sin efter they've worn awa?

CHAPTIR 7

A gweed name is better nor gran intment, an e day ye dee is better nor e day ye wis born.

[2]It's better tae gyang tae a hoose o moornin, nor tae gyang tae a hoose o ettin, cause att's the ein o aa fowk, an e livin will tak it tae hert. [3]Dool is better nor lauchter, cause a lang face is gweed for e hert. [4]The hert o e wise is i the hoose o moornin, bit e hert o feels is i the hoose o splore. [5]It's better tae tak a tellin fae a wise body nor tae hearken tae e sang o feels. [6]E lauch o feels is lik funs cracklin aneth a pot, iss is feckless tee.

[7]Coorseness turns e wise body intae a feel, an a back-hanner fyles e hert. [8]The ein o a thing is better nor e yokin o't, an patience is better nor pride. [9]Dinna be quick tae get het up cause annger bides i the breist o feels. [10]Dinna say, "Fit wye were the aul days sae muckle better nor nooadays?" Cause it's nae mowse tae speir sic things.

[11]Wise eese o an heirskip is a gweed thing, fessin profit tae them fa see e sin. [12]Wisdom's a bield an siller's a bield, bit the advantage o learnin is att wisdom gies life tae them fa ain it. [13]Think on e wark o God, cause fa can straichen fit he his boo't? [14]Fan things are gyan weel, be contint, bit fin ye're sair come at, think on iss: God made the een as weel as e tither, sae att naebody can see fit's afore them. [15]In ma feckless life, A've seen it aa: e gweed-livin deein i their gweed-livin, an e cyaards livin a lang life i their coorseness. [16]Dinna be ower gweed-livin nor ower clivver, it mith be the ein o ye. [17]Dinna be ower coorse, an dinna be a feel; fit wye dee afore yer time? [18]It's gweed tae tak a haud o iss, ay, an nae haud back yer han, cause faaivver dreids God will miss them baith. [19]Wisdom maks a clivver body mair pooerfu nor ten chiefs in a toon. [20]Dyod, there's nae a gweed-livin body in aa e warl fa aye dis fit's richt an nivver dis ony ill. [21]Dinna be teen up wi aa att fowk say, or ye mith hear yer orraloon sweerin at ye, [22]cause ye ken fine there's mony a time ee've sworn at ither fowk.

[23]A've preeved aa iss throwe learnin an A said, "A'm determined tae be clivver," bit it wis ayont ma. [24]Fitivver is hine awa an profoon, fa can win tae e boddom o't? [25]Sae A turnt ma hert tae ken, fin an sikk oot wisdom, fit aathin wis aboot, an tae unnerstan the ill o coorseness an e feelness o gypery. [26]A faun mair soor nor daith wis e wumman fas hert is a snare an a nit, an fas hans are chines. Faaivver pleases God will win lowss fae her, bit she'll tak e cyaard. [27]"Leuk," says e Dominie, "iss is fit A've faun oot: pittin twa an twa egither tae fathom things oot, [28]fit A'm aye sikkin A canna fin; A faun ae gweed man in ilka thoosan bit A canna fin a gweed wumman amo them avaa. [29]Bit iss A did fin: God made fowk upricht, bit they've socht oot mony proticks."

CHAPTIR 8

Fa's lik e wise? Fa kens the intimmers o e wirkins o things? A body's face brichtens up fan they hiv wisdom, makkin it nae sae dour-leukin. [2]Dee fit e keeng bids ye, A say, cause ye teuk an aith afore God. [3]Dinna be in ower muckle o a lick tae haud oot aboot fae him. Dinna tak up wi ill proticks, cause he'll dee fit he wints. [4]E keeng's wird blecks aa, fa can say tae him, "Fit are ye deein?" [5]Faaivver dis his biddin will nae come tae nae herm, an e clivver body's hert kens e time an fit's tae dee.

[6]There's a richt time an wye o deein for aathin, aiven tho a body be fair forfochen. [7]Naebody kens fit's afore him, sae fa can tell ony ither body fit's tae come? [8]Naebody his e pooer tae haud e win in aboot, nor e pooer ower fan he's gyan tae dee. Jist as there's nae leave i the midse o a waar, sae there will be nae remead for them fa wark ill. [9]A saa aa iss fan A wis thinkin aboot aathin deen aneth e sin. There's a time fan a chiel domineers some ither body tae his ain mar. [10]An sae A've seen e coorse beeriet; they cam till their rist, an they gaed awa fae e haily place an were forgotten aboot i the toon far they hid deen sae muckle ill. [11]Fan e sentence for an ill protick taks a file tae be effectit, fowks herts are aye ettlin tae de wrang.

[12]Tho a cyaard dee ill a hunnerfaul an live a lang life, A ken it will be better for them fa dreid God, fa are feart afore him. [13]Bit it winna gyang weel wi e coorse fa winna rax oot their days lik a shadda, cause they dinna fear God. [14]There's a fecklessness i the warl: there's gweed-livin fowk fa get e come-uppance o e coorse an coorse fa get e deserts o e gweed-livin. Iss is feckless tee, A wid say. [15]Sae A wid haud oot for pleesure in life, cause there's naethin better for a body aneth e sin nor ettin, drinkin an daffin, an att will gyang wi a body i their darg aa e days o life att God gies aneth e sin.

[16]Fan A set ma hert tae learn aboot wisdom an see fowk's darg here i the warl, (there's them fa, day or nicht nivver see sleep wi their een), [17]syne A saa aa e wark God his deen. Neen can fin oot e wark Att's deen aneth e sin, cause tho a body mith chaave tae sikk it oot, he winna fin it. Tho a wise chiel mith think he kens, he canna fin it oot.

CHAPTIR 9

Sae A teuk a thochtie aboot aa iss an jaloused att e richteous an e wise are in God's hans. Fowk dinna ken gin they'll be in for luv or hate: it's aa afore them. [2]It's e same for aa, e gweed-livin an e coorse, e couthie an e cyaard, e clean an e nae clean, them fa offer sacrifeeces an them fa dinna. E weird o e gweed, is e weird o e coorse, e weird o them fa sweer an aith is the weird o them fa dreid tae tak an aith.

[3]Iss is fit's sae ill aboot aathin att happens aneth e sin: e same weird comes till hiz aa. Fowk's herts are full o coorseness an feelness fan they're livin, an syne they jine e deid. [4]Onybody amo e livin his hope, a livin tyke is better nor a deid lion. [5]For e livin ken they will dee, bit e deid dinna ken naethin; they hiv nae mair comin till them, cause they're nae mynt on. [6]Their luv, an their hate, an their jillousy are lang deen awa wi, nivver again will they hae ony pairt o onythin deen aneth e sin.

[7]G'wa an ett yer maet wi pleesure, an drink yer clairet wi a mirry hert, cause God his acceipt fit ye've deen. [8]Aye weer fite, an aye sclary yer heid wi ile. [9]Enjoy life wi yer wife, fa ye loo, aa e days o yer feckless life att God his gien ye aneth e sin, aa yer feckless days. Cause att's e weird ye'll dree an i the darg ye chaave at aneth e sin. [10]Fitivver yer han fins tae dee, dee it wi aa yer smeddum, cause i the warl o e deid, far ye're gyan, there's nae wark, nor plannin, nor learnin, nor wisdom.

[11]There's some ither thing A've seen aneth e sin: e race is nae aye won bi e festest nor e fecht bi e stootest, nor dis maet come tae e clivver, nor walth tae them wi kennin, nor faavour tae e skeely; bit time an luck happens tae them aa. [12]Fit's mair, naebody kens fan their oor will come: lik fish catcht in a cruel nit, or birds teen in a snare, sae fowk are catcht bi coorse times att come on them wi a suddenty.

[13]A've seen tee att iss is wisdom aneth e sin, an A wis weel teen wi't: [14]There wis a smaa toon wi jist a fyow fowk inno't. A pooerfu keeng cam agin it, laid siege till't an biggit muckle bullwarks tee till it. [15]Noo, there wis a peer, bit clivver chiel faun in att toon, an he saved it bi his wisdom. Bit naebody mynt on e peer mannie. [16]Sae A said, "Wisdom's better nor strinth." Bit e peer mannie's wisdom is thocht little o, an naebody taks tent o his wirds. [17]E quait wirds o e wise are better nor e baawlin o a chief o feels. [18]Wisdom is better nor wappons o waar, bit ae cyaard can wrack muckle gweed.

CHAPTIR 10

As deid spooters gie scint a coorse stink, sae a wee bittie feelness spiles wisdom an honour. [2]The hert o e wise lists tae e richt, bit the heart o e feel tae e left. [3]Aiven fan a feel waalks ben e road, he his nae sense an lats aabody ken he's a feel. [4]Gin a rowler's birse rise up agin ye, dinna rin awa, cause a calm sooch can quaiten a muckle stramash. [5]There's an ill A've seen aneth e sin, e kyn o mistaak att a rowler can mak: [6]feels get mony o e tap jobs, file e walthy sit in a laich airt. [7]A've seen orraloons on a horse, an clan chiefs on fit, lik an orraloon. [8]Faaivver howks a hole mith faa inno't an faaivver braaks throwe a dyke mith get a bite fae a snake. [9]Faaivver quaaries steens mith get hurtit bi them; an hackin sticks can be oonchancie. [10]Gin the aix is blunt an its heid nae shairpent, mair strinth is nott, bit wisdom will fess mair speed. [11]Gin a snake bite afore it's chairmed, fit's the eese o bein a chairmer? [12]Wirds fae e moo o e wise are couthie, bit feels are etten up bi their ain lips. [13]Tae begin wi, their wirds are glaikit, bit bi the hinnerein, they're coorse bladrie. [14]Feels will yammer on, an naebody kens fit's comin; naebody can tell ye fit's comin ahin him. [15]E darg o feels wearies ilka een o them an they canna fin their wye tae e toon.

[16]Waly, waly tae e cuntra fas keeng is a bairn an fas clan chiefs stap themsels wi maet i the foreneen. [17]Blisst is e cuntra fas keeng comes o gintry-fowk an fas clan chiefs ett at e richt time, for strinth an nae drouthieness. [18]Throwe sweirtie, e couples sag; throwe idle hans there's a dreep fae e reef. [19]A feast is for lauchin, wine maks life mirry, bit siller is the answer tae aa. [20]Dinna curse e keeng, nae aiven in yer thochts, an dinna curse e walthy in yer chaumer, cause a birdie i the lift mith cairry yer wird, a birdie on e wing mith tell fit ye've said.

CHAPTIR 11

Kess yer breid onno e watters an efter mony days ye'll fin it. [2]Pairt oot yer siller amo syven, ay mebbe aucht, cause ye nivver ken fitna mishanter will faa on e warl. [3]Gin cloods be full o rain, they teem themsels oot onno e warl. Gin a tree faas tae e sooth or e north, in fitivver place it faas, there it will lie. [4]Faaivver waatches e win winna shaav; faaivver leuks at e cloods winna hairst. [5]Jist as ye dinna ken e gait o e win, or foo e beens are formed inno a mither's wyme, sae ye dinna ken e wark o God fa maaks aathin. [6]Shaav yer seed i the foreneen, an at nicht, dinna lat yer hans be idle, cause ye dinna ken fit will dee weel, iss or att, or whither baith will be een as gweed as e tither.

[7]Licht is sweet, an the een are aye fine teen tae see e sin. [8]Sae gin a body live for mony ears, lat him enjoy them aa. Bit lat him myn on e dowie days, cause there will be mony. Aa att comes is feckless.

[9]You young fowk, be happy fan ye're young, an lat yer hert cheer ye up i the days fan ye're young. Gyang farivver yer hert taks ye an fitivver yer een see, bit myn, God will sikk a reckonin for aa sic things fan he fesses ye tae jeedgement.

[10]Sae, redd yer hert o fash, an redd yer body o sairs, for bairnheid an youtheid are feckless.

CHAPTIR 12

Myn on yer Makker fan ye're young, afore e coorse days come an ye win in till e years fan ye'll say, "There's nae pleesure in them," [2]afore e sin an e licht, an e meen an e stars growe mirky, an e cloods come back efter e rain; [3]fan e hoose gairds shaak, stoot chiels boo doon, mullerts lat be, cause there's sae fyowe o them, an them fa leuk throwe e winda growe dim; [4]fan e doors tae e street are steekit an e soun o e mull dwines; an fan fowk rise at e soun o birds, bit aa their sangs faa awa;[5]fan fowk are feart at hichts, an oonchancie streets; fan the almone tree bleems an e cricket hauls itsel alang an ye're jist fair fushionless. Syne fowk gyang tae their lang hame an moorners gyang aboot e streets. [6]Ay, myn on yer Makker, afore e siller tow is sned, an e gowden caup is breuken; or e watter pig is shattert at e watterins an e wheel breuken at e waal, [7]an e stew gyangs back tae e grun it cam fae, an e speerit gyangs back tae e God fa gied it.

[8]"Feckless, feckless" says e Dominie, "aathin's feckless." [9]E Dominie wis learnt an hannit ower his learnin tae e fowk. He thocht weel, socht oot an set doon mony saaws. [10]E Dominie socht oot e richt wirds an his screivins were upricht an true. [11]E wirds o e wise are lik wheeps, an their mardle o sayins lik weel-chappit nails, aa gien bi the ae shepherd. [12]Tak tent ma loon, an waatch onythin ayont them. There's nae ein tae e makkin o beuks, an ower muckle learnin is wearysome. [13]Noo it's aa been heard an iss is e hinnerein o't: fear God an kep his biddin, cause att's fit ilka body maun dee. [14]For God will jeedge hiz for aathin we dee, aiven e things att are oot o sicht, be it gweed or ill.

SANG O SANGS

CHAPTIR 1

E sang ower aa sangs, o Solomon. ²Oh, lat him kiss ma wi e kisses o his moo; cause yer kisses are lik clairet. ³Yer ile his sic a bonnie smell, yer name is lik skailin oot scint, nae winner aa e quines loo ye. ⁴Tak ma wi ye; we'll rin! E keeng his brocht ma inno his chaulmer; we'll aye be happy egither; we'll reese oot yer luv mair nor clairet. We loo ye, een an aa.

⁵Weemen o Jerusalem, A'm swarthy bit weel faurt, lik e tents o Kedar an e drapes o Solomon's palace. ⁶Dinna glower at ma cause o ma colourin, brunt bi e sin tho A be. Ma mither's sins were raised at ma an sent ma oot tae leuk efter e vinyairds, bit A hinna teen tent o ma ain vinyaird. ⁷Tell ma, ma bonnie laddie, far div ye tak yer ewies, far div ye lie them doon tae reest at denner time; fit wye shuld A hae tae hap ma heid amo e flocks o yer freens?

⁸Gin ye dinna ken e plaicie, ma bonnie lass, jist ye folla e trackie att e ewies hiv made an set ye doon wi yer goaties anent e shepherds' faals. ⁹Oh ma dearie, yer lik a mear amo Pharaoh's cairriages. ¹⁰Yer chiks are bonnie wi jowels an yer neck's riggit oot wi gowden chines. ¹¹We'll mak ye gowden plaits aa set oot wi beads o siller.

¹²Fan ma keeng wis lyin on his deece, ma scints fulled the air. ¹³Ma dearie is like a poochie full o myrrh as he lies in ma breist aa nicht lang; ¹⁴tae me, he's lik e flooers att growe sae bonnie i the vinyairds o En-gedi. ¹⁵Sae bonnie ye are, ma dearie, sae bonnie; yer een are like doos. ¹⁶Sae weel-faurt ye are, ma jo, o foo A loo ye sairly. Wir bed will be e saft green girse; ¹⁷wir sarkin is o cedar wid an wir couples, fir.

CHAPTIR 2

A'm e rose o Sharon, e lily o e howe. ²Lik a lily amo thrissles, is ma dearie amo ither quines. ³Lik an aipple tree growin amo e trees o e wid, is ma lad amo e tither loons. There's naethin beats sittin doon aneth his shadda; his fruit is sweet tae e taste. ⁴He brocht ma tae e kitchie table an gied ma e gled ee. ⁵Strinthen ma wi raisins, fess ma roon wi aipples, for A wis in a dwaam wi luv. ⁶Fit fine it wad be gin his left han wis aneth ma heid an his richt han teuk ma intill his bosie. ⁷A daur ye, aa ye quines o Jerusalem, A sweer bi e deer i the muir, att ye winna reese nor steer up luv till e richt time.

⁸A hear ma dearie's vice. See, he's comin, loupin ower e moontains, skippin throwe e braes. ⁹Ma dearie is lik a roe deer or a young steggie: he stans ahin e waa, keekin throwe e winda, glancin throwe e lattice. ¹⁰Ma dearie says tae ma: "Rise up, ma quine, ma darlin, come awa wi ma, ¹¹e winter's bye; e rain's devaalt, ¹²e flooeries are aa comin oot, e birdies are singin, an e cushie-doo's cooin will be heard in aa e cuntraside. ¹³E figs are growein on e fig trees an ye can fin e scint o e blossom on e vines. Rise up, ma luv, ma darlin, an come awa wi me.

¹⁴Ma bonnie doo, att nestles i the holies o e craigs or i the crannies o e steens, lat ma see yer face, lat ma hear yer vice. Yer vice is couthie an yer face sae bonnie. ¹⁵Tak e tods, e wee tods att ett e vines fan they are in flooer. ¹⁶Ma dearie is mine an A'm his. He feeds his ewies amo e flooeries. ¹⁷Afore e skreek o day, fan e shaddas tak e gait, turn, ma dearie, an be lik a roe deer or a young steggie i the heilan glens.

CHAPTIR 3

Nicht efter nicht, lyin i ma bed, A've socht ma dearie; socht him, bit hinna faun him. [2]A'll rise noo an tak a turnie roon e toon, throwe e streets an squaars, sikkin oot him fa ma hert looes. A socht him, bit fin him A couldna. [3]E waatchmen fa gyang roon e toon cam on ma an A speirt at them, "Ye widna hae seen ma dearie, wad ye?" [4]Nae seener hid A left them fan A cam on ma dearie. A claucht on tae him an widna lat him oot o ma grip till A'd feshen him tae ma mither's hoosie, an taen him intill e room wi her verra mairrige bed. [5]Aa ye quines o Jerusalem, A sweer bi e deer i the muir, att ye winna reese nor steer up luv till e richt time.

[6]Fa's iss comin oot o e bog lik a clood o reek, wi e scint o myrrh an frankincense, an aa e poothers o e merchant? [7]Losh, it's nae ither nor Solomon, cairriet on a hurlie-bed wi saxty sodgers roon aboot it, aa e brave chiels o Israel. [8]Ilka een his a swoord an is a bonnie fechter. Ilka een his a swoord at his han tae fen aff things att mith come i the nicht. [9]Keeng Solomon made e hurlie-bed for himsel oot o e wid fae Lebanon. [10]E stangs are o siller an e back o't o gowd. E bowster is o purple an e hale thing made wi luv bi the weemen o Jerusalem. [11]Oot wi ye, aa ye quines o Zion, an see keeng Solomon, weerin e croon, e croon att his mither pat on his heid e day att he wis mairriet, att gledsum day.

CHAPTIR 4

O bit ye're bonnie, ma dearie, sae bonnie. Yer een aneth yer veil are lik doos; yer hair lik a flock o goats on e braes o Moont Gilead. [2]Yer teeth are fite as a flock o new-clippit ewies, new-washen; far ilka een his twinnies an neen hiv cassen. [3]Yer lips are lik trappins o scairlet an yer moo gatefarrin; yer haffets are lik e pomegranate aneth yer veil. [4]Yer verra neck is lik e tooer o Daavit, weel set oot; yer neckliss lik a thoosan targes, ilka een belangin ti a sodger lad. [5]Yer breists are lik twa young deer, twins o a gazelle, ettin amo e flooeries. [6]Afore e skreek o day, fan e shaddas flee awa, A'll rin tae e braes o myrrh an e knowes o frankincense. [7]Ye're sae bonnie, ma dearie, there's nae a faut aboot ye.

[8]Come awa wi me fae Lebanon, ma wee wifie, come awa wi ma fae Lebanon. Wanner doon fae e heid o e hill o Amana, fae e heid o Senir an Hermon, fae e dens o e lions an e hills o e leopards. [9]Ye've teen ma hert, ma quine, ma bride, teen it fair awa wi e glint in yer ee an e chine lyin sae bonnie on yer neck. [10]Oh bit A loo ye sair, ma quine, ma wee wifikins. Yer luv is better nor clairet; e smell o yer scint better nor ony spice. [11]Yer lips are lik hunny, ma wee wifikins, seerup an milk are aneth yer tongue; yer claes hiv e scints o Lebanon. [12]Yer lik a gairden, shut in ahin a waa, ma quine, ma wee wifikins, a caller strype hodden amo e rashes; [13]yer breer is a placie far pomegranates wi e best o fruits growe, henna wi nard, [14]nard an saffron, seggs an ceenamon, wi aa kyn o trees o frankincense, myrrh an aloe, an aa e best o spice. [15]Yer a gairden full o bonnie foontins, wi a burnie rinnin bye an aa e watters o Lebanon rinnin throwe.

[16]Reese yersel up, north win, blaa ye sooth win; blaa on ma gairden an waft its scint aa roon aboot. Lat ma dearie come intill his gairden an ett his full.

CHAPTIR 5

A've cam intill ma gairden, ma quine, ma wee wifikins, A've gaithert ma myrrh an ma spice; Ah've etten ma hunny an ma seerup, A've drunk ma clairet wi ma milk. Ett, ma freens, an drink till ye mith be stappit foo o luv.

²A mith sleep, bit ma hertie is aye waakent. Hearken, ma dearie's chappin. "Open up for ma, ma sister, ma dearie, ma doo. Ma heid is weet wi e dyowe an ma hair wi e draps o e mochy nicht." ³A've teen aff ma claes; maun A pit them on again? A've washen ma feet, maun A fyle them eence mair? ⁴Fan ma dearie pat his han throwe e holie i the check o e door, ma hertie loupit for him. ⁵A raise tae open up for ma dearie; ma hans were dreepin wi scint, an ma finngers, weet wi myrrh, graspit e sneck. ⁶A opent tae ma dearie, bit fit sorra ither, he wis awa. A'd teen a dwaam fan he spak. A socht him, bit didna come on him. A cried on him bit nae a wird did he answer. ⁷E waatchmen faun ma as they were gyan roon e toon. They strack ma an haggert ma; they rippit aff ma veil, att waatchmen on e waas. ⁸Weel-a-wyte, ye quines o Jerusalem, gin ye come on ma dearie, mith ye tell him A'm in a dwaam wi luv for him.

⁹Fit's yer dearie till ye, ony mair nor ony ither chiel, ma bonnie quine? Fit's sae gran aboot him att we maun chase efter him for ye? ¹⁰He's fair an weel-faurt, e bonniest, tho ye pickit fae ten thoosan; ¹¹his heid is lik gowd, e bonniest gowd; his hair is lik a funn buss an blaik as a craa; ¹²his een are lik the een o birdies anent e watter spirklin i the burnie, birdies washen wi milk an stannin anent e wimplin watter; ¹³his chiks are lik a bed o spice or a kist o scint; his lips are lik lilies, drappin dyowe o myrrh; ¹⁴his hans are gowden rungs set wi bonniest jowels; his stamack is lik ivory set oot wi sapphires; ¹⁵his shanks are lik pillars o mairble stannin in founs o e finest gowd; his hale set oot is lik e muckle cedars o Lebanon; ¹⁶his moo is sae sweet, ay, aathin aboot him is jist gran: ay att's ma dearie, att's ma wee freen, A tell ye richt gait, ye quines o Jerusalem.

CHAPTIR 6

Far's yer dearie awa galivantin till noo, ma bonnie quine? Fit road did he gyang, att we mith sikk him oot wi ye? ²Ma dearie's awa till's yard, tae e beds o spice, tae feed i the yard an tae pick some flooers. ³A'm ma dearie's an he's mine; he feeds amo e flooeries.

⁴Ma ain wee dearie, ye're as bonnie as Tirzah, ay an as Jerusalem tee; as bonnie as an airmy wi aa its furlin flags. ⁵Turn yer een awa fae ma, they're blinnin ma. Yer hair is lik a flock o goaties loupin doon e braes o Gilead. ⁶Yer teeth are fite as a flock o new-washen ewies; far ilka een his twinnies an neen his cassen. ⁷Yer haffets aneth yer veil are lik a havvert pomegranate. ⁸Tho e keeng hae saxty queens, an auchty bidie-ins an young quines bi e dizzen, ⁹there's bit een for me, ma dearie, ma perfeck een, her mither's ae bairn, her mither, fa canna see by her. E quines att see her reese her oot, ay, aiven e queens an bidie-ins think e warl o her.

¹⁰Fa wid she be, as bonnie as e skreek o day i the mornin, as bonnie as e meen, bricht as e sin, as aawsome as e flags o e sodger lads flappin i the win? ¹¹A wannert doon tae e yard wi e nut-trees tae see aa e fruits o e howe an tae see gin e vines were growein an e pomegranates buddin. ¹²Afore A kent masel, ma hert teuk ma amo e chariots o ma gintry-fowk. ¹³Hist ye back, hist ye back, quine o Shulam. Hist ye back, hist ye back, sae we mith get wir sairin o leukin at ye. Fit wye div ye wint tae leuk at e quine fae Shulam gin she wis dancin atween twa airmies?

CHAPTIR 7

Yer feeties are aa bonnie shod, ye dother o a prince. Yer hochs are lik jowels, e wark o skeely hans. ²Yer belly buttin is lik a gowden caup, aye full o wattert clairet, yer belly lik a shaif o wheat set roon wi flooers. ³Yer breists are lik twa fauns, e twin fauns o a roe deer. ⁴Yer neck is lik a tooer o ivory. Yer een are lik e watter i the caller strype o Heshbon bi e yett o Bath-rabbim. Yer neb is lik e tooer o Lebanon, leukin ower e wye o Damascus. ⁵Yer heid croons ye lik Carmel, yer flacht o hair glintin lik purple claith; ye could haud a keeng in aboot wi yer tresses. ⁶Oh, bit ye're bonnie, foo A haud ye in ma hert, ma dearie, wi aa yer chairms. ⁷Ye haud yersel up lik a palm tree, yer breisties are lik hanniefas o grapes. ⁸A said, "A'll clim up intill e palm tree an tak a haud o its fruit." Mith yer breisties be lik hanniefas o grapes, an e scint o yer braith lik aipples; ⁹yer moo lik e finest o clairet, att gyangs doon sae sweetly, sloomin throwe e lips o them att are sleepin.

¹⁰A'm ma dearie's, he looes neen bit me. ¹¹Come wi ma, ma dearie, an we'll gyang awa tae e parks an lie aneth e breem. ¹²We'll rise at skreek o day an haud awa tae e vinyairds, an see foo they're growein, see gin e buds are birstin an e flooeries comin; see gin e pomegranates are flooerin. There, A'll gie ye ma luv. ¹³Wi e scint o e mandrakes aa roon aboot, an aa kynes o pleesure at wir door, ma dearie, A've keepit aa ma pleesures jist for you, ay, aa the aul an e new.

CHAPTIR 8

Oh, gin ye were ma ain brither att sookit ma mither's breist. Syne, gin A wis tae fin ye ootside, A wid kiss e verra mou o ye, an nae a sowl wad think ill o ma. ²A wad tak ye bi the han, hame tae ma mither's hoose an there ye could learn ma aa aboot luvin. A wid gie ye mullt clairit tae drink an e bree o pomegranates. ³His left han wid be aneth ma heid an his richt han haudin ma in his bosie. ⁴A daur ye, aa ye quines o Jerusalem, att ye winna reese nor steer up luv till e richt time. ⁵Fa's iss comin oot o e moss, airm in airm wi her lad? A reesed ye up aneth the aipple tree, ay t'wis aneth att verra same tree yer mither brocht ye intill e warl.

⁶Steek yer hert tae me aleen, haud ma lik a seal on yer airm. Luv is stoot as daith; jillousy ill as e grave; it bleezes up lik a roarin fire, lik a bleezin flame. ⁷Mony watters canna slocken e drooth o luv, nae spate can swipe it awa; gin a chiel gie his aa for luv, he seerly wad be lauchen at.

⁸We hiv a wee sister, ower young tae hae breisties; fit can we dee for her fan she's sochten? ⁹Gin she be lik a waa, we mith bigg onno her a copesteen o siller, bit gin she be lik a door, we'll nail her tee wi boords o cedar. ¹⁰A'm a waa an ma breists are lik tooers; fan he leukit at me he likit fine fit he saa. ¹¹Solomon hid a vinyaird at Baal-hamon; he hid it on a tack, an e rint for the eese o't wis a thoosan bits o siller. ¹²A hiv a vinyaird o ma ain! E thoosan bits o siller are for you, Solomon an twa hunner for them fa leuk efter e crap. ¹³You fa bide i the yard, freens hearkenin tae yer vice, lat me hear it anaa.

¹⁴Hist ye, ma dearie, be lik a deer or a young steggie on e heather hills.

ISAIAH

CHAPTIR 1

E veesion att Amoz's loon Isaiah saa aboot Judah an Jerusalem i the time o Uzziah, Jotham, Ahaz an Hezekiah, keengs o Judah.

[2]Hearken, ye hivvens, preen up yer lugs, warl. Cause e Lord his spoken, "A've fessen up bairns, bit they've rebelled agin ma. [3]E stot kens its maister an e cuddy its maister's forestaa, bit Israel disna ken, ma fowk dinna unnerstan." [4]Ach, they're a clamersome crew, a fowk doon-hauden wi coorseness, coorse lik their fadders afore them, bairns gien up tae ill-deein wyes. They hiv rejeckit e Lord, snibbit e Haily Een o Israel an turnt their backs on him.

[5]Fit wye div ye wint anither haimmerin? Fit wye div ye haud at yer rebellin? Yer hale heid is sair, yer hale hert in a dwaam. [6]Fae e sole o yer fit tae e tap o yer heid, there's nae a bit hale, jist hacks an sairs an futtlie bealins, nae cleant nor wuppit up, nor eased wi ile. [7]Yer lan lies scruntit, yer toons aa brunt, yer parks strippit bare bi forriners richt afore ye, yer grun brocht tae crockaneetion, herriet bi forriners. [8]E dother o Zion is left lik a sheilin in a vinyaird, like a howff in a park o cucumbers, lik a toon unner siege. [9]Gin e Lord o Hosts hidna left a fyow o's tae e fore, we wid hae turnt lik Sodom, we wid be lik Gomorrah.

[10]Hearken tae e wird o e Lord, ye chiefs o Sodom; hearken tae fit wir God is tellin ye, ye fowk o Gomorrah. [11]"Fit eese is aa yer sacrifeeces tae me?" says e Lord, "A'm fair stappit wi brunt offerins, o rams an e creesh o fat nowt. A care naethin for e bleed o bulls an lambs an goats. [12]Fan ye come tae stan afore ma, fa socht o ye iss trumpin o ma coorts? [13]Dinna fess nae mair o yer feckless offerins. A canna thole yer scintit reek. New meens, Sabbaths an gaitherins, A'm scunnert o yer wirthless rants. [14]A canna thole yer new meen spreads an yer haily fairs. They're a rale haud-doon tae ma, an A'm jist fair scunnert o them. [15]Fan ye rax oot yer hans in prayer, A'll hap ma een fae ye; ay, tho ye sen up a hantle o prayers, A winna listen: there's bleed on yer hans.

[16]"Waash yersels an mak yersels clean. Tak aa yer ill-deeins awa oot o ma sicht; haud awa fae yer coorse wyes. [17]Learn tae dee richt; sikk oot jeestice. Stan up for e doon-cassen; defen e richts o e fadderless; plead e cause o e weeda. [18]Come awa noo, lat's sattle things," says e Lord. "Tho yer ill-deeins are lik scarlet they'll be as fite as snaa; tho they are as reed as crimson, they'll be lik oo. [19]Gin ye be willin an dee fit ye're telt, ye'll ett e gweed o e lan; [20]bit gin ye turn thraawn an rebel, ye'll be devoort bi e swoord." Ay, e moo o e Lord his spoken.

[21]Jist leuk, e leal toon his turnt intill a hoor. At ae time she wis full o jeestice: richteousness hid its hame inno her, bit noo it's murtherers. [22]Yer siller his turnt tae dross, yer clairet wattert doon. [23]Yer chiefs are rebels, cronies o thiefs; they aa loo a back-hanner an chase efter a luckpenny. They dinna stan up for e richts o e fadderless nor tak on e cause o e weeda. [24]Sae e Lord, e Lord Almichty, e Michty Een o Israel says, "Ach! A'll get redd o aa ma faes an tak ma revenge on them fa stan agin ma.

[25]"A'll turn ma han agin ye; A'll scoor awa aa yer dross an redd oot aa yer foolness. [26]A'll set up yer chiefs lik lang syne, yer coonsellors lik at e yokin o't. Syne ye'll be caaed e Toon o Richteousness, e leal toon." [27]Zion will be lowsed wi jeestice, her fowk fa say they're sorry, wi richteousness.

²⁸Bit e coorse an e cyaards baith will be breuken, an them fa forsake e Lord will dee. ²⁹"Ye'll be affrontit o yer haily aiks att ye've teen sae muckle tae dee wi an ye'll get a reed face ower e yards ye've pickit. ³⁰Ye'll be lik an aik wi wallant leaves, lik a yard wi nae watter. ³¹E stoot will be lik kennlin an his wark a spark; they'll baith be brunt egither an naebody will be able tae pit them oot."

CHAPTIR 2

Iss is fit Amoz's loon Isaiah saa aboot Judah an Jerusalem:

²I the hinmaist days e moontain o e Lord's Temple will be set up as e heichest o e moontains; it will be reesed up abeen e hills, an fowk fae aa ower e warl will gyang till't. ³Fowk fae mony cuntras will come an say, "Come awa lat's gyang up tae e moontain o e Lord, tae e Temple o e God o Jacob. He'll learn hiz his wyes sae we mith waalk in his roadies." For e laa will gyang oot fae Zion, an e wird o e Lord fae Jerusalem. ⁴He'll sattle aa strivin amo cuntras o e warl an will sowther amo fowk fa conter een anither. They'll haimmer their swoords intae ploo socks an their spears tae sneddin-heuks. Ae cuntra winna tak up e swoord agin anither nor will they learn e wyes o waar nae mair. ⁵Come on, aa ye fowk o Jacob, lat hiz waalk i the licht o e Lord.

⁶Cause, Lord, ye've rejeckit yer ain fowk, e fowk o Jacob. They are full o oonchancie wyes fae the east, an tak up wi spaewives lik e fowk o Philistia, aye colloguein wi forriners. ⁷Their cuntra is full o siller an gowd; there's nae ein tae their walth. Their cuntra is full o horse, there's nae ein tae their cairriages. ⁸Their cuntra is full o eedols, they boo doon tae e wark o their ain hans, tae fit their ain finngers hiv made. ⁹Sae they're aa fessen doon, ilka een o them hummlt: dinna forgie them.

¹⁰Gyang inno e craigs an hide i the stew fae e threet o e Lord an e brawness o his majesty. ¹¹The heich-heidit leuks o fowk will be fessen doon an fowk's proodness hummlt; fan att day comes, neen bit e Lord will be reesed up. ¹²E Lord o Hosts his a day comin for aa the heich-heidit an bigsy, a day comin for aa them att's reesed up – an they'll be fessen doon, ¹³for aa e cedars o Lebanon, heich an reesed up, an aa the aiks o Bashan, ¹⁴for aa e tooerin moontains an aa the heilan hills, ¹⁵for ilka heich keep an ilka fortifiet waa, ¹⁶for ilka muckle merchan ship an aa bonnie picters. ¹⁷Fowk's bigsyness will be fessen doon an prood fowk hummlt, neen bit e Lord will be reesed up on att day, ¹⁸an the eedols will be deen awa wi aaegither. ¹⁹Fowk will rin tae caves i the craigs an tae holes i the grun fae e fearsome presence o e Lord an e brawness o his majesty, fan he rises tae shaak e warl. ²⁰In att day fowk will fling awa their eedols o siller an gowd att they made tae wirship, tae e moudiewarts an e bats. ²¹They'll rin tae e caves i the craigs an e rifts i the steens fae e fearsome presence o e Lord an e brawness o his majesty, fan he rises tae shaak e warl. ²²Dinna lippen tae fowk, fa hiv bit braith i their nebs. Fa are they tae be respeckit?

CHAPTIR 3

Jist waatch, e Lord, e Lord o Hosts is gyan tae tak awa fae Jerusalem an Judah baith uphaud an plenish; aa plenishins o maet an watter, ²e bonnie fechter an e sodger, e jeedge an e prophit, e spaewife an the elder, ³e captain o fifty an e muckle chiels, e coonsellor, skeely men an e glib tongued. ⁴"A'll mak loons o their chiefs; bairns will rowle them." ⁵Fowk will tirraneese een anither, chiel agin chiel, neeper agin neeper. E young will spik back tae the aul an e limmer tae the upstannin. ⁶A chiel will tak ahaud o his brither in his fadder's hoose an say, "Ee hiv a cwyte, you be wir chief, tak ower iss throwe-ither rummle." ⁷Bit in att day he'll roar oot, "Deil e bit o't. A've nae claes nor maet in ma hoose; dinna mak me yer clan chief."

⁸Jerusalem styters an Judah is doon; fit they're sayin an fit they're deein is agin e Lord, thrawin him till his face. ⁹E leuk o their faces says it aa; e bladrie o their ill-deeins is lik Sodom; they dee naethin tae hap it. Na faith ye! They've fessen crockaneetion on their ain heids. ¹⁰Tell e richteous aathin will be aa richt wi them, cause they'll ett e gweed o their darg. ¹¹There's nae hope for e coorse. It winna be gweed for them. They will get their sairin for fit their hans hiv deen.

¹²Halflins tirraneese ma fowk, weemen rule ower them. Ma fowk, them fa lead ye, gar ye gang agley, sae att ye dinna ken fit road tae tak. ¹³E Lord stans up i the coort an rises tae jeedge e fowk. ¹⁴E Lord gies oot e jeedgement agin the elders an chiefs amo his fowk: "Ye've trumpit doon ma vinyaird, e spiles o e peer are inno yer hooses. ¹⁵Fit div ye mean bi duntin doon ma fowk an yarkin at e faces o e peer?" says e Lord God o Hosts.

¹⁶E Lord says, "E weemen o Zion are bigsy, stravaigin aboot wi their craigs raxed oot an giein e gled ee tae aa, struttin aboot wi their doups waggin, wi bangles jinglin roon their queets. ¹⁷Sae e Lord will fess doon futlie bealins on e heids o e weemen o Zion, an gar their heids turn beld." ¹⁸In att day e Lord will tak awa aa their treelips, their bangles an heidbans an crescent-brooches, ¹⁹their lug-babs, an airm-bangles, an gravats, ²⁰their bonnets, an queet-bans, an sashes, their scint bottles an cantrips, ²¹their rings, an neb-babs, ²²their pairty-gear, shaals an pyoks, ²³an keekin-glesses, an their lawn claes, an heidbans an vails. ²⁴For scint there will be stink, for a sash, jist tow; for a fine hairdo, beld; for pairty-gear, saickclaith; an for brawness e mark o a bran. ²⁵Yer men will faa bi e swoord, yer sodgers i the fechtin. ²⁶E yetts o Zion will greet an moorn; teem, she'll sit on e grun.

CHAPTIR 4

In att day syven weemen will tak haud o the ae chiel an say, "We'll ett wir ain maet an plenish wir ain claes, gin ye bit lat hiz caa wirsels bi your name, tae tak awa wir shame."

²In att day e Branch o e Lord will be bonnie an glorious, an e crap o e lan will be e pride an glory o aa them left in Israel. ³Them fa are left in Zion, an them fa bide in Jerusalem, will be caaed haily, aa them listed amo e livin in Jerusalem. ⁴E Lord will waash awa e dirt o e weemen o Zion; he'll clean e bleed fae the hert o Jerusalem bi a speerit o jeedgement an a speerit o fire. ⁵Syne e Lord will mak ower aa Moont Zion an e fowk fa gaither there, a clood an reek throwe e day an a lowe o bleezin fire bi nicht. Ower aa will be a happin o glory. ⁶It will be a bield an gie shade fae e heat o e day an a lythe an reest fae e storm an rain.

CHAPTIR 5

Lat ma sing for ma dearie a sang aboot his vinyaird. Ma darlin hid a vinyaird on a growthie braeface. ²He dellt it aa, redd it o steens an plantit it oot wi e best o vines. He biggit a waatchtooer i the midse o't an biggit a wine press tee. Syne he leukit for a gweed crap o grapes, bit it grew naethin bit orra grapes. ³"Noo aa ye fowk o Jerusalem an fowk o Judah, tak yer pick atween me an ma vinyaird. ⁴Fit mair culd A hae deen for ma vinyaird nor A did for it? Fan A leukit for gweed grapes, fit wye did it growe neen bit coorse? ⁵Noo lat ma tell ye fit A'm gyan tae dee wi ma vinyaird. A'll teer up its hedges an it will be swallied up; A'll teer doon its dyke an it will be trumpit doon. ⁶It will be connacht, naither pruned nor hyowed, an funs an thrissles will growe there. A'll gar e cloods nae drap ony rain onno't." ⁷E vinyaird o e Lord o Hosts is e cuntra o Israel, an e fowk o Judah are e vines he taks maist pleesure in. Sae he leukit for jeedgement bit saa bleed-lettin; for richteousness bit heard disjaskit yowlin.

⁸There's nae hope for them att are aye buyin mair hooses or mair parks till there's nae mair grun left an ye bide bi yer leen i the lan. ⁹A heard e Lord o Hosts say, "Seerly e big hooses will stan teem, fine mansions wi nae sowl bidin in them. ¹⁰A ten-acre vinyaird winna gie nae mair nor a bathfu o wine; sax bushel o seed winna gie nae mair nor a half bushel o corn."

¹¹There's nae hope for them fa rise airly i the mornin tae rin efter booze an bide up late till wine maks them fu. ¹²They hiv hairps an clarsachs, fussles an bohdrans an wine at their gran pairties, bit they hiv nae thocht for e wyes o e Lord, nae respeck for e wark o his hans.

¹³Sae ma fowk will gyang awa tae forrin cuntras cause they dinna hae unnerstannin; the heid bummers amo them will sterve o hunnger an the ordinary fowk will be dructit wi thirst. ¹⁴Sae the ill place opens its jaas an raxes oot its moo; doon inno't will gyang e gintry an e mob wi aa their drouths an ranters. ¹⁵Sae fowk will be dung doon an aa will be hummlt, the een o e bigsy hummlt. ¹⁶Bit e Lord o Hosts will be reesed up throwe his jeestice an e hailiness o God will be seen in his richteousness. ¹⁷Syne sheepies will girse i their ain parks; an e connacht places o e gintry will be teen ower bi e fremt. ¹⁸There's nae hope for them fa draa coorseness ahin them wi towes o swickery, an ill-deein wi cairt raips, ¹⁹fa say, "Lat God hist; lat him nae dauchle wi his wark sae we mith see it. Lat e plan o the Haily Een o Israel draa near an come sae we mith ken o't."

²⁰There's nae hope for them fa caa ill gweed an gweed ill, fa pit mirk for licht an licht for mirk, fa pit soor for sweet an sweet for soor. ²¹There's nae hope for them fa hiv a gweed conceit o themsels an think themsels clivver. ²²There's nae hope for them fa like tae tak a gweed bucket an are weel forrit i the mixin o strong drink, ²³fa lat aff e guilty for a back-hanner bit dinna play fair wi them fa hiv deen nae wrang. ²⁴Sae lik a tongue o flame lickin up strae an hey burns i the flame, sae their reet will be lik moold an their flooers blaa awa lik stew; cause they hiv rejeckit e laa o e Lord o Hosts an lauchen at e wird o e Haily Een o Israel. ²⁵Sae e Lord's annger is kennlt agin his fowk; his han is raxed oot an he dings them doon. E hills shaak an their deid bodies are lik muck i the streets. Still-an-on his annger isna turnt awa, his han is aye yet raxed oot.

²⁶He heists up a flag tae the oot-aboot cuntras, an fussles for them fa are at the eins o e warl. An see, here they come, histin themsels forrit. ²⁷Neen o them is forfochen nor styters, neen o them snoozes nor sleeps; nae a belt is lowsen, nae pints are breuken. ²⁸Their arras are shairp an their bowes boo't; their horses' hivvs are hard as nails, their cairriage wheels lik a furlin win. ²⁹Their roar is lik att o a lion, they roar lik young lions; ay, they'll roar an tak ahaud o their prey an cairry it awa wi neen tae rescyee it. ³⁰In att day they'll roar ower it, lik e roarin o e sea. An gin ye leuk at e lan, ye'll see mirk an sorra, aiven e licht is mirky in its cloods.

CHAPTIR 6

I the year att keeng Uzziah deit, A saa e Lord reesed up heich, sittin on a muckle cheer an e tail o his cwyte fullt e Temple. ²Abeen him were seraphim, ilka een wi sax wings. Wi twa wings they happit their faces, wi twa they happit their feet an wi twa they were fleein. ³An they were cryin tae een anither, "Haily, haily, haily is e Lord o Hosts; e hale warl is fullt wi his glory." ⁴At e soun o their vices e founs o e door-steens sheuk an e Temple wis fullt wi reek.

⁵"Heely, heely," A cried. "A'm deen for! Cause A'm a fool-mooed chiel. A bide amo fool-mooed fowk an ma een hiv seen e Keeng, e Lord o Hosts." ⁶Syne een o e seraphim flew tae ma wi a burnin cwyle in his han, att he'd teen fae the aaltar wi e tyaangs. ⁷He skiffed ma moo wi't an said, "See, iss his touched yer lips; yer guilt is teen awa an yer ill-deeins are forgien." ⁸Syne A heard e vice o e Lord saying, "Fa will A sen? Fa will gyang for hiz?" An A said, "Here A am. Sen me!"

⁹He said, "Gyang an tell iss fowk: 'Aye listen, bit nivver unnerstan; aye see, bit nivver fin.' ¹⁰Mak e herts o iss fowk steive, mak their lugs blate an shut their een, for fear they mith see wi their een, hear wi their lugs, unnerstan wi their herts an turn an be healt." ¹¹Syne A said, "For foo lang, Lord?" An he answert: "Till e toons lie in crockaneetion, wi naebody bidin in them, till their hooses are teem an e parks lie gowstie an scabbit, ¹²till e Lord his cleared aabody fae e lan an it lies redd, crap an reet.

¹³An tho a tenth bide onno't, it will be brunt again. Bit lik e terebinth an the aik, att leave a runt fan they're cuttit doon, sae e haily seed will be e runt i the lan."

CHAPTIR 7

I the time fan Jotham's loon Ahaz, e gransin o Uzziah wis keeng o Judah, Keeng Rezin o Aram an Pekah, e sin o Remaliah keeng o Israel, mairched e wye o Jerusalem, tae fecht wi it, bit he culdna tak it. ²Noo, fan e hoose o Daavit wis telt, "E Syrians are colloquein wi e clan Ephraim"; his hert an e herts o his fowk got a shaak up, lik a shaakin att trees in a wid get fae e win. ³Syne e Lord said tae Isaiah, "Gyang oot wi yer loon Shearjashub, tae meet Ahaz at e lade o the tapmaist peel on e road tae e bleachin green. ⁴Say till him, 'Waatch yersel an keep a calm sough. Dinna be neen feart an dinna loze hert cause o e het-skinnt ill teen o att twa scrunts o smuchterin kennlin, an o Rezin, Syria an Remaliah's loon. ⁵Syria, Ephraim an Remaliah's loon are tryin tae ding ye doon sayin, ⁶"Lat's mairch agin Judah, gie it a gweed steer up, teer doon its waas an set up Tabeal's loon as its keeng." ⁷Bit iss is fit e Lord God says, "It winna happen, naethin will come o't, ⁸for e heid o Syria is Damascus, an e heid o Damascus is Rezin. Come saxty-five ear fae noo, Ephraim will be throwe wi't aaegither an there winna be sic a clan. ⁹E heid o Ephraim is Samaria, an e heid o Samaria is Remaliah's loon. Gin ye dinna stan siccar in yer faith, ye winna stan avaa.""'"

¹⁰E Lord spak tae Ahaz again, ¹¹"Speir at e Lord yer God for a sign fae e nethmaist howe or fae e hichts abeen." ¹²Bit Ahaz said, "A winna speir. A winna pit e Lord on his mettle." ¹³Syne Isaiah said, "Preen back yer lugs, ye hoose o Daavit! Is't nae aneuch tae fash e patience o ither fowk? Will ye fash e patience o ma God tee? ¹⁴Sae e Lord himsel will gie ye a sign: a quine will faa i the faimly wye an will hae a wee loonie, an will caa him Immanuel, 'God wi hiz' ¹⁵He'll ett yirnt milk an hunny fan he kens fan tae rejeck ill an pick e richt gait. ¹⁶Cause afore e loonie kens fan tae rejeck ill an pick fit's richt, e twa cuntras ye dreid will be connacht.

¹⁷"E Lord will fess doon on you an yer fowk an on e hoose o yer fadder sic days as hinna been seen since Ephraim breuk awa fae Judah: he'll fess e keeng o Assyria." ¹⁸In att day e Lord will fussle for flees fae e heidwatters o Egypt an for bees fae e lan o Assyria. ¹⁹They'll aa come an sattle on e strait glens an e steeny braes, on aa e fun busses an aa e watterins. ²⁰In att day e Lord will shave wi a razor hired fae ayont e Euphrates Watter—e keeng o Assyria—yer heids, the hair on yer feet an yer bairds will be cuttit aff tee. ²¹In att day, a chiel will keep livin a quake an twa goats. ²²An cause o e rowth o milk they gie, he'll ett yirnt milk an aa fa bide i the cuntra will hae yirnt milk tae ett. ²³In att day, in ilka place far there wis a thoosan vines, wirth a thoosan shekels o siller, there will be naethin bit funs an thrissles. ²⁴Chiels will gyang there wi bowes an arras, bicause aa e grun will be happit wi funs an thrissles. ²⁵As for a e hills,

eence dellt an hyowed, ye winna gyang there nae mair for fear o e funs an thrissles; beasts will be lat lowss there an sheep will trump it doon.

CHAPTIR 8

E Lord said tae ma, "Tak a muckle tablet an vreet onno't wi a skaillie: Hist-tae-e-Reivin,[2]an cry in Uriah e priest, an Jeberekiah's loon Zechariah as cannie witnesses for ma." [3]Syne A lay wi e prophetess, pat her i the faimly wye an she hid a wee loonie. An e Lord said tae ma, "Caa him Hist-tae-e-Reivin. [4]Cause afore e loon kens foo tae say 'dad' or 'mam,' e walth o Damascus an e spiles o Samaria will be cairriet awa bi e keeng o Assyria."

[5]E Lord spak tae ma again an said, [6]"Cause iss fowk hiv rejeckit e wimplin watters o Shiloah, an tak on wi Rezin an Remaliah's loon, [7]sae see noo, e Lord's gyan tae fess doon on them e muckle spate o the Euphrates: e keeng o Assyria wi a his glory. It will rin oot ower aa its sheuchs, rise abeen aa its banks, [8]an poor doon intae Judah, sweelin throwe it, raxin e linth o e neck, raxin its wings ower e hale o yer grun, Immanuel."

[9]Get up a stramash, aa ye cuntras an be breuken. Preen back yer lugs aa ye hine awa lans. Get riddy for waar an be breuken. Get riddy for e fecht an be breuken. [10]Wark oot yer plans bit they'll come tae naethin, gie oot yer orders, bit they winna stan, cause God is wi hiz. [11]For e Lord spak tae ma wi his strong han onno ma an tellt ma nae tae waalk e wye o iss fowk. [12]"Dinna cry a coorse protick aa att iss fowk caa a coorse protick; dinna be feart at fit they are feart at, dinna dreid it. [13]It's e Lord o Hosts ye maun leuk on as haily, it's him ye maun fear, it's him ye maun dreid. [14]He'll be a haily place; bit for baith Israel an Judah he'll be a steen att gars fowk styter an a boolder tae trip ower, an a trap an a snare tae e fowk o Jerusalem. [15]Mony o them will styter, an faa an be breuken, an be snared an teen." [16]Bin up iss vreetin, seal e laa amo ma disciples. [17]A'll wyte for e Lord, fa's happin his face fae e hoose o Jacob. A'll lippen till him. [18]Here A am wi e bairns e Lord his gien ma, for signs an winners in Israel fae e Lord o Hosts fa dwalls i the Hill o Zion.

[19]Fan they tell ye tae gyang an sikk oot spaewives an warlocks, fa fusper an habber, shuld ye nae sikk yer God? Fit wye sikk oot e deid for them att's livin? [20]Leuk tae God's wird an laa. Gin ony dinna spik accoordin tae his wird, there's nae licht daawnin inno them. [21]They'll wanner aboot, forfochen an hunngry; an wi their hunnger, they'll turn raised, an leukin up, sweer at their keeng an their God. [22]Syne, they'll leuk doon on e warl an aa they'll see is dool an mirk an sair fash, an they'll be keest inno pick mirk.

CHAPTIR 9

For aa that, there will be nae mair sorra for her fa wis sair forfochen. Lang syne he pat e lan o Zebulun an e lan o Napthali i their place, bit fae noo on, he'll reese oot Galilee o e nations, bi e wye o e Sea, ayont e Jordan. [2]E fowk fa waalked i the mirk hiv seen a great licht. On them fa bide i the howe o e shadda o daith a muckle licht is glintin. [3]Ye've garrt e nation growe an eikit oot their joy, they're weel shuitit fan they're afore ye jist lik they are weel shutied at e hairst, as sodgers are happy fan they're pairtin oot e spiles. [4]For ye've breuken e birn att they're sair made wi, e stang fae their shouthers, e rod o them fa haud them doon. [5]Ilka sodger's beet att mairches intae waar an ilka cloot rowed in bleed, will ein up bein brunt, will be sticks for e fire. [6]For tae hiz a bairn is born, tae hiz a sin is gien, an e guvverment will be onno his shouthers, an he'll be caaed Winnerfu, Coonsellor, Michty God, Ivverlestin Fadder, e Prince o Peace. [7]O e rowth o his guvverment an peace there will be nae ein. He'll sit on Daavit's throne an rowle ower his keengdom, settin it up an uphaudin it wi jeestice an richteousness, fae att time on an for aye. E zeal o e Lord o Hosts will see tae iss.

[8]E Lord his sent an eerin tae Jacob an it will faa onno Israel. [9]Aabody will ken it, Ephraim an aa e fowk o Samaria, fa say wi croose an bigsy herts: [10]"E bricks hiv tummelt doon, bit we'll bigg up wi dressed steens, e plane trees hiv been cuttit doon, bit we'll pit cedars i their place." [11]Bit e Lord his strinthent Rezin's chiefs agin them an his kittlt up their faes. [12]Syrians fae the east an Philistines fae e wast will devoor Israel wi gapin moo. Still-an-on, his annger is nae turnt awa, his han is aye yet raxed oot.

[13]Bit e fowk dinna turn tae him fa strack them, nor hiv they socht e Lord o Hosts. [14]Sae e Lord will tap an tail Israel, baith e palm branch an e rashes i the ae day. [15]The elders an heid-bummers are e heid, an e prophits fa learn fowk lees are e tail. [16]Them fa lead iss fowk are garrin them gang agley, an them fa are led are tint. [17]Sae e Lord taks nae pleesure i their young chiels, nor his he ony peety for e fadderless or e weedas, cause they are aa godless cyaards, ilka moo spikkin dirt. Still-an-on, his annger is nae turnt awa, his han is aye yet raxed oot.

[18]Coorseness burns lik a fire; it birstles up funs an thrissles, it sets aa e wids bleezin, sae they furl up in a pirl o reek. [19]Bi e rage o e Lord o Hosts e grun will be brunt an e fowk will be sticks for the fire; neen will hain his ain brither. [20]A body will rive on e richt han an still be hunngry, will ett on e left han an nae be sairt. Ilka een will ett e flesh o his ain airm. [21]Manasseh will maet on Ephraim, an Ephraim on Manasseh; an baith will turn tae conter Judah. Still-an-on, his annger is nae turnt awa, his han is aye yet raxed oot.

CHAPTIR 10

There's nae hope for them fa mak unjeest laas, nor for them fa screive oot their coorse commans, [2]tae turn awa fae jeestice them fa are doon-haudden an tae tak awa their richts fae e peer, makin weedas their quarry an robbin e fadderless. [3]Fit will ye dee on e day o reckonin, fan crockaneetion comes fae hine awa? Fa will ye rin till tae help ye? Far will ye leave yer walth? [4]There will be naethin for't bit tae coorie amo them att are teen or faa amo them att hiv been killed. Still-an-on, his annger is nae turnt awa, his han is aye yet raxed oot.

[5]"Fit sorra wytes for Assyria, e wan o ma annger. The staff i their han is my wrath. [6]A sen him agin a godless cuntra, an agin e fowk o ma annger, tae rive an plunner an trump them doon lik dubs i the streets. [7]Bit iss is nae fit he intens, iss is nae fit he's thinkin o; his protick is tae destroy an pit an ein tae mony cuntras. [8]"Are my chiefs nae aa keengs?' he says. [9]"Is Calno nae lik e Carchemish? Is Hamath nae lik Arphad, an Samaria lik Damascus? [10]Jist as ma han teuk haud o e keengdoms att hid eedols, keengdoms fas eedols were waur nor in Jerusalem an Samaria, [11]will A nae troke wi Jerusalem an her eedols jist as A did wi Samaria an her eedols?'" [12]Fan e Lord is throwe wi aa his wark in Zion an Jerusalem, he'll say, "A'll gie e bigsy hert an primp leuks o e keeng o Assyria their sairin. [13]For he says: 'Bi e strength o ma han A've deen iss, an throwe ma wisdom, cause A hiv unnerstannin. A've teen awa e borders atween cuntras, A've ripet their walth; lik a bull, A've teen doon their keengs. [14]Ma han his fan e walth o e fowk lik raxin inno a nest, jist lik fowk gaitherin win eggs, sae A gaithert aa e cuntras; neen flappit a wing, gappit its moo or cheepit.'" [15]Dis the aix reese itsel abeen e body fa hacks wi't? Or a saa mak itsel greater nor e body fa eeses it? A spaignie canna meeve e body fa lifts it; an a staff canna heeze a body up. [16]Sae, e Lord, e Lord o Hosts will sen a doon-fessin oncome amo his stoot sodgers, an aneth his glory a fire will be kennlt lik a bleezin flame. [17]E licht o Israel will turn intill a fire, an its Haily Een a flame; in ae day it will birstle an burn his funs an his thrissles. [18]It will mak a crockaneetion o his wids an growthie parks,

jist lik a body fa's nae weel dwines awa. [19]An e trees left in his wids will be sae fyow att a bairn culd coont them.

[20]In att day e lave o Israel, an them o e hoose o Jacob fa are left, winna lippen tae him fa strack them doon, bit will seerly lippen till e Lord, e Haily Een o Israel. [21]An inklin o them will come back, an inklin o Jacob, tae e Michty God. [22]Tho yer fowk, Israel, be lik e san bi e sea, only a smatterin will come back. Crockaneetion his been appintit, reamin ower wi richteousness. [23]For e Lord God o Hosts will fess aboot the appintit crockaneetion onno e hale lan.

[24]Sae iss is fit e Lord o Hosts says: "Ma fowk fa bide in Zion, dinna be feart at the Assyrians, fa haimmer ye wi a stick an reese up a staff agin ye, jist lik Egypt did. [25]Ma annger at ye will ein or lang, an ma wrath will be turnt tae their crockaneetion." [26]E Lord o Hosts will leash them wi his wheep, lik e time he strack doon Midian at e steen o Oreb. He'll reese up his staff ower e watters, lik he did in Egypt. [27]In att day their birn will be liftit fae yer shoothers, their yock fae yer neck, an e yock will be breuken cause ye've turnt fat. [28]They come tae Aiath; they pass throwe Migron; they lay up their cairriages at Michmash. [29]They'll cross e slap, an say, "We'll set up wir camp at Geba." Ramah is shaakin. Saul's Gibeah taks tail. [30]Roar oot o ye, dother o Gallim. Hearken Laish. Peer Anathoth. [31]Madmenah his teen tae flicht, e fowk o Gebin hiv teen cover. [32]Iss verra day they'll draa up at Nob; they'll shaak their nivves agin e moontain o e dother o Zion, e hill o Jerusalem. [33]See noo, e Lord, e Lord o Hosts, will sned aff e boughs wi muckle pooer. E heichest will be hackit doon, the high-heid eens will be dung doon. [34]He'll hack doon e trees i the wids wi an aix. Lebanon will faa afore e Michty Een.

CHAPTIR 11

A sproot will come up fae e runt o Jesse; an a branch fae his reets will cairry fruit. [2]E speerit o e Lord will reest on him, e speerit o wisdom an unnerstannin, e speerit o coonsel an strinth, e speerit o kennin an fear o e Lord. [3]An he'll be weel shuitit i the fear o e Lord. He winna jeedge bi fit his een see, nor mak his mind up bit fit his lugs hear. [4]Bit he'll gie jeestice tae them fa are in wint, an be fair in his dealins wi e warl's peer. He'll strick e grun wi e wan o his moo an e braith o his lips will dee awa wi e coorse. [5]Richteousness will be e belt roon his wyste an lealty e belt roon his hurdies. [6]E wolf will bide wi e lamb, an e leopard will coorie doon wi e goat; e calfie an e lion egither wi e stot; an a wee bairnie will lead them. [7]E coo will ett wi e bear, their young will coorie doon egither, an e lion will ett strae lik e coo. [8]E wee bairnie will play aside e snake's hole an e young bairn will pit its han inno the adder's nest. [9]They winna dee nae herm nor spile naethin on aa ma haily hill, cause e warl will be fulled wi e kennin o God, as e watters hap e sea.

[10]In att day e Reet o Jesse will stan as a flag for aa fowk; e cuntras o e warl will sikk it oot an his reestin place will be winnerfu. [11]In att day e Lord will rax oot his han for a saicond time an will fess back e lave o his fowk fae Assyria, fae Egypt, fae Pathros, fae Cush, fae Elam, fae Shinar, fae Hamath an fae the islands o e Sea. [12]He'll reese up a flag for e cuntras an will gaither aa the ootlins o Israel; he'll gaither aa e scattert fowk o Judah fae e fower neuks o e warl. [13]Ephraim's jillousy will weer awa an Judah's faes will be sneddit aff; Ephraim winna be jillous o Judah, an Judah winna tirraneese Ephraim. [14]They'll swoop doon on e shoothers o Philistia tae e wast, an egither they'll reive e fowk tae the east. They'll tak haud o Edom an Moab, an tak ower e fowk o Ammon. [15]E Lord will dry up e gulf o e Sea o Egypt; wi a birstlin win, he'll draa his han ower e watters o the Euphrates. He'll braak it up intae syven burns an fowk will gyang ower dry-shod. [16]There will be a braid causey for e lave o hiz att are left fae Assyria, lik there wis for Israel fan he cam up oot o Egypt.

CHAPTIR 12

In att day ye'll say: "Lord A'll praise ye. Tho ye were raised wi ma, yer annger his turnt awa an ye've teen ma tae yer bosie. [2]Ay, God is ma salvation; A'll trust an winna be feart. E Lord, e Lord God, is ma strinth an ma sang, he his turnt oot tae be ma saviour." [3]Wi joy ye'll draa watter fae e waals o salvation. [4]In att day ye'll say: "Praise e Lord, cry on his name, tell aabody fit he's deen, an mak it kent att his name is reesed up. [5]Sing tae e Lord, cause he's deen winnerfu things; lat e hale warl ken aboot it. [6]Roar oot o ye an sing for joy, ye fowk o Zion, cause great is e Haily Een o Israel amo ye."

CHAPTIR 13

E spikk agin Babylon att Isaiah sin o Amoz saa:

[2]Reese a flag on e heid o a bare hill, roar tae them; wag yer han tae gar them gyang inno e yetts o e chieftains. [3]A've gien orders tae them A pickit, an A've cried on ma sodgers tae shew ma annger, them fa are prood tae reese ma oot. [4]Hearken: e soun o a stramash on e hills. Hearken: a collieshangie amo e keengdoms, lik cuntras gaitherin egither. E Lord o Hosts is makkin riddy his airmy for waar. [5]They come fae hine awa, fae the ein o e hivvens, e Lord an e wappons o his annger, tae destroy e hale cuntra.

[6]Howl, cause e day o e Lord is at han; it will come lik crockaneetion fae the Almichty. [7]It will gar aa hans hing fushionless, ilka hert will milt wi dreid. [8]They'll be terrifiet, stouns an sorra will tak haud o them; they'll thraw lik a wumman haein a bairn. They'll be dumfoonert wi een anither, reed-faced wi dreid. [9]Waatch, e day o e Lord is comin, a coorse day wi rage an bleezin annger, tae lay waste e lan an dee awa wi e cyaards onno't. [10]E stars o hivven an aa their set oot winna shew nae licht, e sin will be bleckent fan it rises, an e meen's licht winna sheen. [11]A'll fess crockaneetion on e warl for its ill, e coorse for their ill-deeins. A'll pit an ein tae e bigsyness o e prood an ding doon e pride o e hertless. [12]A'll mak fowk as scant as pure gowd, mankyn as scant as gowd fae Ophir. [13]Ay, A'll gar e hivvens shaak; an e warl will flype fae its foun at the annger o e Lord o Hosts, i the day o his bleezin rage. [14]It will be lik a deer at e staalkin, lik sheep wi nae shepherd, they'll aa gyang back tae their ain fowk, rinnin tae their ain cuntras. [15]Onybody fa's teen will be thrust throwe; aabody fa's catcht will faa bi e swoord. [16]Their wee bairnies will be breuken tae bits afore their een, their hooses plunnert an their weemen mischieved. [17]Waatch, A'll steer up e Medes agin them. They dinna care for siller an tak nae pleesure in gowd. [18]Their bowes will strick doon e young loons; they'll hae nae mercy on wee bairnies, an they winna shew nae peety for e tither geets.

[19]Babylon, the jowel o keengdoms, e glory o e Babylonians' pride, will be dung doon bi God lik Sodom an Gomorrah. [20]She'll hae nae indwallers an naebody will bide in her throwe aa ginnerations; nae traivelin fowk will pitch their tents, nae shepherds will fess their sheep tae e faul there. [21]Bit craiters o e roch cuntra will lie doon there, jackals will full her hooses; oolets will bide there an wild goats will lowp aboot. [22]Hyenas will howl in her keeps, jackals in her bonnie palaces. Her time is at han, an her days winna be mony mair.

CHAPTIR 14

E Lord will tak peety on Jacob; he'll pick Israel again an will sattle them i their ain lan. Forriners will jine them an will yock tee e hoose o Jacob. [2]Ither cuntras will tak them an fess them tae their ain place. An

Israel will tak ower e fowk fae e tither cuntras an mak them men an weemen servants i the Lord's lan. They'll bin them bi fa they hid been bun, an rowle ower them fa hid been hauddin them doon.

³On e day e Lord gies ye rist fae yer sorra an fash, an fae e sair darg ye were garrt dee, ⁴ye'll upcast e keeng o Babylon wi iss wirds: Foo e peyment o cess his einnit; e gowden toon aa by wi. ⁵E Lord his breuken e staff o e coorse, e scepter o e rowlers, ⁶att in rage strack doon fowk wi nivver einin yarkin, att held doon cuntras wi ooncannie ill-will. ⁷E hale warl is at rist an quait, they braak intae sang. ⁸E verra fir trees an cedars o Lebanon rejoice ower ye an say, "Noo att ye're dung doon, naebody comes tae cut hiz doon." ⁹The place aneth is kittlt up tae meet in wi ye fan ye come, it steers up e deid for ye, aa the heich-heidit eens o e warl, it gars them rise fae their thrones, aa them fa were keengs ower cuntras. ¹⁰They'll aa answer an say tae ye, "Ye've turnt fushionless, lik hiz; ye've turnt jist lik hiz." ¹¹Aa yer faulderaals hiv been fessen doon till e grave, wi aa e dirdum o yer hairps; maives are spread oot aneth ye an wirms hap ye. ¹²Foo muckle is yer dooncome fae hivven, ye star o e mornin, sin o e daylicht. Ye've been cassen doon tae e warl, you fa eence dung doon e cuntras o e warl. ¹³Ye said tae yersel, "A'll gyang up intae hivven, A'll reese ma throne abeen God's stars; A'll sit on ma throne on e gaitherin hill i the hine awa neuks o e north. ¹⁴A'll gyang up abeen e heid o e cloods an mak masel lik e Maist Heich." ¹⁵Bit ye'll be brocht doon tae hell, tae e deepest crannies o e pit. ¹⁶Them fa see ye will glower at ye an winner at ye: "Is iss e chiel fa garrt e warl shaak an garrt keengdoms grue, ¹⁷e chiel fa connacht e warl, dung doon its toons an widna lat them fa were held gyang hame?" ¹⁸Aa e keengs o e warl lie in glory, ilka een in his ain tomb. ¹⁹Bit ee're cassen oot o your tomb, lik a rejeckit bough, happit bi e deid, them killed bi e swoord, fa gyang doon tae e steens o e pit, lik a corpse trumpit aneth e feet. ²⁰Ye winna be jined wi them in beerial, cause ye've connacht yer grun, an killed yer fowk. Lat e bairns o cyaards niver be spoken aboot. ²¹Redd oot a place tae slauchter his bairns for the ill-deeins o their forebeers. They winna rise, nor ain e grun, nor full e warl wi their toons. ²²"A'll rise up agin them," says e Lord o Hosts. "A'll sned aff Babylon's name an them fa are left, her bairns an her bairns' bairnies," says e Lord. ²³"A'll turn her intae a place for oolets an a moss; A'll swype her wi e beesom o crockaneetion," says e Lord o Hosts.

²⁴E Lord o Hosts his sworn, "Seerly it will come aboot jist as A've been thinkin, it will happen jist as A've planned. ²⁵A'll pran the Assyrian in ma lan; trump him aneth ma feet on ma heilans. His yock will be teen aff ma fowk, an his birn liftit fae their shoothers." ²⁶Iss is e plan wirkit oot for e hale warl; iss is e han raxed oot ower aa cuntras. ²⁷Cause e Lord o Hosts his planned it sae fa can conter him? His han is raxed oot, fa can turn it back?

²⁸Iss prophecy cam i the year keeng Ahaz deit: ²⁹Dinna rejoice, aa you in Philistia, cause e rod att strack ye is breuken; fae e snake's reet will come a viper an its fruit will be a bleezin fleein serpent. ³⁰E peerest o e peer will ett, an them fa are in wint will lie doon in saufty. Bit A'll sterve yer reet tae daith; killin aff aa e lave o ye. ³¹Howl, yett; howl toon. Milt awa aa you in Philistia. A clood o reek comes fae e north, an neen will be ahin at e tryst. ³²Fit answer will be gien tae e messengers fae att cuntra? "E Lord his biggit Zion, an his sair-come-at fowk will fin a bield inno her."

CHAPTIR 15

A prophecy agin Moab: Ar in Moab is in bits, perisht in a nicht. Kir in Moab is in bits, perisht in a nicht. ²He's gane up tae e temple, tae Dibon, tae e heich places tae greet. Moab howls ower Nebo an Medeba. Ilka heid is beld an ilka baird shorn. ³Oot an aboot they weer saickclaith an on their reefs an at e plainsteens, they aa howl, faa'in doon greetin. ⁴Heshbon an Elealeh roar oot, their vices heard e linth o Jahaz. Sae e sodgers o Moab roar oot o them, an their herts are in a dwaam. ⁵My hert greets for Moab; her fowk flee tae Zoar an Eglath Shelishiyah. They gyang up e brae tae Luhith, greetin aa e wye. On e road tae Horonaim they greet sair at their crockaneetion. [6]E watters o Nimrim are driet up, e girse is druchtit, e growth aa awa, an naethin green is left. [7]Sae e walth they've gotten an fordelt up they cairry awa ower e Sauch Burn. [8]A muckle yowlin is heard aa throwe Moab; their howlin wins e linth o Eglaim, their howlin e linth o Beer Elim. [9]E watters o Dimon are rinnin wi bleed, bit A'll fess aiven mair doon on Dimon, lions on them fa win awa fae Moab an on them fa are left ahin at hame.

CHAPTIR 16

Sen lambs tae e rowler o e lan, fae Sela throwe e roch cuntra tae e hill o e Dother o Zion. [2]E weemen o Moab at e fyoord o Arnon are lik flappin gorblins shivved fae e nest. [3]"Mak up yer myn," Moab says. "Come tae a deceesion. Mak yer shadda lik nicht at e hicht o e day. Hide the ootlins, dinna gie awa them fa are in flicht. [4]Lat them fa are cassen oot bide wi ye, Moab; be a bield tae them fae them fa tirraneese them." The herryin his come till an ein an there will be nae mair crockaneetion; e reivers will disappear fae e lan. [5]In luv a throne will be set up; in lealty a chiel will sit onno't, i the tent o Daavit, a chiel jeedgin an sikkin jeestice, quick tae dee fit's richt.

[6]We've heard o foo prood Moab is, foo bigsy, heard o her consait, her pride an her impidence. Bit her blawin is teem. [7]Sae lat Moab howl for Moab, lat them aa howl. Lament an greet for e raisin cakes o Kirhareseth; aa dung doon. [8]E parks o Heshbon lie falla, e vines o Sibmah tee. E clan chiefs hiv trumpit doon e best vines att raxed aa e linth o Jazer an oot e wye o e roch cuntra. Their branches spread oot an gaed e linth o e sea.

[9]Sae A greet, lik Jazer greets for e vines o Sibmah. Heshbon an Elealeh: A'll drook ye wi ma tears. E shoutin aboot yer simmer fruits an yer hairst hiv faa'en quait. [10]Blitheness is teen awa, joy teen fae e growthie park. Naebody is singin nor shoutin i the vinyairds; naebody trumps wine at e presses, cause A've pat an ein tae e shoutin. [11]Ma hert greets for Moab lik a quaverin clarsach, ma hale intimmers for Kirhareseth.

[12]Fan Moab appears at e heich place, fan he's fair forfochen at his heich place an comes tae his shrine tae pray, he winna be e foremaist. [13]Iss is fit e Lord his said ariddy aboot Moab. [14]Bit noo e Lord says: "Wi'in three ear, as a fee'd man wid coont them, Moab's brawness an aa her rowth o fowk will be teen doon a hackie, an e lave o them will be fyow an fushionless."

CHAPTIR 17

A prophecy agin Damascus: "Jist waatch, Damascus winna be a toon nae mair, bit will turn intill a heap o steens. [2]E toons o Aroer will be forhooiet, an will be a place for flocks tae lie doon wi naebody tae touch them. [3]E toons wi waas will disappear fae Ephraim, an e pooer o e keeng fae Damascus; e lave o Syria will be lik e glory o the Israelites," says e Lord o Hosts. [4]"In att day e glory o Jacob will growe dowie an e creesh o his body will dwine awa. [5]It will be lik fan e hairsters gaither e corn, gaitherin e crap wi their airm, lik e raipers wi e heids o corn i the Howe o Rephaim.

[6]"Still-an-on, some gleanins will be left lik e shaakins o an olive tree, twa or three berries on e heid o e tapmaist bough, fower or five on e ootmaist branches," says e Lord, e God o Israel. [7]In att day fowk will leuk tae him fa made them an turn their een tae e Haily Een o Israel. [8]They winna leuk tae the aaltars, e wark o their ain hans, an they winna leuk near han the Asherah totems an the scint aaltars their ain finngers hiv made.

[9]In att day their strong toons will be lik a forhooiet wid an moontain-taps, att they left fan the Israelites cam. An aa will be dreich. [10]Ye've forgotten God yer Saviour; ye hinna mynt on e Rock, yer keep. Sae, tho ye set oot e best o plants an plant forrin vines, [11]tho on e day ye plant them oot ye gar them growe, an on e foreneen ye plant them ye gar them sproot, the hairst winna be wirth a docken i the day o dool an sorra. [12]Ach, e stramash o mony cuntras, a stramash lik e roarin o e seas, an e rummlin o mony cuntras, rummlin lik e roarin o great watters. [13]Tho e fowk howl lik e roarin o waters in spate, God will quaiten them an they'll tak aff, hine awa, blaawn afore e win lik caff on e brae, lik furlin stew afore e storm. [14]At nicht, a gey fleg. Bi mornin, they're awa. Att's fit will come o them fa herrie hiz, fit will come o them fa tirraneese hiz.

CHAPTIR 18

There's nae hope for e lan o e birrin wings att lies ayont e watters o Cush, [2]att sens messengers bi sea in boats made o rashes ower e watter. Gyang, swack messengers, tae a lang an polished fowk, tae a fowk dreided near an far, a pooerfu cuntra wi a forrin tongue, fas lan is havvert bi watters. [3]Aa you fowk o e warl, aa fa bide on the earth, fan a flag is reesed on e hills, ye'll see it, fan e tooteroo is blaawn, ye'll hear it. [4]Iss is fit e Lord says tae ma: "A'll leuk doon, doucelike, fae ma dwallin lik glintin heat i the licht o e sin, lik a clood o dyowe i the heat o hairst." [5]For, afore e hairst, fan e bleem is by an e flooeries are turnin intae a ripenin grape, he'll sned aff e sproots wi a prunin heuk an tak awa an cut doon e spreadin boughs. [6]They'll aa be left tae e gleds o e moontain an tae e wild beasts. An e gleds will maet on them aa simmer an e wild beasts aa winter. [7]At att time hansel will be brocht tae e Lord o Hosts fae a fowk lang an polished, fae a fowk dreided near an far, fae a pooerfu cuntra wi a forrin tongue, fas lan is havvert bi watters. The hansel will be brocht tae e place o e name o e Lord o Hosts, tae Moont Zion.

CHAPTIR 19

A prophecy agin Egypt: Waatch noo, e Lord hurls on a fest clood an is comin tae Egypt. The eedols o Egypt shaak afore him, an e herts o the Egyptians milt inno them. [2]"A'll steer up Egyptian agin Egyptian an brither will fecht wi brither an neeper wi neeper, toon agin toon an cuntra agin cuntra. [3]The Egyptians will loss hert, an A'll confoon their proticks; an they'll sikk oot eedols, spaewives, them fa spikk tae e speerits o e deid an warlocks. [4]A'll han ower the Egyptians tae e pooer o a coorse maister an a forcy keeng will rowle ower them," says e Lord, e Lord o Hosts. [5]E watters o e sea will dry up, an e hauchs will be druchtit an dry. [6]E canaals will stink; e burns o Egypt will scrocken an dry up an e sprots an rashes will growe withert. [7]E foggage alang e Nile an at its moo an ilka shaavn park alang e watters will turn druchtit, will blaa awa an att'll be e hinnerein o't. [8]E fishers will mump an girn, aa them fa cass a line inno e Nile; them fa cass their nits onno e watters will dwine awa. [9]Them fa wark wi kaimed flax, aa e wyvers o fine lawn will be in a mineer. [10]Her founs will be breuken an aa them fa wark for a waage will be sair come at.

[11]E chieftains o Zoan are nocht bit feels, e wise coonsellors o Pharaoh gie bit gypit advice. Foo can ye say tae Pharaoh, "A'm een o e clivver chiels, a sin o e keengs o aul"? [12]Far are yer clivver chiels noo? Lat them tell ye an lat them ken fit e Lord o Hosts is gyan tae dee agin Egypt. [13]E chieftains o Zoan are turnt tae feels, e chieftains o Memphis hiv been mislippent; its clan chiefs hiv led Egypt agley. [14]E Lord his raivelt them throwe-idder; they gar Egypt styter in aa she dis, lik a drouth styterin in his ain spewins. [15]There will be nae wark att Egypt can dee, heid nor tail, branch nor sprot. [16]In att day Egypt will be wyke lik weemen. They'll shaak an be in dreid at e waggin o e han o e Lord o Hosts ower them. [17]An e lan o

Judah will tirraneese the Egyptians; fan onybody spikks o't they'll be in dreid, cause o fit e Lord o Hosts is intennin tae fess doon on them.

[18]In att day there will be five toons in Egypt att spikk e tongue o Canaan an sweer leal tae e Lord o Hosts. Een o them will be caaed e Toon o e Sin. [19]In att day there will be an aaltar tae e Lord i the midse o Egypt, an a cairn tae e Lord at its border. [20]It will be a sign an witness tae e Lord o Hosts i the lan o Egypt. Fan they cry oot tae e Lord cause they are bein dung doon, he'll sen them a saviour, a gey chiel, fa will save them. [21]Sae, e Lord will mak himsel kent tae the Egyptians, an in att day the Egyptians will ken e Lord. They'll wirship wi sacrifeeces an offerins; they'll mak voos tae e Lord an stick tae them. [22]E Lord will strick doon Egypt wi a plague; aye strick them an mak them better. They'll come back tae e Lord, an he'll hearken tae their prayers an mak them aa better.

[23]In att day there will be a braid causey fae Egypt tae Assyria. The Assyrians will gyang tae Egypt an the Egyptians tae Assyria. The Egyptians an Assyrians will wirship egither. [24]In att day Israel will be e third een, alang wi Egypt an Assyria, a blessin i the midse o e lan. [25]E Lord o Hosts will bliss them sayin, "Blisst be Egypt ma fowk, Assyria e wark o ma hans, an Israel ma heirskip."

CHAPTIR 20

I the year att e heid bummer, sent bi Sargon keeng o Assyria, cam tae Ashdod, focht wi it an teuk it, [2]at att time e Lord spak throwe Isaiah sin o Amoz. He said tae him, "G'wa an tak e saickclaith aff yer hurdies an e sheen fae yer feet." An he did att an gaed aboot nyaakit an barfit. [3]Syne e Lord said, "Jist as ma servant Isaiah his gane nyaakit an barfit for three ear, as a sign an a warnin agin Egypt an Cush, [4]sae e keeng o Assyria will lead awa, nyaakit an barfit, the Egyptian captives an exiles o Cush, young an aul, wi bare dowps, tae the affront o Egypt. [5]Them fa lippent tae Cush an pat their hope in Egypt will be doon i the moo an affrontit. [6]In att day e fowk fa bide ben e shore will say, 'See fit's come o them we lippent till, an ran till tae save hiz fae e keeng o Assyria! Foo can we get oot o iss?'"

CHAPTIR 21

A prophecy agin e Roch Cuntra bi e Sea:

Lik furlin wins blaawin ower e soothlans, it comes fae e roch cuntra, fae a lan o fricht. [2]A gey sicht his been shewn tae ma: the oonchancie chiel gies them awa an e reiver reives. Gyang up, Elam, lay seige, Media. A'll fess till an ein aa e soochin she's caased. [3]At iss A'm sair come at, stoons tak haud o ma, lik a wumman fas time his come. A got a gey stammygaster at fit A heard, dumfoonert at fit A saa. [4]Ma hert loupt an A sheuk wi dreid. E gloamin A wis mangin for his turnt oot a horror for ma. [5]Set e tables, keep a waatch, ett, drink. Rise up, Chieftains, ile yer targes. [6]Iss is fit e Lord says tae ma: "Gyang an set a waatchman an lat him report fit he sees. [7]Fan he sees a chariot wi a pair o horse, chiels hurlin on cuddies, or chiels hurlin on camels, lat him be gleg an tak tent." [8]An e waatchman cried oot, "Aa day, ma lord, A stan at e waatchtooer, ilka nicht A bide at ma stance. [9]See noo, here comes a chiel in a chariot wi a pair o horse. An he answer back, 'Babylon's doon, she's doon. Aa the eemages o her gods he's smashed on e grun.'" [10]Ma fowk, bruised lik corn on e thrashin-fleer, A've telt ye fit A've heard fae e Lord o Hosts, fae e God o Israel.

[11]A prophecy agin Dumah:

Somebody's cryin tae ma fae Seir, "Waatchman, fit time o nicht is't? Fit time o nicht is't?" [12]E waatchman answers, "Mornin is comin, bit sae's e nicht. Gin ye wid speir, speir, an come back again."

[13]A prophecy agin Arabia: Ye traivelin fowk o Dedan, ye'll camp i the scrogs o Arabia, [14]fess watter for e thirsty; ye fowk o Tema, fess maet for them fa hiv teen flicht fae their hames. [15]They've teen flicht fae e swoords, e draawn swoords, fae e booed bowe an fae e hicht o e fechtin. [16]Iss is fit e Lord says tae ma: "Wi'in the ear, the ear o a fee'd man, aa e brawness o Kedar will come till an ein. [17]E lave o e bowemen, them left fae amo e loons o e stoot chiels o Kedar will be fyowe." E Lord, e God o Israel, his said it.

CHAPTIR 22

A prophecy agin e Howe o Veesion:

Fit ails ye noo, att ye've aa gane up on tae e reefs? [2]Ye're full o steer, a toon o stramash an splore. Yer deid werna killed bi e swoord, they didna dee i the fechtin. [3]Aa yer chiefs hiv teen tae flicht egither, they've aa been teen athoot eesin a bowe. Aa o ye att were catcht were teen egither, tho ye'd run hine awa. [4]Sae A said, "Leuk awa fae ma; lat ma greet ma een oot. Dinna try tae peety ma ower e missaucre o ma fowk." [5]Cause e Lord o Hosts his a day o stramash an trumpin an mineer i the Howe o Veesion, a day o dingin doon dykes an roarin tae e heilans. [6]Elam taks up e quiver, wi her chariots an horsemen; Kir tirrs e targe.

[7]Yer bonniest howes will be full o chariots an horsemen will tak up their stance at e toon yetts. [8]E Lord strippit awa e defences o Judah, an ye leukit att day tae e wappons o e Hoose o e Wids. [9]Ye saa there were mony slaps i the waas o Daavit's Toon; ye haint up watter i the Naithmaist Peel. [10]Ye coontit e hooses in Jerusalem an rived doon hooses tae strinthen e waa. [11]Ye biggit a dam atween e twa waas tae haud e watter fae the Aul Peel, bit ye didna leuk tae him fa made it, nor hid ony trock for him fa planned it lang syne. [12]E Lord, e Lord o Hosts, cried on ye att day tae greet an girn, tae teer oot yer hair an weer saickclaith. [13]Bit na, na, there wis daffin an splore, slauchterin o beasts an killin o sheep, ettin beef an guzzlin wine: "Lat's ett an drink, cause e morn we're gyan tae dee." [14]Bit e Lord o Hosts his hid a wird in ma lug: "Iss ill-deein winna be swypit fae ye till e day ye dee," says e Lord, e Lord o Hosts.

[15]Iss is fit e Lord God o Hosts says: "Gyang tae e butler, Shebna, fa's e heid at e Palace an speir at him: [16]'Fit are ye deein here, an fa telt ye ye culd howk oot a tomb for yersel here, carvin oot a tomb for yersel on e hichts an cuttin a ristin place for yersel fae e rock? [17]Waatch yersel, e Lord's gyan tae tak a gweed haud o ye, ye sonsie chiel, an fling ye awa. [18]He'll rowe ye up ticht intill a baa an fling ye tae a muckle cuntra. There ye'll dee an yer braw chariots ye thocht sae muckle o will be an affront tae yer maister's hoose. [19]A'll pit ye oot o yer poseetion an ye'll be herriet fae yer job.

[20]"In att day, A'll cry on ma servant, Hilkiah's loon Eliakim. [21]A'll cled him wi yer goon an festen yer plaid roon him an han yer aathority ower tae him. He'll be a fadder tae them fa bide in Jerusalem an tae e fowk o Judah. [22]A'll pit on his shoother e kaiy o e hoose o Daavit; fit he opens naebody will shut an fit he shuts neen can open. [23]A'll fessen him lik a dook in a ticht hole; he'll be a cheer o honour tae his fadder's hoose. [24]They'll hing onno him aa e glory o his fadder's hoose, its bairns an its affshoots, aa its wee bowies fae e caups tae e pigs. [25]In att day," says e Lord o Hosts, "e dook haimmert inno e ticht hole will gie wye, will be sneddit aff an will faa an e birn onno't will be connacht." E Lord his said it.

CHAPTIR 23

A prophecy agin Tyre:

Greet, ye boats o Tarshish. Cause Tyre is connacht an left wi nae hoose nor herbour. Wird his come till them fae e lan o Cyprus. [2]Be quait, ye fowk fae ben e shore, an ye merchans o Sidon, made walthy bi e sailors [3]on e muckle watters. E corn fae e Nile, e hairst o e watter wis her income, an she turnt intill e mart o e warl. [4]Ye shuld be affrontit, Sidon, ye strinth o e sea, cause e sea his spoken. "A've nivver been i the faimly wye nor gien birth, A've nivver fessen up nae loons nor brocht up dothers." [5]Fan wird wins e linth o Egypt, they'll be sair come at, at fit they're hearin aboot Tyre. [6]Cross ower tae Tarshish; greet, ye fowk ben e shore. [7]Is iss yer blithe toon, the aul, aul toon, fas feet cairriet her tae sattle in cuntras hine awa? [8]Fa his fessen iss crockaneetion on Tyre, e granter o croons, fas merchans are chiefs, fas traders are thocht weel o e hale warl ower? [9]E Lord o Hosts planned it, tae fess doon her bigsyness in aa her brawness, an tae hummle aa e warl's gintry. [10]Skail ower yer grun lik e Nile, Dother o Tarshish, there's naethin hauddin ye back noo. [11]E Lord his raxt oot his han ower e sea an garrt cuntras shaak. He's gien oot an order aboot Canaan sayin her keeps maun be dung doon. [12]He said, "Nae mair o yer rantin, Dother o Sidon, cause ye've been connacht. Get up an gyang ower tae Cyprus; aiven there ye'll fin nae rist." [13]Leuk e lan o e Babylonians; e fowk are awa tae naethin. The Assyrians hiv turnt it ower tae e wild beasts o e roch cuntra. They biggit their siege tooers, they strippit bare its keeps an turnt it intill a ruin. [14]Greet, ye boats o Tarshish, yer strinth is dung doon. [15]At att time, Tyre will be forgotten aboot for syventy ear, e linth o a keeng's life. Bit at the ein o att syventy ear, fit will happen tae Tyre is fit it says i the hoor's sang: [16]"Tak up a hairp, waalk throwe e toon, ye forgotten hoor; play a bonnie tune on e hairp an sing yer sangies, sae att ye'll be mynt on."

[17]At e ein o syventy ear, e Lord will come back tae Tyre. She'll gyang back tae her waage, makkin a hoor o hersel amo aa e cuntras o e warl. [18]Still-an-on, her waages an her siller will be haily tae e Lord, they winna be fordelt up nor hoordit. Her siller will gyang tae them fa bide afore e Lord, for plinty maet an fine claes.

CHAPTIR 24

See noo, e Lord is gyan tae teem e warl an fess crockaneetion doon on't; he'll turn it heid ower tail an scatter aa its fowk. [2]There will be nae difference for meenister as for fowk, for maister as for fee'd man, for mistress as for kitchie deem, for them att sell as for them att buy, for them fa borra as for them fa len, as wi e banker sae wi e debtor. [3]E warl will be strippit an laid bare. E Lord his spoken iss wird. [4]E warl turns druchtit an frizzles up, e warl dwines awa an dees, the heid bummers o e warl dwine awa. [5]E warl is fylt bi its fowk, they hinna teen wi its laas, hiv made a feel o its statutes an breuken the ivverlestin covenant. [6]Sae a curse chaaws up e warl an its fowk maun bear e gree. Sae e fowk o e warl are brunt up an jist a wee pucklie are left. [7]E new wine dries up an e vine shrivels; them fa like a splore are soochin. [8]The happy clinkin o e tambourine is at an ein, e soun o e ranters his stoppit, an e joyfu hairp is quait. [9]Nae laanger are they boozin an singin, strong drink is soor tae aa fa taste it. [10]E toon in a stramash is breuken doon, e door tae ilka hoose is barred, sae att naebody mith win in. [11]I the streets they cry oot for booze; aa pleesure turns tae mirk, there's nae a lauch aboot e place. [12]E toon his come till a crockaneetion an aa its yetts are battert doon.

[13]Att's e wye it will be wi e warl, lik a shaaken olive tree or lik e sheilins left eence e grapes are hairstit. [14]They howl oot o them, they sing for joy; they shout fae e wast o e majesty o e Lord. [15]Sae i the east, gie glory tae e Lord; reese oot e name o e Lord, e God o Israel.

¹⁶Fae the eins o the earth we hear singin, "Glory tae e Richteous Een." Bit A said, "A'm dwinin awa. A'm dwinin awa. Peety ma. The oonchancie mislippen. Wi swickery, the oonchancie mislippen." ¹⁷Dreid, an pit, an snare are afore ye, fowk o e warl. ¹⁸Faaivver rins at e soun o dreid will faa inno a pit; faaivver clims oot o e pit will be teen in a snare. E windas abeen are opent an e founs o e warl shaak. ¹⁹E warl is in bits, e warl is rint apairt, the warl his gotten a gweed shaakin. ²⁰E warl styters lik a drooth, it sweys lik a sheddie i the win; its ill-deeins are sic a birn onno't att it faas, nivver tae rise again. ²¹In att day e Lord will gie aa e pooers in hivven abeen their sairin an aa e keengs i the warl aneth. ²²They'll be dreelt egither an pat in a black hole; they'll be lockit up i the jile an come time, they'll get their sairin. ²³E meen will be teen aback, e sin affrontit; cause e Lord o Hosts will rowle on Moont Zion, an in Jerusalem, an he'll shew his glory afore his elders.

CHAPTIR 25

Lord, ye're ma God; A'll reese oot an praise yer name, cause ye've deen winnerfu things, things planned lang ago wi perfeck lealty. ²Ye've made e toon intill a heap o steens, e waa'ed toon a ruin, e keep o e forriners is nae laanger a toon, it will nivver be rebiggit. ³Sae strong cuntras will honour ye, toons o coorse cuntras will dreid ye. ⁴Ye've been a strinth tae e peer, a strinth tae them sair made wi wint; lythe fae e storm an a shadda fae e heat. For e braith o e cyaards is lik a storm dirlin agin a waa, ⁵an lik e het o a druchtit place. Ye quaiten e stramash o forriners, lik het queeled bi e shadda o a clood, sae e sang o e cyaards is quaitent.

⁶On iss moontain e Lord o Hosts will lay oot a muckle spread for aa fowk, a splore o aul wine, e best o beef an fine vintage wines. ⁷On iss moontain he'll dee awa wi e shadda att's happin e fowk, e mortclaith att haps aa cuntras. ⁸He'll swally up daith for ivver. E Lord God will dicht awa e tearies fae aa e faces an will tak awa fowk's affront fae e hale warl, for e Lord his spoken.

⁹It will be said in att day, "See noo, iss is wir God. We hiv wytit for him an he'll save hiz. Iss is e Lord, we wytit for him. Lat's rejoice an be happy in his salvation." ¹⁰The han o e Lord will reest on iss moontain, bit Moab will be trumpit doon i their lan as strae is trumpit intae strang bree. ¹¹They'll rax oot their hans inno't lik a sweemer raxin oot his hans tae sweem. God will tak them doon a hackie for aa e sleekie skeel o their hans. ¹²He'll ding doon yer heich fortifiet waas, ding them doon tae e grun, tae verra stew.

CHAPTIR 26

In att day iss sang will be sung i the lan o Judah:

We hiv a strong toon; God maks salvation its waas an earthwarks ²Open e yetts sae att e richteous cuntras, them fa keep faith, mith come throwe. ³Ye'll keep in perfeck peace them fas heids are set on ye, cause they lippen till ye. ⁴Trust i the Lord for ivver, for in God e Lord we hiv an iverrlestin rock.

⁵He hummles them fa bide abeen, e heich toon he dings doon; he dings it doon tae e verra grun cassin it doon tae e stew. ⁶Feet trump it doon: e feet o e doonhaudden, e feet o them in wint. ⁷E road o e richteous is livvel; you, maist upricht, mak e road o e richteous straicht. ⁸Ay, Lord, i the path o yer laas, we wyte for ye; the ettlins o wir herts are yer name an yer wird. ⁹Ma sowl langs for ye throwe e nicht; ma speerit langs for ye i the mornin. Fan yer jeedgements come on e lan, e fowk o e warl will learn richteousness. ¹⁰Bit fan grace is shewn tae e coorse, they dinna learn nae richteousness; aiven amo a cuntra o upricht

fowk, they dee ill an canna see e majesty o e Lord. ¹¹Lord, yer han is reesed up, bit they dinna see it. Lat them see foo muckle ye think o yer ain fowk an they'll be pat tae shame. Ay, e fire ye haud back for yer faes will devoor them. ¹²Lord, ye'll set oot peace for hiz, cause ye've deen aa wir wark for hiz. ¹³Lord wir God, ither lords besides you hiv maistered ower hiz, bit ee're the only een we myn on. ¹⁴They are aa deid, they're nae livin; deid, they winna rise. Ye gied them their sairin an dung them doon, dichtit oot aa myn o them. ¹⁵Ye've made a great cuntra o hiz, Lord; ye've made a great cuntra. Ye've made yersel weel-thocht o; ye've eikit oot e borders o e cuntra. ¹⁶Lord, sair come at, they socht ye; fan ye gied them intae tribble, they poored oot a soochin prayer. ¹⁷Lik an expeckin wumman fas time his come racks an roars oot o her at e stouns, sae were we afore you, Lord. ¹⁸We were expeckin, we wammlt wi e stouns, bit aa we brocht oot wis win. We hinna fessen salvation tae e warl, nor hiv e fowk o e warl been brocht tae life. ¹⁹Bit your deid will live, Lord; their bodies will rise. Lat them fa bide amo e stew rise up an shout for joy. For yer dyowe is lik e dyowe o e mornin, an e warl will gie birth tae e deid.

²⁰Come awa, ma ain, gyang in till yer chaulmers an steek e door ahin ye. Hide a wee fylie till his annger is by wi. ²¹See noo, e Lord is comin oot fae his place tae gie e fowk o e warl a sairin for their ill-deeins. E warl will shew e bleed spult onno't an winna hap its slain nae laanger.

CHAPTIR 27

In att day, e Lord, wi his muckle, sair an pooerfu swoord will sort e sleekin Leviathan, e pirlin Leviathan. He'll dee awa wi e kelpie att's inno e sea. ²In att day, "Sing aboot a growthie vinyaird, ³I, e Lord, will waatch ower it; A'll watter it athoot devaal. A'll waatch it day an nicht sae naebody can touch it. ⁴A'm nae neen raised. Fa wid set e thrissles an e funs agin ma i the fecht? A'd gyang straicht throwe them an set them alicht. ⁵Or lat them turn tae me for lythe; lat them mak peace wi ma, ay, lat them mak peace wi ma." ⁶I the days tae come, Jacob will tak reet, Israel will bleem an sproot an full e hale warl wi fruit.

⁷His he strucken Israel as he struck doon them fa struck her? His she been deen awa wi lik them fa did awa wi her were deen awa wi? ⁸Some middlin, fan ye pat her awa, ye'll strive wi her; he soocht wi his snell braith i the day o the east win. ⁹Sae, bi iss, e guilt o Jacob will be waashen clean, an iss will be e full fruit o e takkin awa o his ill-deeins: fan he maks aa the aaltar steens lik murlt doon chaalk. Nae Asherah poles nor totems will be left stannin. ¹⁰E fortifiet toon stans aleen, its hooses abandoned, disjaskit i the roch cuntra; an abandoned clachan, forsaken like e wilderness; there, e calfies maet, there they lie doon; they tirr its boughs. ¹¹Fan its twigs are wun, they're knickit aff an weemen come an licht fires wi them. Cause iss is fowk wi nae unnerstannin, sae him fa made them taks nae peety on them, an him fa wis at the makkin o them winna shew them nae faavour.

¹²In att day e Lord will threesh fae e rinnin watter o the Euphrates tae e Burn o Egypt, an you, Israel, will be gaithert up een bi een. ¹³An in att day a muckle tooteroo will soun. Them fa were deein in Assyria an them fa were herriet awa tae Egypt will come an wirship e Lord on e haily moontain in Jerusalem.

CHAPTIR 28

There's nae hope for e croon o Ephraim's drooths, nor e witherin flooer o its glorious brawness, set at e heid o e growthy glen o them teen ahaud o wi wine. ²See noo, e Lord his een fa's pooerfu an stoot, lik blatterin hailsteens an a rivin win, lik a muckle onding o rain an a spate o watter, he'll ding it doon tae e grun wi his han. ³E prood croon o e drooths o Ephraim will be trumpit aneth their feet. ⁴Att witherin flooer o his glorious brawness, set at e heid o e growthie glen will be lik e fig att ripens afore hairst, pickit, gobblt up as seen as onybody sees it. [5]In att day e Lord o Hosts will be a croon o glory, an a bonnie heidban for e lave o his fowk. [6]He'll be a speerit o jeestice tae the een fa sits in jeedgement, an a strinth tae them fa haud back e fecht fae e yett.

[7]An them fa are styterin fu wi wine an oot o't aa egither wi strong drink; priests an prophits styterin aboot throwe strong drink an senseless wi wine; they styter wi strong drink, stot aboot seein things an hyter fan they gie oot jeedgements. [8]Aa e tables are happit wi byoke, nae a bit att's nae been fylt.

[9]"Fa's he tryin tae learn? Tae fa is he expoonin his wird? Tae bairnies new spent fae their milk, new teen awa fae e breist? [10]For he says, 'Dee iss, dee att, dee iss, dee att, line efter line, line efter line, a bittie here, a bittie there.'" [11]Weel, weel, syne, he'll spik tae his fowk wi habberin lips an forrin tongues. [12]He's said tae his fowk, "Iss is yer bield, tak yer rist," an "iss is yer place o lythe;" bit they widna listen. [13]Sae e wird o e Lord will be tae them, dee iss, dee att, dee iss, dee att, line efter line, line efter line, a bittie here, a bittie there, an sae they'll gyang an faa backlins, they'll be hurtit an snared an teen.

[14]Sae hear e wird o e Lord, ye mockrif, fa rowle iss fowk in Jerusalem. [15]Ye blaw, "We've made a bargain wi daith an struck a deal wi e grave. Fan a tirraneesin mishanter passes throwe, it winna touch hiz, cause we've made lees wir bield an hiv hod swickery."

[16]Sae iss is fit e Lord God says, "Jist waatch, A lay a steen in Zion, a tried steen, a praicious cornersteen for a siccar foun; faaivver believes in it winna come till a stramash. [17]A'll mak jeestice e mizzour an richteousness e plumb. Hailsteens will swype awa yer bield o lees an watter will skail ower yer hidie-hole.

[18]"Yer bargain wi daith will be struck oot an yer deal wi e grave winna stan. Fan e tirraneesin mishanter swypes by, ye'll be dung doon bi it. [19]Ilka time it comes it will cairry ye awa, mornin efter mornin, bi day or nichtit'll swype throwe." Unnerstannin iss will fess e fear o daith onno ye. [20]E bed is some jimpit tae rax yersel oot on, e blanket some nerra tae wup roon ye. [21]E Lord will rise up like he did at Moont Perazim; he'll be raised like he wis i the Howe o Gibeon, tae dee his wark, his antrin wark; an cairry oot his darg, his unco darg. [22]Noo, haud fae yer scowffin for fear ye're bun aa e tichter; A've heard fae e Lord God o Hosts o a crockaneetion tae come on e hale lan.

[23]Preen up yer lugs an hearken tae ma vice; tak tent an hear fit A'm sayin. [24]Fan a fairmer ploos, dis he ploo aa day for e shaavin o't? Dis he keep on at braakin-in the grun? [25]Fan he's livvelt e face o't, dis he nae shaav e fitch an scatter e cumin? Dis he nae shaav e wheat in raas an e barley in its place an e bere i the grun made up for't? [26]His God tells him fit tae dee an learns him e wye o't. [27]Fitches are nae threeshen wi a mail, nor is a cairt wheel rowed ower cumin; fitches are duntit oot wi a stick an cumin wi a stang.[28]Corn maun be bruised tae mak breid; bit it's nae threeshen for ivver. Gin a cairt wheel rins ower e heid o't, e horse disna bruise it. [29]Iss comes fae e Lord o Hosts tee, fa gies winnerfu coonsel, wi muckle wisdom.

CHAPTIR 29

There's nae hope for you, Ariel, Ariel, e toon far Daavit sattlt. Ear on ear, lat yer feestivals cairry on. [2]Still-an-on, A'll tirraneese Ariel; she'll moorn an greet, an she'll be lik an aaltar firesteen tae me. [3]A'll set up ma camp aa roon ye, bigg siege ramps an tooers aa roon ye. [4]Dung doon, ye'll spik fae e grun; yer wird will come laich fae e yird. Yer vice will be lik e vice o a ghaist comin oot o e grun, yer wird fuspert fae e stew. [5]Bit yer mony faes will be lik sma stew, e thrang o cyaards lik blaawn caff. Syne aa at eence, [6]e Lord o Hosts will cry on ye wi thunner an earthquaick an muckle soun, wi howlin win, an storm an flames o a devoorin fire. [7]Syne e thrang o aa e cuntras att fecht wi her, aa them fa attack her keeps an lay siege tae her will be lik a dream, a veesion i the nicht. [8]Lik a hunngry body dreamin aboot ettin an fa waakens wi his hunnger nae neen sairt; lik a thirsty body dreamin aboot drinkin an fa waakens in a dwaam wi his drooth nae neen sairt. Sae will it be wi aa e faes fa fecht wi Moont Zion.

[9]Be daivert an dumfoonert, blin yersels till ye've nae sicht; be fu, bit nae wi wine, styter, bit nae wi strong drink. [10]E Lord his poored a deep sleep ower ye: he his shut yer een, e prophits; he his happit yer heids, e seers. [11]An for you iss hale veesion is lik e wirds inno a sealt up beuk. An gin ye gie it tae a body fa can read an say "Read iss, wid ye," they'll say "A canna, it's sealt up." [12]Or gin ye gie e beuk tae a body fa canna read an say, "Read iss, wid ye," they'll say, "A dinna ken e wye tae read."

[13]E Lord says: "Iss fowk draa near han tae ma wi their spik, an gie ma honour wi their lips, bit their herts are hine awa fae ma. Their wirship o ma is bit human commans lernt bi hert. [14]Sae eence again A'll gie iss fowk a richt stammygaster wi winner efter winner; e learnin o their clivver chiels will pass awa, e kennin o their learnt fowk will disappear." [15]There's nae hope for them fa gyang tae great linth tae hap their plans fae e Lord, fa dee their coorse wark i the mirk an say, "Fa sees hiz? Fa'll ken?" [16]Div ye pey heed tae e cley as gin it wis e cauper? Wid e thing att wis made say tae e body fa made it, "Ye didna mak ma," or e thing att's vrocht say tae e body fa vrocht it, "He disna ken fit he's deein." [17]Or lang, will Lebanon nae be turnt intill a growthie park an e growthie park be lik a muckle wid?

[18]In att day e deef will hear e wirds o e beuk, an oot o e drumly mirk, the een o e blin will see. [19]E hummle will hae joy i the Lord, an e peer fowk o e warl will rejoice i the Haily Een o Israel. [20]E coorse will be deen awa wi an e scowffers will disappear, an aa them fa hiv an ee on ill will be sneddit aff, [21]them fa wi their spik mak oot a body tae be at faut, fa snorl e defender i the coort an wi teem wirds tak awa jeestice fae them fa hiv deen nae wrang. [22]Sae iss is fit e Lord, fa redeemed Abraham, says tae Jacob's fowk: "Nae laanger will Jacob be affrontit, nae laanger will their faces be wan. [23]Fan they see their bairns, e wark o my hans, amo them, they'll keep ma name haily; they'll ken e hailiness o e Haily Een o Jacob an will stan in aawe o e God o Israel. [24]Them fas speerits are e wint o gyan agley will fin unnerstannin, an them fa mump will tak a tellin."

CHAPTIR 30

"There's nae hope for e thraawn bairns," says e the Lord, "neen for them fa wark proticks att are nae mine, makkin trysts, bit nae o my speerit, biggin ill-deeins on e heid o ill-deeins; [2]fa gyang doon tae Egypt, bit dinna speir at me first; fa sikk Pharaoh tae leuk efter them an sikk Egypt's shadda for lythe. [3]Bit Pharaoh's bield will be yer shame an Egypt's shadda will fess ye affront. [4]Tho his officeels are in Zoan an his messengers hiv won e linth o Hanes, [5]aabody will be affrontit, cause o a fowk fa can dee naethin for them. They canna help nor dee ony gweed, bit fess nocht bit shame an affront."

[6]A prophecy aboot e beasts o e Negev:

Throwe a lan o skaith an stramash, far e lioness an e lion come fae, an the adder an e fleein, bleezin serpent, e messengers will cairry their walth on e backs o young cuddies an their trissures on e backs o camels, tae a cuntra att will dee them nae gweed, [7]cause Egypt's help is eeseless an teem, sae A caa her "Bigsyness att sits siccar."

[8]G'wa noo an screive it onna a steen afore them, vreet it onno a scroll, sae att i the days tae come it mith be as witness for aye. [9]Cause they're a thraawn lot, leein bairns, bairns att winna tak a tellin fae e Lord, [10]fa say tae e seers, "Dinna see!" an tae e prophits, "Dinna prophesy fit's richt, be mealy-mou'd wi fit ye tell hiz, misslippen fit ye tell hiz. [11]Awa ye gyang! Oot o wir road. We dinna wint tae hear nae mair aboot e Haily Een o Israel." [12]Sae iss is fit e Haily Een o Israel says: "Cause ye've rejeckit iss wird an lippent tae doon-hauddin an lees, [13]iss ill-deein will be lik a muckle dyke tae ye, crackit an bulgin oot, riddy tae faa in a suddenty, aa at eence. [14]It will braak tae bits lik a crock, smashed tae smithereens sae att nae a sinngle murlin will be faun amo the orrals att wid tak cwyles fae e fire-steen or gowp watter fae a cistren." [15]Iss is fit e Lord God, e Haily Een o Israel says: "In winnin awa an rist ye'll be saved; in lown an trust is yer strinth, bit ye wid hae neen o't. [16]Ye said, 'Na na, we'll uptail an awa on horses.' Sae ye'll uptail an awa. Ye said, 'We'll uptail an awa on fest horses.' Bit them fa chase efter ye will be fleeter. [17]A thoosan will tak aff at e threet o een; at e threet o five, ye'll aa tak aff, till ye're left lik a flagpole on e heid o a hill, lik a banner on a brae."

[18]For aa that, e Lord will wyte an be couthie tae ye; he'll rise up an shew peety for ye. For e Lord is a Lord o jeestice: blisst are aa them fa wyte for him. [19]Fowk o Zion, fa bide in Jerusalem, ye'll greet nae mair. He'll be couthie gin ye cry for help. As seen as he hears, he'll answer ye. [20]Tho e Lord gies ye e breid o a sair chaave an e watter o tirmint, yer dominies winna be hodden in a neuk nae mair; ye'll see them wi yer ain een. [21]Gin ye turn tae e richt or tae e left, yer lugs will hear a vice ahin ye sayin, "Iss is e wye; waalk in it." [22]Syne ye'll fyle yer eedols owerlaid wi siller an yer eemages happit in gowd; ye'll fling them awa lik a wumman's fool cloot an say, "G'wa oot o iss wi ye." [23]He'll sen ye rain for e seed ye shaav i the grun, an e maet att comes fae e lan will be fousome an rife. In att day yer beasts will feed in braid parks. [24]The owsen an cuddies att wark e grun will ett a gweed bellyfull, spread oot bi e shuffel an e graip. [25]There will be burns rinnin wi watter on ilka heich moontain an ilka muckle hill, on att day o e muckle slauchter fan e keeps faa. [26]E licht o e meen will be lik e licht o e sin, an e licht o e sin will be syvenfaal brichter, lik e licht o syven days, fan e Lord bins up e sairs o his fowk an maks e wouns he's gien them aa better.

[27]Leuk see, e name o e Lord comes fae hine awa, wi a burnin aanger an blin cloods o reek; his lips are in a richt fearich an his tongue a birstlin fire. [28]His braith is lik a teemin spate up tae yer neck. He'll sye e cuntras i the riddle o crockaneetion; in fowks' moos he'll pit e bit att gars them gyang agley. [29]An ye'll sing lik on e nicht o a Haily Fair; yer herts will be gled lik fowk gyan up wi fussles tae e moontain o e Lord, tae e Steen o Israel. [30]E Lord will gar his winnerfu vice be heard an will gar e fowk see his airm brocht doon in his annger lik a birstlin fire an wi a thunnerplump an hailsteens. [31]E Lord's vice will ding doon Assyria; he'll strick them doon wi his rod. [32]An ilka lick o e hammerin stick att e Lord lays on them will be tae e meesic o tambourines an hairps, as he fechts them wi his michty airm. [33]Topheth his been riddy for lang, aa set oot for e keeng. Its fire pit is deep an braid, wi a graith o fire an wid; e braith o e Lord, lik a spate o brimsteen, lichts it.

CHAPTIR 31

A'm rael sair made for them fa leuk doon tae Egypt for help, fa pit their stey on horse, fa lippen tae a rowth o chariots an e muckle strinth o their horsemen, bit dinna leuk tae e Haily Een o Israel, or sikk help fae e Lord. [2]Yet he's clivver tee an can fess crockaneetion; he disna cry back his wird. He'll rise up agin att hoose o cyaards, agin them fa wark ill. [3]The Egyptians are mortals, nae God; their horse are flesh, nae speerit. Fan e Lord raxes oot his han, them fa help will styter an them fa are helpit will tak a tummle; they'll aa come till an ein egither. [4]Iss is fit e Lord says tae ma: "As a lion growls, a muckle lion ower its prey, an tho a hale boorach o shepherds is fessen oot agin it, it's nae feart at their howlin nor fasht at their stramash. Sae e Lord will come doon tae dee battle on Moont Zion an its braes. [5]Lik birdies hoverin abeen, e Lord o Hosts will hain Jerusalem, he'll hain it an proteck it, he'll pass ower it an save it." [6]Gyang back, you Israelites, tae the Een ye've teen sic an ill will at. [7]For in att day ilka een o ye will kees awa yer eedols o siller an gowd made bi yer ain ill hans.

[8]"Assyria will faa bi e swoord, bit nae e swoord o mortals. A swoord, nae a swoord o humans will be his hinnerein. They'll tak flicht afore e swoord an e loons will be teen in tae forced wark. [9]Their Rock will faa awa wi fear an their cheiftains will be in a tirr at e sicht o e battle flag," says e Lord, fas fire is in Zion, fas furnace is in Jerusalem.

CHAPTIR 32

Jist wyte, a keeng will rowle in richteousness an cheiftains will rowle wi jeestice. [2]Ilka een will be lik a bield fae e win, lythe in a storm, lik burnies rinnin throwe dry grun an e shadda o a muckle craig in a druchtit lan. [3]Syne the een o them fa see winna be bleart an e lugs o them fa hear will hearken. [4]E gallus hert will ken an unnerstan, an e habberin tongue will spikk oot bonnie. [5]E cyaard winna be thocht o brawly nae mair, nor will e randie be cried mensefu. [6]For feels jist spik styte an their herts are set on deein ill. Their wyes o deein are oongodly an spread lees aboot e Lord; they leave e hunngry teem an haud back watter fae e thirsty. [7]Cyaards hiv coorse wyes aboot them, they wark ill proticks tae ding doon e peer wi lees, aiven tho fit e peer say is richt. [8]Bit dacent fowk hiv dacent wyes o deein an stan bi e dacent things they dee.

[9]Ye cantie weemen, rise up an hearken tae ma; an yer croose dothers, hearken tae fit A hiv tae say. [10]In little mair nor a year, ye fa are sae croose will shaak; e grape crap will fail an there will be nae gaitherin in o hairst. [11]Shaak, ye cantie weemen, grue ye croose dothers. Tirr aff yer braw claes an wup yersels in saickclaith. [12]Strick yer breists for e bonnie parks, for e growthie vines, [13]an for e grun o my fowk far thrissles an funs will come up; ay, for aa e happy hooses in iss blithe toon. [14]E big hooses will be teem, there will be nae stramash aboot e toon; keep an tooer will be gowstie rummles, a howf for cuddies an a sheilin for flocks, [15]till e speerit is poored on hiz fae abeen an e druchtit cuntra turns intill a growthie park, an e growthie parks are lik a wid. [16]Syne jeestice will dwall i the roch cuntra an his richteousness i the growthie park. [17]The hairst o att richteousness will be peace; the ootcome o att richteousness will be a siccar lown for aye. [18]Ma fowk will bide in a peacefu lan, in sauf hames, in lown dwallins. [19]Hailsteens will caa doon e wid, an e toon will be dung doon tae e grun. [20]Happy are you fa shaav yer seed alang e burnie an lat yer beasts an cuddies raik aboot e parks.

CHAPTIR 33

There's nae hope for you, wracker, ye fa hinna been malagaroosed. There's nae hope for you, ye clype, ye fa naebody his ivver clyped on. Fan ye stop wrackin, ye'll be malagaroosed, fan ye stop clypin, ye'll be clyped on. [2]Lord, be gweed tae hiz, we wyte for ye. Be wir strinth ilka mornin, wir bield i the trauchle. [3]I the stramash, e fowk flee, fan ye lift yersel up e nations scatter. [4]Yer spiles are gaithert lik e gaitherin o a kailwirm; as e kailwirm craawls ower aa, sae will e fowk dee. [5]E Lord is reesed up, he dwalls abeen; he'll full Zion wi his jeestice an richteousness. [6]He'll be a siccar foun for yer times; a fordel o salvation, learnin an kennin. E fear o e Lord is his trissure. [7]See noo, e stoot-hertit roar oot o them i the streets; them fa leuk for peace will greet sair. [8]E roads are bare, there's naebody gyan aboot. E tryst is breuken, e toons miscaaed there's respeck for naebody. [9]E warl is druchtit an dwines awa; Lebanon is affrontit an withers; Sharon is like e roch cuntra an Bashan an Carmel shaak doon their leaves. [10]"Noo A'll rise up," says e

Lord. "Noo A'll be reesed oot; noo A'll be heistit up. [11]Ye'll cleck caff an gie birth tae strae; yer braith is a fire att will birstle ye up. [12]E fowk will be brunt tae cinners, lik fun busses they'll be set ableeze." [13]Ye fa are hine awa, hear fit A've deen; ye fa are near han, ken ma strinth. [14]The ill-deein in Zion are feart; shaakin taks ahaud o e godless. "Fa amo hiz can bide wi e birstlin fire? Fa amo hiz can bide wi nivver einin flames?" [15]Them fa waalk richteously an spik fit's richt; them fa refeese tae mak their siller bi herryin ither fowk an dinna leuk for a back-hanner; fa stap their lugs at spik o sheddin bleed an shut their een fae leukin on ill, [16]they are the eens fa will bide abeen, fas bield will be e craggy keeps. They'll be gien their maet an they'll aye be seer o watter. [17]Yer een will see e keeng in his braivity an leuk on a lan att raxes oot hine awa. [18]Yer thochts will reflleck on e days o terror: "Far's e toon baillie? Far's e toon chaimberlain? Far's e clerk-o-warks?" [19]Ye'll see att bigsy crew nae mair, fowk fa spik a forrin tongue, a habberin wird ye canna unnerstan. [20]Leuk on Zion, e toon o wir haily fairs, yer een will see Jerusalem, a quait toon, a tent att canna be teen doon, its tent-pegs nivver pu'ed up, nor ony o its guys nivver rivven. [21]There, oor winnerfu Lord will be lik a place o braid watters an burns, far nae rowin boat will gyang nor nae muckle ship pass by. [22]For e Lord is wir jeedge, e Lord gies hiz wir laas, e Lord is wir keeng an it's him fa will save hiz. [23]Yer riggin hings lowss; it canna haud e foun o e mast, e sail's nae spread. Syne e muckle graith o e spiles will be pairtit oot, an aiven e cripple will cairry aa e plunner. [24]Naebody bidin in Zion will say, "A'm nae weel"; an the ill-deeins o them bidin there will be forgien.

CHAPTIR 34

Come in aboot, ye lans, an hearken, tak tent, ye fowk. Lat e warl hear, an aa att's inno't; e warl, an aa att comes oot o't. [2]E Lord is raised wi aa cuntras; his annger is on their airmies. He'll fess them tae crockaneetion, gie them ower tae e slauchter. [3]Them fa are killed will be flung oot, their deid bodies will stink; e moontains will be sypin wi their bleed. [4]Aa e stars will weer awa an e hivvens will be rowed up lik a scroll; aa e rowth o stars will faa doon, lik leaves faain fae a vine, lik gizzent figs fae e fig tree. [5]Ma swoord his drunk its full i the hivvens; leuk, foo it comes doon in jeedgement on e fowk A've pickit for crockaneetion. [6]E swoord o e Lord is sypin wi bleed, it's happit wi creesh, wi e bleed o lambs an goats, creesh fae e kidneys o rams. For e Lord his a sacrifeece in Bozrah an a muckle slauchter i the lan o Edom. [7]An e wild owsen will faa wi them, an e stots an e muckle bulls. Their lan will be sypin wi bleed an their stew sweelin wi creesh. [8]For e Lord his a day o vengeance, a year o peyin back for e caase o Zion. [9]Edom's burns wil rin wi burnin pick, her stew will turn tae burnin brimsteen an e grun tae bleezin pick. [10]It winna gyang oot, day or nicht; it's reek will rise for ivver. Fae ginneration tae ginneration it will lie barren an naebody will pass throwe it again.

[11]E pelican an e hedgehog will tak it ower; the oolet an e craa will bigg their nests there; an he'll rax oot ower it e line o a richt soss an e plumb o teemness.[12]Her lairds will hae naethin there tae caa a keengdom an aa her clan chiefs will weer awa. [13]Thrissles will tak ower her keeps an nittles an brammles her waa'ed toons. She'll turn intill a hant for jackals, a hame for oolets. [14]Wild beasts fae e roch cuntra will meet in wi hyenas, an wild goats will bleat tae een anither. There e kelpie will lie doon an fin a reest. [15]There the oolet will bigg her nest an lay her eggs, she'll cleck them an leuk efter her gorblins aneth e shadda o her wings. Gleds will gaither there, ilka een wi its mate.

[16]Leuk i the beuk o e Lord an read: Neen o them will be missin, neen will wint for a mate. For his moo his gien the order, an his speerit will gaither them egither. [17]He his keest e lot for them; his han pairts oot their mizzour. They'll ain it for ivver an bide there fae ginneration tae ginneration.

CHAPTIR 35

E roch cuntra an e druchtit grun will be gled; e soor grun will rejoice an flooer lik a crocus. [2]It will birst intae bleem an rejoice wi joy an singin. E glory o Lebanon will be gien till it, e braivity o Carmel an Sharon; they'll see e glory o e Lord, foo winnerfu wir God is.

[3]Strinthen e fushionless hans, stieve e dweebly knees; [4]say tae them wi fash i their herts "Be stoot, dinna be feart, yer God will come wi vengeance, wi jeest deserts, he'll come an save ye." [5]Syne the een o e blin will be opent an e lugs o e deef unpluggit, [6]syne e cripple will loup lik a staigie, an e tongue-tackit will sing for joy. Watter will teem oot i the roch cuntra an burns will rin i the druchtit grun. [7]E gizzent grun will turn tae a peel o watter, e druchtit lan plapperin spoots. Girse wi sprots an rashes will grow far jackals were i the wye o lyin. [8]An a braid road will be there; it will rin throwe it an be caaed e Wye o Hailiness; e fool winna traivel on it: it will be for God's fowk fa traivel att wye an coorse feels winna reenge ower it. [9]Lions winna hulk aboot there nor ony forcie beast, they winna be faun there. Bit them fa hiv been lowsed bi e Lord will waalk there. [10]Them fa hiv been lowsed bi e Lord will come back an gyang intae Zion singin, wi ivverlestin joy ower their heids. They'll fin gledness an joy; sorra an dool will flee awa.

CHAPTIR 36

I the fowerteenth ear o keeng Hezekiah's reign, Sennacherib keeng o Assyria attackit aa e waa'ed toons o Judah an teuk them. [2]Syne e keeng o Assyria sent Rab-shakeh wi a muckle force o men fae Lachish tae keeng Hezekiah at Jerusalem. Fan Rab-shakeh drew up at e lade o the Upper Peel, on e wye tae e bleachin green, [3]Eliakim, sin o Hilkiah the heid butler o e palace, Shebna e secretary, an Joah sin o Asaph e registrar gaed oot tae meet him.

[4]Rab-shakeh said tae them, "Tell Hezekiah iss is fit e muckle keeng, e keeng o Assyria is speirin, 'Fit maks ye sae croose? [5]Ye say ye hiv strategy an military pooer, bit ye're jist a bag o win. Fa are ye lippenin till att ye're waarrin wi me? [6]Leuk, A ken ye're lippenin tae Egypt, att breuken rash att probs e han o aa fa lean onno't. Att's e wye Pharaoh keeng o Egypt is wi aa att lippen till him. [7]Bit gin ye say tae me, "We trust i the Lord wir God," his Hezekiah nae teen awa aa his hill-shrines an aaltars, sayin tae Judah an Jerusalem, "Ye maun wirship afore iss aaltar"? [8]Sae, come on noo, dee a deal wi my maister e keeng o Assyria. A'll gie ye twa thoosan horse gin ee can fin e men tae pit onno them. [9]Ye're nae match for my maister's orraloon bit yet ye're leukin tae Egypt for chariots an horsemen. [10]Div ye think A've come tae attack iss place an wrack it athoot wird fae e Lord? E Lord himsel telt ma tae mairch agin iss cuntra an wrack it.'"

[11]Syne Eliakim sin o Hilkiah, Shebna an Joah said tae Rab-shakeh, "Spik tae hiz i the Syrian tongue, cause we unnerstan it, dinna spik in Hebrew cause e fowk on e waa can hear ye." [12]Bit Rab-shakeh answert, "Div ye think ma maister sent ma jist tae say iss wirds tae yer maister an you eens? Deil e bit o't, he's sent ma tae say it tae e fowk on e waa tee, sae att they can ett their ain shite an drink their ain pish alang wi ye." [13]Syne Rab-shakeh steed an roart oot in Hebrew, "Hear fit e muckle keeng, e keeng o Assyria his tae say: [14]iss is fit he his tae say 'Dinna lat Hezekiah chet ye. He canna save ye. [15]Nor maun ye lat Hezekiah mak ye trust e Lord sayin, "E Lord is seer tae save hiz an iss toon will nae faa intae e hans o e keeng o Assyria."' [16]Dinna listen tae Hezekiah, cause fit e keeng o Syria his tae say is, 'Mak a tryst wi me an surrenner an ye'll aa get tae ett fae yer ain vine an yer ain fig tree an aa drink e watters o yer ain waalie, [17]till sic time as I tak ye awa tae a cuntra lik yer ain, a cuntra full o corn an new wine, breid an vinyairds. [18]Dinna listen tae Hezekiah fan he tries tae perswaad ye att e Lord will save ye. Did e gods o

ony o e tither cuntras save their fowk fae e han o e keeng o Assyria? [19]Far were e gods o Hamath or o Arphad? Far were e gods o Sepharvaim? Did they save Samaria fae ma? [20]Fa amo e gods o aa att cuntras wis able tae save their cuntra fae me? Foo, syne can e Lord save Jerusalem fae me?'" [21]Bit e fowk didna sae naethin, nae a wird did they spik, cause e wird fae e keeng hid been, "Dinna answer him back." [22]Syne Eliakim e sin o Hilkiah, the heid butler, Shebna, e secretary an Joah e sin o Asaph, e registrar cam tae Hezekiah wi their claes rippit an telt him aa att Rab-shakeh hid said.

CHAPTIR 37

Noo, fan keeng Hezekiah heard iss, he rippit his claes, happit himsel wi saickclaith an gaed intae e Temple. [2]He sent Eliakim, e heid butler an Shebna, e secretary an the heids amo e priests, aa happit in saickclaith tae Isaiah e prophit, e sin o Amoz. [3]An they said tae him, "Hezekiah is sayin iss is a dool day o tribble an scaul an shame. We're lik e wumman in labour att hisna e strinth tae shiv oot her bairn. [4]It mith be att e Lord yer God heard e wird o Rab-shakeh fa wis sent bi his maister e keeng o Assyria tae fin faut wi e livin God an he'll gie him an owergyan for fit he wis sayin. Sae reese up a prayer for e lave o's." [5]Fan keeng Hezekiah's officeels cam tae Isaiah, [6]he said tae them, "Gyang an say iss tae yer maister, 'E Lord says dinna be feart o e wirds ye've heard e servants o e keeng o Assyria eesin tae blaspheme ma. [7]Jist waatch, A'll gie him a blast an he'll hear some claik att'll sen him awa hame an there A'll gar him faa bi e swoord.'"

[8]Rab-shakeh heard att e keeng o Assyria wis awa fae Lachish an he faun him waarrin wi Libnah. [9]Wird cam att Tirhakah, keeng o Ethiopia, wis on his wye tae fecht wi the Assyrians, sae Sennacherib sent rinners tae keeng Hezekiah [10]wi orders tae say tae him, "Dinna lat yer God att ye pit yer trust in chet ye fan he tells ye att Jerusalem winna be teen bi e keeng o Assyria. [11]Aye, ye've heard fit e keengs o Assyria hiv deen tae ither cuntras: fessin them tae crockaneetion. Div ye think ee'll be saved? [12]E gods o e cuntras ma fadders plunnert didna dee muckle for them: at Gozan, or Haran, or Rezeph or for e fowk o Eden in Telassar. [13]Far's e keeng o Hamath noo? Far's e keeng o Arphad? Far's e keeng o e toon o Sepharvaim? Or o Hena or Ivah?"

[14]Hezekiah teuk e letter fae e hans o e rinner an read it an he gaed up tae e Temple an spread it oot afore e Lord. [15]Hezekiah prayed tae e Lord an said, [16]"O Lord God o Israel fa dwalls amo the angels ye're the een an only God o aa e cuntras o e warl; ye made hivven an earth. [17]Preen up yer lugs an hearken; open yer een an see; hear e wird o Sennacherib fa's spoken ill o e livin God. [18]Ye ken fine, Lord, e keengs o Assyria hiv fessen crockaneetion on mony cuntras an their grun, [19]they've cassen their gods inno e fire cause they werna richt gods bit jist eemages made bi e hans o men oot o wid an steen, sae they werna richt avaa. [20]Sae noo, o Lord wir God, A'm priggin wi ye tae save hiz fae his han sae aa e cuntras o e warl will ken an ye're the wan an only Lord God."

[21]Syne Isaiah e sin o Amoz sent wird tae Hezekiah sayin, "Iss is fit e Lord God o Israel says, 'A've heard yer prayers tae ma aboot Sennacherib keeng o Assyria.' [22]Iss is fit e Lord God his said aboot it,

'E Virgin dother o Zion scowffs at ye,
she lauchs her heid aff at ye;
e dother o Jerusalem tosses her heid as ye tak tae yer heels.
[23]Fa hiv ye made a feel o an blasphemed?
Fa were ye makkin sae muckle din aboot,
an rollin yer een: bit the Haily Een o Israel.
[24]Ye've sent yer flunkies tae scowff at e Lord an ye said,

"Wi ma mony chariots A've climmed e heichest hills
tae e braes o Lebanon
far A'll hack doon their gran cedars
an their fine fir trees;
A've won e linth o it's farrest ben borders,
tae e best o its wids.
²⁵A've howkit waals in forrin lans
an drunk e watter there,
an wi e soles o ma feet
A've driet up aa e watters o Egypt.
²⁶Hiv ye nae heard lang ago
foo A did it aa?
A planned it i the days o aul lang syne;
noo A've garrt it happen
att ye've turnt waa'ed toons
intae rummles o steens.
²⁷Their fowk hid aa pooer teen awa fae them,
gat a rael stammygaster an were aa throwe ither.
They were lik girse i the parks, lik green herbs,
lik e thack on e reef, lik corn blastit as seen as it's breert.
²⁸Bit I ken far ye bide
an aa yer comins an gyans
an foo ye rant at ma.
²⁹Ye're annger at ma an yer chick
his won e linth o my lugs,
sae A'll pit ma heuck in yer neb
an ma bit in yer moo,
an A'll turn ye back e wye ye cam.'

³⁰"An iss will be a sign tae ye: iss ear ye'll ett fitivver grows bi itsel an neist ear ye'll hae fit seeds itsel fae att. I the third ear ye'll shaav an hairst, plant vinyairds an ett e fruit fae att. ³¹E lave left ahin in Judah will tak reet aneth an crap fruit abeen. ³²Cause a remnant will come oot o Jerusalem an survivors fae Moont Zion. E zeal o e Lord will see tae iss. ³³Sae iss is fit e Lord his tae say aboot e keeng o Assyria:

'He winna come intae iss toon,
nor sheet an arra there,
nor come afore it wi a targe,
nor bigg a siege ramp aneth its waas.
³⁴He'll gyang back e wye he cam
an winna come near iss toon,'
says e Lord.
³⁵'Cause A'll defen iss toon
tae save it baith for ma ain sake
an for e sake o ma servant Daavit.'"

³⁶Att nicht the angel o e Lord gaed oot tae e camp o the Assyrians an killed a hunner an auchty-five thoosan; fan mornin cam, there wis naethin bit deid bodies. ³⁷Sae Sennacherib keeng o Assyria held awa an gaed hame tae far he bade in Nineveh. ³⁸Ae day fan he wis wirshippin i the temple o his god, Nisroch,

Adrammelech an Sharezer, his sins killed him wi a swoord an teuk aff tae Armenia. Esarhaddon, his sin teuk ower e throne.

CHAPTIR 38

At att time Hezekiah wisna verra weel an wis near han weerin awa. E prophit Isaiah, sin o Amoz, gaed till him an said, "E Lord says ye maun set yer hoose in order cause ye're gyan tae dee, ye're nae gyan tae pull throwe." [2]Sae he turnt his face tae e waa an prayed tae e Lord. Iss is fit he said: [3]"A pray Lord att ye wid myn on foo A've waalkit afore ye, leal an wi a devoot heart an hiv deen fit's richt in yer sicht." An Hezekiah roart an grat. [4]Syne e Lord said iss tae Isaiah, [5]"Gyang back an tell Hezekiah att iss is fit, e God o Daavit, yer fadder, his tae say, 'A've heard yer prayer, A've seen yer tears, an faith, A'll gie ye anither fifteen ear. [6]A'll save you an iss toon fae e hans o e keeng o Assyria. A'll save iss toon. [7]An iss will be a sign tae ye fae e Lord, att e Lord will dee iss thing he's promist. [8]A'll gar e shadda keest bi e sin gyang back e ten steps it's gane doon e stair o Ahaz.'" Sae e sin gaed back e ten steps it hid gane doon.

[9]A screivin o Hezekiah keeng o Judah efter he wis nae weel an won aa better:

[10]A said, "Fan A'm in ma best ears, A maun gyang doon tae e grave an tyne e lave o ma days" [11]A said, "A winna see e Lord, e verra Lord, i the lan o e livin; nae mair will A leuk on ither chiels amo e fowk o iss warl. [12]Lik a shepherd's tent ma hoose his been caaed doon an teen awa fae ma. Lik a wabster A've rowed up ma life, an he's sneddit ma fae e leem; fae day tae nicht ye'll mak an ein o ma. [13]A lay thinkin till e mornin, bit lik a lion he breuk aa ma beens; fae day tae nicht ye mak an ein o ma. [14]A grat lik a swallaw or a crane, A girned lik a doo. Ma een grew bleart as A leukit tae e hivvens. Lord, A'm fair forfochen, haud ma up." [15]Bit fit can A say? He's spoken tae ma, an deen iss himsel. A'll hochle aboot aa ma ears cause ma sowl is dowie. [16]Lord, bi sic things fowk live; an e life o ma speerit is inno them tee. Mak ma aa better an lat ma live. [17]Seerly it wis for ma ain gweed att A wis sae sair come at, bit yer luv his keepit ma fae e hole o crockaneetion; ye've keest aa ma ill-deeins ahin yer back. [18]For e grave canna reese ye oot, daith canna sing yer praises; them fa gyang doon tae e pit canna hope for yer lealty. [19]E livin, e livin, they reese ye oot, lik A'm deein e day; a fadder will tell his bairns aboot yer lealty. [20]E Lord will save ma, an we'll sing wi fiddles aa wir days i the Lord's Temple.

[21]Noo Isaiah hid said, "Pit on a powtice o figs, an lay it onno his blin lump an he'll recover." [22]An Hezekiah said, "Fit will be e sign att A'll gyang up tae e Temple?"

CHAPTIR 39

Aboot att time, Merodach-baladan, e sin o Baladan, keeng o Babylon sent letters an a hansel tae Hezekiah, cause he hid heard att Hezekiah hid been nae weel an hid recowert. [2]Hezekiah teuk tent o fit e messengers hid tae say an shewed them aa e bonnie things he hid in his hoose, e siller an e gowd, e spices an his fine ile, an aa the accootrements in his airmoury an aathin amo his trissures. There wis naethin in his hoose nor in his cuntra att he didna shew them.

[3]Syne Isaiah e prophit cam tae keeng Hezekiah an speirt, "Fit were att chiels sayin? Far did they come fae?" An Hezekiah said tae him, "They cam fae hine awa, fae Babylon." [4]An Isaiah speirt, "Fit hiv they seen in yer hoose?" An Hezekiah answert, "They've seen aathin att's mine; there's naethin amo ma bonnie things att A didna shew them." [5]An Isaiah said tae Hezekiah, "Hearken tae fit e Lord his tae say aboot it. [6]E day will come att aathin att's in yer hoose an aa att yer fadders afore ye hiv laid up will be

cairriet awa tae Babylon an naethin will be left.' Att's fit e Lord says. [7]'They'll tak awa ony sins att ye mith fadder an they'll be libbit an wark i the palace o e keeng o Babylon.'" [8]Syne Hezekiah said tae Isaiah, "E wird o e Lord att ye hiv spoken is gweed," cause he thocht att meant there wid be peace an security in his life time.

CHAPTIR 40

Comfort, comfort ma fowk says yer God. [2]Spik haimly-like tae Jerusalem, an lat her ken her darg is deen, her ill-deeins peyed for, att she his gotten fae e Lord's hans twafaul for her ill-deeins.

[3]A vice cries oot, "Redd a road i the moss mak riddy a wye for e Lord; mak straicht throwe e roch cuntra a braid causey for wir God. [4]Ilka howe will be reesed up, ilka moontain an hill dung doon, e roch grun will be livvelt an e steenie grun made hameower. [5]An e glory o e Lord will be kythed, an aa e fowk will see it egither. For e Lord's moo his spoken it." [6]A vice says, "Cry oot." An I said, "Fit will A cry?" "Aa fowk are lik girse an aa their braivity lik e flooeries o e parks. [7]E girse withers an e flooeries growe wallant, cause e braith o e Lord blaas onno them. Seerly e fowk are girse. [8]E girse withers an e flooeries grow wallant, bit e wird o wir God will stan for ivver."

[9]Ye fa fess gweed news tae Zion, g'wa up intae the heilans. Ye fa fess gweed news tae Jerusalem, reese up yer vice wi a shout, reese it up, dinna be feart; say tae e toons o Judah, "Here's yer God." [10]See noo, e Lord God comes wi strinth, an he rowles wi a stoot airm. See noo, his waage is wi him an his wark afore him. [11]He tens his flock lik a shepherd: he gaithers e lammies in his airms an cairries them in his bosie; he cannilie leads them wi young.

[12]Fa his mizzoured e watters i the boss o his han, or wi e braidth o his han markit oot e hivvens? Fa his held e stew o e warl in a bowie or weyed e moontains on e wechts an e hills on e tron? [13]Fa can mak onythin o e speerit o e Lord, or be a dominie till him? [14]His e Lord ivver socht advice fae onybody, or did onybody learn him e richt gait? Fa wis it att learnt him or shewed him e wye o unnerstannin? [15]Na, na, e cuntras o e warl are lik a drap in a pail, lik a mote o stew on e scales; he heists up the islands as gin they were stour. [16]Lebanon hisna aneuch wid for aaltar fires nor aneuch beasts for brunt offerins. [17]Aa e cuntras o e warl are naethins afore him, they're nae wirth a docken, an feckless.

[18]Fa syne will ye say God is like? Fit eemage is he e mar o? [19]E smith casts an eedol, e gowdsmith owerlaps it wi gowd an maks siller chines for it. [20]A peer body fa canna afoord sic an offerin picks timmer att winna rot; they leuk for a skeely han an set up an eedol att winna tummle. [21]Divn't ye ken? Hinna ye heard? Hiv ye nae been telt fae e yokin o't? Hiv ye nae unnersteed sin e warl wis first made? [22]He sits abeen e roon warl, an its fowk are lik crickets. He raxes oot e hivvens lik a drape an spreads them oot lik a tent tae bide in. [23]He fesses chieftains tae naethin an dings doon e rowlers o e warl tae nocht. [24]They are scarcelins yokit, scarcelins shaavn, scarcelins div they tak reet i the grun, than he blaas on them an they're gizzent, an a furlin win swypes them awa lik caff. [25]"Fa, syne, will ye say A'm like? Fa's e mar o ma?" says e Haily Een. [26]Rax yer een abeen an see fa made e hivvens. He fesses oot the airmy o stars een bi een an cries ilka een bi its name. Cause o his muckle pooer an strinth nae wan o them is tint. [27]Fit wye div ye say, Jacob, an compleen, Israel, "Ma road is hodden fae e Lord; ma God taks nae heed o ma plicht?"

[28]Divn't ye ken? Hinna ye heard? E Lord is the ivverlestin God, e Makker o the eins o e warl. He winna growe tired nor forfochen, neen can win till e boddom o his unnerstannin. [29]He gies strinth tae e forjaskit an pooer tae e fooshionless. [30]Young chiels mith growe tired an forfochen, an birkies styter an faa, [31]bit

them fa lippen tae e Lord will fin new strinth. Their wings will gar them flee up heich lik aigles; they'll rin an nivver growe weary, they'll waalk an nae be forfochen.

CHAPTIR 41

"Be quait afore ma, ye islands. Lat e fowk win new strinth. Lat them come forrit an spik; lat's forgaither for jeedgement. ²Fa his steered up the een fae the east att richteousness cries tae his fit? He hans ower cuntras tae him an dings doon keengs afore him. He turns them tae stew wi his swoord, tae winblaawn caff wi his bowe. ³He chases efter them an meeves on oonfasht on a road his feet hinna traivelt afore. ⁴Fa his vrocht iss an deen it, cryin forrit e ginneration fae e yokin? I, e Lord, e first an wi e hinmaist, att's me." ⁵The islands hiv seen it an are feart; the eins o e warl shaak. They come forrit an draa tee. ⁶They help een anither an ilka een says tae his cronies, "Stan siccar." ⁷E smith hertens e gowdsmith, an e lad fa smeeths wi e haimmer hertens e chiel fa striks the anvil. Een says o e sowderin, "It's fine." E tither nails doon the eedol sae att it winna coup. ⁸"Bit you, Israel ma servant, Jacob fa A've pickit, ye e bairns o Abraham ma freen, ⁹ye att A've teen fae the eins o e warl, fae its benmaist neuks, A cried on ye, sayin tae ye, 'Ye're ma servant'; A've pickit ye an nae rejeckit ye.

¹⁰Sae nivver fear, cause A'm wi ye; dinna be doon-i-the-moo, cause A'm yer God. Ay, A'll strinthen ye; ay, A'll help ye; A'll haud ye up wi ma richteous richt han. ¹¹Aa them fa were raised wi ye will be affrontit an shent; them fa conter ye will dee. ¹²Tho ye haik for them fa conter ye, ye winna fin them. Them fa strive wi ye will be naethin avaa. ¹³For A'm e Lord yer God an will haud yer richt han an say tae ye, "Dinna be feart, A'll help ye. ¹⁴Dinna be feart, ye wirm Jacob, ye gollach o Israel, A'll help ye," says e Lord, yer Saviour, the Haily Een o Israel. ¹⁵"See, A'll mak ye intill a new threeshin-boord wi shairp teeth. Ye'll threesh e moontains an pran them, an caa e hills tae caff. ¹⁶Ye'll fan them an e win will tak haud o them an wi a blouster blaa them awa. Syne ye'll rejoice i the Lord an glory i the Haily Een o Israel. ¹⁷Fan e peer an them fa are in wint sikk watter bit there's neen, an they're dry-mou't wi thirst, I, e Lord will answer them; I, e God o Israel winna forhooie them. ¹⁸A'll gar watters rin on e druchtit heilans, an waals spoot i the howes. A'll turn e roch cuntra intae peels o watter an e dructit grun tae waalies. ¹⁹A'll plant up e roch cuntra wi cedars an acacia, an myrtle, an olive. A'll set oot e druchtit grun wi box-wid an fir an cypress, ²⁰sae att fowk mith see an ken, mith fin an unnerstan, att e han o e Lord his deen iss, att e Haily Een o Israel his made it. ²¹Pit forrit yer case," says e Lord. "Set oot yer argiements," says Jacob's keeng. ²²"Lat them fess them in an tell hiz fit's gyan tae happen, lat them tell hiz fit wis o aul sae we mith think aboot it an ken e comeuppance, or tell hiz fit's afore hiz. ²³Ay, tell hiz fit's afore hiz, sae we mith ken ye're gods. Dee somethin, gweed or ill, sae we mith be stammygastert an feart. ²⁴Bit na, na, ee're a naethin, yer warks are nae wirth a docken; e body fa picks you wid gar ye grue. ²⁵A've steered up a chiel fae e north, an he'll come; fae e risin o e sin he'll cry on my name. He trumps ower e heid o rowlers as gin they were dubs, as gin he wis a cauper trumpin cley. ²⁶Fa telt o iss fae e beginnin, sae we mith ken? Or aforehan sae we mith say, 'He wis richt?' Naebody telt hiz aboot iss, naebody said naethin, naebody heard a wird fae ye. ²⁷I wis e first tae tell Zion, 'See, here they are.' A'll sen tae Jerusalem a rinner wi gweed news. ²⁸A'm leukin, bit there's naebody. Nae a coonsellor amo them, naebody tae gie ma an answer fan A speir. ²⁹Ay, they're aa feckless. Fit they dee is a naethin; their eemages are win an a mineer.

CHAPTIR 42

"Here's ma servant, fa A uphaud, the een A've pickit an fa A'm fair shuitit wi; A've pat ma speerit onno him an he'll fess jeestice tae e cuntras o e warl. ²He winna shout nor roar oot o him nor mak a din i the streets. ³He winna braak a bruised rash, nor snuff oot a smooderin snotter. In lealty he'll fess jeestice. ⁴He winna styter nor be doonhertit till he sets doon jeestice i the warl, an the islands will wyte on his laas." ⁵Iss is fit God e Lord says, e makker o e hivvens, fa raxes them oot, fa spreads oot e warl an aa att comes oot o't, fa gies his fowk braith an gies life tae its fowk fa waalk on it. ⁶"I, e Lord, hiv cried ye in richteousness. A'll tak ye bi e han. A'll keep ye an mak ye a tryst for e fowk an a licht for e cuntras o e warl, ⁷tae open een att are blin, lowse fae e jile them fa are held, an redd e black hole o them fa sit i the mirk. ⁸A'm e Lord; att's ma name. I winna gie up ma glory tae nae ither body nor ma praise tae eedols. ⁹See noo, fit A said wid happen his happent an A'll tell ye aa aboot e new things. Afore they happen A'll tell ye aboot them."

¹⁰Sing a new sang tae e Lord, an his praise fae the eins o e warl, ye fa gyang doon tae e sea an aa att's inno't, ye islands an aa fa bide in them. ¹¹Lat e roch cuntra an its toons swall their vices, lat e clachans far Kedar bides rejoice. Lat e fowk o Sela sing for joy; lat them roar doon fae e heid o e hills. ¹²Lat them gie glory tae e Lord an reese oot his praise i the islands. ¹³E Lord will mairch oot lik a waarrior, he'll steer up his zeal lik a bonnie fechter, wi a shout he'll reese his battle cry an will win ower his faes. ¹⁴"For lang A've held ma tongue, A've been quait an held masel in aboot. Bit noo, lik a wumman aboot tae hae her bairn, A roar oot an fob an pech. ¹⁵A'll connach aa e heilans an blicht their growthe; A'll turn e watters tae islands an dry up aa e peels. ¹⁶A'll lead e blin bi a road they dinna ken, in fremt paths A'll airt them. A'll mak e mirk licht afore them an mak e roch places straicht. Att's fit A'll dee; A winna turn ma back on them. ¹⁷Bit them fa lippen tae eedols, fa say tae eemages, 'Ye're wir gods,' will be turnt awa in black burnin shame.

¹⁸"Hear, ye deef, leuk ye blin, an see. ¹⁹Fa's blin, haud awa fae ma servant, an deef lik e messenger A sen? Fa's blin lik the een fa his a tryst wi me, blin lik e servant o e Lord? ²⁰Ye've seen mony things, bit ye dinna tak tent; yer lugs are open, bit ye dinna hearken." ²¹E Lord wis croose for e sake o his richteousness tae reese oot his laa an mak it glorious. ²²Bit iss fowk hiv been herriet an plunnert, aa snared in holes or hodden awa in jiles. They've aa been teen wi neen tae rescyee them, made plunner wi neen tae say, "Sen them back." ²³Fitna o ye will hearken tae iss? Fa will tak tent in days tae come? ²⁴Fa hannit Jacob ower as spiles an gied Israel tae e reivers? Wis't nae e Lord, agin fa we hid deen sae muckle ill? Cause they widna folla his wyes, widna tak wi his laas. ²⁵Sae he poored oot on them his burnin rage, e veelence o waar. It wuppit them roon wi fire, bit still-an-on, they didna unnerstan; it birselt them, bit they didna tak tent.

CHAPTIR 43

Bit noo, iss is fit e Lord, fa made ye, fa creatit ye, Israel, says: "Dinna be feart cause I hiv bocht ye back; A've cried ye bi yer name, ye're mine. ²Fan ye gyang throwe e watters, A'll be wi ye; an fan ye cross e river, it winna gyang ower yer heid. Fan ye waalk throwe e fire, ye winna get brunt, e flames winna birstle ye. ³Cause A'm e Lord yer God, e Haily Een o Israel, yer Saviour; A gie Egypt as yer ransom, Cush an Seba A'll niffer for ye. ⁴Since ye're speecial tae ma an honoured, an cause A loo ye, A'll niffer fowk for ye, cuntras niffert for yer life. ⁵Dinna be feart, cause A'm wi ye; A'll fess yer bairns fae the east an gaither ye fae e wast. ⁶A'll say tae e north, 'Gie them up,' an tae e sooth, 'Dinna haud them back.' Fess ma loons fae hine awa an ma quines fae the eins o e warl, ⁷aabody fa is cried bi my name, fa A creatit for ma glory, fa A made wi ma ain hans."

⁸Fess oot e fowk fa hiv een bit are blin, fa hiv lugs bit are deef. ⁹Aa e cuntras o e warl come egither an e fowk forgaither. Fitna o their gods telt hiz iss wid happen an spak o fit wis lang syne? Lat them fess in their witnesses tae preeve they were richt, sae ither fowk mith hear it an say, "Ay, att's richt." ¹⁰"Ee're ma witnesses," says e Lord, "an ma servant fa A've pickit, sae ye mith ken an believe ma an unnerstan att

A'm the een. There wis nae god made afore ma an there winna be neen efter ma. [11]It's me, ay it's me att's e Lord; forbyes me, there's nae saviour. [12]A've kythed, an saved, an shewn fan there wis nae fremt god amo ye. Sae ye're ma witnesses," says e Lord, "att I am God. [13]Ay, fae hine back in time, A'm the een. There's neen can deliver oot o my han. Fan I dee somethin, fa can tak it back?"

[14]Iss is fit e Lord says, yer Redeemer, the Haily Een o Israel: "For your sake A'll sen tae Babylon an ding them aa doon tae bein fugitives, aiven e Chaldeans, sae prood o their boats. [15]A'm e Lord, yer Haily Een, e Makker o Israel, yer Keeng." [16]Iss is fit e Lord says, him fa redd a road throwe e sea, a path throwe e muckle watters, [17]fa trystit oot e chariots an e horses, the airmy an aa its fechters an dung them doon, nivver tae rise again, smoart, snitit oot lik a cannel. [18]"Dinna keep myn o fit's gane afore, or dwall on byganes. [19]Jist waatch, A'm deein somethin new. Noo it's lowpin up: div ye nae see it? A'm reddin a road i the roch cuntra, an pittin burns i the druchtit grun. [20]E wild beasts honour ma, e jackals an the oolets, cause A gie watter i the roch cuntra an burns i the druchtit grun, tae gie a drink tae ma ain fowk, them A've pickit, [21]e fowk A made for masel sae they mith spik oot ma praise.

[22]"Still-an-on, ye hinna cried on ma, Jacob, an ye hinna fashed yersel for ma, Israel. [23]Ye hinna fessen ma yer sheep for brunt offerins, nor honourt ma wi yer sacrifeeces. A hinna trauchlt ye wi sikkin grain offerins nor fasht ye wi sikkin scintit reek. [24]Ye hinna bocht ony sweet seggs for ma, nor fullt ma wi e creesh o yer sacrifeeces. Bit ye hiv trachlt ma wi yer ill-deeins, fasht ma wi yer coorse wyes. [25]It's me, ay me, fa blotches oot yer ill-deeins, for ma ain sake, an fa disna myn on yer coorse wyes. [26]Think aboot fit's gaen afore, lat's hae a news aboot it, set oot yer case sae ye mith be preeved richt. [27]Yer first fadder did ill an them A sent tae learn ye turnt agin ma. [28]Sae A made a feel o e heid-bummers o yer Temple; A set crockaneetion on Jacob an garrt Israel be lauchen at.

CHAPTIR 44

"Noo listen, Jacob, ma servant, Israel, fa A've pickit. [2]Iss is fit the Lord says, him fa made ye, fa formed ye i the wyme an will help ye. Dinna be neen feart Jacob, ma servant, Jeshurun, fa A've pickit. [3]For A'll poor watter on e druchtit lan, an burns on e dry grun; A'll poor oot ma speerit onno yer bairns, an ma blissins onno yer bairns' bairnies. [4]They'll sproot lik girse i the ley, lik sauch trees alang e burnies' sides. [5]Some fowk will say, 'I belang tae e Lord'; ither fowk will caa themsels bi e name o Jacob; an ither fowk will screive on their hans, 'A'm e Lord's,' an will tak e name o Israel. [6]Iss is fit e Lord says, Israel's Keeng an Redeemer, e Lord o Hosts: A'm the eemaist an e hinmaist, there's nae God bit me. [7]Fa's lik ma? Lat's hear him syne. Ay. Lat's hear it aa set oot snod, fit's happent since I appintit ma ain fowk o aul, an fit is yet tae be an fit's comin, ay lat him shew hiz. [8]Dinna shaak an be feart. Did A nae tell ye o't lang syne? Ye're ma witnesses. Is there ony God forbyes me? Na, na. There's nae ither Rock, neen att I ken o."

[9]Aa them fa mak eedols are feckless an e things they think sae muckle o winna dee them nae gweed. E fowk fa rin efter them are blin an dinna ken, tae their ain shame. [10]Fa moolds a god or casts an eedol att is wirth onythin? [11]Fowk o att kyn will be shent, an as for e vrichts, they're jist human. Lat them be gaithert an tak their stan: they'll aa be shaakin an affrontit. [12]E smith taks a teel an warks it amo e cwyles; he shapes it wi his haimmers warkin it wi his stoot airm. He turns hunngry an dweeblie, he disna tak a drink o watter an his a dwaam. [13]E jiner raxes oot his line, marks it oot wi keel, rochs it oot wi a chisel an mizzours it wi compasses. He maks e shape o a chiel, as bonnie as ye like, sae it can bide in a shrine. [14]He cut doon cedars, an pickit a cypress or an aik, lattin them growe amo e trees i the wid, or plantit a pine an e rain garrt it growe. [15]Some o't he taks tae burn as firewid tae waarm himsel, some he kennels an bakes breid. Bit he shapes a god tee an wirships it; he maks an eedol an booes doon tae it. [16]Half o e timmer he

burns i the fire; he maks his supper ower it, roastin a jynt an ettin his full. He warms himsel an says, "Ah! A'm fine an het; A see e fire." [17]Fae e lave o't he maks a god, his eedol. He booes doon till't an wirships it. He prays tae it an says, "Save ma. Ye're ma god." [18]They ken naethin, they unnerstan naethin; their een are skaikit ower sae they canna see, their heids are dozent sae they canna unnerstan. [19]Neen o them stops tae think, neen o them his e kennin or unnerstannin tae say, "Half o't A brunt as firewid an bakit ma breid ower its cwyles, A roastit beef an ett it. Will A mak a scunnersome thing wi e lave o't? Will A boo doon tae a lump o timmer?" [20]Sic a body feeds on shunners. A misleart hert gars him gang agley; he canna save himsel nor say, "Is iss nae a lee in ma richt han?"

[21]"Myn on iss Jacob, an you tee Israel, cause ee're ma servant. I made ye: ye're ma servant, Israel. A winna forget on ye. [22]A've swypit awa yer ill-deeins lik a clood, yer coorse wyes lik e mornin haar. Come back tae ma, cause A've peyed tae set ye lowss. [23]Sing for joy, ye hivvens, cause e Lord his deen iss; roar oot o ye, e warl aneth. Braak intae sang, ye moontains, ye wids an aa yer trees, cause e Lord his peyed tae lowss Jacob, he sets oot his glory in Israel. [24]Iss is fit e Lord says, yer Redeemer fa made ye i the wyme: "A'm e Lord fa made aathin, fa raxes oot e hivvens, fa spreads oot e warl aa bi masel, [25]fa conters e freits o e fause prophits an maks a feel o e spaemen, fa thraws e learnin o e wise an turns it tae haivers, [26]fa cairries oot e wirds o his servant, an taks wi e coonsel o his prophits, fa says o Jerusalem, 'It will hae fowk bidein inno't,' an o e toons o Judah, 'They'll be rebiggit' an o their ruins, 'A'll reese them up again,' [27]fa says tae e deeps o e sea, 'be dry, an A'll dry up yer watters,' [28]fa says o Cyrus, 'He is ma shepherd an will dee aa A sikk o him; he'll say o Jerusalem, 'lat it be rebiggitt,' an o e Temple, 'Lat its founs be laid.'"

CHAPTIR 45

"Iss is fit e Lord says tae Cyrus, his annintit, fas richt han A've teen ahaud o, tae quaiten cuntras afore him an tae tirr keengs o their airmour, tae open doors afore him sae yetts winna be shut: [2]A'll gyang afore ye an livvel e heilans; A'll braak doon e yetts o bress an cut throwe e bars o airn. [3]A'll gie ye hodden trissures an walth keepit in hidie-holes, sae ye mith ken att A'm e Lord, e God o Israel, fa cries on ye bi yer name. [4]For e sake o Jacob ma servant, an Israel, fa A've pickit, I cry on ye bi yer name, A've gien ye a name aaltho ye dinna ken ma.

[5]"A'm e Lord, there's neen ither; forbyes me there's nae God. A'll strinthen ye, tho ye hinna teen wi ma, [6]sae att fowk mith ken fae e place e sin rises tae e place it sets att there's neen forbyes me. A'm e Lord: there's nae ither. [7]A mak e licht an creatit e mirk, A fess peace an creatit mishanters. A'm e Lord fa dis aa iss. [8]Drap doon, hivvens, fae abeen an lat e cloods poor doon richteousness; lat e grun open sae att salvation will breer an lat richteousness sproot up alang wi it; A'm e Lord fa's made it. [9]There's nae hope for them fa strive wi their Makker, them fa are naethin bit a crock amo e crocks o e grun. Dis e cley say tae e cauper, 'Fit are ye makkin?' Dis fit ye're makkin say, 'E cauper his nae hans'? [10]There's nae hope for e chiel fa says tae his fadder, 'Fit hiv ye faddert?' or tae a mither, 'Fit are ye fessin intae e warl?' [11]Iss is fit e Lord says, e Haily Een o Israel, an his Makker: speir att ma aboot fit's gyan tae happen; will ye gie ma orders aboot ma bairns an e wark o ma hans? [12]A'm the een fa made e warl an creatit man onno't. It wis ma ain hans att raxed oot e hivvens an rankit oot aa e stars. [13]A've steered him up in richteousness; A'll mak aa his roads straicht. He'll rebigg my toon an lowss my fowk fa he's teen bit nae for ony peyment, says e Lord o Hosts." [14]Iss is fit e Lord says: "E walth o Egypt an the ootcome o Cush, att lanky Sabeans, will come ower tae ye an will be yours. They'll come ahin ye, they'll come ower tae ye, bun in chines. They'll boo doon afore ye an prig wi ye sayin, 'Seerly, God is wi ye, an there's nae ither; there's nae ither god.'" [15]Ay, ye're a God fa keeps weel oot o sicht, God an Saviour o Israel. [16]Aa them fa mak eedols will be shent an made a feel o; they'll aa be shent egither. [17]Bit Israel will be saved bi e Lord wi an

ivverlestin salvation; ee'll nivver be shent or made a feel o at ony time tae come. [18]For iss is fit e Lord says, him fa made e hivvens, God himsel fa mooldit e warl, an laid its founs. He didna mak it teem bit made it for fowk tae bide on; he says, "A'm e Lord, there's neen ither. [19]A hinna spoken in secret in some bleck lan, A hinna said tae Jacob's fowk, 'Leuk for ma throwe a mineer.' A'm e Lord, spikkin richteousness; A spik oot fit's richt. [20]"Gaither egether an come; draa in aboot, ye rinagates o e cuntras o e warl. Them fa cairry aboot timmer eedols an pray tae gods fa canna save them are feels. [21]Spik oot; set oot yer argiement, get egither an wark oot fit tae say. Fa foretelt o iss lang sinsyne? Fa spak o't o aul? Wis it nae me, e Lord? An there's nae ither god forbyes me, a richteous God an Saviour. There's neen forbyes me. [22]Turn tae me an be saved, aa ye eins o e warl; cause A'm God an there's neen forbyes. [23]Bi masel A've teen an aith, e wird o trowth his gane oot o ma moo an winna come back; ilka knee will boo tae ma, ilka tongue will sweer. [24]They'll say o ma, 'In e Lord aleen is there richteousness an strinth.'" Aa them fa hiv teen an ill will at him will come tae him an be shent. [25]Bit aa e bairns o Israel will be cried richteous i the Lord an will blaw aboot him.

CHAPTIR 46

Bel boos doon, Nebo coories doon; their eedols are cairriet awa on e backs o cuddies. The eemages att are cairriet are a wachty laid, a birn tae e trauchlt. [2]They coorie, they boo doon egither, nae fit tae save e birn, gyan awa themsels tae capteevity.

[3]"Hearken tae ma, hoose o Jacob, aa e lave o e fowk o Israel, aa ye att A've leukit efter fae e wyme, fa A've cairriet since ye were born. [4]Aiven till ye're aul an grizzelt A'll cairry ye. A've made ye an A'll haud ye up; A'll cairry ye an save ye.

[5]"Fa wid ye think A'm e mar o? Fa's like ma? Fair faa masel? Fa's the odds wi ma? [6]Some ripe oot gowd fae e moggan an wye oot siller on e wechts; they tak on a gowdsmith tae mak it intae a god an they boo doon an wirship it. [7]They heist it onno their shoothers an cairry it; they set it doon in its place an there it stans. It nivver shifts. Tho fowk cry oot tae it: it canna answer nor save them fae their stramash. [8]Myn on iss an stan siccar; myn on't again ye cyaards. [9]Myn on fit gaed afore, lang syne; A'm God, there's neen ither. A'm God, there's neen like ma. [10]A can tell ye fit's afore ye afore it happens, fae lang ago say fit's yet tae be, sayin, 'My coonsel will stan, an A'll dee fit A like.' [11]A cry up a gled fae the east; a chiel fae a hine awa cuntra tae dee ma biddin. Fit A've said A'll dee, A'll dee; fit A've planned, A'll dee it.

[12]"Hearken tae ma, ye thraawn, ye fa are noo hine fae ma richteousness. [13]A'm fessin ma richteousness in aboot, it's nae hine awa; ma salvation winna be hinnert. A'll pit ma salvation inno Zion an ma glory inno Israel.

CHAPTIR 47

"Come doon an sit i the stew, virgin dother o Babylon; sit on e grun wi nae throne, dother o e Chaldeans; nae mair will ye be cried frush an dowie. [2]Tak millsteens an mak flooer; tak aff yer veil. Heeze up yer quites, bare yer legs an wyde throwe e burns. [3]Yer nyaakitness will be kytht an yer affront will be seen. A'll get ma ain back on ye, an A'll lat neen be." [4]Wir Redeemer, e Lord o Hosts is his name, the Haily Een o Israel. [5]"Sit quait, gyang intae e mirk, dother o e Chaldeans; nae mair will ee be caaed e mistress o keengdoms.

⁶"A wis raised wi ma ain fowk an fylt ma heirskip; A gied them inno yer hans an ye shewed them nae mercy. Aiven on the aul ye laidit a wachty birn.

⁷"Ye said, 'A'll be e mistress for ivver.' Bit ye didna tak iss things inno yer hert nor think aboot fit mith happen. ⁸Noo syne, hearken tae iss, ye randy, fa sits siccar, sayin tae yersel, 'A'm a gey quine, fa's like ma? A'll nivver be a weeda, or see ma bairns awa afore ma.' ⁹Baith will come yer wye in a blink, on the ae day: ye'll loze yer bairns an be a weeda. They'll come on ye in maugre o yer mony cantrips an yer skeely glamourie.

¹⁰"Ye lippent tae yer coorseness an said, 'Naebody sees ma.' Yer kennen an learnin mislippens ye fan ye say tae yersel, 'A'm a gey quine, fa's like ma?'

¹¹"Crockaneetion will come on ye an ye winna ken foo tae chairm it awa. A mishanter will come on ye att ye canna buy yersel oot o; crockaneetion att ye werna expeckin will come on ye aa o a suddenty. ¹²Chaave on wi yer cantrips an yer skeely glamourie, att ye've striven wi since ye were a bairn. Mebbe ye'll win throwe an manage tae fleg fowk. ¹³Aa e coonsel ye got his jist worn ye deen. Lat yer astrologers, them fa glower at e stars, them fa predick ilka month, save ye fae fit's comin till ye. ¹⁴See noo, they're like stibble: e fire burns them an they canna save themsels fae e birstlin flames. There will be nae cwyles tae het them, nae fire tae draa in aboot till. ¹⁵Att's aa they are tae ye, them ye've chaaved wi, troked wi, since ye were a bairn. They aa gang agley; there's neen can save ye.

CHAPTIR 48

"Listen tae iss, hoose o Jacob, ye fa are cried bi e name o Israel an come o the ation o Judah, fa sweer bi e name o e Lord an tak wi e God o Israel, bit nae in trowth nor richteousness, ²ye fa caa yersels fowk o e haily toon an hiv as yer stey e God o Israel; e Lord o Hosts is his name: ³A telt ye lang ago fit wis gyan tae happen, e wirds cam oot o ma moo an A made it weel kent, syne aa o a suddenty A did them an they happent. ⁴A ken fine foo thraawn ye are wi an airn neck an a bress heid. ⁵A telt ye lang ago iss things wid happen, afore they happent, A telt ye sae att ye culdna say, 'Ma eemages did att, ma timmer eedol an ma bress eedol garrt it happen.' ⁶Ye've heard it. Tak a leuk. Will ye nae admit it? Fae noo on A'll shew ye new things, hodden things ye ken naethin aboot. ⁷They're aa bran new, nae fae lang syne, ye hinna heard o them afore e day. Sae ye canna say, 'Och ay. A kent aa aboot them.' ⁸Ye hinna heard nor unnersteed; afore iss yer lugs werna open. A ken fine foo sleekit ye are, ye've been oot-o-e-theats since ye were born.

⁹"For ma ain name's sake, A'm haudin in ma rage, for e sake o ma praise A'm hauddin it back fae ye, sae A dinna dee awa wi ye aaegither. ¹⁰See noo, A've syed ye, nae lik siller, A've syed ye i the furnace o dool. ¹¹For ma ain sake, ay for ma ain sake A dee iss, cause foo can A lat ma name be fylt? A winna gie ma glory tae nae ither.

¹²"Hearken tae ma, Jacob, an Israel fa A've caalled; A'm the een, hearken tae ma. A'm e first an A'm e hinnerein. ¹³Wi ma ain hans A laid e founs o e warl, ma richt han spread oot e hivvens; fan I cry on them they aa stan up egither. ¹⁴Gaither egither, aa o ye, an listen. Fitna o yer eedols his telt ye aboot sic things? E Lord looes him an he'll dee fit e Lord sikks agin Babylon; his airm will be on e Chaldeans. ¹⁵Ay, A'm tellin ye straicht. A've caalled him; A'll fess him an he'll win throwe i the hinnerein.

¹⁶"Come in aboot an hear iss: Fae e verra yokin o't, A've nivver spoken in saicret; fan things happen, A'm there. An noo, e Lord God an his speerit hiv sent ma. ¹⁷Iss is fit e Lord says, yer Redeemer, e Haily Een o Israel: A'm e Lord yer God, fa learns ye fit's gweed for ye, fa leads ye bi e gait ye shuld tak. ¹⁸Gin

ye hid bit teen tent o ma commans, yer peace wid hae been lik a river an yer gweed warks lik e sweel o e sea. [19]Yer ation wid hae been lik e san, yer bairns lik its grains; their name wid nivver hae been sneddit aff nor wipit oot fae afore ma. [20]Leave Babylon, rin fae e Chaldeans. Shout iss oot wi joy, an tell aa o't. Dirl it oot tae the eins o e warl. Say, "E Lord his lowsed his servant Jacob." [21]They werna dry fan he led them throwe e roch cuntra; he garrt watter rin for them fae a steen, he clave e steen an watter poored oot. [22]"There's nae rist for e coorse," says the Lord.

CHAPTIR 49

Listen tae ma, ye islands; hearken tae ma aa you hine awa cuntras: e Lord cried on ma afore A wis born; fae ma mither's wyme, he spak ma name. [2]He made ma moo lik a shairp swoord, he hod ma i the lythe o his han; he made ma lik a shairp arra hoddit in his quiver. [3]He said tae ma, "Ye're ma servant, Israel, throwe fa A will shew ma glory." [4]Bit I said, "A've chaaved for naethin, A'm fair foonert for nae eese avaa. Still-an-on, fit's dyow tae ma is i the Lord's han, ma rewaard is wi God."

[5]An noo e Lord says, him fa mooldit ma i the wyme tae be his servant, tae fess Jacob back tae him an gaither Israel till him; cause A'm honoured i the sicht o e Lord an ma God his been ma strinth; [6]he says: "It's a lichtsome thing for ye tae be ma servant an reese up e clans o Jacob an fess back them o Israel fa A've keepit. A'll mak ye a licht for e Gentiles tee, sae att ma salvation mith win e linth o the eins o e warl." [7]Iss is fit e Lord, e Redeemer, the Haily Een o Israel says tae him fa wis hated an rejeckit bi e cuntra, tae e servant o rowlers: "Keengs will see ye an stan up, chieftains will see an boo doon, cause o e Lord, fa's leal, the Haily Een o Israel, fa's pickit ye." [8]Iss is fit e Lord says: "Fan A think e time's richt, A'll answer ye, an i the day o salvation A'll help ye; A'll keep ye an mak ye a covenant for ma fowk, tae gie back e lan an han oot its connacht heirskip, [9]tae say tae them fa were held, 'Come oot,' an tae them i the mirk, 'Be lowsed.' They'll ett aside e roads an fin foggage on ilka heilan hill. [10]They winna gyang hunngry nor thirsty, nor will e het sin birstle them, cause him fa his mercy on them will guide them an lead them alang e burnie-side. [11]A'll turn aa ma heilans intill a road an ma turnpikes will be reesed up. [12]See noo, they'll come fae hine awa, some fae e north, some fae e wast, some fae roon aboot Sinim.

[13]Shout for joy, ye hivvens; be happy, o warl, braak intae sang ye heilans. Cause e Lord gies his ain fowk a bosie an will hae peety on his ain fa are sair come at. [14]Bit Zion said, "E Lord his forhooiet ma, e Lord his forgotten ma." [15]Can a mither forget e bairnie at her breist an hae nae peety for e bairn o her wyme? A wyte, they mith forget, bit I winna forget you. [16]See noo, A've scrattit ye onno e liv o ma han; yer waas are aye afore ma. [17]Yer fowk hist back. They fa dung ye doon an brocht ye tae crockaneetion will haud awa.

[18]"Lift up yer een an leuk roon aboot ye; they aa gaither an come till ye. As seer's A'm here," says e Lord, "ye'll weer them aa lik jowels an bin them on lik a bride. [19]Tho ye were dung doon an brocht tae crockaneetion an yer grun connacht, noo ye'll be ower little for yer fowk, an them fa gobbelt ye up will be hine awa. [20]E bairns o yer bereavement will say yet in yer lug, 'Iss toon is ower smaa for hiz; gie hiz mair room tae bide here.' [21]Syne ye'll say tae yersel, 'Fa faddert iss bairns for ma? Ma bairns were aa teen awa an A wis eel; A wis in a forrin cuntra an wannerin aboot. Fa brocht them up? A wis aa ma leen, bit aa iss, far hiv they come fae?'" [22]Iss is fit e Lord God says: "Jist waatch, A'll reese ma han tae e cuntras o e warl, A'll heist up ma flag tae e fowk; they'll fess yer sins i their airms an cairry yer dothers on their shoothers. [23]Keengs an queens will leuk efter ye lik a fadder an a mither. They'll boo doon till ye wi their faces tae e grun; they'll lick e stew at yer feet. Syne ye'll ken att A'm e Lord; them fa wyte for ma winna be disappintit."

[24]Can plunner be teen fae a sodger, or them teen bi a tyrant lowsed? [25]Bit iss is fit e Lord says: "Ay, them teen bi e best o sodgers will be lowsed an plunner won back fae e tyrant, cause A'll strive wi the een fa strives wi you, an A'll save yer bairns. [26]A'll gar them fa haud ye doon ett their ain flesh; they'll be fu on their ain bleed, jist lik wi wine. Syne aa e fowk o e warl will ken att A'm e Lord, yer Saviour, yer Redeemer, e Michty een o Jacob."

CHAPTIR 50

Iss is fit e Lord says: "Far's yer mither's divorce papers att A gied her awa wi her? Or fitna o ma creditors did A sell ye till? Ye were selt cause o yer ill-deeins; cause o yer coorse wyes yer mither wis sent awa. [2]Fit wye wis there naebody there fan A cam? Fan A cried, fit wye wis there nae answer? Is ma airm sae short it canna ransom ye? Hiv A nae e strinth tae save ye? See noo, at ae tellin, A dry up e sea, A turn watters tae dry grun; fish rot for wint o watter an dee o thirst. [3]A cled e hivvens wi mirk an hap them wi saickclaith." [4]E Lord God his gien ma a weel-learnt tongue, tae ken e wird att fends e trauchlt. He waakens ma ilka mornin, waakens ma lug tae hearken lik a weel-learnt body.

[5]E Lord God his opent ma lugs; A hinna been thraawn, nor did A turn awa. [6]A offert ma back tae them fa were layin in tae ma, an ma chikks tae them fa ruggit oot ma baird; A didna hap ma face fae jamph nor spittin.

[7]E Lord God helps ma sae A winna be affrontit. Sae A've set ma face lik a steen an ken A winna be affrontit. [8]Him fa gies ma jeestice is near han. Fa syne will fess chairges agin ma? Lat's stan up egither. Fa will conter ma? Lat him stan tee tae ma. [9]See noo, e Lord God helps ma. Fa will say A've deen wrang? They'll aa weer oot lik a sark, etten bi mochs.

[10]Fa amo ye fears e Lord an taks wi e wird o his servant? Fa amo ye, waalkin in mirk wi nae licht, shuld lippen till e name o yer Lord an lean on yer God. [11]Bit waatch noo, aa ye fa licht fires an surroon yersel wi bleezin torches, awa ye gyang an waalk in yer fires wi e torches ye've set bleezin. Iss is fit ye'll get fae my han: ye'll lie doon sair come at.

CHAPTIR 51

"Listen tae ma, you fa chase efter richteousness an fa sikk e Lord: leuk tae e steen ye were haggert oot o, tae e quarry ye were howkit fae; [2]leuk tae Abraham, yer fadder an tae Sarah fa cairriet ye. He wis jist the ae body fan I cried on him, bit A blisst him an made him mony. [3]E Lord will seerly comfort Zion an will tak peety on aa her ruination; he'll mak her druchtit grun lik Eden, an her roch cuntra lik e Lord's ain yard. Joy an blitheness will be faun inno her, thanksgiein an e soun o singin.

[4]"Tak tent o fit A'm sayin, ma fowk, hearken tae ma, ma cuntra: a laa will come fae ma an ma jeestice will be a licht tae e cuntras o e warl. [5]Ma richteousness draaws in aboot, ma salvation is on e wye an ma airm will fess jeestice tae e cuntras o e warl. The islands will lippen till ma an wyte wi hope for e strinth o ma airm. [6]Lift up yer een tae e hivvens, syne leuk at e warl aneth; the hivvens will disappear lik reek, e warl will weer oot lik a sark an its fowk dee lik flees. Bit my salvation will be for ivver, ma richteousness will nivver devaal.

[7]"Hearken tae ma, ye fa ken fit's richt, ye fa hiv teen ma laa tae yer hert: dinna be feart at e snash o fowk, or be teen aback bi their upcasts. [8]Cause e moch will ett them lik a sark, e wirm swally them lik oo. Bit my richteousness will lest for ivver, ma salvation for aa ginnerations."

[9]Waaken up! Waaken up, airm o e Lord an cled yersel wi strinth. Waaken up lik o aul lang syne, lik in wir fadders' days. Wis't nae you fa cuttit Rahab tae bits an probbit e dragon? [10]Wis it nae you fa driet up e sea, e watters o e muckle deep, fa reddit a road throwe e watters o e sea tae lat e saved pass throwe? [11]Them fa e Lord rescyeed will come back. They'll gyang in tae Zion singin an ivverlestin joy will be onno their heids. Blitheness an joy will tak ahaud o them an dool an soochin will flee awa. [12]"It's me, A'm the een fa comforts ye. Fa are ye att ye're feart at fowk fa dee, Jock Tamson's Bairns fa are bit girse, [13]att ye forget e Lord yer Makker, fa raxes oot e hivvens an lays e founs o e warl, att daily day ye're fair fleggit at e rage o them fa wid haud ye doon, fa wid fess ye tae crockaneetion? Bit far's e rage o them att wid haud ye doon? [14]Them fa are sair come att will seen be lowsed; they winna dee i their jile, nor will they wint for breid. [15]Cause A'm e Lord yer God fa steers up e sea till e waves roar: e Lord God o Hosts is his name. [16]A've pat ma wirds in yer moo an happit ye wi e shadda o ma han, sae A mith plant e hivvens an lay e founs o e warl an say tae Zion, 'Ye're ma ain.'"

[17]Waaken up. Waaken up! Rise up, Jerusalem, ye fa hiv drunk e caup o annger fae e Lord's han, ye fa hiv teemed e tassie att gars ye styter tae e verra sypins. [18]Amo aa e bairns he hid, there's neen tae lead her; amo aa e bairns she brocht up there wis neen tae tak her bi e han. [19]Att twa mishanters hiv come onno ye. Fa can comfort ye? Wrack an crockaneetion, wint an swoord: fa can comfort ye? [20]Yer bairns hiv teen a dwaam. They lie feckless at e heid o ilka street, lik a steggie catcht in a nit. Full o e Lord's annger an e raigin o yer God.

[21]Sae hear iss, ye fa are sae sair come at, fu, bit nae wi wine. [22]Iss is fit e Lord, e Lord yer God, says, yer God fa leuks efter his fowk: "See noo, A've teen oot o yer han e caup att garrt ye styter; fae att caup, e tassie o ma annger, ye'll nivver sup again. [23]A'll pit it inno e hans o them fa tirmint ye, fa hiv said tae ye, 'Fa doon sae we mith trump ower e heid o ye.' An ye made yer back lik e grun, lik a street tae be waalked on."

CHAPTIR 52

Waaken up, Zion, waaken up. Claithe yersel wi strinth. Rig yersel oot in yer gweed claes Jerusalem, e haily toon. Them att's nae circumceesed an e fool winna come inno ye again. [2]Shaak aff yer stew, stan up an sit on yer throne, Jerusalem. Lowse e chines fae yer neck, bun dother o Zion. [3]For iss is fit e Lord says: "Ye were selt for naethin, an noo, athoot siller ye'll be bocht back." [4]For iss is fit e Lord God says: "Ma fowk gaed doon tae bide in Egypt lang syne, bit noo they're sair held in aboot bi Assyria. [5]An noo fit's iss here?" speirs e Lord. "For ma fowk hiv been teen awa for naethin an them fa rowle ower them howl oot o them," says e Lord "an ma name is bein cursed aa day lang. [6]Sae ma fowk will ken ma name. Sae att day, they'll ken att I wis the een fa telt them it wis comin. Ay, it's me."

[7]Foo bonnie on e hills are e feet o them fa fess gweed news, fa lat aa ken o peace, fa fess gweed eerins, fa lat aa ken o salvation, fa say tae Zion, "Yer God rowles." [8]Yer waatchmen lift up their vices; they aa sing for joy. They'll see it wi their ain een fan e Lord comes back tae Zion.

[9]Braak oot intae sang, ye ruins o Jerusalem, cause e Lord his teen peety on his fowk an his bocht back Jerusalem. [10]E Lord his bared his haily airm afore the een o aa e cuntras o e warl, an the eins o e warl will see e salvation o wir God.

[11]G'wa, g'wa, get oot o there. Dinna touch naethin fool. G'wa oot o e midse o her an be purifiet, aa you att cairry e caups o e Lord. [12]Bit ye winna be in a hurry tae leave, nor hae tae rin awa; cause e Lord will gyang afore ye, e God o Israel will waatch yer back.

¹³Jist waatch, ma servant will dee aa richt; he'll be reesed an liftit up an thocht muckle o. ¹⁴Jist as mony were dumfoonert at him, his face wis sae blaudit, ye wid hardly ken him, he jist didna leuk lik a man avaa, ¹⁵sae he'll spirkle mony cuntras, an keengs will shut their moos cause o him. For fit they hidna been telt, they'll see, fit they hidna heard, they'll unnerstan.

CHAPTIR 53

Fa's believed fit we've been sayin an tae fa his the airm o e Lord been shewn? ²He grew up afore him lik a plant new breert, lik a reet oot o druchtit grun. He wisna sae weel-faurt nor upstannin att we wid be sair teen wi him, there wis naethin aboot him att we wid ettle efter. ³He wis miscaaed an rejeckit bi mankyn, a man o sorra, an weel aquant wi dool. We turnt wir backs on him, he wis miscaaed an we thocht lichtsome o him.

⁴Seerly he took up wir dool an cairriet wir sufferin, still-an-on, we thocht him mischieved, yarkit bi God an afflickit. ⁵Bit he wis probbit for oor ill-deeins, prant for oor coorse wyes; e sairin att brocht hiz peace wis onno him, an throwe his sairs we're made aa better. ⁶We've aa gaen agley, lik sheep, ilka een o's his turnt his ain wye; an e Lord his laid onno him aa wir ill-deeins. ⁷He wis held in aboot an afflickit, still-an-on, he didna open his moo; he wis lik a lammie led tae e slauchter, lik a sheep, quait afore shearers, he nivver said a wird. ⁸Throwe bein haudden doon an a jeedgement he wis teen awa. Bit fa o his time said onythin tae conter it? For he wis sneddit aff fae e lan o e livin, for the ill-deeins o my fowk he wis dung doon. ⁹He wis gien a grave wi e cyaards bit he wis wi e walthy in his daith, tho he'd nivver liftit a han, nor ivver telt a lee.

¹⁰Still-an-on, e Lord socht tae ding him doon an gar him suffer, an tho e Lord maks his life an offerin for ill-deein, he'll see his bairns an live a lang life, an e Lord's pleesure will come speed in his han. ¹¹Fan he sees e trauchle o his sowl, he'll be fine teen; an cause o fit he's gane throwe, ma richteous servant will mak mony fowk richteous, an he'll cairry their ill-deeins. ¹²Sae, A'll pairt oot tae him a share amo e great, an he'll tak a share o e spiles wi e strong, cause he poored oot his life tae daith, an he wis coontit wi e cyaards. For he cairriet the ill-deeins o mony, an pat in a wird for them fa steppit oot o line.

CHAPTIR 54

"Sing, eel wumman, ye fa nivver hid a bairn; braak intae sang, shout for joy att ye've nivver brocht a bairn intill e warl; cause there are noo mair bairns tae weemen bidin their leen nor tae weemen bidin wi their man," says e Lord. ²"Exten e stance o yer tent, streetch oot yer drapes, dinna haud back. Linthen yer guys an strinthen yer stobs. ³For ye'll spread oot tae e richt han an e left han; yer bairns will tak grun awa fae ither cuntras an will sattle i their runtit toons. ⁴Dinna be feart, ye winna be affrontit. Dinna be confoonit, ye winna be mortifiet. Ye'll forget e shame o yer young days an the upreddin o fan ye were a weeda-wumman. ⁵For yer Makker is yer man, e Lord o Hosts is his name, the Haily Een o Israel is yer Redeemer; he's caaed e God o e hale warl. ⁶E Lord his cried ye back lik a forsaken wife wi a sair hert, lik a wife att wis mairriet young an wis left bi her man," says yer God. ⁷"For a meenitie A left ye yer leen, bit wi deep hert-peety A'll tak ye back. ⁸Ma birse wis up for a meenit an A turnt ma back on ye, bit wi ivverlestin luv, A'll tak hert-peety on ye," says e Lord yer Redeemer. ⁹"Tae me iss is lik e days o Noah, tae fa A swore A widna sen anither spate tae hap e warl. Sae noo A've sworn nae tae be raised wi ye, nivver tae gie ye an owergyan again. ¹⁰Tho e moontains shaak an e heilans shift, ma nivvereinin luv for ye winna be shaaken, nor ma tryst o peace be teen awa," says e Lord fa taks peety on ye.

[11]"Sair come att toon, battert wi storms an neen tae peety ye, A'll rebigg ye wi steens o antimony an founs o sapphire. [12]A'll mak yer battlements o rubies an yer yetts o sheenin agates, an aa yer waas o precious steens. [13]Aa yer bairns will be learnt bi e Lord, an they'll hae muckle peace. [14]Ye'll be set doon in richteousness, an crockaneetion will be hine awa fae ye; ye'll hae naethin tae fear. Ye'll be lowsed fae terror: it winna come near han ye. [15]Gin onybody dis steer up strife, it winna be o my deein. Faaivver attacks ye will gie in till ye. [16]Ay, it's me fa made e smith fa fans e cwyles intill a flame an casts a wappon fit for its wark. An A've made e cyaard tae fess crockaneetion.

[17]Nae wappon att comes tae conter ye will win throwe, an ye'll cry doon ilka tongue att comes agin ye i the coort. Iss is the heirskip o e servants o e Lord, an A'll assoilzie them aa," says e Lord.

CHAPTIR 55

"Come, aa att are thirsty, come tae e watters; an ye fa hiv nae siller, come an buy an ett. Aye come an buy wine an milk wi nae siller, aa for naethin. [2]Fit wye spen siller on fit's nae breid an chaave on fit disna satisfee? Tak gweed tent o fit A'm sayin: ett fit's gweed an hae e finest o spreads. [3]Preen back yer lugs an come tae me; hearken att ye mith live. A'll mak an ivverlestin tryst wi ye, ma leal luv att A promist tae Daavit. [4]See noo, A've made him a witness tae e fowk, an pat him in chairge o e fyow tae rowle ower them. [5]Seerly, ye'll cry on a cuntra att ye dinna ken, an fowk ye dinna ken will come rinnin till ye, bicause o e Lord yer God, the Haily een o Israel, cause he's reesed ye oot."

[6]Sikk oot e Lord file he mith be faun, caal on him file he's at han. [7]Lat e coorse cheenge their wyes an the oonrichteous cheenge their thochts. Lat them turn tae e Lord, an he'll hae peety on them, an tae wir God, for he'll freely forgie.

[8]"For my thochts are naethin lik your thochts an your wyes are nae like my wyes," says e Lord. [9]"Jist as e hivvens are heicher nor e warl, sae my wyes are heicher nor your wyes an my thochts heicher nor yours. [10]Jist as e rain an e snaa come pleiterin doon fae hivven, an dinna gyang back athoot watterin e grun, an garrin it breer an sproot, sae att it growes seed for e shaavin an breid tae ett, [11]sae will e wird be at gyangs oot fae ma moo. It winna come back tae ma teem, bit will dee fit A'm sikkin an dee weel e things A sen it tae dee. [12]Ye'll gyang oot wi joy an be led forrit in peace; e heilans an e hills will burst intae sang afore ye, an e trees o e wids will clap their hans. [13]Insteid o funs there will be fir trees, an insteid o thrissles, myrtles will breer. Iss will be for e gweed o e Lord's name, an ivverlestin sign att will gyang on for aye."

CHAPTIR 56

Iss is fit e Lord says: "Keep e peace an dee fit's richt, for ma salvation is near at han, an ma richteousness will seen be set oot amo ye. [2]Blisst are them fa dee iss. Them fa haud till it, fa keep e Sabbath athoot fylin it, an keep their hans fae deein ill."

[3]Nae forriner fa his bun himsel tae e Lord shuld say, "E Lord will sinner ma fae his fowk." An dinna lat e libbit chiel say, "A'm jist a gizzent tree." [4]For iss is fit e Lord says: "Tae e libbit chiels fa dee fit pleases ma an haud fest tae ma covenant, [5]A'll gie them, inside e waas o ma hoose, a memorial an a name far better nor ony sins or dothers culd gie. A'll gie them an ivverlestin name att will gyang on for aye. [6]An forriners fa bin themsels tae e Lord, tae serve him, an loo e name o e Lord an be his servants, aa fa keep e Sabbath athoot fylin it an fa haud fest tae ma covenant, [7]them A'll fess tae ma haily moontain an gie them joy in ma

hoose o prayer. Their brunt offerins an sacrifeeces will be accepit on ma aaltar, cause ma hoose will be caaed a hoose o prayer for aa e cuntras o e warl." [8]E Lord God, fa gaithers the ootlins o Israel, says "A'll gaither yet mair tae them forbye them ariddy gaithert."

[9]Come awa, aa ye wild beasts, aa ye beasts o e wids, come an ett. [10]Israel's waatchmen are blin, they're a bunch o feels; they're aa tongue-tackit tykes; they canna bark; lollin aboot, dreamin an aye nod-noddin. [11]They're gutsy brutes, nivver haein aneuch. They are feel shepherds aa turnin their ain wye, leukin tae full their ain pooches. [12]"Come on," ilka een skraichs, "lat ma get some drink! Lat's hae a bellyfu o ale. E morn will be lik e day, or aiven better."

CHAPTIR 57

E richteous dee, an naebody cares a docken, e gweed liven are teen awa, an naebody unnerstans att e richteous are teen awa tae haud them fae ill. [2]They gyang intae peace, they tak their rist on their beds, ilka een fa his traivelt a straicht road.

[3]"Bit draa in aboot, ye sins o a spaewife, ye bairns o adulterers an hoors. [4]Fa are ye jamphin at? Fa div ye thraw yer gab at an stick oot yer tongue? Are ye nae a cleckin o cyaards, e geets o leears? [5]Ye cairry on wi yer eedols amo the aiks, aneth ilka green tree, killin e bairns i the howes an aneth e craigs. [6]Yer gods are e glaizie steens o e howes, ay they're yer lot. Ay, tae them ye've poored oot drink offerins an made grain offerins. Div ye think I tak ony comfort fae them? [7]Ye've set yer bed on a prood heich hill far ye gaed up tae offer yer sacrifeeces. [8]Ahin yer doors an yer doorposts ye've set up yer whirligigs. Ye've left me ahin an craawled in ower yer bed an made it gappin open. Ye made yer bed bigger an made a tryst wi them, leerin at their skuldudderie. [9]Ye teuk olive ile tae yer keeng an eikit oot yer scints. Ye sent yer messengers hine awa, aiven tae e verra depths o e grave. [10]Ye scunnert yersel wi aa yer rakin aboot, bit ye widna say, "It's nae eese." Ye faun new strinth, sae didna dwine. [11]"Fa were ye worriet aboot an feart o at ye telt lees an didna myn on me or tak iss tae yer hert? Wis it att A didna say naethin for sae lang att ye're nae feart o ma? [12]A'll miscaa yer richteousness an yer deeins an they winna be nae gweed till ye.

[13]Fan ye roar oot for help, lat's see gin yer eedols can dee onythin for ye. E win will cairry them aa aff an a puff o braith will blaa them awa. Bit faaivver leuks tae me for lythe will heir e lan an ain ma haily moontain." [14]An fowk will say, "Bigg it up, bigg it up, mak e road. Redd e hinners oot o e wye o ma fowk." [15]For iss is fit e heich high heid Een says, him fa lives for ivver, fas name is haily: "A bide in a heich an haily place, bit there tee is the een fa his a hummle an sorry speerit, tae gie a lift tae e speerit o e hummle an gie a lift tae the hert o e sorry. [16]A winna be on at them for ivver, nor will A aye be raised, cause syne they wid be in a dwaam bicause o ma, e verra fowk A creatit. [17]Their coorse greed got ma birse up an A strack them an happit ma face in ma rage, yet they held on wi their coorse wyes. [18]A've seen fit they've deen, bit A winna mak them better; A'll lead them an gie back lythe tae them an their moorners, [19]garrin their lips sing oot. Peace, peace tae aa hine awa an near at han," says e Lord. "An A'll mak them aa better." [20]Bit e coorse are jachelt lik e sea, it canna rist, it's waves cassin up goor an dubs. [21]"There's nae peace," says ma God, "for e coorse."

CHAPTIR 58

"Roar oot o ye, dinna haud back. Reese up yer vice lik a tooteroo. Lat ma fowk ken fit they've deen wrang an tae Jacob's ation, their ill-deeins. [2]They sikk ma daily day an are aye mangin tae ken ma wyes, as gin they were a cuntra att aye dis fit's richt an hisna turnt awa fae e commans o its God. They speir at ma for richt rulins an are aye weel teen fan God's near han.

[3]"'Fit wye hiv we stairved wirsels,' they say, 'an ye hinna seen't? Fit wye hiv we hummlt wirsels an ye dinna tak tent?' Yet on e day o yer fastin, ye dee fit ye like, an dreel on yer men. [4]Yer fastin eins up wi quaarrelin an strivin, an strickin een anither wi coorse nivvs. Ye canna sterve yersels lik ye're deein e day an expeck yer vice tae be heard abeen. [5]Is iss e kyn o fast A've pickit? A day for a chiel tae hummle himsel? Is it jist for booin yer heid lik a sprot an for lyin in saickclaith an aise? Div ye caa iss a fast, an acceptible day tae e Lord? [6]Is iss nae e kyn o fastin A've pickit: tae lowse e chines o ill, lowse aff e branks, set lowse them fa are sair dung doon an braak ilka yock? [7]Is't nae tae pairt oot yer maet wi e hunngry an gie gangrel bodies a bield, fan ye see e nyaakit, hap them an dinna turn awa fae yer ain flesh an bleed?

[8]"Syne yer licht will braak furth lik e mornin, an ye'll seen cantle up; syne yer richteousness will gyang afore ye an e glory o e Lord will sain ye fae ahin. [9]Syne ye'll cry an e Lord will answer, ye'll cry for help an he'll say, Here A am. Gin ye dee awa wi e yock att bins ye, wi e waggin o e finnger an miscaain fowk, [10]an gin ye dee yer bit for e hunngry an leuk efter them fa are dung doon, syne yer licht will rise i the mirk an yer nicht will be like neen. [11]E Lord will be yer airt an gie ye aa ye wint in a druchtit lan an pit creesh on yer beens. Ye'll be lik a weel-wattert yard, lik a waallie att nivver rins dry. [12]Yer fowk will rebigg the aul ruins an reese up e disjaskit founs; ye'll be caaed e Sorter o e Slaps i the Dyke, Sorter o Streets o Hooses.

[13]"Gin ye haud yer fit fae braakin e Sabbath an deein fit ye like on my haily day, gin ye caa e Sabbath a delicht an e Lord's haily day honourable, an gin ye uphaud it bi nae gyan yer ain road an nae deein fit ye like or yatterin on aboot naethin avaa, [14]syne ye'll fin yer delicht an A'll gar ye hurl on e heilans o e warl an feed ye wi the heirskip o Jacob." For e moo o e Lord his spoken iss.

CHAPTIR 59

Ay, e Lord's han is nae ower short tae save, nor his lug ower deef tae hear. [2]Bit yer coorse wyes hiv cuttit ye aff fae God; yer ill-deeins hiv happit his face fae ye, sae att he winna hear.

[3]For yer hans are fylt wi bleed, yer finngers wi guilt. Yer lips tell lees an ye hiv a nesty ill-cleckit tongue. [4]Naebody sikks fit's richt an neen plead honestly. They lippen tae teem wirds, spik haivers, cleck mischief an fess hame ill. [5]They cleck the eggs o vipers an mak a wyver's wob. Faaivver etts their eggs will dee; braak een an oot comes a snake. [6]Their wobs are eeseless for claes: ye canna hap yersel wi fit they wyve. They dee nocht bit ill, an they're quick wi their nivvs. [7]Their feet rin tae ill; they hist tae spull innocent bleed. Their thochts are coorse an they leave crockaneetion ahin them. [8]They dinna ken e wye o peace, an there's nae jeestice e road they tak. Their roads gyang agley an naebody fa traivels ben them will ken peace.

[9]Sae jeestice is hine fae hiz an richteousness disna catch up wi hiz. We leuk for licht, bit aa is mirk; we leuk for brichtness bit we waalk in hivvy shadda. [10]We fummle alang e waa lik e blin, finnin wir wye lik them wi nae een. We styter at neen as gin it were gloamin; amo e stoot, we're lik e deid. [11]We aa gurr lik bears, an maw, maw lik doos. We leuk for jeestice bit canna fin it; for salvation, bit it's hine awa fae hiz. [12]For wir ill-deeins are mony afore ye an wir coorseness tells agin hiz. Wir ill-deeins are aye wi hiz an we ken we've deen wrang. [13]We've rebelled an deen oonchancie things agin e Lord, turnt wir backs on God, steert up doon-hauddin an din, thocht up an spoken lees fae wir herts. [14]Sae jeestice is rivven back an

601

richteousness stans a-bye. Trowth his gane klyter i the street an honesty canna win in. [15]Trowth is tint an faaivver gaes by ill's door is e weers o beein teen. E Lord saa there wis nae jeestice, an wis raised. [16]He saa att there wis naebody, an winnert att there wis neen tae step in; sae his ain airm brocht salvation till him an his ain richteousness held him gyan. [17]He pat on richteousness as his breistplate, an e bonnet o salvation on his heid; he pat on e sark o vengeance an wuppit himsel in zeal lik a cwyte. [18]He'll gie his faes their sairin in accoordance wi fit they've deen, he'll pey back the islands their dyows. [19]Fae e wast, fowk will fear e name o e Lord, an fae e risin o e sin, they'll gie him glory. Cause he'll come lik a muckle spate hurled on e braith o e Lord. [20]"A Redeemer will come tae Zion, tae them o Jacob's fowk fa turn awa fae their ill wyes," says e Lord. [21]Syne aa yer fowk will be richteous an will ain e lan for ivver. They're e sproot A've plantit, e wark o ma hans, tae shew ma glory.

CHAPTIR 60

Rise up! Sheen oot! Cause yer licht his come an e glory o e Lord sheens roon ye. [2]See noo, mirk haps e warl an pick mirk is ower aa e fowk, bit e Lord rises on ye an his glory sheens ower ye. [3]Cuntras o e warl will come tae yer licht, an keengs tae e brichtness o yer daawnin. [4]Lift up yer een an leuk roon aboot ye: aabody's gaitherin an comin till ye; yer sins come fae hine awa an yer dothers cairriet on yer hurdies. [5]Syne ye'll leuk an hae a lowe aboot ye, yer hert will lowp an swall wi joy; e walth o e seas will be fessen till ye an aa e ferlies o e cuntras o e warl will come tae ye. [6]A thrang o camels will hap yer grun, young camels o Midian an Ephah. Aa e fowk o Sheba will come fessin gowd an scintit reek, shoutin e praises o e Lord. [7]Aa Kedar's flocks will be gaithert till ye, e rams o Nebaioth will serve ye; they'll be accepit as offerins on ma aaltar, an A'll rigg oot ma bonnie Temple. [8]Fa's att fleein by lik cloods, lik doos tae their nests? [9]Ay, the isles will wyte for ma wi e boats o Tarshish tae e fore, fessin yer bairns fae hine awa, wi their siller an gowd, for e gweed o e name o e Lord yer God, the Haily een o Israel, cause he his reesed ye oot. [10]Forriners will bigg yer waas an their keengs will serve ye. Tho A strack ye fan A wis raised, in ma faavour, A'll shew ye peety. [11]Yer yetts will aye stan tae e waa, nivver shut, day nor nicht, sae att e walth o e cuntras o e warl mith be fessen till ye, wi their keengs mairchin in raaw. [12]For e cuntra an keengdom att winna serve ye will perish, it will come tae a crockaneetion. [13]E glory o Lebanon will come tae ye, e fir an e pine an e box-wid aa egither tae mak yer haily place bonnie; an A'll mak e place far A stan glorious. [14]E bairns o them fa held ye in aboot will come boo'in till ye, an aa them fa thocht lichtsome o ye will boo doon at yer feet an will caa ye E Toon o e Lord, Zion, The Haily Een o Israel. [15]Tho ye were eence forsaken an hated, wi naebody traivelin throwe ye, A'll mak ye the ivvelestin pride an joy for aa ginnerations tae come. [16]Ye'll sook e milk o e cuntras o e warl an feed at e breists o keengs. Syne ye'll ken att A'm e Lord, yer Saviour, yer Redeemer, e Michty Een o Jacob. [17]For bress, A'll fess gowd, an siller far there wis airn. For timmer A'll fess bress an airn for steens. A'll mak peace yer laird an weelbeein yer clan chief. [18]Nae mair will strivin be heard in yer lan, or stramash or crockaneetion inside yer mairches. Ye'll caa yer waas Salvation, an yer yetts Praise. [19]Ye winna need e sin tae be yer licht bi day, nor e brichtness o e meen tae sheen onno ye; e Lord will be yer ivverlestin licht, an yer God will be yer glory. [20]Yer sin will nivver gyang doon again, nor yer meen wane, for e Lord will be yer ivverlestin licht, an e days o yer sorra will be at an ein. [21]Aa yer fowk will be gweed livin an they'll ain e lan for ivver. They're e cuttin A plantit, e wark o ma hans, tae shew foo great I am. [22]E wee-est faimly amo ye will turn oot a clan an e smaa amo ye a muckle cuntra. A'm e Lord, come time, A'll nae be slaw tae dee iss."

CHAPTIR 61

E speerit o e Lord God is onno ma, cause e Lord his annintit ma tae fess gweed news tae e doon cassen. He his sent ma tae bin up e breuken-hertit, tae tell oot freedom for them fa are held, tae lowse fae e mirk them fa are lockit up, [2]tae cry oot e year o e Lord's faavour an e day o wir God's wrath, tae comfort them fa moorn, [3]tae gie tae them fa grieve in Zion, gie them a bonnie croon forbyes aise, the ile o joy, forbyes moornin, a cwyte o praise, forbyes a disjaskit speerit. They'll be caaed aiks o richteousness, a plantin o e Lord, sae he mith be reesed oot.

[4]They'll rebigg the aul ruins, sort e toons dung doon lang syne; they'll replenish e ruined toons att hiv lain wull for ginnerations. [5]E fremt will ten yer flocks; forriners will be yer ploomen an wark in yer vinyairds. [6]An ye'll be caaed priests o e Lord, meenisters o wir God. Ye'll ett fae e walth o e cuntras o e warl, a walth ye'll blaw aboot.

[7]Insteid o yer affront, ye'll get a twafaul share, an insteid o a doon-come, ye'll be gled in yer heirskip. An sae ye'll heir a twafaul share o e grun an ye'll aye be happy. [8]"Cause, I, e Lord, loo jeestice an canna thole thievin an wrang-deein. A'll gie them ma rewaard an mak an ivverlestin covenant wi them. [9]Them fa come efter them will be kent amo e cuntras o e warl an their bairns amo aa fowk. Aa fa see them will ain att they are e fowk att e Lord his blisst." [10]A tak muckle pleesure in e Lord, ma sowl maks mirry in ma God. For he his cled ma wi a cwyte o salvation an primpit ma in a goon o his richteousness, as a groom bedinks his heid lik a priest, as a bride pits on her brawest jowels. [11]For as e yird gars e sproots breer an e yaird gars e seeds growe, sae e Lord God will gar richteousness an praise sproot up afore aa e cuntras o e warl.

CHAPTIR 62

For Zion's sake A winna haud ma tongue, for Jerusalem's sake A winna bide quait, till her richteousness sheens oot lik a bricht licht, her salvation lik a bleezin torch. [2]E cuntras o e warl will see yer richteousness an aa e keengs yer glory. An ye'll be caaed bi a new name att will come fae e moo o e Lord. [3]Ye'll be a braw croon i the Lord's han, a royal diadem i the han o yer God. [4]Nae mair will ye be caaed e Disjaskit Toon nor yer lan be caaed Dreich. Bit ye'll be caaed Ma Delicht is in Her an yer lan Mairriet; for e Lord will tak delicht in ye an yer lan will be mairriet.

[5]As a young loon mairries a young quine, sae will yer sins mairry you; as a groom is weel teen on wi his bride, sae yer God will be weel teen on wi you. [6]A've set waatchmen on yer waas, Jerusalem; they'll nivver be quait, day or nicht. Ye fa cry on e Lord, dinna keep quait, [7]an gie him nae peace till he sets up Jerusalem an maks her e spik o e hale warl. [8]E Lord his sworn bi his richt han an bi his stoot airm: "Nivver again will I gie yer corn as maet for yer faes, an nivver again will forriners drink e new wine ee've chaaved tae mak; [9]bit them fa hairst it will ett it an praise e Lord, an them fa gaither e grapes will drink it i the coorts o ma haily place."

[10]Gyang throwe, gyang throwe e yetts. Redd e road for e fowk. Bigg up, bigg up e braid causey. Clear awa e steens. Pit up a flag for e cuntras o e warl. [11]E Lord his sent wird tae the eins o the earth: "Say tae e Dother o Zion, 'See, yer Saviour comes. Ay, his rewaard is wi him, an his waage afore him.'" [12]They'll be caaed e Haily Fowk, e Redeemed o e Lord; ye'll be caaed Socht Efter, e Toon Nae Lannger Disjaskit.

CHAPTIR 63

Fa's iss comin fae Edom, fae Bozrah, wi his claes aa dyed reed? Fa's iss cled in finery, stridin oot wi muckle strinth? "It's me, cryin victory, wi pooer tae save." [2]Fit wye are yer claes reed, lik a body fa trumps in a wine press? [3]"A've trumpit e winepress aa bi masel; there wis naebody there avaa tae gie ma a han. A steed on them in ma rage, trumpin them doon in ma wrath; their bleed spleitert on ma claes an fylt A ma cleedin. [4]It wis ma day o vengeance; e year o ma peyback hid come. [5]A leukit bit there wis naebody tae gie ma a han; A wis some teen aback att naebody helpit ma; sae ma ain airm saved ma, an ma ain rage held ma gyan. [6]A trumpit on e cuntras in ma rage; in ma wrath A made them fu an spult their bleed on e grun."

[7]A'll spik o e Lord's gweed-will. A'll praise e Lord for aa he's deen, aa the obleegements he's deen for hiz, e mony obleegements he's deen for Israel, in mercy an gweed-will. [8]He said, "Ye see, they're ma ain fowk, bairns fa winna tell ma a lee." An sae he bicam their Saviour. [9]In aa their fash, he wis fasht tee, an the angel att cam fae him saved them. In his luv an mercy, he bocht them back; he liftit them up an cairriet them throwe aa the aul days.

[10]Still-an-on, they rebelled an mischieved his Haily Speerit. Sae he turnt himsel agin them an focht wi them. [11]Syne they mynt on e days lang syne, e days o Moses an his fowk. Far is him fa brocht them throwe e sea wi e sheperd o his flock? Far is him fa set his Haily Speerit amo them, [12]fa sent his winnerfu airm tae be at Moses' richt han, fa pairtit e watters afore them, tae win for himsel an ivverlestin name, [13]fa led them throwe e deeps? Like a horse in open grun, they didna styter; [14]lik beasts att gyang oot tae e girss, they were gien rist bi e speerit o e Lord. Att's foo ye led yer fowk tae mak a gran name for yersel.

[15]Leuk doon fae hivven an see, fae yer winnerfu, haily hame. Far's yer zeal an yer strinth? Yer couthieness an yer compassion ye haud back fae hiz. [16]Bit ee're wir fadder, tho Abraham disna ken hiz an Israel winna tak wi hiz; you Lord, are wir fadder, wir Redeemer o aul is yer name.

[17]Fit wye, Lord, div ye alloo hiz tae wanner awa fae yer wyes an steek wir herts sae att we dinna fear ye? Come back, for yer servants' sakes, e clans o yer heirskip. [18]For a wee filie yer haily fowk aint yer haily place, bit noo wir faes hiv trumpit it doon. [19]We've turnt lik them fa were nivver yours, them nae caaed bi your name.

CHAPTIR 64

Oh, bit ye wid rive e hivvens apairt an come doon, att e heilans wid shaak afore ye. [2]As fan fire sets kennlin bleezin an fire gars watter bile, come doon an mak yer name kent tae yer faes an gar e cuntras o e warl shaak afore ye. [3]Cause fan ye did yon aawsome things att we werna expeckin, ye cam doon an e heilans sheuk afore ye.[4]Sin e warl began, naebody his heard, nae lug his hearkent, nae ee his seen nae God forbyes you, fa warks for them fa wyte for him. [5]Ye walcome them fa are weel teen tae dee richt, fa myn on yer wyes. Bit ye've been raised wi hiz cause we did ill. We've been at it a gey lang time: can we be saved? [6]We aa bicome lik a body att's fool, an aa wir gweed warks are lik fool cloots; we aa grow gizzent lik a leaf, an lik e win, wir ill-deeins swype hiz awa. [7]An there's neen att caas on yer name nor strives tae tak a haud o ye; cause ye've turnt yer face fae hiz an hiv hannit hiz ower tae wir ill wyes. [8]Still-an-on, Lord, ye're wir fadder. We're e cley, ee're e cauper, we're aa e wark o your han. [9]Dinna get yer danner up, Lord, dinna aye myn on wir ill-deeins. Leuk at hiz, we prig: we're aa yer ain fowk. [10]Yer haily toons are aa dung doon; Zion itsel is a crockaneetion, Jerusalem a ruinage. [11]Wir haily an braw Temple, far wir aul fowk praised ye, his been brunt wi fire, an aa wir bonnie things are aa throwidder. [12]Efter aa iss, Lord, will ye still haud back? Will ye bide quait an gie hiz a sair time o't?

CHAPTIR 65

"A lat masel be socht bi them fa didna speir for ma; A lat masel be faun bi them fa didna sikk ma. A said, 'Here A am, here A am,' tae a cuntra att wisna caaed bi my name. [2]A've raxed oot ma han aa e lee-lang day tae a thraawn fowk, fa walk in wyes att are nae gweed, trailin efter their ain thochts; [3]a fowk fa are anngersome tae ma verra face, offerin sacrifeeces i their yards, an burnin scintit reek on aaltars o steen; [4]fa sit amo e graves an spen e nicht keepin waatch in hidie-holes; fa ett e flesh o grumphies an fas pots haud fool broth; [5]fa say, 'Haud awa oot ower fae ma, cause A'm holier nor you.' Sic fowk are reek tae ma neb, a fire att burns aa e day. [6]See, it's screiven afore ma, A winna haud ma weesht, bit will pey back in full; A'll pey it back intae their laps, [7]baith your ill-deeins an the ill-deeins o yer fadders," says e Lord. "Cause they brunt sacrifeeces on e moontains, an spak ill o ma on e hills; A'll gie them full mizzour inno their laps for fit they've deen." [8]Iss is fit e Lord says: "Jist lik fan new wine is faun in a grape bunch, an fowk say, 'Dinna destroy it, there's gweed inno't,' sae A'll dee e same wi ma servants an winna destroy them aa. [9]A'll fess oot descendants fae Jacob, an fae Judah, them fa will heir ma moontains; e fowk fa A've pickit will heir them, an ma servants will bide there. [10]Sharon will be girse for flocks, an e Howe o Achor a faul for herds, for ma fowk fa sikk ma.

[11]"Bit ye fa turn awa fae e Lord, an forget ma haily moountain, fa set oot a spread for Luck an fill a caup o mixt wine for Destiny, [12]A'll commit ye tae e swoord, an ye'll aa faa i the slaughter; cause fan A cried on ye, ye didna answer; A spak bit ye didna listen. Ye did ill in ma sicht an pickit fit misfits ma." [13]Sae iss is fit e Lord God says: "Ma servants will ett, bit ee'll gyang hunngry; ma servants will drink, bit ee'll gyang thirsty; ma servants will be happy, bit ee'll be pat tae shame. [14]Ma servants will sing wi gled herts, bit ee'll roar oot o ye wi a sair hert an greet wi a disjaskit speerit. [15]Yer name will be a sweer wird amo them A've pickit; e Lord God will dee awa wi ye, an caa his servants bi anither name. [16]Faaivver i the lan cries up a blissin will dee it bi e God o trowth; faaivver i the lan taks an aith will sweer bi e God o trowth. The ills att are by wi will be forgotten an happit fae ma een.

[17]"Jist waatch, A'll mak a new hivven an a new earth. Fit gaed afore winna be mynt on nor thocht aboot. [18]Bit be gled an rejoice forivver in fit A'm gyan tae mak, cause A'll mak Jerusalem a blithe place an its fowk a joy. [19]A'll rejoice ower Jerusalem an be weel shuitit wi ma ain fowk; howlin an greetin winna be heard there nae mair. [20]Nae mair will there be a bairnie att jist lives for a fyow days nor an aul chiel fa disna live oot his ears; e body fa dees a hunner ear aul will be leukit on as a loon; an faaivver disna win e linth o a hunner will be thocht damned. [21]They'll bigg hooses an bide in them; they'll plant vinyairds an ett e fruit. [22]Nae mair will they bigg hooses for ither fowk tae bide in nor plant for ithers tae ett. E days o ma ain fowk will be lik e days o a tree; ma ain fowk will lang ken e gweed o e darg o their hans. [23]They winna trauchle for naethin, nor hae bairns att dree an ill weird. They'll be a fowk blisst bi e Lord, baith themsels an them fa come efter them. [24]Afore they cry, A'll answer; fan they're aye spikkin, A'll hear. [25]E wolf an e lamb will maet egither, an e lion will ett strae lik a stot, an stew will be e maet o e snake. They winna herm nor dee nae ill in aa ma haily moontain," says e Lord.

CHAPTIR 66

Iss is fit e Lord says: "Hivven is ma throne an e warl ma fit-steel. Far, syne is e hoose ye'll bigg for ma? Far will A tak a rist? [2]Aa iss wis made bi my han, att's foo they cam tae be," says e Lord. "It's them fa are hummle an hiv ruefu herts an fa shaak at ma wird att A'll nae see by." [3]Bit faaivver kills a stot is lik e body fa kills a man, an faaivver sacrifeeces a lamb is lik e body fa braaks a tyke's neck; faaivver maks a grain offerin is lik e body fa pits forrit grumphie's bleed, faaivver burns scintit reek is lik e body fa wiships an eedol. They hiv pickit their ain road an they tak pleasure i their fool proticks. [4]Sae A'll gie them fit for an fess doon on them fit they dreid. Cause fan A cried, neen answert, fan A spak neen listent. They did ill in ma sicht an pickit fit misfittit ma." [5]Hear e wird o e Lord, ye fa shaak at his wird: "Yer ain fowk fa canna thole ye, an kess ye oot bicause o my name hiv said, 'Lat e Lord be glorifiet, sae we mith see yer joy.' Still-an-on, they'll be affrontit. [6]Hearken tae e stramash fae e toon, hear e dirdum fae e Temple. It's e vice o e Lord giein his faes their sairin. [7]Afore her pangs cam onno her, she hid her bairn; afore her pangs come onno her, she brings hame a sin. [8]Hiv ye ivver heard e like? Hiv ye ivver seen e like? Can a lan be born in a day or a cuntra brocht furth aa at eence? Still-an-on, nae seener dis Zion hae her pangs nor her bairns are born. [9]Will I come tae e cleck an nae hae e bairn?" says e Lord. "Div I bring tae e cleck syne shut e wyme?" says yer God. [10]"Rejoice wi Jerusalem an be happy for her, aa ye fa loo her; rejoice an be gled wi her, aa ye fa moorn ower her. [11]For ye'll sook an be weel-sairt at her comfortin breists; sae ye mith weet yer thrapple wi her reamin glory." [12]For iss is fit e Lord says: "A'll gie her peace att will rin lik a river, an e walth o cuntras lik a burn in spate; an ye'll sook an be cairriet on her hurdies an showdit on her knee. [13]As a mither gies a bosie tae her bairnie, sae A'll gie a bosie tae you; an ye'll fin easedom in Jerusalem." [14]Fan ye see sic things, yer hert will rejoice an ye'll sproot lik girse; e han o e Lord will be kent tae his servants, bit his annger will be shewn tae his faes. [15]Jist waatch, e Lord is comin wi fire, his chariots lik a furlin win; he'll kick up a stew nae handy an gie them a tellin aff wi flames o fire. [16]Ay, wi fire an wi e swoord, e Lord will gie e warl its sairin an mony will be deen awa wi bi e Lord. [17]"Them fa mak themsels haily an purifee themsels tae gyang intae e gairden, chasin efter the een i the midse o them fa etts e flesh o grumphies, o rats an ither fool things, will aa come till a crockaneetion lik the een they folla," says e Lord. [18]"Kennin fit they've deen, an fit they're thinkin, A've come tae gaither aa cuntras an tongues tae come an see ma glory. [19]A'll set a sign amo them an A'll sen them fa survive tae e cuntras o e warl, tae Tarshish, tae Libya, tae Lydia (far they're gey skeely wi e bowe) tae Put, tae Tubal an Javan, an the islands hine awa far they've nivver heard aa aboot ma nor seen ma glory. They'll cry oot ma glory amo e cuntras o e warl. [20]An they'll fess back aa yer fowk fae e cuntras o e warl tae ma haily moontain in Jerusalem as an offerin tae e Lord, on horse, in chariots an hurlies, on cuddies an camels," says e Lord. They'll fess them jist as the Israelites fess a grain offerin tae e Temple o e Lord in clean waashen caups. [21]An A'll pick some o them tae be priests an Levites," says e Lord. [22]"As e new hivvens an e new warl att A mak will stan siccar afore ma," says e Lord, "sae will your name an e name o them fa come efter ye stan siccar. [23]Fae ae new meen till anither an fae ae Sabbath till anither, aa mankyn will come an boo doon afore ma," says e Lord. [24]"Fan they gyang oot, they'll see e deid bodies o them fa rebelled agin ma; their wirms winna dee nor will e fire att burns them be slockent, an aa mankyn will tak a scunner at them."

JEREMIAH

CHAPTIR 1

E wirds o Jeremiah, sin o Hilkiah, een o e priests bidin at Anathoth i the clan lans o Benjamin. [2]E wird o e Lord cam tae him i the thirteenth ear o e reign o Josiah sin o Amon, keeng o Judah, [3]an throwe e reign o Jehoiakim sin o Josiah keeng o Judah, doon tae e fifth month o the elyventh ear o Zedekiah sin o Josiah keeng o Judah, fan e fowk o Jerusalem gaed intae exile. [4]E Lord's wird cam tae ma, sayin, [5]"Afore A formed ye i the wyme, A kent ye; afore ye were born A set ye apairt an appintit ye a prophit tae e nations." [6]"Fy na, Lord God," A said, "A dinna ken foo tae spik, cause A'm jist a loon."

[7]Bit e Lord said tae ma, "Dinna say, 'A'm jist a loon.' Ye maun gyang aawye A sen ye an say fitivver A comman ye. [8]Dinna be feart at fowk, cause A'm wi ye an will leuk efter ye," says e Lord. [9]Syne e Lord raxed oot an touched ma moo an said tae ma, "A've put ma wirds inno yer moo. [10]A's warren, iss verra day, I appint ye ower e cuntras an ower e keengdoms tae upreet an ding doon, tae wrack an caa doon, tae bigg an tae plant."

[11]E wird o e Lord cam tae ma, sayin "Fit div ye see, Jeremiah?" "A see e bough o an almone tree," A said. [12]E Lord said tae ma, "Att's richt, cause A'm waatchin ower ma wird tae see att it happens." [13]E wird o e Lord cam tae ma again, sayin, "Fit div ye see?" "A see a muckle pot att's bilin," A said, "facin awa fae e north." [14]E Lord said tae ma, "Fae e north crockaneetion will spull oot ower aa e fowk o iss cuntra. [15]A'm gyan tae caal up aa e clans fae e northern keengdoms," says e Lord, "they'll aa come an set up their thrones i the ingyang o e yetts o Jerusalem; tee till e waas roon her an tee till aa e toons o Judah. [16]A'll tell oot ma jeedgements on ma fowk for the ill they've deen in turnin awa fae ma, in burnin scintit reek tae ither gods an wirshppin fit they've vrocht wi their ain hans.

[17]"Get yersel riggit. Stan up an tell them aathin A've said tae ye. Dinna be feart at them, or A'll gie ye somethin tae be feart at afore them. [18]E day, A've made ye lik a fortifiet toon, a pillar o airn an a bress waa tae stan up tae e hale lan, e keengs o Judah, its officeels, its priests an e fowk o e cuntra. [19]They'll fecht wi ye bit winna get e better o ye, cause A'm wi ye an will leuk efter ye," says e Lord.

CHAPTIR 2

E wird o e Lord cam tae ma, sayin, [2]"Gyang an cry in Jerusalem's lug an tell her, iss is fit e Lord says, 'A myn foo leal ye were fan ye were young, foo as a bride ye looed ma an follaed ma throwe e roch cuntra, throwe grun att wisna shaavn. [3]Israel wis haily tae e Lord, e first o his hairst; aa fa ett him did wrang, an crockaneetion teuk haud o them,'" says e Lord. [4]Hear e wird o e Lord, ye hoose o Jacob, aa ye clans o Israel.

[5]Iss is fit e Lord says, "Fitna faut did yer forebeers fin in ma, att they wannert awa fae ma? They chased efter feckless eedols an turnt feckless themsels. [6]They didna speir, 'Far's e Lord fa brocht hiz up oot o Egypt an led hiz throwe e druchtit roch cuntra, throwe a lan o san an gullets, a lan o drucht an pick-mirk, a lan far neen traivels an neen bides?' [7]A brocht ye tae growthie grun, tae ett its fruit an its rowth o gweedness. Bit ye cam an connacht ma lan, an made ma heirskip scunnersome. [8]E priests nivver speirt, 'Far's e Lord?' Them fa hannelt e laa didna ken ma; e chieftains rebelled agin ma. E prophits leukit tae e wird o Baal an chased efter dirtrie.

⁹"Sae again A set oot ma case agin ye," says e Lord, "an set oot ma case agin yer bairns' bairns. ¹⁰Cross ower tae Cyprus an tak a leuk, sen somebody tae Kedar an gar them tak heed o fit they see; an jist see gin there's ivver been onythin lik iss. ¹¹His a cuntra ivver cheenged its gods, even tho they're nae gods avaa? Still-an-on my fowk hiv niffert their winnerfu God for wirthless dirt. ¹²Be teen aback at iss, ye hivvens, shaak an be stammygastert," says e Lord. ¹³"Ma fowk hiv deen twa ill things: they hiv turnt awa fae ma, e waalie o livin watter, an hiv howkit their ain cisterns, crackit cisterns att canna haud in watter.

¹⁴"Is Israel a servant, born a slave? Fit wye syne is he bein cairriet awa? ¹⁵Lions hiv roart, ay they hiv gurred at him. They hiv connacht his grun; his toons are brunt an teem. ¹⁶Fit's mair, e fowk o Memphis an Tahpanhes will shave e croon o yer heid. ¹⁷Hiv ye nae brocht iss on yersels bi turnin awa fae e Lord yer God fan he led ye e richt gait? ¹⁸Fit gweed will it dee ye tae trail awa tae Egypt an drink watter fae e Nile? Or fit gweed will it dee ye tae hake tae Assyria tae drink watter fae the Euphrates? ¹⁹Ye'll get yer sairin fae yer ain coorseness; yer back-slidin will scaul ye. Think aboot it an come tae ken foo ill an sair it is for ye tae turn yer back on e Lord yer God an hae nae fear o ma," says e Lord God o Hosts.

²⁰"Lang ago, A breuk aff yer yock an rippit aff yer bans; ye said, 'A winna sair ye.' An on ilka heich hill an aneth ilka green tree ye lay doon lik a hoor. ²¹A hid plantit ye, e stang o e trump amo e vines, an o gweed stock. Foo, syne, did ye turn intill a coorse scrimpit fremt vine? ²²Tho ye waash yersel wi soap or waashin pooder, e tash o yer ill-deein is aye afore ma," says e Lord God. ²³"Foo can ye say, 'A'm nae fylt; A hinna run efter e Baals'? G'wa an leuk at fit ye've deen i the howe; think aboot fit ye've deen. Ye're lik a fleet coo-camel haikin aboot, ²⁴a wild cuddy at hame i the roch cuntra, sniffin e win in her greenin; fan she's rinnin, fa can haud her doon? Ony o e bull-camels chasin her needna fash themsels; fan she's riddy they'll fin her. ²⁵Keep yer feet fae gyan barfit an yer thrapple fae thirst. Bit ye said, 'It's nae eese. A loo iss forrin gods an A maun chase efter them.' ²⁶Lik a thief fa's affrontit fan he's catcht, sae e fowk o Israel are shent; them, their keengs an officeels, their priests an their prophits. ²⁷They say tae timmer, 'Ye're ma fadder,' an tae steen, 'Ye brocht ma intill e warl.' They've turnt their backs tae ma an nae their faces; still-an-on, fan they're fasht, they say, 'Come an save hiz.' ²⁸Far are e gods ye vrocht for yersels? Lat them come an save ye, gin they can, fan ye're sair fasht. Judah, ye hiv as mony gods as ye hiv toons. ²⁹Fit wye are ye sayin A've deen wrang? Ye've aa rebelled agin ma," says e Lord. ³⁰"E batterin A gied yer bairns didna dee nae eese, they didna tak a tellin. Yer swoord his devoored yer prophits lik a herryin lion.

³¹"Ye fowk o nooadays, tak tent o e wird o e Lord. Hiv A been lik a desert tae Israel or lik a lan o pick-mirk? Fit wye div ma ain fowk say, 'We'll gyang far we like: we're nae comin tae you nae mair'? ³²Dis a young quine forget her bangles, a bride her waddin frock? Still-an-on, ma ain fowk hiv forgotten me for ondeemous days. ³³Ye're gey gweed at chasin efter luv. Ye learn e verra jauds yer wyes. ³⁴Yer claes are spattert wi e bleed o e peer fa hiv deen nae wrang, tho ye didna catch them braakin-in. For aa that, ³⁵ye say, 'It wisna me, he canna be raised wi me.' Bit A'll gie ye yer sairin cause ye say, 'A've deen nae ill.' ³⁶Fit wye div ye gad aboot sae muckle, aye cheengin yer wyes? Ye'll be jist as disappintit wi Egypt as ye were wi Assyria. ³⁷Fae there tee, ye'll gyang awa wi yer hans on yer heids, cause e Lord his rejeckit them ye lippen till; ye winna get nae gweed fae them.

CHAPTIR 3

"Gin a chiel divorce his wife an she taks aff an mairries anither man, shuld he gyang back till her again? Wid e grun nae be fair fylt? Bit ee've ackit lik a hoor wi mony bidie-ins; wid ye come back tae ma noo?" says e Lord. ²"Leuk up tae e scabbit braes an see. Sae hiv ye nae been interfered wi? Ye sat wytin for them at e side o e road lik a traiveller i the roch cuntra. Ye fylt e lan wi yer hoorin an coorseness. ³Sae e rain wis held back an there were nae shoories i the spring. For aa that, ye hiv e leuk o a brazen hussy, ye've nae shame in fit ye've deen. [4]Hiv ye nae caaed ma o late, 'Ma Fadder, ma freen fae e time A wis young, [5]will ye aye be raised? Will yer annger gyang on for ivver?' Iss is fit ye say, bit ye dee aa the ill ye can."

[6]I the time o keeng Josiah, e Lord said tae ma, "Hiv ye seen fit att back-slidin Israel's deen? She's gane up ilka braeface an aneth ilka green tree an made a hoor o hersel. [7]A thocht att efter she'd deen aa iss she wid come back tae ma. Bit deil e bit o't. Her mislippent sister Judah saa it. [8]An she saa att A gied Israel her divorce papers an sent her awa, cause o her back-slidin. Still-an-on, her mislippent sister Judah wisna feart an ackit e hoor tee. [9]Bicause her roch livin meant sae little tae her, she fylt e lan an hoored aboot wi steen an timmer. [10]For aa that, her mislippent sister Judah didna hale-hertitly come back tae ma, bit jist made on att she did," says e Lord.

[11]E Lord said tae ma, "Back-slidin Israel is mair richteous nor mislippent Judah. [12]G'wa, gie oot iss wird tae e north, sayin, 'Come back, back-slidin Israel,' says e Lord, 'A winna froon on ye nae laanger, cause A'm mercifu,' says e Lord, 'A winna be raised for ivver. [13]Jist admit ye've deen wrang: ye've rebelled agin e Lord yer God, an hiv hung up yer hat tae e fremt aneth ilka green tree, an hinna deen fit A telt ye,'" says e Lord [14]"Come back tae ma, ye back-slidin clan," says e Lord, "cause A'm yer man. A'll pick een o ye fae ilka toon an twa fae ilka faimly an fess ye tae Zion. [15]Syne A'll gie ye shepherds efter ma ain hert, fa will lead ye wi kennin an unnerstannin. [16]At att time, fan yer cuntra is eence mair fulled wi fowk," says e Lord, "fowk winna be sayin, 'E kistie o e covenant o e Lord.' They'll nivver think on't nor myn o't; it winna be missed, an nae ither een will be vrocht. [17]At att time they'll caa Jerusalem 'E Throne o e Lord', an aa e cuntras o e warl will gaither in Jerusalem tae honour e name o e Lord. Nae mair will they chase efter e thraawnness o their ain ill-thochtit herts. [18]At att time, e fowk o Judah will waalk wi e fowk o Israel, an egither they'll come oot o e north-cuntra tae e lan A gied yer forebeers as their heirskip.

[19]"A thocht tae masel, 'Fit fine it wid be tae hae ye as ma ain bairns an gie ye a braw lan, e bonniest heirskip amo aa e clans.' A thocht ye wid caa ma 'Fadder' an nae turn awa fae ma. [20]Bit lik a wumman unfaithfu tae her man, ee've been unfaithfu tae me," says e Lord. [21]A skraichin is heard on e scabbit braes, e greetin an priggin o e fowk o Israel, cause they've aa gane agley an hiv forgotten e Lord their God. [22]"Come back, ye back-slidin fowk an A'll heal ye o yer back-slidin." "Aye we'll come tae ye, for ee're e Lord wir God. [23]Seerly e braes are naethin bit swickery, e moontains a soss; seerly e salvation o Israel's i the Lord wir God. [24]Fae e time we were bairns, iss shamefu protick his gobbelt up fit wir fadders warkit for: their flocks an their hirds, their sins an their dothers. [25]Lat hiz lie doon in wir shame an lat wir disgrace hap hiz. We've deen ill tae e Lord wir God, ay baith hiz an wir fadders afore hiz, fae e time we were young richt up tae nooadays. We hinna deen fit e Lord wir God telt hiz."

CHAPTIR 4

"Gin ye come back, Israel, come back tae me," says e Lord. "Gin ye pit yer skaikent eedols awa oot o ma sicht, an dinna gyang agley, [2]an gin ye sweer, 'As seerly as e Lord lives,' in trowth, in jeestice an in richteousness, syne cuntras will be blisst bi him an they'll blaw aboot him."

[3]Iss is fit e Lord says tae e fowk o Judah an Jerusalem: "Braak-in yer ley grun an dinna shaav amo thrissles. [4]Circumceese yersels tae e Lord an tak awa e foreskins o yer herts, ye fowk o Judah, an ye fa bide in Jerusalem, for fear ma annger bleeze up lik a fire wi naethin tae slock it, cause o the ill ye've deen.

⁵"Tell it in Judah an shout it oot in Jerusalem sayin, 'Soun e tooteroo throwe e hale cuntra.' Shout it oot an say, 'Gaither egither! Lat's rin tae e fortifiet toons.' ⁶Reese up e flag e wye o Zion. Rin! Dinna stan aboot. Cause A'm fessin crockaneetion fae e north, a fearsome missaucre."⁷A lion his come oot o his lair; a wracker o e nations his set oot. He his left his place tae herrie yer lan. Yer toons will lie in ruins wi naebody bidin in them. ⁸Sae pit on saickclaith, roar an greet, cause e burnin annger o e Lord hisna turnt awa fae hiz. ⁹"In att day," says e Lord, "e keeng an e chieftains will loze hert, e priests will get a gey stammygaster, an e prophits will be dumfoonert."

¹⁰Syne A said, "Ach, Lord God, foo ye've fairly swickit iss fowk an Jerusalem bi sayin, 'Ye'll hae peace,' fan e swoord is at wir thrapples." ¹¹Come time iss fowk an Jerusalem will be telt, "A birstlin win fae e bare braes o e roch cuntra blaas e wye o ma fowk, bit it winna fan nor clean; ¹²a win ower strong for att comes fae me. Noo A'll pronoonce ma jeedgements agin them." ¹³Waatch! He comes on lik e cloods, his chariots come lik a furlin win, his horse are fleeter nor aigles. Peety on's. It's e hinnerein o's. ¹⁴Jerusalem, waash e coorseness fae yer hert an be saved. Foo lang will ye be sae ill-thochtit? ¹⁵A vice is annooncin fae Dan att crockaneetion is comin fae e heilans o Ephraim. ¹⁶"Waarn e nations, annoonce tae Jerusalem: 'A besiegin airmy is comin fae hine awa, reesin their vices agin e toons o Judah. ¹⁷They surroun her lik waatchmen keppin a park, cause she his rebelled agin ma,'" says e Lord. ¹⁸"Yer ain wyes an deeins hiv brocht iss doon on ye. Iss is yer sairin: snell an winnin richt tae yer herts."

¹⁹O, ma heid, o ma heid! A'm sair come at. O fit a sair hert, a hert dingin inno ma. A canna keep quait cause A've heard e soun o e tooteroo, the alairm o waar. ²⁰Crockaneetion comes on crockaneetion an e hale cuntra lies shent. Aa at eence ma tents are in ruinage, ma drapes in a blink. ²¹Foo lang maun A see e battle flag an hear e soun o e tooteroo? ²²"Ma fowk are feels an dinna ken ma. They are glaikit bairns wi nae unnerstannin. They are skeely in deein ill, bit dinna ken foo tae dee naethin gweed." ²³A leukit at e warl: it wis bogshaivelt an teem; at e hivvens an they hid nae licht. ²⁴A leukit at e heilans an they were shaakin, at e hills an they were showdin back an fore. ²⁵A leukit an there wis nae fowk; ilka bird i the lift hid flown. ²⁶A leukit an e growthie grun wis scabbit; aa its toons were dung doon afore e Lord, afore his burnin rage. ²⁷Iss is fit e Lord says, "The hale lan will be a bare ruinage, tho A winna dee awa wi't aaegither. ²⁸Sae e warl will greet an e hivvens abeen turn bleck, cause A've spoken an winna gyang back on ma wird. A've made ma myn up an winna turn back." ²⁹At e soun o e horsemen an e bowemen, ilka toon taks tae flicht. Some gyang in amo e busses, some clim up e craigs. Aa e toons are teem, naebody bides in them. ³⁰Fit are ye deein, ye fa are connacht? Fit wye are ye riggin yersel oot in scarlet an pittin on yer gowd banngles? Fit wye are ye pintin yer een? Yer preenin winna dee ye nae gweed. Yer luvvers think lichtsome o ye an are wintin tae kill ye. ³¹A hear a cry lik a wumman in her pangs, a grainin lik she wis haein her first bairn. E cry o e dother o Zion pechin for braith, raxin oot her hans an sayin, "Losh me! A'm takkin a dwaam; ma life is i the hans o murtherers."

CHAPTIR 5

"Gyang back an fore e streets o Jerusalem, tak a gweed leuk roon an think ower fit ye see; haik throwe aa her squaars. Gin ye can fin bit ae body fa disna swick an sikks e trowth, syne A'll forgie her. ²Tho they say, 'As seer's e Lord lives,' for aa that, they're sweerin a lee." ³Lord, div yer een nae leuk for e trowth? Ye strack them, bit they didna feel it; ye prant them, bit they widna tak a tellin. They set their faces harder nor steen an widna cheenge their wyes. ⁴A thocht, "It's jist e peer fowk; they're nae mowse. They dinna ken e wye o e Lord nor e jeedgement o their God. ⁵Sae A'll gyang tae e chieftains an speak tae them; seerly they'll ken e wye o e Lord an e jeedgement o their God." Bit they aa igither hid breuken aff e yock, an rippit aff e chines. ⁶Sae a lion fae e wids will strick them doon, a wolf fae e roch cuntra dee awa wi them, a leopard will waatch their toons tae rip tae bits onybody fa comes oot, cause their ill-deeins are mony an there's muckle back-slidin. [7]"Fit wye shuld A forgie ye? Yer bairns hiv turnt awa fae ma an sworn bi gods att are nae gods avaa. A gied them aa they nott, yet they lay wi ither men's wives an aa trailed tae the hoor-hooses. [8]They're weel-maetit, randy horse, ilka een nicherin for his neeper's wife. [9]Shuld A nae gie them their sairin for iss?" says e Lord. "Shuld A nae tak ma ain back on sic a cuntra?

[10]"Gyang throwe her vinyairds an ding doon e vines, bit dinna destroy them aa. Strip aff her boughs, cause they are nae e Lord's. [11]E fowk o Israel an e fowk o Judah hiv deen onchancie things tae ma," says e Lord. [12]They hiv leed aboot e Lord, an said, "Ach, he winna dee naethin! Nae hairm will come tae's; we'll nivver see swoord nor wint. [13]E prophits are aa win an e wird is nae inno them, lat fit they say faa on their ain heids." [14]Sae iss is fit e Lord God o Hosts says, "Cause e fowk hiv spoken iss wirds, A'll mak ma wirds a fire in yer moo an iss fowk, e wid it birstles up. [15]Jist waatch, you fowk o Israel," says e Lord, "A'm fessin a hine awa cuntra agin ye, an aul an lang lestin cuntra, a fowk fa spik a forrin tongue, an fas wird ye dinna unnerstan. [16]Their quivers are lik an open grave; they're aa bonnie fechters. [17]They'll devoor yer hairsts an yer maet, devoor yer sins an yer dothers; they'll devoor yer flocks an yer hirds; they'll devoor yer vines an fig trees. Wi e swoord they'll ding doon e waaed toons ye lippen till. [18]Still-an-on, at att time," says e Lord, "A winna dee awa wi ye aa egither. [19]An fan yer fowk speir, 'Fit wye his e Lord wir God deen aa iss tae hiz?' ye'll tell them, 'Jist as ye've turnt awa fae me an lippent tae forrin gods in yer ain lan, sae noo ye'll lippen tae forriners in a lan att's nae yer ain.'

[20]"Annoonce iss tae e hoose o Jacob an tell it oot in Judah: [21]hear iss ye gypit, glaikit fowk, fa hiv een, bit canna see, fa hiv lugs, bit canna hear: [22]Div ye nae fear ma," says e Lord. "Div ye nae shaak fan A'm aboot? A've made e san e mairch for e sea, an ivver comman att it canna come ower't. E waves mith roll bit they winna get e mar o't; tho they roar, they canna cross ower it. [23]Bit iss fowk hiv thraawn an contermashious herts; they hiv turnt sidelins an gane awa. [24]They dinna say tae themsels, 'Lat's fear e Lord wir God, fa gies e rain in its sizzon, baith aatumn an spring, makkin seer we hiv hairst at e richt time.'

[25]"Yer ill-deeins hiv keepit iss awa fae ye; yer coorseness his garrt ye tyne aa gweed. [26]Amo ma fowk are e coorse: they lie in wyte lik them fa tak birds in a snare, lik them fa set traps tae catch fowk. [27]Lik cages full o birds, their hooses are fullt wi coorse proticks; they've bicome pooerfu an walthy, [28]an hiv growen creeshy an sleekit. There's nae leemit tae their ill proticks; an they dinna leuk for jeestice, they dinna bather tae help e fadderless, an they dinna defen e richts o them fa are in wint. [29]Shuld A nae gie them their sairin for iss?" says e Lord. "Shuld A nae tak ma ain back on sic a cuntra?

[30]"An awfu, scunnersome thing his happent i the lan. [31]E prophits prophisy lees, e priests gyang their ain wye aboot things, an ma fowk are fair teen on wi sic wyes. Bit fit will ye dee i the hinnerein?

CHAPTIR 6

"Rin for yer lives, clan Benjamin, get oot o Jerusalem. Soun e tooteroo in Tekoa. Reese e flag ower Bethhakkerem. Crockaneetion threetens fae e north, a muckle onset. [2]A'll dee awa wi e bonnie, gate-farrin Dother o Zion. [3]Shepherds wi their flocks will come tae her; they'll pit up their tents roon her, ilka een leukin efter his ain bittie grun. [4]Mak riddy tae fecht wi her. Reese up an attack her at neen. Bit confoon't! E daylicht is dwinin an e gloamin shaddas growe lang. [5]Sae get up, lat's attack at nicht an ding doon her big hooses."

⁶Iss is fit e Lord God o Hosts says, "Hack doon e trees an bigg seige ramps tee till Jerusalem. Iss toon maun get its sairin; there's naethin bit doon-haudin inno her. ⁷As a waalie poors oot its watter, sae she poors oot her coorseness. Strife an crockaneetion soun throwe her an her skaith an sairs are aye afore ma. ⁸Tak tent, Jerusalem, for fear A turn awa fae ye an mak yer grun sae bare att naebody can bide in it."

⁹Iss is fit e Lord o Hosts says, "They'll fair glean e lave o Israel as gin it were a vine; pass yer han ower e boughs again as gin ye were a grape-hairster." ¹⁰Fa can A spik till an gie a waarnin? Fa will hearken tae ma? Their lugs are shut, sae they canna hear. They scowff at e wird o e Lord an think lichtsome o't. ¹¹Bit A'm fullt wi the annger o e Lord, weary, weary hauddin't in. "Poor it oot on e bairns i the street an on e gaitherin o loons; baith man an wife will be catcht bi't, an the aul, them wi a birn o ears on their backs. ¹²Their hooses will be hannit ower tae ither fowk, ay, an their parks an wives anaa, fan A rax oot ma han agin them fa bide in iss cuntra," says e Lord. ¹³"Fae e laichest amo them tae e heichest amo them, they're aa grabbin tae full their ain pooches; prophits jist as bad as priests: aa dealin in swickery. ¹⁴They're lichtsome i the binnin up o e sairs o ma fowk. 'Peace, peace,' they say, fan there's nae peace. ¹⁵Are they affrontit o their coorse ongyaans? Deil e bit o't, they've nae shame avaa. They widna ken foo tae tak a reed face. Sae they'll faa amo them ariddy doon, they'll be dung doon fan I gie them their sairin," says e Lord. ¹⁶Iss is fit e Lord says, "Stan at e road ein an leuk; speir for the aul wyes; speir fitna een is e gweed wye an waalk in it, an ye'll fin rist for yer sowls. Bit ye said, 'We winna waalk in it.' ¹⁷A set waatchmen ower ye an said, 'Hearken tae e soun o e tooteroo.' Bit ee said, 'We winna listen.'

¹⁸"Sae, hear, ye cuntras, ye fa are waatchin; see fit will happen tae them. ¹⁹Hear, warl, A'm fessen crockaneetion on iss fowk, the upcome for their proticks, cause they hinna listent tae ma wirds an hiv rejeckit ma laa. ²⁰Fit eese tae me is scintit reek fae Sheba or sweet seggs fae hine awa? A winna accep yer brunt offerins an A'm nae neen teen on wi yer sacrifeeces." ²¹Sae iss is fit e Lord says, "A'll pit hinnerances afore iss fowk. Fadders an mithers wi their bairns tee will stummle ower them; neepers an freens will be deen awa wi." ²²Iss is fit e Lord says, "Jist waatch, an airmy is comin fae e northlans, a muckle cuntra is bein steered up fae the eins o e warl. ²³They hiv a haud o bowe an spear; they're maist affa coorse an winna shew nae mercy. They hiv a soun lik e roarin sea as they hurl on their horse, set oot in battle array agin ye, Dother o Zion." ²⁴We've heard wird o them, an wir hans faa fushionless. We're sair come at, lik a wumman in her pangs. ²⁵Dinna gyang oot inno e parks, nor traivel ben e roads, cause the innemy his a swoord, an there's terror on ilka side.

²⁶Pit on saickclaith, ma fowk, an rowe yersel in aise; greet sair as gin ye'd tint yer ae sin, cause aa at eence e wracker will be onno's. ²⁷"A've made ye a gauger o metals amo ma fowk att ye mith ken an sye their wyes. ²⁸They're aa coorse brutes, gyan aboot spreadin tittle-tattle. They're bress an airn; they're aa tarred wi e same brush. ²⁹E bellas blaa snell tae burn awa e leed i the flame; on gyangs e syein, bit na, na, e coorse are nae syed oot. ³⁰They are caaed rejeckit siller, cause e Lord his rejeckit them."

CHAPTIR 7

Iss is e wird att cam tae Jeremiah fae e Lord, ²"Stan at e yett o e Lord's hoose an tell oot iss eerin: Hear e wird o e Lord, aa ye fowk o Judah fa come in throwe iss yett tae wirship e Lord. ³Iss is fit e Lord o Hosts, e God o Israel says: men yer wyes an fit ye dee, an A'll lat ye bide in iss place. ⁴Dinna lippen tae haivers an say, 'Iss is e Temple o e Lord, e Temple o e Lord, e Temple o e Lord.' ⁵Gin ye div men yer wyes an fit ye dee, gin ye div play fair wi een another, ⁶gin ye dinna haud doon e forriner, nor e fadderless, nor e weeda, an dinna spull innocent bleed in iss place, an gin ye dinna folla ither gods tae yer ain hairm, ⁷syne, A will lat ye bide in iss place, e grun A gied tae yer fadders for aye.

[8]"Bit fegs, ye're lippenin tae haivers att are nae wirth a docken. [9]Will ye pinch, an murther, lie wi ither men's wives, tell lees on aith, burn scintit reek tae Baal an chase efter ither gods ye dinna ken,[10]an syne come an stan afore ma in my hoose, att his my name, an say, 'Ach, we're sauf' tae dee aa iss ill?' [11]His iss hoose, att his my name, turnt intill a den o robbers in yer een? Bit A've seen it for masel, says e Lord. [12]G'wa noo tae e place at Shiloh far A first set up ma name, an see fit A did till't cause o e coorseness o ma ain fowk, Israel. [13]Fan ye were deein aa iss coorse things, says e Lord, A spak tae ye time an time again, bit ye didna listen, an fan A cried tae ye, ye didna answer. [14]Sae A'll dee tae e hoose att noo his my name, e Temple ye lippen till, e place A gied tae you an yer forebeers, e same as A did tae Shiloh. [15]A'll fling ye awa oot o ma sicht, jist as A did wi e lave o the Israelites, e fowk o Ephraim.

[16]"Sae dinna pray for iss fowk, nor reese up ony cry nor prayer for them. Dinna prig wi ma, cause A winna listen tae ye. [17]Div ye nae see fit they are deein i the toons o Judah an i the streets o Jerusalem? [18]E bairns gaither kennlin, e fadders licht e fire, e weemen kned e dough an bake bannocks tae offer tae e queen o hivven. They poor oot drink offerins tae ither gods, div ye winner att A'm raised? [19]Bit is't me they're tirmintin? Says e Lord. Are they nae jist hairmin themsels tae their ain affront? [20]Sae iss is fit e Lord God says: Ma annger an ma rage will be poored oot onno iss place, onno man an beast, onno e trees o e parks, onno e craps in yer grun. It will burn an nae be slockent.

[21]"Iss is fit e Lord o Hosts, e God o Israel says, Pit yer brunt offerins onno yer sacrifeeces an ett e maet yersels. [22]Cause fan A brocht yer fadders oot o Egypt, A nivver said naethin tae them aboot brunt offerins an sacrifeeces, [23]bit A gied them iss comman: Dee fit A bid ye an A'll be yer God an ye'll be my fowk. Dee aathin att A've telt ye an aa will be weel. [24]Bit they didna listen nor tak tent; insteid, they jist did fitivver they wintit, folla'in their ain thraawn herts. They gaed backlins raither nor forrit. [25]Fae e time yer forebeers left Egypt till noo, day in, day oot, time an time again, A sent ye ma servants, e prophits. [26]Bit they didna listen tae ma nor tak tent. They were hard neckit an did mair ill nor them fa gaed afore them. [27]Ye'll tell them aa iss, bit they winna hearken tae ye; fan ye cry tae them, they winna answer. [28]Sae, ye maun say iss tae them, 'Iss is e fowk att didna dee fit e vice o e Lord their God telt them nor widna tak a tellin. Trowth's deid: sneddit aff fae their moos.

[29]"Cut aff yer hair an fling it awa; tak up a pibroch on e bare braes, cause e Lord his rejeckit an forsaken iss ation att he's sae raised wi.' [30]E fowk o Judah hiv deen ill afore ma verra een, says e Lord. They hiv set up their skaikent eedols i the hoose att's caaed bi my name, tae fyle it. [31]They hiv biggit their godless shrines at Tophet i the Howe o Ben Hinnom tae burn their sins an dothers i the fire. I nivver telt them tae dee att; A nivver as muckle as thocht aboot it.

[32]"Sae jist waatch, e days are comin, says e Lord, fan fowk winna caa it Tophet or e Howe o Ben Hinnom, bit e Howe o Slauchter, cause they'll beery e deid in Tophet till there's nae mair room. [33]Syne e deid bodies o iss fowk will be maet for e birds an e wild beasts, wi neen tae fleg them awa. [34]A'll pit an ein tae e cheery singin an splore, e vices o e bride an groom i the toons o Judah an e streets o Jerusalem, for e lan will be a bare ruinage.

CHAPTIR 8

"At att time," says e Lord, "they'll fess oot e beens o e keengs an clan chiefs o Judah, e beens o e priests an e prophits, an e beens o e fowk o Jerusalem, aa teen oot o their graves. [2]They'll lie bare tae e sin an e meen an e stars o e hivvens att they've looed an served an hiv gane efter, an socht an wirshippt. They winna be gaithert nor beeriet, bit will lie lik muck on e grun. [3]An e fowk o iss coorse cuntra will think themsels better aff deid nor tae be livin far A'm gyan tae sen them," says e Lord o Hosts.

⁴"Say tae them, Iss is fit e Lord says: Fan fowk faa, div they nae rise up again? Fan fowk turn awa, div they nae come back? ⁵Fit wye, syne, hiv iss fowk o Jerusalem turnt awa in their back-slidin? They haud on tae their leein wyes an refeese tae come back. ⁶A teuk tent o fit they were sayin, bit neen o't's richt. Neen o them are sorry for fit they've deen wrang, sayin, 'Fit hiv A deen?' Ilka een gyangs his ain road lik a horse skelpin on tae the fecht. ⁷E verra stork i the lift kens her sizzons, an e doo, e swallaw an e mavis waatch e time o their comin. Bit ma fowk hiv nae noshun o fit e Lord's sikkin.

⁸"Foo can ye say, 'We're clivver, cause we hiv e laa o e Lord,' fan in fac, e leein pen o e dominies turnt it tae haivers? ⁹E clivver will be affrontit, they'll be raivelt an snared. Ay, they've rejeckit e wird o e Lord sae fit kyn o learnin div they hae? ¹⁰Sae, A'll gie their wives tae ither chiels an their grun tae ither lairds. Fae e naithmaist tae e heichest, they're aa oot tae full their ain pooches; ay prophit an priest baith, jist a bunch o swicks. ¹¹They're lichtsome i the binnin up o e sairs o ma fowk. 'Peace, peace,' they say, fan there's nae peace. ¹²Are they affrontit o their coorse ongyaans? Deil e bit o't, they've nae shame avaa. They widna ken foo tae tak a reed face. Sae they'll faa amo them ariddy doon, they'll be dung doon fan I gie them their sairin," says e Lord.

¹³"A'll tak awa their hairst," says e Lord. "There will be nae grapes on e vine. There will be nae figs on e tree an e leaves will growe wallant. Fit A've gien them will be teen awa."¹⁴Fit wye div we sit siccar? Gaither in aboot an we'll gyang tae e fortifiet toons an dee there. We're deemed tae dee at e han o God. He gies hiz pooshent watter tae drink, cause we did ill agin him. ¹⁵We leukit for peace, bit nae gweed cam, a time o healin, bit there wis jist stramash. ¹⁶E snochterin o horse is heard fae Dan; at e snicherin o their staig, e hale cuntra shaaks. They've come tae devoor e lan an aa att's inno't; e toon an aa fa bide there. ¹⁷"Jist waatch, A'm gyan tae sen snakes amo ye, adders att canna be chairmed, an they'll bite ye," says e Lord.

¹⁸Ma sorra is ayont dool, an ma hairt taks a dwaam inno ma. ¹⁹Hearken tae e greetin o ma fowk fae a lan hine awa: "Is e Lord nae in Zion? Is her keeng nae there?"'Fit wye hiv they got ma birse up wi their eemages, wi their wirthless forrin eedols?'²⁰"E hairst's in, e simmer bye wi an we're nae saved." ²¹A feel e sair o ma fowk, A greet an e horrors grip ma. ²²Is there nae balm in Gilead? Is there nae doctor there? Fit wye is there nae healin for e sairs o ma fowk?

CHAPTIR 9

Oh, gin ma heid wis a spring o watter an ma een a waalie o tears, A'd greet day an nicht for aa e fowk fa hiv been deen awa wi. ²Oh, gin A hid a ludgin for traivellers i the roch cuntra, sae A mith leave ma fowk an gyang awa fae them; cause they're aa adulterers, a bunch o coorse brutes. ³"They boo their tongues lik a bowe tae sheet lees; it's swickery an nae trowth att's foremaist i the lan. They gyang fae ae ill tae e neist an dinna ken ma," says e Lord. ⁴Bewaur o yer freens; dinna trust naebody in yer clan. Ilka een o them is a swick, ilka freen coorse-mooed. ⁵Freen swicks freen an neen o them tell e trowth. They hiv learnt their tongues foo tae tell lees an they're sair forfochen wi ill-deein. ⁶Ye bide in a warl o joukerie-packerie, an throwe their swickerie, they refeese tae ken ma, says e Lord. ⁷Sae iss is fit e Lord God o Hosts says, "Jist waatch, A'll milt them doon an sye them, cause fit sorra ither, cause o the ill-deein o ma fowk? ⁸Their tongue is a deidlie arra, it spiks haivers. They are aa mealy-mooed wi their neepers, bit i their herts set snares for them.

⁹"Shuld A nae gie them their sairin for iss?" says e Lord. "Shuld A nae get ma ain back on sic a nation as iss?" ¹⁰A'll roar an greet for e moontains an tak up a dirge for e girss parks o e wild. They're laid waste

sae neen traivel throwe an e soun o beasts is nae heard there. E birds hiv aa fleen awa an aa e beasts are awa, aye aa awa. ¹¹"A'll mak Jerusalem a rickle o steens, a hant o jackals, an A'll teem e toons o Judah sae att naebody bides in them."

¹²Fa is clivver aneuch tae unnerstan iss? Fa his been learnt bi e Lord an can tell ither fowk? Fit wye is e lan lyin scruntit an birselt lik a desert att neen traivel throwe? ¹³E Lord said, "Cause they've turnt fae ma laa att A set afore them, they hinna deen fit A bad them nor teen wi A telt them. ¹⁴Raither, they hiv follaed e thraawnness o their herts an chased efter e Baals, lik their fadders learnt them. ¹⁵Sae iss is fit e Lord o Hosts, e God o Israel, says, Jist waatch, A'll gar e fowk ett soor maet an drink pooshent watter. ¹⁶A'll scatter them aa ower e warl amo fowk att naither they nor their fadders kent, an A'll chase them wi e swoord till A've made an ein o them."

¹⁷Iss is fit e Lord o Hosts says, "Think aboot fit A'm sayin an fess oot e greetin weemen, sen e maist skeely o them."¹⁸Lat them come quick an greet ower hiz, till wir een are poorin wi tears, an e watter teems fae wir eelids. ¹⁹E soun o yowlin is heard fae Zion: "Att's e hinnerein o's! Sic a doon-come. We maun leave wir grun, an wir hooses are a rummle o steens." ²⁰Noo, you weemen, hear e wird o e Lord; open yer lugs tae e wirds o his moo. Learn yer dothers foo tae yowl, learn een anither a dirge. ²¹Daith his creepit in throwe e windas; it's inno wir big hooses; it's teen awa e bairns fae e streets an e loons fae e plainsteens. ²²Say, iss is fit e Lord says, Deid bodies will lie lik muck i the parks, lik shaives ahin e hairsters wi neen tae gaither them.

²³Iss is fit e Lord says, "Dinna lat e clivver blaw aboot their learnin, nor e stoot blaw aboot their strinth, nor e weel-aff o their walth, ²⁴bit gin they're gyan tae blaw, iss is fit tae blaw aboot: att they hiv e heid tae ken ma, att A'm e Lord, fa his a kindly wye o deein, is jeest an richteous in iss warl, cause Att's fit pleases ma," says e Lord.

²⁵"E days are comin," says e Lord, "fan A'll gie a sairin tae aa them att are circumceesed yet nae circumceesed: ²⁶Egypt, Judah, Edom, Ammon, Moab an an aa fa bide i the roch cuntra an aa them fa trim their bairds. Aa att cuntras are nae circumceesed, bit e hale hoose o Israel his a hert att's nae circumceesed."

CHAPTIR 10

Hear fit e Lord says tae ye, fowk o Israel. ²Iss is fit e Lord says: "Dinna learn e wyes o ither cuntras an dinna be feart bi e signs o e hivvens, tho ither cuntras are terrifiet at them. ³For fowks' wyes o deein are feckless; they cut doon a tree i the wids, an it's shapit bi a warkman wi an aix. ⁴They owerlap it wi siller an gowd, haimmerin in nails tae keep it aa egither sae att it winna coup. ⁵They stan lik tattie boodies in a park o corn, they canna spik, they maun be cairriet cause they canna waalk. Dinna be neen feart at them, they canna dee ye nae hairm, nor can they dee nae gweed." ⁶Fa's like ye, Lord? Ye're winnerfu, an yer name is foo o pooer. ⁷Fa widna be feart at ye, keeng o e cuntras o e warl? Iss is fit ye deserve. O aa e clivver chiels amo e cuntras an in aa their keengdoms, there's neen lik you. ⁸They're aa glaikit an feel, their learnin comes fae eedols vrocht fae wid. ⁹Haimmert siller is brocht fae Tarshish an gowd fae Uphaz. E wark o e vricht an e gowdsmith is syne cled in blue an purple, aa vrocht bi skeely hans. ¹⁰Bit e Lord is e true God; he's e livin God an an ivverlestin keeng. Fan his birse is up, e warl shaaks, e cuntras o e warl canna stan his annger. ¹¹"Tell them iss: 'E gods fa didna mak e hivvens an e warl will be deen awa wi fae oot o e warl an fae aneth e hivvens.'" ¹²Bit God vrocht e warl throwe his pooer, he set up e warl throwe his wisdom an raxed oot e hivvens throwe his learnin. ¹³Fan he thunners, there's a mineer o watters i the hivvens an he gars cloods rise fae the eins o the earth. He sens lichtnin wi e rain an fesses e win oot o his barns. [14]Aabody's feel an glaikit; ilka gowdsmith affrontit bi his eedols. His eemages are a chet, they hiv nae braith inno them. [15]They're feckless, tae be lauchen at. Fan their day comes, they'll aa be deen awa wi. [16]E God o Jacob is nae lik them; he's e Makker o aathin, includin Israel, e fowk o his heirskip. E Lord o Hosts is his name.

[17]Gaither up yer gear an leave e lan, ye fa are i the toon unner siege. [18]Cause iss is fit e Lord says: "Jist waatch, A'll clear e lan o them fa bide on it. A'll fess crockaneetion on them an they'll be teen."

[19]Aliss, aliss, A'm sair. There's nae cure for ma stangs. Bit, A said tae masel, "Iss is my oncome an A maun pit up wi't." [20]Ma tent is connacht, aa its guys are rivven. Ma bairns are awa, awa an are nae mair. There's naebody left tae pit up ma tent nor hing ma drapes. [21]E shepherds hiv gane gyte an dinna speir at e Lord; sae they dinna dee weel an aa their flock is scattert. [22]Hearken, there's clatter aboot: a muckle stramash fae e northlans. It will ding doon e toons o Judah tae ruination, mak them a haunt o jackals.

[23]Lord, A ken wir lives are nae wir ain, we canna airt e road we traivel. [24]Haud ma in aboot, Lord, bit dinna be ower sair on ma. Dinna be ower raised wi ma for fear ye caa ma doon aa egither. [25]Poor oot yer annger on e cuntras att winna tak wi ye, on e fowk fa dinna cry on yer name. For they hiv devoored Jacob, devoored him aa egither an herriet his parks.

CHAPTIR 11

Iss is e wird att cam tae Jeremiah fae e Lord: [2]"Hear e wirds o iss covenant an spik tae e fowk o Judah an tae them fa bide in Jerusalem. [3]Tell them att iss is fit e Lord, e God o Israel, says: 'Onybody fa disna tak wi e wirds o iss covenant will be curst, [4]e covenant A bun yer fadders till fan A feesh them oot o Egypt, oot o the airn furnace.' A said, 'Hear fit A'm sayin an dee aathin A bid ye dee, an ye'll be ma ain fowk, an A'll be yer God. [5]Syne A'll keep the aith A swore tae yer fadders, tae gie them a lan rinnin wi milk an hunny, e lan ye bide in ivnoo.'" A answert, "Amen, Lord." [6]E Lord said tae ma, "Tell oot aa iss wirds i the toons o Judah an i the streets o Jerusalem: 'Listen tae e wirds o iss covenant an tak wi them. [7]Cause A gied yer fadders a gweed tellin fan A brocht them up fae Egypt an richt up till iss day, A warnt them ower an ower again, sayin, "Dee fit A tell ye." [8]Bit they didna listen nor tak tent, bit they aa follaed e thraawnness o their ain coorse herts. Sae A brocht onno them aa e curses o e covenant A hid telt them tae folla, fan they didna folla it.'" [9]Syne e Lord said tae ma, "There's a ploy amo e fowk o Judah an them fa bide in Jerusalem. [10]They hiv turnt back tae the ill-deein wyes o their forebeers, fa widna listen tae fit A telt them. Israel an Judah hiv baith breuken e covenant A made wi their forebeers.

[11]"Sae iss is fit e Lord says: 'A'll fess a crockaneetion onno them att they winna win awa fae. Tho they greet tae ma, A winna listen tae them. [12]E toons o Judah an e fowk o Jerusalem will gyang an greet tae e gods they sen up scintit reek tae, bit they winna help them fan e crockaneetion comes. [13]Judah, ye hiv as mony gods as ye hiv toons; an ye hiv as mony aaltars tae burn scintit reek tae att fool god Baal as there are streets in Jerusalem.' [14]Dinna pray for iss fowk or prig wi ma for them, cause A winna listen fan they cry tae ma i their stramash. [15]"Fit richt hiv ma ain fowk tae come inno ma Temple, fan they, wi mony ither fowk, wark their ill proticks? Can haily beef hain ye fae yer sairin? Ye're nivver happier nor fan ye're deein ill." [16]E Lord caaed ye a green olive tree, bonnie wi gweed fruit. Bit wi e roar o a muckle storm, he'll set it on fire, an its boughs will be birselt. [17]E Lord o Hosts, fa plantit ye, his pronoonced crockaneetion for ye, cause e fowk o baith Israel an Judah hiv deen ill an got ma birse up bi burnin scintit reek tae Baal.

[18]Bit e Lord telt ma aboot their proticks, A kent it, cause he shewed ma fit they were deein. [19]A wis lik a wee lammie led tae e slauchter; A didna ken they hid ploys agin ma an were sayin, "Lat's ding doon e tree an its fruit; lat's sned him aff fae e lan o e livin, sae his name mith nae be mynt on nae mair." [20]Bit, Lord o Hosts, fa jeedges richt, an fa ripes e hert an e heid, lat ma see yer vengeance on them, cause A've set oot ma case afore ye. [21]"Sae iss is fit e Lord is sayin aboot e men o Anathoth fa are threetnin tae kill ye, 'Dinna prophisy i the name o e Lord or ye'll dee at oor hans.' [22]Sae iss is fit e Lord o Hosts says, 'A'll gie them their sairin. Their young birkies will dee bi e swoord, their sins an dothers throwe wint. [23]An neen o them avaa will be left, cause A'll fess crockaneetion on e fowk o Anathoth i the year A gie them their sairin.'"

CHAPTIR 12

Ye're aye richteous, Lord, fan A plead a case tae ye. Bit A wid hae a wird wi ye aboot fit wye e coorse aye come tae e fore? Fit wye div e ne'er-dee-weel thrive? [2]Ye've plantit them an they've teen reet; they growe an they crap. Ye're aye on their lips bit hine awa fae their herts. [3]Bit Lord, ye ken ma an see ma an hiv tried oot ma thochts aboot ye. Haul them awa lik sheep tae e fleshin. Set them aside fer e day o slauchter. [4]Foo lang will e grun lie druchtit an e girse in ilka park be scruntit? Bicause o e coorseness o them fa bide in't, e beasties an birdies hiv been swypit awa. Mair ower, e fowk are sayin, "He winna see fit's tae be e hinnerein o's."

[5]"Gin rinnin a race wi chiels tires ye oot, foo can ye compete wi horses? Gin ye faa ower in a lan o peace, foo will ye dee amo e busses alang e Jordan? [6]Yer ain fowk, yer ain faimly hiv lat ye doon; they've set up a roarin agin ye. Dinna trust them for aa att they spik weel o ye.

[7]"A've gien up ma ain fowk, keest awa ma heirskip; A've gien e luv o ma hert ower tae her faes. [8]Ma heirskip is lik a lion i the wids tae ma. She skraichs oot at ma, sae A hate her. [9]His ma heirskip nae turnt oot lik a speckilt bird o prey att ither birds o prey surroon an come at? G'wa an gaither aa e wild beasts; fess them tae devoor her. [10]A curn o shepherds hiv spylt ma vinyaird an trumpit doon ma park; they hiv made a crockaneetion o ma bonnie park. [11]It his been made a teem scrog; druchtit, it greets for ma. E hale cuntra his been connacht, bit naebody cares a docken. [12]Ower aa e scruntit heilans i the roch cuntra, e reivers will come, for e swoord o e Lord will devoor fae ae ein o e lan till e tither; neen will be at peace. [13]They've shaavn wheat, bit will hairst thrissles; they'll weer themsels deen, tae nae avaal. They'll hae a hairst o shame cause o e Lord's blin rage."

[14]Iss is fit e Lord says aboot aa ma coorse neepers fa dee ill tae the heirskip A gied ma fowk, Israel, "A'll upreet them fae their grun an A'll upreet e fowk o Judah fae amo them. [15]Bit efter A've upreeted them, A'll feel sorry for them again an A'll fess ilka een o them back tae their ain heirskip an their ain cuntra. [16]An gin they larn e wyes o my fowk an sweer bi ma name, sayin, 'As seer as e Lord lives' jist as they eence learnt my fowk tae sweer bi Baal, syne they'll thrive i the midse o my fowk. [17]Bit gin ony cuntra winna listen, A'll upreet it, upreet it an dee awa wi't aaegither," says e Lord.

CHAPTIR 13

Iss is fit e Lord said tae ma: "Gyang an buy a leenen aapron an wup it roon yer wyste, bit dinna weet it." [2]Sae a bocht an aapron as e Lord hid garrt ma dee an wuppit it roon ma wyste. [3]Syne e wird o e Lord cam tae ma a saicond time:[4]"Tak the aapron ye bocht an are weerin roon yer wyste an gyang tae the Euphrates an hide it there in a hole i the craig." [5]Sae A gaed an hod it anent the Euphrates, jist as e Lord garrt ma dee. [6]A gweed file efter att, e Lord said tae ma, "G'wa tae the Euphrates an fess back the aapron A garrt ye hide there." [7]Sae A gaed tae the Euphrates, an howkit an teuk the aapron fae far A'd hodden it, bit the aapron wis connacht, o nae eese avaa. [8]Syne e wird o e Lord cam tae ma: [9]"Iss is fit e Lord says: 'Jist lik iss A'll connach e bigsyness o baith Judah an Jerusalem. [10]Iss coorse fowk fa winna listen tae fit A'm sayin an fa folla their ain thraawn herts an chase efter ither gods an wirship them, will be jist lik iss aapron, nae wirth a docken. [11]For as an aapron grips on tae a body's wyste, sae A garrt e fowk o Israel an e fowk o Judah grip on tae me,' says e Lord, 'tae be ma ain fowk for a name, for a praise an for a glory. Bit they hinna listent.'

[12]"Tell them iss: 'Iss is fit e Lord, e God o Israel, says: Ilka pig shuld be fullt wi wine.' An they'll say tae ye, 'Div'n't we ken ilka pig shuld be fullt wi wine?' [13]Syne tell them, 'Iss is fit e Lord says: A'm gyan tae fill aa e fowk o iss lan fu, e keengs fa sit on Daavit's throne, e priests, e prophits an aa fa bide in Jerusalem. [14]A'll skelp them teetill een anither, mithers, fadders an bairns egither, says e Lord. A winna lat nae rue nor mercy nor hert-peety keep ma fae deein awa wi them.'"

[15]Hearken an tak tent, dinna be bigsy, cause e Lord his spoken. [16]Gie glory tae e Lord yer God afore he fesses e mirk, afore yer feet styter on e gloamin hills. Ye hope for licht, bit he'll turn it tae dreich shadda an cheenge it tae pick-mirk. [17]Gin ye dinna listen, A'll hae a greet masel cause o yer bigsyness; ma een will greet sair, reamin wi tears, cause e Lord's flock will be teen captive. [18]Say tae e keeng an e queen mither, "Come doon fae yer thrones, cause yer braw croons hiv faen aff yer heids." [19]E toons o e Negev will be shut up wi neen tae open them. Aa Judah will be cairriet awa tae exile, aa cairriet fair awa. [20]Leuk up an see them fa are comin fae e north. Far's e flock ye were gien tae leuk efter, e sheep ye were blawin aboot? [21]Fit will ye say fan them fa ye teuk in han as yer freens are set tae rowle ower ye? Will stoons nae grip ye lik a wumman haein her bairn?

[22]An gin ye say tae yersel, "Fit wye's aa iss happenin tae me?" It's cause o yer mony ill-deeins att yer skirts hiv been rippit fae ye an ye've been made barfit. [23]Can an Ethiopian cheenge his skin or a leopard its spots? Na, na, jist as ee canna dee gweed, cause ye're sae eest wi deein ill. [24]"A'll scatter ye lik caff afore e desert win. [25]Iss is fit's afore ye, fit A'm gyan tae dell oot tae ye," says e Lord, "cause ye've forgotten aa aboot me an hiv lippent tae fause gods. [26]A'll haul up yer skirts ower yer face sae yer affront mith be seen: [27]yer adulteries an radgie nicherin, yer fool hoorin. A've seen yer scunnersome deeins on e hills an i the parks. Waly, waly Jerusalem. Foo lang will ye be fool?"

CHAPTIR 14

Iss is e wird o e Lord att cam tae Jeremiah aboot e drucht: [2]"Judah moorns, an her toons dwine; her fowk lie on e grun moornin an a roar gyangs up fae Jerusalem. [3]E gintry sen their servants for watter; they gyang tae e waals, bit dinna fin nae watter; they come hame wi their bowies teem, sair come at, wi their heids happit. [4]E grun's crackit, cause there is nae rain i the lan. E fairmers are disjaskit an hap their heids. [5]Even e deer casts her newborn faawn, cause there's nae girse i the parks. [6]Wild cuddies stan on e scrunit hichts an pech lik jackals; their een are bleart cause there's nae foggage."

[7]Tho wir ills hiv catcht up wi hiz, dee somethin, Lord for e sake o yer name. We've aften gane agley an deen ill agin ye. [8]Ye fa are the hope o Israel, its saviour in times o stramash, fit wye are ye lik a forriner i the lan, lik a traiveller fa bides bit the ae nicht? [9]Fit wye are ye lik a chiel fa's teen aback, lik a stoot sodger fa canna save? Ye're amo hiz, Lord, an we are caaed bi your name; dinna leave hiz.

¹⁰Iss is fit e Lord says aboot iss fowk: "They're fair teen up wi wannerin aboot, their feet are nivver at peace. Sae e Lord winna accep them; he'll myn on their coorseness an gie them their sairin for their ill-deeins." ¹¹Syne e Lord said tae ma, "Dinna pray for e gweed o iss fowk. ¹²Tho they fast, A winna hearken tae their cry; tho they sen up brunt offerins an grain offerins, A winna accep them. Raither, A'll pit an ein tae them wi e swoord, wi wint an wi e pest." ¹³Syne A said, "Bit ach, Lord God, e prophits are tellin them, 'Ye winna see e swoord, nor thole wint. Raither, A'll gie ye lestin peace in iss place.'" ¹⁴Syne e Lord said tae ma, "E prophits are prophiseein lees in my name. I didna sen them nor gar them spikk nor tell them fit tae say. They're prophiseein fause veesions tae ye, fause spaes, e chettrie o their ain heids. ¹⁵Sae iss is fit e Lord says aboot e prophits fa are prophiseein in my name: I didna sen them, still-an-on they're sayin, 'Nae swoord nor wint will touch iss lan.' Bi swoord an wint att same prophits will see their ein. ¹⁶An e fowk fa they are prophiseein till will be cassen oot i the streets o Jerusalem cause o e wint an e swoord. There will be neen tae beery them, themsels nor their weemen fowk, nor their sins, nor their dothers. Cause A'll poor oot their ain coorseness ower e heid o them.

¹⁷"Tell them iss, Lat ma een teem wi tears, nicht an day athoot devaal; cause e virgin dother o ma ain fowk his tholed a sair dunt, a gey amshach. ¹⁸Gin A gyang oot tae e cuntra, A see them slauchtert bi e swoord; gin A gyang in till e toon, A see the effecks o wint. Baith e prophits an e priests gyang aboot in a lan they dinna ken.'" ¹⁹Hiv ye rejeckit Judah aaegither? Div ye hate Zion? Fit wye hiv ye made hiz sae sair come at att we canna be healed? We leukit for peace, bit naethin gweed cam, we leukit for a time o healin, bit there's nocht bit terror. ²⁰We ken we've deen wrang, Lord, an we ken wir fadders did tee; ay we've deen ill agin ye. ²¹For e sake o yer name dinna despise hiz; dinna tash yer glorious throne. Myn yer covenant wi hiz an dinna braak it. ²²Can ony o e wirthless eedols o e cuntras fess rain? Can e hivvens themsels sen doon a shooer? Deil e linth! It's you, Lord wir God. Sae wir hope is in you, cause ee're the een fa dis it aa.

CHAPTIR 15

Syne e Lord said tae ma, "Even gin Moses an Samuel steed afore ma, ma hert widna gyang oot tae iss fowk. Get them oot o ma sicht. Lat them gyang. ²An gin they speir at ye, 'Far will we gyang?' tell them, 'Iss is fit e Lord says: Them att are doon for daith, tae daith, them doon for e swoord, tae e swoord; them doon for wint, tae wint, them doon for capteevity, tae capteevity.' ³A'll sen fower kyn o weird ower them," says e Lord, "E swoord tae kill, an e tykes tae teer awa, an e birds an e wild beasts tae devoor, an missaucre. ⁴Cause o e coorse things Manasseh e sin o Hezekiah keeng o Judah did in Jerusalem, A'll gar e lave o e warl grue at e sicht o them. ⁵Fa will tak peety on ye, Jerusalem? Fa will be hert-sorry for ye? Fa will bather tae speir foo ye're deein? ⁶Ye hiv rejeckit ma," says e Lord. "Ye keep gyan backlins. Sae A'll rax oot an dee awa wi ye; A culd see ye far aneuch. ⁷A'll cuff them wi a fan at e yetts o e lan. A'll dee awa wi their bairns, missaucre ma ain, cause they winna men their wyes. ⁸A'll mak mair weedas o them nor e san o e sea. At neen, A'll fess a destroyer agin e mithers o their young birkies; aa at eence A'll fess doon on them fash an dreid.

⁹"E mither o syven taks a dwaam an wins short o braith. Her sin gyangs doon tho it wis aye yet day; she'll be shent an affrontit. An e lave o them, A'll gie up tae e swoord afore their faes," says e Lord. ¹⁰Eh me, mither att cleckit ma, A'm a chiel att e hale cuntra strives an fechts wi. A hiv naither lent nor borraed, still-an-on, aabody sweers at ma. ¹¹E Lord said, "A've lowsed ye tae dee gweed. A'll gar yer faes prig wi ye fan times are ill an ye're sair come at. ¹²Can a man braak airn fae e north, or bress? ¹³Yer walth an yer trissures A'll gie as spiles, for naethin, cause o aa yer ill-deeins throwe yer hale cuntra. ¹⁴A'll mak ye slaves tae yer faes in a cuntra ye dinna ken, cause ma annger his kennlt a fire att will burn ye."

[15]Lord, ye unnerstan; myn on ma an leuk efter ma. Tak vengeance for ma on them fa tirraneese ma. Dinna tak ma awa in yer lang-sufferin; ye ken foo A'm teen e len o for your sake. [16]Fan A faun yer wirds, A devoort them; they were ma joy an e delicht o ma hert, cause A'm caaed bi your name, e Lord God o Hosts. [17]A nivver sat wi boozers, nivver hid a splore wi them; A sat aa ma leen, cause your han wis onna ma an garrt ma grue at them. [18]Fit wye will ma sair nae gyang awa? Fit wye dis ma wound nae get better? Ye're lik a mislippenin burn, lik a waalie att rins dry. [19]Sae iss is fit e Lord says, "Gin ye come back tae ma, A'll restore ye an ye'll stan afore ma; gin ye spik richt gait raither nor haivers, ye'll spik for ma. E fowk maun come back tae you, ye maunna gyang back tae them. [20]A'll mak ye lik a fortifiet waa o bress tae iss fowk; they'll strive wi ye, bit winna get e better o ye, cause A'm wi ye tae hain ye fae aa ill," says e Lord. [21]"A'll hain ye fae e hans o e coorse an keep ye oot amo e clutches o e ill-mindit."

CHAPTIR 16

Syne e wird o e Lord cam tae ma: [2]"Ye maunna tak a wife, nor maun ye hae sins nor dothers in iss place." [3]For iss is fit e Lord says aboot e sins an dothers born hereaboots an aboot e mithers fa hid them an e chiels fa faddert them in iss cuntra: [4]"They'll aa dee fae deidly tribbles. They winna be sorraed ower nor be beeriet, bit will lie lik sharn on e grun, brocht till an ein bi e swoord an bi wint. Their deid bodies will be maet for e birds an e wild beasts o e lan." [5]For iss is fit e Lord says: "Dinna gyang tae a hoose far there's a dregie, dinna gyang an moorn nor shew peety, cause A've teen back ma blissin fae iss fowk," says e Lord, "ma couthieness an ma mercy. [6]Baith e great an e sma will dee in iss lan. They winna be beeriet nor moorned an neen will hagger themsels nor shave their heids for e deid. [7]Naebody will braak breid tae comfort them fa grieve for e deid, nor will naebody gie them a caup o easedom tae gie them a lift. [8]An dinna gyang till a hoose far there's a splore an sit doon wi them tae ett an booze. [9]For iss is fit e Lord o Hosts, e God o Israel, says: Afore yer verra een, an in your time, A'll seelence e soun o merriment an splore in iss place, e vice o e groom an e vice o e bride.

[10]"Fan ye tell e fowk aa iss an they speir at ye, 'Fit wye his e Lord set oot sic a crockaneetion conter hiz? Fit wrang hiv we deen? Fit ill hiv we deen tae e Lord wir God?' [11]Syne say tae them, 'It's bicause yer forefadders turnt awa fae ma,' says e Lord, 'an chased efter ither gods, an served them, an booed doon tae them. They turnt awa fae me an didna keep ma laa. [12]Bit ee've deen waar nor them fa gaed afore ye. See foo ye're aa chasin efter e thraawnness o yer coorse herts, mislippenin ma. [13]Sae A'll fling ye oot o iss lan tae a lan far naither you nor yer forefadders hiv ivver been, an there ye can serve ither gods nicht an day, cause ye'll get nae obleegement fae me.'

[14]"Sae, jist waatch, e time's comin," says e Lord, "fan fowk will nae laanger say, 'As seer as e Lord lives, fa brocht the Israelites up oot o Egypt,' [15]bit they'll say, 'As seer as e Lord lives, fa brocht the Israelites oot o e lans o e North an oot o aa e cuntras tae far he'd cassen them oot.' For A'll fess them back tae e lan A gied their forefadders.

[16]"Bit noo, A'm gyan tae sen for a curn o fishermen," says e Lord, "an they'll tak them. Efter att, A'll sen for a curn o hunters an they'll hunt them doon fae e heilans, fae ilka hill an fae e holes i the craigs. [17]A'm waatchin their ilka step, they're nivver oot o ma sicht; their ill-deeins are nae happit fae ma een [18]A'll pey them back twafaul for their coorseness an ill-deeins, cause they've fylt ma lan; they've fullt ma heirskip wi their fool, eemages an eedols."

[19]Lord, ma strinth an ma fortress, ma beild fan A'm sair come at, e cuntras o e warl will come tae ye fae the eins o the earth an say, "Wir forefadders hiv airt naethin bit lees, wirthless dirt att did them nae

gweed. ²⁰Can fowk mak their ain gods? Mebbe sae, bit they're nae gods avaa." ²¹"Sae A'll gar them ken, aye A'll gar them ken o ma pooer an micht. Syne they'll ken att ma name is e Lord.

CHAPTIR 17

"Judah's ill-deein is brannit wi an airn teel, screiven wi a diamond pint, on e tablets o their herts an e horns o their aaltars. ²Their verra bairns myn on their aaltars an their Asherah totems anent e green trees i the heilans. ³A'll gie awa ma haily moontain an aa yer walth an trissures as spiles, alang wi yer heich places cause o the ill-deeins inno yer borders. ⁴It'll be yer ain wyte att ye tyne the heirskip A gied ye. A'll mak ye slaves tae yer faes, in a lan ye dinna ken, cause ye've kittlt up a fire in ma annger an it will burn for aye."

⁵Iss is fit e Lord says: "Curst is e body fa lippens tae man, an draas strinth fae mere flesh an fas hert turns awa fae e Lord. ⁶Att body will be lik a buss i the roch cuntra an winna see fan gweed comes. They'll bide i the druchtit lan o e roch cuntra; a sauty grun far neen dwaal. ⁷Bit blisst is e body fa lippens till e Lord an fas hope is in him. ⁸They'll be lik a tree plantit alang e burnie-side att sens its reets oot intill e watter, nae neen feart o e heat, bit wi its leaves aye green. It disna wirry in a year o drucht an nivver devaals fae crappin."

⁹The hert is mair sleekit nor ony ither thing an there's nae curin in't. Fa wid ken fit it's like? ¹⁰"Bit I, e Lord, tak a gweed leuk at e hert an try oot e heid, tae gie ilka een their sairin for fit they've deen, ay tae ilka een their sairin." ¹¹Lik a pertrick att clecks eggs it nivver laid, are them fa win walth bi nae playin fair. As they turn auler, their walth will leave them an i the hinnerein they'll preeve tae be feels.

¹²A glorious throne, reesed up fae e yokin is wir bield. ¹³Lord, e hope o Israel, aa them fa turn fae ye will be affrontit. Them fa dinna tak wi ye will be screiven in stew cause they hiv turnt fae e Lord, e waallie o livin watter.

¹⁴Heal ma, Lord, an A'll be healt; save ma an A'll be saved, cause ee're the een A reese oot. ¹⁵Fowk are aye sayin tae ma, "Far's e wird o e Lord? Lat it come." ¹⁶A hinna run awa fae bein yer shepherd, an A hinna been mangin for e day o crockaneetion. Fit comes oot o ma moo is open afore ye. ¹⁷Dinna tirraneese ma. Ye're ma bield i the time o stramash. ¹⁸Lat them fa are sair on ma be put tae shame, bit kep me fae shame. Lat them be tirraneesed, bit kep me fae bein tirraneesed. Fess e day o crockaneetion onno them; lat them be dung doon wi twafaul crockaneetion.

¹⁹Iss is fit e Lord said tae ma, "Gyang an stan at e public yett att e keengs o Judah traivel throwe, in an oot; ay, an stan at aa e tither yetts o Jerusalem tee. ²⁰Say tae e fowk, 'Hear e wird o e Lord, ye keengs o Judah an aa ye fowk o Judah an aabody fa's bidin in Jerusalem an come throwe iss yetts. ²¹Iss is fit e Lord says: Tak tent ye dinna cairry a birn on e Sabbath nor fess it throwe e yetts o Jerusalem. ²²Dinna fess a birn oot o yer hooses on e Sabbath nor dee ony wark, bit keep e Sabbath day haily, as A garrt yer forebeers dee. ²³Still-an-on, they widna listen nor tak tent; they were thraawn an widna listen nor dee fit they were bad. ²⁴Bit gin ee hearken tae fit A bid ye dee, says e Lord, an dinna fess nae birn throwe e yetts o iss toon on e Sabbath, bit keep e Sabbath day haily bi nae deein nae wark on't, ²⁵syne keengs an chieftains will come throwe e yetts o iss toon sittin on e throne o Daavit an hurlin in chariots an onno horse, alang wi e men o Judah an them fa bide in Jerusalem. An iss toon will lest for aye. ²⁶Fowk will come fae e toons o Judah an aa e clachans roon aboot Jerusalem, fae e lans o e clan Benjamin an fae e carse an e heilans, an e roch cuntra, fessin brunt offerins an sacrifeeces, grain offerins an scintit reek, an fessin thank offerins tae e hoose o e Lord. ²⁷Bit gin ye dinna dee fit A bid ye an refeese tae keep e

Sabbath haily bi nae cairryin nae load throwe e yetts o Jerusalem on e Sabbath, syne A'll kennel a birstlin fire i the yetts o Jerusalem att ye winna manage tae pit oot an aa e palaces o Jerusalem will be connacht.'"

CHAPTIR 18

Iss is e wird att cam tae Jeremiah fae e Lord: [2]"Gyang doon tae e cauper's hoose an A'll spikk tae ye there." [3]Sae A gaed doon tae e cauper's an faun him warkin at his wheel. [4]Bit e pot he wis makin wis aa throwidder in his hans; sae e cauper mooldit it intill anither pot, thinkin att wis e best thing tae dee. [5]Syne e wird o e Lord cam tae ma. [6]He said, "O Israel, can A nae dee wi ye fit e cauper dis wi iss cley? Israel, ye're inno ma hans lik e cley i the hans o e cauper. [7]Gin at ony time A say att a cuntra will be upreetit, dung doon an brocht tae crockaneetion, [8]an gin att cuntra A warnt, repints o its ill, syne A'll gie in an nae fess doon on't e crockaneetion A hid planned. [9]An gin at anither time A say att A'll plant an bigg up a cuntra or keengdom, [10]an gin it dis ill in ma sicht an disna dee fit A tell it, syne A'll think again on e gweed A planned for it.

[11]"Sae, gyang an spik tae e fowk o Judah an them fa bide in Jerusalem, say 'Iss is fit e Lord says: Jist waatch, A'm preparin a crockaneetion for ye an warkin oot a protick agin ye. Turn awa, ilka een o ye, fae yer ill wyes an dee fit's gweed an richt.' [12]Bit they'll say, 'It's o nae avaal. We'll dee fitivver we like an will folla e thraawnness o wir coorse herts.'" [13]Sae iss is fit he says: "Speir amo e cuntras o e warl gin ony his heard o sic a thing. E maiden Israel his deen e maist affa thing. [14]Dis e snaa o Lebanon ivver milt fae her heilan craigs? Or dis e queel watters att come fae hine awa ivver run dry? [15]Still-an-on ma fowk hiv forgotten ma. They hiv brunt scintit reek tae fause gods att hiv garrt them styter on their road, fae the aul gait, an garrt them waalk in dubby tracks raither nor weel-biggit causies. [16]Their grun will be connacht an lauchen at; aa fa gyang by will get a rael stammygaster an will shaak their heids. [17]Like an east win, A'll scatter them afore their faes; A'll shew them ma back an nae ma face i the day o their crockaneetion."

[18]They said, "Come on, lat's mak proticks agin Jeremiah; for e learnin o e laa bi e priest winna stop, nor e coonsel fae e clivver, nor e wird fae e prophits. Sae, come on, lat's gie him laldie an nae tak tent o naethin he says." [19]Listen tae ma, Lord; an hear fit them fa conter ma are sayin. [20]Shuld gweed be peyed back wi ill? Ay, they've howkit a hole for ma. Myn A steed afore ye an spak up for them, priggin wi ye tae turn yer annger awa fae them. [21]Sae lat their bairns sterve, han them ower tae e pooer o e swoord. Lat their weemen loze aa their bairns an bicome weedas; lat their men be deen awa wi, their young chiels killed bi e swoord i the fechtin. [22]Lat a scronach be heard fae their hooses fan ye fess doon reivers amo them, cause they hiv howkit a hole tae tak ma, an hiv hodden snares for ma feet. [23]Bit ee ken, Lord, aa their proticks tae dee awa wi ma. Dinna forgie their coorse wyes nor blotch oot their ill-deeins fae yer sicht. Lat them be dung doon afore ye; sort them oot fan ye're aye yet anngert.

CHAPTIR 19

Iss is fit e Lord says: "Gyang an buy a cley pottie fae e cauper. Tak wi ye a hantle o the elders o e fowk an o e priests. [2]Gyang oot tae e Howe o Ben Hinnom, ayont the in-gyang o e Cauper's Yett. There, tell oot fit A say tae ye, [3]an say, 'Hearken tae e wird o e Lord, ye keengs o Judah an fowk o Jerusalem. Iss is fit e Lord o Hosts, e God o Israel says: Jist waatch! A'm gyan tae fess crockaneetion on iss place att will dirl e lugs o them fa hear it. [4]For they've turnt fae ma an vrocht iss a place o fremt gods; they've brunt scintit reek tae gods att were nivver kent bi their forebeers nor e keengs o Judah, an they've fullt iss place wi e bleed o them fa hiv deen nae wrang. [5]They've biggit heich places tae Baal tae burn their bairns i the fire as offerins tae Baal, somethin I nivver spak o nor telt them tae dee, sic things nivver in ma thochts. [6]Sae, leuk oot, e days are comin, says e Lord, fan fowk winna caa iss place Tophet nor e Howe o Ben Hinnom, bit e Howe o Slaughter.

[7]"In iss place A'll herrie e plans o Judah an Jerusalem. A'll gar them faa bi e swoord o their faes, bi e han o them fa sikk tae dee awa wi them, an A'll gie their carcages as maet tae e birds an e wild beasts. [8]A'll fess crockaneetion on iss toon an mak it a place tae be lauchen at; aa fa pass by will gat a rael stammygaster an will jamph at aa its sairs. [9]A'll gar them ett e flesh o their sins an dothers, an they'll ett e flesh o een anither i the siege an skaith, att their faes, an them fa sikk tae dee awa wi them, straiten them wi.'

[10]"Syne braak e pottie as them att gaed wi ye are waatchin, [11]an say tae them, 'Iss is fit e Lord o Hosts says: A'll braak iss fowk an iss toon jist lik iss cauper's pottie is breuken an canna be ment. They'll beery e deid in Tophet till there's nae mair room. [12]Iss is fit A'll dee tae iss place an e fowk fa bide here, says e Lord. A'll mak iss toon lik Tophet. [13]E hooses in Jerusalem an e hooses o e keengs o Judah will be fylt lik iss Tophet, cause o aa e hooses far they brunt scintit reek on their reefs tae aa e stars o hivven, an poored oot drink offerins tae ither gods.'"

[14]Syne Jeremiah cam back fae Tophet, far e Lord hid sent him tae prophisy, an steed i the coort o e Lord's Temple an said tae aa e fowk: [15]"Iss is fit e Lord o Hosts, e God o Israel, says: 'Jist waatch! A'm gyan tae fess doon on iss toon an aa e clachans roon aboot it ilka crockaneetion A said A'd dee, cause they were thraawn an widna hearken tae ma wird.'"

CHAPTIR 20

Fan e priest, Pashhur, Immer's loon fa wis heid bummer i the Temple o e Lord, heard Jeremiah prophiseein aa iss, [2]he hid Jeremiah e prophit gien a gweed owergyan an pat inno e branks at the Heichmaist Yett o Benjamin at e Lord's Temple. [3]E neist day, fan Pashhur lowsed him fae e branks, Jeremiah said tae him, "E Lord's name for ye is nae Pashhur, bit Fearsome-aa-roon. [4]For iss is fit e Lord says: 'A'll mak ye fearsome tae yersel an aa yer freens; wi yer ain een, ye'll see them faa bi e swoord o their faes; A'll gie aa Judah ower tae e hans o e keeng o Babylon, fa will tak them an cairry them aff tae Babylon or pit them tae e swoord. [5]A'll turn ower aa e walth o iss toon tae e hans o their faes: aa its gear, aa its graith an aa e trissures o e keengs o Judah. They'll tak it awa as spiles an cairry it tae Babylon. [6]An you, Pashhur, an aa fa bide in yer hoose will gyang tae exile in Babylon. There ye'll dee an be beeriet, you an aa yer cronies att ye've prophisiet sae mony lees till.'"

[7]Ye mislippent ma, Lord, an A wis teen in bi't; ye're stronnger nor me an got e better o ma. A'm lauchen at aa day lang; aabody jamphs at ma. [8]Ilka time A spik, A roar oot o ma, cryin veelence an crockaneetion. Sae e wird o e Lord his fessen ma tae be shamed an lauchen at aa e lee lang day. [9]Bit gin A say, "A winna mention his wird nor spik nae mair in his name," his wird is inno ma hert lik a fire, a fire steekit inno ma beens. A'm weary, weary haudin't in; A canna dee't.

[10]Mony's the een A hear fusperin, "Fearsomeness aa roon. Clype on him. Lat's clype on him." Aa ma freens are wytin for ma tae styter, sayin, "Mebbe, he'll be teen in; syne we'll get e better o him, syne we'll get wir ain back on him." [11]Bit e Lord is wi ma lik a bonnie fechter; sae them fa misca ma will stummle an winna get e better o ma. They'll be pat tae shame an winna win throwe, their dishonour will nivver be forgotten. [12]Lord o Hosts, ye fa try oot e richteous an see inno e heid an e hert, lat ma see ye get upsides wi them, cause A've set oot ma case tae ye. [13]Sing tae e Lord! Reese oot e Lord! He saves e lives o them fa are in wint fae e hans o e coorse.

¹⁴Wae wirth e day A wis born. Mith e day ma mither brocht ma intae e warl nivver be blisst. ¹⁵Wae wirth e chiel fa brocht e news tae ma fadder, fa made him gled bi sayin, "Ye hiv a bairnie: a wee loonie." ¹⁶Mith att chiel be lik e toons e Lord dung doon wi nae peety. Mith he hear yowlin i the mornin an howlin at neen.¹⁷For he didna kill ma i the wyme wi ma mither for ma grave, her wyme aye blaawn up wi ma. ¹⁸Fit wye wis A born? Tae see stramash an sorra an tae ein ma days in shame?

CHAPTIR 21

Iss is e wird att cam tae Jeremiah fae e Lord fan keeng Zedekiah sent Pashhur e sin o Malkijiah an e priest Zephaniah e sin o Maaseiah tae him. They said: ²"Spikk tae e Lord for hiz, cause Nebuchadnezzar, e keeng o Babylon, is attackin hiz. Mebbe e Lord will wark winners for hiz lik he did lang syne sae att he'll haud aff o hiz."

³Bit Jeremiah answert them, "G'wa an say tae Zedekiah, ⁴'Iss is fit e Lord, e God o Israel, says: A'm gyan tae turn back e wappons att are inno yer hans att ye're eesin tae fecht wi e keeng o Babylon an e Babylonians fa are ootside e waa beseigin ye. A'll gaither them inno iss toon. ⁵I masel will fecht agin ye wi a raxed oot han an a stoot airm in feerious annger an muckle rage. ⁶A'll ding doon them fa bide in iss toon, baith man an beast, ding them doon wi a terrible pest. ⁷Efter att, says e Lord, A'll gie Zedekiah keeng o Judah, his officeels an e fowk o iss toon fa come throwe e pest, e swoord an e wint, inno e hans o Nebuchadnezzar keeng o Babylon an tae their faes fa sikk tae dee awa wi them. He'll strick them doon wi e swoord, an winna shew nae mercy nor peety.'

⁸"Fit's mair, tell e fowk, 'Iss is fit e Lord says: See, A'm settin afore ye e wye o life an e wye o daith. ⁹Faaivver bides in iss toon will dee bi e swoord, wint or pest. Bit faaivver gyangs oot an hans themsels ower tae e Babylonians fa are besiegin ye will live; they'll kep their lives lik e spiles o waar. ¹⁰A've made up ma myn tae dee iss toon hairm an nae gweed, says e Lord. It will be gien inno e hans o e keeng o Babylon, an he'll burn it wi fire.'

¹¹"Fit's mair, say tae e hoose o e keeng o Judah, 'Hear e wird o e Lord. ¹²Iss is fit e Lord says tae ye, hoose o Daavit: 'Gie oot jeestice ilka mornin. Save fae e hans o them fa are gettin e better o them, them fa hiv been robbit, for fear ma annger braak oot an burn lik a fire cause o the ill ye've deen, ay burn wi naethin tae pit it oot. ¹³A'm agin ye, o ye fa bide abeen iss howe, ye o e steeny carse, says e Lord, ye fa say, "Fa daur meddle wi hiz? Fa can win inno wir bield?" ¹⁴A'll gie ye yer sairin for fit ye've deen, says e Lord. A'll kennle a fire in yer wids at will birstle up aathin aboot ye.'"

CHAPTIR 22

Iss is fit e Lord says: "Gyang doon tae e hoose o e keeng o Judah an say iss till him: ²'Hear e wird o e Lord, keeng o Judah, fa sits on Daavit's throne, you an aa yer servants an yer fowk fa come throwe iss yetts. ³Iss is fit e Lord says: Dee fit's fair an richt. Tak them fa are robbit oot o e hans o them fa dee ill. Dinna be coorse or veelent tae e forriner, e fadderless nor e weeda, an dinna spull innocent bleed hereaboots. ⁴Gin ye dee fit A bid ye, syne keengs fa sit on Daavit's throne will come throwe e yetts o iss hoose hurlin in chariots an on horses, attennit bi their officeels an their fowk. ⁵Bit gin ye dinna dee fit A bid ye, A sweer bi ma ain name att iss hoose will turn till a ruination.'" ⁶For iss is fit e Lord his tae say aboot e hoose o e keeng o Judah: "Tho ye are lik Gilead tae ma, lik e heid o e hills o Lebanon, A'll mak a crockaneetion o ye, lik toons far naebody bides. ⁷A'll sen reivers amo ye, ilka een wi wappons, an they'll cut doon yer best cedars an fling them onno e fire. ⁸Fowk fae mony lans will come by iss toon an speir at een anither, 'Fitna wye his e Lord deen sic a thing tae sic a muckle toon?' ⁹An the answer will be: 'Cause they hiv turnt awa fae e covenant o e Lord their God an hiv wirshippt an served ither gods.'"

¹⁰Dinna greet an moorn for e deid keeng, bit raither greet sair for the een att's teen awa, cause he'll nivver come hame nor see his ain cuntra again. ¹¹For iss is fit e Lord says aboot Shallum, e sin o Josiah, fa follaed his fadder as keeng o Judah bit his gaen awa fae iss place: "He'll nivver come hame. ¹²He'll dee in e place they've teen him awa till; he winna see his ain cuntra again." ¹³"There's nae hope for them fa bigg their hooses on swickery an their chaumers throwe nae playin fair, makkin their ain fowk wark for nae waage an nae peyin them for their darg. ¹⁴He says, 'A'll bigg masel a muckle hoose wi weel-appintit rooms.' Sae he maks braid windas in't, clads it wi cedar-wid an pints it reed. ¹⁵Dis it mak ye a king tae clad yersel in cedar-wid? Did yer fadder nae ett an drink an gyang aboot his bisness honestly an jeestly? An aa wis weel wi him. ¹⁶He steed up for e peer an them in wint, sae aa gaed weel. Is att nae fit it is tae ken me?" says e Lord. ¹⁷"Bit yer een an yer hert are set on makkin siller throwe swickery, on spullin e bleed o them fa hiv deen nae wrang an on haudin ither fowk doon an herryin their gear." ¹⁸Sae iss is fit e Lord his tae say aboot Jehoiakim e sin o Josiah keeng o Judah: "They winna be sorry for his passin sayin: 'Eh me, ma brither; Eh me, ma sister'. They winna be sorry for his passin, sayin, 'Eh me, ma maister. Eh me, his brawness.' ¹⁹He'll be beeriet lik a cuddy, haalt awa an cassen oot ayont e yetts o Jerusalem."

²⁰"Gyang up tae Lebanon an roar oot o ye, lat yer vice be heard in Bashan, roar oot fae Abarim, cause aa yer freens are prant. ²¹A warnt ye fan ye were deein weel, bit ye said, 'G'wa wi ye.' Att's been yer wye fae e time ye were young; ye hinna deen fit A bad ye. ²²E win will blaa aa yer shepherds awa, an yer freens will be teen captive. Syne ye'll be affrontit an shent cause o aa yer coorseness. ²³Ye fa bide in Lebanon, fa coorie inno yer cedar biggins, foo ye'll yowl fan e stouns come on ye, stouns lik att o a wumman haein her bairn. ²⁴As seer's A'm here," says e Lord, "tho you, Jehoiachin sin o Jehoiakim keeng o Judah, wis a signet ring on ma richt han, A wid still rug ye aff. ²⁵A'll han ye ower tae them fa sikk tae dee awa wi ye, them ye dreid: Nebuchadnezzar keeng o Babylon an e Babylonians. ²⁶A'll keest ye, an e mither fa gied birth tae ye, inno anither cuntra, far naither o ye wis born, an there baith o ye will dee. ²⁷Ye'll nivver come back tae yer ain cuntra att ye ettle tae win back tae." ²⁸Is iss chiel Jehoiachin a dirten, breuken pottie, a crock naebody wints? Fit wye will him an his bairns be keest oot, flung inno a lan they dinna ken? ²⁹Eh, lan, lan, lan, hear e wird o e Lord. ³⁰Iss is fit e Lord says: "Screive doon att iss chiel his nae bairns, a chiel fa winna dee weel in his lifetime, neen o his bairns will come tae e fore, neen o them will sit on e throne o Daavit, nor rowle again in Judah."

CHAPTIR 23

"There's nae hope for e shepherds fa destroy an scatter e sheep o ma parks," says e Lord. ²Sae iss is fit e Lord, e God o Israel, says tae e shepherds fa leuk efter ma ain fowk: "Ye've scattert ma flock an caaed them awa an hinna seen tae them richt. A'll see tae you for the ill ye've deen," says e Lord. ³"A'll gaither aa e lave o ma flock fae oot o aa e cuntras far A caaed them till, an will fess them back tae their ain faul, far they'll be breedie an bicome mony. ⁴A'll set shepherds ower them fa will leuk efter them, an they winna be feart nor terrifiet nae mair, nor will neen be tint," says e Lord.

⁵"E time's comin," says e Lord, "fan A'll reese up a richteous branch fae Daavit's line, a keeng fa will rowle an deal wyselik, an dee fit's richt i the lan. ⁶In his time Judah will be saved an Israel will sit siccar. E name he'll be caaed is E Lord Wir Richteous Saviour. ⁷Sae e time's comin," says e Lord, "fan fowk winna say nae laanger, 'As seer as e Lord lives, fa brocht the Israelites up oot o Egypt,' ⁸bit they'll say, 'As seer as e Lord lives, fa brocht e bairns o Israel up oot o e northlans an oot o aa e cuntras far he drave them.' Syne they'll bide i their ain cuntra."

⁹Noo, aboot e prophits: ma hert is sair, sair inno ma breist; aa ma beens shaak; A'm lik a drooth, lik a stoot chiel e waur o e weer wi wine, cause o e Lord an his haily say-awa. ¹⁰E cuntra's full o hoorin; cause o e curse, e lan lies druchtit. E girsy grun o e carse is wallant. E prophits chase an ill road an their strinth is nae pat tae nae gweed. ¹¹"Baith prophit an priest are fylt; in ma verra Temple A fin their coorseness," says e Lord. ¹²"Sae their road will turn lik skitey pathies i the mirk an there they'll tummle. A'll fess crockaneetion onno them i the year o their jeedgement," says e Lord. ¹³"Amo e prophits o Samaria A saa somethin att wid gar ye grue: they prophisiet i the name o Baal an garrt ma ain fowk gyang agley. ¹⁴An amo e prophits o Jerusalem A saa somethin jist as coorse: they hoor aboot an live a life o lees. They strinthen e hans o them fa dee ill an neen o them turn awa fae their coorseness. They are aa lik Sodom tae ma, an e fowk fa bide there lik Gomorrah." ¹⁵Sae iss is fit e Lord o Hosts says aboot e prophits: "A'll gar them ett soor maet an pooshent rose watter, cause fae e prohits o Jerusalem coorseness his skailt oot ower e hale cuntra." ¹⁶Iss is fit e Lord o Hosts says, "Dinna tak tent o fit e prophits are prophiseein tae ye; they're leadin ye up a closie. They spikk o veesions fae their ain heids, nae fae e Lord's moo. ¹⁷They say tae them fa miscaa ma, 'E Lord says: Ye'll hae peace.' An tae aa fa folla their ain thraawn herts they say, 'Nae ill will come tae ye.' ¹⁸Bit fitna o them his steed i the cooncil o e Lord tae see an hear his wird? Fa his hearkent an heard his wird? ¹⁹See noo, e storm o e Lord will be lowpin mad, lik a furlin win blousterin roon e heids o e coorse. ²⁰The annger o e Lord winna turn back till he his cairriet oot aa e thochts o his hert. Come time, ye'll unnerstan fit it's aa aboot. ²¹A didna sen iss prophits, bit still-an-on they ran. I didna spik tae them, bit still-an-on they prophisiet. ²²Bit gin they hid steed afore ma coonsel an garrt ma ain fowk hear ma wird, they wid hae turnt them fae their ill wyes an coorse deeins. ²³Am A jist an in-aboot God," says e Lord, "an nae a hine awa God? ²⁴Can onybody sit in a hidie-hole far A canna see them?" says e Lord, "Div I nae full hivven an earth?" says e Lord.

²⁵"A've heard fit e propits fa prophisy in my name say. They say, 'A hid a dream. A hid a dream.' ²⁶Foo lang will iss haud on i the herts o iss leein prophits, fa prophisy e chetterie o their ain herts? ²⁷They think e dreams they tell een anither will gar ma ain fowk forget on ma name, jist as their forebeers forgot ma name an teuk up wi wirshippin Baal. ²⁸Lat e prophit fa his a dream tell o't, bit lat the een fa his my wird recoont it richt gait. Fit his strae tae dee wi corn?" says e Lord. ²⁹"Is ma wird nae lik fire," says e Lord, "an lik a mell att bracks steens tae bits? ³⁰"Sae, jist waatch," says e Lord, "A'm agin att prophits fa pinch my wirds fae een anither. ³¹Jist att," says e Lord, "A'm agin e prophits fa wag their ain tongues an come awa wi, 'E Lord says.' ³²Ay fairly, A'm agin them fa prophisy fause dreams," says e Lord. "Fa tell them an lead ma ain fowk agley wi their gallus lees, for aa att A didna sen them nor bid them. They dinna dee naethin avaa for e fowk," says e Lord.

³³"Gin e fowk, or a prophit or a priest speir at ye, 'Fit's e Lord sayin aboot things?' say tae them, 'Fit's he sayin? He's sayin he's gyan tae leave ye yer leen.' ³⁴Gin a prophit or a priest or ony ither body for att metter says, 'Iss is an eerin fae e Lord,' A'll gie them an aa fa bide wi them their sairin. ³⁵Ye maun keep sayin tae een anither, yer freens an neepers: 'Fit's e Lord's answer?' or 'Fit his e Lord said?' ³⁶Bit ye maunna say a wird aboot 'an eerin fae e Lord' cause fowk are sayin att tae haud up their ain say-awa. Sae ye turn e wird o e livin God, e Lord o Hosts, wir God, upside doon. ³⁷Iss is fit ye shuld say tae e prophits: 'Fit's e Lord's answer tae ye?' or 'Fit his e Lord said?' ³⁸Tho ye say, 'Iss is an eerin fae e Lord,' iss is fit e Lord says: Ye say sic things, 'Iss is an eerin fae e Lord,' even tho A telt ye ye maunna say, 'Iss is an eerin fae e Lord.' ³⁹Sae, A'll seerly forget ye an keest ye an e toon a gied tae ye an yer forebeers awa fae ma aaegither. ⁴⁰A'll gar ye be lauchen at an ye'll hae a shame at winna be forgotten."

CHAPTIR 24

Efter Jehoiachin e sin o Jehoiakim keeng o Judah an the officeels, e skeely warkirs an e smiths o Judah were teen awa tae Babylon fae Jerusalem bi Nebuchadnezzar keeng o Babylon, e Lord shewed ma twa ruskies o figs laid oot afore e Temple o e Lord. ²Ae ruskie wis full o affa fine figs, lik the eens att ripen airly; e tither ruskie hid nesty figs, sae coorse they culdna be etten. ³Syne e Lord speirt att ma, "Fit div ye see, Jeremiah?" "Figs," says I. "E gweed eens affa fine, bit e coorse eens sae coorse they canna be etten." ⁴Syne e wird o e Lord cam tae ma: ⁵"Iss is fit e Lord, e God o Israel, says: 'Lik iss gweed figs A see as gweed, e fowk o Judah att A've sent awa fae iss place here tae e cuntra o e Babylonians. ⁶A'll keep ma ee on them an leuk efter them an come time A'll fess them back tae iss lan. A'll bigg them up an nae ding them doon; A'll plant them an nae upreet them. ⁷A'll gie them a hert tae ken ma, att A'm e Lord. They'll be ma ain fowk an A'll be their God, an they'll come back tae ma wi aa their herts.

⁸"Bit lik e coorse figs, att are sae coorse they canna be etten,' says e Lord, 'sae will A deal wi Zedekiah keeng o Judah, his officeels an e lave o them fae Jerusalem, fa bide in iss cuntra an ower in Egypt. ⁹A'll gar aa e cuntras o e warl grue at them an be affrontit at them; A'll mak them a disgrace an a wird for coorseness, a curse an a thing tae be lauchen at, farivver A scatter them.¹⁰A'll sen e swoord, wint an pest agin them till they're deen awa wi aaegither oot o e lan A gied them an their forebeers.'"

CHAPTIR 25

E wird att cam tae Jeremiah aboot e fowk o Judah i the fowerth ear o Jehoiakim e sin o Josiah keeng o Judah, att wis e first ear o Nebuchadnezzar keeng o Babylon. ²Sae iss is fit Jeremiah e prophit said tae aa e fowk o Judah an tae aa them fa were bidin in Jerusalem: ³For twinty-three ear, fae e thirteenth ear o Josiah e sin o Amon keeng o Judah tae iss verra day, e wird o e Lord his come tae ma an A've telt ye o't ower an ower again, bit ye hinna listent. ⁴An tho e Lord his sent his servants e prophits tae ye ower an ower again, ye hinna listent nor teen tent. ⁵They said, "Turn awa noo, ilka een o ye, fae yer coorse wyes an yer ill-deeins, an ye can bide i the lan e Lord gied ye an yer forebeers for aa time. ⁶Dinna get ma birse up bi rinnin efter ither gods, vrocht bi yer ain hans, tae serve an wirship them. Syne A'll dee ye nae hairm." ⁷"Bit ye didna listen tae ma," says e Lord, "an ye've got ma anngert wi fit yer hans hiv vrocht, an ye've fessen crockaneetion on yer ain heids."

⁸Sae e Lord o Hosts says iss: "Cause ye hinna hearkent tae ma wirds, ⁹A'll gaither aa e clans o e north wi ma servant Nebuchadnezzar keeng o Babylon," says e Lord, "an A'll fess them doon on iss lan an them fa bide here an on aa e cuntras roon aboot. A'll dee awa wi them aaegither an mak them a thing o horror, tae be scowffed at an gar them lie in ruin for aye. ¹⁰A'll tak awa their singin an blythness, e vices o e bride an groom, e soun o e quern, e licht o e cruisie. ¹¹Iss hale cuntra will bicome a teem scrog, an its fowk will serve e keeng o Babylon for syventy ear.

¹²"Bit fan e syventy ear are throwe wi, A'll gie e keeng o Babylon an his cuntra their sairin for their ill-deeins," says e Lord, "A'll mak e lan o Babylon a ruination for aye. ¹³A'll fess doon on att cuntra aa e things A've said A'll dee till't, aa e things screiven in iss beuk an prophisiet bi Jeremiah agin aa e cuntras. ¹⁴They themsels will be teen as slaves bi mony cuntras an muckle keengs; an A'll gie them their sairin for fit they've deen an e wark o their hans."

¹⁵Iss is fit e Lord, e God o Israel, said tae ma: "Tak iss caup fulled wi e wine o ma annger oot o ma han an gar aa e cuntras A sen till ye drink o't. ¹⁶An they'll drink, an styter cause o e swoord A'll sen amo them." ¹⁷Sae A teuk e caup fae e Lord's han an garrt aa e cuntras he sent ma till drink fae't: ¹⁸Jerusalem an e

toons o Judah, its keengs an clan chiefs, tae mak them a ruin an a thing o horror an a curse as they are e day; [19]Pharaoh keeng o Egypt, his servants, his officeels an aa his fowk, [20]an aa e forriners bidin there; aa e keengs o Uz; aa e keengs o e Philistines, an o Ashkelon, Gaza, Ekron, an e lave o e fowk at Ashdod; [21]Edom, Moab an Ammon; [22]aa e keengs o Tyre an Sidon; e keengs o e shores ayont e sea; [23]Dedan, Tema, Buz an aa them fa shave their haffits; [24]aa e keengs o Arabia an aa e keengs o e forriners fa bide i the roch cuntra; [25]aa e keengs o Zimri, Elam an Media; [26]an aa e keengs o e north, in aboot an hine awa, een efter anither; aa e cuntras o e warl. An efter them, e keeng o Sheshach will drink o't tee. [27]Syne tell them, 'Iss is fit e Lord o Hosts, e God o Israel, says: Drink, get fu an spew, an fa doon nivver tae get up again cause o e swoord a sen amo ye.' [28]Bit gin they winna tak e caup fae yer han an drink fae't, tell them, 'Iss is fit e Lord o Hosts says: Ye maun drink fae't. [29]See noo, A'm startin tae fess doon crockaneetion on iss toon att's caaed efter ma, an will ee nae get yer sairin? Na, na, ee'll get yer sairin, cause A'm cryin doon a swoord on aa them fa bide i the warl, says e Lord o Hosts.' [30]Noo prophisy aa iss wirds agin them an say tae them: 'E Lord will roar fae abeen; he'll thunner fae his haily hoose an mak a muckle soun agin his lan. He'll shout lik them fa trump grapes, shout agin aa fa bide i the warl. [31]E stramash will gyang e linth o the eins o the earth, cause e Lord his a craa tae pick wi aa e cuntras o e warl; he'll fess jeedgement doon on aa mankyn an pit e coorse tae e swoord,'" says e Lord. [32]Iss is fit e Lord o Hosts says: "Jist waatch, crockaneetion is spreadin fae cuntra tae cuntra; a muckle storm is blaawin up fae the eins o the earth." [33]Them killed bi e Lord on att day will lie fae ae ein o e warl tae e tither. There will be nae sorra for them nor will they be gaithert nor beeriet, bit will lie on e grun lik muck.

[34]Greet an yowl, ye shepherds; row i the stew ye flockmaisters. Cause yer time tae be slauchtert an scattert his come. Ye'll braak lik a bonnie vase. [35]E shepherds will hae naewye tae rin till, e flockmaisters naewye tae escape. [36]Hearken tae e skraich o e shepherds, e yowlin o e flockmaisters, cause e Lord is strippin their girse parks. [37]E peacefu ley will be connacht cause o e burnin rage o e Lord. [38]Lik a lion, he's left his lair an their grun will turn scruntit, cause o e swoord o them fa haud them doon an cause o e Lord's burnin rage.

CHAPTIR 26

Airly on i the reign o Jehoiakim e sin o Josiah keeng o Judah, iss wird cam fae e Lord: [2]"Iss is fit e Lord says: Stan i the closs afore e Lord's hoose an spik tae e fowk o aa e toons o Judah fa come tae wirship i the hoose o e Lord. Tell them aathin A bid ye; dinna leave oot a sinngle wird. [3]Aiblins they'll hearken an ilka een will turn fae their coorse wyes. Syne A'll think better o't an nae fess doon e crockaneetion A wis plannin cause o the ill they've deen. [4]Say tae them, 'Iss is fit e Lord says: Gin ye dinna listen tae ma an folla ma laa, att A've set afore ye, [5]an gin ye dinna listen tae ma servants, e prophits, fa A've sent ye ower an ower again, tho ye've teen little heed, [6]syne A'll mak iss hoose lik Shiloh an iss toon a curse tae aa e cuntras o e warl.'" [7]E priests, e prophits an aa e fowk heard Jeremiah spik iss wirds i the hoose o e Lord.

[8]Bit as seen as Jeremiah wis throwe tellin aa e fowk aathin e Lord hid bad him say, e priests, e prophits an aa e fowk teuk a haud o him an said, "Ye maun dee. [9]Fit wye are ye prophiseein i the Lord's name att iss hoose will be lik Shiloh an iss toon will be a ruination wi neen bidin inno't?" An aa e fowk gaithert in a thrang roon Jeremiah i the hoose o e Lord.

[10]Fan the officeels o Judah heard aboot iss, they gaed up fae e keeng's hoose tae e hoose o e Lord an sat themsels doon att e ingyang o e New Yett o e Lord's hoose. [11]Syne e priests an e prophits said tae the officeels an aa e fowk, "Iss chiel shuld be sentenced tae daith cause he his prophisied conter iss toon. Ye've heard it wi yer ain lugs."

¹²Syne Jeremiah said tae aa the officeels an aa e fowk: "E Lord sent ma tae prophisy conter iss hoose an iss toon, aathin ye've heard. ¹³Noo men yer wyes an yer actins an dee fit e Lord yer God bids ye dee. Syne e Lord will think better o't an nae fess e crockaneetion he warnt ye o. ¹⁴As for me, A'm in yer hans; dee wi ma fit ye think's gweed an richt. ¹⁵Bit jist myn, gin ye pit ma tae daith, ye'll fess doon bleed on them o iss toon an them fa bide in it fa hinna deen naethin wrang, cause there's nae doot aboot it, e Lord sent ma tae spik aa iss wirds for ye tae hear." ¹⁶Syne the officeels an aa e fowk said tae e priests an e prophits, "Iss chiel shuldna be sentenced tae daith. He his spoken tae hiz i the name o e Lord wir God." ¹⁷Some o the elders o e cuntra cam forrit an said tae e hale gaitherin o e fowk, ¹⁸"Micah fae Moresheth prophisiet i the time o Hezekiah keeng o Judah, sayin tae aa e fowk o Judah, 'Iss is fit e Lord o Hosts says: Zion will be plooed lik a park an Jerusalem will turn tae a rummle o steens, e Temple brae ragglt wi growthe.' ¹⁹Did Hezekiah keeng o Judah or ony ither body pit him tae daith? Did Hezekiah nae fear e Lord an sikk his faavour? An did e Lord nae think better o e crockaneetion he hid warnt them aboot? We're gyan tae fess a muckle crockaneetion onno wirsels." ²⁰Noo Uriah e sin o Shemaiah fae Kiriath Jearim wis anither chiel fa wis prophiseein i the name o e Lord an he prophisiet e same things conter iss toon an iss cuntra as Jeremiah did. ²¹Fan keeng Jehoiakim an aa his sodgers an clan chiefs heard fit he wis sayin, e keeng socht tae dee awa wi him, bit Uriah heard o't an teuk aff tae Egypt. ²²Keeng Jehoiakim, syne, sent men tae Egypt. Acbor's loon Elnathan gaed tae Egypt, wi some ither chiels. ²³They brocht Uriah back fae Egypt an teuk him tae keeng Jehoiakim, fa hid him killed wi a swoord an hid his corpse flung inno e beerial grun o e common carles. ²⁴Fit's mair, Shaphan's loon Akiham held wi Jeremiah, bit he wisna hannit ower tae e fowk tae be deen awa wi.

CHAPTIR 27

Airly i the reign o Zedekiah e sin o Josiah keeng o Judah, iss wird cam tae Jeremiah fae e Lord: ²Iss is fit e Lord said tae ma: "Mak a yock wi whangs an a spar an pit it roon yer neck. ³Syne sen wird tae e keengs o Edom, an Moab, an Ammon, an Tyre an Sidon bi wye o e rinners fa hiv come tae Jerusalem tae Zedekiah keeng o Judah. ⁴Bid them tell their maisters att iss is fit e Lord o Hosts e God o Israel says, 'Iss is fit ye maun say tae yer maisters: ⁵"Wi ma great strinth an ootraxed airm A vrocht e warl an aa its fowk an aa e beasts att are onno't, an A'll gie it tae faaivver A like. ⁶Noo A'll gie aa yer cuntras inno e hans o ma servant Nebuchadnezzar keeng o Babylon; an A'll mak aa e wild beasts dee fit he bids them. ⁷Aa e cuntras o e warl will serve him an his sin an his gransin till e time his ain lan comes; syne mony cuntras an muckle keengs will get e better o him. ⁸Gin ony cuntra or keengdom winna tak wi Nebuchadnezzar keeng o Babylon or boo its neck aneth his yock, A'll gie att cuntra its sairin wi e swoord, wint an pest, says e Lord, till A ding it doon throwe his han. ⁹Sae dinna listen tae yer prophits, yer spaewives, yer fowk fa wark oot yer dreams, yer carlines nor yer warlocks fa tell ye, 'Ye winna serve e keeng o Babylon.' ¹⁰They prophisy lees tae ye tae tak ye hine awa fae yer cuntra; A'll caa ye oot an att will be e hinnerein o ye. ¹¹Bit gin ony cuntra boos its neck aneth e yock o e keeng o Babylon an serves him, A'll lat att fowk bide i their ain cuntra tae ploo it an dwall there,"'" says e Lord.

¹²A said e same thing tae Zedekiah keeng o Judah. A said, "Boo yer neck aneth e yock o e keeng o Babylon; serve him an his fowk an ye'll live. ¹³Fit wye will you an yer fowk dee bi e swoord, wint an e pest fit e Lord his threetent tae ony cuntra att winna serve e keeng o Babylon? ¹⁴Dinna listen tae e prophits fa keep tellin ye, 'Ye winna serve e keeng o Babylon,' for they're prophiseein lees tae ye. ¹⁵'I didna sen them,' says e Lord, 'still-an on they prophisy lees in my name. Sae A'll caa ye oot o yer cuntra an ye'll dee, baith you ane prophits fa prophisy tae ye.'" ¹⁶Syne A spak tae e priests an aa iss fowk, sayin, "Iss is fit e Lord says: Dinna listen tae e prophits fa say, 'The accootrements o e Lord's hoose will be fessen back fae Babylon or lang.' They are prophiseein lees tae ye. ¹⁷Dinna listen tae them. Serve e keeng o Babylon, an ye'll live. Fit wye shuld iss toon faa tae ruination? ¹⁸Gin they be prophits an gin e wird o e

Lord be wi them, lat them prig wi e Lord o Hosts att the accootrements, aye yet i the hoose o e Lord an e palace o e keeng o Judah an in Jerusalem, dinna gyang tae Babylon.

[19]"For iss is fit e Lord o Hosts says aboot e pillars, e bress tank, e bases an e lave o the accootrements left in iss toon, [20]att Nebuchadnezzar e keeng o Babylon didna tak awa wi him fan he cairriet Jehoiachin e sin o Jehoiakim keeng o Judah intae exile fae Jerusalem tae Babylon, alang wi aa e clan chiefs o Judah an Jerusalem; [21]ay, iss is fit e Lord o Hosts, e God o Israel, says aboot the accootrements att are left i the hoose o e Lord an e palace o e keeng o Judah an in Jerusalem: [22]'They'll be teen tae Babylon an there they'll bide till I sen for them,' says e Lord. 'Syne A'll fess themback tae their hame-comin.'"

CHAPTIR 28

Noo, in att same ear, i the fifth month o e fowerth ear o e reign o Zedekiah keeng o Judah, e prophit Hananiah e sin o Azur fae Gibeon, spak tae ma i the hoose o e Lord, afore e priests an aa e fowk, an said: [2]"Iss is fit e Lord o Hosts, e God o Israel, says: 'A've breuken e yock o e keeng o Babylon. [3]Wi'in twa ear, A'll fess back here, aa the accootrements fae e Lord's hoose att Nebuchadnezzar keeng o Babylon teuk awa fae here tae Babylon. [4]An A'll fess back here Jehoiachin e sin o Jehoiakim keeng o Judah an aa e tither fowk fa were teen awa fae Judah tae Babylon,' says e Lord, 'A'll braak e yock o e keeng o Babylon.'"

[5]Syne e prophit Jeremiah said tae e prophit Hananiah afore e priests an aa e fowk fa were stannin i the hoose o e Lord, [6]"Sae be't. Lat e Lord dee't. Mith e Lord fess aboot fit ye're sayin bi fessin back here fae Babylon, the accootrements o e Lord's hoose an aa them fa were teen awa. [7]For aa that, preen back yer lugs an hearken tae fit A'm sayin tae you an aa e fowk. [8]Fae lang syne e prophits fa cam afore hiz hiv prophisiet waar an crockaneetion an pest agin mony cuntras an great keengdoms. [9]Bit e prophit fa prophisies peace will jist be seen as een sent bi e Lord fan his prophisies come aboot."

[10]Syne e prophit Hananiah teuk e yock aff e prophit Jeremiah's neck an breuk it tae bits, [11]an he said afore aa e fowk, "Iss is fit e Lord says: 'I the same wye A'll braak e yock o Nebuchadnezzar keeng o Babylon fae e necks o aa e cuntras wi'in twa ear.'" An e prophit Jeremiah held awa oot o there.

[12]Efter e prophit Hananiah breuk e yock aff e neck o e prophit Jeremiah, e wird o e Lord cam tae Jeremiah: [13]"Gyang an tell Hananiah, 'Iss is fit e Lord says: Ye've breuken a yock o wid, bit for't ye'll get a yock o airn. [14]Iss is fit e Lord o Hosts, e God o Israel says: A'll pit a yock o airn onno e necks o aa iss cuntras tae gar them serve Nebuchadnezzar keeng o Babylon, an A've gien aa e wild beasts ower tae him tee.'"

[15]Syne e prophit Jeremiah said tae Hananiah e prophit, "Listen noo, Hananiah. E Lord hisna sent you, bit still-an-on ye're garrin iss fowk believe a lee. [16]Sae iss is fit e Lord says: 'A'm gyan tae dicht ye fae e face o the earth. Iss verra ear ye're gyan tae dee, cause ye've preacht rebellion agin e Lord.'" [17]I the syventh month o att verra ear, Hananiah e prophit deit.

CHAPTIR 29

Iss is e wirdin o e screivin att e prophit Jeremiah sent fae Jerusalem tae e lave o the elders fa were teen intae exile an tae e priests, e prophits an tae aa e tither fowk Nebuchadnezzar hid teen intae exile fae Jerusalem tae Babylon. [2]Iss wis efter keeng Jehoiachin an e queen mither, e libbit chiels, an e coort officeels o Judah an Jerusalem, e tradesmen an e smiths hid left Jerusalem. ³E screivin wis sent wi Shaphan's loon Elasah an Hilkiah's loon Gemariah, him fa Zedekiah keeng o Judah sent tae keeng Nebuchadnezzar in Babylon. It said: ⁴Iss is fit e Lord o Hosts, e God o Israel, says tae aa them A cairriet awa intae exile fae Jerusalem tae Babylon: ⁵"Bigg hooses an bide in them; plant yards an ett fit ye growe. ⁶Mairry an hae sins an dothers; fin wives for yer sins an gie awa yer dothers in mairriage, sae they mith hae sins an dothers tee, sae att there mith be mair o ye there an nae fyower. ⁷Fit's mair, sikk gweed for e toon A cairriet ye awa till tae exile. Pray tae e Lord for it, cause gin e toon dis weel, ee'll dee weel anaa." ⁸Ay, iss is fit e Lord o Hosts, e God o Israel says: "Dinna lat e prophits an spaemen amo ye mislippen ye. Dinna listen fan they tell ye aboot their dreams. ⁹They're prophiseein lees in ma name. I hinna sent them," says e Lord.

¹⁰Iss is fit e Lord says: "Efter ye've been in Babylon syventy ear, A'll come till ye an mak gweed ma wird tae fess ye back tae iss place. ¹¹For A ken fine e plans A hiv for ye," says e Lord, "plans o peace, nae plans tae de ye ill, plans tae gie ye a hope for fit's afore ye. ¹²Syne, ye'll cry tae ma an come an pray tae ma, an A'll hearken tae ye. ¹³Ye'll sikk ma an fin ma, fan ye sikk ma wi aa yer hert. ¹⁴Ye'll fin ma," says e Lord, "an A'll fess ye back fae capteevity. A'll gaither ye fae aa e cuntras o e warl an aa e places A dreeve ye till," says e Lord, "an A'll fess ye back tae e place A carriet ye awa fae at the ootset."

¹⁵Think ye tae yersel, "E Lord his reesed up prophits for hiz in Babylon," ¹⁶bit iss is fit e Lord says aboot e keeng fa sits on Daavit's throne an aa e fowk fa bide in iss toon, yer ain fowk fa didna gyang intae exile wi ye, ¹⁷ay, iss is fit e Lord o Hosts says: "A'll sen e swoord, wint an e pest agin them an mak them lik figs att are sae coorse they canna be etten. ¹⁸A'll chase efter them wi e swoord, wint an e pest an mak them skaichent i the sicht o aa e cuntras o e warl, a curse an orra clan tae be lauchen at, ay a rael begeck amo aa e cuntras A sen them till. ¹⁹For they hinna listent tae ma wird," says e Lord, "e wird A sent them ower an ower throwe ma servants e prophits. An youeens hinna listent aither," says e Lord.

²⁰Sae, hear e wird o e Lord, aa you exiles A sent awa fae Jerusalem tae Babylon. ²¹Iss is fit e Lord o Hosts, e God o Israel, says aboot Kolaiah's loon Ahab an Maaseiah's loon Zedekiah, fa are prophiseein lees tae ye in my name: "Jist waatch, A'll gie them ower intae e hans o Nebuchadnezzar keeng o Babylon, an he'll dee awa wi them afore yer verra een. ²²Cause o them, aa the exiles fae Judah fa are in Babylon will strick up a saaw: 'Mith e Lord dee wi ye fit he did tae Zedekiah an Ahab, fa were brunt i the fire bi e keeng o Babylon.' ²³For they've deen gallus things in Israel; they've lain wi their neeper's wives an hiv telt lees in my name, att A nivver bad them dee. A ken fine, A'm a witness till't," says e Lord.

²⁴Tell Shemaiah fae Nehelam, ²⁵"Iss is fit e Lord o Hosts, e God o Israel, says: Ye sent screivins in yer ain name tae aa e fowk in Jerusalem, tae e priest, Maaseiah's loon Zephaniah, an tae aa e tither priests, sayin, ²⁶'E Lord his appintit ye tae tak ower as priest fae Jehoiada tae be heid-bummer i the hoose o e Lord; ony daftie fa acks lik a prophit ye maun lock up wi airns roon his neck. ²⁷Sae fit wye hiv ye nae checkit Jeremiah fae Anathoth, fa maks on he's a prophit amo ye? ²⁸He's sent wird tae hiz in Babylon, sayin: Yer exile will be lang. Sae bigg hooses an bide in them; plant yards an ett fit ye growe.'"

²⁹Zephaniah e priest, read e letter tae Jeremiah e prophit. ³⁰Syne e wird o e Lord cam tae Jeremiah: ³¹"Sen wird tae aa the exiles sayin: 'Iss is fit e Lord says aboot Shemaiah fae Nehelam: Bicause Shemaiah his prophisiet tae ye, even tho A didna sen him, an he his garrt ye lippen till a lee, ³²iss is fit e Lord says: A'll seerly gie Shemaiah fae Nehelam an his bairns their sairin. Neen o his ation will bide amo iss fowk, nor will he see ony o e gweed A dee for ma ain fowk, says e Lord, cause he his preacht rebellion agin ma.'"

CHAPTIR 30

Iss is e wird att cam tae Jeremiah fae e Lord: ²"Iss is fit e Lord, e God o Israel, says: 'Vreet doon aa e wirds A've spoken tae ye in a beuk. ³Jist waatch, e time's comin,' says e Lord, 'fan A'll haud forrit e lot o ma ain fowk Israel an Judah an fess them back tae e lan A gied their forebeers, an they'll ain it again,' says e Lord."

⁴Here's fit e Lord hid tae say aboot Israel an Judah: ⁵"Iss is fit e Lord says: 'We've heard e soun o terror an fear, nae peace. ⁶Speir an see, Can a chiel hae a bairn? Sae fit wye div A see ilka stoot chiel wi his hans on his stammack lik a wumman in her pangs. Ilka face as fite's a sheet. ⁷Eh man, bit sic a day! Nivver een like it. It will be a time o stramash for Jacob, bit he'll be saved fae it. ⁸On att day,' says e Lord o Hosts, 'A'll braak e yock fae aff their necks an teer aff their chines; nae mair will forriners haud them as slaves. ⁹They'll serve e Lord their God an Daavit their keeng, fa A'll reese up for them.

¹⁰"Sae dinna be feart, Jacob ma loon; dinna be on hecklepreens, Israel,' says e Lord. 'A'll seerly fess ye hame fae hine awa an yer bairns fae e lan far they were held. Jacob will again hae peace an easedom, an there will be neen tae fear him. ¹¹A'm wi ye an will save ye,' says e Lord. 'Tho A mak a crockaneetion o aa e cuntras far A scattert ye, A winna mak a crockaneetion o you. A'll gie ye yer sairin, A winna lat ye aff aaegither.' ¹²Iss is fit e Lord says: 'Yer sair winna get better, yer skaith is ayont healin. ¹³There's nae naebody tae spik oot for ye, neen tae bin up yer sairs, nae drogs tae heal ye. ¹⁴Aa yer freens hiv forgotten ye; they dinna leuk near han ye. A've strucken ye lik a fae, an gien ye yer ill-set sairin, cause yer wrang-deeins are sae muckle an yer ill-deeins sae mony. ¹⁵Fit wye div ye yowl aboot yer skaith, yer stoun att his nae betterin? A've deen iss tae ye cause o yer muckle coorseness an mony ill-deeins. ¹⁶Bit aa fa devoor you will be devoored, aa yer faes, ilka een o them will gyang intae exile. Them fa reive ye will themsels be reived; aa fa herrie ye A'll herrie. ¹⁷Bit A'll mak ye aa better an heal yer sairs,' says e Lord, 'bicause ye're caaed an ootlin, Zion fa naebody cares a docken for.'

¹⁸"Iss is fit e Lord says: 'A'll fess back e weird o Jacob's tents an hae peety for his dwallins, e toon will be rebiggit on her ruins, an e palace will stan in its richtfu stance.

¹⁹Fae them will come thanksgien an e soun o daffin. A'll eik up their nummers an they winna be fyow; A'll fess them honour an they winna be thocht little o. ²⁰Their bairns will be lik they were lang lang syne, an their congregation will be weel set up afore ma; A'll ding doon aa fa haud them in aboot. ²¹Their chief will be een o their ain; their rowler will rise fae amo them. A'll draa him nearhan an he'll come in aboot tae ma; for fa wid daur in his hert tae come in aboot tae ma?' says e Lord. ²²'Sae ye'll be ma ain fowk, an A'll be yer God.'" ²³Waatch, a storm o e Lord will birst oot in annger, a rivin win, furlin doon on e heids o e coorse. ²⁴E toorin rage o e Lord winna haud again till he wins throwe wi aa his proticks. Come time, ye'll unnerstan.

CHAPTIR 31

"At att time," says e Lord, "A'll be e God o aa e faimlies o Israel, an they'll be ma ain fowk." ²Iss is fit e Lord says: "E fowk fa survive e sword will fin lythe i the roch cuntra; A'll come an gie rist tae Israel." ³E Lord appeared tae hiz o aul, sayin: "I hae looed ye wi an ivverlestin luv; A've draawn ye till ma wi byornar gweedness. ⁴A'll bigg ye up again an ye'll be rebiggit, maiden Israel. Again ye'll tak up yer drums an gyang oot an dance wi e ranters. ⁵Again ye'll hae vinyairds i the heilans o Samaria; e fairmers will plant them an get e gweed o their crap. ⁶There will be a day fan e waatchmen cry oot on e heilans o Ephraim, 'Come on, awa up tae Zion, tae e Lord wir God.'" ⁷Iss is fit e Lord says: "Sing blithely for

Jacob; shout for e foremaist amo cuntras. Shout oot yer praises an say, 'Lord, save yer ain, e lave o Israel.' [8]Jist waatch, A'll fess them fae e northlans an gaither them fae the eins o the earth. Amo them will be e blin an e cripple, weemen wi bairn an weemen i their pangs; a muckle collieshangie will come hame. [9]They'll come wi tears i their een an they'll pray as A fess them hame. A'll lead them alang e burnie-side, on a straicht road far they winna styter, cause A'm Israel's fadder, an Ephraim is ma aulest sin.

[10]"Hear e wird o e Lord, ye cuntras o e warl; shout it on forrin shores: 'He fa scattert Israel will gaither them an will tak tent o his flock lik a shepherd.' [11]For e Lord will save Jacob an haud them oot amo e hans o them fa are stronnger nor them. [12]They'll come an sing for joy on e hichts o Zion; wi e gweedness o e Lord they'll glent e corn, e wine the ile, e young o e flocks an e beasts. They'll be lik a weel-wattert gairden, wi nivver a sorra. [13]E quines will dance wi joy, an sae will e loons an the aul men. A'll turn their dool intae joy; A'll gie them lythe far there wis sorra. [14]A'll plenish e priests wi aa they culd wint, an ma fowk will be fullt wi ma graith," says e Lord.

[15]Iss is fit e Lord says: "A vice is heard in Ramah, dool hert an sair greetin, Rachel greetin for her bairnies, wi nae easedom, cause they're aa gane." [16]Iss is fit e Lord says: "Haud yer vice fae greetin an yer een fae tears, cause yer wark will be peyed for," says e Lord. "They'll come hame fae e cuntra o e fae. [17]Sae there's hope for them fa come efter ye," says e Lord. "Yer bairns will come hame tae their ain lan.

[18]"A've seerly heard Ephraim's greetin: 'Ye've held ma in aboot lik a camsteerie caffie. Furl ma aboot an A'll be turnt, cause ee're e Lord ma God. [19]Efter A gaed agley, A thocht better o't; efter A unnersteed, A clappit ma breist. A wis affrontit an hingin-luggit cause A cairriet e tash o ma young days.' [20]Is Ephraim nae ma wee loonie, e bairn A think sae muckle o? Tho A files check him, A aye yet myn on him. Sae ma hert langs for him; A'll fairly hae mercy on him," says e Lord. [21]"Set up mile steens; pit up road signs. Pey attintion tae e road, e gait ye gyang. Come hame, Maiden Israel, come hame tae yer toons.

[22]"Foo lang will ye hake aboot, ye mistrystit dother Israel? E Lord will mak a new thing on the earth, a wumman will gie lythe tae a man." [23]Iss is fit e Lord o Hosts, e God o Israel, says: "Fan A fess them hame fae their capteevity, eence mair e fowk i the lan o Judah an its toons will be sayin: 'E Lord bliss ye, ye jeest toon, ye haily hill.' [24]Fowk will bide egither in Judah an its toons, fairmers an wannerin shepherds tee. [25]A'll brisken up e forfochen an full e fushionless." [26]Wi att, A waakent an leukit roon ma: A hid a richt fine sleep. [27]"Jist waatch, e time's comin," says e Lord, "fan A will shaav e keengdoms o Israel an Judah wi e seed o fowk an o beasts. [28]Jist as A waatcht ower them tae upreet them an ding them doon, an tae coup e creels, missaucre an fess crockaneetion, sae A'll waatch ower them tae bigg an tae shaav," says e Lord. [29]"In att time, fowk winna be sayin, 'Wir fadders hiv etten soor grapes, an it wid gar their bairns grue.' [30]Raither, aabody will come till an ein for their ain ill-deeins; faaivver etts soor grapes will gar themsels grue.

[31]"Jist waatch, e days are comin," says e Lord, "fan A will mak a new covenant wi e fowk o Israel an e fowk o Judah. [32]It winna be neen lik e covenant A made wi their forebeers fan A teuk them bi e han tae lead them oot o Egypt, cause they breuk ma covenant, tho A wis lik a gweedman tae them," says e Lord. [33]"Bit iss is e covenant A'll mak wi e fowk o Israel at sic a time," says e Lord. "A'll pit ma laa inno their heids an screive it onno their herts. A'll be their God, an they'll be ma ain fowk. [34]Nae mair will they learn their neeper or their freens, sayin, 'Ken e Lord,' cause aabody will ken ma, fae e nethmaist tae the eemaist," says e Lord. "For A'll forgie their coorseness an myn nae mair on their ill-deeins."

[35]Iss is fit e Lord says, fa sens e sin tae gie licht throwe e day, an riggs oot e meen an e stars tae gie licht throwe e nicht, fa steers up e sea sae att its waves roar, e Lord o Hosts is his name: [36]"Only gin e laas o netter weer oot o ma sicht," says e Lord, "will Israel ivver haud fae bein a cuntra afore ma." [37]Iss is fit e

Lord says: "Gin e hivvens abeen can be mizzourt an e founs o e warl probbit, syne A'll keest awa e bairns o Israel cause o aa fit they've deen," says e Lord.

[38]"Jist waatch, e day's comin," says e Lord, "fan iss toon will be rebiggit for ma fae e Tooer o Hananel tae e Gushetneuk Yett. [39]A mizzourin line will gyang straicht oot fae there tae e Hill o Gareb an syne turn e wye o Goah. [40]The hale howe far deid bodies an aise is keest, an aa e parks oot tae e Howe o Kidron tae the east, e linth o e Horse Yett, will be haily tae e Lord. Nivver nae mair will e toon be upreeted nor owercome."

CHAPTIR 32

Iss is e wird att cam tae Jeremiah fae e Lord i the tenth ear o Zedekiah keeng o Judah, fit wis e auchteenth ear o Nebuchadnezzar. [2]Noo, at att time the airmy o e keeng o Babylon wis layin siege tae Jerusalem, an Jeremiah e prophit wis sneckit inno e jile closs i the royal palace o e keeng o Judah. [3]Zedekiah keeng o Judah hid lockit him up there, sayin, "Fit wye are ye aye prophiseein, sayin, 'Iss is fit e Lord says: A'm gyan tae gie iss toon ower tae e hans o e keeng o Babylon, an he'll tak it. [4]Zedekiah keeng o Judah winna win awa fae e Babylonians bit will seerly be gien inno e hans o e keeng o Babylon, an will spik till him face tae face an see him ee tae ee. [5]He'll tak Zedekiah tae Babylon, far he'll bide till I tak him throwe han, says e Lord. Gin ye fecht wi e Babylonians, ye winna win.'"

[6]Says Jeremiah, "E wird o e Lord cam tae ma: [7]Yer uncle Shallum's loon, Hanamel is gyan tae come an say tae ye, 'Buy ma parkie at Anathoth, bi laa ee hiv a pre-emption onno't.' [8]Syne ma kizzen Hanamel cam tae ma i the jile closs, jist as e Lord hid said, an he says tae ma, 'Buy ma parkie at Anathoth i the Benjamin cuntra. Bi laa ee hiv a pre-emption onno't, buy it for yersel.' A kent att iss wis e wird o e Lord, [9]sae A bocht e parkie at Anathoth fae ma kizzen Hanamel an weyed oot e siller for him – syventeen shekels o siller. [10]A signt an sealt e title, hid it witnessed, an weyed oot e siller on e wechts. [11]A teuk e title deeds, baith e signt copy wi e terms an e copy att wisna signt, [12]an A hannit them ower tae Neriah's loon Baruch, gransin tae Maaseiah, wi ma kizzen Hanamel an e witnesses fa hid signt e title stannin there an wi aa e Jowes sittin i the jile closs.

[13]"Wi them aa there, A telt Baruch: [14]'Iss is fit e Lord o Hosts, e God o Israel says: Tak iss title deeds, baith e signt copy an e copy att's nae signt an pit them inno a cley pottie tae hain them for mony a lang day. [15]For iss is fit e Lord o Hosts, e God o Israel, says: hooses, parks an vinyairds will again be bocht on iss grun.'

[16]"Efter A'd gien e title deed tae Neriah's loon Baruch, A prayed tae e Lord: [17]Ay fegs, Lord God, ye've vrocht e hivvens an the earth bi yer muckle pooer an airm raxed oot. Naethin's ower kittle for ye. [18]Ye shew luv tae thoosans bit pey back the ill-deeins o e fadders tae e bairns att come efter them. Great an michty God, fas name is e Lord o Hosts, [19]great are yer acks an winnerfu yer deeins. Ye see fit aabody dis; ye gie ilka een their sairin accoordin tae fit they dee an the upcome o't. [20]Ye shewed signs an did winners in Egypt an are aye yet in Israel an amo aa mankyn an hiv made a name for yersel att nivver devaals. [21]Ye brocht yer ain fowk, Israel oot o Egypt wi signs an winners, bi a stoot han an yer raxed-oot airm an wi muckle fear. [22]Ye gied them iss lan, e lan ye swore tae their fadders ye wi gie them, a lan reamin wi milk an hunny. [23]They cam an teuk e hauddin o't, bid they didna dee fit ye bad them, nor follaed yer laa; they didna dee naethin ye bad them dee, sae ye brocht aa iss crockaneetion doon on their heids. [24]See foo e siege ramps are biggit tee till e toon waa. Cause o e swoord, wint an pest, e toon will be gien inno e hans o e Babylonians fa are fechtin wi it.   Fit ye said his happent, as ye can see.   [25]An tho e

toon will be gien inno e hans o e Babylonians, you, Lord God, say tae ma, 'Buy e parkie wi siller an hae e deal witnessed.'"

²⁶Syne e wird o e Lord cam tae Jeremiah: ²⁷"Ay fegs, A'm e Lord, e God o aa mankyn. Is onythin ower ill for me? ²⁸Sae iss is fit e Lord says: A'm gyan tae gie iss toon ower intill e hans o e Babylonians an tae Nebuchadnezzar keeng o Babylon, an he'll tak it. ²⁹E Babylonians fa are fechtin wi iss toon will come in till't, set it alicht an burn it doon alang wi e hooses far e fowk got ma birse up bi burnin scintit reek tae Baal on e reefs an bi poorin oot drink offerins tae ither gods. ³⁰E fowk o Israel an Judah hiv deen nocht bit ill in ma sicht fae e verra yokin o't; ay e fowk o Israel hiv deen nocht bit get ma birse up wi fit they've vrocht wi their hans, says e Lord. ³¹Fae e day it wis biggit tae iss verra day, iss toon his reesed ma anger an pat ma in a pirr an A maun shiv it oot o ma sicht. ³²A'm fair raised wi e fowk o Israel an Judah cause o aa the ill they've been deein, them, their keengs, their officeels, their priests an prophits, e fowk o Judah an aa them fa bide in Jerusalem. ³³They turnt their backs tae ma, nae their faces; tho A learnt them ower an ower again they widna listen nor tak in fit A wis tellin them. ³⁴They set up their fool eemages i the hoose att his my name an fylt it. ³⁵They biggit heich places for Baal i the Howe o Hinnom tae gar their sins an dothers pass throwe tae Molech, tho I nivver bad them dee att, nor did it ivver come intae ma heid att they shuld dee sic a fool thing, garrin Judah dee ill.

³⁶"Ye're sayin aboot iss toon, 'Bi e swoord, wint an pest it will be gien inno e hans o e keeng o Babylon'; bit iss is fit e Lord, e God o Israel, says: ³⁷Jist waatch, A'll gaither them oot o aa e cuntras A sent them till in ma feerious annger an muckle rage; A'll fess them back tae iss place an lat them dwall saufly. ³⁸They'll be my fowk, an A'll be their God. ³⁹A'll gie them an aefaul hert an an aefaul road, sae they'll aye be feart o ma, for their ain gweed an for e gweed o them fa come ahin them. ⁴⁰A'll mak an ivverlestin covenant wi them an winna turn awa fae deein gweed tae them. A'll hertin them tae be feart o ma, sae they'll nivver turn awa fae ma. ⁴¹A'll be weel shuitit tae dee gweed for them an will seerly plant them doon in iss lan wi aa ma hert an sowl. ⁴²Iss is fit e Lord says: Jist as A've vrocht iss crockaneetion on iss fowk, sae A'll gie them aa e gweed A've promist them. ⁴³Again parks will be bocht in iss lan att ye're sayin aboot, 'It's a scruntit moss wi naither man nor beast, for it's been gien inno e hans o e Babylonians.' ⁴⁴Parks will be bocht for siller, an title deeds signed an witnessed i the Benjamin cuntra, i the clachans aboot Jerusalem, i the toons o Judah an i the heilan toons, i the toons o e Howes an o e sooth, cause A'll gie them back fit they hid afore, says e Lord."

CHAPTIR 33

E wird o e Lord cam tae Jeremiah a saicond time fan he wis still lockit up i the jile closs: ²"Iss is fit e Lord says, e Lord fa vrocht e warl, e Lord fa formed it an set it gyan, e Lord is his name: ³'Cry tae ma an A'll answer ye an tell ye mony ferlies ye dinna ken naethin aboot.' ⁴For iss is fit e Lord, e God o Israel, says aboot e hooses in iss toon an e palaces o e keengs o Judah att hiv been dung doon tae haud agin e siege ramps an e swoord ⁵i the fechtin wi e Babylonians: 'They'll be fulled wi e deid bodies o e fowk A'll dee awa wi in ma annger an rage. A'll hide ma face fae iss toon cause o aa its coorseness. ⁶Still-an-on A'll fess health ad healin tae it; A'll mak them aa better an shew them a rowth o peace an trowth. ⁷A'll fess Judah an Israel back fae capteevity an will bigg them lik they were afore. ⁸A'll clean awa aa the ill-deeins they did agin ma an will forgie aa their coorse rebellion agin ma.

⁹"'Syne iss toon will be a name o joy, praise an honour tae ma afore aa e cuntras o e warl att hear o aa e gweed things A dee for it; an they'll winner an shaak at e rowth o walth an peace A plenish it wi.' ¹⁰Iss is fit e Lord says: 'Ye say aboot iss place, "It's a scruntit moss, wi naither man nor beast." Still-an-on, i the toons o Judah an e streets o Jerusalem att are teem, wi nae a livin sowl nor beast aboot, there will be heard

eence mair [11]e soun o mirth an lauchin, e vices o bride an groom, an e vices o them fa say, "Gie thanks tae e Lord o Hosts, for e Lord is gweed; his luv lests for aye," an e vices o them fa fess a thank offerin tae e Lord. For A'll gie back e walth o e lan, jist as it wis afore,' says e Lord. [12]Iss is fit e Lord o Hosts says: 'In iss place, scruntit an wi nae fowk nor beasts, in aa its toons there will again be girss for shepherds tae bed their flocks. [13]I the heilan toons, i the toons i the howe an i the sooth, i the Benjamin cuntra, i the clachans roon aboot Jerusalem an i the toons o Judah, flocks will again pass throwe e han o him fa coonts them,' says e Lord. [14]'E days are comin,' says e Lord, 'fan A'll stan bi ma wird tae e fowk o Israel an Judah. [15]In att days an at att time A'll gar a richteous bough sproot fae amo Daavit's fowk; he'll dee fit's jeest an richt i the lan. [16]In att days Judah will be saved an Jerusalem will be keepit sauf. An iss is e name she'll be cried: E Lord wir Richteousness.' [17]"For iss is fit e Lord says: 'Daavit will nivver wint a chiel tae sit on e throne o Israel, [18]nor will e priests o Levi ivver wint a chiel tae aye stan afore ma an gie up brunt offerins, tae burn grain offerins an tae mak sacrifeeces.'"

[19]E wird o e Lord cam tae Jeremiah: [20]"Iss is fit e Lord says: 'Gin ye can braak ma tryst wi e day an ma tryst wi e nicht sae att een disna come efter e tither, [21]syne ma covenant wi ma servant Daavit will be breuken an sae will e covenant wi e priests o Levi meenisterin afore ma, an syne there will be neen o Daavit's bairns tae sit on his throne. [22]A'll mak them fa come o ma servant, Daavit an e Levites fa meenister afore ma as mony as e stars i the lift an as thrang as e san alang e shore.'" [23]E wird o e Lord cam tae Jeremiah: [24]"Hiv ye nae seen fit fowk are sayin, 'E Lord his rejeckit e twa keengdoms he pickit'? Sae they malagaroose ma ain fowk an dinna think o them as a nation nae mair. [25]Iss is fit e Lord says: 'Gin A hinna made ma covenant wi e day an wi e nicht an sattlt e laas o hivven an earth, [26]syne A'll rejeck e bairns o Jacob an Daavit ma servant an winna pick een o his sins tae rowle ower e fowk o Abraham, Isaac an Jacob. Bit A'll see them aa richt eence mair an tak peety on them.'"

CHAPTIR 34

Fan Nebuchadnezzar keeng o Babylon an aa his airmy an aa e keengdoms an clans att were inno his pooer were fechtin wi Jerusalem an e toons roon aboot, iss wird cam tae Jeremiah fae e Lord: [2]"Iss is fit e Lord, e God o Israel, says: Gyang tae Zedekiah keeng o Judah an tell him, 'Iss is fit e Lord says: Jist waatch, A'm gyan tae gie iss toon inno e hans o e keeng o Babylon, an he'll burn it tae e grun. [3]Ye winna win oot amo his finngers, bit will seerly be teen an gien inno his hans. Ye'll see e keeng o Babylon wi yer ain een, an spik wi him face tae face. An ye'll gyang tae Babylon. [4]Bit hearken tae iss promise fae e Lord, Zedekiah keeng o Judah. Iss is fit e Lord says aboot ye: ye winna dee bi e swoord; [5]ye'll dee peacefu-lik. Jist as fowk kennlt a funeral fire tae honour yer forebeers, e keengs fa cam afore ye, sae they'll mak a funeral fire in your honour an greet, "Aliss, maister." Att's fit A'm sayin tae ye, says e Lord.'"

[6]Syne Jeremiah e prophit telt aa iss tae Zedekiah keeng o Judah, in Jerusalem, [7]file the airmy o e keeng o Babylon wis fechtin wi Jerusalem an e tither toons o Judah att were aye yet haudin oot: Lachish an Azekah, the only fortifiet toons in Judah nae yet teen. [8]E wird cam tae Jeremiah fae e Lord efter keeng Zedekiah hid made a tryst wi aa e fowk in Jerusalem tae lowse aa e slaves. [9]Aabody wis tae lowse their Hebrew slaves, be they deem or manservant, an neen wis tae haud a brither Jowe in wadset. [10]Sae aa e chiefs an fowk fa teuk wi iss tryst, agreed they wid lowse their men an weemen slaves an nae laanger haud them in wadset. They did fit they were bad an lowsed them. [11]Bit efterhin, they cheenged their myns an teuk back e fowk they hid lowsed an turnt them tae slaves again.

[12]Syne e wird o e Lord cam tae Jeremiah: [13]"Iss is fit e Lord, e God o Israel, says: A made a tryst wi yer forebeers fan A brocht them oot o Egypt, oot o the lan o slavery. A said, [14]'Ilka syventh ear ye maun lowse ony Hebrew fa is a slave tae ye. Efter they've served ye for sax ear ye maun set them lowse.' Bit

yer forebeers didna listen tae ma nor tak tent. [15]Newlins ye thocht better o't an did fit wis richt in ma sicht. Ilka een o ye set lowse yer ain fowk. Ye even made a tryst afore ma i the hoose att hauds my name. [16]Bit noo ye've gaen back on't an fylt ma name; ilka een o ye his teen back e deems an menservants att ye hid lowsed tae gyang farivver they likit. Ye've garrt them be yer slaves again.

[17]"Sae iss is fit e Lord says: Ye hinna deen fit A bad ye, ye hinna lowsed yer ain fowk. Sae noo A'll lowse you, says e Lord: lowse ye tae e swoord, e pest an wint. A'll gar aa e keengdoms o e warl grue at ye. [18]An them fa breuk ma covenant an didna tak wi e wird o e covenant they trystit wi ma, A'll mak lik e wee calfie they havvert an gaed atween its pairts, [19]e chiefs o Judah an e chiefs o Jerusalem, e libbit chiels fae e coort, e priests an aa e fowk o e cuntra fa gaed atween e pairts o e calfie, [20]A'll gie ower tae e hans o their faes fa sikk tae dee awa wi them. Their deid bodies will bicome maet for e birds an e beasts.

[21]"A'll gie Zedekiah keeng o Judah an his chiefs ower tae e hans o their faes fa sikk tae dee awa wi them, an tae the airmy o e keeng o Babylon, att's awa ivnoo. [22]Jist waatch, A'll gie e wird tae fess them back tae iss toon, says e Lord. They'll fecht wi it, tak it an burn it doon. An A'll missaucre e toons o Judah sae att nae naebody can bide there."

CHAPTIR 35

Iss is e wird o e Lord att cam tae Jeremiah fae e Lord i the time o Jehoiakim sin o Josiah keeng o Judah: [2]"Gyang tae far e Recabite fowk bide an sikk them tae come tae een o e chaulmers o e hoose o e Lord an gie them a moofu o wine." [3]Sae A gaed tae see Jeremiah's sin Jaazaniah, e gransin o Habazziniah, an his brithers an aa his loons, e hale jing bang o e Recabite fowk, [4]an A brocht them tae e hoose o e Lord, tae e chaulmer o e sins o Igdaliah's loon Hanan, e man o God. It wis neist e chaulmer o the officeels, abeen att o Shallum e doorman's loon Maaseiah. [5]Syne A set oot caups o wine afore e Recabite chiels an said tae them, "Hae a moofu o wine." [6]Bit says they, "Na, na, we dinna tak wine cause wir forebeer, Recab's sin Jonadab bad hiz: 'Naither you nor them fa come efter ye maun ivver tak a drink o wine. [7]Nor maun ye bigg hooses, shaav seed nor plant vinyairds; na, ye maunna dee ony sic things bit maun aye bide in tents. Syne ye'll live for lang i the cuntra ye hake aboot in.' [8]We've keepit tae aa wir forebeer, Recab's loon Jonadab, bad hiz. Neen o's nor wir weemenfowk nor wir sins nor wir dothers hiv ivver teen a drink o wine [9]nor biggit hooses tae bide in, nor hid vinyairds, grun nor crap. [10]We've bidden in tents an deen aathin Jonadab, wir fadder, bad hiz. [11]Bit fan Nebuchadnezzar keeng o Babylon attackit iss cuntra, we said, 'Come on, we maun gyang tae Jerusalem for fear we'd be teen bi e Babylonian an Syrian airmies.' Sae noo, we're bidin in Jerusalem."

[12]Syne e wird o e Lord cam tae Jeremiah: [13]"Iss is fit e Lord o Hosts, e God o Israel, says: Gyang an tell e fowk o Judah an them fa bide in Jerusalem, 'Will ye nae tak a tellin bi hearkenin tae fit A say tae ye?' says e Lord. [14]'Recab's loon Jonadab forbad them fa cam efter him tae drink wine an sae they've keepit tae fit he ordert. Tae iss verra day they dinna tak a drink, cause they haud tae their forebeer's biddin. Bit A've spoken tae ye ower an ower an ye hinna teen tent o fit A've said. [15]Ower an ower again A sent ma servants, e prophits, tae ye. They said, "Ilka een o ye maun turn fae yer ill-deein wyes an behave yersels a bittie better; dinna chase efter an serve ither gods. Syne ye'll bide i the lan A've gien tae ye an yer forebeers." Bit ye hinna teen tent nor hearkent tae ma. [16]Them fa cam efter Recab's loon Jonadab hiv deen fit their forebeer bad them, bit iss fowk hinna deen my biddin.' [17]Sae iss is fit e Lord o Hosts, e God o Israel, says: 'Jist waatch! A'm gyan tae fess doon o Judah an aa them fa bide in Jerusalem ilka crockaneetion A warnt them o. A spak tae them bit they didna tak tent; A cried tae them bit they didna answer.'"

[18]Syne Jeremiah said tae e Recabite fowk, "Iss is fit e Lord o Hosts, e God o Israel, says: 'Ye've deen fit yer forebeer Jonadab bad ye, an hiv keepit aa his orders an deen aa his biddin.' [19]Sae iss is fit e Lord o Hosts, e God o Israel, says: 'Recab's loon Jonadab will nivver wint a man o his fowk tae serve ma.'"

CHAPTIR 36

I the fowerth ear att Jehoiakim sin o Josiah wis keeng o Judah, iss wird cam tae Jeremiah fae e Lord: [2]"Tak a beuk an vreet onno't aa e wirds A've spoken tae ye aboot Israel, Judah an aa e tither cuntras fae e time A first spak tae ye i the time o Josiah till ivnoo. [3]Mebbe fan e fowk o Judah come tae hear aboot e crockaneetion A'm gyan tae fess doon on them, they'll haud awa fae their coorse wyes; syne A'll forgie their coorseness an ill-deeins." [4]Sae Jeremiah cried for Neriah's loon Baruch, fa screived onno e beuk, fae Jeremiah's spik, aa e wirds e Lord hid gien him. [5]Syne Jeremiah telt Baruch, "A'm held in aboot here, an canna win e linth o e Lord's Temple. [6]Sae ee gyang tae e hoose o e Lord on e neist fast day an read oot fae e beuk tae e fowk, e wirds o e Lord att a've jist gien ye. Read them tae aa e fowk o Judah fa come in aboot fae their toons. [7]Aiblins, even yet they'll come hame tae e Lord an haud awa fae their ill wyes, cause the annger an rage att e Lord his spoken agin his fowk is ondeemas."

[8]Neriah's loon Baruch did aa att Jeremiah e prophit bad him: at e Lord's Temple he read e wirds o e Lord fae e beuk. [9]I the ninth month o e fifth ear o e rowle o Jehoiakim sin o Josiah keeng o Judah, a time o fastin afore e Lord wis annoonced for aa e fowk in Jerusalem an them fa hid come in aboot fae e toons o Judah. [10]Syne Baruch read e wirds o Jeremiah fae e beuk tae aa e fowk at e Lord's Temple, stannin as he wis, i the chaulmer o Shaphan e clerk's loon Gemariah, at e heichmaist close at e ingyang o e New Yett o e Temple.

[11]Fan Micaiah, e sin o Shaphan's loon Gemariah, heard aa e wirds o e Lord fae e beuk,[12]he gaed doon tae e clerk's chaulmer i the keeng's hoose, far aa e cooncil were sittin: Elishama e clerk, Shemaiah's loon Delaiah, Acbor's loon Elnathan, Shaphan's loon Gemariah, Hananiah's loon Zedekiah, an aa e tither cooncillors. [13]Eence Micaiah hid telt them aa he'd heard Baruch read tae e fowk fae e beuk, [14]aa e cooncillors sent Jehudi, fas fadder wis Nethaniah, fas fadder wis Shelemiah, fas fadder wis Cushi, tae say tae Baruch, "Fess here e beuk att ye read fae tae e fowk." Sae Neriah's loon Baruch cam tae them, haudin the beuk in his han. [15]They says till him, "Tak yer ease, wid ye, an read tae hiz." Sae Baruch read it tae them. [16]Fan they heard aa iss say-awa, they leukit at een anither, gey feart-like, an said tae Baruch, "We maun tell e keeng aa ye've telt hiz." [17]Syne they speirt at Baruch, "Say noo, foo did ye come tae screive aa iss? Wis it fae Jeremiah's ain moo?" [18]"Ay, fairly," says Baruch, "he spak aa e wirds tae ma, an A screived them doon in ink onno e beuk."

[19]Syne e cooncillors said tae Baruch, "You an Jeremiah maun gyang an hide. Dinna lat naebody ken far ye are." [20]Eence they'd pat e beuk in Elishama e clerk's chaulmer, they gaed tae e keeng, oot i the close an telt him aa. [21]E keeng sent Jehudi tae fess e beuk, an Jehudi brocht it fae Elishama e clerk's chaulmer an read it tae e keeng an aa e cooncillors stannin anent him. [22]It wis e ninth month an e keeng wis sittin in his winter quaarters wi a fire bleezin i the grate afore him. [23]Ilka time Jehudi hid read three or fower columns o e beuk, e keeng wid cut them aff wi a penknife an fling them inno e grate till e hale beuk wis brunt i the fire. [24]E keeng an aa his servants fa heard e wirds were nae neen feart, an nivver rippit their claes. [25]Elnathan, Delaiah an Gemariah priggit wi e keeng nae tae burn e beuk, bit he widna tak tent o them. [26]Insteid, e keeng bad his ain loon Jerahmeel, Azriel's loon Seraiah an Abdeel's loon Shelemiah arrist Baruch e clerk an Jeremiah e prophit. Bit e Lord hid hodden them.

27Efter e keeng hid brunt e beuk wi e wirds att Baruch hid teen doon fae Jeremiah, e wird o e Lord cam tae Jeremiah: 28"Tak anither beuk an vreet onno't aa e wirds att were i the first beuk att Jehoiakim keeng o Judah brunt. 29Ay, an tell Jehoiakim keeng o Judah, 'Iss is fit e Lord says: Ye brunt att beuk sayin, "Fit wye did ye vreet on it att e keeng o Babylon wid fairly come an mak a crockaneetion o iss cuntra an dicht baith man an beast fae it?" 30Sae iss is fit e Lord says aboot Jehoiakim keeng o Judah: He'll hae nae neen tae come ahin him tae sit on e throne o Daavit; his body will be flung oot tae thole e heat throwe e day an e frost throwe e nicht. 31A'll gie him an his bairns their sairin for their coorseness; A'll fess doon on them an aa them fa bide in Jerusalem an aa e fowk o Judah ilka crockaneetion A warnt them o, cause they hinna listent.'" 32Sae Jeremiah teuk anither beuk an gied it tae Neriah's loon Baruch fa wis clerk, an as Jeremiah spak, Baruch screived onno't aa e wirds att hid been i the beuk att Jehoiakim keeng o Judah hid brunt inno e fire. An mony wirds o e same kyn were screiven inno't.

CHAPTIR 37

Zedekiah sin tae Josiah wis made keeng o Judah bi Nebuchadnezzar keeng o Babylon; he teuk ower fae Jehoiachin sin tae Jehoiakim. 2Naither he nor his flunkies nor e fowk fa bade in att cuntra teuk tent o e wirds e Lord hid spoken throwe Jeremiah e prophit. 3Keeng Zedekiah, sent Shelemiah's loon Jehucal wi Maaseiah's loon, e priest Zephaniah tae Jeremiah e prophit wi iss wird: "Please pray tae e Lord wir God for hiz." 4Noo Jeremiah culd gyang aboot as he likit amo e fowk, cause iss wis afore he wis pit i the jile 5Pharaoh's airmy hid mairched oot fae Egypt, an fan e Babylonians fa were attackin Jerusalem heard iss aboot them, they held awa oot aboot fae Jerusalem.

6Syne e wird o e Lord cam tae Jeremiah e prophit: 7"Iss is fit e Lord, e God o Israel, says: Tell e keeng o Judah, fa sent ye tae speir o ma, 'Pharaoh's airmy, att his mairched oot tae gie ye a han, will gyang hame tae its ain cuntra, tae Egypt. 8Syne e Babylonians will will come back an attack iss toon; they'll tak it an burn it tae e grun.' 9Iss is fit e Lord says: Dinna mislippen yersels bi thinkin, 'E Babylonians will seerly leave hiz aleen.' Deil e bit o't. 10Even gin ye got e better o the hale o e Babylonian airmy att's attackin ye an left neen bit wounnit sodgers i their tents, they wid come oot an burn iss toon tae e grun."

11Efter e Babylonian airmy hid withdraawn fae Jerusalem cause o Pharaoh's airmy, 12Jeremiah set oot fae e toon tae traivel tae e cuntra o e clan Benjamin tae get his share o e grun fae amo e fowk there. 13Bit fan he won e linth o e Benjamin Yett, e captain o e gaird, caaed Irijah sin tae Shelemiah, fa wis sin tae Hananiah, arristit him an said, "Ye're desertin tae e Babylonians." 14"Na, na, min," says Jeremiah, "A'm nae desertin tae nae Babylonians." Bit Irijah widna hearken tae him an arristit him an teuk him tae e cooncil. 15They were sair raised wi Jeremiah an hid him gien a gweed owergyan an lockit him up i the hoose o Jonathan e clerk, fit they hid turnt intae a jile.

16Jeremiah wis shivved inno a vaalted cell in a dungeon, far he wis held for a gey file. 17Syne keeng Zedekiah sent for him an hid him brocht tae e palace, far he speirt at him fan they were aleen, "Is there ony wird fae e Lord?" "Ay," says Jeremiah, "ye'll be gien ower inno e hans o e keeng o Babylon." 18Syne Jeremiah said tae keeng Zedekiah, "Fit ill hiv A deen tae you or yer flunkies or iss fowk tae gar ye fling ma inno e jile? 19Far are yer prophits fa prophisiet tae ye, 'E keeng o Babylon winna attack ye nor iss cuntra'? 20Bit noo, yer majesty, please tak tent tae fit A'm sayin. Lat ma prig wi ye: Dinna sen ma back tae Jonathan e clerk's hoose, or A'll dee there."21Keeng Zedekiah syne gied orders for Jeremiah tae be teen tae e close o e gaird an gien a loaf o breid fae e street o e bakers ilka day till aa e loaf i the toon wis deen. Sae Jeremiah bade i the gaird's close.

CHAPTIR 38

Mattan's loon Shephatiah, Pashhur's loon Gedaliah, Shelemiah's loon Jehucal, an Malkijah's loon Pashhur aa heard fit Jeremiah wis tellin aa e fowk fan he said, [2]"Iss is fit e Lord says: 'Them fa bide in iss toon will dee bi e swoord, wint or pest, bit them fa gyang ower tae e Babylonians will live. They'll hae their lives lik e spiles o e fechtin, an will live.' [3]An iss is fit e Lord says: 'Iss toon will seerly be gien inno e hans o e keeng o Babylon's airmy, fa will tak it.'" [4]Syne the officeels said tae e keeng, "Iss chiel shuld be deen awa wi. He's pittin aff e sodgers fa are left ahin i the toon, ay, an e fowk tee, bi fit he's sayin tae them. Iss chiel's nae sikkin e gweed o iss fowk, bit their crockaneetion." [5]"He's in yer hans," says keeng Zedekiah, "e keeng canna dee naethin tae conter ye." [6]Sae they teuk Jeremiah an flang him inno e cistren belangin tae Malkijah, e keeng's sin, att wis inno e gairdhoose close. They lat Jeremiah doon wi raips inno e cistren. There wis nae watter inno't, jist dubs, an Jeremiah lairt amo e dubs. [7]Bit Ebedmelech, fae Ethiopia, een o e keeng's libbit chiels, cam tae hear att they hid pat Jeremiah inno e cistren. As e keeng wis sittin i the Benjamin Yett, [8]Ebedmelech teuk oot o e palace an said tae him, [9]"Yer majesty, iss chiels hiv been coorse tae Jeremiah e prophit, e wye they've hannlt him. They've keest him inno a cistren, far he'll sterve tae daith cause there's nae laanger nae loaf aboot e place." [10]Syne e keeng bad Ebedmelech fae Ethiopia: "Tak thirty men fae here wi ye an heist Jeremiah e prophit oot o e cistren afore he dees." [11]Sae Ebedmelech teuk e men wi him an gaed doon tae a pantry aneth e trissury i the palace. He teuk some cassen cloots an aul duds fae there an lat them doon wi raips tae Jeremiah inno e cistren. [12]Ebedmelech fae Ethiopia said tae Jeremiah, "Pit iss cassen cloots an aul duds aneth yer oxters tae hain e raips." Jeremiah did jist att, [13]an they haaled him up wi e raips an heistit him oot o e cistren. An Jeremiah bade i the gairdhoose close.

[14]Syne keeng Zedekiah sent for Jeremiah e prophit an hid him brocht tae e third ingyang tae e Temple o e Lord. "Lat ma speir iss at ye," says e keeng tae Jeremiah. "Dinna kep naethin fae ma." [15]Says Jeremiah tae Zedekiah, "Gin A gie ye an answer, will ye nae jist dee awa wi ma? Even tho A did gie ye advice, ye widna tak nae tent o fit A'm sayin." [16]Bit keeng Zedekiah swore iss aith hidlins tae Jeremiah: "As seer as e Lord lives, fa gied his wir braith, A winna dee awa wi ye nor han ye ower tae them fa wid hae ye deen awa wi." [17]Syne Jeremiah says tae Zedekiah, "Iss is fit e Lord o Hosts, e God o Israel, says: 'Gin ye surrenner tae the offishers o e keeng o Babylon, yer life will be spared an iss toon winna be brunt tae e grun, you an yer faimly will live. [18]Bit gin ye dinna surrenner tae the offishers o e keeng o Babylon, iss toon will be gien inno e hans o e Babylonians an they'll burn it tae e grun; you yersel winna win awa fae them.'" [19]Keeng Zedekiah says tae Jeremiah, "A'm feart o e Jowes fa hiv gaen ower tae e Babylonians, cause e Babylonians mith han ma ower tae them an they'll be sair on ma." [20]"They winna han ye ower," says Jeremiah. "Kep e Lord's biddin bi deein fit A tell ye. Syne aathin will gyang richt gait, an yer life will be spared. [21]Bit gin ye dinna surrenner, iss is fit e Lord his telt ma: [22]Aa e weemenfowk left i the palace o e keeng o Judah will be teen oot tae the officeels o e keeng o Babylon. E weemen will say tae ye: 'They mislippent ye an owercam ye, att freens ye thocht sae muckle o. Ye're feet are lairt i the dubs; yer freens hiv uptailed an left ye yer leen.' [23]Aa yer wives an bairns will be teen oot tae e Babylonians. You yersel winna win oot amo their hans, bit ye'll be teen bi e keeng o Babylon an iss toon will be brunt tae e grun."

[24]Syne says Zedekiah tae Jeremiah, "Dinna lat naebody ken fit we've been spikkin aboot, or ye mith be deen awa wi. [25]Gin the officeels get tae hear we've been spikkin, an they speir at ye, 'Tell hiz fit ye said tae e keeng an fit e keeng said tae you; oot wi't noo or we'll kill ye,' [26]syne tell them, 'A wis priggin wi e keeng nae tae sen ma back tae Jonathan's hoose tae dee there.'" [27]Aa the officeels did come tae Jeremiah an backspeirt him, an he telt them jist fit e keeng hid bad him say. Sae they didna speir nae mair o him, cause nae ither body hid heard fit he wis spikkin aboot wi e keeng. [28]An Jeremiah bade i the gairdhoose close, till e day Jerusalem wis teen.

Iss is foo Jerusalem wis teen:

CHAPTIR 39

I the tenth month o e ninth ear o e reign o Zedekiah keeng o Judah, Nebuchadnezzar keeng o Babylon mairched tae Jerusalem wi his hale airmy an laid siege tae't. [2]Twa ear efter att, on e ninth day o e fowerth month o the elyventh ear o Zedekiah, they breuk throwe e waas o e toon. [3]Syne aa the heid-bummers amo e keeng o Babylon's fowk cam an sat themsels doon i the Middle Yett: Nergal-Sharezer fae Samgar, Nebo-Sarsekim, Nergal-Sharezer a high-heid billie an aa e tither heid-bummers o e keeng o Babylon.

[4]Fan Zedekiah keeng o Judah an aa his sodgers saa they hid breuken throwe, they teuk tae their heels. They gaed oot o e toon throwe e nicht bi e wye o e keeng's gairden, throwe e yett atween e twa waas, an heided e wye o the Arabah. [5]Bit e Babylonian airmy chased efter them an cam up on Zedekiah i the hauchs o Jericho. They teuk him an hauled him tae Nebuchadnezzar keeng o Babylon at Riblah i the Hamath cuntra, far he passed sentence on him. [6]There at Riblah e keeng o Babylon slauchtert Zedekiah's sins, afore his verra een an killed aa e clan chiefs o Judah. [7]Syne he clew oot Zedekiah's een an bun him wi bress chines tae tak him tae Babylon. [8]E Babylonians set licht tae e royal palace an e fowk's hooses an tore doon e waas o Jerusalem. [9]Nebuzaradan, e captain o e gaird, syne teuk aa e lave o e fowk aye yet i the toon, captive tae Babylon, alang wi aa them fa hid sided wi him an aa e feck o e lave. [10]Bit Nebuzaradan, e captain o e gaird left ahin in Judah some o e peerest o e fowk, fa didna ain naethin, an he gied them sinsyn, e vinyairds an e parks.

[11]Noo Nebuchadnezzar keeng o Babylon hid gien orders aboot Jeremiah throwe Nebuzaradan, e captain o e gaird, sayin: [12]"Tak him an leuk efter him; dinna dee him nae ill bit dee fitivver he speirs o ye." [13]Sae Nebuzaradan e captain o e gaird, Nebushasban a heich rankin offisher, Nergal-Sharezer a heid bummer an aa e tither offishers o e keeng o Babylon [14]sent oot for Jeremiah tae be teen tae e jile close. They hannit him ower tae Ahikam's loon Gedaliah, e gransin o Shaphan, tae tak him awa back hame. Sae he bade amo his ain fowk.

[15]E wird o e Lord hid come tae Jeremiah fan he wis aye yet held i the jile close:[16]"Gyang an tell Ebedmelech fae Ethiopia, 'Iss is fit e Lord o Hosts, e God o Israel, says: Jist waatch, A'm gyan tae dee fit A said tae iss toon, fess crockaneetion raither nor gweed. An fan A div ye'll see it afore yer verra een. [17]Bit A'll see you aa richt on att day, says e Lord; ye winna be hannit ower tae them ye're feart o. [18]A'll save ye; ye winna faa bi e sword, bit will kep yer life, cause ye lippen tae ma, says e Lord.'"

CHAPTIR 40

E wird o e Lord cam tae Jeremiah efter Nebuzaradan, captain o e gaird hid lowsed him at Ramah far he faun Jeremiah bun wi chines amo aa them teen in Jerusalem an Judah fa were bein teen intae exile in Babylon. [2]Fan e captain o e gaird cam on Jeremiah, he said tae him, "E Lord yer God promist iss crockaneetion agin iss place. [3]An noo e Lord his brocht it aboot, jist as he said he wid. Iss aa cam aboot cause yer fowk did ill tae e Lord an didna dee fit he bad them. [4]Bit e day, A'm lowsin ye fae e chines on yer shackle-been. Come wi ma tae Babylon, gin ye wint, an A'll leuk efter ye; bit gin ye'd raither nae, dinna come. Leuk, e hale cuntra's afore ye: gyang farivver ye like." [5]Bit afore Jeremiah turnt tae gyang awa, Nebuzaradan said, "Gyang back tae Ahikam's loon Gedaliah, e gransin o Shaphan, fa's been appintit bi e keeng o Babylon ower e toons o Judah, an bide wi him amo e fowk. Gyang farivver ye please." Syne e captain o e gaird, gied him maet an a hansel an lat him awa. [6]Sae Jeremiah gaed tae Ahikam's loon Gedaliah at Mizpah an bade amo e fowk att were left ahin i the cuntra.

[7]Noo, fan the airmy offishers an their men, fa were aye yet i the open cuntra got tae hear att e keeng o Babylon hid appintit Ahikam's loon Gedaliah as guvvernor o e cuntra an hid pat him in chairge o e men, weemen an bairns fa were e peerest i the lan, an hidna been cairtit awa tae exile in Babylon, [8]they cam tae Gedaliah at Mizpah—Nethaniah's loon Ishmael, Kareah's loons Johanan an Jonathan, Tanhumeth's loon Seraiah, Ephai fae Netophah's loons, an Jaazaniah e sin o e chiel fae Maacah, an their men. [9]Ahikam's loon Gedaliah, e gransin o Shaphan, swore an aith tae them an their men. "Dinna be feart tae serve e Babylonians," he said. "Sattle doon i the lan an serve e keeng o Babylon, an aathin will be aa richt. [10]Ach, A'll jist bide on at Mizpah tae spik for ye afore e Babylonians fa come tae hiz, bit ee'll hairst e wine, simmer fruit an olive ile, an pit them in yer jarries, an bide i the toons ye've teen ower." [11]Fan aa e Jowes in Moab, Ammon, Edom an a e tither cuntras got tae hear att e keeng o Babylon hid left a puckle fowk in Judah an hid appintit Ahikam's loon Gedaliah, e gransin o Shaphan, as guvvernor ower them, [12]they aa cam back tae e lan o Judah, tae Gedaliah at Mizpah, fae aa e cuntras far they'd been scattert. An they hid a gweed hairst o wine an simmer fruit.

[13]Kareah's loon Johanan an aa the airmy offishers still i the open cuntra cam tae Gedaliah at Mizpah [14]an said tae him, "Did ye ken att Baalis keeng o the Ammonites his sent Nethaniah's loon Ishmael tae dee awa wi ye?" Bit Ahikam's loon Gedaliah didna believe them. [15]Syne Kareah's loon Johanan hid a wirdie in Gedaliah's lug in Mizpah, "Lat ma gyang an dee awa wi Nethaniah's loon Ishmael, an nae naebody will ken aboot it. Fit wye shuld he tak your life an gar aa e Jowes fa are gaithert aboot ye be scattert an e lave o Judah be deen for?" [16]Bit Ahikam's loon Gedaliah said tae Kareah's loon Johanan, "Haud yer han, ma loon; fit ye're sayin aboot Ishmael is aa lees."

CHAPTIR 41

I the syventh month Nethaniah's loon Ishmael, e gransin o Elishama, een o e royal faimly, fa hid been een o e keengs offishers, cam wi ten men tae Ahikam's loon Gedaliah at Mizpah. Fan they were ettin there at Mizpah, [2]Nethaniah's loon Ishmael an e ten men fa were wi him got up an strack doon Ahikam's loon Gedaliah, fa wis gransin tae Shaphan, wi e swoord, killin him, att's him fa e keeng o Babylon hid appintit as guvvernor ower e cuntra. [3]Ishmael killed aa e men o Judah fa were wi Gedaliah at Mizpah tee, alang wi e Babylonian sodgers fa were there. [4]E day efter Gedaliah wis deen awa wi, an afore onybody got tae ken aboot it, [5]auchty men fa hid shaved aff their bairds, rippit their claes an deen skaith tae themsels, cam fae Shechem, Shiloh an Samaria, fessin grain offerins an scintit reek wi them tae e hoose o e Lord. [6]Nethaniah's loon Ishmael gaed oot fae Mizpah tae meet in wi them, greetin aa e wye. Fan he won e linth o them, he said, "Come tae Ahikam's loon Gedaliah." [7]Fan they got tae e toon, Nethaniah's loon Ishmael an e men fa were wi him slauchtert them an flung them inno a cistern. [8]Bit ten fae amo them said tae Ishmael, "Dinna kill hiz. We hiv wheat an barley, olive ile an hunny, hodden in a park." Sae he left them be an didna kill them wi e lave. [9]Noo e cistren far he keest e deid bodies o e men he killed, alang wi Gedaliah, wis the een keeng Asa hid vrocht as pairt o his defence agin Baasha keeng o Israel. Nethaniah's loon Ishmael fullt it wi bodies. [10]Ishmael teuk captive aa e lave o e fowk fa were in Mizpah—the keeng's dothers alang wi aa e lave fa were left there: aa them att Nebuzaradan captain o e gaird hid appintit Ahikam's loon Gedaliah ower. Nethaniah's loon Ishmael teuk them captive an set aff tae cross ower tae the Ammon cuntra.

[11]Fan Kareah's loon Johanan an a the airmy offishers fa were wi him got tae hear aboot aa the ill Nethaniah's loon Ishmael hid deen [12]they teuk aa their men an gaed tae fecht wi Nethaniah's loon

Ishmael. They catcht up wi him ayont e muckle peel in Gibeon. [13]Fan aa e fowk Ishmael hid wi him saa Kareah's loon Johanan an the airmy offishers fa were wi him, they were fine shuitit. [14]Aa e fowk Ishmael hid teen captive at Mizpah turnt roon an gaed ower tae Kareah's loon Johanan. [15]Bit Nethaniah's loon Ishmael an aucht o his men escapit fae Johanan an gaed ower tae the Ammon cuntra. [16]Syne Kareah's loon Johanan an aa the airmy offishers fa were wi him led awa aa e fowk fae Mizpah fa hid come throwe an fa Johanan hid rescyeed fae Nethaniah's loon Ishmael efter he hid slauchtert Ahikam's loon Gedaliah, e sodgers, weemen, bairns an coort officeels he hid teen oot o Gibeon. [17]They held on e road an lay up at Geruth Kimham ower by Bethlehem on their wye tae Egypt [18]tae win awa fae e Babylonians. They were feart at them cause Nethaniah's loon Ishmael hid deen awa wi Ahikam's loon Gedaliah, him fa e keeng o Babylon hid appintit as guvvernor ower e cuntra.

CHAPTIR 42

Syne aa the airmy offishers, includin Kareah's loon Johanan an Hoshaiah's loon Jaazaniah, an aa e fowk fae the hummlest tae e gintry cam tae [2]Jeremiah e prophit an said tae him, "Wid ye hear fit we're sikkin an pray tae e Lord yer God for e hale o e lave o's. As ye can see for yersel, tho there eence wis a gey crood o's, bit fyow are left noo. [3]Pray att e Lord yer God will tell hiz far we shuld gyang an fit we maun dee."

[4]"A hear fit ye're sayin," answert Jeremiah e prophit. "A'll fairly pray tae e Lord yer God as ye're sikkin; A'll tell ye aathin e Lord says an nae haud naethin back fae ye." [5]Syne they said tae Jeremiah, "Mith e Lord be a true anleal witness agin hiz gin we dinna dee aathin e Lord yer God sens ye tae tell hiz. [6]Gin it be gweed or ill, we will dee fit e Lord wir God, tae fa we are sennin ye, bids hiz, sae aa will gyang weel wi hiz, cause we'll dee fit e Lord wir God says."

[7]Ten days efter att e wird o e Lord cam tae Jeremiah. [8]Sae he cried in aboot Kareah's loon Johanan an aa the airmy offishers fa were wi him an aa e fowk fae e hummlest tae e gintry. [9]He says tae them, "Iss is fit e Lord, e God o Israel, fa ye sent ma till, tae pit forrit fit ye were sikkin, says: [10]'Gin ye bide hereaboots, A'll bigg ye up an nae ding ye doon; A'll plant ye an nae upreet ye, cause A've thocht e better o e crockaneetions A've brocht onno ye. [11]Dinna be nae neen feart at e keeng o Babylon, fa ye're feart at enoo. Dinna be nae neen feart at him, says e Lord, for A'm wi ye an will save ye an tak ye oot fae amo his hans. [12]A'll tak peety on ye sae att he'll tak peety on ye an lat ye back tae yer ain cuntra.'

[13]"Hooivver, gin ye say, 'We winna bide hereaboots,' an dinna dee fit e Lord yer God bids ye dee, [14]an gin ye say, 'Na, na, we'll gyang an bide in Egypt, far we winna see nae fechtin, nor hear e soun o e tooteroo, nor hunnger for breid,' [15]syne hear e wird o e Lord, e lave o ye fae Judah. Iss is fit e Lord o Hosts, e God o Israel, says: 'Gin ye're set on gyan tae Egypt an ye div gyang an sattle there, [16]syne e swoord ye're feart o will mak up on ye there, an e wint ye dreid will folla ye tae Egypt, an there ye'll dee. [17]Ay, an fit's mair, aa them fa are set on gyan tae Egypt tae sattle there will dee bi e swoord, wint or pest. Neen o them will come throwe nor get awa fae e crockaneetion A'll fess onno them.' [18]Iss is fit e Lord o Hosts, e God o Israel, says: 'Jist as ma annger an ma rage hiv been teemed oot on them fa bade in Jerusalem, sae will ma annger be teemed oot on you fan ye gyang tae Egypt. Ye'll be a curse an aabody will shun ye an scance at ye an ye'll nivver see iss place again.'[19]"E lave o ye fae Judah, e Lord his telt ye, 'Dinna gyang tae Egypt.' Tak tent o iss: A waarn ye e day [20]att ye made a fatal mistaak fan ye sent ma tae e Lord yer God an said, 'Pray tae e Lord wir God for hiz; tell hiz aathin he says an we'll dee't.' [21]A've telt ye e day, bit ye still hinna deen aa fit e Lord yer God sent ma tae tell ye. [22]Sae noo, iss ye can be seer o: Ye'll dee bi e swoord, wint an pest i the place far ye gyang tae sattle."

CHAPTIR 43

Eence Jeremiah wis throwe tellin e fowk aathin e Lord their God hid said – aathin e Lord their God hid sent him tae tell them, [2]Hoshaiah's loon Azariah an Kareah's loon Johanan an aa e bigsy chiels said tae Jeremiah, "Att's a pack o lees. E Lord wir God hisna sent ye tae say, 'Ye maunna gyang tae Egypt an sattle there.' [3]It's Neriah's loon Baruch fa's steerin ye up tae han hiz ower tae e Babylonians, sae they mith dee awa wi hiz or cairt hiz awa tae exile in Babylon." [4]Sae Kareah's loon Johanan an aa the airmy offishers an aa e fowk didna tak wi e Lord's biddin tae bide i the cuntra o Judah. [5]Raither, Kareah's loon Johanan an aa the airmy offishers led awa aa e lave o e fowk fae Judah fa hid come back tae bide thereaboots fae aa e cuntras far they hid been scattert. [6]They led awa tee, aa them fa Nebuzaradan captain o e gaird hid left wi Ahikam's loon Gedaliah, gransin tae Shaphan: e men, e weemen, e bairns an e keeng's dothers. An they teuk Jeremiah e prophit an Neriah's loon Baruch wi them tee. [7]Sae they gaed tae Egypt, nae deein e Lord's biddin, an won e linth o Tahpanhes.

[8]In Tahpanhes e wird o e Lord cam tae Jeremiah: [9]"Wi e Jowes waatchin ye, tak a fyow muckle steens an beery them i the steen an lime i the plainsteens at e ingyang tae Pharaoh's palace in Tahpanhes. [10]Syne say tae them, 'Iss is fit e Lord o Hosts, e God o Israel, says: A'll sen for ma servant Nebuchadnezzar keeng o Babylon, an A'll set his throne ower e heid o iss steens A've beeriet here an he'll rax his aawnin ower them. [11]He'll come an attack Egypt, fessin daith tae them fa are markit oot for daith, capteevity for them markit oot for capteevity an e swoord tae them markit oot for the swoord. [12]He'll set alicht e temples o e gods o Egypt; he'll burn their temples an tak their gods captive. An he'll pick Egypt clean jist as a shepherd picks flechs fae his claes, an awa he'll gyang wi nae skaith. [13]He'll ding doon e sacred pillars o e temple tae e sin, there in Egypt, an burn doon e temples o the Egyptian gods.'"

CHAPTIR 44

Iss wird cam tae Jeremiah aboot aa e Jowes bidin in Lower Egypt: in Migdol, Tahpanhes an Memphis, an in Upper Egypt: [2]"Iss is fit e Lord God o Hosts, e God o Israel, says: Ye've seen aa e crockaneetion A've fessen doon on Jerusalem an on aa e toons o Judah. They've aa gaen tae rack an ruin an nae naebody bides in them, [3]cause o the ill they did. They got ma birse up bi burnin scintit reek tae ither gods an wirshippin them, gods att naither them nor yersel nor ony o yer forebeers kent naethin aboot. [4]Ower an ower again A sent ye ma servants e prophits, fa telt ye, 'Dinna dee is scunnerfu thing att A hate.' [5]Bit na, na, they didna listen nor tak tent; they didna haud awa fae their ill wyes nor stop burnin scintit reek tae ither gods. [6]Sae ma annger an rage wis poored oot an burned i the toons o Judah an e streets o Jerusalem an turnt them intae e dreich an lanesome places they are e day. [7]Noo, e Lord God o Hosts, e God o Israel, speirs: Fit wye fess doon sic a crockaneetion on yer heids? Ye're sneddin aff men an weemen, bairns an babbies fae Judah an leavin neen ahin avaa. [8]Fit wye kittle up ma birse wi fit ye've vrocht wi yer ain hans, burnin scintit reek tae ither gods in Egypt, far ye've come tae bide, sneddin yersels aff an makin yersels ugsome an garrin aa e tither cuntras o e warl tak scance at ye? [9]Div ye nae myn on the ill deen bi yer forebeers an bi e keengs an queens o Judah an the ill deen bi you an yer weemenfowk i the cuntra o Judah an e streets o Jerusalem? [10]Tae iss verra day they hinna teen e rue o't nor shewn they're feart nor waalked in my laa an e commans A set afore ye an yer forebeers.

[11]"Sae iss is fit e Lord God o Hosts, e God o Israel, says: A'm determined tae fess doon crockaneetion on ye an destroy aa Judah. [12]A'll tak e lave o e fowk o Judah fa were set on gyan tae Egypt tae sattle there, an they'll aa be deen awa wi in Egypt; they'll dee bi e swoord an throwe wint. Fae e hummlest tae e gintry, they'll aa dee bi e swoord or throwe wint. Fowk will caa them aathin, an curse an mak feels o them. [13]A'll sair them fa sattle in Egypt wi e swoord, wint an pest, jist as A sairt Jerusalem. [14]Neen o e

lave o Judah fa hiv sattlt in Egypt will win awa or win throwe tae gyang hame tae e cuntra o Judah, att they're mangin tae gyang back tae bide; nae neen will gyang back forbyes a fyow fa win free."

¹⁵Syne aa e men fa kent att their weemenfowk were burnin scintit reek tae idder gods, an aa e weemen fa were stannin aboot, ay, a gey thrang there wis, an aa e fowk fa bade in Lower an Upper Egypt, said tae Jeremiah, ¹⁶"We're nae gyan tae listen tae the eerin ye've spoken tae hiz i the name o e Lord. ¹⁷Bit we'll jist dee fit we said we wid: we'll burn scintit reek tae e queen o hivven an poor oot wir drink offerins tae her jist as we are wir forebeers, wir keengs an clan chiefs did i the toons o Judah an i the streets o Jerusalem. Fan att wis deen we hid ample maet, we were weel aff, an suffert nae skaith. ¹⁸Bit ivver sin we held fae burnin scintit reek an poorin oot drink offerins tae e queen o hivven, we've aye been in wint an hiv been deein bi e swoord an pest." ¹⁹An says e weemen, "Fan we brunt scintit reek tae e queen o hivven an poored oot drink offerins tae her, did wir menfowk nae ken att we were bakin cakes wi her eemage onno them an poorin oot drink offerins tae her?"

²⁰Syne Jeremiah said tae aa e fowk, baith men an weemen fa hid answert him back, ²¹"Did e Lord nae myn on, an think lang on, e scintit reek brunt i the toons o Judah an e streets o Jerusalem bi you an yer forebeers, yer keengs an yer clan chiefs an e fowk o e cuntra? ²²Sae fan e Lord culdna thole nae laanger yer coorse deeins an the ill ye did, yer lan becam a curse an gowstie wi neen bidin in't, as it is e day. ²³Cause ye brunt scintit reek an hiv deen ill tae e Lord an hinna deen his biddin nor follaed his laa, nor his commans nor his orders, iss crockaneetion his faaen onno ye, as ye can see for yersels." ²⁴Syne Jeremiah said tae aa e fowk, e weemen anaa, "Hearken tae e wird o e Lord, aa ye fowk o Judah fa are in Egypt. ²⁵Iss is fit e Lord o Hosts, e God o Israel, says: You an yer weemenfowk hiv deen fit ye said ye wid dee fan ye promist, 'We'll fairly dee fit we vooed we wid dee an burn scintit reek an poor oot drink offerins tae e queen o hivven.' On ye gyang syne, dee fit ye promist. Keep yer voos. ²⁶Bit hear e wird o e Lord, aa you Jowes bidin in Egypt: 'Jist waatch, A've sworn bi ma great name,' says e Lord, 'att neen fae Judah bidin onywye in Egypt will ivver again spik ma name nor sweer, "As seer as God's alive." ²⁷For A'm waatchin ower them tae fess ill, nae gweed. E Jowes bidin in Egypt will dee bi e swoord an wint till they're aa deen awa wi. ²⁸Nae mony avaa will escape e swoord an win back tae Judah fae Egypt. Syne e hale o e lave o e Jowes fa cam tae sattle in Egypt will ken fas wird will stan, mine or theirs.

²⁹"'Iss will be e sign tae ye att A'll gie ye yer sairin in iss place,' says e Lord, 'sae att ye ken att fit A say aboot e crockaneetion att's comin tae ye will seerly come.' ³⁰Iss is fit e Lord says: 'A'm gyan tae han ower Pharaoh Hophra keeng o Egypt tae his faes fa are sikkin tae dee awa wi him, jist as A gied Zedekiah keeng o Judah ower inno e hans o Nebuchadnezzar keeng o Babylon, e fae fa winted tae dee awa wi him.'"

CHAPTIR 45

Iss is e wirds att Neriah's loon Baruch vreet on a scroll as Jeremiah e prophit spak them tae him i the fowerth ear o e reign o Jehoiakim e sin o Josiah keeng o Judah: ²"Iss is fit e Lord, e God o Israel, says tae ye,Baruch: ³Ye said, 'Waly, waly, e Lord his laidit sorra onna ma sairs; A'm fair deen wi soochin an canna fin nae rist.'"

⁴Bit e Lord his telt ma tae say tae ye, "Iss is fit e Lord says: A'll ding doon fit A've biggit an upreet fit A've plantit, ower e hale warl. ⁵Are ye sikkin great things for yersel? Dinna sikk them. For A'll fess doon a muckle crockaneetion on aabody, says e Lord, bit A'll gie ye yer life lik e spiles o waar farivver ye gyang."

CHAPTIR 46

Iss is e wird o e Lord att cam tae Jeremiah e prophit aboot e cuntras o e warl:

²Aboot Egypt:

Iss is e wird agin the airmy o Pharaoh Neco keeng o Egypt, att wis owercome at Carchemish on e Euphrates Watter bi Nebuchadnezzar keeng o Babylon i the fowerth ear o e rowle o Jehoiakim sin o Josiah keeng o Judah:

³"Mak riddy yer shield an yer targe, an mairch oot tae e battle. ⁴Harness e horse, moont e staigs. Tak up yer place wi yer tin hats on. Polish yer spears, pit on yer airmour. ⁵Bit fit am A seein? The Egyptians are terrifiet, they are gyan backlins, their sodgers are owercome. They rin aff an nivver leuk ahin, they're aa fleggit, ilka een," says e Lord. ⁶"E swack canna rin awa nor e stoot win clear. Tae e north bi e watters o the Euphrates they stummle an faa. ⁷Fa's iss risin lik e Nile in spate, lik e sweel o roarin watters? ⁸Egypt rises up lik e Nile, lik e sweel o roarin watters. She says, 'A'll rise up an hap e hale warl; A'll wrack toons an e fowk fa bide in them.' ⁹Haud forrit, ye horse. Skelp on ye chariots. Mairch on, ye sodgers, Ethiopians an Libyans wi yer targes, Lydians wi yer bowes. ¹⁰For iss is e day o e Lord God o Hosts, a day o vengeance, a day tae get his ain back on his faes. E sword will devoor till it's saired, till it his slocken its drooth wi bleed. It will be a sacrifeece tae e Lord God o Hosts, i the north cuntra ower by e watters o the Euphrates. ¹¹Gyang up tae Gilead an get lythe, Maiden Dother Egypt. Ye try mony drogs for nae eese avaa, there's nae remead for ye. ¹²E cuntras o e warl hiv heard aboot yer affront, yer greetin will full e warl. Ae sodger will stummle ower e tither an baith will faa doon egither."

¹³Iss is e wird o e Lord att cam tae Jeremiah e prophit aboot e comin o Nebuchadnezzar keeng o Babylon tae fecht wi Egypt:¹⁴"Announce it in Egypt, an shout it oot in Migdol; shout it oot Memphis an Tahpanhes tee: 'Tak yer stance an mak riddy, cause e sword his devoored aa aroon ye.' ¹⁵Fit wye are yer sodgers aa dung doon? They canna stan up, cause e Lord will shiv them ower. ¹⁶They'll stummle an faa ower een anither. They'll say, 'Get up, lat's gyang back tae wir ain fowk an wir hame cuntra, awa fae e swoords o them fa try tae get e better o's.' ¹⁷There they'll say, 'Eh man, Pharaoh keeng o Egypt is aa soun, he's lat e chaunce gyang by.' ¹⁸As sure's A'm here," says e keeng, fas name is e Lord o Hosts, "een will come fa is as heich as Moont Tabor, as heich as Moont Carmel ower bi e sea. ¹⁹Pack yer gear for exile, aa ye fa bide in Egypt, cause Memphis will be dung doon an lie in ruination wi neen bidin there. ²⁰Egypt is a bonnie quake, bit a cleg is comin at her fae e north. ²¹E mercenaries i the midse o her are lik fat stots. They'll aa turn an rin awa egither, they winna stan their grun, for e day o crockaneetion is comin tae them, e day they'll get their sairin. ²²Egypt will mak a soun lik a sclidderin snake, as the airmy mairches agin her, comin wi aixes, lik men fa cut doon trees. ²³They'll cut doon aa her timmer," says e Lord, "tho it be gey rank. There's mair o them nor locusts, they canna be coontit. ²⁴E dother o Egypt will be mortifiet, gien ower inno e hans o e fowk fae e north." ²⁵E Lord o Hosts, e God o Israel, says: "Jist waatch, A'm gyan tae gie a sairin tae Amon god o Thebes, tae Pharaoh, tae Egypt an her gods an her keengs, an tae them fa lippen tae Pharaoh. ²⁶A'll gie them ower inno e hans o them fa wint tae dee awa wi them: Nebuchadnezzar keeng o Babylon an his offishers. Bit, come time, fowk will bide there jist lik i the aul days," says e Lord.

²⁷"Dinna be feart, Jacob ma loon; dinna be doon-hertit, Israel. Seerly A'll save ye fae att hine-awa place, them fa come efter ye fae e lan o their exile. Eence mair, Jacob will come hame an hae peace an be sauf, an naebody will fear him. ²⁸Dinna be feart, Jacob ma loon, for A'm wi ye," says e Lord. "Tho A mak a crockaneetion o aa e cuntras att A scatter ye throwe, A winna dee awa wi ye aaegither. A'll gie ye yer fairins; A winna lat ye aff wi things aaegither."

CHAPTIR 47

Iss is e wird o e Lord att cam tae Jeremiah e prophit aboot e Philistines o Gaza afore it wis teen bi Pharaoh's airmy:

²Iss is fit e Lord says: "See foo e watters are risin i the north an will bicome a muckle spate. They'll ream ower e lan an aathin inno't, e toons an them fa bide in them. Syne e fowk will roar oot o them an aa them fa bide thereaboots will yowl ³at e clatterin o e hivvs o binnerin staigs, at e soun o e chariots o the innemy an e rummle o their wheels. Fadders winna turn back for their bairns, fair hanless they'll be. ⁴For e time his come tae dee awa wi aa e Philistines an tae sned aff fae Tyre an Sidon ony o e lave fa wid side wi them. E Lord's gyan tae dee awa wi e Philistines, e lave fae e shores o Caphtor. ⁵Gaza will turn beld, Ashkelon will be quaitent. You lave o e howes, foo lang will ye hagger yersels? ⁶'Ach, swoord o e Lord, foo lang afore ye tak rist? Gyang back tae yer scabbard, lat-be an be quait.' ⁷Bit foo can it be quait, fan e Lord his bidden it? He's set it agin Ashkelon an e shore, att's fit he's deen."

CHAPTIR 48

Aboot Moab:

Iss is fit e Lord o Hosts, e God o Israel, says:

"There's nae hope for Nebo, for it will be brocht tae ruination. Kiriathaim will be confoont an teen; e keep will gar ye grue an be dung doon. ²Neen will blaw aboot Moab nae mair, in Heshbon there's a ploy for her doonfa. 'Ay, lat's pit an ein tae att cuntra.' E toon o Madmen, will be quaitent tee; e swoord will chase efter ye. ³Hert-sair greetin will be heard fae Horonaim, greetin o muckle dirdum an crockaneetion. ⁴Moab will be dung doon; her bairnies' greetin will be heard. ⁵They gyang up e brae tae Luhith, greetin sair aa e wye; on e road doon tae Horonaim roarin an greetin ower e heids o e crockaneetion are heard. ⁶Rin, rin for yer lives; be lik e buss i the roch cuntra.

⁷Sin ye lippin till yer deeins an yer walth, ee'll be teen captive tee, an Chemosh will gyang intae exile, wi his priests an clan chiefs. ⁸A wracker will come tae ilka toon an nae a toon will win aff. The howe will be aa throwe ither an e strath a crockaneetion, cause e Lord his spoken. ⁹Gie wings tae Moab, sae she mith flee awa; her toons will be barren wi neen bidin there. ¹⁰Curst are them fa dee e wark o e Lord wi swickery. Curst are them fa haud their swoord fae spullin bleed.

¹¹"Moab his been at rist fae lang syne, sattlt on its dregs lik wine, nae coupit fae ae crock tae e tither, she's nae been in exile. Sae she aye tastes as she did, her yoam is aye e same. ¹²Bit e time's comin," says e Lord,"fan A'll sen chiels fa cowp up crocks an they'll teem her oot, they'll teem her crocks an braak her jarries. ¹³Syne Moab will be affrontit o Chemosh, jist as Israel wis affrontit fan they lippent tae Bethel.

¹⁴"Foo can ye say, 'We're waarriors, stoot sodgers i the fecht'? ¹⁵Moab will be dung doon an her toons teen ower; her braw birkies will gyang doon i the slauchter," says e Keeng, fas name is e Lord o Hosts. ¹⁶"Moab's doonfa is at han; her mishanter comes quick. ¹⁷Greet for her, aa fa bide aboot her, aa fa ken foo kenspeckle she is; say, 'Foo e pooerfu scepter is breuken, e winnerfu staff.' ¹⁸Come doon fae yer glory an sit on e druchtit grun, ye fa bide in Dother Dibon, cause the een fa dings doon Moab will come agin ye an mak a crockaneetion o yer keeps. ¹⁹Stan at e roadside an waatch, ye fa bide in Aroer. Speir at e chiel rinnin an e wumman winnin awa, ay speir at them, 'Fit's adee?' ²⁰Moab is shent, cause she's shattert. Roar an greet. Tell it oot ower bi the Arnon att Moab is dung doon. ²¹Jeedgment his come tae e strath, tae

Holon, tae Jahzah an Mephaath, ²²tae Dibon, Nebo an Beth Diblathaim, ²³tae Kiriathaim, Beth Gamul an Beth Meon,²⁴tae Kerioth an Bozrah: tae aa e toons o Moab, oot aboot an in aboot. ²⁵Moab's horn is sneddit aff, her airm is breuken," says e Lord.

²⁶"Mak her fu, cause she his teen thraw wi e Lord. Lat Moab plyter in her ain spewins; lat aabody lauch at her. ²⁷Did ee nae lauch at Israel? Wis she nae catcht amo thieves,sae att ye shaak yer heid wi laith ilka time she gets a mintion? ²⁸Leave yer toons an bide i the craigs, ye fa bide in Moab. Be lik a doo att biggs its nest i the moo o a cave. ²⁹We've heard aboot Moab's bigsyness, foo heich-heidit she is, o her chikk, her pride, her conceit an foo muckle she thinks o hersel. ³⁰I ken aa aboot her impidence," says e Lord, "bit there's nae eese till't. Her blawin gets her naewye. ³¹Sae, A'll greet for Moab, ay, for Moab A'll greet, A'll girn for e fowk o Kir Hareseth.³²A greet for ye, as Jazer greets, ye vines o Sibmah. Yer branches rax e linth o e sea, aa e wye tae e sea o Jazer. E spiler his faaen onno yer simmer fruit an grape hairst. ³³Joy an blitheness are awa fae e growthy parks an e cuntraside o Moab. A've garrt e wine stop rinnin fae e winepresses; neen trumps them wi singin, tho there's shoutin, it's nae shouts o joy.

³⁴There's roarin fae Heshbon tae Elealeh an Jahaz, fae Zoar e linth o Horonaim an Eglath Shelishiyah, for even e watters o Nimrim hiv turnt druchtit. ³⁵In Moab A'll pit an ein tae them fa mak offerins on e heich aaltars an burn scintit reek tae their gods," says e Lord. ³⁶"Sae ma hert is sair, Moab, like e meesic o a fussle; it's sair lik a fussle for e fowk o Kir Hareseth. The walth they gaithert is awa. ³⁷Ilka heid is beld an ilka baird shaven aff, ilka han is haggert an ilka wyste happit wi saickclaith. ³⁸On ilka reef an i the plainsteens o Moab there's naethin bit greetin, cause A've breuken Moab, lik a crock att nae naebody wints," says e Lord. ³⁹"She's in bits! Foo they greet! Foo Moab turns her back in her affrontery! Moab is lauchen at, a stammygaster tae aa aroon." ⁴⁰Iss is fit e Lord says: "See noo, een lik an aigle will swoop doon an rax its wings ower Moab. ⁴¹Kerioth will be teen an e keeps owercam. Att day, the herts o Moab's waarriors will be lik e hert o a wumman haein a bairn. ⁴²Att will be the ein o Moab as a cuntra, cause she thocht hersel better nor e Lord. ⁴³Fear, e pit an e snare wyte for ye, fowk o Moab," says e Lord. ⁴⁴"Them fa rin awa in fear will faa inno e pit; them fa clim oot o e pit will be teen bi e snare; cause A'll fess doon on Moab e year o her sairin," says e Lord. ⁴⁵"E fowk fa ran awa stan i the shadda o Heshbon, bit canna gyang nae farrer, cause a fire his come oot o Heshbon, a bleeze fae e midse o Sihon; it burns e neuk o Moab, an e tap o e heids o e bonnie fechters. ⁴⁶There's nae hope for ye, Moab! E fowk o Chemosh hiv been deen awa wi. Yer sins are teen in tae exile an yer dothers tee.

⁴⁷"Still-an-on, A'll see Moab aa richt i the hinnerein," says e Lord. An att's aa for e jeedgement o Moab.

CHAPTIR 49

Aboot e fowk o Ammon:

Iss is fit e Lord says:

"His Israel nae sins? His Israel nae heir? Fit wye syne, his Molech teen ower Gad? Fit wye dis his fowk bide in its toons? ²Bit e time's comin," says e Lord, "fan A'll gar e tooteroo o waar soun agin the Ammon toon o Rabbah; it will turn tae a rummle o steens, an aa e clachans roon aboot it will be set ableeze. Syne Israel will drive oot them fa dreeve her oot," says e Lord. ³"Greet, Heshbon, cause Ai is destroyed. Roar oot o ye, fowk o Rabbah. Pit on saickclaith an moorn. Rin back an fore ben e waas, cause Molech will gyang intae exile, wi his priests an officeels. ⁴Fit wye div ye blaw aboot yer howes, blaw aboot yer growthie howes? Unfaithfu Dother Ammon, ye lippen tae yer walth an say, 'Fa daar meddle wi me?' ⁵A'll fess fear doon on ye fae them roon aboot ye, " says e Lord, e Lord o Hosts. "Ilka een o ye will be dreelt oot an there will be nae neen tae gaither them fa rin awa. [6]"Still-an-on, A'll see Ammon aa richt i the hinnerein," says e Lord.

[7]Aboot Edom:

Iss is fit e Lord o Hosts says:

"Is there nae sense in Teman nooadays? Is there nae neen left tae gie gweed advice? His their sense turnt fooshtie? [8]Awa ye gyang, intae hidie holes, ye fa bide in Dedan, for A'll fess crockaneetion doon on Esau fan A gie him his sairin. [9]Gin e grape hairsters come tae ye, wid they nae leave some o e gleanins o e grapes? Gin thieves come throwe e nicht, wid they nae pinch onythin they wintit? [10]Bit A'll strip Esau bare; A'll tirr his hidie holes sae att he canna hide himsel. His airmy is deen awa wi, an sae are his freens an neepers, sae there is neen tae say, [11]'Leave yer fadderless bairns; A'll keep them alive. Yer weeda can depen on ma tee.'" [12]Iss is fit e Lord says: "Gin them fa dinna deserve tae sup fae e caup maun drink, fit wye shuld ee nae get yer sairin? Ye winna gyang athoot gettin yer sairin, bit maun drink fae't. [13]A'll sweer bi ma ain name," says e Lord, "att Bozrah will gyang tae ruin an be a curse, a scunner an a shame; aa its toons will lie in ruin for ivver." [14]A've heard an eerin fae e Lord; a messenger wis sent tae e cuntras o e warl tae say, "Rank yersels oot an attack it. Mak riddy for e fecht." [15]Noo A'll belittle ye amo e cuntras o e warl, despised by mankyn. [16]E fear ye kittle up in ither fowk, an e crooseness o yer hert hiv mislippent ye, you fa bide i the clift o e craigs, fa haud e heilan hills. Tho ye bigg yer nest as heich as the aigle's, A'll ding ye doon fae there," says e Lord. [17]"Edom will bicome a scunner; aa fa gyang by will be stammygastert an will scowff at aa its sairs. [18]Jist lik Sodom an Gomorrah an aa their neeperin toons were dung doon," says e Lord, "sae neen will bide there; naebody will dwall inno't. [19]Lik a lion comin up fae e Jordan's busses tae a growthie girsin, A'll chase Edom fae its grun in a blink. Fa will A pick tae appint ower her? Fa's lik ma? An fit shepherd can stan afore ma?" [20]Sae, hearken tae fit protick e Lord his for Edom, fit he intens for them fa bide in Teman. The young o e flock will be ruggit awa; their girse will be teen aback at fit's come o them. [21]At e soun o their doonfa, e warl will shaak; their yowlin will be heard alang e Reed Sea. [22]Jist waatch, an aigle will swoop doon an rax its wings ower Bozrah. Att day, the herts o Edom's waarriors will be lik e hert o a wumman haein a bairn.

[23]Aboot Damascus:
"Hamath an Arpad are confoont, for they've heard ill news. They're doon-hertit, drumlie, lik e sea att canna be quaitent. [24]Damascus his turnt fushionless, she his teen tae flicht an fear his teen haud o her; tirmint an sair his grippit her, lik e sair o a wumman haein a bairn. [25]Fit wye his e kenspeckle toon nae been left, e toon A think sae muckle o? [26]Seerly, her young birkies will faa in her streets; aa her sodgers will be seelenced att day," says e Lord o Hosts. [27]"A'll set fire tae e waas o Damascus an it will burn doon Ben-Hadad's keeps."

[28]Aboot Kedar an e keengdoms o Hazor, att Nebuchadnezzar keeng o Babylon attackit: Iss is fit e Lord says: "Get up, an attack Kedar an dee awa wi e fowk o the east. [29]Their tents an their flocks will be teen awa, wi their drapes, their gear an their camels. E cry will gyang up, 'There's terror on ilka side.'

[30]"Rin for aa ye're wirth. Bide in hidie holes, ye fa bide in Hazor," says e Lord. "Nebuchadnezzar keeng o Babylon his plottit agin ye an his a protick tae dee ye ill. [31]Get up an attack att easie-osie cuntra, sae croose wi itsel," says e Lord. "A cuntra wi nae yetts nor bars; fowk fa keep themsels tae themsels. [32]Their camels will be plunnert, an their beasts be spiles o waar. A'll scatter tae e win them fa are hine awa, an fess crockaneetion on them fae ilka side," says e Lord. [33]"Jackals will dwall in Hazor, a drearfu place for aye. Neen will bide there, naebody will dwall inno't."

[34]Iss is e wird o e Lord att cam tae Jeremiah e prophit aboot Elam, airly on i the rowle o Zedekiah keeng o Judah:

[35]Iss is fit e Lord o Hosts says: "Waatch, A'll braak e bowe o e feck o their micht. [36]A'll fess e fower wins doon on Elam fae e fower neuks o the hivvens; A'll scatter them tae e fower wins, an there winna be a cuntra att the exiles o Elam dinna see. [37]A'll shatter Elam afore her faes, afore them fa wint tae dee awa wi them; A'll fess crockaneetion onno them in ma burnin rage," says e Lord. "A'll gyang efter them wi e swoord till A've feenished them aff. [38]A'll set ma throne in Elam an dee awa wi her keeng an her officeels," says e Lord.

[39]"Still-an-on, A'll see Elam aa richt i the hinnerein," says e Lord.

CHAPTIR 50

Iss is e wird e Lord spak tae Jeremiah e prophit aboot Babylon an e Babylon cuntra: [2]"Tell e hale warl, mak it kent, reese up a flag an mak it kent; dinna keep naethin back, bit say, 'Babylon will be teen; Bel will be affrontit; Marduk fleggit. Her eemages hiv been shamed an her eedols smashed tae bits.' [3]A cuntra fae e north will attack her an destroy her grun. Naebody will bide inno't, fowk an beasts baith will tak tae their heels.

[4]"In att comin days," says e Lord, "baith e fowk o Israel an e fowk o Judah tee will gyang greetin tae e Lord their God. [5]They'll speir e road tae Zion, wi their faces turnt e wye o't. They'll come an bin themsels tae e Lord in an ivverlestin covenant att winna be forgotten. [6]Ma fowk hiv been tint sheep; their shepherds hiv led them e wrang gait an garrt them wanner aboot e heilan hills. They reenged ower e heilans an e hills an hid nae myn o their fauld. [7]Faaivver cam on them devoored them, bit their faes said, 'It wis naethin tae dee wi hiz, cause they did ill tae e Lord, their hameower girse, e Lord, the hope o their forebeers.'

[8]"Rin, rin fae Babylon; leave ahin e Babylon cuntra, an be lik e goats att tak e lead o e flock. [9]Jist waatch, A'm gyan tae steer up a hantle o great cuntras fae e north agin Babylon. They'll draa up their lines agin her an fae e north, she'll be teen, their arras will be lik bonnie fechters att dinna come hame teem-hannit. [10]E Babylon cuntra will be plunnert, an them fa dee e plunnerin will get aa they culd wint," says e Lord. [11]"Cause ye're fine pleased wi yersels an blithe, ye fa plunner ma heirskip, cause ye caper aboot lik a quake thrashin corn, an snicher lik steeds, [12]yer mither will be black affrontit, her fa brocht ye intae e warl, she winna ken far tae leuk. She'll be e hinmaist o e cuntras o e warl, roch, druchtit, connacht. [13]Cause o e Lord's rage neen will bide inno her, she'll be fair forhooiet. Aa fa gyang by Babylon will get a richt stammygaster; they'll scowff at aa her sairs. [14]Draa up yer lines agin Babylon, aa ye fa boo e bowe. Sheet at her. Dinna be cannie wi yer arras, cause she's deen ill tae e Lord. [15]Reese yer waar cries aa roon her. She gies in. Her keeps faa, her waas are dung doon. Iss is e Lord's vengeance, sae tak vengeance on her; dee tae her fit she his deen tae ithers. [16]Tak aa them fa shaav awa fae Babylon, tak aa them fa hairst wi e scythe. For fear o the owercomin swoord lat aa gyang hame tae their ain fowk, lat aa hist tae their ain cuntra.

[17]"Israel is a scattert sheep, chased awa bi lions. E first tae devoor them wis e keeng o Assyria; i the hinnerein it wis Nebuchadnezzar keeng o Babylon fa breuk their beens." [18]Sae iss is fit e Lord o Hosts, e God o Israel, says: "A'll gie e keeng o Babylon an his lan their sairin, jist as A gied a sairin tae e keeng o Assyria. [19]Bit A'll fess Israel hame tae their ain ley, an they'll girse on Carmel an Bashan; an their hunnger will be sairt i the braes o Ephraim an Gilead. [20]Fan att time comes, " says e Lord, "Israel's guilt

will be socht, bit there winna be neen, an as for the ill-deeins o Judah, nae neen will be faun, cause A'll forgie e lave att A gaither.

21"Attack e cuntra o Merathaim an aa them fa bide in Pekod. Dee awa wi e lot o them," says e Lord. "Dee aathin A bad ye. 22E soun o waar is heard i the lan, e dirdum o muckle wrack. 23Eh, foo e haimmer o e warl is dung doon an shattert. Babylon is a rael scunner amo e cuntras o e warl. 24A set a snare for ye, Babylon, an ye were catcht afore ye kent o't; ye were faun an teen cause ye contert e Lord. 25E Lord his opent his airmoury an brocht furth e wappons o his rage, for e Lord God o Hosts his wark tae dee i the lan o e Babylonians. 26Come agin her fae hine awa. Braak intae her barns; hudder her up lik a rickle o corn. Dee awa wi her aaegither an dinna leave neen ahin. 27Kill aa her stots; lat them gyang tae e slauchter. There's nae hope for them: their day his come, e time for them tae get their sairin. 28Hearken tae e vice o them fa fled an won awa fae Babylon cryin in Zion foo e Lord wir God his teen his vengeance, vengeance for his temple. 29Cry up e bowemen agin Babylon, aa them fa draa e bowe. Set up camp aa roon aboot her; dinna lat neen win awa. Pey her back for her deeins; dee tae her fit she his deen. For she wis bigsy afore e Lord, the Haily Een o Israel. 30Sae her young chiels will dee in her streets an aa her sodgers will be seelenced att day," says e Lord. 31"See noo, A'm agin ye, ye bigsy craiter," says e Lord, e Lord o Hosts, "for yer day his come, e time for ye tae get yer sairin. 32E bigsy craiter will stummle an faa, an nae naebody will reese her up; A'll kennle a fire in her toons att will birstle up aathin aroon her."

33Iss is fit e Lord o Hosts says: "E fowk o Israel are sair come at, ay an e fowk o Judah tee. Them fa teuk them captive hiv grippit them sair, an widna lat them lowss. 34Still-an-on their Redeemer is strong; e Lord o Hosts is his name. He'll fairly plead their case sae he mith fess rist tae their lan, bit stramash tae them fa bide in Babylon.

35"A swoord agin e Babylonians," says e Lord, "an agin them fa bide in Babylon an agin her clan chiefs an her clivver chiels. 36A swoord agin her fause prophits: they'll turn gypit. A swoord agin her sodgers: they'll be terrifiet. 37A swoord agin her horse an her chariots an aa e forriners in her airmies. They'll turn lik weemen. A swoord agin her trissures: they'll be plunnert. 38A drucht on her watters: they'll rin dry. For it's a lan o eedols, eedols att will gyang feel wi fear. 39Sae beasts o e roch cuntra an hyenas will bide there, an oolets will dwall there tee. Nivver nae mair will onybody bide there, nae a sowl will dwall there fae ginneration tae ginneration. 40Jist lik A dung doon Sodom an Gomorrah an their neeperin toons," says e Lord, "naebody will bide there; nae fowk will caa it their dwallinplace. 41Jist waatch, an airmy is comin oot o e north; a great cuntra wi mony keengs is beein steered up fae the eins o e warl. 42They grip e bowe an e lance; they're coorse wi nae mercy. They soun lik e roarin sea as they hurl on their horse; they come lik sodgers rankit oot for battle tae attack ye, Dother Babylon. 43E keeng o Babylon his heard wird o them, an his hans are fushionless. Fear his grippit him sair, lik att o a wumman haein a bairn. 44Lik a lion comin up fae e Jordan's busses tae a growthie girsin, A'll chase Babylon fae its grun in a blink. Fa will A pick tae appint ower her? Fa's lik ma? An fit shepherd can stan afore ma?" 45Sae, hearken tae fit protick e Lord his for Babylon, fit he intens for them fa bide in Babylon. The young o e flock will be ruggit awa; their girse will be teen aback at fit's come o them. 46At e soun o Babylon's doonfa, e warl will shaak; its yowlin will be heard amo e cuntras o e warl.

CHAPTIR 51

Iss is fit e Lord says:
"Jist waatch, A'll kittle up a blousterin win agin Babylon an e fowk fa bide in Leb Kamai. 2A'll sen forriners tae Babylon tae fan her an teem oot her lan; they'll come at her on ilka side i the time o her crockaneetion. 3Dinna lat e boweman boo his bowe, nor pit on his airmour. Dinna spare her young

birkies; mak a crockaneetion o her airmy. [4]They'll faa doon deid i the lan o Babylon, mortally wounnit i her streets. [5]For Israel an Judah hinna been made weedas bi their God, e Lord God o Hosts, tho their lan is full o ill-deein afore the Haily een o Israel. [6]Haud oot o Babylon. Rin for yer lives. Dinna be teen up in her sairin for iss is e time o e Lord's vengeance; he'll gie her her dyows. [7]Babylon wis a gowd caup i the Lord's han; she made the hale warl fu. E cuntras o e warl suppit her wine; an noo they've aa gaen gyte. [8]Aa o a suddenty, Babylon will faa an be breuken. Greet for her. Get salve for her sairs, mebbe ye'll mak her better. [9]'We wid hae healed Babylon, bit there wis nae better in her. Lat's haud awa fae her an gyang hame tae wir ain cuntra, for her jeedgement raxes tae e hivvens, up tae e verra lift. [10]E Lord his lat hiz aff, come on, lat's tell in Zion aboot fit e Lord his deen.' [11]Shairpen the arras, tak up e targes. E lord his kittlt up e keengs o e Medes, cause his eeran is tae dee awa wi Babylon. E Lord will tak vengeance, vengeance for his Temple. [12]Reese up a battle flag agin e waas o Babylon. Eik up e gaird, set oot e waatchmen, set up an ambush. E Lord will dee fit he said he'd dee tae e fowk o Babylon. [13]Ye fa bide amo mony watters an hiv walth o trissure, yer ein his come, e time for ye tae be deen awa wi. [14]E Lord o Hosts his sworn bi himsel: A'll seerly full ye wi sodgers, lik a swaarm o locusts, an they'll roar as they get e better o ye. [15]Throwe his pooer, he's vrocht e warl, throwe his wisdom, he set up e warl, an throwe his unnerstannin, raxed oot e hivvens. [16]At e rummle o his vice, e watters i the lift roar; he gars cloods rise fae the eins o e warl. He sens lichtnin wi e rain an fesses oot e wins fae his barns. [17]Aabody is lik a menseless beast; ilka smith is affrontit o his eedols. The eemages he maks are bit swickery; they hiv nae puff aboot them. [18]They're feckless, tae be lauchen at; fan they get their sairin, att will be e hinnerein o them. [19]Jacob's God is nae lik them, cause he vrocht aathin, aye, even them fa are his ain fowk, e Lord o Hosts is fit he's caaed. [20]Ye're ma mell, ma wappons o waar. Wi you A'll braak tae bits e cuntras o e warl; wi you A'll dee awa wi hale keengdoms, [21]wi you A'll braak tae bits horse an rider, wi you A'll braak tae bits chariot an driver, [22]wi you A'll braak tae bits man an wumman, wi you A'll braak tae bits aul man an birkie, wi you A'll braak tae bits young chiel an quine, [23]wi you A'll braak tae bits shepherd an flock, wi you A'll braak tae bits fairmer an owsen, wi you A'll braak tae bits guvvernors an clan chiefs. [24]An afore yer verra een, A'll pey back Babylon an aa them fa bide i the cuntra o Babylon for aa the ill they've deen in Zion," says e Lord. [25]"A'm agin ye, ye moontain o crockaneetion, ee fa reive e hale warl," says e Lord. "A'll rax oot ma han agin ye, rowe ye aff e craigs, an mak ye lik a brunt moontain. [26]Nae steen will be teen fae ye tae mak a cornersteen, nor nae steen for a foun, cause ye'll be barren forivver," says e Lord. [27]"Reese up a flag i the cuntra. Blaa e tooteroo amo e cuntras o e warl. Rigg oot e cuntras tae fecht wi her; caal up aa iss keengdoms agin her: Ararat, Minni an Ashkenaz. Appint a captain agin her, caal up e horse lik a swaarm o locusts. [28]Mak riddy e cuntras tae fecht wi her: e keengs o Medea, their guvvernors an aa their clan chiefs, an aa e cuntras they rowle ower. [29]E grun shaaks an wallochs, cause e Lord's ploys agin Babylon stan: tae mak a crockaneetion o Babylon wi neen bidin there. [30]Babylon's sodgers hiv stoppit their fechtin; they are aye yet i their keeps. They are fair forfochen, aa feckless. Her hooses are burnin, e bars o her yetts aa breuken. [31]Rinner efter rinner, messenger efter messenger aa rin wi eerans tae e keeng o Babylon tae say his hale toon is teen, [32]e fords are aa held, e sprots set on fire an sodgers in a pirr wi themsels." [33]Iss is fit e Lord o Hosts, e God o Israel, says: "Dother Babylon is lik a thrashin-fleer fan it's bein trumpit; it will seen be time for her hairst." [34]"Nebuchadnezzar keeng o Babylon his swallied hiz up, he's set hiz in a richt mineer, he's made hiz intae a teem bowie. He's swallied hiz lik a kelpie an fulled his belly wi wir fine-tastin bits, an syne his spat ma oot. [35]Mith the ill deen tae hiz an wir fowk be on Babylon," say e fowk o Zion. "Mith oor bleed be on them fa bide i the cuntra o Babylon," say e fowk o Jerusalem. [36]Sae iss is fit e Lord says: "Jist waatch, A'll see ye aa richt an avenge ye. A'll dry up her sea an gar her waalies rin dry. [37]Babylon will turn tae a rummle o steens, a hidie-hole for shunned an lauchen att bi aa, a place far naebody bides. [38]Her fowk will a howl lik lions, gurr lik lion cubs. [39]Bit eence they hiv their birse up, A'll set oot a spread for them, A'll full them fu sae att they roar an lauch, syne sleep forivver an nivver waaken," says e Lord. [40]"A'll ding them doon, lik lambs tae e slauchter, lik rams an goats.

⁴¹"Foo Babylon will be teen, foo held, she fa wis e blaw o e warl, held. E sicht o Babylon will gar ye grue. ⁴²E sea will rise up ower e heid o Babylon; its sweelin waves hap her. ⁴³E sicht o her toons wid gar ye grue, a druchtit an forleet lan far naebody bides, a lan att neen traivel throwe. ⁴⁴A'll gie Bel in Babylon his sairin an gar him spew up fit he's swallied. Fowk winna rin tae him nae laanger; Babylon's waas will tummle doon. ⁴⁵Come oot o her, ma ain fowk an lat ilka een save himsel fae e birstlin rage o e Lord. ⁴⁶Dinna be doon-hertit nor feart bi e cuntra clash ye hear. Some claik or ither comes iss ear, some e neist. Claik o fechtin i the lan; claik o ae rowler agin e tither. ⁴⁷Jist waatch, e time's comin fan A'll pey a veesit tae the eedols o Babylon; her hale cuntra affrontit an her deid dung doon i the midse o her. ⁴⁸Syne, e hivvens an the earth an aa att's inno them will sing for joy ower Babylon, fae oot o e north reivers will attack her," says e Lord. ⁴⁹"Babylon maun faa for e slain o Israel, jist as e slain o att lan hiv faaen cause o Babylon. ⁵⁰Ye fa hiv escapit e swoord, get oot o there an dinna dauchle. Myn on e Lord in att hine-awa lan, an hae myn o Jerusalem." ⁵¹"We're affrontit cause we've heard coorse things said aboot hiz; we're fair reed i the face cause forriners hiv gaen inno e haily places o e Lord's hoose." ⁵²"Bit, jist waatch, e time's comin," says e Lord, "fan A'll gie her eedols their sairin, an aawye in att cuntra e mortally wounnit will howl. ⁵³Tho Babylon shuld rise up tae e hivvens, an strinthen her muckle keep, A'll sen fowk tae ding her doon," says e Lord. ⁵⁴"A muckle scronach comes fae Babylon, e soun o a great crockaneetion fae e lan o e fowk o Babylon. ⁵⁵Cause e Lord will dee awa wi Babylon; he'll quaiten her yammerin dirdum. Her waves will thunner lik muckle watters an e soun o her vice is heard aawye. ⁵⁶A destroyer will come agin Babylon; her sodgers will be teen an their bowes breuken. For e Lord is a God fa likes tae get his lawin, he'll get his ain back. ⁵⁷A'll full her clan chiefs an her clivver chiels fu, ay her guvvernors, offishers an sodgers tee; they'll sleep for ivver an winna waaken," says e keeng, fas name is e Lord o Hosts. ⁵⁸Iss is fit e Lord o Hosts says: "Babylon's braid waa will be dung doon an her heich yetts brunt wi fire; e fowk will trauchle for naethin, their wark aa lost tae e fire."

⁵⁹Iss is the eerin Jeremiah e prophit gied tae Neriah's loon Seraiah, gransin tae Maaseiah, fan he gaed tae Babylon wi Zedekiah keeng o Judah i the fowerth ear o his rowle. Noo, Seraiah wis e heid butler. ⁶⁰Jeremiah hid screiven in a beuk aboot aa e crockaneetions att wid befaa Babylon, aathin att hid been screiven aboot Babylon. ⁶¹Jeremiah said tae Seraiah, "Fan ye get tae Babylon, see an read oot aa iss wirds. ⁶²Syne say, 'Lord, ye've said ye'll dee awa wi iss place, sae nae fowk nor beasts will bide inno't, it will be barren for aye.' ⁶³Eence ye're throwe readin oot iss beuk, tie a steen till't an fling it inno e midse o the Euphrates. ⁶⁴Syne say, 'Att's e same wye as Babylon will sink, nivver tae rise nae mair cause o e crockaneetion A'll fess doon on her. Her fowk will be forfochen.'"

Att's e hinnerein o e wirds o Jeremiah.

CHAPTIR 52

Zedekiah wis twenty-wan ear aul fan he becam keeng, an he rowled in Jerusalem for elyven ear. His mither wis caaed Hamutal she wis dother tae Jeremiah fae Libnah. ²He did ill i the sicht o e Lord, jist lik Jehoiakim hid deen. ³It wis throwe e Lord's annger att aa iss happent tae Jerusalem an Judah, an i the hinnerein he keest them oot o his sicht. Zedekiah reese up agin e keeng o Babylon.

⁴Sae, i the ninth ear o his rowle, on e tenth day o e tenth month, Nebuchadnezzar keeng o Babylon mairched agin Jerusalem wi his hale airmy. They set up camp ootside e toon an biggit a siege waa aa roon aboot it. ⁵E toon wis unner siege till the elyventh ear o keeng Zedekiah. ⁶Come e ninth day o e fowerth month, e wint wis sae sair i the toon att there wis nae maet for e fowk tae ett. ⁷Syne e toon waa wis breacht, an e hale airmy took tae flicht. They left e toon bi nicht, throwe e yett atween e twa waas anent e keeng's gairden, tho e Babylonians were aa roon e toon. They teuk aff e wye o the Arabah, ⁸bit e

Babylonian airmy chased efter keeng Zedekiah an cam on him i the strath o Jericho. Aa his sodgers were scattert awa aawye, [9]and he wis teen. He wis convoyed tae e keeng o Babylon at Riblah i the Hamath cuntra, tae pass sentence on him. [10]There at Riblah e keeng o Babylon killed Zedekiah's sins afore his verra een; an he killed aa e clan chiefs o Judah tee. [11]Syne he powkit oot Zedekiah's een, bun him wi bress chines an teuk him tae Babylon, far he pat him i the jile till e day e deit.

[12]Noo, on e tenth day o e fifth month, i the nineteenth ear o e rowle o Nebuchadnezzar keeng o Babylon, Nebuzaradan captain o e keeng's gaird, fa warkit tae e keeng o Babylon, cam tae Jerusalem. [13]He set fire tae e Temple o e Lord, e keeng's hoose an aa e hooses in Jerusalem. He brunt doon ilka muckle biggin. [14]The hale Babylonian airmy, unner e captain o e keeng's gaird, breuk doon aa e waas roon Jerusalem. [15]Nebuzaradan e captain o e gaird cairriet some o e peerest fowk intae exile, an them fa hid bidden on i the toon, wi e lave o e tradesmen an them fa hid gaen ower tae e keeng o Babylon.

[16]Bit Nebuzaradan left ahin e peerest o e peer tae wark e vinyairds an e parks. [17]E Babylonians breuk up e bress pillars, e movable stans an e bress tank att were at e Temple o e Lord, an cairriet aa e bress tae Babylon. [18]They teuk awa tee, e pans, e shuffels, e cannel snuffers, spirklinbowels, dishes an aa e bress accootrements eesed i the Temple. [19]E captain o e keeng's gaird teuk awa e caups, e fire-trays, e spirklinbowels, e pots, e lampstans, dishes an bowels eesed for drinkin the offerins att were vrocht o gowd or siller. [20]E bress fae e twa pillars, e tank, an e twal bress bulls aneth it an e meeveable stans, att keeng Solomon hid vrocht for e Temple o e Lord, mair nor culd be weyed. [21]Ilka pillar wis twenty-syven fit heich an auchteen fit in girth, ika een wis three inch thick an boss. [22]E bress croon on e heid o ae pillar wis syven an a half fit heich an wis decoraitit wi fancy warkins o pomegranates o bress aa roon aboot. E tither pillar wi its pomegranates, wis jist like it. [23]There were ninety-sax pomegranates on e sides; in aa, a hunner pomegranates abeen e warkins.

[24]E captain o e gaird teuk Seraiah e heid priest, Zephaniah e neist priest doon an e three doormen wi him. [25]Fae them aye yet i the toon, he teuk the offisher in chairge o the airmy, an syven o e keeng's cronies. He teuk tee, e clerk fa wis heid conscriptin offisher o e cuntra, an saxty chiels fae amo e fowk o e cuntra att were faun i the toon. [26]Nebuzaradan e captain teuk them aa awa an brocht them tae e keeng o Babylon at Riblah. [27]There at Riblah, i the Hamath cuntra, e king hid them deen awa wi. Sae Judah gaed intae capteevity, awa fae her ain hame. [28]Iss is foo mony fowk Nebuchadnezzar carriet awa tae exile: i the syventh ear, 3,023 Jowes; [29]in Nebuchadnezzar's auchteenth ear, 832 fowk fae Jerusalem; [30]in his twenty-third ear, 745 Jowes teen intae exile bi Nebuzaradan e captain o e keeng's gaird: 4600 fowk in aa.

[31]I the thirty-syventh ear o the exile o Jehoiachin keeng o Judah, e same ear as Evilmerodach bicame keeng o Babylon, on e twenty-fifth day o e twalfth month, he lowsed Jehoiachin keeng o Judah an lat him oot o e jile. [32]He spak kindly tae him an gied him a seat o honor abeen aa e tither keengs att were wi him in Babylon. [33]Sae Jehoiachin keest aff his jile claes an for e lave o his days culd be seen ettin at e keeng's boord. [34]E keeng o Babylon gied Jehoiachin a daily allooance o maet for e lave o his days, till e day he deit.

E SCRONACHS O JEREMIAH

CHAPTIR 1

Foo teem lies e toon att wis eence thrangin wi fowk. Foo lik a weeda is her att wis eence sae great amo e cuntras o e warl. She wis eence queen amo e provinces an is noo bit a duniwassal. [2]She greets sair throwe e nicht, tearies takkin doon her chafts. Amo aa them fa loo her, there's neen tae gie her a bosie. Aa her freens hiv turnt agin her an are noo her faes. [3]Efter bein sair come att an in coorse thraal, Judah his gane intae exile. She dwalls amo e cuntras o e warl, bit canna fin lythe. Aa them fa chase her hiv owerteen her i the thraws o her picher. [4]E roads tae Zion are in moornin, cause neen come tae her haily fairs. Aa her yetts lie teem, her priests grain, her lassies are sair vexed, an she hersel is snell. [5]Her faes are noo her maisters; her innemies dee weel. E Lord his fessen her dool cause o her muckle ill-deeins. Her bairns hiv gane awa as captives i the hans o her faes. [6]Aa e brawness his left e Dother Zion. Her clan chiefs are lik deer att canna fin girsin; fushionless, they've teen tae their heels afore them fa chase them. [7]I the days o her sairs an wannerin, Jerusalem myns on aa e ferlies att eence were hers. Fan her fowk fell inno e hans o the innemy, there wis neen tae help her. Her faes leukit at her an leuch at her crockaneetion. [8]Jerusalem hid deen maist affa ill an sae his turnt fool. Aa fa leukit up tae her noo scowff at her, cause they've seen her nyaakit; she hersel grains an turns awa. [9]Her foolness clang tae her skirts; she didna think naethin aboot fit wis afore her. She teuk a gey clyte an there wisna neen tae gie her a bosie. "Lord, leuk on ma sairs, cause ma faes hiv got e better o ma." [10]Her faes teuk a haud o aa her ferlies, she saa godless cuntras win inno her haily place, them fa ye forbad tae gyang intill yer congregation. [11]Aa her fowk grain as they screenge for maet; they niffer their ferlies for maet, tae keep them alive. "Leuk, Lord, an see foo A've turnt tae dirtrie.

[12]"Is it naethin tae ye, aa ye fa gyang iss gait? Tak a leuk aboot ye an see. Is their ony sair lik my sair att wis dellt oot tae ma, att e Lord brocht onna ma i the day o his ill teen? [13]Fae up abeen he sent doon fire inno ma beens. He spread a nit for ma feet an turnt ma roon. He's left ma fair forfochen, dweebly aa e lee lang day. [14]Ma ill-deeins are bun lik a yock; wyven egither bi his hans. They've been hung roon ma neck, an the Almichty his foonert ma strinth. He his gien ma inno e hans o them fa A canna stan up till. [15]E Lord his rejeckit aa e sodgers i the midse o ma; he's caalled up an airmy tae come agin ma tae pran ma young loons. E Lord his trumpit doon e Maiden Dother Judah, lik in a winepress. [16]Att's e wye A'm greetin, ma een rinnin wi tearies. There's neen at han tae gie ma a bosie, neen tae keep up ma speerit. Ma bairns are aa drinkin oot o a teem cauppie, cause ma faes hiv got e better o ma." [17]Zion raxes oot her hans, bit there's neen tae gie her a bosie. E Lord his pronoonced for Jacob att his neepers bicome his faes. Jerusalem his turnt fool amo them.

[18]"E Lord is richteous, still-an-on, A rebelled agin his biddin. Hearken aa ye fowk, leuk on ma dool. Ma young loons an quines are aa awa tae exile. [19]A cried tae ma freens, bit they gied ma awa. Ma priests an ma elders aa deit i the toon, hakin aboot for maet tae keep themsels alive. [20]See, Lord, foo sair come at A am. There's a curmurrin in ma guts an ma hert is loupin, cause A've been maist affa thraawn. Oot aboot, e swoord kills an at hame there's nocht bit daith. [21]Ither fowk hiv heard ma grainin an there's neen tae gie ma a bosie. Aa ma faes hiv heard o ma tribbles, they're happy tae see fit ye've deen. Fess aboot e day ye promist fan their sairs will be lik mine. [22]Lat aa their coorseness come afore ye, dell oot tae them fit ye've dellt oot tae me cause o ma ill-deeins. A'm aye sooch-soochin an A'm gey hert-sair."

CHAPTIR 2

Foo e Lord his happit Dother Zion wi e clood o his annger. He his dung doon e brawness o Israel fae hivven tae earth. He didna myn on his fitsteel i the day o his annger. [2]Wi nae peety, he's swallied up aa e hooses o Jacob; in his annger, he's dung doon aa e keeps o Dother Judah. He his keest baith her keengdom an her clan chiefs doon tae e grun in shame. [3]In a tooerin rage he his sneddit aff ilka horn o Israel. He his draawn back his richt han fae afore the innemy. He his brunt inno Jacob lik a lowein fire att birstles aa aroon it. [4]Lik an innemy, he his strung his bowe; his richt han is riddy. Lik a fae he his deen awa wi aa fa were bonnie; his annger his reamed oot lik a fire on e tent o Dother Zion. [5]E Lord is lik an innemy; he his swallied up Israel. He his swallied up aa her palaces an dung doon her keeps. He his rackit up moornin an scronach for Dother Judah. [6]He his dung doon his dwallin as gin it were a gairden; he his turnt his meetin place tae a rummle o steens. E Lord his garrt Zion forget her haily fairs anSabbaths; in his tooerin rage he his cast at baith keeng an priest. [7]E Lord his rejeckit his aaltar an disaint his haily place. He's gien e waas o her palaces inno e hans o her fae; they hiv reesed a dirdum i the hoose o e Lord lik on e day o a haily fair. [8]E Lord wis in myn tae ding doon e waa roon aboot Dother Zion. He raxed oot a mizzourin line an didna haud his han fae e ruination. He garrt e ramparts an waas scronach, egither they fell inno a dwaam. [9]Her yetts hiv sunk inno e grun; he's breuken an wrackit their bars. Her keeng an clan chiefs are scattert amo e cuntras o e warl, their laa is deen awa wi an nae laanger div e prophits fin veesions fae e Lord. [10]The elders o Dother Zion sit quait on e grun; they hiv spirklt stew on their heids an pat on saickclaith. E quines o Jerusalem hiv booed their heids tae e grun. [11]A've grutten masel dry an there's a curmurrin in ma guts; ma hert is poored oot on e grun cause ma fowk are in ruination; cause bairns an babbies faa awa i the streets o e toon. [12]They say tae their mithers, "Far is there breid an wine?" as they faa awa lik e wounnit i the streets o e toon, their lives ebbin awa i their mithers' airms. [13]Fit can A say for ye? Fit can A say ye're like, Dother Jerusalem? Fit can A say ye're e marra o, att A mith comfort ye Maiden Dother Zion? Yer woun is as deep as e sea. Fa can mak ye better?

[14]E veesions yer prophits saa were fause an feel; they didna shew up yer ill-deeins tae haud aff yer capteevity. E prophesies they gied ye were a pack o lees an led ye e wrang gait. [15]Aa them fa gyang by, clap their hans at ye; they scowff an shaak their heids at Dother Jerusalem: "Is iss e toon att wis eence caaed "E Prefection o Beauty, e joy o e hale warl"? [16]Aa yer faes gap their moos at ye; they scowff an grin their teeth, sayin, "We've swallied her up. Iss is e day we've been wytin for an we've lived tae see it." [17]E Lord his deen fit he set oot tae dee; he his fulfilled his wird, att he spak o lang syne. He his keest ye ower wi nae peety, he his lat yer faes gloat ower ye, he his reesed up e horn o yer faes. [18]The herts o e fowk cry oot tae e Lord. O waa o e Dother o Zion, lat yer tears rin lik a burn, nicht an day; dinna gie yersel nae easement, dinna gie yer een nae rist. [19]Get up throwe e nicht an roar oot o ye at e stairt o ilka waatch; poor oot yer hert lik watter afore e Lord. Rax up yer hans tae him for e lives o yer bairnies, fa are stervin at e neuk o ilka street.

[20]"Tak a leuk, Lord, an think tae yersel: fa hiv ye ivver sairt lik iss? Shuld weemen ett their ain bairnies, e littlans they've leukit efter? Shuld priest an prophit be deen awa wi i the Lord's haily place? [21]Young an aul lie egither i the stew o e road; ma young loons an quines hiv faaen bi e swoord. Ye've killed them i the day o yer annger; slauchtert them wi nae peety. [22]As ye cry fowk tae a feast day, sae ye cried in upo ma terrors on ilka side. I the day o e Lord's annger neen won awa nor won throwe. Ma fae his fessen tae ruination them A leukit efter an brocht up."

CHAPTIR 3

A'm e chiel fa his seen sair bi e wan o e Lord's annger. [2]He's caaed ma awa an garrt ma waalk in mirk raither nor licht; [3]seerly he's turnt his han conter ma, ower an ower, aa day lang. [4]He's garrt ma skin an ma flesh growe aul an he's breuken ma beens. [5]He's besieged ma an surrounnit ma wi sair, sair skaith. [6]He's garrt ma bide i the mirk, lik them lang deid. [7]He's biggit a waa roon ma sae att A canna win oot; he's weyed ma doon wi chines. [8]Even tho A roar oot o ma for help, he shuts oot ma prayer. [9]He's stappit ma road wi lumps o steen; he's made ma pathie mony-neukit. [10]Lik a bear lyin in wyte for ma, lik a lion hodden fae sicht, [11]he's ruggit ma aff ma road, rippit ma tae bits an left ma aa ma leen. [12]He drew his bowe an made ma a target for his arras. [13]He stobbit ma hert wi arras fae his quiver. [14]Aabody is lauchin at ma, they scowff at ma aa day lang. [15]He's fullt ma wi wersh an gien ma sooricks tae chaw. [16]He's grun doon ma teeth wi chuckies; he's trumpit ma doon i the stew. [17]Ma peace his been teen awa fae ma, A canna myn fit walth is. [18]Sae A say, "Ma brawness is deen awa wi an aa att A hoped for fae e Lord." [19]A'll myn on ma sairs an ma wannerins, e wersh an e sooricks. [20]Ay, fine div A myn on them an A'm jist fair disjaskit.

[21]Bit for aa that, A hiv hope fan A myn on iss, [22]cause o e Lord's great luv we dinna perish, cause his mercies nivver ein. [23]They're new ilka mornin; great is yer lealty. [24]A say tae masel, "E Lord is ma heirskip; sae A'll wyte for him." [25]E Lord is gweed tae them fa hiv hope in him; for them fa sikk him. [26]Sae it's gweed tae wyte quaitlike for e Lord tae save hiz. [27]It's gweed for a chiel tae shouther a birn fan he's young. [28]Lat him sit his leen in quaitness, for e Lord his laid it onno him. [29]Lat him beery his moo i the stew – there's aye yet hope. [30]Lat him stick oot his chaft tae e lad att wid strick him, an lat him be fair affrontit. [31]For nae naebody is cassen awa bi e Lord for ivver. [32]Tho he fesses dool, he'll shew peety cause o e greatness o his marraless luv. [33]For he disna fess ill an dool tae fowk jist for e sake o't. [34]Tae trump aneth his fit aa them fa are held in aboot, [35]tae na-say fowk o their richts afore e Maist Heich, [36]tae thraw a chiel's coort case, na, na e Lord disna apreeve sic things.

[37]Fa can spik an gar a thing happen gin it wisna o e Lord's biddin? [38]Is't nae fae e moo o e maist heich att baith crockaneetion an gweed come? [39]Fit wye shuld e livin compleen fan they get their sairin for their ill-deeins? [40]Lat's tak a gweed leuk at wir wyes o deein an lat hiz gyang back tae e Lord. [41]Lat's lift up wir herts an wir hans tae God in hivven, an say: [42]"We've deen ill an turnt agin ye an ye hinna forgien hiz. [43]Ye've claithed yersel wi annger, chased efter hiz an deen awa wi hiz wi nae peety. [44]Ye've wuppit yersel in a clood sae att nae prayer can win throwe. [45]Ye've made hiz lik orrals an dirt amo e cuntras o e warl. [46]Aa wir faes gap their moos at hiz. [47]We've suffert terror an dooncome, crockaneetion an ruination." [48]Spates o tears ream fae ma een cause ma fowk are deen for. [49]Ma een greet sair wi nae remead, [50]till e Lord leuks doon fae hivven an sees. [51]Fit A'm seein fesses dool tae ma hert cause o fit his happent tae aa e weemen o ma toon. [52]For nae gweed rizzon ma faes huntit ma lik a bird. [53]They pat ma inno a hole i the grun an flang steens at ma. [54]Watters cam ower e heid o ma an A thocht A wis gyan tae dee.

[55]A cried on yer name, Lord, fae e boddom o e hole. [56]Ye heard my plea: "Dinna shut yer lugs tae ma soochin an ma yowlin for help." [57]Ye cam inbye fan A cried tae ye, an ye said, "Dinna be feart." [58]Lord, ye teuk up ma case, ye redeemed ma life. [59]Lord, ye've seen the ill deen tae ma. Jeedge ma case. [60]Ye've seen their coorseness an proticks agin ma. [61]Lord, ye've heard them miscaain ma an aa their proticks agin ma, [62]fit ma faes fusper an mum agin ma aa day lang. [63]Tak a leuk at them, stannin up or sittin doon aye jamphin at ma wi their singin. [64]Pey them back their sairin, Lord, for fit their hans hiv deen. [65]Gie them sair herts, mith yer curse be onno them. [66]Chase them in yer annger an dee awa wi them fae aneth e Lord's hivvens.

CHAPTIR 4

Foo e gowd his tint its glent, even e best o gowd his turnt din. E haily steens lie scattert at e heid o ilka street. [2]Foo e respeckit fowk o Zion, eence wirth their wecht in gowd, are noo leukit on lik cley caups, e wark o e cauper's hans. [3]Even jackals offer their breists tae gie sook tae their young, bit ma ain fowk hiv turnt hertless lik ostriches i the roch cuntra. [4]E dry tongue o e bairnie sticks tae e reef o't's moo wi thirst; e bairnies prig for breid, bit naebody gies them neen. [5]Them fa eence ett gulshachs are noo stervin i the streets. Them fessen up in royal purple noo lie on aise-middens. [6]E sairin att's come tae ma ain fowk is waar nor att o Sodom, att wis dung doon in a blink wi nae han turnt tae help her. [7]Her chieftains were brichter nor snaa, fiter nor milk; they were as brosy an reed as rubies, their leuks lik sapphires. [8]Bit noo their faces are blecker nor sit; naebody kens them i the street. They are a rickle o beens happit ower wi skin, lik a dry stick o wid. [9]Them killed bi e swoord are better aff nor them fa dee o hunnger, dwinin awa, jobbit throwe wi wint o maet fae e parks. [10]E hans o frush weemen hiv cookit their ain bairns; they were their maet i the crockaneetion o e Dother o ma fowk. [11]An noo e Lord his satisfiet his rage, poorin oot his annger. He kennlt a fire in Zion att brunt her tae her founs. [12]Naither e keengs o e warl nor ony o e fowk o e warl believed her innemies an faes culd win in throwe e yetts o Jerusalem.

[13]Bit it happent cause o the ill-deeins o her prophits an e coorse wyes o her priests, fa spult e bleed o e richteous inno her. [14]Noo they wanner throwe e streets as gin they were blin. They are sae weel fylt wi bleed att neen daur touch their claes. [15]"G'wa wi ye, ye fool brutes," fowk cry tae them. "G'wa wi ye! G'wa wi ye! Dinna touch hiz!" Sae fan they teuk aff an wannert aboot, fowk o ither cuntras said, "They canna bide here nae laanger." [16]E Lord's annger his scattert them, nae mair dis he tak tent o them. Nae honour is shewn tae e priests, nae faavour tae the elders. [17]Fit's mair, wir een bleart leukin for help; we leukit oot fae wir keeps for a cuntra att wid save hiz. [18]We culdna waalk aboot e streets for fear o bein chased. We were gey near han e hinnerein. Wir days were nummert, wir ein hid come. [19]Them att were efter hiz were fleeter nor aigles i the lift, they chased hiz ower e heilans an lay in wyte for hiz i the roch cuntra. [20]Wir verra braith, the annintit o e Lord, wis catcht i their snares. We thocht att aneth his shadda, we'd live amo e cuntras o e warl.

[21]Rejoice an be gled, Dother o Edom, ye fa bide i the lan o Uz. Ay, tae you tee e caup will be passed; ye'll mak yersel fu, an be strippit tae e been anaa.

[22]Yer sairin will ein, Dother o Zion, he winna mak yer exile ower lang. Bit he'll gie you yer sairin for yer ill-deeins Dother o Edom, an he'll tirr yer coorse wyes.

CHAPTIR 5

Lord, myn on fit his happent tae hiz, leuk an see wir shame. [2]Wir heirskip his been gien awa tae fremt, wir hames tae forriners. [3]We're turnt fadderless, wir mithers weedas. [4]We maun pey for e watter we drink an wir firewid comes at a price. [5]Them fa chase hiz are snappin at wir heels; we're sair forfochen an gien nae rist. [6]We made a deal wi Egypt an Assyria tae get aneuch maet. [7]Wir aul fowk did ill, bit they're aa awa, an we maun bear e gree. [8]Slaves are wir maisters, an there's neen tae lowse hiz fae their hans. [9]We chaunce wir lives tae get maet cause there's nocht bit e swoord i the cuntraside. [10]Wir skin his turnt bleck as gin it wis brunt i the oven, cause o wir wint. [11]Weemen hiv been mischieved in Zion, an quines i the toons o Judah. [12]Chieftains hiv been hung up bi their hans; elders are shewn nae respeck. [13]Young lads are garrt turn e millsteens; an loons styter aneth birns o wid. [14]The elders are awa fae e toon yett; e birkies hiv stoppit their meesic. [15]Joy's gane oot o wir herts; wir splore his turnt tae dool. [16]E croon his faaen fae wir heid. Waly, waly, we've deen ill. [17]Cause o aa iss, wir herts are dweebly, cause o aa iss, wir een turn bleart, [18]for Moont Zion, lies bleak wi jackals prowlin ower it. [19]You, Lord, reign forivver; yer throne cairries on fae ginneration tae ginneration. [20]Fit wye div ye aye forget on hiz? Fit wye div ye leave hiz wir leen for sae lang? [21]Fess hiz hame tae ye, Lord, sae we mith come back; mak wir days lik aul lang syne, [22]oonless ye've rejeckit hiz aaegither an are aye yet sair raised wi hiz.

E BEUK O E PROPHIT

EZEKIEL

CHAPTIR 1

Fan A wis thirty ear aul, on e fifth day o e fowerth month, fan A wis amo the exiles ower bi e Kebar River, e hivvens were opent an A saa veesions o God. [2]On e fifth o e month, i the fifth ear o the exile o keeng Jehoiachin, [3]e wird o e Lord cam tae Ezekiel e priest, Buzi's loon ower bi e Kebar River, i the Babylonian cuntra. There he felt e han o e Lord tak haud o him.

[4]A leukit, an A saa a blowsterin win comin oot o e north, a muckle clood wi licht glintin aa roon aboot it, an flashin lichtnin comin oot o't. E midse o e fire wis lik sheenin metal. [5]Inno e fire wis fit leukit lik fower livin beasts. They leukit as gin they were human, [6]bit ilka een o them hid fower faces an fower wings. [7]Their shanks were straicht, bit their feet were lik calfies' hivvs an glintit lik new-polisht bress. [8]Aneth their wings on their fower sides they hid human hans. Aa fower o them hid faces an wings, [9]an their wings were jined. Ilka een o them gaed straicht forrit an didna turn aboot fan they meeved. [10]Their faces leukit lik iss: ilka een o e fower hid e face o a human bein, on e richt han side e face o a lion, on e left han side e face o a stot an tae e back e face o an aigle. [11]Att's fit their faces were like. Ilka een hid twa wings raxin oot up e wye, ilka een jined tae e wing o e beast on ilka side; an ilka een hid twa ither wings happin its body. [12]Ilka een gaed straicht aheid. Farivver e speerit gaed, they wid gyang, nivver turnin as they gaed. [13]E livin beasts leukit lik burnin cwyles o fire or bleezin torches. Fire meeved back an fore amo e beasts; it wis bricht, an lichtnin flashed oot o't. [14]E beasts jinkit back an fore lik flashes o lichtnin.

[15]As A waatched e livin beasts, A saa a wheel on e grun wi a face for ilka een o them. [16]Iss is fit e fower weel-vrocht wheels leukit like: they glintit lik beryl an ilka een wis e spittin eemage o e tither. Ilka een leukit lik ae wheel asklent anither wheel. [17]As they meeved, they wid gyang in ony een o e fower airts, nivver turnin as they meeved. [18]Their rims were heich an aawsome, an aa fower rims were full o een aa roon them. [19]Fan e livin beasts meeved, e wheels anent them meeved wi them; an fan e livin beasts reese up fae e grun, e wheels reese up tee. [20]Farivver e speerit gaed, they gaed tee, an e wheels wid reese up anent them, cause e speerit o e livin beasts wis inno e wheels. [21]Fan e beasts meeved, they meeved tee; fan e beasts steed up, they steed up anaa; fan e beasts reese fae e grun, e wheels reese anent them, cause e speerit o e livin beasts wis inno e wheels. [22]Ower e heid o e livin beats there wis raxed somethin lik e hale o e lift abeen, o glintin crystal an rael aawsome. [23]Aneth e lift their wings were raxed oot tae een anither, an ilka een hid twa wings happin its body. [24]Fan e beasts meeved, A heard e soun o their wings lik e roar o a burn in spate, lik e vice o the Almichty, lik e dirdum o an airmy. Fan they steed up, they lat doon their wings.

[25]Syne there cam a vice fae e lift abeen their heids. Fanivver they steed up they drappit their wings. [26]Abeen e lift ower their heids there wis a thing lik a throne vrocht fae sapphire, an hine up abeen on e throne wis fit leukit lik a chiel onno't. [27]Fae fit leukit lik his wyste up A saa fit A thocht wis glintin metal, as gin it were full o fire, an fae aneth att he leukit lik fire; an a bleezin licht surroonit him. [28]E brichtness roon aboot him wis lik a rainbowe inno e cloods on a day o rain, sae bricht it glintit aboot him.

Att's fit e glory o e Lord leukit like. Fan A saa it A fell aa ma linth, an A heard a body spikkin tae ma.

CHAPTIR 2

He said tae ma, "Sin o man, stan up on yer feet an A'll spik tae ye." [2]As he spak, e speerit cam inno ma an reesed ma tae ma feet, an A heard him spikkin tae ma. [3]He said tae ma: "Sin o man, A'm sennin ye tae the Israelites, tae a fractious cuntra att his rebelled agin ma; they an their forebeers hiv wranged ma tae iss verra day. [4]E fowk att A'm sennin ye till are contermashious an thraawn. Say tae them, 'Iss is fit e Lord God says.' [5]An gin they listen, or dinna listen, cause they're a contermashious lot, they'll ken att a prophit his been amo them.

[6]"An ye, sin o man, dinna be feart at them, nor their say-awa. Dinna be feart tho thrissles an funs are aa roon aboot ye, an ye bide amo scorpions. Dinna be feart o fit they're sayin nor fleggit bi e leuks they gie ye, cause they're gey contermashious. [7]Ye maun tell them fit A've said, gin they listen or dinna listen, cause they're gey contermashious. [8]Bit ye, sin o man, listen tae fit A say tae ye. Dinna rebel lik att contermashious lot; open yer moo an ett fit A gie ye."

[9]An fan A leukit, a han wis raxed oot tae ma. There wis a scroll inno't, [10]att he rowed oot afore ma. Baith sides hid screiven onno them wirds o scronach an dool an sorra.

CHAPTIR 3

An he said tae ma, "Sin o man, ett fit ye fin, ett iss scroll; syne gyang an spik tae e fowk o Israel." [2]Sae A opent ma moo an he garrt ma ett e scroll. [3]Syne he said tae ma, "Sin o man, full yer belly wi iss scroll A'm giein ye tae ett." Sae A ett it an it tastit sweet as hunny in ma moo.

[4]Syne he said tae ma: "Sin o man, awa ye gyang tae e fowk o Israel an spik ma wirds tae them. [5]Ye're nae gyan tae a fowk wi a forrin tongue an fremt wird, bit tae e fowk o Israel. [6]Na, nae tae a fowk wi a forrin tongue an fremt wird att ye canna unnerstan. Seerly gin A'd sent ye tae sic fowk they wid hae listent tae ye. [7]Bit e fowk o Israel are nae willin tae listen tae ye, cause they're contermashious an thraawn. [8]Bit A'll mak ye as stieve an thraawn as them. [9]A'll mak yer heid lik e hardest steen, harder nor flintsteen. Dinna be feart o them syne, nor be threetent bi them, tho they are a contermashious crew." [10]An he said tae ma, "Sin o man, preen back yer lugs an tak tae hert aa e wirds A spik tae ye. [11]Gyang tae yer fowk in exile an spik tae them an tell them, 'Iss is fit e Lord God says,' whither they listen tae ye or nae." [12]Syne e speerit reesed ma up an A heard a muckle rummlin soun ahin ma as e glory o e Lord reese up fae its place. [13]It wis e soun o e wings o e livin beasts skiffin agin een anither an e soun o e wheels aside them, a muckle rummlin soun. [14]Syne e speerit reesed ma up an teuk ma awa, an A gaed wi dool an annger in ma hert, an wi e stoot han o e Lord onno ma. [15]A cam tae the exiles at Tel Aviv, anent e Kebar River. An there, far they bade, A sat amo them for syven days, sair come at.

[16]At e ein o e syven days, e wird o e Lord cam tae ma: [17]"Sin o man, A've made ye a waatchman for e fowk o Israel; sae hear e wird fae ma moo an gie them a waarnin fae ma. [18]Fan A say tae coorse fowk, 'Ye'll seerly dee,' an ye dinna waarn them nor spik oot tae pit them aff their coorse wyes tae save their lives, att coorse fowk will dee for their ill-deeins, an A'll haud ye accoontable for their bleed. [19]Bit gin ye div waarn e coorse an they dinna turn fae their coorseness or fae their ill wyes, they'll dee for their ill-deeins; bit ee'll hae saved yersel.

[20]"Again, fan a richteous body turns fae their richteousness an dis ill, an A pit a stummlin block afore them, they'll dee. Cause ee didna waarn them, they'll dee for their ill-deeins. E gweed att body did winna be mynt on an A'll haud ye accoontable for their bleed. [21]Bit gin ye div waarn e richteous body nae tae dee ill an they dinna dee ill, they'll seerly live cause they teuk e waarnin, an ee'll hae saved yersel." [22]E han o e Lord wis onna ma there, an he said tae ma, "Get up an gyang awa oot tae e strath, an A'll spik tae ye there." [23]Sae A got up an gaed awa oot tae e strath. An e glory o e Lord wis stannin there, lik e glory A'd seen anent e Kebar River, an A fell aa ma linth. [24]Syne e speerit cam inno ma an reesed ma tae ma feet. He spak tae ma an said: "G'wa an shut yersel in yer hoose. [25]An, sin o man, they'll bin ye up wi raips; ye'll be bun sae att ye canna gyang oot amo fowk. [26]A'll gar yer tongue stick tae e reef o yer moo sae ye'll be quaitent an winna be able tae gie them a tellin aff, cause they're a contermashious crew. [27]Bit fan A spik tae ye, A'll open yer moo an ye'll say tae them, 'Iss is fit e Lord God says'. Faaivver will listen, lat them listen, an faaivver refeeses, lat them refeese; cause they're a contermashious crew.

CHAPTIR 4

"Noo, sin o man, tak a flagsteen, lay it doon afore ye an draa e toon o Jerusalem onno't. [2]Syne shew it unner siege. Bigg siege warks anent it, bigg a ramp up till't, set up camps anent it, an pit batterin rams roon it. [3]Syne tak an airn pan, set it up lik an airn drape atween ye an e toon an turn yer face e wye o't. It will be unner siege, an ee'll lay siege till't. Iss will be a sign tae e hoose o Israel. [4]Syne lie on yer left han side an pit the ill-deeins o e fowk o Israel onno ye. Ye'll tak their sairin for aa e days ye lie on yer side. [5]A'll gar ye cairry their ill-deeins for e same nummer o days as e years o their ill-deein: three hunner an ninety. [6]Efter ye've deen iss, lie doon again, iss time on yer richt han side, an cairry the ill-deeins o e hoose o Judah for fowerty days, ae day for ilka ear. [7]Turn yer face e wye o e siege o Jerusalem an wi bare airm prophisee agin her. [8]A'll bin ye up wi raips sae att ye canna wauchle aboot till ye're ower wi e days o yer siege.

[9]"Tak wheat an barley, beans an lintils, millet an bere; pit them inno a girnel an eese them tae bake breid for yersel. Ye'll ett it for e 390 days ye lie on yer side. [10]Wye oot half a pun o maet ilka day an ett it at set times. [11]An mizzour oot a pint an a half o watter an drink it at set times. [12]Ett e maet as ye wid a dry loaf o breid; bake it as e fowk waatch ye, wi human keech for fuel." [13]E Lord said, "Att wye, e fowk o Israel will ett fylt maet alang wi e cuntras far A'll dreeve them." [14]Syne A said, "Na, na, Lord God, A've nivver fylt masel. Fae e time A wis a loon till noo, A've nivver etten naethin faun deid nor rippit tae bits bi wild beasts. Nae fool maet his ivver gane inno ma moo." [15]"Weel, weel sae be't," says he, "A'll lat ye bake yer breid ower coos' sharn raither nor human shite." [16]Syne he said tae ma: "Sin o man, A'm gyan tae cut aff e supply o maet tae Jerusalem. E fowk will ett rationt maet on heckle-preens an drink rationt watter in dool. [17]Maet an watter will be scarce. They'll be fair teen aback at e sicht o een anither an will dwine awa cause o their ill-deeins.

CHAPTIR 5

"Noo, sin o man, tak a shairp swoord an eese it lik a barber's razor tae shave yer heid an yer baird. Syne tak a set o wechts, an sinner e hair intae pairts. [2]Fan e days o yer siege are by wi, burn a third o e hair inno e toon. Tak a third an strick it wi e swoord aa roun e toon. An scatter a third tae e win. Syne A'll chase efter them wi ma swoord draawn. ³Bit tak a fyow hairs an lirk them inno e fauls o yer claes. ⁴Syne, tak a fyow o them an fling them onno e fire an burn them up. A fire will spread fae there tae e hale o Israel.

⁵"Iss is fit e Lord God says: Iss is Jerusalem, att A've set i the midse o aa e cuntras o e warl, wi cuntras aa roon aboot her. ⁶Still-an-on, in her coorseness, she's rebelled agin ma laas an commans, mair nor e cuntras an clans roon aboot her. She's rejeckit ma laas an hisna deen ma biddin. ⁷Sae iss is fit e Lord God says: Ye've been mair oot o han nor e cuntras roon aboot ye, an hinna deen ma biddin or keepit ma laas. Ye didna even keep tae e laas o e cuntras roon aboot ye. ⁸Sae iss is fit e Lord God says: A'm agin ye, Jerusalem, an A'll gie ye yer sairin wi aa e tither cuntras waatchin. ⁹Cause o aa yer fool eedols, A'll dee tae ye fit A've nivver deen afore an will nivver dee again. ¹⁰Sae in yer midst, mithers an fadders will ett their bairns, an bairns will ett their mithers an fadders. A'll gie ye yer sairin an will scatter aa yer survivors tae e wins.¹¹Sae as seer's A'm here, says e Lord God, cause ye've fylt ma haily place wi aa yer fool eemages an scunnersome deeins, A'll shave ye masel; A winna tak nae peety on ye, nor spare ye.

¹²"A third o yer fowk will dee o e pest or throwe wint inno ye; a third will faa bi e swoord ootside yer waas; an a third A'll scatter tae e wins an chase wi e draawn swoord. ¹³Syne ma annger will be ower wi, an ma rage at them will dwine. An fan ma annger at them gyangs deen they'll ken att I, e Lord, hiv spoken tae them in ma jillous rage. ¹⁴A'll mak ye a ruination an scunnersome amo aa e cuntras roon aboot ye, i the sicht o aa fa gyang by ye. ¹⁵Ye'll be scunnersome, a waarnin an a horror tae aa e cuntras roon aboot ye, fa will jamph at ye fan A'll gie ye yer sairin in ma annger an rage wi a feerious tellin aff. I, e Lord, hiv spoken. ¹⁶A'll shot ma deidly arras o wint at ye an dee awa wi ye. A'll fess mair an mair wint onno ye an cut aff yer supply o maet. ¹⁷A'll sen wint an wild beasts amo ye an they'll tak awa aa yer bairns. Pest an bleedshed will swype throwe ye an A'll fess e swoord agin ye. I, e Lord, hiv spoken."

CHAPTIR 6

E wird o e Lord cam tae ma: ²"Sin o man, set yer face e wye o e heilans o Israel; prophisee agin them ³an say: 'Ye heilans o Israel, hear e wird o e Lord God. Iss is fit e Lord God says tae e heilans an e hills, tae e gullets an e howes: A'm gyan tae fess a swoord agin ye, an A'll ding doon yer heich places. ⁴Yer aaltars will be caaed doon an yer aaltars for scintit reek breuken; an A'll kill yer fowk afore yer eedols. ⁵A'll lay oot e deid bodies o the Israelites afore their eedols, an A'll scatter yer beens roon yer aaltars. ⁶Farivver ye bide, e toons will be dung doon an e heich places caaed doon, sae att yer aaltars will be dung doon an made a crockaneetion, yer eedols a breuken ruination, yer aaltars for scintit reek caaed doon an aa ye've made swypit awa. ⁷Yer fowk will lie killed amo ye, an ye'll ken att A'm e Lord.

⁸"'Bit A will hain some, cause some o ye will win free o e swoord fan ye're scattert amo e cuntras o e warl. ⁹Syne them fa hiv won free will myn on ma i the cuntras far they've been carriet awa till, foo A've been sair vext bi their hoorin herts, att they've turnt awa fae ma, an bi their een att hiv been ettlin efter their eedols. They'll tak a scunner at themsels for aa their fool proticks. ¹⁰An they'll ken att A'm e Lord; an att A meant fit A said fan A threetent tae fess iss crockaneetion onno them.

¹¹"'Iss is fit e Lord God says: Clap yer hans, trump yer feet an roar oot o ye, "Aliss!" cause o aa e coorse an fool proticks o e fowk o Israel, cause they'll faa bi e swoord, wint an pest. ¹²Them att are hine awa will

dee o e pest, them near at han will faa bi e swoord, an them fa are haint an survive will dee o wint. Sae att's foo A'll poor oot ma annger onno them. [13]An they'll ken att A'm e Lord, fan their fowk are aa deen awa wi amo their eedols roon their aaltars, on ilka heich hill an on e heid o e heilans, aneth e bowes o ilka tree an ilka leafy aik, ay, e places far they offert scintit reek tae their eedols. [14]A'll rax oot ma han agin them an mak e grun scruntit moss fae e roch cuntra tae e bare grun tae Diblah, farivver they bide. Syne they'll ken att A'm e Lord.'"

CHAPTIR 7

E wird o e Lord cam tae ma: [2]"Sin o man, iss is fit e Lord God says tae e lan o Israel:

'The ein! The ein his come onno e fower neuks o e cuntra. [3]The ein is noo onno ye, an A'll lowse ma annger onno ye. A'll jeedge ye accoordin tae yer ill-deeins an pey ye back for aa yer fool proticks. [4]A winna leuk on ye wi peety; A winna hain ye. A'll seerly pey ye back for yer deeins an e fool proticks amo ye. Syne ye'll ken att A'm e Lord.' [5]Iss is fit e Lord God says: 'Crockaneetion, marless crockaneetion. Jist waatch! It's comin. [6]The ein his come! The ein his come! It's reesed itsel up agin ye. Jist waatch, it's comin. [7]Doom his come onno ye, ye fa dwall i the lan. E time his come! E day's near han! There's a picher, nae joy, i the heilans. [8]A'm gyan tae poor oot ma annger onno ye, an vint ma rage agin ye. A'll jeedge ye accoordin tae fit ye've deen an pey ye back for aa yer fool proticks. [9]A winna leuk on ye wi peety; A winna hain ye. A'll pey ye back for yer deeins an e fool proticks amo ye. Syne ye'll ken att it's me, e Lord fa stricks ye.

[10]Jist waatch, e day! Jist waatch, it comes! Yer doom his spleutert oot, e wan his budded, bigsyness his flooered. [11]Veelence his reesed itsel up tae a wan o coorseness. Naebody will be left, neen o att crood, neen o their walth, naethin o wirth. [12]E time his come! E day is here! Dinna lat e buyer be gled nor e seller be doon-i-the-moo, cause ma annger is onno e hale jing bang. [13]E seller winna heir back fit he's selt, aiven tho they baith are aye alive. Cause e veesion applies tae them aa an winna be stawed. Cause o their ill-deeins nae a sinngle een o them will hain their life. [14]They've blaawn e tooteroo an aathin's made riddy, bit neen will gyang tae e fecht, cause ma annger is onno e hale jing bang. [15]E sword is ootside; pest an wint inside. Them i the cuntra will dee bi e swoord, them i the toon will be devoored bi wint an pest.

[16]"Them fa live tae win awa will gyang tae e heilans, lik e doos o e howes, they'll aa girn, ower their ain ill-deeins. [17]Ilka han will turn fusionless, ilka leg will be wik at e knees. [18]They'll pit on saickclaith an be happit wi terror. Ilka face will leuk fair affrontit an ilka heid will be shaved. [19]They'll fling their siller inno e streets, an their gowd will leuk as gin it were fool. Their siller an gowd winna be o nae eese tae them tae save them i the day o God's annger. It winna sair their hunnger nor full their bellies, cause it's garrt them styter inno ill-deein wyes.

[20]"They were gey prood o their braw jowels an eesed them tae mak their fool eedols an dirten eemages. Sae A'll mak their walth dirten tae them. [21]A'll gie it as spiles tae forriners, as plunner tae e coorse o e warl, an they'll fyle it. [22]A'll turn ma face awa fae ma ain fowk an thieves will fyle e place A trissure. They'll gyang inno't an fyle it.

[23]"Rig oot chines, cause e cuntra is full o bleedshed an e toon full o veelence. [24]A'll fess e warst cuntras tae tak ower their hooses. A'll pit an ein tae e bigsyness o e heidsters an their haily places will be desicraitit. [25]Terror is comin an they'll sikk peace tae nae avaal. [26]Crockaneetion on crockaneetion will come, claik efter claik. They'll gyang haikin for a veesion fae a prophit, nae mair will priests lay doon e

laa, an e cooncil o elders will come till an ein. [27]E keeng will moorn, e chieftain will be wuppit up in dool an e hans o e fowko e cuntra will shaak. A'll dee tae them fit they hiv deen, an jeedge them as they hiv jeeged. Syne they'll ken att A'm e Lord.'"

CHAPTIR 8

On e fifth day o e saxth month o e saxth ear, fan A wis sittin in ma hoose wi the elders o Judah afore ma, e han o e Lord God cam onno ma. [2]A leukit an saa a shape lik att o a chiel. Fae fit leukit lik his wyste doon he wis lik fire an fae there up he leukit as gin he wis glintin metal. [3]He raxed oot fit leukit lik a han an teuk ma bi the hair o e heid. E speerit liftit ma up atween earth an hivven an in veesions o God he teuk ma tae Jerusalem, tae the ingyang o e north yett o e benmaist coort, far the eedol fa steers up jillousy steed. [4]An there afore ma wis e glory o e God o Israel, jist lik in e veesion A'd seen i the howe.

[5]Syne he said tae ma, "Sin o man, leuk e wye o e north." Sae A leukit northlins an tae e north o the ingyang o e yett o e aaltar, A saa iss eedol o jillousy. [6]An he said tae ma, "Sin o man, div ye see fit they're deein, e fool, fool warkins o the Israelites here, things att will caa ma hine awa fae ma haily place? Bit ye'll see things att are even mair scunnersome."

[7]Syne he brocht ma tae the ingyang tae e coort, far A leukit an saa a hole i the waa. [8]He said tae ma, "Sin o man, noo powk inno e waa." Sae A powkit inno e waa an faun a doorie. [9]An he said tae ma, "Gyang in an see e coorse, fool things they're deein here." [10]Sae A gaed in an leukit an saa draawn aa roon e waas, aa kyn o creepie-crawlies an fool beasts, an aa the eedols o Israel. [11]Afore them steed syventy elders o Israel, an Shaphan's loon Jaazaniah wis stannin amo them. Ilka een hid a censer in his han, an a stinkin clood o scintit reek wis furlin aboot. [12]He said tae ma, "Sin o man, hiv ye seen fit the elders o Israel are deein i the mirk, at ilka shrine o his ain eedol? They say, 'E Lord disna see hiz, he his gien up on e warl.'"

[13]Syne he said tae ma, "Ye'll see them deein even mair scunnersome things." [14]Syne he brocht ma tae the ingyang o e north yett o e hoose o e Lord, an A saa weemen sittin there, greetin for e god Tammuz. [15]He said tae ma, "Div ye see iss, sin o man? Ye'll see things att are even mair scunnersome nor iss." [16]Syne he brocht ma intae e benmaist coort o e Lord's hoose, an there at the ingyang tae e Temple, atween e porch an the aaltar, were aboot twinty-five chiels, wi their backs tae e Lord's Temple, facin tae the east, booin doon tae e sin i the east.

[17]He said tae ma, "Hiv ye seen iss, sin o man? Div e fowk o Judah nae care a docken aboot e scunnersome things they're deein here? Maun they full e cuntra wi veelence an keep on reesin ma annger? Leuk at them pittin e branch tae their nebs. [18]Sae, A'll tak oot ma annger on them, A winna leuk on them wi peety nor hain them. Tho they bawl in ma lugs, A winna listen tae them."

CHAPTIR 9

Syne A heard him cry oot in a lood vice, "Fess ower them fa hiv been appintit tae be in chairge o e toon, ilka een wi his wappon in his han." [2]An A saa sax chiels comin fae e tapmaist yett, att faces tae e north, ilka een wi a deidly waapon in his han. Ae chiel amo them wis claithed in leenen an hid a vreetin case at his side. They cam an steed up anent e bress aaltar. [3]Noo e glory o e God o Israel gaed up fae abeen e cherubim far it hid been reestin, an meeved tae e door-steen o e Temple. Syne e Lord cried tae e chiel cled in leenen wi e screivin case at his side, [4]an said tae him, "Gyang throwe e toon, ay, aa e streets o

Jerusalem an pit a keel mark on e broos o them fa are sair hertit an sorra ower aa e fool things att are deen inno't."[5]As A listened, he said tae e tither chiels, "Folla him throwe e toon an kill, an dinna shew nae peety nor hain ony. [6]Slauchter the aul mannies, e young loons an quines, e mithers an e bairns, bit dinna touch naebody fa his a keel mark. Set oot at my haily place." Sae they startit wi the aul mannies fa were afore e Temple. [7]Syne he said tae them, "Fyle e Temple an full e coorts wi e deid. Get on wi't!" Sae oot they gaed, killin aa throwe e toon.

[8]Fan they were killin an A wis aa ma leen, A fell aa ma linth, an roart oot o ma, "Ay fegs, Lord God, are ye gyan tae dee awa wi e hale o e lave o Israel as ye ream oot yer annger on Jerusalem?" [9]He answert ma, "The ill-deeins o e fowk o Israel an Judah is unco great; e lan is foo o bleedshed an e toon foo o wrang. Cause they say, 'E Lord his forsaken e cuntra; he disna see.'[10]Sae A winna leuk on them wi peety nor hain them, bit A'll fess doon fit they've deen on their ain heids." [11]Syne e chiel wi e screivin case at his side feesh back wird, sayin, "A've deen fit ye bad."

CHAPTIR 10

A leukit, an A saa fit leukit lik a throne o sapphire steen abeen e vaalt att wis ower e heids o e cherubim. [2]E Lord said tae e chiel cled in leenen, "Gyang in amo e furlin wheels aneth e cherubim. Full yer hans wi burnin cwyles fae amo e cherubim an scatter them ower e toon." An as A waatched, he gaed in. [3]Noo e cherubim were stannin on e sooth side o e Temple fan e chiel gaed in, an a clood fulled e benmaist coort. [4]Syne e glory o e Lord reese up fae abeen e cherubim an steed up ower e door-steen o e Temple. E clood fulled e Temple, an e coort wis fulled wi e brichtness o e Lord's glory. [5]E soun o e wings o e cherubim culd be heard e linth o the ootmaist coort, lik e vice o God Almichty fan he spikks. [6]Fan e Lord said tae e chiel in leenen, "Tak fire fae amo e wheels, fae amo e cherubim," e chiel gaed an steed anent a wheel. [7]Syne een o e cherubim raxed oot his han tae e fire att wis amo them. He teuk up some o't an pat it inno e han o e chiel in leenen, fa teuk haud o't an gaed oot. [8]E cherubim hid fit leukit lik human hans aneth their wings.

[9]A leukit an A saa fower wheels anent e cherubim, een anent ilka een o e cherubim; e wheels glintit lik beryl. [10]Ilka een wis e spittin eemage o e tither. Ilka een leukit lik ae wheel asklent anither wheel. [11]As they meeved, they wid gyang in ony een o e fower airts, nivver turnin as they meeved. E cherubim gaed in fitivver airt their heids faced, nivver turnin as they gaed. [12]Their hale bodies, aiven their backs, their hans, an their wings were aa full o een, an sae were e fower wheels. [13]A heard fowk caa them e "furlin wheels." [14]Ilka een o e cherubim hid fower faces: ae face wis att o a cherub, e saicond e face o a human bein, e third e face o a lion, an e fowerth e face o an aigle. [15]Syne e cherubim reese up e wye. They were e same livin beasts as A'd seen ower bi the Kebar River. [16]Fan e cherubim meeved, e wheels anent them meeved wi them; an fan e cherubim raxed their wings tae reese up fae e grun, e wheels didna leave their side. [17]Fan e cherubim steed up, e wheels steed up anaa, an fan e cherubim reese up, they reese up wi them, cause e speerit o e livin beasts wis inno them. [18]Syne e glory o e Lord gaed awa fae e door-steen o e Temple an steed up abeen e cherubim. [19]As A wis waatchin, e cherubim raxed their wings an reese up fae e grun, an as they reese, e wheels reese wi them. They steed up at the ingyang o the east yett o e Lord's hoose, an e glory o e God o Israel wis abeen them. [20]Iss wis e same livin beasts as A'd seen aneth e God o Israel ower bi the Kebar River, an A cam tae ken att they were cherubim. [21]Ilka een hid fower faces an fower wings, an aneth their wings wis fit leukit lik human hans. [22]Their faces leukit e same as them A'd seen ower bi the Kebar River. Ilka een held straicht forrit.

CHAPTIR 11

Syne e speerit lifted ma up an brocht ma tae e yett o e hoose o e Lord att faces east. There at the ingyang o e yett were five an twinty chiels. A saa amo them Azzur's loon Jaazaniah an Benaiah's loon Pelatiah, chieftans amo e fowk. [2]E Lord said tae ma, "Sin o man, iss is e chiels fa are steerin up ill an giein ill advice in iss toon. [3]They're sayin, 'Hiv wir hooses nae jist been rebiggit? Iss toon is a pot an we're e beef inno't.' [4]Sae prophisee agin them; prophisee, sin o man." [5]Syne e speerit o e Lord cam onno ma, an he telt ma tae say: "Iss is fit e Lord says: Att's fit ye're sayin, chieftains in Israel, bit I ken fit's gyan throwe yer heids. [6]Ye've killed mony fowk in iss toon, an fulled its streets wi e deid. [7]Sae iss is fit e Lord God says: E bodies ye've thrown there are e beef an iss toon is e pot, bit A'll tak ye oot o e midse o't. [8]Ye fear e sword, bit A'll fess it doon on ye, says e Lord God. [9]A'll tak ye oot o e toon an gie ye inno e hans o forriners an gie ye yer sairin. [10]Ye'll faa bi e swoord, an A'll pass jeedgement onno ye at e borders o Israel. Syne ye'll ken att A'm e Lord. [11]Iss toon winna be a pot for ye an ee winna be e beef inno't; A'll pass jeedgement onno ye at e borders o Israel. [12]An ye'll ken att A'm e Lord, for ye hinna deen ma biddin nor follaed ma laas, bit hiv teen up wi e wyes o e cuntras roon aboot ye."

[13]Noo as A wis prophiseein, Benaiah's loon Pelatiah, aa o a suddenty drappit doon deid. Syne A fell aa ma linth an roart oot o ma in a lood vice, "Ay fegs, Lord God, will ye dee awa wi e lave o Israel aaegither?" [14]E wird o e Lord cam tae ma: [15]"Sin o man, e fowk o Jerusalem hiv said aboot them fa are in exile wi ye an aa e tither Israelites, 'They're hine awa fae e Lord; iss cuntra wis gien tae hiz as wir heirskip.' [16]Sae tell them: 'Iss is fit e Lord God says: tho A've keest them hine awa amo e cuntras o e warl an scattert them tae aa lans, still-an-on for a wee fylie A've been a haily place tae them i the cuntras they've gaen tae.' [17]Sae tell them: 'Iss is fit e Lord God says: A'll gaither ye fae e cuntras o e warl an fess ye back fae e forrin pairts ye've been scattert throwe, an A'll gie ye back e lan o Israel again.' [18]They'll come back an dee awa wi aa its fool eemages an scunnersome eedols. [19]A'll gie them a new hert an pit a new speerit inno them; A'll tak their herts o steen oot o them an gie them a hert o flesh. [20]Syne they'll dee ma biddin an keep ma laas. They'll be ma ain fowk an A'll be their God. [21]Bit as for them fas herts chase efter fool eemages an scunnersome eedols, A'll fess doon fit they've deen on their ain heids, says e Lord God."

[22]Syne e cherubim, wi e wheels anent them, raxed oot their wings, an e glory o e God o Israel wis abeen them. [23]E glory o e Lord gaed up fae oot o e toon an steed abeen e moontain att lies tae the east o't.

[24]E speerit lifted ma up an brocht ma tae the exiles in Babylon i the veesion gien bi e speerit o God. Syne e veesion A'd seen left ma, [25]an A telt the exiles aathin e Lord hid shewn ma.

CHAPTIR 12

E wird o e Lord cam tae ma: [2]"Sin o man, ye're bidin amo a contermashious crew fa hiv een tae see, bit canna see, an lugs tae hear, bit canna hear, cause they're a contermashious lot. [3]Sae, sin o man, pack yer gear for exile an throwe e day, as they're waatchin ye, set oot an gyang fae far ye are tae anither place. An jist mebbe they'll unnerstan, even tho they're a contermashious crew. [4]Throwe e day, as they're waatchin ye, fess oot yer gear packit for exile. Syne at nicht, as they're waatchin, gyang oot lik them fa are gyan tae exile. [5]As they're waatchin, powk a hole throwe e waa an tak yer gear oot throwe it. [6]Pit it ower yer shouther as they're waatchin an cairry it oot i the gloamin. Hap yer face sae att ye canna see e cuntraside, cause A've made ye a sign tae the Israelites." [7]Sae A did as A wis bidden. Throwe e day, A brocht oot ma gear packit for exile. Syne at nicht, A howkit a hole throwe e waa wi ma bare hans, an teuk oot ma gear cairryin it ower ma shouthers as they waatched. [8]I the foreneen, e wird o e Lord cam tae ma: [9]"Sin o man, did the Israelites, att contermashious crew nae speir at ye, 'Fit are ye deein?' [10]"Say tae them, 'Iss is fit e Lord God says: Iss prophecy is aboot e chieftain in Jerusalem an aa the Israelites fa are there.' [11]Say tae them, 'A'm a sign tae ye.' As I hiv deen, sae it will be deen tae them. They'll gyang intae exile as captives. [12]E chieftain amo them will pit his belangins tae his shouther an leave i the gloamin. A hole will be howkit oot o e waa for him tae gyang throwe an he'll hap his face sae att he canna see e cuntraside. [13]A'll spread ma nit ower him, an he'll be teen in ma snare; A'll fess him tae Babylon, e Chaldean cuntra, bit he winna see it, an he'll dee there. [14]A'll scatter aa fa are roon him tae e wins, his servants an his airmy, an A'll chase them wi e draawn swoord. [15]Fan A skail them amo e cuntras o e warl an scatter them throwe forrin pairts they'll ken att A'm e Lord. [16]Bit A'll hain a fyow o them fae e swoord, fae wint an fae e pest, sae att i the cuntras far they gyang they mith ain up tae their fool proticks. Syne they'll ken att A'm e Lord."

[17]E wird o e Lord cam tae ma: [18]"Sin o man, shaak fan ye ett yer maet, an shidder wi fear as ye drink yer watter. [19]Say tae e fowk o e cuntra: 'Iss is fit e Lord God says aboot them fa are bidin in Jerusalem an i the lan o Israel: They'll ett their maet wi thocht an be sair come at fan they drink their watter, for their lan will be strippit o aathin in it cause o e veelence o aa them fa bide there. [20]E toons will lie in ruination an e lan will be bare. Syne ye'll ken att A'm e Lord.'"

[21]E wird o e Lord cam tae ma: [22]"Sin o man, fit's e sayin ye hiv in Israel att gyangs 'E days weer by an ilka veesion comes tae nocht'? [23]Say tae them, 'Iss is fit e Lord God says: A'll dee awa wi att sayin, an they winna be sayin it nae mair in Israel.' Say tae them, 'E days are near han fan ilka veesion will be fulfilled. [24]For there winna be nae mair fause veesions or buttery-mooed predictions amo e fowk o Israel. [25]Bit I, e Lord, will spik, an fitivver A say will be deen wi nae dauchlin. For in your days, ye contermashious crew, A'll spik, an fit A say will be deen, says e Lord God.'"

[26]E wird o e Lord cam tae ma: [27]"Sin o man, the Israelites are sayin, 'E veesion he sees is for mony ears tae come, an he prophisees aboot a time awa aheid o's.' [28]Sae tell them, 'Iss is fit e Lord God says: Neen o ma wirds will be hinnert nae laanger; fitivver A say will come aboot, says e Lord God.'"

CHAPTIR 13

E wird o e Lord cam tae ma: [2]"Sin o man, prophisee agin e prophits o Israel fa are noo prophiseein. Say tae them fa are makin up their prophesies as they gyang alang: 'Hear e wird o e Lord. [3]Iss is fit e Lord God says: There's nae hope for e feel prophits fa gyang their ain gait andinna see naethin. [4]Yer prophits, Israel, are lik jackals amo a rummle o steens. [5]Ye hinna gaen up tae e slaps i the waa tae sort them for e fowk o Israel sae att it will stan sicker i the fecht on e day o e Lord. [6]Their veesions are fause an their predictions aa lees. Even tho e Lord hisna sent nae wird tae them, they say, "E Lord says," an expeck him tae fullfil their say-awa. [7]Hiv ye nae seen fause veesions an made a leein prediction fan ye said, "E Lord says," tho A hinna said naethin? [8]Sae iss is fit e Lord God says: Cause o your fause wirds an leein veesions, A'll shaak ma nieve at ye, says e Lord God. [9]A'll shaak ma nieve at e prophits fa see fause veesions an mak leein predictions. They winna belang tae e cooncil o ma fowk or be screiven inno e records o Israel, nor will they gyang inno e lan o Israel. Syne ye'll ken att A'm e Lord God.

[10]"'They lead ma fowk agley, sayin, "Peace," fan there's nae peace, an fan a rummle o a waa is biggit, they hap it wi fitewaash. [11]Sae tell them fa hap it wi fitewaash att it'll tummle doon. It'll rain hale watter, an A'll sen hailsteens hurlin doon, an gey blowsterin wins will blaa it doon. [12]Fan e waa faas doon, will fowk nae speir at ye, "Fit's happent tae yer fitewaash?" [13]Sae iss is fit e Lord God says: in ma wrath A'll lowse a blowsterin win, an in ma annger, hailsteens an hale watter will faa wi malafoosterin rage. [14]A'll

teer doon e waa ye've happit wi fitewaash tae its founs an fan it faas, ee'll get e dunt wi't an ye'll ken att A'm e Lord. [15]Sae A'll poor oot ma annger onno e waa an onno them fa happit it wi fitewaash. A'll say tae ye, "E waa's nae mair an naither are them fa fitewaasht it, [16]att prophits o Israel fa prophisiet tae Jerusalem an saa veesions o peace for her fan there wis nae peace, says e Lord God."' [17]"Noo, sin o man, set yer face agin e spaemen amo yer fowk fa prophisee, makkin it up as they gyang alang. Prophisee agin them [18]an say, 'Iss is fit e Lord God says: There's nae hope for e weemen fa shew cantrips on their airms an mak aa kyn o linths o veils for their heids sae att they can tak fowk in. Will ee tak e lives o ma ain fowk bit hain yer ain? [19]Ye've fylt ma amo ma ain fowk for a fyow gowpenfus o barley an orrals o breid. Bi leein tae ma fowk fa listen tae lees, ye've killed them fa shuldna hae deit, an haint them fa shuldna live. [20]Sae iss is fit e Lord God says: A'm agin yer cantrips att ye eese tae snare fowk lik birds an A'll ripp them aff yer airms. A'll lowse e fowk ye snare lik birds. [21]A'll rip aff yer veils an hain ma ainfowk fae yer hans, an nae mair will they be prey in yer hans, an syne ye'll ken att A'm e Lord. [22]Cause ye made e richteous doon-hertit wi yer lees, fan I'd brocht them nae sorra, an cause ye kittlt up e coorse nae tae turn fae their ill-deein wyes tae save their lives, [23]nae laanger will ye see fause veesions nor mak predictions. A'll save ma fowk fae yer hans an syne ye'll ken att A'm e Lord."'

CHAPTIR 14

Twa-three o the elders o Israel cam tae ma an sat doon afore ma. [2]Syne e wird o e Lord cam tae ma: [3]"Sin o man, iss chiels hiv set up eedols i their herts an hiv laid afore their ain faces e stummlinblocks o their ill-deeins. Shuld A lat them sikk onythin o me avaa? [4]Sae spik tae them an tell them, 'Iss is fit e Lord God says: Ilka een o the Israelites fa sets up eedols in his hert an pits a coorse stummlinblock afore his face an syne gyangs tae a prophit, I, e Lord, will answer him masel in accoordance wi his mony eedols. [5]A'll dee iss tae win back e herts o e fowk o Israel, fa hiv aa forhooiet ma for their eedols.'

[6]"Sae, tell e fowk o Israel, 'Iss is fit e Lord God says: think better o fit ye're deein an turn awa fae yer eedols an gie up aa yer fool proticks. [7]Gin ony o the Israelites or ony forriner bidin in Israel sinners themsels fae me an sets up eedols i their herts an pits a coorse stummlinblock afore their faces an syne gyangs tae a prophit an sikks onythin o ma, I, e Lord, will answer them masel. [8]A'll set ma face conter them an mak an example o them an mak them e spik o e place. A'll cut them aff fae amo ma fowk an syne ye'll ken att A'm e Lord. [9]An gin e prophit is mislippent intae gien oot a sayin, it wis me, e Lord att mislippent att prophit, an A'll rax oot ma han agin him an dee awa wi him fae amo ma fowk. [10]They'll bear e gree, e prophit ilka bit as bad as them fa socht his wird. [11]Syne e fowk o Israel winna wanner awa fae ma nae mair, nor will they fyle themsels wi aa their ill-deeins. Syne, they'll be ma ain fowk, an A'll be their God, says e Lord God."'

[12]E wird o e Lord cam tae ma: [13]"Sin o man, gin a cuntra dis ill agin ma bi bein unfaithfu, syne A'll rax oot ma han agin it an cut aff its supply o maet an sen wint doon onno't an kill its fowk an their beasts. [14]Even gin Noah, Daniel an Job, att three gey chiels were amo them, they culdna save bit themsels throwe their richteousness, says e Lord God.

[15]"Gin A wis tae sen wild beasts throwe e cuntra an they herrie it an kill aa att's inno't an neen can gyang throwe it cause o e beasts, [16]as seer's A'm here, says e Lord God, even gin att three chiels were inno't, they culdna hain their ain sins an dothers. Jist e three o them wid be saved, bit e cuntra wid be herriet.

[17]"Or gin A wis tae fess a swoord agin att cuntra an say, 'Lat e swoord pass throwe e cuntra,' an A did awa wi aa e fowk an aa their beasts, [18]as seer's A'm here, says e Lord God, even gin att three chiels were inno't, they culdna hain their ain sins an dothers. Jist e three o them wid be saved.

[19]"Or gin A wis tae sen a pest inno att cuntra an poor oot ma annger onno't wi bleed, killin its fowk an their beasts, [20]as seer's A'm here, says e Lord God, even gin Noah, Daniel an Job were inno't, they culdna hain their ain sins an dothers. Jist e three o them wid be saved throwe their richteousness. [21]For iss is fit e Lord God says: Foo muckle waur it will be fan A sen ma fower dreid jeedgements agin Jerusalem, swoord, wint, wild beast an pest, tae kill its fowk an their beasts.

[22]Still-an-on, a fyow will come throwe't, sins an dothers fa will be brocht oot o't an fa will come tae ye, an ye'll see their wyes an their proticks an syne ye winna feel sae bad aboot e crockaneetion A've vrocht on Jerusalem, ay, ilka ill A've vrocht onno't. [23]Ye winna feel sae bad fan ye see their wyes an their deeins, cause ye'll see fit wye A did fit A did, says e Lord God."

CHAPTIR 15

E wird o e Lord cam tae ma: [2]"Sin o man, in fitna wye is e wid o a vine different fae a branch o ony ither tree i the wid? [3]Can its wid ivver be eesed tae mak onythin, or div they mak pegs fae it tae hing things onno? [4]Na, na, it's keessen inno e fire an e flames burn baith eins an char e middle o't an syne fit eese is't for onythin? [5]Gin it wis nae eese for naethin fan it wis hale, foo muckle less syne will it be o eese fan e fire his brunt an charred it?

[6]"Sae iss is fit e Lord God says: as A've gien up e wid o e vine amo e trees o e wid as sticks for e fire, an att's foo A'll deal wi e fowk fa bide in Jerusalem. [7]A'll set ma face conter them. They'll win lowss fae ae fire bit anither een will birstle them up. An fan A set ma face conter them, ye'll ken att A'm e Lord. [8]A'll mak e lan a teem scrog cause they've deen affa ill, says e Lord God."

CHAPTIR 16

E wird o e Lord cam tae ma: [2]"Sin o man, tackle Jerusalem wi her fool proticks [3]an say, 'Iss is fit e Lord God says tae Jerusalem: yer reet an birth were i the cuntra o e fowk o Caanan; yer fadder wis an Amorite an yer mither a Hittite. [4]On e day ye were born yer cord wisna cuttit, nor were ye waashen wi watter tae clean ye, nor wis ye rubbit wi saut nor wuppit in cloots. [5]Neen leukit on ye wi peety nor wis sae sorry for ye att they did sic things tae ye. Raither, ye were flung oot tae the open parks, cause on e day ye were born neen wid tak wi ye.

[6]"Syne A cam alang an saa ye wallochin i yer ain bleed, an as ye lay in yer bleed A said tae ye, "Live." Awyte, A said tae ye as ye lay in yer bleed, "Live." [7]A garrt ye growe lik e breer i the parks. Ye grew up an turnt intill a weel-faurt quine. Yer breists were shapit an yer hair hid growen. Still-an-on, ye were nyaakit an scuddie. [8]A fylie efter A cam alang an saa ye were o an age tae gyang coortin, sae A spread e neuk o ma cwyte ower ye an happit yer bare body. A gied ye ma solemn aith an jined in a tryst wi ye, says e Lord God, an ye bicam mine. [9]A waasht ye wi watter an waasht e bleed fae ye an sclariet intmints onno ye. [10]A clad ye wi embroidert claes an pat fine ledder sheen onno ye. A wuppit ye in fine leenen an happit ye wi a braw rig-oot. [11]A deckit ye oot wi jowels; A pat bangles on yer airms an a necklace roon yer thrapple, [12]an A pat a ring in yer neb, lug-babs in yer lugs an a bonnie croon on yer heid. [13]Sae ye were riggit oot wi gowd an siller, ye were clad in fine leenen an dear claith an embroidert claith. Yer maet wis hunny, olive ile an e best flooer. Ye grew richt weel-faurt an turnt intae royalty. [14]Ye wis kenspeckle amo e cuntras o e warl cause ye were sae weel-faurt, cause e brawness A'd gien ye made ye perfeck, says e Lord God.

[15]"Bit ye lippent tae yer brawness an were sae kenspeckle ye turnt intae a hoor. Ye gied yersel tae aa fa gaed by, yer brawness theirs for e speirin. [16]Ye teuk some o yer claes tae rig oot e heich shrines wi colour an syne ye ackit e hoor onno them. Things att shuldna be an shuld nivver be. [17]Ye took e bonnie jewelry A gied ye anaa, e jewelry made o ma gowd an siller, an ye made for yersel eedols o mannies an hoored aboot wi them. [18]An ye teuk yer embroidert claes tae hap them wi, an ye set oot ma ile an scintit reek afore them. [19]Ay, an e maet A gied ye anaa, e flooer, the olive ile, e hunny A gied ye tae ett, ye offert as scintit reek afore them. Ay att's fit it wis like, says e Lord God. [20]An ye teuk yer sins an dothers att ye hid for me an sacrifeeced them tae yer eedols. Wis yer hoorin nae aneuch? [21]Ye slauchtert ma bairns an garrt them be brunt as a sacrifeece tae yer eedols. [22]In aa yer fool proticks an yer hoorin ye hid nae myn on yer young days, fan ye were nyaakit an scuddie, wallochin in yer bleed. [23]There's nae hope for ye, says e Lord God. An efter aa yer ither coorseness, [24]ye biggit a cairn an pat up heich shrines in ilka toon squaar. [25]At e neuk o ilka street ye biggit yer heich shrines an fylt yer brawness, spreadin your legs tae aa fa gaed by wi mair an mair o yer hoorin. [26]Ye hoored aboot wi the Egyptians, yer weel-hung neepers, an got ma birse up wi aa yer hoorin. [27]Sae A raxed oot ma han agin ye an rationt yer maet; A hannit ye ower tae e wyes o yer faes, e Philistine weemen, fa were teen aback at yer fool proticks. [28]Ye hoored aboot wi the Assyrians anaa, cause ye culd nivver get aneuch o't. An even efter att, ye still hidna gotten aneuch. [29]Syne ye eikit oot yer hoorin tae tak in e Babylon cuntra, e lan o merchants, bit still ye culdna get aneuch. [30]Ye've nae will-pooer, says e Lord God, ye're jist a brazen hussie. [31]Fan ye biggit yer cairns at e neuk o ilka street an yer heich shrines in ilka toon squaar, ye werna lik a common hoor, cause ye didna sikk ony siller. [32]Ye're a wife fa lies wi another chiel. Ye lie wi ither chiels raither nor yer ain man. [33]Aa common hoors get peyed, bit ee gie peyment tae aa yer hing-tees, sweetenin them tae come tae ye fae aa the airts tae dance e Reel o Bogie wi ye. [34]Sae in yer hoorin, ye're nae lik e lave o them; neen sikk ye oot for yer daffin. Ee pey them fa come in aboot tae ye raither nor them peyin you. Ee're e conter o e lave.

[35]"Sae, ye hussie, hear e wird o e Lord. [36]Iss is fit e Lord God says: Cause ye poored oot yer filth an made a fashion o yer scudderie in yer hoorin aboot wi yer hing-tees, an cause o aa yer fool eedols, an cause ye gied them yer bairns' bleed, [37]iss is fit A'm gyan tae dee. A'll gaither aa yer hing-tees, fa ye hid sic a splore wi, baith them ye looed an them ye culdna stan. A'll gaither them agin ye fae ilka airt, tirr yer claes afore their een, an they'll see ye i the scud. [38]A'll gie ye e same sairin as weemen fa lie wi ither men an shed bleed; A'll fess doon on ye e bleed o wrath an jillousy. [39]Syne, A'll gie ye inno e hans o yer hing-tees an they'll ding doon yer cairns an mak a crockaneetion o yer heich shrines. They'll tirr ye o yer claes an tak yer bonnie jowels an leave ye sterk nyaakit. [40]They'll fess a thrang tae ye, fa will steen ye an hack ye tae bits wi their swoords. [41]They'll burn doon yer hooses an gie ye yer sairin i the sicht o mony weemen. A'll pit an ein tae yer hoorin, an nae laanger will ye pey yer hing-tees. [42]Syne ma annger agin ye will dwine an ma jillous rage turn awa fae ye; A'll keep a calm sooch an winna be raised nae mair. [43]Cause ye hid nae myn on yer younnger days an got ma birse up wi aa yer deeins, A'll seerly fess doon on yer heids aa ye've deen, says e Lord God, sae att ye winna add iss rochness tae yer ither fool proticks.

[44]"Aa them fa hiv a say-awa will say iss aboot ye: "Lik mither, lik dother." [45]Ye're fairly yer mither's quine, her fa thocht lichtsome o her man an her bairns; an ye're fairly a sister o yer sisters, fa thocht lichtsome o their men an their bairns. Yer mither wis a Hittite an yer fadder an Amorite. [46]Yer big sister wis Samaria, fa bade tae e north o ye wi her dothers; an yer wee sister, fa bade tae e sooth o ye wi her dothers, wis Sodom. [47]Nae only did ye folla their wyes an tak up wi their fool proticks, bit in aa ye did ye turnt mair fool nor them. [48]As seer's A'm here, says e Lord God, yer sister Sodom an her bairns were nivver as coorse as ee were. [49]Ye see, Sodom an her dothers' ills were bigsyness, gutsyness an sweirty; they didna dee naethin for e peer an needfu. [50]They were hauchtie an did fool things afore ma. Sae A did awa wi them fan A saa iss. [51]Samaria didna dee half the ills ee did. Ee've deen mony mair fool things nor them, an hiv made yer sisters leuk richteous wi aa yer ill-deeins. [52]Ye maun cairry yer ain disgrace, cause ye spak ill o yer sisters tho your ill-deeins were waur nor theirs, an made them leuk mair richteous nor

you. Sae, cairry yer shame, cause ye hiv made yer sisters leuk gweed-livin. [53]Bit for aa that, some day, A'll restore e fortunes o Sodom an her dothers an o Samaria an her dothers, an your fortunes anaa, [54]sae att ye mith cairry yer disgrace an be affrontit o aa ye've deen in feelin sorry for them. [55]Sae yer sisters, Sodom wi her dothers an Samaria wi her dothers, will win back tae fit they were like afore,an you an yer dothers will win back tae fit ee were like afore. [56]At ae time ye were sae prood o yersel ye widna even spik o yer sister Sodom, [57]ay afore wird o yer coorseness won oot. Sae noo e dothers o Edom an aa her neepers an e dothers o e Philistines, aa them roon aboot ye fa ye leuk doon yer neb at, dinna think muckle o ye. [58]Ye'll dree e weird o yer roch warkins an fool proticks, says e Lord. [59]Iss is fit e Lord God says: A'll gie ye yer sairin, cause ye hiv thocht lichtsome o ma aith bi braakin e covenant.

[60]"'Still-an-on, A'll myn on e covenant A made wi ye in yer young days, an A'll set up an ivverlestin covenant wi ye. [61]Syne ye'll myn on yer proticks an be affrontit fan ye meet in wi yer sisters, baith them fa are auler nor ye an them fa are younnger. A'll gie them tae ye as dothers, bit nae cause o e covenant wi ye. [62]Sae A'll set up ma covenant wi ye, an ye'll ken att A'm e Lord. [63]Syne, fan A forgie ye for aa ye've deen, ye'll myn on iss an be affrontit an nivver again will ye say a wird cause o yer doon-tak, says e Lord God.'"

CHAPTIR 17

E wird o e Lord cam tae ma [2]"Sin o man, set oot a riddle an gie iss lesson tae the Israelites. [3]Tell them, 'Iss is fit e Lord God says: A muckle aigle wi pooerfu wings, weel-feddert an wi a doon o mony colours cam tae Lebanon. It teuk ahaud o e tap o a cedar tree, [4]breuk aff its heichest tappietoorie an cairriet it tae a lan o merchants, far he plantit it in een o their toons. [5]He teuk een o e saplins o e cuntra an pat it in growthie grun, plantin it lik a sauch buss anent a muckle burn. [6]It teuk reet an grew intill a laich, spreadin vine. Its branches turnt e wye o him, bit its reets were aye aneth him. Sae it turnt intill a vine an grew branches an shot oot growthie sproots. [7]Bit there wis anither muckle aigle wi pooerfu wings an a rowth o fedders. An noo e vine sent oot its reets e wye o him, fae far it wis plantit an raxed oot its branches tae him for watter. [8]It hid been plantit in growthie grun anent plinty watter, sae it wid pit oot branches, growe fruit an turn intill a braw vine.' [9]Tell them, 'Iss is fit e Lord God says: Will it thrive? Will he nae pu up its reets an sned aff its crap sae att it growes wallant? Aa its new growthe will wither. It winna tak a verra strong airm nor mony fowk tae pu it oot bi e reets. [10]It's been plantit, bit will't thrive? Will it nae dee oot aaegither fan e east win shaaks it, dee oot i the grun far it wis growin?'"

[11]Syne e wird o e Lord cam tae ma: [12]"Speir at iss contermashious fowk, 'Div ye nae ken fit aa iss means?' Tell them: 'E keeng o Babylon gaed tae Jerusalem an carriet aff her keeng an her gintry, fessin them back wi him tae Babylon. [13]Syne he teuk een o e royal faimly an made a bargain wi him, pittin him unner aith. He teuk awa wi him aa the heich heid-eens o e cuntra, [14]sae att e keengdom wid be brocht doon, an nae fit tae rise again. It wid only stan tae e fore bi keepin tae his bargain. [15]Bit e chiel rebelled agin him bi sennin his flunkies tae Egypt tae get horses an a muckle airmy. Will he thrive? Will e chiel fa dis sic things win throwe? Will he braak e bargain an still win awa? [16]As seer's A'm here, says e Lord God, he'll dee in Babylon, i the cuntra o e keeng fa pat him on e throne, fas aith he despised an fas bargain he breuk. [17]Pharaoh wi his muckle airmy an hoords o fowk will be o nae eese avaa tae him in waar, fan ramps an siege waas are biggit tae dee awa wi a curn o fowk. [18]He despised the aith bi braakin e bargain. Cause he'd shaaken hans, an still-an-on did sic things, he winna win awa. [19]Sae iss is fit e Lord God says: As seer's A'm here, he'll get his sairin for despisin ma aith an braakin ma bargain. [20]A'll spread oot ma nit ower him an he'll be teen in ma snare. A'll fess him tae Babylon far A'll gie him his sairin for bein unfaithfu tae ma. [21]Aa his best sodgers will faa bi e swoord, an e lave will be scattert tae e fower wins. Syne ye'll ken att I, e Lord, hiv spoken.

²²"Iss is fit e Lord God says: I masel will tak a sproot fae e tap o a cedar tree an plant it. A'll braak aff a sappy sooker fae e verra heid o't an plant it heich up on a heilan hill. ²³I the heilans o Israel A'll plant it; it will growe branches an gie fruit an turn intill a braw cedar. Aa kyn o birds will bigg their nests inno't an will fin lythe i the shadda o its branches. ²⁴Aa e trees o e wids will ken att I, e Lord, ding doon e heich tree an gar e laich tree growe heich. A dry oot e green tree an gar e dry tree thrive. I, e Lord, hiv said att's fit A'll dee, an dee it, A will.'"

CHAPTIR 18

E wird o e Lord cam tae ma: ²"Fit div ye mean bi yer say-awa aboot e lan o Israel fan ye say: "'E fadders ett soor grapes att gar e bairns' teeth grue?' ³As seer's A'm here, says e Lord God, att's e hinmaist time ye'll eese att say-awa in Israel. ⁴For aabody belangs tae me, e fadder as weel as e sin, ay baith o them are mine. The ill-deein een is the een fa will dee.

⁵"Noo, jist say there's a gweed-livin chiel fa dis fit's jeest an richt. ⁶He disna ett i the heilans, nor lifts his een tae the eedols o Israel. He disna fyle his neeper's wife nor lie wi a wumman fan she's haein her monthly. ⁷He disna tak e len o naebody, bit peys back fit he teuk in wad for a len. He disna rob fae naebody, bit gies maet tae e hunngry an claes tae them fa are bare. ⁸He disna len tae fowk wi interest nor tak profit fae them. He hauds his han fae wrang-deein an plays fair wi aa. ⁹He follas ma commans an is leal i the keepin o ma laas. Sic a body is richteous an will seerly live, says e Lord God.

¹⁰"Noo, jist say he his a roch, ill-tricket loon fa spulls bleed an dis sic lik proticks, ¹¹tho e fadder himsel his nae deen neen o them. He etts at e heilan shrines. He fyles his neeper's wife. ¹²He taks a len o e peer an needfu. He robs fae fowk. He disna pey back his wadset. He lifts his een tae the eedols an dis aa kyn o fool proticks. ¹³He lens wi interest an taks a profit. Will sic a chiel live? Deil e linth. Cause he's deen aa iss ill things, he'll be deen awa wi, his bleed will be on his ain heid.

¹⁴"Noo jist say iss loon his a loon o his ain fa sees aa the ill his fadder is deein, an tho he sees it, he disna dee ony sic things. ¹⁵He disna ett at e heilan shrines nor lift his een tae the eedols. He disna fyle his neeper's wife. ¹⁶He disna tak e len o naebody nor sikk a wad for a len. He disna rob fae naebody bit gies his maet tae e hunngry an gies claes tae hap e bare. ¹⁷He hauds his han fae deein ill tae e peer an disna tak nae interest nor profit fae them. He keeps ma laas an follas ma commans. He winna dee for his fadder's ill-deeins, he'll seerly live. ¹⁸Bit his fadder will dee for his ain ill-deeins, cause he herriet ither fowk, robbit fae his brither an did aa att wis wrang amo his ain fowk.

¹⁹"Bit ye mith speir, 'Fit wye dis e loon nae tak on e guilt o his fadder?' Fan e loon his deen fit's laafu an richt an his cannily keepit aa ma commans, he'll seerly live. ²⁰The een fa dis ill is the een fa will dee. E loon winna get a sairin for the ill-deeins o e fadder, nor will e fadder get a sairin for the ill-deeins o e loon. E gweed-livin will ken e gweed o their richteouness an e coorse will ken e gweed o their coorseness. ²¹Bit gin a coorse body turns fae aa the ill they've deen an keeps aa ma commans an dis fit is jeest an richt, att body will seerly live; they winna dee. ²²Neen o the ill they've deen will be mynt on. Cause o e gweed things they've deen, they will live. ²³Div I tak ony pleasure i the daith o e coorse? says e Lord God. Am A nae better shuitit fan they turn fae their wyes an live?

²⁴"Bit gin a gweed-livin body turns fae their gweed livin an dis ill an dis e same fool things as coorse fowk, will they live? Neen o e gweed he did will be mynt on. He'll dee cause o e traison he cairriet on an the ills he did.

[25]"Bit ye say, 'E wye o e Lord isna fair.' Jist hearken, you Israelites: is my wye nae fair? Is't nae your wyes att are nae fair? [26]Gin a gweed-livin body turns fae his richteousness an dis ill, he'll dee for it; cause o the ill he's deen, he'll dee. [27]Bit gin a coorse body turns awa fae his coorseness an dis fit is jeest an richt, he'll save his life. [28]Cause he gies thocht tae aa the ill he's deen an turns awa fae't, he'll seerly live; he winna dee. [29]Still-an-on, the Israelites say, 'E wye o e Lord's nae fair.' Are my wyes nae fair, fowk o Israel? Is't nae your wyes att are nae fair? [30]Sae, you Israelites, A'll jeedge ilka een o ye in accoordance wi yer ain wyes o deein, says e Lord God. Think better o fit ye've deen an turn awa fae yer ill-deeins; dinna lat them be e ruination o ye. [31]Tirr yersels o aa the ills ye've deen an get a new hert an a new speerit. Fit wye shuld iss be e hinnerein o ye, fowk o Israel? [32]For A tak nae pleesure in naebody's daith, says e Lord God. Think better o fit ye've deen an live.

CHAPTIR 19

"Tak up a scronach ower e clan chiefs o Israel an say: [2]'Fit wis yer mither? A lioness amo lions. She lay doon amo e young lions an brocht up her cubs. [3]She feesh up een o her cubs fa turnt oot a strong lion. He learnt foo tae tak his prey an turnt intill a man-etter. [4]E cuntras o e warl cam tae hear aboot him, an he wis snared i their pit. They led him wi heuks tae Egypt. [5]Fan she saa, as she wytit, there wis nae hope, she teuk anither o her cubs an turnt him intill a strong lion. [6]He screenged aboot amo e lions, cause bi iss time he wis a strong lion. He learnt foo tae tak his prey an turnt intill a man-etter. [7]He dung doon aa their keeps an ransackit their toons. E hale cuntra an aa e fowk inno't sheuk fan they heard him roarin. [8]Syne ither cuntras turnt on him, e cuntras roon aboot. They spread their nit for him, an he wis catcht i their pit. [9]They ruggit him inno a cage wi heuks an brocht him tae e keeng o Babylon. They pat him i the jile sae his roar wisna heard nae mair i the heilans o Israel.

[10]"'Yer mither wis lik a vine in yer vinyaird, plantit anent e watter; it hid a rowth o branches cause it wis sae weel-wattert. [11]Its branches were strong, fit for a keeng's scepter. It raxed up heich e linth o e cloods, stannin oot cause o its hicht an rowth o branches. [12]Bit it wis upreeted in a rage an dung doon tae e grun. The east win driet oot its fruit an its strong branches withert an fire birselt them up. [13]Noo it's plantit i the roch cuntra in a scruntit an druchty lan. [14]Fire spread oot fae its castock an birselt its fruit. Nae mair is there a strong branch onno't fit for a keeng's scepter.'

"Iss is a scronach, an maun be eesed as a scronach."

CHAPTIR 20

On e tenth day o e fifth month o e syventh ear, a fyow o the elders o Israel cam tae speir o e Lord, an they sat doon anent ma. [2]Syne e wird o e Lord cam tae ma: [3]"Sin o man, spik tae the elders o Israel an say tae them, 'Iss is fit e Lord God says: hiv ye come tae speir at ma? As seer's A'm here, A winna lat ye speir naethin o ma, says e Lord God.' [4]Will ye jeedge them? Will ye jeedge them, sin o man? Syne lat them ken aboot e fool proticks o their forebeers.

[5]"Tell them: 'Iss is fit e Lord God says: On e day A pickit Israel, A swore wi reesed han tae the ation o Jacob an shewed masel tae them in Egypt. Wi reesed han A said tae them, "A'm e Lord yer God." [6]On att day A swore tae them att A wid fess them oot o Egypt tae a cuntra A hid leukit oot for them, a lan reamin wi milk an hunny, e bonniest o aa cuntras. [7]An A said tae them, "Ilka een o ye maun tirr yersels o yer fool eemages att ye've set yer een on an nae fyle yersels wi the eedols o Egypt. A'm e Lord yer God." [8]Bit they rebelled agin ma an widna listen tae ma; they didna tirr themsels o e fool eemages they hid set their

een on, nor did they gie up the eedols o Egypt. Sae A telt them A wid poor oot ma annger onno them an weer oot ma rage agin them in Egypt. [9]Bit for e sake o ma name, A brocht them oot o Egypt. A did it tae keep ma name fae bein fylt i the sicht o e cuntras att they bade amo an fa hid seen ma shew masel tae the Israelites. [10]"Sae A led them oot o Egypt an brocht them tae e roch cuntra. [11]A gied them ma commans an learnt them ma laas, an gin a body tak wi att, they'll live. [12]An A gied them ma Sabbaths as a sign atween hiz, sae they wid ken att A'm e Lord fa made them haily. [13]For aa that, e fowk o Israel rebelled agin ma i the roch cuntra. They didna folla ma commans, bit rejeckit ma laas, laas att gin a body tak wi they will live, an they fylt ma Sabbaths aaegither. Sae A said A wid poor oot ma anger onno them an dee awa wi them i the roch cuntra. [14]Bit for e sake o ma name A did fit wid keep it fae bein fylt i the sicht o e cuntras fa hid seen ma fess them oot. [15]An wi reesed han A swore tae them i the roch cuntra att A widna fess them inno e cuntra A'd gien them, att lan reamin wi milk an hunny, e bonniest o cuntras, [16]cause they hid rejeckit ma laas an didna folla ma commans an fylt ma Sabbaths, cause their herts were chasin efter ither eedols. [17]Still-an-on, A leukit on them wi peety an didna dee awa wi them nor pit an ein tae them i the roch cuntra. [18]A said tae their bairns i the roch cuntra, "Dinna tak up wi yer fadders' laas nor folla their wyes o deein nor fyle yersel wi their eedols. [19]A'm e Lord yer God; folla ma commans an waatch att ye keep ma laas. [20]Keep ma Sabbaths haily, sae they mith be a sign atween hiz. Syne ye'll ken att A'm e Lord yer God." [21]Bit e bairns rebelled agin ma: They didna folla ma commans, they didna waatch att they keepit ma laas, laas att A said aboot, "E body fa taks wi them will live bi them," an they fylt ma Sabbaths. Sae A said A wid poor out ma annger onno them an weer oot ma rage agin them i the roch cuntra. [22]Bit A steyed ma han, an for e sake o ma name A did fit wid keep it fae bein fylt i the sicht o e cuntras fa hid seen ma fess them oot. [23]An wi reesed han A swore tae them i the roch cuntra att A wid skail them amo e cuntras o e warl an scatter them throwe e cuntras, [24]cause they hidna teen wi ma laas bit hid rejeckit ma commans an fylt ma Sabbaths, an they hid een for naethin bit their aul fowks' eedols. [25]Sae A gied them ither laas att werna verra gweed laas, laas att they culdna live wi. [26]A fylt them throwe their offerins, e sacrifeece o ilka firstborn, sae A mith gar them grue an sae they wid ken att A'm e Lord.'

[27]"Sae, sin o man, spik tae e fowk o Israel an tell them, 'Iss is fit e Lord God says: in iss anaa yer forebeers blasphemed ma bi bein unfaithfu tae ma: [28]Fan A brocht them intae e lan A'd promist them an they saa ony heich hill or growthie tree, they offert their sacrifeeces there, made the offerins att got ma birse up, sent up their scintit reek an poored oot their drink offerins. [29]Sae A speirt at them: Fit is iss heich place ye gyang till?'" It's caaed Heich Place tae iss verra day.

[30]"Sae tell the Israelites: 'Iss is fit e Lord God says: Will ye fyle yersels e wye yer forebeers did an hanker efter their fool eemages? [31]Fan ye mak yer sacrifeeces an gar yer bairns pass throwe fire, ye're aye fylin yersel wi aa yer eedols tae iss verra day. Am A tae lat ye speir o ma, ye Israelites? As seer's A'm here, says e Lord God, A winna lat ye speir o ma. [32]Ye say, "We wint tae be lik ither cuntras, lik e clans o e warl fa wirship wid an steen." Bit fit ye hiv in yer noddles will nivver happen.

[33]"'As seer's A'm here, says e Lord God, A'll rowle ower ye wi a firm han, wi ma airm raxed oot an wi a reamin annger. [34]A'll fess ye oot fae amo e clans an gaither ye fae e cuntras far ye've been skailed, ay wi a firm han, wi ma airm raxed oot an wi reamin annger. [35]A'll fess ye tae e roch grun o e cuntras an there A'll leuk ye straicht i the ee an tell ye fit A think o ye. [36]As A jeedged yer forebeers i the roch grun o Egypt, sae A'll jeedge you, says e Lord God. [37]A'll gar ye pass aneth e creuk an fess ye tae e wird o e covenant. [38]A'll tirr oot fae amo ye aa them fa rebel an dee ill agin ma. Tho A'll fess them oot o e cuntras far they are bidin, they winna win e linth o Israel. Syne ye'll ken att A'm e Lord. [39]As for you, ye fowk o Israel, iss is fit e Lord God says: Gyang an wirship yer eedols, ilka een o ye. Bit come time ye'll seerly listen tae ma an nae langer will ye fyle ma haily name wi yer offerins an yer eedols. [40]For on ma haily hill, e heich moontain o Israel, says e Lord God, there i the lan aa e fowk o Israel will wirship ma, an there A'll tak wi them. There A'll sikk yer offerins an yer best hansels an aa yer haily sacrifeeces. [41]A'll

accep ye as a saft yoam fan A fess ye oot amo e cuntras o e warl an gaither ye fae e clans far ye've been scattert, an A'll preeve masel haily inno ye i the sicht o ither cuntras. ⁴²Syne ye'll ken att A'm e Lord, fan A fess ye tae e lan o Israel, e lan A hid sworn wi ma han raxed up att A'd gie tae yer forebeers. ⁴³There ye'll myn on yer proticks an aa the ill-deens att ye fylt yersels wi, an ye'll think yersels gey scunnersome for aa the ill ye've deen. ⁴⁴Ye'll ken att A'm e Lord, ye fowk o Israel fan A've gien honour tae ma name bi traitin ye wi mercy in spite o aa yer coorseness, says e Lord God.'"

⁴⁵E wird o e Lord cam tae ma: ⁴⁶"Sin o man, set yer face e wye o e sooth; spik oot agin e sooth an prohesy agin e plantins o e sooth. ⁴⁷Say tae e plantins o e sooth, 'Hear e wird o e Lord. Iss is fit e Lord God says: A'm gyan tae set fire tae ye, an it will burn up aa yer trees, baith green an dry. E bleezin flame winna be slockent, an ilka face fae sooth tae north will be birselt bi it. ⁴⁸Aabody will see att I, e Lord, lichtit it an it winna be slockent.'" ⁴⁹Syne A said, "Lord God, they are sayin aboot ma, 'Is he nae jist spikkin in riddles?'"

CHAPTIR 21

E wird o e Lord cam tae ma: ²"Sin o man, set yer face agin Jerusalem an preach agin e haily places. Prophisee agin e lan o Israel ³an tell her: 'Iss is fit e Lord says: Jist waatch, A'm agin ye. A'll draa ma swoord fae its scabbard an sned aff baith e gweed-livin an e coorse fae amo ye. ⁴Cause A'm gyan tae sned aff e gweed-livin an e coorse, ma swoord will be draawn fae its scabbard agin aabody fae sooth tae north. ⁵Syne aabody will ken att I, e Lord, hiv draawn ma swoord fae its scabbard; it winna gyang back in again.' ⁶Sae grain, sin o man. Grain afore them wi breuken hert an sair dool. ⁷An fan they speir at ye, 'Fit are ye grainin aboot?' ye'll say, 'Cause o e news att's comin. Ilka hert will milt wi fear an ilka han turn fushionless; ilka speerit will tak a dwaam an ilka body will be wik at e knees.' It's comin. It will come for seer, says e Lord God."

⁸E wird o e Lord cam tae ma: ⁹"Sin o man, prophisee an say, 'Iss is fit e Lord says: A swoord, a swoord, shairpent an polisht, ¹⁰shairpent for e slauchter, polisht tae glint lik lichtnin. Shuld we hae a splore? E scepter o ma royal sin, e swoord despises ilka tree. ¹¹E swoord is gien ower tae be polisht, tae be claucht i the han; it's shairpent an polisht, made riddy for e han o them fa slauchter. ¹²Roar oot o ye an girn, sin o man, for it's agin ma ain fowk; it's agin aa e clan chiefs o Israel. They are gien ower tae e swoord wi aa ma ain fowk. Sae thump yer breist. ¹³It will pit hiz aa tae e test. An fit gin e scepter despises e rod? Att will be e hinnerein o't, says e Lord God.' ¹⁴Sae, sin o man, prophisee an clap yer hans egither. Lat e swoord strick twice, even three times. It's a swoord for e slauchter, ay a swoord for muckle slauchter, closin in on them fae aa the airts. ¹⁵Sae att their herts mith milt wi fear an mony will faa, A've set doon e swoord for slauchter at aa their yetts. Ay, it glints lik lichtnin an is draawn for e slauchter. ¹⁶Sned tae e richt, sned tae e left, fitivver wye yer blade is facin. ¹⁷A'll clap ma hans egither tee, an ma annger will queel. I, e Lord, hiv spoken."

¹⁸E wird o e Lord cam tae ma: ¹⁹"Sin o man, redd twa roads for e swoord o e king o Babylon tae tak, baith settin oot fae e same cuntra. Mak a signpost at e heid o e road tae e toon. ²⁰Mark oot ae road for e swoord tae come tae Rabbah i the Ammon cuntra an anither tae Judah an waaed Jerusalem. ²¹For e keeng o Babylon will stan up at e pairtin o e wyes, tae sikk an omen: He'll shaak the arras, he'll spik tae his eedols, an he'll leuk at e liver. ²²E lot for Jerusalem will come tae his richt han, far he'll set up batterin rams an gie comman tae e slauchter, soun e waar cry, set batterin rams conter e yetts, bigg a ramp an set up warks for a siege. ²³It'll seem lik a fause omen tae them fa swore allegiance tae him, bit he'll myn them o their ill-deeins an they'll be teen. ²⁴Sae iss is fit e Lord God says: 'Cause ye mynt on yer ill-deeins

fan yer coorse wyes were brocht tae licht, yer ill-deeins are there for aa tae see, an cause ye've deen iss, ye'll be teen.

25"'Ye shent an coorse chieftain o Israel, fas day his come, e time for yer hinmaist sairin, 26iss is fit e Lord God says: Tak aff e turban, tak aff e croon. Things winna be e same: e doon-cassen will be reesed up an them fa stan on e knowe will be dung doon. 27Crockaneetion! Crockaneetion! A'll mak it intill a crockaneetion. E croon winna be restored till him, tae fa it richtfully belangs, shuld come. A'll gie it tae him.'

28"An you, sin o man, prophisee an say, 'Iss is fit e Lord God says aboot e fowk o Ammon an their contemp: A swoord, a swoord, draawn for e slauchter, polisht tae dee awa wi aa an tae glint lik lichtnin. 29For aa their fause veesions aboot ye an e lees e spaemen telt aboot ye, it will aa come doon on e necks o e coorse fa are tae be deen awa wi, them fas day his come, e time for their hinmaist sairin. 30Lat e swoord gyang back tae its scabbard. A'll jeedge ye i the place far ye were creatit, i the lan o ye forebeers. 31A'll poor out ma anger onno ye an blaa e fire o ma rage agin ye. A'll gie ye inno e hans o maroonjus men, men fa are a daab han at destruction. 32Ye'll be kennlin for e fire, yer bleed will be spult in yer ain cuntra, an ye'll nae be mynt on again, cause I, e Lord, hiv spoken.'"

CHAPTIR 22

E wird o e Lord cam tae ma: 2"Sin o man, will ye jeedge her? Will ye jeedge iss toon o bleed? Syne gar her face up tae her fool proticks 3an say: 'Iss is fit e Lord God says: A toon att spulls bleed i the midse o her, fas time his come an fa fyles hersel bi makkin eedols, 4ye're guilty bi e bleed ye've spult an hiv been fylt bi the eedols ye've made. Ye've brocht yer days near han, an the ein o yer years his come. Sae A'll gar aa e fowk o e warl scance at ye an e cuntras lauch at ye. 5Baith fowk fa are near han ye an fowk att are hine awa will lauch at ye. Yer name will be dirt, ye hallirackit toon. 6See foo ilka een o e chieftains o Israel, fa are inno ye, eeses his aathority tae spull bleed. 7Fadders an mithers inno ye are traited lik dirt, e forriner is trumpit doon an e fadderless an e weeda sair deen till. 8Ye've despised ma haily things an fylt ma Sabbaths. 9Ye're full o e fool-mooed fa are set on spullin bleed; inno ye are them fa ett at e heilan shrines an dee orra things. 10Inno ye are them fa lie wi their fadders' wives; inno ye are them fa lie wi weemen fan they are nae cleant. 11Inno ye ae chiel gyangs the ill-gait wi his neeper's wife, an anither mischieves his dother-in-laa, anither mischieves his sister, his ain fadder's dother. 12Inno ye are fowk fa will tak a back-hanner tae spull bleed; ye tak interest an mak a profit fae e peer. Ye swick yer neepers. An ye hiv forgotten me, says e Lord God.

13"'A'll seerly clap ma hans egither at yer ill-gotten gains an at e bleed ye've spult amo ye. 14Foo croose will ye be, foo strong yer han on e day A gie ye yer sairin? I, e Lord, hiv spoken, an A will dee it. 15A'll skail ye amo e cuntras o e warl an scatter ye throwe forrin pairts; an A'll pit an ein tae yer orraness. 16Eence ye've been fylt i the sicht o e cuntras o e warl, syne ye'll ken att A'm e Lord'" 17Syne e wird o e Lord cam tae ma: 18"Sin o man, e fowk o Israel hiv bicome lik dross tae ma; aa o them are lik e copper, tin, airn an leed orrals inno a furnace, lik the orrals o siller. 19Sae iss is fit e Lord God says: 'Cause ye hiv aa bicome dross, A'm gyan tae gaither ye inno Jerusalem. 20Jist as siller, copper, airn, leed an tin are gaithert inno a furnace tae be milted wi a het blast, sae A'll gaither ye in ma anger an ma rage an pit ye inno e toon an milt ye. 21A'll gaither ye an blaa onno ye wi e fire o ma anger, an ye'll be miltit inside o her. 22As siller is miltit inno a furnace, sae will ee be miltit inside o her, an ye'll ken att I, e Lord, hiv poored oot ma anger onno ye.'"

677

[23]Again e wird o e Lord cam tae ma: [24]"Sin o man, say tae her, 'Ye're a lan att hisna been cleant nor raint on i the day o wrath.' [25]There's a collogue amo her prophits inno her, lik a roarin lion rivin at its prey; they devoor fowk, they've teen aa e trissure an bonnie things an made a hantle o weedas inno her. [26]Her priests hiv mischieved ma laa an fylt ma haily things; they mak nae odds atween e haily an the ilka day things; they dinna pint oot the odds atween e fool an e clean; an they shut their een tae e keepin o ma Sabbaths, sae att A'm dishonourt amo them. [27]Her gintry inno her are lik wolves rivin at their prey; they spull bleed an kill fowk tae mak their ill-gotten gains. [28]Her prophits fitewaash their deeins for them bi fause veesions an leein predictions. They say, 'Iss is fit e Lord God says', fan, in fac, e Lord God hisna said a wird. [29]E fowk o e lan swick an rob; they haud doon e peer an them fa are in wint, an ill use e forriner, nae gien nae jeestice. [30]A leukit for a chiel fa mith bigg up e waa an stan afore ma i the slap for e sake o e cuntra, sae att A widna hae tae mak a crockaneetion o't, bit there wis neen tae be faun. [31]Sae A'll poor oot ma annger onno them an birstle them wi ma reed het rage, fessin doon on their heids aa they've deen, says e Lord God."

CHAPTIR 23

E wird o e Lord cam tae ma: [2]"Sin o man, there wis eence twa weemen, dothers o the ae mither. [3]They bicam hoors in Egypt. They were hoors fae e time they were quines. In att cuntra their breists were fichert wi an their maiden bosoms hannelt. [4]The auler een wis caaed Oholah, an her sister wis Oholibah. They were mine, an baith hid sins an dothers. Oholah is Samaria, an Oholibah is Jerusalem. [5]Oholah hoored aboot fan she wis aye mine; an she hid an ee tae her hing-tees, the Assyrians, her neepers, [6]cled in blue, guvvernors an commanders, aa o them weel-faurt young chiels, an horsemen aa sittin on their horse. [7]She hoored aboot wi aa the heid bummers amo the Assyrians an fylt hersel wi aa the eedols o aa them she chased efter. [8]She didna gie up e hoorin she stairtit in Egypt, fan as a quine, men lay wi her, hannelt her maiden breists an hoored aboot wi her. [9]Sae A gied her inno e hans o her hing-tees, the Assyrians, fa she chased efter. [10]They strippit her bare, teuk awa her sins an her dothers an killed her wi e swoord. She bicam weel kent amo weemen, an she wis gien her sairin. [11]Her sister Oholibah saa iss, bit for aa that she wis waur nor her sister in her foolness an hoorin.[12]She chased efter the Assyrians anaa, e guvvernors an commanders, sodgers in battledress, chiels on horseback, aa e weel-faurt young loons. [13]A saa att she wis fylt anaa, baith o them gyan e same gait. [14]Bit she carriet her hoorin farrer. She saa picters o chiels pyntit on a waa, eemages o e Chaldean men pyntit in reed, [15]wi belts roon their wystes an dyed turbans on their heids; they aa leukit lik Babylonian chariot offishers, fae e lan o Chaldea. [16]As seen's she set een on them she teuk a fancy tae them an sent wird tae them in Chaldea. [17]Syne e Babylonians cam tae her, tae her luv-bed, an fylt her wi their hoorin. An efter she hid been fylt bi them she turnt fae them wi a rael scunner. [18]Fan she carriet on her hoorin, an unhappit her bare body, A turnt fae her wi scunner, jist as A'd turnt awa fae her sister. [19]Still-an-on she turnt mair an mair randy as she mynt on e days fan she wis a quine, an wis a hoor in Egypt. [20]There she chased efter her hing-tees fa were weel-hung lik cuddies an were as radgie as a stallion. [21]Sae ye hankert efter e fool proticks o yer young days fan ye wis in Egypt, gettin yer breists fichert wi an yer young bosoms hannelt.

[22]"Sae, Oholibah, iss is fit e Lord God says: A'll steer up yer hing-tees agin ye, them ye turnt awa fae in yer scunner, an A'll fess them agin ye fae aa the airts, [23]e Babylonians an aa e Chaldeans, e men o Pekod an Shoa an Koa, an aa the Assyrians wi them, weel-faurt birkies, aa o them guvvernors an commanders, chariot offishers an gintry aa hurlin on horse. [24]They'll come at ye wi chariots an cairts an wi a thrang o fowk; they'll set themsels up agin ye on ilka side wi buckler an targe an helmet. A'll gie ye ower tae them tae get yer sairin an they'll deal wi ye fitivver wye they wint. [25]A'll set ma jillous annger agin ye an they'll deal wi ye in their rage. They'll sned aff yer nebs an yer lugs an e lave o ye will faa bi e swoord. They'll tak awa yer sins an dothers, an e lave o ye fa are left will be brunt bi fire. [26]They'll tirr ye o yer

claes an tak awa yer braw jowels. [27]Sae A'll pit an ein tae e foolness an hoorin ye stairtit in Egypt. Ye winna leuk up tae sic things nor myn o Egypt nae mair. [28]For iss is fit e Lord God says: A'm gyan tae han ye ower tae them ye canna thole, tae them ye turnt awa fae in scunner. [29]They'll deal wi ye in hatred an tak awa aathin ye've warkit for. They'll leave ye i the scud, an the affront o yer hoorin will be seen bi aa. Yer orraness an foolness [30]hiv brocht iss doon on ye, cause ye hankert efter ither cuntras an fylt yersel wi their eedols. [31]Ye've gane e same gait as yer sister; sae A'll pit her caup inno yer han." [32]Iss is fit e Lord God says: "Ye'll drink yer sister's caup, a caup baith muckle an fouthy. Ye'll be lauchen at an scowft at, att's fit it hauds. [33]Ye'll be fulled wi drouthieness an dool, e caup o crockaneetion an ruination, e caup o yer sister Samaria. [34]Ye'll drink it dry, chaa e breuken bits o't an rive at yer breists. I hiv spoken, says e Lord God. [35]Sae iss is fit e Lord God says: seein att ye've forgotten ma an turnt yer back on ma, ye maun dree e weird o yer orraness an hoorin."

[36]E Lord said tae ma: "Sin o man, will ye jeedge Oholah an Oholibah? Aye tell oot aboot their fool proticks, [37]for they've lain wi mairriet men an there's bleed on their hans. They've been hoorin wi their eedols an hiv garrt their sins, fa were faddert bi me, pass throwe fire as maet tae them. [38]Fit's mair they've deen iss tae me, at e same time fylin ma haily places an desecraitin ma Sabbaths. [39]On e verra day they sacrifeeced their sins tae their eedols, they gaed in tae ma haily place an fylt it. Att's fit they did in my hoose. [40]They even sent wird for chiels tae come fae hine awa, an fan they cam, ye waasht yersel for them, made up yer een an pat on yer baubles. [41]Ye sat on a braw deece, a table spread anent it att ye hid laid oot wi my scintit reek an my ile. [42]E splore o a hallirackit crew wis aa roon her, drouths were fessen in fae e roch cuntra alang wi gey doon-i-toon chiels, an they pat bangles on e shacklebeens o e wumman an her sister an braw croons on their heids. [43]Syne A said, 'Div they really wint tae lie wi an aul hoor lik her?' [44]An they lay wi her. As chiels lie wi a hoor, sae they lay wi att fool weemen, Oholah an Oholibah.

[45]Bit richteous fowk will jeedge them an gie them the sairin o weemen fa lie wi mairriet men an spull bleed, cause they hiv lain wi mairriet men an there's bleed on their hans. [46]Iss is fit e Lord God says: Fess a collieshangie agin them an gie them ower tae terror an reivin. [47]E crood will steen them an hack them doon wi their swoords. They'll kill their sins an dothers an burn doon their hooses. [48]Sae A'll pit an ein tae foolness i the cuntra, an sae aa weemen mith learn a lesson nae tae dee sic orra things as ee've deen. [49]Ye'll get yer sairin for yer orraness an dree e weird o yer ill-deeins wi eedols. Syne ye'll ken att A'm e Lord God."

CHAPTIR 24

On e tenth day o e tenth month o e ninth ear, e wird o e Lord cam tae ma: [2]"Sin o man, vreet doon iss date, iss verra date, cause iss verra day e keeng o Babylon his laid siege tae Jerusalem. [3]Tell iss contermashious fowk a tale an say tae them: 'Iss is fit e Lord God says: "'Pit e pot on e fire an full it wi watter. [4]Pit inno't e bittie o mutton, aa e gweed bits, e leg an e shouther. Fill it wi e best o e beens; [5]tak e flooer o e flock, pile up beens aneth it an bring it tae e bile, an bile e beens inno't. [6]For Iss is fit e Lord God says: there's nae hope for e toon o bleedshed, tae e roosty pot, fas roost winna gyang awa. Tak e mutton oot, bittie bi bittie, tak nae tent o fit order it comes oot. [7]For e bleed she spult is inno her. She poored it oot on e bare steen, she didna poor it oot onno e grun tae hap it wi stew. [8]Tae steer up annger an tak revenge, A pat her bleed onno e bare steen sae it widna be happit. [9]Sae iss is fit e Lord God says: there's nae hope for e toon o bleedshed. A'll haud on e wid aneth her. [10]Sae haud on e wid an kennle e fire. Bile e mutton weel, mixin in e spices an lat e beens be brunt. [11]Syne set e teem pot on e cwyles till it turns het an its copper lowes, sae att its foolness mith be milted an its roost brunt awa. [12]It's sair deen, bit e roost winna come aff, nae even bi e fire. [13]Noo yer foolness is maroonjus coorseness. Cause I tried tae cleanse ye bit ye widna be cleansed fae yer foolness, ye winna be clean again till ma annger agin ye his queeled. ¹⁴I, e Lord, hiv spoken. E time's comin an A winna haud back. A'll tak nae peety, nor will A be sorry. Ye'll be jeedged accoordin tae yer wyes an fit ye dee, says e Lord God.'"

¹⁵E wird o e Lord cam tae ma: ¹⁶"Sin o man, wi ae dunt A'm gyan tae tak awa fae ye the een ye loo e maist. Still-an-on, dinna moorn nor greet nor lat a tearie drap. ¹⁷Sooch awa; dinna moorn for e deid. Keep yer turban roon yer heid an yer sheen on yer feet; dinna hap yer mowser nor ett e dregie." ¹⁸Sae A spak tae e fowk e neist foreneen an att nicht ma wife deit. E neist mornin A did fit A'd been bidden. ¹⁹Syne e fowk speirt att ma, "Fit are ye playin at? Fit wye are ye nae grievin?" ²⁰Sae A telt them, "E wird o e Lord cam tae ma: ²¹tell e fowk o Israel, 'Iss is fit e Lord God says: A'm gyan tae fyle ma haily place, e pride o yer pooer, e place ye canna see by, yer hert's delicht. E sins an dothers ye left ahin will dee bi e swoord. ²²An ye'll dee fit I've deen. Ye winna hap yer mowser nor ett e dregie. ²³Ye'll keep yer turbans roon yer heids an yer sheen on yer feet. Ye winna moorn nor greet bit ye'll dwine awa cause o yer ill-deeins an sooch amo yersels. ²⁴Ezekiel will be a sign tae ye; ye'll dee jist fit he's deen. Fan iss happens, ye'll ken att A'm e Lord God.' ²⁵An you, sin o man, on e day A tak awa their strinth fae them, their joy an glory, e place they canna see by, their hert's delicht, an their sins an dothers anaa, ²⁶on att day een fa won awa will come tae tell ye e news. ²⁷Att day yer moo will be opent; ye'll spik wi him an winna be quaet nae laanger. Sae ye'll be a sign tae them, an they will ken att A'm e Lord."

CHAPTIR 25

E wird o e Lord cam tae ma: ²"Sin o man, set yer face agin the Ammon fowk an prophisee agin them. ³Say tae them, 'Hear e wird o e Lord God. Iss is fit e Lord God says: cause ye said "Ha, ha" ower ma haily place fan it wis fylt, an ower e lan o Israel fan it wis laid bare an ower e fowk o Judah fan they were teen intae exile, ⁴A'm gyan tae han ye ower tae e clans fae the East. They'll set up their camps an pitch their tents amo ye; they'll ett yer fruit an drink yer milk. ⁵A'll turn Rabbah intae a girsin for camels an Ammon a faul for sheep. Syne ye'll ken att A'm e Lord. ⁶For iss is fit e Lord God says: cause ye clappit yer hans an duntit yer feet, lauchin wi aa the ill-will o yer hert at e lan o Israel, ⁷sae A'll rax oot ma han agin ye an gie ye as spiles tae e cuntras o e warl. A'll sned ye aff fae bein a cuntra o yer ain an dee awa wi ye aaegither. A'll pit an ein tae ye an syne ye'll ken att A'm e Lord.'

⁸"Iss is fit e Lord God says: 'Bicause e fowk o Moab an Seir said, "Leuk, Judah his turnt lik aa e tither cuntras," ⁹A'll lay open Moab's flank an aa its border toons, Beth-jeshimoth, Baal-meon an Kiriathaim, e winner o att cuntra. ¹⁰A'll gie Moab an e fowk o Ammon tae e clans o the East sae att e fowk o Ammon winna be mynt on amo e cuntras o e warl. ¹¹A'll gie e fowk o Moab their sairin an syne they'll ken att A'm e Lord.'

¹²"Iss is fit e Lord God says: 'Cause Edom teuk revenge on Judah an did ill bi deein att, ¹³iss is fit e Lord God says: A'll rax oot ma han agin Edom an kill baith man an beast. A'll lay it bare, an fae Teman tae Dedan they'll faa bi e swoord. ¹⁴A'll tak vengeance on Edom bi e han o ma fowk Israel, an they'll deal wi Edom in accoordance wi ma annger an ma rage; they will ken ma vengeance, says e Lord God.'

¹⁵"Iss is fit e Lord God says: 'Cause e Philistines ackit in revenge an teuk vengeance wi ill in their herts, sikkin tae destroy their aul enemy Judah, ¹⁶iss is fit e Lord God says: A'll rax oot ma han agin e Philistines, an A'll dicht oot e fowk o Kereth an dee awa wi e lave o them alang e shore. ¹⁷A'll cairry oot muckle vengeance on them an gie them their sairin in ma annger. Syne they'll ken att A'm e Lord, fan A tak ma vengeance on them.'"

CHAPTIR 26

On e first day o the elyventh month o e twalth ear, e wird o e Lord cam tae ma: ²"Sin o man, cause Tyre his said o Jerusalem, 'Ha, ha, e yett o e cuntra is breuken, its doors wide tae e waa; noo she lies in ruins, A'll dee aa richt,' ³sae iss is fit e Lord God says: jist waatch, A'm agin ye, Tyre, an A'll fess mony cuntras agin ye, lik e sea cassin up its waves. ⁴They'll ding doon e waas o Tyre an pu doon her keeps; A'll redd awa her steens an mak her bare rock. ⁵She'll jist be a skerry i the sea for spreadin nits onno, cause A've spoken, says e Lord God. She'll bicome spiles for e cuntras o e warl, ⁶an her clachans on e shore will be slauchtert bi e swoord. Syne they'll ken att A'm e Lord.

⁷"For iss is fit e Lord God says: fae e north A'm gyan tae fess Nebuchadnezzar keeng o Babylon, keeng o keengs, agin Tyre, wi horse an chariots, wi horsemen an a muckle airmy. ⁸He'll plunner yer clachans on e shore wi e swoord; he'll set up siege waas agin ye, bigg a ramp up tae yer waas an reese a reef o targes agin ye. ⁹He'll haimmer yer waas wi his batterin rams an ding doon yer keeps wi his wappons. ¹⁰He'll hae sae mony horse ye winna see them for stew. Yer waas will shaak at e din o e waarhorses, wagons an chariots fan he comes throwe yer yetts lik men fa tak a toon fan its waas are doon. ¹¹The hivvs o his horse will trump doon aa yer streets; he'll kill yer fowk wi e swoord, an yer stoot pillars will faa tae e grun. ¹²They'll plunner yer walth an rype yer gear; they'll ding doon yer waas an caa doon yer braw hooses an fling a steens, timmer an clinkers inno e sea. ¹³A'll pit an ein tae yer din-raisin sangs, e meesic o yer hairps will nivver be heard again. ¹⁴A'll mak ye a bare crag, an ye'll be nae mair nor a place for e fishermen tae spread their nits. Ye'll nivver be rebiggit, for I, e Lord, hiv spoken, says e Lord God.

¹⁵"Iss is fit e Lord God says tae Tyre: will e hale o e coast nae shaak at e soun o yer doonfa, fan e wounnit yowl an there's muckle slauchter inno ye? ¹⁶Syne aa e chieftains o e coast will come doon aff their thrones, lay doon their claes an tak aff their embroidert goons. Cled wi terror, they'll sit on e grun, shaakin aa e time, fair fleggit at yer dooncome. ¹⁷Syne they'll tak up a scronach an say tae ye, 'Fit a crockaneetion, ye kenspeckle toon, eence e hame o men o e sea. Ye were a pooer tae be reckoned wi on e seas, you an yer fowk, ye pat e horrors on aa fa bade there. ¹⁸Noo e shore fowk shaak on e day o yer dooncome; e skerries i the sea are terrifiet at yer doonfa.' ¹⁹Iss is fit e Lord God says: A'll mak ye a desertit toon, lik toons far naebody bides, an A'll fess e seas ower e heid o ye an hap ye wi great muckle watters. ²⁰Syne A'll fess ye doon wi them fa gyang doon tae e pit, tae e fowk o aul. A'll gar ye bide i the warl aneth, lik aul ruins, wi them fa gyang doon tae e pit, sae att nivver again will onybody bide in ye nor be sae kenspeckle i the lan o e livin. ²¹A'll bring ye tae an aawfu ein an ye'll be nae mair. Tho fowk sikk ye, ye winna be faun, says e Lord God."

CHAPTIR 27

E wird o e Lord cam tae ma: ²"Sin o man, strick up a scronach for Tyre. ³Say tae Tyre, lyin at the ingyang o e sea, merchant o fowk on mony shores, 'Iss is fit e Lord God says: ye say, Tyre, "A'm sae weel-faurt." ⁴Yer borders were i the hert o e sea; yer masons vrocht yer brawness tae perfection. ⁵They vrocht yer timmers wi juniper fae Senir; they teuk a cedar fae Lebanon tae mak a mast for ye. ⁶Yer oars were o aik fae Bashan; yer deck made fae cypress wid fae e shores o Cyprus, inlaid wi ivory. ⁷Yer sail wis o braw embroidert leenen fae Egypt, sairin as yer flag; yer aawnins were o blue an purple fae e shores o Elishah. ⁸Yer oarsmen were chiels fae Sidon an Arvad; yer skippers skeely men fae Tyre, ⁹Clivver eildit vrichts were on boord tae men yer sypes. Aa e ships o e sea an their sailors cam tae niffer wi ye for yer gear. ¹⁰Men fae Persia, Lydia an Put served as sodgers in yer airmy. They hung their targes an helmets on yer waas, makin ye kenspeckle. ¹¹Men fae Arvad an Helech gairdit yer waas on ilka airt; men fae Gammad were in yer keeps. They hung their targes roon yer waas; they brocht yer brawness tae perfection.

[12]Tarshish dealt wi ye cause o yer muckle graith o gear; they niffert siller, airn, tin an leed for yer wares. [13]Greece, Tubal an Meshech transackit wi ye; they niffert slaves an bress pans for yer gear. [14]Chiels fae Beth Togarmah niffert chariot horse, cavalry horse an cuddies for yer wares. [15]E men o Rhodes transackit wi ye, an fowk fae mony shores bocht fae ye; they peyed ye wi ivory tusks an ebony. [16]Syria transackit wi ye cause o yer graith o gear, they niffert turquoise, purple claith, embroidert wark, best leenen, coral an rubies for yer gear. [17]Judah an Israel transackit wi ye; they niffert wheat fae Minnith an gulshachs, hunny, olive ile an balm. [18]Damascus dealt wi ye cause o yer graith o gear an great muckle walth o craps. They traded wine fae Helbon, fite oo fae Zahar [19]an bowies o wine fae Izal for yer wares: vrocht airn, cassia an sugar cane. [20]Dedan transackit in saiddle blankets wi ye. [21]Arabia an aa e chiefs o Kedar bocht fae ye, transackin wi ye lambs, rams an goats. [22]E merchants o Sheba an Raamah transackit wi ye; for yer gear they niffert e finest o aa kynes o spices an precious steens, an gowd. [23]Haran, Canneh an Eden an merchants o Sheba, Asshur an Kilmad transackit wi ye. [24]In yer marts they niffert bonnie goons, blue claith, embroidert wark an lyart rugs wi towes twistit an knottit ticht. [25]E ships o Tarshish cairriet yer wares. Sae ye were full an weel loadit as ye sailed e sea.

[26]"'Yer oarsmen will tak ye oot on e muckle swell. Bit the east win will braak ye tae bits hine oot at sea. [27]Yer walth, gear an wares, yer sailors, yer skippers an vrichts, yer merchants an aa yer sodgers, an aa ither body on boord, will sink inno e hert o e sea on e day o yer doonfa. [28]E lan alang e shore will shaak fan yer skippers roar oot o them. [29]Aa the oarsmen, e sailors an e skippers will abandon ship an will stan on e shore. [30]They'll howl oot o them an greet sair ower ye; they'll fling stew ower their heids an rowe in aise. [31]They'll shave their heids cause o ye an weer saickclaith. They'll greet for ye wi sair herts an wi muckle dool. [32]As they roar an greet ower ye, they'll tak up a scronach for ye: "Fa wis ivver quaitent i the midse o e sea, lik Tyre?" [33]Fan yer gear gaed oot on e seas, ye sairt mony cuntras. Wi yer muckle walth an yer wares ye fulled e pooches o e keengs o e warl. [34]Noo ye're wrackit bi e sea, i the depths o e watters. Yer gear an aa e fowk inno ye hiv gaen doon wi ye. [35]Aa fa bide alang e shore are teen aback at ye; their keengs grue at e horror an their faces are thraawn wi fear. [36]E merchants amo e cuntras scowff at ye; ye've come tae an ill ein an ye'll be nae mair.'"

CHAPTIR 28

E wird o e Lord cam tae ma: [2]"Sin o man, say tae e chieftain o Tyre, 'Iss is fit e Lord God says: in yer prood hert ye say, "A'm a god; A sit on e throne o a god i the midse o e seas." Bit ye're jist a mortal an nae a god, tho ye think yersel as clivver as a god. [3]Ay mebbe. Ye're wiser nor Daniel. There's naethin att they can hide fae ye. [4]Throwe yer clivverness an unnerstannin ye've gaithert walth for yersel an hiv teen a hantle o gowd an siller inno yer kists. [5]Throwe yer cannie dealin ye've won muckle walth, an cause o yer walth ye've turnt bigsy. [6]Sae iss is fit e Lord God says: cause ye think ye're clivver, as clivver as a god, [7]A'm gyan tae fess forriners agin ye, e maist gallus o e cuntras o e warl. They'll draa their swoords agin yer bonnieness an clivverness an prob yer glintin brawness. [8]They'll bring ye doon tae e pit, an ye'll dee e wye o them fa are killed i the midse o e sea. [9]Syne will ye say, "A'm a god," stannin afore them fa kill ye? Ye'll be nae mair nor a mortal, nae god avaa, i the hans o them fa dee awa wi ye. [10]Ye'll dee e daith o an ootlin at e hans o forriners. I hiv spoken, says e Lord God.'"

[11]E wird o e Lord cam tae ma: [12]"Sin o man, tak up a scronach for e keeng o Tyre an say tae him: 'Iss is fit e Lord God says: ye were e seal o perfection, full o wisdom an perfeck in yer bonnieness. [13]Ye were in Eden, e gairden o God; ilka precious steen bedeckit ye: carnelian, chrysolite an emerald, topaz, onyx an jesper, lapis lazuli, turquoise an beryl. Yer settins an moontins were made o gowd; they were aa made on e day ye wis creatit. [14]Ye were annintit as a gairdian cherub, cause att's fit I ordained ye as. Ye were on e haily moontain o God; ye waalked amo fiery steens. [15]Ye did naethin wrang fae e day ye were creatit till

coorseness wis faun inno ye. [16]Yer far-flung dealins led ye tae veelence, an ye did ill. Sae A dreeve ye in disgrace oot o e moontain o God, an A keest ye oot, gairdian cherub, fae amo e fiery steens. [17]Ye turnt bigsy cause ye were sae weel-faurt, an ye fylt yer clivverness cause ye thocht yersel sae kenspeckle. Sae A keest ye tae e grun, an made a shew o ye afore keengs. [18]Throwe yer ill-deeins an yer swickery, ye've fylt yer haily places. Sae A've garrt a fire come oot o ye an birstle ye up. A'll turn ye tae aise on e grun for aa fa are waatchin tae see. [19]Aa e cuntras fa kent ye hiv gotten a richt stammygaster at ye; ye've come tae a richt crockaneetion an ye'll be nae mair.'"

[20]E wird o e Lord cam tae ma: [21]"Sin o man, turn e wye o Sidon; prophisee agin her [22]an say: 'Iss is fit e Lord God says: A'm agin ye, Sidon, an A'll shew ma glory in fit A dee tae ye. Ye'll ken att A'm e Lord, fan A gie ye yer sairin an shew ma hailyness throwe ye. [23]A'll sen e pest doon onno ye an will mak bleed rin i yer streets. They'll lie deein inno ye wi e swoord agin ye fae ilka airt. Syne ye'll ken att A'm e Lord.

[24]"'Nae laanger will e fowk o Israel hae coorse neepers fa powk at them lik funs an thrissles. Syne they'll ken att A'm e Lord God. [25]Iss is fit e Lord God says: fan A gaither e fowk o Israel fae e cuntras far they've been scattert, A'll be preeved tae be haily tae e cuntras fa see it. Syne they'll hae their ain grun, att A gied tae ma servant Jacob. [26]They'll bide there sauf an soun an will bigg hooses an plant vinyairds. They'll bide sauf an soun fan A gie aa their neepers fa were coorse on them their sairin. Syne they'll ken att A'm e Lord their God.'"

CHAPTIR 29

On e twalfth day o e tenth month o e tenth ear, e wird o e Lord cam tae ma: [2]"Sin o man, turn e wye o Pharaoh keeng o Egypt an prophisee agin him an agin aa Egypt. [3]Spik tae him an say: 'Iss is fit e Lord God says: A'm agin ye, Pharaoh keeng o Egypt, ye muckle bogey, lyin i the midse o yer watters. Ye say, "E Nile belangs tae me; A made it for masel." [4]A'll pit heuks inno yer jaas an gar e fish o yer burns stick tae yer scales. A'll haul ye oot o e midse o yer watters, wi aa e fish grippin tae yer scales. [5]A'll leave ye i the roch cuntra, you an aa e fish o yer watters. Ye'll faa on open grun an winna be gaithert nor liftit. A'll gie ye as maet tae e beasts o the earth an e birds o e lift. [6]Syne aa them fa bide in Egypt will ken att A'm e Lord. Ye hiv jist been a staff o sprotts tae e fowk o Israel. [7]Fan they claucht ye wi their hans, ye sklintert an rippit aa their shouthers. Fan they leaned on ye, ye breuk an garrt their hurdies shaak.

[8]"'Sae iss is fit e Lord God says: jist waatch, A'll fess a swoord agin ye an kill baith man an beast. [9]Egypt will bicome a scruntit moss. Syne they'll ken att A'm e Lord. Cause ye said, "E Nile is mine; I made it," [10]A'm agin ye an yer watters, an A'll mak Egypt a ruination an a scruntit moss fae Migdol tae Aswan, e linth o e border wi Cush. [11]Nae fit o man nor beast will traivel throwe it an neen will bide in't for fowerty ear. [12]A'll mak Egypt scruntit, surroonit bi ither scruntit cuntras, an her toons will lie in ruination amo ruined toons for fowerty ear. An A'll scatter the Egyptian fowk amo e clans an skail them throwe e cuntras o e warl.

[13]"'Still-an-on, iss is fit e Lord God says: At the ein o fowerty ear A'll gaither the fowk o Egypt fae e cuntras far they were scattert. [14]A'll fess back them fa were teen captive tae Upper Egypt, e cuntra they cam fae, far they'll be an orra clan. [15]It will be a shilpit cuntra an nivver again reese itsel up abeen ither cuntras. A'll mak it sae feckless att it winna rowle ower ither cuntras. [16]E fowk o Israel will nivver lippen tae Egypt again, bit it will myn them o their ill-deein fan they leukit tae her for help. Syne they'll ken att A'm e Lord God.'"

¹⁷On e first day o e first month o e twinty-syventh ear, e wird o e Lord cam tae ma: ¹⁸"Sin o man, Nebuchadnezzar keeng o Babylon's airmy focht sair wi Tyre; ilka heid wis rubbit bare an ilka shouther reed raa. Still-an-on, he an his airmy got nae gweed oot o aa their chaave agin Tyre. ¹⁹Sae iss is fit e Lord God says: A'm gyan tae gie Egypt tae Nebuchadnezzar keeng o Babylon, an he'll cairry awa its walth, plunnerin an reivin aa att she his tae pey e waages o his airmy. ²⁰A've gien him Egypt for aa his trauchle, cause his airmy did it for me, says e Lord God. ²¹"On att day, A'll gar a horn sproot for e fowk o Israel, an A'll open yer moo amo them. Syne they'll ken att A'm e Lord."

CHAPTIR 30

E wird o e Lord cam tae ma: ²"Sin o man, prophisee an say: 'Iss is fit e Lord God says: 'Greet an say, "Wae's e day." ³For e day is near han, e day o e Lord is near han, a day o cloods, a time o dool for e cuntras o e warl. ⁴A swoord will come agin Egypt, an there will be muckle fear in Cush. Fan e deid faa in Egypt, her walth will be cairriet awa an her founs dung doon. ⁵Cush an Libya, Lydia an aa Arabia, Upper Libya an e fowk o e lan o e covenant will faa bi e swoord alang wi Egypt. ⁶Iss is fit e Lord says: Egypt's freens will faa an her prood strinth will tak a tummle. Fae Migdol tae Aswan they'll faa bi e swoord inno her, says e Lord God. ⁷They'll lie in ruin amo scruntit cuntras, an their toons will lie in ruination amo ruined toons. ⁸Syne they'll ken att A'm e Lord fan A set fire tae Egypt, an aa her hingers-on are prant. ⁹On att day, messengers will gyang oot fae ma in boats tae fleg e fowk o Cush oot o their crooseness an they'll be sair come at on e day o Egypt's crockaneetion, for it's seer tae come. ¹⁰Iss is fit e Lord God says: A'll pit an ein tae att clamjamfrie o Egypt bi e han o Nebuchadnezzar keeng o Babylon. ¹¹He an his airmy, e coorsest o cuntras, will be brocht doon tae pit an ein tae e cuntra. They'll draa their swoords agin Egypt an full e lan wi e deid. ¹²A'll dry up e watters o e Nile an sell e grun tae coorse cyaards. A'll mak a crockaneetion o e cuntra an aathin in it, bi e han o forriners; I, e Lord, hiv spoken. ¹³Iss is fit e Lord God says: A'll dee awa wi the eedols an pit an ein tae the eemages in Memphis. There will nae laanger be a chieftain in Egypt, an A'll pit fear throwe aa e cuntra. ¹⁴A'll mak a crockaneetion o Upper Egypt, set fire tae Zoan an gie Thebes its sairin. ¹⁵A'll poor oot ma annger on Pelusium, Egypt's keep, an sned aff e clamjamfrie o Thebes. ¹⁶A'll set fire tae Egypt; Pelusium will walloch in agony. Thebes will be caaed doon an Memphis will hae a gey picher ilka day. ¹⁷E loons o Heliopolis an Bubastis will faa bi e swoord, an e fowk o att toons will be teen tae capteevity. ¹⁸It will be a bleck day at Tahpanhes fan A braak e yock o Egypt; her bigsy pooer will come till an ein. She'll be happit wi cloods an her dothers will gyang intae capteevity. ¹⁹Sae A'll gie Egypt her sairin an they'll ken att A'm e Lord.'"

²⁰On e syventh day o e first month o the elyventh ear, e wird o e Lord cam tae ma: ²¹"Sin o man, A've breuken the airm o Pharaoh keeng o Egypt. It hisna been bun up for healin nor pat in a scob sae it mith get strinth tae haud a swoord. ²²Sae iss is fit e Lord God says: Jist waatch, A'm agin Pharaoh keeng o Egypt. A'll braak baith his airms, e gweed airm as weel as e breuken een, an gar e swoord faa oot o his han. ²³A'll scatter the Egyptians amo e clans an skail them throwe e cuntras o e warl. ²⁴A'll strinthen the airms o e keeng o Babylon an pit ma swoord in his han, bit A'll braak Pharaoh's airms an he'll yowl afore him lik a chiel i the thraaws o daith. ²⁵A'll strinthen the airms o e keeng o Babylon, bit Pharaoh's airms will be fushionless. Syne they'll ken att A'm e Lord fan A pit ma swoord inno e han o e keeng o Babylon an he shaaks it agin Egypt. ²⁶A'll scatter the Egyptians amo e clans an skail them throwe e cuntras o e warl. Syne they'll ken att A'm e Lord."

CHAPTIR 31

On e first day o e third month o the elyventh ear, e wird o e Lord cam tae ma: [2]"Sin o man, say tae Pharaoh keeng o Egypt an aa his clamjamfrie: 'Fas like ye? [3]Think o Assyria, eence a cedar in Lebanon, wi braw branches cassin shade on e wids; wi its growthie tap heich amo e cloods. [4]E watters garrt it growe, deep springs made it heich; their oot-rins reamin roon its plants sennin their sheuchs tae aa e trees i the wid. [5]Sae it tooered abeen aa e trees o e wid; its boughs swalled oot an its branches grew lang, spreadin cause o e rowth o watter. [6]Aa e birds o e lift nestit in its boughs, an aa e wild beasts cleckit aneth its branches; aa e great pooers bade in its shadda. [7]It wis big an braw wi its spreadin boughs, cause its reets gaed doon tae plinty watter. [8]E cedars in God's gairden werna e marra o't, nor were e junipers e set o't wi its lang boughs, nor were plane trees e marra o its branches. Nae tree in God's gairden wis e marra o its brawness. [9]I made it bonnie wi a rowth o branches, the envy o aa e trees o Eden in God's gairden.

[10]"Sae iss is fit e Lord God says: bicause e muckle cedar tooered abeen e cloods, an cause it wis sae prood o its hicht, [11]A gied it inno e hans o e big chief o e cuntras o e warl, sae att he mith gie it its sairin for its coorseness. A keest it fae ma, [12]an forriners, e coorsest o cuntras, sned it doon an left it lyin. Its boughs fell on e heilans an in aa e glens; its branches lay breuken in aa e gullies o e lan. Them fa bade aneth its shadda hiv gaen awa an desertit it. [13]Aa e birds sattlt on e lyin tree, an aa e wild beasts bade amo its branches. [14]Sae nae ither trees bi e watters will ivver growe prood an heich, hystin their taps tae e cloods. Nae ither weel-wattert trees will ivver win tae sic a hicht; they'll aa dree e weird o daith, tae e warl aneth, amo mortals fa gyang doon tae e pit. [15]Iss is fit e Lord God says: on e day it wis fessen doon tae e grave, A held a grievin for it. A closed e deep ower it an held back its watters. Bicause o't, A cled Lebanon in dool, an aa e trees o e wids deit oot. [16]A garrt e cuntras o e warl shaak at e soun o its faain fan A brocht it doon tae e grave tae be wi them fa gyang doon tae e pit. Syne aa e trees o Eden, e pick an best o Lebanon, e weel-wattert trees, gat lythe i the warl aneth. [17]Jist lik e muckle cedar, they'd gaen doon tae e grave anaa, tae them fa hid been killed bi e swoord, alang wi them fa were its airm an bade in its shadda amo e cuntras o e warl.

[18]"Fitna o e trees o Eden are e marra o ye in brawness an majesty? Still, ee'll be brocht doon tee wi e trees o Eden tae e warl aneth. Ye'll lie amo the ootlins wi them fa were killed bi e swoord. Iss is Pharaoh an aa his clamjamfrie, says e Lord God.'"

CHAPTIR 32

On e first day o e twalth month o e twalth ear, e wird o e Lord cam tae ma: [2]"Sin o man, tak up a scronach for Pharaoh keeng o Egypt an say tae him: 'Ye're lik a lion amo e cuntras o e warl; ye're lik a monster i the seas wallochin aboot in yer ain watters, kirnin e watter wi yer feet an makin it drumly. [3]Iss is fit e Lord God says: A'll cast a nit ower ye wi a muckle collieshangie o fowk an they'll haul ye in, inno ma nit. [4]A'll leave ye on e grun; A'll keese ye onno e bare parks. A'll lat aa e birds o e lift sattle onno ye, an aa e beasts will ett their full o ye. [5]A'll scatter yer flesh ower e heilans an full e howes wi yer beens. [6]A'll soak e grun wi yer rinnin bleed e linth o e heilans, an e gullies will be fullt wi yer flesh. [7]Fan A snite ye oot, A'll hap e hivvens an darken their stars; A'll hap e sin wi a clood, an e meen winna gie nae licht. [8]A'll darken ower ye aa e bricht lichts o e hivvens; A'll fess mirk ower yer lan, says e Lord God. [9]A'll gie mony clans a sair hert fan A fess ma crockaneetion doon onno ye amo e cuntras o e warl, amo cuntras ye dinna ken. [10]A'll gie mony clans a stammygaster at ye, an aa their keengs will grue at ye fan A shaak a swoord afore them. On e day o yer doonfaa, ilk een o them will shaak athoot devaal for his life. [11]For iss is fit e Lord God says: e swoord o e keeng o Babylon will come at ye. [12]A'll mak yer airmies faa bi e swoords o buirdly men, e coorsest o aa cuntras. They'll tak Egypt doon a hack, an aa her airmies will be overcome. [13]A'll kill aa her beasts fae aside her teemin watters, nae mair tae be steered bi men's feet, nor made drumly bi e hivvs o beasts. [14]Syne A'll lat her watters sattle an mak her burns rin lik ile, says e Lord God. [15]Fan A mak a ruination o Egypt an tirr e grun o aathin inno't, fan A strick doon aa them fa bide there, syne they'll ken att A'm e Lord.' [16]Iss is e dirge they'll chaunt for her. E dothers o e cuntras will chaunt it; for Egypt an aa her airmies they'll chaunt it, says e Lord God." [17]On e fifteenth day o e month i the twalth ear, e wird o e Lord cam tae ma: [18]"Sin o man, greet for the airmies o Egypt an keess them doon tae e warl aneth, baith her an e dothers o e pooerfu cuntras, alang wi aa them fa gyang doon tae e pit. [19]Say tae them, 'Fa's like ye? Gyang doon an be laid oot wi the ootlins.' [20]They'll faa amo them killed bi e swoord. She's gien ower tae e swoord, lat her be haaled awa wi aa her airmies. [21]Fae e grave e buirdly chiefs will say o Egypt an her cronies, 'They've come doon an lie wi the ootlins, wi them killed bi e swoord.' [22]Assyria is there wi her hale airmy, their graves aa roon aboot her, aa faaen bi e swoord. [23]Their graves are i the howe o hell, an her airmy lies roon her grave. Aa them fa caused terror i the lan o e livin are killed, faaen bi e swoord. [24]Elam is there, wi aa the airmy roon her grave. Aa o them deid, faaen bi e swoord. Aa them fa caused terror i the lan o e livin gaed doon uncircumceesed tae e warl aneth. They haud their shame wi them fa gyang doon tae e pit. [25]A bed is made for her amo e slain, wi aa her airmy roon her grave. Aa o them are uncircumceesed, killed bi e swoord. Bicause they spread terror i the lan o e livin, they haud their shame wi them fa hiv gaen doon tae e pit; they lie amo e slain. [26]Meshech an Tubal are there, wi aa their airmies roon their graves. Aa o them are uncircumceesed, killed bi e swoord, bicause they spread terror i the lan o e livin. [27]Bit they dinna lie wi e faaen waarriors o aul fa gaed doon tae e warl o e deid wi their wappons o waar, their swoords aneth their heids an their ill-deeins on their beens, tho sic chiels hid spread terror throwe e lan o e livin. [28]Ay, ee'll be breuken i the midse o the ootlins, wi them killed bi e swoord. [29]Edom is there, her keengs an aa her chieftains; for aa their pooer, they lie wi them killed bi e swoord. They lie wi the uncircumceesed, wi them fa gyang doon tae e pit. [30]Aa e chieftains o e north an aa e fowk o Sidon are there; they gaed doon wi e slain in disgrace despite e terror caused bi their pooer. They lie uncircumceesed wi them killed bi e swoord an haud their shame wi them fa hiv gaen doon tae e pit. [31]Pharaoh will see them an be comfortit for aa his airmy att were killed bi e swoord, says e Lord God. [32]Tho A garrt him spread terror i the lan o e livin, Pharaoh an aa his airmy will lie amo the uncircumceesed, wi them killed bi e swoord, says e Lord God."

CHAPTIR 33

E wird o e Lord cam tae ma: [2]"Sin o man, spik tae yer fowk an tell them: 'Fan A fess a swoord agin a cuntra an e fowk o att cutra pick fae amo themsels a chiel tae be their leukoot, [3]an he sees e swoord comin agin e cuntra an blaas e tooteroo tae waarn his fowk, [4]syne gin ony fa hears e tooteroo disna tak tent o e waarnin an e swoord comes an dis awa wi him, his bleed will be on his ain heid. [5]Since he heard e soun o e tooteroo bit didna tak tent o e waarnin, his bleed will be on his ain heid. Gin he hid teen tent o e waarnin, he wid hae saved himsel. [6]Bit gin e leukoot sees e swoord comin an disna blaa e tooteroo tae waarn e fowk an e swoord comes an taks a body awa, att body's life will be teen cause o his ill-deein, bit his bleed will be on e leukoot's hans.'

[7]"Sin o man, A've made ye a leukoot for e fowk o Israel; sae hearken tae fit A hiv tae say an gie them a waarnin fae ma. [8]Fan A say tae e coorse, 'Ye coorse brute, ye will seerly dee,' an ye dinna spik up tae disswaad him fae his wyes, att coorse body will dee for his ill-deein, bit his bleed will be onno your hans. [9]Bit gin ye div waarn e coorse body tae turn fae his wyes an he disna dee't, he'll dee for his ill-deein, bit ee yersel will be saved. [10]Sin o man, say tae the Israelites, 'Iss is fit ye're sayin, "Wir coorseness an ill-deeins are a birn on wir shouthers, an we're dwinin awa cause o them. Foo, syne, can we survive?' [11]Tell them, 'As seer's A'm here, says e Lord God, A dinna tak nae pleesure i the daith o e coorse, A wid raither they turnt fae their ill wyes an lived. Turn, turn frae yer ill wyes. Fit wye shuld ye

dee, hoose o Israel?' [12]Sae, sin o man, tell yer fowk, 'Gin a gweed-livin body dis ill, his gweed-livin wyes o aul winna save him. An gin a coorse body sees he's deen wrang an is sorry for't, att body's ill-deeins o aul winna coont agin him. E gweed-livin body fa dis ill winna be lat leave tae live even tho they were gweed-livin o aul.' [13]Fan A say tae a gweed-livin body att he'll seerly live, bit syne, lippenin tae his gweed wyes he gyangs an dis ill, neen o e gweed things att body's deen will be mynt on; he'll dee for the ill he's deen. [14]An gin A say tae a coorse body, 'Ye'll seerly dee,' bit syne he turns fae his ill-deein an dis fit is fair an richt, [15]gin he taks back fit he gied as a wad for a len, hans back fit he pinched, follas e commans att gie life, an dis nae ill, att body will seerly live, he winna dee. [16]Neen o att body's ill-deens will be mynt on an held agin him. He's deen fit's fair an richt, an he'll seerly live.

[17]"Bit yer fowk are sayin, 'E Lord's wye o deein's nae fair.' Bit it's their wye att's nae fair. [18]Gin a gweed-livin body turn fae their gweed wyes an dis ill, they'll dee cause o't. [19]An gin a coorse body turn fae their ill-deeins an dis fit is richt an fair, they'll liv cause o't. [20]Still-an-on ye say, 'E wye o e Lord's nae fair.' Bit A'll jeedge ilka een o ye accoordin tae yer ain wyes."

[21]On e fifth day o e tenth month i the twalth ear o wir exile, a chiel fa hid won oot o Jerusalem cam tae ma an said, "E toon's teen." [22]Noo e nicht afore e chiel appeart, e han o e Lord wis onno ma, an he opent ma moo afore e chiel cam tae ma i the foreneen, sae ma moo wis open an nae langer wis A tongue-tackit. [23]Syne e wird o e Lord cam tae ma: [24]"Sin o man, e fowk fa are bidin in att crockaneetion o a place, Israel, are sayin, 'Abraham wis jist the ae chiel, bit he aint aa e grun. There's a gey hantle o hiz, seerly e grun his been gien tae hiz as wir heirskip.' [25]Sae, tell them, 'Iss is fit e Lord God says: since ye ett beef wi e bleed aye inno't an leuk tae yer eedols an spull bleed, shuld ee syne ain e grun? [26]Ye lippen tae e swoord, ye hiv sae mony fool proticks, ilka een o ye fyles yer neeper's wife. Shuld ye syne ain e grun?'

[27]"Say iss tae them: 'Iss is fit e Lord God says: As seer's A'm here, them fa are left i the ruins will faa bi e swoord, an them oot i the cuntra A'll gie tae e wild beasts tae devoor. Them inno e keeps an e caves will dee o e pest. [28]A'll mak e lan a scruntit moss an her prood strinth will be at an ein. E heilans o Israel will turn sae bare att neen will cross them. [29]Syne they'll ken att A'm e Lord, fan A've turnt e grun tae a scruntit moss, cause o aa e fool things they've deen.'

[30]"Sin o man, yer fowk are spikkin aboot ye anent e waas an at e hoose doors, sayin tae een anither, 'Come an hear the eeran att's come fae e Lord.' [31]Ma fowk come tae ye, e wye they aye div, an sit doon anent ye tae hear fit ye're sayin till't, bit they dinna dee fit ye tell them. They are aa mealy-mooed, bit their herts are chasin efter swickery. [32]Losh ay, tae them ye're jist a chiel fa sings a lilt wi a bonnie vice an can play a tune weel, cause they hear fit ye say bit dinna tak wi't. [33]Fan aa iss comes aboot, an come it will for aa that, syne they'll ken att a prophit his been amo them."

CHAPTIR 34

E wird o e Lord cam tae ma: [2]"Sin o man, prophisee agin e shepherds o Israel; prophisee an say tae them: 'Iss is fit e Lord God says: There's nae hope for you shepherds o Israel fa leuk efter neen bit yersels. Shuld e shepherds nae leuk efter e flock? [3]Ye ett e yirnt milk an cled yersels wi oo an slaughter e fat lambs, bit ye dinna leuk efter e flock. [4]Ye hinna gien strinth tae e shargers, nor cured them att are nae weel nor bun up them wi sairs. Ye hinna fessen back e strays nor leukit for e tint. Ye've been coorse an snell in yer hannlin o them. [5]Sae they were scattert cause there wis nae shepherd, an fan they were scattert they bicam maet for aa e wild beasts. [6]Ma sheep reenged ower e heilans an ilka heich hill. Ay, ma flockie wis scattert ower e hale o e warl, an naebody socht tae leuk for them.

[7]"'Sae, ye shepherds, hear e wird o e Lord: [8]As seer's A'm here, says e Lord God, cause ma flock wints a shepherd an his bicome maet tae ilka beast o e wild, an cause ma shepherds didna leuk for ma flock bit teuk mair interest in themsels nor in ma flock, [9]sae, ye shepherds, hear e wird o e Lord: [10]Iss is fit e Lord God says: A'm agin e shepherds. A'll sikk ma flock back fae them an will pit them fae tennin ma flock, an they winna get maet for themsels fae ma flock. A'll tak ma flock oot o their moos, an it winna maet them nae mair. [11]"'For iss is fit e Lord God says: A'll leuk for ma sheep an ten tae them masel. [12]As a shepherd leuks efter his scatter flock fan he's wi them, sae A'll leuk efter my sheep. A'll haud them fae aa e places they were scattert on a day o clood an mirk. [13]A'll fess them oot fae amo e forriners an gaither them fae aa e cuntras o e warl an fess them tae their ain grun. A'll gie them a girsin on e heilans o Israel, i the glens an in aa e places far fowk bide. [14]A'll ten them in gweed girsin, an e heilans o Israel will be their ley. There they'll lie doon in growthie foggage an feed on e fousom girse on e heilans o Israel. [15]A'll ten ma sheep masel an gar them lie doon, says e Lord God. [16]A'll sikk oot e tint an fess back e strays. A'll bin the eens wi sairs, an strinthen e shargers, bit e fat an strong A'll dee awa wi. A'll be fair i the shepherdin o ma flock. [17]As for you, ma sheepies, iss is fit e Lord God says: A'll jeedge atween ae sheep an e tither, an atween e rams an e billy goats. [18]Is't nae aneuch for ye tae maet on gweed girss? Maun ye trump doon e lave o e park wi yer feet? Is't nae aneuch att ye drink caller watter att ye maun steer up e dubs wi yer feet? [19]Maun ma sheepies maet on fit ye've trumpit doon an drink fit ye've plowtert?

[20]"'Sae iss is fit e Lord God says tae them: jist waatch, A'll jeedge atween e fat sheep an e shargert sheep. [21]Bicause ye shiv wi yer side an yer shouther, duntin aa e shargert sheep wi yer horns till ye've scattert them awa, [22]A'll save ma flock, an they winna be herriet nae mair. A'll jeedge atween the ae sheep an e tither. [23]A'll appint ae shepherd ower them, ma servant Daavit, an he'll ten them; he'll ten them an be their shepherd. [24]I, e Lord, will be their God, an ma servant Daavit will be chieftain amo them. I, e Lord, hiv spoken. [25]A'll mak a tryst o peace wi them an redd e cuntra o wild beasts sae att they mith bide siccar i the roch cuntra an sleep i the wids. [26]A'll mak them an e places aa roon aboot ma hill a blissin. A'll sen doon shoories in sizzon, shoories o blissin. [27]E trees will gie their fruit an e grun will gie gweed craps an e fowk will bide sauf i their cuntra. They'll ken att A'm e Lord, fan A braak e bans o their yock an tak them oot amo e hans o them fa made slaves o them. [28]Nae mair will they be herriet bi e cuntras o e warl, nor devoored bi wild beasts. They'll sit siccar an nae be feart at naebody. [29]A'll gie ower tae them a lan weel kent for its gran craps an nae mair will they suffer fae wint o maet or be lauchen at bi their neepers. [30]Syne they'll ken att A'm e Lord their God, att A'm wi them an att e fowk o Israel are ma ain fowk, says e Lord God. [31]Ye're ma sheepies, e sheepies o ma ley, an A'm yer God, says e Lord God.'"

CHAPTIR 35

E wird o e Lord cam tae ma: [2]"Sin o man, leuk ower e wye o Moont Seir; prophisee agin it [3]an say: 'Iss is fit e Lord God says: A'm agin ye, Moont Seir, an A'll rax oot ma han agin ye an dee awa wi ye aa egither. [4]A'll turn yer toons intae a rummle o steens an ye'll be aa yer leen. Syne ye'll ken att A'm e Lord. [5]Bicause o aul, ye were aye fechtin wi e fowk o Israel, pittin them tae e swoord fan they were disjaskit, fan they hid their hinmaist sairin, [6]sae as seer's A'm here, says e Lord God, A'll gie ye ower tae bleed, an bleed ye'll hae. Sin bleed wisna a scunner tae ye, bleed ye'll hae. [7]A'll mak Moont Seir a scruntit moss an sned aff aa fae gyan tae her. [8]A'll full yer heilans wi e slain, them fa hiv been killed bi e swoord will faa on yer braes an in yer hauchs an in aa yer glens. [9]A'll mak ye scruntit for aye; yer toons winna hae naebody inno them. Syne ye'll ken att A'm e Lord. [10]Bicause ye said,"Iss twa clans an iss twa cuntras will belang tae me an we'll tak them ower," tho e Lord wis there, [11]sae as seer's A'm here, says e Lord God, A'll deal wi you e same wye as ee deelt wi them i the annger an jillousy ye shewed in yer ill-will tae them. A'll mak masel kent amo them fan A jeedge ye. [12]Syne ye'll ken att I, e Lord, hiv heard aa yer miscaa'ins agin e heilans o Israel. Ye said, "They've been laid bare an hiv been gien tae hiz tae devoor." [13]Ye braggit agin ma an miscaaed ma ower an ower, an A heard it.[14]Iss is fit e Lord God says: Wi e hale warl rejoicin, A'll mak ye scruntit. [15]Bicause ee rejoiced fan e heirskip o Israel wis laid bare,att's foo A'll deal wi you. Ye'll be scruntit, Moont Seir, you an aa Edom. Syne they'll ken att A'm e Lord.'"

CHAPTIR 36

"Sin o man, prophisee tae e heilans o Israel an say, 'Heilans o Israel, hear e wird o e Lord. [2]Iss is fit e Lord God says: Yer faes leuch at ye an said, "The aul hichts noo belang tae hiz."' [3]Sae prophisee an say, 'Iss is fit e Lord God says: bicause they rived an trumpit ye doon fae ilka airt sae att ye belanged tae e lave o e cuntras an fowk cleckit aboot ye an miscaaed ye, [4]sae, heilans o Israel, hear e wird o e Lord God: iss is fit e Lord God says tae e heilans an hills, tae e hauchs an glens, tae e rummles o steens an e desertit toons att hiv been herriet an lauchen at bi e lave o e cuntras roon aboot, [5]iss is fit e Lord God says: in ma burnin annger A've spoken agin e lave o e cuntras, an agin aa Edom, fa wis sae weel teen i their coorseness fan they made my grun their ain sae they mith herrie its girsins.' [6]Sae prophisee aboot e cuntra o Israel an say tae e heilans an hills, tae e hauchs an glens: 'Iss is fit e Lord God says: A've spoken in ma jillousy an ma rage cause ye've been scowffed att bi e cuntras o e warl. [7]Sae iss is fit e Lord God says: A sweer wi ma han reesed up, att e cuntras roon aboot ye will hae tae pit up wi bein lauchen at anaa.

[8]"'Bit you, heilans o Israel, will pit oot branches an fruit for ma ain fowk Israel, for they'll seen be hame. [9]A'm wirriet aboot ye an will leuk kindly on ye, ye'll be plooed an shaavn, [10]an A'll see till't att mony fowk dwall in ye, ay aa o Israel. E toons will hae fowk bidin i them an aa e ruins will be rebiggit. [11]A'll full ye wi fowk an wi beasts, an they'll be breedie an there will be mony o them. A'll sattle fowk inno ye lik o aul an will mak ye walthier nor ye were afore. Syne ye'll ken att A'm Lord. [12]A'll see till't att fowk bide in ye, ay, ma ain fowk, Israel. They'll ain ye, an ye'll be their heirskip; nivver again will ye be e cause o my deein awa wi their bairns. [13]Iss is fit e Lord God says: bicause fowk say tae ye, "Ye devoor fowk an ripe e cuntra o its bairns," [14]sae nae laanger will ye devoor fowk nor ripe e cuntra o its bairns, says e Lord God. [15]Nae mair will A gar ye hear e scowffin o ither cuntras, nae laanger will ye be lauchen at bi ither fowk, an ye winna gar yer cuntra faa, says e Lord God.'"

[16]Again e wird o e Lord cam tae ma: [17]"Sin o man, fan e fowk o Israel were bidin i their ain cuntra, they fylt it wi their coorse wyes o deein. Fit they were deein wis lik e monthly foolness att comes on a wumman, in ma sicht. [18]Sae A poored oot ma annger onno them cause they hid spult bleed i the lan an cause they'd fylt it wi their eedols. [19]A skailt them amo e fowk o e warl an scattert them throwe e cuntras. A jeedged them bi coorse wyes o deein. [20]Bit farivver they gaed amo e cuntras o e warl they fylt ma haily name, cause fowk said o them, 'Iss is e Lord's fowk, bit for aa that, they've hid tae leave his cuntra.'

[21]A wis wirriet aboot ma haily name, att fowk o Israel hid fylt amo e cuntras they hid gane till. [22]Sae tell the fowk o Israel, 'Iss is fit e Lord God says: it's nae for your sake, fowk o Israel, att A'm gyan tae dee iss things, bit for e sake o ma haily name, att ye've fylt amo e cuntas far ye gaed. [23]A'll shew ye e hailiness o ma great name, att's been fylt amo e cuntras o e warl, att ee fylt amo then. Syne e cuntras o e warl will ken att A'm Lord, says e Lord God, fan A'm preeved tae be haily throwe you afore their een. [24]For A'll gaither ye oot o e cuntras; A'll gaither ye fae aa e cuntras o e warl an fess ye back tae yer ain grun. [25]A'll spirkle caller watter onno ye, an ye'll be clean; A'll lave ye o aa yer foolness an fae yer eedols. [26]A'll gie ye a new hert an pit a new speerit inno ye; A'll tak ye awa fae yer hert o steen an gie ye a hert o

flesh. [27]A'll pit ma speerit inno ye an gar ye folla ma commans an be carefu tae keep ma laas. [28]Syne ye'll bide i the cuntra A gied yer forebeers; ye'll be ma ain fowk an A'll be yer God. [29]A'll save ye fae aa yer foolness. A'll cry for e corn an mak it plentifu an winna fess doon wint onno ye. [30]A'll see att there's a gweed crap o fruit on e trees an corn i the parks sae att ye winna be affrontit afore e lave o e cuntras cause ye're in wint. [31]Syne ye'll myn on yer ill wyes an coorse proticks, an ye'll nae think verra muckle o yersels for yer ill-deens an fool proticks. [32]Ye ken A'm nae deein iss for your sake, says e Lord God. Be affrontit an shent for yer wyes o deein, fowk o Israel. [33]Iss is fit e Lord God says: On e day A lave ye o aa yer ill-deeins, A'll resattle yer toons an yer ruins will be rebiggit. [34]E scruntit grun will be warkit insteid o lyin eel for aa fa gyang by tae see. [35]They'll say, "Iss grun wis laid bare an noo is lik e gairden o Eden; e toons att were a rummle o steens, a crockaneetion o ruination, are noo fortifiet an hiv fowk bidin in them." [36]Syne e cuntras roon aboot ye att are still there will ken att I, e Lord, hiv rebiggit fit wis dung doon an hiv replantit fit wis scruntit. I, e Lord, hiv spoken, an A'll dee fit A've said.' [37]Iss is fit e Lord God says: eence again A'll tak wi Israel's priggin an dee iss for them. A'll mak her fowk as mony as a flock, [38]as mony as e sheep for offerins in Jerusalem at e time o her haily fairs. Sae will e ruined toons be fullt wi flocks o fowk. Syne they'll ken att A'm e Lord."

CHAPTIR 37

E Lord teuk ahaud o ma, an he brocht ma oot bi e speerit o e Lord an set ma i the midse o a howe att wis full o beens. [2]He garrt ma gyang back an fore amo them an A saa a hantle o beens on e grun i the howe, an losh they were affa dry. [3]He speirt at ma, "Sin o man, can iss beens live?" A said, "Lord God, ee're the only een att kens the answer tae att." [4]Syne he said tae ma, "Prophisee tae iss beens an say tae them, 'Dry beens, hear e wird o e Lord. [5]Iss is fit e Lord God says tae iss beens: A'll gar braith gyang inno ye an ye'll come tae life. [6]A'll pit tennons onno ye an gar flesh growe onno ye an hap ye wi skin; A'll pit braith inno ye an ye'll come tae life. Syne ye'll ken att A'm e Lord.'" [7]Sae A prophiseit as A'd been bidden an as A wis prophiseein, there cam a soun, a dirlin soun an aa e beens cam egither, been tae been. [8]As A wis waatchin, e tennons an e flesh cam onno them an skin happit them, bit there wis nae braith inno them. [9]Syne he said tae ma, "Prophisee tae e win, prophisee, sin o man, an say tae it, 'Iss is fit e Lord God says: come, braith, fae e fower wins an blaa inno iss deid sae they mith live.'" [10]Sae A prophiseit as he hid bidden ma an braith cam inno them. They cam tae life an steed up on their feet, a muckle airmy.

[11]Syne he said tae ma: "Sin o man, iss beens are e hale o e fowk o Israel. They say, 'Wir beens are freuch an wir hope gane; we've been sneddit aff.' [12]Sae prophisee an say tae them: 'Iss is fit e Lord God says: Jist waatch, A'm gyan tae open yer graves an fess ye up fae them; A'll fess ye back tae e lan o Israel. [13]Syne, ma fowk, ye'll ken att A'm e Lord, fan A open yer graves an fess ye up fae them. [14]A'll pit ma speerit inno ye an ye'll live, an A'll sattle ye in yer ain cuntra. Syne ye'll ken att I, e Lord, hiv spoken, an A've deen fit A said, says e Lord.'"

[15]E wird o e Lord cam tae ma: [16]"Sin o man, tak a stick an vreet onno't, 'For Judah an the Israelites an aa their septs.' Syne tak anither stick an vreet onno't, 'For Joseph e stick o Ephraim an aa the hoose o Israel an its septs.' [17]Jine them igither intae the ae stick sae att they are een in yer han.

[18]"Fan yer fowk speir at ye, 'Wid ye nae tell hiz fit ye mean bi iss?' [19]say tae them, 'Iss is fit e Lord God says: A'm gyan tae tak e stick o Joseph, att's the een in Ephraim's han an e han o the Israelite clans an their septs an jine it tae Judah's stick. A'll mak them intae a sinngle stick an they'll be een in my han.'

[20]Haud e sticks ye've screiven on afore their een [21]an tell them, 'Iss is fit e Lord God says: A'll tak e fowk o Israel oot fae e cuntras far they've gane. A'll gaither them fae aa roon aboot an fess them back tae their

ain cuntra. ²²A'll mak them the ae nation i the lan, on e heilans o Israel. There will be ae keeng ower them aa an nivver again will they be twa nations or be havvert intae twa keengdoms. ²³Nae mair will they fyle themsels wi their eedols an fool eemages or wi ony o their ill-deeins, cause A'll tak them oot o aa e places far they've deen ill an A'll lave them. They'll be ma ain fowk an A'll be their God. ²⁴Ma servant Daavit will be keeng ower them, an they'll aa hae the ae shepherd. They'll folla ma laas an be carefu tae keep ma commans. ²⁵They'll bide i the cuntra A gied tae ma servant Jacob, e cuntra far yer forebeers bade. An there they'll bide an their bairns an their bairns' bairns for aye. An ma servant Daavit will be their chieftain for aye. ²⁶A'll mak a tryst o peace wi them; an ivverlestin tryst. A'll set them up an see att there's mony o them an A'll pit a haily place amo them for aye. ²⁷Ma hame will be amo them; A'll be their God an they'll be ma ain fowk. ²⁸Syne e cuntras o e warl will ken att A'm e Lord fa maks Israel haily, fan ma haily place is amo them for aye."'

CHAPTIR 38

E wird o e Lord cam tae ma: ²"Sin o man, set yer face agin Gog, o e lan o Magog, e clan chief o Meshech an Tubal; prophisee agin him ³an say: 'Iss is fit e Lord God says: I'm agin ye, Gog, clan chief o Meshech an Tubal. ⁴A'll turn ye roon, pit heuks i yer jaas an fess ye oot wi yer hale airmy, yer horse an yer horsemen an aa them cled in airmour an aa them brannishin their swoords. ⁵Persia, Ethiopia an Libya will be wi them, aa wi their targes an helmets, ⁶an Gomer wi aa its sodgers anaa, an Beth Togarmah fae e far north wi aa its sodgers, mony cuntras wi ye. ⁷Mak riddy, get yersel riggit, you an aa e sodgers gaithert aboot ye, an ee'll tak comman o them.

⁸"'Efter a fair file, ye'll be caalled tae airms. I the years tae come, ye'll invade a cuntra att's been brocht back fae waar, fas fowk were gaithert fae mony cuntras tae e heilans o Israel, att hid been lang scruntit. They'd been brocht oot fae e cuntras o e warl an noo they aa bide in peace. ⁹You, wi aa yer sodgers an e mony cuntras wi ye will gyang up forrit lik a storm, ye'll be lik a clood happin e lan. ¹⁰Iss is fit e Lord God says: on att day, thochts will come intill yer heid an ye'll think on an ill protick. ¹¹Ye'll say, "A'll invade a cuntra far there's clachans wi nae waas, A'll attack a peacefu an cannie fowk, aa o them bidin in places wi nae waas, nor yetts, nor bars. ¹²A'll herrie an plunner an turn ma han agin e ruint toons far e fowk are noo resattlt, gaithert in aboot fae e cuntras o e warl, wi a rowth o beasts an gear, bidin i the midse o e warl." ¹³Sheba an Dedan an e merchants o Tarshish an aa her clachans A'll say tae ye, "Hiv ye come tae herrie? Hiv ye gaithert yer airmies tae plunner, tae cairry awa siller an gowd, tae rive awa beasts an gear an tae tak muckle plunner?"'

¹⁴"Sae, sin o man, prophisee an say tae Gog: 'Iss is fit e Lord God says: at att time, fan ma fowk Israel are bidin in peace, will ye nae tak tent o't? ¹⁵Ye'll come fae yer hames i the northlans, you an mony cuntras wi ye, aa hurlin on horse, a muckle crood, a michty airmy. ¹⁶Ye'll come tee till ma fowk Israel lik a clood att haps e lan. In days tae come, Gog, A'll fess ye agin ma lan, sae att e cuntras o e warl mith ken ma fan A'm preeved tae be haily throwe you, afore their een. ¹⁷Iss is fit e Lord God says: ee're the een A spak o lang syne throwe ma servants e prophits o Israel. At att time they prophiseit for ears att A wid fess ye agin them. ¹⁸Iss is fit will happen fan att time comes: fan Gog attacks e lan o Israel, ma birse will be up, says e Lord God. ¹⁹In ma jillousy an burnin annger, lat ma tell ye, there will be a muckle earthquaick i the lan o Israel. ²⁰E fish i the sea, e birds i the lift, e beasts o e parks, ilka craiter att meeves alang e grun, an aa e fowk ower e hale warl will shaak at ma presence. E heilans will be dung doon, e craigs will faa an ilka waa will tummle tae e grun. ²¹A'll cry up a swoord agin Gog on aa ma heilans, says e Lord God. Ilka chiel will turn his swoord on his brither. ²²A'll gie him his sairin wi pest an wi bleed; A'll poor doon hale watter, hailsteens an burnin brimsteen on his airmy an e cuntras att are wi him. ²³An sae A'll shew foo

great an foo haily I am, an A'll mak masel be kent i the sicht o mony cuntras. Syne they'll ken att A'm e Lord.'

CHAPTIR 39

"Sin o man, prophisee agin Gog an say: 'Iss is fit e Lord God says: A'm agin ye, Gog, clan chief o Meshech an Tubal. [2]A'll turn ye roon an haul ye alang. A'll fess ye oot o e northlans an sen ye agin e heilans o Israel. [3]Syne A'll knack e bowe fae yer left han an gar yer arras drap fae yer richt han. [4]Ye'll faa on e heilans o Israel, you an aa yer sodgers, an aa e cuntras wi ye. A'll gie ye as maet tae hoodie craas an sic lik birds an tae wild beasts. [5]Ye'll faa in the open parks, an att's ma wird on't, says e Lord God. [6]A'll send fire doon on Magog an on aa them fa bide in peace alang e shores, an they'll ken att A'm e Lord. [7]A'll mak ma haily name kent amo ma ain fowk Israel. Nae mair will A lat ma haily name be fylt, an e cuntras o e warl will ken att A'm e Lord, the Haily Een in Israel.

[8]"'Ay, it's comin yet for aa that, says e Lord God. Iss is e day A've spoken aboot. [9]Syne them fa bide i the toons o Israel will gyang oot an kennle fires wi their wappons, their shields an their targes, their bowes an their arras, their rungs an their spears. For syven ear they'll mak fires o them. [10]They winna need tae gaither wid fae e parks nor cut doon trees, cause they'll jist burn their wappons. An they'll herrie them fa eence herriet them an plunner them fa eence plunnert them, says e Lord God.

[11]"'On att day A'll gie Gog a graveyaird in Israel, i the howe o them fa traivel east o e Sea. It'll stap e road o traivellers, cause Gog an aa his airmies will be beeriet there. Sae it will be caaed, e Howe o e Clamjamfrie o Gog. [12]For syven month e fowk o Israel will be beeryin them tae tirr e lan. [13]Aa e fowk o e lan will beery them, an it will be a winnerfu day for Israel on e day A shew ma glory, says e Lord God. [14]Chiels will be teen on tae tirr e lan. They'll hake ower e cuntra, an wi them fa pass throwe, will beery e bodies att are on e grun. At e ein o syven month, they'll screenge aa ower. [15]As they gyang throwe e cuntra, ony fa sees a man's beens will leave a marker anent them till they're yirdit bi them fa are deein e beeryin i the Howe o e Clamjamfrie o Gog, [16]anent a toon tae be caaed Clamjamfrie. An sae they'll tirr e grun.'

[17]"Sin o man, iss is fit e Lord God says: spik tae ilka kyn o bird an aa e wild beasts: 'Gaither egither an come, gaither fae aa the airts tae e sacrifeece A'm makkin riddy for ye, e muckle sacrifeece i the heilans o Israel, sae ye mith ett flesh an drink bleed. [18]Ye'll ett e flesh o buirdly chiels an drink e bleed o e clan chiefs o e warl as gin they were rams an lambs, goats an stots, aa fat beasts fae Bashan. [19]At e sacrifeece A'm makkin riddy for ye, ye'll ett creesh till ye're stappit an drink bleed till ye're full. [20]At ma table ye'll ett till ye're stappit, horses an riders, buirdly chiels an sodgers o ilka kyn,' says e Lord God. [21]A'll set ma glory amo e cuntras o e warl, an ilka cuntra will see e sairin A've gien them an e han A lay onno them. [22]Fae att day on e fowk o Israel will ken att A'm e Lord their God.

[23]An e cuntras o e warl will ken att e fowk o Israel gaed intae exile for their ill-deeins, cause they were unfaithfu tae ma. Sae A hod ma face fae them an gied them inno e hans o their faes, an they aa fell bi e sword. [24]A hod ma face fae them an gied them their sairin for their foolness an their ill-deeins. [25]Sae iss is fit e Lord God says: noo A'm gyan tae lowse Jacob fae their capteevity an tak peety on aa e fowk o Israel, an A'll stan up for ma haily name. [26]They'll forget their affront an aa their unfaithfu wyes o dealin wi ma fan they bade in peace in their ain cuntra wi neen tae fear them. [27]Fan A've brocht them back fae oot amo ither fowk an hiv gaithert them fae e cuntras o their faes, A'll be preeved haily throwe them i the sicht o mony cuntras. [28]Syne they'll ken att A'm e Lord their God, for tho A sent them intae exile amo e

CHAPTIR 40

cuntras o e warl, A'll gaither them tae their ain lan, leavin neen ahin. [29]Nae mair will A hod ma face fae them, cause A'll poor oot ma speerit on e fowk o Israel, says e Lord God." I the twinty-fifth ear o wir exile, i the mou o the year, on e tenth o e month, fowerteen ear efter e toon fell, wis e verra day e han o e Lord wis onno ma, an he teuk ma there. [2]In veesions o God he teuk ma tae e lan o Israel an set ma on a toorin heich moontain. Tae e sooth airt were some biggins att leukit lik a toon. [3]He teuk ma there, an I saa a chiel att leukit as gin he wis made o bress. He wis stannin i the yett wi a leenen tow an an ellwan in his han. [4]E chiel said tae ma, "Sin o man, tak a gweed leuk an preen back yer lugs an tak tent tae aa A'm gyan tae shew ye, cause att's e wye ye've been brocht here. Tell e fowk o Israel aathin ye see." [5]A saa a waa aa roon e Temple. E linth o the ellwan i the chiel's han wis elyven fit, markit in linths o twinty wan inch. He mizzourt e waa, an it wis ae linth o the ellwan braid an ae linth heich. [6]Syne he gaed tae the east yett. He climmed e steps an mizzourt the ingyang o e yett. It wis ae linth o the ellwan braid. [7]E boles for e gairds were ae linth o the ellwan lang an ae linth braid, an e waas atween e boles were aucht an three quaarter fit braid. The ingyang o e yett neist e porch facin e Temple wis ae linth o the ellwan braid. [8]Syne he mizzourt e porch o e yett. [9]It wis fowerteen fit braid an its door-cheeks were three an a half fit braid. E porch o e yett faced e Temple. [10]In ower the east yett were three boles on ilka side. E three aa mizzourt e same, an e face o e waas on ilka side mizzourt e same. [11]Syne he mizzourt e braidth o the ingyang o e yett. It wis auchteen fit lang an twinty-three fit braid. [12]Anent ilka bole wis a waa a fit an three quaarters heich an e boles were ten an a half fit squaar. [13]Syne he mizzourt e yett fae e tap o e back waa o ae bole tae e tap o the een anent it. E linth wis fowerty-fower fit fae ae door tae the een anent it. [14]He mizzourt e posts at a hunner an five fit heich an e coort roon e yett gaed e linth o e posts. [15]E linth fae the ingyang o e yett tae e far ein o its porch wis auchty-aucht fit. [16]E boles an e waas in ower e yett hid nerra windas aa roon an there wis windas aa roon e porch. There wis windas facin in e wye. E posts were pyntit wi palm trees.

[17]Syne he brocht ma intae the ootmaist coort. There A saa some chaulmers in a causey att hid been biggit aa roon e coort. There were thirty chaulmers alang e causey. [18]E causey ran tee till e side o e yetts an wis as braid as they were lang. Is wis e nether causey. [19]Syne he mizzourt e distance fae the inside o e nether yett tae the ootside o e benmaist coort. It wis a hunner an syventy-five fit on the east side an on e north.

[20]Syne he mizzourt e linth an braidth o e yett o the ootmaist coort, facin north. [21]It hid three boles on ilka airt, an its waas an porch mizzourt e same as e first yett. It wis auchty-aucht fit lang an fowerty-fower fit braid. [22]Its windas, its porch an its palm tree pyntins hid e same mizzourments as the east yett. There wis syven steps up tae it, an its porch wis anent them. [23]There wis a yett tae the benmaist coort anent e north yett, jist lik the een on the east. He mizzourt fae ae yett tae the een anent it an it wis a hunner an twinty-five fit.

[24]Syne he led ma tae e sooth airt an A saa e sooth yett. He mizzourt its door-cheeks an its porch, an they hid e same mizzourments as e lave. [25]E yett an its porch hid windas aa roon, lik e windas i the lave. It wis auchty-aucht fit lang an fowerty-fower fit braid. [26]Syven steps led up tae it, wi its porch anent them; it hid palm trees pyntit on ilka side o its posts. [27]E benmaist coort hid a yett facin sooth anaa, an he mizzourt fae iss yett tae the ootmaist yett on e sooth side. It wis a hunner an syventy-five fit.

[28]Syne he brocht ma intae e benmaist coort throwe e sooth yett. He mizzourt e sooth yett an it hid e same mizzourments as e lave. [29]Its boles, its waas an its porch hid e same mizzourments as e lave. E yett an its porch hid windas aa roon. It wis auchty-aucht fit lang an fowerty-fower fit braid. [30]E porches o e yetts roon e benmaist coort were fowerty-fower fit wide an nine fit braid. [31]Its porch wis anent the ootmaist coort an palm trees were pyntit on its door-cheeks. Aucht steps led up tae it.

³²Syne he brocht ma tae the benmaist coort on the east side, an he mizzourt e yett. It hid e same mizzourments as e lave. ³³Its boles, its waas an its porch hid e same mizzourments as e lave. E yett an its porch hid windas aa roon. It wis auchty-aucht fit lang an fowerty-fower fit braid. ³⁴Its porch wis anent the ootmaist coort an palm trees were pynted on baith sides o its door-cheeks. Aucht steps led up tae it.

³⁵Syne he brocht ma tae e north yett an mizzourt it. It hid e same mizzourments as e lave. ³⁶Sae did its boles, its waas an its porch, an it hid windas aa roon. It wis auchty-aucht fit lang an fowerty-fower fit braid. ³⁷Its porch wis anent the ootmaist coort an palm trees were pyntit on baith sides o its door-cheeks. Aucht steps led up tae it. ³⁸A chaulmer wi a door wis anent e posts o e yett far they waasht e brunt offerins. ³⁹I the porch o e yett there were twa tables on ilka side. Onno them e brunt offerins, offerins for ill-deeins an guilt offerins were slauchtert. ⁴⁰Anent the ootside waa o e porch on e wye tae the ingyang o e north yett were twa tables, an on e tither side wis anither twa. ⁴¹Sae there were fower tables on ae side o e yett an fower on e tither, aucht tables in aa. Onno them e sacrifeeces were slauchtert. ⁴²There wis fower tables o dressed steen for e brunt offerins, ilka een twa fit aucht inch lang, twa fit aucht inch braid an twinty-wan inch heich. Onno them were laid e teels for slauchterin e brunt offerins an e tither sacrifeeces. ⁴³Twa-taed heuks, ilka een a han's braidth lang were hingin roon e waas. E tables were for e flesh o the offerins.

⁴⁴Ootside e benmaist yett, inno e benmaist coort, there wis twa chaulmers, een anent e north yett, facin sooth, an anither anent e sooth yett, facin north. ⁴⁵He said tae ma, "E chaulmer facin sooth is for e priests fa gaird e Temple, ⁴⁶an e chaulmer facin north is for e priests fa gaird the aaltar. They're e sins o Zadok, fa are the only Levites fa are allooed tae draa in aboot tae e Lord tae meenister afore him." ⁴⁷Syne he mizzourt e coort. It wis squaar; a hunner an syventy-five fit lang an a hunner an syventy-five fit braid. An the aaltar wis anent e Temple.

⁴⁸He brocht ma tae e porch o e Temple an mizzourt e door-cheeks o e porch. They were nine fit braid on ilka side. The ingyang wis twinty-five fit braid an its waas were five fit three inch braid on ilka side. ⁴⁹E porch wis thirty-five fit braid an twinty-wan fit fae front tae back. He brocht ma tae e stairs att gaed up tae it an there were posts on ilka side o e door-cheeks.

CHAPTIR 41

Syne e chiel brocht ma tae e Temple an mizzourt e door-cheeks. E door-cheeks were elyven fit braid on ilka side. ²The ingyang wis auchteen fit braid an e waas on ilka side o't were aucht fit nine inch braid. He mizzourt e Temple anaa. It wis syventy fit lang an thirty-five fit braid. ³Syne he gaed inno e benmaist chaulmer an mizzourt e door-cheeks o the ingyang. Ilka een wis three an a half fit braid. The ingyang wis elyven fit braid, an e waas on ilka side o't were twal fit braid. ⁴An he mizzourt e linth o e benmaist chaulmer. It wis thirty-five fit lang an thirty-five fit braid across its ein. He said tae ma, "Iss is e Maist Haily Place." ⁵Syne he mizzourt e waa o e Temple. It wis elyven fit thick, an ilka chaulmer alang e side wis syven fit braid. ⁶E side chaulmers were on three livvels, een abeen e tither, wi thirty on ilka livvel. E side chaulmers lay tee till e waa bit they didna gyang inno e waa itsel. ⁷E side chaulmers aa roon e Temple were braider as they gaed up, sae att e rooms were braider e heicher up they were. A stairs gaed up fae e grun fleer tae e tap fleer throwe e saicond fleer. ⁸A saa att e Temple hid a hichent boddom aa roon it, makkin a foun for e side chaulmers. It wis e linth o the ellwan, elyven fit lang. ⁹The ootmaist waa o e side chaulmers wis aucht fit nine inch braid. ¹⁰There wis a space atween e side chaulmers att wis pairt o e Temple. ¹¹There were ingyangs tae e side chaulmers fae iss space, een tae e north an anither tae e sooth; an e hichent boddom anent iss space wis aucht fit nine inch braid aa roon. ¹²E biggin facin e

Temple close on e wast side wis a hunner an twinty-three fit braid. E waa o e biggin wis aucht fit nine inch braid, aa roon, an it wis a hunner an fifty-aucht fit lang. [13]Syne he mizzourt e Temple; it wis a hunner an syventy-five fit lang, an e Temple close an e biggin wi its waas were a hunner an syventy-five fit lang anaa. [14]E Temple close, takkin in the front o e Temple, wis a hunner an syventy-five fit lang. [15]Syne he mizzourt e linth o e biggin facin e close at e back o e Temple, takkin in aa its lafts on ilka side. It wis a hunner an syventy-five fit. Syne he mizzourt e Temple, e benmaist haily place an e porch facin e coort. [16]E door-cheeks, e nerra windas an lafts roon their three livvels att steed anent the ingyang, wis clad wi wid. E fleer, e waa, up e linth o e windas, an e windas were aa clad. [17]I the space abeen e outside o the ingyang tae e benmaist haily place on e waas aa roon e benmaist an the ootmaist haily places wis a reglar pattern, [18]o carved cherubim an palm trees; palm trees an cherubim time aboot. Ilka cherub hid twa faces: [19]e face o a human bein leukin e wye o e palm tree on ae side an e face o a lion leukin e wye o e palm tree on e tither. They were carved aa roon e hale Temple. [20]Fae e fleer tae the area abeen the ingyang, cherubim an palm trees were carved onno e waa o e Temple. [21]E Temple door frame wis squaared an sae wis the een at the ingyang tae e Maist Haily Place. [22]There wis a widden aaltar five fit three inch heich an three an a half fit squaar. Its neuks, its foun an its sides were aa made o wid. E chiel said tae ma, "Iss is e table att's afore e Lord." [23]Baith e Temple an e Maist Haily Place hid a double door. [24]Ilka door hid twa hingin panels, twa for ilka door. [25]An on e doors o e Temple wis carved cherubim an palm trees like the eens carved on e waas, an there wis a widden owerhing at e front o e porch. [26]On e side waas o e porch there wis nerra windas wi palm trees carved on ilka side. E side chaulmers o e Temple hid owerhings anaa.

CHAPTIR 42

Syne e chiel teuk ma northlins intae the ootmaist coort an brocht ma tae e chaulmers anent e close o e Temple an conter the ootmaist waa tae e north airt. [2]E biggin fas door faced north wis a hunner an syventy-five fit lang an auchty-aucht fit braid. [3]Ae set o chaulmers leukit oot on e thirty-five fit braid benmaist close an anither set o chaulmers leukit oot onno e pavement o the ootmaist close. E twa blocks were biggit three tier heich an steed conter een anither. [4]Anent e chaulmers wis a lobby gyan in e wye, syventeen an a half fit braid an an a hunner an syventy-five fit lang. Their doors were tae e north. [5]Noo e heichest chaulmers were nerra'er, cause there wis a throwe-gyang att teuk space awa fae them att e chaulmers doon aneth didna hae. [6]E chaulmers were three tier heich an didna hae pillars lik e pillars i the coorts, sae e tapmaist fleer wisset back fae e middle an grun fleers. [7]There wis an ootmaist waa att pairtit e chaulmers fae the ootmaist coort rinnin anent e chaulmers for auchty-aucht fit. [8]E raa o chaulmers on e side anent the ootmaist coort wis auchty-aucht fit lang, e raa on e side anent e haily place wis a hunner an syventy-five fit lang. [9]E boddom chaulmers hid an ingyang tae the east, gyan in fae the ootmaist coort. [10]Tae e sooth side alang e linth o e waa o the ootmaist coort, anent e Temple close an the biggin, there were chaulmers. [11]There wis a throwe-gyang afore them, jist lik e chaulmers tae e north. They hid e same braidth an linth, wi e same ingyangs, doors an mizzourments. [12]E same as e doors tae e sooth, there wis a door at e heid o e throwgyang, e throwgyang anent e waa tae the east, far ye gaed in tae e chaulmers.

[13]Syne he said tae ma, "E north an sooth chaulmers anent e Temple close are e priests' chaulmers, far e priests fa gyang up tae e Lord ett e maist haily offerins. There they lay oot e maist haily offerins, e grain offerins an the offerins for ill-deeins an e guilt offerins, cause iss place is haily. [14]Fan e priests gyang inno e haily place, they maunna gyang inno the ootmaist coort till they hiv left ahin aa e claes att they weer fan meenisterin, cause they're haily. They maun pit on ither claes afore they gyang inno e places far ither fowk are alooed tae gyang." [15]Fan he wis throwe mizzourin fit wis inno e Temple itsel, he led ma oot bi the east yett an mizzourt e grun aa roon. [16]He mizzourt the east side wi the ellwan. It wis aucht hunner an

syventy-five fit. ¹⁷He mizzourt e north side. It wis aucht hunner an syventy-five fit bi the ellwan. ¹⁸He mizzourt e sooth side. It wis aucht hunner an syventy-five fit bi the ellwan.

¹⁹Syne he turnt tae e wast side an mizzourt. It wis aucht hunner an syventy-five fit bi the ellwan. ²⁰Sae he mizzourt e grun on aa fower airts. It hid a waa roon aboot it aucht hunner an syventy-five fit lang an aucht hunner an syventy-five fit braid, tae sinner fit wis haily fae fit wis ornar.

CHAPTIR 43

Syne e chiel brocht ma tae the east yett, ²an A saa e glory o e God o Israel comin fae the east. His vice wis lik e roar o a spate, an e lan wis glintin wi his glory. ³E veesion A saa wis lik e veesion A'd seen fan he cam tae ding doon e toon an lik e veesions A'd seen anent e Kebar watters, an A fell aa ma linth. ⁴E glory o e Lord gaed in tae e Temple throwe the east yett. ⁵Syne e speerit reesed ma up an brocht ma inno e benmaist coort, an e glory o e Lord fulled e Temple.

⁶Wi e chiel staanin aside ma, A heard somebody spikkin tae ma fae inside o e Temple. ⁷He said: "Sin o man, iss is e place o ma throne an e place for e soles o ma feet. Iss is far A'll bide amo e fowk o Israel for aye. Nivver again will e fowk o Israel, nae them nor their keengs, fyle ma haily name wi their hoorin an e deid bodies o their keengs at their heich aaltars. ⁸Fan they set up their eedols neist mine an their door-cheeks neist my door-cheeks, wi jist a waa atween me an them, they fylt ma haily name wi their fool proticks. Sae A dung them doon in ma annger. ⁹Noo lat them dee awa wi their hoorin an pittin e deid bodies o their keengs on their heich aaltars, an A'll bide amo them for aye.

¹⁰"Sin o man, tell e fowk o Israel aa aboot e Temple, sae they mith be affrontit at their ill-deeins. Lat them think o its mizzourments, ¹¹an gin they're affrontit att aa their ill-deeins, tell them aa aboot foo e Temple his been biggit, its lay-oot, its ingyangs an ootgyangs, its hale ootline an aa its statutes an laas. Vreet them doon afore them sae they mith be leal tae its layoot an folla its laas. ¹²Iss is e laa o e Temple: Aa e grun roon aboot it on e heid o e hill will be maist haily. Att's e laa o e Temple.

¹³"Here's e mizzourments o the aaltar: its branner is twinty-wan inch deep an twinty-wan inch braid, wi a nine-inch lip aa roon its edge. An iss is e hicht o the aaltar: ¹⁴fae e branner on e grun up tae e boddom cantle att gyangs roon the aaltar is three an a half fit, an e cantle is twinty-wan inch braid. Fae iss boddom cantle tae e heichmaist cantle att gyangs roon the aaltar is syven fit, an att cantle is twinty-wan inch braid anaa. ¹⁵Abeen att, the aaltar fire-steen is syven fit heich, wi fower horns stickin up fae e fire-steen. ¹⁶The aaltar fire-steen is squaar, twinty-wan fit lang an twinty-wan fit braid. ¹⁷E tapmaist cantle is squaar anaa, twinty-fower fit lang an twinty-fower fit braid. Aa roon the aaltar rins a branner twinty-wan inch braid wi a lip o ten an a half inch. E steps o the aaltar face eastlins."

¹⁸Syne he said tae ma, "Sin o man, iss is fit e Lord God says: iss will be e laas for sacrifeecin brunt offerins an spirklin bleed agin the aaltar eence its biggit. ¹⁹Ye'll gie a bullick as an offerin for ill-deeins tae e Levite priests fa are o the ation o Zadok, fa come in aboot tae meenister tae ma, says e Lord God. ²⁰Ye'll tak some o'ts bleed an pit it on e fower horns o the aaltar an on e fower neuks o e tapmaist cantle an aa roon e lip, an sae purifee the aaltar an cleanse it. ²¹Ye'll tak e bullick for the offerin for ill-deeins an burn it i the set pairt o Temple, ootside e haily place. ²²On e saicond day ye'll offer a perfeck billy goat as an offerin for ill-deeins, an the aaltar is tae be purifiet as it wis purifiet wi e bullick. ²³Eence ye're throwe wi e purifeein, ye'll offer a bullick an a ram fae e flock, an baith o them maun be perfeck. ²⁴Ye'll offer them afore e Lord, an e priests will spirkle saut onno them an sacrifeece them as a brunt offerin tae e Lord. ²⁵For syven days ye'll pit forrit a billy goat ilka day as an offerin for ill-deeins, an ye'll

pit forrit a bullick an a ram fae e flock, an baith o them maun be perfeck. [26]For syven days they'll purifee the aaltar an cleanse it; att's e wye they'll dedicait it. [27]At the ein o e syven days, fae the auchth day on, e priests are tae pit forrit yer brunt offerins an yer peace offerins on the aaltar. Syne A'll accep ye, says e Lord God."

CHAPTIR 44

Syne e chiel brocht ma back tae the ootmaist yett o e haily place, the een facin east, an it wis caaed tee. [2]E Lord said tae ma, "Iss yett maun bide shut. It maunna be opent, naebody maun come in throwe it. It maun bide shut cause e Lord, e God o Israel, his come in throwe it. Sae it maun aye bide shut. [3]E chieftain himsel is the only een fa maun sit i the yett tae ett afore e Lord. He maun come in bi e porch o e yett an gyang oot e same wye." [4]Syne e chiel brocht ma bi wye o e north yett tae e front o e Temple. A leukit an saa e glory o e Lord fullin e Temple o e Lord, an A fell aa ma linth. [5]E Lord said tae ma, "Sin o man, tak a gweed leuk, preen back yer lugs, an tak tent o aa A hiv tae say tae ye aboot aa e rules an commans for e Temple o e Lord. Tak tent o aa the incomins tae e Temple an aa the ootgyangs fae e haily place. [6]Say tae contermashious Israel, 'Iss is fit e Lord God says: fech wi yer fool proticks, fowk o Israel. [7]As weel as aa yer ither fool proticks, ye brocht forriners, uncircumceesed baith in hert an flesh, in tae ma haily place, fylin ma Temple fan ye were offerin ma maet, creesh an bleed, an ye breuk ma covenant wi aa yer fool cairryin on. [8]Raither nor haudin in wi ma haily things, ye pat ither fowk in chairge o ma haily place.

[9]Iss is fit e Lord God says: nae forriner, uncircumceesed in hert an flesh, maun win inno ma haily place, nae aiven forriners fa bide amo e fowk o Israel. [10]E Levites fa turnt awa fae ma fan Israel gaed agley an fa turnt awa fae ma, chasin their eedols maun dree e weird o their ill-deeins. [11]They mith serve in ma haily place, be in chairge at e yetts o e Temple an serve in't; they mith slaughter e brunt offerins an sacrifeeces for e fowk an stan afore e fowk an serve them. [12]Bit cause they served them afore their eedols an garrt e fowk o Israel faa tae deein ill, A've teen an aith, wi ma han reesed up, att they maun dree e weird o their ill-deein, says e Lord God. [13]They maunna come in aboot tae serve ma as priests nor come near han ony o ma haily things nor ma maist haily offerins; they maun dree e weird o their fool proticks. [14]Still-an-on A'll appint them tae tak chairge o e Temple, for aa e wark an aa e lave att maun be deen inno't.

[15]"Bit e priests o clan Levi, fa are the ation o Zadok an fa gairdit ma haily place fan e fowk o Israel turnt awa fae ma, maun come in aboot an meenister tae ma. They maun stan afore ma tae offer sacrifeeces o creesh an bleed, says e Lord God. [16]They an naebody ither maun gyang inno ma haily place. They an naebody ither maun come near han ma table tae meenister afore ma an dee ma biddin.

[17]"Fan they gyang inno e yetts o e benmaist coort, they maun weer leenen claes. They maunna weer naethin made fae oo fan they're meenisterin at e yetts o e benmaist coort nor inno e Temple. [18]They maun weer leenen bonnets on their heids an leenen draawers roon their hurdies. They maunna weer naethin tae gar them sweit. [19]Fan they gyang oot tae the ootmaist coort amo e fowk, they maun tirr e claes they were weerin tae meenister in an leave them i the haily chaulmers, an pit on their ilkaday claes, sae att they winna convoy hailiness tae e fowk throwe their claes. [20]They maunna shave their heids nor lat their hair growe lang, bit they maun keep their heids weel shorn. [21]Nae priest maun drink wine eence he gyangs inno e benmaist coort. [22]They maunna mairry weedas nor weemen fa hiv been mairriet afore. They maun only mairry maidens fa hiv nivver lain wi a man, o Israelite ation or e weedas o priests. [23]They maun learn ma fowk e difference atween e haily an the ornar an shew them foo tae tell apairt e fool fae e clean. [24]Fan there's argie-bargiein, they'll jeedge e richt gait o't an ony deceesion will be accoordin tae my laas. They maun keep ma laas an ma commans for aa appintit fairs, an they maun keep ma Sabbaths haily. [25]A priest maunna fyle himsel bi gyan onywye near han a deid body. Bit gin e deid body wis his fadder or

mither, sin or dother, brither or unmairriet sister, syne he mith fyle himsel. [26]Efter he is cleant, he maun wyte syven days. [27]On e day he gyangs inno e benmaist coort o e haily place tae meenister tae e haily place, he maun pit up an offerin for his ill-deeins, says e Lord God. [28]A'm tae be the ae heirskip o e priests. Ye maunna gie them naethin tae ain in Israel; A'll be fit they ain. [29]They'll ett e grain offerins, the offerins for ill-deeins an e guilt offerins; an aathin set aside in Israel for e Lord will be theirs. [30]E best o aa e firstfruits an o aa yer fairins will belang tae e priests. Ye maun gie them e first gowpenfu o yer roch meal sae att a blissin mith reest on yer hoose. [31]E priests maunna ett naethin, bird nor beast faun deid or rippit tae bits bi wild beasts.

CHAPTIR 45

[1]"'Fan ye pairt oot e grun as an heirskip. Ye maun set aside a bit o e grun as e Lord's ain grun, aucht mile lang bi sax an a half mile braid. An e hale mizzour o't will be haily. [2]Fae iss, a pairt o't, aucht hunner an syventy-five fit squaar maun be teen for e haily place, wi auchty-aucht fit o open grun aa roon aboot it. [3]I the Lord's ain grun ye maun mizzour oot a pairt aucht mile lang bi three an a third mile braid. Inno't will be e haily place, caaed E Maist Haily Place. [4]It will be e haily pairt o e grun for e priests, fa meenister i the haily place an fa draa in aboot tae meenister tae e Lord. Their hooses will be inno't an sae will e haily place for ma Temple. [5]Anither bit o grun aucht mile lang an three an a third mile braid will belang tae e fowk o e Levi clan, fa serve i the Temple, as their ain for toons tae bide in.

[6]"'Ye maun gie tae e toon as its ain, a bit o grun a mile an twa thirds braid an aucht mile lang, anent e haily grun. It will be common grun tae aa Israel.

[7]"'E chieftain will hae grun on ilka side o God's ain grun an e toon grun. It will rin wast fae e wast side an east fae the east side, rinnin ein on fae e wast tae the east border mairchin wi een o e clan lots. [8]Iss will be his ain grun Israel. An ma chieftain winna ding doon ma fowk nae mair, bit will aloo them e lave o e grun accoordin tae their clans.

[9]"'Iss is fit e Lord God says: Hoot awa, ye chieftains o Israel. Dee awa wi yer veelence an yer doon-haudin an dee fit's fair an richt. Stop clearin ma fowk fae e lan, says e Lord God. [10]Ye maun stick tae honest wechts an mizzours, an honest dry mizzour an an honest weet mizzour.[11]E dry mizzour an e weet mizzour maun baith be e same, e weet mizzour bein five an a half gallin, an e dry mizzour a half bushel, ilka een bein a tenth pairt o e standart mizzour. [12]E standart mizzour will be e shekel. Ae shekel will be twinty geraths, an saxty shekels will be a mina. [13]Iss is the offerin ye maun mak: Three quarts fae ilka five bushel o wheat an three quarts fae ilka five bushel o barley. [14]E pairt o ile in weet mizzour, will be wan per cent o ilka cor. The cor will be ten weet mizzours, ae standart mizzour, cause ten weet mizzours is e same as ae standart mizzour. [15]Ae sheep maun be teen fae ilka flock o twa hunner fae e weel-wattered girsins o Israel. They'll be eesed for e grain offerins, brunt offerins an peace offerins tae please ma, says e Lord God. [16]Aa e fowk o Israel will be thirlt tae gie iss speecial offerin tae e chieftain in Israel. [17]It'll faa tae e chieftain tae pit up e brunt offerins, grain offerins an drink offerins at e fairs, e New Meens an e Sabbaths, aye at aa the appintit fairs o Israel. He'll pit up the offerins for ill-deeins, e grain offerins, brunt offerins an peace offerins tae mak peace atween e Lord an e fowk o Israel. [18]Iss is fit e Lord God says: on e first day o e first month, ye maun tak a perfeck bullick an purifee the haily place. [19]E priest maun tak some o e bleed o the offerin for ill-deeins an pit it on e door-cheeks o e Temple, on e fower neuks o e tapmaist cantle o the aaltar, an on e yettposts o e benmaist coort. [20]Ye maun dee e same on e syventh day o e month for onybody fae dis ill bi mistaak or unkennin; sae att wye, ye'll keep e Temple haily. [21]On e fowerteenth day o e first month, ye maun keep e Passower, a fair att maun lest syven days. For att time ye maun ett loaf made wi nae barm. [22]On att day e chieftain maun pit up a bull an an offerin for ill-deeins

baith for hissel an for aa e fowk o Israel. [23]Ilka day o e syven days o e fair, he maun pit up syven perfeck bulls an syven perfeck rams as a brunt offerin tae e Lord, an a billy goat for an offerin for ill-deeins. [24]He maun pit up as a grain offerin half a bushel for ilka bull an half a bushel for ilka ram wi a gallin o olive ile for ilka half bushel. [25]For e syven days o e fair, startin on e fifteenth day o e syventh month, he maun pit up e same for offerins for ill-deeins, brunt offerins an grain offerins, alang wi the ile.

CHAPTIR 46

"'Iss is fit e Lord God says: e yett o e benmaist coort facin tae the east maun be shut on e sax warkin days, bit on e Sabbath day an on e day o e New Meen it maun be opent. [2]E chieftain maun gyang in fae the ootside throwe e porch o e yett an stan bi e yettpost. E priests maun sacrifeece his brunt offerin an his peace offerins. He maun boo doon in wirship at e ingyang o e yett an syne gyang oot, bit e yett winna be shut or nicht. [3]E same wye, aa e fowk maun wiship at the ingyang o iss yett on e Sabbaths an New Meens. [4]E brunt offerin e chieftain fesses tae e Lord on e Sabbath day maun be sax wedder lambs an a ram, aa tae be perfeck. [5]E grain offerin gien wi e ram maun be twa an a half steen, an e grain offerin wi e lambs can be as muckle as he likes, alang wi a gallin o ile for ilka twa an a half steen. [6]On e day o e New Meen he maun offer a bullick, sax lambs an a ram, aa tae be perfeck. [7]He maun pit up as a grain offerin, twa an a half steen wi e bull, twa an a half steen wi e ram, an wi e lambs as muckle as he wints tae gie, alang wi a gallin o ile for ilka twa an a half steen. [8]Fan e chieftain gyangs in, he maun gyang in throwe e porch o e yett, an he maun come oot e same wye.

[9]"'Fan aa e fowk come afore e Lord on e fair days, them fa gyang in bi e north yett tae wirship, maun gyang oot bi e sooth yett; an them fa gyang in bi e sooth yett maun gyang oot bi e north yett. Naebody maun gyang oot bi the yett they cam in throwe, bit ilka body maun gyang oot bi e conter yett. [10]E chieftain maun be amo them, gyan in fan they gyang in an gyan oot fan they gyang oot. [11]At e feasts an e fairs, e grain offerin maun be twa an a half steen wi a bull, twa an a half steen wi a ram, an wi e lambs as muckle as he likes, alang wi a gallin o ile for ilka twa an a half steen. [12]Fan e chieftain gies a voluntar offerin tae e Lord, be it a brunt offerin or a peace offerin, e yett facin east maun be opent for him. He'll gie his brunt offerin or his peace offerins e same wye as he dis on e Sabbath day. Syne he'll gyang oot, an eence he's oot, e yett will be shut. [13]Ilka day ye maun pit forrit a year aul lamb att's perfeck for a brunt offerin tae e Lord; ilka foreneen ye maun pit een forrit. [14]An ye maun pit forrit ilka foreneen a sax pun grain offerin wi three pints o ile tae weet e flooer. E pittin forrit o iss grain offerin tae e Lord will be a stannin laa. [15]Sae e lamb an e grain offerin an the ile maun be pat forrit ilka foreneen for a reglar brunt offerin.

[16]"'Iss is fit e Lord God says: gin e chieftain gie fae his ain heirskip tae een o his sins, it will belang tae them fa come efter anaa. They will heir it anaa. [17]Bit, gin he gies fae his heirskip tae een o his servants, e servant can keep it till e year he's lowsed, syne it will gyang back tae e chieftain. His heirskip belangs jist tae his sins, it's theirs for aye. [18]E chieftain maunna tak neen o e fowks' heirskip, pittin them fae their grun. He maun gie his sins their heirskip fae his ain grun, sae att neen o ma fowk will be sinnert fae their ain gun.'"

[19]Syne e chiel brocht ma throwe the ingyang at e side o e yett tae e haily chaulmers o e priests facin north, an shewed ma a placie at e wastern ein. [20]He said tae ma, "Iss is e place far e priests maun cook e guilt offerin an the offerins for ill-deeins, tae hain them fae fessin them inno the ootmaist coort an consecraitin e fowk." [21]Syne he brocht ma tae the ootmaist coort an led ma aa roon its fower neuks. In ilka neuk A saa anither coort. [22]I the fower neuks o the ootmaist coort were reefed-in coorts syventy-fit lang an fifty-three fit braid. Ilka een o e coorts i the fower neuks wis e same size. [23]Roon the inside o ilka een o e fower

coorts wis a steen cantle, wi places for fire biggit aa roon aneth e cantle. [24]He said tae ma, "Iss is e kitchens far them fa meenister at e Temple maun cook e fowks' sacrifeeces."

CHAPTIR 47

E chiel brocht ma back tae the ingyang o e Temple, an A saa watter rinnin oot fae aneth the east door o e Temple, cause e Temple itsel faced tae the east. E watter wis rinnin doon fae aneth e sooth side o e Temple, sooth o the aaltar. [2]Syne he brocht ma oot throwe e north yett an led ma roon the ootside tae the ootmaist yett facin east, an e watter wis sypin fae e sooth side. [3]E chiel gaed eastlins wi a mizzourin line in his han an he mizzourt aff wan thoosan syven hunner an fifty fit an syne led ma throwe watter att wis up tae ma queets. [4]He mizzourt aff anither wan thoosan, syven hunner an fifty fit an led ma throwe watter att wis up tae ma knees. He mizzourt aff anither wan thoosan syven hunner an fifty fit an led ma throwe watter att wis up tae ma wyste. [5]He mizzourt aff anither wan thoosan syyven hunner an fifty fit, bit it wis noo a watterin att A cudna win ower, cause e watter hid risen an wis deep aneuch tae sweem in. A watterins att neen culd win ower.

[6]He speirt at ma, "Sin o man, div ye see iss?" Syne he led ma back tae e bank o e watter. [7]Fan A got there, A saa a hantle o trees on ilka side o e watter. [8]He said tae ma, "Iss watter rins eastlins an gyangs doon tae e roch cuntra far it rins intae e Deid Sea. Fan it teems inno e sea, e sautty watter there turns tae fresh watter. [9]Swaarms o beasties o aa kynes will bide farivver e watter rins. There'll be a muckle collieshangie o fish, cause iss watter rins there an maks e saut watter fresh; sae far e watter rins, aathin will live. [10]Fishermen will stan alang e shore; fae Engedi tae En-eglaim there'll be places for spreadin oot nits. There will be aa kynes o fish, jist lik i the Mediterranean Sea. [11]Bit e bogs an mosses winna turn fresh, they'll be left sautty. [12]Fruit trees o aa kynes will growe on baith banks o e watter. Their leaves winna wither; they winna miss a fruitin. Ilka month they'll gie a gweed crap, cause e watter fae e haily place rins doon tae them. Their fruit will serve for maet an their leaves will sain."

[13]Iss is fit e Lord God says: "Iss is e mairches o e grun ye'll pairt oot amo e twal clans o Israel as their heirskip, wi twa pairts for Joseph. [14]Ye maun pairt it oot eeksie-peeksie amo them. Cause A swore wi a han reesed up tae gie it tae yer forebeers, iss grun will be yer heirskip. [15]Iss will be e mairch o e grun: northlins, it will rin fae e Mediterranean Sea e wye o e Hethlon road by Lebo Hamath tae Zedad, [16]Berothah an Sibraim, fit lies on e border atween Damascus an Hamath, e linth o Hazer Hattikon, fit lies is on e border o Hauran. [17]E mairch will rin fae e sea tae Hazar Enan, alang e northlins mairch wi Damascus, an e mairch wi Hamath tae e north. Iss'll be e northlins mairch. [18]Eastlins, e mairch will rin atween Hauran an Damascus, alang e Jordan atween Gilead an e lan o Israel, tae e Deid Sea e linth o Tamar. Iss'll be the eastlins mairch. [19]Tae e south it will rin fae Tamar e linth o e watters o Meribah Kadesh, syne alang e Wadi o Egypt tae e Mediterranean Sea. Iss'll be e sooth mairch. [20]Wastlins, e Mediterranean Sea will be e mairch tae a pint anent Lebo Hamath. Iss'll be e wastern mairch. [21]Ye maun pairt oot iss grun amo yersels in line wi e clans o Israel.

[22]Ye ye maun pairt it oot as an heirskip for yersels an for e forriners bidin amo ye fa hiv bairns. Ye maun coont them as bein hamewart Israelites; alang wi you they maun be gien an heirskip amo e clans o Israel. [23]Ilka forriner maun get an heirskip alang wi fitivver clan he bides wi," says e Lord God.

CHAPTIR 48

"Noo, here's e names o e clans: At e northmaist cuntra, Dan will hae ae pairt; e mairches will folla the Hethlon road e linth o Lebo Hamath; Hazar Enan an e north mairch wi Damascus neist Hamath will be pairt o its mairch fae east tae wast. ²Asher will hae ae pairt; it will mairch wi e clan lans o Dan fae east tae wast. ³Naphtali will hae ae pairt; it will mairch wi e clan lans o Asher fae east tae wast. ⁴Manasseh will hae ae pairt; it will mairch wi e clan lans o Naphtali fae east tae wast. ⁵Ephraim will hae ae pairt; it will mairch wi e clan lans o Manasseh fae east tae wast. ⁶Reuben will hae ae pairt; it will mairch wi e clan lans o Ephraim fae east tae wast. ⁷Judah will hae ae pairt; it will mairch wi e clan lans o Reuben fae east tae wast. ⁸"Mairchin wi e clan lans o Judah fae east tae wast will be e pairt ye maun gie as a speecial hansel. It will be aucht mile braid, an its linth fae east tae wast will be the aqual o e clan pairts; the haily place will be i the midse o't. ⁹E speecial pairt ye maun offer tae e Lord will be aucht mile lang an three an a third mile braid.¹⁰Iss will be e haily pairt for e priests. It will be aucht mile lang on e north side, three an a third mile braid on e wast side, three an a third mile braid on the east side an aucht mile lang on e sooth side. I the midse o't will be e haily place o e Lord. ¹¹Iss will be for e consecraitit priests, the ation o Zadok, fa were leal in servin ma an didna gyang agley lik e Levites fan the Israelites gaed agley. ¹²It will be a speecial hansel tae them fae the haily pairt o e lan, a maist haily pairt, mairchin wi e grun o e Levites. ¹³Neist tae e priests' grun, e Levites will hae a bit o grun aucht mile lang an three an a third mile braid. Its hale linth will be aucht mile an it will be three an a third mile braid. ¹⁴They maunna sell nor excamb neen o't. Iss is e best o e grun an maunna pass inno nae ither body's hans, cause it is haily tae e Lord.

¹⁵"E lave o e grun, a mile an twa thirds braid an aucht mile lang, will be for e common eese o e toon, for biggin hooses an for grazin. E toon will be i the middle o't, ¹⁶an iss will be e mizzourments o't: e north side a mile an a half, e sooth side a mile an a half, the east side a mile an a half, an e wast side a mile an a half. ¹⁷E grazin for e toon will be fower hunner an fowerty fit on e north, fower hunner an fowerty fit on e sooth, fower hunner an fowerty fit on the east, an fower hunner an fowerty fit on e wast. ¹⁸Fit's left o e grun, mairchin wi e haily pairt an rinnin e linth o't, will be three an a third mile on the east an three an a third mile on e wast. Fit it growes will supply maet for e warkmen o e toon. ¹⁹E ferm servants fa wark it will come fae aa e clans o Israel. ²⁰E hale pairt will be squaar, aucht mile on ilka side. E haily pairt ye maun set aside alang wi e toon grun.

²¹"E lave o e grun on baith sides o e grun o e haily pairt an e toon grun will belang tae e chieftain. It will rin eastlins fae the aucht mile o e haily pairt tae the east mairch, an wastlins fae the aucht mile o e wast mairch. Baith iss bits o grun, rinnin e linth o e clan pairts will belang tae e chieftain, an e haily pairt wi e Temple haily place will be i the middle o them. ²²Sae e Levites' grun an e toon grun lie i the middle o e grun att's aint bi e chieftain. E grun att's aint bi e chieftain will lie anent e mairch wi Judah an e mairch wi Benjamin. ²³As for e lave o e clans, Benjamin will hae ae pairt, rinnin fae the east side tae e wast side. ²⁴Simeon will hae ae pairt mairchin wi e grun o Benjamin fae east tae wast. ²⁵Issachar will hae ae pairt; mairchin wi e grun o Simeon fae east tae wast. ²⁶Zebulun will hae ae pairt, mairchin wi e grun o Issachar fae east tae wast. ²⁷Gad will hae ae pairt, mairchin wi e grun o Zebulun fae east tae wast. ²⁸E south mairch o Gad will rin sooth fae Tamar tae e watters o Meribah Kadesh, syne alang e Wadi o Egypt tae e Mediterranean Sea. ²⁹Iss is e grun ye're tae pairt oot as an heirskip tae e clans o Israel, an att'll be their pairts," says e Lord God.

³⁰"Iss will be the ootgyangs fae e toon: startin tae e north, att's a mile an a half lang, ³¹e yetts o e toon will be caaed efter e clans o Israel. E three yetts tae e north will be e yett o Reuben, e yett o Judah an e yett o Levi. ³²Tae the east side, att's a mile an a half lang, will be three yetts: e yett o Joseph, e yett o Benjamin an e yett o Dan. ³³On e sooth side, att's a mile an a half lang, will be three yetts: e yett o Simeon, e yett o Issachar an e yett o Zebulun. ³⁴Tae e wast, att's a mile an a half lang, will be three yetts:

e yett o Gad, e yett o Asher an e yett o Naphtali. [35]E distance aa roon will be sax mile. An e name o e toon fae att time on will be:
E LORD IS THERE."

E BEUK O DANIEL

CHAPTIR 1

I the third ear o e rowle o Jehoiakim keeng o Judah, Nebuchadnezzar keeng o Babylon cam tae Jerusalem an laid siege till't. [2]An e Lord gied Jehoiakim keeng o Judah inno his hans, alang wi the accootrements o God's Temple. He carriet them awa tae e temple o his god i the Babylon cuntra an he teuk the accootrements inno his god's trissure hoose.

[3]Syne e keeng bad Ashpenaz, heid billy amo his coort officeels, fess till him a fyow o the Israelites fa were o e royal faimly or o e gintry, [4]young birkies wi nae fauts, weel-faurt, skeely i the learnin, clivver chiels, quick on the up-tak, an weel able tae sair i the keeng's hoose. He wis tae learn them tae spik an screive i the tongue o e fowk o Babylon. [5]E keeng gied orders att ilka day they wid get maet an wine fae e keeng's boord. They were tae get three ears' learnin, an syne they wid atten e keeng. [6]Amo e chiels pickit were fower fae Judah: Daniel, Hananiah, Mishael an Azariah. [7]The heid billy gied them new names: tae Daniel, he gied e name Belteshazzar; tae Hananiah, Shadrach; tae Mishael, Meshach; an tae Azariah, Abednego.

[8]Bit Daniel widna fyle himsel wi e royal maet an wine, an he socht o e heid billy tae alloo him tae nae fyle himsel att wye. [9]Noo God hid made e heid billy hae a saft side for Daniel, [10]bit he telt Daniel, "A'm some feart at ma maister e keeng, fa his appintit fit maet an drink ye maun get. Fit wye shuld he see ye leukin mair shilpit nor e tither birkies o yer ain age? E keeng wid hae ma heid cause o ye." [11]Syne Daniel said tae e gaird att e heid billy hid appintit ower him an Hananiah, Mishael an Azariah, [12]"Try hiz oot for ten days, gie hiz naethin bit vegetables tae ett an watter tae drink.[13]Syne see fit we leuk lik by's e birkies fa ett e royal maet, an deal wi yer servants accoordin tae fit ye see." [14]Sae he teuk wi Daniel's say-awa an tried them oot for ten days. [15]At the ein o e ten days they leukit mair hale an herty nor ony o e birkies fa hid etten e royal maet. [16]Sae e gaird teuk awa their fancy maet an e wine they were gien tae drink an jist gied them vegetables.

[17]God gied iss fower chiels aa kyn o learnin an unnerstannin o screivins an lear. An Daniel culd unnerstan veesions an dreams o aa kynes. [18]At the ein o e time set for their learnin bi e keeng, e heid billy brocht them in tae Nebuchadnezzar. [19]E keeng hid a news wi them an he faun neen o them were e marra o Daniel, Hananiah, Mishael an Azariah; sae they were teen on tae sair e keeng. [20]In ilka metter o lear an wisdom e keeng speirt them aboot, he faun them ten times better nor ony o e magicians or spaemen in his keengdom. [21]An Daniel bade there till e first ear o keeng Cyrus.

CHAPTIR 2

I the saicond ear o his reign, Nebuchadnezzar hid dreams; he wis fair oot o his heid an he culdna sleep. [2]Sae e keeng cried in aboot his magicians an spaewives, warlocks an seers tae wark oot fit his dreams were aa aboot. Fan they cam in an steed afore e keeng, [3]he said tae them, "A've hid a dream att A'm some thochtit wi an A'm needin tae ken fit it means." [4]Syne e seers answert e keeng, "Mith e keeng live for ivver. Tell hiz, yer servants, fit ye dreamt aboot an we'll tell ye fit the upcome o't is." [5]Says e keeng tae e seers, "Ma myn is fair set on iss, gin ye dinna tell ma fit ma dream is aa aboot, A'll hae ye hackit tae bits an yer hooses caaed tae a rummle o steens. [6]Bit gin ye tell ma fit ma dream says an wark oot fit it's aa aboot, ye'll get a rowth o gear for yer rewaard an be weel reesed oot. Sae tell ma fit ma dream says an fit it's aa aboot." [7]Syne they said, "Lat e keeng tell hiz, his servants, fit e dream wis an we'll wark oot fit it's aa aboot." [8]Says e keeng tae them,"A think ye're playin for time, ma loons, cause ye ken fit's i ma noddle. ⁹Gin ye canna wark oot fit e dream's aboot there's jist the ae ein for ye. Ye've gotten egither tae swick ma an tell ma ill wirds, hopin att things will cheenge. Sae, come awa noo, tell ma fit ma dream's aa aboot, an A'll ken att ye can wark oot e meanin o't."

¹⁰Said e seers tae e keeng, "There's neen i the hale warl fa can dee fit e keeng's sikkin. Nae keeng afore, fooiver great an michty his ivver socht sic things fae ony magician, warlock or seer. ¹¹Fit e keeng's speirin o hiz is nae mowse. Naebody can explain it tae e keeng forbye e gods, an they dinna bide amo hiz human fowk." ¹²Iss fair got e keeng's birse up an sae he ordert att aa e clivver chiels o Babylon be deen awa wi. ¹³Sae the order wis gien tae pit aa e clivver chiels tae daith, an chiels were sent tae sikk oot Daniel an his cronies tae pit them tae daith anaa.

¹⁴Fan Arioch, e commander o e keeng's gaird, gaed oot tae dee awa wi aa e clivver chiels o Babylon, Daniel spak tae him cannily an wi mense. ¹⁵He speirt at e keeng's offisher, "Fit wye did e keeng gie oot sic a snell order?" Arioch syne telt Daniel e geest o't. ¹⁶Wi iss, Daniel gaed tae e keeng an socht time tae wark oot fit e dream wis aa aboot. ¹⁷Syne Daniel gaed hame an pat his cronies Hananiah, Mishael an Azariah throwe e maitter. ¹⁸He priggit wi them tae sikk mercy fae e God o hivven ower iss ferlie, sae att him an his cronies widna be deen awa wi alang wi e lave o e clivver chiels o Babylon.

¹⁹Throwe e nicht, e ferlie wis kythed tae Daniel in a veesion. Syne Daniel praised e God o hivven ²⁰an said: "Praise be tae e name o God for ivver an ivver, wisdom an pooer belang tae him. ²¹He cheenges times an sizzons; he dings doon keengs an reeses up ithers. He gies wisdom tae e clivver an learnin tae them fa hiv unnerstannin. ²²He kythes fit's deep an hodden; he kens fit lies i the mirk an licht dwalls inno him. ²³A gie ye thanks an praise, God o ma forebeers. Ye've gien ma kennin an pooer, ye've telt ma fit we speirt at ye, ye've shewn hiz fit e keeng's dream wis aa aboot."

²⁴Syne Daniel gaed tae Arioch, fa'd been appintit bi e keeng tae dee awa wi aa e clivver chiels o Babylon, an said tae him, "Dinna dee awa wi e clivver chiels o Babylon. Tak ma tae e keeng, an A'll tell him fit his dream's aa aboot." ²⁵Arioch hurriet Daniel tae e keeng an said, "A've faun a chiel amo the exiles fae Judah fa can tell Yer Majesty fit his dream's aa aboot." ²⁶E keeng speirt at Daniel fa wis kent as Belteshazzar, "Can ye tell ma fit A saa in ma dream an fit it's aa aboot?" ²⁷Says Daniel, "Nae clivver chiel, spaewife, magician or seer can wark oot e ferlie e keeng is speirin aboot, ²⁸bit there is a God in hivven fa can kythe ferlies. He's shewn keeng Nebuchadnezzar fit's gyan tae happen i the days tae come. Iss is fit e dream an e veesion att cam intae yer heid fan ye wis lyin i yer bed are aa aboot: ²⁹as Yer Majesty wis lyin there, yer thochts turnt tae things att are tae be, an him fa kythes ferlies shewed ye fit's gyan tae happen. ³⁰Bit, ye ken, iss ferlie his been kythed tae me, nae cause A'm ony clivverer nor e neist body, bit sae att Yer Majesty mith ken fit it's aa aboot an unnerstan fit cam inno yer heid.

³¹"Yer Majesty leukit, an stannin afore ye wis a muckle statue, a great muckle, bricht-sheenin aawsome-leukin statue. ³²The heid o e statue wis vrocht oot o pure gowd, its breist an airms o siller, its stamack an hochs o bress, ³³its legs o airn, its feet halflins airn an halflins cley. ³⁴As ye were leukin on, a muckle steen wis hewn oot, bit nae bi ony human han. It strack e statue on its feet o airn an cley an caaed them tae bits. ³⁵Syne, the airn, e cley, e bress, e siller an e gowd were aa breuken tae bits an turnt lik caff on e mull fleer i the simmer. E win swypit them awa wi nae a smatterin tae be seen. Bit e muckle steen att strack e statue turnt intill a moontain an fullt e hale o e warl.

³⁶"Iss wis yer dream, an noo we'll tell e keeng fit it wis aa aboot. ³⁷Yer Majesty, ye're e keeng o aa keengs. E God o hivven his gien ye e richt tae rowle, pooer, strinth an glory; ³⁸he his pat aa mankyn, an e beasts o e parks ane birds i the lift inno yer hans. He his made ye rowler ower them aa. Ye're att heid o gowd. ³⁹Efter you, anither keengdom will come tae e fore, bit o lesser wirth nor yours. Syne there will be

anither keengdom, een o bress att will rowle ower e hale warl. [40]Hinmaist o aa, there will be a fowerth keengdom, stoot as airn, cause airn braaks aathin tae bits. Sae jist as airn braaks aathin tae bits it will braak aa e tither keengdoms tae bits. [41]Jist as ye saa e feet an taes were halflins cley an halflins airn, sae iss will be a havvert keengdom; bit still-an-on, it will hae some o e strinth o airn inno't, jist as ye saa the airn mixt wi e cley. [42]As e taes were halflins airn an halflins cley, sae iss keengdom will be halflins stoot an halflins bruckle. [43]An jist as ye saa the airn mixt wi e cley, sae e fowk will frequant throwe-idder bit winna bin, nae mair nor airn will bin wi cley. [44]I the days o att keengs, e God o hivven will set up a keengdom att will nivver be dung doon, nor be i the hans o ither fowk. It will mak a potterneetion o aa att keengdoms an see them at an ein, bit it will lest for ivver. [45]Iss is e meanin o e veesion o e steen hewn oot o e moontain, nae bi human han; a steen att breuk airn, bress, cley, siller an gowd tae bits. E great God his shewn e keeng fit's tae happen in times tae come. E dream is true an ye can be seer o its meanin."

[46]Syne Keeng Nebuchadnezzar fell aa his linth afore Daniel an did him honour an bad an offerin an scintit reek be gien for him. [47]Says e keeng tae Daniel, "Seerly yer God is e God o gods an e Lord o keengs an a kyther o ferlies, cause ee wis able tae tell fit iss ferlie wis aa aboot."

[48]Syne e keeng gied promotion tae Daniel an heapit a rowth o gear onno him. He pat him in chairge o e hale o Babylon an made him heid amo aa its clivver chiels. [49]Fit's mair, at Daniel's speirin, he appintit Shadrach, Meshach an Abednego grieves ower e Babylonian cuntra, an Daniel himsel bade aboot e royal coort.

CHAPTIR 3

Keeng Nebuchadnezzar made an eemage oot o gowd, ninety fit heich an nine fit braid, an set it up i the howe o Dura i the Babylon cuntra. [2]Syne he cried in aboot e satraps, e chieftains, e guvvernors, e cooncillors, e trissurers, e shirras, e jeedges an aa e tither officeels o e cuntra tae come tae e dedicaitin o the eemage he'd set up. [3]Sae e satraps, e chieftains, e guvvernors, e cooncillors, e trissurers, e shirras, e jeedges an aa e tither officeels o e cuntra gaithert for e dedicaitin o the eemage att Keeng Nebuchadnezzar hid set up, an they aa steed afore it. [4]Syne e herald cried oot, "Cuntras an fowk o ilka tongue, iss is fit yer bidden tae dee: [5]e meenute ye hear e soun o e horn, e fife, e zither, e lyre, e hairp, e pipes an aa kyn o meesic, ye maun faa aa yer linth an wirship e gowd eemage att Keeng Nebuchadnezzar his set up. [6]Ony fa disna faa their linth an wirship straicht awa will be flang inno a bleezin furnace." [7]Sae, as seen's they heard e soun o e horn, fife, zither, lyre, hairp an aa kyns o meesic, aa e fowk fae aa e cuntras o aa tongues fell aa their linth an wirshippt e gowd eemage att Keeng Nebuchadnezzar hid set up.

[8]It wis then, a fyow o e seers cam forrit an clypit on e Jowes. [9]They said tae Keeng Nebuchadnezzar, "Lang live e keeng! [10]Yer Majesty his set oot a decree att aa fa hear e soun o e horn, fife, zither, lyre, hairp, pipes an aa kyn o meesic maun faa aa their linth an wirship e gowd eemage, [11]an ony att disna faa aa their linth an wirship will be flang inno a bleezin furnace. [12]Bit there's a boorach o Jowes att ye've set ower the affairs o e Babylon cuntra, Shadrach, Meshach an Abednego, fa dinna tak tent o Yer Majesty. They dinna sair yer gods nor wirship e gowd eemage ye've set up."

[13]Wi his danner fairly up, Nebuchadnezzar cried Shadrach, Meshach an Abednego tae come till him. Sae att chiels were hauled afore e keeng, [14]an Nebuchadnezzar says tae them, "Is iss richt, Shadrach, Meshach an Abednego, att ye dinna sair my gods nor wirship e gowd eemage A've set up? [15]Noo fan ye hear e soun o e horn, fife, zither, lyre, hairp, pipes an aa kyns o meesic, gin ye're riddy tae faa aa yer linth an wirship the eemage A've made, sae be't. Bit gin ye dinna wirship it, ye'll be flang straicht awa inno a bleezin furnace. Syne fitna god will get ye oot o my hans?" [16]Shadrach, Meshach anAbednego answert

him, "Keeng Nebuchadnezzar, we dinna need tae spik up for wirsels aboot iss maitter. [17]Gin we're flang inno e bleezin furnace, e God we sair will get hiz oot o't, an he'll hain hiz fae Yer Majesty's han. [18]Bit aiven gin he disna, we wint ye tae ken, Yer Majesty, att we winna sair your gods nor wirship e gowd eemage ye've set up."

[19]Syne Nebuchadnezzar wis feerious wi Shadrach, Meshach an Abednego, an he screwed up his face at them. He garrt e furnace be heated up tae syven times hetter nor eeswal [20]an ordert a fyow o e buirdliest fae amo his sodgers tae bin up Shadrach, Meshach an Abednego an fling them inno e bleezin furnace. [21]Sae iss chiels, weerin their cwytes, hose, bonnets an ither claes were bun up an flang inno e bleezin furnace. [22]E keeng's order wis sae clamant an e furnace sae het att e flames o e fire killed e sodgers fa teuk Shadrach, Meshach an Abednego up, [23]an e three o them, sair bun, fell inno e bleezin furnace.

[24]Syne Keeng Nebuchadnezzar lowpit tae his feet, fair dumfoonert an speirt att his cooncillors, "Did we nae keess three bun chiels inno e fire?" They answert, "Fy ay, Yer Majesty." [25]Says he, "Leuk! A see fower chiels waalkin aboot i the fire, nae bun up an nae touched, an e fowerth een leuks lik a sin o e gods."

[26]Nebuchadnezzar gaed ower tae e moo o e bleezin furnace an roart, "Shadrach, Meshach an Abednego, servants o e Maist Heich God, come awa oot! Come ower here!" Sae Shadrach, Meshach an Abednego cam oot o e fire, [27]an e satraps, chieftains, guvvernors an royal coonsellors cam thrangin roon them. They saa att e fire hidna touched their bodies, nor wis e hair o their heid singed. Their cwytes werna scorcht an there wis nae stink o reek aboot them. [28]Syne Nebuchadnezzar said, "Praise be tae e God o Shadrach, Meshach an Abednego, fa his sent angel tae hain his servants. They lippent tae him an widna tak wi e keeng's order an were willin tae gie up their lives raither nor sair or wirship nae god forbye their ain God. [29]Sae A decree att e fowk o ony cuntra o e warl fa spik ill o e God o Shadrach, Meshach an Abednego be sneddit tae bits an their hooses be caaed tae a rummle o steens, cause nae ither god can hain lik iss." [30]Syne e keeng gied Shadrach, Meshach an Abednego promotion i the Babylon cuntra.

CHAPTIR 4

Keeng Nebuchadnezzar: Tae e cuntras an fowk o ilka tongue - lang may yer lum reek! [2]A'm fair shuitit tae tell ye aa aboot e winnerfu signs an ferlies att e maist Heich God his deen for me. [3]Foo great are his signs, an foo michty his ferlies. His keengdom is a keengdom att wll lest for aye; his pooer ower aa lests fae ginneration tae ginneration.

[4]I, Nebuchadnezzar, wis deein jist gran an takkin ma ease at hame in ma palace. [5]A hid a dream att gied ma a richt stammygaster. As A wis lyin i ma bed, the eemages an veesions att gaed throwe ma heid fair pat e win up ma. [6]Sae A ordert att aa e clivver chiels o Babylon be fessen till ma tae wark oot for ma, fit e dream wis aa aboot. [7]Fan e magicians, spaewives, seers an wizards cam, A telt them aboot ma dream, bit they culdna mak heid nor tail o't for ma.

[8]I the hinnerein, Daniel cam tae ma an A telt him aboot e dream. He's caaed Belteshazzar, efter e name o ma god, an e speerit o e haily gods is inno him. [9]A said, "Belteshazzar, heid amo e magicians, A ken att e speerit o e haily god is inno ye, an nae ferlie is ony fash tae ye. Here's ma dream, tell ma fit it's aa aboot. [10]Iss is e veesions A saa fan a wis lyin i ma bed. A leukit an there afore ma steed a tree i the midse o e lan. It wis an unco hicht. [11]E tree grew big an stoot an its tap won e linth o e sky. It culd be seen fae the eins o e warl. [12]Its leaves were richt bonnie, wi a rowth o fruit, cairryin maet for aa. E beasts faun lythe aneth it

an birds bade in its branches. Ilka craiter wis maitit fae it. [13]I the veesions Asaa fan A wis lyin i ma bed, A leukit an there afore ma wis e haily een, a waatcher comin doon fae hivven.[14]He cried oot o him in a lood vice, 'Cut doon e tree an sned aff its branches; shaak aff its leaves an scatter its fruit. Lat e beasts win oot fae aneth it an e birds fae its branches. [15]Bit lat e stump an e reets, bun wi airn an bress, bide i the grun, amo e girse o e park. Lat it be sypin wi e dyowe o hivven, an lat it bide wi e beasts amo e foggage o e warl. [16]Lat his thinkin be cheenged fae att o a man tae att o a beast till syven ages pass him by. [17]Iss order is o e bidden o e waatchers, e haily eens gie oot e verdick, sae att them fa live mith ken att e Maist Heich is ruler ower aa mankyn an gies it tae faaivver he wints, an sets aiven carles ower it.' [18]Iss is e dream att I, Keeng Nebuchadnezzar, hid. Noo, Belteshazzar, tell ma fit it's aa aboot, cause neen o e clivver chiels in ma keengdom can mak heid nor tale o't. Bit ee can, cause e speerit o e haily god is inno ye."

[19]Syne Daniel, att wis caaed Belteshazzar, wis fair flummoxed for a fylie an wis some sair thochtit. Sae e keeng says, "Belteshazzar, dinna lat e dream or fit it's aa aboot fash ye." Belteshazzar answert, "Ma lord, A wid've sair likit iss dream tae be aa aboot yer faes, an nae aboot you. [20]E tree ye saa, att grew big an stoot, wi its tap touchin e sky an weel seen fae ower e hale warl, [21]wi bonnie leaves an a rowth o fruit, giein maet for aa, gien lythe tae e wild beasts an nestin in its branches for e birdies, [22]Yer Majesty, att tree's yersel. Ee hiv turnt buirdly an stoot, yer sae great ye rax tae e lift an ye rowle ower lans att are hine awa. [23]Yer Majesty saa a haily een, a waatcher comin doon fae hivven an sayin, 'Hack doon e tree an dee awa wi it, bit leave e stump, bun wi airn an bress, an its reets i the grun i the girss o e park. Lat him be sypin wi e dyowe o hivven, an lat him bide wi e wild beasts till syven ages pass him by.' [24]Iss is e meanin o't Yer Majesty, an iss is e wird o e maist heich conter ma lord e keeng: [25]Ye'll be dreeven awa fae ither fowk an will bide amo e wild beasts; ye'll ett girss lik a stot an be sypit wi e dyowe o hivven. Syven ages will pass by for ye till siccan time as ye tak wi e fac att e Maist Heich is aa pooerfu ower aa e keengdoms o e warl an gies them tae faaivver he wints. [26]E biddin tae leave e stump o e tree wi its reets means ye'll get yer keengdom back fan ye tak on att Hivven rowles. [27]Sae, Yer Majesty, be willin tae dee fit A say tae ye: gie up yer ill-deeins bi deein fit's richt, an yer coorseness bi shewin mercy tae e peer. Jist mebbe, syne, ye'll aye haud forrit."

[28]Aa iss happent tae Keeng Nebuchadnezzar. [29]Twal month efter, as e keeng wis stravaigin ower e reef o e royal palace o Babylon, [30]he said, "Is iss nae e kenspeckle Babylon A've biggit as e royal toon, bi ma muckle pooer an for e glory o ma majesty?"

[31]E wirds werna oot o his moo, fan a vice cam fae hivven, "Iss is fit's set oot for ye, Keeng Nebuchadnezzar: Yer royal aathority his been strippit fae ye. [32]Ye'll be dreeven awa fae ither fowk an will bide amo e wild beasts; ye'll ett girss lik a stot. Syven ages will gyang by till siccan time wi e fac att e Maist Heich is aa pooerfu ower aa e keengdoms o e warl an gies them tae faaivver he wints." [33]Straichtawa, fit hid been said aboot Nebuchadnezzar happent. He wis dreeven awa fae ither fowk an ett girss lik a stot. He wis sypit wi e dyowe o hivven till his hair turnt lik e feathers o an aigle an his nails lik e claas o a bird. [34]At e hinnerein o att time, I, Nebuchadnezzar, reesed ma een tae hivven, an ma wit cam back tae ma. Syne A praised e Maist Heich; A gied honour an glory tae him fa lives for aye. His rowle is for aye; his keengdom lests fae ginneration tae ginneration. [35]Aa e clans o e warl he leuks on as naethin. He dis fit he likes wi e pooers o hivven an e clans o e warl. Neen can haud his han nor say tae him, "Fit hiv ye deen?" [36]At e same time as ma wit cam back tae ma, ma honour an greatness cam back tae ma for e glory o ma keengdom. Ma cooncillors an gintry socht ma oot an A wis restored tae ma throne an A hid mair pooer nor A hid afore. [37]Noo I, Nebuchadnezzar, praise an reese oot an glorifee e Keeng o hivven, cause aa he dis is richt an his wye o deein is fair. An he can fair bring doon e bigsy.

CHAPTIR 5

Keeng Belshazzar gied a muckle pairty for a thoosan o his gintry an drank wine wi them. [2]Efter he'd gotten a bittie fu, Belshazzar gied orders tae fess ben e gowd an siller caups att Nebuchadnezzar his fadder hid teen oot o e Temple in Jerusalem, sae att e keeng an his gintry, his wives an his bidie-ins mith drink fae them. [3]Sae e gowd caups att hid been teen oot o e Temple o God in Jerusalem were fessen ben an e keeng an his gintry, his wives an his bidie-ins drank fae them. [4]As they were suppin e wine, they praised their gods o gowd an siller, o bress an airn, wid an steen.

[5]Aa at eence, e finngers o a human han appeart an startit screivin onno e plaister o e waa near han e lampstan i the royal palace. E keeng waatched e han as it wis screivin. [6]His face turnt fite an he gat sic a fleg att his legs gaed fae him an his knees were chappin. [7]E keeng cried in aboot e spaemen, seers an wizards. Says he tae aa iss clivver chiels o Babylon, "Faaivver can read iss screivin an tell ma fit it's aa aboot will be cled in purple an hae a gowd chine pat roon his neck, an he'll be made third in line tae e throne." [8]Syne aa e keeng's clivver chiels cam in, bit neen o them culd read e screivin nor tell e keeng fit it wis aa aboot. [9]Sae Keeng Belshazzar wis mair fleggit than ivver an his face turnt aiven fiter. His gintry were fair bleckit.

[10]The aul queen, hearin e spik o e keeng an his gintry, cam intae e dinin haal an said, "Lang live e keeng. Dinna be feart. Dinna leuk sae wan. [11]There's a chiel i yer keengdom fa his e speerit o e haily gods inno him. In yer fadder's days it wis faun att he hid insicht an kennin an lear lik att o e gods, yer fadder, Keeng Nebuchadnezzar, appintit him heid o e magicians, spaewives, seers an wizards. [12]He did iss cause Daniel, fa wis caaed Belteshazzar bi e keeng, hid a winnerfu speerit an kennin an unnerstannin an e ken tae wark oot fit dreams were aa aboot, rede riddles an sort oot a raivel. Cry Daniel in aboot, an he'll tell ye fit e screivin's aa aboot." [13]Sae Daniel wis brocht afore e keeng, an e keeng says tae him, "Are ee Daniel, een o the exiles ma fadder e keeng brocht fae Judah? [14]A've heard e speerit o e gods is inno ye an ye hiv insicht, kennin an winnerfu learnin. [15]E clivver chiels an spaemen were brocht afore ma tae read iss screivin an tell ma fit it's aa aboot, bit they culdna mak heid nor tail o't. [16]Noo A've been hearin ee can can wark things oot an sort oot a raivel. Gin ye can read iss screivin, an tell ma fit it's aa aboot, ye'll be cled in purple an hae a gowd chine pat roon yer neck an ye'll be made third in line tae e throne."

[17]Syne Daniel answert e keeng, "Ye can keep yer gear tae yersel an gie yer rewaard tae some ither body. Still-an-on, A'll read e screivin for e keeng an tell him fit it means. [18]Yer Majesty, e Maist Heich God gied yer fadder Nebuchadnezzar sovereignty an greatness an glory an majesty. [19]Bicause he reesed him up, aa e cuntras o e warl an fowk o ilka tongue hid a dreid an a fear o him. Them e king wintit tae kill, he killed; them he wintit tae hain, he haint; them he wintit tae shiv forrit, he shived forrit, an them he wintit tae ding doon, he dung doon. [20]Bit fan his hert turnt bigsy an steekit wi pride, he wis pat fae his royal throne an strippit o his glory. [21]He wis dreeven awa fae ither fowk an gien e thochts o a beast. He bade wi e wild cuddies an ett girss lik a stot. He wis sypit wi e dyowe o hivven till sic time as he teuk wi e maist Heich God bein pooerfu ower aa e keengdoms o e warl an settin onybody he wints ower them. [22]Bit you, Belshazzar, his loon, hinna hummlt yersel, tho ye kent aa iss. [23]Raither, ye've set yersel up conter e Lord o hivven. Ye hid e caups fae his Temple brocht tae ye, an you an yer gintry, yer wives an yer bidie-ins drank fae them. Ye praised e gods o siller an gowd, o bress, airn, wid an steen, att canna see nor hear, nor unnerstan. Bit ye didna gie honour tae e God fa hauds yer life an aa yer wyes in his han. [24]Sae he sent e han tae screive att vreetin.

[25]"Iss is e vreetin att wis screiven:

MENE, MENE, TEKEL, PARSIN

²⁶"Here's fit att wirds mean:

Mene: God his nummert e days o yer rowle an brocht it till an ein.
²⁷*Tekel*: Ye've been weyed on e wechts an faun wintin. ²⁸*Peres*: Yer keengdom his been havvert an gien tae e Medes an e Persians."
²⁹Syne at Belshazzar's biddin, Daniel wis cled in purple, a gold chine wis pat roon his neck an he wis cried e third in line tae e throne.
³⁰Att verra nicht, Belshazzar, keeng o e fowk o Babylon wis killed, ³¹an Darius e Mede teuk ower e kingdom. He wis saxty-twa ear aul.

CHAPTIR 6

Noo Darius wis beet tae appint a hunner an twinty guvvernors ower e hale o his keengdom, ²wi three provosts ower them. Een o e provosts wis Daniel. E guvvernors were accoontable tae them tae see att there wis nae joukery-packery i the dealins wi e keeng's affairs. ³Noo Daniel wis held awa abeen e tither provosts an guvvernors throwe his ootstannin smeddum, att e keeng thocht tae set him ower e hale keengdom.

⁴At iss e tither provosts an guvvernors begood tae fin faut agin Daniel in his dealins for e cuntra, bit nae neen culd they fin; nae faut avaa cause he wis trusty, didna swick an did naethin wrang. ⁵At linth e chiels said, "We'll nivver fin ony faut agin iss chiel Daniel onless it his tae dee wi e laa o his God." ⁶Sae e tither provosts an guvvernors gaithert themsels afore e keeng an said: "Lang live Keeng Darius. ⁷E royal provosts, cooncillors, guvvernors, chieftains an officeels hiv a come tae the ae myn, att e keeng shuld sen oot an eedick an enforce e laa att onybody fa prays tae ony god or ither body i the neist thirty days, forbyes you, Yer Majesty, will be flang inno e lions' den. ⁸Noo, Yer Majesty, sen oot the eedick an screive it doon sae it canna be cheenged, in accoordance wi e laa o e Medes an Persians, an canna be revockit." ⁹Sae Keeng Darius pat the eedict in vreetin.

¹⁰Noo fan Daniel learnt att the eedick hid been set oot, he gaed hame tae his laft far e windas leukit oot e wye o Jerusalem. Three times ilka day he gaed doon on on his knees an prayed, giein thanks tae his God, jist as he'd aye deen. ¹¹Syne iss chiels gaithert egither an faun Daniel prayin an sikkin God's help. ¹²Sae they gaed tae e keeng an spak tae him aboot his eedick. "Did ye nae pit oot an eedick att for e neist thirty days onybody fa prays tae ony god or ither body forbyes yersel, Yer Majesty, wid be flang inno e lions' den?" Says e keeng, "The eedick stans in accoord wi e laa o e Medes an Persians, an canna be revokit." ¹³Syne they says tae e keeng, "Daniel, een o the exiles fae Judah, disna tak tent o ye, Yer Majesty, nor tae the eedick ye pat in vreetin. He says his prayers three times ilka day." ¹⁴Fan e keeng heard iss, he wis sair come at an tried tae think foo he culd hain Daniel an vrocht till gloamin tae try tae save him. ¹⁵Syne e chiels gaithert egither afore Keeng Darius an said tae him, "Myn, Yer Majesty, att accoordin tae e laa o e Medes an Persians nae laa nor eedick can be cheenged." ¹⁶Sae e keeng gied oot the order, an they brocht Daniel an flang him inno e lions' den. Says e keeng tae Daniel, "Mith yer God, fa ye aye sair, rescyee ye." ¹⁷A steen wis brocht an laid ower e moo o e den, an e keeng sealt it wi his ain signet ring an wi e rings o his chieftains, sae att naethin culd be deen for Daniel.

¹⁸Syne e keeng gaed hame tae his palace an didna ett naethin an hid nae splore aa nicht. Sleep he culd get neen. ¹⁹At skreek o day, e keeng raise an hurriet tae e lions' den. ²⁰As he cam near han e den, he wis in heckle-preens as he cried tae Daniel, "Daniel, servant o e livin God, his yer God, fa ye are aye servin, managed tae hain ye fae e lions?" ²¹Daniel answert, "Lang live e keeng. ²²My God sent his angel, an he stappit e moos o lions. They hinna touched ma, cause he saa A'd deen naethin wrang. An fit's mair,

A've deen naethin wrang afore you, Yer Majesty."²³E keeng wis fair shuitit an gied orders tae reese Daniel oot o e den. An eence Daniel wis liftit oot o e den, nae a scrat wis faun onno him, cause he hid lippent tae his God.

²⁴At e keeng's biddin, e chiels fa hid telt lees aboot Daniel were brocht in an flang inno e lions' den, alang wi their wives an bairns. An afore they won e linth o e fleer o e den, e lions teuk a haud o them an chaawed their beens.

²⁵Syne Keeng Darius vreet tae aa e cuntras an fowk o ilka tongue ower e hale warl: "Mith ye aye dee weel. ²⁶A mak an eedick att in ilka pairt o ma keengdom, fowk maun shaak wi fear afore e God o Daniel. For he's e livin God an he lests for aye; his keengdom will nivver be dung doon, his pooer will nivver come till an ein. ²⁷He hains an he saves; he dis ferlies an winners i the hivvens an i the warl. He his rescyeed Daniel fae e pooer o e lions." ²⁸Sae Daniel did weel aa throwe e days o Darius an e days o Cyrus e Persian.

CHAPTIR 7

I the first ear o e rowle o Belshazzar keeng o Babylon, Daniel hid a dream, an thochts gaed throwe his heid as he wis lyin i his bed. He vreet doon e geest o fit e dream wis aa aboot. ²Says Daniel, "In ma veesion throwe e nicht, A leukit, an afore ma wis e fower wins o hivven kirnin up e muckle sea. ³Fower muckle beasts cam up oot o e sea, ilka een different fae e tither.

⁴"E first een wis lik a lion, an it hid e wings o an aigle. A waatcht an its wings were rippit aff an it wis heist up fae e grun sae att it steed on twa feet lik a human body, an it wis gien e myn o a human.

⁵"An there anent ma wis a saicond beast, att leukit lik a bear. It wis reesed up on een o its sides, an it hid three ribs in its moo atween its teeth. It wis telt, 'Rise up an ett yer full o flesh'. ⁶Efter att, A leukit, an there anent ma wis anither beast, een att leukit lik a leopard. Onno its back it hid fower wings lik e wings o a bird. Iss beast hid fower heids, an it wis gien aathority tae rowle. ⁷Efter att, in ma veesion at nicht a leukit, an there anent ma wis a fowerth beast terrifeein an fearsome, an aafu pooerfu. It hid muckle teeth o airn, an it connacht an devoort aa afore it an trumpit aneth its feet aa e lave. It wis different fae e tither beasts an it hid ten horns. ⁸A wis takkin a gweed leuk at e horns, an afore ma verra een anither een, rael smaa, cam up amo them, an three o e first horns were upreeted bi it. Iss horn hid een lik the een o a human body an a moo att wis inclined tae blaw.

⁹"As A waatcht, thrones were set oot, an the Aul Een teuk his cheer. His claes were fite as snaa an e hair o his heid wis lik oo. His throne wis lowein wi fire an its wheels were aa ableeze. ¹⁰A burn o fire wis rinnin, comin oot anent him. Thoosans an thoosans tennit till him an ten thoosan times ten thoosan steed anent him. E coort wis sittin an e beuks were opent. ¹¹Syne A keepit on waatchin cause o e blawin wirds e horn wis spikkin. A waatcht till e beast wis killed an its body shent an flang onno e bleezin fire. ¹²E tither beasts hid aa their aathority teen fae them an were lat live a fylie laanger. ¹³In ma veesions at nicht A leukit an saa anent ma a body att leukit lik e sin o man, comin wi e cloods o hivven. He cam up tae the Aul Een an wis led in afore him. ¹⁴He ws gien aathority, glory an royal pooer; aa e cuntras o e warl an fowk o ilka tongue wirshippt him. His dominion is an ivverlestin dominion att winna pass awa, an his keengdom een att will nivver be dung doon.

¹⁵"As for me, Daniel, A wis sair come at, an e veesion passin throwe ma heid vexed ma. ¹⁶A gaed ower tae een o them stannin there an speirt at him fit iss wis aa aboot. Sae he telt ma, an an pat ma throwe fit it aa meant. ¹⁷'E fower muckle beasts are fower keengs att will rise fae the earth. ¹⁸Bit e haily fowk o e

Maist Heich will win e keengdom an will ain it for aye, aye for ivver an ivver.' ¹⁹Syne A wintit tae ken the exack meanin o e fowerth beast, fit wis different fae e lave an maist fearsome, wi its teeth o airn an claaws o bress. Iss wis e beast att connacht an devoort aa afore it an trumpit aa e lave aneth its feet. ²⁰A wintit tae ken aboot e ten horns on its heid anaa, an aboot e horn att cam up an knockit oot e tither three, e horn att leukit mair kenspeckle nor e lave an hid een an a moo att wis aye blawin. ²¹As A waatcht, iss horn wis waarin wi e haily fowk an gettin e better o them, ²²till the Aul Een cam an jeedgement wis gien for e haily fowk o e Maist Heich, an e time cam fan they held e keengdom. ²³He said iss wis fit it wis aa aboot: 'E fowerth beast is a fowerth keengdom att will appear i the warl. It will be different fae aa e tither keengdoms an will connach e hale warl, trumpin it doon an braakin it tae bits. ²⁴E ten horns are ten keengs fa will come fae iss keengdom. Efter them anither keeng will rise up, different fae them fa gaed afore him, an he'll owercome three keengs. ²⁵He'll miscaa e Maist Heich an haud his haily fowk in aboot, an try tae cheenge e dates o e haily fairs an e laas. The haily fowk will be gien inno his hans for a file, times an half a time. ²⁶Bit e coort will sit, an his pooer will be teen awa fae him, an deen awa wi for aye. ²⁷Syne e rowle, pooer an micht o aa e keengdoms aneth hivven will be gien ower tae e haily fowk o e Maist Heich. His keengdom will be ivverlestin, an aa rowlers will wirship him an dee his biddin.' ²⁸An att's the ein o't. As for me, Daniel, A wis sair come att i ma thochts an ma face turnt fite, bit A didna lat on tae naebody."

CHAPTIR 8

I the third ear o e reign o Keeng Belshazzar, I, Daniel, hid a veesion, efter e first een att A hid. ²In ma veesion A saa masel in Susa, e main toon i the coonty o Elam. I the veesion A wis anent the Ulai Canal. ³A leukit up an saa afore ma a ram wi twa horns, stannin anent e canal. E horns were lang, bit een o e horns wis laanger nor e tither, an it wis e hinmaist tae growe. ⁴A waatcht e ram as it breenged aboot e wast an e north an e sooth. Nae beast culd stan up till't an neen culd hain fae its pooer. It did fit it likit an turnt oot pooerfu. ⁵As A wis thinkin on iss, aa at eence a goat wi a great muckle horn atween its een cam oot o e wast, gyan ower e hale warl an nae touchin e grun. ⁶It cam tee till e twa-horned ram att A'd seen stannin anent e canal an breenged at it in a muckle rage. ⁷A saa it mak a maroonjus attack on e ram, strickin it an smashin its twa horns. E ram culdna dee naethin tae conter it. E goat knockit it tae e grun an trumpit ower e heid o't, an neen culd hain e ram fae its pooer. ⁸E goat turnt unco big, bit at e hicht o his pooer e muckle horn breuk aff, an far it hid been, fower kenspeckle horns grew up e wye o e fower wins o hivven. ⁹Oot o een o them cam anither horn, sma-boukit tae begin wi, bit aye growin in strinth tae e sooth, an tae the east an e wye o e Bonnie Cuntra. ¹⁰Its pooer raxed up tae e hivvens an it flang a hantle o the airmy o e stars doon tae e warl an trumpit ower them. ¹¹It set itsel up tae be e marra o e commander o e Lord's airmy. It teuk awa e daily sacrifeece fae e Lord an his haily place wis dung doon. ¹²Cause o their ill-deein, e Lord's fowk an e daily sacrifeece were gien ower tae it. It did weel an trowth wis dung doon tae e grun.

¹³Syne A heard a haily body spikkin an anither haily body said tae e first een, "Foo lang will it tak for e veesion tae be fullfilled, att veesion aboot e daily sacrifeece, the ill-deein att fesses crockaneetion, an e giein up o e haily place an e Lord's fowk tae be trumpit tae e grun?" ¹⁴He says tae ma, "Twa thoosan three hunner gloamins an foreneens, syne e haily place will be reconsecraitit."

[15]As I, Daniel, wis waatchin e veesion an tryin tae unnerstan it, somethin att leukit lik a mannie steed afore ma. [16]An A hears a chiel's vice cryin oot fae e banks o the Ulai, "Gabriel, tell iss chiel fit e veesion's aa aboot." [17]As he cam anent far A wis stannin, A wis terrifiet an fell aa ma linth. "Sin o man," he says tae ma, "fit ye maun unnerstan is att e veesion is aa aboot the ein o time." [18]Noo, fan he wis spikkin tae ma, A wis in a dwaam wi ma face tae e grun. Syne he teuk a haud o ma an reesed ma tae ma feet. [19]He says, "A'm gyan tae tell ye fit will happen i the days o wrath, cause e veesion's aa aboot the appintit hinnerein o time. [20]E twa-horned ram att ye saa stans for e keengs o Media an Persia. [21]E tousie goat is e keeng o Greece, an e muckle horn atween its een is e first keeng. [22]E fower horns at teuk e place o the een at breuk aff stan for fower keengdoms att will come oot o his cuntra bit winna hae e same pooer. [23]I the hinnerein o their rowle, fan they've gaen oot o han aaegither, a turk-leukin keeng, a gey wily billie, will reese up. [24]He'll hae unco pooer, bit nae o his ain. He'll caa aathin afore him, an will come oot on tap in aathin he turns his han till. He'll ding doon e michty an e haily fowk. [25]He'll gar swickery rise tae e fore throwe his sleekitness, an he'll think himsel better nor e lave. Jist fan they think they're sauf, he'll ding doon mony an tak his stan conter e Prince o princes. Still-an-on, he'll be brocht tae beuk, bit nae bi ony human han. [26]E veesion o e gloamins an foreneens att ye've been gien is true, bit seal up e veesion, cause it's aa aboot a time tae come att's hine awa." [27]I, Daniel, wis fair forfochen. A lay foonert for twa-three days. Syne A got up an saa tae e keeng's affairs. A wis gey teen aback at e veesion; it wis awa ayont unnerstannin.

CHAPTIR 9

I the first ear o Darius, Xerxes' sin, fa wis a Mede, an wis made keeng ower e Babylonian cuntra, [2]i the first ear o his reign, I, Daniel, unnersteed fae e Scripters in accordance wi e wird o e Lord gien tae Jeremiah e prophit, att Jerusalem's doonfa wid lest syventy ear.

[3]Sae A turnt e wye o e Lord God an priggit wi him throwe prayer an sikkin, in fastin an weerin saickclaith an aise. [4]A prayed tae e Lord ma God an aint up tae him: "Lord, e great an aawsome God, fa keeps his tryst o luv wi them fa loo him an keep his commans, [5]we've deen ill an gane agley. We've been coorse an hiv rebelled, we've turnt awa fae yer commans an laas. [6]We hinna teen tent o yer servants e prophits, fa spak in yer name tae wir keengs, wir chieftains an wir forebeers, an tae aa e fowk o e cuntra. [7]Lord, ye're richteous, bit e day, we're happit wi shame: e fowk o Judah an them fa bide in Jerusalem an e hale o Israel, baith hine awa an in aboot, in aa e cuntras far ye hiv scattert hiz, cause we were unfaithfu tae ye. [8]Lord, Lord, wir keengs, wir chieftains, wir forebeers an we wirsels are happit wi shame cause we've deen ill tae ye. [9]E Lord wir God is mercifu an forgiein, for aa att we've rebelled agin him. [10]We hinna deen e biddin o e Lord wir God, nor keepit e laas he gied hiz throwe his servants e prophits. [11]E hale o Israel his breuken yer laa an turnt awa, renaigin on yer biddin. Sae e curses an aith screivin i the Laa o Moses, e servant o God, hiv been poored oot onno hiz, cause we hiv deen ill tae ye. [12]Ye've deen fit ye said ye'd dee tae hiz an wir rowlers, bi fessin sic a muckle crockaneetion onno hiz. Naethin his ivver been deen aneth e hale hivvens as his been deen tae Jerusalem. [13]Jist as it is screiven inno e Laa o Moses, aa iss crockaneetion his befaan hiz, yet for aa that, we hinna socht mercy fae e Lord wir God bi turnin awa fae wir ill-deeins an takkin tent o yer trowth. [14]Sae e Lord bade his time tae fess iss crockaneetion onno hiz, for e Lord is richteous in aathin he dis, still-an-on we hinna deen his biddin. [15]Noo, Lord wir God, fa brocht yer ain fowk oot o Egypt wi a michty han an made yersel a name att lests tae iss verra day, we've deen ill, we've deen wrang.

[16]"Lord, in keepin wi aa yer richteous deeins, turn yer annger an yer rage awa fae Jerusalem, yer ain toon, yer haily hill. Wir ill-deeins an e fool proticks o wir forebeers hiv garrt aa e cuntras roon aboot leuk doon their noses at hiz. [17]Sae noo, wir God, hear e prayers an priggins o yer servant. For your sake, Lord, lat

yer face sheen on yer connacht sanctuary. [18]Preen back yer lugs, wir God, an hear; open yer een an see foo forfochen we an e toon att cairries yer Name are. We dinna speir things o ye cause we're richteous, bit cause o yer great mercy. [19]Lord, hearken. Lord, forgie. Lord, listen an dee somethin. For your sake, ma God, dinna dauchle, cause yer toon an yer ain fowk cairry yer Name." [20]As A wis spikkin an prayin, confessin ma ill-deeins an the ill-deeins o ma fowk, Israel, an priggin wi e Lord ma God for his haily hill, [21]as A wis aye yet prayin, Gabriel, e chiel A'd seen fan A hid ma veesion, cam fleein ower tae ma aboot e time o e gloamin sacrifeece. [22]He telt ma, sayin tae ma, "Daniel, noo A've come tae gie ye skeel an unnerstannin. [23]As seen as ye startit tae pray, a wird gaed oot, an A've come tae tell ye, cause ye're thocht muckle o. Sae, hearken tae iss, sae ye mith unnerstan fit e veesion's aa aboot. [24]Syventy wikks are set doon for yer fowk an yer haily toon tae be throwe wi their coorse proticks, tae pit an ein tae ill-deein, an tae be sorry for their coorseness, tae fess ivverlestin richteousness, tae bin up veesion an prophesy an annint e Maist Haily Place. [25]Sae hearken an unnerstan iss: fae e time e wird gyangs oot tae chiels tae rebigg Jerusalem till the Annintit Een, e rowler comes, there will be syven syvens, an saxty-twa syvens. It will be rebiggit wi a plainsteens an a waa, aiven in sair times. [26]Efter e saxty-twa syvens, the Annintit Een will be deen awa wi an winna hae naethin. E fowk o e rowler fa will come will ding doon e haily place. The ein will come lik a spate. There will be waar tae the hinnerein an it's set oot there will be a crockaneetion. [27]He'll mak a covenant wi mony for syven days. I the midse o e syven he'll pit an ein tae sacrifeece an offerin. An on e wing o crockaneetion will come e scunnersome wastrel, till the ein set oot for him is poored onno him."

CHAPTIR 10

I the third ear o Cyrus keeng o Persia, Daniel, fa wis caaed Belteshazzar, hid anither veesion. Fit it wis anent wis true: it wis aa aboot a muckle waar. He unnersteed fit it meant an culd see throwe e veesion. [2]At att time I, Daniel, hid been grievin for three weeks. [3]A didna ett nae gulshachs, nae beef nor wine crosst ma lips, an A didna rub ile intae ma body for e hale o e three weeks. [4]On e twinty-fowerth day o e first month, as A wis stannin on e bank o e muckle watter, e Tigris, [5]A leukit up an saa afore ma a chiel cled in leenen, wi a belt o best gowd fae Uphaz roon his wyste. [6]His body wis lik topaz, his face lik lichtnin, his een lik bleezin torches, his airms an legs glintin lik polisht bress, an his vice lik e soun o a muckle collieshangie. [7]Neen bit me, Daniel, saa iss veesion. Them att were wi ma didna see it, bit they were sae sair come at wi fricht att they ran an hod themsels. [8]Sae A wis left aa ma leen, glowerin att iss muckle veesion. A wis fair forfochen, ma face gaed fair wan an A wis fushionless. [9]Syne A heard him spik, an hearkenin tae him, A fell fest asleep, wi ma face tae e grun.

[10]A han toucht ma an set ma shaakin on ma hans an knees. [11]He said, "Daniel, ye fa's thocht sae muckle o, tak tent o fit A'm gyan tae say tae ye, an stan up, cause A've been sent tae ye." Fan he said iss tae ma, A steed up shaakin wi fricht. [12]Syne he gaed on, "Dinna be feart, Daniel. Fae e verra first day att ye pat yer myn tae win unnerstannin an hummle yersel afore God, fit ye said wis heard, an A've come in answer tae it. [13]Bit e chief o e Persian keengdom steed up tae ma for twinty-wan days. Syne Michael, een o e chieftains, cam tae gie ma a han, cause A wis held there bi e keengs o Persia. [14]Noo A've come tae relate tae ye fit will happen tae yer fowk i the times tae come, cause e veesion is aa aboot fit's afore ye." [15]As he wis sayin iss tae ma, A booed ma face doon tae e grun an wis tongue-tackit. [16]Syne a human-leukin body toucht ma lips, an A opent ma moo tae spik. A said tae the een stannin afore ma, "A'm fair forfochen cause o e veesion, ma lord, an A'm fair fushionless. [17]Foo can a body lik yer servant here spik tae sic as yer lordship? A'm fair foonert an can hardly draa braith." [18]Again the een fa leukit lik a chiel toucht ma an gied ma strinth. [19]"Dinna be feart, ye're thocht muckle o," he said. "Peace. Be stoot-hertit, aye be stoot-hertit." Fan he spak tae ma, A got ma strinth back an said, "Spik, ma lord, since ye've gien ma strinth." [20]Says he, "Div ye nae ken fit wye A've come tae ye? Or lang, A'll gyang back tae fecht wi e

chief o Persia, an fan A gyang, e chief o Greece will come; ²¹bit first o aa A'll tell ye fit's screiven inno e Beuk o Trowth. An there's neen att hauds wi ma in conterin them bit Michael, yer chieftain.

CHAPTIR 11

I the first ear o Darius e Mede, A steed up tae strinthen an uphaud him. ²"Noo than, A'll tell ye e trowth; anither three keengs will come tae e fore in Persia, an syne a fowerth, fa will be far walthier nor e lave. Eence he's gotten pooer throwe his walth, he'll steer up aabody agin e keengdom o Greece. ³Syne a pooerfu keeng will come tae e fore, fa will rowle wi muckle pooer an dee fit he likes. ⁴Efter he's come tae e fore, his empire will be breuken up an pairtit oot tae e fower wins o hivven, tho nae tae his ain ation, nor will it hae e pooer he hid, cause his empire will be upreeted an gien tae ither fowk.

⁵"E keeng o e Sooth will bicome strong, bit een o his generals will bicome stronnger still an will rowle his ain keengdom wi muckle aathority. ⁶Efter a fyow ears, they'll tryst egither. E dother o e keeng o e Sooth will gyang tae e keeng o e North tae mak a tryst, bit she winna keep her pooer, an him an his pooer winna lest; she'll be gien awa alang wi her attennants an her fadder an the een fa supportit her. ⁷Een o her ain ation will come tae e fore an tak ower fae her. He'll attack the airmy o e keeng o e North an win inno his keep. He'll fecht wi them an win. ⁸An he'll tak aa their gods, their bress eemages an their vailyable accootrements o siller an gowd an cairry them awa tae Egypt. For a puckle ears, he winna tirmint e keeng o e North. ⁹Syne e keeng o e North will yock on e cuntra o e keeng o e Sooth bit will pull back tae his ain cuntra. ¹⁰His sins will be steered up an will list a muckle airmy, att will come teemin on lik a muckle spate an cairry e fechtin tae his verra keep. ¹¹Syne e keeng o e Sooth will mairch oot in a rage an fecht wi e keeng o e North, fa will list a muckle airmy, bit it will be owercome. ¹²Fan the airmy is cairriet awa, e keeng o e Sooth will be fair full o himsel an will slauchter mony thoosans, bit he winna be tap dog for lang. ¹³E keeng o e North will muster anither airmy, bigger nor e first; an efter a fyow ears, he'll win forrit wi a muckle airmy fully riggit oot. ¹⁴At att time, a muckle collieshangie will reese up agin e keeng o e Sooth. Bonnie fechters amo yer ain fowk will rise up tae fulfill e veesion, bit they winna mak naethin o't. ¹⁵Syne e keeng o e North will come an bigg siege ramps an will tak a fortifiet toon. E airmy o e Sooth will be haiveless tae stan up tae them; aiven the flooer o their airmy winna hae e strinth tae stan. ¹⁶The attacker will dee fit he likes an aa will be feckless tae stan agin him. He'll set himsel up i the Bonnie Cuntra an will hae e pooer tae mak a crockaneetion o't. ¹⁷He'll be set tae come wi e micht o his hale keengdom an will mak a tryst wi e keeng o e Sooth. An he'll gie him a dother in mairriage sae att his keengdom will be owerthrown. Bit his protick winna come tae nae avaal, nor help him. ¹⁸Syne he'll tak tent o e cuntras alang e shores an will tak a hantle o them. Bit a general will pit an ein tae his impidence an will turn his impidence back onno him. ¹⁹Syne he'll turn back tae e keeps o his ain cuntra bit will styter an faa, an nivver be seen again. ²⁰The een fa comes efter him will sen oot a chiel tae gaither cess tae uphaud e royal splendour. In a fyow ears, he'll be deen awa wi, bit nae in annger or waar. ²¹Efter him, will come an orra kyn o chiel, fa hisna been reesed up tae be royalty. He'll attack e keengdom jist fan e fowk feel sauf, an he'll tak it wi swickery. ²²Airmies will be swypit awa afore him; baith the airmy an e covenant chief. ²³He'll mak a tryst bit wark ahin their backs an wi a wee pucklie ahin him, he'll reese tae pooer. ²⁴Fan aa is at peace, he'll gyang inno e walthiest pairts o e cuntra an will win fit naither his fadder nor his forebeers did. He'll han oot e plunner, spiles an walth amo his flunkies. He'll scheme tae owerthrow e keeps, bit nae for lang. ²⁵Wi a muckle airmy, he'll steer up his strinth an smeddum agin e keeng o e Sooth. E keeng o e Sooth will declare waar wi a muckle pooerfu airmy, bit he winna stan up tae them cause o e schemin proticks agin him. ²⁶Them fa ett fae his boord will ding him doon. His airmy will be swypit awa an mony will faa i the fechtin. ²⁷E twa keengs, wi their herts set on ill, will sit at e same boord an tell een anither a pack o lees, bit tae nae avaal, cause the ein will aye come at the appintit

time. ²⁸E keeng o e North will gyang hame tae his ain cuntra wi muckle waalth, bit his hert will be set agin e haily covenant. He'll dee fit he likes agin it an syne gyang hame tae his ain cuntra. ²⁹At the appintit time he'll attack e Sooth again, bit iss time the ootcome will be different fae fit it wis afore.

³⁰"Ships o Kittim will come agin him, an he'll loze hert. Syne he'll turn back an lat flee at e haily covenant. He'll gyang back an he'll be far ben wi them fa gie up e haily covenant. ³¹His airmies will rise up tae fyle e Temple keep an will dee awa wi e daily sacrifeece. Syne they'll set up e scunnersome wastrel. ³²Wi phraisin he'll fyle them fa miscaa e covenant, bit e fowk fa ken their God will haud oot agin him. ³³The clivver amo them will learn mony, tho tae begin wi, they'll faa bi e swoord or be brunt or teen or robbit. ³⁴Fan they're doon, they'll get little help, an mony twa-faced fowk will jine them. ³⁵Some o e clivver will styter, sae att they mith be cleant, purifiet an washt till e time o the ein, cause it will still come at the appintit time. ³⁶E keeng will dee fit he likes. He'll reese himsel an blaw himsel up abeen ilka god an will miscaa e God o gods. He'll dee weel till e fashious time is ower wi, cause fit maun be, maun be. ³⁷He winna tak tent o e God o his forebeers, nor the een socht bi weemen, nor will he leuk tae ony god, bit will reese himsel up abeen them aa. ³⁸Raither, he'll wirship e god o keeps. He'll wirship wi gowd an siller, wi precious steens an wi dear presents: a god his forebeers nivver kent. ³⁹Wi e help o a forrin god, he'll tak e stootest keeps an will gie muckle honours tae them fa tak wi him. He'll mak them rowlers ower mony fowk an will pairt oot e grun for siller. ⁴⁰At e time o the ein, e keeng o e Sooth will fecht wi him an e keeng o e North will come blousterin at him wi chariots an horse an a muckle fleet o boats. He'll swype throwe mony cuntras lik a spate. ⁴¹An he'll invade e Bonnie Cuntra. Mony cuntras will faa, bit Edom, Moab an e clan chiefs o Ammon will win oot amo his hans. ⁴²He'll rax oot his pooer ower mony cuntras, aiven Egypt winna be sauf. ⁴³He'll tak ower e trissures o gowd an siller an aa e walth o Egypt, an Libya an Cush will be brocht tae heel. ⁴⁴Bit wird fae the east an e north will fear him, an he'll set oot wi his danner up tae ding doon an dee awa wi mony. ⁴⁵He'll pitch his royal tents atween e seas an e bonnie haily hill. Still-an-on, he'll get his come-uppance, an neen will help him.

CHAPTIR 12

"At att time Michael, e great prince fa leuks efter yer fowk, will rise up. There will be a time o fash as hisna been seen since cuntras cam tae be, till noo. Bit at att time yer fowk, aa fas name is screivin i the beuk, will be saved. ²Thrangs fa sleep i the stew o e grun will waaken, some tae ivverlestin life, ithers tae shame an ivverlestin scunner. ³E clivver will glint lik e glister o e hivvens, an them fa lead mony tae richteousness, lik e stars, for ivver an ivver. ⁴Bit you, Daniel, rowe up an seal e wirds o e scroll till e time o e hinnerein. Mony will gad aboot tae win mair learnin."

⁵Syne I, Daniel, leukit an saa twa chiels stannin, een on iss bank o e watter an een on e tither bank. ⁶Een o them said tae e chiel cled in leenen fa wis abeen e watter o e river, "Foo lang will't be afore iss ferlies come aboot?" ⁷E chiel cled in leenen, fa wis abeen e watters o e river, raxed his richt han an his left han tae e lift, an A heard him sweer bi him fa lives for ivver, as he said, "It'll be for twa times an half a time. Fan e pooer o e haily fowk his at lang last been breuken, aa sic things will be feenished." ⁸A heard, bit A didna unnerstan. Sae A speirt, "Ma lord, fit will the upshot o aa iss be?" ⁹Says he, "Awa ye gyang, Daniel, cause e wirds are rowed up an sealt till e time o e hinnerein. ¹⁰Mony will be purifiet, waashen an cleant, bit e coorse will aye be coorse. Neen o e coorse will unnerstan, bit e clivver will unnerstan. ¹¹Fae e time att e daily sacrifeece is deen awa wi an e scunnersome wastrel dis his wark, there will be twal hunner an ninety days. ¹²Blisst is the een fa wytes for, an wins e linth o e thirteen hunner an thirty-five days. ¹³As for you, awa ye gyang till e hinnerein. Ye'll rist an syne at the ein o yer days, ye'll rise tae win yer dyow heirskip."

HOSEA

CHAPTIR 1

E wird o e Lord att cam tae Beeri's loon Hosea at e time o e reigns o Uzziah, Jotham, Ahaz an Hezekiah, keengs o Judah, an i the time o Jeroboam's loon Joash, keeng o Israel: ²Fan e Lord first spak throwe Hosea, e Lord said tae him, "G'wa an mairry a rael randy an fadder bairns till her, cause iss cuntra is lik a wife fa lies wi ither chiels i the wye it disna lippen tae e Lord." ³Sae he mairriet Diblaim's dother Gomer, an she fell i the faimly wye an hid a loon till him. ⁴Syne e Lord said tae Hosea, "Caa him Jezreel, God-shaavs, cause or lang, A'll gie e clan o Jehu their sairin for e missaucre at Jezreel, an A'll pit an ein tae e keengdom o Israel. ⁵At att time, A'll braak Israel's bowe i the Howe o Jezreel."

⁶Gomer fell i the faimly wye again an hid a dother. Syne e Lord said tae Hosea, "Caa her Lo-Ruhamah, Nae Mercy, cause A'll nae hae nae mair mercy on Israel, tae ivver forgie them. ⁷Still-an-on A'll shew mercy tae Judah, an A'll save them: nae throwe bowe nor swoord nor fechtin, or bi horse an horsemen, bit I, e Lord their God will hain them."

⁸Efter Lo-Ruhamah wis new speant, Gomer hid anither sin. ⁹Syne e Lord said, "Caa him Lo-Ammi, Nae ma Ain Fowk, cause ye're nae ma ain fowk, an A'm nae yer God.

¹⁰"Bit for aa that, the Israelites will be lik e san alang e shore, att canna be mizzourt or coontit. In yon place far they were telt, 'Ye're nae ma ain fowk,' they'll be caaed 'bairns o e livin God.' ¹¹E fowk o Judah an e fowk o Israel will foregaither an appint ae chieftain an will come up oot o e lan, an iss will be a great day for Jezreel.

CHAPTIR 2

"Caa yer brithers, 'Ma ain fowk,' an yer sisters, 'Ma dearie.'

²"Prig wi yer mither, prig wi her, cause she's nae ma wife, an A'm nae her man. Lat her dicht e radgie leuks fae her face an her hoorin fae atween her breists. ³Ither-roads, A'll tirr her claes an mak her as nyaakit as e day she wis born. A'll mak her lik e roch cuntra, turn her intae druchtit grun an kill her o drouth. ⁴A winna shew nae luv tae her bairns cause they're e geets o a limmer. ⁵Their mither his lain wi ither chiels an it wis a gey affront att she kittlt them. She said, 'A'll chase efter ma fancy chiels, fa gie ma maet an watter, ma oo an ma leenen, ma olive ile an ma drink.'

⁶"Sae A'll stap her road wi funs; A'll dyke her in aboot sae att she canna win awa. ⁷She'll chase efter her fancy chiels bit she winna catch them; she'll sikk for them bit winna come on them. Syne she'll say, 'Ach, A'll jist gyang back tae ma man, cause A wis better aff wi him nor A am ivnoo.' ⁸She hisna teen wi e fac att it wis me fa gied her e corn, a new wine an the ile, fa heapit siller an gowd onno her, att they eesed for Baal. ⁹Sae A'll tak back ma ripe corn, an ma new wine fan it's riddy. A'll tak back ma oo an ma leenen, meant tae hap her nyaakit bits. ¹⁰Sae noo A'll unhap her foolness afore her fancy chiels' een, an neen will tak her oot amo ma hans. ¹¹A'll pit an ein tae aa her splores, her feestivals ilka ear, her New Meens, her Sabbaths, ay, aa her haily fairs. ¹²A'll mak a crockaneetion o her vines an her fig trees, att she

said were her waages fae her fancy chiels. A'll mak them scrogs, an wild beasts will devoor them. [13]A'll gie her her sairin for e times she brunt scintit reek tae e Baals. She riggit hersel oot wi rings an bangles an chased efter her fancy chiels, bit she hid nae myn o me," says e Lord.

[14]"Sae noo A'm gyan tae tryst her back, lead her inno e roch cuntra an spik douce-like tae her. [15]There A'll gie her her vinyairds an will mak e Howe o Tribble a door o hope. She'll answer ma there, jist lik she did fan she wis a quine, as she did yon time she cam up oot o Egypt. [16]Syne," says e Lord, "ye'll caa ma 'ma man'; nae mair will ye cry ma 'ma maister.' [17]A'll tak e names o e Baals oot o her moo an nivver again will their names be brocht up. [18]Att day A'll mak a tryst for them wi e wild beasts an e birds i the lift an e creepie-craawlies o e grun. A'll dee awa wi bowe an swoord an fechtin fae e hale cuntra, sae att aa mith lie doon at peace. [19]A'll tak ye as ma wife for ivver. A'll tak ye as ma wife in richteousness an jeestice, in love an in hert-peety. [20]A'll tak ye as ma wife in lealty, an ye'll tak wi e Lord. [21]Att day, A'll answer," says e Lord. "A'll answer tae e lift, an it will answer tae e warl. [22]An e warl will answer tae e corn, e new wine an e olive ile, an they'll answer Jezreel. [23]A'll plant her for masel i the lan. A'll shew ma luv tae the een A cried, 'Nae the een A loo.' A'll say tae them cried 'Nae ma ain fowk,' 'Ye're ma ain fowk'; an they'll say, 'Ye're ma God.'"

CHAPTIR 3

E Lord said tae ma, "G'wa an shew yer luv tae yer wife again tho she's teen up wi anither chiel an his lain wi him. Loo her as e Lord loos the Israelites, tho they turn tae ither gods an loo e haily raisin cakes." [2]Sae A bocht her back for fifteen shekels o siller an five bushels o barley. [3]Syne A telt her, "Ye'll bide wi ma for a fair file an ye winna hoor aboot nor lie wi ony chiel, an A'll trait you e same wye." [4]For the Israelites will live mony days wi nae keeng nor prince, wi nae sacrifeece nor haily steens, wi nae weskit nor eedols. [5]Come time, the Israelites will come hame an sikk e Lord their God an Daavit their keeng. They'll come shaakin wi fear tae e Lord an tae his blissins i the hinnerein.

CHAPTIR 4

Hearken tae e Lord's wird, ye Israelites, cause e Lord his a craa tae pick wi ye fa bide in iss cuntra. "There's neen are leal-hertit, nor loo, nor tak wi God i the cuntra. [2]There's naethin bit sweerin an leein an killin, robbin an hoorin. They're aa oot o han an there's ae killin efter anither. [3]Bicause o iss, e lan is druchtit an aa fa bide there dwine awa. E wild beasts, e birds o e lift an e fish i the sea are aa swypit awa. [4]Bit dinna lat naebody fin faut, dinna lat naebody say onybody ither his deen wrang, cause yer fowk are lik them fa strive wi a priest. [5]Ye styter throwe e day, an e prophit will styter wi ye throwe e nicht. Sae A'll dee awa wi yer mither.

[6]"Ma ain fowk are deen awa wi cause they dinna ken naethin. Cause ye've rejeckit learnin, I rejeck ye as ma priests; cause ye hinna teen wi e laa o yer God, I winna tak wi yer bairns. [7]E mair priests ye hid, e mair wis the ill-deeins agin ma. They niffert their winnerfu God for somethin skaikent. [8]They maet fae the ill-deeins o ma ain fowk an are gutsy for their coorseness. [9]An sae, lik fowk, lik priest. A'll gie them baith their sairin for their wyes an pey them back for their proticks. [10]They'll ett bit nae be sairt; they'll hoor aboot bit naethin will come o them, cause they've turnt awa fae e Lord e wye o [11]hoorin, tae aul wine an new wine att will tak awa their unnerstannin.

[12]"Ma ain fowk lippen tae a timmer eedol, an they think a seer's stick can tell them fit's afore them. Their hankerin efter hoorin his led them agley an they are unfaithfu tae their God. [13]They sacrifeece on e heilans

an burn offerins on e hills, aneth aiks, aspens an terebinth trees, wi their leesome shadda. Sae yer dothers turn tae hoorin an yer dothers-in-laa lie wi ither chiels. [14]A winna gie yer dothers their sairin fan they turn tae hoorin, nor yer dothers-in-laa fan they lie wi ither chiels, cause e chiels themsels tak up wi hoors an sacrifeece wi temple limmers, sae a clan wi nae unnerstannin will come tae crockaneetion.

[15]"Tho you, Israel, lie wi ither chiels, dinna lat Judah gyang e same gait. Dinna gyang tae Gilgal; dinna gyang up tae Beth Aven. An dinna sweer, 'Gweed be here.' [16]The Israelites are thraawn, lik a thraawn quake. Foo, syne, can e Lord gie them a girsin, lik lambs in a ley park? [17]Ephraim is thirlt tae eedols, leave him be. [18]Efter they're deen boozing they haud on wi their hoorin. Their chieftains are fair teen wi braisant wyes. [19]A furlin win will swype them awa, an their sacrifeeces will fess doon affront onno them.

CHAPTIR 5

"Hearken, ye priests. Tak tent, ye Israelites. Preen back yer lugs, royal hoose. Iss jeedgement applies tae you. Ye've been a snare at Mizpah, a nit spread oot on Tabor. [2]E rebels are wydin amo slauchter. A'll gie them aa their sairin. [3]A ken aa aboot Ephraim; Israel canna hide fae ma. Ephraim, ye've turnt tae hoorin; Israel's nae tae lippen till."

[4]Fit they're deein disna alloo them tae gyang back tae their God. Their herts are cantlt up wi hoorin, they dinna tak wi e Lord. [5]Israel's bigsyness tells oot agin her. The Israelites, ay an Ephraim tee, styter amo their ill-deeins. Judah styters wi them anaa. [6]They gyang wi their flocks an hirds tae sikk e Lord, bit they winna fin him. He's draawn himsel back fae them. [7]They're unfaithfu tae e Lord; they cleck bastard geets. Fan they're haein a splore wi their New Meen Fairs, he'll devoor their parks. [8]Soun e tooteroo in Gibeah, e horn in Ramah. Reese e battle cry in Beth Aven; haud forrit, Benjamin. [9]Ephraim will be made a scruntit moss on e day o reckonin. Amo e clans o Israel A'll mak kent fit's for seer. [10]"Judah's chieftains are lik chiels fa shift mairch steens. A'll poor oot ma annger onno them lik a spate. [11]Ephraim is haudden doon, trumpit on in jeedgement, willin tae chase efter eedols. [12]A'm lik a moch tae Ephraim, lik foost tae e fowk o Judah. [13]Fan Ephraim saa his oncome, an Judah his sairs, syne Ephraim turnt tae Assyria, an socht help fae e muckle keeng. Bit he canna mak ye better, canna men yer sairs. [14]For A'll be lik a lion tae Ephraim, lik a muckle lion tae Judah. A'll rip them tae bits an gyang awa. A'll cairry them awa an neen will hain them.

[15]"Syne A'll gyang back tae ma den till they tak wi their guilt an sikk oot ma face; sair forfochen, they'll fairly sikk ma oot."

CHAPTIR 6

"Come awa, lat's gyang back tae e Lord. He's rippit hiz tae bits bit he'll mak hiz aa better. He's mischieved hiz, bit he'll bin up wir sairs. [2]Efter twa days he'll bring hiz roon an on e third day he'll heist hiz up, sae we mith bide wi him. [3]Lat hiz ken e Lord; lat's haud forrit sae we mith ken him. As seer as e sin rises, he'll appear; he'll come tae hiz like rain i the Winter, lik e Spring shoories att weet e grun."

[4]"Fit am A gyan tae dee wi ye, Ephraim? Fit am A gyan tae dee wi ye, Judah? Yer leal is lik a foreneen mist, it weers awa lik e mornin dyowe. [5]Sae A sent ma prophits tae sned ye tae bits, A did awa wi ye wi e wirds o ma moo. Syne ma jeedgements on ye are lik a licht att hauds forrit. [6]Fit A'm sikkin is mercy, nae sacrifeece, kennin God raither nor brunt offerins. [7]Bit lik Adam, they've breuken e covenant; they were unfaithfu tae ma there. [8]Gilead is a toon o cyaards, smirched wi feet marks o bleed. [9]As reivers lie wytin

for their prey, sae div a curn o priests; they murther on e wye tae Shechem, an dee ither ill proticks. [10]I hae seen grief in Israel: there Ephraim is gien ower tae hoorin; Israel is fylt. [11]Ay, an for you, Judah, there's a hairst comin, fan A again set up ma ain fowk,

CHAPTIR 7

"fan A mak Israel better, an the ill-deeins o Ephraim are seen bi aa, an e coorseness o Samaria unhappit. They're a bunch o swicks, thieves braak in tae hooses, reivers rob ootbye; [2]bit fit they dinna realise is att A myn on aa their coorse proticks. They are ower e heid wi their ill-deeins an are aye afore ma face. [3]E keeng is fair teen on wi their coorseness, e chieftains wi their lees. [4]They're aa adulterers, burnin lik an oven fas fire needs nae powkin fae e baker fae e time he kneads e dough till it rises. [5]On e keeng's fair day, e chieftains are aa e waar o e drink, he taks e han o them fa scowff. [6]Their herts are lik an oven an they come anent him wi their proticks. Their annger smuchters aa throwe e nicht an i the mornin bleezes alicht lik a fire. [7]They're aa as het as an oven, they devoor their chieftains. Aa their keengs will tummle, an neen o them cries on me. [8]Ephraim collogues wi ither cuntras; Ephraim is a bannock att's nae turnt ower. [9]Forriners wyken his strinth, an he disna ken it. His hair is lyart, an he disna notice. [10]Israel's bigsyness spikks oot agin him, bit still-an-on, he disna gyang back tae e Lord his God nor sikk for him.

[11]"Ephraim is lik a feel doo wi nae sense, files cryin tae Egypt, files turnin tae Assyria. [12]Fan they gyang, A'll fling ma nit ower them. A'll rug them doon lik birds i the lift. Fan A hear them. A'll gie them a tellin aff as their congregation heard. [13]Waly, waly, cause they've turnt fae ma. Deil tak them cause they've rebelled agin ma. A'm mangin tae lat them aff, bit they tell sae mony lees aboot ma. [14]They dinna cry oot tae ma fae their herts, bit girn i their beds. They gaither egither for corn an wine an rebel agin ma. [15]A learnt them an gied strinth tae their airms, bit they wark ill proticks agin ma. [16]They dinna turn tae e Maist Heich. They're lik a breuken bowe. Their chieftains will faa bi e swoord cause o their ill-jaw. They'll be lauchen att for iss in Egypt.

CHAPTIR 8

"Pit e tooteroo tae yer lips. An aigle is ower e hoose o e Lord cause e fowk hiv breuken ma covenant an rebelled agin ma laa. [2]Israel prigs wi ma, 'Ma God, we ken ye.' [3]Bit Israel his rejeckit fit's gweed; a fae will chase efter him. [4]They set up keengs athoot my say so; they pickit chieftains att A didna ken naethin aboot. They mak eedols for themsels wi their siller an gowd, fessin aboot their ain crockaneetion.

[5]"Samaria, yer calf-eedol his dung ye doon. Ma annger burns agin them. Foo lang will they bide fylt? [6]Iss thing's fae Israel. Iss calf, made in a smiddy, is nae God. Att calf fae Samaria will be caaed tae bits. [7]They shaav e win an hairst e furlin win. E strae his nae heid, it winna gie nae flooer. Gin it produced corn, forriners wid swally it up. [8]Israel is swallied up; amo e cuntras o e warl, she's lik an aul pot naebody's sikkin. [9]For they've gane awa tae Assyria, lik a wild cuddy reengin its leen. Ephraim his peyed for her fancy chiels. [10]Tho they've selt themsels amo e cuntras o e warl, A'll gaither them egither noo. They'll begin tae fooner, haudden doon as they are bi e muckle keeng. [11]Tho Ephraim biggit a curn o aaltars for ill-deein offerins, they've turnt intae aaltars for ill-deein. [12]A screivit for them a curn o things in ma laas, bit they leukit on them as fremt. [13]They offer sacrifeeces tae ma, an tho they ett e maet, e Lord's nae neen pleased wi them. Noo he'll myn on their coorseness an gie them their sairin for their ill-deeins: they'll gyang back tae Egypt. [14]Israel his forgotten fa made her an his biggit palaces; Judah his fortifiet mony toons. Bit A'll sen fire doon on their toons att will burn a curn o keeps."

CHAPTIR 9

Dinna be sae pleased wi yersel, Israel, dinna be croose lik ither cuntras. Ye've been unfaithfu tae yer God; ye loo e waages o a hoor on ilka barn fleer. [2]Barn fleers an winepresses winna feed e fowk: there will be nae new wine. [3]They winna bide i the Lord's cuntra; Ephraim will gyang back tae Egypt an ett fylt maet in Assyria. [4]They winna poor oot wine offerins tae e Lord, an he winna be teen on wi their sacrifeeces. Their sacrifeece will be lik maet at a dregie. Aa fa ett it will be fylt. Iss maet will be for themsels, it winna come inno e Temple o e Lord. [5]Fit will ye dee on yer fair days an e haily days o e Lord? [6]Aiven gin they win awa fae e crockaneetion, Egypt will gaither them, an Memphis will beery them. Thrissles will tak ower their trissures o siller an funs will smore oot their tents. [7]E days o yer sairin are comin, e days o reckonin are at han. Lat Israel ken iss. Bicause yer ill-deein wyes are sae mony an yer ill-will sae byous, e prophit is leukin on as a feel, e body wi speerit a haiveral. [8]Ephraim's waatchman is wi ma God, yet there's snares tae tak him on ilka pathie, an ill-will i the hoose o his God. [9]They've gane aa tae e dogs, lik i the days o Gibeah. God will myn on their coorseness, he'll gie them their sairin for their ill-deeins.

[10]"Fan A faun Israel, it wis lik comin on grapes in a druchtit cuntra. Fan A saa yer forebeers, it wis lik seein the airly fruit on e fig tree in its first sizzon. Bit fan they cam tae Baal Peor, they consecraitit themsels tae att fool eedol an turnt as skaikent as e thing they looed. [11]Ephraim's glory will flee awa lik a bird, nae birth, nae trootie i the waal, nae cleckin. [12]Aiven gin they div fess up bairns, A'll tak ilka een o them awa. Ay, there's nae hope for them fan I turn awa fae them. [13]A've seen Ephraim, lik Tyre, set doon in douce surroonins. Bit Ephraim will fess oot its bairns tae e slauchter."

[14]Gie them, Lord: fit will ye gie? Gie them wymes att miscairry an breists att are eel. [15]"Bicause o aa their coorseness in Gilgal, A hated them there. Cause o aa their ill-deein wyes, A'll rin them oot o ma hoose. Nae mair will A loo them; aa their chieftains are rebels. [16]Ephraim is cankert, their reet is scruntit, they winna gie nae crap. Aiven gin they hae bairns, A'll kill their praicious geets." [17]Ma God will hae naethin tae dee wi them cause they hinna lippent tae him; they'll traik aboot throwe aa e cuntras o e warl.

CHAPTIR 10

Israel wis a spreadin vine, crappin fruit for itsel. As its fruit grew bigger, it biggit mair aaltars; as its lan grew walthy they vrocht mair haily steens. [2]Their hert is sleekit, an noo they maun dree their weird. E Lord will ding doon their aaltars an dee awa wi their haily steens. [3]Syne they'll say, "We hinna got a keeng, cause we didna fear e Lord. Fit gweed wid a keeng dee hiz onywye?" [4]They hiv a lang say-awa, mak agreements wi fause aiths; sae coort cases sproot lik pooshenous weeds in a plooed park. [5]E fowk o Samaria fear for e calf o Beth Aven. Its fowk will grieve ower it an sae will e priests fa lippent till it, them fa thocht sae muckle o its glory att's noo awa fae it. [6]It will be carriet tae Assyria as a hansel tae e muckle keeng. Ephraim will be pat tae shame; Israel will be affrontit at fit it did. [7]Samaria's keeng will be deen awa wi, swipit awa lik a stick doon e burn. [8]The heich places o Aven, the ill-deeins o Israel, will be deen awa wi. Funs an thrissles will growe up an hap the aaltars. Fowk will say tae e heilans, "Hap hiz," an tae e hills, "faa onno hiz."

[9]"Israel, ye've deen ill since e time o Gibeah, aye at it. Will waar nae come onno e cyaards in Gibeah? [10]A'll gie them their sairin fan A feel like it. Cuntras will be gaithert agin them tae bin them up for their twa-faul ill-deeins. [11]Ephraim is lik a weel-breuken quake att likes e thrashin; sae A'll pit a yock on her braw neck. A'll drive Ephraim, Judah maun ploo, an Jacob maun braak-in e grun. [12]Shaav richteousness for yersels, an hairst leal luv. Braak-in yer ley grun, cause it's time tae sikk e Lord, till he comes an poors his richteousness onno ye.[13]Bit ye've shaavn coorseness, ye've hairstit ill, ye've etten e fruit o swickery.

Cause ye lippent tae yer ain wye o deein an tae yer curn o sodgers, [14]e din o battle will rise up agin yer fowk, sae yer keeps will be dung doon, jist as Shalman made a crockaneetion o Beth Arbel yon time i the fechtin, fan mithers an their bairns were hackit tae bits. [15]Sae att's fit will happen tae you, Bethel, cause o yer oondeemous coorseness. Fan att day daawns, e keeng o Israel will be deen awa wi aa egither.

CHAPTIR 11

"Fan Israel wis a bairn, A looed him, an A cried ma loonie oot o Egypt. [2]Bit e mair A cried on them, e mair they wannert awa fae ma. They sacrifeeced tae Baal an brunt scintit reek tae eemages. [3]I wis the een fa learnt Ephraim tae waalk. Takkin them bi the airm. Bit they didna ken it wis me fa healt them. [4]A led them wi tows o kindliness an raips o luv. A wis tae them lik e chiel fa lifts e yock fae their jaas, an A raxed doon tae maet them.

[5]"They winna gyang back tae Egypt, an Assyria will rowle ower them, cause they winna come back tae me. [6]A swoord will furl throwe their toons, it will devoor e fause prophits an pit an ein tae their proticks. [7]Ma fowk are set on turnin awa fae ma. They mith caa ma God Maist Heich, bit there's nae wye A'll reese them up. [8]Foo can A gie ye up, Ephraim? Foo can A han ye ower, Israel? Foo can A deal wi ye as A did wi Admah? Or trait ye lik A did Zeboim? A've hid a cheenge o hert; aa ma feelins for ye are steered up. [9]A winna ack on ma annger, nor will A mak a crockaneetion o Ephraim again. For A'm God, an nae a chiel: e Haily Een amo ye. A winna come raigin. [10]They'll folla e Lord, he'll roar lik a lion. Fan he roars, his bairns will come shaakin fae e wast. [11]They'll come fae Egypt, shaakin lik spurdies, fae Assyria, flappin lik doos. A'll settle them i their hames," says e Lord.

[12]"Ephraim his surroonit ma wi lees, Israel wi swickery. Bit Judah aye waalks wi God an is leal tae the Haily Een.

CHAPTIR 12

"Ephraim maets on e win; he chases efter the east win aa day lang, biggin up lees an veelence. He dis a deal wi Assyria an sens olive ile tae Egypt." [2]Noo e Lord his a craa tae pick wi Judah; he'll gie Jacob his sairin for his proticks an pey him back for his deeins.

[3]I the wyme, he teuk haud o his brither's heel; as a growein chiel, he focht wi God. [4]He strove wi the angel an got e better o him; he grat an priggit for his faavour. He met in wi God at Bethel an newsed wi him there; [5]e Lord God o Hosts, e Lord is his name. [6]Sae ye maun gyang back tae yer God; keep luv an jeestice, an aye wyte for yer God.

[7]"E merchant swicks wi his wechts an luvs tae tak e len o fowk. [8]Ephraim blaws, 'A'm weel aff. A've a hantle o siller. Wi aa ma walth they winna fin ony wrang or ill-deeins in me.' [9]A've been e Lord yer God since e time ye cam oot o Egypt; A'll gar ye bide in tents again, as i the days o yer haily fairs. [10]A spak tae e prophits; A gied them a hantle o veesions an telt parables throwe them. [11]Is Gilead coorse? Its fowk are nae wirth a docken. Div they sacrifeece bulls in Gilgal? Their aaltars are lik cairns o steens in a plooed park." [12]Jacob uptailed an awa tae e cuntra o Aram; Israel warkit tae get himsel a wife, an tae pey for her he herdit sheep. [13]Throwe a prophit, e Lord brocht Israel up oot o Egypt, throwe a prophit he leukit efter him. [14]Bit Ephraim got his birse up. Sae he'll leave his bleed onno him an gie him his sairin for his coorse wyes.

CHAPTIR 13

Fan Ephraim spak, fowk sheuk; he wis reesed up in Israel. Bit he turnt tae Baal an he deit. ²Noo they're aye at their ill-deeins; they mak eedols for themsels fae their siller, vrocht wi skeely hans, aa e wark o vrichts. Fowk say aboot them, "They gie up human sacrifeeces, an they kiss e caffies." ³Sae they'll be lik e mornin mist, lik the airly dyowe att milts awa, lik caff furlin on e barn fleer, lik reek blaawin oot throwe a winda.

⁴"Bit A've been e Lord yer God since e time ye cam oot o Egypt. Ye winna tak wi nae God bit me, nae Saviour forbyes me. ⁵A leukit efter ye i the roch cuntra, e lan o drucht. ⁶Fan A maetit them they were sairt. An bein sairt, they turnt bigsy an syne they forgot on ma. ⁷Sae A'll be lik a lion tae them, lik a leopard joukin aside their gait. ⁸Lik a bear fas cubs hiv been rypit, A'll faa on them an teer open their breists. Lik a lion A'll devoor them, lik a wild beast, A'll rip them tae bits.

⁹"Ye've come tae a crockaneetion, Israel, cause ye're agin ma, agin me fa helpit ye. ¹⁰Far's yer keeng noo, att he mith save ye in aa yer toons? Far are yer chieftains att ye said aboot, 'Gie ma a keeng an chieftains'? ¹¹Sae in my rage, A gied ye a keeng, an wi ma birse up, A teuk him awa. ¹²Ephraim's coorseness is bun up, his ill-deeins laid by. ¹³Pangs lik a wumman haein a bairn come onno him, bit he's a feel bairn; fan e time comes, he disna hae e sense tae come oot o e wyme. ¹⁴A'll keep iss fowk fae e pooer o e grave; A'll hain them fae daith. O death, far are yer pests? O grave, far is yer doon-faa? Ma een winna see nae peety. ¹⁵Tho he dis weel amo his brithers, an east win fae e Lord will come, blaawin in fae e roch cuntra. His spring will stop rinnin an his waalie dry up. Aa his gear will be plunnert fae his trissury. ¹⁶E fowk o Samaria maun dree their weird, cause they hiv rebelled agin their God. They'll faa bi e swoord; their bairnies will be dunted on e grun an their weemen fa are i the faimly wye rippit open."

CHAPTIR 14

Come back, Israel, tae e Lord yer God. Yer ill-deeins hiv been yer doon-faa. ²Tak wirds wi ye an come back tae e Lord. Say tae him: "Forgie aa wir ill-deeins an tak in fit's gweed, sae we mith praise ye wi wir lips. ³Assyria canna save hiz; we winna sit on wir waarhorses. Nivver again will we say 'Wir gods' tae fit we've vrocht wi wir ain hans. In you, e fadderless fin mercy.

⁴"A'll fess them back tae ma, an gie them aa ma luv, cause A'm nae raised wi them nae mair. ⁵A'll be lik mornin dyowe tae Israel; he'll flooer lik a lily an tak reet lik e cedars o Lebanon. ⁶His branches will rax oot an he'll be as braw as an olive tree, his scint lik a cedar o Lebanon. ⁷Ma fowk will bide inno his shade again an fleerish lik corn, they'll flooer lik e vine an Israel will be as kenspeckle as e wine o Lebanon. ⁸Ephraim will say, 'Fit mair hiv A tae dee wi eedols'? A'll answer him an leuk efter him. A'm lik an ivvergreen fir tree, yer fruit comes fae me." ⁹Fa's wise? Lat them unnerstan sic things. Fa's cannie? Lat them ken them. E Lord's wyes are richt; e richteous waalk in them, bit e contermashious styter in them.

JOEL

CHAPTIR 1

E wird o e Lord att cam tae Pethuel's sin Joel.

[2]Hear iss, ye elders; hearken, aa fa bide i the lan. His ony sic thing ivver happent in your time, or i the days o yer forebeers? [3]Tell yer bairns aboot it, an lat them tell their bairns. [4]Fit e locusts hiv left, e swaarm o hornie-gollachs his etten. Fit e swaarm o hornie-gollachs his left e caterpillars hiv etten, fit e caterpillars hiv left the emmerteens hiv etten. [5]Waaken up, ye boozers an greet. Girn aa ye wine drinkers, girn cause o e new wine, cause its been wheekit awa fae yer moo. [6]Anither cuntra his invaded ma lan, a muckle airmy, sae mony ye canna coont them; it his e teeth o a lion an e claaws o a lioness. [7]It's connacht ma vines an blaudit aa ma fig trees. It's strippit aff their bark an his keest it awa, leavin its branches aa fite.

[8]Grieve like a maiden in saickclaith, greetin for e lad o her young days. [9]Grain offerins an drink offerins hiv been sned aff fae e hoose o e Lord. E priests are grievin, them fa meenister afore e Lord. [10]E parks are scruntit, e grun druchtit; e corn is connacht, e new wine run dry an e olive ile run deen. [11]Fitna sorra, ye fairmers, girn ye vine growers, for e wheat an e barley, cause e hairst o e parks is connacht. [12]E vine is druchtit an e fig tree gizzent; e pomegranate tree, e palm tree an the aipple tree, aa e trees o e parks, are druchtit. Aa happiness is driet up.

[13]Aa you priests, pit on saickclaith an moorn; girn aa ye fa meenister afore the aaltar. Lie aa nicht in saickclaith, ye fa meenister afore ma God; for e grain offerins an drink offerins are held back fae e hoose o yer God.

[14]Annoonce a haily fast; caal a haily meetin. Cry in aboot the elders an aa fa bide i the cuntra tae e hoose o e Lord yer God, an cry oot tae e Lord. [15]Gweed save's fae att day. For e day o e Lord is near han, att day att will come wi crockaneetion fae the Almichty. [16]His e maet nae been sned aff afore wir verra een, joy an gledness fae e hoose o wir God? [17]E seeds are wizzent aneth e sod. E granaries are in ruins, e barns dung doon, cause e corn his driet up. [18]E beasts are aa roarin. The hirds wanner aboot cause there's nae girss; e verra flocks o sheep are pinin. [19]A cry tae ye, Lord, cause fire his devoort aa e girsin i the roch cuntra an flames hiv brunt aa e trees i the wids. [20]E verra wild beasts pech for ye, e burnies hiv aa driet up an fire his druchtit aa e girsin i the roch cuntra.

CHAPTIR 2

Blaa e tooteroo in Zion; soun the alairm on ma haily hill. Lat aa fa bide i the lan shaak, for e day o e Lord is comin. It's near han, [2]a day o mirk an mochiness, a day o cloods an bleck. Lik daawn raxin ower e heilans a muckle pooerfu airmy comes, as wis nivver seen afore, nor will ivver be seen i the times tae come. [3]Afore them fire devoors; ahin them a flame bleezes. Afore them e lan is like e gairden o Eden, ahin them, a scruntit waast: naethin wins by them. [4]They hiv e leuks o horse; they binner on lik caivalry. [5]Wi a soun lik chariots they loup ower e heid o the heilans, lik e cracklin o a fire amo stibble, lik a pooerfu airmy draawn up for e fecht. [6]At e sicht o them, cuntras are terrifiet, ilka face turns fite. [7]They breenge forrit lik waarriors; they clim waas lik sodgers. They aa mairch in line, nivver missin a step. [8]They dinna oxter een anither, ilka een mairches straicht aheid. They birst throwe e defences, nivver braakin their raaws. [9]They hurl themsels on e toon an rin alang e waa. They clim inno e hooses, gyan in bi e windas lik a thief. [10]Afore them, the earth shaaks, e hivvens trimmle, e sin an meen growe dark an e stars dinna sheen. [11]E Lord thunners at e heid o his airmy; his sodgers canna be coontit, an it's a pooerfu airmy att dis his biddin. E day o e Lord is great an aawsome. Fa can thole it?

[12]"Fit sorra ither," says e Lord, "come back tae ma wi aa yer hert, wi fastin an greetin an moornin." [13]Teer yer herts an nae yer claes. Gyang back tae e Lord yer God, cause he's couthie an canty, slow tae get his birse up an reamin wi luv. He hains fae sennin crockaneetion. [14]Fa kens? He mith turn an relent, an leave a blissin ahin him, grain offerins an drink offerins for e Lord yer God.

[15]Blaa e tooteroo in Zion, haud a haily fast, cry a haily meetin. [16]Gaither e fowk, sanctifee e meetin, set oot the elders, gaither e bairns, them sookin at e breist. Lat e groom come oot o his chaulmer an e bride fae her room. [17]Lat e priests, fa meenister afore e Lord greet anent e porch an the aaltar. Lat them say, "Hain yer ain fowk, Lord. Dinna gar yer heirskip be lauchen at, tae be scowffed at amo e cuntras o e warl. Fit wye should ither fowk say, 'Far's their God?'"

[18]Syne will e Lord be thochtit for his lan, an hae peety on his ain fowk. [19]E Lord will say tae them: "A'm sennin ye corn, new wine an olive ile, an ye'll be weel-sairt wi't. Nivver again will A gar e cuntras o e warl lauch at ye. [20]A'll caa e northern airmy hine fae ye, shivvin it tae a druchtit scabbit lan; them tae e fore A'll caa inno e Saut Sea an them ahin inno e Mediterranean Sea. Its stink will gyang up, its guff will rise." Ay, he's deen winnerfu things.

[21]Dinna be feart, lan, rejoice an be gled, cause e Lord his deen winnerfu things. [22]Dinna be feart, ye wild beasts, cause e parks i the roch cuntra are turnin green. E trees are aa crappin; e fig tree an e vine aa gie a gweed hairst. [23]Be gled, ye fowk o Zion, an rejoice i the Lord yer God, cause he's sent ye the Aatumn rain cause he's leal. He sens ye e shoories, baith ear an late as o aul. [24]E barns will be fullt wi corn; e bowies reamin wi new wine an ile. [25]"A'll mak up for e years e locusts hiv etten, e muckle locusts an e horniegollachs, e caterpillars an the emmerteens, ma muckle airmy att a sent amo ye. [26]Ye'll hae aneuch tae ett, till ye're full, an ye'll reese oot e name o e Lord yer God, fa's warkit winners for ye; nivver again will ma ain fowk be affrontit. [27]Syne ye'll ken att A'm in Israel, att A'm e Lord yer God, an att there's neen forbyes me. Nivver again will ma ain fowk be affrontit.

[28]"An syne, efter att, A'll ream oot ma speerit on aa fowk. Yer sins an dothers will prophesee, yer eildit chiels will dream dreams an yer young birkies will see veesions. [29]At att time A'll aiven poor oot ma speerit onno yer servants baith men an weemen. [30]A'll shew winners i the lift an i the warl, bleed an fire an cloods o reek. [31]E sin will be turnt tae mirk an e meen tae bleed afore e great an aawsome day o e Lord. [32]An aa fa cry on e name o e Lord will be saved; cause them on Moont Zion an in Jerusalem will be haint, as e Lord his said, an amo e lave faa e Lord will caal.

CHAPTIR 3

"Ay, faith, at sic a time, fan A gie Judah an Jerusalem back their ain, [2]A'll gaither aa e cuntras o e warl an fess them doon tae e Howe o Jehoshaphat.There A'll jeedge them for e hairm they've deen ma ain fowk, ma heirskip Israel, cause they scattert ma ain fowk amo e cuntras o e warl an pairtit oot ma grun. [3]They keest lots for ma ain fowk an niffert loonies for hoors an selt quinies for wine tae booze. [4]Noo, fit are ye tae me, Tyre an Sidon an aa you lans o Philistia? Are ye peyin ma back for somethin A've deen? Gin ye are peyin ma back, A'll seen gie back on yer ain heids fit ye've deen. [5]For ye teuk ma siller an ma gowd an cairtit awa ma best trissures tae yer temples .[6]Ye selt e fowk o Judah an Jerusalem tae e Greeks, sae they mith be redd oot hine awa fae their hame cuntra. [7]Ay, A'm gyan tae reese them oot fae e places far ye selt them an A'll ding doon on yer ain heids fit ee've deen. [8]A'm gyan tae sell yer sins an dothers tae e fowk o Judah, an they'll sell them on tae e Sabeans, a hine-awa cuntra." E Lord his spoken.

[9]Tell iss oot amo e cuntras o e warl: Mak riddy for waar. Reese up e sodgers. Lat aa fechtin chiels draaw in aboot an mairch forrit. [10]Haimmer yer ploo socks intae swoords an yer sneddin-heuks tae spears. Lat e shargers say, "A'm strong." [11]Hist ye, aa ye cuntras fae ilka airt, an gaither there. Fess doon yer sodgers, Lord. [12]"Lat aa cuntras be reesed up; lat them mairch intae e Howe o Jehoshaphat, far A'll be sittin tae jeedge e cuntras o aa airts. [13]Haud gyan wi e sickle, cause e hairst is riddy. Come on, trump, cause e winepress is full an e bowies reamin ower, sae coorse is their ill-deein." [14]Siccan a clamjamfrie i the howe o jeedgement. For e day o e Lord is near han i the howe o jeedgement. [15]E sin an e meen will be bleckit oot, an e stars winna sheen nae mair. [16]E Lord will roar fae Zion an reese his vice fae Jerusalem; e warl an e hivvens will shaak. Bit e Lord will be a lythe for his ain fowk, a keep for e fowk o Israel. [17]"Syne ye'll ken att I, e Lord yer God, bide in Zion, ma haily hill. Jerusalem will be haily; nivver again will forriners yock on her.

[18]"An att day, e heilans will dreep wi new wine, an e hills will rin wi milk; aa e gullets o Judah will rin wi watter. A foontain will rin fae e Lord's hoose an watter fae e howe o acacias.[19]Bit Egypt will be eild, Edom a druchtit waast, cause o e veelence deen tae e fowk o Judah, e cuntra far they spult innocent bleed. [20]Fowk will bide in Judah for ivver an in Jerusalem for aa ginnerations tae come. [21]A'll clean their bleed att a hinna yet cleant." E Lord dwalls in Zion.

AMOS

CHAPTIR 1

E wirds o Amos, een o e shepherds o Tekoa, e veesion he saa aboot Israel twa ear afore the earthquaick, fan Uzziah wis keeng o Judah an Jeroboam sin o Jehoash wis keeng o Israel. [2]He said: "E Lord roars fae Zion an reeses his vice fae Jerusalem; e girsin o e shepherds dries up an e heid o Carmel withers." [3]Iss is fit e Lord says: "For three ill-deeins o Damascus, ay for fower, A winna haud ma han. Cause she threeshed Gilead wi teels o airn, [4]bit A'll sen doon fire on e hoose o Hazael att will devoor e keeps o Ben-Hadad. [5]A'll braak doon e yetts o Damascus; A'll dee awa wi e keeng att's i the howe o Aven an the een fa hauds e scepter in Beth Eden. E fowk o Syria will gyang tae exile in Kir," says e Lord.

[6]Iss is fit e Lord says: "For three ill-deeins o Gaza, ay for fower, A winna haud ma han. Cause she teuk awa e hale o e fowk an selt them tae Edom, [7]bit A'll sen doon fire on e waas o Gaza att will devoor her keeps. [8]A'll dee awa wi e keeng o Ashdod an the een fa hauds e scepter in Ashkelon. A'll turn ma han conter Ekron, till e hinmaist o e Philistines are deid," says e Lord God.

[9]Iss is fit e Lord says: "For three ill-deeins o Tyre, ay for fower, A winna haud ma han. Cause she teuk awa e hale o e fowk an selt them tae Edom, an breuk e tryst atween ae clan an anither, [10]bit A'll send doon fire on e waas o Tyre att will devoor her keeps."

[11]Iss is fit e Lord says: "For three ill-deeins o Edom, ay for fower, A winna haud ma han. Cause he ran efter his brither wi a swoord an teuk nae peety, cause his birse wis aye up, an his rage culdna be contert, [12]bit A'll sen doon fire onno Teman att will devoor e keeps o Bozrah."

[13]Iss is fit e Lord says: "For three ill-deeins o Ammon, ay for fower, A winna haud ma han. Cause he rippit open e weemen o Gilead fa were wi bairn sae att he culd eik oot his mairches, [14]bit A'll set fire tae e waas o Rabbah att will devoor her keeps, wi muckle roarin on e day o e fechtin, amo veelent wins on a stormy day. [15]Her keeng will gyang intae exile, alang wi aa his chieftains," says e Lord.

CHAPTIR 2

Iss is fit e Lord says: "For three ill-deeins o Moab, ay for fower, A winna haud ma han. Cause he brunt tae aise e beens o Edom's keeng, [2]bit A'll sen doon fire o Moab att will devoor e keeps o Kerioth. Moab will be deen awa wi in a muckle stramash wi muckle dirdum an e soun o e tooteroo. [3]A'll mak an ein o her rowler an kill aa her chieftains wi him," says e Lord.

[4]Iss is fit e Lord says: "For three ill-deeins o Judah, ay for fower, A winna haud ma han. Cause they hiv rejeckit e laas o e Lord an hinna keepit his commans, cause they've been led agley bi fause gods, e gods their forebeers chased efter, [5]bit A'll sen doon fire onno Judah att will devoor e keeps o Jerusalem."

[6]Iss is fit e Lord says: "For three ill-deeins o Israel, ay for fower, A winna haud ma han. They sellt them fa hiv deen nae wrang for siller, an them fa were in wint for a pair o sheen. [7]They trump ower e heids o e peer lik e stew on e grun an shiv them fa are in wint oot o their road. Fadder an sin lie wi e same quine, an sae fyle ma haily name. [8]They lie doon aside ilka aaltar on claes teen in wadset. They drink wine teen as fines i the hoose o their god.

⁹"Still-an-on, A did awa wi the Amorites afore them, tho they were as lang as cedars an as stoot as aiks. A did awa wi e fruit on their bowes an their reets aneth. ¹⁰A brocht ye up oot o Egypt an led ye for fowerty ear i the roch cuntra tae gie ye e grun o the Amorites. ¹¹A reesed up yer sins as prophits an yer young loons as Nazirites. Is att nae richt, ye fowk o Israel?" says e Lord. ¹²"Bit ye garrt e Nazirites drink wine an bade e prophits nae prophisee. ¹³See noo, A'll squaash ye as a cairt squaashes fan it's loaded wi shaives. ¹⁴E fleet winna win awa, e stoot will loze their strinth, an e sodger winna hain his life. ¹⁵E boweman winna stan his grun, e fleet-fitted sodger winna win awa, an e horseman winna hain his life. ¹⁶Aiven e braivest waarriors will rin awa nyaakit att day," says e Lord.

CHAPTIR 3

Hearken tae iss, ye fowk o Israel, e wird e Lord his spoken agin ye, ay agin e hail clan A brocht up oot o Egypt: ²"You aleen hiv A pickit fae amo aa e clans i the warl; sae A'll gie ye yer sairin for aa yer ill-deeins." ³Div twa fowk waalk igither athoot ivver meetin? ⁴Dis a lion roar i the wids gin it his nae prey? Dis it gurr in its lair fin it hisna teen naethin? ⁵Dis a bird flee doon tae a snare on e grun gin there's nae bait inno't? Dis a snare gyang aff gin it's nae catch't naethin? ⁶Dis a tooteroo soun inno a toon athoot its fowk bein fleggit? Fan crockaneetion comes tae a toon, is it nae throwe e Lord's deein? ⁷Seerly e Lord God disna dee naethin athoot shewin his plans tae his servants e prophits. ⁸E lion his roared: fa's nae feart? E Lord God his spoken, bit fa can prophisee?

⁹Tell oot tae e keeps o Ashdod an tae e keeps o Egypt, sayin tae them, "Gaither yersels egither i the heilans o Samaria; see e stramash inno her an foo sair held in aboot her fowk are." ¹⁰"They dinna ken foo tae dee richt," says e Lord, "them fa full their keeps wi fit they've teen throwe rivin an reivin." ¹¹Sae iss is fit e Lord God says: "An innemy will come an surroon e cuntra, pu doon yer tooers an plunner yer keeps." ¹²Iss is fit e Lord says: "As a shepherd taks twa leggies or a bit o a lug fae e lion's moo, sae will the Israelites bidin in Samaria be teen oot, wi nocht bit e heid o a bed an a bittie o claith fae a deece. ¹³Hearken tae iss an waarn e hoose o Jacob," says e Lord, e God o Hosts. ¹⁴"On e day A gie Israel her sairin for her ill-deeins, A'll dee awa wi the aaltars o Bethel; the horns o the aaltar will be sneddit aff an will tummle tae e grun. ¹⁵A'll caa doon e winter hoose, ay an e simmer hoose tee; e hooses cled wi ivory will be dung doon an e big hooses caaed doon," says e Lord.

CHAPTIR 4

Hearken tae iss, ye coos o Bashan on e heilans o Samaria, ye weemen fa haud doon e peer an are sae sair on them fa are in wint an say tae yer menfowk, "Gies some booze." ²E Lord God his sworn bi his hailyness, "Jist waatch, e time's comin fan ye'll be teen awa wi heuks, e hinmaist o ye wi leisters. ³Ilka een o ye will gyang oot throwe a slap i the waa, an ye'll be keest oot e wye o Harmon," says e Lord.

⁴"Gyang tae Bethel an dee ill; gyang tae Gilgal an dee mair ill yet. Fess yer sacrifeeces ilka foreneen, yer cess ilka three days. ⁵Burn loaf wi nae barm as a thank offerin an blaw aboot the offerins ye gie o yer ain free will: aye blaw aboot them, ye Israelites, cause att's fit ye like tae dee," says e Lord God.

⁶"A gied ye teem stamacks in aa yer toons, an wint o maet in ilka place, still-an-on, ye hinna come back tae ma," says e Lord. ⁷"A held back e rain fae ye fan e hairst wis aye yet three month awa. A sent rain tae ae toon, bit held it fae anither. Ae park got rain, bit anither hid neen an wis druchtit. ⁸Fowk stytert fae ae toon till another sikkin watter bit didna get aneuch tae drink, an still-an-on, ye hinna come back tae ma,"

says e Lord. ⁹"Time an time again A strack at yer gairdens an vinyairds wi rivin wins an mildyowe. Locusts ett aa yer fig an olive trees, still-an-on, ye hinna come back tae ma," says e Lord. ¹⁰"A sent e pest amo ye, lik yon time in Egypt. A slauchtert yer young birkies wi e swoord, alang wi yer horse att were teen. A fullt yer nebs wi e stink o yer camps, still-an-on, ye hinna come back tae ma," says e Lord. ¹¹"A hantle o ye, A dung doon e wye A hid deen wi Sodom an Gomorrah. Ye were lik a burnin stick grabbit fae e fire, still-an-on, ye hinna come back tae ma," says e Lord. ¹²"Sae iss is fit A'm gyan tae dee wi ye, Israel, an cause iss is fit A'm gyan tae dee, Israel, mak riddy tae meet yer God." ¹³Him fa moolds e heilans, fa maks e win, fa shews his thochts tae mankyn, fa turns daawn tae mirk, an fa trumps on e hichts o e warl: he's caaed e Lord God o Hosts.

CHAPTIR 5

Hearken tae iss, Israel, A tak up iss scronach aboot ye: ²"Maiden Israel is doon, nivver tae rise again, aa her leen in her ain cuntra, wi neen tae hyste her up." ³Iss is fit e Lord God says tae Israel: "Yer toon att sens a thoosan tae waar will hae bit a hunner left; yer toon att mairches oot a hunner, bit ten left."

⁴Iss is fit e Lord says tae Israel: "Sikk me an live; ⁵dinna sikk efter Bethel, dinna gyang tae Gilgal, dinna traivel tae Beersheba. For Gilgal is seer tae gyang tae exile, an Bethel will come tae nocht." ⁶Sikk e Lord an live, for fear he swype throwe e clans o Joseph lik a fire; it will devoor them, an Bethel will hae neen tae pit it oot. ⁷Ye turn jeestice soor an caa richteousness tae e grun. ⁸Him fa made e Syven Sisters an Orion, fa turns midnicht tae daawn, an darkens e day intae nicht, fa cries for e watters o e sea an poors them oot ower e face o e lan: he's caaed e Lord. ⁹In a glint, he maks a crockaneetion o e stoot an caas e keeps tae a rummle o steens. ¹⁰Fowk canna thole e chiel fa hans oot jeestice at e yett, an dinna like fowk fa spik e trowth. ¹¹Ye trump ower e heid o e peer an tak cess fae their corn. Sae tho ye've biggit muckle hooses o steen, ye winna bide inno them. Tho ye've planted growthie vinyairds, ye winna sup their wine. ¹²Ay faith, A ken e wecht o yer coorseness an foo mony are yer ill-deeins. Ye haud doon gweed fowk an tak back-hanners, an winna aloo e peer jeestice i the coorts. ¹³At sic times, them wi ony sense haud their tongues; ay coorse, coorse times.

¹⁴Sikk gweed, nae ill, sae ye mith live. Syne e Lord God will be wi ye, jist lik ye've said. ¹⁵Hate ill, loo gweed; keep jeestice i the coorts. Jist mebbe, e Lord God o Hosts will hae mercy on e lave o Joseph's fowk.

¹⁶Sae iss is fit e Lord God o Hosts says, "There will be greetin in aa e streets an howls o dool at ilka plainsteens. They'll cry in aboot e fairmers tae greet an e moorners tae howl. ¹⁷There will be greetin in aa e vinyairds, cause A'll come throwe e midse o ye," says e Lord. ¹⁸There's nae hope for youeens fa wyte for e day o e Lord. Fit wye are ye mangin for e day o e Lord? It will be a day o mirk, nae licht. ¹⁹It will be lik a chiel rinnin awa fae a lion, only tae faa in wi a bear, lik he gaed inno his hoose an reestit his han on e waa, only tae get bitten bi a snake. ²⁰Will e day o e Lord nae be mirk raither nor licht? Pick-mirk wi nae a leam o brichtness?

²¹"A canna thole, A hiv nae time avaa for yer haily fairs; yer gaitherins are a stink in ma neb. ²²Ye can fess yer brunt offerins an corn offerins gin ye lik, bit A winna accep them. Ye can fess yer fat stots as peace offerins, bit A winna tak nae tent o them. ²³Haud yer weesht wi aa yer sangs. A winna hearken tae e meesic o yer hairps. ²⁴Bit lat jeestice row on lik a spate, richteousness lik a burn att nivver rins dry. ²⁵Did ye fess ma sacrifeeces an offerins fowerty ear i the roch cuntra, fowk o Israel? ²⁶Ye reesed up e tent o yer keeng, an yer star god att ye made for yersels. ²⁷Sae A'll sen ye tae exile ayont Damascus," says e Lord, fa's caaed e Lord o Hosts.

CHAPTIR 6

There's muckle sorra comin tae aa you in Zion fa tak yer ease, an tae aa you fa think ye're sauf i the heilans o Samaria, ye kenspeckle chiels o e foremaist cuntra, tae fa e fowk o Israel come. [2]Gyang an tak a leuk at Calneh; fae there gyang tae muckle Hamath, an syne gyang doon tae Gath i the Philistine cuntra. Are they ony better nor iss twa keengdoms? Hiv they ony mair grun nor you? [3]Ye pit awa aa thochts o e day o crockaneetion att's tae come an fess in aboot a veelent doon-sittin. [4]Ye lie on beds cled wi ivory an spraawl on yer deeces. Ye ett e best o lambs an caffies fae e staa. [5]Ye sing tae e soun o yer hairps lik Daavit an mak yersel new meesical instruments. [6]Ye guzzle wine bi e caupfu an sclary on scintit iles bit ye dinna grieve ower e doonfa o Joseph.

[7]Sae noo ye'll gyang tae exile at e heid o them fa gyang; yer guzzlin an spraawlin will be at an ein. [8]E Lord God his sworn bi himsel, e Lord God o Hosts says, "A canna thole e bigsyness o Jacob an hiv nae time for his keeps; A'll han ower e toon an aathin inno't." [9]Gin ten fowk are left i the ae hoose, they will aa dee. [10]An gin e freen fa comes tae cairry e bodies oot o e hoose tae burn them speirs at onybody hidin i the hoose, "Is there ony ither body wi ye?" an he says, "Na," syne he'll say, "Haud yer weesht. We maunna spik e name o e Lord." [11]For e Lord his gien e comman, an he'll caa e muckle hooses tae bits an e smaa hooses tae a rummle o steens.

[12]Div horses gallop ower boolders? Div ye ploo e sea wi owsen? Bit ee've turnt jeestice tae pooshun an turnt e fruit o richteousness soor, [13]youeens fa are sae weel teen at e takkin o Lo Debaran say, "Did we nae tak Karnaim bi wir ain strinth?" [14]For e Lord God o Hosts says, "A'll steer up a cuntra agin ye, Israel, att will haud ye in aboot aa e wye fae Lebo Hamath tae e linn o the Arabah."

CHAPTIR 7

Iss is fit e Lord God shewed ma: He wis gettin riddy swaarms o locusts efter e keeng's share hid been hairstit an jist as e late craps were brierin. [2]Eence they'd stippit e grun clean, A roart oot o ma, "Lord God, forgie. Foo can Jacob win throwe? He's sae shilpit." [3]Sae e Lord relintit. "Iss winna happen," e Lord said.

[4]Iss is fit e Lord God shewed ma: E Lord God wis cryin for jeedgement bi fire; it driet up e muckle seas an wis devoorin e lan. [5]Syne A roart oot o ma, "Lord God, A prig wi ye tae stop, foo can Jacob win throwe? He's sae shilpit." [6]Sae e Lord relintit. "Iss winna happen aither," e Lord God said.

[7]Iss is fit he shewed ma: E Lord wis stannin anent a waa at hid been biggit plumb straicht, wi a plumb line i his han. [8]An e Lord speirt at ma, "Fit div ye see, Amos?" "A plumb line," says I. Syne e Lord said, "Jist waatch, A'll set a plumb line amo ma ain fowk, Israel; nae laanger will A hain them. [9]The heich places o Isaac will be deen awa wi an e haily places o Israel will be a ruination. Wi ma swoord A'll rise up agin e hoose o Jeroboam."

[10]Syne Amaziah e priest o Bethel sent an eerin tae Jeroboam keeng o Israel: "Amos is plottin agin ye richt here i the hert o Israel. E cuntra canna haud aa his wirds. [11]For iss is fit Amos is sayin: 'Jeroboam will dee bi e swoord, an Israel maun gyang in tae exile, hine awa fae their ain grun.'" [12]Syne Amaziah said tae Amos, "Get oot o here, you seer. G'wa hame tae Judah. Win yer breid there an dee yer prophiseein there. [13]Dinna prophisee nae mair at Bethel, cause iss is e keeng's haily place an e temple o e keengdom."

[14]Says Amos tae Amaziah, "A'm nae prophit, an nor wis ma fadder, bit A wis a shepherd, an A leukit efter plane-tree figs. [15]Bit e Lord teuk ma awa fae leukin efter e flock an said tae ma, 'Gyang an prophisee tae ma ain fowk, Israel.'

[16]"Sae noo, hear e wird o e Lord. Ye say, 'Dinna prophisee agin Israel, an stop preachin agin Isaac's fowk.' [17]Sae iss is fit e Lord says, 'Yer wife will turn intae a hoor i the toon, an yer sins an dothers will faa bi e swoord. Yer grun will be mizzoured an pairtit oot, an you yersel will dee in a forrin cuntra. An Israel will seerly gyang intae exile, hine awa fae their ain cuntra.'"

CHAPTIR 8

Syne e Lord God shewed ma a basketie o simmer fruit. [2]"Fit div ye see, Amos?" he speirt. "A basketie o simmer fruit," says I. Syne e Lord said tae ma, "The ein his come for ma ain fowk, Israel; A winna hain them nae laanger. [3]In att day e sangs o e Temple will turn tae howlin," says e Lord God. "Deid bodies, keest aboot aawye. Nae a soun."

[4]Hearken tae iss aa ye fa trump on them in wint an dee awa wi e peer o e lan, [5]sayin,"Fan will e New Meen be by wi sae at we can sell wir corn, an e Sabbath be throwe sae we mith troke wir wheat?" - giein short mizzour an hykin up e price, swickin wi dishonest wechts, [6]buyin e peer wi siller an them in wint for a pair o sheen, an sellin e verra cuffins wi e wheat. [7]E Lord his sworn bi himsel, e bigsyness o Jacob: "A'll nivver forget naethin they've deen. [8]Will e lan nae shaak cause o iss an aa e fowk fa bide in it grieve? E hale cuntra will rise lik e Nile; it will be steered up an syne will ebb, lik e watters o Egypt. [9]In att day," says e Lord God, "A'll mak e sin gyang doon at twal a'clock an darken e warl in braid daylicht. [10]A'll turn aa yer haily fairs tae dool an aa yer singin tae greetin. A'll gar ye aa weer saickclaith an shave yer heids. A'll mak att time lik e grievin for an only sin an the ein o't lik a soor day.

[11]"E time's comin," says e Lord God, "fan A'll sen wint throwe e cuntra, nae a wint o maet an a thrist for watter, bit a wint o the hearin o e wird o e Lord. [12]Fowk will styter fae sea tae sea an wanner aboot fae north tae east, sikkin e wird o e Lord, bit they winna come on't. [13]At att time e bonnie quines an buirdly chiels will tak a dwaam for thirst. [14]Them fa sweer bi the ill-deeins o Samaria, fa say, 'As seer's yer god lives, Dan,' or, 'As seer as e god o Beersheba lives', they will faa, nivver mair tae rise."

CHAPTIR 9

A saa e Lord stannin anent the aaltar, an he said: "Strick e heids o e pillars sae att e founs mith shaak. Caa them doon on e heids o aa e fowk; e lave A'll kill wi e swoord. Nae naebody will win awa, nae naebody will win lowse. [2]Tho they dig doon tae e laich place, ma han will tak them oot o there. Tho they clim tae e hivvens abeen, A'll fess them doon fae there. [3]Tho they hide themsels on e heid o Carmel, A'll hunt them doon there an tak them. Tho they hide fae ma een at e boddom o e sea, A'll gar e monster bite them there. [4]Tho they're caaed awa tae exile bi their faes, A'll gie e comman for e swoord tae kill them there. A'll set ma een on them for ill an nae for ony gweed." [5]E Lord, e Lord God o Hosts is the een fa touches e lan sae it milts, an aa fa bide inno't grieve. E hale cuntra will rise lik e Nile, an ebb lik e watters o Egypt. [6]He biggs his heich palace i the hivvens an sets its foun on the earth; he cries on e watters o e sea an gars them ream ower e face o e lan: he's caaed e Lord. [7]"Are ye nae e same as e fowk o Ethiopia tae me, you Israelites?" says e Lord. "Did A nae fess Israel up fae Egypt, e Philistines fae Caphtoran e Syrians fae Kir? [8]Ay fegs, e Lord God's een are on the ill-deein keengdom. A'll dee awa wi't fae e face o the earth;

bit fin aathin's said an deen A winna dee awa wi e bairns o Jacob aaegither," says e Lord. [9]"For A'll gie the order, an A'll dirl e fowk o Israel amo e cuntras o e warl, lik corn in a riddle, an nae a pick will faa tae e grun. [10]Aa e cyaards amo ma ain fowk will dee bi e swoord, aa them fa say, 'Fa daur meddle wi hiz.'

[11]"In att day A'll rebigg Daavit's cowpit bield; A'll men e slaps in its waas an reese up its ruins an rebigg it lik it eesed tae be, [12]An Israel will ain fit's left o Edom an aa e cuntras att cairry ma name," says e Lord fa dis iss. [13]"E time's comin," says e Lord, "fan e plooman will catch up wi e hairster an e grape-trumper wi e planter. New wine will dreep fae e heilans an ream fae aa e hills. [14]An A'll fess ma ain fowk, Israel back fae exile.They'll rebigg e toons att were dung doon an will bide inno them. They'll plant vinyairds an sup their wine; they'll dell yards an ett fit they growe. [15]A'll plant Israel i their ain lan, nivver again tae be upreeted fae e lan A've gien them," says e Lord yer God.

OBADIAH

E veesion o Obadiah: iss is fit e Lord God said aboot Edom. We've hid an eerin fae e Lord; A rinner wis sent oot tae aa the lan sayin, "Rouse yersels, rouse ye aa agin Edom." [2]See noo, A've made little o ye amo e fremt, an yer nae thocht muckle o.

[3]Yer prood hert his been yer doonfa, ye can dee little bit bide i the crannies o e rocks, wi yer hame i the hills, sayin tae yersel "Fa's gyan tae fess ma doon tae e grun?" [4]Ye mith flee as heich as an aigle, an bigg yer nest amo e stars, bit A'll fesh ye doon fae there, says e Lord. [5]Gin thieves or robbers come tae ye i the nicht, sic a crockaneetion, wid they nae jist tak fit they're wintin? Gin e grape-pickers come tae ye, will they nae leave some gaitherins tae ye? [6]Bit see foo even Esau's siller is rivven awa, his saicret horde huntit oot. [7]Aa yer aul freens mairch ye tae e mairch dyke. Them att ye thocht were yer cronies hiv been schemin ahin yer back tae fess ye doon. Yer ain kith an kin set a snare tae tak ye, an ye winna ken o't. [8]Att verra day will A nae ding doon aa the wise o Edom an leave nae lear on e moont o Esau? [9]Syne aa yer sodgers, Teman, will be terrifiet an aa them i the heilans o Esau will be slauchtert.

[10]For yer coorseness tae yer ain brither, Jacob, ye'll get yer comeuppance an be cuttit aff for aye. [11]Att day, fan ye steed on e tither side, att day, fan e sodgers cairriet awa his belangins an forriners cam throwe his yetts an raffled Jerusalem, ee were een o them. [12]Bit it wis ill o ye tae gloat ower yer brither i the day o his doonfa; ill o ye tae lauch on e day o Judah's doonfa; ill o ye tae puff yersel up on e day o sic stramash. [13]It wis ill o ye tae gang in throwe ma ain fowk's yett on a day o sic crockaneetion. It wis ill o ye tae be waatchin them on e day o sic a crockaneetion; ill o ye tae hae laid han on their siller on e day o their doonfa. [14]It wis ill o ye tae stan at e road-ein tae cut aff them att wid flee fae e toon, an ill o ye tae gie awa them fa were left ahin on sic a day. [15]For seen, e day o e Lord will come for aa. An ye'll be deen tae as ye hiv deen bi ither fowk an aa yer ill-deeins will be on yer ain heid. [16]As ye've slocken yer drooth on ma haily hill, aa fowk will slocken theirs athoot an einen. Ay, they'll aa drink an swally it doon, bit their drooth winna be slockent.

[17]Bit on e hill o Zion there will be hainin, an it will be haily. An Jacob's clan will get their richts. [18]An e clan o Jacob will be lik a fire, an e clan o Joseph a flame, an e clan o Esau lik stibble an they'll bleeze throwe it an burn it tae shunners. E clan o Esau will hae naebody left. Ay, iss is e wird o the Lord. [19]Syne e fowk fae e sooth will tak e hill o Esau, them fae e howe will tak e Philistines' grun, an they'll tak aa e parks o Ephraim an Samaria, an Benjamin's clan will tak Gilead. [20]The exiles o Israel will tak Canaan e linth o Zarephath; the exiles o Jerusalem, fa are in Sepharad, will tak aa the toons o e sooth. [21]An them fa tak refuge on e hill o Zion will rowle ower e heilans o Esau an e keengdom will belang tae e Lord.

JONAH

CHAPTIR 1

E wird o e Lord cam tae Amittai's loon Jonah, sayin, [2]"G'wa tae e muckle toon o Nineveh an spik oot agin it, cause A've come tae ken o itscoorseness." [3]Bit Jonah ran awa fae e Lord an set oot for e toon o Tarshish. He gaed doon tae Joppa, far he faun a boat at wis tae sail tae Tarshish. He sattlt e fare, an boordit e boatie tae sail wi them for Tarshish, awa fae e Lord.

[4]Syne e Lord haived a muckle win onno e sea, an sic a coorse storm got up att e boatie wis e weers o brakkin up. [5]Aa e crew were feart an ilka een cried tae his ain god. They flang e cairgie ower e side tae lichten e boatie. Bit Jonah wis ablow, far he hid lain doon an wis sleepin soun. [6]E captain gaed tae him an said, "Foo can ye sleep? Get up an cry on yer god. Mebbe yer god will tak tent o hiz an hain hiz." [7]Syne e crew said tae een anither, "Weel-a-wyte, lat's draa lots tae fin oot fas wyte iss crockaneetion is." They drew lots an it fell tae Jonah. [8]Sae they says tae him, "Fit are ye sayin aboot it? Fas wyte is iss ill att's faaen onno hiz? Fit div ee dee for a livin? Far are ye fae? Fit's yer hame cuntra an fa's yer fowk?" [9]Says he, "A'm a Hebrew an A fear e Lord, e God o hivven, fa made e sea an e dry lan." [10]E crew were terrifiet fan they heard iss an speirt at him, "Fit hiv ye deen?" They kent fine he wis rinnin awa fae e Lord, cause he'd ariddy telt them.

[11]E sea wis turnin rocher an rocher. Sae they speirt at him, "Fit div we need tae dee wi ye tae gar e sea quaiten for hiz?" [12]"Hyste ma up an fling ma inno e sea," says he, "an it will quaiten. A ken fine it's my wyte att iss muckle blaa his come onno ye." [13]Still-an-on, e men did their best tae rowe back tae e shore, bit they culdna, cause e sea wis rocher nor it hid been afore. [14]Syne they cried tae e Lord, "Please, Lord, dinna lat hiz dee for takkin iss chiel's life. Dinna pit innocent bleed onno hiz, cause you, Lord hiv deen fit ye liket." [15]Syne they teuk ahaud o Jonah an flang him ower e side, an e roch sea quaitent. [16]Wi att, e men were teen wi a muckle fear o e Lord, an they offert a sacrifeece tae e Lord an made promises tae him.

[17]Noo, e Lord garrt a muckle fish swally Jonah, an Jonah wis i the stamack o e fish for three days an three nichts.

CHAPTIR 2

Fae the intimmers o e fish, Jonah prayed tae e Lord his God. [2]He said: "In ma picher, A cried tae e Lord, an he answert ma. Fae e belly o e place o e deid, A roart for help, an ye hearkent tae ma vice. [3]Ye flang ma inno e depths, inno e verra hert o e seas, an e rug sweelt aa roon ma; aa yer waves an braakers were ower ma heid. [4]A said, 'A've been putten awa fae yer sicht; still-an-on, A'll leuk again e wye o yer haily temple.' [5]E watters were up tae ma neck, e spate wis aa roon ma an ma heid wis wuppit wi tangles. [6]A sank doon tae e founs o e moontains an e warl barred ma in for ivver. Bit ee brocht ma life up oot o e pit, Lord God. [7]Fan ma life wis dwinin awa, A mynt on ye, Lord, an ma prayer reese up tae ye, tae yer haily temple. [8]Them fa lippen tae fause gods turn their backs on God's mercies. [9]Bit, wi shouts o gratefu praise, A'll sacrifeece tae you. Fit A hiv promist A'll dee. A'll say, 'Salvation comes fae e Lord.'"

[10]An e Lord spak tae e fish, an it spewed Jonah onno dry grun.

CHAPTIR 3

Syne e wird o e Lord cam tae Jonah a saicant time: [2]"G'wa tae e muckle toon o Nineveh an tell oot tae it the eeran A gie ye." [3]Jonah did fit e Lord bad him an gaed tae Nineveh. Noo Nineveh wis a great muckle toon: it teuk three days tae traivel roon it. [4]Jonah gaed intae e toon an traivelt roon it for a day, sayin, "Forty days fae noo an Nineveh will be dung doon."

[5]E fowk o Nineveh believed God. They cried for a fast an pat on saickclaith, fae e heid deesters amo them tae e laichest. [6]Fan Jonah's warnin won e linth o e keeng o Nineveh, he reese up fae his throne, strippit aff his royal goon, happit himsel wi saickclaith an dowpit doon i the aise. [7]Iss is the order e keeng set oot throwe aa Nineveh: "Bi the order o e keeng an his chieftains, dinna lat fowk nor beasts, hirds nor flocks taste naethin; dinna lat them ett nor drink. [8]Bit lat e fowk an e beasts be happit wi saickclaith. Lat aa cry sair tae God. Lat them haud fae their coorse wyes an their fechtin. [9]Ye nivver ken. God mith yet relent an wi peety turn fae his blin rage sae we mith nae be deen awa wi."

[10]Fan God saa fit they were deein an foo they were turnin fae their coorse wyes, he did relent an didna fess doon on them e crockaneetion he hid threetent.

CHAPTIR 4

Bit Jonah wisna verra happy aboot iss, an he got his birse up. [2]He prayed tae e Lord, "Did A nae tell ye fin A wis at hame, Lord, att iss is fit ye wid dee? Iss is fit A tried tae thraw fan A teuk aff tae Tarshish. A kent ye're a God att's couthie an tak peety on fowk, ye're slaw tae annger an reamin wi luv, a God fa hauds fae sennin crockaneetion. [3]Jist dee awa wi ma noo, Lord, A'd be better deid nor livin."

[4]Bit e Lord answert, "Are ye richt tae be raised?" [5]Jonah gaed oot o e toon an teuk his ease at a place tae the east side o't. He biggit himsel a bield, an sat in its shadda, wytin tae see fit wid come o e toon. [6]Syne e Lord God garrt a leafy buss growe up ower Jonah tae gie shadda tae his heid tae hain him fae his fash. Jonah wis weel teen on wi e buss. [7]Bit at skreek o day e neist mornin, God garrt a wirm chaa e buss sae it withert. [8]Fan e sin cam up, God sent a birstlin east win an e sin bleezed on Jonah's heid sae he teuk a dwaam. He wintit tae dee, an said, "A'd be better deid nor livin." [9]Bit God said tae Jonah, "Are ye richt tae be raised aboot e buss?" "Ay fairly," he said. "An A'm sae raised, A wish A wis deid." [10]Bit e Lord said, "Ye wis wirriet aboot iss buss, tho ye didna leuk efter it nor did ye gar it growe. It come up ae nicht an deit e neist nicht. [11]Sae shuld I nae be wirriet aboot e muckle toon o Nineveh, far there's mair nor a hunner an twinty thoosan fowk fa canna tell their richt han fae their left, ay an a hantle o beasts forbye?"

MICAH

CHAPTIR 1

E wird o e Lord att cam tae Micah fae Moresheth in e time o e reigns o Jotham, Ahaz an Hezekiah, keengs o Judah: e veesion he saa aboot Samaria an Jerusalem. [2]Tak tent, aa ye fowk, hearken warl an aa fa bide inno't, att e Lord God mith tell ye fit ye've deen wrang, aye e Lord fae his haily temple. [3]Jist waatch, e Lord is comin fae his dwallin; he comes doon an stravaigs on e hichts o e warl. [4]The heilans milt aneth him, an e howes rive apairt, lik wax afore e fire, lik water in spate doon e brae. [5]Aa iss is cause o fit Jacob an e fowk o Israel hiv deen wrang. Fit his Jacob deen wrang? Is't nae Samaria? Fit's e heich place o Judah? Is't nae Jerusalem? [6]"Sae A'll mak Samaria a rummle o steens, a place for plantin vinyairds. A'll teem her steens inno e howe an lay bare her founs. [7]Aa her eedols will be breuken tae bits; aa her temple offerins will be brunt wi fire; A'll ding doon aa her eemages. She gaithert them aa fae e waages o hoors, sae as e waages o hoors they'll be eesed again." [8]Cause o iss A'll howl an greet; A'll gyang aboot barfit an nyaakit. A'll roar oot o ma lik a jackal, an grain lik an oolet. [9]There's nae cure for Samaria's ill, it his spread tae Judah. It's won e linth o e verra yett o ma ain fowk, aye tae Jerusalem itsel.

[10]Dinna say a wird aboot it in Gath; dinna greet. Rowe i the stew in Beth Ophrah. [11]Ye fowk o Shaphir, gyang aboot in bare affront. Aa e fowk fa bide in Zaanan winna shew face. Beth Ezel is in moornin; nae mair will it hain ye. [12]E fowk fa bide in Maroth wyte for gweed tae come, cause crockaneetion his come fae e Lord, tae e verra yett o Jerusalem. [13]Aa you fowk o Lachish, yock fest horse tae e chariot. Ee're far the ill-deein o Dother Zion aa startit, e wrang-deeins o Israel were faun in you. [14]Gie a dram for the road tae Moresheth Gath. E toon o Aczib will be sleekit in its dealins wi e keengs o Israel. [15]A'll sen a chiel tae tak ye, aa you fowk o Mareshah.E chieftain o Israel will tak tae his heels tae Adullam. [16]Shave yer heid in yer dool for e bairns ye think sae muckle o; mak yersel as beld as e vulture, cause they'll aa gyang awa fae ye, intae exile.

CHAPTIR 2

There's nae hope for them fa think up ill proticks, nor for them fa ettle coorseness i their beds. Come mornin licht they gyang an dee them, cause they hiv e pooer tae dee it. [2]They tak a likin tae ither fowk's parks an tak them ower, e same wi ither fowk's hooses. They chet a body oot o their hoose, an pinch their heirskip. [3]Sae, says e Lord, "A'm schemin a crockaneetion for sic fowk, a crockaneetion att ye canna win awa fae. Ye winna haud yer heids up nae mair, cause it will be a time o mishanters.

[4]Att's e day att fowk will lauch at ye, they'll jamph at ye wi iss dirge: 'We're fair deen for; ma fowk's gear is aa pairtit oot. He taks it awa fae ma. He hans ower wir parks tae the unfaithfu.'" [5]Sae there will be neen i the Lord's congregation tae keest a lot tae pairt oot e grun. [6]"Dinna prophisee," their prophits say. "Dinna prophisee aboot sic things; affront winna come on hiz."

[7]Ye fowk o Jacob, shuld it be said, "His e Lord nae patience? Dis he dee sic things?" "Div ma wirds nae dee nae gweed tae them fas wyes are straicht? [8]O late, ma fowk hiv rebelled lik a fae. Ye strip aff e braw goon fae them fa gyang by wi nivver a thocht, lik sodgers comin back fae e fechtin. [9]Ye dreel oot ma ain fowks' weemen fae their fine hames. Ye tak ma blissin awa fae their bairns for ivver. [10]Rise up, an get oot o iss. For iss is nae yer bield, cause it's been fyled, it's fool, fool ayont aa remead. [11]Gin a leear an a swick comes an says, 'A'll prophisee a rowth o wine an ale for ye,' he'd be jist e prophit for iss fowk.

[12]"A'll seerly gaither ye, Jacob; A'll seerly draa egither e lave o Israel. A'll gaither them in lik sheep tae e faul, lik a flock tae its girse, a dirdum o a thrang o fowk. [13]E chiel fa braaks open e wye will gyang afore them; they'll braak throwe e yett an win oot. Their keeng will lead on afore them an e Lord will be at the heid o them."

CHAPTIR 3

Syne, says I, "Hearken, ye chieftains o Jacob, ye heid-bummers o Israel. Shuld ye nae tak wi jeestice, [2]ye fa canna thole gweed an loo ill; fa rive e skin fae ma ain fowk an e flesh fae their beens, [3]ye fa ett ma ain fowk's flesh, strippin aff their skin an braakin their beens tae bits, ye fa hack them up lik beef for e pot, lik maet for e pan?" [4]Syne they'll roar oot tae e Lord, bit he winna answer them. Fan they dee att, he'll hap his face fae them, cause o the ill they've deen.

[5]Iss is fit e Lord says: "As for e prophits fa lead ma fowk agley, they spik aboot 'peace' fan they hiv ocht tae ett, bit mak riddy tae fecht wi them fa winna gie them maet. [6]Sae nicht will come onno ye, an ye winna see fit's afore ye, bleckness, wi nae tellin fit's tae come. E sin will set for e prophits an e day will turn tae mirk for them. [7]E seers will be affrontit an e spaemen made a feel o. They'll aa hap their faces, cause there's nae answer fae God."

[8]Bit as for me, A'm fullt wi pooer, wi e speerit o e Lord, an wi jeestice an strinth, tae lay forth tae Jacob his back-slidin, tae Israel his ill-deeins. [9]Hearken tae iss, ye chieftains o Jacob, ye heid-deesters o Israel, fa dinna lik jeestice an twist aa att's richt, [10]fa biggit Zion bi spullin bleed, an Jerusalem wi coorseness. [11]Her chieftains gie oot jeestice for a back-hanner, her priests winna gie nae learnin athoot peyment an her prophits tell fit's gyan tae be for siller. Still-an-on, they leuk tae e Lord tae uphaud them sayin, "Is e Lord nae amo hiz? Nae ill will come o's." [12]Sae cause o you, Zion will be plooed lik a park, Jerusalem will bicome a rummle o steens, e hill o e Temple a scrog o funs.

CHAPTIR 4

I the hinnerein, e hichts o e Lord's Temple will be set up as e heichest o e moontains; it will be reesed up abeen aa e heilans an fowk will flock till't. [2]Fowk fae mony cuntras will come an say, "Come on, lat's gyang up tae e moontain o e Lord, tae e Temple o e God o Jacob. He'll learn hiz his wyes sae we mith waalk in his roadies." For e laa will gyang oot fae Zion, an e wird o e Lord fae Jerusalem.

[3]He'll sattle aa strivin amo cuntras o e warl an will sowther amo fowk fa conter een anither. They'll haimmer their swoords intae ploo socks an their spears tae sneddin-heuks. Ae cuntra winna tak up e swoord agin anither nor will they learn e wyes o waar nae mair. [4]Aabody will sit aneth their ain vine an aneth their ain fig tree, an naethin will fear them, for e Lord o Hosts his spoken. [5]Aa e cuntras o e warl mith waalk i the name o their ain gods, bit we'll waalk i the name o e Lord wir God for aye. [6]"At att time," says e Lord, "A'll gaither e cripple; A'll cry egither the exiles an them A've gien dool tae. [7]A'll mak e cripple ma new fowk, them att were keest awa, a strong cuntra. E Lord will rowle ower them in Moont Zion fae att time an for aye."

[8]As for you, waatchtooer o e flock, keep o Dother Zion, aa e pooer ye hid afore will be gien back tae ye; yer rowle will come tae Dother Jerusalem." [9]Fit wye are ye roarin oot o ye, hiv ye nae a keeng? His yer keeng perisht, att sairs grip ye lik a wumman haein a bairn? [10]Thraw wi yer sairs, Dother Zion, lik a

wumman haein a bairn, cause ye maun noo leave yer toon tae bide i the cuntra. Ye'll gyang tae Babylon an be rescyeed fae there. There e Lord will tak ye back fae amo e hans o yer faes.

[11]Bit noo mony cuntras gaither agin ye. They say, "Lat her be fylt, lat wir een craa ower Zion." [12]Bit they hiv nae noshun o fit e Lord's thinkin; they dinna ken fit his protick will be, att he's gaithert them lik shaives tae e barn fleer. [13]"Rise up an threesh, Dother Zion, cause A'll gie ye horns o airn an hivvs o bress, an ye'll ding doon mony cuntras."Ye'll gie ower fit they hiv rivven fae ither fowk tae e Lord, aa their walth tae e Lord o e hale warl."

CHAPTIR 5

Gaither yer sodgers, dother toon o sodgers, a siege is set agin hiz. They'll strick Israel's clan chief on e chowks wi a stick. [2]"Bit you, Bethlehem Ephrathah, tho ye're jist a clachan amo e clans o Judah, oot o you will come for me een fa will be rowler ower Israel, fas beginnins are fae lang syne." [3]Sae Israel will be gien ower tae her faes till sic a time as she, fa is in her pangs, his a sin, an e lave o his brithers come back tae e bairns o Israel.

[4]He'll stan an shepherd his flock in e strinth o e Lord, in e majesty o e name o e Lord his God. An they'll live sauf, cause syne his greatness will win e linth o the eins o e warl. [5]An he'll be wir peace. Fan Assyria invades wir cuntra an mairches agin wir keeps, we'll reese up syven shepherds tae conter it, ay an aucht generals [6]fa will rowle e cuntra o Assyria wi e swoord, e cuntra o Nimrod wi draawn swoord. He'll hain hiz fae the Assyrians fan they invade wir cuntra an mairch throwe wir borders.[7]E lave o e fowk o Jacob will be amo mony fowk, lik dyowe fae e Lord, lik shoories on e girss, att wyte for neen an depen on naebody.

[8]E lave o e fowk o Jacob will be amo forriners, in e midse o mony clans, lik a lion amo e beasts o e wids, lik a younng lion amo flocks o sheep, att trumps doon an rives aa afore it an neen can be haint fae it. [9]Yer han will be reesed up agin yer faes, an they'll aa be sneddit aff. [10]"In att day," says e Lord, "A'll dee awa wi yer horse an wrack yer chariots. [11]A'll teer doon aa e toons o e cuntra an caa doon aa yer keeps. [12]A'll pit an ein tae yer witchcraft an ye'll hae nae mair spaemen. [13]A'll ding doon aa yer eedols an yer haily steens fae amo ye. Nae mair will ye boo doon tae fit ye vrocht wi yer ain hans. [14]A'll upreet aa yer Asherah poles fae amo ye an caa doon aa yer toons. [15]A'll poor oot ma vengeance on aa e cuntras att winna dee ma biddin."

CHAPTIR 6

Hearken tae fit e Lord says, "Stan up an plead yer case afore e heilans, lat e hills hear fit ye hiv tae say. [2]Hear, ye heilans, e Lord's compleent, hearken ye ivverlestin founs o e warl. For e Lord his a case agin his ain fowk; an he'll set oot e chairge agin Israel. [3]Ma ain fowk, fit hiv A deen tae ye? Foo hiv A scunnert ye? Answer ma. [4]A brocht ye up oot o Egypt an lowsed ye fae e lan o slavery. A sent Moses tae lead ye, ay, an Aaron an Miriam forbye. [5]Ay, fowkies, hae myn e proticks o Balak keeng o Moab an fit Beor's loon Balaam answert, an fit happent fae Shittim tae Gilgal, sae ye mith ken e richteous deeins o e Lord."

[6]Fit shuld A fess tae e Lord fan A come afore him an boo doon tae e heich God? Will A come afore him wi brunt offerins, wi year-aul caffies? [7]Will e Lord be pleased wi thoosands o rams, wi ten thoosans burnies o olive ile? Will A gie ma aulest for ma coorseness, e fruit o ma ain sel for the ill-deeins o ma

sowl? [8]He his telt ye, ilka een o ye, fit's gweed, an fit dis e Lord sikk o ye bit tae play fair an tae loo mercy an tae walk cannily wi yer God? [9]E Lord's vice cries oot tae e toon, an it's wise tae hear yer name. "Tak tent o e wan an the Een fa appintit it.

[10]"Can A yet forget e hoord o ill-gotten gear in e hooses o e coorse, an e short mizzour gien? Coorse, coorse. [11]Will A let them fa chet wi fause wechts aff wi't? [12]Yer weel-aff fowk are veelent; e fowk fa bide inno ye are leears an their moos spik sleekit wirds. [13]Sae, A'll strick ye sair, an fess ye tae ruination cause o yer ill-deeins. [14]Ye'll ett bit nae be sairt; yer stammack will aye be teem. Ye'll lay by bit winna kep naethin, cause fit ye lay by A'll gie tae e swoord. [15]Ye'll shaav bit winna hairst, ye'll trump olives, bit winna hae eese for the ile, ye'll trump grapes bit winna drink e wine.

[16]"Ye've keepit e laas o Omri an aa e warks o Ahab's hoose; ye've teen up wi their wyes o deein. Sae A'll fess a crockaneetion onno ye an yer fowk will aa be lauchen at: e hale warl will jamph at ye."

CHAPTIR 7

Fit e sorra. A'm lik e body gaitherin simmer fruit at e gleanin o e vinyaird. There's nae bunch o grapes tae ett, nae airly figs att A'm mangin for. [2]E leal hiv been swypit awa fae e cuntra; nae a sinngle honest body amo them. Aabody jist wytin tae spull bleed, huntin een anither wi nits.

[3]Baith their hans are skeely at deein ill, their chieftain is aye leukin for a hansel fae them, e jeedge leukin for back-hanners. E pooerfu lay doon fit they're sikkin, aa thick wi een anither. [4]E best o them is lik a dog-hip, e maist upricht waur nor a fun buss. E day God veesits ye, e day o yer waatchmen his come. O sic a stramash.

[5]Dinna trust yer neeper; dinna lippen till yer freen. Even wi e wumman fa lies in yer bosie ye maun waatch fit ye're sayin. [6]For a sin dishonours his fadder, a dother rises up agin her mither, a dother-in-laa agin her gweedmither. Yer faes are e fowk o yer ain hoose. [7]Bit me, A waatch in hope for e Lord, A wyte for God ma Saviour; my God will hear ma.

[8]Dinna craa ower ma, ma fae. Tho A'm doon, A'll rise. Tho A sit i the mirk, e Lord will be ma licht. [9]Cause A've deen ill tae him, A'll cairry e Lord's annger, till he spikks up for ma an dis richt wi ma. He'll fess ma oot intae e licht, A'll see his richteousness. [10]Syne ma faes will see it an be fair affrontit, her fa said tae ma, "Far's e Lord yer God?" A'll see her doonfa wi ma ain een; syne she'll be trumpit aneth fowk's feet lik dubs i the road. [11]E time for biggin yer waas will come, e time for raxin oot yer mairches. [12]At att time fowk will come tae ye fae Assyria an e toons o Egypt, ay, fae Egypt tae the Euphrates, fae sea tae sea an fae heilans tae heilans. [13]E warl will be a dreich an lanesome place cause o e deeins o e fowk fa bide inno't.

[14]Shepherd yer fowk wi yer creuk, e flock o yer heirskip, att bides bi itsel in a wid, in growthie girsins. Lat them maet in Bashan an Gilead, lik aul lang syne. [15]"As i the days fan ye cam oot o Egypt, A'll shew them ma ferlies."

[16]Ither cuntras will see an be affronted at foo pooerless they are. They'll hap their moos wi their hans an their lugs will turn deef. [17]They'll lick e stew lik a snake, lik beasts att craal alang e grun. They'll come shaakin oot o their lairs an turn, feart-like, tae e Lord wir God, they'll stan in aawe o ye. [18]Fa's like ye, God, fa forgies ill-deens an owerleuks e rebellion o e lave o his heirskip? Ye dinna haud yer annger for aye, bit are weel shuitit tae shew mercy. [19]Ye will again tak peety on hiz; ye'll trump wir ill-deens aneth

yer fit an fling aa wir coorseness inno e depths o e sea. [20]Ye'll be leal tae Jacob, an shew luv tae Abraham, jist as ye gied yer aith tae wir forebeers lang, lang ago.

NAHUM

CHAPTIR 1

A prophecy aboot Nineveh. E beuk o e veesion o Nahum fae Elkosh. [2]E Lord is a jillous God fa likes tae get his ain back on fowk; e Lord taks vengeance an is full o annger. E Lord taks vengeance on his faes an lays by annger for his faes. [3]E Lord is slaw tae get his birse up bit he his muckle pooer; e Lord will see att them fa dee ill get their sairin. His road is e furlin win an e storm, e cloods are e stew o his feet. [4]He rages at e sea an dries it up; he gars e burns rin dry. Bashan an Carmel turn druchtit an e bleems o Lebanon growe wallant. [5]The heilans shaak afore him an e hills milt awa. E warl shaaks fan he's aboot, e warl an aa fa bide onno't. [6]Fa can stan up tae his tooerin rage? Fa can pit up wi his fiercesome annger? His rage is poored oot lik fire; e steens are breukin tae bits afore him. [7]E Lord is gweed, a bield fan ye hinna yer sorras tae sikk. He leuks efter them fa lippen till him, [8]bit he'll see an ein tae Nineveh wi a reamin spate; he'll chase his faes intae e mirk. [9]Fitivver proticks they conter e Lord wi, he'll pit an ein tae them. They winna tirmint him again. [10]They'll be snorlt up amo funs an be fu fae their wine; they'll be birselt lik dry stibble. [11]Fae you, Nineveh, cam a chiel fa plans ill agin e Lord an thinks on coorse proticks. [12]Iss is fit e Lord says: "Tho there's a hantle o them an they hiv freens, they'll be deen awa wi an disappear. Tho A've gien ye muckle fash, Judah, A winna tirmint ye nae mair. [13]Noo A'll braak their haimes fae yer neck an teer awa yer sheckles." [14]E Lord his gien oot an order aboot ye, Nineveh: "There will be neen tae cairry on yer name. A'll dee awa wi the eemages an eedols att are inno yer gods' temples. A'll howk yer grave, cause ye're dirten." [15]Leuk see, up on e heilans, e feet o een fa fesses gweed news, fa spiks o peace. Haud on wi yer fairs, Judah, stick tae yer voos. E coorse winna invade ye nae mair, they're deen awa wi aaegither.

CHAPTIR 2

The een fa braaks aathin tae bits is comin tae scatter ye. Man e keep. Waatch e road, spar yersel. Gaither aa yer strinth egither. [2]E Lord will again mak Jacob kenspeckle, as kenspeckle as Israel, tho reivers hiv made a crockaneetion o them an hiv strippit e branches fae their vines. [3]E sodgers' targes are reed, e bonnie fechters are cled in scarlet. The accootrements on e chariots glent lik fire on e day they mak riddy; they wag their spears o fir. [4]E chariots breenge throwe e streets, fleein back an fore throwe e plainsteens. They leuk lik bleezin torches, jinkin aboot lik lichtnin. [5]He myns on his bonnie fechters, bit they styter as they haud forrit. They rin tae e toon waa; e defence shield is set up. [6]E river yetts are rivven open an e palace faas. [7]Att's e set o't. She's strippit bare an cairriet awa. Her maidens croon lik doos an clap their breists. [8]Nineveh is lik a peel o watter, sypin, sypin awa. "Haud! Haud!" they roar, bit neen leuks roon. [9]Rive e siller! Rive e gowd! There's nae ein tae e store o e walth o aa its gear. [10]She's rivven, teemed, tirred. Herts milt, knees fooner, there's a curmurrin in ilka guts, ilka face growes wan. [11]Far's e lion's den noo, e place far they maetit their young, far e lion an lioness gaed, wi their cubs wi naethin tae fear? [12]E lion rippit up aneuch for his cubs, killed fit wis notten for e lionesses, fullin e holes wi his prey, an e lairs wi e rippit maet. [13]"A'm agin ye," says e Lord o Hosts. "A'll burn aa yer chariots in reek, an e swoord will devoor yer lions. A'll leave ye wi nae prey i the cuntraside. Yer messengers' vices winna be heard nae laanger."

CHAPTIR 3

There's nae hope for e toon o bleed, full o lees, full o spiles, nivver athoot prey. [2]E wheeps crack, e wheels clatter, horses gallop, an chariots aa rummle throwe ither. [3]Horsemen chairge, swoords glent, an spears glister. Mony killed, deid heapit up, coontless bodies, fowk faain ower e corpses: [4]aa cause o the undeemous hoorin o e limmer, trystin in aboot wi her chairms, sellin hale cuntras wi her hoorin an fowk wi her glamourie. [5]"A'm agin ye," says e Lord o Hosts. "A'll lift yer skirts abeen yer heid an shew e cuntras o e warl yer nyaakitness, an e keengdoms yer shame. [6]A'll clod ye wi dirt, A'll trait ye wi contemp an set ye up for aa tae lauch at. [7]Aa fa set een on ye will rin awa an say, 'Nineveh's a rummle o steens, fa will greet for her?' Far will A fin ony tae tak peety on ye?" [8]Are ye better nor Thebes, att sat on e Nile, wi watter aa roon her? E watters o e Nile were her waa o defense. [9]Ethiopia an Egypt were her einless strinth; Put an Libya were amo her freens. [10]Still-an-on she wis teen an gaed intae exile. Her wee bairnies were dunted tae bits at e neuk o ilka street. They drew lots for her chieftains an her gintry were bun wi chines. [11]Ee'll turn fu anaa; ye'll gyang intae hidin an sikk tae win awa fae yer fae. [12]Aa yer keeps are lik fig trees wi e first o their fruit ripe. As seen's they're shaaken, e figs faa inno e moo an are etten. [13]Leuk at yer sodgers, they're aa lik weemen. E yetts o yer cuntra are set gappin open tae yer faes; fire his brunt aa e bars o yer yetts. [14]Draa watter for e siege, bigg up yer defenses. Wark e cley; trump e lime; men e brick kiln. [15]There e fire will birstle ye up; e swoord will hack ye doon; they'll devoor ye lik a swaarm o locusts. Mak yersels as mony as e crickets; mak yersel as mony as e locusts. [16]Ye've sae mony merchants, there's mair o them nor stars i the lift, bit lik locusts, they tirr e grun an syne flee awa. [17]Yer chieftains are lik locusts, yer officeels lik swaarms o locusts, settlin i the dykes on a caul day, bit fin e sin comes oot, they flee awa, an fa wid ken far? [18]Keeng o Assyria, yer shepherds are sleepin; yer gintry lie doon tae snooze. Yer fowk are scattert ower e heilans wi neen tae gaither them in. [19]There's neen can heal ye, yer sairs will be e hinnerein o ye. Aa fa hear aboot ye clap their hans at yer dooncome, cause fa hisna tholed yer einless coorseness?

HABAKKUK

CHAPTIR 1

E prophecy att cam tae Habakkuk e prophit. [2]Foo lang, Lord, maun I cry for help, bit ye winna listen? Or roar oot tae ye, "Veelence!" bit ye dinna hain? [3]Fit wye div ye gar ma leuk at sic coorseness? Fit wye div ye pit up wi ill-deeins? Crockaneetion an veelence are afore ma, there's strife an fechtin aawye. [4]E laa canna dee naethin aboot it an jeestice is nivver tae e fore. E coorse haud e richteous in aboot sae att jeestice comes oot aa agley.

[5]"Leuk at e cuntras o e warl, jist waatch an be dumfoonert. Cause A'm gyan tae dee somethin in yer time att ye winna believe, aiven gin ye're telt aboot it. [6]A'm gyan tae steer up e Babylonians, att roch, ramstam crew fa swype ower aa e warl herryin hames att are nae their ain. [7]They're weel kent for their coorseness an are a laa tae themsels, deein fit's for their ain benefit. [8]Their horse are fleeter nor leopards, fiercer nor wolves at gloamin. Their horsemen chairge aheid; their horsemen come fae hine awa. They flee lik an aigle swoopin doon tae devoor; [9]they aa come ettlin efter veelence. They turn aa their faces forrit an tak prisoners lik san. [10]They jamph at keengs an scowff at chieftains. They lauch at aa e waa'ed toons, biggin ramps o yird tae tak them. [11]Syne they swype by lik e win an awa they gyang, coorse fowk fas ain strinth is their god."

[12]Lord ma God, ma Haily Een, are ye nae fae ivver lestin? We'll nivver dee. Lord, ye've sent them tae jeedge hiz; you, ma Rock, hiv sent them tae gie hiz wir sairin. [13]Yer een are ower pure tae thole e sicht o ill; ye canna thole wrang-deein. Fit wye, syne, div ye pit up wi e traicherous? Fit wye div ye haud yer tongue fan e coorse swally up them fa are better nor themsels? [14]Ye've made fowk lik fish i the sea, lik e beasts o e sea fa hiv neen in chairge o them. [15]They pu them aa up wi heuks an tak them in their nits. They gaither them in their draucht-nits an sae he is weel teen on an is gled. [16]Sae they pit up a sacrifeece tae their nits an burn scintit reek tae their draucht-nits, cause bi their nits they hiv a muckle catch an hiv a rowth o maet. [17]Maun they aye be teemin their nits an caa'in doon cuntras athoot peety?

CHAPTIR 2

A'll stan on gaird at ma post on e ramparts; A'll waatch an see fit he'll say tae ma, an fit A'm gyan tae say fan he rages at ma. [2]Syne e Lord answert, "Vreet doon e veesion, an mak it clear on e sklates sae a runner mith read it [3]For e veesion is for a time still tae come, it tells o the ein an it winna be nae lee. Tho it dauchles, wyte for it; it will come an winna hinner. [4]Leuk, foo bigsy he is, fit he's mangin for is nae richt, bit e richteous body will liv throwe his lealty; [5]ay, an fit's mair, he's oonchancie fan he's hid a suppie wine, he's a heich-heidit chiel an nivver at peace. He's as greedy as daith itsel an lik daith, he's nivver sairt. He gaithers aa e cuntas o e warl tae himsel an taks aa e fowk captive. [6]Will they nae aa hae an upcast aboot him, lauchin an jamphin at him, sayin, 'There's nae hope for e chiel fa resets pinched gear an maks a hantle o siller throwe herryin. Foo lang maun iss gyang on?' [7]Will them ye're dyow siller nae rise up aa at eence? Will they nae waaken up an gar ye shaak? Syne ye'll be prey till them. [8]Cause ye've herriet mony cuntras, e fowk fa are left will herrie you. Ye've spult human bleed; ye've caased ruination in cuntras an toons an tae e fowk inno them.

[9]"There's nae hope for e chiel fa biggs his hoose wi ill-gotten gains, settin his eerie up heich tae win oot amo e finngers o ruination. [10]Yer protticks hiv fessen shame on mony fowk, an affront tae yer ain clan an yer ain doon-faa. [11]E steens o e waa will roar oot an e timmer jeests will answer it.

[12]"There's nae hope for e chiel fa biggs a toon on spult bleed an sets up a toon throwe swickery. [13]His e Lord o Hosts nae set it oot att aa fowk trachle for gyangs up in flames an e cuntras are sair forfochen for naethin? [14]For e warl will be fullt wi e kennin o e glory o God as e watters hap e sea.

[15]"There's nae hope for e chiel fa gies booze tae his neepers, poorin it fae e wineskin till they are fu, sae att ye can gawk at their nyaakit bodies. [16]Ee'll be fullt wi affront raither nor glory. An it's your turn noo. Drink an lat yer nyaakitness be shewn tae aa. E caup fae e Lord's richt han is comin roon tae ye, an affront will hap yer glory. [17]E veelence ye've deen tae Lebanon will be ower e heid o ye, an e reivin o beasts will fear ye. For ye've spult human bleed; ye've deen ill tae cuntras, toons an aabody inno them.

[18]"Fitna eese is an eedol vrocht bi a jiner? Or an eemage att learns lees? E body fa maks it lippens tae his ain wark, he maks eedols att canna spik. [19]There's nae hope for e chiel fa says tae timmer, 'Come tae life!' Or tae dumb steen, 'Waaken up!' Can it learn a body? It's happit wi gowd an siller bit there's nae braith inno't." [20]E Lord's in his haily temple; lat aa e warl be quait afore him.

CHAPTIR 3

A prayer o Habakkuk e prophit. A great-hertit sang. [2]Lord, A've heard aa aboot ye. A'm dumfoonert bi yer aawesome deeins, Lord. Dee them again ivnoo, mak them kent in oor time; bit in yer annger hae myn tae tak some peety. [3]God cam fae Teman, the Haily Een fae Moont Paran. His glory happit e hivvens an his praise fullt e hale warl. [4]His brichtness wis lik e licht, leams glintit fae his han, far his pooer wis hod. [5]Pest gaed afore him, an disease traikit efter him. [6]He teuk his stan an mizzourt e warl, he leukit an garrt e cuntras o e warl shaak. The aul heilans breuk tae bits an the eildent hills murlt doon. Bit he mairches on for ivver. [7]A saa e tents o Cushan in a stramash, e dwallins o Midian sair come at. [8]Were ye raised at e watters, Lord? Wis yer rage agin e burns? Wis ye in a teer at e sea fan ye hurlt on yer horse an yer chariots tae victory? [9]Ye teuk e sheath fae yer bowe; yer arras made riddy. Ye pairtit e grun wi watters; [10]the heilans saa ye an sheuk. Spates o watter reamed by; e sea roart an heistit its waves up heich. [11]E sin an e meen steed up i the hivvens at e glent o yer fleein arras, at e lichtnin o yer sheenin spear. [12]Ye stravaiged ower e warl wi yer birse up an in yer rage ye trumpit onno e cuntras. [13]Ye gaed oot tae hain yer ain fowk, tae save yer annintit een. Ye strack doon e chieftain o e clan o e coorse, ye strippit him fae heid tae fit. [14]Ye probbit his heid wi his ain spear fan his stoot fechters cam oot tae scatter hiz, in a splore as gin they were gyan tae devoor e forfochen. [15]Ye paiddlt e sea wi yer horse, kirnin e muckle watters. [16]A heard an ma hert thumpit, ma lips hottert at e soun; moold creepit inno ma beens, an A gaed aa vrang amo e legs. Still-an-on, A wyte patiently for e day e mishanter will come onno e cuntra att's invadin hiz. [17]Tho e fig tree disna bleem an there's nae grapes on e vines, tho there's nae olives tae hairst an e parks are bare o crap, tho there are nae sheep i the faul an nae beasts i the byre, [18]still-an-on A'll rejoice i the Lord, A'll be joyfu in God ma Saviour. [19]E Lord God is ma strinth. He maks ma feet lik e feet o a deer; he gars ma waalk on e hichts.

Tae e heid o meesic on ma fiddles.

ZEPHANIAH

CHAPTIR 1

E wird o e Lord att cam tae Zephaniah sin o Cushi, e sin o Gedaliah, e sin o Amariah, e sin o Hezekiah, at e time o e reign o Josiah sin o Amon keeng o Judah: [2]"A'll swype awa aathin fae e face o the earth," says e Lord. [3]"A'll swype awa fowk an beasts; A'll swype awa e birds i the lift an e fish i the sea, an the eedols att gar e coorse styter. An A'll sned aff mankyn fae e face o the earth," says e Lord. [4]"A'll rax oot ma han agin Judah an agin aa them fa bide in Jerusalem. A'll ding doon aa the orrals o Baal hereaboots, an e verra names o the eedol-wirshippin priests, [5]them fa boo doon on e reefs an wirship e stars i the lift, them fa boo doon an sweer bi e Lord, an them fa sweer bi Molech, [6]an them fa hiv turnt awa fae folla'in e Lord an naither sikk him nor speir aboot him." [7]Haud yer tongue afore e Lord God, cause e day o e Lord is near han. E Lord his made riddy a sacrifeece, he his consecraitit them he his socht. [8]"On e day o e Lord's sacrifeece A'll gie e chieftains their sairin, an e keeng's sins an aa them cled in forrin claes. [9]Ay, att verra day A'll gie their sairin tae aa them fa loup ower e door-steen, fa full their maister's hoose wi veelence an swickery. [10]On att day," says e Lord,"a roar will gyang up fae e Fish Yett, howlin fae e New Airt, an a lood stramash fae e heilans. [11]Greet, youeens fa bide i the Tron; aa yer merchants will be wipit oot, aa fa deal in siller will be deen awa wi. [12]Fit will happen at att time is A'll haik throwe Jerusalem wi lanterns an gie e croose their sairin, them fa are lik wine sypin on its dregs, fa think, 'E Lord winna dee naethin, naither gweed nor ill' [13]Their walth will be teen, an their hooses dung doon. They mith bigg hooses, bit they winna bide in them. They mith plant vinyairds, bit they winna drink e wine." [14]The aafu day o e Lord is near han; near han an comin fest. E cry on e day o e Lord is soor; e Buirdly Sodger roars oot his battle cry. [15]It will be a day fan e Lord's annger is poored oot; a day o cark an care, a day o stramash an ruination, a dreich day o mirk, a day o cloods an bleck, [16]a day o tooteroo an battle cry agin e waa'ed toons, agin e tooers i the neuks. [17]"A'll fess sic a crockaneetion on aa e fowk att they'll fummle aboot lik them fa are blin, cause they've deen ill tae e Lord. Their bleed will be poored oot lik stew, an their intimmers lik sharn. [18]Naither their siller nor their gowd will be able tae hain them on e day e Lord poors oot his annger." The hale warl will be birselt i the fire o his jillousy, cause he'll mak a suddenty o an ein o aa fa bide i the warl.

CHAPTIR 2

Gaither egither, ay gaither yersels egither, ye ill-leukit-on cuntra, [2]afore e jeedgement taks effeck an e day gyangs by lik caff, afore e Lord's michty annger comes onno ye, afore e day att e Lord's annger is poored oot onno ye. [3]Sikk e Lord, aa ye hummle o e lan, fa dee his biddin. Sikk richteousness, sikk humility; it mith be ye'll fin a bield on e day o e Lord's annger.

[4]Naebody will bide in Gaza, an Ashkelon will be left a rummle o steens. At twal a'clock Ashdod will be teemed an Ekron upreetit. [5]Fit sorra there will be for youeens fa bide alang e shore, you fowk o Kereth, e wird o e Lord is agin ye. Canaan, e Philistine cuntra, "A'll dee awa wi ye an there will be neen left." [6]E grun alang e shore will be girsins wi caves for shepherds an fauls for flocks. [7]Att grun will belang tae e lave o e fowk o Judah; they'll fin girse there. At nicht they'll lie doon i the hooses o Ashkelon. E Lord their God will leuk efter them an gie them back their walth.

[8]"A've heard the upcasts fae Moab an e scowffin o the fowk o Ammon, fa miscaaed ma fowk an threetent their cuntra. [9]Sae, as seer's A'm here," says e Lord o Hosts, e God o Israel, "seerly Moab will turn lik Sodom, e fowk o Ammon lik Gomorrah: a place o nittles an saut holes, a wastelan forivver. E lave o ma ain fowk will reive them; them left fae ma ain cuntra will heir their grun." [10]Iss is fit they'll get for their

bigsyness, for their miscaa'in an their jamphin at e fowk o e Lord o Hosts. [11]E Lord will terrifee them fan he dis awa wi aa e gods o e warl. Fowk fae ilka shore will wirship him, aa in their ain cuntras.

[12]"You fowk o Cush tee, will be killed bi ma swoord." [13]He'll rax oot his han agin e north an destroy Assyria. He'll mak Nineveh a gowstie rummle o steens an as druchtit as e roch cuntra. [14]Flocks an hirds will lie doon there, craiters o ilka kyn. The oolet an e hedgehog will ludge in her lintels. Their scraichin will soun throwe e windas, steens will lie i the ingyangs an e timmer jeests will lie bare. [15]Iss is e toon o splore att keepit itsel sauf. She said tae hersel, "A'm Airchie. Fa's like ma?" Weel, weel, she's noo in ruination, a lair for wild beasts. Aa fa gyang by her wag their nieves an snicher at her.

CHAPTIR 3

Fit sorra there will be for att fool, coorse toon o rebels. [2]She lippens tae neen, an winna tak a tellin. She disna trust in e Lord, an disna draa in aboot tae her God. [3]E chieftains inno her are lik roarin lions; her jeedges are lik wolves o e nicht fa leave naethin for e mornin. [4]Her prophits are kittle, a bunch o swicks. Her priests fyle e haily place an mischieve e laa. [5]E Lord inno her is richteous; he dis nae wrang. Ilka mornin he gies oot his jeestice; he nivver fails. Still-an-on e cyaards ken nae affront. [6]"A've dung doon mony cuntras, their keeps are in ruins an A've left their streets teem wi neen passin throwe. Their toons are aa dreich an lanesome places, wi naebody, nae a sowl bidin inno them. [7]Says I, 'Seerly ye'll be feart at ma, tak a tellin fae ma.' Syne nae bield wid be dung doon, neen o ma fairins come onno her. Bit they rose airly tae cairry on wi their fool proticks.

[8]"Sae wyte for ma," says e Lord, "for e day A stan up tae gie witness. A'm gyan tae gaither aa e cuntras o e warl, gaither aa e keengdoms an poor oot ma annger onno them, aa ma ill teen. E hale warl will be birselt wi e fire o ma jillous annger. [9]Syne A'll gie e fowk a pure tongue sae they mith aa cry on e name o e Lord an serve him shouther tae shouther. [10]Fae ayont e watters o Cush ma wirshippers, ma scattert fowk, will fess offerins tae ma. [11]On att day ye winna be affrontit o aa the ill ye've deen tae ma, cause A'll tak ye oot amo e heich-heidit fowk fa are aye blawin. Nivver again will ye stravaig aboot on ma haily hill. [12]Bit A'll leave amo ye them fa are douce an hummle, an they'll lippen tae e name o e Lord. [13]E lave o Israel winna dee nae wrang; they winna tell nae lees. There winna be a leein tongue amo their moos. They'll ett an rist an neen will fear them."

[14]Sing, Dother Zion; roar oot o ye, Israel. Be gled an rejoice wi aa yer hert, Dother Jerusalem. [15]E Lord his teen awa his han o jeedgement att wis onno ye. He's turned back yer faes. E Lord, e keeng o Israel, is wi ye; nae mair will ye be feart o ony hairm. [16]On att day they'll say tae Jerusalem, "Dinna be feart, Zion; dinna lat yer hans faa fushionless. [17]E Lord yer God is wi ye, e Stoot Sodger fa makes ye sauf. He'll be weel teen on wi ye. In his luv he winna rage at ye nae mair, bit will rejoice ower ye wi sang."

[18]"A'll tak oot amo ye aa fa greet ower e passin o yer haily fairs, fa are amo ye an were shamin ye. [19]At att time A'll deal wi them fa held ye in aboot. A'll hain e cripple an gaither the exiles. A'll gie them praise an honour in ilka cuntra far they were disgraced. [20]At att time A'll gaither ye, at att time A'll fess ye hame. A'll gie ye honour an praise amo aa e fowk o e warl fan A gie ye back fit's yer ain, afore yer verra een," says e Lord.

HAGGAI

CHAPTIR 1

I the saicond ear o Keeng Darius, on e first day o e saxth month, e wird o e Lord cam throwe e prophit Haggai tae Shealtiel, e guvvernor o Judah's loon Zerubabbel, an tae Jehosadak, e heich priest's loon Joshua: ²Iss is fit e Lord o Hosts says: "Iss fowk are sayin, 'It's nae yet time tae rebigg e Lord's hoose.'" ³Syne e wird o e Lord cam throwe e prophit Haggai: ⁴"Is't a time for youeens tae bide in yer timmer-lined hooses, fan iss hoose sits in ruination?" ⁵Noo iss is fit e Lord o Hosts says: "Think o fit ye're deein. ⁶Ye shaav muckle bit hairst scant. Ye ett bit are nivver sairt. Ye drink, bit nivver hae yer full. Ye pit on yer claes bit are nivver waarm. Ye earn yer waage bit pit it in a moggan wi holes in't."

⁷Iss is fit e Lord o Hosts says: "Think o fit ye're deein. ⁸Gyang up tae e heilans, fess doon timmer an bigg ma hoose, sae A mith be teen on wi't an be reesed oot," says e Lord. ⁹"Ye leukit for muckle, bit it cam tae little. Fit ye brocht hame, A blew awa. Fit wye?" says e Lord o Hosts. "Cause ma hoose is still in ruins, bit still-an-on ye're aa thrang wi yer ain hooses. ¹⁰Sae, cause o you e hivvens hiv held back their dyowe an e grun its craps. ¹¹A cried for a drucht on e parks an e heilans, on e corn, on e new wine, the olive ile an aa ither crap e grun gies, on e fowk, an e beasts, an on aa ye've vrocht wi yer hans."

¹²Syne Shealtiel's loon Zerubabbel, Jehosadak, e heich priest's loon Joshua, an aa e lave o e fowk did e biddin o e vice o e Lord their God an the eerin o e prophit Haggai, cause e Lord their God hid sent him. An e fowk were feart at e Lord. ¹³Syne Haggai, e Lord's messenger, gied iss eerin o e Lord tae e fowk: "A'm wi ye," says e Lord. ¹⁴Sae e Lord steered up e speerit o Zerubabbel, e sin o Shealtiel e guvvernor o Judah, an e speerit o Joshua e sin o e heich priest Jehosadak, an e speerit o aa e lave o e fowk. They cam an set oot tae wark on e hoose o e Lord o Hosts, their God, ¹⁵on e twinty-fowerth day o e saxth month, i the saicond ear o Keeng Darius.

CHAPTIR 2

On e twinty-first day o e syventh month, e wird o e Lord cam throwe e prophit Haggai: ²"Spik tae Zerubabbel, e sin o Shealtiel, e guvvernor o Judah, tae Joshua e sin o e heich priest Jehosadak, an tae aa e lave o e fowk. Speir at them, ³'Dis ony o ye myn on foo braw iss Temple leukit lang syne? Foo dis it leuk tae ye noo? Dis it nae seem lik naethin by's fit it eest tae be? ⁴Bit noo be strong, Zerubbabel,' says e Lord. 'Be strong, Joshua sin o Jehosadak, e heich priest. Be strong, aa ye fowk o e cuntra,' says e Lord, 'an wark. For A'm wi ye,' says e Lord o Hosts. ⁵'Iss is e tryst A made wi ye fan ye cam oot o Egypt. An ma speerit is aye yet amo ye. Dinna be feart.' ⁶Iss is fit e Lord o Hosts says: 'In a wee fylie A'll shaak e hivvens eence mair an e warl tee, e sea an e dry lan. ⁷A'll shaak aa e cuntras o e warl, an e walth o ilka cuntra will come, an A'll full iss hoose wi glory,' says e Lord o Hosts. ⁸'E siller's mine an e gowd's mine,' says the Lord o Hosts. ⁹'E glory o iss new hoose will be hine abeen e glory o the aul hoose,' says e Lord o Hosts. 'An here, A'll gie peace,' says e Lord o Hosts."

¹⁰On e twinty-fowerth day o e ninth month, in e saicond ear o Darius, e wird o e Lord cam tae e prophit Haggai: ¹¹"Iss is fit e Lord o Hosts says: 'Speir at e priests fit e laa says: ¹²Gin a body cairries haily maet i the faul o their cwyte, an att faul touches some breid or beef, some wine, olive ile or ither maet, dis it turn haily?'" Says e priests, "Fye, na." ¹³Syne says Haggai, "Gin a body, fylt bi touchin a corpse hannles een o att things, dis it turn fylt?" "Ay, fairly," answert e priests, "it turns fylt." ¹⁴Syne Haggai said, "'It's e same wi iss fowk an iss cuntra as far as A'm concerned,' says e Lord. 'Fitivver they dee an fitivver they offer

there is fylt [15]Bit think on iss fae noo on. Afore ae steen wis laid on anither in e Temple o e Lord, [16]fae att time on, gin a body expected tae get twinty mizzours, there wis bit ten. Fan a body gaed tae e wine bowie tae draa fifty mizzours, there wis bit twinty. [17]A strack aa ye vrocht wi canker, mildyowe an bulets still-an-on, ye didna come back tae ma,' says e Lord. [18]'Fae iss day on, fae iss twinty-fowerth day o e ninth month, gie heed tae e day fan e foun o e Lord's Temple wis laid. Ay, gie heed. [19]Is there still seed i the barn? Up till noo, e vine, e fig tree, e pomegranate an the olive tree hinna gien ony crap. Fae iss day on, A'll bliss ye.'"

[20]E wird o e Lord cam tae Haggai a saicond time on e twinty-fowerth day o e month: [21]"Tell Zerubbabel guvvernor o Judah att A'm gyan tae shaak e hivvens an e warl. [22]A'll cowp royal thrones an smatter e pooer o e forrin keengdoms. A'll cowp chariots an their horsemen. Horse an horsemen will faa, ilka een bi his brither's swoord. [23]'On att day,' says e Lord o Hosts, 'A'll tak ye, ma servant, Shealtiel's loon Zerubabbel,' says e Lord, 'an A'll mak ye lik ma signet ring, for A've picket ye,' says e Lord o Hosts."

ZECHARIAH

CHAPTIR 1

I the auchth month o e saicond ear o Darius, e wird o e Lord cam tae e prophit Zechariah sin tae Berekiah, sin tae Iddo: [2]"E Lord wis gey sair raised wi yer forebeers. [3]Sae tell e fowk, iss is fit e Lord o Hosts says, 'Come hame tae ma,' says e Lord o Hosts, 'an A'll come hame tae you,' says e Lord o Hosts. [4]Dinna be lik yer forebeers, them fa were telt bi the aul prophits, iss is fit e Lord o Hosts says: 'Turn awa fae yer ill wyes an yer coorse proticks.' Bit they didna listen nor widna tak tent o ma, says e Lord. [5]Far are yer forebeers noo? An e prophits, div they live forivver? [6]Bit did ma wirds an ma laas, att A gied tae ma servants e prophits, nae tak haud o yer forebeers? Syne they thocht better o't an said, 'E Lord o Hosts his deen tae hiz fit wir wyes an wir deeins were speirin for, jist as he said he wid.'"

[7]On e twenty-fowerth day o the elyventh month, e month o Shebat, i the saicond ear o Darius, e wird o e Lord cam tae e prophit Zechariah sin tae Berekiah, sin tae Iddo. [8]Throwe e nicht, A hid a veesion: afore ma wis a chiel sittin on a reed horse. He wis stannin amo myrtle trees inno a gullet. There wis reed, broon an fite horses ahin him. [9]Says I, "Fit's aa iss, sir?" The angel newsin wi ma answert, "A'll shew ye fit they are." [10]Syne e chiel stannin amo e myrtle trees said, "They're the eens e Lord his sent tae waalk aboot throwe e warl." [11]An they said tae the angel o e Lord fa wis stannin amo e myrtle trees, "We've been aa ower e place an hiv faun e hale warl quait an at peace."

[12]Syne the angel o e Lord said, "Lord o Hosts, foo lang will ye haud back yer mercy fae Jerusalem an fae e toons o Judah, att ye've been sae raised wi iss syventy ear?" [13]An e Lord spak douce an comfortin wirds tae the angel fa hid been newsin wi ma. [14]Syne the angel fa wis spikkin tae ma said, "Tell oot iss wird: Iss is fit e Lord o Hosts says: 'A hiv true luv for Jerusalem an Zion, [15]an A'm sair anngert wi e cuntras at sit sae croose. A wis jist a wee bittie anngert, bit they jist gaed fair ower e score.' [16]Sae iss is fit e Lord says: 'A'll gyang hame tae Jerusalem wi mercy, an ma hoose will be rebiggit there. An a mizzourin line will be raxed oot ower Jerusalem,' says e Lord o Hosts. [17]An tell oot again, sayin, iss is fit e Lord o Hosts says: 'Eence mair ma toons will be reamin wi walth, an e Lord eence mair will comfort Zion an pick Jerusalem."

[18]Syne A leukit up, an afore ma wis fower horns. [19]A speirt at the angel fa wis spikkin tae ma, "Fit's iss?" He says tae ma, "Att's e horns att scattert Judah, Israel an Jerusalem." [20]Syne e Lord shewed ma fower vrichts. [21]Says I, "Fit's iss chiels comin tae dee?" Says he, "Att's e horns att scattert Judah sae att neen could reese their heid, bit e vrichts hiv come tae fleg them an ding doon e horns o e cuntras fa reesed up their horns agin e cuntra o Judah tae scatter its fowk."

CHAPTIR 2

Syne, A leukit up an there afore ma wis a chiel wi a mizzourin line in his han. [2]A speirt at him, "Far are ye gyan?" Says he, "Tae mizzour Jerusalem, tae fin oot foo braid an foo lang it is." [3]Syne the angel fa wis spikkin tae ma gaed oot an anither angel cam tae meet wi him, [4]an said tae him: "Rin an tell att birkie, 'Jerusalem will be a toon wi nae waas cause o e mineer o fowk an beasts inno't. [5]An A'll be a waa o fire roon her,' says e Lord, 'an A'll be e glory in e midse o her.'

[6]"Hoot awa. Hoot awa. Rin fae e north cuntra," says e Lord, "for A've scattert ye tae e fower wins o e hivvens," says e Lord. [7]"Come on, Zion! Get oot o that, ye fa bide in Dother Babylon." [8]For iss is fit e

Lord o Hosts says: "Efter glory he sent ma agin e cuntras fa reived ye, cause faaivver touches ye touches the aipple o his ee. [9]A'll seerly lift ma han agin them sae att their ain slaves will reive them. Syne ye'll ken att e Lord o Hosts his sent ma.

[10]"Sing oot o ye, an be gled, Dother Zion. For A'm comin tae dwall amo ye," says e Lord. [11]"Mony cuntras will jine themsels tae e Lord on att day an will bicome my fowk. A'll bide amo ye an ye'll ken att e Lord o Hosts his sent ma tae ye. [12]E Lord will heir Judah as his pairt in e haily lan an will again pick Jerusalem. [13]Be quait afore e Lord, aabody, cause he's reesed himsel up fae his haily hoose an haud."

CHAPTIR 3

Syne he shewed ma Joshua, e heich priest, stannin afore the angel o e Lord, an e Deil stannin at his richt han tae fin faut wi him. [2]The Lord said tae e Deil, "E Lord flyte at ye, Aul Nick. Mith e Lord, fa his pickit Jerusalem, flyte at ye. Is iss chiel nae lik lowin kennlin claucht fae e fire?" [3]Noo Joshua wis riggit in fool claes as he steed anent the angel. [4]The angel said tae them fa were stannin afore him, "Tirr aff his fool claes." Syne he said tae Joshua, "See noo, A've teen awa yer ill-deeins, an will pit braw claes onno ye." [5]Syne A said, "Pit a clean bonnet on his heid." Sae they pat a clean bonnet on his heid an clad him, as the angel o e Lord steed waatchin. [6]The angel o e Lord threapit tae Joshua: [7]"Iss is fit e Lord o Hosts says: 'Gin ye waalk in my wyes an dee fit A bid ye dee, syne ye'll guvvern ma hoose an be in chairge o ma coorts, an A'll gie ye yer place amo them stannin here. [8]Hearken, Heich Priest Joshua, you an yer cronies sittin wi ye, chiels tae be winnert at, A'm gyan tae fess ma servant, e Branch. [9]Leuk, e steen A've set afore Joshua. On att ae steen there's syven een, an A'll vreet a screivin onno't,' says e Lord o Hosts, 'an A'll tak awa the ill-deeins o iss cuntra in ae sinngle day. [10]Att day, ilka een o ye will sikk yer neeper tae sit aneth yer vine an fig tree,' says e Lord o Hosts."

CHAPTIR 4

Syne the angel fa hid been spikkin tae ma, cam back an woke ma up, lik a body new waakent. [2]He speirt at ma, "Fit div ye see?" Says I, "A see a gowd lampstan wi a caup at e heid o't an syven lamps onno't, an syven spoots tae ilka lamp. [3]An there's twa olive trees anent it, een on e richt han side o e caup an een on e left han side." [4]A speirt at the angel att hid been spikkin tae ma, "Fit's iss, Sir?" [5]Says he, "Div ye nae ken fit att is?" "Na, Sir," says I. [6]Sae he said tae ma, "Iss is e wird o e Lord tae Zerubbabel: 'Nae throwe strinth nor pooer, bit throwe ma speerit,' says e Lord o Hosts. [7]Fit are ye, muckle hill? Afore Zerubbabel ye'll turn tae livvel grun. Syne he'll fess oot e caipsteen tae roars o 'God bliss it. God bliss it'" [8]Syne e wird o e Lord cam tae ma: [9]"Zerubbabel's hans hiv laid e founs o iss Temple; his hans will feenish it anaa. Syne ye'll ken att e Lord o Hosts his sent ma tae ye. [10]Dinna scowff at e day o wee things. E syven een o e Lord att reenge ower e hale warl will be gled fan they see e caipsteen att wis pickit in Zerubbabel's han."

[11]Syne A speirt at the angel, "Fit's att twa olive trees on ilka side o e lampstan?" [12]Again A speirt at him, "Fit's att twa olive branches anent e twa gowd spoots att poor oot gowden ile?" [13]Says he, "Div ye nae ken fit they are?" "Na, Sir," says I. [14]Sae he said, "Att's e twa fa are annintit tae serve e Lord o e hale warl."

CHAPTIR 5

A leukit up again an there afore ma wis a fleein scroll. [2]He speirt at ma, "Fit div ye see?" Says I, "A see a fleein scroll, thirty fit lang an fifteen fit braid." [3]An he said tae ma, "Iss is e curse att's gyan oot ower e hale cuntra. On ae side it says ilka thief will be pat oot o e cuntra, an on e tither side, it says att aa them fa tell lees will be pat oot o e cuntra. [4]E Lord o Hosts says, 'A'll sen it oot an it will gyang inno e thief's hoose an inno e hoose o them fa tell lees in my name. It will bide in att hoose an ding it doon tae crockaneetion, baith its timmer an its steens.'"

[5]Syne the angel fa wis spikkin tae ma cam forrit an said tae ma, "Tak a leuk up an see fit's comin intae sicht." [6]A speirt at him, "Fit is't?" Says he, "It's a bushel." An says he, "It's fullt wi the ill-deeins o e fowk o e hale cuntra." [7]Syne e leed cover wis liftit, an there wis a wumman sittin inno e bushel. [8]Says he, "Iss is coorseness," an he shivved her back inno e bushel an clampit e leed cover back doon onno't. [9]Syne A leukit up an afore ma A saa twa weemen wi e win inno their wings. They hid wings lik e wings o a stork, an they heistit up e bushel atween e grun an e lift. [10]"Far are they takkin e bushel till?" says I tae the angel fa wis spikkin tae ma. [11]Says he, "Tae e Babylon cuntra tae bigg a hoose for it. Fan e hoose is riddy, e bushel will be set doon there on its ain foun."

CHAPTIR 6

A leukit up again, an there afore me wis fower chariots comin oot fae atween twa moontains, moontains vrocht fae bress. [2]E first chariot hid reed horse, e saicond een bleck, [3]e third een fite, an e fowerth een mirlt, aa pooerfu beasts. [4]A speirt at the angel fa wis spikkin tae ma, "Fit's iss, Sir?" [5]Says the angel, "Att's e fower speerits o hivven, gyan oot fae stannin afore e Lord o e hale warl. [6]The een wi e bleck horses is gyan e wye o e northlans, the een wi e fite horses wastlins, an the een wi e mirlt e wye o e soothlans." [7]Fan e pooerfu horses gaed oot, they were chaavin tae gyang throwe e hale warl. An he said, "Gyang oot ower e hale warl." Sae they gaed throwe aa e warl. [8]Syne he cried tae ma, "See noo, the eens gyan e wye o e north hiv gien ma speerit reest i the northlans."

[9]E wird o e Lord cam tae ma: [10]"Tak offerins fae the exiles Heldai, Tobijah an Jedaiah, fa hiv arrived fae Babylon. Att verra day gyang tae Zephaniah's loon Josiah's hoose. [11]Tak the offerins an mak a croon o siller an gowd, an set it onno e heid o e heich priest, Jehosadak's loon Joshua. [12]Tell him iss is fit e Lord o Hosts says: 'Here's e chiel fas name is e Branch, an he'll branch oot fae here an bigg e Temple o e Lord. [13]He's the een fa will bigg e Temple o e Lord, an he'll be cled wi majesty an will sit an rowle on his throne. An he'll be a priest on his throne. An e twa o them will gree.' [14]E croon will be gien tae Heldai, Tobijah, Jedaiah an Hene sin o Zephaniah as a memorial in e Temple o e Lord. [15]Fowk will come fae hine awa tae bigg e Temple o e Lord, an ye'll ken att e Lord o Hosts his sent ma tae ye. Iss will come aboot gin ye mak seer ye dee fit e Lord yer God bids ye dee."

CHAPTIR 7

I the fowerth ear o Keeng Darius, e wird o e Lord cam tae Zechariah on e fowerth day o e ninth month, e month o Kislev. [2]E fowk o Bethel hid sent Sharezer an Regem-melech, alang wi their men, tae sikk hansel fae e Lord [3]bi speirin at e priests o e hoose o e Lord o Hosts an e prophits, "Shid A greet an fast i the fifth month, lik A've deen sae mony ears i the by-gyan?"

⁴Syne e wird o e Lord o Hosts cam tae ma: ⁵"Speir at aa e fowk o e cuntra an e priests, 'Fan ye fasted an grat i the fifth an syventh months for e last syventy ear, wis it really for me att ye were fastin? ⁶An fan ye were ettin an drinkin, were ye nae jist ettin an drinkin for yer ain sels? ⁷Is iss nae e wirds att e Lord spak throwe the prophits o aul fan Jerusalem an e toons roon aboot it were at peace an deein weel, an fowk bade i the roch cuntra an e carse?'" ⁸An e wird o e Lord cam tae Zechariah again: ⁹"Iss is fit e Lord o Hosts says: 'Be fair fan ye jeedge, shew mercy an hae peety on een anither. ¹⁰Dinna haud doon e weeda nor e fadderless bairn, e fremt nor e peer. Dinna think up ill proticks agin een anither.' ¹¹Bit they widna listen, they were thraawn an turnt their backs an happit their lugs sae they culdna hear. ¹²They made their herts as hard as flint an widna tak wi e laa nor e wirds att e Lord o Hosts hid sent bi his speerit throwe e prophits o aul. Sae they got e Lord o Hosts' danner up. ¹³'Fan A cried tae them, they didna listen, sae fan they cried tae me, I widna listen,' says e Lord o Hosts. ¹⁴'A scattert them wi a furlin win amo e cuntras o e warl, far they were fremt. E cuntra they left ahin wis sae scruntit att neen traivelt throwe it. Att's foo they made e douce lan scruntit.'"

CHAPTIR 8

E wird o e Lord o Hosts cam tae ma. ²Iss is fit e Lord o Hosts says: "A'm affa jillous for Zion; A'm jillous for her wi a muckle annger." ³Iss is fit e Lord says: "A'll come hame tae Zion an bide in Jerusalem. Syne Jerusalem will be cried e Leal Toon, an e moontain o e Lord o Hosts will be cried e Haily Moontain." ⁴Iss is fit e Lord o Hosts says: "Eence mair eildit men an eildit weemen will sit i the streets o Jerusalem, ilka een wi a stick in their han cause o their ears. ⁵E streets o e toon will be full o loons an quines playin there." ⁶Iss is fit e Lord o Hosts says: "It mith seem lik a ferlie tae e lave o e fowk at sic a time, bit will it be a ferlie tae me?" says e Lord o Hosts. ⁷Iss is fit e Lord o Hosts says: "A'll hain ma ain fowk fae e cuntras o the east an e wast. ⁸A'll fess them back tae bide in Jerusalem far they'll be ma ain fowk, an A'll be a leal an richteous God tae them."

⁹Iss is fit e Lord o Hosts says: "Noo hearken tae iss, 'Lat yer hans be strong sae att e Temple mith be biggit.' Att's fit e prophits said fa were there fan e foun wis laid for e hoose o e Lord o Hosts. ¹⁰Afore att there wis nae waage for man nor beast. A body culdna gyang aboot their wark at peace cause o their faes, cause A'd turnt ilka een conter his neeper. ¹¹Bit noo A winna deal wi e lave o e fowk as A did lang syne," says e Lord o Hosts. ¹²"E seed will breer weel, e vine will gie its fruit, e grun will gie a gweed crap an e hivvens will drap their dyowes. A'll gie aa iss as an heirskip tae e lave o iss fowk. ¹³Jist as ye've been a curse amo e cuntras o e warl, Judah an Israel, sae A'll hain ye an ye'll be a blissin. Dinna be feart, bit lat yer hans be strong." ¹⁴Iss is fit e Lord o Hosts says: "Jist as A'd made ma myn up tae fess crockaneetion onna ye an didna shew nae peety fan yer forebeers anngert ma," says e Lord o Hosts, ¹⁵"sae noo, A've made ma myn up tae dee gweed again tae Jerusalem an Judah. Dinna be feart.

¹⁶"Iss is fit ye maun dee: Spik e trowth tae een anither, an gie oot richt an soun jeedgement in yer coorts; ¹⁷dinna wark coorse proticks conter een anither an dinna tell lees. Att's fit A jist canna thole," says e Lord.

¹⁸E wird o e Lord o Hosts cam tae ma. ¹⁹Iss is fit e Lord o Hosts says: "E fasts o e fowerth, fifth, syventh an tenth months will be happy an gled affairs an joyfu splores for Judah. Sae loo trowth an peace." ²⁰Iss is fit e Lord o Hosts says: "Fowk fae mony cuntras an mony toons will come, ²¹an fowk fae ae toon will gyang tae anither an say, 'Come on, hist tae prig wi e Lord an sikk e Lord o Hosts. A'm gyan anaa.' ²²An mony fowk an pooerfu cuntras will come tae Jerusalem tae sikk e Lord o Hosts an tae prig wi him." ²³Iss is fit e Lord o Hosts says: "At att time, ten fowk fae aa tongues an cuntras will tak a haud o ae Jowe bi e fit o his cwyte an say, 'Lat's gyang wi ye, cause we've heard att God is wi ye.'"

CHAPTIR 9

A prophecy: E wird o e Lord is conter e lan o Hadrach an will come tae reest on Damascus, for aa the een o e fowk an e clans o Israel are on e Lord, ²an on Hamath anaa, fa neepers wi't, an on Tyre an Sidon, tho they are gey clivver. ³Tyre his biggit hersel a keep; she's boukit up siller lik stew, an gowd lik e dubs i the street. ⁴Bit e Lord will tak awa aa her gear an dee awa wi her pooer on e sea an she'll be birselt wi fire. ⁵Ashkelon will see it an tak fleg; Gaza will thraw wi her stouns, an Ekron will tine aa hope. Gaza will loze her keeng an Ashkelon will be teemed o fowk. ⁶An ill-gotten clan will bide in Ashdod, an A'll tak e Philistines doon a peg or twa. ⁷A'll tak e bleed fae their moos an e fool maet fae atween their teeth. E lave o them will belang tae oor God an bicome a clan in Judah, an Ekron will be lik e fowk o Jebu. ⁸Bit A'll set up camp at ma Temple tae hain it fae reivin airmies. Nivver nae mair will ma ain fowk be held in aboot an owerrun, cause A'm waatchin.

⁹Sing oot, Dother o Zion. Shout, Dother o Jerusalem. See, yer keeng comes till ye, jeest an tae hain, hummle an hurlin on a cuddy, on a cowt, a cuddy's foalie. ¹⁰A'll tak awa Ephraim's chariots an Jerusalem's waarhorse, an e wappons will be breuken. He'll tell oot peace tae aa e cuntras o e warl. His rowle will rax fae shore tae shore, an fae e Watters tae the eins o e warl. ¹¹Noo for youeens, cause o e bleed o ma covenant wi ye, A'll lowse yer fowk, lowse them fae e dructit hole.

¹²Come back tae yer keep, you exiles fa hiv hope. A'm tellin ye, A'll gie ye fit ye hid afore, an twafaul. ¹³A'll boo Judah as A boo ma bowe an full it wi Ephraim. A'll steer up yer sins, Zion, agin yer sins, Greece, an mak ye lik e swoord o a sodger. ¹⁴Syne e Lord will appear abeen them; his arra will glint lik lichtnin. E Lord God will soun e tooteroo; he'll mairch wi e storms fae e sooth, ¹⁵an e Lord o Hosts will gaird them. They'll ding doon an owercome wi slingsteens. They'll drink an roar as gin they were fu; they'll be full lik e caup eesed for spirklin e neuks o the aaltar. ¹⁶E Lord their God will save them att day lik a shepherd saves his flock. They'll glint in his lan lik e jowels in a croon, heisted up lik a flag ower e lan. ¹⁷Foo braw an bonnie they will be. Corn will gar e birkies sproot an new wine e quines.

CHAPTIR 10

Speir at e Lord for rain i the spring; it's the Lord fa sens e doonpoors. He gies shoories o rain tae aa fowk an e girse in e parks tae aabody. ²The eedols spik styte an e spaemen see veesions att are lees. They tell o fause dreams an gie nae easement. Sae e fowk wanner lik sheep sair come at for wint o a shepherd. ³A'm sair raised wi e shepherds, an A'll gie e chieftains their sairin; for e Lord o Hosts will leuk efter his flock, e fowk o Judah, an mak them lik a prood horse in battle. ⁴Fae Judah e cornersteen will come, fae him e tent peg, fae him e bowe for e waar, fae him ilka rowler.

⁵"They'll be lik buirdly sodgers i the fechtin, trumpin their faes inno e dubs i the streets. They'll fecht cause e Lord is wi them, an e horsemen will be confoonit. ⁶A'll strinthen e hoose o Judah an hain e hoose o Joseph. A'll fess them back cause A care aboot them. They'll be jist as tho A hidna rejeckit them, cause A'm e Lord their God an A'll answer them. ⁷E fowk o Ephraim will be lik sodgers, an their herts will be gled lik them att's been drinkin wine. Their bairns will see it an be gled; their herts will be happy i the Lord. ⁸A'll fussle for them an gaither them in, for A've bocht them back; an there will be as mony o them as there wis lang ago ⁹Tho A scatter them amo ither fowk, they'll myn on ma aiven fan they're hine awa. They an their bairns will come throwe an they'll come back. ¹⁰A'll fess them back fae Egypt an gaither them fae Assyria. A'll fess them tae Gilead an Lebanon, till there's nae mair room for them. ¹¹They'll win throwe e sea o trauchle an strick e waves an aa e watters o e Nile will rin dry. Assyria's bigsyness will be brocht

doon an Egypt's scepter will come till an ein. [12]A'll strinthen them i the Lord an they'll waalk in his name," says e Lord.

CHAPTIR 11

Open yer doors, Lebanon, sae att fire mith devoor yer cedars. [2]Greet, ye cypresses, e winnerfu trees are connacht. Greet, aiks o Bashan, e ruch wids are dung doon.

[3]Hearken tae e yowlin o e shepherds; their growthie girsins are connacht. Listen tae e roarin o e lions; e wids o e Jordan are in ruination. [4]Iss is fit e Lord ma God says: "Shepherd e flock set oot for slauchter. [5]Them fa buy them slauchter them an get aff wi't. Them fa sell them say, 'Praise e Lord, A'm in pooch.' Their ain shepherds dinna hain them. [6]For A winna tak nae peety on e fowk o iss cuntra nae mair," says e Lord. "A'll gie aabody inno e hans o their neepers an their keeng. They'll ripe e cuntra an A'll nae hain neen fae their hans." [7]Sae A shepherded e flock set oot for slauchter, in parteeclar the doon-hauden o e flock. Syne A teuk twa sticks an caaed een Favour an e tither Sowther, an A maetit e flock. [8]In ae month A saickit three shepherds. E flock didna like ma an A grew some weary wi them. [9]Says I, "A winna be yer shepherd. Lat e deein dee, an e perishin perish. Lat e lave o them devoor een anither."

[10]Syne A teuk ma stick caaed Favour an breuk it, revokin e covenant A'd made wi e cuntras. [11]It wis revokit att day, an sae e doon-hauden o e flock fa were waatchin ma, kent it wis e wird o e Lord. [12]A telt them, "Gin ye like, gie ma ma waage, bit gin ye dinna, keep it." Sae they peyed ma thirty bits o siller. [13]An e Lord said tae ma, "Fling it tae e cauper," iss braw price they thocht A wis wirth. Sae A teuk e thirty bits o siller an flang them tae e cauper at e Lord's hoose. [14]Syne A breuk ma tither stick caaed Sowther, braakin e thirl atween Judah an Israel.

[15]Syne e Lord said tae ma, "Tak on again e gear o a menseless shepherd. [16]For A'm gyan tae reese up a shepherd ower e cuntra fa winna leuk efter e lost, nor sikk e younng, nor sort them wi sairs, nor maet e hale an herty, bit will ett e mutton o e best sheep, teerin aff their hivvs. [17]There's nae hope for e sweir shepherd, fa leaves e flock. Mith e swoord strick his airm an his richt ee. Mith his airm be gizzent an his ee blint."

CHAPTIR 12

A prophecy: E wird o e Lord aboot Israel.
E Lord, fa raxes oot e hivvens, fa lays e founs o e warl, an fa forms e human speerit inno a body, says, [2]"A'm gyan tae mak Jerusalem a caup att gars aa e fowk roon aboot her stotter. Judah will be besieged an sae will Jerusalem.

[3]"On att day, fan aa e cuntras o e warl are gaithered agin her, A'll mak Jerusalem a muckle steen for aa e fowk. Aa fa try tae shift it will mischieve themsels. [4]On att day A'll strick ilka horse wi pirr an gar its horseman loss e heid," says e Lord. "A'll keep ma ee on Judah, bit A'll blin e horse o aa ither cuntras. [5]Syne e clans o Judah will say tae themsels, 'E fowk o Jerusalem are hardy, cause e Lord o Hosts is their God.'

[6]"On att day A'll mak e clans o Judah lik a firepan amo wid, lik a bleezin torch amo shaives. They'll owercome e fowk roon aboot tae e richt han an tae e left han, bit Jerusalem will stan stieve in her ain place. [7]E Lord will hain e dwallins in Judah first avaa, sae att the honour o e hoose o Daavit an o

Jerusalem's fowk mithna be abeen att o Judah. ⁸On att day e Lord will proteck them fa bide in Jerusalem, sae att e fushionless amo them will be lik Daavit, an e hoose o Daavit will be lik God, lik the angel o e Lord gyan afore them. ⁹"On att day A'll set oot tae dee awa wi aa e cuntras fa attack Jerusalem. ¹⁰An A'll poor oot onno e hoose o Daavit an e fowk fa bide in Jerusalem a speerit o grace an prayer. They'll leuk on ma, me fa they hiv probbit, an they'll grieve for him lik a body wid grieve for an only bairn, an grieve sair for him lik a body wid grieve for their aulest sin. ¹¹On att day e greetin in Jerusalem will be as muckle as wis e greetin o Hadadrimmon i the howe o Megiddo. ¹²E cuntra will grieve, ilka clan bi itsel, e faimly o Daavit's hoose bi itsel an e wives bi themsels; e clan o e hoose o Nathan bi themsels, an their wives bi themsels, ¹³e clan o e hoose o Levi bi itsel an their wives bi themsels, the clan o Shimei bi itsel an their wives bi themsels, ¹⁴an aa e lave o e clans, ilka een bi itsel an their wives bi themsels.

CHAPTIR 13

"On att day a foontain will be opened for e hoose o Daavit an them fa bide in Jerusalem, tae lave them o their ill-deeins an foolness.

²"On att day, A'll redd e cuntra o e names o the eedols an they'll nivver be mynt on again," says e Lord o Hosts. "A'll redd e cuntra o baith e prophits an e fool speerit. ³An gin ony yet prophisee, their verra ain fadder an mither will say tae them, 'Ye maun dee, cause ye've telt lees i the Lord's name.' Syne their ain mither an fadder will stab e body fa prophisees.

⁴"On att day ilka prophit will be affrontit o e veesions they prophiseed. They winna pit on a prophit's hairy cwyte tae swick. ⁵Ilka een will say, 'A'm nae a prophit. A'm a fairmer, A've vrocht e grun since A wis a loon.' ⁶Gin onybody speirs, 'Fit's att sairs ye hiv?' they'll say, 'E sairs A wis gien at ma freens' hoose.'

⁷"Waaken up, swoord, agin ma shepherd, agin e chiel fa's anent ma," says e Lord o Hosts. "Strick e shepherd, an e sheep will be scattert, an A'll turn a han conter the wee eens. ⁸Ower e hale cuntra," says e Lord, "twa-thirds will be dung doon an will dee; still-an-on, a third will be left. ⁹Iss third A'll pit inno e fire; A'll sye them lik siller, an try them lik gowd. They'll cry on ma name an A'll answer them; A'll say, 'They're ma ain fowk,'an they'll say, 'E Lord is wir God.'"

CHAPTIR 14

Waatch, a day o e Lord is comin, Jerusalem, fan yer gear will be rypit an pairtit oot inno yer verra waas. ²A'll gaither aa e cuntras o e warl tae fecht wi Jerusalem. E toon will be teen, e hooses rypit an e weemen deen ill tae. Ae half o e toon will gyang in tae exile, bit e lave o e fowk winna be teen fae e toon. ³Syne e Lord will gyang oot an fecht wi att cuntras, as he fechts on e day o a battle.

⁴On att day his feet will stan on e Moont o Olives, tae the east o Jerusalem, an e Moont o Olives will be havvert fae east tae wast, makin a muckle glen, wi half e moontain shiftin tae e north an half shiftin tae e sooth. ⁵Ye'll tak flicht bi wye o ma glen, for it will gyang e linth o Azel. Ye'll tak flicht as ye teuk flicht fae the earthquaick in e time o Uzziah keeng o Judah. Syne e Lord ma God will come, an e haily eens wi him. ⁶On att day there winna be nae licht, e bricht eens will crine in. ⁷It will be a day lik nae idder, a day att neen bit e Lord kens, wi nae odds atween day an nicht. Bit fan nicht comes, there will be licht. ⁸On att day livin watter will rin oot fae Jerusalem, half o't east tae e Saut Sea an half o't wast tae e Mediterranean Sea, in simmer an in winter. ⁹E Lord will be keeng ower e hale warl. On att day there will be ae Lord, an

his name the ae name. ¹⁰The hale cuntra fae Geba tae Rimmon, sooth o Jerusalem, will be livvelt. Bit Jerusalem will be reesed up heich, an will keep its stance, fae e Benjamin Yett tae e stance o e First Yett, tae e Neuk Yett, an tae e tooer o Hananel tae e royal wine presses. ¹¹Fowk will bide inno't an nivver again will it be dung doon. Jerusalem will be sauf.

¹²Iss is e pest att e Lord will strick aa e cuntras att focht agin Jerusalem wi: their flesh will rot as they're stannin on their feet, their een will rot in their sockets, an their tongues will rot in their moos. ¹³On att day a muckle pirr fae e Lord will faa onno fowk. They'll grip een anither bi e han an lift their hans tae their neepers. ¹⁴Judah tee will fecht at Jerusalem. E walth o aa e cuntras roon aboot will be gaithert, a muckle rowth o gowd an siller an cleddin. ¹⁵E same kyn o pest will strick e horses an mules, e camels an e cuddies, an aa e beasts inno e their camps.

¹⁶Syne e survivors fae aa e cuntras att focht wi Jerusalem will gyang up ilka ear tae wirship e keeng, e Lord o Hosts, an tae cillebrait e Fair o e Tabernacles. ¹⁷Gin ony o e fowk o e warl dinna gyang up tae Jerusalem tae wirship e keeng, e Lord o Hosts, they winna hae nae rain. ¹⁸Gin e fowk o Egypt dinna gyang up an jine in, they winna hae nae rain. The Lord will fess doon onno them e pest he brocht tae e cuntras o e warl att didna gyang up tae cillebrait e Fair o e Tabernacles. ¹⁹Iss will be Egypt's sairin an e sairin o aa e cuntras o e warl att dinna gyang up tae cillebrait e fair o e Tabernacles.

²⁰On att day "Haily tae e Lord" will be screiven onno e horse bresses, an e pots inno e hoose o e Lord will be lik e haily caups anent the aaltar. ²¹Ilka pot in Jerusalem an Judah will be haily tae e Lord o Hosts, an aa fa come tae sacrifeece will tak some o e pots an cook wi them. An on att day there winna be nae merchants in e hoose o e Lord o Hosts.

MALACHI

CHAPTIR 1

A prophecy: E wird o e Lord tae Israel throwe Malachi. [2]"A've looed ye," says e Lord. "Bit ye speir, 'Foo hiv ye looed hiz?' Wis Esau nae Jacob's brither?" says e Lord. "Still-an-on, A hae looed Jacob, [3]bit Esau A culdna thole. A've turnt his hill grun intae a scruntit moss an left his heirskip tae e jackals o e roch cuntra." [4]Edom mith say, "Tho we've been dung doon, we'll rebigg e ruins." Bit iss is fit e Lord o Hosts says: "They mith bigg, bit A'll caa it doon. They'll be cried e Coorse Cuntra, a fowk aye aneth e Lord's annger. [5]Ye'll see it wi yer ain een an say, 'E Lord is great, aiven ayont e borders o Israel.'

[6]"A sin honours his fadder, an a slave his maister. Gin A'm a fadder, far's the honour dyow tae me? Gin A'm a maister, far's e respeck dyow tae me?" says e Lord o Hosts. "It's you priests fa miscaa ma name. "Bit ye speir, 'Foo hiv we miscaaed yer name?' [7]"Bi offerin fool maet at ma aaltar. Bit ye speir, 'Foo hiv we fylt ye?' "Bi sayin att e Lord's table is dirten. [8]Fan ye offer blin beasts for sacrifeece, is att nae wrang? Fan ye offer e cripple an e shargert, is att nae wrang? Try offerin them tae yer clan chief. Fit wid he think o ye? Wid he tak ye in?" says e Lord o Hosts. [9]Noo prig wi God tae be gracious tae hiz. Wi siccan offerins fae yer hans, will he tak ye in? Says e Lord o Hosts, [10]"A wish een o ye wid caa tee e Temple doors, sae att ye widna licht eeseless fires on my aaltar. A'm nae sair pleased wi ye," says e Lord o Hosts, "an A winna accep nae offerin fae yer hans. [11]Ma name will be great amo e cuntras o e warl, fae far e sin rises tae far it gyangs doon. In ilka place scintit reek an richt offerins will be brocht tae ma, cause ma name will be great amo e cuntras o e warl," says e Lord o Hosts.

[12]"Bit ye fyle it bi sayin, 'E Lord's table is fylt,' an, 'its maet is dirten.' [13]An ye say, 'Fit a tak on,' an ye screw up yer neb at it," says e Lord o Hosts. "Fan ye fess pinched, cripple or diseased beasts an offer them as sacrifeeces, shuld A accep them fae yer hans?" says e Lord. [14]"A curse on e chet fa his a gweed wedder i his flock an promises tae gie it, bit syne sacrifeeces tae e Lord a beast att's a sharger. For A'm a great keeng," says e Lord o Hosts, "an ma name's tae be feared amo e cuntras o e warl.

CHAPTIR 2

"An noo, you priests, iss warnin's for you. [2]Gin ye dinna listen, an gin ye dinna tak tae yer hert tae honour ma name," says e Lord o Hosts, "A'll sen a curse onno ye an A'll curse yer blissins. Ay, A've cursed them ariddy, cause ye're nae takkin ma tae yer hert. [3]Bicause o you A'll tak it oot on yer bairns an rub e sharn fae e sacrifeeces o yer fairs onno yer faces, an ye'll be cairriet awa wi't. [4]An ye'll ken att A've sent ye iss warnin sae att ma covenant wi Levi mith haud on," says e Lord o Hosts. [5]"Ma covenant wis wi him, a covenant o life an peace, an att's fit A gied him; it socht respeck an he gied ma respeck an steed in aawe o ma name. [6]Fit he learnt them wis e trowth an there wisna a lee on his lips. He waalked wi ma in peace an mense, an turnt mony fae their ill-deein wyes. [7]For a priest's lips ocht tae keep learnin, cause he's e messenger o e Lord o Hosts, an fowk sikk instruction fae his moo. [8]Bit ee've teen e wrang gait, an throwe yer learnin hiv garrt mony styter. Ye've mischieved e covenant wi Levi," says e Lord o Hosts. [9]"Sae A've made ye dirtrie an orra amo aa e fowk, cause ye hinna teen efter my wyes an hinna been fair in yer learnin o ma laas." [10]Hiv we nae aa the ae Fadder? Did the ae God nae mak hiz? Fit wye div we fyle e covenant o wir forebeers bi chettin een anither?

[11]Judah his been unfaithfu. A fousome thing his been deen in Israel an in Jerusalem: Judah his fylt e haily place e Lord looes bi mairryin weemen fa lippen till a forrin god.[12]Mith e Lord redd e tents o Jacob o e chiel fa dis iss, faaivver he mith be, aiven tho he fesses an offerin tae e Lord o Hosts. [13]Ay, an anither

thing: ye hap e Lord's aaltar wi tears. Ye roar an greet cause he disna think muckle o yer offerins nae mair, an disna tak them fae yer hans wi muckle pleesure.

[14]Ye speir, "Fit wye?" It's cause e Lord kens fine ye hinna been leal tae e wife ye eence mairriet. She's yer ain, the een ye mairriet. [15]Did God nae mak jist the een? Is e man ony better nor e wumman? An fit's he sikkin? Godly bairns. Sae waatch fit ye're deein an dinna be unfaithfu tae e wife ye eence mairriet. [16]"A canna thole divorce," says e Lord, e God o Israel, "nor him fa is sair on the een he shuld be leukin efter," says e Lord o Hosts. "Sae waatch fit ye're deein, an dinna be unfaithfu."

[17]Ye've weariet e Lord wi yer spikk. "Foo hiv we weariet him?" ye speir. Bi sayin, "Aa e coorse are gweed i the sicht o e Lord, an he's pleased wi them" or "Far's e God o jeestice?"

CHAPTIR 3

"A'll sen ma messenger, fa will redd a road for ma. Syne aa at eence e Lord ye're sikkin will come tae his temple; e messenger o e covenant, fa ye're mangin for, will come," says e Lord o Hosts. [2]Bit fa can thole e day o his comin? Fa can stan fan he appears? For he'll be lik a smiddy fire or e waulkers' soap. [3]He'll sit as a syer an purifeer o siller; he'll purifee e Levites an sye them lik gowd an siller. Syne they'll fess offerins in richteousness tae e Lord. [4]Syne e Lord will be pleased wi the offerins o Judah an Jerusalem, jist lik he wis afore in e days o aul lang syne. [5]"Sae A'll try ye oot. A winna dauchle tae spik oot agin e spaemen, them fa lie wi ither men's wives, them fa tell lees unner aith, them fa chet wi e waages o their men, them fa haud doon e weedas an e fadderless bairns an winna gie jeestice tae e forriners amo ye, an are nae neen feart at me," says e Lord o Hosts. [6]"I, e Lord, am aye e same. Sae youeens, Jacob's bairns are nae dung doon.

[7]"Since e days o yer forebeers ye've turnt awa fae ma laas an hinna keepit them. Come hame tae ma, an A'll come hame tae you," says e Lord o Hosts. "Bit ye speir, 'Foo will we come hame?'

[8]"Will a chiel chet God? Yet ye chet me. Bit ye speir, 'Foo are we chettin ye?' In yer cess an yer offerins. [9]Ye're unner a curse, e hale cuntra's been chettin ma. [10]Fess yer hale cess intae e storehoose, sae there mith be maet in ma hoose. Try ma oot in iss," says e Lord o Hosts, "an see gin A winna fling wide e flood-yetts o hivven an poor oot sae muckle blissin att there winna be room tae haud it aa. [11]A'll haud e canker fae devoorin yer craps an e vines in yer parks winna cass their fruit afore it's ripe," says e Lord o Hosts. [12]"Syne aa e cuntras o e warl will caa ye blissed, for ye'll hae a braw cuntra," says e Lord o Hosts.

[13]"Ye've been croose fan ye spak o ma," says e Lord. "Still-an-on, ye speir, 'Fit hiv we said agin ye?' [14]Ye've said, 'Fit's the eese o servin God. Fit e better are we o deein fit he bids hiz dee an gyan aboot wi soor faces afore e Lord o Hosts? [15]Bit noo we caa e croose blisst. Certes them fa dee ill, come speed, an aiven fan they try oot God, they get aff wi't.'"

[16]Syne them fa feart e Lord hid a news amo themsels, an e Lord hearkent an heard. A beuk o remembrance wis screiven afore him for them fa fear e Lord an respeck his name. [17]"On e day fan a gaither ma gear," says e Lord o Hosts, "they'll be aa ma ain. A'll hain them, jist as a fadder his peety an hains e sin fa serves him. [18]Syne again ye'll see e difference atween e gweed-livin an e coorse, atween them fa serve God an them fa dinna.

CHAPTIR 4

"Jist waatch, e day's comin; it will bleeze lik a furnace. Aa e bigsy an aa e coorse will be stibble. E day att's comin will set them ableeze," says e Lord o Hosts. "Nae a reet nor branch will be left o them.

[2]"Bit for you fa fear ma name, e sin o richteousness will rise wi healin in its wings, an ye'll gyang lowpin oot lik calfies new latten oot. [3]Syne ye'll trump on e coorse. They'll be lik aise aneth e soles o yer feet on e day fan A dee iss," says e Lord o Hosts.

[4]"Myn e laa o ma servant Moses, e commans an laas A gied him at Horeb for aa Israel.

[5]"See noo, A'll sen e prophit Elijah tae ye afore att great an dreidfu day o e Lord comes. [6]He'll turn e herts o e fadders an mithers tae their bairns, an e herts o e bairns tae their fadders an mithers; if nae, A'll come an strick e warl wi a curse."